경찰채용/경찰간부시험 대비

경찰학
기출문제집 +α

경간·순경(13년~22년) 승진(10년~22년) 기출문제 총망라
보충문제/교수출제문제 추가

오현웅

이책의 머리말

    이번 개정판에서는 먼저 출제비중을 감안하여 각론을 대폭 줄이고 그 비중만큼 총론을 확대했습니다. 확장된 총론은 비교경찰사 문제와 일반행정법의 기본문제들로 보강했고, 추가로 구석에서 출제하는 문제를 대비하기 위하여 교수님들 교재와 공제회문제집에서 일부 문제와 내용을 보충했습니다.

    수험이란 경쟁자들과의 싸움이란 점에서 무척 고독한 여정이 될 수밖에 없습니다. 이 기출문제집(+@)이 여러분들의 고독한 싸움을 끝장낼 수 있는 비장의 무기가 될 수 있기를 기도하며, 마지막 순간까지 파이팅하시기 바라겠습니다!

2022년 5월
신림동 작업실에서 **오현웅**

CONTENTS

제1편 총론

제1장 경찰과 경찰학(기초이론 Ⅰ) ······ 4

제1절 경찰의 개념 ······ 4
제2절 경찰의 임무와 수단 ······ 28
제3절 경찰활동의 기초 및 경찰의 관할 ······ 40

제2장 경찰의 기본이념과 경찰윤리(기초이론 Ⅱ) ······ 43

제1절 경찰의 기본이념 ······ 43
제2절 경찰활동의 기준(경찰인의 윤리표준) ······ 48
제3절 경찰의 부정부패 ······ 50
제4절 경찰윤리강령 ······ 64
제5절 경찰청 공무원 행동강령 ······ 73
제6절 부정청탁 및 금품등 수수의 금지에 관한 법률 ······ 82

제3장 범죄의 원인과 예방(기초이론 Ⅲ) ······ 98

제1절 범죄의 원인과 예방 ······ 98
제2절 범죄피해자학 ······ 122
제3절 지역사회경찰활동 ······ 124

제4장 한국경찰사와 비교경찰론   132

제1절 갑오개혁 이전의 경찰 ·· 132
제2절 갑오개혁부터 한일강제병합(경술국치) 이전의 경찰 ····························· 135
제3절 일제강점기 경찰 ·· 143
제4절 미군정시기 경찰 ·· 147
제5절 정부수립 이후 경찰법 제정(1991년) 이전 경찰 ··································· 152
제6절 경찰법제정(1991년) 이후 경찰 ··· 155
제7절 한국경찰사에 길이 빛날 경찰의 표상 ··· 158
제8절 비교경찰론 ··· 163

제5장 경찰행정법 Ⅰ (경찰조직법과 경찰공무원법)   202

제1절 경찰조직법 ··· 202
제2절 경찰공무원법 ··· 251

제6장 경찰행정법 Ⅱ (경찰작용법)   337

제1절 서설(법치행정과 경찰법의 법원) ·· 337
제2절 경찰처분(행정행위) ··· 368
제3절 의무이행확보수단(경찰강제 등) ·· 389
제4절 그 밖의 행정작용들 ·· 410
제5절 행정절차와 정보공개 ··· 416
제6절 경찰구제법(손해전보와 행정쟁송) ·· 439
제7절 개별 경찰작용법령(경찰관직무집행법 등) ··· 456

CONTENTS

제7장 경찰행정학 I (경찰관리론)   514

제1절 경찰조직관리 ·· 514
제2절 경찰인사관리 ·· 527
제3절 경찰예산관리 ·· 542
제4절 기타 관리(물품·장비·보안) ··· 556
제5절 문서관리 ·· 580
제6절 경찰홍보 ·· 584

제8장 경찰행정학 II (경찰통제)   594

제1절 경찰통제 ·· 594
제2절 경찰감찰과 경찰행정사무감사 ··· 600
제3절 인권보장과 경찰통제 ··· 616

제2편 각론

제1장 생활안전경찰　　628

제1절 지역경찰 업무 ··· 628
제2절 112상황관리 및 경비업 업무 ······························· 635
제3절 생활질서업무 ··· 641
제4절 여성·청소년 업무 ·· 657

제2장 수사경찰　　679

제1절 수사의 조건과 원칙 ·· 679
제2절 수사의 과정 ·· 683
제3절 현장수사활동(과학수사) ······································· 696
제4절 수사행정 ··· 711
제5절 각 기능별 수사 ·· 720

제3장 경비경찰활동　　751

제1절 경비경찰일반 ··· 751
제2절 행사안전경비(혼잡경비) ······································ 758
제3절 선거경비 ··· 761
제4절 재난경비 ··· 765
제5절 다중범죄진압경비(치안경비) ······························· 772
제6절 경호경비 ··· 776

CONTENTS

제7절 대테러경비(특수경비) ·· 780
제8절 국가중요시설경비와 경찰작전 ·· 785
제9절 청원경찰 ·· 799

제4장 교통경찰   803

제1절 교통경찰 일반론 ·· 803
제2절 교통규제와 교통지도·단속 ·· 805
제3절 운전면허 및 면허행정처분 ·· 839
제4절 교통사고 처리 ·· 855

제5장 정보경찰활동   865

제1절 정보 일반론 ·· 865
제2절 경찰정보활동 ·· 881
제3절 집회 및 시위에 관한 법률 ·· 885

제6장 안보경찰활동   916

제1절 안보경찰 일반론 / 공산주의 ·· 916
제2절 보안경찰활동 ·· 918
제3절 보안수사 ·· 930
제4절 보안관찰 ·· 938
제5절 남북교류협력과 북한이탈주민의 보호 ·· 949

제7장 외사경찰활동 — 959

제1절 외사경찰 일반론 ·········· 959
제2절 외사경찰의 대상 ·········· 963
제3절 주한미군지위협정 ·········· 986
제4절 국제경찰공조 : 인터폴/국제형사사법공조/범죄인인도 ·········· 988

PART 01

총론

CHAPTER 01 경찰과 경찰학(기초이론Ⅰ)

제1절 경찰의 개념

001 경찰개념의 발달과정에 대한 다음 설명 중 가장 옳은 것은? 〔17경간〕

① 14세기 말 프랑스의 경찰개념이 15세기 말 독일에 계수되었고, 16세기 독일 제국경찰법에서 경찰은 외교·군사·재정·사법을 제외한 내무행정 전반을 의미하였다.
② 제2차 세계대전 이후 독일에서는 보안경찰을 포함한 협의의 행정경찰이 다른 행정관청의 사무로 이관되는 비경찰화 과정이 이루어졌다.
③ 프로이센 법원은 크로이쯔베르크 판결을 통해, 경찰관청이 일반적 수권조항에 근거하여 법규명령을 발할 수 있는 분야는 소극적인 위험방지 분야에 한정된다고 보았다.
④ 1884년 프랑스의 지방자치법전 제97조는 '자치단체 경찰은 공공의 질서·안전을 확보함을 목적으로 한다'고 규정하여 위생사무 등 협의의 행정경찰적 사무를 제외하고 경찰의 직무를 소극목적에 한정하였다.

해설

① 16세기 독일 제국경찰법(1530)에서의 경찰이란 <u>교회행정의 권한을 제외한 일체의 국가행정</u>을 의미하였다.
② 비경찰화 과정을 거치며 <u>보안경찰을 제외한</u> 영업·위생·건축경찰 등 협의의 행정경찰사무를 일반 행정기관에 이관하였다.
③ O
④ 프랑스 지방자치법전(=자치경찰법전)은 경찰직무를 소극목적에 한정한 "법치국가시대 경찰개념"을 나타내는 것은 맞지만, "자치경찰은 공공의 질서·안전 및 위생을 확보함을 목적으로 한다."라는 규정을 두고 있어, <u>위생사무 등 협의의 행정경찰에 해당하는 사무가 여전히 경찰직무에 포함</u>되어 있었다.

▶ 법치국가 경찰개념의 법률과 판례 (일죄크지경) (일절/죄자/지위/경재)

프로이센 일반란트법 (1794년)	"경찰관청은 공공의 평온·안녕 및 질서를 유지하고, 공중 및 그의 개개구성원들에 대한 절박한 위험을 방지하기 위하여 필요한 기관이다" → 경찰의 직무를 공공의 안녕과 질서유지에 한정
죄와 형벌법전 (경죄처벌법전) (1795년)	"경찰은 공공의 질서, 자유, 재산 및 개인의 안전을 보호함(소극 목적에 한정)을 임무로 한다." → 행정경찰과 사법경찰을 최초로 구분(행정경찰 용어의 유래)

크로이쯔베르크판결 (1882년)	독일의 크로이쯔베르크 언덕의 전승기념비 조망권을 확보하기 위한 베를린경찰청장의 명령은 복지 증진을 목적으로 하는 것이므로 무효라고 판시하여 경찰의 임무를 소극적 위험방지에 한정 → 경찰작용의 목적축소와 관련
지방자치법전 (1884년)	"자치제경찰은 공공의 질서·안전 및 위생을 확보함을 목적으로 한다." → 협의의 행정경찰적 사무를 포함
프로이센 경찰행정법 (1931년)	"경찰은 현행법의 범위 내에서 의무에 합당한 재량에 따라 필요한 조치를 취하지 않으면 안 된다." → 경찰의 직무범위는 소극 목적에 한정한다는 경찰의 개념이 확립

정답 ③

002 경찰개념의 발달과정에 관한 설명 중 가장 옳은 것은? 13경간

① 16세기 독일 제국경찰법에서 경찰은 외교·군사·재정·사법을 제외한 내무행정 전반을 의미하였다.
② 1931년 프로이센 경찰행정법은 '공공의 평온, 안녕 및 질서를 유지하고 또한 공중 및 그의 개개 구성원들에 대한 절박한 위험을 방지하기 위하여 필요한 조치를 취하는 것은 경찰의 직무이다.'라고 규정하였다.
③ 1884년 프랑스 지방자치법전 은 자치제 경찰이 공공의 질서, 안전 및 위생을 확보함을 목적으로 한다고 규정하였다.
④ 프로이센 법원의 크로이쯔베르크 판결은 경찰작용의 목적확대에 결정적인 전기가 되었다.

해설

① 16세기 독일 제국경찰법(1530)에서 경찰은 교회행정의 권한을 제외한 일체의 국가행정을 의미하였다.
② 프로이센 일반란트법(1794년)의 내용이다(절박한 위험을 방지).(일절)
③ O
④ 크로이쯔베르크 판결은 경찰작용의 목적축소(소극적 위험방지에 한정)에 결정적인 계기를 마련하였다.

정답 ③

003 경찰개념의 형성 및 역사적 변천과정에 대한 설명으로 가장 적절한 것은? 19승진

① 16세기 독일 제국경찰법은 교회행정을 포함한 국정 전반을 의미하였다.
② 17세기 대륙법계 국가에서는 국가작용의 분화현상이 나타나 경찰개념이 소극적인 위험방지 분야에 한정되었다.
③ 1794년 프로이센 일반란트법 제10조에서 경찰관청은 공공의 평온, 안녕 및 질서를 유지하고, 또한 공중 및 그의 개개 구성원들에 대한 절박한 위험을 방지하기 위하여 필요한 기관이라고 규정하였다.
④ 대륙법계 국가에서는 '경찰은 무엇인가'라는 문제보다 '경찰은 무엇을 하는가' 또는 '경찰활동이란 무엇인가'라는 문제를 중심으로 경찰개념이 논의되었다.

해설

① 16세기 독일 제국경찰법의 경찰개념은 <u>교회행정을 제외한</u> 국정 전반을 의미하였다.
② 17세기 대륙법계 국가(경찰국가 시대)에서는 국가작용의 분화현상이 나타나 경찰개념이 외교·군사·재정·사법을 제외한 내무행정 전반에 국한되었으나, <u>소극적 치안유지 뿐만 아니라 적극적 공공복지의 증진을 위해서도 경찰력을 행사</u>하였다.
③ ○
④ <u>영미법계 국가에서는 '경찰활동이란 무엇인가'라는 문제를 중심으로</u> 경찰개념이 논의되었고, <u>대륙법계 국가에서는 '경찰은 무엇인가'라는 문제를 중심으로</u> 경찰개념이 논의되었다.

정답 ③

---

004 경찰개념에 대한 설명 중 가장 적절하지 <u>않은</u> 것은? 18순경3차, 18경채유사

① 1794년 프로이센 경찰행정법은 "경찰관청은 공공의 평온, 안녕 및 질서를 유지하고 또한 공중 및 그의 개개 구성원들에 대한 절박한 위험을 방지하기 위하여 필요한 조치를 취하는 것은 경찰의 직무이다"라고 규정하였다.
② 행정경찰과 사법경찰은 프랑스에서 확립된 구분으로, 프랑스「죄와 형벌법전」에서 유래하였다.
③ 경찰개념의 발달과정에서 경찰사무를 타 행정관청으로 이관하는 현상을 '비경찰화'라고 하는데, 위생경찰, 산림경찰 등을 비경찰화 사무의 예로 들 수 있다.
④ 대륙법계 국가의 경찰개념 형성과정은 경찰의 임무범위를 축소하는 과정이었으며 경찰과 시민을 대립하는 구도로 파악하였다.

해설

① 1794년 <u>프로이센 일반란트법</u> 제10조는 "경찰관청은 공공의 평온, 안녕 및 질서를 유지하고 또한 공중 및 그의 개개 구성원들에 대한 <u>절박한 위험을 방지</u>하기 위하여 필요한 조치를 취하는 것은 경찰의 직무이다"라고 규정하였고, 1931년 <u>프로이센 경찰행정법</u> 제4조는 "경찰관청은 일반 또는 개인에 대한 공공의 안녕과 질서를 위협하는 위험을 방지하기 위하여 현행법의 범위 내에서 <u>의무에 합당한 재량에 따라 필요한 조치</u>를 취하지 않으면 안 된다"고 규정하였다. (일죄크지경 / 일절·죄자·지위·경재)

정답 ①

005 대륙법계의 경찰개념 형성과 발달과정에 대한 설명 중 가장 적절하지 않은 것은? 20경채

① 중세의 프랑스에서는 경찰이 국가의 평온한 질서 있는 상태를 의미하였고, 이러한 프랑스의 경찰개념이 15세기 독일로 계수되었다.
② 16세기 독일의 「제국경찰법」에 의해 경찰의 개념은 교회행정의 권한을 제외한 일체의 국가행정을 의미하게 되었다.
③ 크로이츠베르크 판결을 계기로 경찰의 권한이 공공의 안녕, 질서유지 및 이에 대한 위험방지 분야에 한정된다는 취지의 규정을 둔 「프로이센 일반란트법」이 제정되었다.
④ 18세기 이후 계몽주의, 천부인권(天賦人權) 사상을 이념으로 한 법치국가의 발전으로 경찰권의 발동은 소극적 위험방지 분야에 국한되는 것으로 이해하게 되었다.

해설

③ 프로이센 일반란트법(1794)이 크로이츠베르크판결(1882)보다 앞서 제정되었다.(일죄크지경)

정답 ③

006 대륙법계 경찰개념의 발전과정에 관한 설명의 순서가 가장 올바르게 연결된 것은? 14경간

가. 프로이센 일반란트법이 제정되어 공공의 안녕과 질서를 유지하고 절박한 위험을 방지하는 것이 경찰의 직무라고 하였다.
나. 프랑스 경죄처벌법(죄와형벌법전)이 제정되어 경찰은 공공의 질서 및 개인의 안전보호를 임무로 하였다.
다. 프로이센 고등행정법원이 크로이쯔베르크 판결을 통해 경찰의 직무가 위험방지에 한정된다고 하였다.
라. 독일 제국경찰법에서는 교회행정을 제외한 국가행정을 경찰이라고 하였다.
마. 프랑스 지방자치법전에서는 자치체 경찰은 공공의 질서·안전 및 위생을 확보함을 목적으로 한다고 하였다.

① 가-나-다-라-마
② 나-다-라-마-가
③ 다-라-마-가-나
④ 라-가-나-다-마

해설

가. 프로이센 일반란트법이 제정되어 공공의 안녕과 질서를 유지하고 절박한 위험을 방지하는 것이 경찰의 직무라고 하였다. - 1794년
나. 프랑스 경죄처벌법(죄와형벌법전)이 제정되어 경찰은 공공의 질서 및 개인의 안전보호를 임무로 하였다. - 1795년
다. 프로이센 고등행정법원이 크로이쯔베르크 판결을 통해 경찰의 직무가 위험방지에 한정된다고 하였다. - 1882년

라. 독일 제국경찰법에서는 교회행정을 제외한 국가행정을 경찰이라고 하였다. - 1530년
마. 프랑스 지방자치법전에서는 자치체 경찰은 공공의 질서·안전 및 위생을 확보함을 목적으로 한다고 하였다. - 1884년

정답 ④

007 대륙법계 국가의 경찰제도에 관한 다음 설명 중 옳지 않은 것은 모두 몇 개인가? 18경간

가. 대륙법계 국가의 경찰개념은 경찰권이라고 하는 일반 통치권적 개념을 전제로, 경찰이 시민을 위해서 수행하는 기능 또는 역할을 중심으로 형성되었다.
나. 1931년 프로이센 경찰행정법에는 경찰관청은 일반 또는 개인에 대한 공공의 안녕과 질서를 위협하는 위험을 방지하기 위하여 현행법의 범위 내에서 의무에 합당한 재량에 따라 필요한 조치를 취하지 않으면 안 된다고 규정하였다.
다. 경찰이란 용어는 라틴어의 Politia에서 유래한 것으로 도시국가에 관한 일체의 정치, 특히 헌법을 지칭하였다.
라. 크로이쯔베르크(Kreuzberg) 판결은 경찰임무의 목적확대에 결정적인 계기를 만든 판결로 유명하다.
마. 경찰국가시대에 경찰권은 소극적인 치안유지만 할 뿐, 적극적인 공공복지의 증진을 위하여 강제력을 행사할 수 없었다.
바. 17세기 국가작용의 분화현상이 나타나 경찰개념이 외교·군사·재정·사법을 제외한 내무행정 전반에 국한되었다.

① 1개　　② 2개　　③ 3개　　④ 4개

해설

가. 대륙법계 국가의 경찰개념이 경찰권이라고 하는 일반 통치권적 개념을 전제로 한 것은 맞지만, 경찰이 시민을 위해서 수행하는 기능 또는 역할을 중심으로 형성된 것은 대륙법계가 아니라 영미법계 국가의 경찰개념이다.(대륙법계는 성질과 발동범위 중심)(대성발/영역기)
라. 크로이쯔베르크(Kreuzberg) 판결은 경찰임무의 목적축소에 결정적인 계기를 만든 판결로 유명하다.
마. 경찰국가시대에 경찰권은 소극적인 치안유지 뿐만 아니라, 적극적인 공공복지의 증진을 위하여 강제력을 행사할 수 있었다.

정답 ③

008 대륙법계 국가의 경찰 개념에 대한 설명 중 옳지 않은 것은?
20경간

① 1794년 「프로이센 일반란트법」 제10조에서 경찰관청은 공공의 평온, 안녕 및 질서를 유지하고, 또한 공중 및 그의 개개 구성원들에 대한 절박한 위험을 방지하기 위하여 필요한 기관이라고 규정하였다.
② 1795년 프랑스 「죄와 형벌법전」 제16조에서 경찰은 공공의 질서를 유지하고 개인의 자유와 재산 및 안전을 유지하기 위한 기관이라고 규정하였다.
③ 1882년 프로이센 고등행정법원은 크로이쯔베르크(Kreuzberg) 판결을 통해 경찰관청이 일반수권 규정에 근거하여 법규명령을 발할 수 있는 분야는 위험방지 분야에 한정된다고 판시하였다.
④ 1884년 프랑스 「지방자치법전」 제97조는 경찰의 직무범위에서 협의의 행정경찰적 사무를 제외시킴으로써 경찰의 직무를 소극목적에 한정하였다.

해설

④ 경찰의 직무를 소극목적에 한정하기는 하였으나, <u>위생사무 등 협의의 행정경찰 성격을 가진 사무가 포함</u>되었다.

정답 ④

009 18~20세기 독일과 프랑스에서의 경찰개념 형성 및 발달과정에 관한 설명으로 가장 적절하지 않은 것은?
19순경2차

① 경찰 개념을 소극적 질서유지로 제한하는 주요 법률과 판결을 시간적 순서대로 나열하면 프로이센 일반란트법(제10조) – 프랑스 죄와 형벌법전(제16조) – 크로이츠베르크 판결 – 프랑스 지방자치법전(제97조) – 프로이센 경찰행정법(제4조)의 순이다.
② 크로이츠베르크 판결은 경찰의 직무범위는 위험방지 분야에 한정된다고 하는 사상이 법 해석상 확정되는 계기가 되었다.
③ 프랑스 죄와 형벌법전은 행정경찰과 사법경찰을 최초로 구분하여 법제화하였다는 점에 의의가 있다.
④ 프랑스 지방자치법전은 경찰의 직무범위에서 협의의 행정경찰적 사무를 제외시킴으로써 경찰의 직무를 소극목적에 한정하였다.

해설

④ 1884년 지방자치법전(제97조)은 '자치체경찰은 공공의 질서·안전 및 위생을 확보함을 목적으로 한다'고 규정하여, 경찰의 직무를 소극목적에 한정하고는 있으나 <u>위생사무 등 협의의 행정경찰적 사무가 포함</u>되어 있다.

정답 ④

010 대륙법계 경찰개념에 대한 설명으로 가장 적절하지 않은 것은? 19승진

① 17세기 경찰국가시대에는 국가작용의 분화현상이 나타나 경찰개념이 군사·재정·사법·외교를 제외한 내무행정 전반을 의미하였다.
② 1795년 프랑스 죄와형벌법전 제16조는 '경찰은 공공질서를 유지하고 개인의 자유와 재산 및 안전을 유지하기 위한 국방부 직할부대 및 기관'이라고 규정하였다.
③ 범죄의 예방과 검거 등 보안경찰 이외의 산업, 건축, 영업, 풍속경찰 등의 경찰사무를 다른 행정관청의 분장사무로 이관하는 현상을 '비경찰화'라고 한다.
④ 대륙법계 경찰의 업무범위는 국정전반 → 내무행정 → 위험방지 → 보안경찰 순으로 변화하였다.

> **해설**
> ③ 범죄의 예방과 검거 등 보안경찰 이외의 산업, 건축, 영업경찰 등의 경찰사무를 다른 행정관청의 분장사무로 이관하는 현상을 '비경찰화'라고 한다. **풍속경찰은 보안경찰(다른 행정작용을 동반하지 아니하고 오로지 경찰작용만으로 행정의 일부분을 구성하는 경찰작용)에 해당하므로 이관의 대상이 아니다.**
>
> **정답** ③

011 경찰개념에 대한 설명으로 옳지 않은 것은? 21경간

① 1794년 프로이센 일반란트법은 '공공의 평온, 안전과 질서를 유지하고 공중 또는 그 구성원에 대한 절박한 위험을 제거하기 위하여 필요한 수단을 강구하는 것이 경찰의 책무이다'라고 규정하였다.
② 1884년 프랑스의 자치경찰법전에 의하면 자치체경찰은 공공의 질서·안전 및 위생을 확보함을 목적으로 하며 행정경찰과 사법경찰을 최초로 구분하여 법제화하였다.
③ 크로이츠베르크(Kreuzberg)판결은 경찰관청이 일반수권규정에 근거하여 법규명령을 발할 수 있는 분야는 소극적인 위험방지에 한정된다는 사상이 법 해석상 확정되는 계기가 되어 경찰작용의 목적 축소에 기여하였다.
④ 띠톱판결은 행정(경찰)개입청구권을 최초로 인정한 판결이다.

> **해설**
> ② 행정경찰과 사법경찰을 최초로 구분하여 법제화한 것은 **프랑스 죄와형벌법전(경죄처벌법전, 1795)**이다.

▶ **법치국가 경찰개념을 나타내는 법령과 판례** (암기 : 일죄크지경 / 일절·죄자·지위·경재)

프로이센 일반란트법 (1794)	경찰관청은 공공의 평온, 안녕 및 질서를 유지하고 또한 공중 및 그 구성원에 대한 절박한 위험을 방지하기 위하여 필요한 기관이라고 규정하였다.
프랑스 죄와형법전 (경죄처벌법전) (1795)	① "경찰은 공공의 질서를 유지하고 개인의 자유와 재산 및 안전을 유지하기 위한 기관이다." ② 행정경찰과 사법경찰을 최초로 구분하여 법제화 : 행정경찰은 공공질서 유지·범죄예방을 목적으로 하고, 사법경찰은 범죄의 수사·체포를 목적으로 한다(제18조).
크로이츠베르크 (Kreuzberg)판결 (1882)	1882년 프로이센 고등행정법원이 크로이쯔베르크판결(띠톱판결 ✕)을 통해 경찰관청이 일반수권규정에 근거하여 법규명령을 발할 수 있는 분야는 소극적인 위험방지에 한정된다는 법해석상 확정되는 계기를 마련하였다(경찰작용의 목적축소).
프랑스 지방자치법전 (1884)	자치체경찰은 공공의 질서·안전 및 위생을 확보함을 목적으로 한다. → 경찰직무를 소극목적에 한정하였으나, 위생사무등 협의의 행정경찰사무가 포함
프로이센 경찰행정법 (1931)	경찰관청은 일반 또는 개인에 대한 공공의 안녕과 질서를 위협하는 위험을 방지하기 위하여 현행법의 범위 내에서 의무에 합당한 재량에 따라 필요한 조치를 취하지 않으면 안 된다.

정답 ②

012 실질적 의미의 경찰개념의 역사적 발전과정에 관한 설명 중 가장 적절하지 않은 것은? 22순경1차

① 요한 쉬테판 퓌터(Johann Stephan Pütter)가 자신의 저서인 『독일공법제도』에서 주장한 "경찰의 직무는 임박한 위험을 방지하는 것이다. 복리증진은 경찰의 본래 직무가 아니다."라는 내용은 경찰국가 시대를 거치면서 확장된 경찰의 개념을 제한하기 위한 노력의 일환으로 볼 수 있다.
② 크로이즈베르크 판결(1882)은 승전기념비의 선망을 확보할 목적으로 주변 건축물의 고도를 제한하기 위해 베를린 경찰청장이 제정한 법규명령은 독일의 제국경찰법 상 개별적 수권조항에 위반되어 무효라고 하였다.
③ 독일의 경우, 15세기부터 17세기에 이르기까지 경찰은 공동체의 질서정연한 상태 또는 공동체의 질서정연한 상태를 창설하고 유지하기 위한 활동으로 이해되었고, 이러한 공동체의 질서정연한 상태를 창설 유지하기 위하여 신민(臣民)의 거의 모든 생활영역이 포괄적으로 규제될 수 있었다.
④ 1931년 제정된 프로이센 경찰행정법 제14조 제1항은 "경찰행정청은 현행법의 범위 내에서 공공의 안녕 또는 공공의 질서를 위협하는 위험으로부터 공중이나 개인을 보호하기 위하여 필요한 조치를 의무에 적합한 재량에 따라 취하여야 한다."라고 규정하여 크로이츠베르크 판결(1882)에 의해 발전된 실질적 의미의 경찰개념을 성문화시켰다.

> **해설**
>
> ② 크로이츠베르크 판결(1882)은 승전기념비의 전망을 확보할 목적으로 주변 건축물의 고도를 제한하기 위해 베를린 경찰청장이 제정한 법규명령은 <u>일반수권조항에</u> 위반되어 무효라고 하였다.
>
> **정답** ②

013 경찰개념의 발달과정에 관한 설명 중 적절한 것은 모두 몇 개인가?　　　13승진

> ㉠ 14세기 말 독일의 경찰개념이 프랑스에 계수되어 양호한 질서를 포함한 국가행정 전반을 포괄하는 의미로 사용되었다.
> ㉡ 16세기 독일 제국경찰법에서 경찰은 외교·군사·재정·사법을 제외한 내무행정 전반을 의미하였다.
> ㉢ 1795년 프랑스의 죄와형벌법전 제16조에서는 경찰은 공공질서를 유지하고 개인의 자유와 재산 및 안전을 유지하기 위한 기관이라 하였다.
> ㉣ 1931년 프로이센 경찰행정법에서 '경찰관청은 공공의 평온, 안녕 및 질서를 유지하고 또한 공중 및 그의 개개 구성원들에 대한 절박한 위험을 방지하기 위하여 필요한 기관이다'라고 규정하였다.

① 없음　　② 1개　　③ 2개　　④ 3개

> **해설**
>
> ㉠ <u>15세기 말 프랑스의 경찰개념이 독일에 계수</u>되어 양호한 질서를 포함한 국가행정 전반을 포괄하는 의미로 사용되었다.
> ㉡ 16세기 독일 제국경찰법에서 경찰은 <u>교회활동을 제외한 국정전반을 의미</u>하였다.
> ㉢ O
> ㉣ <u>1794년 프로이센 일반란트법에서</u> '경찰관청은 공공의 평온, 안녕 및 질서를 유지하고 또한 공중 및 그의 개개 구성원들에 대한 절박한 위험을 방지하기 위하여 필요한 기관이다'라고 규정하였다.
> (일절/죄자/지위/경재)
>
> **정답** ②

014 크로이쯔베르크(Kreuzberg) 판결에 대한 설명으로 적절한 것을 모두 고른 것은?

18승진

㉠ 1882년 프로이센 고등행정법원이 판시하였다.
㉡ 베를린 시민이 Kreuzberg 부근에서 국영 담배공장 운반차에 부상을 당하여 민사법원에 손해배상청구소송을 제기한 사실관계에 기초하여, 손해가 공무원에 의하여 발생한 것이라는 이유에서 관할이 행정재판소로 옮겨지게 된 판결이다.
㉢ 경찰권 발동의 조리상 한계로서 경찰소극목적의 원칙 확립의 계기가 되었다.
㉣ 독일에서 경찰개입청구권을 인정한 판결의 효시로 평가된다.

① ㉠, ㉡   ② ㉠, ㉢   ③ ㉡, ㉣   ④ ㉠, ㉡, ㉢

해설

㉡ <u>Kreuzberg 판결은</u> 1882년 독일의 프로이센 고등행정법원이 베를린의 Kreuzberg 언덕에 있는 전승기념비 조망을 확보하기 위해 주변 토지에 대한 건축물의 높이를 제한한 베를린 경찰청장의 명령에 대하여 그러한 명령은 심미적 이유로 내려진 것으로 복지증진을 목적으로 하는 것이므로 무효라고 함으로써 **경찰의 임무는 위험방지에 한정된다고 하는 사상이 법해석상 확정되는 계기를 만든 판결**로 유명하다. 한편 <u>Blanco 판결은</u> Blanco란 소년이 국영담배공장 운반차에 부상을 당하여 민사법원에 소를 제기하였는데 손해가 공무원에 의하여 발생한 것이라는 이유에서 행정재판소 관할로 옮겨진 사건으로, **공무원에 의한 손해는 국가에 배상책임이 있고 그 관할은 행정재판소라는 원칙이 확립되는 계기**가 되었다.
㉣ 경찰개입청구권은 행정청의 위법한 부작위 등으로 권익을 침해당한 자가 해당 행정청에 대하여 제3자에 대하여 일정한 법에 규정된 행정권의 발동을 청구하는 권리로, 무하자재량행사청구권의 법리를 기초로 하여 독일에서 학설·판례를 통해 발전된 개념이다. **경찰개입청구권을 인정한 판결의 효시는 띠톱 판결**이다.

정답 ②

015 행정법·형사법 관련 판결에 대한 ㉠부터 ㉣까지의 설명 중 옳고 그름의 표시(○, ×)가 바르게 된 것은?

18승진

> ㉠ Blanco 판결은 Blanco란 소년이 국영담배공장 운반차에 부상을 당하여 민사법원에 소를 제기하였는데 손해가 공무원에 의하여 발생한 것이라는 이유에서 행정재판소 관할로 옮겨진 사건으로, 공무원에 의한 손해는 국가에 배상책임이 있고 그 관할은 행정재판소라는 원칙이 확립되는 계기가 되었다.
> ㉡ Kreuzberg 판결을 통해 경찰관청이 일반수권 규정에 근거하여 법규명령을 발할 수 있는 분야는 위험방지 분야에 한정된다고 판시하였다.
> ㉢ Escobedo 판결은 변호인과의 접견교통권을 침해하여 획득한 자백의 증거능력을 부정한 판결이다.
> ㉣ Miranda 판결은 변호인선임권, 접견교통권 및 진술거부권을 고지하지 않은 상태에서 이루어진 자백의 증거능력을 부정하여, 자백의 임의성과 관계없이 채취과정에 위법이 있는 자백을 배제하게 되는 계기가 되었다.

① ㉠(×) ㉡(○) ㉢(×) ㉣(○)
② ㉠(○) ㉡(×) ㉢(○) ㉣(×)
③ ㉠(○) ㉡(○) ㉢(○) ㉣(○)
④ ㉠(○) ㉡(○) ㉢(×) ㉣(○)

해설

모두 옳은 지문이다.

정답 ③

---

016 경찰개념에 대한 설명 중 옳지 않은 것은?

20경간

① 일반행정기관이 실질적 의미의 경찰작용을 하는 경우는 있으나, 형식적 의미의 경찰작용을 하지는 않는다.
② 정보경찰의 활동은 실질적 의미의 경찰보다는 형식적 의미의 경찰과 관련이 깊다.
③ 실질적 의미의 경찰은 형식적 의미의 경찰 개념보다 넓은 의미로 형식적 의미의 경찰을 모두 포괄하는 상위개념이다.
④ 실질적 의미의 경찰은 사회공공의 안녕, 질서유지와 같은 소극적 목적을 위한 권력적 작용이다.

해설

③ 형식적 의미의 경찰 중에는 실질적 의미의 경찰에 속하지 않는 것도 있으며(사법경찰), 실질적 의미의 경찰에 속하는 것이 실정법상 모두 보통경찰기관에 맡겨져 있는 것도 아니다(위생경찰). 따라서 **형식적 의미의 경찰이 언제나 실질적 의미의 경찰이 되는 것은 아니고, 또한 실질적 의미의 경찰이 모두 형식적 의미의 경찰이 되는 것도 아니다.**

정답 ③

017 경찰개념에 대한 설명으로 가장 적절하지 않은 것은? 19승진

① 형식적 의미의 경찰은 실정법상 보통경찰기관에 분배된 임무를 달성하기 위하여 행해지는 경찰활동으로 그 범위는 나라마다 차이가 있을 수 있다.
② 실질적 의미의 경찰은 사회공공의 안녕, 질서유지와 같은 적극적 목적을 위한 작용이다.
③ 실질적 의미의 경찰은 국가의 일반통치권에 근거하여 국민에게 명령·강제하는 권력적 작용이다.
④ 일반행정기관이 실질적 의미의 경찰작용을 하는 경우는 있으나, 형식적 의미의 경찰작용을 하지는 않는다.

해설

② 실질적 의미의 경찰은 <u>소극적 목적</u>을 위한 작용이다.

형식적 의미의 경찰	실질적 의미의 경찰
① 실정법상 보통경찰기관에 부여된 경찰활동 → 제도적·실무상 개념	① 사회공공의 안녕과 질서유지를 위하여 일반통치권에 근거하여 국민에게 명령·강제하는 작용 → 학문적·이론상 개념
② 조직 중심의 개념 ③ 국가에 따라 차이	② 작용(성질) 중심의 개념 ③ 장래에 향한 질서유지, 사회목적적, 소극목적 작용

〈양자간 관계 → 아무런 관계가 없음〉
① 어느 하나가 포괄하거나, 더 크거나, 상위 개념이 아님 → 완전히 별개의 개념
② 양자간 중복되는 영역도 있지만 반드시 일치하는 것이 아님

정답 ②

---

018 형식적 의미의 경찰개념과 실질적 의미의 경찰개념에 대해 가장 잘못 설명한 것은? 14경간

① 형식적 의미의 경찰개념은 실정법상 보통경찰기관에 분배되어 있는 임무를 달성하기 위한 경찰활동이다.
② 실질적 의미의 경찰개념은 학문상으로 정립된 개념이라기보다는 실무상으로 확립된 개념이다.
③ 형식적 의미의 경찰활동으로는 수사활동, 정보활동, 서비스적 활동 등이 있다.
④ 일반행정기관에서도 경찰기능을 담당한다고 할 때의 경찰기능은 일반행정기관이라는 조직적 측면에서 바라본 실질적 경찰개념을 의미한다.

해설

② 실질적 의미의 경찰개념은 실무상으로 확립된 개념이 아니라 <u>학문상으로 정립된 개념</u>이다.
④ 일반행정기관에서도 경찰기능을 담당한다고 할 때의 경찰기능은 <u>국민에게 명령·규제한다는 작용적 측면에서 바라본</u> 실질적 경찰개념을 의미한다.

정답 ②④ (복수정답)

019 경찰의 개념에 대한 설명 중 가장 적절하지 않은 것은? 21승진

① 실질적 의미의 경찰은 사회공공의 안녕, 질서유지와 같은 소극적 목적을 위한 작용이다.
② 실질적 의미의 경찰은 특별통치권에 근거하여 국민에게 명령·강제하는 권력적 작용으로 독일의 행정법학에서 정립된 학문상 개념이다.
③ 형식적 의미의 경찰작용은 실정법상 보통경찰기관에 분배된 사무를 말하며, 이에 따른 경찰활동의 범위는 나라마다 차이가 있을 수 있다.
④ 형식적 의미의 경찰이 언제나 실질적 의미의 경찰이 되는 것은 아니고, 또한 실질적 의미의 경찰이 모두 형식적 의미의 경찰이 되는 것도 아니다.

해설

② 실질적 의미의 경찰은 **특별통치권이 아니라 일반통치권에 근거**하여 국민에게 명령·강제하는 권력적 작용이다.

정답 ②

---

020 경찰의 개념 중 형식적 의미의 경찰과 실질적 의미의 경찰에 대한 설명으로 가장 적절한 것은? 17순경2차

① 실질적 의미의 경찰 개념은 이론상·학문상 정립된 개념이 아닌 실무상으로 정립된 개념이며, 독일 행정법학에서 유래하였다.
② 경찰이 아닌 다른 일반 행정기관 또한 경찰과 마찬가지로 형식적 의미의 경찰에 해당하는 활동을 할 수 있다.
③ 실질적 의미의 경찰은 형식적 의미의 경찰 개념보다 넓은 의미로 형식적 의미의 경찰을 모두 포괄하는 상위 개념이다.
④ 형식적 의미의 경찰이란 실정법상 보통 경찰기관에 분배되어 있는 임무를 달성하기 위해 행하여지는 경찰 활동을 의미한다.

해설

① 실질적 의미의 경찰 개념은 **실무상으로 정립된 개념이 아니라 이론상·학문상 정립된 개념**이며, 독일 행정법학에서 유래하였다.
② 경찰이 아닌 다른 **일반 행정기관은 형식적 의미의 경찰에 해당하는 활동을 할 수 없다**. 왜냐하면, 형식적 의미 경찰은 보통경찰기관이 하는 일체의 작용을 의미하기 때문이다.
③ **실질적 의미의 경찰은 형식적 의미의 경찰 개념은 별개의 개념으로**, 형식적 의미 경찰에 해당하지만 실질적 의미 경찰에 해당하지 않는 것도 있고, 형식적 의미 경찰에는 해당하지 않지만 실질적 의미 경찰에 해당하는 것도 있고, 양자에 모두 포함되는 것도 있을 뿐이다. 따라서, **실질적 의미의 경찰이 형식적 의미의 경찰보다 넓은 개념이라고 할 수 없다**.
④ O

정답 ④

021 형식적 의미의 경찰과 실질적 의미의 경찰개념에 대한 설명으로 가장 적절하지 않은 것은?

15순경1차

① 형식적 의미의 경찰이란 실정법상 보통경찰기관에 분배되어 있는 임무를 달성하기 위하여 행하여지는 경찰활동을 의미한다.
② 정보경찰활동과 사법경찰활동은 형식적 의미의 경찰개념에 해당한다.
③ 실질적 의미의 경찰은 조직을 중심으로 파악된 개념에 해당한다.
④ 실질적 의미의 경찰개념은 행정조직의 일부로서가 아니라, 작용을 중심으로 파악한 개념에 해당한다.

> **해설**
> ③ 실질적 의미 경찰은 **작용을 중심으로** 파악된 개념이다. 조직을 중심으로 파악된 개념은 형식적 의미 경찰이다.
>
> 정답 ③

022 경찰개념의 분류와 내용에 대한 설명 중 가장 적절하지 않은 것은?

20경채

① 실질적 의미의 경찰개념은 사회 질서유지와 봉사활동과 같은 현대 경찰의 핵심적인 기능을 수행하는 경찰을 의미한다.
② 형식적 의미의 경찰개념은 경찰작용의 성질과는 관계없이 실정법상 경찰기관의 권한에 속하는 모든 작용을 의미한다.
③ 경찰권 발동의 시점을 기준으로 예방경찰과 진압경찰로 구분할 수 있다.
④ 일반행정기관이 실질적 의미의 경찰작용을 하는 경우는 있으나, 형식적 의미의 경찰작용을 하지는 않는다.

> **해설**
> ① 봉사활동과 같은 **비권력적 서비스 활동은 실질적의미의 경찰개념에 포함되지 아니한다.** 실질적 의미의 경찰이란 사회공공의 안녕과 질서를 유지하기 위하여 일반통치권에 의거하여 국민에게 명령·강제하는 작용을 의미한다.
>
> 정답 ①

023 다음은 형식적 의미의 경찰개념과 실질적 의미의 경찰개념에 대한 설명이다. 옳은 것은 모두 몇 개인가?

20순경1차

> ㉠ 형식적 의미의 경찰이 언제나 실질적 의미의 경찰이 되는 것은 아니며, 실질적 의미의 경찰이 모두 형식적 의미의 경찰이 되는 것도 아니다.
> ㉡ 실질적 의미의 경찰은 사회공공의 안녕과 질서유지를 위한 권력적 작용이므로 소극목적에 한정된다.
> ㉢ 형식적 의미의 경찰은 사회목적적 작용을 의미하며 작용을 중심으로 파악된 개념이고, 실질적 의미의 경찰은 조직을 기준으로 파악된 개념이다.
> ㉣ 실질적 의미의 경찰은 실무상 정립된 개념이 아니라 학문적으로 정립된 개념으로 독일 행정법학에서 유래하였다.
> ㉤ 경찰관 직무집행법 제2조에 규정된 경찰의 직무범위가 우리나라에서의 형식적 의미의 경찰개념에 해당한다.

① 2개 ② 3개 ③ 4개 ④ 5개

해설

㉢ **실질적 의미의 경찰은** 사회목적적 작용을 의미하며 작용을 중심으로 파악된 개념이고, **형식적 의미의 경찰은** 조직을 기준으로 파악된 개념이다.

정답 ③

---

024 실질적 의미의 경찰개념에 대한 설명으로 가장 적절하지 않은 것은?

15승진

① 실질적 의미의 경찰은 학문상 정립된 개념으로 독일행정법학에서 유래한다.
② 실질적 의미의 경찰은 일반통치권에 의거 국민에게 명령·강제하는 권력적 작용이다.
③ 경찰의 수사활동, 정보·보안 경찰활동, 서비스적 활동은 실질적 의미의 경찰개념이다.
④ 일반 행정기관도 실질적 의미의 경찰작용을 하는 경우가 있다.

해설

③ 경찰의 수사활동, 정보·보안 경찰활동, 서비스적 활동은 **형식적 의미의 경찰개념**이다.

정답 ③

025 다음 보기 중 경찰개념을 설명한 것으로 <u>틀린</u> 것은 모두 몇 개인가?   14순경1차

> ㉠ 형식적 의미의 경찰은 모두 실질적 의미의 경찰에 포함된다.
> ㉡ 정보경찰의 활동은 실질적 의미의 경찰보다는 형식적 의미의 경찰과 관련이 깊다.
> ㉢ 실질적 의미의 경찰개념은 학문상으로 정립된 개념이며, 프랑스 행정법학에서 유래하였다.
> ㉣ 형식적 의미의 경찰개념에 입각한 경찰활동의 범위는 나라마다 차이가 있을 수 있다.

① 1개   ② 2개   ③ 3개   ④ 4개

해설

㉠ 형식적 의미의 경찰이면서 실질적 의미의 경찰에 포함되는 것도 있지만, 형식적 의미의 경찰과 실질적 의미의 경찰이 반드시 일치하는 것은 아니다. 따라서, 형식적 의미의 경찰이 언제나 실질적 의미의 경찰이 되는 것도 아니고, 실질적 의미의 경찰이 모두 형식적 의미의 경찰이 되는 것도 아니다.
㉢ 실질적 의미의 경찰개념은 학문상으로 정립된 개념이며, "독일" 행정법학에서 유래하였다.

정답 ②

---

026 경찰의 분류에 대한 설명으로 가장 적절하지 <u>않은</u> 것은?   21순경1차

① 행정경찰과 사법경찰 : 경찰의 목적에 따라 구분하며, 프랑스의 「죄와 형벌법전」(「경죄처벌법전」)에서 이와 같은 구분을 최초로 법제화하였다.
② 협의의 행정경찰과 보안경찰 : 다른 행정작용에 부수하느냐의 여부에 따라 구분하며, 협의의 행정경찰은 경찰활동의 능률성과 기동성을 확보할 수 있고 보안경찰은 지역 실정을 반영한 경찰조직의 운영과 관리가 가능하다.
③ 평시경찰과 비상경찰 : 위해의 정도와 담당기관에 따라 구분하며, 평시경찰은 평온한 상태 하에서 일반법규에 의하여 보통경찰기관이 행하는 경찰작용이고 비상경찰은 비상사태 발생이나 계엄선포 시 군대가 일반치안을 담당하는 경우이다.
④ 질서경찰과 봉사경찰 : 경찰서비스의 질과 내용에 따라 구분하며, 「경범죄 처벌법」 위반자에 대한 통고처분은 질서경찰의 영역에, 교통정보의 제공은 봉사경찰의 영역에 해당한다.

해설

② 협의의 행정경찰과 보안경찰은 "업무의 독자성 여부(다른 행정작용에 부수하느냐 여부)"에 따른 구분이다(독보협). 설문은 국가경찰과 자치경찰(권한과 책임소재에 따른 분류)에 관한 내용을 서술하고 있다. (소국자)

정답 ②

027 경찰개념에 대한 설명 중 틀린 것은 모두 몇 개인가?

10승진

㉠ 형식적 의미의 경찰이란 경찰관서에서 하는 일체의 경찰작용을 의미한다.
㉡ 실질적 의미의 경찰에는 영업경찰, 위생경찰, 서비스활동이 있다.
㉢ 권한과 책임의 소재를 기준으로 보안경찰과 협의의 행정경찰로 나뉜다.
㉣ 중세국가 시대에는 경찰과 행정이 분화되었다.
㉤ 영미에서는 '경찰활동이란 무엇인가'라는 문제로 경찰개념이 논의되었다.

① 2개 ② 3개 ③ 4개 ④ 5개

해설

㉠ O
㉡ 실질적 의미의 경찰은 "공공의 안녕과 질서유지를 위해 일반통치권에 의거하여 국민에게 명령·강제하는 작용(질통강제)"을 말한다. 따라서, 경찰의 서비스활동은 명령·강제하는 작용이 아니기 때문에 실질적 의미의 경찰에 해당하지 않는다(형식적 의미의 경찰에는 해당하지만).
㉢ 업무의 독자성을 기준으로 보안경찰과 협의의 행정경찰로 나뉜다(독보협/질질봉). 권한과 책임의 소재 기준으로는 국가경찰과 자치경찰로 분류할 수 있다. (소국자)
㉣ 중세국가 시대에는 경찰과 행정이 분화되지 않았다.
㉤ O

정답 ②

028 경찰의 개념에 대한 설명 중 틀린 것은 몇 개인가?

13경간

㉠ 행정경찰과 사법경찰의 구분은 삼권분립 사상이 투철했던 프랑스에서 확립된 것이다.
㉡ 실질적 의미의 경찰개념은 학문상으로 정립된 개념으로 프랑스 행정학에서 유래한다.
㉢ 실질적 의미의 경찰은 사회공공의 안녕, 질서유지와 같은 소극적 목적으로 위한 작용이다.
㉣ 행정경찰은 주로 과거의 상황에 대하여 발동되는 반면, 사법경찰은 주로 현재 또는 장래의 상황에 대하여 발동하게 된다.

① 1개 ② 2개 ③ 3개 ④ 4개

해설

㉡ 실질적 의미의 경찰개념은 독일 행정(경찰)법학에서 유래한다.
㉣ 행정경찰은 주로 현재 또는 장래의 상황에 대하여, 사법경찰은 주로 과거의 상황에 대하여 발동하게 된다.

정답 ②

029 다음 중 경찰의 분류와 그 내용으로 가장 적절하지 않은 것은? 18순경3차

① 경찰권 발동시점에 따라 예방경찰과 진압경찰로 구분할 수 있으며, 위해를 미칠 우려가 있는 정신착란자의 보호는 예방경찰에, 사람을 공격하는 멧돼지를 사살하는 것은 진압경찰에 해당한다.
② 업무의 독자성에 따라 보안경찰과 협의의 행정경찰로 구분할 수 있으며, 교통경찰은 보안경찰에, 건축경찰은 협의의 행정경찰에 해당한다.
③ 삼권분립 사상에 따라 행정경찰과 사법경찰로 구분할 수 있으며, 형식적 의미의 경찰은 행정경찰에, 실질적 의미의 경찰은 사법경찰에 해당한다.
④ 경찰활동의 질과 내용에 따라 질서경찰과 봉사경찰로 구분할 수 있으며, 범죄수사는 질서경찰에, 방범지도는 봉사경찰에 해당한다.

해설

③ 삼권분립 사상에 따라 행정경찰과 사법경찰로 구분할 수 있으며, **행정경찰은 실질적 의미의 경찰**에 해당하고, **사법경찰은 형식적 의미의 경찰**에 해당한다.

정답 ③

---

030 다음 설명에 해당하는 것은 무엇인가? 15순경3차

> 범죄의 예방과 검거 등 보안경찰 이외의 협의의 행정경찰사무 즉, 영업경찰, 건축경찰, 보건경찰 등의 경찰사무를 다른 행정관청의 분장사무로 이관하는 현상

① 비범죄화   ② 비경찰화   ③ 사무통합   ④ 경찰국가

해설

② 제2차 세계대전 이후 독일에서 영업경찰, 건축경찰, 보건경찰 등 협의의 행정경찰 사무를 다른 행정관청의 사무로 이관한 조치를 '**비경찰화**'라고 한다.

정답 ②

031 경찰의 분류와 구분기준에 대한 설명 중 옳지 않은 것은 모두 몇 개인가? 21경간

> 가. 보안경찰과 협의의 행정경찰은 업무의 독자성에 따른 구분 또는 경찰작용이 다른 행정작용에 부수(수반) 여부를 기준으로 한다.
> 나. 예방경찰과 진압경찰은 경찰권 발동 시점에 따라 분류된다.
> 다. 광의의 행정경찰과 사법경찰은 경찰의 목적·임무를 기준으로 한 구분이며 이러한 경찰개념의 구분은 삼권분립 사상에 투철했던 프랑스에서 확립된 개념이다.
> 라. 국가경찰과 자치경찰은 경찰유지의 권한과 책임의 소재(경찰의 조직·인사·비용부담)에 따른 분류이다.
> 마. 평시경찰과 비상경찰은 위해의 정도 및 담당기관에 따른 구분이다.
> 바. 질서경찰과 봉사경찰은 경찰서비스의 질과 내용에 따른 구분이다.

① 0개   ② 1개   ③ 2개   ④ 3개

해설

모두 옳은 지문이다

▶ **경찰의 분류** (암기 : 목사행/독보협/소국자/질질봉/시진예)

분류기준	분류	내용	참고
목적 (3권분립)	행정경찰	사회공공의 안녕과 질서유지 (행정법규 적용)	실질적 의미의 경찰
	사법경찰	범죄수사와 범인체포 (형사소송법 적용)	형식적 의미의 경찰
업무의 독자성	보안경찰	다른 행정영역과 무관한 독립적 경찰작용	교통·생안·풍속·해양·경비경찰
	협의의 행정경찰	다른 행정영역과 결합하여 행해지는 경찰작용	위생·건축·산림·공물·철도·산업·환경경찰
권한과 책임의 소재	국가경찰	국가가 설립하고 관리하는 경찰	제주자치경찰에 이어 전국적으로 자치경찰제 도입
	자치경찰	자치단체가 설립하고 관리하는 경찰	
위해정도와 담당기관 (적용법규)	평시경찰	평온한 상태에서 일반경찰 법규에 의하여 보통경찰기관이 행하는 경찰작용	
	비상경찰	국가비상시에 군대가 경찰사무를 담당	계엄사령관, 위수사령관
경찰활동의 질과 내용	질서경찰	강제력을 수단으로 법집행을 하는 경찰	범죄수사, 진압, 즉시강제, 교통위반자에 대한 처분 등
	봉사경찰	비권력적 수단으로 직무를 수행하는 경찰	방범지도, 청소년선도, 교통정보 제공, 방범순찰, 수난구호 등

경찰권 발동시점	예방경찰	위해의 발생을 방지하기 위한 경찰작용	총포·화약류의 취급 제한, 위해우려 정신착란자 보호조치
	진압경찰	발생된 위해제거 및 범죄수사를 위한 권력적 경찰작용	범죄의 제지·진압, 범죄수사, 피의자 체포, 사람공격 멧돼지 사살, 위해를 주는 정신착란자 보호조치

정답 ①

032 경찰의 분류에 대한 설명으로 가장 적절하지 않은 것은? 21순경2차

① 우리나라에서는 보통경찰기관이 행정경찰 및 사법경찰 업무를 모두 담당한다.
② 진압경찰은 이미 발생한 위해의 제거나 범죄의 수사를 위한 경찰작용으로 범죄의 수사, 범죄의 제지, 총포·화약류의 취급 제한, 광견의 사살 등이 있다.
③ 봉사경찰은 서비스·계몽·지도 등 비권력적인 수단을 통하여 경찰의 직무를 수행하는 경찰활동으로 방범지도, 청소년선도, 교통정보제공 등이 있다.
④ 협의의 행정경찰은 다른 행정작용에 부수하여 그 행정작용과 관련해서 발생하는 위험을 방지하기 위해 행해지는 경찰작용으로 경제경찰, 산림경찰, 철도경찰 등이 있다.

해설

② "총포·화약류 취급제한"은 예방경찰이다.

정답 ②

033 다음 중 경찰을 경찰활동의 질과 내용에 따라 분류한 것으로 가장 적절한 것은? 18순경1차

① 질서경찰과 봉사경찰
② 보안경찰과 협의의 행정경찰
③ 행정경찰과 사법경찰
④ 보통경찰과 고등경찰

해설

① 질서경찰과 봉사경찰이 경찰활동의 질과 내용에 따른 분류(질질봉)
② 업무의 독자성여부에 따른 분류(독보협)
③ 목적과 임무에 따른 분류(목사행)
④ 보호법익에 따른 분류이다.

정답 ①

034 다음 중 경찰의 권한과 책임의 소재에 따라 구분한 것으로 가장 적절한 것은? 16순경1차

① 국가경찰과 자치경찰
② 예방경찰과 진압경찰
③ 보안경찰과 협의의 행정경찰
④ 질서경찰과 봉사경찰

> 해설
> ① 경찰의 권한과 책임의 소재에 따른 구분(소국자)
> ② 경찰권발동의 시점을 기준으로 한 구분(시진예)
> ③ 업무의 독자성(타 행정작용에 부수하는지 여부)에 따른 구분(독보협)
> ④ 경찰활동의 질과 내용을 기준으로 한 구분(질질봉)
>
> 정답 ①

035 자치경찰제도와 비교하여 국가경찰제도가 갖는 장점으로 가장 적절하지 않은 것은? 16순경2차

① 국가권력을 배경으로 강력하고 광범위한 집행력을 행사할 수 있다.
② 전국적으로 통계의 정확성을 기할 수 있다.
③ 경찰조직의 운영·개혁이 상대적으로 용이하다.
④ 타 행정부문과의 긴밀한 협조·조정이 원활하다.

> 해설
> ③ 자치경찰이 국가경찰에 비하여 조직이 작기 때문에 경찰조직의 운영·개혁이 국가경찰에 비하여 상대적으로 용이하다.
>
> 정답 ③

036 다음은 국가경찰과 자치경찰에 대한 설명이다. 옳은 것으로 묶인 것은? 20순경1차

┌───┐
│ ㉠ 국가경찰은 자치경찰과 비교하여 인권과 민주성이 보장되어 주민들의 지지를 받기 쉽다. │
│ ㉡ 자치경찰은 국가경찰과 비교하여 권력적 수단보다는 비권력적 수단을 통해 국민의 생명과 신체 재산을 보호하고자 한다. │
│ ㉢ 국가경찰은 자치경찰과 비교하여 타 행정부문과의 긴밀한 협조 조정이 원활하다는 장점이 있다. │
│ ㉣ 자치경찰은 국가경찰과 비교하여 지역실정을 반영한 경찰조직의 운영 관리가 용이하다. │
│ ㉤ 국가경찰은 자치경찰과 비교하여 지역주민에 대한 경찰의 책임의식이 높다. │
└───┘

① ㉠㉡㉣   ② ㉡㉢㉣   ③ ㉡㉢㉤   ④ ㉠㉣㉤

해설
- ㉠ **자치경찰은** 인권보장과 민주성이 보장되어 주민들의 지지를 받기 쉽다.
- ㉤ **자치경찰이 국가경찰과 비교하여** 지역주민에 대한 경찰의 책임의식이 높다.

정답 ②

---

037 자치경찰제도의 도입에 따른 장점으로 옳지 않은 설명으로 묶인 것은? 18경간

┌───┐
│ 가. 자치경찰제도는 지방에 적합한 경찰행정이 가능하다. │
│ 나. 자치경찰제도는 타 행정부분과의 긴밀한 협조·조정이 원활하다. │
│ 다. 자치경찰제도는 지방별로 독립된 조직이므로 조직·운영의 개혁이 용이하다. │
│ 라. 자치경찰제도는 전국적으로 균등한 경찰서비스를 제공할 수 있다. │
│ 마. 자치경찰제도는 전국적인 통계자료의 정확성을 기할 수 있다. │
│ 바. 자치경찰제도는 민주성이 보장되어 주민들의 지지를 받기 쉽다. │
└───┘

① 가, 나, 라   ② 가, 라, 마   ③ 나, 다, 바   ④ 나, 라, 마

해설
- 가. 자치경찰제도는 지방에 적합한 경찰행정이 가능하다. – 자치경찰의 장점
- 나. 타 행정부분과의 긴밀한 협조·조정이 원활하다. – **국가경찰의 장점**
- 다. 자치경찰제도는 지방별로 독립된 조직이므로 조직·운영의 개혁이 용이하다. – 자치경찰의 장점
- 라. 전국적으로 균등한 경찰서비스를 제공할 수 있다. – **국가경찰의 장점**
- 마. 전국적인 통계자료의 정확성을 기할 수 있다. – **국가경찰의 장점**
- 바. 자치경찰제도는 민주성이 보장되어 주민들의 지지를 받기 쉽다. – 자치경찰의 장점

정답 ④

038 경찰개념의 분류에 대한 설명으로 가장 적절하지 않은 것은? 13승진

① 진압경찰은 발생된 범죄의 수사를 위한 권력적 작용을 의미하는 경찰개념이다.
② 3권분립 사상을 기준으로 행정경찰과 사법경찰로 분류할 수 있으며, 사법경찰은 형식적 의미의 경찰에 해당한다.
③ 업무의 독자성을 기준으로 보안경찰과 협의의 행정경찰로 분류할 수 있으며, 위생경찰은 협의의 행정경찰에 해당한다.
④ 경찰권 발동 시점을 기준으로 평시경찰과 비상경찰로 분류할 수 있다.

> **해설**
> ④ 경찰권 발동 시점을 기준으로 예방경찰과 진압경찰로 분류된다. 평시경찰과 비상경찰은 '위해정도 및 담당기관'을 기준으로 한 분류이다.
>
> **정답** ④

039 경찰의 분류에 대한 설명으로 적절한 것을 모두 고른 것은? 19승진

㉠ 삼권분립사상에 기초하여 분류할 때 행정경찰은 실질적 의미의 경찰에 해당하고, 사법경찰은 형식적 의미의 경찰에 해당한다.
㉡ 경찰활동의 질과 내용을 기준으로 분류할 때 예방경찰은 경찰상의 위해 발생을 방지하기 위한 작용으로 '위해를 미칠 우려가 있는 정신착란자의 보호'가 이에 해당한다.
㉢ 자치경찰제도는 각 지방특성에 적합한 경찰행정이 가능하지만, 국가경찰제도에 비해 관료화되어 국민을 위한 봉사가 저해될 수 있다.
㉣ 국가경찰제도는 경찰업무집행의 통일을 기할 수 있으나, 정부의 특정정책 수행에 이용되어 본연의 임무를 벗어날 우려가 있다.

① ㉠, ㉡   ② ㉠, ㉣   ③ ㉡, ㉢   ④ ㉢, ㉣

> **해설**
> ㉡ 경찰활동의 질과 내용을 기준으로 분류할 때 경찰은 질서경찰과 봉사경찰로 구분된다. 예방경찰과 진압경찰은 '경찰권 발동시점'에 따른 분류이다.
> ㉢ 관료화되어 국민을 위한 봉사가 저해될 수 있다는 것은 국가경찰제도의 단점이다.
>
> **정답** ②

040 경찰의 개념에 대한 설명 중 가장 적절하지 않은 것은? 　　　　　　　　　　14승진

① 경찰개념은 시대성·역사성을 반영하며, 일률적 정의가 곤란한 다의적 개념이다.
② 경찰국가시대 대륙법계 국가에서는 국가 활동의 확대와 복잡화로 국가작용의 분화현상이 나타나, 경찰개념이 외교·군사·재정·사법을 제외한 내무행정 전반을 의미하였다.
③ 행정경찰과 사법경찰의 구분은 삼권분립의 사상에 투철했던 영국에서 확립된 구분으로, 행정경찰은 형식적 의미의 경찰에 해당하며, 사법경찰은 실질적 의미의 경찰에 해당한다.
④ 제2차 세계대전 이후 독일에서는 협의의 행정경찰사무(영업경찰, 건축경찰, 보건경찰 등)를 다른 관청의 분장사무로 이관하는 비경찰화 현상이 나타났다.

해설

③ 행정경찰과 사법경찰의 구분은 삼권분립의 사상에 투철했던 <U>프랑스에서 확립</U>된 구분으로, <U>행정경찰은 실질적 의미의 경찰</U>에 해당하며, <U>사법경찰은 형식적 의미의 경찰</U>에 해당한다.

　　　　　　　　　　　　　　　　　　　　　　　　　　　　　　　　　　　　　정답 ③

041 경찰의 분류에 대한 설명으로 적절한 것은 모두 몇 개인가? 　　　　　　　　22경간

가. 고등경찰과 보통경찰의 구별은 독일에서 유래한 것으로 경찰에 의하여 보호되는 법익을 기준으로 한 구별이다.
나. 질서경찰과 봉사경찰은 경찰서비스의 질과 내용에 따라 구분한 것으로 범죄수사는 질서경찰에 해당하고 방범순찰은 봉사경찰에 해당한다.
다. 평시경찰과 비상경찰은 위해의 정도 및 담당기관에 따라 구분한 것으로 평시경찰은 보통경찰기관이 행하는 경찰작용이고 비상경찰은 비상사태 발생으로 계엄이 선포될 경우 계엄법에 따라 군대가 담당하는 경찰작용이다.
라. 보안경찰과 협의의 행정경찰은 권한의 책임과 소재에 따라 구분한 것으로 풍속경찰은 보안경찰에 해당하고 산림경찰은 협의의 행정경찰에 해당한다.
마. 행정경찰과 사법경찰은 경찰의 목적에 따른 구분이며 삼권분립 사상에서 유래하였다.

① 2개　　　　② 3개　　　　③ 4개　　　　④ 5개

해설

가. 고등경찰과 보통경찰의 구별은 <U>프랑스에서</U> 유래한 것으로 경찰에 의하여 보호되는 법익을 기준으로 한 구별이다.
라. 보안경찰과 협의의 행정경찰은 <U>업무의 독자성 여부에 따라</U> 구분한 것으로 풍속경찰은 보안경찰에 해당하고 산림경찰은 협의의 행정경찰에 해당한다.

　　　　　　　　　　　　　　　　　　　　　　　　　　　　　　　　　　　　　정답 ②

제2절 경찰의 임무와 수단

042 경찰의 임무를 공공의 안녕과 질서에 대한 위험의 방지라고 정의할 때, 이에 대한 설명으로 가장 적절한 것은?
20순경2차

① '공공의 안녕'이란 개념은 '법질서의 불가침성'과 '국가의 존립 및 국가기관 기능성의 불가침성', '개인의 권리와 법익의 보호'를 포함하며 이 중 공공의 안녕의 제1요소는 '개인의 권리와 법익의 보호'이다.
② '공공의 질서'란 원만한 공동체 생활을 위해 개인이 준수해야 할 불문규범의 총체를 의미하며, 법적 안전성 확보를 위해 불문규범이 성문화되어가는 현상으로 인하여 그 영역이 점차 축소되고 있다.
③ 경찰이 의무에 합당한 사려 깊은 상황판단을 했음에도 불구하고 위험을 잘못 긍정한 경우를 '오상위험'이라고 한다.
④ 위험의 현실화 여부에 따라 '추상적 위험'과 '구체적 위험'으로 구분할 수 있으며 경찰의 개입은 구체적 위험의 경우에만 정당화된다

해설

① '공공의 안녕'이란 개념은 '법질서의 불가침성'과 '국가의 존립 및 국가기관 기능성의 불가침성', '개인의 권리와 법익의 보호'를 포함하며, 이 중 <u>공공의 안녕의 제1요소는 '법질서의 불가침성'</u>이다.
② O
③ 경찰이 의무에 합당한 사려 깊은 상황판단을 했음에도 불구하고 위험을 잘못 긍정한 경우를 '<u>외관적 위험</u>'이라고 한다(적법한 개입이므로 경찰관에게 민형사상 책임을 물을 수 없으나, 국가의 손실보상책임이 발생할 수는 있음). 오상위험은 객관적으로 위험의 외관 또는 혐의가 정당화되지 아니함에도 불구하고 경찰이 위험의 존재를 잘못 추정한 경우이다(위법한 개입이며 경찰관 개인에게는 민·형사책임, 국가에게는 국가배상책임의 문제가 발생할 수 있음).
④ 경찰의 개입은 <u>구체적 위험 내지 추상적 위험이 있을 경우 가능</u>하다.

정답 ②

043 경찰의 임무에 대한 설명으로 가장 적절하지 않은 것은? 17순경2차

① '공공의 안녕과 질서에 대한 위험방지'가 경찰의 궁극적 임무라 할 수 있다.
② 오늘날 대부분의 생활 영역에 대한 법적 규범화 추세에 따라 공공질서 개념의 사용 가능 분야는 점점 축소되고 있다.
③ '공공의 안녕'이란 개념은 '법질서의 불가침성'과 '국가의 존립 및 국가기관의 기능성의 불가침성'으로 나눌 수 있는 바, 이 중 '국가의 존립 및 국가기관의 기능성의 불가침성'이 공공의 안녕의 제1요소이다.
④ 경찰의 개입은 구체적 위험 내지 적어도 추상적 위험이 있을 때 가능하다.

해설
③ '공공의 안녕'이란 개념은 '법질서의 불가침성'과 '국가의 존립 및 국가기관의 기능성의 불가침성', '개인의 권리와 법익의 보호'로 나눌 수 있는 바, 이 중 **'법질서의 불가침성'이 공공의 안녕의 제1요소**이다.

정답 ③

044 공공질서에 대한 설명으로 틀린 것은? 15경간

① 공공질서라 함은 당시의 지배적인 윤리와 가치관을 기준으로 판단할 때 그것을 준수하는 것이 시민으로서 원만한 국가 공동체 생활을 영위하기 위한 불가결적 전제조건이 되는 각 개인의 행동에 대한 성문규범의 총체를 의미한다.
② 공공질서의 개념은 시대에 따라 변화하고 유동적이다.
③ 공공질서 개념의 사용가능 분야는 점점 축소되고 있다.
④ 통치권의 집행을 위한 개입의 근거로 사용될 수 있어 엄격한 합헌성을 요구받는다.

해설
① 공공질서라 함은 당시의 지배적인 윤리와 가치관을 기준으로 판단할 때 그것을 준수하는 것이 시민으로서 원만한 국가 공동체 생활을 영위하기 위한 불가결적 전제조건이 되는 각 개인의 행동에 대한 **불문규범의 총체**를 의미한다.

정답 ①

045 경찰의 임무를 공공의 안녕과 질서에 대한 위험의 방지라고 정의할 때, 위험에 대한 설명으로 가장 적절한 것은?

20승진

① '위험'은 보호받는 개인 및 공동의 법익에 관한 정상적 상태의 객관적 감소를 뜻한다.
② 위험에 대한 인식은 외관적 위험, 위험혐의, 추상적 위험으로 구분할 수 있다.
③ '위험혐의'란 경찰이 의무에 합당한 사려 깊은 판단을 할 때 실제로 위험의 가능성은 예측되나 불확실한 경우를 말한다.
④ 외관적 위험에 대한 경찰권 발동은 경찰상 위험에 해당하는 적법한 개입이므로 경찰관에게 민·형사상 책임을 물을 수 없고, 국가의 손실보상 책임도 발생하지 않는다.

해설

① <u>손해는</u> 보호받는 개인 및 공동의 법익에 관한 정상적 상태의 객관적 감소를 뜻한다.
② 위험에 대한 인식은 외관적 위험, 위험혐의, <u>오상위험(추정적 위험)</u>으로 구분할 수 있다.
③ ○
④ 외관적 위험에 대한 경찰권 발동은 경찰상 위험에 해당하는 적법한 개입이므로 경찰관에게 민·형사상 책임을 물을 수 없지만, <u>국가의 손실보상 책임은 발생할 수 있다.</u>

▶ 경찰상 위험

의 의	㉠ 위험 – 가까운 장래에 공공의 안녕이나 질서에 손해가 나타날 수 있는 가능성이 개개의 경우에 충분히 존재하는 상태를 의미하며, 경찰개입의 전제조건 ㉡ 손해 – 보호받는 법익에 관한 정상적 상태의 객관적 감소를 의미
분 류	㉠ 위험의 현실성 → ① 구체적 위험 ② 추상적 위험 ㉡ 위험에 대한 인식 → ① 외관적 위험 ② 오상위험 ③ 위험혐의
판단기준	보호법익에 대한 현저한 침해행위가 있어야 함

▶ 위험의 분류 : 구체적 위험 vs 추상적 위험

구체적 위험	구체적인 사안에 있어서 가까운 장래에 손해발생의 충분한 가능성이 존재
추상적 위험	㉠ 의의 – 구체적 위험의 예상 가능성(가설적·상상적 위험) ㉡ 경찰의 개입은 구체적 위험 내지 적어도 추상적 위험이 있을 때 가능. 이 점이 사전배려 원칙에 따라 추상적 위험 이전의 단계에서도 개입이 허용되는 환경법 영역과 다르다. ㉢ 위험은 경찰개입의 전제요건이나, 위험이 보호를 받게 되는 법익에 필수적으로 존재해야 하는 것은 아니다.(예 : 차가 없는 도로에서의 무단횡단) ㉣ 경찰이 개입하기 위해서는 사실적·물리적 위험이 반드시 존재해야 하는 것은 아니다. ㉤ 추상적 위험에 대해서는 경찰처분은 불가하고, 경찰상 법규명령이 발령될 수 있다.

▶ 위험에 대한 인식 : 외관적 위험 vs 오상위험 vs 위험혐의

외관적 위험	㉠ 합리적으로 사려깊은 상황판단하여 개입했으나, 실제로는 위험이 없는 경우(집안에서 아이들이 괴성을 지르며 장난친 것을 강도사건으로 오인하여 문을 따고 들어간 경우) ㉡ 경찰권 발동이 정당화되고 경찰상 위험에 포함됨 ㉢ 손해배상 문제는 발생하지 않고 손실보상 책임은 발생 가능
오상위험 (추정적위험)	㉠ 객관적으로 판단할 때 위험의 외관이나 혐의가 정당화되지 않음에도 경찰이 위험의 존재를 잘못 추정한 경우 ㉡ 경찰권 발동이 정당화 될 수 없고, 위법행위를 구성(경찰상 위험이 아님) ㉢ 형사책임과 손해배상책임 발생 가능
위험혐의	㉠ 경찰이 의무에 합당한 사려깊은 판단을 할 때 실제로 위험의 가능성은 예측이 되나 실현이 불확실한 경우 ㉡ 경찰의 개입은 위험의 존재여부가 명백해질 때까지는 예비적 조치에 국한 → 위험혐의는 위험조사 차원의 개입을 정당화시킴

 정답 ③

046 경찰의 임무를 공공의 안녕과 질서에 대한 위험의 방지라고 정의할 때, 위험에 대한 설명 중 가장 옳지 않은 것은? 　　　　　　　　　　　　　　　　　　　　　　　　　　　　　　　　　　19경간

① 오상위험은 객관적으로 판단할 때 위험의 외관 또는 혐의가 정당화되지 않음에도 경찰이 위험의 존재를 잘못 추정한 경우를 말한다.
② 위험에 대한 인식에 따라 외관적 위험, 위험혐의, 오상위험으로 구분된다.
③ 경찰의 개입은 구체적 위험 내지 적어도 오상위험(추정적 위험)이 있을 때 가능하다.
④ 손해란 보호받는 개인 및 공동의 법익에 관한 정상적 상태의 객관적 감소를 뜻하고, 보호법익에 대한 현저한 침해행위가 있어야 한다.

해설

③ 경찰의 개입은 **구체적 위험 내지 적어도 추상적 위험이 있을 때** 가능하다. 오상위험(추정적 위험)은 이성적이고 객관적으로 판단할 때, 위험의 외관이나 그 혐의가 정당화되지 아니함에도 불구하고 경찰이 위험의 존재를 잘못 추정한 경우를 말한다.

 정답 ③

047 경찰의 임무에 대한 설명으로 가장 적절하지 않은 것은? 21순경2차

① 「국가경찰과 자치경찰의 조직 및 운영에 관한 법률」 제3조에서 경찰의 임무로 '국민의 생명·신체 및 재산의 보호', '범죄피해자 보호', '교통의 단속과 위해의 방지' 등을 규정하고 있다.
② 법질서의 불가침성은 공공의 안녕의 제1요소로서, 공법규범에 대한 위반은 일반적으로 공공의 안녕에 대한 위험으로 취급되어 경찰권 발동의 대상이 된다.
③ 공공질서란 원만한 공동체 생활을 위한 필수적인 전제조건으로서 공공사회에서 개개인의 행동에 대한 불문규범의 총체를 의미한다. 공공질서는 시대에 따라 변화하는 상대적·유동적 개념이다.
④ 위험이란 가까운 장래에 공공의 안녕이나 질서에 손해가 나타날 수 있는 가능성이 개개의 경우에 충분히 존재하는 상태를 의미한다. 위험은 구체적 위험과 추상적 위험으로 구분할 수 있으며 경찰 개입은 구체적 위험이 있을 때에만 가능하다.

> **해설**
> ④ 구체적 위험 또는 추상적 위험이 있을 때 경찰권발동이 가능하다.
>
> **정답** ④

048 경찰의 기본적 임무인 '위험의 방지'에 대한 설명으로 가장 적절하지 않은 것은? 22승진

① 경찰개입을 위해서는 구체적 위험이 존재해야 하지만, 범죄예방 및 위험방지 행위의 준비는 추상적 위험 상황에서도 가능하다.
② 오상위험이란 경찰이 상황을 합리적으로 사려 깊게 판단하여 위험이 존재한다고 인식하여 개입하였으나 실제로는 위험이 없던 경우를 말하며 이 경우 국가의 손실보상책임이 발생할 수 있다.
③ 위험혐의란 경찰이 의무에 합당한 사려 깊은 상황 판단을 할 때, 위험의 발생 가능성은 예측되지만, 위험의 실제 발생 여부가 불확실한 경우를 의미한다.
④ 손해란 보호법익에 대한 현저한 침해행위를 의미하고 정상적 상태의 객관적 감소이어야 하므로, 단순한 성가심이나 불편함은 경찰개입의 대상이 아니다.

> **해설**
> ② 외관적 위험이란 경찰이 상황을 합리적으로 사려 깊게 판단하여 위험이 존재한다고 인식하여 개입하였으나 실제로는 위험이 없던 경우를 말하며 이 경우 국가의 손실보상책임이 발생할 수 있다. ※ 오상위험이란 이성적이고 객관적으로 판단할 때 위험의 외관이나 그 혐의가 정당화되지 아니함에도 불구하고 경찰이 위험의 존재를 잘못 추정한 경우를 말한다. 오상위험은 경찰상 위험에 속하지 않으며, 이에 따른 개입은 위법한 경찰권 발동에 해당한다. 따라서, 경찰관 개인에게는 민·형사책임, 국가에게는 손해배상 책임의 문제가 발생할 수 있다.
>
> **정답** ②

049 경찰의 기본적 임무 및 수단에 대한 설명 중 가장 적절하지 <u>않은</u> 것은? 19경채

① 공공의 안녕은 법질서, 국가의 존립과 기능, 개인의 권리와 법익의 불가침성을 뜻하며, 이 중 법질서의 불가침성이 공공의 안녕의 제1요소이다.
② 외관적 위험은 경찰이 의무에 합당한 사려 깊은 판단을 할 때 실제로 위험의 가능성은 예측되나 불확실한 경우를 말한다.
③ 외관적 위험의 경우 적법한 경찰개입이므로 경찰관 개인에게 민·형사상 책임을 물을 수 없다.
④ 오상위험은 객관적으로 판단할 때 위험의 외관 또는 혐의가 정당화되지 않음에도 경찰이 위험의 존재를 잘못 추정한 경우이다.

> **해설**
> ② 외관적 위험이 아닌 <u>위험혐의에 대한 설명</u>이다. 외관적 위험이란 경찰이 합리적으로 사려 깊게 상황을 판단하여 위험이 존재한다고 개입하였으나, 실제로는 위험이 없는 경우를 말한다.
>
> ②

050 경찰의 임무를 공공의 안녕과 질서에 대한 위험의 방지라고 정의할 때, 위험에 대한 설명으로 가장 옳지 <u>않은</u> 것은? 16경간

① 위험은 가까운 장래에 공공의 안녕에 손해가 나타날 수 있는 가능성이 개개의 경우 충분히 존재하는 상태를 말한다.
② 경찰이 의무에 합당한 사려 깊은 판단을 하여 심야에 경찰관이 사람을 살려달라는 외침 소리를 듣고 출입문을 부수고 들어갔는데, 실제로는 노인이 크게 켜놓은 TV 형사극 소리였던 경우는 외관적 위험을 인식한 사례에 해당한다.
③ 위험에 대한 인식에 따라 외관적 위험, 위험혐의, 오상위험, 추상적 위험으로 구분된다.
④ 오상위험은 객관적으로 판단할 때 위험의 외관 또는 혐의가 정당화되지 않음에도 경찰이 위험의 존재를 잘못 추정한 경우를 말하며, 위법한 경찰개입이므로 경찰관 개인에게는 민·형사상 책임, 국가에게는 손해배상 책임이 발생할 수 있다.

> **해설**
> ③ <u>위험에 대한 인식에 따라 외관적 위험, 위험혐의, 오상위험으로 구분</u>된다. <u>위험의 현실성 여부에 따라 추상적 위험, 구체적 위험으로 구분</u>된다.
>
> ③

051 경찰의 임무를 공공의 안녕과 질서에 대한 위험의 방지라고 할 때, 위험에 대한 설명 중 옳은 것은 모두 몇 개인가?

_{15경간}

> 가. 위험이란 가까운 장래에 공공의 안녕에 손해가 나타날 수 있는 가능성이 개개의 경우에 충분히 존재하는 상태를 말한다.
> 나. 경찰에게 있어 위험의 개념은 주관적 추정을 포함한다.
> 다. 경찰이 의무에 합당한 사려 깊은 상황판단을 했음에도 불구하고 위험을 잘못 긍정하는 경우 '오상위험'이라고 한다.
> 라. 오상위험의 경우 경찰관 개인에게는 민·형사상 책임이, 국가에게는 배상책임이 발생할 수 있다.
> 마. 위험혐의는 위험의 존재 여부가 명백해질 때까지 예비적으로 행하는 위험조사 차원의 개입을 정당화한다

① 4개 ② 3개 ③ 2개 ④ 1개

[해설]
다. 경찰이 의무에 합당한 사려 깊은 상황판단을 했음에도 불구하고 위험을 잘못 긍정하는 경우를 '<u>외관적 위험</u>'이라고 한다.

[정답] ①

---

052 경찰의 기본적 임무에 대한 설명 중 가장 적절하지 <u>않은</u> 것은?

_{20승진}

① 경찰의 임무는 「행정조직법」상의 경찰기관을 전제로 한 개념으로 '공공의 안녕과 질서에 대한 위험의 방지'가 경찰의 궁극적 임무라 할 수 있다.
② 공공질서는 원만한 공동체생활을 영위하기 위한 불가결적 전제조건이 되는 각 개인의 행동에 대한 불문규범의 총체로, 오늘날 공공질서 개념의 사용 가능 분야는 확대되고 있다.
③ 공공의 안녕은 법질서의 불가침성, 개인의 권리와 법익의 불가침성, 국가 등 공권력 주체의 기관과 집행의 불가침성을 의미한다.
④ 법질서의 불가침성은 공공의 안녕의 제1요소이다.

[해설]
② 공공질서는 원만한 공동체생활을 영위하기 위한 불가결적 전제조건이 되는 각 개인의 행동에 대한 불문규범의 총체로, 오늘날 거의 모든 생활영역에 대한 <u>법적 전면규범화 증가추세에 따라 공공질서 개념의 사용가능 분야도 점점 축소</u>되고 있다.

[정답] ②

053 경찰의 기본적 임무에 대한 설명 중 옳지 않은 것은 모두 몇 개인가?   21경간

> 가. '공공질서'는 원만한 공동체 생활을 영위하기 위한 불가결적 전제조건이 되는 각 개인의 행동에 대한 불문규범의 총체로서 오늘날 공공질서 개념의 사용 가능 분야는 확대되고 있다.
> 나. 오늘날 복지국가적 행정을 요구하고 있는 시대적 요청에 따라 경찰행정 분야에서도 각 개인이 경찰권의 발동을 요청할 수 있는 권리인 경찰개입청구권을 인정하기에 이르렀는데 이는 '재량권의 0으로의 수축이론'과 관련이 있다.
> 다. 인간의 존엄·자유·명예·생명 등과 같은 개인적 법익뿐만 아니라 사유재산적 가치나 무형의 권리에 대한 위험방지도 경찰의 임무에 해당한다. 그러나 개인적 권리와 법익이 보호된 경우라고 하더라도 경찰의 원조는 잠정적인 보호에 국한되어야 하고, 최종적인 권리구제는 법원(法院)에 의하여야 한다.
> 라. 법적 안정성의 확보를 위해 불문규범이 성문화되어 가는 현상으로 인하여 오늘날 공공의 질서라는 개념은 그 범위가 점차 축소되고 있다.
> 마. 위험은 경찰개입의 전제조건이나 위험이 보호를 받게 되는 법익에 구체적으로 존재해야 하는 것은 아니기 때문에 보행자의 통행이 거의 없는 밤 시간에 횡단보도 보행자 신호등이 녹색등 일 때 정지하지 않고 진행한 경우에도 통행한 운전자는 경찰책임자가 된다. 이는 공공의 안녕을 보호법익으로 하는 「도로교통법」을 침해함으로써 법질서의 불가침성을 침해하기 때문이다.
> 바. 외관적 위험에 대한 경찰권 발동은 경찰상 위험에 해당하는 적법한 개입이므로 경찰관에게 민·형사상 책임을 물을 수 없다. 단, 경찰개입으로 인한 피해가 '공공필요에 의한 특별한 희생'에 해당하는 경우에는 국가의 손실보상 책임은 발생할 수 있다.

① 0개   ② 1개   ③ 2개   ④ 3개

해설

가. 공공질서란 인간의 원만한 공동체 생활을 위한 불가결적 전제조건으로서 공공사회에서 각 개인의 행동에 대한 불문규범의 총체를 말한다. 그런데, 오늘날 모든 생활관계에 대한 법적 전면규범화의 추세에 따라, 공공질서 개념의 사용 가능 분야는 점차 축소되고 있다.

정답 ②

054 경찰의 기본적 임무 및 수단에 대한 설명으로 가장 적절하지 <u>않은</u> 것은?　　　　19순경1차

① 경찰강제에는 경찰상 강제집행(대집행·강제징수·집행벌·즉시강제 등)과 경찰상 직접강제가 있는데, 경찰상 강제집행은 의무의 존재 및 그 불이행을 전제로 한다는 점에서 이를 전제로 하지 아니하고 급박한 경우에 행하여지는 경찰상 직접강제와 구별된다.
② 공공질서란 각 개인의 행동에 대한 불문규범의 총체로, 시대에 따라 변화하는 상대적·유동적 개념이다.
③ 경찰의 직무에는 범죄의 예방·진압, 범죄피해자 보호가 포함된다.
④ 「형사소송법」은 임의수사를 원칙으로 하고, 강제수사를 예외적으로 허용하고 있다.

> **해설**
> ① 경찰강제에는 경찰상 강제집행(대집행·강제징수·집행벌·**직접강제** 등)과 **경찰상 즉시강제**가 있는데, 경찰상 강제집행은 의무의 존재 및 그 불이행을 전제로 한다는 점에서 이를 전제로 하지 아니하고 급박한 경우에 행하여지는 **경찰상 즉시강제와 구별**된다.
>
> **정답 ①**

055 경찰의 기본적 임무 중 '공공의 안녕과 질서에 관한 위험의 방지'에 관한 설명으로 가장 적절하지 <u>않은</u> 것은?　　　　15승진

① 위험이란 가까운 장래에 공공의 안녕에 손해가 나타날 수 있는 가능성이 개개의 경우에 충분히 존재하는 상태를 말한다.
② 위험 혐의란 경찰이 의무에 합당한 사려 깊은 판단을 할 때 실제로 위험의 가능성은 예측되나 불확실한 경우를 말한다.
③ 경찰이 상황을 합리적으로 사려 깊게 판단하여 위험이 존재한다고 보고 개입하였으나 실제로는 위험이 없었던 경우, 경찰 개입은 적법한 개입으로 인정된다.
④ 오상위험, 즉 객관적으로 판단할 때 위험의 외관 또는 혐의가 인정되지 않음에도 위험의 존재를 잘못 추정하여 경찰개입이 이루어진 경우라도 손해배상의 문제는 발생하지 않는다.

> **해설**
> ④ 오상위험(추정적위험) 상황에 경찰개입이 이루어지면 그것은 위법한 경찰개입이 되기 때문에 **손해배상 등의 문제가 발생**한다.
>
> **정답 ④**

056 경찰의 임무를 공공의 안녕과 공공의 질서에 대한 위험의 방지라고 정의할 때, 위험에 관한 설명 중 가장 적절하지 않은 것은?
22순경1차

① 구체적 위험은 개별사례에서 실제로 또는 최소한 경찰관의 사전적 시점에서 사실관계를 합리적으로 평가하였을 때, 가까운 장래에 공공의 안녕이나 공공의 질서에 대한 손해가 발생할 충분한 개연성이 있는 상황과 관련이 있다.
② 오상위험에 근거한 경찰의 위험방지조치가 위법한 경우에는 경찰관 개인에게는 민·형사상 책임이 문제되고 국가에게는 손해배상책임이 발생할 수 있다.
③ 외관적 위험은 경찰관이 의무에 합당한 사려 깊은 상황판단을 하였음에도 위험을 잘못 긍정하는 경우이다.
④ 위험의 혐의만 존재하는 경우에 위험의 존재가 명백해지기 전까지는 예비적 조치로서 위험의 존재 여부를 조사할 권한은 없다.

해설

④ 위험의 존재 여부가 명백해질 때까지 예비적으로 행하는 <u>위험조사 차원의 개입은 가능하다</u>.

정답 ④

057 경찰의 임무를 공공의 안녕과 질서에 대한 위험의 방지라고 정의할 때, 위험에 대한 설명으로 가장 적절한 것은?
18승진

① '위험'은 보호받는 개인 및 공동의 법익에 관한 정상적 상태의 객관적 감소를 뜻한다.
② '오상위험'은 객관적으로 판단할 때 위험의 외관 또는 혐의가 정당화되지 않음에도 경찰이 위험의 존재를 잘못 추정한 경우를 말한다.
③ '외관적 위험'에 대한 경찰개입은 적법하며, 경찰관 개인에게 민·형사상 책임을 물을 수 없고 국가의 손실보상책임도 인정될 여지가 없다.
④ '위험혐의'의 경우 위험의 존재여부가 명백해질 때까지 예비적인 위험조사 차원의 경찰개입은 정당화될 수 없다.

해설

① <u>손해란</u> 보호받는 개인 및 공동의 법익에 관한 정상적 상태의 객관적 감소를 뜻하며, 보호법익에 대한 현저한 침해행위가 있어야만 한다.
② ○
③ '외관적 위험'이란 경찰이 의무에 합당한 사려깊은 상황판단을 했음에도 불구하고 위험을 잘못 긍정하는 경우를 말하며, <u>손실보상책임은 발생 가능</u>하다.
④ '위험혐의'의 경우 위험의 존재여부가 명백해질 때까지 <u>예비적인 위험조사 차원의 경찰개입은 정당화될 수 있다</u>.

정답 ②

058 경찰의 임무를 공공의 안녕과 질서에 대한 위험의 방지라고 정의할 때, 위험에 대한 설명으로 가장 적절하지 않은 것은?

17승진

① 위험은 가까운 장래에 공공의 안녕에 손해가 나타날 가능성이 개개의 경우에 충분히 존재하는 상태를 말한다.
② 경찰의 개입은 구체적 위험 내지 적어도 오상위험(추정적 위험)이 있을 때 가능하다.
③ 위험은 보호를 받게 되는 법익에 대해 필수적으로 내재해야 하는 것은 아니다.
④ 손해란 보호받는 개인 및 공동의 법익에 관한 정상적 상태의 객관적 감소를 뜻하고, 보호 법익에 대한 현저한 침해행위가 있어야 한다.

해설

② 경찰의 개입은 <u>구체적 위험 내지 적어도 추상적 위험이 있을 때 가능하다. 오상위험(추정적 위험)이 있을 때에는 경찰의 개입이 허용되지 아니한다.</u>

정답 ②

059 경찰의 임무를 공공의 안녕과 질서에 대한 위험의 방지라고 정의할 때, 위험에 대한 설명으로 가장 적절하지 않은 것은?

18승진

① '위험'이란 가까운 장래에 공공의 안녕에 손해가 나타날 가능성이 개개의 경우 충분히 존재하는 상태를 말한다.
② 위험에 대한 인식으로 외관적 위험, 추정적 위험, 위험혐의로 구분할 수 있다.
③ 외관적 위험에 대한 경찰권 발동은 경찰상 위험에 해당하는 적법한 경찰개입이므로 경찰관에게 민·형사상의 책임을 물을 수 없고, 국가의 손실보상 책임도 발생하지 않는다.
④ 추상적 위험은 경찰상 법규명령으로 위험을 방지해야 할 필요성이 있는 전형적인 사례로 경찰의 개입은 구체적 위험 내지 적어도 추상적 위험이 있을 때 가능하다.

해설

③ 외관적 위험은 경찰이 의무에 합당한 사려 깊은 상황판단을 했음에도 불구하고 위험을 잘못 인정한 경우로 경찰상 위험에 해당하는 적법한 경찰개입이므로 경찰관에게 민·형사상 책임을 물을 수 없지만, <u>국가의 손실보상책임이 발생가능하다.</u>

정답 ③

060 경찰의 임무는 「행정조직법」상의 경찰기관을 전제로 한 개념으로 「국가경찰과 자치경찰의 조직 및 운영에 관한 법률」 제3조에 의하면 경찰은 국민의 생명·신체 및 재산을 보호하고, 공공의 안녕과 질서유지를 그 임무로 한다고 정하고 있는데 경찰의 임무와 수단에 대한 설명으로 가장 적절하지 <u>않은</u> 것은?

12승진

① 오늘날 복지국가적 행정을 요구하고 있는 시대적 요청에 따라 경찰행정 분야에서도 각 개인이 경찰권의 발동을 요청할 수 있는 권리인 경찰개입청구권을 인정하기에 이르렀는데 이는 '재량권의 0으로의 수축이론'과 관련이 있다.
② 「경찰관직무집행법」 제6조에서 경찰관은 범죄행위가 목전에 행하여지려 하고 있다고 인정될 때에는 이를 예방하기 위하여 관계인에게 경고를 발하는 등의 경찰의 개입을 규정하고 있다.
③ 경찰의 조치는 그에 의하여 달성되는 공익이 그로 인한 상대방의 자유·권리에 대한 침해보다 클 때에만 허용되는데 이를 필요성의 원칙이라 한다.
④ 최근 복지행정이 강하게 요구되면서 경찰행정분야도 소극적인 위험방지를 위한 법집행적인 임무뿐만 아니라 적극적으로 국민에게 봉사하는 활동이 요청되고 있다.

해설

③ 경찰의 조치는 그에 의하여 달성되는 공익이 그로 인한 상대방의 자유·권리에 대한 침해보다 클 때에만 허용되는데 이를 <u>**상당성의 원칙**</u>이라 한다.
※ 비례의 원칙은 적합성의 원칙, 필요성의 원칙, 상당성의 원칙 등 세부 3원칙으로 구성되고, 세부 3원칙 중 어느 하나만 위배해도 비례원칙 위반이 된다.
  ㉠ 적합성 원칙 : 경찰권 발동수단은 목적달성에 적합하여야 한다는 원칙
  ㉡ 필요성 원칙 : 목적달성을 위해 필요한 한도 이상으로 행해져선 안 된다는 원칙으로 여러 수단 중 최소침해의 수단을 선택하라는 원칙
  ㉢ 상당성 원칙 : 경찰권 발동에 따른 이익보다 사인의 피해가 더 큰 경우 경찰권을 발동해선 안 된다는 원칙(협의의 비례원칙)

정답 ③

제3절 경찰활동의 기초 및 경찰의 관할

061 경찰의 관할에 대한 설명으로 가장 적절하지 않은 것은? 20순경2차

① 사물관할은 경찰이 처리할 수 있고 또 처리해야 하는 사무내용의 범위를 말하며 우리나라는 범죄수사에 대한 임무가 경찰의 사물 관할로 인정되고 있다.
② 경찰은 중대한 죄를 범하고 도주하는 현행범인을 추적하는 때에는 주한미군 시설 및 구역 내에서 범인을 체포할 수 있다.
③ 외교공관은 국제법상 치외법권 지역이나 화재, 감염병 발생과 같은 긴급한 상황에서는 외교사절의 동의 없이도 외교공관에 들어갈 수 있다.
④ 국회 경위와 경찰공무원은 국회 안에 현행범인이 있을 때에는 국회의장의 지시를 받은 후 체포하여야 한다.

해설

④ 국회 경위와 경찰공무원은 국회 안에 현행범인이 있을 때에는 **체포한 후 국회의장의 지시를 받아야 한다**(국회법 제150조).

정답 ④

062 경찰의 관할에 대한 설명으로 가장 적절하지 않은 것은? 17경기북부여경

① 사물관할이란 경찰이 처리할 수 있고 또 처리해야 하는 사무내용의 범위를 말한다.
② 사물관할 중 범죄의 수사에 관한 임무는 대륙법계 경찰개념의 영향을 받은 것이다.
③ 경찰작용법이라고 할 수 있는 「경찰관 직무집행법」에서도 사물관할을 규정하고 있다.
④ 국회 안에 현행범인이 있을 때에는 경찰관은 이를 체포한 후 의장의 지시를 받아야 한다. 다만, 국회의원은 회의장 안에 있어서는 의장의 명령없이 이를 체포할 수 없다.

해설

② 사물관할 중 범죄의 수사에 관한 임무는 **영미법계 경찰개념의 영향을** 받은 것이다.

정답 ②

063 경찰의 관할에 대한 설명으로 틀린 것은?   15경간, 16승진유사

① 사물관할은 조직법적 임무규정이다.
② 경찰공무원이 국회 안에서 현행범인을 체포한 후에는 국회의장의 지시를 받아야 한다. 단, 회의장 안에 있는 국회의원에 대하여는 국회의장의 명령 없이 체포할 수 없다.
③ 외교공관과 외교관의 개인주택은 치외법권 지역이나 외교사절의 승용차는 이에 포함되지 않는다.
④ 중대한 죄를 범하고 도주하는 현행범인을 추적하는 때에는 대한민국 경찰도 미군 당국의 시설 및 구역 내에서 범인을 체포할 수 있다.

> **해설**
> ③ 외교공관과 외교관의 개인주택은 국제법상 치외법권 지역으로 불가침의 대상이 되고 더불어 관사에 대한 불가침에 준하여 <u>외교사절의 승용차, 보트, 비행기 등 교통수단도 불가침 특권을 갖는다.</u>
>
> **정답** ③

064 경찰의 관할에 대한 설명 중 가장 옳지 않은 것은?   19경간, 14순경2차유사

① 국회의장은 국회의 경호를 위하여 필요한 때에는 국회운영위원회의 동의를 받아 일정한 기간을 정하여 정부에 대하여 필요한 경찰공무원의 파견을 요구할 수 있다.
② 국회 안에 현행범인이 있을 때에는 경위 또는 경찰공무원은 이를 체포한 후 국회의장의 지시를 받아야 한다. 다만, 국회의원은 회의장 안에 있어서는 국회의장의 명령 없이 이를 체포할 수 없다.
③ 재판장은 법정에서의 질서유지를 위해 필요하다고 인정할 때에는 개정 전후에 상관없이 관할경찰서장에게 경찰공무원의 파견을 요구할 수 있으며, 파견된 경찰공무원은 법정 내외의 질서유지에 관하여 재판장의 지휘를 받는다.
④ 외교공관과 외교관의 개인주택은 국제법상 치외법권 지역으로 불가침의 대상이 되지만 외교사절의 승용차, 보트, 비행기 등 교통수단은 불가침의 대상이 아니다.

> **해설**
> ④ 외교사절의 <u>승용차, 보트, 비행기 등 교통수단도 관사에 준하여 불가침 특권</u>을 가진다.
>
> **정답** ④

065 경찰의 관할에 대한 다음 설명 중 가장 옳은 것은?   17경간, 16순경2차유사

① 인적관할이란 협의의 경찰권이 발동될 수 있는 인적 범위를 의미한다.
② 우리나라는 대륙법계의 영향을 받아 범죄수사에 관한 임무가 경찰의 사물관할로 인정되고 있다.
③ 재판장은 법정에서의 질서유지를 위해 필요하다고 인정할 때에는 개정 전후를 불문하고 관할 경찰서장에게 경찰공무원의 파견을 요구할 수 있으며, 파견된 경찰공무원은 법정 내외의 질서유지에 관하여 재판장의 지휘를 받는다.
④ 국회 안에 현행범인이 있을 때에는 경찰공무원은 반드시 사전에 국회의장의 지시를 받아 체포하여야 한다.

해설

① 인적 관할이란 <u>광의의 경찰권(협의의 경찰권 + 수사권 + 비권력적활동)</u>이 어떤 사람에게 적용되는가의 문제이다.
② 우리나라의 경우 <u>영미법계의 영향</u>으로 범죄수사를 경찰의 사물관할로서 인정하고 있다.
③ ○
④ 국회 안에 현행범인이 있을 때에는 (국회)경위나 경찰공무원은 이를 <u>체포한 후 의장의 지시를 받아야 한다</u>.

정답 ③

---

066 경찰의 관할에 관한 설명 중 가장 적절하지 않은 것은?   22순경1차

① 국회법상 경위(警衛)나 경찰공무원은 국회 안에 현행범인이 있을 때에는 체포한 후 국회의장의 지시를 받아야 한다. 다만, 회의장 안에서는 국회의장의 명령 없이 국회의원을 체포할 수 없다.
② 법원조직법상 재판장은 법정에서의 질서유지를 위하여 필요하다고 인정할 때에는 개정 전후에 상관없이 관할 경찰서장에게 경찰공무원의 파견을 요구할 수 있으며, 이에 따라 파견된 경찰공무원은 법정 내외의 질서유지에 관하여 재판장의 지휘를 받는다.
③ 헌법상 대통령은 내란 또는 외환의 죄를 범한 경우를 제외하고는 재직중 형사상의 소추를 받지 아니한다.
④ '사물관할'이란 경찰권이 발동될 수 있는 지역적 범위를 말하고, 대한민국의 영역 내 모든 범위에 적용되는 것이 원칙이다.

해설

④ '<u>지역관할</u>'이란 경찰권이 발동될 수 있는 지역적 범위를 말하고, 대한민국의 영역 내 모든 범위에 적용되는 것이 원칙이다.

정답 ④

CHAPTER 02 경찰의 기본이념과 경찰윤리(기초이론Ⅱ)

제1절 경찰의 기본이념

001 경찰의 기본이념에 대한 설명으로 옳은 것은? 21경간

① 경찰의 중앙과 지방간의 권한 분배, 경찰행정정보의 공개, 성과급제도 확대는 경찰의 민주성 확보방안이다.
② 인권존중주의는 비록 「국가경찰과 자치경찰의 조직 및 운영에 관한 법률」에서는 언급이 없으나, 「헌법」상 기본권 조항 등을 통하여 당연히 유추된다.
③ 국가경찰위원회제도, 「부패방지 및 국민권익위원회의 설치와 운영에 관한 법률」상 국민감사청구제도, 경찰책임의 확보 등은 경찰의 민주성을 확보하기 위한 대내적 민주화 방안이다.
④ 국민의 모든 자유와 권리는 국가안전보장·질서유지 또는 공공복리를 위하여 필요한 경우에 한하여 법률로써 제한할 수 있으며 제한하는 경우에도 자유와 권리의 본질적인 내용을 침해할 수 없다.

해설

① 성과급제도 확대는 **경영주의(또는 능률성)** 확보수단에 해당한다.
② 「국가경찰과 자치경찰의 조직 및 운영에 관한 법률」(구 경찰법) 제5조에서 명시적으로 인권존중주의를 적시하고 있다. "경찰은 그 직무를 수행할 때 헌법과 법률에 따라 국민의 자유와 권리 및 모든 개인이 가지는 불가침의 기본적 인권을 보호하고, 국민 전체에 대한 봉사자로서 공정·중립을 지켜야 하며, 부여된 권한을 남용하여서는 아니 된다."
③ 국가경찰위원회제도, 「부패방지 및 국민권익위원회의 설치와 운영에 관한 법률」상 국민감사청구제도는 **대외적 민주화 방안**이다(국가경찰위원회가 행정안전부에 설치됐다는 점을 기억해야 함).
④ ○

정답 ④

002 경찰의 기본이념에 대한 설명으로 가장 옳지 <u>않은</u> 것은? 〔11승진〕

① 경찰의 중앙과 지방간의 권한 분배, 경찰행정정보의 공개, 성과급제도 확대는 경찰의 민주성 확보방안이다.
② 경찰의 활동은 사전에 상대방에게 의무를 과함이 없이 행사되는 즉시강제와 같은 경우가 많기 때문에 법치주의 원리가 강하게 요구된다.
③ 국민의 권리·의무에 제한을 가하는 것은 국가안전보장, 질서유지, 공공복리를 위해 필요한 경우에 한하여 법률로써만 가능하고, 그 경우에도 자유와 권리의 본질적인 내용을 침해할 수 없다.
④ 경찰은 특정 정당 기타 정치단체의 이익이나 이념을 위해 활동해서는 안 되며, 오로지 주권자인 전체 국민과 국가의 이익을 위해 활동해야 한다는 것은 정치적 중립주의이다.

> **해설**
> ① 경찰의 중앙과 지방간의 권한 분배, 경찰행정정보의 공개, 「행정절차법」과 국민의 행정참여 등은 경찰(행정)의 민주성 확보방안이다. <u>성과급제도는 민주성보다는 경영주의(또는 효율성) 이념을 추구하는 제도</u>라 할 수 있다.
>
> **정답** ①

003 다음은 경찰의 기본이념 및 그와 관련된 사항에 관한 甲~丁의 주장을 나열한 것이다. 이 중 잘못된 주장을 하고 있는 사람은 누구인가? 〔11승진〕

> 甲 : 경찰권은 국민으로부터의 위임에 근거한 것이라는 태도는 민주주의 이념과 관련이 깊다.
> 乙 : 경찰작용은 그 침익적 성격으로 인해 법치주의의 엄격한 적용을 받지만, 순전한 임의(비권력적) 활동의 경우라면 개별적 수권규정이 없이도 가능하다. 단 이 경우에도 조직법적 근거는 있어야 하므로 직무범위 내에서 행해져야 한다.
> 丙 : 경찰의 이념 중 민주주의 이념은 대국민과의 관계에서만이 아니라 조직 내부의 관계에서도 중요하다.
> 丁 : 경찰의 이념 중 인권존중주의는 비록 「국가경찰과 자치경찰의 조직 및 운영에 관한 법률」에서는 언급이 없으나, 「헌법」상 기본권 조항 등을 통하여 당연히 유추된다.

① 甲　　　　② 乙　　　　③ 丙　　　　④ 丁

> **해설**
> ④ 丁 - 인권존중주의는 헌법 제10조와 제37조는 물론이고, <u>「국가경찰과 자치경찰의 조직 및 운영에 관한 법률」 제5조에서도 명시적으로 규정</u>하고 있다.

> 국자법 제5조(권한남용의 금지) 경찰은 그 직무를 수행할 때 헌법과 법률에 따라 국민의 자유와 권리 및 모든 개인이 가지는 불가침의 기본적 인권을 보호하고, 국민 전체에 대한 봉사자로서 공정·중립을 지켜야 하며, 부여된 권한을 남용하여서는 아니 된다.

정답 ④

004 수사경찰이 피의자 등을 대면하는 과정에서 가장 요구된다고 볼 수 있는 경찰의 이념으로 적절한 것은?

16승진

① 민주주의　　② 인권존중주의　　③ 경영주의　　④ 정치적 중립주의

해설

수사경찰이 피의자 등을 대면하는 과정에서 가장 요구된다고 볼 수 있는 경찰의 이념은 인권존중주의이다.

정답 ②

005 경찰의 역할모델과 관련한 설명으로 가장 옳은 것은?

보충문제

① 범죄와 싸우는 경찰 모델은 경찰임무를 뚜렷이 인식시켜 경찰의 전문직화와 인권보호에 기여하는 측면이 있다.
② 범죄와 싸우는 경찰 모델은 경찰역할을 뚜렷이 인식시키는 장점이 있으나 경찰의 전문직화에 장애가 된다는 단점이 있다.
③ 치안서비스 제공자 모델은 경찰업무를 포괄하지 못하여 교통지도, 범죄예방교육 및 서비스를 간과할 우려가 있다.
④ 치안서비스 제공자 모델은 범죄와의 싸움도 치안서비스의 한 부분이라고 보며, 특히 시민에 대한 서비스와 사회봉사 활동이 강조된다.

해설

① 범죄와 싸우는 경찰 모델은 경찰임무를 뚜렷이 인식시켜 전문직화에는 기여하지만, 범법자는 적이고 경찰은 정의의 사자라는 흑백논리에 따라 재판을 하기도 전에 경찰이 범법자를 처벌함으로써 **인권을 침해할 우려가 있다.**
② 범죄와 싸우는 경찰 모델은 대중매체나 언론매체 등을 통하여 범죄를 추격 검거하는 경찰의 이미지가 크게 작용한 모델로서 경찰은 범죄와 싸우는 자로 **경찰역할을 명확히 인식시켜 경찰의 전문직화에 기여한다.**
③ **범죄와 싸우는 경찰 모델은** 경찰업무를 포괄하지 못하여 교통지도, 범죄예방교육 및 서비스를 간과할 우려가 있다.
④ ○

정답 ④

006 바람직한 경찰의 역할모델에 관한 설명으로 가장 옳지 <u>않은</u> 것은? 　　　　보충문제

① '범죄와 싸우는 경찰모델'은 대중매체의 영향을 받아 범죄를 검거하는 경찰의 이미지가 크게 작용한 모델이며, 수사·형사 등 법 집행을 통해 범법자 제압측면을 강조한 모델로서 시민들은 범인을 제압하는 것이 경찰의 주된 임무라고 본다.
② '범죄와 싸우는 경찰' 모델(the crimefighter model)은 경찰활동의 전 부분을 포괄하는 용어로 가장 바람직한 모델이다.
③ '치안서비스 제공자 모델'이란 범죄와의 싸움도 치안서비스의 한 부분이라고 보며, 특히 시민에 대한 서비스와 사회봉사활동 측면을 강조하는 모델로서, 지역사회 경찰활동과 일맥상통한다.
④ '치안서비스 제공자 모델'에서 대역적 권위에 의한 경찰활동은 일시적이고 임시방편적이며, 법적근거를 가진 사회봉사 활동기관의 활동 내에서 이뤄져야 하고 이 범위를 넘어서서는 안 되는 것이다.

> **해설**
> ② '<u>치안서비스 제공자로서의 경찰</u>' 모델(service worker model)은 경찰활동의 전부분을 포괄하는 용어로 가장 바람직한 모델이다.
>
> 정답 ②

007 '다이버전(diversion)'에 대한 설명으로 가장 옳지 <u>않은</u> 것은? 　　　　보충문제

① 청소년 범죄에 대한 '다이버전'은 전통적인 사법활동에 대한 반성으로 진보주의의 이념에 입각하여 범죄인에 대한 재활과 교정을 중시한다.
② '다이버전'의 시각은 기소하기 전에 지역사회에서 일정한 처우를 받도록 함으로써 범죄인이라는 낙인을 가능한 한 줄이려는 것이다.
③ 응보적 경찰활동(사법활동)의 시각에서 범죄자와 피해자간의 참여와 대화를 통해 갈등을 해결하고 지역사회에 행해진 손해의 회복·개선에 더 중점을 두는 제도이다.
④ '다이버전'의 예로, 청소년들의 사소한 범죄행위에 대하여 검사가 선도조건부로 기소유예 처분을 하는 제도를 들 수 있다.

> **해설**
> ③ <u>회복적 경찰활동(사법활동)의 시각에서</u> 범죄자와 피해자간의 참여와 대화를 통해 갈등을 해결하고 지역사회에 행해진 손해의 회복·개선에 더 중점을 두는 제도이다. ※ 회복적 경찰활동이란 "회복적 정의의 이념과 실천방식에 입각한 경찰활동"으로, 범죄피해자의 피해회복과 가해자의 재사회화를 목적으로 하여 가해자·피해자·공동체구성원의 적극적·자발적 참여를 통해 피해회복 및 관계개선은 물론 궁극적으로 공동체의 평온을 유지하고자 하는 경찰활동의 새로운 패러다임을 말한다.(예 – 경미범죄 선도심사, 선도조건부 기소유예, 피해자전담경찰관, 학교전담경찰, 회복적 대화모임 등)
>
> 정답 ③

008 경찰은 공동체 내에서 법을 집행하고 사회질서를 유지하는 사회통제 역할을 한다. 사회이념에 따른 경찰의 역할을 가장 올바르게 설명한 것은? 　　　　　　　　　　　　　　　　　　　　　　　　　　　보충문제

① 진보주의에서 일반예방은 범죄를 저지른 타인이 체포되어 처벌되는 것을 보는 일반사람들의 반응에 의해 이루어진다.
② 보수주의에서 일반예방은 범죄 후 처벌을 직접 경험한 개인의 반응에 의해 이뤄진다.
③ 진보주의는 범죄의 원인을 가정파괴, 교육결핍 등 사회적 요인으로 보기 때문에 범죄인의 개인재활을 통해 정상인으로의 복귀에 중점을 둔다.
④ 진보주의에서 특별예방은 범죄 후 처벌을 직접 경험한 개인의 반응에 의해 이루어진다고 한다.

해설

① **보수주의에서** 일반예방은 범죄를 저지른 타인이 체포되어 처벌되는 것을 보는 일반사람들의 반응에 의해 이루어진다.
② 보수주의에서 **특별예방은** 범죄 후 처벌을 직접 경험한 개인의 반응에 의해 이뤄진다.
③ ○
④ **보수주의에서** 특별예방은 범죄 후 처벌을 직접 경험한 개인의 반응에 의해 이루어진다고 한다. ※ 진보주의에서의 특별예방은 범죄인의 개인재활과 치유·복귀를 통해서, 진보주의에서의 일반예방은 교육과 복지 등 사회시스템 변화를 통해서 이루어진다.

정답 ③

009 다음 치안의 유형 가운데서 치안의 형평성이 가장 높은 유형은? 　　　　　　　　　　　　　　　보충문제

① 사적조직원칙과 사적비용 지불
② 사적조직원칙과 공적비용 지불
③ 공적조직원칙과 사적비용 지불
④ 공적조직원칙과 공적비용 지불

해설

④ 치안을 누가 담당하는가에 따라서 사적조직(민간치안)과 공적조직(공적치안)으로 구분할 수 있고, 치안의 비용을 누가 지불하는가에 따라서 사적비용과 공적비용으로 구분할 수 있다. 사적조직·사적비용 유형은 효율성을 높일 수 있지만 경제적 약자는 치안서비스를 제공받을 수 없다는 형평성 문제가 제기된다. 반면, 공적조직·공적비용 유형은 형평성을 높일 수는 있지만 치안서비스에 대한 불만과 비효율성의 문제가 제기될 수 있다. 가장 이상적인 방법은 공적조직을 원칙으로 하되, 사적치안을 가미하는 절충형 형태라고 볼 수 있다.

정답 ④

경찰활동의 기준(경찰인의 윤리표준)

010 경찰이 전문직업화 되어 저학력자 등 경제적, 사회적 약자에게 경찰 직업에의 진입을 차단할 경우 발생할 수 있는 윤리적 문제점으로 가장 적절한 것은?
16승진

① 권위주의　　　② 소외　　　③ 부권주의　　　④ 차별

> **해설**
>
> ④ 설문은 '차별'에 대한 내용이다.
>
> ▶ **전문직업화의 장점**
>
> ┌───┐
> │ ㉠ 경찰 인적자원의 질이 향상된다. │
> │ ㉡ 경찰인들의 재량적 업무수행을 촉진한다. │
> │ ㉢ 경찰의 위상이 제고되고 보수상승의 요인이 된다. │
> │ ⇨ 미국의 오거스트 볼머(August Volmer) : 경찰의 높은 사회적 지위를 추구하면서 '경찰 전문직업화'를 중심으로 한 경찰개혁운동 추진 │
> └───┘
>
> ▶ **전문직업화의 문제점**

부권주의	아버지가 자식의 적성이나 의사를 고려하지 않고 문제를 모두 결정하듯이 전문가가 상대방의 입장을 고려하지 않고 일방적으로 결정 ⇨ 심장전문의 A는 환자의 치료법에 대하여 환자의 입장을 고려하지 않고 자신의 우월적 의학적 지식만 고려하여 일방적으로 치료방법을 결정 ⇨ 전문직업적 부권주의로 치안서비스의 질 향상 (×)
소외	나무는 보고 숲은 보지 못하듯 전문가가 자신의 국지적 분야만 보고 전체적인 맥락을 보지 못하는 것 ⇨ 사회복지 전문직 공무원이 복지정책을 결정하면서 정부정책의 기본방침을 고려하지 않고 자신이 속한 보건복지부 입장만 고려하여 정책결정을 한 경우
차별	경찰이 전문직업화되어 일정한 교육과 전문지식을 요구할 경우 경제적, 교육적으로 불리한 위치에 있는 사람들은 경찰에 입문하지 못하는 현상이 발생
사적 이익 이용	전문직들은 그들의 지식과 기술로 상당한 사회적 힘을 소유하지만, 이러한 힘을 공익보다는 사익(私益)을 위해서만 이용하기도 함

정답 ④

011 경찰의 전문직업화에 대한 설명으로 가장 적절한 것은? 22경간

① 미국의 서덜랜드(Edwin H. Sutherland)는 경찰의 높은 사회적 지위를 확보하기 위하여 전문직업화를 추진하였다.
② 경찰의 전문직업화는 경찰이 시민의 입장을 고려하지 않고 전문지식을 바탕으로 일방적으로 의사결정을 하므로 치안서비스의 질이 향상된다.
③ 경찰의 전문직업화는 경제적·사회적 약자가 경찰에 진출할 기회를 증대시켜 준다.
④ 경찰의 전문직업화는 경찰위상과 사기제고, 치안서비스질의 향상 등의 이점이 있다.

[해설]

① 미국의 <u>오거스트 볼머(August Vollmer)</u>는 경찰의 높은 사회적 지위를 확보하기 위하여 전문직업화를 추진하였다. ※ 미국에서 경찰의 전문직업화를 주장한 학자들은 오거스트 볼머, 리차드 실베스터, O.Wilson 등이다.
② "경찰이 시민의 입장을 고려하지 않고 전문지식을 바탕으로 일방적으로 의사결정을 하는 것"은 <u>경찰 전문직업화의 문제점(단점)으로서 '부권주의'</u>에 대한 설명이다.(<u>치안서비스의 질이 향상 X</u>)
③ 경찰의 전문직업화는 경제적·사회적 약자가 경찰에 진출할 <u>기회를 차단할 수 있다.</u>(전문직업화의 문제점 가운데 하나인 "차별")

정답 ④

012 경찰과 윤리에 대한 설명 중 가장 적절하지 않은 것은? 21경채

① 클라이니히(J. Kleinig)는 도덕적 감수성의 배양이란 경찰관이 비판적 사고방식을 배양하여 잘못된 관행을 비판적으로 검토하여 수용하는 것이라고 한다.
② 돈을 주며 사건무마를 청탁하는 의뢰인의 요구를 결국 거절하도록 하는 경찰교육의 목적은 도덕적 결의의 강화에 있다.
③ 바람직한 경찰의 역할모델과 관련하여 '치안서비스 제공자로서의 경찰모델'은 시민에 대한 서비스활동과 사회봉사활동의 측면이 강조되어 지역사회 경찰활동과 일맥상통하는 측면이 있다.
④ '범죄와 싸우는 경찰모델'은 경찰의 역할을 명확하게 인식시켜 전문직화에 기여하지만 법집행에 있어 흑백논리에 따른 이분법적 오류에 빠질 우려가 있다.

[해설]

① 클라이니히(J. Kleinig)는 <u>도덕적 전문능력 함양이란</u> 경찰관이 비판적 사고방식을 배양하여 잘못된 관행을 비판적으로 검토하여 수용하는 것이라고 한다.

▶ **클라이니히의 '경찰윤리 교육의 목적'**

┌───┐
│ ⊙ 도덕적 감수성의 배양 : 경찰이 다양한 계층(부자 & 가난한 자)의 사람들에게 모두 인간으로서 존중하고 공평하게 봉사하는 것
│ ⊙ 도덕적 결의 강화 : 경찰관이 실무에서 내부 및 외부로부터의 여러 압력과 유혹에도 굴복하지 않고 자신의 소신과 직업의식에 따라 일을 처리하는 것
│ ⊙ 도덕적 전문능력 함양(경찰윤리교육의 최종 목적) : 비판적·반성적 사고방식을 배양하여 조직 내에 관습적으로 내려오는 관행을 비판적으로 검토하여 수용하는 것
└───┘

> **클라이니히의 '경찰윤리 필요성'**
>
> ㉠ 경찰관의 강력한 권한과 상당한 재량성 – 합리적 판단 및 자율적 반성의 중요성이 부가
> ㉡ 경찰업무의 많은 비정상적 상황 – 일상적인 도덕적 대응만으로는 불충분하고 적절히 발달된 도덕적 대응이 요구
> ㉢ 위기상황에의 개입의 불가피성 – 회피가능성이 없음
> ㉣ 경찰업무의 특수성 – 경찰은 대표적인 규제행정으로서 보다 더 많은 유혹에 노출됨
> ㉤ 경찰집단 내부에서의 의무불이행의 유혹 – 집단규범에의 동조화를 요구하는 압력

정답 ①

제3절 경찰의 부정부패

013 경찰부패의 원인에 관한 다음 설명 중 가장 옳은 것은 무엇인가? 18경간

① 델라트르는 작은 호의를 금지해야 한다고 주장하였다.
② 미국의 로벅은 '시카고 시민이 경찰을 부패시켰다'고 주장하였다.
③ 경찰부패에 대한 내부고발은 '침묵의 규범'과 같은 개념이다.
④ 썩은 사과 가설은 부패의 원인이 개인이 아닌 조직적 결함에 있다고 본다.

해설

① ○
② 미국의 **윌슨**은 '시카고 시민이 경찰을 부패시켰다'고 주장하였다(전체사회가설).
③ 경찰부패에 대한 내부고발은 **'침묵의 규범'과 반대**되는 개념이다.
④ 썩은 사과 가설은 부패의 원인이 **개인적 결함**에 있다고 본다. 반면, 구조원인가설은 조직적 결함을 부패의 원인으로 이해한다.

> **경찰부패 원인에 대한 가설**

전체사회가설 (전월)	윌슨 : "시카고 **시민사회의 부패**가 경찰부패의 원인" → 미끄러지기 쉬운 경사로이론과 일맥상통
구조원인가설 (구로바니)	① **로벅, 바커, 니더호퍼** ② 부패한 선배경찰들에 의해 신임경찰들이 부패(침묵의 규범으로 수용) ③ 부패의 원인은 개인적 결함이 아니라 조직의 **체계적(조직적) 원인** ④ 1명이 기소중지자 인수하러 가며 2명분 출장비 수령 → 법규·예산과 현실의 괴리
썩은사과가설	① 부패원인은 모집단계에서 부패할 가능성 있는 경찰을 배제하지 못했기 때문 ② 부패의 원인은 조직의 체계적 원인이 아니라 **개인적 결함**

정답 ①

014 경찰과 윤리에 대한 설명 중 가장 적절하지 않은 것은?   18경채

① '미끄러지기 쉬운 경사로' 이론은 부패에 해당되지 않는 작은 호의가 습관화될 경우 미끄러운 경사로를 타고 내려오듯이 점점 더 큰 부패와 범죄로 빠진다는 가설이다.
② '썩은 사과 가설'은 부패의 원인을 조직의 체계적 원인 보다는 개인적 결함으로 보고 있다.
③ '사회 형성재' 이론은 작은 사례나 호의가 시민과의 원만하고 긍정적인 사회관계를 만들어 주는 형성재라고 보고 있다.
④ '구조원인 가설'은 신임경찰이 기존의 부패한 경찰로부터 부패의 사회화를 통하여 물들게 된다는 이론으로 시민사회의 부패가 경찰부패의 주요한 원인이라고 보고 있다.

해설

④ 신임경찰이 기존의 부패한 경찰로부터 부패의 사회화를 통하여 물들게 된다는 이론은 로벅, 바커, 니더호퍼가 주장한 **구조원인가설**이다(**구로바니**). 하지만, **시민사회의 부패를 경찰부패의 주요 원인으로 보는 것은 전체사회가설**이다.

 ④

015 경찰부패에 대한 설명으로 가장 적절하지 않은 것은?   22경간

① 미끄러지기 쉬운 경사로 이론(Slippery slope theory)은 공짜커피, 작은 선물 등의 사소한 호의가 나중에는 큰 부패로 이어질 수 있다는 점을 강조한다.
② 썩은 사과 이론(Rotten apple theory)은 부패의 원인을 개인적 결함보다는 조직의 체계적 원인으로 보고 있으며 조직차원의 경찰윤리교육의 중요성을 강조한다.
③ 구조원인 가설(Structural hypothesis)는 신임경찰들이 선배경찰에 의해 조직의 부패전통 내에서 사회화되어 신임경찰도 기존 경찰처럼 부패로 물들게 된다는 이론이다.
④ 윤리적 냉소주의 가설(Ethical cynicism hypothesis)은 경찰에 대한 외부통제기능을 수행하는 정치권력, 대중매체, 시민단체의 부패는 경찰의 냉소주의를 부채질하고 부패의 전염효과를 가져온다고 한다.

해설

② 썩은 사과 이론(Rotten apple theory)은 **부패의 원인을 개인적 결함에 두고 있다.** 부패의 원인을 조직의 체계적 문제로 보는 것은 구조원인가설이다.

 ②

016 경찰의 부패원인가설에 대한 설명이 가장 적절하게 짝지어진 것은? 22승진

> ㉠ P경찰관은 부서에서 많은 동료들이 단독 출장을 가면서도 공공연하게 두 사람의 출장비를 청구하고 퇴근 후 잠깐 들러서 시간외 근무를 한 것으로 퇴근시간을 허위 기록되게 하는 것을 보고, P경찰관도 동료들과 같은 행동을 하였다.
> ㉡ 경찰관은 순찰 중 주민으로부터 피로회복 음료를 무상으로 받았고, 그 다음 주는 식사 대접을 받았다. 순찰 나갈 때마다 주민들에게 뇌물을 받는 습관이 들었고, 주민들도 경찰관이 순찰을 나가면 마음의 선물이라며 뇌물을 주는 것이 관례가 되어버렸다.

① ㉠ - 전체사회 가설　　　　　㉡ - 구조원인 가설
② ㉠ - 썩은 사과 가설　　　　　㉡ - 구조원인 가설
③ ㉠ - 구조원인 가설　　　　　㉡ - 전체사회 가설
④ ㉠ - 구조원인 가설　　　　　㉡ - 썩은 사과 가설

해설

㉠ 출장비가 제대로 지급되지 않으니 여러 사람이 출장을 간 것처럼 꾸며 한 사람이 수령하는 행위나 시간외 근무를 허위로 기록하는 행위는 부패의 전통 속에서 동료경찰관 또는 후배경찰관을 부패로 물들이게 된다는 **구조원인가설**의 내용이다.
㉡ **전체사회가설**은 사회전체가 경찰부패를 묵인하거나 조장할 때 경찰은 부패행위를 하게 되며, 처음 단계에는 설령 불법적인 행위를 하지 않더라도 작은 호의에 길들여져 나중에는 명백한 부정부패로 빠져들게 된다는 이론이다.

정답 ③

017 경찰의 부패에 관한 설명 중 가장 적절하지 않은 것은? 22순경1차

① 'Dirty Harry 문제'는 도덕적으로 선한 목적을 위해 윤리적, 정치적, 혹은 법적으로 더러운 수단을 동원하는 것이 적절한가와 관련된 딜레마적 상황이다.
② 구조화된 조직적 부패는 서로가 문제점을 알면서도 눈감아주는 침묵의 규범 형성의 가능성을 높인다.
③ 셔먼(1985)의 미끄러운 경사(slippery slope) 개념은 작은 호의를 받는 것에 익숙해진 경찰관들이 결국 부패에 연루될 수 있음을 경고한다.
④ 전체사회가설은 신임경찰관이 조직의 부패 전통 내에서 고참 동료들에 의해 사회화됨으로써 부패의 길로 들어선다는 입장이다.

해설

① 미국 영화 'Dirty Harry'에서 주인공인 형사가 연쇄살인범을 검거하지만 부패한 상관이 풀어주자 분개한 형사가 직접 검거해서 처단하게 되는 내용으로부터 유래된 용어로서, 바람직한 결과를 추구한다고 해서 불법적인 수단을 동원하는 것이 용인될 수 있겠는가 하는 딜레마적 상황을 가리키는 용어이다.
④ 전체사회화가설이 아닌 **구조원인가설**에 대한 내용이다.

정답 ④

018 경찰의 부정부패 이론에 대한 설명으로 가장 적절하지 않은 것은? 18순경2차

① 윌슨이 주장한 전체사회 가설은 '미끄러지기 쉬운 경사로 이론'과 유사하다.
② 구조원인 가설에 따르면, 구조화된 조직적 부패는 서로가 문제점을 알면서도 눈감아주는 '침묵의 규범'을 형성한다.
③ 전체사회 가설은 시민사회의 부패를 경찰부패의 주요 원인으로 본다.
④ 썩은 사과 가설은 일부 부패경찰이 조직 전체를 부패로 물들게 한다는 이론으로 부패의 원인을 조직의 체계적 원인으로 파악한다.

> [해설]
> ④ 썩은 사과 가설은 일부 부패경찰이 조직 전체를 부패로 물들게 한다는 이론으로 부패의 원인을 조직의 체계적(조직적) 원인이 아닌 부패한 경찰관의 <u>개인적 결함</u>에 있다고 본다.
>
> 정답 ④

019 경찰의 부정부패 현상과 그 원인에 관한 다음 설명 중 가장 적절하지 않은 것은? 15순경2차, 13순경1차유사

① 전체사회 가설은 시민사회의 부패를 경찰부패의 주요 원인으로 본다.
② 구조원인 가설은 윌슨이 주장한 가설로 신참 경찰관들이 그들의 고참 동료들에 의해 조직의 부패전통 내에서 사회화됨으로써 부패의 길로 들어선다는 입장이다.
③ 썩은 사과 가설은 일부 부패경찰이 조직 전체를 부패로 물들게 한다는 이론으로 부패문제를 개인적 결함 문제로 바라본다.
④ 미끄러지기 쉬운 경사로 이론은 부패에 해당하지 않는 작은 호의가 습관화될 경우 미끄러운 경사로를 타고 내려오듯이 점점 더 큰 부패와 범죄로 빠진다는 가설이다.

> [해설]
> ② 구조원인 가설은 <u>로벅, 바커, 니더호퍼</u> 등이 주장한 가설로 신참 경찰관들이 그들의 고참 동료들에 의해 조직의 부패전통 내에서 사회화됨으로써 부패의 길로 들어선다는 입장이다. <u>윌슨은 전체사회 가설을 주장</u>하였다.
>
> 정답 ②

020 경찰의 부정부패 현상과 그 원인에 대한 설명으로 가장 적절한 것은? 17순경2차

① 사회 전체가 경찰 부패를 묵인하거나 조장할 때 경찰은 부패 행위를 하게 되며 시민 사회의 부패가 경찰 부패의 주원인으로 보는 이론은 전체사회 가설이다.
② 일부 부패경찰을 모집 단계에서 배제하지 못하여 조직 전체를 부패로 물들게 한다는 구조원인가설은 부패의 원인을 개인적 결함이 아닌 조직의 체계적 원인으로 파악한다.
③ 미끄러지기 쉬운 경사로 이론은 부패에 해당하는 작은 호의가 습관화 될 경우 미끄러운 경사로를 타고 내려오듯이 점점 더 큰 부패와 범죄로 빠진다는 가설이다.
④ 썩은 사과 가설은 신임 경찰관들이 그들의 선배 경찰관들에 의해 조직의 부패 전통 내에서 사회화되어 신임 경찰도 기존 경찰처럼 부패로 물들게 된다고 주장한다.

해설

① ○
② 일부 부패경찰을 모집 단계에서 배제하지 못하여 조직 전체를 부패로 물들게 한다는 <u>썩은 사과 가설</u>은 부패의 원인을 <u>조직의 체계적 원인이 아닌 개인적 결함</u>으로 파악한다.
③ <u>미끄러지기 쉬운 경사로 이론</u>은 <u>부패에 해당하지 않는 작은 호의</u>가 습관화 될 경우 미끄러운 경사로를 타고 내려오듯이 점점 더 큰 부패와 범죄로 빠진다는 가설이다.
④ <u>구조원인 가설</u>은 신임 경찰관들이 그들의 선배 경찰관들에 의해 조직의 부패 전통 내에서 사회화되어 신임 경찰도 기존 경찰처럼 부패로 물들게 된다고 주장한다.

정답 ①

021 경찰의 부정부패 원인에 대한 설명으로 가장 적절한 것은? 17순경1차

① 미국의 윌슨은 '시카고 시민이 경찰을 부패시켰다'며 '구조원인 가설'을 주장하였다.
② 니더호퍼, 로벅, 바커 등이 주장한 '전체사회 가설'은 '미끄러지기 쉬운 경사로 이론'과 관련이 깊다.
③ 셔먼의 '미끄러지기 쉬운 경사로 이론'에 의하면 공짜 커피 한 잔도 부패에 해당한다.
④ 선배경찰의 부패행태로부터 신임경찰이 차츰 사회화되어 신임경찰도 기존 경찰처럼 부패로 물들게 된다는 이론은 '구조원인 가설'이다.

해설

① 미국의 윌슨은 '시카고 시민이 경찰을 부패시켰다'며 <u>전체사회 가설</u>'을 주장하였다.
② <u>윌슨이 주장한</u> '전체사회 가설'은 '미끄러지기 쉬운 경사로 이론'과 관련이 깊다. **(전월/구로바니)**
③ 셔먼의 '미끄러지기 쉬운 경사로 이론'에 의하면 공짜 커피 한 잔은 작은 호의에 해당하고, <u>부패에 해당하지는 않지만</u> 부패와 연결되기 쉬우므로 경계해야 한다.
④ ○

정답 ④

022 부정부패 이론에 대한 다음 설명 중 가장 옳은 것은? 16경간

① 선배경찰의 부패행위로부터 신임경찰이 차츰 사회화되어 신임경찰도 기존 경찰처럼 부패로 물들게 된다는 이론을 '썩은 사과 가설'이라고 한다.
② 경찰관이 동료나 상사의 부정부패에 대하여 감찰이나 외부의 언론매체에 대하여 공표하는 것을 휘슬블로잉(whistle blowing)이라고 하고, 비지바디니스(busybodiness)는 남의 비행에 대하여 일일이 참견하여 도덕적 충고를 하는 것이다.
③ '형성재'이론은 작은 사례나 호의는 시민과의 부정적인 사회관계를 만들어주는 형성재라는 것으로, 작은 호의의 부정적 효과를 강조하는 이론이다.
④ 니더호퍼, 로벅, 바커 등이 제시한 '구조원인가설'은 부패의 원인은 자질이 없는 경찰관들이 모집단계에서 배제되지 않고 조직 내에 유입됨으로써 경찰의 부패가 나타난다는 이론이다.

해설

① 선배경찰의 부패행위로부터 신임경찰이 차츰 사회화되어 신임경찰도 기존 경찰처럼 부패로 물들게 된다는 이론은 <u>구조원인가설</u>이다.
② ○
③ '(사회)형성재이론'은 작은 사례나 호의를 통하여 경찰이 <u>지역주민들과 친밀해짐으로써 주민의 협력을 강화할 수 있다는 내용으로, 작은 호의의 긍정적 효과를 강조</u>하는 이론이다.
④ 니더호퍼, 로벅, 바커 등이 제시한 '구조원인가설'은 부패의 원인은 경찰관 개인이 아닌 부패한 경찰조직에 있다고 보는 이론이다. 자질이 없는 경찰관들이 모집단계에서 배제되지 않고 조직 내에 유입됨으로써 경찰의 부패가 나타난다는 이론은 <u>썩은 사과 가설</u>이다.

정답 ②

023 다음은 경찰의 부정부패 원인에 대해 설명한 것이다. 가장 적절한 것은? 14순경1차

① 전체사회가설 : 대표적으로 니더호퍼, 로벅, 바커 등이 주장한 것으로, '미끄러지기 쉬운 경사로 이론'과 관련이 깊다.
② 썩은사과가설 : 경찰의 부정부패 현상이 나타나는 원인으로 미국의 윌슨은 "시카고 시민이 경찰을 부패시켰다"고 주장하면서, 시민사회의 부패가 경찰부패의 주원인이라고 보았다.
③ 구조원인가설 : 신임 경찰관들이 그들의 선배 동료들에 의해 만들어진 조직적인 부패의 전통 내에서 사회화됨으로써 부패의 길로 들어선다는 입장이다.
④ 전체사회가설 : 자질이 없는 경찰관들이 모집단계에서 배제되지 않고 조직 내로 유입됨으로써 경찰의 부패가 나타난다는 이론이다.

해설

① 전체사회가설 : 시카고 경찰의 부패원인을 분석한 **윌슨**이 주장한 것으로, '미끄러지기 쉬운 경사로 이론'과 관련이 깊다.
② 썩은사과가설 : 부패의 원인은 **자질이 없는 경찰관들이 모집단계에서 배제되지 못하고 조직 내에 유입됨으로써 경찰의 부패가 나타난다는 이론**이다.
③ ○
④ 전체사회가설 : 경찰의 부정부패 현상이 나타나는 원인으로 미국의 윌슨은 "시카고 시민이 경찰을 부패시켰다"면서 **시민사회의 부패가 경찰부패의 주요 원인**이라고 보았다.

정답 ③

024 부정부패 현상과 관련하여 틀린 것은 모두 몇 개인가?
15경간

가. 셔먼의 '미끄러지기 쉬운 경사로 이론'에 의하면 공짜 커피 한잔도 부패에 해당한다.
나. 선배경찰의 부패행태로부터 신임경찰이 차츰 사회화되어 신임경찰도 기존 경찰처럼 부패로 물들게 된다는 이론은 '썩은 사과 가설'이다.
다. 경찰관이 동료나 상사의 부정부패에 대하여 감찰이나 외부의 언론매체에 대하여 공표하는 것을 '모랄 해저드'(moral hazard)라고 한다.
라. 셔먼의 '미끄러지기 쉬운 경사로 이론'에 대하여 펠드버그는 작은 호의를 받았다고 해서 반드시 경찰이 큰 부패를 범하는 것은 아니라고 하면서 비판하였다.

① 1개   ② 2개   ③ 3개   ④ 4개

해설

가. 셔먼의 '미끄러지기 쉬운 경사로 이론'에 의하면 **부패에 해당하지 않는** 공짜 커피 등 작은 호의가 습관화될 경우 미끄러운 경사로를 타고 내려오듯이 부패로 빠져든다고 한다.
나. 선배경찰의 부패행태로부터 신임경찰이 차츰 사회화되어 신임경찰도 기존 경찰처럼 부패로 물들게 된다는 이론은 '**구조원인 가설**'이다.
다. 경찰관이 동료나 상사의 부정부패에 대하여 감찰이나 외부의 언론매체에 대하여 공표하는 것을 '**내부고발자**', '**휘슬블로워(whistle blower**) 또는 '**딥스로트(deep throat)**'라고 하며, 이에 반대되는 개념을 '침묵의 규범'이라고 한다. '모랄 해저드(도덕적 해이)'란 가치관 붕괴로 인하여 부패를 부패로 인식하지 못하는 상태 또는 정보가 불투명하거나 비대칭적인 상황에서 자신의 책임이나 의무를 소홀히 하게 되는 현상을 말한다.
라. ○

정답 ③

025 다음은 부정부패 이론에 대한 설명이다. 적절하지 않은 것은 모두 몇 개인가?

13경간

- ㉠ 신임 홍길동 순경은 정의를 확립하겠다고 다짐하고 일선에 근무하던 중 선배로부터 돈을 갈취하는 요령을 터득하면서 부패의 길로 접어들었다. 이런 과정을 설명하는 가설은 '구조원인 가설'이다.
- ㉡ '썩은 사과 가설'은 전체경찰 중 일부 부패할 가능성이 있는 경찰을 모집단계에서 배제하지 못하여 이들이 조직에 흡수되어 전체가 부패할 가능성이 있다는 이론이다.
- ㉢ 경찰관의 동료나 상사의 부정부패에 대하여 감찰이나 외부의 언론매체에 대하여 공표하는 것을 '휘슬블로잉(Whistle blowing)'이라 하고, '침묵의 규범'은 그와 반대로 동료의 부정부패에 대하여 눈감아 주는 것을 말한다.
- ㉣ 미국의 윌슨은 시민사회의 부패가 경찰부패의 주원인이라고 보는 '구조원인가설'을 주장하였다.
- ㉤ 셔먼의 '미끄러지기 쉬운 경사로 이론'에 대해 니더호퍼, 로벅 등은 작은 호의를 받았다고 해서 반드시 경찰이 큰 부패를 범하는 것은 아니라고 비판하였다.

① 0개 ② 1개 ③ 2개 ④ 3개

해설

- ㉣ 윌슨의 '**전체사회가설**'이다.
- ㉤ 미끄러지기 쉬운 경사로 이론을 비판한 사람은 **펠드버그**이다.

정답 ③

026 다음은 경찰관들의 일탈 사례와 이를 설명하는 이론(가설)이다. <보기 1>과 <보기 2>의 내용이 가장 적절하게 연결된 것은?

20순경2차

<보기 1>
(가) 경찰관 A는 동료경찰관들이 유흥업소 업주들로부터 접대를 받은 사실을 알고도 모른 체했다.
(나) 음주운전으로 징계처분을 받은 적이 있는 B가 다시 음주운전으로 적발되어 징계위원회에 회부되었다.
(다) 주류판매로 단속된 노래연습장 업주가 담당경찰관 C에게 사건무마를 청탁하며 뇌물수수를 시도하였다.

<보기 2>
㉠ 썩은사과 가설
㉡ 미끄러지기 쉬운 경사로 이론
㉢ 구조원인 가설
㉣ 전체사회 가설

	(가)	(나)	(다)
①	㉢	㉠	㉣
②	㉠	㉢	㉣
③	㉠	㉣	㉡
④	㉢	㉠	㉡

해설

(가) 동료의 부패를 알면서도 눈감아주는 '침묵의 규범'을 형성하는 **구조원인 가설**과 연계된다.
(나) 비위행위를 저지른 경찰관이 다시 비위행위를 저지르는 것은 부패를 개인적 결함 문제로 이해하는 **썩은사과 가설**과 연계된다.
(다) 시민들의 부패의식이 경찰을 부패하게 만든다는 점에서, 시민사회의 경찰부패에 대한 묵인·조장이 부패의 원인이라는 **전체사회 가설**과 연계된다.

정답 ①

027 다음은 경찰부패에 대한 설명이다. 빈칸 ㉠부터 ㉣까지 들어갈 것으로 가장 적절하게 짝지어진 것은?

20순경1차

- (㉠)은 니더호퍼, 로벅, 바커 등이 제시한 이론으로 부패의 사회화를 통하여 신임경찰이 기존의 부패한 경찰에 물들게 된다는 입장이다.
- (㉡)은(는) 남의 비행에 대하여 일일이 참견하면서 도덕적 충고를 하는 것을 의미한다.
- (㉢)은 공짜 커피, 작은 선물 등의 사소한 호의가 나중에는 큰 부패로 이어질 수 있다는 점을 강조한다.
- (㉣)은(는) 도덕적 가치관이 붕괴되어 동료의 부패를 부패라고 인식하지 못하는 것을 의미하며, 부패를 잘못된 행위로 인식하고 있지만 동료라서 모르는 척하는 침묵의 규범과는 구별되는 개념이다.

① 전체사회가설 – Whistle blowing – 사회 형성재 이론 – Moral hazard
② 구조원인가설 – Whistle blowing – 미끄러지기 쉬운 경사로 이론 – Deep throat
③ 전체사회가설 – Busy bodiness – 사회 형성재 이론 – Deep throat
④ 구조원인가설 – Busy bodiness – 미끄러지기 쉬운 경사로 이론 – Moral hazard

> **해설**
>
> ㉠ 구조원인가설, ㉡ 비지 바디니스(Busy bodiness), ㉢ 미끄러지기 쉬운 경사로 이론, ㉣ 모럴 헤저드(Moral hazard, 도덕적 해이)에 대한 설명이다.
>
> **정답** ④

028 다음은 경찰의 부패원인에 대한 설명이다. 아래 ㉠부터 ㉣까지의 설명 중 옳고 그름의 표시(○, ×)가 바르게 된 것은?

20승진

㉠ '전체사회 가설'은 시민사회의 부패가 경찰부패의 주요 원인이라고 보는 이론이다.
㉡ '썩은 사과 가설'은 선배경찰의 부패행태로부터 신임경찰이 차츰 사회화되어 신임경찰도 기존 경찰처럼 부패로 물들게 된다고 보는 이론이다.
㉢ 셔먼의 '미끄러지기 쉬운 경사로 이론'에 대해 펠드버그는 작은 호의를 받았다고 해서 반드시 경찰이 큰 부패를 범하는 것은 아니라고 비판한다.
㉣ '구조원인 가설'은 부패에 해당하지 않는 작은 호의가 습관화될 경우 더 큰 부패와 범죄로 빠진다고 보는 이론이다.

① ㉠(○) ㉡(×) ㉢(○) ㉣(×)
② ㉠(○) ㉡(○) ㉢(○) ㉣(×)
③ ㉠(×) ㉡(○) ㉢(○) ㉣(×)
④ ㉠(○) ㉡(×) ㉢(○) ㉣(○)

해설

- ⓒ '**구조원인 가설**'은 선배경찰의 부패행태로부터 신임경찰이 차츰 사회화되어 신임경찰도 기존 경찰처럼 부패로 물들게 된다고 보는 이론이다.
- ⓔ '**미끄러지기 쉬운 경사로 이론**'은 부패에 해당하지 않는 작은 호의가 습관화될 경우 더 큰 부패와 범죄로 빠진다고 보는 이론이다.

▶ 경찰부패 원인에 대한 가설

전체사회가설 (전월)	윌슨 : "시카고 **시민사회의 부패**가 경찰부패의 원인" → 미끄러지기 쉬운 경사로이론과 일맥상통
구조원인가설 (구로바니)	① 로벅, 바커, 니더호퍼 ② 부패한 선배경찰들에 의해 신임경찰들이 부패(침묵의 규범으로 수용) ③ 부패의 원인은 개인적 결함이 아니라 조직의 **체계적(조직적) 원인** ④ 1명이 기소중지자 인수하러 가며 2명분 출장비 수령 → 법규·예산과 현실의 괴리
썩은사과가설	① 부패원인은 모집단계에서 부패할 가능성 있는 경찰을 배제하지 못했기 때문 ② 부패의 원인은 조직의 체계적 원인이 아니라 **개인적 결함**

정답 ①

---

029 경찰부패 문제의 해결을 위해 다음과 같이 「경찰청 공무원 행동강령」을 개정하였다고 가정한다면, 이와 같은 개정의 근거가 된 경찰부패이론(가설)으로 가장 적절한 것은?   19순경2차

현행	개정안
공무원은 직무 관련 여부 및 기부·후원·증여 등 그 명목에 관계없이 동일인으로부터 1회에 100만원 또는 매 회계연도에 300만원을 초과하는 금품 등을 받거나 요구 또는 약속해서는 아니 된다.	공무원은 직무 관련 여부 및 기부·후원·증여 등 그 명목에 관계없이 어떠한 금품 등도 받거나 요구 또는 약속해서는 아니 된다

① 썩은 사과 가설   ② 미끄러지기 쉬운 경사로 이론
③ 형성재론   ④ 구조원인 가설

해설

② 보다 낮은 수준의 금품등 수수에 대하여 금액에 상관없이 엄격하게 금지하는 방향으로의 개정안을 보여주고 있다. 이는 셔먼의 '**미끄러지기 쉬운 경사로 이론**'과 **일맥상통**한다. 셔먼의 '미끄러지기 쉬운 경사로 이론'은 부패에 해당하지 않는 작은 호의가 습관화될 경우 미끄러운 경사로를 타고 내려오듯이 점점 더 큰 부패로 빠져든다는 가설로 공짜 커피 등 사소한 호의도 경계해야 한다고 주장한다.

정답 ②

030 다음의 내용이 설명하는 경찰의 부정부패이론으로 가장 적절한 것은?   16순경1차

> 부정부패의 원인은 자질이 없는 경찰관들이 모집단계에서 배제되지 못하고 조직 내에 유입됨으로써 전체경찰이 부패할 가능성이 있다고 보면서, 부정부패의 원인을 조직의 체계보다는 개인적 결함으로 보고 있다.

① 전체사회 가설
② 구조원인 가설
③ 썩은 사과 가설
④ 미끄러지기 쉬운 경사로 이론

해설

설문의 내용은 경찰의 부정부패이론 중 썩은 사과 가설에 대한 설명이다.

정답 ③

031 경찰의 부패이론과 내부고발에 대한 설명으로 가장 옳은 것은?   21경간

① '구조원인설'은 니더호퍼, 로벅, 바커, 윌슨 등이 주장한 이론으로서 신임경찰들이 선배경찰에 의해 조직의 부패전통 내에서 사회화되어 신임경찰도 기존경찰처럼 부패로 물들게 된다는 이론이다.
② '썩은사과 가설'은 부패의 원인을 개인적 결함보다는 조직의 체계적 원인으로 보고 있으며 신임경찰 채용단계의 중요성을 강조한다.
③ '미끄러지기 쉬운 경사로 이론'은 필드버그가 주장한 이론으로 공짜 커피나 작은 선물 등의 사소한 호의가 나중에 엄청난 부패로 이어진다는 이론이다.
④ 내부고발의 정당화 요건으로 적절한 도덕적 동기, 최후수단성, 성공 가능성, 중대성, 급박성 등이 있다.

해설

① 구조원인가설 주장학자는 니더호퍼, 로벅, 바커 등이고, 윌슨은 전체사회가설의 대표학자이다. (구로바니/전월)
② '썩은사과 가설'은 부패의 원인을 개인적 결함으로 본다. 부패의 원인을 조직의 체계적 원인으로 보는 것은 '구조원인 가설'이다.
③ '미끄러지기 쉬운 경사로 이론'은 셔먼이 주장하였다(미셔/미셔트르). 필드버그(펠드버그)는 셔먼의 주장을 반박한 학자이다.
④ O

정답 ④

032 경찰과 윤리에 관한 설명 중 적절하지 않은 것은 모두 몇 개인가? 13승진

> ㉠ '셔먼의 미끄러지기 쉬운 경사로' 이론은 부패에 해당되지 않는 작은 호의가 습관화될 경우 미끄러운 경사로를 타고 내려오듯이 점점 더 큰 부패와 범죄로 빠진다는 가설이다.
> ㉡ 경찰 부패의 원인을 설명하는 이론 중 윌슨이 제시한 이론으로, 신임경찰이 기존의 부패한 경찰로부터 부패의 사회화를 통하여 물들게 된다는 것은 '전체사회 가설'이다.
> ㉢ '비지바디니스(busybodiness)'는 남의 비행에 대하여 일일이 참견하여 도덕적 충고를 하는 것이다.
> ㉣ 경찰서비스헌장에서는 친절한 경찰, 의로운 경찰, 공정한 경찰, 근면한 경찰, 깨끗한 경찰의 5개항을 목표로 제시하였다.
> ㉤ 1991년 제정된 미국의 '경찰행위강령'에는 경찰임무는 물론 재량, 비밀, 협조, 사생활 등 광범위한 내용이 포함되어 있다.

① 1개 ② 2개 ③ 3개 ④ 4개

해설
㉡ 경찰 부패의 원인을 설명하는 이론 중 니드호퍼, 로벅, 바커 등이 제시한 이론으로, 신임경찰이 기존의 부패한 경찰로부터 부패의 사회화를 통하여 물들게 된다는 것은 구조원인 가설이다.
㉣ 경찰헌장에서는 친절한 경찰, 의로운 경찰, 공정한 경찰, 근면한 경찰, 깨끗한 경찰의 5개항을 목표로 제시하였다.

정답 ②

---

033 경찰의 부정부패 사례와 그에 대한 원인분석을 설명하는 이론 중 가장 옳지 않은 것은? 11승진

① 지구대에 근무하는 경찰관 A는 순찰 도중 동네 슈퍼마켓 주인으로부터 음료수를 얻어 마시면서 친분을 유지하다가 나중에는 폭행사건처리 무마 청탁을 받고 큰돈까지 받게 되었다면 '미끄러지기 쉬운 경사로 이론'의 한 예로 볼 수 있다.
② 경제팀 수사관 A가 기소중지자의 신병인수차 출장을 가면서 사실은 1명이 갔으면서도 2명분의 출장비를 수령하였다면, 그 원인은 행정내부의 '법규 및 예산과 현실의 괴리' 때문이라고도 볼 수 있다.
③ 정직하고 청렴하였던 신임형사 A가 자신의 조장인 B로부터 관내 유흥업소 업자들을 소개받고, 이후 B와 함께 활동을 해가면서 B가 유흥업소 업자들로부터 월정금을 받는 것을 보고 점점 그 방식 등을 답습하였다면 '구조원인 가설'로 설명할 수 있다.
④ B지역은 과거부터 지역주민들이 관내 경찰관들과 어울려 도박을 일삼고, 부적절한 사건청탁을 하는 경우가 종종 있었으나 아무도 이를 문제화하지 않던 곳인데, 동 지역에 새로 발령받은 신임경찰관 A에게도 지역주민들이 접근하여 도박을 함께 하게 되는 경우는 '썩은 사과 가설'로 설명할 수 있다.

> **해설** ●●●●
>
> ④는 경찰관 한사람의 일탈이 아니라 시민들의 부패가 경찰관들에게 전염되는 것을 말하고 있기 때문에 '썩은 사과 가설'이 아니라 '전체사회 가설'로 설명할 수 있다.
> → 전체사회 가설을 주장한 윌슨 '시카고 시민이 경찰을 부패시켰다'
>
> **정답** ④

034 경찰시험을 준비하는 甲은 언론에서 경찰공무원의 부정부패 기사를 보고 '나는 경찰이 되면 저런 행위를 하지 않겠다'는 생각을 가졌다. 이런 현상에 대한 설명으로 가장 적절하지 않은 것은?   22경간

① 이런 현상을 침묵의 규범이라고 한다.
② 개인적 성향과 조직 내 사회화 과정은 상호보완적 관계에 있다.
③ 경찰공무원의 사회화는 경찰이 되기 전의 가치관에 의해 영향을 받는다.
④ 경찰공무원은 공식적 사회화 과정보다 비공식적 사회화 과정의 영향을 더 많이 받는다.

> **해설** ●●●●
>
> ① 이런 현상을 '예기적 사회화 과정(anticipatory socialization)'이라고 한다. 즉, 경찰인이 되고자 하는 지원자는 그가 경찰이 되기 전에 경찰에 대한 정보 등을 통해 경찰에 대한 사회화를 미리 할 수 있다는 것이다. 이것은 통상적으로 경찰에 대한 자신의 직접경험과 친구나 가족들을 통한 간접경험, 나아가 언론매체를 통한 경찰의 이미지 등을 통해서 이루어진다. 그래서 경찰예비자들은 자기가 경찰인이 되면 어떻게 하겠다라는 '예기적 사회화과정(anticipatory socialization)'을 거칠 수 있는 것이다. ※ 침묵의 규범은 동료의 부정부패에 대하여 모른 체하는 현상을 말한다.
>
> **정답** ①

035 경찰문화의 냉소주의를 극복하기 위한 방안에 대한 설명이다. ㉠부터 ㉤까지 ( ) 안에 들어갈 용어를 나열한 것으로 가장 적절한 것은?   18승진

> 인간관 중 (㉠) 이론은 인간이 책임감 있고 정직하여 (㉡)적인 관리를 해야 한다는 이론이고, (㉢) 이론은 인간을 게으르고 부정직한 것으로 보아 (㉣)적으로 관리해야 한다는 이론으로, (㉤) 이론에 의한 관리가 냉소주의를 극복하는 방안이 된다.

① ㉠ X ㉡ 민주 ㉢ Y ㉣ 권위 ㉤ X
② ㉠ X ㉡ 권위 ㉢ Y ㉣ 민주 ㉤ Y
③ ㉠ Y ㉡ 민주 ㉢ X ㉣ 권위 ㉤ Y
④ ㉠ Y ㉡ 권위 ㉢ X ㉣ 민주 ㉤ X

> **해설** ●●●●
>
> ③ 인간관 중 Y이론은 인간이 책임감 있고 정직하여 민주적인 관리를 해야 한다는 이론이고, X이론은 인간을 게으르고 부정직한 것으로 보아 권위적으로 관리해야 한다는 이론으로, Y이론에 의한 관리가 냉소주의를 극복하는 방안이 된다.
>
> **정답** ③

036 파출소에 근무하는 김 순경은 경찰청에서 새 제도를 시행하겠다고 발표하자 전시 행정이라고 비웃었다. 이와 같은 냉소주의의 가장 큰 원인으로 적절한 것은? 16승진

① 외부로부터의 부당한 압력
② 경찰조직에 대한 신념의 결여
③ 과중한 업무와 스트레스
④ 동료간의 경쟁과 갈등

해설

냉소주의의 가장 큰 원인은 경찰조직에 대한 신념의 결여이다.

정답 ②

제4절 경찰윤리강령

037 홉스, 로크, 루소의 사회계약설에 대한 설명 중 틀린 것은 모두 몇 개인가? 14경간

가. 로크는 자연상태에서 처음에는 자유롭고 평등하며 정의가 지배하는 사회였다가 인간관계가 확대됨에 따라 자연권 유지가 불안해진다고 보았다.
나. 로크는 자연상태에서는 시비를 판단할 합의된 기준이 없다고 보았다.
다. 루소는 자연상태에서 처음에는 자유, 평등이 보장되는 목가적 상태에서 점차 강자와 약자의 구별이 생기고 불평등 관계가 성립한다고 보았다.
라. 루소가 고안한 "일반의지"라는 개념은 모호한 개념으로 일반의지라는 미명하에 독재가 가능하다는 비판을 받는다.
마. 홉스는 자연권의 전면적 양도 및 국왕의 통치에 절대 복종해야 한다고 보았다.

① 0개　　② 1개　　③ 2개　　④ 3개

해설

모두 옳은 설명이다.

정답 ①

038 경찰윤리에 대한 설명으로 가장 적절한 것은? 19승진

① 사회계약설로부터 도출되는 경찰활동의 기준으로 볼 때 경찰관이 사회의 일부분이 아닌 사회 전체의 이익을 염두에 두어야 한다는 것은 '냉정하고 객관적인 자세'에 해당한다.
② 경찰 전문직업화의 문제점으로 '소외'는 전문직이 되는 데 장기간의 교육이 필요하고 비용이 들어, 가난한 사람은 전문가가 되는 기회를 상실하는 것을 말한다.
③ 「경찰청 공무원 행동강령」에 따라 공무원은 범죄수사규칙 제30조에 따른 경찰관서 내 수사 지휘에 대한 이의제기와 관련하여 행동강령책임관에게 상담을 요청하여야 한다.
④ 경찰윤리강령의 문제점으로 '비진정성의 조장'은 강령의 내용을 행위의 울타리로 삼아 강령에 제시된 바람직한 행위 그 이상의 자기희생을 하지 않으려는 경향을 의미한다.

해설

① O
② 전문직이 되는 데 장기간의 교육이 필요하고 비용이 들어 가난한 사람은 전문가가 되는 기회를 상실하는 것은 '**차별**'이다.
③ 공무원은 「범죄수사규칙」 제30조에 따른 경찰관서 내 수사 지휘에 대한 이의제기와 관련하여 행동강령책임관에게 **상담을 요청할 수 있다**(「경찰청 공무원 행동강령」 제4조의2).
④ 경찰윤리강령의 내용을 행위의 울타리로 삼아 강령에 제시된 바람직한 행위 그 이상의 자기희생을 하지 않으려는 경향을 '**최소주의 위험**'이라고 한다. ※ '비진정성의 조장'은 경찰강령이 경찰관의 도덕적 자각에 따른 자발적 행동이 아니라 외부로부터 요구된 것이라는 타율성으로 인해 진정한 봉사가 이뤄지지 않을 수 있다는 문제점을 말한다.

▶ 윤리강령의 문제점

실행가능성 문제	경찰강령은 법적 강제력이 없기 때문에 위반했을 경우 제재할 방법이 미흡하며, 지나친 이상추구의 성격 때문에 빛 좋은 개살구가 될 수 있음
냉소주의 문제	경찰강령은 직원들의 참여에 의하여 이루어지는 것이 아니라 상부에서 제정하여 하달되어 냉소주의 야기
최소주의 위험	경찰관이 최선을 다하여 헌신과 봉사를 하려다가도 경찰강령에 포함된 정도의 수준으로만 근무를 하여 경찰강령이 근무수행의 최소기준이 됨
비진정성 조장	경찰강령은 경찰관의 도덕적 자각에 따른 자발적인 행동이 아니라 외부로부터 요구된 것으로서 타율성으로 인해 진정한 봉사가 이루어지지 않을 수 있음(윤리적 불감증 야기가능) (비자타)
우선순위 미결정	경찰강령이 구체적인 경우 상세하지만 그보다 더 곤란한 현실문제에 있어서 무엇을 먼저하고 무엇을 나중에 해야 할지 우선순위결정 기준이 못됨
행위중심적 성격	경찰강령이 무슨 무슨 행위 중심적으로 규정되어 있어 행위이전의 의도나 동기를 소홀히 함

정답 ①

039 코헨(Cohen)과 펠드버그(Feldberg)가 제시한 경찰활동의 윤리적 표준에 대한 설명으로 가장 적절하지 않은 것은?
22승진

① 경찰관이 절도범을 추격하던 중 도주하는 범인의 등 뒤에서 권총을 쏘아 사망하게 하는 경우는 '공공의 신뢰' 위반에 해당한다.
② 경찰관이 우범지역인 A지역과 B지역의 순찰업무를 맡았으나, A지역에 가족이 산다는 이유로 A지역에서 순찰 근무시간을 대부분 할애한 경우는 '공정한 접근' 위반에 해당한다.
③ 불법 개조한 오토바이를 단속하던 경찰관이 정지명령에 불응하는 오토바이를 향하여 과도하게 추격한 결과 운전자가 전신주를 들이받고 사망한 경우는 '시민의 생명과 재산의 안전' 위반에 해당한다.
④ 경찰이 사익을 위해 공권력을 사용하거나 필요한 최소한의 강제력을 초과하여 사용하였다면 '공정한 접근' 위반에 해당한다.

> **해설**
> ④ 경찰관이 법집행을 신뢰하는 국민의 신뢰에 맞게 행동하고 국민은 자력구제 대신 신고를 통해 범인을 체포하며, 경찰관이 사적 이익을 추구하지 않고 법집행시 최소한의 강제력만을 사용하는 것은 경찰활동의 윤리적 표준 가운데 '<u>공공의 신뢰</u>'에 해당한다.
> ※ '공정한 접근'이란 경찰은 사회 전체의 필요에 의해서 생겨난 기구이기 때문에 경찰서비스는 누구에게나 공정한 접근을 허용해야 한다는 기준을 말한다. '공정한 접근 보장'에 위배되는 유형으로는 편들기, 서비스의 해태 및 무시 등이 있다.
>
> **정답** ④

040 코헨과 펠드버그는 사회계약설로부터 도출한 경찰활동의 기준(윤리표준)을 제시하였다. 이와 관련된 〈보기 1〉과 〈보기 2〉의 내용이 가장 적절하게 연결된 것은?
21순경1차

〈보기 1〉
(가) 경찰은 사회 전체의 필요에 의해 생겨난 조직으로, 경찰서비스에 대한 동등한 필요를 가진 사람들이 그것을 받을 동등한 기회를 가져야 한다.
(나) 경찰관은 자의적으로 권한을 행사해서는 안 되고, 물리력의 행사는 필요최소한에 그쳐야 하며, 시민의 신뢰에 합당한 방식으로 권한을 행사해야 한다.
(다) 경찰은 그들에게 부여된 사회적 역할 범위 내에서 활동을 하여야 하며, 이러한 범위 내의 활동을 함에 있어서도 상호협력을 통해 경찰목적을 달성해야 한다.

〈보기 2〉
㉠ 공공의 신뢰 확보
㉡ 생명과 재산의 안전 보호
㉢ 공정한 접근의 보장
㉣ 협동과 역할 한계 준수

	(가)	(나)	(다)		(가)	(나)	(다)
①	㉠	㉡	㉣	②	㉠	㉣	㉡
③	㉢	㉡	㉣	④	㉢	㉠	㉣

> **해설**
> (가) 공정한 접근 보장 (나) 공공의 신뢰 (다) 협동과 역할 한계
>
> 정답 ④

041 코헨과 펠드버그가 제시한 민주경찰이 지향해야 할 내용에 대한 설명으로 가장 옳지 않은 것은?

11승진

① 경찰 서비스에 대한 '공정한 접근'을 보장하기 위해 성별·종교 등에 의해 차별을 해서는 안 된다.
② 경찰관이 직무수행과정에서 적법절차를 준수하고, 필요 최소한의 물리력을 사용해야 하는 것은 '공공의 신뢰'를 확보하기 위한 것이다.
③ 생명과 재산의 안전이 사회계약의 목적이고, 법집행이 궁극적인 목적은 아니므로, 경찰의 법집행은 '생명과 재산의 안전'이라는 틀 안에서 수행되어야 한다.
④ 탈주범이 관내에 있다는 첩보를 입수할 경우, 형사과 직원이 동료직원들과 임무와 역할을 분담하여 검거작전에 나서는 것은 '협동'에 충실한 것이지만, 다른 행정기관과 협조하는 것에 대해서 코헨과 펠드버그는 설명하고 있지 않다.

> **해설**
> ④ 코헨과 펠드버그가 제시하는 역할한계와 팀워크에는 일반행정기관의 업무와의 역할한계 구분, 수사와 재판영역의 역할한계 구분, 경찰상하기관의 협조, 동등 경찰조직 간의 협조 등이 있다.(즉, 일반행정기관과의 역할한계와 팀워크까지 설명)
>
> 정답 ④

042 코헨과 펠드버그는 사회계약설적 접근을 통해 경찰활동이 지향해야 할 기준을 제시하였다. 이와 관련하여 가장 적절하지 않은 것은?

14승진

① 경찰활동(경찰서비스) 대상에 대한 불합리한 차별을 금지하여, 공정한 접근을 보장하여야 한다.
② 사회계약론에 의하면 개개인의 생명과 재산의 안전을 다소 희생하더라도 순수한 법집행 자체가 경찰활동의 궁극적 목적이 되어야 한다.
③ 시민의 신뢰에 합당한 방식으로 경찰력을 행사하여 공공의 신뢰를 확보해야 한다.
④ 사회 일부분이 아닌 사회 전체의 이익을 염두에 둔 경찰활동을 해야 한다.

> **해설**
> ② 사회계약론에 의하면 개개인의 생명과 재산의 안전(보장)이 사회계약의 목적이며 법집행 자체는 경찰활동의 수단이다.
>
> 정답 ②

043 코헨(Cohen)과 펠드버그(Feldberg)가 제시한 사회계약설로부터 도출되는 경찰활동의 기준을 제시하였다. 다음 각 사례와 가장 관련 깊은 경찰활동의 기준을 연결한 것 중 옳지 않은 것은 모두 몇 개인가?

21경간

> 가. 김순경은 절도범을 추격하던 중 도주하는 범인의 등 뒤에서 권총을 쏘아 사망하게 하였다. – 〔공공의 신뢰〕
> 나. 1주일간 출장을 마치고 집에 돌아온 A는 자신의 TV가 없어진 것을 발견하였다. 그래서 여기저기 찾아보던 중에 평소부터 사이가 좋지 않던 옆집의 B가 A의 TV를 몰래 훔쳐가 사용중인 것을 창문 너머로 확인하였다. 이때 A는 몽둥이를 들고 가서 직접 자기의 TV를 찾아오려다 그만두고, 경찰에 신고하여 TV를 되찾았다. – 〔공공의 신뢰〕
> 다. 박순경은 순찰 근무 중 달동네는 가려하지 않고 부자 동네인 구역으로만 순찰을 다니려고 하였다. – 〔공정한 접근〕
> 라. 이순경은 어렸을 적 아버지로부터 가정폭력을 경험하였는데, 가정폭력 사건을 처리하면서 모든 잘못은 남편에게 있다고 단정지었다. – 〔냉정하고 객관적인 자세〕
> 마. 최순경은 경찰입직 전 집에 도둑을 맞은 경험이 있었다. 그런데 경찰에 임용되어 절도범을 검거하자, 과거의 도둑맞은 경험이 생각나 피의자에게 욕설과 가혹행위를 하였다. – 〔냉정하고 객관적인 자세〕
> 바. 탈주범이 자기 관내에 있다는 첩보를 입수한 한순경이 상부에 보고하지 않고 공명심에 단독으로 검거하려다 탈주범 검거에 실패하였다. – 〔협동〕
> 사. 은행강도가 어린이를 인질로 잡고 차량도주를 하고 있다면 경찰은 주위 시민들의 안전에 대한 위험에도 불구하고 추격(법집행)을 하여야 한다. – 〔생명과 재산의 안전확보〕

① 0개　　② 1개　　③ 2개　　④ 3개

해설

모두 옳은 지문이다.

정답 ①

044 코헨과 펠드버그는 사회계약설로부터 도출되는 경찰활동의 기준을 제시하였다. 다음 각 사례와 가장 연관이 깊은 경찰활동의 기준으로 바르게 연결된 것은 모두 몇 개인가? 17경간

> ㉠ 甲순경은 절도범을 추격하던 중 도주하는 범인의 등 뒤에서 권총을 쏘아 사망하게 하였다. - 〈공정한 접근〉
> ㉡ 乙경장은 순찰 근무 중 달동네는 가려고 하지 않고 부자 동네인 구역으로만 순찰을 다니려고 하였다. - 〈공공의 신뢰〉
> ㉢ 丙순경은 경찰 입직 전 집에 도둑을 맞은 경험이 있었다. 그런데 경찰이 되어 절도범을 검거하자, 과거 도둑맞은 경험이 생각나 피의자에게 욕설과 가혹행위를 하였다. - 〈냉정하고 객관적인 자세〉
> ㉣ 丁순경은 강도범을 추격하다가 골목길에서 칼을 든 강도와 조우하였다. 丁순경은 계속 추격하는 척하다가 강도가 도망가도록 내버려 두었다. - 〈공정한 접근〉
> ㉤ 戊경장은 어렸을 적 아버지로부터 가정폭력을 경험하였는데, 가정폭력사건을 처리하면서 모든 잘못은 남편에게 있다고 단정지었다. - 〈공공의 신뢰〉

① 1개 ② 2개 ③ 3개 ④ 4개

> **해설**
>
> ㉠ 공공의 신뢰
> ㉡ 공정한 접근
> ㉢ 냉정하고 객관적인 자세
> ㉣ 공공의 신뢰
> ㉤ 냉정하고 객관적인 자세
>
> 정답 ①

045 경찰과 윤리에 대한 설명으로 가장 적절한 것은? 21승진

① 1945년 국립경찰의 탄생 시 경찰의 이념적 좌표가 된 경찰정신은 대륙법계의 영향을 받은 '봉사와 질서'이다.
② 경찰헌장에서는 "우리는 화합과 단결 속에 항상 규율을 지키며 검소하게 생활하는 근면한 경찰이다"라는 목표를 제시하였다.
③ 「경찰청 공무원 행동강령」에 따르면 공무원은 직무의 범위를 벗어나 사적 이익을 위하여 소속기관의 명칭이나 직위를 공표·게시하는 등의 방법으로 이용하거나 이용하게 하여서는 아니된다.
④ 경찰윤리강령의 문제점 중 '냉소주의의 문제'란, 경찰관의 도덕적 자각에 따른 자발적인 행동이 아니라 외부로부터 요구된 타율성으로 인해 진정한 봉사가 이루어지지 않을 수 있다는 것을 의미한다.

해설

① 1945년 국립경찰의 탄생 시 경찰의 이념적 좌표가 된 경찰정신은 **영미법계의 영향**을 받은 '**봉사와 질서**'이다.
② 경찰헌장에서는 "우리는 **화합**과 **단결** 속에 항상 규율을 지키며 검소하게 생활하는 **깨끗한 경찰**이다"라는 목표를 제시하였다.(화단깨경)
③ ○
④ 경찰관의 도덕적 **자**발적인 행동이 아니라 외부로부터 요구된 **타**율성으로 인해 진정한 봉사가 이루어지지 않을 수 있다는 것은 '**비진정성의 조장**'에 대한 설명이다(비자타). ※ '냉소주의의 문제'는 상의하달 방식의 강령으로 인한 냉소주의 문제를 의미한다.

정답 ③

046 경찰윤리강령에 관한 설명으로 가장 적절하지 않은 것은? 16승진

① 경찰윤리강령은 대외적으로 서비스 수준의 보장, 국민과의 신뢰관계 형성, 과도한 요구에 대한 책임 제한 등과 같은 기능을 한다.
② 경찰윤리강령은 대내적으로 경찰공무원 개인적 기준 설정, 경찰조직의 기준 제시, 경찰조직에 대한 소속감 고취, 경찰조직구성원에 대한 교육자료 제공 등의 기능을 한다.
③ 경찰윤리강령의 문제점으로 최소주의의 위험이란 강령 간 우선순위, 업무 간 우선순위를 제시하지 못하는 한계를 말한다.
④ 경찰윤리강령의 문제점으로 강제력의 부족이란 강령이나 훈령은 법적 강제력이 부족하여 그 이행을 보장하기 힘들다는 것을 말한다.

해설

③ 경찰윤리강령의 문제점으로 "**우선순위 미결정**"이란 강령 간 우선순위, 업무 간 우선순위를 제시하지 못하는 한계를 말한다.

정답 ③

047 경찰공무원 개개인의 자율적 행동요령을 제정하여 경찰공무원으로서의 공직윤리를 확보하기 위하여 제정된 강령으로 그 형식은 강령·윤리강령·헌장 등 다양하며 훈령·예규의 형태로도 발현되는 것을 경찰강령 또는 경찰윤리강령이라고 하는데 다음 설명 중 가장 적절하지 <u>않은</u> 것은? 14승진

① 경찰윤리강령은 대외적으로는 서비스 수준의 보장, 국민과의 신뢰관계 형성, 과도한 요구에 대한 책임 제한 등과 같은 기능을 하며, 대내적으로는 경찰공무원 개인적 기준 설정, 경찰조직의 기준 제시, 경찰조직에 대한 소속감 고취 등의 기능을 한다.
② 경찰윤리강령은 강제력의 부족, 냉소주의 조장, 최소주의의 위험, 우선순위 미결정 등의 문제점이 있다.
③ 우리나라의 경찰윤리강령은 새경찰신조(1966년) → 경찰윤리헌장(1980년) → 경찰헌장(1991년) → 경찰서비스헌장(1998년)순으로 제정되었다.
④ 경찰헌장에는 '친절한 경찰, 의로운 경찰, 공정한 경찰, 근면한 경찰, 깨끗한 경찰' 5개항을 목표로 제시하였다.

해설
③ 우리나라의 경찰윤리강령은 **경찰윤리헌장(1966년) → 새경찰신조(1980년) → 경찰헌장(1991년) → 경찰서비스헌장(1998년)** 순으로 제정되었다. (윤새헌서)

정답 ③

---

048 경찰윤리강령에 대한 설명 중 가장 적절한 것은? 13승진변형

① 경찰헌장에서는 '우리는 정의의 이름으로 진실을 추구하며, 어떠한 불의나 불법과도 타협하지 않는 공정한 경찰'이라고 하였다.
② 경찰윤리강령의 문제점 중 냉소주의 조장은 강령에 규정된 수준 이상의 근무를 하지 않으려 하는 근무수준의 최저화 경향을 말한다.
③ 경찰윤리강령은 경찰윤리헌장, 새경찰신조, 경찰서비스헌장, 경찰헌장 순으로 제정되었다.
④ 「경찰청 공무원 행동강령」상 공무원은 자신, 배우자, 직계존속·비속(생계를 같이 하는 경우만 해당) 또는 특수관계사업자가 공무원 자신의 직무관련자 또는 직무관련공무원과 직접 금전을 빌리거나 빌려주는 행위를 하는 경우(무상인 경우를 포함)에는 서면으로 소속 기관의 장에게 미리 신고하여야 한다.

해설
① 경찰헌장에서는 '우리는 정의의 이름으로 진실을 추구하며, 어떠한 불의나 불법과도 타협하지 않는 <u>의로운 경찰</u>'이라고 하였다.(정진의경)
② 윤리강령의 **최소주의의 위험**에 대한 내용이다. 냉소주의 조장은 윤리강령의 지나친 이상추구적 성격과 업무현실을 외면한 규정 탓에 경찰관이 경찰윤리강령에 대한 냉소적 태도를 보인다는 것을 의미한다.
③ 경찰윤리강령은 **경찰윤리헌장(1966), 새경찰신조(1980), 경찰헌장(1991), 경찰서비스헌장(1998)** 순으로 제정되었다.
④ ○

정답 ④

049 1991년 제정된 경찰헌장에서 제시하는 경찰상과 그 내용의 연결이 가장 적절하지 않은 것은?

15승진, 14·16승진

① 친절한 경찰 – 건전한 상식 위에 전문지식을 갈고 닦아 맡은 일을 성실하게 수행
② 의로운 경찰 – 정의의 이름으로 진실을 추구하며, 어떠한 불의나 불법과도 타협하지 않음
③ 공정한 경찰 – 국민의 신뢰를 바탕으로 오직 양심에 따라 법을 집행
④ 깨끗한 경찰 – 화합과 단결 속에 항상 규율을 지키며 검소하게 생활

해설

① **근면한 경찰** – 건전한 상식 위에 전문지식을 갈고 닦아 맡은 일을 성실하게 수행

▶ **경찰헌장** (친의공근깨) (인봉친경/정진의경/신양공경/상전근경/화단깨경)

1. 우리는 모든 사람의 인격을 존중하고 누구에게나 따뜻하게 봉사하는 친절한 경찰이다.
1. 우리는 정의의 이름으로 진실을 추구하며 어떠한 불의나 불법과도 타협하지 않는 의로운 경찰이다.
1. 우리는 국민의 신뢰를 바탕으로 오직 양심에 따라 법을 집행하는 공정한 경찰이다.
1. 우리는 건전한 상식 위에 전문지식을 갈고 닦아 맡은 바 일을 성실하게 수행하는 근면한 경찰이다.
1. 우리는 화합과 단결 속에 항상 규율을 지키며 검소하게 생활하는 깨끗한 경찰이다.

정답 ①

---

050 다음은 「경찰헌장」에 제시된 경찰의 목표를 나열한 것이다. 가장 옳게 연결된 것은?

16경간

㉠ 친절한 경찰
㉡ 의로운 경찰
㉢ 공정한 경찰
㉣ 근면한 경찰

ⓐ 모든 사람의 인격을 존중하고 누구에게나 따뜻하게 봉사하는 경찰
ⓑ 국민의 신뢰를 바탕으로 오직 양심에 따라 법을 집행하는 경찰
ⓒ 건전한 상식 위에 전문지식을 갈고 닦아 맡은 일을 성실하게 수행하는 경찰
ⓓ 정의의 이름으로 진실을 추구하며 어떠한 불의나 불법과도 타협하지 않는 경찰

① ㉡-ⓒ   ② ㉢-ⓓ   ③ ㉣-ⓑ   ④ ㉠-ⓐ

해설

㉠ 친절한 경찰 – ⓐ
㉢ 공정한 경찰 – ⓑ
㉣ 근면한 경찰 – ⓒ
㉡ 의로운 경찰 – ⓓ

정답 ④

제5절 경찰청 공무원 행동강령

051 「경찰청 공무원 행동강령」에 대한 설명 중 가장 적절하지 않은 것은? 20승진

① 이 규칙은 경찰청 소속 공무원과 경찰청에 파견된 공무원에게 적용한다.
② 공무원은 상급자가 자기 또는 타인의 부당한 이익을 위하여 공정한 직무수행을 현저하게 해치는 지시를 하였을 때에는 그 사유를 상급자에게 소명하고 지시에 따르지 아니하거나, 행동강령책임관과 상담할 수 있다.
③ 위 ②와 관련 소명 후 지시를 이행하지 아니하였는데도 같은 지시가 반복될 때에는 즉시 행동강령책임관과 상담하여야 한다.
④ 위 ②, ③과 관련 상담 요청을 받은 행동강령책임관은 지시 내용을 확인하는 과정에서 부당한 지시를 한 상급자가 스스로 그 지시를 취소하거나 변경하였을 때에는 소속 기관의 장에게 보고하여야 한다.

> **해설**
>
> ④ 상담 요청을 받은 행동강령책임관은 지시 내용을 확인하여 지시를 취소하거나 변경할 필요가 있다고 인정되면 소속 기관의 장에게 보고하여야 한다. 다만, 지시 내용을 확인하는 과정에서 **부당한 지시를 한 상급자가 스스로 그 지시를 취소하거나 변경하였을 때에는 소속 기관의 장에게 보고하지 아니할 수 있다.**
>
> 정답 ④

052 「경찰청 공무원 행동강령」에 대한 내용으로 가장 적절하지 않은 것은? 18순경1차

① 공무원은 직무를 수행함에 있어 지연·혈연·학연·종교 등을 이유로 특정인에게 특혜를 주어서는 아니 된다.
② 공무원은 상급자가 자기 또는 타인의 부당한 이익을 위하여 공정한 직무수행을 현저하게 해치는 지시를 하였을 때에는 그 사유를 그 상급자에게 소명하고 지시에 따르지 아니하거나 제23조에 따라 지정된 공무원 행동강령에 관한 업무를 담당하는 공무원(이하 "행동강령책임관"이라 한다)과 상담할 수 있다.
③ 공무원은 정치인이나 정당 등으로부터 부당한 직무수행을 강요받거나 청탁을 받은 경우에는 소속 기관의 장에게 보고하거나 행동강령책임관과 상담하여야 한다.
④ 공무원은 「범죄수사규칙」 제30조에 따른 경찰관서 내 수사 지휘에 대한 이의제기와 관련하여 행동강령책임관에게 상담을 요청하여야 한다.

> **해설**
>
> ④ 공무원은 범죄수사규칙 제30조에 따른 경찰관서 내 수사 지휘에 대한 이의제기와 관련하여 행동강령책임관에게 **상담을 요청할 수 있다.** (상관의 지시·수사지휘에 대해서는 임의규정 / 청렴사항에 대해서는 강행규정)
>
> 정답 ④

053 「경찰청 공무원 행동강령」 제5조(사적 이해관계의 신고 등)에서 소속기관의 장에게 신고해야 하는 사적 이해관계에 해당하는 것은 모두 몇 개인가?   21경간

> 가. 공무원의 4촌 이내 친족(「민법」 제767조에 따른 친족을 말한다)이 직무관련자인 경우
> 나. 공무원 자신 또는 그 가족(「민법」 제779조에 따른 가족을 말한다)이 2년 이내에 재직하였던 법인·단체가 직무관련자인 경우
> 다. 공무원 자신 또는 그 가족(「민법」 제779조에 따른 가족을 말한다)이 직무관련자를 대리하거나 직무관련자에게 고문·자문 등을 제공하거나 해당 대리·고문·자문 등의 업무를 하는 법인·단체에 소속되어 있는 경우
> 라. 공무원 자신 또는 그 가족(「민법」 제779조에 따른 가족을 말한다)이 임직원 또는 사외이사로 재직하고 있는 법인·단체가 직무관련자인 경우
> 마. 300만원 이상의 금전거래가 있는 자가 직무관련자인 경우
> 바. 학연, 지연, 종교, 직연 또는 채용동기 등 지속적인 친분관계가 있어 공정한 직무수행이 어렵다고 판단되는 자가 직무관련자인 경우
> 사. 경찰청 및 소속기관의 퇴직공무원(임직원)으로서 퇴직 전 3년간 같은 부서에서 근무하였던 자가 직무관련자인 경우

① 3개   ② 4개   ③ 5개   ④ 6개

해설

나. **공무원 자신이** 2년 이내에 재직하였던 법인·단체가 직무관련자인 경우
사. 경찰청 및 소속기관의 퇴직공무원(임직원)으로서 **퇴직 전 5년간** 같은 부서에서 근무하였던 자가 직무관련자인 경우

정답 ③

---

054 「경찰청 공무원 행동강령」에 관한 설명 중 가장 적절하지 <u>않은</u> 것은?   22순경1차

① 공무원은 범죄수사규칙 제30조에 따른 경찰관서내 수사지휘에 대한 이의제기와 관련하여 행동강령책임관에게 상담을 요청할 수 있다.
② 공무원이 상담, 절차 및 규정 안내, 각종 증명서발급, 기타 이에 준하는 단순 민원업무를 수행하는 경우를 제외하고, 직무관련자와 100만원 이상의 금전거래가 있는 경우에는 소속관서 행동강령책임관에게 해당 사실을 별지 제3호 서식에 따라 서면(전자문서를 포함)으로 신고하여야 한다.
③ 공무원은 동창회 등 친목단체에 직무관련자가 있어 부득이 골프를 하는 경우에는 소속관서 행동강령책임관에게 사전에 신고하여야 하며 사전에 신고하기 어려운 특별한 사유가 있는 경우에는 사후에 즉시 신고하여야 한다.
④ 공무원은 직무관련자나 직무관련공무원에게 경조사를 알려서는 아니 되나, 공무원 자신이 소속된 종교단체·친목단체 등의 회원에게 알리는 경우에는 경조사를 알릴 수 있다.

> **해설**

② 공무원은 <u>300만원 이상의 금전거래</u>가 있는 자가 직무관련자인 경우에는 소속 기관의 장에게 해당 사실을 별지 제3호서식에 따라 서면(전자문서를 포함한다)으로 신고하여야 한다. 다만, 공무원이 상담, 절차 및 규정 안내, 각종 증명서 발급, 기타 이에 준하는 단순 민원업무를 수행하는 경우에는 그러하지 아니하다(「경찰청 공무원 행동강령」 제5조 제1항 제7호).

정답 ②

055 「경찰청 공무원 행동강령」에 대한 설명으로 가장 적절하지 않은 것은?   17순경1차변형

① 공무원은 상급자가 자기 또는 타인의 부당한 이익을 위하여 공정한 직무수행을 현저하게 해치는 지시를 하였을 때에는 그 사유를 그 상급자에게 소명하고 지시에 따르지 아니하거나 행동강령책임관과 상담할 수 있다.
② 공무원은 최근 2년 이내에 인·허가, 계약의 체결, 정책·사업의 결정 또는 집행 등 직무수행으로 직접적인 이익을 주었던 자 중 지속적인 친분 관계가 형성되어 공정한 직무수행이 어렵다고 판단되는 자가 직무관련자인 경우에는 행동강령책임관과 상담하여야 한다.
③ 공무원은 정치인이나 정당 등으로부터 부당한 직무수행을 강요받거나 청탁을 받은 경우에는 소속 기관의 장에게 보고하거나 행동강령책임관과 상담하여야 한다.
④ 공무원은 직위를 이용하여 다른 공무원의 임용·승진·전보 등 인사에 부당하게 개입해서는 아니 된다.

> **해설**

② 공무원은 최근 2년 이내에 인·허가, 계약의 체결, 정책·사업의 결정 또는 집행 등 직무수행으로 직접적인 이익을 주었던 자 중 지속적인 친분 관계가 형성되어 공정한 직무수행이 어렵다고 판단되는 자가 직무관련자인 경우에는 <u>소속 기관의 장에게 해당 사실을 서면(전자문서를 포함)으로 신고하여야 한다</u>.

> **제5조(사적 이해관계의 신고 등)** ① 공무원은 다음 각 호의 어느 하나에 해당하는 경우에는 소속 기관의 장에게 해당 사실을 별지 제3호서식에 따라 서면(전자문서를 포함한다. 이하 같다)으로 신고하여야 한다. 다만, 공무원이 상담, 절차 및 규정 안내, 각종 증명서 발급, 기타 이에 준하는 단순 민원업무를 수행하는 경우에는 그러하지 아니하다.
> 1. 공무원 자신이 직무관련자인 경우
> 2. 공무원의 4촌 이내의 친족(「민법」 제767조에 따른 친족을 말한다)이 직무관련자인 경우
> 3. 공무원 자신이 2년 이내에 재직하였던 법인·단체가 직무관련자인 경우
> 4. 공무원 자신 또는 그 가족(「민법」 제779조에 따른 가족을 말한다. 이하 같다)이 임직원 또는 사외이사로 재직하고 있는 법인·단체가 직무관련자인 경우
> 5. 공무원 자신 또는 그 가족이 직무관련자를 대리하거나 직무관련자에게 고문·자문 등을 제공하거나 해당 대리·고문·자문 등의 업무를 하는 법인·단체에 소속되어 있는 경우
> 6. 공무원 자신 또는 그 가족이 다음 각 목에 해당하는 비율 이상의 주식·지분, 자본금 등을 소유하고 있는 법인·단체(이하 "특수관계사업자"라 한다)가 직무관련자인 경우
>   가. 공무원 자신 또는 그의 가족이 소유하는 주식 총수가 발행주식총수의 100분의 30 이상인 법인·단체
>   나. 공무원 자신 또는 그의 가족이 소유하는 지분 총수가 출자지분총수의 100분의 30 이상인 법인·단체

다. 공무원 자신 또는 그의 가족이 소유하는 자본금 합산금액이 자본금 총액의 100분의 50 이상인 법인·단체
7. 300만원 이상의 금전거래가 있는 자가 직무관련자인 경우
8. 경찰청 및 소속기관의 퇴직공무원(임직원)으로서 퇴직 전 5년간 같은 부서에서 근무하였던 자가 직무관련자인 경우
9. 학연, 지연, 종교, 직연 또는 채용동기 등 지속적인 친분 관계가 있어 공정한 직무수행이 어렵다고 판단되는 자가 직무관련자인 경우
10. 최근 2년 이내에 인·허가, 계약의 체결, 정책·사업의 결정 또는 집행 등 직무수행으로 직접적인 이익을 주었던 자 중 지속적인 친분 관계가 형성되어 공정한 직무수행이 어렵다고 판단되는 자가 직무관련자인 경우

정답 ②

056 경찰청 소속 공무원이 준수하여야 할 행동기준을 규정하는 것을 목적으로 제정된 「경찰청 공무원 행동강령」에 관한 설명으로 가장 적절하지 <u>않은</u> 것은?   14승진변형

① 상급자가 자기 또는 타인의 부당한 이익을 위하여 공정한 직무수행을 현저하게 해치는 지시를 하였을 때에는 그 사유를 그 상급자에게 소명하고 지시에 따르지 아니하거나 행동강령책임관과 상담할 수 있다.
② 공무원은 정치인이나 정당 등으로부터 부당한 직무수행을 강요받거나 청탁을 받은 경우에는 별지 제9호 서식 또는 전자우편 등의 방법으로 소속 기관의 장에게 보고하거나 행동강령책임관과 상담하여야 한다.
③ 공무원은 자신, 배우자, 직계존속·비속(생계를 같이 하는 경우만 해당) 또는 특수관계사업자가 공무원 자신의 직무관련자 또는 직무관련공무원과 직접 금전을 빌리거나 빌려주는 행위를 하는 경우(무상인 경우를 포함)에는 서면으로 소속 기관의 장에게 사후에 신고하여야 한다.
④ 직무를 수행함에 있어 지연·혈연·학연·종교 등을 이유로 특정인에게 특혜를 주어서는 아니 된다.

해설

③ 공무원은 자신, 배우자, 직계존속·비속(생계를 같이 하는 경우만 해당) 또는 특수관계사업자가 공무원 자신의 직무관련자 또는 직무관련공무원과 직접 금전을 빌리거나 빌려주는 행위를 하는 경우(무상인 경우를 포함)에는 서면으로 소속 기관의 장에게 <u>미리 신고하여야 한다</u>.

제16조(직무관련자 거래 신고) ① 공무원은 자신, 배우자, 직계존속·비속(생계를 같이 하는 경우만 해당한다. 이하 이 조에서 같다) 또는 특수관계사업자가 공무원 자신의 직무관련자 또는 직무관련공무원과 직접 다음 각 호의 어느 하나에 해당하는 행위를 하는 경우(무상인 경우를 포함한다)에는 별지 제14호서식에 따라 서면으로 소속 기관의 장에게 미리 신고하여야 한다.
1. 금전을 빌리거나 빌려주는 행위 및 유가증권을 거래하는 행위. 다만, 「금융실명거래 및 비밀보장에 관한 법률」 제2조 제1호에 따른 금융회사등으로부터 통상적인 조건으로 금전을 빌리는 행위 및 유가증권을 거래하는 행위는 제외한다.

2. 부동산, 자동차, 선박, 항공기, 건설기계, 그 밖에 이에 준하는 재산을 거래하는 행위. 다만, 공매·경매·입찰 및 공개추첨(이하 "공매등"이라 한다)을 통한 거래 행위는 제외한다.
3. 제1호 및 제2호의 거래 행위 외에 물품(일상생활용품은 제외한다), 용역, 공사 등의 계약을 체결하는 행위. 다만, 공매등을 통한 계약 체결 행위 또는 거래관행상 불특정다수를 대상으로 반복적으로 행해지는 계약 체결 행위는 제외한다.
② 공무원은 자신, 배우자, 직계존속·비속 또는 특수관계사업자가 공무원 자신의 직무관련자이었던 자이거나 직무관련공무원이었던 사람과 제1항 각 호의 어느 하나에 해당하는 행위를 하는 경우에는 별지 제14호서식에 따라 서면으로 소속 기관의 장에게 미리 신고하여야 한다. 다만, 그 직무관련자 또는 직무관련공무원과 관련된 직무 수행이 종료된 날부터 2년이 지난 경우에는 그러하지 아니하다.
③ 제1항 및 제2항에도 불구하고 직무관련자나 직무관련공무원 또는 직무관련자이었던 자나 직무관련공무원이었던 사람이 「민법」 제777조에 따른 친족인 경우는 신고대상에서 제외한다.

정답 ③

057 「경찰청 공무원 행동강령」에 대한 설명으로 옳은 것은 모두 몇 개인가?
15순경1차변형

㉠ 제16조의 '직무관련자 거래 신고'에 있어서 직무관련자나 직무관련공무원 또는 직무관련자이었던 자나 직무관련공무원이었던 사람이 친족(4촌 이내로 한정)인 경우는 신고대상에서 제외한다.
㉡ 공무원은 사례금을 받는 외부강의등을 할 때에는 외부강의등의 요청 명세 등을 소속 기관의 장에게 미리 신고하여야 한다. 다만, 외부강의등을 요청한 자가 국가나 지방자치단체인 경우에는 그러하지 아니하다.
㉢ 공무원은 상급자가 자기 또는 타인의 부당한 이익을 위하여 공정한 직무수행을 현저하게 해치는 지시를 하였을 때에는 그 사유를 그 상급자에게 소명하고 지시에 따르지 아니하거나 행동강령책임관과 상담하여야 한다.

① 0개 ② 1개 ③ 2개 ④ 3개

해설

㉠ 제16조의 '직무관련자 거래 신고'에 있어서 직무관련자나 직무관련공무원 또는 직무관련자이었던 자나 직무관련공무원이었던 사람이 <U>「민법」 제777조에 따른 친족인 경우는</U> 신고대상에서 제외한다.
㉡ 공무원은 사례금을 받는 외부강의등을 할 때에는 외부강의등의 요청 명세 등을 별지 제12호서식의 외부강의등 신고서에 따라 소속 기관의 장에게 <U>그 외부강의등을 마친 날부터 10일 이내에</U> 신고하여야 한다. 다만, 외부강의등을 요청한 자가 국가나 지방자치단체인 경우에는 그러하지 아니하다.
㉢ 공무원은 상급자가 자기 또는 타인의 부당한 이익을 위하여 공정한 직무수행을 현저하게 해치는 지시를 하였을 때에는 그 사유를 그 상급자에게 소명하고 지시에 따르지 아니하거나 제23조에 따라 지정된 공무원 행동강령에 관한 업무를 담당하는 공무원(<U>행동강령책임관</U>)과 <U>상담할 수 있다.</U> (상관의 지시·수사지휘에 대해서는 임의규정 / 청렴사항에 대해서는 강행규정)

정답 ①

058 「경찰청 공무원 행동강령」에 대한 설명으로 가장 적절하지 <u>않은</u> 것은? 22승진

① 공무원은 여비, 업무추진비 등 공무 활동을 위한 예산을 목적 외의 용도로 사용하여 소속 기관에 재산상 손해를 입혀서는 아니된다.
② 인사업무를 담당하는 공무원은 자신이 소속된 기관에 자신의 가족이 채용되도록 지시하는 등 부당한 영향력을 행사해서는 아니 된다.
③ 공무원이 기관이 아닌 개인인 직무관련자로부터 무상으로 금전을 빌리는 경우에는 소속 기관의 장에게 서면으로 미리 신고해야 할 필요가 없다.
④ 산하기관을 지휘 감독 규제 또는 지원하는 업무를 담당하는 공무원은 자신이 소속된 기관의 산하기관과 수의계약을 체결해서는 아니 되며, 자신의 가족이 그 산하기관과 수의계약을 체결하도록 해서는 아니 된다.

해설

③ 금전을 빌리거나 빌려주는 행위 및 유가증권을 거래하는 행위를 하는 경우(무상인 경우를 포함)에는 서면으로 <u>소속 기관의 장에게 미리 신고하여야 한다.</u>(제16조)

정답 ③

059 「경찰청 공무원 행동강령」에 대한 다음 설명 중 옳지 <u>않은</u> 것은 모두 몇 개인가? 19경간변형

가. 공무원은 「범죄수사규칙」 제30조에 따른 경찰관서 내 수사지휘에 대한 이의제기와 관련하여 행동강령책임관에게 상담을 요청할 수 있다.
나. 공무원은 최근 3년 이내에 인·허가, 계약의 체결, 정책·사업의 결정 또는 집행 등 직무수행으로 직접적인 이익을 주었던 자 중 지속적인 친분 관계가 형성되어 공정한 직무수행이 어렵다고 판단되는 자가 직무관련자인 경우에는 소속 기관의 장에게 해당 사실을 서면(전자문서를 포함한다)으로 신고하여야 한다.(단순 민원업무의 경우는 예외)
다. 공무원은 정치인이나 정당 등으로부터 부당한 직무수행을 강요받거나 청탁을 받은 경우에는 소속기관의 장에게 보고하거나 행동강령책임관과 상담하여야 한다.
라. 공무원은 사례금을 받는 외부강의등을 할 때에는 외부강의등의 요청 명세 등을 별지 제12호서식의 외부강의등 신고서에 따라 소속 기관의 장에게 그 외부강의등을 마친 날부터 10일 이내에 신고하여야 한다. 다만, 외부강의등을 요청한 자가 국가나 지방자치단체인 경우에는 그러하지 아니하다.
마. 공무원은 위에 따른 신고를 할 때 신고사항 중 상세 명세 또는 사례금 총액 등을 위의 기간 내에 알 수 없는 경우에는 해당 사항을 제외한 사항을 신고한 후 해당 사항을 안 날부터 2일 이내에 보완하여야 한다.
바. 공무원이 대가를 받고 수행하는 외부강의등은 월 2회를 초과할 수 없다. 다만, 국가나 지방자치단체에서 요청하거나 겸직 허가를 받고 수행하는 외부강의등은 그 횟수에 포함하지 아니한다.

① 1개　　　② 2개　　　③ 3개　　　④ 4개

해설

가. O
나. 공무원은 **최근 2년 이내에** 인·허가, 계약의 체결, 정책·사업의 결정 또는 집행 등 직무수행으로 직접적인 이익을 주었던 자 중 지속적인 친분 관계가 형성되어 공정한 직무수행이 어렵다고 판단되는 자가 직무관련자인 경우에는 소속 기관의 장에게 해당 사실을 서면(전자문서를 포함한다)으로 신고하여야 한다.
다. O
라. O
마. 공무원은 제2항에 따른 신고를 할 때 신고사항 중 상세 명세 또는 사례금 총액 등을 제2항의 기간 내에 알 수 없는 경우에는 해당 사항을 제외한 사항을 신고한 후 해당 사항을 안 날부터 **5일 이내에** 보완하여야 한다.
바. 공무원이 대가를 받고 수행하는 외부강의등은 **월 3회를** 초과할 수 없다. 다만, 국가나 지방자치단체에서 요청하거나 겸직 허가를 받고 수행하는 외부강의등은 그 횟수에 포함하지 아니한다.

정답 ③

---

060 경찰청훈령인 「경찰청 공무원 행동강령」 규정 내용과 <u>다른</u> 것은 모두 몇 개인가? _{13경간변형}

> ㉠ 공무원은 자신, 배우자, 직계존속·비속(생계를 같이 하는 경우만 해당) 또는 특수관계사업자가 공무원 자신의 직무관련자 또는 직무관련공무원과 직접 다음 각 호의 어느 하나에 해당하는 행위를 하는 경우(무상인 경우를 포함한다)에는 별지 제14호서식에 따라 서면으로 소속 기관의 장에게 미리 신고하여야 한다. 직무관련자나 직무관련공무원 또는 직무관련자이었던 자나 직무관련공무원이었던 사람이 「민법」 제777조에 따른 친족인 경우에도 신고대상에 포함된다.
> ㉡ 공무원은 사례금을 받는 외부강의등을 할 때에는 외부강의등의 요청 명세 등을 별지 제12호서식의 외부강의등 신고서에 따라 소속 기관의 장에게 그 외부강의등을 마친 날부터 10일 이내에 신고하여야 한다. 다만, 외부강의등을 요청한 자가 국가나 지방자치단체인 경우에는 그러하지 아니하다.
> ㉢ 공무원은 공무원 자신이 5년 이내에 재직하였던 법인·단체가 직무관련자인 경우에는 소속 기관의 장에게 해당 사실을 서면(전자문서를 포함)으로 신고하여야 한다. 다만, 공무원이 상담, 절차 및 규정 안내, 각종 증명서 발급, 기타 이에 준하는 단순 민원업무를 수행하는 경우에는 그러하지 아니하다.
> ㉣ 공무원은 직무를 수행함에 있어 지연·혈연·학연·종교 등을 이유로 특정인에게 특혜를 주어서는 아니 된다.
> ㉤ 공무원은 상급자가 자기 또는 타인의 부당한 이익을 위하여 공정한 직무수행을 현저하게 해치는 지시를 하였을 때에는 그 사유를 그 상급자에게 소명하고 지시에 따르지 아니하거나 행동강령책임관과 상담할 수 있다.

① 0개　　② 1개　　③ 2개　　④ 3개

> **해설**
>
> ㉠ 공무원은 자신, 배우자, 직계존속·비속(생계를 같이 하는 경우만 해당) 또는 특수관계사업자가 공무원 자신의 직무관련자 또는 직무관련공무원과 직접 다음 각 호의 어느 하나에 해당하는 행위를 하는 경우(무상인 경우를 포함한다)에는 별지 제14호서식에 따라 서면으로 소속 기관의 장에게 미리 신고하여야 한다. 다만, 직무관련자나 직무관련공무원 또는 직무관련자이었던 자나 직무관련공무원이었던 사람이 「민법」 제777조에 따른 <u>친족인 경우는 신고대상에서 제외한다</u>.
>
> ㉢ 공무원은 공무원 자신이 <u>2년 이내에</u> 재직하였던 법인·단체가 직무관련자인 경우에는 소속 기관의 장에게 해당 사실을 서면(전자문서를 포함)으로 신고하여야 한다. 다만, 공무원이 상담, 절차 및 규정 안내, 각종 증명서 발급, 기타 이에 준하는 단순 민원업무를 수행하는 경우에는 그러하지 아니하다.
>
> **정답** ③

061 「경찰청 공무원 행동강령」 규정 내용으로 가장 적절한 것은? _{15승진변형}

① 공무원은 자신의 직무와 관련되거나 그 지위·직책 등에서 유래되는 사실상의 영향력을 통하여 요청받은 교육·홍보·토론회·세미나·공청회 또는 그 밖의 회의 등에서 한 강의·강연·기고 등(이하 "외부강의등"이라 한다)의 대가로서 별표 2에서 정하는 금액(직급 구분없이 40만원)을 초과하는 사례금을 받아서는 아니 된다.

② 공무원은 ①에 따른 금액을 초과하는 사례금을 받은 경우에는 그 사실을 안 날로부터 2일 이내에 별지 제13호서식으로 소속기관의 장에게 신고하여야 하며, 제공자에게 그 초과금액을 5일 이내에 반환하여야 한다.

③ 위 ②에 따른 신고를 받은 소속 기관의 장은 초과사례금을 반환하지 아니한 공무원에 대하여 신고사항을 확인한 후 5일 이내에 반환하여야 할 초과사례금의 액수를 산정하여 해당 공무원에게 통지하여야 한다.

④ 위 ③에 따라 통지를 받은 공무원은 2일 이내에 초과사례금(신고자가 초과사례금의 일부를 반환한 경우에는 그 차액으로 한정한다)을 제공자에게 반환하고 그 사실을 소속 기관의 장에게 알려야 한다.

> **해설**
>
> ① ○
>
> ② 공무원은 ①에 따른 금액을 초과하는 사례금을 받은 경우에는 그 사실을 안 날로부터 2일 이내에 별지 제13호서식으로 소속기관의 장에게 신고하여야 하며, 제공자에게 그 초과금액을 <u>지체 없이</u> 반환하여야 한다.
>
> ③ 위 ②에 따른 신고를 받은 소속 기관의 장은 초과사례금을 반환하지 아니한 공무원에 대하여 신고사항을 확인한 후 <u>7일 이내에</u> 반환하여야 할 초과사례금의 액수를 산정하여 해당 공무원에게 통지하여야 한다.
>
> ④ 위 ③에 따라 통지를 받은 공무원은 <u>지체 없이</u> 초과사례금(신고자가 초과사례금의 일부를 반환한 경우에는 그 차액으로 한정한다)을 제공자에게 반환하고 그 사실을 소속 기관의 장에게 알려야 한다.
>
> **정답** ①

062 「경찰청 공무원 행동강령」에 관한 설명으로 가장 적절하지 않은 것은? 15승진변형

① 공무원은 자신, 배우자, 직계존속·비속(생계를 같이 하는 경우만 해당) 또는 특수관계사업자가 공무원 자신의 직무관련자 또는 직무관련공무원과 직접 금전을 빌리거나 빌려주는 행위를 하는 경우(무상인 경우를 포함)에는 서면으로 소속 기관의 장에게 미리 신고하여야 한다.

② 「금융실명거래 및 비밀보장에 관한 법률」 제2조 제1호에 따른 금융회사등으로부터 통상적인 조건으로 금전을 빌리는 행위 및 유가증권을 거래하는 행위는 ①의 신고 대상에서 제외한다.

③ 공무원은 직무관련자나 직무관련공무원에게 경조사를 알려서는 아니 된다. 다만, 친족(민법 제767조에 따른 친족을 말한다)에게는 경조사를 알릴 수 있다.

④ 공무원은 직무관련자나 직무관련공무원에게 신문을 통하여 경조사를 알려서는 아니 된다.

해설

④ 신문, 방송 또는 직원에게만 열람이 허용되는 내부통신망 등을 통하여 알리는 경우는 허용된다.

제17조(경조사의 통지 제한) 공무원은 직무관련자나 직무관련공무원에게 경조사를 알려서는 아니 된다. 다만, 다음 각 호의 어느 하나에 해당하는 경우에는 경조사를 알릴 수 있다.
1. 친족(「민법」 제767조에 따른 친족을 말한다)에게 알리는 경우
2. 현재 근무하고 있거나 과거에 근무하였던 기관의 소속 직원에게 알리는 경우
3. 신문, 방송 또는 제2호에 따른 직원에게만 열람이 허용되는 내부통신망 등을 통하여 알리는 경우
4. 공무원 자신이 소속된 종교단체·친목단체 등의 회원에게 알리는 경우

정답 ④

제6절 부정청탁 및 금품등 수수의 금지에 관한 법률

063 「부정청탁 및 금품등 수수의 금지에 관한 법률」에 대한 설명으로 가장 적절하지 <u>않은</u> 것은?

19순경1차

① 원활한 직무수행 목적으로 제공되는 음식물·경조사비·선물 등으로서 대통령령으로 정하는 가액 범위 안의 금품등은 수수 금지의 예외 사유이다.
② 사회상규에 따라 허용되는 금품등은 수수 금지의 예외 사유이다.
③ 공직자등은 직무 관련 여부 및 기부·후원·증여 등 그 명목에 관계없이 동일인으로부터 1회에 100만 원 또는 매 회계연도에 300만 원을 초과하는 금품등을 받거나 요구 또는 약속해서는 아니 된다.
④ 사적 거래(증여 포함)로 인한 채무의 이행 등 정당한 권원(權原)에 의하여 제공되는 금품등은 수수 금지의 예외 사유이다.

> **해설**
> ④ "사적 거래(<u>증여는 제외한다</u>)로 인한 채무의 이행 등 정당한 권원(權原)에 의하여 제공되는 금품등"이 수수를 금지하는 금품등에 해당하지 아니한다.(제8조 제3항 제3호)
>
> **정답** ④

064 「부정청탁 및 금품등 수수의 금지에 관한 법률」에 대한 설명 중 가장 적절하지 <u>않은</u> 것은? 19경채

① 공직자등은 부정청탁을 받았을 때에는 부정청탁을 한 자에게 부정청탁임을 알리고 이를 거절하는 의사를 명확히 표시하여야 한다.
② 본법에서 규정한 '공공기관'의 범위에는 초중등교육법, 고등교육법, 유아교육법 및 그 밖의 다른 법령에 따라 설치된 각급 학교는 포함되나, 사립학교법에 따른 학교법인은 포함되지 않는다.
③ 공직자등은 직무 관련 여부 및 기부 후원 증여 등 그 명목에 관계없이 동일인으로부터 1회에 100만원 또는 매 회계연도에 300만원을 초과하는 금품 등을 받거나 요구 또는 약속해서는 아니 된다.
④ 누구든지 직접 또는 제3자를 통하여 직무를 수행하는 공직자등에게 부정청탁을 해서는 아니 되나, 사회상규(社會常規)에 위배되지 아니하는 것으로 인정되는 행위에 대해서는 이 법을 적용하지 아니한다.

> **해설**
> ② '공공기관'에는 중앙행정기관과 그 소속기관 및 지방자치단체, 공직유관단체, 공공기관은 물론, 초중등교육법·고등교육법·유아교육법 그밖의 다른 법령에 따라 설치된 각급 학교 및 <u>사립학교법에 따른 학교법인과 언론사까지 포함한다</u>.
>
> **정답** ②

065 「부정청탁 및 금품등 수수의 금지에 관한 법률」에 대한 설명으로 가장 적절하지 않은 것은?

21순경2차

① 공직자등 자신이 수수 금지 금품등을 받거나 그 제공의 약속 또는 의사표시를 받은 경우에는 소속기관장에게 지체 없이 서면 또는 구두로 신고하여야 한다.
② 공직자등은 사례금을 받는 외부강의등을 할 때에는 대통령령으로 정하는 바에 따라 외부강의등의 요청 명세 등을 소속기관장에게 그 외부강의등을 마친 날부터 10일 이내에 서면으로 신고하여야 한다. 다만, 외부강의등을 요청한 자가 국가나 지방자치단체인 경우에는 그러하지 아니하다.
③ 「부정청탁 및 금품등 수수의 금지에 관한 법률」에 따라 국회, 법원, 헌법재판소, 선거관리위원회, 감사원, 국가인권위원회, 고위공직자범죄수사처, 중앙행정기관(대통령 소속 기관과 국무총리 소속 기관을 포함한다)과 그 소속 기관 및 지방자치단체는 공공기관에 해당한다.
④ 공직자등은 직무 관련 여부 및 기부·후원·증여 등 그 명목에 관계없이 동일인으로부터 1회에 100만원 또는 매 회계연도에 300만원을 초과하는 금품등을 받거나 요구 또는 약속해서는 아니 된다.

해설

① **서면으로** 신고하여야 한다.

정답 ①

066 「부정청탁 및 금품등 수수의 금지에 관한 법률」 제8조 제3항은 수수를 금지하는 금품등에 대한 예외사유를 규정하고 있다. 이에 대한 내용으로 가장 적절하지 않은 것은?

18승진

① 공직자등이 친족(「민법」 제777조에 따른 친족을 말한다)이 제공하는 금품등
② 상급 공직자등이 위로·격려·포상 등의 목적으로 하급 공직자등에게 제공하는 금품등
③ 특정 대상자에게 배포하기 위한 기념품 또는 홍보용품 등이나 경연·추첨을 통하여 받는 보상 또는 상품 등
④ 공직자등의 직무와 관련된 공식적인 행사에서 주최자가 참석자에게 통상적인 범위에서 일률적으로 제공하는 교통, 숙박, 음식물 등의 금품등

해설

③ **불특정 다수인에게** 배포하기 위한 기념품 또는 홍보용품 등이나 경연·추첨을 통하여 받는 보상 또는 상품 등

> 법 제8조(금품등의 수수 금지) ③ 제10조의 외부강의 등에 관한 사례금 또는 다음 각 호의 어느 하나에 해당하는 금품등의 경우에는 제1항 또는 제2항에서 <u>수수를 금지하는 금품등에 해당하지 아니한다.</u>
> 1. 공공기관이 소속 공직자등이나 파견 공직자등에게 지급하거나 상급 공직자등이 위로·격려·포상 등의 목적으로 하급 공직자등에게 제공하는 금품등
> 2. 원활한 직무수행 또는 사교·의례 또는 부조의 목적으로 제공되는 <u>음식물·경조사비·선물 등으로서 대통령령으로 정하는 가액 범위 안의 금품등</u>. 다만, <u>선물 중 「농수산물 품질관리법」 제2조 제1항 제1호에 따른 농수산물</u> 및 같은 항 제13호에 따른 <u>농수산가공품</u>(농수산물을 원료 또는 재료의 50퍼센트를 넘게 사용하여 가공한 제품만 해당한다)은 대통령령으로 정하는 설날·추석을 포함한 기간에 한정하여 그 가액 범위를 두배로 한다. → "대통령령으로 정하는 설날·추석을 포함한 기간"이란 설날·추석 전 24일부터 설날·추석 후 5일까지(그 기간 중에 우편 등을 통해 발송하여 그 기간 후에 수수한 경우에는 그 수수한 날까지)를 말한다. (시행령)
> 3. <u>사적 거래(증여는 제외한다)</u>로 인한 채무의 이행 등 정당한 권원(權原)에 의하여 제공되는 금품등
> 4. 공직자등의 <u>친족</u>(「민법」 제777조에 따른 친족을 말한다)<u>이 제공하는 금품등</u>
> 5. 공직자등과 관련된 직원상조회·동호인회·동창회·향우회·친목회·종교단체·사회단체 등이 정하는 기준에 따라 구성원에게 제공하는 금품등 및 그 소속 구성원 등 공직자등과 특별히 장기적·지속적인 친분관계를 맺고 있는 자가 질병·재난 등으로 어려운 처지에 있는 공직자등에게 제공하는 금품등
> 6. 공직자등의 직무와 관련된 <u>공식적인 행사에서</u> 주최자가 참석자에게 통상적인 범위에서 일률적으로 제공하는 교통, 숙박, 음식물 등의 금품등
> 7. <u>불특정 다수인에게 배포</u>하기 위한 기념품 또는 홍보용품 등이나 경연·추첨을 통하여 받는 보상 또는 상품 등
> 8. 그 밖에 다른 법령·기준 또는 사회상규에 따라 허용되는 금품등

정답 ③

067 「부정청탁 및 금품등 수수의 금지에 관한 법률」 제8조 '금품등의 수수 금지'에 대한 설명으로 가장 적절하지 않은 것은? 21승진

① 경찰서장이 소속경찰서 경무계 직원들에게 격려의 목적으로 제공하는 회식비는 '수수를 금지하는 금품등'에 해당하지 아니한다.
② A경위가 휴일날 인근 대형마트 행사에서 추첨권에 당첨되어 수령한 수입차는 '수수를 금지하는 금품등'에 해당하지 아니한다.
③ 공직자등이 8촌 이내의 혈족, 4촌 이내의 인척, 배우자로부터 제공받는 금품등은 '수수를 금지하는 금품등'에 해당하지 아니한다.
④ 공직자등은 직무 관련 여부 및 기부·후원·증여 등 그 명목에 관계없이 동일인으로부터 1회에 100만원 또는 매 회계연도에 200만원을 초과하는 금품등을 받거나 요구 또는 약속해서는 아니된다.

해설

④ 공직자등은 직무 관련 여부 및 기부·후원·증여 등 그 명목에 관계없이 동일인으로부터 1회에 100만원 또는 매 회계연도에 <u>300만원</u>을 초과하는 금품등을 받거나 요구 또는 약속해서는 아니 된다.(제8조①)

정답 ④

068 「부정청탁 및 금품등 수수의 금지에 관한 법률」에 대한 설명으로 가장 적절한 것은? 18승진

① '공공기관'에는 국회, 법원, 헌법재판소, 감사원, 국가인권위원회, 중앙행정기관(대통령 소속 기관과 국무총리 소속 기관을 포함한다)과 그 소속 기관 및 지방자치단체를 포함한다. 단, 선거관리위원회는 '공공기관'에 해당하지 않는다.

② '공공기관'에는 「초·중등교육법」, 「고등교육법」, 「유아교육법」 및 그 밖의 다른 법령에 따라 설치된 각급 학교가 포함된다. 단, 「사립학교법」에 따른 학교법인은 '공공기관'에 해당하지 않는다.

③ '공직자등'에는 「언론중재 및 피해구제 등에 관한 법률」 제2조 제12호에 따른 언론사의 대표자와 그 임직원이 포함된다.

④ '공직자등'에는 「변호사법」 제4조에 따른 변호사 자격이 있는 자는 포함된다고 명시되어 있다.

> **해설**
>
> ① 선거관리위원회도 '공공기관'에 해당한다.
> ② 「사립학교법」에 따른 학교법인도 '공공기관'에 해당한다.
> ③ ○
> ④ '공직자등'에 변호사는 포함되어 있지 않다.
>
> **제2조(정의)** 이 법에서 사용하는 용어의 뜻은 다음과 같다.
> 1. "공공기관"이란 다음 각 목의 어느 하나에 해당하는 기관·단체를 말한다.
>   가. 국회, 법원, 헌법재판소, 선거관리위원회, 감사원, 국가인권위원회, 고위공직자범죄수사처, 중앙행정기관(대통령 소속 기관과 국무총리 소속 기관을 포함한다)과 그 소속 기관 및 지방자치단체
>   나. 「공직자윤리법」 제3조의2에 따른 공직유관단체
>   다. 「공공기관의 운영에 관한 법률」 제4조에 따른 기관
>   라. 「초·중등교육법」, 「고등교육법」, 「유아교육법」 및 그 밖의 다른 법령에 따라 설치된 각급 학교 및 「사립학교법」에 따른 학교법인
>   마. 「언론중재 및 피해구제 등에 관한 법률」 제2조 제12호에 따른 언론사
> 2. "공직자등"이란 다음 각 목의 어느 하나에 해당하는 공직자 또는 공적 업무 종사자를 말한다.
>   가. 「국가공무원법」 또는 「지방공무원법」에 따른 공무원과 그 밖에 다른 법률에 따라 그 자격·임용·교육훈련·복무·보수·신분보장 등에 있어서 공무원으로 인정된 사람
>   나. 제1호 나목 및 다목에 따른 공직유관단체 및 기관의 장과 그 임직원
>   다. 제1호 라목에 따른 각급 학교의 장과 교직원 및 학교법인의 임직원
>   라. 제1호 마목에 따른 언론사의 대표자와 그 임직원
> 3. "금품등"이란 다음 각 목의 어느 하나에 해당하는 것을 말한다.
>   가. 금전, 유가증권, 부동산, 물품, 숙박권, 회원권, 입장권, 할인권, 초대권, 관람권, 부동산 등의 사용권 등 일체의 재산적 이익
>   나. 음식물·주류·골프 등의 접대·향응 또는 교통·숙박 등의 편의 제공
>   다. 채무 면제, 취업 제공, 이권(利權) 부여 등 그 밖의 유형·무형의 경제적 이익
> 4. "소속기관장"이란 공직자등이 소속된 공공기관의 장을 말한다.

정답 ③

069 「부정청탁 및 금품등 수수의 금지에 관한 법률」에 대한 설명으로 가장 적절하지 <u>않은</u> 것은?

19승진변형

① 누구든지 부정청탁 및 금품등 수수의 금지에 관한 법률의 위반행위가 발생하였거나 발생하고 있다는 사실을 알게 된 경우에는 이 법의 위반행위가 발생한 공공기관 또는 그 감독기관, 감사원 또는 수사기관, 국민권익위원회에 신고할 수 있다.
② '공직자등'은 부정청탁을 받았을 때에는 부정청탁을 한 자에게 부정청탁임을 알리고 이를 거절하는 의사를 명확히 표시하여야 한다.
③ 부정청탁을 받은 '공직자등'이 그에 따라 직무를 수행한 경우 2년이하의 징역 또는 2천만원 이하의 벌금에 처한다.
④ '공직자등'은 사례금 수수여부에 상관없이 '외부강의등'을 할 때에는 대통령령으로 정하는 바에 따라 외부강의등의 요청 명세 등을 소속기관장에게 미리 서면으로 신고하여야 한다. 다만, 외부강의등을 요청한 자가 국가나 지방자치단체인 경우에는 그러하지 아니하다.

해설

④ 공직자등은 <u>사례금을 받는 외부강의등을 할 때에는</u> 대통령령으로 정하는 바에 따라 외부강의등의 요청 명세 등을 소속기관장에게 그 <u>외부강의등을 마친 날부터 10일 이내에 서면으로 신고하여야 한다</u>. 다만, 외부강의등을 요청한 자가 국가나 지방자치단체인 경우에는 그러하지 아니하다.

정답 ④

070 「부정청탁 및 금품등 수수의 금지에 관한 법률」 제8조에서 규정하는 '금품등의 수수 금지'에 대한 설명으로 가장 적절하지 <u>않은</u> 것은?

19승진

① 공직자등은 직무 관련 여부 및 기부 후원 증여 등 그 명목에 관계없이 동일인으로부터 1회에 100만원 또는 매 회계연도에 300만원을 초과하는 금품등을 받거나 요구 또는 약속해서는 아니 된다.
② 공직자등은 직무와 관련하여 대가성 여부를 불문하고 1회에 100만원 또는 매 회계연도에 300만원 이하의 금품등을 받거나 요구 또는 약속해서는 아니 된다.
③ 공직자등과 관련된 직원상조회·동호인회·동창회·향우회·친목회·종교단체·사회단체 등이 정하는 기준에 따라 구성원에게 제공하는 금품등은 수수를 금지하는 금품등에 해당하지 아니한다.
④ 공직자등의 직무와 관련된 공식적인 행사에서 주최자가 참석자에게 통상적인 범위에서 일률적으로 제공하는 교통, 숙박, 음식물 등의 금품등은 수수를 금지하는 금품등에 해당한다.

해설

④ 공직자등의 직무와 관련된 공식적인 행사에서 주최자가 참석자에게 통상적인 범위에서 일률적으로 제공하는 교통, 숙박, 음식물 등의 금품등은 수수를 금지하는 금품등에 <u>해당하지 아니한다</u>.

정답 ④

071 「부정청탁 및 금품등 수수의 금지에 관한 법률」에 대한 설명으로 가장 적절하지 <u>않은</u> 것은? 20승진

① 부정청탁을 받은 공직자등이 그에 따라 직무를 수행한 경우 2년 이하의 징역 또는 2천만 원 이하의 벌금에 처한다.
② 공직자등은 직무 관련 여부 및 기부·후원·증여 등 그 명목에 관계없이 동일인으로부터 1회에 100만원 또는 매 회계연도에 300만원을 초과하는 금품등을 받거나 요구 또는 약속해서는 아니 된다.
③ 사적 거래(증여는 제외한다)로 인한 채무의 이행 등 정당한 권원에 의하여 제공되는 금품등은 동법 제8조(금품등의 수수 금지)에서 규정하는 수수가 금지된 금품등에 해당하지 않는다.
④ 공직자등과 관련된 직원상조회·동호인회·동창회·향우회·친목회·종교단체·사회단체 등이 정하는 기준에 따라 구성원에게 제공하는 금품등은 동법 제8조(금품등의 수수 금지)에서 규정하는 수수를 금지하는 금품등에 해당한다.

해설
④ 공직자등과 관련된 직원상조회·동호인회·동창회·향우회·친목회·종교단체·사회단체 등이 정하는 기준에 따라 구성원에게 제공하는 금품등은 동법 제8조(금품등의 수수 금지)에서 규정하는 수수를 <u>금지하는 금품등에 해당하지 아니한다.</u>

정답 ④

072 부정청탁 및 금품등 수수의 금지에 관한 법률에 위반되는 사례로 가장 적절한 것은? 22승진

① 예술의전당 소속 공연 관련 업무 담당공무원이 예술의 전당 초청 공연작으로 결정된 뮤직드라마의 공연제작사 대표이사 甲등과 저녁식사를 하고 25만 원 상당(1인당 5만 원)의 음식값을 甲이 지불한 경우
② 경찰서장이 소속부서 직원들에게 위로 격려 포상의 목적으로 회식비를 제공한 경우
③ 결혼식을 앞두고 있는 경찰관이 4촌 형으로부터 500만원 상당의 냉장고를 선물 받은 경우
④ 경찰관이 홈쇼핑에서 물품을 구매한 후 구매자를 대상으로 경품을 추첨하는 행사에서 당첨되어 300만 원 상당의 안마의자를 받은 경우

해설
① "원활한 직무수행 또는 사교·의례·부조의 목적으로 제공되는 음식물"이라 하더라도 <u>1인당 3만원을 초과했으므로 청탁금지법 위반에 해당</u>한다.

음식물	제공자와 공직자등이 함께 하는 식사, 다과, 주류, 음료, 그 밖에 이에 준하는 것 – 3만원
경조사비	축의금·조의금은 5만원. 다만, 축의금·조의금을 대신하는 화환·조화는 10만원
선물	금전, 유가증권, 제1호의 음식물 및 제2호의 경조사비를 제외한 일체의 물품, 그 밖에 이에 준하는 것은 5만원. 다만, 농수산물 및 농수산가공품(농수산물을 원료 또는 재료의 50퍼센트를 넘게 사용하여 가공한 제품만 해당함)은 10만원(설날·추석 전 24일부터 설날·추석 후 5일까지의 기간(우편발송 기준) 중에는 20만원)으로 한다.

〈비고(가액범위)〉
가. 제1호, 제2호 본문·단서 및 제3호 본문·단서의 각각의 가액 범위는 각각에 해당하는 것을 모두 합산한 금액으로 한다.
나. 제2호 본문의 축의금·조의금과 같은 호 단서의 화환·조화를 함께 받은 경우에는 그 가액을 합산한다. 이 경우 가액 범위는 10만원으로 하되, 제2호 본문 또는 단서의 가액 범위를 각각 초과해서는 안된다.
다. 제3호 본문의 선물과 같은 호 단서의 농수산물·농수산가공품을 함께 받은 경우에는 그 가액을 합산한다. 이 경우 가액 범위는 10만원(설날·추석 전 24일부터 설날·추석 후 5일까지의 기간(우편발송 기준) 중에는 20만원)으로 하되, 제3호 본문 또는 단서의 가액 범위를 각각 초과해서는 안된다.
라. 제1호의 음식물, 제2호의 경조사비 및 제3호의 선물 중 2가지 이상을 함께 받은 경우에는 그 가액을 합산한다. 이 경우 가액 범위는 함께 받은 음식물, 경조사비 및 선물의 가액 범위 중 가장 높은 금액으로 하되, 제1호부터 제3호까지의 규정에 따른 가액 범위를 각각 초과해서는 안 된다.

② "공공기관이 소속 공직자등이나 파견 공직자등에게 지급하거나 상급 공직자등이 위로·격려·포상 등의 목적으로 하급 공직자등에게 제공하는 금품등"은 금지되는 금품등에 해당하지 아니한다.
③ "공직자등의 친족(민법 제777조에 따른 친족)이 제공하는 금품등"은 금지되는 금품등에 해당하지 아니한다.
④ "불특정 다수인에게 배포하기 위한 기념품 또는 홍보용품 등이나 경연·추첨을 통하여 받는 보상 또는 상품 등"은 금지되는 금품등에 해당하지 아니한다.

정답 ①

073 부정청탁 및 금품등 수수의 금지에 관한 법률에 대한 설명 중 가장 적절한 것은? 22승진

① 공직자등은 직무 관련 여부 및 기부·후원·증여 등 그 명목에 관계 없이 동일인으로부터 1회에 100만 원 또는 매 회계연도에 300만 원을 초과하는 금품을 받거나 요구 또는 약속해서는 아니된다.
② 이 법의 위반행위가 발생하였거나 발생하고 있다는 사실을 알게 된 경우에는 이해관계인만 수사기관에 신고할 수 있다.
③ 직급에 상관 없이 모든 공직자의 외부강의 사례 금상한액은 1시간당 30만 원이며 1시간을 초과하면 상한액은 45만원이다.
④ 부정청탁을 받은 공직자등은 부정청탁을 한 자에게 부정청탁임을 알렸다면 이와 별도로 거절하는 의사는 명확하지 않아도 된다.

해설

① ○
② <u>누구든지</u> 이 법의 위반행위가 발생하였거나 발생하고 있다는 사실을 알게 된 경우에는 다음 각 호의 어느 하나에 해당하는 기관에 <u>신고할 수 있다.</u>(제13조)

> **신설조문 : 제13조의2(비실명 대리신고)**
> ① 제13조 제3항에도 불구하고 같은 조 제1항에 따라 신고를 하려는 자는 <u>자신의 인적사항을 밝히지 아니하고 변호사를 선임하여 신고를 대리하게 할 수 있다.</u> 이 경우 제13조 제3항에 따른 신고자의 인적사항 및 신고자가 서명한 문서는 변호사의 인적사항 및 변호사가 서명한 문서로 갈음한다.
> ② 제1항에 따른 신고는 <u>국민권익위원회에</u> 하여야 하며, 신고자 또는 신고를 대리하는 변호사는 그 취지를 밝히고 신고자의 인적사항, <u>신고자임을 입증할 수 있는 자료 및 위임장을 국민권익위원회에 함께 제출하여야 한다.</u>
> ③ 국민권익위원회는 제2항에 따라 제출된 자료를 봉인하여 보관하여야 하며, <u>신고자 본인의 동의 없이 이를 열람하여서는 아니 된다.</u>

③ 공직자등(각급 학교의 장과 교직원 및 언론사의 대표자와 임직원은 제외)의 1시간당 외부강의 <u>사례금 상한액은 40만원</u>이고, <u>1시간을 초과하는 경우의 사례금 총액은 1시간 상한액의 100분의 150에 해당하는 금액(60만원)을 초과하지 못한다.</u> ※ 각급 학교의 장과 교직원·임직원, 언론사의 대표자와 임직원은 100만원(150만원)
④ 공직자등은 부정청탁을 받았을 때에는 부정청탁을 한 자에게 부정청탁임을 알리고 이를 <u>거절하는 의사를 명확히 표시하여야 한다.</u>(제7조)

정답 ①

---

074 「부정청탁 및 금품등 수수의 금지에 관한 법률」과 그 시행령상 외부강의등의 사례금 수수 제한 및 신고에 대한 설명 중 옳지 않은 것은?   20경간변형

① 공직자등은 자신의 직무와 관련되거나 그 지위·직책 등에서 유래되는 사실상의 영향력을 통하여 요청받은 교육·홍보·토론회·세미나·공청회 또는 그 밖의 회의 등에서 한 강의·강연·기고 등(이하 "외부강의등"이라 한다)의 대가로서 대통령령으로 정하는 금액을 초과하는 사례금을 받아서는 아니 된다.
② 공직자등은 사례금을 받는 외부강의등을 할 때에는 그 외부강의등을 요청한 자가 국가나 지방자치단체인 경우에도 대통령령으로 정하는 바에 따라 외부강의등의 요청 명세 등을 소속기관장에게 그 외부강의등을 마친 날부터 10일 이내에 서면으로 신고하여야 한다.
③ 외부강의등의 신고를 할 때 상세 명세 또는 사례금 총액 등을 미리 알 수 없는 경우에는 해당 사항을 제외한 사항을 신고한 후 해당 사항을 안 날부터 5일 이내에 보완하여야 한다.
④ 소속기관장은 공직자등이 신고한 외부강의등이 공정한 직무수행을 저해할 수 있다고 판단하는 경우에는 그 외부강의등을 제한할 수 있다.

해설

② 공직자등은 사례금을 받는 외부강의등을 할 때에는 대통령령으로 정하는 바에 따라 외부강의등의 요청 명세 등을 소속기관장에게 그 외부강의등을 마친 날부터 10일 이내에 서면으로 신고하여야 한다. 다만, <u>외부강의등을 요청한 자가 국가나 지방자치단체인 경우에는 그러하지 아니하다.</u>

정답 ②

075 다음 중 「공직자의 이해충돌 방지법(약칭 : 이해충돌방지법)」의 적용대상에 대한 설명으로 **잘못된** 설명은?

공제회문제집응용

① 모든 공공기관의 공직자를 대상으로 적용한다.
② 위 공공기관의 범위에는 지방자치법에 따른 지방자치단체의 집행기관 및 지방의회가 포함된다.
③ 적용대상에는 교육청, 각급 국공립학교, 사립학교 교직원이 포함되나 민간 언론사 임직원은 제외된다.
④ 공직유관단체의 계약직 등 비정규직 근로자는 본 법의 적용대상에 포함될 수 있다.
⑤ 공무수행사인은 공무수행과 관련하여 공직자와 같이 이해충돌방지법의 일부 규정을 준용하여 적용한다.

> **해설**
> ③ 사립학교 교직원과 민간 언론사 임직원은 청탁금지법 적용대상이지만, 이해충돌방지법 적용대상은 아니다.(제2조 제2호)
>
> **정답** ③

076 「이해충돌방지법」 제5조의 사적이해관계자 신고 및 회피·기피 신청에 대한 설명으로 **잘못된** 것은?

공제회문제집응용

① 공직자는 업무처리중 소관직무 수행과 관련하여 직무관련자(대리인 제외)가 사적이해관계자임을 알게된 경우 신고하고 회피를 신청하여야 한다.
② 사적이해관계자임을 안 날부터 14일 이내에 소속기관장에게 신고하고 회피를 신청해야 한다.
③ 사적이해관계자에는 공직자 자신도 포함된다.
④ 공직자로 채용·임용되기 전 2년 이내에 공직자 자신이 재직하였던 법인 또는 단체도 사적이해관계자에 해당된다.
⑤ 최근 2년 이내에 퇴직한 공직자로서 퇴직일 전 2년 이내에 사적이해관계 신고 대상 직무를 수행하는 공직자와 같은 부서에서 근무하였던 사람은 사적이해관계자에 포함된다.

> **해설**
> ① 직무관련자에는 대리인이 포함된다(제5조 제1항).
>
> 제2조(정의) 6. "사적이해관계자"란 다음 각 목의 어느 하나에 해당하는 자를 말한다.
>   가. 공직자 자신 또는 그 가족(「민법」 제779조에 따른 가족을 말한다. 이하 같다)
>   나. 공직자 자신 또는 그 가족이 임원·대표자·관리자 또는 사외이사로 재직하고 있는 법인 또는 단체
>   다. 공직자 자신이나 그 가족이 대리하거나 고문·자문 등을 제공하는 개인이나 법인 또는 단체

라. 공직자로 채용·임용되기 전 2년 이내에 공직자 자신이 재직하였던 법인 또는 단체
마. 공직자로 채용·임용되기 전 2년 이내에 공직자 자신이 대리하거나 고문·자문 등을 제공하였던 개인이나 법인 또는 단체
바. 공직자 자신 또는 그 가족이 대통령령으로 정하는 일정 비율 이상의 주식·지분 또는 자본금 등을 소유하고 있는 법인 또는 단체
사. 최근 2년 이내에 퇴직한 공직자로서 퇴직일 전 2년 이내에 제5조 제1항 각 호의 어느 하나에 해당하는 직무를 수행하는 공직자와 국회규칙, 대법원규칙, 헌법재판소규칙, 중앙선거관리위원회규칙 또는 대통령령으로 정하는 범위의 부서에서 같이 근무하였던 사람
아. 그 밖에 공직자의 사적 이해관계와 관련되는 자로서 국회규칙, 대법원규칙, 헌법재판소규칙, 중앙선거관리위원회규칙 또는 대통령령으로 정하는 자

제5조(사적이해관계자의 신고 및 회피·기피 신청) ① 다음 각 호의 어느 하나에 해당하는 직무를 수행하는 공직자는 직무관련자(직무관련자의 대리인을 포함한다)가 사적이해관계자임을 안 경우 안 날부터 14일 이내에 소속기관장에게 그 사실을 서면(전자문서를 포함한다. 이하 같다)으로 신고하고 회피를 신청하여야 한다.

정답 ①

077 「이해충돌방지법」 제6조의 공공기관 직무관련 부동산 보유 및 매수 신고에 대한 설명으로 잘못된 것은?

공제회문제집응용

① 부동산을 직·간접적으로 취급하는 공공기관에 소속된 모든 공직자가 적용대상이다.
② 한국토지주택공사, 새만금개발공사 등이 해당된다.
③ 택지개발, 지구지정 등 대통령령으로 정하는 부동산 개발업무를 하는 공공기관에 소속된 모든 공직자가 해당된다.
④ 업무와 관련된 부동산을 보유한 사실을 알게된 날 또는 매수 후 등기를 완료한 날부터 14일 이내 서면신고해야 한다.
⑤ 신고내용은 소속 공공기관의 직무관련 부동산을 보유·매수한 내역이다.

해설

① "부동산을 직접적으로 취급하는" 공직자가 적용대상이고, "간접적으로 취급하는" 공직자는 적용대상이 아니다.

제6조(공공기관 직무 관련 부동산 보유·매수 신고) ① 부동산을 직접적으로 취급하는 대통령령으로 정하는 공공기관의 공직자는 다음 각 호의 어느 하나에 해당하는 사람이 소속 공공기관의 업무와 관련된 부동산을 보유하고 있거나 매수하는 경우 소속기관장에게 그 사실을 서면으로 신고하여야 한다.
1. 공직자 자신, 배우자
2. 공직자와 생계를 같이하는 직계존속·비속(배우자의 직계존속·비속으로 생계를 같이하는 경우를 포함한다)

정답 ①

078 「이해충돌방지법」 제8조의 고위공직자 민간 부문 업무활동 내역 제출 및 공개에 대한 설명으로 잘못된 것은?

공제회문제집응용

① 위반시 1천만원 이하의 과태료 부과대상이다.
② 임용 또는 임기 개시전 3년간의 민간 분야에서의 업무활동 내역을 제출한다.
③ 업무활동 내역에는 민간분야에서 관리·운영하였던 사업 또는 영리·비영리 행위의 내용이 해당된다.
④ 공직유관단체에서의 활동은 민간 분야 업무활동 내역에 해당되지 않는다.
⑤ 임용되거나 임기를 개시한 날부터 30일 이내에 소속기관장에게 제출해야 한다.

▶ 해설 ◀

③ 비영리 업무내용은 해당되지 않는다.(제8조 제2항)

제2조(정의) 3. "고위공직자"란 다음 각 목의 어느 하나에 해당하는 공직자를 말한다.
  가. 대통령, 국무총리, 국무위원, 국회의원, 국가정보원의 원장 및 차장 등 국가의 정무직공무원
  나. 지방자치단체의 장, 지방의회의원 등 지방자치단체의 정무직공무원
  다. 일반직 1급 국가공무원(「국가공무원법」 제23조에 따라 배정된 직무등급이 가장 높은 등급의 직위에 임용된 고위공무원단에 속하는 일반직공무원을 포함한다) 및 지방공무원과 이에 상응하는 보수를 받는 별정직공무원(고위공무원단에 속하는 별정직공무원을 포함한다)
  마. 고등법원 부장판사급 이상의 법관과 대검찰청 검사급 이상의 검사
  아. 치안감 이상의 경찰공무원 및 특별시·광역시·특별자치시·도·특별자치도의 시·도경찰청장

제8조(고위공직자의 민간 부문 업무활동 내역 제출 및 공개) ① 고위공직자는 그 직위에 임용되거나 임기를 개시하기 전 3년 이내에 민간 부문에서 업무활동을 한 경우, 그 활동 내역을 그 직위에 임용되거나 임기를 개시한 날부터 30일 이내에 소속기관장에게 제출하여야 한다.
② 제1항에 따른 업무활동 내역에는 다음 각 호의 사항이 포함되어야 한다.
  1. 재직하였던 법인·단체 등과 그 업무 내용
  2. 대리, 고문·자문 등을 한 경우 그 업무 내용
  3. 관리·운영하였던 사업 또는 영리행위의 내용

정답 ③

079 다음 중 「이해충돌방지법」 제15조 퇴직자 사적 접촉신고에 대한 설명으로 <u>잘못된</u> 설명은?

공제회문제집응용

① 공직자와 직무관련자인 소속기관의 퇴직자(공직자가 아니게 된 날부터 2년 이내의 자)와의 접촉과정을 투명하게 하려는 조항이다.
② 공직자가 퇴직자와 골프, 여행, 사행성 오락을 하는 경우, 소속기관장에게 신고해야 한다.
③ 직무관련자인 퇴직자와의 사적 접촉 신고를 철저히 하였을 경우, 본 법률상의 다른 의무규정(사적이해관계자 신고 등)은 배제된다.
④ 위반시 징계 및 1천만원 이하의 과태료 부과대상이다.
⑤ 공무와 무관한 사적모임에서 직무관련자인 퇴직공직자를 접촉하는 경우 등은 신고대상이 아니다.

> **해설**
>
> ③ 공직자와 퇴직자 사이에 발생할 수 있는 신고의무는 1) 사적이해관계자 신고, 2) 직무관련자 거래신고, 3) 퇴직공직자 사적접촉신고 등 3개로 볼 수 있으며, 각각의 법제정 목적 및 취지가 다르므로 <u>별개의 신고의무를 이행하여야</u> 한다.
>
> **정답** ③

080 「이해충돌방지법」 제10조 직무관련 외부활동 제한에 대한 설명으로 <u>잘못된</u> 것은?

공제회문제집응용

① 직무관련자에게 사적으로 노무를 제공하고 대가를 받는 행위는 제한된다.
② 직무관련자에게 공문 등을 통해 자문 등을 공식적으로 요청했다고 하더라도 이는 직무관련 외부활동이므로 제한된다.
③ 위반시 징계 및 2천만원 이하의 과태료를 부과한다.
④ 사적으로 조언이나 자문 등을 제공하였더라도 대가를 받지 않는다면 본 조항 위반에 해당하지 않는다.
⑤ 직무관련자라도 하더라도 청탁금지법상의 외부강의관련 규정을 준수하였다면, 본 조항 위반에 해당하지 않는다.

> **해설**
>
> ② 공문 등을 통해 요청하는 경우는 '<u>사적으로</u>' 자문 등을 제공한 것이 아니므로 제한되는 활동이 아니다.
>
> **정답** ②

081 「이해충돌방지법」 제11조 가족채용 제한관련 설명으로 잘못된 것은?   공제회문제집응용

① 채용이 제한되는 가족의 범위는 민법 제779조의 가족으로서, 사적이해관계자 신고 의무가 있는 가족의 범위와는 차이가 있다.
② 다른 법률에서 이해충돌방지법의 적용을 받는 기관이 가족을 채용할 수 있도록 허용한 경우에는 그 법률의 규정에 따르도록 한다.
③ 지방공무원을 그 직급과 직위에 해당하는 국가공무원으로 임용하는 경우에는 본 조항의 적용에서 제외된다.
④ 자신의 가족이 채용되도록 묵인한 공직자에게는 징계 및 3천만원 이하의 과태료를 부과한다.
⑤ 지시·유도·묵인은 이해충돌방지법을 위반하여 채용이 이루어지도록 적극적으로 개입하거나 소극적으로 방조하는 경우를 말한다.

해설

① 민법 제779조의 가족으로서 사적이해관계자 신고 의무가 있는 가족의 범위와 동일하다.

▶ 이해충돌방지법상 '가족'의 범위

의무	가족의 범위
사적이해관계자 신고 (제5조) 가족채용 제한 (제11조)	배우자, 직계혈족 및 형제자매 생계를 같이하는 직계혈족의 배우자 생계를 같이하는 배우자의 직계혈족 생계를 같이하는 배우자의 형제자매
직무관련자 거래신고 (제9조) 수의계약 체결제한 (제12조)	공직자 본인, 배우자 직계존속·비속 생계를 같이하는 배우자의 직계존속·비속
부동산 보유·매수 신고 (제6조)	공직자 본인, 배우자 생계를 같이하는 직계존속·비속 생계를 같이하는 배우자의 직계존속·비속

정답 ①

082 「이해충돌방지법」제9조의 직무관련자와의 거래신고에 대한 설명으로 잘못된 것은? 공제회문제집응용

① 거래 신고대상에는 공직자 자신 및 배우자가 포함된다.
② 배우자의 직계존속·비속은 거래신고 대상이 아니다.
③ 공직자가 일정 비율 이상의 주식·지분 등을 소유하고 있는 법인·단체는 특수관계사업자이므로 거래신고 대상이다.
④ 공직자는 배우자가 직무관련자와 사적인 금전거래를 한다는 것을 사전에 안 경우, 안 날부터 14일 이내에 소속기관장에게 신고해야 한다.
⑤ 공직자는 배우자가 직무관련자와 사적인 부동산 거래를 한 사실을 사후에 알게 된 경우에는 안 날부터 14일 이내에 소속기관장에게 신고해야 한다.

해설
② 배우자의 직계존속·비속으로 생계를 같이 하는 경우를 포함한다.(제9조 제1항)

정답 ②

---

083 다음 중 「이해충돌방지법」상 과태료 액수가 다른 경우는 어느 것인가? 공제회문제집응용

① 사적이해관계자를 신고하지 아니한 공직자
② 직무관련자인 소속기관의 퇴직자와의 사적 접촉을 신고하지 아니한 공직자
③ 부동산 보유·매수를 신고하지 아니한 공직자
④ 직무관련자와의 거래를 신고하지 아니한 공직자
⑤ 직무관련 외부활동을 한 공직자

해설
① 이해충돌방지법 제5조1항, 2천만원 이하 과태료
② 이해충돌방지법 제15조, 1천만원 이하 과태료
③ 이해충돌방지법 제6조, 2천만원 이하 과태료
④ 이해충돌방지법 제9조, 2천만원 이하 과태료
⑤ 이해충돌방지법 제10조, 2천만원 이하 과태료

▶ 이해충돌 방지를 위한 10개 행위기준

신고·제출 의무	제한·금지 행위
① 사적이해관계자 신고 및 회피·기피 신청	① 직무관련 외부활동 제한
② 공공기관 직무관련 부동산 보유·매수 신고	② 가족 채용 제한
③ 고위공직자 민간부문 업무활동내역 제출	③ 수의계약 체결 제한
④ 직무관련자와의 거래 신고	④ 공공기관 물품 등의 사적 사용·수익 금지
⑤ 퇴직자 사적 접촉 신고	⑤ 직무상 비밀 등 이용 금지

▶ **이해충돌방지법상 형벌** (공민공)

직무상 비밀·소속기관의 미공개 정보를 이용, <u>재물 또는 재산상 이익</u>을 취득하거나 제3자로 하여금 <u>재물 또는 재산상 이익</u>을 취득하게 한 <u>공직자</u>	7년 이하 징역 또는 7천만원 이하 벌금(병과 가능)
공직자로부터 제공받거나 부정 취득한 비밀·미공개 정보를 이용하여 재물·재산상 이익을 <u>취득한 자</u>	5년 이하 징역 또는 5천만원 이하 벌금(병과 가능)
사적 이익을 위해 직무상 비밀 또는 미공개 정보를 <u>이용하거나 제3자가 이용하도록 한 공직자</u>	3년 이하 징역 또는 3천만원 이하 벌금

▶ **이해충돌방지법상 과태료** (수채/신사외/접고)

㉠ 공공기관(산하기관·자회사 포함)에 가족이 <u>채용</u>되도록 지시·유도 또는 묵인을 한 공직자 ㉡ 공공기관(산하기관·자회사 포함)이 제12조 제1항 각 호의 자와 <u>수의계약</u>을 체결하도록 지시·유도·묵인을 한 공직자	3천만원 이하
㉠ 사적 이해관계를 <u>신고</u>하지 않은 공직자 ㉡ 부동산 보유·매수를 신고하지 않은 공직자 ㉢ 직무관련자와의 거래를 신고하지 않은 공직자 ㉣ 직무관련 <u>외부활동</u>을 한 공직자 ㉤ 공공기관 물품을 사적으로 <u>사용</u>·수익하거나 제3자로 하여금 사용·수익하게 한 공직자	2천만원 이하
㉠ 임용·임기 개시 전 업무활동내역을 제출하지 않은 <u>고위</u> 공직자 ㉡ 직무관련자인 소속기관의 퇴직자와의 사적 <u>접촉</u>을 신고하지 아니한 공직자	1천만원 이하

정답 ②

084 「이해충돌방지법」 제14조 직무상 비밀 등 이용금지관련 설명으로 <u>잘못된</u> 것은?   공제회문제집응용

① 법령에 의해 비밀로 규정된 것뿐만 아니라, 실질적으로 비밀로서 보호할 가치가 있는 일체의 정보가 본 조항의 대상이다.
② 공직자가 아니게 된 날로부터 2년이 경과하지 아니하는 자(퇴직자)를 포함한다.
③ 제3자가 공직자로부터 소속 공공기관의 미공개 정보임을 알면서도 제공받거나 부정한 방법으로 취득하고 이를 이용한 재산상의 이익을 취득하는 것을 금지해 놓았다.
④ 공직자의 재물·재산상 이익 취득이 없었더라도 처벌 대상이다.
⑤ 공직자가 사적이익을 위해 미공개 정보를 이용하면 3년 이하의 징역 또는 3천만원 이하의 벌금이다.

해설

② 이해충돌방지법 제14조, 공직자가 아니게 된 날부터 <u>3년이 경과하지 아니한 사람</u>을 포함한다.
① 이해충돌방지법 설명자료 p.82
③ 이해충돌방지법 제14조 제3항
④ 이해충돌방지법 제14조 제3항
⑤ 이해충돌방지법 제27조 제3항 제1호

정답 ②

085 「공직자의 이해충돌 방지법(약칭 : 이해충돌방지법)」에 대한 설명으로 가장 적절하지 <u>않은</u> 것은?

공제회문제집응용

① 행정지도·단속·사건의 수사에 관계되는 직무와 공직자의 승진·전보·상벌·평가에 관계되는 직무를 수행하는 공직자는 직무관련자(직무관련자의 대리인을 포함한다)가 사적이해관계자임을 안 경우 안 날부터 14일 이내에 소속기관장에게 그 사실을 서면(전자문서를 포함한다)으로 신고하고 회피를 신청하여야 하며, 신고하지 아니한 공직자에게는 2천만원 이하의 과태료를 부과한다.

② 공직자는 자신, 배우자 또는 직계존속·비속(배우자의 직계존속·비속으로 생계를 같이하는 경우를 포함한다) 또는 특수관계사업자(자신, 배우자 또는 직계존속·비속이 대통령령으로 정하는 일정 비율 이상의 주식·지분 등을 소유하고 있는 법인 또는 단체를 말한다)가 공직자 자신의 직무관련자(「민법」 제777조에 따른 친족인 경우는 제외한다)와 토지 또는 건축물 등 부동산을 거래하는 행위(공개모집에 의하여 이루어지는 분양이나 공매·경매·입찰을 통한 재산상 거래 행위는 제외한다)를 한다는 것을 사전에 안 경우에는 안 날부터 14일 이내에 소속기관장에게 그 사실을 서면으로 신고하여야 한다.

③ 공직자는 소속 공공기관의 소관 직무와 관련된 지식이나 정보를 타인에게 제공하고 대가를 받는 행위(「부정청탁 및 금품등 수수의 금지에 관한 법률」상 외부강의등의 대가로서 사례금 수수가 허용되는 경우와 소속기관장이 허가한 경우는 제외)를 하여서는 아니 된다.

④ 공직자는 직무관련자인 소속 기관의 퇴직자(공직자가 아니게 된 날부터 2년이 지나지 아니한 사람만 해당한다)와 사적 접촉(골프, 여행, 사행성 오락을 같이 하는 행위를 말한다)을 하는 경우 소속기관장에게 신고(사회상규에 따라 허용되는 경우에는 제외)하여야 하며, 이를 위반하여 신고하지 아니한 공직자에게는 2천만원 이하의 과태료를 부과한다.

해설

④ 제15조(퇴직자 사적 접촉 신고) 제1항, 제28조(과태료) 제3항 제2호 에 따라서 <u>1천만원 이하의 과태료</u>를 부과한다. 〈비교〉 공공기관의 물품 등을 사적인 용도로 사용·수익하거나 제3자로 하여금 사용·수익하게 한 공직자(제13조)에게는 2천만원 이하의 과태료를 부과한다(제28조 제2항 제5호).

정답 ④

03 범죄의 원인과 예방(기초이론Ⅲ)

제1절 범죄의 원인과 예방

001 범죄원인론에 대한 설명으로 가장 적절하지 않은 것은? 　　　　19승진

① 고전주의 범죄학에 따르면 범죄는 인간의 자유의지에 의한 것이 아니고, 외적요소에 의해 강요되는 것이다.
② 마짜(Matza)와 싸이크스(Sykes)는 청소년은 비행의 과정에서 합법적 전통적 관습, 규범, 가치관 등을 중화시킨다고 주장하였다.
③ 허쉬(Hirshi)는 범죄의 원인은 사회적인 유대가 약화되어 통제되지 않기 때문이라고 주장하였다.
④ 글레이저(Glaser)는 청소년들이 영화의 주인공을 모방하고 자신과 동일시하면서 범죄를 학습한다고 주장하였다.

> **해설**
> ① 고전주의 범죄학은 범죄는 인간의 자유의지를 전제하여 범죄행동과 정상행동을 선택한다고 보는 이론이고, 실증주의범죄학은 범죄행동은 자유의지가 아닌 외적 요소에 의해 강요된 것으로 보는 이론이다.
> (고자비 : 고전주의=자유의지+의사비결정론)
>
> **정답** ①

002 범죄원인론에 대한 설명으로 가장 적절하게 연결되지 <u>않은</u> 것은? 21순경2차

① 쇼와 맥케이(Shaw & Mckay)의 사회해체이론 – 빈민(Slum) 지역에서 범죄발생률이 높은 것은 도시의 산업화·공업화 과정에서 지역사회의 제도나 규범 등이 극도로 해체되기 때문으로, 이 지역에서는 비행적 전통과 가치관이 사회통제를 약화시켜서 일탈이 야기되며 이러한 지역은 구성원이 바뀌더라도 비행발생률은 감소하지 않는다.

② 레클리스(Reckless)의 견제(봉쇄)이론 – 고전주의 범죄학 이론에 기반을 둔 것으로, 인간은 범죄로부터 얻을 수 있는 이익보다 더 큰 고통을 받게 되면, 범죄를 저지르지 않을 것이라는 전제를 하고 있다. 범죄통제를 위해서는 처벌의 엄격성, 신속성, 확실성이 요구되며 이 중 처벌의 확실성이 가장 중요하다.

③ 버제스와 에이커스(Burgess & Akers)의 차별적 강화이론 – 범죄행위의 결과로서 보상이 취득되고 처벌이 회피될 때 그 행위는 강화되는 반면, 보상이 상실되고 처벌이 강화되면 그 행위는 약화된다.

④ 머튼(Merton)의 긴장(아노미)이론 – 목표와 그 목표를 이루기 위한 수단과의 간극이 커지면서 아노미 조건이 유발되어 분노와 좌절이라는 긴장이 초래되고, 그 목적을 달성하기 위한 수단으로서 범죄를 선택한다.

해설

② 설문은 고전주의 범죄통제론인 **억제이론**을 설명하고 있음. Reckless의 견제이론은 "좋은 자아관념이 있으면 주변의 범죄적 환경에도 불구하고 비행행위에 가담하지 않도록 한다"는 이론으로 사회학적 범죄론 가운데 하나임

정답 ②

003 범죄원인론에서 J. F. Sheley가 주장한 범죄인의 입장에서 바라본 범죄를 일으키는 필요조건 4가지로 가장 적절하지 <u>않은</u> 것은? 15순경2차, 13순경2차유사, 14승진유사

① 범행의 기술 ② 보호자(감시자)의 부재
③ 범행의 동기 ④ 사회적 제재로부터의 자유

해설

범죄원인론에서 Joseph F. Sheley가 주장한 "범죄자의 입장에서 범죄를 일으키는 필요조건 4가지"는 범행의 **동기**(Motivation), 사회적 제재로부터의 **자유**(Freedom from social constraints), 범행의 **기술**(Skill), 범행의 **기회**(Opportunity)이다(**동자기기/조쎄리**). 이들 4가지 각 요소는 범행에 있어서 필요조건이지만 충분조건은 아니기 때문에 어떠한 범행이 이루어지기 위해서는 이들 4가지 요소가 동시에 상호작용해야 한다. ※ "보호자(감시자)의 부재"는 **코헨**과 **펠슨**의 **일상활동이론**에서 주장하는 범죄발생의 3요소(잠재적 범죄**자**, 적절한 범행대상, 감시의 **부재**), 범죄자의 범행결정 고려 4요소(**가**치, 이동의 **용**이성, **가**시성, **접**근성) 가운데 하나이다.(**일상코펠/대부자/가가용접**)

정답 ②

004 범죄의 개념에 대한 설명 중 **틀린** 것은? 10승진

① J. F. Sheley가 주장한 범죄인의 입장에서 바라본 범죄를 일으키는 필요조건은 범행의 동기, 사회적 제재로부터의 자유, 범행의 기술, 보호자의 부재이다.
② 중화기술이론은 중화의 기술로서 행위에 대한 책임의 회피, 행위로 인한 피해 발생의 부정, 피해자의 부정, 비난자에 대한 비난, 보다 높은 충성심에의 호소 등을 설정하였다.
③ G. M. Sykes는 범죄는 각 시대의 사회적, 문화적, 역사적 상황과 환경에 따라 다른 모습을 하게 되는 상대적 개념이라고 주장하였다.
④ 범행피해 리스크 수준을 결정하는 4가지 요소인 'VIVA 모델'은 가치(Value), 이동의 용이성(Inertia), 가시성(Visibility), 접근성(Access)으로 구성된다.

해설

① J. F. Sheley가 주장한 범죄인의 입장에서 바라 본 범죄를 일으키는 필요조건은 범행의 <u>동기</u>, 사회적 제재로부터의 <u>자유</u>, 범행의 <u>기술</u>, <u>범행의 기회</u>이다. (동자기기 / 조셰리)

정답 ①

---

005 범죄원인에 대한 이론을 설명한 것이다. 옳은 것은 모두 몇 개인가? 21경간

가. 아노미이론은 Cohen에 의해 주장되었으며 '범죄는 정상적인 것이며 불가피한 사회적 행위'라는 입장에서 사회 규범의 붕괴로 인해 범죄가 발생한다고 보고 있다.
나. J. F. Sheley가 주장한 범죄유발의 4요소는 범죄의 동기, 사회적 제재로부터의 자유, 범죄피해자, 범행의 기술이다.
다. 사회학습이론 중 Burgess & Akers의 차별적 강화이론에 의하면 청소년들이 영화의 주인공을 모방하고 자신과 동일시 하면서 범죄를 학습한다고 한다.
라. Hirschi는 범죄의 원인은 사회적인 유대가 약화되어 통제 되지 않기 때문이라고 보고, 비행을 통제할 수 있는 사회적 통제의 결속을 애착, 전념, 기회, 참여라고 하였다.
마. 합리적 선택이론에서는 인간의 자유의지를 인정하는 결정론적 인간관에 입각하여 범죄자는 비용과 이익을 계산하고 자신에게 유리한 경우에 범죄를 행한다고 본다.
바. 일상생활 이론은 범죄자의 입장에서 범행을 결정하는데 고려되는 4가지 요소로 가치, 이동의 용이성, 가시성, 접근성을 들고 있다.
사. 범죄패턴 이론은 지역사회 구성원들이 범죄문제를 해결하기 위해 적극적으로 참여하는 것이 중요한 범죄예방의 열쇠라고 한다.

① 0개 ② 1개 ③ 2개 ④ 3개

해설

가. **아노미 이론은 뒤르캠**(E. Durkheim)에 의해 주장되었다. **Cohen은 하위문화이론을 주장**하였다. (아뒤/머긴) (하코밀정)
나. J. F. Sheley가 주장한 범죄유발의 4요소는 범죄의 동기, 사회적 제재로부터의 자유, **범행의 기회**, 범행의 기술이다.(동자기기/조쎌리)
다. 청소년들이 영화의 주인공을 모방하고 자신과 동일시하면서 범죄를 학습한다고 하는 것은 **글레이서(Glaser)의 차별적 동일시이론**이다.(동글) Burgess & Akers의 차별적 강화이론은 청소년들의 비행행위는 처벌이 없거나 칭찬받게 되면 반복적으로 저질러진다고 한다.(강BA)
라. **Hirschi**(사회유대이론)는 사회적 통제의 결속을 **애착, 전념, 신념, 참여**라고 하였다.(해시유)
마. 합리적 선택이론에서는 인간의 자유의지를 인정하는 **비결정론적 인간관**에 입각한다.
바. O (일상코펠/대부자/가가용접)
사. 지역사회 구성원들이 범죄문제를 해결하기 위해 적극적으로 참여하는 것이 중요한 범죄예방의 열쇠라고 하는 것은 **샘슨의 집합효율성 이론**이다.(집합샘/참여연대) 브랜팅햄의 범죄패턴이론은 범죄는 일정한 장소적 패턴이 있기 때문에 범죄자의 이동경로를 분석해 다음 범행지역을 예측하는 지리적 프로파일링으로 연쇄범죄 해결에 도움을 준다고 한다.(패브러)

정답 ②

006 범죄원인론에 대한 설명 중 가장 옳지 않은 것은? 19경간

① Glaser는 청소년의 비행행위는 처벌이 없거나 칭찬받게 되면 반복적으로 저질러진다고 하였다.
② Miller는 범죄는 하위문화의 가치와 규범이 정상적으로 반영된 것이라고 하였다.
③ Reckless는 좋은 자아관념은 주변의 범죄적 환경에도 불구하고 비행행위에 가담하지 않도록 하는 중요한 요소라고 한다.
④ Cohen은 하류계층의 청소년들이 목표와 수단의 괴리로 인해 중류계층에 대한 저항으로 비행을 저지르며, 목표달성의 어려움을 극복하기 위해 자신들만의 하위문화를 만들게 되며 범죄는 이러한 하위문화에 의해 저질러진다고 한다.

해설

① **Glaser**는 청소년들이 영화주인공을 모방하고 자신들과 동일시 하면서 범죄를 학습한다는 **차별적 동일시이론**(동글)대표적 학자이다. 소년의 비행행위는 처벌이 없거나 칭찬받게 되면 반복적으로 저질러진다고 한 **차별적 강화이론의 대표적인 학자는 Burgess와 Akers**(강바)이다.
② (O) 하코밀정 – 하위문화이론은 코헨과 밀러(특히, 밀러는 "범죄는 하위문화의 가치와 규범이 정상적으로 반영된 것"이라고 주장)
③ (O) 견자렉카 – 견제이론은 "좋은 자아관념"을 범죄를 예방하는 중요한 요소로 바라봄(학자는 Reckless)
④ (O) 하코밀정

정답 ①

007 범죄원인에 관한 학설에 대한 설명 중 가장 적절하지 않은 것은? 　　13승진

① 심리학적 이론에 의하면 범죄원인은 정신이상, 낮은 지능, 모방학습에 기인한다고 한다.
② 문화갈등이론 중 시카고 학파에 의하면 각 지역사회의 문화적 갈등을 통해 범죄나 비행이 발생한다고 한다.
③ 사회학습이론 중 Burgess & Akers의 차별적 강화이론에 의하면 청소년들이 영화의 주인공을 모방하고 자신과 동일시하면서 범죄를 학습한다고 한다.
④ 사회통제이론 중 Reckless의 견제이론에 의하면 좋은 자아관념은 주변의 범죄적 환경에도 불구하고 비행행위에 가담하지 않도록 하는 중요한 요소라고 한다.

해설
③ 사회학습이론 중 **Glaser의 차별적 동일시이론**에 의하면 청소년들이 영화의 주인공을 모방하고 자신과 동일시하면서 범죄를 학습한다고 한다.

정답 ③

---

008 다음 중 범죄 원인에 대한 학설의 설명으로 가장 옳지 않은 것은? 　　14경간

① 문화전파이론은 범죄를 부추기는 가치관으로의 사회화나 범죄에 대한 구조적, 문화적 유인에 대한 자기통제상실을 범죄의 원인으로 본다.
② 낙인이론은 범죄자로 만드는 것이 행위의 질적인 면이 아니라 사람들의 인식이라고 본다.
③ 중화기술이론은 자기행위가 실정법상 위법하다는 것을 알지만 그럴 듯한 구실이나 이유를 내세워 자신의 행위를 도덕적으로 문제 없는 정당한 행위로 합리화시켜 준법정신이나 가치관을 마비시킴으로써 범죄에 나아간다는 이론을 말한다.
④ 긴장이론은 비행을 제지할 수 있는 사회적 통제의 결속과 유대의 약화로 인하여 범죄가 발생한다고 본다.

해설
④ 비행을 제지할 수 있는 사회적 통제의 결속과 유대의 약화로 인하여 범죄가 발생한다고 보는 것은 **사회유대이론(Hirshi)**이다. ※ Robert Merton의 "긴장(유발)이론"은 하위계층의 "목표달성 좌절"이란 구조적 문제가 사회적 긴장을 야기하고, 수단적 합법성을 무시하는 범죄로 이어진다고 주장한다.

정답 ④

009 사회적 수준의 범죄원인론 중 '사회과정원인'에 해당하지 않는 것은? 21승진

① Sutherland의 차별적 접촉이론에 따르면, 범죄는 범죄적 전통을 가진 사회에서 많이 발생하며, 이러한 사회에서 개인은 범죄에 접촉·동조하면서 학습한다.
② Cohen은 하류계층의 청소년들이 목표달성의 어려움을 극복하기 위해 자신들만의 하위문화를 만들고, 범죄는 이러한 하위문화에 의해 저질러진다고 주장하였다.
③ Matza & Sykes에 따르면, 청소년은 비행 과정에서 '책임의 회피', '피해자의 부정', '피해 발생의 부인', '비난자에 대한 비난', '충성심에의 호소' 등 5가지 중화기술을 통해 규범, 가치관 등을 중화시킨다.
④ Hirshi에 따르면, 범죄는 사회적인 유대가 약화되어 통제되지 않기 때문에 발생하고, 사회적 결속은 애착, 참여, 전념, 신념의 4가지 요소에 영향을 받는다.

> 해설
> ② Cohen의 하위문화이론에 대한 설명이며 사회구조원인론에 해당한다.
>
> 정답 ②

010 다음은 관할지역 내 범죄문제 해결을 위해 경찰서별로 실시하고 있는 활동들이다. 각 활동들의 근거가 되는 범죄원인론을 가장 적절하게 연결한 것은? 19순경2차

> ㉠ A경찰서는 관내에서 음주소란과 폭행 등으로 적발된 청소년들을 형사입건하는 대신 지역사회 축제에서 실시되는 행사에 보안요원으로 봉사할 수 있는 기회를 제공하였다.
> ㉡ B경찰서는 지역사회에 만연해 있는 경미한 주취소란에 대해서도 예외 없이 엄격한 법집행을 실시하였다.
> ㉢ C경찰서는 관내 자전거 절도사건이 증가하자 관내 자전거 소유자들을 대상으로 자전거에 일련번호를 각인해 주는 서비스를 제공하였다.
> ㉣ D경찰서는 관내 청소년 비행 문제가 증가하자 청소년들을 대상으로 폭력 영상물의 폐해에 관한 교육을 실시하고, 해당 유형의 영상물에 대한 접촉을 삼가도록 계도하였다.

① ㉠낙인이론 ㉡깨진 유리창 이론 ㉢상황적 범죄예방 이론 ㉣차별적 동일시 이론
② ㉠낙인이론 ㉡깨진 유리창 이론 ㉢상황적 범죄예방 이론 ㉣차별적 접촉 이론
③ ㉠상황적 범죄예방 이론 ㉡깨진 유리창 이론 ㉢낙인이론 ㉣차별적 접촉 이론
④ ㉠상황적 범죄예방 이론 ㉡낙인이론 ㉢깨진 유리창 이론 ㉣차별적 동일시 이론

> **해설**
> ⊙ '낙인이론'은 범죄자로 만드는 것은 행위의 질적인 면이 아니라 사회인이 가지고 있는 그 행위에 대한 인식이라고 본다. **봉사기회를 주는 선도를 선택한 것은 '전과자'로 낙인을 찍지 않으려는 것이기 때문에 낙인이론과 관련**된다.
> ⊙ '**깨진 유리창 이론**'은 범죄예방을 위해 **무관용 정책**과 집합효율성 강화를 강조한다.
> ⊙ 상황적 범죄예방이론은 범죄행위에 대한 위험과 어려움을 높여 범죄기회를 제거하고 범죄 행위의 이익을 감소시킴으로써 범죄를 예방하려는 이론이다. 자전거에 일련번호를 각인하는 것은 **절도범의 발각 위험을 높이려는 행위이므로 상황적 범죄예방이론과 연결**된다.
> ⊙ Glaser의 '차별적 동일시이론'은 청소년들이 영화의 주인공을 모방하고 자신과 동일시하면서 범죄를 학습한다고 보는 이론이다. **폭력 영상물의 폐해를 교육하고 폭력 영상물 접촉을 삼가도록 계도하는 것은 청소년들의 폭력영상물 모방을 막으려는 것으로 차별적 동일시이론과 관련**된다.
>
> **정답** ①

011 다음 경찰활동 예시의 근거가 되는 범죄원인론으로 가장 관련성이 높은 것은? 22순경1차

> A경찰서는 관내에서 폭행으로 적발된 청소년을 형사입건하는 대신, 학교전담경찰관이 외부 전문가와 함께 3일 동안 다양한 활동으로 구성된 선도프로그램을 제공함으로써 해당 청소년에게 스스로 잘못을 뉘우치고 장차 지역사회로 다시 통합될 수 있는 기회를 제공하였다.

① 낙인이론
② 일반긴장이론
③ 깨진 유리창 이론
④ 일상활동이론

> **해설**
> ① 선도프로그램을 활용함으로써 전과자로 만들지 않는 것은 **낙인이론**과 가장 관련성이 높다.
>
> **정답** ①

012 범죄원인에 대한 학설에 대한 설명 중 사회적 수준의 사회구조원인에 대한 학설은 모두 몇 개인가? 15경간

가. 생물학적 이론	나. 사회학습이론
다. 낙인이론	라. 하위문화이론
마. 심리학적 이론	바. 동조성전념이론
사. 차별적 접촉이론	아. 견제이론
자. 중화기술이론	차. 긴장(아노미)이론
카. 사회해체론	

① 2개   ② 3개   ③ 4개   ④ 5개

해설

② 사회적 수준의 범죄원인론 가운데서 **사회구조원인론에 속하는 학설은** "라, 차, 카"이다. "가, 마"는 개인적 수준의 범죄원인론이고, 나머지는 사회적 수준의 범죄원인론 중 사회과정원인론에 해당한다.

사회구조 원인론		아노미이론, 사회해체론, 긴장이론, 하위문화이론, 문화적 전파이론, 문화갈등이론 (아해문화)
사회과정 원인론 (과학통락)	사회학습이론	차별적접촉이론, 차별적동일시이론, 차별적강화이론, 중화기술이론 (학차중)
	사회통제이론	견제이론, 사회유대이론, 동조성전념이론 (통견유동)
	낙인이론	

정답 ②

---

013 범죄원인이론에 대한 설명 중 가장 적절하지 않은 것은? 20승진

① Miller는 범죄는 하위문화의 가치와 규범이 정상적으로 반영된 것이라고 하였다.
② Cohen은 하류계층의 청소년들이 목표와 수단의 괴리로 인해 중류계층에 대한 저항으로 비행을 저지르며, 목표달성의 어려움을 극복하기 위해 자신들만의 하위문화를 만들게 되는데 범죄는 이러한 하위문화에 의해 저질러진다고 한다.
③ '사회해체론'과 '아노미이론'은 범죄의 원인을 사회적 구조의 특성에서 찾는 사회적 수준의 범죄원인이론이다.
④ Durkheim은 좋은 자아관념이 주변의 범죄적 환경에도 불구하고 비행행위에 가담하지 않도록 하는 중요한 요소라고 한다.

해설

④ Reckless의 견제이론은 좋은 자아관념이 주변의 범죄적 환경에도 불구하고 비행행위에 가담하지 않도록 하는 중요한 요소라고 한다.(견자렉카 – 견제이론/자아관념/렉클리스)

정답 ④

---

014 범죄원인에 관한 학설 중 다음에서 설명하고 있는 내용과 가장 관련이 깊은 이론은? 13승진

> 범죄유발의 외적압력(가난, 비행하위문화, 퇴폐환경, 차별적 기회구조 등), 범죄유발의 내적압력(좌절, 욕구, 분노, 열등감 등)을 설명하며, 좋은 자아관념은 주변의 범죄적 환경에도 불구하고 비행행위에 가담하지 않도록 하는 중요한 요소라 함

① Reckless – 견제이론
② Briar & Piliavin – 동조성전념이론
③ Hirshi – 사회유대이론
④ Burgess & Akers – 차별적강화이론

> **해설**
>
> Reckless의 견제이론이다. (견자렉카 – 견제이론/자아관념/렉클리스)
>
> **정답** ①

015 범죄이론과 범죄통제이론에 대한 설명으로 적절하지 않은 것을 모두 고른 것은? 　　18승진

> ㉠ 고전학파 범죄이론은 범죄에 대한 국가의 강력하고 확실한 처벌을 통해 범죄를 억제할 수 있다고 본다.
> ㉡ 생물학·심리학적 이론은 범죄자의 치료와 갱생을 통한 범죄통제를 주요내용으로 하며, 범죄자를 대상으로 하므로 일반예방효과에 한계가 있다는 비판이 존재한다.
> ㉢ 사회학적 이론은 범죄기회의 제거와 범죄행위의 이익을 감소시키는 것을 내용으로 한다.
> ㉣ 상황적 범죄예방이론은 사회발전을 통해 범죄의 근본적인 원인을 제거하고자 하나, 폭력과 같은 충동적인 범죄에는 적용하는 데 한계가 있다.

① ㉠, ㉡　　② ㉠, ㉢　　③ ㉡, ㉢　　④ ㉢, ㉣

> **해설**
>
> ㉢ <u>사회학적 이론은 사회발전을 통해 범죄의 근본적인 원인을 제거하고자 하는 이론</u>이다.
> ㉣ <u>상황적 범죄예방이론은 범죄기회의 제거와 범죄행위의 이익을 감소시키는 것을 내용으로</u> 한다. 폭력과 <u>같은 충동적인 범죄에는 적용하는 데 한계가 있는 것은 억제이론</u>이다. (억제이론에서는 범죄를 개인의 자유의지에 의한 선택이라고 주장하는데, 충동범죄에서의 "충동"은 자발적인 선택이 아니므로)
>
> **정답** ④

016 범죄통제이론에 대한 설명으로 가장 적절하지 않은 것은? 　　17순경2차

① '억제이론'은 인간의 자유 의지를 인정하지 않는 결정론적 인간관에 바탕을 두고 특별예방 효과에 중점을 둔다.
② '치료 및 갱생이론'은 생물학적·심리학적 범죄 이론에 바탕을 두고 있다.
③ '합리적 선택이론'은 인간이 자유 의지를 가지고 있다고 가정하고 합리적인 인간관을 전제로 하므로 비결정론적 인간관에 바탕을 두고 있다.
④ '일상활동이론'의 범죄 발생 3요소는 '동기가 부여된 잠재적 범죄자(motivated offender)', '적절한 대상(suitable target)', '보호자의 부재(absence of capable guardianship)' 이다.

> **해설**
>
> ① '억제이론'은 <u>인간의 자유 의지를 인정</u>하는 <u>비결정론적 인간관</u>에 바탕을 두고 <u>일반예방효과에 중점</u>을 둔다.
>
> **정답** ①

017 현대적 범죄예방이론에 대한 설명 중 가장 적절하지 않은 것은? 21경채

① 브랜팅햄(Brantingham)의 범죄패턴 이론 – 범죄에는 일정한 장소적 패턴이 있으므로 지리적 프로파일링을 통해 범죄발생을 예측하여 범죄를 예방할 수 있다.
② 뉴먼(Newman)의 방어공간 이론 – 주거에 대한 영역성의 강화를 통해 주민들이 살고 있는 지역이나 장소를 자신들의 영역이라 생각하고 감시를 게을리 하지 않으면 어떤 지역이든 범죄로부터 안전할 수 있다.
③ 코헨과 펠슨(Cohen & Felson)의 일상활동 이론 – 지역사회의 차등적 범죄율과 그 변화를 지역사회의 구조적 특성에서 찾지 않고 범죄자의 속성에서 찾으며 같은 범죄 기회가 주어져도 누구나 범죄를 저지르지는 않는다.
④ 클락과 코니쉬(Clarke & Cornish)의 합리적 선택 이론 – 인간은 자유의지를 전제로 행동을 결정하므로 체포의 위험성과 처벌의 확실성을 높이면 효과적으로 범죄를 예방할 수 있다.

> **해설**
> ③ 일상활동이론에서는 <u>**범죄기회가 주어지면 누구든지 범죄를 저지를 수 있다고 보며**</u> 시간과 공간적 변동에 따른 범죄발생양상(동기)·범죄기회·범죄조건 등에 대한 미시적 범죄분석을 토대로 범죄예방모델을 도출하고자 한다.
>
> **정답** ③

---

018 상황적 범죄예방과 관련된 이론에 대한 설명으로 가장 적절하지 않은 것은? 22경간

① 일상활동이론을 주장한 코헨(Cohen)과 펠슨(Felson)은 절도범죄를 설명하면서 VIVA 모델을 제시했는데, 알파벳 I는 Inertia의 약자로서 '이동의 용이성'을 의미한다.
② 범죄패턴 이론은 브랜팅험(Brantingham)이 제시한 이론으로서 지리적 프로파일링의 이론적 배경이 되었다.
③ 상황적 범죄예방이론은 범죄 전이효과가 있다는 비판이 있다.
④ 상황적 범죄예방이론은 개인의 범죄성에 초점을 맞춘 이론으로서 범죄성향이 높은 개인들에게 범죄예방 역량을 집중할 것을 주장한다.

> **해설**
> ④ <u>**치료 및 갱생이론(실증주의)은**</u> 개인의 범죄성향에 초점을 맞춘 이론으로서 범죄성향이 높은 개인들에게 범죄예방 역량을 집중할 것을 주장한다. ※ 상황적 범죄예방론은 범죄행위에 대한 위험과 어려움을 높여 범죄기회를 제거하고 범죄행위의 이익을 감소시킴으로써 범죄를 예방하려는 이론으로 현대적 범죄예방론(생태학적 이론) 가운데 하나에 해당한다.
>
> **정답** ④

019 다음은 '범죄 통제이론'을 설명한 것이다. 가장 적절하지 않은 것은? 14순경1차

① '억제이론'은 인간의 합리적 판단이 범죄 행동에도 적용된다고 보아서 폭력과 같은 충동적 범죄에는 적용에 한계가 있다.
② '치료 및 갱생이론'은 결정론적 인간관에 입각하여 특별예방효과에 중점을 둔다.
③ '일상활동이론'의 범죄발생 3요소는 '동기가 부여된 잠재적 범죄자', '적절한 대상', '범행의 기술'이다.
④ 로버트 샘슨은 지역주민 간의 상호신뢰 또는 연대감과 범죄에 대한 적극적인 개입을 강조하는 '집합효율성이론'을 주장하였다.

> **해설**
> ③ '일상활동이론'의 범죄발생 3요소는 '동기가 부여된 잠재적 범죄자', '적절한 대상', <u>감시의 부재(보호자의 부재)</u>'이다. (일상코펠/대부자/가가용접)
>
> **정답** ③

020 다음은 '범죄통제이론'을 설명한 것이다. 가장 적절하지 않은 것은? 18순경3차

① '일상활동이론'의 범죄유발의 4요소는 '범행의 동기', '사회적 제재로부터의 자유', '범행의 기술', '범행의 기회'이다.
② 로버트 샘슨과 동료들은 지역주민 간의 상호신뢰 또는 연대감과 범죄에 대한 적극적인 개입을 강조하는 '집합효율성이론'을 주장하였다.
③ '치료 및 갱생이론'은 결정론적 인간관에 입각하여 특별예방효과에 중점을 둔다.
④ '억제이론'은 폭력과 같은 충동적 범죄에 적용하는데 한계가 있다는 비판이 있다.

> **해설**
> ① '일상활동이론'은 코헨과 펠슨이 주장한 이론으로서 범죄발생의 3요소로 잠재적 범죄자, 적절한 대상, 감시의 부재(보호자의 부재)라는 세 가지 조건이 충족될 때 발생한다고 보고, 범죄자의 입장에서 범행을 결정하는데 고려되는 4가지 요소로 가치, 이동의 용이성, 가시성, 접근성 등을 제시하였다(일상코펠/대부자/가가용접).
> ※ 범죄유발의 4요소로 '범행의 동기', '사회적 제재로부터의 자유', '범행의 기술', '범행의 기회' 등을 제시한 학자는 Joseph. F. Sheley이다(동자기기/조쎄리).
>
> **정답** ①

021 범죄통제이론에 대한 설명 중 가장 적절하지 않은 것은? 　　12승진

① 합리적선택이론, 일상활동이론, 범죄패턴이론은 사회학적이론 중 사회발전이론에 속한 내용으로 분류된다.
② 일상활동이론은 범죄의 요소를 동기가 부여된 잠재적 범죄자, 적절한 대상, 보호자(감시자)의 부재 등 3가지로 규정하고 범죄발생의 요소를 고려하여 범죄에 대응하여야 한다는 입장이다.
③ 범죄패턴이론은 범죄에는 여가활동장소, 이동경로, 이동수단 등 일정한 장소적 패턴이 있다고 주장하며 지리적 프로파일링을 통한 범행지역의 예측활성화에 기여해야 한다는 입장이다.
④ 합리적 선택이론은 범죄행위는 비용과 이익을 고려하여 합리적으로 선택하는 것으로 범죄자의 입장에서 선택할 수 있는 기회를 미리 진단하여 예방하여야 한다는 입장이다.

해설

① 합리적선택이론, 일상활동이론, 범죄패턴이론은 <u>현대적 범죄예방이론</u>(생태학적 이론 : 상황적범죄예방이론·환경범죄학·집합효율성이론·깨진유리창이론) <u>가운데 상황적범죄예방이론</u>으로 분류된다.

정답 ①

022 다음의 학자들이 주장한 범죄예방이론에 대한 설명 중 가장 옳지 않은 것은? 　　17경간

① 클락&코니쉬의 합리적 선택 이론 – 체포의 위험성과 처벌의 확실성을 높여 효과적으로 범죄를 예방할 수 있다.
② 브랜팅햄의 범죄패턴 이론 – 범죄에는 일정한 시간적 패턴이 있으므로, 일정 시간대의 집중 순찰을 통해 효율적으로 범죄를 예방할 수 있다.
③ 로버트 샘슨의 집합효율성 이론 – 지역사회 구성원들이 범죄문제를 해결하기 위해 적극적으로 참여하면 효과적으로 범죄를 예방할 수 있다.
④ 윌슨 & 켈링의 깨진 유리창 이론 – 경미한 무질서에 대한 무관용 원칙과 지역주민 간의 상호협력이 범죄를 예방하는 데 중요한 역할을 한다.

해설

② 범죄패턴이론은 <u>브랜팅햄</u>이 주장하였고(패브러), 범죄에는 일정한 <u>장소적 패턴이 있으며</u> 범죄자의 일상적인 행동패턴과 유사하다고 주장한다. <u>지리적 프로파일링을 통한 범행지역 예측 활성화에</u> 기여하였다.

정답 ②

023 범죄예방 관련 이론에 대한 설명으로 가장 적절하지 않은 것은? 21순경1차

① 합리적선택이론은 거시적 범죄예방모델에 입각한 특별예방효과에 중점을 둔다.
② 깨진유리창이론에 이론적 근거를 두고 있는 무관용 경찰활동은 처벌의 확실성을 높여 범죄를 억제하는 전략이다.
③ 범죄패턴이론은 지리적 프로파일링을 통한 범행지역 예측 활성화에 기여할 수 있다.
④ 집합효율성은 지역사회 구성원 간의 연대감, 그리고 문제 상황 발생 시 구성원의 적극적인 개입의지를 결합한 개념이다.

해설

① 합리적선택이론은 고전주의 범죄이론에 바탕한 이론으로 **일반예방효과에 중점**을 둔다.

정답 ①

---

024 범죄통제이론에 대한 설명으로 가장 적절하지 않은 것은? 19승진

① '억제이론'은 강력하고 확실한 처벌을 통하여 범죄를 억제할 수 있다고 보며, 범죄의 동기나 원인, 사회적 환경에는 관심이 없다.
② '일상활동이론'은 지역사회 구성원들이 범죄문제를 해결하기 위해 적극적으로 참여하는 것이 중요한 범죄예방의 열쇠라고 한다.
③ '합리적 선택이론'은 인간이 자유 의지를 가지고 있다고 가정하고 합리적인 인간관을 전제로 하므로 비결정론적 인간관에 바탕을 두고 있다.
④ '치료 및 갱생이론'은 비용이 많이 들고 범죄자를 대상으로 하므로 일반 예방효과에 한계가 있다는 비판이 존재한다.

해설

② 로버트 샘슨의 **집합효율성이론**(집합샘/참여연대)은 지역사회 구성원들이 범죄문제를 해결하기 위해 적극적으로 참여하는 것이 중요한 범죄예방의 열쇠라고 한다.

정답 ②

025 현대적 범죄예방이론에 대한 설명 중 가장 적절하지 <u>않은</u> 것은?   18경채

① 범죄패턴 이론 – 범죄에는 일정한 장소적 패턴이 있으므로 일정 장소의 집중 순찰을 통해 범죄를 예방할 수 있다.
② 합리적 선택이론 – 인간의 자유의지를 인정하지 않는 결정론적인 인간관에 입각하여 범죄자는 자신에게 유리한 경우에 범죄를 행한다고 본다.
③ 집합효율성 이론 – 집합효율성 이론은 공식적 사회통제, 즉 경찰 등 법집행기관의 중요성을 간과하고 있다는 비판을 받는다.
④ 깨진 유리창 이론 – 직접적인 피해자가 없는 사소한 무질서행위에 대한 경찰의 강경한 대응(Zero Tolerance)을 강조한다.

해설

② 합리적 선택이론은 <u>비결정론적 인간관</u>에 입각하여 <u>인간의 자유의지를 인정</u>하고, 합리적 인간관을 바탕으로 범죄자는 자신에게 유리한 경우에 범죄를 행한다고 본다.

정답 ②

026 범죄통제 이론 중 현대적 범죄예방이론으로 가장 적절하지 <u>않은</u> 것은?   12승진

① '방어공간 이론'은 주거에 대한 영역성의 강화를 통해 주민들이 살고 있는 지역이나 장소를 자신들의 영역이라 생각하고 감시를 게을리 하지 않으면 어떤 지역이든 범죄로부터 안전할 수 있다고 주장한다.
② '집합효율성 이론'은 지역사회 구성원들이 범죄문제를 해결하기 위해 적극적으로 참여하는 것이 중요한 범죄예방의 열쇠임을 주장한다.
③ '치료 및 갱생이론'은 범죄자의 치료와 갱생·교정을 통한 범죄예방을 주장한다.
④ '깨진유리창 이론'은 무관용 정책과 집합효율성의 강화가 범죄를 예방하는데 중요한 기여를 한다고 주장한다.

해설

③ '<u>치료 및 갱생이론</u>'은 현대적 범죄예방이론이 아니라 실증주의 범죄이론이다.

정답 ③

027 범죄학적 이론에 대한 설명 중 가장 적절하지 <u>않은</u> 것은? 20경채

① 환경설계를 통한 범죄예방(CPTED)의 기본원리들 중 거리의 눈을 활용한 자연적 감시와 접근통제의 기능을 확대하는 원리는 활용성의 증대이며, 그 예로 공원 조성 시 벤치 혹은 체육기구의 위치에 대한 설계를 들 수 있다.
② 일상활동이론은 잠재적 범죄자, 적절한 범행대상, 감시(보호)의 부재라는 요소들이 충족될 때 누구라도 범죄를 저지를 수 있다고 가정한다.
③ 깨진 유리창 이론은 경미한 무질서에 대한 무관용 정책의 확산을 통해 시민들 사이의 집합적 효율성을 감소시키는 것에 중점을 둔다.
④ 합리적 선택이론은 기본적으로 비결정론적 인간관을 따른다고 할 수 있고, 이 이론의 관점에서는 체포의 위험성과 처벌의 확실성을 높이는 것이 효과적인 범죄예방 전략으로 여겨질 수 있다.

해설

③ 윌슨&켈링의 깨진 유리창 이론은 사소한 무질서행위를 방치하면 더 큰 범죄가 발생할 수 있다는 점을 근거로 하여 무질서행위에 대한 무관용 정책을 주장함과 동시에 파괴되거나 더럽혀진 주변 환경의 신속한 회복을 위한 시민들의 참여를 요청하여 <u>집합효율성을 강화</u>하는 것이 범죄예방의 열쇠임을 강조하였다.

정답 ③

028 프로파일링(Profiling)에 대한 설명으로 가장 옳은 것은? 21경간

① 프로파일링은 범죄자의 유형(type)을 파악하는 것이 아니라 신원(identity)을 파악하는 것이다.
② 프로파일링은 범죄현장에는 범인의 성향이 반영된다는 것과 범인의 성격은 쉽게 변하지 않는다는 전제를 지니고 있다.
③ 심리학적 프로파일링은 범행 위치 및 피해자의 거주지 등 범죄와 관련된 정보를 계량화하여 범인이 생활하는 근거지를 확인하는 방법이다.
④ 한국은 도시 간의 간격이 협소하고 거주지역 내 인구가 밀집되어 있어 지리학적 프로파일링에 최적화된 환경을 제공한다.

해설

① 프로파일링은 범죄자의 <u>신원(identity)을 파악하는 것이 아니라 유형(type)을 파악하는 것</u>이며, 범죄자가 범죄현장에 보통의 경우와는 다른 특별한 흔적을 남겼을 때 이를 유용하게 활용할 수 있다.
② O
③ 심리학적 프로파일링이 아닌 <u>지리학적 프로파일링</u>에 대한 내용이다.
※ 지리학적 프로파일링은 범행위치 및 피해자의 거주지 등 범죄와 관련된 정보를 계량화하여 범인이 생활하는 근거지를 지도로 표현하는 방법이다.

※ 심리학적 프로파일링(psychological profiling)은 범죄현장에서 수집된 유형 및 무형의 증거를 분석해서 범죄자의 성격유형을 파악해내고, 다른 범죄와의 연관성을 밝혀냄으로써 용의자를 특정하고 수사선을 설정하는 방법이다.

④ 지리학적 프로파일링은 범죄자가 거주하는 지역이나 범죄예정지를 한정함으로써 범죄수사의 효율성을 높이고자 한다. <u>우리나라의 경우</u> 미국 등과 달리 <u>지리학적 프로파일링을 통해서 거주지역을 제한하기에는 도시 간의 간격이 너무 협소할 뿐만 아니라 거주지역 내 인구가 밀집되어 있어 오류의 위험성이 크다.</u>

▶ 프로파일링의 전제조건

① 모든 범인은 각자의 독특한 개인성향을 가지고 있다.
② 모든 범죄현장에는 범죄자의 성향이 반영된다.
③ 범인은 동일한 범죄수법에 의해 범행하는 경향이 있다.
④ 범인의 성격은 변하지 않는다.

정답 ②

029 환경설계를 통한 범죄예방(CPTED)의 기본원리에 대한 설명으로 가장 옳은 것은? 21경간, 18승진유사

① 자연적 감시는 건축물이나 시설물의 설계 시 가시권을 최대한 확보하고 외부침입에 대한 감시기능을 확대함으로써 범죄발각 위험을 증가시켜 기회를 감소시킬 수 있다는 원리이다. 종류로는 조명·조경·가시권 확대, 방범창 등이 있다.
② 영역성 강화는 사적 공간에 대한 경계를 표시함으로써 주민들의 책임의식과 소유의식을 증대함으로써 사적 공간에 대한 관리권과 권리를 강화시키고 외부인들에게는 침입에 대한 불법사실을 인식시켜 범죄의 기회를 차단하는 원리이다. 종류로는 울타리·펜스의 설치, 청결유지 등이 있다.
③ 자연적 접근통제는 일정한 지역에 접근하는 사람들을 정해진 공간으로 유도하거나 외부인의 출입을 통제하도록 설계함으로써 접근에 대한 심리적 부담을 증대시켜 범죄를 예방한다는 원리이다. 종류로는 차단기, 통행로의 설계 등이 있다.
④ 유지관리는 처음 설계된 대로 혹은 개선한 의도대로 기능을 지속적으로 유지하도록 관리함으로써 범죄예방을 위한 환경설계의 장기적이고 지속적 효과를 유지하는 원리이다. 종류로는 파손의 즉시 수리, 잠금장치, 조명·조경의 관리 등이 있다.

해설

① <u>방범창은 자연적 접근통제</u>의 예이다.
② <u>청결유지는 유지관리</u>의 예이다.
③ O
④ <u>잠금장치는 자연적 접근통제</u>의 예이다.

▶ 환경설계를 통한 범죄예방 : 제프리 (환제/방뉴) (감접영활유)

자연적 감시	① 시설물 설계시 가시권 최대 확보, 감시기능 확대로 범죄발견가능성 증대 ② 예 : 조명, 조경, 가시권 확보한 건물배치
자연적 접근통제	① 외부인 출입통제, 정해진 공간으로의 유도 등 외부접근의 심리부담 증대 ② 예 : 차단기, 방범창, 잠금장치, 통행로설계, 출입구 최소화
영역성의 강화	① 사적공간 경계표시로 주민들의 책임의식을 높이고 침입시 불법을 인식시킴 ② 예 : 사적·공적 공간의 분리, 울타리·펜스의 설치(영울펜)
활동성의 활성화	① 주민활동성 증가시킬 공공장소(공원·체육시설)를 설치·이용케 해서 '거리의 눈'을 활용한 자연적 감시와 접근통제 기능을 확대(활공/활거) ② 예 : 놀이터·공원 설치, 체육시설·정자·벤치의 접근성·이용성 증대
유지관리	① 의도된 기능을 지속적으로 유지·관리하여 환경설계의 효과 유지 ② 청결유지, 파손의 즉시보수, 조명·조경의 유지관리

정답 ③

030 CPTED(환경설계를 통한 범죄예방)의 원리와 그 내용 및 종류에 대한 설명으로 가장 적절하지 <u>않은</u> 것은?   19순경1차, 16승진유사

① '자연적 감시'란 건축물이나 시설물의 설계 시 가시권을 최대한 확보하고, 외부침입에 대한 감시기능을 확대함으로써 범죄행위의 발견 가능성을 증가시키며, 범죄기회를 감소시킬 수 있다는 원리로서, 종류로는 조명·조경·가시권 확대를 위한 건물의 배치 등이 있다.
② '영역성의 강화'란 사적공간에 대한 경계를 표시하여 주민들의 책임의식과 소유의식을 증대시킴으로써 사적공간에 대한 관리권과 권리를 강화시키고, 외부인들에게는 침입에 대한 불법사실을 인식시켜 범죄기회를 차단한다는 원리이며, 종류로는 출입구의 최소화, 통행로의 설계, 사적·공적 공간의 구분이 있다.
③ '활동의 활성화'란 지역사회의 설계 시 주민들이 모여서 상호의견을 교환하고 유대감을 증대할 수 있는 공공장소를 설치하고 이용하도록 함으로써 자연적 감시와 접근통제의 기능을 확대한다는 원리이며, 종류로는 체육시설의 접근성과 이용의 증대, 벤치·정자의 위치 및 활용성에 대한 설계가 있다.
④ '유지관리'란 처음 설계된 대로 혹은 개선한 의도대로 기능을 지속적으로 유지하도록 관리함으로써 범죄예방을 위한 환경설계의 장기적이고 지속적인 효과를 유지한다는 원리이며, 종류로는 파손의 즉시보수, 청결유지, 조명·조경의 관리가 있다.

해설
② 출입구의 최소화, 통행로의 설계는 **자연적 접근통제**의 원리에 해당한다.

정답 ②

031 최근 근린생활 지역 치안 확보를 위하여 CPTED(환경설계를 통한 범죄예방) 기법이 강조되고 있다. CPTED 기본 원리와 그 설명으로 가장 적절하지 않은 것은? 15승진

① 자연적 접근통제 – 일정한 지역에 접근하는 사람들을 정해진 공간으로 유도하거나 외부인의 출입을 통제하도록 설계함으로써 접근에 대한 심리적 부담을 증대시켜 범죄를 예방하는 원리
② 영역성 강화 – 처음 설계된 대로 혹은 개선한 의도대로 기능을 지속적으로 유지하도록 관리함으로써 범죄예방을 위한 환경설계의 장기적이고 지속적인 효과를 유지하는 원리
③ 자연적 감시 – 건축물이나 시설물의 가시권을 최대한 확보하여 외부 침입에 대한 감시기능을 확대함으로써 범죄행위의 발견 가능성을 증가시키고, 범죄기회를 감소시키는 원리
④ 활동의 활성화 – 지역사회의 설계시 주민들이 모여서 상호의견을 교환하고 유대감을 증대할 수 있는 공공장소를 설치하고 이용하도록 함으로써 '거리의 눈'을 활용한 자연적 감시와 접근통제의 기능을 확대하는 원리

해설

② __유지관리__ – 처음 설계된 대로 혹은 개선한 의도대로 기능을 지속적으로 유지하도록 관리함으로써 범죄예방을 위한 환경설계의 장기적이고 지속적인 효과를 유지하는 원리

정답 ②

---

032 환경설계를 통한 범죄예방(CPTED)에 대한 설명으로 가장 적절하지 않은 것은? 22경간

① 뉴먼(O. Newman)과 제프리(C. R. Jeffery)가 주장하였다.
② 방어공간(Defensible Space)과 관련하여 영역성, 감시, 이미지, 안전지대의 4가지 관점을 제시하였다.
③ 기본원리 중 자연적 접근통제란 건축물이나 시설을 설계함에 있어서 가시권을 최대한 확보하고, 외부침입에 대한 감시기능을 확대하여 범죄기회를 감소시키는 원리이다.
④ 우리나라에서는 서울시 마포구 염리동에서 적용한 사례가 있고, 자치단체 조례로 서울특별시 마포구 범죄예방을 위한 도시환경 디자인 조례가 2018년 제정되어 시행되고 있다.

해설

③ 기본원리 중 __자연적 감시란__ 건축물이나 시설을 설계함에 있어서 가시권을 최대한 확보하고, 외부침입에 대한 감시기능을 확대하여 범죄기회를 감소시키는 원리이다.

정답 ③

033 환경설계를 통한 범죄예방(CPTED)의 기본원리에 대한 내용과 종류의 연결이 가장 옳지 <u>않은</u> 것은?
16경간, 16순경2차유사, 18승진유사

① 자연적 감시 – 조명·조경·가시권확대를 위한 건물의 배치
② 자연적 접근 통제 – 울타리·펜스의 설치, 사적·공적 공간의 구분
③ 활동성의 활성화 – 놀이터·공원의 설치, 체육시설의 접근성과 이용의 증대
④ 유지관리 – 파손의 즉시보수, 청결유지, 조명·조경의 관리

> **해설**
> ② <u>영역성 강화</u> – 울타리·펜스의 설치, 사적·공적 공간의 구분(영울펜)
> ※ 자연적 접근통제 – 차단기, 방범창, 잠금장치, 통행로의 설계, 출입구의 최소화
>
> 정답 ②

---

034 전통적 경찰활동에서 주로 경찰력의 의존해 왔던 범죄예방과 범죄진압이 한계에 이르고 범죄는 더욱 다양화, 지능화, 흉폭화되었다. 이에 따라 환경설계를 통한 범죄예방(CPTED)은 보다 근본적이고 효과적인 범죄예방을 위한 방안으로 물리적 환경의 설계 또는 재설계를 통해 범죄기회를 차단하고자 하는 범죄예방기법이다. 다음 중 환경설계를 통한 범죄예방기법의 기본원리 중 가장 적절하지 <u>않은</u> 것은?
13순경1차

① 영역성의 약화 – 사적 공간의 대한 경계를 제거하여 주민의 책임의식과 소유의식을 감소시킴으로써 사적공간에 대한 권리권을 약화
② 자연적 감시 – 건축물이나 시설물의 설계시 가시권을 최대확보, 외부침입에 대한 감시기능을 확대
③ 자연적 접근 통제 – 일정한 지역의 접근하는 사람들을 정해진 공간으로 유도하거나 외부인의 출입을 통제하도록 설계함으로써 접근의 대한 심리적 부담을 증대시켜 범죄를 예방
④ 활동의 활성화 – 지역사회의 설계시 주민들이 모여서 상호의견을 교환하고 유대감을 증대할 수 있는 공공장소를 설치하고 이용하도록 함으로써 '거리의 눈'을 활용한 자연적 감시와 접근통제의 기능을 확대하는 원리

> **해설**
> ① <u>영역성의 약화가 아니라 영역성의 강화</u>를 통해 범죄기회를 차단하려고 하는 원리이다.
>
> 정답 ①

035 다음은 환경설계를 통한 범죄예방(CPTED)에 대한 설명이다. 〈보기 1〉과 〈보기 2〉의 내용이 가장 적절하게 연결된 것은?

20순경1차

〈보기 1〉

(가) 사적공간에 대한 경계를 표시하여 주민들의 책임의식과 소유의식을 증대함으로써 사적공간에 대한 관리권과 권리를 강화시키고, 외부인들에게는 침입에 대한 불법사실을 인식시켜 범죄기회를 차단하는 원리
(나) 건축물이나 시설물 설계 시 가시권을 최대한 확보, 외부침입에 대한 감시기능을 확대함으로써 범죄행위의 발견 가능성을 증가시키고 범죄기회를 감소시킬 수 있다는 원리
(다) 일정한 지역에 접근하는 사람들을 정해진 공간으로 유도하거나 외부인의 출입을 통제하도록 설계함으로써 접근에 대한 심리적 부담을 증대시켜 범죄를 예방하는 원리
(라) 지역사회 설계 시 주민들이 모여서 상호의견을 교환하고 유대감을 증대할 수 있는 공공장소를 설치하고 이용하도록 함으로써 '거리의 눈'을 활용한 자연적 감시와 근통제의 기능을 확대하는 원리

〈보기 2〉

㉠ 조명, 조경, 가시권 확대를 위한 건물의 배치
㉡ 체육시설의 접근성과 이용의 증대, 벤치 정자의 위치 및 활용성에 대한 설계
㉢ 울타리 펜스의 설치, 사적 공적 공간의 구분
㉣ 잠금장치, 통행로의 설계, 출입구의 최소화

	(가)	(나)	(다)	(라)		(가)	(나)	(다)	(라)
①	㉢	㉡	㉣	㉠	②	㉣	㉠	㉢	㉡
③	㉢	㉠	㉣	㉡	④	㉣	㉡	㉢	㉠

해설

(가)-㉢, (나)-㉠, (다)-㉣, (라)-㉡

정답 ③

036 환경설계를 통한 범죄예방(CPTED)에 대한 설명으로 가장 적절하지 않은 것은? 15순경1차

① CPTED는 주거 및 도시지역의 물리적 환경설계 또는 재설계를 통해 범죄기회를 차단하고자 하는 기법이다.
② '자연적 감시'는 건축물이나 시설물의 설계시 가시권을 최대 확보, 외부 침입에 대한 감시 기능을 확대함으로써 범죄행위의 발견가능성을 증가시키고 범죄기회를 감소시킬 수 있는 원리이다.
③ '영역성의 강화'는 지역사회의 설계시 주민들이 모여서 상호의견을 교환하고 유대감을 증대할 수 있는 공공장소를 설치하고 이용하도록 함으로써 거리의 눈을 활용한 자연적 감시와 접근통제의 기능을 확대하는 원리이다.
④ '자연적 접근통제'는 일정한 지역에 접근하는 사람들을 정해진 공간으로 유도하거나 외부인의 출입을 통제하도록 설계함으로써 접근에 대한 심리적 부담을 증대시켜 범죄를 예방하는 원리이다.

> **해설**
> ③ 지역사회의 설계시 주민들이 모여서 상호의견을 교환하고 유대감을 증대할 수 있는 **공공장소**를 설치하고 이용하도록 함으로써 **거리의 눈을 활용한 자연적 감시 및 접근통제의 기능을 확대하는 원리는 '활동성의 활성화'**이다.(활공/활거)

정답 ③

037 CPTED(환경설계를 통한 범죄예방)의 원리와 그 내용 및 종류에 대한 설명으로 가장 적절하지 않은 것은? 18승진

① 건축물이나 시설물의 설계 시 가시권을 최대 확보, 외부침입에 대한 감시기능을 확대함으로써 범죄행위의 발견 가능성을 증가시키고, 기회를 감소시킬 수 있다는 원리를 '자연적 감시'라고 하고, 종류로는 조명·조경·가시권확대를 위한 건물의 배치 등이 있다.
② 사적공간에 대한 경계를 표시하여 주민들의 책임의식과 소유의식을 증대함으로써 사적공간에 대한 관리권과 권리를 강화시키고, 외부인들에게는 침입에 대한 불법사실을 인식시켜 범죄기회를 차단하는 원리를 '영역성의 강화'라고 하고, 종류로는 울타리·펜스의 설치, 사적·공적 공간의 구분이 있다.
③ 일정한 지역에 접근하는 사람들을 정해진 공간으로 유도하거나 외부인의 출입을 통제하도록 설계함으로써 접근에 대한 심리적 부담을 증대시켜 범죄를 예방하는 원리를 '자연적 접근통제'라고 하고, 종류로는 차단기·방범창 설치, 체육시설에의 접근성과 이용의 증대 등이 있다.
④ 처음 설계된 대로 혹은 개선한 의도대로 기능을 지속적으로 유지하도록 관리함으로써 범죄예방을 위한 환경설계의 장기적이고 지속적인 효과를 유지하는 원리를 '유지관리'라고 하고, 종류로는 파손의 즉시보수, 청결유지 등이 있다.

> **해설**
> ③ 체육시설에의 접근성과 이용의 증대는 '활동성의 활성화'의 예에 해당한다.
>
> 정답 ③

038 CPTED(환경설계를 통한 범죄예방이론)에 대한 설명으로 가장 옳지 않은 것은? 13경간

① CPTED는 물리적 환경과 관련해 범죄에대한 방어적 디자인을 통해 범죄기회를 차단하고 시민의 범죄에 대한 불안을 감소시키는 전략이다.
② 기본원리는 자연적 감시, 자연적 접근통제, 영역성의 강화, 활동성의 강화, 유지관리이다.
③ 지역사회 설계시 주민들이 모여 상호 의견을 교환하고 유대감을 중대할 수 있는 공공장소를 설치하는 것은 영역성의 강화 원리이다.
④ 뉴먼(Oscar Newman)은 '방어공간'을 통해 주택건축과정에서 범죄예방을 고려할 것을 주장하였다.

> **해설**
> ③ 기본원리 가운데 **'활동성의 활성화'**에 대한 설명이다.
>
> 정답 ③

039 환경설계를 통한 범죄예방(CPTED) 원리와 그에 대한 적용을 연결한 것 중에 옳지 않은 것은? 20경간

① 자연적 감시 – 조경·가시권의 확대를 위한 건물 배치
② 자연적 접근통제 – 출입구의 최소화, 벤치·정자의 위치 및 활용성에 대한 설계
③ 영역성의 강화 – 사적·공적 공간의 구분, 울타리의 설치
④ 활동의 활성화 – 놀이터·공원의 설치, 체육시설의 접근성과 이용의 증대

> **해설**
> ② 벤치·정자의 위치 및 활용성에 대한 설계는 **'활동의 활성화'**에 해당한다.
>
> 정답 ②

040 기존의 경찰력에 의존해 왔던 범죄 예방과 범죄 진압이 한계에 이르렀고 범죄는 더욱 다양화·지능화·무동기화·흉포화 되어가고 있다. 이에 따라 보다 근본적이고 효과적인 범죄예방을 위한 방안으로 주거 및 도시지역의 물리적 환경 설계 또는 재설계를 통해 범죄기회를 차단하고자 하는 범죄예방 기법의 기본 원리 중 보기의 내용으로 가장 적절한 것은?

12승진, 10승진유사

> 지역사회의 설계시 주민들이 모여서 상호의견을 교환하고 유대감을 증대할 수 있는 공공장소를 설치하고 이용하도록 함으로써 '거리의 눈'을 활용한 자연적 감시와 접근통제의 기능을 확대하는 원리

① 활동성의 활성화　　② 유지관리
③ 자연적 접근통제　　④ 영역성의 강화

해설

① 공공장소를 설치·이용함으로써 '거리의 눈'을 활용한 자연적 감시와 접근통제의 기능 확대하는 것은 '활동성의 활성화의 원리'이다.(활공/활거)

정답 ①

---

041 환경설계를 통한 범죄예방의 기본원리에 대한 설명 중 가장 적절한 것은?

20승진

① 자연적 감시의 종류에는 조명·조경·가시권 확대를 위한 건물의 배치가 있다.
② 영역성의 강화는 일정한 지역에 접근하는 사람들을 정해진 공간으로 유도하거나 외부인의 출입을 통제하도록 설계함으로써 접근에 대한 심리적 부담을 증대시켜 범죄를 예방하는 원리이다.
③ 자연적 접근통제는 지역사회의 설계 시 주민들이 모여서 상호의견을 교환하고 유대감을 증대할 수 있는 공공장소를 설치하고 이용하도록 함으로써 '거리의 눈'을 활용한 자연적 감시와 접근통제의 기능을 확대하는 원리이다.
④ 활동의 활성화의 종류에는 벤치·정자의 위치 및 활용성에 대한 설계, 출입구의 최소화가 있다.

해설

① ○
② <u>자연적 접근통제</u>는 일정한 지역에 접근하는 사람들을 정해진 공간으로 유도하거나 외부인의 출입을 통제하도록 설계함으로써 접근에 대한 심리적 부담을 증대시켜 범죄를 예방하는 원리이다.
③ <u>활동의 활성화</u>는 지역사회의 설계 시 주민들이 모여서 상호의견을 교환하고 유대감을 증대할 수 있는 공공장소를 설치하고 이용하도록 함으로써 '거리의 눈'을 활용한 자연적 감시와 접근통제의 기능을 확대하는 원리이다.
④ 활동의 활성화의 종류에는 벤치·정자의 위치 및 활용성에 대한 설계, 놀이터·공원의 접근성과 이용의 증대 등이 있다. ※ <u>출입구의 최소화는 '자연적 접근통제'</u>

정답 ①

042 뉴먼(1972)은 방어공간의 구성요소를 구분하였다. 이와 관련된 〈보기 1〉의 설명과 〈보기 2〉의 구성요소가 가장 적절하게 연결된 것은? 22순경1차

〈보기 1〉
(가) 지역의 외관이 다른 지역과 고립되어 있지 않고, 보호되고 있으며, 주민의 적극적 행동의지를 보여줌
(나) 지역에 대한 소유의식은 일상적이지 않은 일이 있을 때 주민으로 하여금 행동을 취하도록 자극함
(다) 특별한 장치의 도움 없이 실내와 실외의 활동을 관찰할 수 있는 능력임

〈보기 2〉
㉠ 영역성 ㉡ 자연적 감시
㉢ 이미지 ㉣ 환경

	(가)	(나)	(다)
①	㉢	㉣	㉠
②	㉢	㉠	㉡
③	㉣	㉠	㉢
④	㉣	㉢	㉡

해설

오스카 뉴먼은 제프리의 CPTED 이론 가운데에서 특히 영역성 개념을 발전시켜 '방어공간이론'으로 구체화했다. 주민들이 자신들의 지역이나 장소를 자신들의 영역이라 생각하고 감시를 게을리하지 않으면 어떤 지역이나 장소든 범죄로부터 안전할 수 있다고 하면서 영역성, 자연적 감시, 이미지, 환경 등 4가지 물리적 요소를 통해 범죄를 예방할 수 있다고 주장하였다.
(가) **이미지**(㉢)에 대한 내용이다.(깨진유리창 이론과 일맥상통)
(나) **영역성**(㉠)에 대한 내용이다.
(다) **자연적감시**(㉡)에 대한 내용이다.

영역성 (territoriality)	㉠ 지역에 대한 소유의식은 일상적이지 않은 일이 있을 때 주민으로 하여금 행동을 취하도록 자극함 ㉡ 거주자들 사이의 소유에 대한 태도를 자극하기 위한 주거건물 안팎의 공적 공간의 세분화와 구획작업(직선형 주택배치, 위계적 주택배치, 가로폐쇄 등)
자연적 감시 (natural surveillance)	㉠ 특별한 장치의 도움 없이 실내와 실외의 활동을 관찰할 수 있도록 설계 ㉡ 거주자들이 주거환경의 공동지역을 자연스럽게 감시할 수 있도록 아파트 창문위치선정 및 건축물 배치
이미지 (image)	㉠ 범죄의 주된 목표라는 이미지를 갖지 않도록 하고, 범행하기 쉬운 대상이라는 느낌을 주지 않도록 설계 ㉡ 지역의 외관이 다른 지역과 고립되어 있지 않고, 보호되고 있으며, 주민의 적극적 행동의지를 보여줌(깨진유리창 이론과 일맥상통)
환경(milieu)	안전하다고 생각되는 도시지역에 주거지역 선정

정답 ②

제2절 범죄피해자학

043 범죄피해자를 연구대상으로 한 학자들의 견해이다. 다음 설명 중 가장 적절하지 않은 것은? 13경간

① Garofalo는 범죄피해자가 다른 사람으로 하여금 공격하도록 유발시킬 수도 있다고 언급하였다.
② H. Von Hentig는 범죄피해자의 특성을 중심으로 한 피해자의 계층과 범죄에 대한 취약성을 증대시키는 인성과의 관계를 통해 피해자의 역할에 대해 서술한 '범죄자와 피해자'를 저술하였다.
③ B. Mendelshon은 1940년대 강간피해자 연구를 통해 '범죄 피해자 유형론'을 제시하였다.
④ B. Mendelshon은 '범죄 피해자 유형론'에서 '가해자와 같은 정도의 책임이 있는 피해자'는 '자신의 부주의로 인한 피해자'라고 하였다.

> **해설**
>
> ④ 자신의 부주의로 인한 피해자는 '가해자보다 더 책임이 있는 피해자'이고, '가해자와 같은 정도의 책임이 있는 피해자'에는 촉탁살인에 의한 피살자가 있다.
>
> ▶ Mendelshon의 범죄피해자 유형론 (완조동더가/영낙자패무정)
>
> | 피해자의 유형 | 내용 |
> |---|---|
> | 완전히 책임 없는 피해자 | 영아살해에 있어서의 영아, 약취·유인된 유아 |
> | 책임이 조금 있는 피해자 | 무지에 의한 낙태여성, 인공유산 시도하다 사망한 임산부 |
> | 가해자와 같은 정도의(同) 책임 있는 피해자 | 촉탁살인에 의한 피살자, 자살미수 피해자, 동반자살 피해자 |
> | 가해자보다 더 책임 있는 피해자 | 자신의 부주의로 인한 피해자, 부모에게 살해된 패륜아 |
> | 가장 책임이 높은 피해자 | 공격을 가한 자신이 피해자가 되는 가해적 피해자(정당방위의 상대자), 무고죄의 범인같은 기만적 피해자 |
>
> **정답** ④

044 범죄피해자 보호법에 관한 설명 중 가장 적절하지 <u>않은</u> 것은? 22순경1차

① '범죄피해자'란 타인의 범죄행위로 피해를 당한 사람과 그 배우자, 직계친족 및 형제자매를 말한다. 다만, 배우자의 경우 사실상의 혼인관계는 제외한다.
② 국가는 범죄피해자가 해당 사건과 관련하여 수사담당자와 상담하거나 재판절차에 참여하여 진술하는 등 형사절차상의 권리를 행사할 수 있도록 보장하여야 한다.
③ 국가는 범죄피해자가 요청하면 가해자에 대한 수사결과, 공판기일, 재판 결과, 형 집행 및 보호관찰 집행 상황등 형사절차 관련 정보를 대통령령으로 정하는 바에 따라 제공할 수 있다.
④ 국가 및 지방자치단체는 범죄피해자가 형사소송절차에서 한 진술이나 증언과 관련하여 보복을 당할 우려가 있는 등 범죄피해자를 보호할 필요가 있을 경우에는 적절한 조치를 마련하여야 한다.

해설

① "범죄피해자"란 타인의 범죄행위로 피해를 당한 사람과 그 배우자(<u>사실상의 혼인관계를 포함</u>한다), 직계친족 및 형제자매를 말한다(범죄피해자 보호법 제3조 제1항 제1호).

정답 ①

제3절 지역사회경찰활동

045 다음 중 전통적 경찰활동과 비교할 때 지역사회 경찰활동에 대한 설명으로 가장 옳지 않은 것은 무엇인가?
<small>14경간, 13경간</small>

① 범죄신고에 대한 반응시간이 얼마나 짧은가로 효율성을 평가한다.
② 경찰과 시민 모두 범죄방지의 의무가 있다고 본다.
③ 지역사회의 요구에 부응하는 분권화된 경찰관 개개인의 능력을 강조한다.
④ 범죄와 무질서가 얼마나 적은가로 업무를 평가한다.

해설

① "범죄신고에 대한 경찰의 반응시간"으로 효율성을 평가하는 것은 전통적인 경찰활동의 입장이다. 지역사회 경찰활동에서는 "주민의 경찰업무에의 협조도(지역사회와의 밀접한 상호작용)"로 효율성을 측정한다.

정답 ①

046 지역사회 경찰활동(Community Policing)에 대한 설명으로 가장 적절하지 않은 것은? <small>20순경1차</small>

① 업무평가의 주요한 척도는 사후진압을 강조한 범인검거율이 아닌 사전예방을 강조한 범죄나 무질서의 감소율이다.
② 지역사회 경찰활동의 프로그램으로 이웃지향적 경찰활동, 전략지향적 경찰활동, 문제지향적 경찰활동 등이 있다.
③ 타 기관과는 권한과 책임 문제로 인한 갈등구조가 아닌 지역사회 문제해결의 공동목적 수행을 위한 협력구조를 이룬다.
④ 지역사회 문제해결을 위한 경찰업무 영역의 확대로 일선 경찰관에 대한 감독자의 지휘통제가 강조된다.

해설

④ 일선 경찰관에 대한 감독자의 지휘·통제의 강조는 전통적 경찰 활동이다. 지역사회 경찰활동에서 경찰은 문제해결을 위해 지역사회 범죄활동 예방, 주민에 대한 책임성 중시, 주민에 대한 일반서비스 제공을 위한 순찰활동으로서의 방향전환, 치안정책결정과정에서의 주민참여 증대와 경찰권한의 분산화를 기본요소로 하고 있다.

정답 ④

047 다음은 전통적 경찰활동과 지역사회 경찰활동에 관한 비교 설명이다(Sparrow, 1988). 질문과 답변의 연결이 가장 적절하지 않은 것은? 22순경1차

① 경찰은 누구인가? - 전통적 경찰활동의 관점에서는 법집행을 주로 책임지는 정부기관이라고 답변할 것이며, 지역사회 경찰활동의 관점에서는 경찰이 시민이고 시민이 경찰이라고 답변할 것이다.

② 언론 접촉 부서의 역할은 무엇인가? - 전통적 경찰활동의 관점에서는 현장경찰관들에 대한 비판적 여론을 차단하는 것이라고 답변할 것이며, 지역사회 경찰활동의 관점에서는 지역사회와의 원활한 소통창구라고 답변할 것이다.

③ 경찰의 효과성은 무엇이 결정하는가? - 전통적 경찰활동의 관점에서는 경찰의 대응시간이라고 답변할 것이며, 지역사회 경찰활동의 관점에서는 시민의 협조라고 답변할 것이다.

④ 가장 중요한 정보란 무엇인가? - 전통적 경찰활동의 관점에서는 범죄자 정보(개인 또는 집단의 활동사항 관련 정보)라고 답변할 것이며, 지역사회 경찰활동의 관점에서는 범죄사건 정보(특정범죄사건 또는 일련의 범죄사건 관련 정보)라고 답변할 것이다.

> **해설**
>
> ④ 가장 중요한 정보란 무엇인가? - **전통적 경찰활동의 관점에서는 범죄사건 정보(특정범죄사건 또는 일련의 범죄사건 관련 정보)**라고 답변할 것이며, **지역사회 경찰활동의 관점에서는 범죄자 정보(개인 또는 집단의 활동사항 관련 정보)**라고 답변할 것이다. (전통적 경찰활동에서는 사건해결에 관심을 가지지만, 지역사회 경찰활동에서는 구성원들의 문제 해결에 관심을 가진다)
>
> 정답 ④

048 문제지향 경찰활동에 대한 설명으로 가장 적절하지 않은 것은? 20순경2차

① 일선경찰관에게 문제해결 권한과 필요한 시간을 부여하고 범죄 분석자료를 제공한다.
② 조사 – 분석 – 대응 – 평가로 이루어진 문제해결과정을 제시한다.
③ 「형법」의 적용은 여러 대응 수단 중 하나에 불과하다.
④ 거주자들에게 지역에 관한 정보를 제공하며, 주민들은 민간순찰을 실시한다.

해설

④ 이웃지향적 경찰활동을 설명하고 있다.

▶ [핵심정리] 지역사회 경찰활동의 개념 (지트버/문골에스)

개념	주요 내용	학자
지역중심 경찰활동 (Community-Oriented Policing)	〈지역사회와 경찰의 새로운 관계를 증진시키는 조직적 전략·원리〉 ① 지역사회에서의 전반적인 삶의 질 향상에 목표를 둔다. ② 경찰과 지역사회가 마약·범죄에 대한 두려움, 사회적·물리적 무질서, 전반적인 지역의 타락과 같은 현재의 문제들을 확인하고 우선순위를 정하여 해결하고자 노력한다.	트로야노비치 버케로
문제지향 경찰활동 (Problem-Oriented Policing)	〈지역사회 문제해결 방안의 우선순위 재평가, 문제형태별 대응〉 ① SARA모델(문제해결과정) : 1회 순환성이 아닌 반복성·순환성을 가짐 → "조사(Scanning) → 분석(Analysis) → 대응(Response) → 평가(Assessment)"(조분대평) ② 일선경찰관에게 문제해결권한과 필요한 시간을 부여하고 범죄 분석자료를 제공하며, 대중정보와 비평을 적극적으로 수용할 수 있어야 한다.	골드슈타인 에크 스펠만
이웃지향 경찰활동 (Neighborhood-Oriented Policing)	〈범죄원인은 비공식적 사회통제 약화, 경제적 궁핍의 소외 정당화〉 ① 지역조직은 경찰관에게 중요한 역할을 부여받으며, 서로를 위해 감시하고 공식적인 민간순찰을 실시한다. ② 지역조직은 거주자들에게 지역에 관한 정보를 제공하며 경찰과 협동해서 범죄를 억제하는 기능을 수행한다.	윌리엄스
전략지향적 경찰활동 (Strategy-Oriented Policing)	① 전통적인 경찰활동 및 절차들을 이용하여 범죄요소나 무질서의 원인을 제거하고 효과적으로 범죄를 진압·통제하려는 경찰활동 ② 전략지향적 경찰활동은 질서유지 경찰활동, 깨진 유리창 경찰활동, 무관용 경찰활동으로 불리기도 한다. ③ 전략지향적 경찰활동의 3요소 - 통제순찰 : 가장 쉬운 방법으로, 출동요청이 없더라도 지정된 임무를 부여받아 담당지역 점검을 수행하는 순찰활동(예 : 지역공원 가로질러 걷기, 노숙자가 대소변을 보는 장소 순찰하기, 마약흡입장소 순찰하기 등) - 공격순찰 : 특정 범죄자, 특정 범죄요소, 특정 질서위반에 대하여 경찰의 압박을 증가시키는 활동(현장검문, 사복경찰활용, 함정수사, 잠복 등을 통하여 질문·감시·단속·체포 등으로 압박하는 경찰활동) - 포화순찰 : 다양한 순찰조, 교통부서, 수사부서 제복착용 경찰관들을 지정된 장소에 집중 배치하여 경찰력이 가시적으로 보이도록 하는 활동	

정답 ④

049 경찰활동 전략별 주요 내용에 대한 설명으로 가장 적절하지 <u>않은</u> 것은?   22승진

① 지역중심 경찰활동(community-oriented policing)은 경찰이 지역 사회 구성원과 함께 지역이 당면한 문제를 확인하고 우선순위를 정하여 해결하고자 노력하는 것을 의미한다.
② 지역중심 경찰활동과 문제지향적 경찰활동(problem-oriented policing)은 병행되어 실시될 때 효과성이 제고된다.
③ 무관용 경찰활동(zero tolerance policing)은 지역사회 문제해결을 위해 SARA모형이 강조되는데, 이 모형은 조사(Scanning) - 분석(Analysis) - 대응(Response) - 평가(Assessment)로 진행된다.
④ 문제지향적 경찰활동은 지역문제들에 대한 효과적인 대응 전략들을 고려하면서, 필요시에는 경찰과 지역사회의 협력 전략에 보다 높은 가치를 부여한다.

[해설]

③ <u>문제지향 경찰활동(problem-oriented policing)에서는</u> 지역사회 문제해결을 위해 SARA모형이 강조된다. ※ "무관용 경찰활동"은 "전략지향 경찰활동"의 내용에 해당한다.

정답 ③

---

050 지역사회 경찰활동(Community Policing)에 대한 설명으로 가장 적절하지 <u>않은</u> 것은?   21경채

① 전통적인 경찰활동과는 달리 지역사회와 경찰 사이의 새로운 관계를 증진시키는 조직적 전략이자 원리이다.
② 정책결정과정에서 주민의 참여를 증대하고 경찰의 권한을 분산하는 것을 기본요소로 하고 있다.
③ 지역사회에서 발생하는 범죄와 무질서가 얼마나 감소하였는지가 업무평가의 기준이며 사전예방을 강조한다.
④ 지역사회에서의 범죄는 공식적 사회통제의 약화에서 발생한다고 보고 엄격한 법준수와 책임을 강조한다.

[해설]

④ 지역사회 경찰활동에서는 '비공식적 사회통제의 약화'를 범죄발생의 원인으로 이해한다. <u>엄격한 법 준수와 책임을 강조하는 것은 전통적 경찰활동</u>이다.

정답 ④

051 지역사회 경찰활동(Community Oriented Policing)에 대한 설명으로 가장 적절하지 않은 것은?

22경간

① 전략지향 경찰활동(Strategic Oriented Policing), 문제지향 경찰활동(Problem Oriented Policing), 이웃지향 경찰활동(Neighborhood Oriented Policing) 등으로 구성되어 있다.
② 경찰의 역할에서 범죄투사(Crime fighter)의 역할보다 문제해결자(Problem solver)로서의 역할에 중점을 둔다.
③ 범죄의 진압·수사 같은 사후대응적 경찰활동(Reactive Policing)보다는 범죄예방과 같은 사전예방적 경찰활동(Proactive Policing)을 강조한다.
④ 윌슨(W. Wilson)과 사이몬(H. A. Simon)이 연구한 경찰활동 개념이다.

해설

④ 윌슨과 사이몬은 지역사회 경찰활동 연구와는 관련이 없다(행정학자들임).

정답 ④

---

052 문제지향경찰활동에 대한 설명으로 가장 옳지 않은 것은?

21경간

① 문제지향경찰활동은 경찰활동이 단순한 법집행자의 역할에서 지역사회 범죄문제의 근원적 원인을 확인하고 해결하는 역할로 전환할 것을 추구한다.
② 지역사회 문제 해결을 위해 SARA모형이 강조되며 이는 조사(Scanning) – 평가(Assessment) – 대응(Response) – 분석(Analysis)으로 진행되는 문제해결 단계를 제시한다.
③ 문제지향경찰활동에서는 문제들에 대한 효과적인 대응 전략들을 마련하면서 필요한 경우 경찰과 지역사회가 협력할 수 있는 대응전략들에 보다 높은 가치를 부여한다.
④ 문제지향경찰활동은 종종 지역사회경찰활동과 병행되어 실시되곤 한다.

해설

② 조사(Scanning) → 분석(Analysis) → 대응(Response) → 평가(Assessment)

정답 ②

053 생활안전 경찰활동의 이론적·경험적 근거에 대한 설명으로 가장 적절하지 <u>않은</u> 것은? 20경채

① 지역사회 경찰활동(COP)은 경찰-주민 간 파트너십의 강화, 지역사회 문제에 대한 근본적 해결, 경찰 조직 내 권한의 이양 등을 강조한다.
② 문제지향적 경찰활동(POP)의 대표적인 문제해결과정으로 '조사 → 분석 → 대응 → 평가' 모형이 알려져 있다.
③ 뉴왁시 도보순찰 실험과 플린트 도보순찰 프로그램 모두에서 도보순찰이 주민의 심리적 안전감은 물론 실제 범죄율 감소에도 긍정적인 영향을 미치는 것으로 밝혀졌다.
④ 사무엘 워커는 순찰의 기능 중 하나로 주민의 심리적 안전감을 제고할 수 있다는 측면을 언급한 바 있으나, 캔자스시의 차량 예방순찰 실험에서는 해당 주장이 지지받지 못하였다.

해설

③ 뉴왁시의 도보순찰과 플린트시 도보순찰실험은 도보순찰 증가에도 불구하고 <u>범죄는 감소하지 않았으나, 시민들은 심리적 안전감을 느낀다는 점을 발견하였다</u>.

▶ **순찰효과에 관한 연구** (뉴캔와플/긍정와플)

뉴욕경찰 25구역 순찰실험 (1954~1966)	순찰과 범죄감소의 연관성 발견 → 비과학적 실험이란 비판
캔자스시 차량순찰실험 (1972)	① 순찰에 대한 최초의 과학적 실험으로 차량순찰을 증가하여도 범죄는 감소하지 않음 → 순찰의 범죄예방효과에 대하여 부정적 결과 도출 ② <u>경찰의 순찰활동전략을 재검토하게 만든 최초의 과학적 연구</u> - 순찰의 효과성 제고를 위해 도보순찰로의 의식전환을 가져온 계기
뉴왁시 도보순찰실험 (1978~1979)	도보순찰 증가에도 불구 범죄는 감소하지 않았음 → 그러나, 시민들은 범죄가 줄었다고 느낌(<u>순찰의 심리적 효과 긍정</u>)
플린트시 도보순찰실험 (1979)	도보순찰 증가에도 불구 범죄는 오히려 늘어남 → 그러나, 시민들은 더 안전해졌다고 느낌(<u>순찰의 심리적 효과 긍정</u>)

정답 ③

054 경찰순찰에 대한 설명으로 가장 적절한 것은?   21순경1차

① 뉴왁(Newark)시 도보순찰실험은 도보순찰을 강화하여도 해당 순찰구역의 범죄율을 낮추지는 못하였으나, 도보순찰을 할 때 시민이 경찰서비스에 더 높은 만족감을 드러냈음을 확인하였다.
② 「지역경찰의 조직 및 운영에 관한 규칙」상 순찰팀장은 일근근무를 원칙으로 하며, 휴게시간, 휴무횟수 등 구체적인 사항은 「국가공무원 복무규정」 및 「경찰기관 상시근무 공무원의 근무시간 등에 관한 규칙」이 규정한 범위 안에서 지역경찰관서장이 정한다.
③ 「지역경찰의 조직 및 운영에 관한 규칙」상 순찰근무를 지정받은 지역경찰은 지정된 근무구역에서 경찰사범의 단속 및 검거, 경찰방문 및 방범진단, 시설 및 장비의 작동여부 확인, 각종 현황, 통계, 자료 부책 관리와 같은 업무를 수행한다.
④ 워커(Samuel Walker)는 순찰의 3가지 기능으로 범죄의 억제, 대민서비스 제공, 교통지도단속을 언급하였다.

> **해설**

① O (뉴캔와플/긍정와플)
② 순찰팀장 및 순찰팀원은 **상시·교대근무를 원칙으로** 하며, 근무교대 시간 및 휴게시간, 휴무횟수 등 구체적인 사항은 「국가공무원 복무규정」 및 「경찰기관 상시근무 공무원의 근무시간 등에 관한 규칙」이 규정한 범위 안에서 **시·도경찰청장이 정한다.**(「지역경찰의 조직 및 운영에 관한 규칙」 제21조③)
③ "시설 및 장비의 작동여부 확인"은 **상황근무**의 업무이고, "각종 현황, 통계, 자료 부책 관리"는 **행정근무**의 업무이다.(「지역경찰의 조직 및 운영에 관한 규칙」 제25조③)
④ 워커(Samuel Walker)는 순찰의 3가지 기능으로 범죄의 억제, **공공 안전감의 증진**, 대민서비스 제공을 언급하였다. ※ 교통지도단속은 C. D. Hale이 언급한 순찰의 기능이다.

▶ **순찰의 기능** (교예집질서/억감서)

해일(C.D. Hale)	범죄예방과 범인검거, 법집행, 질서유지, 대민서비스 제공, 교통지도단속
워커(S. Walker)	범죄억제, 공공안전감 증진, 대민서비스 제공

정답 ①

055 지역사회와 협력하여 방범활동을 하는 지역사회 경찰활동(community policing)과 관련된 내용으로 가장 적절하지 않은 것은?   16승진

① 지구대의 권한을 최소화하여 상급부서로 집중시킨다.
② 지역주민과의 유대관계를 긴밀하게 하여야 한다.
③ 지역특성에 맞는 조직과 활동이 이루어져야 한다.
④ 대민접점의 경찰관에게 많은 재량이 부여되어야 한다.

> **해설**
> ① 지역사회 경찰활동(community policing)은 지역사회 공동체와 협력하여 범죄발생을 예방하고 범죄로부터 피해를 줄이는 활동이다. 이런 활동을 위해 Skolnick은 **권한의 분산화와 일선경찰의 재량권 강화를 위한 경찰개혁을 강조**하였다.
>
> 정답 ①

CHAPTER 04 한국경찰사와 비교경찰론

제1절 갑오개혁 이전의 경찰

001 부족국가시대의 경찰제도에 관한 설명으로 틀린 것은? 〈15경간〉
① 고조선시대에는 팔조금법(八條禁法)이라는 형벌법이 있었다.
② 삼한은 천군(天君)이 관할하는 소도(蘇塗)라는 별읍이 있어 죄인이 도망하여도 잡지 못하였다.
③ 부족국가시대의 경찰기능은 지배체제 유지를 위하여 군사, 재판, 형집행, 공물확보 등의 기능분화 없이 통합적으로 작용하였다.
④ 동예에는 절도범에게 12배의 배상을 하도록 하는 일책십이법(一責十二法)이 있었다.

해설
④ **부여와 고구려에는** 절도범에게 12배의 배상을 하도록 하는 **일책십이법(一責十二法)**이 있었다. **동예에는** 각 읍락마다 경계가 설정되어 있어서 서로 경계를 침범하는 일이 있으면 노예나 우마로써 배상하는 **책화제도**가 있었다.

정답 ④

002 부족국가 시대부터 조선시대(갑오개혁 이전)까지의 시대상 및 경찰제도에 대한 설명 중 가장 적절하지 않은 것은? 〈13경간〉
① 부족국가 시대 동예에서는 각 읍락이 서로 경계를 침범하면 노예나 우마로써 배상하는 책화제도(責禍制度)가 전해진다.
② 삼국시대 고구려에서는 신분관제로서 14관등 체계를 갖추고, 지방을 5부로 나누어 욕살이라는 지방장관을 두었으며, 반역죄·절도죄·살인행겁죄(殺人行怯罪)·전쟁에서 패하거나 항복한 죄·가축살상죄 등이 전해진다.
③ 통일신라시대에는 병부·사정부·이방부 등에서 경찰업무를 수행하였으며, 특히 이방부는 좌이방부·우이방부로 나뉘어 범죄의 수사와 집행을 맡아보았다.
④ 고려시대의 중앙관제는 3성 6부제이고, 형부와 병부가 경찰 기능을 담당하였으며, 특히 금오위는 풍속교정을 담당하는 등 풍속경찰의 임무수행 및 관리탄핵, 규찰을 주임무로 하였다.

해설

④ 금오위가 아니라 어사대에 대한 설명이다. 금오위는 수도의 수비·순찰, 야간의 통행금지, 포도금란의 업무와 비위예방을 담당하였다.

정답 ④

003 고려시대 경찰제도에 대한 설명 중 가장 잘못된 것은? 14경간

① 중앙에서는 형부, 병부, 어사대, 금오위 등이 경찰업무를 수행하였다.
② 지방에서는 위아를 장으로 하는 현위라는 지방경찰기관이 있었다.
③ 순군만호부는 방도금란 외에 왕권보호의 정치경찰적 기능도 수행하였다.
④ 어사대는 풍속교정 및 관리의 비위를 규탄하는 풍속경찰의 임무를 수행하였다.

해설

② 지방에서는 현위를 장으로 하는 위아라는 지방경찰기관이 있었다. ※ 위아는 현재의 경찰서, 현위는 경찰서장에 해당한다는 주장이 있다.

정답 ②

004 갑오개혁이전 조선시대 경찰제도에 대한 설명으로 옳지 않은 것은 모두 몇 개인가? 21경간

가. 의금부는 고려의 순군만호부를 개칭한 것으로 왕명을 받들고 국사범이나 왕족관련 범죄, 사형죄 등 중요한 특별범죄를 담당하였다.
나. 포도청은 우리나라 최초의 전문적·독립된 경찰기관으로 도적의 횡포를 막기 위해 만들어졌다.
다. 사헌부는 풍속경찰을 주관하고 민정을 살펴어 정사(政事)에 반영하는 등 행정경찰 업무도 담당하였다.
라. 초기의 암행어사는 정보경찰 활동을 주로 수행했으며, 이후에는 지방관리에 대한 감찰이나 민생을 암암리에 조사하여 국왕에게 보고하는 등 주로 감독·감찰기관으로서의 업무도 동시에 수행하였다.
마. 형조(刑曹)는 법률, 형사처벌, 소송 등의 업무를 관장하였다.
바. 관비인 '다모'는 여성범죄나 양반가의 수색 등을 담당하였다.

① 0개   ② 1개   ③ 2개   ④ 3개

해설

모두 옳은 지문이다.

정답 ①

제4장 한국경찰사와 비교경찰론 **133**

005 한국경찰제도의 역사에 관한 다음 설명 중 옳지 않은 것은 모두 몇 개인가? 18경간

> 가. 통일신라시대 이방부는 범죄의 수사와 집행을 담당하였다.
> 나. 고려의 순마소는 방도금란의 임무와 왕권보호 업무를 담당하였다.
> 다. 조선의 암행어사제도는 정보와 감찰의 성격을 지니고 있었다.
> 라. 조선의 장예원은 형조의 속아문으로 노예의 장적과 노비송사를 담당하였다.
> 마. 동예에서는 각 읍락의 경계를 침범하는 경우 노예나 우마로써 배상하는 책화제도가 있었다.
> 바. 조선의 사헌부는 왕명을 받들고 왕족범죄, 모반·반역죄, 국사범 등 중요 특별범죄를 관장하였다.
> 사. 조선의 전옥서는 형조의 속아문으로 감옥과 죄수에 관한 사무를 담당하였다.

① 0개 ② 1개 ③ 2개 ④ 3개

해설

바. 조선의 **의금부**는 왕명을 받들고 왕족범죄, 모반·반역죄, 국사범 등 중요 특별범죄를 관장하였다.
※ 사헌부는 시정을 논하고 백관을 감찰하며 풍속경찰과 민정을 살피는 역할을 담당하였다.

정답 ②

006 한국경찰의 역사에 대한 다음 설명 중 옳은 것은 모두 몇 개인가? 17경간

> ㉠ 고구려와 동예에는 절도범에게 12배의 배상책임을 묻는 일책십이법이 있었다.
> ㉡ 통일신라시대에 이르러 비로소 공무원에 해당하는 관인들의 범죄가 새롭게 처벌대상이 되었다.
> ㉢ 고려시대 순군만호부는 왕권보호를 위해 정치경찰적 활동을 수행하기도 하였다.
> ㉣ 조선시대 안찰사의 사법상 권한은 지방통치에서 발생하는 행정, 형사, 민사에 이르는 광범위하고도 포괄적인 것이었다.
> ㉤ 1894년에 제정된 경무청관제직장은 일본의 행정경찰규칙(1875)과 위경죄즉결례(1885)를 혼합하여 만든 한국경찰 최초의 경찰작용법이라 할 수 있다.
> ㉥ 1919년 3.1운동으로 인해 헌병경찰제도에서 보통경찰제도로 전환되면서 경찰의 직무범위는 축소되고 그 권한도 많이 약화되었다.

① 1개 ② 2개 ③ 3개 ④ 4개

해설

㉠ 고구려와 **부여**에는 절도범에게 12배의 배상책임을 묻는 일책십이법이 있었다.
㉡ 관인(공무원)들의 범죄가 새롭게 처벌의 대상이 되었던 시기는 **삼국시대(백제)**이다. (백제의 관인수재죄)

ⓒ O
ⓔ <u>조선의 지방장관은 관찰사</u>이고, <u>안찰사는 고려의 지방장관</u>이다.
ⓕ 1894년에 제정된 행정경찰장정은 일본의 행정경찰규칙(1875)과 위경죄즉결례(1885)를 혼합하여 만든 한국경찰 최초의 경찰작용법이라 할 수 있다. 경무청관제직장은 한국 최초의 경찰조직법이다.
ⓖ 1919년 3.1운동으로 인해 헌병경찰제도에서 보통경찰제도로 전환되었지만, <u>경찰의 직무와 권한에는 큰 변화가 없었다.</u>

정답 ①

제2절 갑오개혁부터 한일강제병합(경술국치) 이전의 경찰

007 한국경찰의 역사에 대한 설명으로 가장 옳지 않은 것은? 　21경간

① 1894년 6월 일본각의에서 한국경찰의 창설을 결정하여 내정개혁의 방안으로서 조선에 경찰창설을 요구하였다. 이에 김홍집 내각은 「각아문관제」에서 경찰을 법무아문 소속으로 설치할 것을 결정하였다. 그러나 곧 경찰을 내무아문 소속으로 변경하였다.
② 구한말(舊韓末) 일본이 한국경찰권을 강탈해 가는 과정은 경찰사무에 관한 취극서, 재한국 외국인에 대한 경찰에 관한 한일협정, 한국 사법 및 감옥사무 위탁에 관한 각서, 한국경찰사무 위탁에 관한 각서의 순으로 진행되었다.
③ 미군정시대에는 경찰의 이념에 민주적인 요소가 도입되면서 최초로 1947년 9인으로 구성된 중앙경찰위원회가 설치되었으며 경제경찰, 고등경찰 등의 사무가 강화되었다.
④ 일제강점기 헌병경찰은 첩보의 수집, 의병의 토벌 등에 그치지 않고 민사소송의 조정, 집 달리 업무, 국경세관 업무, 일본어의 보급, 부업의 장려 등 광범위한 영향력을 미치고 있었으며 특히, 지방에서는 한국민의 생사여탈권을 쥐고 있었다.

해설

③ 미군정시대에는 경찰의 이념에 민주적인 요소가 도입되면서 최초로 <u>1947년 설치된 중앙경찰위원회는 6인의 위원으로 구성</u>되었으며, 조직법적 정비가 이루어져 <u>경제경찰과 고등경찰은 폐지</u>되었다. (경고/폐지)

정답 ③

008 갑오개혁부터 한일합병 이전의 경찰역사에 대한 다음 설명 중 가장 적절한 것은? 13순경1차

① 경찰에 관한 조직법적·작용법적 근거가 마련되어 외형상 근대국가적 경찰체재가 갖추어졌다고 볼 수 있다.
② 일본각의의 결정에 따라 김홍집 내각은 경찰을 내무아문에 창설하였으나, 곧 법무아문으로 소속을 변경시켰다.
③ 경무청관제직장에 의해 당시의 좌우포도청을 합하여 경부를 신설하였다.
④ 일본의 행정경찰규칙과 위경죄즉결례를 혼합하여 우리나라 최초의 조직법인 행정경찰장정을 제정하였다.

> **해설**
> ① O
> ② 김홍집 내각은 경찰을 <u>법무아문에 창설하였으나</u>, 곧 <u>내무아문으로 소속을 변경</u>시켰다.
> ③ 경무청관제직장에 의해 당시의 좌우포도청을 합하여 <u>경무청을 신설</u>하였다.
> ④ 일본의 행정경찰규칙과 위경죄즉결례를 혼합하여 우리나라 최초의 <u>경찰작용법</u>인 행정경찰장정을 제정하였다. 최초의 경찰조직법은 경무청관제직장이다.
>
> **정답** ①

009 1894년 갑오개혁 당시 추진되었던 경찰제의 내용으로 적절한 것을 모두 고른 것은? 22경간

> 가. 좌우포도청을 통합하여 경무청을 신설하고 전국의 경찰사무를 관장토록 하였다.
> 나. 경무청은 최초에 법무아문 소속으로 설치하였으나, 곧 내무아문소속으로 변경되었다.
> 다. 경무청관제직장은 일본의 행정경찰규칙을 모방한 것이다.
> 라. 한성부의 5부 내에 경찰지서를 설치하고 서장을 경무사로 보하였다.
> 마. 경무청은 영업 소방 전염병 등 광범위한 직무를 담당하였다.

① 가, 나　　② 나, 다　　③ 나, 마　　④ 라, 마

> **해설**
> 가. (X) 좌우포도청을 통합하여 경무청을 신설하고 <u>한성부 내 일체의 경찰·감옥사무를 총괄</u>하도록 하였다. (경무청은 수도경찰의 성격을 가짐)
> 다. (X) <u>행정경찰장정은</u> 일본의 행정경찰규칙을 모방한 것이다.
> 라. (X) 한성부의 5부 내에 경찰지서를 설치하고 서장을 <u>경무관으로</u> 보하였다.
> ※ 경무청의 장이 경무사
>
> **정답** ③

010 갑오개혁 및 광무개혁 당시 경찰제도에 관한 설명 중 옳지 <u>않은</u> 것은 모두 몇 개인가? 20경간

> 가. 일본의 「행정경찰규칙」(1875년)과 「위경죄즉결례」(1885년)를 혼합하여 만든 「행정경찰장정」에서 영업·시장·회사 및 소방·위생, 결사·집회, 신문잡지·도서 등 광범위한 영역의 사무가 포함되었다.
> 나. 광무개혁 당시인 1900년에는 중앙관청으로서 경부가 한성 및 개항시장의 경찰업무와 감옥사무를 통할하였고, 이를 지휘하는 경부감독소를 두었다.
> 다. 1895년 「내부관제」의 제정을 통해 내부대신의 경찰에 대한 지휘감독권을 정비하였고, 1896년 「지방경찰규칙」을 제정하여 지방경찰의 작용법적 근거를 마련하였다.
> 라. 「경무청관제직장」에 의해 당시의 좌우포도청을 합하여 경무청을 신설하고(장으로 경무관을 둠), 한성부 내 일체의 경찰사무를 관장하게 하였다.
> 마. 1900년 경부 신설 이후 잦은 대신 교체 등으로 문제가 많아 경무청이 경부의 업무를 관리하게 되었다.

① 1개   ② 2개   ③ 3개   ④ 4개

해설
나. 이를 지휘하는 **경무감독소**를 두었다.
라. '경무청관제직장'에 의해 당시의 좌우포도청을 합하여 경무청을 신설하고(장으로 **경무사**를 둠), 내무아문에 예속되어 한성부내 일체의 경찰사무를 관장하였다.

정답 ②

011 갑오개혁 이후 경찰제도에 대한 설명 중 옳은 것을 모두 고른 것은? 18경채

> ㉠ 한국경찰 최초의 작용법인 「행정경찰장정」에는 소방, 위생, 결사, 집회, 시장, 영업, 회사 등 광범위한 사무가 포함되었다.
> ㉡ 광무개혁 당시인 1902년에는 독립된 중앙관청으로서 경부가 설치되었고, 궁내경찰서와 한성부 내 5개 경찰서, 3개 분서를 두고 이를 지휘하는 경무감독소를 두었다.
> ㉢ 경부경찰체제의 관장범위는 한성 및 각 개항시장의 경찰사무 및 감옥사무로 제한되었고, 지방에는 총순을 두어 관찰사를 보좌하도록 하였다.
> ㉣ 1910년 「조선주차헌병조령」에 의해 헌병이 일반치안을 담당할 법적근거가 마련되었으며, 헌병은 치안수요가 많은 도시나 개항장에 주로 배치되었다.

① ㉠㉡   ② ㉠㉢   ③ ㉡㉢   ④ ㉢㉣

해설
㉡ 광무개혁 당시인 **1900년에는** 독립된 중앙관청으로서 경부가 설치되었고, 궁내경찰서와 한성부 내 5개 경찰서, 3개 분서를 두고 이를 지휘하는 경무감독소를 두었다.(경부의 설치는 1900년, 폐지는 1902년)

ⓔ 보통경찰(일반경찰)은 도시나 개항장 등에, 헌병은 주로 군사상 필요한 지역 또는 의병활동지역 등에 배치되었다.(일반개도)

정답 ②

012 보기의 설명은 갑오개혁(1894) 이후 한일합방 이전의 경찰변천사에 대한 내용이다. 시대 순으로 가장 적절하게 나열한 것은?   12승진

> ㉠ 경무청관제직장에 의해 당시의 좌우포도청을 합하여 경무청을 신설하고, 내무아문에 예속되어 한성부내 일체의 경찰사무를 관장하였다.
> ㉡ 경부가 한성 및 개항시장의 경찰업무와 감옥사무를 통할하게 되었는데 궁내경찰서와 한성부 내 5개 경찰서, 3개 분서를 두고, 이를 지휘하는 경무감독소를 두며, 한성부 이외의 각 관찰부에 총순 등을 둘 것을 정하였다.
> ㉢ 통감부에 의한 통감정치가 시작되면서, 경무청을 한성부 내의 경찰로 축소시키는 한편 통감부 산하에 별도의 경찰조직을 설립, 직접 지휘하였다.
> ㉣ '내부관제'의 제정을 통해 내부대신의 경찰에 대한 지휘감독권이 정비되었으며, '지방경찰규칙'이 제정되어 지방경찰의 작용법적 근거가 마련되었다.

① ㉠-㉣-㉡-㉢
② ㉣-㉠-㉡-㉢
③ ㉠-㉡-㉣-㉢
④ ㉠-㉡-㉢-㉣

해설

㉠ 1894년 경무청 시대 → ㉣ 1895년 내부관제 시대 → ㉡ 1900년 경부 시대 → ㉢ 1906년 (소)경무청과 (통감부)경무부 시대

정답 ①

013 갑오개혁 및 광무개혁 당시 경찰제도에 관한 설명 중 가장 적절하지 않은 것은?   14승진

① 1894년에 제정된 '경무청관제직장'은 한국경찰 최초의 경찰조직법이라 할 수 있다.
② 일본의 행정경찰규칙(1875년)과 위경죄즉결례(1885년)를 혼합하여 만든 '행정경찰장정'에서 영업·시장·회사 및 소방·위생, 결사·집회, 신문잡지·도서 등 광범위한 영역의 사무가 포함되었다.
③ 광무개혁에 따라 1900년 중앙관청으로서 경부(警部)가 한성 및 개항시장의 경찰업무와 감옥사무를 통할하였다.
④ 1894년 갑오개혁 이후 한성부에 종전의 좌우포도청을 합하여 경무청을 창설하였는데 초기에는 외무아문 소속이었다.

해설

④ 1894년 갑오개혁 이후 한성부에 종전의 좌우포도청을 합하여 경무청을 창설하였는데 초기에는 법무아문 소속이었으나 곧 내무아문 소속으로 변경되었다.

정답 ④

014 다음 설명 중 가장 틀린 것은?   13경간

① 우리나라 경찰 최초의 조직법은 '경무청관제직장'이라고 할 수 있다.
② 일제강점기 헌병경찰의 임무는 첩보수집·의병토벌뿐만 아니라 민사소송조정·집달리업무·국경세관업무·일본어보급·부업장려 등 광범위하였다.
③ 1947년 6인 위원으로 구성된 '중앙경찰위원회'가 법령 157호로 설치되었다.
④ 1955년 최초로 제정된 경찰관직무집행법 제1조는 영미법적 사고가 반영되었다.

해설

④ 경찰관직무집행법은 1953년에 제정되었다.(53경직)

정답 ④

015 갑오개혁 이후 한일합방 이전의 경찰변천사에 대한 아래 ㉠부터 ㉢까지의 설명이 시대 순으로 바르게 나열된 것은?   17승진

㉠ '내부관제'의 제정을 통해 내부대신의 경찰에 대한 지휘감독권 정비
㉡ '지방경찰규칙'이 제정되어 지방경찰의 작용법적 근거 마련
㉢ 통감부에 의한 통감정치가 시작
㉣ 광무개혁 당시 독립된 중앙관청으로서 경부 설치

① ㉠-㉡-㉢-㉣   ② ㉠-㉡-㉣-㉢
③ ㉣-㉠-㉡-㉢   ④ ㉣-㉡-㉠-㉢

해설

㉠ 1895 → ㉡ 1896 → ㉣ 1900 → ㉢ 1906

정답 ②

016 갑오개혁부터 일제강점기 이전 한국 경찰의 역사에 대한 설명으로 가장 적절하지 않은 것은? 14승진

① '경무청관제직장'에 의해 당시의 좌우포도청을 합하여 경무청을 신설하였다.
② 한성과 부산 간의 군용전신선의 보호를 명목으로 일본의 헌병대가 주둔하게 되었다.
③ 경찰조직법·경찰작용법적 근거 마련으로 외형상 근대국가적 경찰체제가 갖추어졌다고 볼 수 있으나, 일본 경찰체제 이식을 통한 지배전략의 일환이라는 한계를 가졌다.
④ 경찰의 임무영역에서 위생경찰, 영업경찰 등이 제외되었다.

해설

④ 갑오개혁부터 일제강점기 이전 경찰의 임무영역은 <u>감옥경찰, 위생경찰, 소방경찰, 영업경찰 등 광범</u>했다. 위생경찰 등의 비경찰화는 미군정시대의 일이다.

정답 ④

017 갑오개혁부터 일제강점기 이전의 경찰에 대한 설명으로 가장 적절하지 않은 것은? 　　19승진

① 일본각의의 결정에 따라, '각아문관제'에서 처음으로 경찰이라는 용어를 사용하였다.
② '경무청관제직장'에 의해 당시의 좌우포도청을 합하여 경무청을 신설하고(장으로 경무사를 둠) 내무아문에 예속되어 한성부 내 일체의 경찰사무를 관장하였다.
③ 광무개혁에 따라 중앙관청으로서 경부가 한성 및 개항시장의 경찰업무와 감옥사무를 통할하였다.
④ 을사조약에 의거 통감부에 의한 통감정치가 시작되면서 경무청을 전국을 관할하는 기관으로 확대하여 사실상 한국경찰을 장악하였다.

해설

④ 통감정치가 시작되면서 통감부 산하에 별도의 경찰조직을 설립하고(경무부), **경무청을 한성부내의 경찰로 축소시켰다.**

정답 ④

018 갑오개혁 이후 경찰제도에 관한 다음 설명 중 가장 적절한 것은? 　　14순경2차

① 「경무청관제직장」은 일본의 '행정경찰규칙(1875)'과 '위경죄즉결례(1885)'를 혼합하여 만든 한국 경찰 최초의 작용법이다.
② 「경찰사무에 관한 취극서」는 재한국 외국인에 대한 경찰사무의 지휘감독권을 일본관헌의 지휘감독을 받아 일본계 한국경찰관이 행사토록 하는 내용이 있다.
③ 미군정 시대에는 일제강점기의 경찰제도와 인력에 대한 전면적인 개혁이 시행되었다.
④ 경찰법의 제정으로 경찰위원회가 도입되었고, 경찰청장과 지방경찰청장도 경찰관청으로서의 지위를 갖게 되었다.

해설

① 일본의 '행정경찰규칙(1875)'과 '위경죄즉결례(1885)'를 혼합하여 만든 한국 경찰 최초의 작용법은 「**경무청관제직장**」이 아니라 「**행정경찰장정**」이다.
② 재한국 외국인에 대한 경찰사무의 지휘감독권을 일본관헌의 지휘감독을 받아 일본계 한국경찰관이 행사토록 하는 내용이 있는 것은 「**재한국 외국인에 대한 경찰에 관한 한일협정**」이다. 「경찰사무에 관한 취극서」는 재한국 일본인에 대한 경찰사무의 지휘·감독권을 일본관헌의 지휘·감독을 받도록 위양하는 내용이 있다.(취한사경/일외사전)
③ **미군정 시대에는 일제강점기 경찰 인력에 대한 전면적인 개혁이 시행되지는 못하였다.** 다만, 1945년 광복 이후 신규 경찰을 대거 채용하는 과정에서 전체의 20% 가량은 일제경찰 출신들이 재임용되기도 하였지만, 상당히 많은 독립운동가 출신들이 경찰에 채용되었는데, 이는 당시의 한국경찰이 일제강점기 경찰과는 분명히 단절된 새로운 경찰이었다는 점을 보여주는 것이다.(1945년 10월 21일에 미군정 아래 경무국을 창설하면서 일본인 경찰들을 모두 추방하고 한국인들로만 구성된 경찰체계가 출범함)
④ ○

정답 ④

019 한국 경찰사에 대한 설명 중 옳은 것은 모두 몇 개인가? 15경간

> 가. 법률 제1호인 정부조직법에서 기존의 경무부를 내무부의 일국인 치안국에서 인수하도록 함으로써 경찰조직은 '부'에서 '국'으로 격하되었다.
> 나. 1919년 3.1운동을 계기로 헌병경찰제도에서 보통경찰제도로의 전환은 이루어졌으나, 오히려 3.1운동을 기화로 일본에서 제정된 정치범처벌법을 우리나라에 적용하는 등 탄압의 지배체제가 강화되었다.
> 다. 1896년 한성과 부산 간의 군용전신선의 보호를 명목으로 일본의 헌병대가 주둔하게 되었는데, 헌병은 사법경찰을 제외한 군사경찰·행정경찰을 겸하였다.
> 라. 1894년 일본각의의 결정에 따라 김홍집내각은 '각아문관제'에서 처음으로 경찰이라는 용어를 사용하고, 동년 7월 14일(음력) '경무청관제직장'과 '행정경찰규칙'을 제정하였다.

① 1개   ② 2개   ③ 3개   ④ 4개

해설

나. 1919년 3.1운동을 계기로 헌병경찰제도에서 보통경찰제도로의 전환은 이루어졌으나 오히려 3.1운동을 기화로 **일본에서 제정된 치안유지법**을 우리나라에 적용하는 등 탄압의 지배체제가 강화되었다. (우정/일치)
다. 1896년 한성과 부산 간의 군용전신선의 보호를 명목으로 일본의 헌병대가 주둔하게 되었는데, 헌병은 **사법경찰을 포함한** 군사경찰·행정경찰을 겸하였다.
라. 1894년 일본각의의 결정에 따라 김홍집내각은 '각아문관제'에서 처음으로 경찰이라는 용어를 사용하고, 동년 7월 14일(음력) '경무청관제직장'과 **'행정경찰장정'을** 제정하였다.

정답 ①

---

020 다음은 한국 근·현대 경찰의 역사에 대한 설명이다. 아래 ㉠부터 ㉣까지의 내용 중 옳고 그름의 표시(O, X)가 바르게 된 것은? 18순경2차

> ㉠ '경무청관제직장'에 의해 당시의 좌·우포도청을 합하여 경무부를 신설하고, 경무부의 장으로 경무사를 두었다.
> ㉡ 미군정 시기에는 경찰이 담당하였던 위생사무가 위생국으로 이관되는 등 비경찰화 작업이 진행되었다.
> ㉢ 구한말 일본이 한국의 경찰권을 강탈해 가는 과정은 '경찰사무에 관한 취극서' - '재한국 외국인민에 대한 경찰에 관한 한일협정' - '한국 사법 및 감옥사무 위탁에 관한 각서' - '한국 경찰사무 위탁에 관한 각서'의 순서로 진행되었다.
> ㉣ 1953년 「경찰관직무집행법」이 제정되었으며, 국민의 생명·신체·재산의 보호라는 영미법적 사고가 반영되었다.

① ㉠(O) ㉡(O) ㉢(O) ㉣(O)   ② ㉠(X) ㉡(O) ㉢(O) ㉣(O)
③ ㉠(X) ㉡(O) ㉢(X) ㉣(O)   ④ ㉠(O) ㉡(X) ㉢(O) ㉣(X)

해설

㉠ '경무청관제직장'에 의해 당시의 좌·우포도청을 합하여 **경무청을 신설**하고, 경무청의 장으로 경무사를 두었다.

정답 ②

---

021 근대 한국의 경찰개념 형성에 대한 설명으로 가장 적절하지 <u>않은</u> 것은? 22경간

① 유길준은 경찰의 기본 업무로 치안에 집중할 것을 강조하면서 '위생'을 경찰업무에서 제외할 것을 주장하였다.
② 유길준은 서유견문 '제10편 순찰의 규제'를 통해 경찰제도개혁을 주장하였다.
③ 유길준은 경찰제도를 행정경찰과 사법경찰로 구분할 것을 주장하였다.
④ 김옥균, 박영효 등이 일본의 경찰제도로부터 영향을 받은 반면, 유길준은 영국의 경찰제도로부터 영향을 받았다.

해설

① 유길준은 경찰의 기본 업무로 치안에 집중할 것을 강조하면서 '<u>위생</u>'<u>을 경찰업무에 포함할 것을 주장</u>하였다.

▶ **한국 경찰개혁의 선구자 박영효**

① 일본 근대경찰 시찰 후 1883년 한성판윤에 부임한 <u>박영효는 한성부에 순경부(巡警部)를 두면서 최초로 '순경'이란 용어를 사용</u>하였으나, 수구파의 반대에 부딪쳐 광주유수로 좌천되면서 실효를 거두지 못함
② 한국에서 경찰에 대한 관심은 갑신정변(1884)부터 시작됨. 김옥균·박영효 등 급진개화파는 혁신정강 제8조 "순사제도를 시급히 설치하여 도적을 방지할 것"으로 경찰제도 구체화하였으나, 실패로 구체화되지 못함

▶ **유길준(한국 근대경찰의 아버지) VS 가와지 도시요시(일본 근대경찰의 아버지)**

① 김옥균·박영효가 일본을 근대화의 모델로 삼았다면, <u>유길준은 영국·미국의 제도를 바탕으로 경찰개혁론을 펼침</u>(단, 사법권과 경찰권의 분리, 위생경찰의 강조는 공통적)
② 유길준은 「서유견문」 "제10편 순찰의 규제"에서 근대적 경찰제도를 소개하며 경찰제도 개혁 주장
 - 한국 최초의 근대경찰인 '<u>경무청</u>' 창설을 유길준이 주도함
 - '<u>민족·민주·평등주의</u>'<u>를 지향</u>하면서 근대적 경찰제도를 '치안유지'와 '개명한 진보'를 위한 중요 수단으로 봄
 - 영국 근대경찰제도(<u>로버트필</u>)를 <u>높이 평가</u>하면서, 경찰제도의 목적이 '민생의 복지와 안강(安康)'에 있다고 인식
③ 일본 최초 근대경찰인 <u>동경경시청을 창설한 가와지 도시요시(천로리량)는</u> "신민(臣民)이라고 하는 것은 은혜를 모르는 족속이다. 절대 자비를 베풀지 마라."고 하면서 <u>억압적이고 비민주적인 근대경찰 추진</u>
 - 일본의 근대경찰제도가 국가의 강제성·폭력성에 기초해서 <u>국민에 대한 물리적 억압·감시장치를 지향했다면, 조선은 유길준 사상과 '순검직무장정'에서 알 수 있듯, 종래 유교질서를 바탕으로 민중적·민주적 근대경찰을 창설</u>

정답 ①

제3절 일제강점기 경찰

022 일제 강점기 중 헌병경찰 시기의 경찰에 대한 설명으로 가장 적절하지 <u>않은</u> 것은? 17경기북부여경

① 일반경찰은 도시나 개항장 등에 배치되었다.
② 헌병은 주로 군사경찰상 필요한 지역 또는 의병활동 지역 등에 배치되었다.
③ 헌병은 법적 근거 없이 일반치안을 담당하였다.
④ 서울과 황궁의 경찰사무는 경무총감부의 직할로 하였다.

해설

③ 1910년 '**조선주차헌병조령**'이라는 **법적 근거를 통해** 헌병이 그 신분을 유지한 채 경찰관의 직무를 수행할 수 있게 하였다.

정답 ③

023 일제 강점기 경찰제도에 관한 다음 설명 중 옳지 <u>않은</u> 것은 모두 몇 개인가? 19경간

> 가. 1910년 일본은 통감부에 경무총감부를, 각 도에 경무부를 설치하여 경찰사무를 관장, 서울과 황궁의 경찰사무는 경무 총감부의 직할로 하였다.
> 나. 1910년 「조선주차헌병조령」에 의해 헌병이 일반치안을 담당할 법적 근거를 마련하여 일반경찰은 도시나 개항장 등에, 헌병은 주로 군사경찰상 필요한 지역 또는 의병활동지역 등에 배치되었다.
> 다. 3·1운동을 계기로 헌병경찰제도에서 보통경찰제도로 전환, 총독부 직속 경무총감부는 폐지되고 경무국이 경찰사무와 위생사무를 감독하였다.
> 라. 3·1운동을 기화로 치안유지법을 제정, 단속체계를 갖추었다.
> 마. 일제 강점기의 경찰은 일본 식민지배의 중추기관이었고, 총독에게 주어진 명령권·제령권 등을 통하여 각종 전제주의적·제국주의적 경찰권의 행사가 가능하였다.

① 없음   ② 1개   ③ 2개   ④ 3개

해설

라. 3·1운동을 기화로 **우리나라**에서 **정치범처벌법을 제정**하고, 일본에서 제정된 **치안유지법**을 도입하는 등 탄압의 지배체제를 더욱 강화하였다.(우정/일치)
마. **총독에게 주어진 제령권**과 **경무총장·경무부장 등의 명령권** 등을 통해 각종 전제주의적·제국주의적 경찰권의 행사가 가능하였다.

정답 ③

024 한국 근·현대 경찰사에 대한 설명으로 가장 적절한 것은?

18순경3차

① 일제 강점기에는 총독·경무총장에게 주어진 제령권과 경무부장에게 주어진 명령권 등을 통해 각종 전제주의적·제국주의적 경찰권 행사가 가능하였다는 특징이 있다.
② 「경무청관제직장」에 의해 당시의 좌우포도청을 합하여 경무청을 신설(장으로 경무관을 둠)하였다.
③ 3·1운동 이후 「치안유지법」을 제정하고 일본에서 제정된 「정치범처벌법」을 국내에 적용하는 등 탄압의 지배체제를 더욱 강화하였다.
④ 1894년 「각아문관제」에서 처음으로 경찰이란 용어를 사용하였다.

해설

① 일제 강점기에는 **총독에게 주어진 제령권**과 **경무총장·경무부장에게 주어진 명령권** 등을 통해 각종 전제주의적·제국주의적 경찰권 행사가 가능하였다는 특징이 있다.
② 「경무청관제직장」에 의해 당시의 좌우포도청을 합하여 경무청을 신설(**장으로 경무사를 둠**)하였다
③ 3·1운동 이후 **「정치범처벌법」을 제정**하고 일본에서 제정된 **「치안유지법」을 국내에 적용**하는 등 탄압의 지배체제를 더욱 강화하였다.(우정/일치)
④ O

정답 ④

025 한국 경찰사에 대한 설명 중 적절한 것은 모두 몇 개인가?

13승진변형

㉠ 1894년 일본각의의 결정에 따라, 김홍집내각은 '각아문관제'에서 처음으로 경찰이라는 용어를 사용하고, 동년 7월 14일(음력) '경무청관제직장'과 '행정경찰규칙'을 제정하였다.
㉡ 1896년 한성과 부산 간의 군용전신선의 보호를 명목으로 일본의 헌병대가 주둔하게 되었는데, 헌병은 사법경찰을 제외한 군사경찰·행정경찰을 겸하였다.
㉢ 1919년 3.1운동을 계기로 헌병경찰제도에서 보통경찰제도로의 전환은 이루어졌으나, 오히려 3.1운동을 기화로 일본에서 제정된 정치범처벌법을 우리나라에 적용하는 등 탄압의 지배체제가 강화되었다.
㉣ 법률 제1호인 정부조직법에서 기존의 경무부를 내무부의 일국인 치안국에서 인수하도록 함으로써 경찰조직은 부에서 국으로 격하되었는데, '국'체제는 치안본부 개편(1974) 후 1991년 경찰청(내부무 외청)이 독립할 때까지 유지되었다.

① 1개 ② 2개 ③ 3개 ④ 4개

해설

㉠ 1894년 일본각의의 결정에 따라, 김홍집내각은 '각아문관제'에서 처음으로 경찰이라는 용어를 사용하고, 동년 7월 14일(음력) '경무청관제직장'과 '**행정경찰장정**'을 제정하였다.
㉡ 1896년 한성과 부산 간의 군용전신선의 보호를 명목으로 일본의 헌병대가 주둔하게 되었는데, **헌병은 군사경찰 이외에도 사법경찰·행정경찰을 겸하였다.**
㉢ 1919년 3.1운동을 계기로 헌병경찰제도에서 보통경찰제도로의 전환은 이루어졌으나, 오히려 3.1운동을 기화로 **일본에서 제정된 치안유지법을 우리나라에 적용**하는 등 탄압의 지배체제가 강화되었다.
㉣ O

정답 ①

026 갑오개혁 이후 경찰제도에 대한 설명으로 가장 적절한 것은?   13승진

① 한국 경찰 최초의 조직법인 '경무청관제직장'에 의해 당시의 좌우포도청을 합하여 경부를 신설하였다.
② '행정경찰장정'은 일본의 '행정경찰규칙(1875)'과 '위경죄즉결례(1885)'를 혼합하여 만든 한국 경찰 최초의 작용법이다.
③ 1910년 '조선주차헌병조령'에 의해 헌병이 일반치안을 담당할 법적 근거를 마련하였으며, 헌병경찰은 주로 도시나 개항장 등에 배치되었다.
④ 일제 강점기에는 총독에게 주어진 명령권과 경무총장·경무부장 등에게 주어진 제령권 등을 통해 각종 전제주의적·제국주의적 경찰권 행사가 가능하였다는 특징이 있다.

해설

① 한국 경찰 최초의 조직법인 '경무청관제직장'에 의해 당시의 **좌우포도청을 합하여 경무청을 신설**하였다.
② O
③ 1910년 '조선주차헌병조령'에 의해 헌병이 일반치안을 담당할 법적 근거를 마련하였으며, **일반경찰은 도**시나 **개항장** 등에(**일반개도**), **헌병경찰은 주로 군사작전 지역이나 의병활동지역에 배치**되었다.
④ 일제 강점기에는 **총독에게 주어진 제령권**과 **경무총장·경무부장 등에게 주어진 명령권** 등을 통해 각종 전제주의적·제국주의적 경찰권 행사가 가능하였다는 특징이 있다.

정답 ②

027 대한민국 임시정부의 경찰에 대한 설명으로 가장 적절하지 않은 것은? 22경간

① 상해임시정부는 1919년 11월 대한민국임시관제를 제정하여 내무부에 경무국을 두고 초대 경무국장으로 김구를 임명하였다.
② 상해 교민단 산하에 의경대를 설치하여 교민단의 치안을 보전하고 밀정을 색출하는 역할을 수행하였다.
③ 상해임시정부는 연통제를 실시하여 도(道)에 경무사를 두었다.
④ 중경임시정부에는 내무부 아래에 경무국을 두었고, 별도로 경위대를 설치하였다.

해설

① (X) 상해임시정부는 <u>1919년 4월 25일 「대한민국 임시정부 장정」을 제정</u>하여 내무부에 경무국을 두고 초대 경무국장으로 김구를 임명하였다.
※ 김구 선생께서 경무국장으로 임명된 날이 1919년 8월 12일이기 때문에, 1919년 11월 5일 「대한민국임시관제」 제정보다 시기적으로 앞서 있으므로 지문 ①은 틀린 서술임
④ (X) 중경임시정부에는 내무부 아래에 **경무과를** 두었고, 별도로 내무부 직속으로 경위대를 설치하였다.

정답 ①④(복수정답)

제4절 미군정시기 경찰

028 미군정하의 우리나라 경찰의 특징으로 가장 적절하지 않은 것은?   12승진변형

① 미군정 초창기에는 '군정의 실시'와 '구관리의 현직유지'가 이루어져 인력의 개혁이 제대로 시행될 수 없었다.
② 광복 이후 미군정은 일제가 운용하던 비민주적 형사제도를 상당 부분 개선하고, 영미식 형사제도를 도입하기도 하였지만, 경찰의 독자적 수사권은 인정되지 않았다.
③ 비경찰화 작업이 행해져 경찰의 활동도 축소되었다.
④ 1945년 광복 이후 신규 경찰을 대거 채용하는 과정에서 전체의 20% 가량은 일제 경찰 출신들이 재임용되기도 하였지만, 상당히 많은 독립운동가 출신들이 경찰에 채용되었는데, 이는 당시의 한국경찰이 일제 강점기 경찰과는 분명히 단절된 새로운 경찰이었다는 점을 보여주는 것이다.

해설

② 광복 이후 미군정은 일제가 운용하던 비민주적 형사제도를 상당 부분 개선하고, 영미식 형사제도를 도입하기도 하였는데 특히, 1945년 12월 29일 <u>미군정 '법무국 검사에 대한 훈령 제3호'가 발령되어 '수사는 경찰, 기소는 검사'</u> 체제가 도입되며 경찰의 독자적 수사권이 인정되었다.

정답 ②

---

029 미군정시기의 경찰에 대한 설명으로 가장 적절하지 않은 것은?   21순경1차

① 경무국을 경무부로 승격·개편하였다.
② 소방업무를 민방위본부로 이관하고 경제경찰과 고등경찰을 폐지하는 등 비경찰화를 단행하였다.
③ 「정치범처벌법」, 「치안유지법」, 「예비검속법」이 폐지되었다.
④ 여자경찰제도를 신설하였다.

해설

미군정시기라 함은 광복(1945. 8. 15.) 이후 대한민국 정부수립(1948. 8. 15.) 이전의 시기를 말한다.
① 경무국을 경무부로 승격·개편한 것은 1946년이다.
② 광복 이후 경제경찰과 고등경찰을 폐지하는 등 비경찰화를 단행한 것은 맞으나, <u>소방업무를 민방위본부로 이관한 것은 1975년</u>이다.
③ 「정치범처벌법」, 「치안유지법」, 「예비검속법」 폐지는 1945년이다.
④ 여자경찰제도 신설은 1946년이다.

정답 ②

030 다음 보기 중 '미군정시기'의 경찰에 대해 설명한 것으로 틀린 것은 모두 몇 개인가?

14순경1차, 14경간유사

> ㉠ 경찰의 조직법적·작용법적 정비가 이루어졌으며, 비경찰화 작업이 행해져 경찰의 활동영역이 축소되었다.
> ㉡ 비경찰화 작용의 일환으로 위생사무를 위생국으로 이관하였고, 정보경찰과 고등경찰을 폐지하였다.
> ㉢ 1946년 여자경찰제도를 신설하여 14세 미만의 소년범죄와 여성관련 업무 등을 담당하게 하였다.
> ㉣ 1947년 6인의 위원으로 구성된 중앙경찰위원회가 설치되어 경찰의 민주화 개혁에 성공하였다.
> ㉤ 영미법의 영향을 받아 경찰의 이념 및 제도에 민주적 요소가 도입되었다.

① 0개 ② 1개 ③ 2개 ④ 3개

해설

㉡ 비경찰화 작용의 일환으로 위생사무를 위생국으로 이관하였고, **경제경찰과 고등경찰을 폐지하였다.**(경고/폐지) 정보업무를 담당할 **정보경찰은 신설**되었다.
㉣ 1947년 6인의 위원으로 구성된 중앙경찰위원회가 설치되었으나, **경찰의 민주적 개혁은 성공하지 못하였다.**

정답 ③

---

031 한국의 경찰사에 대한 설명 중 가장 적절하지 않은 것은?

20경채

① 상해임시정부 시기 경무국을 설치하여 초대 경무국장으로 백범 김구선생이 임명되어 활동하였다.
② 광복 이후 미군정 시기에는 경찰검을 경찰봉으로 대체하였고, 1945년 「정치범처벌법」, 「치안유지법」 및 「예비검속법」을 폐지하였다.
③ 1948년 대한민국 정부수립 시 중앙경찰조직으로 치안국, 지방경찰조직으로 시·도경찰국을 두었으며 각각 독립관청의 권한을 부여하였다.
④ 1953년 경찰작용의 기본법인 「경찰관직무집행법」을 제정하였고, 1969년 「경찰공무원법」을 제정하여 경정 및 경장 계급을 신설하고 경감 이상의 계급정년제를 도입하였다.

해설

③ **치안국장은 내무부장관의 보조기관, 시·도경찰국장은 시·도지사의 보조기관에 불과하였다.** 1991년 경찰법 제정으로 비로소 관청의 지위를 갖게 되었다.

정답 ③

032 다음 설명 중 가장 적절한 것은?   22순경1차

① 1919년 3·1운동을 계기로 헌병경찰제도에서 보통경찰제도로의 전환은 이루어졌으나, 일본에서 제정된 정치범처벌법을 우리나라에 적용하는 등 일제의 탄압적 지배체제가 강화되었다.
② 미군정기에 고등경찰제도가 폐지되었으며, 경찰에 정보업무를 담당하는 정보과와 경제사범단속을 위한 경제경찰이 신설되었다.
③ 1953년 경찰작용의 기본법인 경찰관직무집행법이 제정되어 경감 이상의 계급정년제가 도입되었고, 1969년 경찰공무원법이 제정되어 경정 및 경장 계급이 신설되었다.
④ 대한민국 정부 수립 이후 1974년 내무부 치안국이 치안본부로 개편되었고, 2006년 제주특별자치도 '자치경찰단'이 창설되었다.

> **해설**
>
> ① 1919년 3·1운동을 계기로 헌병경찰제도에서 보통경찰제도로의 전환은 이루어졌으나, 일본에서 제정된 **치안유지법**을 우리나라에 적용하는 등 일제의 탄압적 지배체제가 강화되었다.
> ② 미군정기에 경제사범단속을 위한 **경제경찰과 고등경찰제도가 폐지**되었으며, 경찰에 정보업무를 담당하는 정보과가 신설되었다.(경고/폐지)
> ③ 1969년 경찰공무원법이 제정되어 경감 이상의 계급정년제가 도입되었고, 경정 및 경장 계급이 신설되었다.
> ④ ○
>
> **정답** ④

033 경찰의 역사와 제도에 대한 설명으로 가장 적절하지 않은 것은?   20승진

① 대한민국 임시정부 초대 경무국장은 백범 김구이며, 대한민국 경찰 역시 임시정부의 경찰활동 또는 경찰 정신을 계승하고 있다고 보아야 할 것이다.
② 미군정 시기에는 경찰작용에 관한 기본법인 「경찰관 직무집행법」이 제정되는 등 조직·작용법적 정비가 이루어졌다.
③ 1946년 이후 중앙행정기관이었던 경무부(警務部)가 1948년 「정부조직법」상에서 내무부 산하의 국(局)으로 격하되었다.
④ 1969년 「국가공무원법」의 특별법인 「경찰공무원법」이 제정되었다.

> **해설**
>
> ② 경찰작용에 관한 기본법으로서 「경찰관 직무집행법」은 미군정기가 아니라 정부수립 이후인 1953년 제정되었다.
>
> **정답** ②

034 갑오개혁 이후 한국 경찰의 역사와 제도에 대한 설명으로 가장 적절한 것은? 19승진

① 1894년에 제정된 행정경찰장정은 일본의 행정경찰규칙(1875년)과 위경죄즉결례(1885년)를 혼합하여 만든 한국경찰 최초의 경찰 작용법으로 영업 시장 회사 및 소방 위생, 결사 집회, 신문잡지 도서 등 광범위한 영역의 사무가 포함되었다.
② 1919년 3.1운동을 계기로 보통경찰제도로 전환되면서 경찰의 업무영역에 많은 변화가 발생하였으며, 이를 기화로 정치범처벌법을 제정하여 단속체계를 갖추었다.
③ 미군정시대에는 경찰의 이념에 민주적인 요소가 도입되면서 최초로 6인으로 구성된 '중앙경찰위원회'가 설치되었으며 경제경찰, 정보경찰 등의 사무가 폐지되는 등 비경찰화가 이루어졌다.
④ 최규식 경무관은 1968년 무장공비침투사건 당시 공비들의 근거지가 될 수 있는 사찰들을 불태우라는 상부의 명령에도 불구하고 화엄사, 천은사, 선운사 등 우리 문화재를 수호한 문화경찰의 표상이다.

해설

① ○
② 1919년 3·1운동을 계기로 보통경찰제도로 전환되었지만, 기본적으로 **경찰의 직무와 권한에는 아무런 변화가 없었다.**
③ 경찰이 담당하였던 위생사무가 위생국으로 이관되고, 경제경찰과 고등경찰이 폐지되는 등 비경찰화 작업이 진행되었으며, 대신 **정보업무를 담당할 정보과를 신설**하였다.
④ 1968년 무장공비침투사건(1.21사태) 당시 청와대를 사수한 호국경찰의 표상은 최규식 경무관과 정종수 경사이다. **화엄사 등 문화재를 수호한 문화경찰의 표상은 차일혁 경무관이다.**

정답 ①

035 한국경찰의 역사에 대한 다음 설명 중 옳은 것은 모두 몇 개인가? 16경간

㉠ 동예에서는 각 읍락이 서로 경계를 침범하면 노예나 우마로써 배상하는 책화제도가 있었다.
㉡ 고구려에서는 천군이 관할하는 소도라는 별읍이 있어 죄인이 도망하여도 잡지 못하였다.
㉢ 한국 경찰 최초의 조직법은 행정경찰장정이고, 한국 경찰 최초의 작용법은 경무청관제직장이다.
㉣ 미군정 하에서 경제경찰·고등경찰·정보경찰이 폐지되는 등 비경찰화 작업이 진행되었다.
㉤ 미군정 하에서 1947년 5인의 위원으로 구성된 중앙경찰위원회가 설치되었다.
㉥ 1968년 무장공비 침투사건(1·21사태) 당시 종로경찰서 자하문 검문소에서 무장공비를 온몸으로 막아내고 순국함으로써, 청와대를 사수하고 대한민국을 위기에서 건져 올린 호국경찰의 표상은 최규식 경무관과 정종수 경사이다.

① 0개   ② 1개   ③ 2개   ④ 3개

해설

㉠ ○
㉡ **삼한에서는** 천군이 관할하는 소도라는 별읍이 있어서 죄인이 도망하여도 잡지 못하였다.
㉢ 한국경찰 최초의 **작용법은** 행정경찰장정이고, 한국경찰 최초의 **조직법은** 경무청관제직장이다.
㉣ 미군정 하에서 **정보경찰은 폐지가 아니라 신설**되었다.
㉤ 미군정 하에서 1947년 **6인의 위원**으로 구성된 중앙경찰위원회가 설치되었다.
㉥ ○

정답 ③

036 한국 근·현대 경찰사에 관한 다음 설명 중 옳지 <u>않은</u> 것으로 묶인 것은? 18경간

가. 1894년 일본각의의 결정에 따라 '각아문관제'에서 처음으로 경찰이란 용어를 사용하였다.
나. 경무청의 장(경무사)은 경찰사무를 비롯해 감옥사무를 총괄하였으며, 범죄인을 체포·수사하여 법사에 이송하는 업무를 담당하였다.
다. 1906년 통감부가 설치되면서 헌병은 일본의 「헌병조례」에 의해 군사경찰 업무와 사법경찰업무만을 수행하였다.
라. 미군정기에 고등경찰제도가 폐지되었으며, 정보업무를 담당할 정보과와 경제사범단속을 위한 경제경찰이 신설되었다.
마. 미군정기에 6인으로 구성된 중앙경찰위원회가 설치되었으며, 중요한 경무정책의 수립·경찰관리의 소환·심문·임면·이동 등에 관한 사항을 심의하였다.
바. 경찰법이 제정될 때까지 경찰체제의 근거가 되는 법률은 「경찰관직무집행법」이었다.
사. 소방업무가 경찰업무에서 배제된 것은 소방업무가 민방위본부로 이관되면서부터이다.

① 가, 나, 다 ② 다, 라, 마 ③ 마, 바, 사 ④ 다, 라, 바

해설

다. 헌병은 군사경찰업무와 사법경찰업무뿐만 아니라 **행정경찰업무도 담당**하였다.
라. 미군정기에 **고등경찰제도와 경제사범단속을 위한 경제경찰이 폐지**되었으며, 정보업무를 담당할 **정보과가 신설**되었다.
바. 경찰법이 제정될 때까지 경찰체제의 근거가 되는 법률은 「**정부조직법**」이었다.

정답 ④

제5절 정부수립 이후 경찰법 제정(1991년) 이전 경찰

037 정부수립 이후 1991년 이전의 경찰의 특징으로 옳지 않은 것은 모두 몇 개인가? 　　20경간

> 가. 종래 식민지배에 이용되거나 또는 군정통치로 주권이 없는 상태 하에서 활동하던 경찰이 비로소 주권국가 대한민국의 존립과 안녕, 대한민국 국민의 생명과 신체 및 재산의 보호라는 경찰 본연의 임무를 수행하였다.
> 나. 독립국가로서 한국 역사상 최초로 자주적인 입장에서 경찰은 운용하였다.
> 다. 경찰작용에 관한 기본법으로서 「경찰관직무집행법」이 제정되었다.
> 라. 경찰의 부정선거 개입 등으로 정치적 중립이 경찰에 대한 국민의 요청이었던 바, 그 연장선상에서 경찰의 기구독립이 조직의 숙원이었다.
> 마. 해양경찰업무, 전투경찰업무가 경찰의 업무범위에 추가되었다.
> 바. 1969년 1월 7일 「경찰법」이 처음으로 제정되어 그동안 「국가공무원법」에서 의거하던 경찰공무원을 특별법으로 규율하게 되었다.

① 1개　　② 2개　　③ 3개　　④ 4개

[해설]
바. 1969년 「경찰공무원법」이 제정되었으며, 「경찰법」 제정은 1991년이다.

정답 ①

038 정부수립 이후 경찰과 관련된 설명으로 가장 적절하지 않은 것은? 　　20순경1차

① 1953년 경찰작용에 관한 기본법으로 제정된 경찰관 직무집행법에는 국민의 생명, 신체, 재산의 보호라는 영미법적 사고가 반영되었다.
② 1968년 '무장공비 침투사건(1.21 사태)' 당시 종로경찰서 자하문검문소에서 무장공비를 온몸으로 막아내고 순국한 최규식 경무관과 정종수 경사는 호국경찰, 인본경찰, 문화경찰의 표상이다.
③ 1980년 '5 18 민주화 운동' 당시 안병하 전남경찰국장과 이준규 목포서장은 신군부의 무장 강경진압 방침을 거부하였다.
④ 1987년 '6월 민주항쟁' 이후 경찰 내부에서는 정치적 중립을 지키지 못한 과오를 반성하고 경찰 중립화를 요구하는 성명발표 등 자성의 목소리가 나왔다.

[해설]
② 1968년 '무장공비 침투사건(1·21 사태)' 당시 종로경찰서 자하문검문소에서 무장공비를 온몸으로 막아내고 순국한 최규식 경무관과 정종수 경사는 호국경찰의 표상이다. 호국경찰·인본(인권)경찰·문화경찰의 표상은 차일혁 경무관이다.

정답 ②

039 한국 경찰사에 대한 설명 중 가장 적절하지 <u>않은</u> 것은? 19경채

① 일제강점기 경찰은 총독에게 주어진 제령권과 경무총장 경무부장 등의 명령권 등을 통해 전제주의적 경찰권을 행사하였다.
② 미군정하에서 경찰제도 인력 등 식민 경찰체제 청산은 전체적으로 미흡했으나, 정치범처벌법, 치안유지법, 예비검속법, 보안법은 폐지되었다.
③ 1953년 경찰관 직무집행에 대한 근거법령으로 제정된 「경찰관 직무집행법」은 국민의 생명, 신체, 재산의 보호라는 대륙법적 사고가 반영되었다.
④ 1919년 상하이에서 수립된 대한민국 임시정부의 초대 경무국장은 백범 김구이다.

해설

③ 1953년 경찰관 직무집행에 대한 근거법령으로 제정된 「경찰관 직무집행법」은 국민의 생명, 신체, 재산의 보호라는 **영미법적 사고가** 반영되었다.

정답 ③

040 정부수립 이후 1991년 이전의 경찰의 특징으로 옳지 <u>않은</u> 것은 모두 몇 개인가? 12승진

㉠ 종래 식민지배에 이용되거나 또는 군정통치로 주권이 없는 상태하에서 활동하던 경찰이 비로소 주권국가 대한민국의 존립과 안녕, 대한민국 국민의 생명과 신체 및 재산의 보호라는 경찰 본연의 임무를 수행하였다.
㉡ 경찰작용에 관한 기본법으로서 「경찰관직무집행법」이 제정되었다.
㉢ 독립국가로서 한국 역사상 최초로 자주적인 입장에서 경찰을 운용하였다.
㉣ 경찰의 부정선거 개입 등으로 정치적 중립이 경찰에 대한 국민의 요청이었던 바, 그 연장선상에서 경찰의 기구독립이 조직의 숙원이었다.
㉤ 1969년 1월 7일 「경찰법」이 처음으로 제정되어 그동안 「국가공무원법」에 의거하던 경찰공무원을 특별법으로 규율하게 되었다.
㉥ 해양경찰업무, 전투경찰업무, 소방업무가 정식으로 경찰의 업무범위에 추가되었다.

① 1개   ② 2개   ③ 3개   ④ 4개

해설

㉤ 1969년 1월 7일 **「경찰공무원법」**이 처음으로 제정되어 그동안 「국가공무원법」에 의거하던 경찰공무원을 특별법으로 규율하게 되었다.
㉥ 해양경찰업무, 전투경찰업무가 정식으로 경찰의 업무범위에 추가되고, **소방업무가 경찰의 업무에서 배제**되는 등 경찰활동 영역의 변화가 있었다.

정답 ②

041 한국경찰의 역사와 제도에 대한 설명이다. 시대 순으로 바르게 나열한 것은? 18승진

> ㉠ 「경찰법」 제정으로 내무부로부터의 독립을 통한 정치적 중립성을 확보했다.
> ㉡ 경찰작용에 관한 기본법으로서 「경찰관직무집행법」이 제정되었다.
> ㉢ 중앙경찰위원회가 설치되어 경찰민주화를 위한 조치를 시행하였다.
> ㉣ 경찰공무원법이 처음으로 제정되어 그동안 국가공무원법에 의거하던 경찰공무원을 특별법으로 규율하게 되었다.

① ㉡-㉣-㉠-㉢
② ㉢-㉣-㉡-㉠
③ ㉣-㉡-㉠-㉢
④ ㉢-㉡-㉣-㉠

해설

㉢ 중앙경찰위원회 설치(1947년) → ㉡ 경찰관 직무집행법 제정(1953년) → ㉣ 경찰공무원법 제정(1969년) → ㉠ 경찰법 제정(1991년) 순서이다.

정답 ④

042 한국 경찰의 역사와 제도에 대한 아래 사건들을 시대순으로 바르게 나열한 것은? 22경간

가. 국립과학수사연구소 설치	나. 경찰공무원법 제정
다. 경찰관 직무집행법 제정	라. 내무부 치안국을 치안본부로 개편

① 가-다-나-라
② 다-가-라-나
③ 다-가-나-라
④ 가-다-라-나

해설

가. 국립과학수사연구소 설치 - 1955년
나. 「경찰공무원법」 - 1969년
다. 「경찰관 직무집행법」 제정 - 1953년
라. 내무부 치안국을 치안본부로 개편 - 1974년

정답 ③

043 우리나라 경찰의 역사와 제도에 대한 설명이다. 과거에서 현재 순으로 가장 바르게 나열한 것은?

17순경2차

- ㉠ 경찰관 해외주재관제도 신설
- ㉡ 「경찰관 직무집행법」 제정
- ㉢ 경찰위원회 신설
- ㉣ 「경찰공무원법」 제정
- ㉤ 내무부 치안국을 치안본부로 개편

① ㉡-㉠-㉤-㉣-㉢ ② ㉡-㉠-㉣-㉤-㉢
③ ㉡-㉣-㉠-㉤-㉢ ④ ㉣-㉡-㉤-㉢-㉠

해설

- ㉠ 경찰관 해외주재관제도 신설 – 1966년
- ㉡ 「경찰관 직무집행법」 제정 – 1953년
- ㉢ 경찰위원회 신설 – 1991년
- ㉣ 「경찰공무원법」 제정 – 1969년
- ㉤ 내무부 치안국을 치안본부로 개편 – 1974년

정답 ②

제6절 경찰법제정(1991년) 이후 경찰

044 우리나라 경찰의 역사와 제도에 대한 설명이다. 시대 순으로 나열한 것은?

18순경1차

- ㉠ 「경찰법」 제정
- ㉡ 「경찰관 직무집행법」 제정
- ㉢ 최초로 여성 경찰관 채용
- ㉣ 제주 자치경찰 출범
- ㉤ 내무부 치안국을 치안본부로 개편

① ㉡-㉢-㉤-㉣-㉠ ② ㉡-㉢-㉤-㉠-㉣
③ ㉢-㉡-㉠-㉤-㉣ ④ ㉢-㉡-㉤-㉠-㉣

해설

㉢ (1946년) → ㉡ (1953년) → ㉤ (1974년) → ㉠ (1991년) → ㉣ (2006년)

정답 ④

045 우리나라 경찰의 역사적 사실을 오래된 것부터 바르게 나열한 것은? 21순경2차

> ㉠ 경찰윤리헌장 제정
> ㉡ 내무부 민방위본부 소방국으로 소방업무 이관
> ㉢ 경찰공무원법 제정
> ㉣ 경찰서비스헌장 제정
> ㉤ 치안본부에서 경찰청으로 승격

① ㉢-㉠-㉣-㉡-㉤
② ㉠-㉡-㉢-㉣-㉤
③ ㉠-㉢-㉡-㉤-㉣
④ ㉡-㉤-㉠-㉢-㉣

해설

㉠ 경찰윤리헌장 제정(1966) → ㉢ 경찰공무원법 제정(1969) → ㉡ 소방업무이관(1975) → ㉤ 경찰청승격(1991) → ㉣ 경찰서비스헌장제정(1997)

정답 ③

---

046 우리나라 경찰과 관련된 연혁을 시간순서별(오래된 → 최근 순)로 가장 적절하게 나열한 것은? 13순경2차

> ㉠ 경찰법 제정
> ㉡ 내무부 치안국을 치안본부로 개편
> ㉢ 경찰관 해외주재관제도 신설
> ㉣ 경찰관직무집행법 제정
> ㉤ 제주 자치경찰 출범

① ㉡→㉢→㉣→㉠→㉤
② ㉡→㉢→㉠→㉣→㉤
③ ㉣→㉢→㉡→㉠→㉤
④ ㉣→㉢→㉠→㉡→㉤

해설

㉣ 경찰관직무집행법 제정(1953.12.14.) → ㉢ 경찰관 해외주재관제도 신설(1966.07.01.) → ㉡ 내무부 치안국을 치안본부로 개편(1974.12.24.) → ㉠ 경찰법 제정(1991.05.31.) → ㉤ 제주자치경찰 출범(2006.07.01.) 순서이다.

정답 ③

047 우리나라 경찰의 역사와 제도에 대한 설명이다. 시기가 올바르게 묶인 것은?   19경간

> 가. 1947년 경찰병원 설치
> 나. 1953년 경찰관직무집행법 제정
> 다. 1956년 국립과학수사연구소 설치
> 라. 1966년 경찰관 해외주재관 제도 신설
> 마. 1970년 경찰공무원법 제정
> 바. 1974년 내무부 치안국을 치안본부로 개편
> 사. 1996년 해양경찰청을 해양수산부로 이관
> 아. 2005년 제주도 자치경찰출범

① 가, 나, 사, 아
② 가, 라, 마, 아
③ 나, 라, 바, 아
④ 나, 라, 바, 사

해설

가. 경찰병원 – 1949
나. O
다. 국립과학수사연구소 설치 – 1955
라. O
마. 경찰공무원법 제정 – 1969
바. O
사. O
아. 제주도 자치경찰 출범– 2006

▶ **한국경찰 주요 연혁**

1945	국립경찰 창설
1946	최초의 여경 모집
1947	6인으로 구성된 중앙경찰위원회 설치
1948	경무부를 치안국으로 격하
1949	경찰병원 설치
1953	경찰관직무집행법 제정 / 해양경찰대 발족
1955	국립과학수사연구소 설립
1966	경찰관 해외주재관제도 신설 / 경찰윤리헌장 제정
1969	경찰공무원법제정
1970	전투경찰대설치법 제정
1974	내무부 치안국을 치안본부로 개편
1975	소방업무를 민방위본부로 이관
1979	경찰대학설치법제정
1991	경찰법 제정
1999	청문감사관제도 도입 / 운전면허시험장 책임운영기관화
2000	사이버테러대응센터 신설
2005	경찰청 생활안전국에 여성청소년과 신설 / 경찰병원 책임운영기관화
2006	제주자치경찰 출범 / 경찰청외사관리관을 외사국으로 확대개편

정답 ④

제7절 한국경찰사에 길이 빛날 경찰의 표상

048 다음은 자랑스러운 경찰의 표상에 대한 서술이다. 해당 인물을 바르게 나열한 것은? 20순경2차

> ㉠ 성산포 경찰서장 재직 시 계엄군의 예비검속자 총살 명령에 '부당함으로 불이행'한다고 거부하고 주민들을 방면함
> ㉡ 1946년 5월 미군정하 제1기 여자경찰간부로 임용되며 국립 경찰에 투신하였고 1952년부터 2년간 서울여자경찰서장을 역임하며 풍속·소년·여성보호 업무를 담당함(여자경찰제도는 당시 권위적인 사회 속에서 선진적이고 민주적인 제도였음)
> ㉢ 5·18 광주 민주화운동 당시 무장 강경진압 방침이 내려오자 '분산되는 자는 너무 추적하지 말 것, 부상자가 발생하지 않도록 할 것' 등을 지시하여 비례의 원칙에 입각한 경찰권 행사 및 인권 보호를 강조함
> ㉣ 임시정부 경무국 경호원 및 의경대원으로 활동하였고 1926년 12월 식민수탈의 심장인 식산은행과 동양척식회사에 폭탄을 투척하였음

① ㉠ 안맥결 ㉡ 문형순 ㉢ 최규식 ㉣ 나석주
② ㉠ 문형순 ㉡ 안맥결 ㉢ 안병하 ㉣ 나석주
③ ㉠ 안병하 ㉡ 문형순 ㉢ 나석주 ㉣ 이준규
④ ㉠ 문형순 ㉡ 안맥결 ㉢ 안병하 ㉣ 이준규

해설

㉠ 문형순 경감, ㉡ 안맥결 총경, ㉢ 안병하 치안감, ㉣ 나석주 의사

정답 ②

049 한국경찰사에 길이 빛날 경찰의 표상에 대한 설명으로 가장 적절한 것은?   21승진

① 안맥결 총경은 1950년 8월 30일 성산포경찰서장 재직시 계엄군의 예비검속자 총살 명령에 '부당함으로 불이행'한다고 거부하였다.
② 이준규 총경은 1957년 국립경찰전문학교 교수로 발령 받아 후배 경찰교육에 힘쓰다 1961년 5.16군사정변이 일어나자 군사정권에 협력할 수 없다며 사표를 제출하였다.
③ 문형순 경감은 1980년 5.18 광주 민주화운동 당시 비례의 원칙에 입각한 경찰권 행사 및 시위대의 인권보호를 강조하였다.
④ 백범 김구 선생은 1919년 상하이에 수립된 대한민국 임시정부의 초대 경무국장으로 취임 후 임시정부 경찰을 지휘하며 임시정부의 성공적 정착에 이바지하였다.

해설

① <u>문형순 경감</u> - 계엄군의 예비검속자 총살 명령에 '부당함으로 불이행'한다고 거부
② <u>안맥결 총경</u> - 1957년 국립경찰전문학교 교수로 발령 받아 후배 경찰교육에 힘쓰다 1961년 5.16군사정변이 일어나자 군사정권에 협력할 수 없다며 사표를 제출
③ <u>안병하 치안감</u> - 1980년 5.18 광주 민주화운동 당시 비례의 원칙에 입각한 경찰권 행사 및 시위대의 인권보호를 강조
④ O

정답 ④

050 다음은 한국경찰사에 있어서 자랑스러운 경찰의 표상에 관한 설명이다. ㉠~㉣에 해당하는 인물을 가장 바르게 나열한 것은?   19순경2차

㉠ 1919년 대한민국 임시정부의 초대 경무국장이다.
㉡ 5·18 광주 민주화운동 당시 전남도경국장으로서, 과격한 진압을 지시했던 군과 달리 '분산되는 자는 너무 추격하지 말 것, 부상자 발생치 않도록 할 것' 등과 '연행과정에서 학생의 피해가 없도록 유의하라'고 지시하였다. 신군부의 명령을 어겼다는 이유로 직위해제를 당했다.
㉢ 공비들의 근거지가 될 수 있는 사찰을 불태우라는 상부의 명령에 대해 현명하게 대처하여 화엄사(구례), 선운사(고창), 백양사(장성) 등 여러 사찰과 문화재를 보호하였다.
㉣ 1968년 1.21 무장공비침투사건 당시 군 방어선이 뚫린 상황에서 격투 끝에 청와대를 사수하였으며, 순국으로 대한민국을 지켜내고 조국의 발전을 가능하게 한 영웅적인 사례로 평가받고 있다.

① ㉠ 김구   ㉡ 안병하   ㉢ 차일혁   ㉣ 정종수
② ㉠ 김원봉 ㉡ 안병하   ㉢ 최규식   ㉣ 정종수
③ ㉠ 김구   ㉡ 차일혁   ㉢ 안병하   ㉣ 최규식
④ ㉠ 김구   ㉡ 최규식   ㉢ 안병하   ㉣ 차일혁

> 해설

▶ 한국경찰사에 길이 빛날 경찰의 표상

김구 선생	① 1919년 상하이에서 수립한 대한민국 임시정부의 초대 경무국장 ② 대한민국「헌법」은 그 전문에서 대한민국이 임시정부의 법통을 계승하고 있다는 점을 분명히 밝히고 있으므로, 대한민국 경찰 역시 임시정부의 경찰활동과 경찰정신을 계승하고 있다고 보아야 함
최규식 경무관 정종수 경사	① 호국경찰의 표상 ② 1968년 1.21 무장공비침투사건 당시 최규식 총경(경무관특진)과 형사 7명이 종로경찰서 자하문검문소에서 무장공비를 차단·격투 끝에 청와대 사수함 ③ 군 방어선이 뚫린 상황에서 경찰관 최규식(태극무공훈장)·정종수(화랑무공훈장)의 순국으로 대한민국을 지켜내고 조국의 발전을 가능하게 한 영웅적인 사례임
차일혁 경무관	① 호국경찰·인권경찰·문화경찰의 표상 ② 일제강점기 중국에서 광복군·조선의용대·조선의용군 독립운동, 광복 후 우익 최전선에서 대한민국의 탄생에 도움을 줌 ③ 전북 18전투경찰대대장(경감)으로 경찰 투신, 남부군 사령관 이현상 사살(1953년)로 빨치산 토벌의 주역임 ④ 빨치산 토벌 당시 이현상을 '적장의 예'로써 화장해주고, 생포한 공비들에 대하여 관용과 포용으로 귀순을 유도한 인본경찰·인권경찰의 표상이 됨 ⑤ 공비들의 근거지가 될 수 있는 사찰들을 불태우라는 상부의 명령에 대하여 '절을 태우는 데는 한나절이면 족하지만, 세우는 데는 천 년 이상의 세월로도 부족하다.'며 사찰의 문짝만 태움으로써 화엄사(구례), 천은사(구례), 선운사(고창), 백양사(장성), 쌍계사(하동), 금산사(김제) 등 사찰과 문화재를 보호하였고, 충주경찰서장 재직 당시 '충주직업소년학원'을 설립하여 불우아동들에게 배움의 기회를 제공하는 등 문화경찰의 표본이 됨 ⑥ 화엄사 공적비 건립(1998), '20세기를 빛낸 위대한 인물' 선정(2000, 조선일보), 보관문화훈장(2008), 감사장 추서 및 '문화재를 지켜낸 인물' 선정(2008, 문화재청), 드라마 '여명의 눈동자' 주인공 장하림(박상원 역) 실제모델(1991, MBC) 등
안병하 치안감	① 민주경찰·인권경찰의 표상 ② 육군사관학교 출신으로 1961년 경찰에 투신, 1979년 2월 전라남도 경찰국장으로 임명 ③ 5·18 광주 민주화운동 당시 안병하 국장은 과격한 진압을 지시했던 군과 달리, '분산되는 자는 너무 추격하지 말 것, 부상자 발생치 않도록 할 것, 기타 학생은 연행할 것' 등을 지시하고, '연행과정에서 학생의 피해가 없도록 유의하라'고 지시함 ④ 신군부의 명령을 어긴 죄로 직무유기 혐의로 직위해제 당하고 보안사 동빙고 분실로 끌려가 10여일간 혹독한 고문을 받은 후, 후유증으로 투병하다 사망함

정답 ①

051 다음은 한국경찰사에 대한 설명이다. 아래 (   )안에 들어갈 내용으로 가장 적절하게 짝지어진 것은?

22승진

> 안병하 치안감은 5·18 광주 민주화운동 당시 전라남도 경찰국장으로서 전라남도 경찰들에게 '분산되는 자는 너무 추적하지 말 것' 등을 지시하고, '연행과정에서 학생의 피해가 없도록 유의하라'고 지시하여 (㉠)에 입각한 경찰권 행사 및 시위대의 (㉡)를 강조하였다.

① ㉠ - 호국정신 ㉡ - 인권보호
② ㉠ - 비례의 원칙 ㉡ - 질서유지
③ ㉠ - 호국정신 ㉡ - 질서유지
④ ㉠ - 비례의 원칙 ㉡ - 인권보호

해설

④ 5·18 광주민주화운동 당시 안병하 전남도경국장은 <u>비례의 원칙</u>에 입각한 경찰권행사로 시위대의 <u>인권보호</u>를 강조한 인권경찰의 표상이다.

정답 ④

---

052 자랑스런 경찰의 표상에 대한 설명으로 그 인물과 내용이 옳지 <u>않은</u> 것은?

21경간

① 차일혁 경무관 - 빨치산 토벌의 주역이며 구례 화엄사 등 문화재를 수호한 인물로 '보관문화훈장'을 수여받은 호국경찰의 영웅이자 인본경찰·인권경찰·문화경찰의 표상이다.
② 안병하 치안감 - 5.18 광주 민주화운동 당시 과격한 진압을 지시했던 군과 달리, '분산되는 자는 너무 추적하지 말 것, 부상자 발생치 않도록 할 것, 기타 학생은 연행할 것' 등을 지시하고, '연행과정에서 학생의 피해가 없도록 유의'하라고 지시하였다.
③ 최규식 경무관, 정종수 경사 - 1968년 무장공비 침투사건(1.21 사태) 당시 종로경찰서 자하문검문소에서 무장공비를 온몸으로 막아내고 순국함으로써 청와대를 사수하고 대한민국을 위기에서 건져 올린 호국경찰의 표상이다.
④ 안맥결 총경 - 1980. 5. 18. 당시 목포경찰서장으로 재임하면서 안병하 국장의 방침에 따라 경찰총기 대부분을 군부대 등으로 사전에 이동시켰으며 자체 방호를 위해 가지고 있던 소량의 총기마저 격발할 수 없도록 방아쇠 뭉치를 모두 제거해 원천적으로 시민들과의 유혈충돌을 피하도록 조치하여 광주와 달리 목포에서는 사상자가 거의 나오지 않았다.

해설

④ 안맥결 총경이 아니라 <u>이준규 목포서장에 관련된 설명</u>이다.

▶ 한국 경찰사에 길이 빛날 경찰의 표상

안맥결 총경 (독립운동가출신 경찰의 표상)	① <u>독립운동가 출신의 여성경찰관</u>이며 <u>도산 안창호 선생의 조카딸</u>로서, 1919년 10월 평양 숭의여학교 재학 중 만세시위에 참여하다 체포되어 20일간 구금되었다. ② 1936년 임시정부 군자금 조달 혐의로 5개월간 구금되었으며, 1937년 일제가 조작한 수양동우회사건으로 수배된 후 만삭의 몸으로 서대문형무소에 수감되었다가 석방되었다. ③ 1946년 5월 미군정하 제1기 여자경찰간부로 임용되어 국립경찰에 투신하였고 1952년부터 2년간 서울여자경찰서장을 역임하며 풍속·소년·여성보호 업무를 담당하였다. 당시 권위적인 사회 속에서 여자경찰제도는 선진적이고 민주적인 제도였다. ④ 1957년 국립경찰전문학교 교수로 발령받아 후배경찰교육에 힘쓰다 1961년 <u>5·16군사정변이 일어나자 군사정권에 협력할 수 없다며 사표</u>를 제출하였다.
이준규 총경 (민주·인권 경찰의 표상)	① 이준규 서장은 1948. 3. 31. 경찰입직(순경공채)하였고, 1980년 <u>5·18당시 목포 경찰서장으로 재임하면서 안병하 전라남도경찰국장의 방침</u>에 따라 경찰 총기 대부분을 군부대 등으로 사전에 이동시켰고 자체 방호를 위해 가지고 있던 소량의 총기마저 격발할 수 없도록 방아쇠 뭉치를 모두 제거해 경찰관들과 함께 고하도 섬으로 이동시키는 등 원천적으로 시민들과의 유혈충돌을 피하도록 조치하여 광주와 달리 목포에서는 사상자가 거의 나오지 않았다. ② 이를 이유로 신군부에 의해 직무유기 혐의로 구속되어 1980년 직위해제된 후 파면되는 한편, 강경 진압지시 거부 및 자위권 소홀 혐의로 군법회의에서 징역 1년의 선고유예를 받았다. ③ 2018년에 5·18민주유공자로 등록되었고, 2019년에는 형사판결 재심 무죄 선고 및 파면처분 직권 취소 등 명예 회복이 이루어졌다.

정답 ④

053 한국 경찰사에 길이 빛날 경찰의 표상에 대한 설명 중 가장 적절하지 않은 것은? 13승진

① 대한민국 임시정부의 초대 경무국장은 민족의 사표 김구 선생으로, 「대한민국 헌법」은 그 전문에서 대한민국이 임시정부의 법통을 계승하고 있다는 점을 분명히 밝히고 있다.
② 1968년 무장공비 침투사건(1.21 사태) 당시 종로경찰서 자하문검문소에서 무장공비를 온몸으로 막아내고 순국함으로써, 청와대를 사수하고 대한민국을 위기에서 건져올린 호국경찰의 표상은 최규식 경무관과 정종수 경사이다.
③ 최규식 경무관과 정종수 경사는 화엄사 공적비 건립, '20세기를 빛낸 위대한 인물' 선정, 드라마 '여명의 눈동자' 주인공 장하림(박상원역) 실제모델 등의 업적이 인정된다.
④ 남부군 사령관 이현상을 사살하는 등 빨치산을 토벌하여 자유 대한민국의 발전에 큰 공헌을 하였으며, 다수의 사찰을 소실로부터 구해내 문화경찰의 발자취를 남긴 호국경찰, 인본경찰, 문화경찰의 표상은 차일혁 경무관이다.

해설

③ <u>차일혁 경무관</u>은 화엄사 공적비 건립, '20세기를 빛낸 위대한 인물' 선정, 드라마 '여명의 눈동자' 주인공 장하림(박상원역) 실제모델 등의 업적이 인정된다.

정답 ③

054 한국 경찰사의 자랑스러운 경찰의 표상에 대한 설명 중 연결이 바르지 않은 것은? 20승진

① 빨치산 토벌의 주역이며, 화엄사 등 문화재를 수호한 인물 − 차일혁
② 5.18 광주민주화운동 당시 비례의 원칙에 입각한 경찰권 행사 강조 − 최규식
③ 1968년 무장공비 침투사건 당시 무장공비를 온몸으로 막아내고 순국 − 정종수
④ 1919년 상하이에서 수립한 대한민국 임시정부의 초대 경무국장 − 김구

해설

② 5.18 광주민주화운동 당시 비례의 원칙에 입각한 경찰권 행사 강조 − <u>안병하</u>

정답 ②

제8절 비교경찰론

〈비교경찰 일반론〉

055 다음 중 민주주의와 경찰제도의 관련성에 대한 설명으로 가장 거리가 먼 것은? 01순경

① 경찰제도의 주요모형으로는 분권화, 집권화, 절충형 체제가 있다.
② 민주주의 국가에서 자유·정의와 범죄통제의 균형은 주요 관심사이다.
③ 민주국가에서는 분권화체제를, 비민주국가에서는 집권화체제를 택한다.
④ 국가마다 사상과 전통이 달라 경찰의 조직과 역할도 다르다.

해설

③ <u>프랑스는 민주국가이지만 집권형 경찰체제를 운영하고 있는 것에서 알 수 있듯이</u>, 분권형·집권형 경찰체제는 각각 민주주의국가·전체주의국가와 자동적으로 연결되는 경찰체제가 아니라 <u>각 국가별로 전통과 상황에 맞게 운영해 나가는 선택의 문제일 뿐</u>이다.

▶ 각국의 경찰체제

분권형	미국, 캐나다, 벨기에, 네덜란드, 스위스 (미캐/베네스)
집권형	한국, 프랑스, 이탈리아, 이스라엘, 스웨덴, 대만, 핀란드 (한프리리/덴대핀)
절충형 (통합형)	영국, 일본, 호주, 브라질, 독일 (영일/호브독)

정답 ③

056 다음 중 집권화 경찰제도에 대한 설명으로 가장 옳지 <u>않은</u> 것은? 02순경

① 대표적인 국가로 프랑스를 들 수 있다.
② 사회의 권리를 개인적인 시민의 권리보다 더 중요시한다.
③ 집권화된 경찰제도는 전체주의 국가에서만 특징적으로 나타난다.
④ 경찰력이 중앙정부의 직접적인 통제하에 있지만, 이러한 중앙집권화된 경찰체제가 민주적 이념과 대립되는 것은 아니다.

> **해설**
> ③ 분권화 또는 집권화 경찰체제는 선택의 문제일 뿐이다. <u>민주국가인 프랑스 등에서도 집권화 경찰체제를 선택하고 있다.</u>
>
> 정답 ③

057 외국 경찰제도에 대한 설명으로 가장 옳지 <u>않은</u> 것은? 07승진

① 영국 – 분권화체제와 집권화체제가 혼재되어 있다.
② 미국 – 분권화체제로서 연방경찰, 주경찰, 지방경찰로 이루어져 있다.
③ 독일 – 연방경찰이 경찰권을 갖고 있는 절충형체제이다.
④ 프랑스 – 대표적인 집권화체제이다.

> **해설**
> ③ 독일은 헌법상 <u>주정부가 경찰권을 가지고 있는</u> 절충형체제이다.
>
> 정답 ③

058 경찰제도의 3가지 패러다임에 관한 설명으로 가장 옳지 <u>않은</u> 것은? 교수출제변형

① 중앙집권화 경찰제도의 경우 경찰권이 중앙정부의 직접적 통제하에 있고, 경찰조직은 전국적으로 통일된 국가경찰조직을 취하고 있다.
② 중앙집권화 경찰제도의 경찰은 중앙정부에 권한이 집중된 운영형태로서 지방경찰기관의 재량권은 상당부분 제한되어 있다.
③ 지방분권화 경찰제도에 있어서 경찰권은 법률에 의하여 엄격하게 제한되며 국민은 경찰권 집행절차의 적법성을 기대하고 있다.
④ 통합형(절충형) 경찰제도는 중앙집권화 경찰제도에 비하여 더 능률적이고, 지방분권화 경찰제도에 비하여 더 민주적이라고 볼 수 있다.

> **해설**
> ④ 통합형(절충형) 경찰제도는 <u>중앙집권화 경찰제도에 비하여 더 민주적이고, 지방분권화 경찰제도에 비하여 더 능률적</u>이라고 볼 수 있다.
>
> 정답 ④

〈영국 경찰〉

059 영국경찰의 역사에 대한 설명으로 가장 옳지 않은 것은?　06승진

① 앵글로 색슨 시대에는 집단안전체제로 '10인조'라는 치안유지제도가 있었다.
② 프랭크플레지(Frankpledge) 제도는 집단안전체제로 법집행의 보장과 침입부족으로부터 지역사회를 보호하기 위한 것이었다.
③ 헨리필딩 법관이 만든 절도체포대, 기마순찰대, 도보순찰대는 이후의 수도경찰청의 기본이 되었다.
④ 범죄를 개인이나 집단이 아닌 국가가 처벌하여야 한다는 개념이 출현한 것은 로마정복시대였다.

> **해설**
> ④ 노르만시대(노르만정복시대)의 헨리법전(1116년)에서 국왕에게 살인·강도·강간 등 범죄에 대한 재판권을 부여하면서 범죄를 개인이나 집단이 아닌 국가가 처벌해야 한다는 사고가 대두되었다.
>
> **정답** ④

060 고대·중세의 영국경찰에 대한 설명으로 가장 옳지 않은 것은?　교수출제변형

① 10인 조합이 모여 100인 조합을 형성했고, 100인 조합 관리를 위해 군인이자 법관인 국왕대관(Shire Reeve)을 임명하였는데 이것이 오늘날 보안관(Sheriff)의 기원이 되었다.
② 노르만정복시대에 범죄를 개인이나 집단이 아닌 국가가 처벌해야 한다는 사고가 대두되었다.
③ 윈체스터법(1285년)은 오늘날까지 영국 경찰조직의 기초가 되고 있고, 경찰활동은 중앙정부와 지방정부 사이에 책임을 공유해야 한다는 관념을 형성하였다.
④ 각 shire 또는 county의 치안유지자 제도는 1327년 치안판사법에 의하여 제정되었고, 1361년 치안판사법은 치안유지자에게 판사의 직함을 부여하였다.

> **해설**
> ① 10인 조합(Tything, 십호반)이 모여 100인 조합(Hundred, 백호반)이라는 집단안전체제를 형성했는데, 100인 조합의 관리를 위해 임명된 책임자를 컨스터블(Constable)이라 불렀고 오늘날 영국경찰의 기원이 되었다. 100인 조합이 모여서 만들어진 것이 샤이어(Shire)이고 샤이어의 수장을 리브(Reeve)라 불렀으며 국왕이 군인임과 동시에 법관인 국왕대관(Shire Reeve)을 임명하였는데, 이것이 쉐리프(Sheriff)라는 명칭으로 발전하게 되었다.
>
> **정답** ①

061 영국의 중세경찰에 대한 설명 중 가장 옳지 <u>않은</u> 것은? 07경간

① 윈체스터 법령은 노르만 침공과 1829년의 수도경찰청법 사이에 거의 유일하게 존재하는 경찰활동을 규율하는 법령으로서의 중요성을 가진다.
② 헨리법전은 국왕에게 살인·강도·강간 등 37종의 범죄에 대한 재판권을 부여하였으며, 이를 통해 범죄를 개인이나 집단이 아닌 국가가 처벌해야 한다는 사상이 대두되었다.
③ 로버트 필 경은 중세 도시에 야경인 제도를 도입하였고 경찰의 첫째 목적은 범죄 진압이 아니라 예방에 있다고 보고 범죄자를 사후에 색출하고 처벌하는 것보다는 미연에 방지하는 것이 더욱 효과적임을 역설하였다.
④ Constable은 영국에서 주민들이 스스로 뽑은 자치치안의 대표자에서 유래하는 경찰관을 지칭하는 일반적인 용어이다.

해설

③ 중세시대 에드워드 1세가 제정한 <u>윈체스터 법령에서 야경인 제도를 도입</u>하여 경찰관(Constable)의 임무를 보좌하게 하였다. 로버트 필 경은 영국 근대경찰의 아버지로 야경인 제도와는 직접적인 관련이 없다.

정답 ③

062 1829년 런던수도경찰청을 창설한 로버트 필 경(Sir Robert Peel)이 경찰조직을 운영하기 위하여 제시한 기본적인 원칙 중 가장 적절하지 <u>않은</u> 것은? 20순경1차

① 경찰의 기본적인 임무는 범죄에 대한 신속한 대응이다.
② 경찰의 성공은 시민의 인정에 의존한다.
③ 적절한 경찰관들을 확보하기 위한 교육훈련은 필수적인 것이다.
④ 경찰은 군대식으로 조직되어야 한다.

해설

① 로버트 필은 경찰의 기본적인 임무는 <u>범죄에 대한 신속한 대응이 아닌 범죄와 무질서를 적게 하는 범죄 예방(범죄의 부재)</u>에 있다고 설명한다.

▶ 로버트 필 경의 9가지 경찰원칙

1. 군대의 폭압이나 엄한 처벌이 이루어지지 않도록, <u>범죄와 무질서를 예방</u>하는 것이 경찰의 <u>기본적 임무</u>이다.
2. 경찰의 <u>임무를 수행하기 위해 필요한 힘은 시민의 지지와 승인 및 존경에 전적으로 의존한다</u>는 것을 결코 잊어서는 안 된다.
3. 경찰에 대한 시민의 지지와 승인 및 존경을 확보한다는 것은 경찰업무에 대한 시민의 적극적인 협력 확보를 의미한다는 점을 인식해야 한다.
4. 시민의 협력을 확보하는 만큼 경찰목적 달성을 위한 강제와 물리력 사용의 필요성이 감소함을 명심해야 한다.

5. 시민의 지지와 승인은 결코 여론에 영합해서 얻어지는 것이 아니라 지속적으로 공정하고 치우침 없는 법집행을 통해 확보된다.
6. 경찰의 물리력은 자발적 협력을 구하는 설득과 조언·경고가 통하지 않을 때에만 사용해야 하며, 그 때에도 필요 최소한의 정도에 그쳐야 한다.
7. 경찰이 곧 시민이고 시민이 곧 경찰이라는 인식을 바탕으로 경찰과 시민 간 협력관계를 유지해야 한다.(경찰도 공동체의 한 구성원임)
8. 언제나 경찰은 법집행자로서 역할해야 함을 명심하고, 유무죄를 판단해 처벌하는 법관의 권한을 행사하는 것처럼 보여서는 안 된다.
9. 경찰의 효율성은 범죄·무질서의 감소·부재로 판단되는 것이지, 범죄·무질서를 진압하는 가시적인 모습으로 인정받는 것은 아니라는 점을 명심해야 한다. (범죄·무질서를 진압하는 모습으로 인정받음 X)

▶ **로버트 필(R. Peel)이 제시한 지휘지침(경찰개혁안)**

1. 경찰은 안정되고 능률적이며 군대식으로 조직되어야 한다.(비군대식으로 X)
2. 경찰은 정부통제를 받아야 한다.(독자적 통제 X)
3. 범죄의 부재는 경찰효과성(능률성)의 가장 좋은 증명이다.
4. 범죄발생 사항은 반드시 전파되어야 한다.(보안유지에 철저 X)
5. 경찰력을 시기별 또는 지역별로 전개·배치하는 것이 필요하다.(시간·지역 구분없이 일률적 배치 X)
6. 완전한 감정통제 이상으로 경찰관에게 절대적으로 필요한 자질은 없으며, 평온하고 결의에 찬 태도는 실력행사 이상의 효과를 갖는다.
7. 단정한 외모는 시민의 존경을 산다.
8. 적격자의 선발과 적절한 훈련은 능률의 근본요소이다.
9. 공공의 안전을 위해 모든 경찰관에게는 식별할 수 있도록 번호가 부여되어야 한다.
10. 경찰서는 시내중심지에 위치해야 하고, 시민이 쉽게 찾을 수 있어야 한다.(교통접근성이 좋은 외곽에 위치 X)
11. 경찰관은 반드시 시보기간을 거친 후에 채용되어야 한다.
12. 경찰은 항상 기록을 남겨 차후 경찰력 배치를 위한 기준으로 삼아야 한다.

정답 ①

---

063 1829년 런던수도경찰청을 창설한 로버트 필 경(Sir. Robert Peel)이 경찰조직을 운영하기 위하여 제시한 기본적인 원칙에 해당하지 않는 것은? 22경간

① 경찰은 안정되고 능률적이며, 군대식으로 조직되어야 한다.
② 경찰의 기본적인 임무는 범죄와 무질서의 예방이다.
③ 모방범죄 예방을 위해 범죄정보는 유출되어서는 안된다.
④ 적합한 경찰관들의 선발과 교육은 필수적인 것이다.

해설

③ 로버트 필 경은 "범죄 발생 사실은 반드시 전파되어야 한다(범죄정보는 유출되어서는 안된다X)"고 강조했다.

정답 ③

064 현대경찰의 형성에 지대한 영향을 미친 영국의 로버트 필(R. Peel) 경이 주장한 경찰활동의 원리(police principles)가 아닌 것은?　　09순경

① 경찰의 기본적인 사명은 범죄와 무질서를 예방하는 것이다.
② 경찰은 공공의 협조를 확보하고 유지해야만 한다.
③ 경찰은 비당파적인 치안서비스를 제공하여야 한다.
④ 경찰은 경찰목적을 달성하는데 필요하다면 적극적으로 물리력을 행사해야 한다.

> **해설**
> ④ 경찰의 물리력은 자발적 협력을 구하는 설득과 조언·경고가 통하지 않을 때에만 사용해야 하며, 그 때에도 **필요 최소한의 정도에 그쳐야 한다**.
> 　　　　　　　　　　　　　　　　　　　　　　　　　　　　　　　　　　　　　　　정답 ④

065 영국 경찰제도 개혁에 대한 설명 가운데 가장 옳지 않은 것은?　　06순경

① 1829년 산업혁명으로 인한 치안수요 급증에 대처하기 위해 로버트 필 경에 의해 수도경찰청이 창설되었다.
② 1964년 경찰법에 의하여 수도경찰청과 런던시를 포함한 모든 경찰본부가 관리기구인 경찰위원회로 통합되었다.
③ 1992년 국립범죄정보국(NCISI), 1997년 국가범죄수사국(NCS)이 창설되었다.
④ 2000년 이후 수도경찰청도 자치경찰화되었다.

> **해설**
> ② 1964년 경찰법에 의하여 **수도경찰청과 런던시를 제외한** 모든 경찰본부가 관리기구인 경찰위원회로 통합되었다.
> 　　　　　　　　　　　　　　　　　　　　　　　　　　　　　　　　　　　　　　　정답 ②

066 영국경찰에 대한 설명으로 가장 옳지 않은 것은?　　교수출제변형

① 고대 영국의 앵글로색슨 시대에는 '프랭크플레지'라는 제도가 있었는데, 이는 10인조에 소속된 가족들이 범죄문제에 서로 공동책임을 지는 '상호보증 제도'라고 할 수 있다.
② 1785년 헨리 필딩은 최초의 형사기동대라고 할 수 있는 '보우가의 주자들'을 조직하였다.
③ 국립범죄국은 중앙범죄정보국(국립범죄정보국)이 확대 개편된 것이다.
④ 런던시경찰청은 수도경찰청 내의 중심지를 관할하는 별개의 독립한 경찰이라 할 수 있다.

> **해설**
> ③ 국립범죄정보국과 국가범죄수사국이 2006년 통합되어 중대조직범죄청(SOCA)이 설립되었고, **중대조직범죄청(SOCA)이 2013년에 국립범죄국(=국립범죄청)으로 개편되었다.**
> 　　　　　　　　　　　　　　　　　　　　　　　　　　　　　　　　　　　　　　　정답 ③

067 영국 국립범죄청(National Crime Agency)에 대한 설명으로 옳지 <u>않은</u> 것은? 08승진변형

① 국립조직범죄수사청(SOCA)이 아동착취 및 온라인 아동범죄 대응센터(CEOPC)를 흡수하여 2013년 국립범죄청이 설립되었다.
② 강력범죄에 대한 정보수집 및 수사권, 체포권은 직접 행사할 수 있다.
③ 마약밀매, 약물범죄, 아동범죄, 조직범죄, 인신매매, 불법 밀입국, 여권과 화폐위조범죄, 대테러범죄 등을 다룬다.
④ 지방경찰청장 중 1명을 국립범죄청장으로 지역치안위원장이 임명한다.

> **해설**
> ④ 지방경찰청장 중 1명을 국립범죄청장으로 <u>내무부장관이</u> 임명한다.
>
> **정답** ④

068 영국 경찰에 대한 설명으로 가장 옳지 <u>않은</u> 것은? 08승진

① 윈체스터법령은 지방도시 치안유지를 위한 법이다.
② 영국의 특별경찰은 운하 및 하천경찰, 대학경찰, 민간항공경찰, 왕실경찰 등이 있다.
③ 영국의 경찰제도는 전통적으로 자치경찰제도를 취하고 있다.
④ 수도경찰청장은 내무부장관의 추천으로 국왕이 임명한다.

> **해설**
> ② <u>왕실경찰은 따로 두지 않고</u>, 왕궁 및 의사당 경비를 수도경찰청에서 맡고 있다.
>
> **정답** ②

069 영국 수도경찰청의 업무를 설명한 것으로 가장 옳지 <u>않은</u> 것은? 08승진

① 왕궁 및 의사당 경비 업무를 수행한다.
② 중요 강력사건의 수사 및 지방자치경찰에 대한 수사지원 업무를 수행한다.
③ 국가안전에 관한 범죄수사 등 국제적 정치·금융·문화·외교의 중심지인 런던을 보호하기 위해 창설되어 런던 중요시설 및 요인경호, 대테러 업무 등을 수행한다.
④ 마약밀매, 약물범죄, 아동범죄, 조직범죄, 인신매매, 불법 밀입국, 여권과 화폐위조범죄, 대테러범죄 등을 다룬다.

> **해설**
> ④번은 <u>국립범죄청의 업무</u>에 해당한다.
> ※ 수도경찰청의 관할구역은 런던 광역(Greater London)이며, 런던 중심의 금융가인 런던시(City of London)는 제외된다. 런던시(City of London)에는 런던시경찰청이 별도로 구성되어 있다.
>
> **정답** ④

070 영국 수도경찰청장에 대한 설명으로 가장 옳지 않은 것은? 10승진

① 수도경찰청장은 치안법관의 자격도 가진다.
② 수도경찰청장은 치안법관으로서 법정에 출정할 수는 있지만, 재판을 할 수는 없다.
③ 수도경찰청장은 국왕의 요청으로 내무부장관이 임명한다.
④ 수도경찰청장은 내무부장관의 관리 외에는 대외적으로 독립한 지위를 가진다.

> **해설**
> ③ 수도경찰청장은 고위경찰관이나 민간인 중에서 **내무부장관의 추천(제청)으로 국왕이 임명**한다.
>
> **정답** ③

---

071 영국 시·도경찰 운영에 있어서 4원체제에 해당하지 않는 것은? 04승진변형

① 지역치안위원장　　　　　② 지역치안평의회
③ 시·도지사　　　　　　　④ 내무부장관

> **해설**
> ③ 영국 시·도경찰의 관리 및 운영 체제는 **지역치안평의회, 지역치안위원장, 지방경찰청장, 내무부장관의 4원체제**로 상호간 견제와 균형을 이루며 운영되고 있다.
>
> ▶ **지방경찰 4원체제** (내청치치)
>
> | | |
> |---|---|
> | 지역치안위원장
(지역치안관리관) | ① 지역주민의 선거에 의하여 선출
② 지역치안 계획을 수립하고, 지방경찰의 예산·재정에 대한 총괄권을 가짐
③ 지방경찰청장 및 차장에 대한 임명권·면직권 |
> | 지역치안평의회 | ① 지역치안위원장의 견제기구로 선출직 시민대표와 독립위원들로 구성
② 임무 : 지역치안위원장 출석요구권·질의권, 지역치안위원장 직권남용 조사의뢰 및 주민소환투표 실시, 예산지출 감사권, 지방경찰청장 인사청문회 개최 |
> | 지방경찰청장 | ① 지방경찰에 대한 지휘·통제권 행사 등 독자적인 지방경찰 운용
② 지방경찰청 차장을 제외한 모든 경찰에 대한 인사권
③ 일상적인 예산운용권 |
> | 내무부장관 | ① 국가적 조직범죄 대응을 위하여 지방경찰에 임무부여 및 조정
② 지방경찰에 대한 내무부 예산지원(50%) 및 그에 대한 감사권 행사
③ 지방경찰청장 중에서 국립범죄청장 임명
④ 전략적 경찰활동 요구권(요구조건 작성 및 배포)
※ 내무부장관이나 지역치안위원장은 지방경찰을 지휘·명령하는 권한이 아닌 감시자로서의 관리권한을 가지고 있음 |
>
> **정답** ③

072 영국 지방경찰의 4원체제에 대한 설명 가운데 가장 옳지 않은 것은? 02순경변형

① 지역치안평의회는 지역치안위원장의 직권남용 조사의뢰 및 주민소환투표 실시, 지방경찰청장 임명 시 인사청문회 개최 등 권한을 행사한다.
② 지역치안위원장은 지역주민들의 선거로 선출되는데, 해당 지역의 치안계획을 수립하고 지방경찰의 예산 및 재정에 관한 총괄권을 가진다.
③ 지방경찰청장은 지역경찰의 예산지출에 대한 감사권을 가진다.
④ 내무부장관은 지방경찰 예산의 50% 부담하고 그에 대한 감사권을 행사하며, 전략적 경찰활동 요구권 등을 가진다.

> **해설**
> ③ 지역경찰의 예산지출에 대한 감사권은 지역치안평의회가 가지고 있다.
>
> **정답** ③

073 영국의 지방경찰체제를 구성하고 있는 4원체제와 관련하여 각 권한과 역할의 연결이 가장 옳지 않은 것은? 05순경변형

① 지역치안평의회 – 지역경찰의 예산지출에 대한 감사권(감시권)
② 지역치안위원장 – 국가적인 조직범죄 대응을 위해 지방경찰에 대하여 임무부여 및 조정 역할
③ 지방경찰청장 – 지방경찰에 대한 독립적인 지휘 및 통제권
④ 내무부장관 – 지방경찰청장 중 1명을 국립범죄청장으로 임명

> **해설**
> ② **내무부장관** – 국가적인 조직범죄 대응을 위해 지방경찰에 대하여 임무부여 및 조정 역할
>
> **정답** ②

074 영국의 지방경찰제도에서 내무부장관의 권한으로 가장 옳지 않은 것은? 03승진변형

① 국가적인 조직범죄 대응을 위해 지방경찰에 대하여 임무부여 및 조정 역할
② 지방경찰 예산의 50% 부담 및 이에 대한 감사권
③ 전략적 경찰활동 요구권
④ 차장 이외의 모든 경찰관에 대한 인사권

> **해설**
> ④ "차장 이외의 모든 경찰관에 대한 인사권"은 **지방경찰청장의 권한**이다.
>
> **정답** ④

075 영국 경찰에 대한 다음 설명으로 가장 옳지 않은 것은?   06승진

① 영국은 전통적으로 자치경찰제도를 취하고 있다.
② 로버트 필 경이 수도경찰을 창설했다.
③ 불기소처분에 대한 독자적 수사종결권을 가지고 있다.
④ 직접 법관에게 영장을 청구할 수는 없다.

> **해설**
> ④ 영국 경찰은 <u>직접 법관에게 영장을 청구할 수 있다</u>.
>
> **정답** ④

076 영국경찰과 관련하여 현재 잉글랜드와 웨일즈에서의 경찰과 검찰의 관계를 설명한 것으로 가장 적절하지 않은 것은?   09순경

① 원칙적으로 검찰의 경찰지휘권은 없고, 경찰과 검찰은 협조관계를 유지한다.
② 경찰은 법관에게 직접 체포영장을 청구할 수 있다.
③ 범죄에 대한 기소와 공소유지는 검찰이 담당한다.
④ 경찰이 기소 의견(결정)으로 송치한 사건의 경우, 검찰은 기소여부를 결정할 때 경찰의 기소 의견(결정)에 구속된다.

> **해설**
> ④ 잉글랜드와 웨일즈 경찰은 원래 기소권까지 가지고 있었으나 1985년 범죄기소법에 의해 검찰청이 창설되면서 기소는 검찰의 권한이 되었다. 경찰이 기소 의견(결정)으로 송치하면 검찰에서 기소여부를 결정하게 되는데, 검찰이 기소여부를 결정함에 있어서 <u>경찰의 기소 의견(결정)에 구속되는 것은 아니다</u>.
>
> **정답** ④

〈미국 경찰〉

077 미국 경찰제도에 대한 설명 가운데 가장 옳지 않은 것은? 08승진

① 미국경찰이 신대륙 초기에 식민지 치안유지를 위해 도입한 영국식 경찰제도는 치안관(constable)과 보안관(sheriff)이다.
② 서부개척 당시 역마차나 절도를 통한 금괴나 현금을 보호하기 위하여 경호경비 전담회사들이 생겨났다.
③ 19세기 미국경찰은 비전문적이었고 지나친 분권화와 정치적 영향으로 효과적인 범죄대치를 하지 못하였고 또한 경찰내부의 부패도 심한 편이었다.
④ 국토안보부(DHS)는 9.11 테러사태 이후 대테러기능을 통합하기 위하여 재무부 소속으로 대통령 경호를 담당하는 SS(secret service)를 창설하였다.

> **해설**
> ④ <u>특별업무국(SS : secret service)</u>은 초기에는 재무부 소속이었으나, <u>9.11 테러사태 이후 국토안보부(DHS) 소속</u>으로 자리잡았다.
>
> **정답** ④

078 미국경찰의 역사에 대한 설명으로 가장 옳지 않은 것은? 03순경

① 영국은 미국의 경찰제도에 가장 큰 영향을 주었다.
② 보스턴시 야경제도는 미국 도시경찰의 시초가 되었다.
③ 보스턴시 경찰국이 탄생하면서 최초의 제복경찰관을 도입하였다.
④ 뉴욕주는 미국 최초로 주경찰을 보유하였다.

> **해설**
> ④ 주(州)경찰의 창설 : **텍사스주경찰(1835년)** → 메사추세츠주경찰(1865) → 펜실베이니아주경찰(1905) (테메페)
>
> **정답** ④

079 미국 경찰제도에 대한 설명으로 가장 옳지 않은 것은? 04순경

① 영국은 미국의 경찰제도에 가장 큰 영향을 주었다.
② 보스턴시 야경제도는 미국 도시경찰의 시초가 되었다.
③ 1838년에 보스턴시 경찰, 1844년에 필라델피아 경찰, 1848년에 뉴욕시 경찰이 근대적 경찰로 개혁하는 등 미국의 대도시에 경찰개혁이 시작되었다.
④ 1931년 미국의 준법 및 법집행에 대한 실태조사위원회의 보고서는 정치와 경찰의 분리를 목표로 한 보고서라고 할 수 있다.

해설

③ "보스턴시경찰(1838) → 뉴욕시경찰(1844) → 필라델피아시경찰(1848)" 순으로 근대적 도시경찰이 태동하면서 미국의 대도시에 경찰개혁이 시작되었다. (보뉴필)
※ 최초의 주경찰은 텍사스 레인저스, 최초의 근대적 주경찰은 펜실베이니아주경찰대
('텍사스→메사추세츠→펜실베이니아' 순으로 주경찰 창설) (테메페)

정답 ③

---

080 미국 경찰사에서 윌슨(O. Wilson)이 주장한 경찰개혁 방안에 해당하지 않는 것은? 02경간

① 조직구조 혁신　　　　　　　　　② 순찰운영 혁신
③ 통신의 효율성을 통한 업무혁신　　④ 경찰채용기준의 강화

해설

④ '경찰채용기준의 강화'는 '준법 및 법집행에 대한 실태조사위원회(워커셤위원회)'의 보고서 내용이다.

Wilson의 개혁방안	㉠ 조직구조 혁신으로 전문직업화 ㉡ 1인 자동차순찰제를 통한 순찰의 효율성 추구 ㉢ 무선통신 효율성을 통한 업무혁신 ㉣ 주기적 담당구역 변경과 신고즉응체제 구축
워커셤위원회 보고서	㉠ 경찰에 대한 정치적 간섭 배제(정치와 경찰의 분리) ㉡ 경찰채용기준 및 교육의 강화를 통한 경찰의 기술혁신 ㉢ 경찰 근무조건 개선 (정교조)

정답 ④

081 다음 중 1931년 미국의 '법준수 및 법집행에 대한 실태조사위원회 보고서'의 내용과 관계가 먼 것은 모두 몇 개인가? 　　　　　　　　　　　　　　　　　　　　　　　　　　　03경간

㉠ 경찰의 조직구조	㉡ 경찰채용기준의 강화
㉢ 순찰운영	㉣ 근무조건 개선
㉤ 통신의 효율성	㉥ 교육의 강화

① 2개　　　② 3개　　　③ 4개　　　④ 5개

해설

㉠㉢㉤은 <u>윌슨의 경찰개혁 주장</u>이고, ㉡㉣㉥이 준법 및 법집행에 대한 실태조사위원회(워커섬위원회) 보고서 내용이다. 워커섬위원회에서 오거스트 볼머(A. Vollmer)가 활동했는데, 오거스트 볼머는 '현대 미국경찰의 아버지'라 불리워진다.

정답 ②

---

082 미국 경찰제도에 대한 설명으로 가장 옳지 <u>않은</u> 것은?　　　　　　　　　　　　　　06승진

① 19세기 연방경찰의 권한이 막강하여 지방경찰이 위축되었다.
② 최근 연방경찰의 기능이 강화 내지 확대되는 추세이다.
③ 전국경찰을 통합, 지휘하는 일원적 지휘기관은 없다.
④ 헌법상 명문으로 경찰권은 주에 있고, 미국연방정부는 헌법이 부여한 과세권, 주간 통상 규제권 등의 행사로 사실상 경찰권을 행사한다.

해설

① (X) 1789년 최초의 연방법집행기관이라 할 수 있는 연방보안관(U.S. Marshals)이 창설됐지만, <u>20세기 초반까지 연방경찰은 제대로 성립조차 되지 않은 미미한 수준</u>이었다.
② (O) 9.11 테러 이후 대테러활동을 중심으로 연방법집행기관이 강화되는 추세에 있다.

정답 ①

---

083 미국의 분권화된 경찰제도의 특징으로 가장 옳지 <u>않은</u> 것은?　　　　　　　　　02순경

① 정부의 권한남용에 대한 두려움과 시민의 자유에 대한 보호정신에 바탕을 둔다.
② 경찰국가를 창설하려는 시도를 제한하여 시민의 자유를 보호하는 데 기여한다.
③ 국제범죄 및 광역범죄에 효과적으로 대처하고 있다.
④ 다수의 경찰기관이 난립하여 업무의 중복 등 문제 극복이 과제로 등장하고 있다.

> **해설**

③ 미국 경찰제도의 가장 큰 특징은 1만 7천여 독립된 경찰관서가 존재하는 분권화된 경찰체제라는 점이다. 전국적으로 경찰을 지휘·통제하는 통일된 경찰조직은 존재하지 않으며 각 경찰관서 상호간 관계는 독립적이고 대응한 협력관계이다. 그런 측면에서 <u>국제범죄나 광역범죄에 효과적으로 대처하기 힘들다는 문제점이 지적</u>되기도 하고, 다수 경찰기관 난립으로 인한 업무중복 등 문제의 극복이 과제로 제시되고 있다.

> 정답 ③

---

084 미국의 연방경찰에 대한 설명으로 가장 옳지 않은 것은? 　　　03순경

① 연방경찰기관의 권한은 국가적 범죄 및 주간의 범죄단속에 한정된다.
② 연방법집행기관은 대부분이 연방정부의 각 기관에 속해 있다.
③ 연방범죄수사국 이외에는 모두 특정한 법 영역만을 담당한다.
④ 연방법집행기관은 다수이지만 임무 중복 등 현상이 없이 체계적인 조직을 갖추고 있다.

> **해설**

④ 연방법집행기관 상호간 관계는 상하관계가 아니지만 비교적 효과적인 공조체제를 유지하고 있다. 그러나, <u>다수의 연방법집행기관 난립으로 인한 임무중복과 비능률성 등이 지적되고 있다</u>.

> 정답 ④

---

085 미국의 연방법집행기관 가운데에서 미국 법무부에 소속된 기관이 아닌 것은? 　　　05순경

① 연방보안관실(U.S. Marshals)　　② 연방범죄수사국(FBI)
③ 특별업무국(SS)　　　　　　　　　④ 마약단속국(DEA)

> **해설**

③ <u>특별업무국(SS : Secret Service)은 국토안보부 소속</u> 법집행기관이다.

▶ 미국 연방법집행기관

┌───
│ ㉠ 법무부 소속 : 연방보안관(U.S. Marshals), 연방범죄수사국(FBI), 마약단속국(DEA), 알코올·담배·총기폭발물국(ATF)
│ ㉡ 국토안보부 소속 : 특별업무국(SS: 대통령경호·화폐위변조단속), 해안경비대(Coast Guard), 세관국경보호국(CBP), 이민세관단속국(ICE), 교통안전청(TSA)
│ ㉢ 기타 다양한 연방 정부기관 소속의 법집행기관들이 있음
└───

> 정답 ③

086 미국의 다음 연방법집행기관들 가운데에서 국토안보부(DHS) 소속이 아닌 기관은 모두 몇 개인가?

08순경

㉠ 특별업무국	㉡ 교통안전청
㉢ 이민세관집행국	㉣ 연방범죄수사국
㉤ 국제형사경찰기구 중앙사무국	

① 1개　　② 2개　　③ 3개　　④ 4개

해설

② 연방범죄수사국(FBI)과 국제형사경찰기구 중앙사무국은 법무부 소속이다.

정답 ②

---

087 미국 연방법집행기관 가운데에서 '연방보안관(U.S. Marshals)'에 대한 설명으로 가장 옳지 않은 것은?

09경간

① 건국 초기 연방정부의 유일한 일반적 법집행권을 가진 조직이었다.
② 연방보안관은 임기 4년의 독립관직으로 상원의 조언과 승인에 따라 대통령이 임명한다.
③ 연방 부보안관은 통상의 연방공무원 시험에 합격한 일반직 공무원으로 임명한다.
④ 연방보안관은 관할법원의 법정관리, 체포영장 및 소환장의 집행, 증인의 신변보호, 지역적 소요의 진압, 조직범죄 대처, 기타 법무부장관의 특별지시 이행을 담당한다.

해설

④ 연방보안관(U.S. Marshals)은 미국 독립 직후인 1789년 워싱턴 대통령이 사법조직법으로 최초 13명을 임명한 미국 최초의 연방법집행기관으로, 독립관직이며 각 연방법원과 동일한 관할을 가진다. 법정관리(법정경비와 판사경호), 체포영장 및 소환장의 집행, 연방범죄 피의자의 호송, 은행강도·유괴·마약등 국가적 범죄에 대한 범인의 체포·호송, 증인의 신변보호(증인보호프로그램 운영), 지역적 소요의 진압, 기타 법무부장관의 특별지시 이행 등 업무를 수행한다. <u>조직범죄는 기본적으로 연방범죄수사국(FBI)에서 담당</u>하는데, 조직범죄가 심각한 지역에서는 관계 수사기관의 대표자들이 연합한 특별단속조직을 만들어서 단속하기도 한다.

정답 ④

088 미국 연방범죄수사국(FBI)의 역사적 발전과정에 대한 설명으로 가장 옳지 않은 것은? 　　02승진

① 1908년 법무부 산하 수사국으로 설치되었다.
② 1935년 수사국이 연방범죄수사국(FBI)으로 정식 출범하였다.
③ 1926년 에드거 후버 국장은 수사국의 역할과 영향력이 민간인에게도 행사되도록 지시하는 등 획기적인 발전을 가져왔다.
④ 연방범죄수사국의 기능은 점차 축소되고 있다.

> **해설**
> ④ 연방범죄수사국(FBI)은 모든 연방범죄에 더하여 타 기관에서 관할하지 아니하는 모든 범죄의 수사권을 가지고 있다. 9.11 테러 이후 대테러에 최우선 순위를 두고 활동하고 있고, **연방정부의 핵심 수사기관**으로서 중요한 기능을 담당하고 있다.
>
> **정답** ④

089 다음 설명과 가장 관련이 있는 미국의 법집행기관은? 　　04순경

> 독립전쟁 당시 영국이 퍼뜨린 위조통화를 단속하기 위하여 1865년 이 단체를 창설하였다. 1908년 이 단체의 수사요원 9명이 사법성(법무부) 소속으로 바뀌면서 연방범죄수사국(FBI)의 전신이 되기도 하였다. 현재 대통령 경호업무 및 요인의 경호, 백악관 및 외국 대사관의 경비, 화폐위조단속 등 역할을 담당하고 있다.

① 주방위병(NC)　　　　　　② 중앙정보국(CIA)
③ 특별업무국(SS)　　　　　④ 마약단속반(DEA)

> **해설**
> ③ 특별업무국(SS : Secret Service)를 설명하고 있다. 특별업무국은 최초 재무부 소속이었으나, 현재는 국토안보부 소속의 연방법집행기관이다.
>
> **정답** ③

090 다음 미국의 주경찰에 대한 설명으로 가장 옳지 않은 것은? 02승진변형

① 주경찰은 주마다 다양한 형태를 가지고 있다.
② 고속도로 순찰기능만을 담당하는 고속도로순찰대와 일반 경찰사무를 담당하는 주경찰국 등이 있다.
③ 주지사 아래 주경찰위원회를 두어 관리하는 주(州)로는 뉴욕주, 뉴멕시코주, 텍사스주, 조지아주 등이 있다.
④ 주경찰국의 업무는 범죄수사에 한정된다.

해설

④ 연방법집행기관과는 달리, 주경찰은 수사뿐만 아니라 **다양한 경찰 기능을 수행**한다.

정답 ④

---

091 다음 미국의 경찰제도에 대한 설명으로 가장 옳지 않은 것은? 13순경

① 영국은 미국의 경찰제도에 가장 큰 영향을 주었다.
② 보스턴시 야경제도는 미국 도시경찰의 시초가 되었다.
③ 보스턴시 경찰국이 탄생하면서 최초의 제복경찰관을 도입하였다.
④ 뉴욕은 미국 최초로 주경찰을 창설하였다.

해설

④ **텍사스주에서 미국 최초로 주경찰(텍사스 레인저스)을 창설**하였다.

〈도시경찰 창설 순서〉
보스턴시(1838) → 뉴욕시(1844) → 필라델피아시(1848) 순 (보뉴필)

〈주경찰 창설순서〉
텍사스주 → 메사추세츠주 → 펜실베이니아주 순 (테메페)
(최초의 주경찰은 텍사스 레인저스, 최초의 근대적 주경찰은 펜실베이니아주경찰대)

정답 ④

092 미국 경찰제도에 대한 설명으로 가장 적절한 것은? 07순경변형

① 미국 경찰관의 70% 이상이 노동조합에 가입되어 있고, 경찰 노조는 경찰개혁을 선도하고 있다.
② 지방정부에 비해 연방정부는 빠른 속도로 연방경찰을 정비하였다.
③ 도시경찰의 관리형태 중 1900년대에 도시경찰 중심으로 발달한 것으로 사회의 전문화, 다양화와 범죄의 증가 등에 대응하기가 용이하다고 평가되는 유형은 단일경찰관리자 방식이다.
④ 연방범죄수사국(FBI)의 임무는 공무원의 신원조사와 범죄통계를 작성하며 지방경찰수사를 지휘한다.

해설

① 미국 경찰관의 70% 이상이 노동조합에 가입되어 있고, 경찰노조는 이익집단의 성격을 가지고 있다고 설명될 만큼 **경찰개혁을 선도하지는 못하고 있다**. 오히려 경찰개혁에 저항하거나 경찰과 지역사회의 관계개선을 위한 시책에 반감을 나타내는 등 부작용을 초래하기도 한다.
② 미국 경찰제도의 가장 큰 특징은 분권화된 경찰체제라는 점이며, 도시경찰과 주경찰을 중심으로 경찰제도가 발전해 왔다. 이에 비하면 **연방경찰(연방법집행기관)은 그 성립과 발전의 속도가 완만하다고 평가된다**.
③ ○

▶ 도시경찰의 관리형태

경찰위원회 방식	시장 아래 경찰위원회를 두고, 경찰위원회의 관리하에 경찰을 운영하는 방식
경찰위원 방식	위원회정부 제도를 채택한 도시에서의 관리방식으로, 시행정의 각 부문을 해당 위원들이 분담함에 따라 선거에 의하여 선출된 임시적·비전문적인 경찰위원이 경찰행정과 소방·위생·복지행정을 함께 담당하는 방식
단일 경찰관리자 방식	비전문적 경찰관리제도(경찰위원회 또는 경찰위원)에 대한 개선 필요성이 대두되어 1900년대 이후 점차적으로 경찰전문가에 의한 단일 경찰관리 형태로 전환되고 있으며 사회의 전문화·다양화와 범죄의 증가 등에 대응하기가 용이하다고 평가되는 방식

④ 분권화된 경찰체제로서 미국 경찰의 경찰기관간 관계는 상호협력 관계일 뿐 지휘·통제하지 않는다. 연방범죄수사국(FBI)과 지방경찰 간의 관계 역시 **상호 협력관계이지 지휘·통제 관계가 아니다**.

정답 ③

093 미국 경찰제도에 관한 설명으로 가장 옳지 <u>않은</u> 것은? 01순경

① 연방경찰은 국가적 범죄 및 주간 범죄단속에 한정된다.
② 최초의 도시경찰은 보스턴의 야경인제도이다.
③ 최초의 주경찰을 둔 곳은 텍사스주이다.
④ 일리노이주는 주지사 직속으로 주경찰국을 두고 있다.

> **해설**
> ④ <u>주지사 직속의 주경찰국을 두고 있는 주는 펜실베이니아주</u>이다. 일리노이주는 주지사 밑에 법집행청을 두고 그 아래 경찰국·형사국·소방국을 두고 있다.
>
> ▶ **주경찰의 관리형태**
> ㉠ 주지사 아래 주경찰위원회를 두어 관리하는 주 : 뉴욕, 뉴멕시코, 텍사스, 조지아 (뉴텍조/위원회)
> ㉡ 주지사 직속의 주경찰국을 둔 주 : 펜실베이니아 (국펜)
> ㉢ 주지사 아래 법집행청을 두어 그 아래 경찰국, 형사국, 소방국을 두는 주 : 일리노이 (청일)
>
> 정답 ④

094 다음 미국경찰에 대한 설명으로 가장 옳지 <u>않은</u> 것은? 07승진

① 미국 연방법집행기관의 경우, 연방범죄수사국(FBI) 이외에는 모두 특정한 법영역만을 담당한다.
② 연방정부는 헌법상 명문으로 경찰권을 가지고 있지 않지만, 헌법이 부여한 과세권 및 주간 통상규제권 등의 행사로 사실상 경찰권을 행사한다.
③ 주경찰을 최초로 보유한 주는 펜실베이니아주이다.
④ 미국은 우리나라처럼 통일된 경찰통제기구가 없다.

> **해설**
> ③ 미국 <u>최초의 주경찰은 텍사스주에서 창설</u>됐다.(텍사스 레인저스) 다만, 최초의 근대적 주경찰은 펜실베이니아주경찰대이다.
>
> 정답 ③

095 미국의 특별경찰에 대한 설명으로 가장 옳지 않은 것은? 05순경

① 보안관(County Sheriff)은 몇몇 주를 제외하고는 주헌법에 규정을 두고 있는 선거직인 경우가 대부분이다.
② 보안관(County Sheriff)은 법집행기관으로서의 역할 및 판사역할, 교정사무까지 담당하며 점차 업무범위는 확대되고 있다.
③ 검시관은 선거직으로 선출하나 전문성이 떨어진다.
④ 대학, 항만, 공원, 공립학교 등에는 특별구경찰을 지정하여 운영한다.

> 해설
> ② 보안관(County Sheriff)은 선거로 선출되어 법집행기관의 역할뿐만 아니라 법원·교정·일정세금징수 등 다양한 업무를 수행하고 있으나, 선거직으로 인한 전문성 부족 문제로 인하여 점차로 업무범위가 축소되고 있는 실정이다.
> 정답 ②

096 영미법계 수사구조의 특징에 대한 다음 설명 가운데 가장 옳지 않은 것은? 08승진

① 경찰과 검찰의 상호 대등·협력 관계
② 경찰의 독자적 수사종결권
③ 검사의 영장청구권 독점
④ 인권보호를 위한 절차적 장치 강화

> 해설
> ③ 영미법계 경찰은 독자적으로 영장청구권을 행사하기 때문에 검사의 영장청구권 독점은 인정되지 않는다.
> 정답 ③

〈독일 경찰〉

097 다음 독일 경찰조직에 관한 설명으로 가장 옳지 않은 것은? 03순경
① 경찰권은 원칙적으로 주정부에 속해 있다.
② 주단위의 국가경찰 제도를 원칙으로 한다.
③ 연방경찰과 주경찰은 상명하복 관계에 있다.
④ 전국적인 특수상황에 대비하기 위한 연방경찰이 있다.

> 해설
> ③ 독일의 연방경찰과 주경찰은 상명하복(지휘복종) 관계가 아닌 <u>상호 대등 관계</u>이다.
> 정답 ③

098 독일 경찰에 대한 설명으로 가장 옳지 않은 것은? 09승진
① 18세기 후반 경찰의 직무에서 공공복리증진이 제외되고 위험방지만을 경찰의 고유사무로 보기 시작하였다.
② 경찰권은 연방경찰과 주경찰의 권한이다.
③ 연방범죄수사청은 연방 관련 주요 사건만을 담당하고 범죄관련 정보를 총괄하는 조직이며, 주경찰의 수사에 대한 실질적·일반적 지휘권은 가지지 않는다.
④ 독일 경찰에는 정치적 중립성을 확보하기 위한 우리나라의 경찰위원회, 일본의 공안위원회와 같은 제도는 없다.

> 해설
> ② 독일의 헌법인 독일기본법상 <u>경찰권은 주정부가 가진다</u>.
> 정답 ②

099 독일 경찰조직에 관한 설명으로 가장 옳은 것은? 09승진
① 경찰책임자는 선거로 선출한다.
② 강력한 중앙집권적 경찰로서 연방경찰의 지시를 받아 주경찰이 국경경비를 한다.
③ 연방경찰과 주경찰은 상명하복 관계로 연방경찰의 지휘를 받아 주경찰이 지역치안을 담당한다.
④ 경찰권 분산으로 인한 효율성 저하의 문제점이 제기되기도 한다.

> 해설

① 독일의 대부분의 주에서는 경찰권 비대화 방지를 위해서 경찰청장을 경찰관이 아닌 일반인(민간인)으로 임명하고 있다(선거제가 아닌 임명제).
② 연방경찰은 제한된 범위에서 경찰권을 행사하고, 일반적인 경찰권 행사는 주경찰의 권한이다(헌법에서 주정부에 경찰권을 부여하고 있는데 대부분의 주에서 "주 단위의 국가경찰제도"를 채택하고 있음 → 일반적인 경찰권은 주경찰에서 행사함). 연방경찰과 주경찰은 지휘복종관계가 아닌 대등관계이다. 그리고, <u>국경경비는 기본적으로 연방경찰청의 임무</u>이다.
③ 연방경찰과 주경찰은 <u>지휘복종(상명하복) 관계가 아닌 대등 관계</u>이다.
④ O

정답 ④

100 독일 경찰기관 가운데 아래 임무를 수행하는 기관은? 　　　　　　　　　　　　10순경

> 극좌·극우의 합법·비합법단체, 스파이 등 기본법 위반의 혐의가 있는 모든 행위에 대한 감시업무와 정보수집·분석

① 특별업무국　　　　　　　　　　② 연방수사청
③ 연방헌법보호청　　　　　　　　④ 연방경찰청

> 해설

③ 연방헌법보호청은 1950년 독일기본법을 근거로 설치된 기관으로, 국가방첩업무와 반국가단체·문제인물에 대한 감시업무, 극좌·극우의 합법·비합법단체, 스파이 등 기본법위반의 혐의가 있는 모든 행위에 대한 감시업무와 정보수집·분석업무를 담당한다.

▶ **독일의 연방경찰조직 – 연방 내무부 소속**

연방헌법보호청 (BFV 또는 BVS)	㉠ 국가방첩업무, 반국가단체 감시 및 정보수집·분석 ㉡ <u>수사권·집행권 보유하고 있지 않으므로</u> 수사단계에서는 연방수사청 또는 주경찰에 인계
연방수사청 (BKA)	㉠ 국제범죄·광역범죄, 무기·마약거래, 위조지폐, 자금세탁, 국제테러 등 담당 ㉡ 범죄관련 정보 총괄하고, 연방헌법기관 구성원들의 신변경호 업무(경호부) ㉢ <u>주(州) 수사경찰 지휘감독권 없고 협조와 지원 수행</u>(독일 수사경찰의 총본부 X)
연방경찰청 (Bundes Polizei)	㉠ 1951년 창설된 <u>연방국경경비대가 2005년 연방경찰청으로 명칭변경</u> ㉡ 국경·해상 경비, 재해경비, 공항·철도 경비, 주요 헌법기관·대사관 경비 ㉢ <u>산하에 대테러 특수부대 GSG-9 운용</u>(1972년 뮌헨올림픽 이스라엘선수단테러사건 계기)

정답 ③

101 독일의 연방헌법보호청에 관한 설명으로 가장 옳지 <u>않은</u> 것은?   08경간

① 1950년 독일기본법을 근거로 설치되었다.
② 극좌·극우의 합법·비합법단체, 스파이 등 기본법 위반의 혐의가 있는 모든 행위에 대한 감시업무와 정보수집·분석업무를 그 임무로 한다.
③ 구속·압수·수색을 할 수 없으며, 신문을 위한 소환이나 강제수단을 행할 수 없다. 다만, 정보수집을 위하여 의회의 감독 아래 전화감청을 할 수 있다.
④ 각 주에 설치된 주헌법보호국에 대한 지휘권을 행사한다.

> **해설**
> ④ 독일의 연방헌법보호청은 <u>주헌법보호국을 포함한 타 경찰기관에 대한 지휘권을 가지지 않는다</u>. 연방헌법보호청의 지방조직으로 주헌법보호국을 두지만, 연방헌법보호청과 주헌법보호국은 서로 독립하여 업무를 수행하며 상호 협조관계를 유지한다.
>
> **정답** ④

102 독일 연방범죄수사청(BKA)에 대한 설명으로 가장 옳지 <u>않은</u> 것은?   09경간

① 주(州)범죄에 대하여는 주(州) 수사기관의 요청이나 내무부장관의 지시가 있을 경우에만 제한적으로 업무를 수행한다.
② 경찰분야의 전산업무 및 수사경찰의 교육업무도 담당하고 있다.
③ 독일경찰의 인터폴 국가중앙사무국이 설치되어 있다.
④ 서부국경수비청 산하에 대테러 특수부대인 GSG-9을 두고 있다.

> **해설**
> ④ 서부국경수비청 산하에 <u>대테러 특수부대인 GSG-9을 두고 있는 기관은 연방경찰청(BPOL)이다</u>.
>
> **정답** ④

103 독일 경찰에 대한 설명 가운데 가장 옳지 <u>않은</u> 것은?   10승진

① 연방경찰청의 임무에는 외국 대사관에 대한 안전업무 수행, 해안 국경지역의 보호 및 해양오염 방지, 국가비상사태의 방지업무 등이 있다.
② 연방헌법보호청은 경찰권과 범죄수사권이 없다. 따라서, 법률상 집행업무를 할 수가 없고, 구속·압수·수색·소환 등의 권한이 없다.
③ 연방범죄수사청(BKA)은 외국과의 수사협조업무를 수행하며 독일인터폴 국가중앙사무국이 설치되어 있는 기관이다.
④ 연방범죄수사청(BKA)은 독일기본법을 근거로 설치되어 국가방첩업무와 반국가단체 및 문제인물에 대한 감시 업무를 담당하는 정보기관이다.

해설

④ 독일 연방헌법보호청(BFV 또는 BVS)은 독일기본법을 근거로 설치되어 국가방첩업무와 반국가단체 및 문제인물에 대한 감시 업무를 담당하는 정보기관이다.

정답 ④

104 독일의 연방경찰에 대한 설명으로 가장 옳지 않은 것은? 02순경

① 연방경찰은 전국적 사항이나 국가적 긴급사태에 대처하기 위하여 설치되었다.
② 연방경찰은 국경수비와 특수한 업무만을 담당한다.
③ 연방범죄수사청이 설립되었다.
④ 연방경찰은 주경찰에 대하여 재정부담의 의무를 가진다.

해설

④ 연방경찰과 주경찰은 지휘복종관계가 아닌 상호대등관계이며, 연방경찰은 주경찰에 대한 지휘감독권도 없고, 재정부담의무도 없다.

정답 ④

105 독일의 수사제도에 대한 설명 가운데 가장 옳지 않은 것은? 08승진

① 검사는 경제사범, 정치범, 강력범 등 중요사건의 경우에만 수사에 관여한다.
② 기타사건은 경찰에게 독자적 수사권을 위임하고 있다.
③ 경찰에게 독자적인 초동수사권을 인정하고 있지 않다.
④ 검사와 경찰의 관계는 상명하복 관계이다.

해설

③ 독일의 검사는 수사의 주재자이면서 기소권을 가지고 있으나, 형사소송법 개정으로 **경찰에게도 독자적인 초동수사권을 포함한 모든 영역에 걸친 수사권을 부여하고 있다**. 검사와 경찰의 관계는 상명하복의 관계로 규정하고 있으나, 검사는 자체수사인력이나 수사장비를 갖추고 있지 않아 "팔없는 머리"라 불리고, 검사 작성 피의자신문조서의 증거능력도 인정되지 않기 때문에 실질적인 수사의 주도권은 경찰에게 있다.

정답 ③

〈프랑스 경찰〉

106 프랑스 경찰개념의 발달과정에 대한 설명으로 가장 적절하지 않은 것은?   22경간

① 11세기경 프랑스에서는 법원과 경찰기능을 가진 프레보(Prévôt)가 파리에 도입되었고, 프레보는 왕이 임명하였다.
② 프랑스에서 경찰권이론은 14세기에 등장하였는데, 이 이론에 따르면 군주는 개인 간의 결투와 같은 자구행위를 억제하기 위하여 공동체의 원만한 질서를 보호할 권리와 의무를 갖고 있으며, 이를 위한 필수불가결한 조치를 경찰권에 근거하여 갖고 있다고 보았다.
③ 14세기 프랑스 경찰권 개념은 라 폴리스(La Police)라는 단어에 의해 대표 되었는데, 이 단어의 뜻은 초기에는 '공동체의 질서 있는 상태'를 의미했다가 나중에는 '국가목적 또는 국가작용'을 의미하였다.
④ 15세기 말 프랑스에서 독일로 도입된 경찰권이론은 '국민의 공공복리를 위해 강제력을 동원할 수 있는 통치자의 권한'으로 인정되어 절대적 국가권력의 기초를 제공하였다.

해설

③ 14세기 프랑스 경찰권 개념은 라 폴리스(La Police)라는 단어에 의해 대표 되었는데, 이 단어의 뜻은 **초기에는 '국가목적 또는 국가작용'**을 의미했다가 나중에는 **'공동체의 질서 있는 상태'**를 의미하였다.

정답 ③

107 프랑스혁명 이전의 프랑스 경찰에 대한 설명으로 가장 옳지 않은 것은?   07순경

① 프랑스는 파리 내의 치안을 위하여 창설한 국왕 친위순찰대격인 프레보가 재판과 경찰을 담당하였다.
② 11세기에 지방의 치안유지는 군인이 담당하였다.
③ 경찰업무는 국왕친위순찰대와 경찰국이 담당하였다.
④ 루이 14세 때 파리경찰국을 설치하였고, 1800년에 파리경찰청으로 승격되었다.

해설

② (X) **14세기경부터** 지방의 치안유지는 군인이 담당하였다. 14세기(1373년) 샤를르 5세가 군주둔지 치안은 군이 담당토록 한 것이 군인경찰제도의 시초이다.
④ (O) 17세기(1667년) 루이 14세가 도시지역 치안·전염병 문제로 파리에 최초의 경찰국을 설치하고 경찰국장을 임명하였다.(1800년에 파리경찰청으로 승격)

정답 ②

108 프랑스 경찰에 대한 설명으로 가장 옳지 않은 것은? 교수출제변형

① 프랑스의 국가경찰에는 국립경찰과 헌병경찰(=군인경찰)이 있다.
② 프랑스의 헌병경찰은 프랑스혁명 이후, 지방의 치안질서가 무질서해지자 이를 해결하기 위해서 창설되었다.
③ 파리경찰청은 내무부가 아니라 국립경찰청 소속이지만, 국립경찰청장 지휘를 받지 않고 내무부장관의 지휘를 받는다.
④ 파리지역에는 상호견제를 통한 정확한 정보수집을 위해서 국립경찰과 군인경찰을 중첩적으로 배치하고 있다.

> **해설**
>
> ② 프랑스의 헌병경찰(=군인경찰)은 14세기(1373년) 샤를르 5세가 군주둔지 치안을 군이 담당토록 한 것이 시초가 되어 100년 전쟁과 종교전쟁을 거치면서 군 주둔지 내의 치안을 군이 담당하는 전통이 확립하게 되었고, 이를 바탕으로 창설된 것이 헌병경찰(군인경찰)이다. 따라서, 프랑스혁명(1789년) 훨씬 이전부터 존재한 경찰이다.
>
> **정답** ②

109 프랑스 경찰에 대한 설명으로 가장 옳은 것은? 09승진변형

① 1968년 파리경찰청과 국가경찰이 통합되어 국립경찰청 산하에 파리경찰청이 설치되어 현재에 이르고 있다.
② 파리경찰청장은 내무부장관이 임명한다.
③ 군인경찰은 군인으로서 군인만을 상대로 경찰업무를 수행한다.
④ 행정경찰과 사법경찰의 구분이 모호해지는 경향을 보였다.

> **해설**
>
> ① O
> ② 파리경찰청장은 내무부장관의 추천으로 **대통령이 임명**한다. 파리경찰청은 최초(1800년) 내무부장관 직속기관으로 설립되었으나, 1968년 국가경찰과 통합하여 국립경찰청 소속이 되었고, 비록 국립경찰청 소속이지만 국립경찰청장 지휘를 받지 않고 내무부장관의 지휘를 받는다.
> ③ 군인경찰은 국립경찰이 배치되지 않은 인구 2만명 미만의 코뮌(자치단체)에서 도지사 등의 지휘를 받아 경찰업무를 수행한다. 군인경찰은 군인으로서의 임무를 수행할 때는 군인이고 경찰업무를 수행할 때는 국가경찰로서 **군인뿐만 아니라 일반시민을 상대로 경찰활동을 수행한다**.
> ④ 프랑스에서는 경죄처벌법전(죄와형벌법전)을 통해서 **행정경찰과 사법경찰의 구별이 명확**하였다.
>
> **정답** ①

110 파리경찰청에 대한 설명으로 가장 옳지 않은 것은?   13승진

① 파리경찰청장은 파리도지사의 추천으로 대통령이 임명한다.
② 파리시는 파리도지사와 파리경찰청장의 이원적 형태로 운영된다.
③ 파리경찰청장이 행정도지사로서의 권한도 일부 행사하므로 경찰사무 이외에도 행정경찰적 업무를 함께 처리한다.
④ 파리경찰청의 담당업무는 공공의 안녕과 질서유지뿐만 아니라 교통운송사무, 민방위사무, 여권발급, 외국인 체류 허가관리 등이다.

해설

① 파리경찰청장은 **내무부장관의 추천으로** 대통령이 임명한다.

정답 ①

111 프랑스 자치경찰에 관한 설명으로 가장 옳지 않은 것은?   08순경

① 인구 2만 명 미만의 자치단체는 단체장이 임명한다.
② 자치경찰 업무는 자치단체장의 권한에 속한다.
③ 자치경찰은 사법경찰권을 행사할 수 있다.
④ 삼림감시원이 행하는 업무는 자치단체장의 경찰업무에 해당한다.

해설

③ 프랑스의 국가경찰은 일반적 경찰업무를 수행하지만, 자치경찰은 지방자치법에 열거된 제한된 경찰권을 행사한다. 수사권은 기본적으로 국가경찰의 권한으로, **자치경찰에게는 수사권(사법경찰권)이 없으며**(삼림감시원은 예외), 자치경찰은 현행범 체포(또는 범죄인지) 시 즉시 국가경찰에게 보고·인계하여야 한다.

정답 ③

〈일본 경찰〉

112 일본 경찰의 역사에 대한 설명으로 가장 옳지 않은 것은? 09승진

① 1872년 동경부 나졸이 증원되면서 사법성 관할로 이관하였고 행정경찰과 사법경찰이 구분되면서 처음으로 경찰이라는 용어가 등장하였다.
② 1945년 10월 4일 미군정의 인권지령으로 종래의 각종 치안입법이 폐지되고, 정치경찰과 헌병대가 폐지되었다.
③ 1947년에 제정된 구(舊)경찰법으로 자치경찰 제도를 제외하였다.
④ 1947년에 제정된 구(舊)경찰법은 경찰을 민주적으로 관리하고 경찰의 정치적 중립화와 시민의 경찰에 대한 통제가 가능하도록 하기 위해 공안위원회제도를 도입하였다.

> **해설**
> ③ 1947년 구(舊)경찰법에서는 시와 인구 5천명 이상 정·촌에 자치경찰을 두고 그 이외 지역에 국가지방경찰을 두었다. 이로 인하여 과도한 분권화가 문제가 되었고, 1954년 신(新)경찰법에서는 국가지방경찰을 폐지하고 (자치)경찰의 운영단위를 도도부현으로 일원화하였다.
>
> **정답** ③

113 일본의 1954년 신(新)경찰법에 대한 설명으로 가장 옳지 않은 것은? 07승진

① 민주성과 능률성, 정치적 중립성과 책임의 명확화, 국가적 성격과 자치적 성격의 조화를 도모하였다.
② 민주화의 요청에 의하여 경찰운영의 단위를 도도부현으로 격상하고, 자치경찰조직을 도도부현 경찰로 일원화하였다.
③ 민주화를 위해 경찰업무 범위를 경찰 본래의 임무에 한정하였다.
④ 중앙과 지방의 공안위원회제도를 유지하였다.

> **해설**
> ② <u>능률성의 요청에 의하여</u> 경찰운영의 단위를 도도부현으로 격상하고, 자치경찰조직을 도도부현 경찰로 일원화하였다.
>
> ▶ **구경찰법(1947, 미군정기)**
>
> | | |
> |---|---|
> | 의미 | 군국주의로부터 민주국가로 전환하는 민주경찰제도 마련 |
> | 내용 | ① 경찰임무의 한정 : 국민의 생명·신체·재산보호, 범죄수사와 피의자체포, 공안유지
② 민주적 경찰관리 : 국가공안위원회와 지방공안위원회 제도 도입
③ 지방분권화 : 시와 인구 5천명이상 정·촌에 자치경찰을 두고 그 외 지역에 국가지방경찰을 둠 → 국가경찰과 자치경찰의 2원화 |
> | 문제점 | ① 과도한 분권화로 인한 비현실성 문제
② 재정부족으로 후원회기부에 의존하며 지역인사들과의 유착 문제 |

▶ **신경찰법(1954)**

의미	민주성과 능률성, 국가적 성격과 자치적 성격, 정치적 중립성과 책임성 등의 조화를 도모
내용	① 능률화 : 국가지방경찰 폐지하고, 경찰 운영단위를 도도부현으로 일원화 ② 민주화 : 경찰임무를 종래와 같이 본연의 임무에 한정, 도도부현 경찰은 원칙적으로 자치경찰 성격을 부여 ③ 정치적 중립성 : 중앙과 지방에 공안위원회제도 유지 ④ 국가적 성격과 자치적 성격의 조화 : 도도부현 경찰에 자치경찰·국가경찰 성격이 혼재 ⑤ 치안책임의 명확화 : 국가가 분담할 특정사항 명문화, 국가공안위원회 위원장을 국무대신으로

 ②

114 일본의 국가경찰에 대한 설명으로 가장 옳지 <u>않은</u> 것은? 03순경

① 경찰청과 관구경찰국이 있다.
② 국가공안위원회는 내각총리대신의 소할이다.
③ 경찰청은 국가공안위원회의 관리를 받는다.
④ 관구경찰국은 부·현 경찰과는 상호 독립적이어서 지휘·감독권이 없다.

해설

④ 관구경찰국은 예외적으로 <u>소장사무의 범위 내에서 부·현 경찰을 지휘·감독한다</u>.

정답 ④

115 일본의 국가경찰에 대한 설명 중 가장 옳지 <u>않은</u> 것은? 01순경

① 경찰청과 관구경찰국이 있다.
② 경찰청은 국가공안위원회의 관리를 받는다.
③ 국가공안위원회는 내각총리대신의 소할이다.
④ 국가경찰과 지방경찰은 독립적이어서 국가경찰은 관리권이 없다.

해설

④ <u>경찰청장관은 예외적으로 소장사무의 범위 내에서 도도부현 경찰을 지휘·감독한다. 관구경찰국장은 예외적으로 소장사무의 범위 내에서 부·현 경찰을 지휘·감독한다.</u>

 ④

116 일본 경찰조직에 대한 설명으로 가장 옳지 않은 것은?　　09순경

① 국가경찰과 지방경찰로 이루어진 2중 체계이다.
② 국가공안위원회는 관리기관이며 상설기관이다.
③ 위원장 및 5인으로 구성된 국가공안위원회는 경찰비리에 대한 감찰 지시권을 가지고 있다.
④ 지사는 원칙적으로 지방경찰에 대한 지휘감독권을 가지고 있지 않다.

> **해설**
> ② (X) 국가공안위원회는 경찰의 관리기관이고 **비상설**이다.
> ④ (O) 도도부현 경찰은 지사 소할의 도도부현 공안위원회의 관리(지휘·감독)를 받는다. '소할'이란 실질적인 지휘·감독권 없이 형식적으로 소속만 두는 것을 말하므로, 지사는 실질적인 지휘·감독권을 가지고 있지 않다.
>
> 정답 ②

117 일본의 경찰제도에 관한 설명으로 가장 옳은 것은?　　교수출제변형

① 국가경찰에는 경찰청과 7개의 관구경찰국이 있고, 황궁경찰본부는 동경경시청 소속의 자치경찰이다.
② 국가공안위원회와 경찰청과의 관계는 국가공안위원회가 관리기관이라면 경찰청은 시행기관이라고 할 수 있다.
③ 국가공안위원회는 사법경찰직원에 대한 징계요구권을 가지고 있다.
④ 도도부현 경찰에는 경찰청과 도부현 경찰이 있다.

> **해설**
> ① 황궁경찰본부는 **경찰청 부속기관으로서 국가경찰에 해당**한다.
> ② O
> ③ 국가공안위원회는 **사법경찰직원에 대한 징계파면권**을 가지고 있다.
> ④ 자치경찰에 해당하는 도도부현 경찰에는 **동경도경시청과** 도부현 경찰이 있다.
>
> 정답 ②

118 일본의 경찰제도에 관한 설명으로 가장 옳은 것은? 교수출제변형

① 국가경찰에는 경찰청과 7개의 관구경찰국이 있고, 황궁경찰본부는 동경경시청 소속의 자치경찰이다.
② 국가공안위원회와 경찰청과의 관계는 국가공안위원회가 관리기관이라면 경찰청은 시행기관이라고 할 수 있다.
③ 국가공안위원회는 사법경찰직원에 대한 징계요구권을 가지고 있다.
④ 도도부현 경찰에는 경찰청과 도부현 경찰이 있다.

> **해설**
> ① 황궁경찰본부는 <u>경찰청 부속기관으로서 국가경찰에 해당</u>한다.
> ② O
> ③ 국가공안위원회는 <u>사법경찰직원에 대한 징계파면권</u>을 가지고 있다.
> ④ 자치경찰에 해당하는 도도부현 경찰에는 <u>동경도경시청과</u> 도부현 경찰이 있다.
>
> 정답 ②

119 일본 경찰조직에 대한 설명 중 가장 옳지 <u>않은</u> 것은? 03순경

① 경찰청은 국가공안위원회가 관리한다.
② 국가공안위원회는 내각 총리대신 소할이다.
③ 도도부현 경찰에 소속된 공무원은 모두 국가공무원이다.
④ 대규모 재해 등 긴급사태 발생 시에는 내각총리대신과 경찰청장관에 의한 중앙통제를 인정하고 있다.

> **해설**
> ③ 도도부현 경찰에 소속된 공무원은 <u>경시정(우리의 총경) 이상은 국가공무원이고 나머지는 지방공무원</u>이다.
>
> 정답 ③

120 일본의 국가공안위원회에 대한 설명으로 가장 옳지 <u>않은</u> 것은? 08순경

① 국가공안위원회는 업무수행에 필요한 감찰업무도 실시한다.
② 국가공안위원회는 사법경찰직원에 대한 징계 파면권을 가지고 있다.
③ 국가공안위원회 위원장은 표결권이 없고, 가부동수인 경우에만 결정권을 갖는다.
④ 위원은 적어도 임명 전 5년간 경찰 또는 판사의 경력이 없는 자 중에서 내각총리대신이 임명한다.

> **해설**
> ④ 위원은 적어도 임명 전 5년간 <u>경찰 또는 검찰의 경력이 없는 자</u> 중에서 내각총리대신이 임명한다.
>
> 정답 ④

121 일본의 국가공안위원회에 관한 설명으로 가장 옳지 않은 것은?   05순경

① 업무수행에 필요한 감찰업무를 수행한다.
② 사법경찰직원에 대한 징계·파면권을 가지고 있다.
③ 위원장은 회의를 주재하며 의결권은 없다.
④ 위원의 임기는 3년이다.

> **해설**
> ④ 국가공안위원회는 위원장(국무대신)과 위원 5명(총 6명)으로 구성하고, 위원의 <u>임기는 5년</u>이다.
>
> 정답 ④

122 일본의 국가공안위원회에 대한 설명으로 가장 옳은 것은?   08순경

① 국가공안위원회는 그 임무수행을 위하여 특정한 사무에 관하여 대강과 방침을 정하고 그에 따라 운영되도록 감독할 수 있다.
② 내각총리대신을 위원장으로 5명의 위원으로 구성된다.
③ 위원은 적어도 임명 전 5년간 경찰 또는 검찰의 직무를 행한 전문인으로 구성된다.
④ 경찰행정에 관하여 지식과 경험을 가진 위원을 선출한다.

> **해설**
> ① O
> ② <u>국무대신을 위원장으로</u> 하고, 내각총리대신이 의회의 동의를 얻어 임명하는 5명의 위원으로 구성한다.
> (위원장+위원5명)
> ③ 위원은 적어도 <u>임명 전 5년간 경찰 또는 검찰의 경력이 없는 자 중에서</u> 내각총리대신이 임명한다.
> ④ 공안위원회는 경찰통제를 목적으로 한 민주성 측면의 제도이기 때문에, 위원의 자격요건으로 <u>경찰행정에 관한 지식과 경험을 가질 것을 요구하고 있지 않다.</u>
>
> 정답 ①

123 일본 국가공안위원회 위원장에 대한 설명 가운데 가장 옳지 않은 것은?   09승진

① 위원장을 대신(장관)으로 하여 치안책임이 불명확한 한계가 있다.
② 회의를 주재하고 업무를 총괄한다.
③ 표결권이 없고, 가부동수인 경우에만 표결권(결정권)을 주고 있다.
④ 표결권을 제한한 것은 정치적 중립성을 보장하기 위해서이다.

> **해설**
> ① 위원장을 당연직 '대신(장관)'의 지위를 가지도록 함으로써(국무대신이 위원장) 치안에 대한 <u>책임의 명확성을 확보</u>하였다.(국가공안위원회가 경찰의 관리기관인데, 위원회 조직이다보니 책임의 명확성 원칙에 반할 수 있는 까닭으로 위원장을 경찰청장관보다 높은 '대신'의 지위를 부여함으로써 책임성을 부여한 것임)
>
> 정답 ①

124 다음 일본경찰에 대한 설명으로 가장 옳지 <u>않은</u> 것은? 03순경

① 국가공안위원회는 내각총리대신의 소할이고, 국가공안위원회의 관리하에 경찰청을 둔다.
② 대규모 재해나 긴급사태 발생 시 지방경찰에 대한 내각총리대신과 경찰청장관의 중앙통제를 인정하고 있다.
③ 도·도·부·현 지사는 공안위원회를 지휘·감독하지 못한다.
④ 도·도·부·현 경찰은 경찰서 설치권을 보유한다.

> **해설**
> ③ (O) 도도부현 공안위원회의 경우 지사의 소할일 뿐, 지사에게 지휘·감독권은 없다.
> ④ (X) 경찰서 설치권은 <u>도·도·부·현 지사</u>에게 부여하고 있다.
>
> **정답** ④

125 일본의 도도부현 경찰에 대한 설명으로 가장 옳지 <u>않은</u> 것은? 05순경

① 도도부현 경찰에는 동경도 경시청과 그 밖에 도부현 경찰본부가 있으며, 경찰 관리기관으로 지사의 소할하에 도도부현 공안위원회를 설치·운영하고 있다.
② 동경도 경시청의 경시총감은 국가공안위원회가 도공안위원회의 동의를 얻고 내각총리대신의 승인을 받아 임면한다.
③ 도부현 경찰본부장은 국가공안위원회가 도부현 공안위원회의 동의를 얻어 임면한다.
④ 도도부현 지사는 공안위원회를 소할하에 두고 경찰의 운영에 관하여 위원회를 지휘·감독할 권한을 갖는다.

> **해설**
> ④ 도도부현 공안위원회가 지사의 소할일 뿐(형식적인 소속), <u>지사는 도도부현 공안위원회에 대한 지휘·감독권을 가지고 있지 못하다.</u>
>
> **정답** ④

126 일본의 검사와 사법경찰의 관계에 대한 설명으로 가장 옳지 않은 것은? 04순경

① 경찰은 독자적 수사권을 가지고 있고, 검사와는 상호 협력관계에 있다.
② 경찰의 수사권을 제1차적 수사권이라고 하며 수사의 개시 및 수사종결권을 가지고 있다.
③ 고도의 법률지식을 요하거나 정치성을 띠는 사건은 검사가 직접 수사한다.
④ 검사는 경찰이 검사의 지휘에 정당한 이유 없이 따르지 않을 경우 공안위원회에 징계 또는 파면을 청구할 수 있다.

해설

② 일본 경찰은 일반적인 수사개시권, 수사진행권과 체포·압수·수색·검증 영장청구권을 가진다. 다만, <u>수사종결권과 구류청구권(구속영장청구권)은 검사에게만 부여</u>되어 있다.

정답 ②

127 일본 경찰에 대한 설명 가운데 가장 옳지 않은 것은? 07승진

① 일본은 중앙집권적 국가경찰과 지방자치경찰의 2원적 체계를 구성하고 있다.
② 미국의 영향으로 지방분권적이고 민주적인 경찰제도를 마련하였다.
③ 경찰청장관은 도도부현 경찰을 소장 사무에 한하여 지휘·감독한다.
④ 일본경찰은 수사 개시권, 수사 종결권, 체포·압수·수색·검증영장 청구권을 포함한 강제처분권을 폭넓게 인정하고 있다.

해설

④ 일본 경찰은 일반적인 수사개시권, 수사진행권과 체포·압수·수색·검증 영장청구권을 가진다. 다만, <u>수사종결권과 구류청구권(구속영장청구권)은 검사에게만 부여</u>되어 있다.

정답 ④

〈중국 경찰〉

128 중국 경찰에 대한 설명으로 가장 옳지 <u>않은</u> 것은?　12경간

① 경찰기관은 인민민주주의 독재의 중요한 도구로서 공산당의 지도하에 업무를 수행하며 권한이 광범위하다.
② 중앙경찰기구로서 국무원에 공안부가 설치되어 있으며 우리나라의 경찰법과 경찰관 직무집행법에 해당하는 내용을 포함하고 있는 인민경찰법이 있다.
③ 지방의 공안청장이나 공안국장은 지방의 인민대표대회 상무위원회가 결정하며 반드시 공안부에 보고한 후 중앙당에 등록하여야 한다.
④ 지방에서의 부족한 치안수요를 자치단체에 준하는 민간조직의 역할로 감당하는 등 민간조직의 도움을 많이 받는다.

> **해설**
> ③ 지방의 공안청장이나 공안국장은 지방의 인민대표대회 상무위원회가 결정하며 반드시 <u>국무원에 보고하여 등록하여야 한다</u>.
>
> 정답 ③

129 중국의 전국인민대표대회에 대한 설명으로 가장 옳지 <u>않은</u> 것은?　05순경

① 전국인민대표대회는 입법과 집행을 함께 행하는 국가최고권력기관이다.
② 전국인민대표대회의 비상설기관으로 상무위원회가 있다.
③ 전국인민대표대회 상무위원회는 헌법, 법률을 직권으로 해석한다.
④ 인민법원이 전국인민대표대회 상무위원회에 종속한다.

> **해설**
> ② 전국인민대표대회 **상무위원회는 상설기관**이다. 중국 공산당의 최고 권력기관인 전국인민대표대회를 두고, 그 실질적인 권한을 행사하는 조직이 상무위원회이다. 집행기관(행정부)인 국무원은 물론 법원 등이 상무위원회에 종속한다.
>
> 정답 ②

〈각국의 경찰제도 비교〉

130 각국의 경찰제도에 대한 설명으로 가장 옳지 <u>않은</u> 것은? 02순경
① 일본 경찰은 내각총리대신의 소할하에 있다.
② 미국의 주경찰은 텍사스에서 최초로 창설되었다.
③ 독일의 연방경찰은 주경찰에 대해 감독권을 가지고 재정부담의 의무를 진다.
④ 프랑스의 자치체경찰은 인구 2만명 미만의 지역에서 극히 제한적으로 실시되고 있다.

> **해설**
> ③ 독일의 연방경찰과 주경찰은 독자적으로 활동하며 상명하복의 관계에 있지 않다. <u>최상위 경찰관청인 연방내무부장관은 원칙적으로 주경찰에 대하여 지휘감독권이나 재정부담의무를 가지지 않는다.</u> 다만, 예외적으로 연방경찰의 관할에 속하는 업무에 대하여 주경찰에 대한 통제는 가능하다.
>
> **정답** ③

131 외국경찰에 대한 설명으로 가장 옳지 <u>않은</u> 것은? 07순경
① 영국은 특별경찰로서 군대, 대학 등 특수목적 수행을 위한 경찰이 있다.
② 미국의 연방정부는 헌법상 명문으로 경찰권을 가지고 있다.
③ 독일의 경찰권은 원칙적으로 주정부에 속해 있다.
④ 프랑스는 국립경찰과 자치체경찰의 업무가 명확하게 구분되어 있다.

> **해설**
> ② <u>미국 헌법상 명문으로 경찰권을 가지고 있는 것은 주정부이다.</u> 다만, 연방정부는 헌법이 부여한 과세권, 주간 통상규제권 등을 행사함으로써 사실상 경찰권을 보유하고 있다.
>
> **정답** ②

132 다음 외국경찰에 대한 설명으로 가장 옳지 <u>않은</u> 것은? 13승진
① 미국 경찰은 일반적으로 통합적인 법집행체제를 갖추고 있다.
② 독일 경찰관은 정당가입이 가능하다.
③ 프랑스 경찰은 중앙정부의 보호자로서의 기능을 하고 있다.
④ 일본 경찰은 제2차 세계대전 이후에 경찰수사권의 독립이 연합국에 의해 성취되었다.

> **해설**
> ① <u>미국경찰은 분권화된 경찰체제</u>로서 전국경찰을 통합적으로 지휘하는 기관이 존재하지 않고, 각 경찰기관 상호간 관계는 상하관계나 지휘감독 관계가 아닌 협력·지원·응원 관계이다.
>
> **정답** ①

133 다른 나라의 경찰제도에 대한 설명으로 적절하지 않은 것은 모두 몇 개인가? 　22경간

> 가. 일본의 관구경찰국은 동경 경시청과 북해도 경찰본부 관할 구역을 제외하고 전국에 7개가 설치되어 있다.
> 나. 프랑스의 군인경찰(La Gendamerie Nationale)은 국립경찰이 배치되지 않는 소규모 인구의 소도시와 농촌지역에서 경찰업무를 수행한다.
> 다. 독일의 연방헌법보호청은 경찰기관의 하나로서 법집행업무를 수행하는데, 헌법위반과 관련된 사안에 대해서만 구속 압수·수색 등 강제 수사를 할 수 있다.
> 라. 미국의 군 보안관(County Sheriff)은 범죄수사 및 순찰 등 모든 경찰권을 행사하며, 대부분의 주(State)에서 군 보안관선출은 지역주민의 선거로 이루어진다.
> 마. 영국의 지방경찰은 기존의 3원 체제(지방경찰청장, 지방경찰위원회, 내무부장관)에서 4원 체제(지역치안위원장, 지역치안평의회, 지방경찰청장, 내무부장관)로 변경하면서 자치경찰의 성격을 강화하였다.

① 없음　② 1개　③ 2개　④ 3개

해설

다. 독일의 연방헌법보호청은 헌법위반과 관련된 사안(국가방첩, 반국가단체)에 대한 **정보수집·분석 기관으로서 수사권·집행권을 보유하고 있지 않으므로** 수사단계에서는 연방수사청 또는 주경찰에 사건을 인계한다.

정답 ②

---

134 각국의 경찰제도에 대한 설명으로 옳은 것은 모두 몇 개인가? 　09순경

> ㉠ 영국경찰은 1985년 「범죄사건의 기소에 관한 법률」 제정으로 기소권을 독자적으로 행사하게 되었다.
> ㉡ 미국 도시경찰의 시초는 보스턴시의 야경제도이다.
> ㉢ 독일의 연방경찰은 전국적으로 긴급사태에 대응하기 위해 란트 경찰에 대하여 원칙적으로 지휘통솔의 권한을 가진다.
> ㉣ 일본의 관구경찰국은 경찰청의 지방기관으로 전국에 6개가 있고, 관구경찰국장이 소장사무의 범위 내에서 부현경찰을 관리한다.

① 1개　② 2개　③ 3개　④ 4개

해설

㉠ 영국에서는 1985년 「범죄사건의 기소에 관한 법률」 제정을 통해서 **검찰이 기소권을 행사**하게 되었다.
㉡ O

ⓒ 독일의 연방경찰과 주경찰은 독자적으로 활동하며 상명하복의 관계에 있지 않다. **최상위 경찰관청인 연방내무부장관은 원칙적으로 주경찰에 대하여 지휘감독권이나 재정부담의무를 가지지 않는다. 다만, 예외적으로 연방경찰의 관할에 속하는 업무에 대하여 주경찰에 대한 통제를 인정**하고 있다.
ⓓ 일본의 관구경찰국은 경찰청의 지방기관으로서 **전국에 7개의 관구경찰국을 두었다**(동경도와 북해도를 제외한 지역). 관구경찰국장은 예외적으로 소장사무의 범위 내에서 부현경찰을 관리한다.

정답 ①

135 세계 각국의 경찰과 검찰의 관계에 대한 설명으로 가장 옳은 것은? 12순경

① 잉글랜드·웨일즈에 있어서 검사는 소추권을 경찰이 수사권을 가지는 방식이며 검사와 사법경찰은 상호협력관계에 있고, 경찰이 독자적 수사권을 갖는다.
② 미국은 검사가 연방 및 주와 지방사건의 소추를 담당하고, 검사와 사법경찰의 관계는 상명하복의 관계를 가진다.
③ 독일은 검사가 수사의 주재자이고 경찰이 보조자이므로 경찰에게는 일체의 수사권을 부여하고 있지 아니한다.
④ 프랑스는 경찰과 검찰이 수사권을 공유하며 법률조언이나 상호협력관계를 유지하고 있다.

해설

① ○
② 미국에서 **검사와 사법경찰의 관계는 상호 협력·보완 관계**이고, 사법경찰이 원칙적으로 독자적인 수사권을 보유하고 있다.
③ **독일은 2005년 형사소송법 개정으로 경찰에게도 모든 영역에 걸친 수사권이 부여되었다**. 다만, 검사가 수사의 주재자이고 검사와 사법경찰은 상명하복의 관계에 있지만, 검사는 자체 수사인력·수사장비를 갖추고 있지 않아 '팔없는 머리'라 불리우고 검사가 작성한 피의자신문조서의 증거능력도 인정되지 않기 때문에 **실질적인 수사의 주도권은 경찰에게 있다**.
④ 프랑스에서 검사와 사법경찰의 관계는 **지휘·감독 관계**이다. 다만, 수사판사나 검사에게 수사지원인력이 없기 때문에 실질적으로는 경찰이 수사의 주도권을 행사하고 있다.

정답 ①

136 다음 외국경찰에 관한 설명 가운데 가장 옳은 것은?　　　　　　　　　　　　　　09승진변형

① 영국경찰에게는 기소권이 있다.
② 독일에서 검사와 경찰은 상명하복 관계에 있지 않고 수사의 주재자는 사법경찰이다.
③ 프랑스경찰은 내무부 소속이다.
④ 일본경찰의 경우 순사부장 이상의 경찰관이 긴급체포장과 구속의 전 단계인 체포장을 법관에게 직접 청구할 수 있다.

해설

① 영국에서는 원래 경찰이 수사와 기소까지 담당했었으나, 1985년 「범죄사건의 기소에 관한 법률」이 제정되고 검찰청이 창설되면서 **기소권은 검찰의 권한**이 되었다.
② 독일은 형사소송법 개정으로 경찰에게도 모든 영역에 걸친 수사권이 부여되었으나, 법상 **검사와 사법경찰은 상명하복** 관계에 있고, **수사의 주재자는 검사**이며 사법경찰은 수사의 보조자로 규정하고 있다.
③ (O) 프랑스는 국립경찰청 자체가 내무부 소속기관으로, 국립경찰청장은 내무부장관의 지휘를 받는다.
④ 일본경찰의 경우 **경부(우리의 경감) 이상의 경찰관이** 긴급체포장과 구속이 전 단계인 체포장을 법관에게 직접 청구할 수 있다.

정답 ③

---

137 각국의 경찰제도에 관한 설명으로 옳지 <u>않은</u> 것은 모두 몇 개인가?　　　　　　　07순경

㉠ 영국경찰은 직접 법관에게 영장을 청구할 수 없다.
㉡ 미국경찰은 일반적으로 통합적인 법집행체계를 가지고 있다.
㉢ 독일의 검사는 수사의 주재자이나 자체적인 법집행기관이 없어 소위 '팔 없는 머리'라고 불린다.
㉣ 프랑스경찰은 국가경찰체제로서 내무부장관의 지휘하에 전국적인 조직을 갖고 있다.
㉤ 일본의 경찰조식은 국가경찰인 관구경찰국, 자치체경찰(도도부현 경찰)인 동경도 경시청과 도부현 경찰본부 등 2중체제로 구성되어 있다.

① 2개　　　② 3개　　　③ 4개　　　④ 5개

해설

㉠ 영국경찰은 독자적 수사권을 가지고 있으며, **경찰이 법관에게 직접 영장을 청구할 수 있다.**
㉡ 미국의 경찰제도는 **분권화된 경찰체제**로서 전국적으로 경찰을 지휘·통제하는 통일된 기구는 존재하지 않으며, 각 경찰관서 상호간 관계는 독립적이고 대등한 협력관계이다.

정답 ①

CHAPTER 05 경찰행정법 I (경찰조직법과 경찰공무원법)

제1절 경찰조직법

001 다음 중 「국가경찰과 자치경찰의 조직 및 운영에 관한 법률」상 경찰의 임무는 모두 몇 개인가?

15순경3차변형

㉠ 국민의 생명·신체 및 재산의 보호
㉡ 범죄의 예방·진압 및 수사
㉢ 경비·요인경호 및 대간첩·대테러 작전 수행
㉣ 외국 정부기관 및 국제기구와의 국제협력

① 1개 ② 2개 ③ 3개 ④ 4개

해설

설문 모두 국자법상 경찰의 임무에 해당한다.

▶ 경찰의 임무

경찰의 임무(국자법 제3조)	직무의 범위(경직법 제2조)
1. 국민의 생명·신체 및 재산의 보호 2. 범죄의 예방·진압 및 수사 3. 범죄피해자 보호 4. 경비·요인경호 및 대간첩·대테러 작전 수행 5. 공공안녕에 대한 위험의 예방과 대응을 위한 정보의 수집·작성 및 배포 6. 교통의 단속과 위해의 방지 7. 외국 정부기관 및 국제기구와의 국제협력 8. 그 밖에 공공의 안녕과 질서유지	1. 국민의 생명·신체 및 재산의 보호 2. 범죄의 예방·진압 및 수사 2의 2. 범죄피해자 보호 3. 경비, 주요 인사 경호 및 대간첩·대테러 작전 수행 4. 공공안녕에 대한 위험의 예방과 대응을 위한 정보의 수집·작성 및 배포(질서유지× 정책정보×) 5. 교통 단속과 교통 위해의 방지 6. 외국 정부기관 및 국제기구와의 국제협력 7. 그 밖에 공공의 안녕과 질서 유지(위해방지×)

정답 ④

002 「경찰청과 그 소속기관 직제」상 각 기관과 업무분장 연결이 적절하지 않은 것은 모두 몇 개인가?

22경간

> 가. 외사국 – 외국인 관련 범죄에 대한 통계 및 수사자료 분석
> 나. 안보수사국 – 보안관찰 및 경호안전대책 업무에 관한 사항
> 다. 교통국 – 교통사고 교통범죄에 관한 수사 지휘 감독
> 라. 공공안녕정보국 – 집회 시위 등 공공갈등과 다중운집에 따른 질서 및 안전 유지에 관한 정보활동
> 마. 경비국 – 예비군의 무기 및 탄약 관리의 지도

① 없음   ② 1개   ③ 2개   ④ 3개

해설

가. (X) 형사국(외사국X) –
다. (X) 형사국(교통국X) –

정답 ③

---

003 「국가경찰과 자치경찰의 조직 및 운영에 관한 법률」 및 「경찰관 직무집행법」상 경찰의 임무범위(직무범위)에 대한 설명으로 가장 옳은 것은?

보충문제

① 「국가경찰과 자치경찰의 조직 및 운영에 관한 법률」 제3조에서는 국가경찰의 임무로 "국민의 생명·신체 및 재산의 보호"를 포함한 8가지 사항을 규정하고 있다.
② 「국가경찰과 자치경찰의 조직 및 운영에 관한 법률」 제3조 제8호는 "그 밖에 공공의 안녕과 질서유지"를 국가경찰의 임무로 하고 있다.
③ 「경찰관 직무집행법」 제2조는 제2의2호에서 "범죄피해자 보호"를 규정하고 있는 반면, 「국가경찰과 자치경찰의 조직 및 운영에 관한 법률」 제3조는 이를 제3호에서 규정하고 있다.
④ 국가경찰과 자치경찰의 조직 및 운영에 관한 법률」 제3조 제5호는 "공공안녕에 대한 위험의 예방과 질서유지를 위한 정보의 수집·작성 및 배포"를 규정하고 있다.

해설

① 「국가경찰과 자치경찰의 조직 및 운영에 관한 법률」 제3조에서는 <u>경찰의(국가경찰의 X)</u> 임무로 "국민의 생명·신체 및 재산의 보호"를 포함한 8가지 사항을 규정하고 있다.
② 「국가경찰과 자치경찰의 조직 및 운영에 관한 법률」 제3조 제8호는 "그 밖에 공공의 안녕과 질서유지"를 <u>경찰의(국가경찰의 X)</u> 임무로 하고 있다.
③ O
④ 국가경찰과 자치경찰의 조직 및 운영에 관한 법률」 제3조 제5호는 "공공안녕에 대한 위험의 <u>예방과 대응을(질서유지 X)</u> 위한 정보의 수집·작성 및 배포"를 규정하고 있다.

정답 ③

004 다음 중 「국가경찰과 자치경찰의 조직 및 운영에 관한 법률」상 '자치경찰사무'와 가장 거리가 먼 것은?

보충문제

① 지역 내 생활안전 활동에 관한 사무
② 지역 내 다중운집 행사 관련 혼잡 교통 및 안전 관리
③ 지역 내 범죄피해자 보호 사무
④ 성적 목적을 위한 다중이용장소 침입행위에 관한 범죄의 수사사무

> **해설**
>
> ③은 해당하지 않는다. ④를 비롯한 일정한 수사사무도 자치경찰사무에 포함된다.(단, 수사사무의 지휘·감독은 시·도자치경찰위원회가 아닌 국가수사본부장이 한다는 점에 주의)
>
> 제4조(경찰의 사무) ① 경찰의 사무는 다음 각 호와 같이 구분한다.
> 1. 국가경찰사무: 제3조에서 정한 경찰의 임무를 수행하기 위한 사무. 다만, 제2호의 자치경찰사무는 제외한다.
> 2. 자치경찰사무: 제3조에서 정한 경찰의 임무 범위에서 관할 지역의 생활안전·교통·경비·수사 등에 관한 다음 각 목의 사무 (교생경수/교생다수)
>   가. 지역 내 주민의 생활안전 활동에 관한 사무
>   1) 생활안전을 위한 순찰 및 시설의 운영
>   2) 주민참여 방범활동의 지원 및 지도
>   3) 안전사고 및 재해·재난 시 긴급구조지원
>   4) 아동·청소년·노인·여성·장애인 등 사회적 보호가 필요한 사람에 대한 보호 업무 및 가정폭력·학교폭력·성폭력 등의 예방
>   5) 주민의 일상생활과 관련된 사회질서의 유지 및 그 위반행위의 지도·단속. 다만, 지방자치단체 등 다른 행정청의 사무는 제외한다.
>   6) 그 밖에 지역주민의 생활안전에 관한 사무
>   나. 지역 내 교통활동에 관한 사무
>   1) 교통법규 위반에 대한 지도·단속
>   2) 교통안전시설 및 무인 교통단속용 장비의 심의·설치·관리
>   3) 교통안전에 대한 교육 및 홍보
>   4) 주민참여 지역 교통활동의 지원 및 지도
>   5) 통행 허가, 어린이 통학버스의 신고, 긴급자동차의 지정 신청 등 각종 허가 및 신고에 관한 사무
>   6) 그 밖에 지역 내의 교통안전 및 소통에 관한 사무
>   다. 지역 내 다중운집 행사 관련 혼잡 교통 및 안전 관리
>   라. 다음의 어느 하나에 해당하는 수사사무 (경실아! 학교개! 성공!)
>   1) 학교폭력 등 소년범죄
>   2) 가정폭력, 아동학대 범죄
>   3) 교통사고 및 교통 관련 범죄
>   4) 「형법」 제245조에 따른 공연음란 및 「성폭력범죄의 처벌 등에 관한 특례법」 제12조에 따른 성적 목적을 위한 다중이용장소 침입행위에 관한 범죄
>   5) 경범죄 및 기초질서 관련 범죄
>   6) 가출인 및 「실종아동등의 보호 및 지원에 관한 법률」 제2조 제2호에 따른 실종아동등 관련 수색 및 범죄

② 제1항 제2호 가목부터 다목까지의 자치경찰사무에 관한 구체적인 사항 및 범위 등은 대통령령으로 정하는 기준에 따라 시·도조례로 정한다.
③ 제1항 제2호 라목의 자치경찰사무에 관한 구체적인 사항 및 범위 등은 대통령령으로 정한다.

정답 ③

005 「국가경찰과 자치경찰의 조직 및 운영에 관한 법률」에 관한 설명으로 가장 적절한 것은?

19순경2차변형

① 1991년 「경찰법」 제정으로 내무부 치안국장이 경찰청장으로 변경되었고, 경찰청장은 행정관청으로 승격되었다.
② 「국가경찰과 자치경찰의 조직 및 운영에 관한 법률」 제8조에 따를 때 국가경찰위원회 위원은 「국가공무원법」상 비밀엄수 의무와 정치운동금지 의무를 진다.
③ 경찰서장 소속으로 지구대 또는 파출소를 두고, 그 설치기준은 치안수요·교통·지리 등 관할구역의 특성을 고려하여 대통령령으로 정한다.
④ 경찰의 사무를 지역적으로 분담하여 수행하게 하기 위하여 경찰청장 소속으로 시·도경찰청을 두고, 시·도경찰청장 소속으로 경찰서를 둔다.

해설

① 내무부 치안본부장이 경찰청장으로 변경되었다.
② O
③ 경찰서장 소속으로 지구대 또는 파출소를 두고, 그 설치기준은 치안수요·교통·지리 등 관할구역의 특성을 고려하여 **행정안전부령으로 정한다**(국자법 제30조③). ※ **복지/부령**(복제에관한사항+지파설치기준=법률에서 **부령**에 위임)
④ 경찰의 사무를 지역적으로 분담하여 수행하게 하기 위하여 특별시·광역시·특별자치시·도·특별자치도(이하 "**시·도**"라 한다)에 **시·도경찰청을 두고**, 시·도경찰청장 소속으로 경찰서를 둔다. 이 경우 인구, 행정구역, 면적, 지리적 특성, 교통 및 그 밖의 조건을 고려하여 시·도에 2개의 시·도경찰청을 둘 수 있다. (국자법 제13조)

정답 ②

006 「국가경찰과 자치경찰의 조직 및 운영에 관한 법률」에 대한 내용으로 가장 적절하지 않은 것은?

18순경2차변형

① 이 법은 경찰의 민주적인 관리·운영과 효율적인 임무수행을 위하여 경찰의 기본조직 및 직무 범위와 그 밖에 필요한 사항을 규정함을 목적으로 한다.
② 경찰의 사무를 지역적으로 분담하여 수행하게 하기 위하여 특별시·광역시·특별자치시·도·특별자치도(이하 "시·도"라 한다)에 시·도경찰청을 두고, 시·도경찰청장 소속으로 경찰서를 둔다. 이 경우 인구, 행정구역, 면적, 지리적 특성, 교통 및 그 밖의 조건을 고려하여 시·도에 2개의 시·도경찰청을 둘 수 있다.
③ 경찰청장은 행정안전부장관의 동의를 받아 국무총리를 거쳐 대통령이 임명한다. 이 경우 국회의 인사청문을 거쳐야 한다.
④ 경찰청장의 임기는 2년으로 하고, 중임할 수 없다.

> **해설**
> ③ 경찰청장은 <u>국가경찰위원회의 동의를 받아 행정안전부장관의 제청으로</u> 국무총리를 거쳐 대통령이 임명한다. 이 경우 국회의 인사청문을 거쳐야 한다.
>
> **정답** ③

007 「국가경찰과 자치경찰의 조직 및 운영에 관한 법률」에 대한 설명으로 가장 적절하지 않은 것은?

15순경3차변형

① 이 법은 경찰의 민주적인 관리·운영과 효율적인 임무수행을 위하여 경찰의 기본조직 및 직무 범위와 그 밖에 필요한 사항을 규정함을 목적으로 한다.
② 치안에 관한 사무를 관장하게 하기 위하여 행정안전부장관 소속으로 경찰청을 둔다.
③ 경찰의 사무를 지역적으로 분담하여 수행하게 하기 위하여 시·도에 시·도경찰청을 두고, 시·도경찰청장 소속으로 경찰서를 둔다.
④ 경찰청장은 국가경찰위원회의 추천을 받아 행정안전부장관을 거쳐 대통령이 임명한다.

> **해설**
> ④ 경찰청장은 <u>국가경찰위원회의 동의를 받아 행정안전부장관의 제청으로 국무총리를 거쳐</u> 대통령이 임명한다. 이 경우 국회의 인사청문을 거쳐야 한다.
>
> **정답** ④

008 「국가경찰과 자치경찰의 조직 및 운영에 관한 법률」상 경찰청장에 대한 다음 설명 중 **틀린** 것은 모두 몇 개인가?

16경간, 12·15승진

> ㉠ 경찰청에 경찰청장을 두며, 경찰청장은 치안총감으로 보한다.
> ㉡ 경찰청장은 국가경찰위원회의 동의를 받아 행정안전부장관의 제청으로 국무총리를 거쳐 대통령이 임명한다. 이 경우 국회의 인사청문을 거쳐야 한다.
> ㉢ 경찰청장이 직무를 집행하면서 헌법이나 법률을 위배하였을 때에는 국회는 탄핵 소추를 의결할 수 있다.
> ㉣ 경찰청장의 임기는 2년으로 하고, 중임할 수 없다.
> ㉤ 차장은 경찰청장을 보좌하며 경찰청장이 부득이한 사유로 직무를 수행할 수 없을 때에 그 직무를 대행한다.

① 0개   ② 1개   ③ 2개   ④ 3개

해설

모두 옳은 설명이다.

정답 ①

---

009 「국가경찰과 자치경찰의 조직 및 운영에 관한 법률」상 경찰조직에 대한 설명이다. ㉠부터 ㉣까지의 설명 중 옳고 그름의 표시(O, ×)가 바르게 된 것은?

18승진

> ㉠ 경찰청장은 국회의 동의를 받아 행정안전부장관의 제청으로 국무총리를 거쳐 대통령이 임명한다.
> ㉡ 경찰청장은 국가경찰사무를 총괄하고 경찰청 업무를 관장하며 소속 공무원 및 각급 경찰기관의 장을 지휘·감독한다.
> ㉢ 경찰청장의 임기는 2년으로 하고, 중임할 수 없다.
> ㉣ 경찰청장이 헌법이나 법률을 위반했을 때 국회에서 탄핵 소추를 의결할 수 있다고 인정되나, 현행 「국가경찰과 자치경찰의 조직 및 운영에 관한 법률」에는 국회의 탄핵소추 의결권이 명기되어 있지 아니하다.

① ㉠(×) ㉡(O) ㉢(O) ㉣(×)   ② ㉠(×) ㉡(O) ㉢(×) ㉣(O)
③ ㉠(O) ㉡(×) ㉢(O) ㉣(O)   ④ ㉠(O) ㉡(O) ㉢(O) ㉣(×)

해설

㉠ 경찰청장은 **국가경찰위원회의 동의**를 받아 행정안전부장관의 제청으로 국무총리를 거쳐 대통령이 임명한다. 이 경우 국회의 인사청문을 거쳐야 한다.
㉣ 경찰청장이 직무를 집행하면서 헌법이나 법률을 위배하였을 때에는 국회는 탄핵 소추를 의결할 수 있다.(국자법 제14조⑤에서 명시)

정답 ①

010 경찰청장에 대한 설명으로 가장 적절한 것은? 　　　　　　　　　　　　　　　　20순경2차변형

① 징계위원회의 의결을 거친 경무관 이상의 강등 및 정직과 경정 이상의 파면 및 해임을 한다.
② 임기는 2년이 보장되나, 직무 수행 중 헌법이나 법률을 위배하였을 때에는 국회는 탄핵할 수 있다.
③ 경찰청장은 전시·사변, 천재지변, 그 밖에 이에 준하는 국가 비상사태, 대규모의 테러 또는 소요사태가 발생하였거나 발생할 우려가 있어 전국적인 치안유지를 위하여 긴급한 조치가 필요하다고 인정할 만한 충분한 사유가 있는 경우에는 자치경찰사무를 수행하는 경찰공무원(제주특별자치도의 자치경찰공무원을 포함)을 직접 지휘·명령할 수 있다.
④ 경찰청장이 위에 따라 지휘·명령을 하는 경우에는 국가경찰위원회의 사전 승인을 얻어야 한다.

> **해설**
>
> ① 경무관 이상의 강등 및 정직과 경정 이상의 파면 및 해임은 **경찰청장 또는 해양경찰청장의 제청으로 행정안전부장관 또는 해양수산부장관과 국무총리를 거쳐 대통령이 한다**(경찰공무원법 제33조).
> ② 임기는 2년이 보장되나, 직무 수행 중 헌법이나 법률을 위배하였을 때에는 **국회는 탄핵 소추를 의결할 수 있다**(국자법 제14조⑤). 탄핵(심판)은 헌법재판소에서 담당한다.
> ③ O
> ④ 경찰청장이 위에 따라 지휘·명령을 하는 경우에는 **국가경찰위원회에 즉시 보고하여야 한다**.(국자법 제32조)
>
> **제32조(비상사태 등 전국적 치안유지를 위한 경찰청장의 지휘·명령)** ① 경찰청장은 다음 각 호의 경우에는 제2항에 따라 **자치경찰사무를 수행하는 경찰공무원**(제주특별자치도의 자치경찰공무원을 **포함**한다)을 직접 지휘·명령할 수 있다. (비다지)
> 1. **전시·사변, 천재지변, 그 밖에 이에 준하는 국가 비상사태**, 대규모의 테러 또는 소요사태가 발생하였거나 발생할 우려가 있어 전국적인 치안유지를 위하여 긴급한 조치가 필요하다고 인정할 만한 충분한 사유가 있는 경우
> 2. 국민안전에 중대한 영향을 미치는 사안에 대하여 **다수의 시·도에 동일하게 적용되는 치안정책을 시행할 필요**가 있다고 인정할 만한 충분한 사유가 있는 경우
> 3. 자치경찰사무와 관련하여 해당 시·도의 경찰력으로는 국민의 생명·신체·재산의 보호 및 공공의 안녕과 질서유지가 어려워 경찰청장의 **지원·조정이 필요**하다고 인정할 만한 충분한 사유가 있는 경우
> ② 경찰청장은 제1항에 따른 조치가 필요한 경우에는 **시·도자치경찰위원회**에 자치경찰사무를 담당하는 경찰공무원을 직접 지휘·명령하려는 사유 및 내용 등을 구체적으로 제시하여 **통보하여야 한다**.
> ③ 제2항에 따른 통보를 받은 **시·도자치경찰위원회는** 정당한 사유가 없으면 즉시 자치경찰사무를 담당하는 경찰공무원에게 경찰청장의 지휘·명령을 받을 것을 명하여야 하며, 제1항에 규정된 **사유에 해당하지 아니한다고 인정하면** 시·도자치경찰위원회의 의결을 거쳐 경찰청장에게 그 지휘·명령의 중단을 요청할 수 있다.
> ④ **경찰청장이** 제1항에 따라 **지휘·명령을 하는 경우에는 국가경찰위원회에 즉시 보고하여야 한다**. 다만, 제1항 제3호의 경우에는 미리 국가경찰위원회의 의결을 거쳐야 하며 긴급한 경우에는 우선 조치 후 지체 없이 국가경찰위원회의 의결을 거쳐야 한다.
> ⑤ 제4항에 따라 보고를 받은 **국가경찰위원회는** 제1항에 **규정된 사유에 해당하지 아니한다고 인정하면** 그 지휘·명령을 중단할 것을 의결하여 경찰청장에게 통보할 수 있다.

⑥ 경찰청장은 제1항에 따라 지휘·명령할 수 있는 사유가 해소된 때에는 경찰공무원에 대한 지휘·명령을 즉시 중단하여야 한다.
⑦ 시·도자치경찰위원회는 제1항 제3호에 해당하는 경우 의결로 지원·조정의 범위·기간 등을 정하여 경찰청장에게 지원·조정을 요청할 수 있다.
⑧ 경찰청장은 제주특별자치도경찰청의 관할구역에서 제1항의 **지휘·명령권을 제주특별자치도경찰청장에게 위임할 수 있다**.

정답 ③

---

011 「국가경찰과 자치경찰의 조직 및 운영에 관한 법률」상 경찰청장에 관한 설명으로 가장 적절하지 <u>않은</u> 것은?

16승진변형

① 경찰청장은 치안총감으로 보한다.
② 경찰청장은 국가경찰사무를 총괄하고 경찰청 업무를 관장하며 소속 공무원 및 각급 경찰기관의 장을 지휘·감독한다.
③ 경찰청장은 경찰의 수사에 관한 사무의 경우에는 개별 사건의 수사에 대하여 구체적으로 지휘·감독할 수 없다. 다만, 국민의 생명·신체·재산 또는 공공의 안전 등에 중대한 위험을 초래하는 긴급하고 중요한 사건의 수사에 있어서 경찰의 자원을 대규모로 동원하는 등 통합적으로 현장 대응할 필요가 있다고 판단할 만한 상당한 이유가 있는 때에는 수사국장을 통하여 개별 사건의 수사에 대하여 구체적으로 지휘·감독할 수 있다.
④ 경찰청장은 국민안전에 중대한 영향을 미치는 사안에 대하여 다수의 시·도에 동일하게 적용되는 치안정책을 시행할 필요가 있다고 인정할 만한 충분한 사유가 있는 경우에는 자치경찰사무를 수행하는 경찰공무원(제주특별자치도의 자치경찰공무원을 포함한다)을 직접 지휘·명령할 수 있다.

해설

③ 경찰청장은 경찰의 수사에 관한 사무의 경우에는 개별 사건의 수사에 대하여 구체적으로 지휘·감독할 수 없다. 다만, 국민의 생명·신체·재산 또는 공공의 안전 등에 중대한 위험을 초래하는 긴급하고 중요한 사건의 수사에 있어서 경찰의 자원을 대규모로 동원하는 등 통합적으로 현장 대응할 필요가 있다고 판단할 만한 상당한 이유가 있는 때에는 제16조에 따른 **국가수사본부장을 통하여** 개별 사건의 수사에 대하여 구체적으로 지휘·감독할 수 있다.

▶ 경찰청장

지위	① 행안부장관 소속의 독임제 경찰행정관청 ② 치안총감으로 보하며, 임기 2년, 중임할 수 없음 ③ 탄핵 대상: 경찰청장이 그 직무집행에 있어서 헌법이나 법률을 위배한 때에는 국회는 탄핵의 소추를 의결할 수 있음(헌법상 탄핵소추 대상이 아닌 「국가경찰과 자치경찰의 조직 및 운영에 관한 법률」상 대상) ④ 퇴직 후 2년 이내라도 정당의 발기인이나 당원이 될 수 있음
임명	국가경찰위원회 동의를 얻어 행안부장관 제청으로 국무총리를 거쳐 대통령이 임명(국회 인사청문회 대상)
차장	① 경찰청에 차장을 두며, 차장은 치안정감으로 보함 ② 경찰청장을 보좌하며, 경찰청장이 부득이한 사유로 직무를 수행할 수 없을 때에 그 직무를 대행(협의의 법정대리)
개별사건 수사지휘	경찰청장은 경찰의 수사에 관한 사무의 경우에는 개별 사건의 수사에 대하여 구체적으로 지휘·감독할 수 없다. 다만, 국민의 생명·신체·재산 또는 공공의 안전 등에 중대한 위험을 초래하는 긴급하고 중요한 사건의 수사에 있어서 경찰의 자원을 대규모로 동원하는 등 통합적으로 현장 대응할 필요가 있다고 판단할 만한 상당한 이유가 있는 때에는 제16조에 따른 <u>국가수사본부장을 통하여</u> 개별 사건의 수사에 대하여 구체적으로 지휘·감독할 수 있다.
자치경찰 지휘명령	제32조(비상사태 등 전국적 치안유지를 위한 경찰청장의 지휘·명령) ① 경찰청장은 다음 각 호의 경우에는 제2항에 따라 자치경찰사무를 수행하는 경찰공무원(제주특별자치도의 자치경찰공무원을 포함한다)을 직접 지휘·명령할 수 있다. 1. 전시·사변, 천재지변, 그 밖에 이에 준하는 <u>국가 비상사태, 대규모의 테러 또는 소요사태</u>가 발생하였거나 발생할 우려가 있어 전국적인 치안유지를 위하여 긴급한 조치가 필요하다고 인정할 만한 충분한 사유가 있는 경우 2. 국민안전에 중대한 영향을 미치는 사안에 대하여 <u>다수의 시·도에 동일하게 적용되는 치안정책을 시행할 필요</u>가 있다고 인정할 만한 충분한 사유가 있는 경우 3. 자치경찰사무와 관련하여 해당 시·도의 경찰력으로는 국민의 생명·신체·재산의 보호 및 공공의 안녕과 질서유지가 어려워 경찰청장의 <u>지원·조정이 필요하다고 인정</u>할 만한 충분한 사유가 있는 경우

정답 ③

012 「국가경찰과 자치경찰의 조직 및 운영에 관한 법률」 및 「국가경찰과 자치경찰의 조직 및 운영에 관한 법률 제14조 제10항에 따른 긴급하고 중요한 사건의 범위 등에 관한 규정」상 경찰청장의 개별사건 지휘·감독에 관한 다음 설명 중 틀린 것은 모두 몇 개인가?

보충문제

> ㉠ 경찰청장은 경찰의 수사에 관한 사무의 경우에는 개별 사건의 수사에 대하여 구체적으로 지휘·감독할 수 없다.
> ㉡ 다만, 국민의 생명·신체·재산 또는 공공의 안전 등에 중대한 위험을 초래하는 긴급하고 중요한 사건의 수사에 있어서 경찰의 자원을 대규모로 동원하는 등 통합적으로 현장 대응할 필요가 있다고 판단할 만한 상당한 이유가 있는 때에는 시·도경찰청장을 통하여 개별 사건의 수사에 대하여 구체적으로 지휘·감독할 수 있다.
> ㉢ 경찰청장은 제6항 단서에 따라 개별 사건의 수사에 대한 구체적 지휘·감독을 개시한 때에는 이를 국회 소관 상임위원회에 보고하여야 한다.
> ㉣ 경찰청장은 제6항 단서의 사유가 해소된 경우에는 개별 사건의 수사에 대한 구체적 지휘·감독을 중단하여야 한다.
> ㉤ 경찰청장은 제16조에 따른 국가수사본부장이 제6항 단서의 사유가 해소되었다고 판단하여 개별 사건의 수사에 대한 구체적 지휘·감독의 중단을 건의하는 경우 이를 고려하여야 한다.
> ㉥ 경찰청장은 법 제14조 제6항 단서에 따라 국가수사본부장에게 개별 사건의 수사에 대한 구체적 지휘를 하는 경우에는 구두 또는 서면으로 지휘해야 한다.
> ㉦ 경찰청장은 위에도 불구하고 서면 지휘가 불가능하거나 현저히 곤란한 경우에는 구두나 전화 등 서면 외의 방식으로 지휘할 수 있다. 이 경우 사후에 신속하게 서면으로 지휘내용을 송부해야 한다.

① 1개 ② 2개 ③ 3개 ④ 4개

해설

㉠ O
㉡ 다만, 국민의 생명·신체·재산 또는 공공의 안전 등에 중대한 위험을 초래하는 긴급하고 중요한 사건의 수사에 있어서 경찰의 자원을 대규모로 동원하는 등 통합적으로 현장 대응할 필요가 있다고 판단할 만한 상당한 이유가 있는 때에는 제16조에 따른 **국가수사본부장을 통하여** 개별 사건의 수사에 대하여 구체적으로 지휘·감독할 수 있다.
㉢ 경찰청장은 제6항 단서에 따라 개별 사건의 수사에 대한 구체적 지휘·감독을 개시한 때에는 이를 **국가경찰위원회에 보고하여야 한다.**
㉣ O
㉤ 경찰청장은 제16조에 따른 국가수사본부장이 제6항 단서의 사유가 해소되었다고 판단하여 개별 사건의 수사에 대한 구체적 지휘·감독의 중단을 건의하는 경우 **특별한 이유가 없으면 이를 승인하여야 한다.**
㉥ 경찰청장은 법 제14조 제6항 단서에 따라 국가수사본부장에게 개별 사건의 수사에 대한 구체적 지휘를 하는 경우에는 **서면으로 지휘해야 한다.** (규정 제3조①)
㉦ O (규정 제3조②)

정답 ④

013 「국가경찰과 자치경찰의 조직 및 운영에 관한 법률」상 국가수사본부장에 대한 설명으로 가장 옳은 것은?

보충문제

① 경찰청에 국가수사본부를 두며, 국가수사본부장은 치안정감 또는 치안감으로 보한다.
② 국가수사본부장은 「형사소송법」에 따른 경찰의 수사에 관하여 경찰청장, 시·도경찰청장, 경찰서장 및 수사부서 소속 공무원을 지휘·감독한다.
③ 국가수사본부장의 임기는 2년으로 하며, 중임할 수 없다.
④ 국가수사본부장을 임용하는 경우 "3급 이상 공무원 또는 총경 이상 경찰공무원으로 재직한 경력이 있는 사람으로서 그 공직에서 퇴직한 날로부터 1년이 지나지 아니한 사람"은 국가수사본부장이 될 수 없다.

해설

① 경찰청에 국가수사본부를 두며, 국가수사본부장은 <u>치안정감으로 보한다</u>.
② 국가수사본부장은 「형사소송법」에 따른 경찰의 수사에 관하여 <u>각 시·도경찰청장과 경찰서장 및 수사부서 소속 공무원을</u> 지휘·감독한다.
③ O
④ 국가수사본부장을 <u>경찰청 외부를 대상으로 모집하여 임용하는 경우</u> "3급 이상 공무원 또는 총경 이상 경찰공무원으로 재직한 경력이 있는 사람으로서 그 공직에서 퇴직한 날로부터 1년이 지나지 아니한 사람"은 국가수사본부장이 될 수 없다. ⇨ 내부임용할 수도 있고 외부임용할 수도 있는데, 외부임용하는 경우에만 해당하는 결격사유이다.

제16조(국가수사본부장) ① 경찰청에 국가수사본부를 두며, 국가수사본부장은 <u>치안정감으로 보한다</u>.
② 국가수사본부장은 「형사소송법」에 따른 경찰의 수사에 관하여 각 <u>시·도경찰청장과 경찰서장 및 수사부서 소속 공무원을 지휘·감독한다</u>.
③ 국가수사본부장의 <u>임기는 2년</u>으로 하며, <u>중임할 수 없다</u>.
④ 국가수사본부장은 <u>임기가 끝나면 당연히 퇴직한다</u>.
⑤ 국가수사본부장이 직무를 집행하면서 헌법이나 법률을 위배하였을 때에는 국회는 탄핵 소추를 의결할 수 있다.
⑥ 국가수사본부장을 경찰청 <u>외부를 대상으로 모집하여 임용할 필요가 있는 때</u>에는 다음 각 호의 자격을 갖춘 사람 중에서 임용한다.
  1. <u>10년 이상 수사업무에 종사한 사람 중에서</u> 「국가공무원법」 제2조의2에 따른 <u>고위공무원단</u>에 속하는 공무원, <u>3급 이상 공무원</u> 또는 <u>총경 이상</u> 경찰공무원으로 재직한 경력이 있는 사람
  2. <u>판사·검사 또는 변호사의 직에 10년 이상</u> 있었던 사람
  3. <u>변호사 자격이 있는 사람으로서</u> 국가기관, 지방자치단체, 「공공기관의 운영에 관한 법률」 제4조에 따른 공공기관(이하 "<u>국가기관등</u>"이라 한다)에서 법률에 관한 사무에 <u>10년 이상</u> 종사한 경력이 있는 사람
  4. 대학이나 공인된 연구기관에서 <u>법률학·경찰학 분야에서 조교수 이상</u>의 직이나 이에 상당하는 직에 <u>10년 이상</u> 있었던 사람
  5. 제1호부터 제4호까지의 경력 기간의 <u>합산이 15년 이상</u>인 사람

> ⑦ 국가수사본부장을 경찰청 외부를 대상으로 모집하여 임용하는 경우 다음 각 호의 어느 하나에 해당하는 사람은 국가수사본부장이 될 수 없다.
> 1. 「경찰공무원법」 제8조 제2항 각 호의 결격사유에 해당하는 사람
> 2. 정당의 당원이거나 당적을 이탈한 날부터 3년이 지나지 아니한 사람
> 3. 선거에 의하여 취임하는 공직에 있거나 그 공직에서 퇴직한 날부터 3년이 지나지 아니한 사람
> 4. 제6항 제1호에 해당하는 공무원 또는 제6항 제2호의 판사·검사의 직에서 퇴직한 날로부터 1년이 지나지 아니한 사람
> 5. 제6항 제3호에 해당하는 사람으로서 국가기관등에서 퇴직한 날로부터 1년이 지나지 아니한 사람

정답 ③

014 「국가경찰과 자치경찰의 조직 및 운영에 관한 법률」상 국가수사본부장에 관하여 설명한 것으로 가장 옳지 않은 것은?

보충문제

① 국가수사본부장은 임기가 끝나면 당연히 퇴직한다.
② 국가수사본부장이 직무를 집행하면서 헌법이나 법률을 위배하였을 때에는 국회는 탄핵소추를 의결할 수 있다.
③ "10년 이상 수사업무에 종사한 사람 중에서 「국가공무원법」 제2조의2에 따른 고위공무원단에 속하는 공무원, 3급 이상 공무원 또는 총경 이상 경찰공무원으로 재직한 경력이 있는 사람"은 국가수사본부장을 경찰청 외부를 대상으로 모집하여 임용하는 경우 임용자격을 갖춘 사람에 해당한다.
④ 위 ③의 외부임용의 경우 「국가경찰과 자치경찰의 조직 및 운영에 관한 법률」 제16조 제6항 제1호부터 제4호까지의 경력기간의 합산이 10년 이상인 사람도 임용자격을 갖춘 사람에 해당한다.

해설

④ 외부임용의 경우 「국가경찰과 자치경찰의 조직 및 운영에 관한 법률」 제16조 제6항 제1호부터 제4호까지의 경력기간의 합산이 15년 이상인 사람도 임용자격을 갖춘 사람에 해당한다.

정답 ④

015 「국가경찰과 자치경찰의 조직 및 운영에 관한 법률」에서 국가수사본부장에 대한 설명으로 가장 적절한 것은?
21순경2차

① 국가수사본부장은 치안감으로 보하며, 임기가 끝나면 당연히 퇴직한다.
② 국가수사본부장의 임기는 2년으로 하며, 중임할 수 있다.
③ 국가수사본부장은 국가경찰사무를 총괄하고 경찰청 업무를 관장하며 소속 공무원 및 각급 경찰기관의 장을 지휘·감독한다.
④ 국가수사본부장이 직무를 집행하면서 헌법이나 법률을 위배하였을 때에는 국회는 탄핵소추를 의결할 수 있다.

해설

① 국수본부장은 <u>치안정감</u>으로 보한다.
② 국수본부장의 임기는 2년으로 하며, <u>중임할 수 없다</u>. → 계급은 비록 치안정감이지만, 경찰청장만큼 비중있는 자리로, 임기 등 여러 가지 사항에 대하여 경찰청장과 유사하게 규정해 놓음
③ <u>경찰청장은</u> 국가경찰사무를 총괄하고 경찰청 업무를 관장하며 소속 공무원 및 각급 경찰기관의 장을 지휘·감독한다. ※ 국가수사본부장은 「형사소송법」에 따른 경찰의 수사에 관하여 각 시·도경찰청장과 경찰서장 및 수사부서 소속 공무원을 지휘·감독한다.

정답 ④

016 국가수사본부장을 경찰청 외부에서 임용하는 경우 「국가경찰과 자치경찰의 조직 및 운영에 관한 법률」 제16상 임용의 결격사유를 나열한 것이다. 가장 옳지 <u>않은</u> 것은?
보충문제

① 「경찰공무원법」 제8조 제2항 각 호의 결격사유에 해당하는 사람
② 정당의 당원이거나 당적을 이탈한 날부터 3년이 지나지 아니한 사람
③ 제6항 제1호에 해당하는 공무원 또는 제6항 제2호의 판사·검사의 직에서 퇴직한 날로부터 3년이 지나지 아니한 사람
④ 제6항 제3호에 해당하는 사람으로서 국가기관등에서 퇴직한 날로부터 1년이 지나지 아니한 사람

해설

③ 제6항 제1호에 해당하는 공무원 또는 제6항 제2호의 판사·검사의 직에서 퇴직한 날로부터 <u>1년이</u> 지나지 아니한 사람

▶ 국가수사본부장 외부임용시 임용자격 & 결격사유

제16조(국가수사본부장) ⑥ 국가수사본부장을 경찰청 <u>외부를</u> 대상으로 모집하여 임용할 필요가 있는 때에는 다음 각 호의 자격을 갖춘 사람 중에서 임용한다.
  1. <u>10년 이상 수사업무</u>에 종사한 사람 중에서 「국가공무원법」 제2조의2에 따른 <u>고위공무원단</u>에 속하는 공무원, <u>3급 이상 공무원</u> 또는 <u>총경 이상</u> 경찰공무원으로 재직한 경력이 있는 사람

2. 판사·검사 또는 변호사의 직에 10년 이상 있었던 사람
3. 변호사 자격이 있는 사람으로서 국가기관, 지방자치단체, 「공공기관의 운영에 관한 법률」 제4조에 따른 공공기관(이하 "국가기관등"이라 한다)에서 법률에 관한 사무에 10년 이상 종사한 경력이 있는 사람
4. 대학이나 공인된 연구기관에서 법률학·경찰학 분야에서 조교수 이상의 직이나 이에 상당하는 직에 10년 이상 있었던 사람
5. 제1호부터 제4호까지의 경력 기간의 합산이 15년 이상인 사람

⑦ 국가수사본부장을 경찰청 외부를 대상으로 모집하여 임용하는 경우 다음 각 호의 어느 하나에 해당하는 사람은 국가수사본부장이 될 수 없다.
1. 「경찰공무원법」 제8조 제2항 각 호의 결격사유에 해당하는 사람
2. 정당의 당원이거나 당적을 이탈한 날부터 3년이 지나지 아니한 사람
3. 선거에 의하여 취임하는 공직에 있거나 그 공직에서 퇴직한 날부터 3년이 지나지 아니한 사람
4. 제6항 제1호에 해당하는 공무원 또는 제6항 제2호의 판사·검사의 직에서 퇴직한 날로부터 1년이 지나지 아니한 사람
5. 제6항 제3호에 해당하는 사람으로서 국가기관등에서 퇴직한 날로부터 1년이 지나지 아니한 사람

정답 ③

017 「국가경찰과 자치경찰의 조직 및 운영에 관한 법률」에 대한 설명으로 가장 적절하지 않은 것은?

22승진

① 시·도경찰청장은 경찰청장이 시·도자치경찰위원회와 협의하여 추천한 사람 중에서 행정안전부장관의 제청으로 국무총리를 거쳐 대통령이 임용한다.
② 시·도경찰청 차장은 시·도경찰청장을 보좌하여 소관 사무를 처리하고, 시 도경찰청장이 부득이한 사유로 직무를 수행할 수 없을 때에는 그 직무를 대행한다.
③ 국가수사본부장은 형사소송법에 따른 경찰의 수사에 관하여 각 시·도경찰청장과 경찰서장 및 수사부서 소속 공무원을 지휘 감독한다.
④ 국가수사본부장이 직무를 집행하면서 헌법이나 법률을 위배하였더라도 국회는 탄핵 소추를 의결할 수 없다.

해설

④ 국가수사본부장이 직무를 집행하면서 헌법이나 법률을 위배하였을 때에는 국회는 탄핵 소추를 의결할 수 있다.(국자법 제16조 제5항)

정답 ④

018 「국가경찰과 자치경찰의 조직 및 운영에 관한 법률」상 국가경찰위원회에 대한 설명으로 가장 적절한 것은?

20승진

① 위원장은 정무직으로 한다.
② 위원회는 위원장 1명을 포함한 7명의 위원으로 구성하되, 위원장 및 5명의 위원은 상임으로 하고, 1명의 위원은 비상임으로 한다.
③ 위원은 경찰청장의 제청으로 행정안전부장관을 거쳐 대통령이 임명한다.
④ 위원의 임기는 3년으로 하며, 연임할 수 없다. 이 경우 보궐위원의 임기는 전임자 임기의 남은 기간으로 한다.

해설

① 상임위원은 정무직으로 한다.
② 위원회는 위원장 1명을 포함한 7명의 위원으로 구성하되, 위원장 및 5명의 위원은 비상임으로 하고, 1명의 위원은 상임으로 한다.
③ 위원은 행정안전부장관의 제청으로 국무총리를 거쳐 대통령이 임명한다.
④ ○

▶ **국가경찰위원회(의결기관)**

목적 근거	① 설치목적 - 경찰에 대한 민주적 통제와 정치적 중립성 보장 ② 근거/성격 - 국자법에 근거하여 행정안전부에 설치된 합의제 심의·의결기관
위원 구성	〈위원〉 위원장포함 7명 - 위원장 및 5명은 비상임, 1명은 상임(정무직 차관급) 〈위원장〉 비상임위원 중 호선, 사고시 상임위원, 연장자 순으로 직무대리 〈위원임명〉 행안부장관 제청 → 국무총리 거쳐 → 대통령 임명 〈자격〉 위원 중 2명은 법관의 자격이 있는 사람이어야 한다. 　　　위원은 특정 성(性)이 10분의 6을 초과하지 아니하도록 노력하여야 한다. ※결격사유 - ① 당적/선거공직/경찰·검찰·국정원·군인 직에서 퇴직(이탈) 3년 미경과자 　　　　　　② 국가공무원법 제33조 '국가공무원 결격사유'에 해당하는 자
임기	임기는 3년, 연임할 수 없음. 보궐위원의 임기는 전임자 임기의 남은 기간
신분 보장	① 결격사유 해당시 당연퇴직 ② 위원은 중대한 신체상·정신상 장애로 직무를 수행할 수 없게 된 경우를 제외하고는 그 의사에 반하여 면직되지 아니함 → 면직하는 경우 위원장 또는 장관의 의결요구에 의해 위원회 의결이 있어야 함
회의	〈정기회〉 특별한 사유가 없는 한 위원장이 매월 2회 소집 〈임시회〉 위원장은 필요한 경우 임시회의를 소집할 수 있으며, 위원 3인이상과 행안부장관 또는 경찰청장은 위원장에게 임시회의의 소집을 요구할 수 있다. 임시회의소집 요구가 있는 경우에는 위원장은 특별한 사유가 없는 한 회의를 소집하여야 한다.
운영	① 위원회 회의는 재적위원 과반수 출석과 출석위원 관반수 찬성으로 의결 ② 국자법 규정 외 운영에 필요한 사항을 국가경찰위원회규정(대통령령)에서 규정
재의 요구	행안부장관은 심의·의결 내용이 적정하지 아니하다고 판단할 때에는 의결한 날부터 10일 이내에 재의를 요구할 수 있음 → 위원회는 7일 이내에 재의결하여야 함

심의 의결	① 다음 각 호의 사항은 국가경찰위원회의 <u>심의·의결을 거쳐야 한다.</u> 1. 국가경찰사무에 관한 인사, 예산, 장비, 통신 등에 관한 주요정책 및 경찰 업무 발전에 관한 사항 2. 국가경찰사무에 관한 인권보호와 관련되는 경찰의 운영·개선에 관한 사항 3. 국가경찰사무 담당 공무원의 부패 방지와 청렴도 향상에 관한 주요 정책사항 4. <u>국가경찰사무 외에</u> 다른 국가기관으로부터의 업무협조 요청에 관한 사항 5. 제주특별자치도의 자치경찰에 대한 경찰의 지원·협조 및 협약체결의 조정 등에 관한 주요 정책사항 6. 제18조에 따른 <u>시·도자치경찰위원회 위원 추천</u>, 자치경찰사무에 대한 주요 법령·정책 등에 관한 사항, 제25조 제4항에 따른 <u>시·도자치경찰위원회 의결에 대한 재의 요구</u>에 관한 사항 7. 제2조에 따른 시책 수립에 관한 사항 8. 제32조에 따른 비상사태 등 전국적 치안유지를 위한 경찰청장의 지휘·명령에 관한 사항 9. <u>그 밖에 행정안전부장관 및 경찰청장이</u> 중요하다고 인정하여 국가경찰위원회의 회의에 부친 사항

정답 ④

019 「국가경찰과 자치경찰의 조직 및 운영에 관한 법률」상 국가경찰위원회에 대한 설명으로 가장 적절하지 않은 것은?
18순경3차

① 위원의 임기는 3년으로 하며, 연임할 수 없다.
② 경찰, 검찰, 법관, 국가정보원 직원 또는 군인의 직에서 퇴직한 날부터 3년이 지나지 아니한 사람은 위원이 될 수 없다.
③ 위원은 중대한 신체상 또는 정신상의 장애로 직무를 수행할 수 없게 된 경우를 제외하고는 그 의사에 반하여 면직되지 아니한다.
④ 심의·의결사항에는 국가경찰 임무 외에 다른 국가기관으로부터의 업무협조 요청에 관한 사항도 포함된다.

해설

② <u>경찰, 검찰, 국가정보원 직원 또는 군인</u>의 직(職)에서 퇴직한 날부터 3년이 지나지 아니한 사람은 위원이 될 수 없다. → <u>법관은 결격사유에 해당되지 않는다.</u>

정답 ②

020 「국가경찰과 자치경찰의 조직 및 운영에 관한 법률」과 「국가경찰위원회 규정」상 국가경찰위원회에 대한 설명으로 가장 적절한 것은? 21승진

① 행정안전부장관은 위원 임명을 동의할 때, 경찰의 정치적 중립이 보장되도록 하여야 한다.
② 위원장은 필요한 경우 임시회의를 소집할 수 있으며, 위원 3인 이상과 행정안전부장관 또는 경찰청장은 위원장에게 임시회의 소집을 요구할 수 있다.
③ 경찰, 검찰, 법관, 군인의 직에서 퇴직한 날부터 3년이 지나지 아니한 사람은 위원으로 선임될 수 없다.
④ 「국가경찰위원회 규정」에 규정된 사항 외에 위원회의 운영을 위하여 필요한 사항은 위원회의 의결을 거쳐 행정안전부장관이 정한다.

해설

① 행정안전부장관은 <u>위원 임명을 제청할 때</u> 경찰의 정치적 중립이 보장되도록 하여야 한다.(국자법 제8조②)
② O (국가경찰위원회 규정 제7조③)
③ 결격사유의 하나로 "<u>경찰, 검찰, 국가정보원 직원 또는 군인</u>의 직에 있거나 그 직에서 퇴직한 날부터 3년이 지나지 아니한 사람"이 규정되어 있다. → <u>법관은 결격사유에 해당하지 않는다</u>. (국자법 제8조⑤ 제3호)
④ 「국가경찰위원회 규정」에 규정된 사항 외에 위원회의 운영을 위하여 필요한 사항은 위원회의 의결을 거쳐 <u>위원장이 정한다</u>.(국가경찰위원회 규정 제11조)

정답 ②

021 다음 중 국가경찰위원회에 대한 설명으로 가장 옳지 않은 것은? 13경간

① 국가경찰위원회는 위원장 1인을 포함한 7인의 위원으로 구성되며, 위원장 유고시 비상임위원, 연장자 순으로 위원장의 직무를 대리한다.
② 사무는 경찰청에서 수행한다.
③ 의결정족수는 재적위원 과반수 출석과 출석위원 과반수 찬성으로 의결한다.
④ 국가경찰위원회는 경찰의 정치적 중립 보장과 중요정책에 대한 민주적 결정을 위해 설치된 기구이다.

해설

① 국가경찰위원회 위원장이 사고가 있을 때에는 <u>상임위원, 위원중 연장자 순으로</u> 위원장의 직무를 대리한다.

정답 ①

022 「국가경찰과 자치경찰의 조직 및 운영에 관한 법률」상 국가경찰위원회에 대한 설명으로 가장 적절하지 않은 것은?   16순경2차, 15순경3차

① 국가경찰행정에 관한 일정한 사항을 심의·의결하기 위하여 행정안전부에 국가경찰위원회를 둔다.
② 국가경찰위원회는 위원장 1명을 포함한 7명으로 구성한다.
③ 국가경찰위원회 위원의 임기는 2년으로 하며, 연임할 수 없다.
④ 국가경찰위원회의 회의는 재적위원 과반수의 출석과 출석위원 과반수의 찬성으로 의결한다.

> **해설**
> ③ 국가경찰위원회 위원의 임기는 <u>3년으로</u> 하며, 연임할 수 없다.
>
> **정답** ③

023 「국가경찰과 자치경찰의 조직 및 운영에 관한 법률」상 국가경찰위원회에 대한 다음 설명 중 가장 적절하지 <u>않은</u> 것은?   13순경1차

① 국가경찰위원회는 위원장 1명을 포함한 9명의 위원으로 구성하되, 위원장 및 7명의 위원은 비상임(非常任)으로 하고, 1명의 위원은 상임(常任)으로 한다. 위원장은 정무직으로 한다.
② 국가경찰위원회 위원의 임기는 3년으로 하며, 연임(連任)할 수 없다. 이 경우 보궐위원의 임기는 전임자 임기의 남은 기간으로 한다.
③ 국가경찰위원회 위원은 중대한 신체상 또는 정신상의 장애로 직무를 수행할 수 없게 된 경우를 제외하고는 그 의사에 반하여 면직되지 아니한다.
④ 경찰, 검찰, 국가정보원 직원 또는 군인의 직(職)에서 퇴직한 날부터 3년이 지나지 아니한 사람은 국가경찰위원회 위원이 될 수 없다.

> **해설**
> ① 국가경찰위원회는 <u>위원장 1명을 포함한 7명의 위원으로 구성</u>하되, <u>위원장 및 5명의 위원은 비상임</u>(非常任)으로 하고, 1명의 위원은 상임(常任)으로 한다. 위원 중 <u>상임위원은 정무직</u>으로 한다(국자법 제7조).
>
> **정답** ①

024 국가경찰위원회에 관한 기술 중 가장 타당하지 아니한 것은? 14경간

① 국가경찰위원회는 위원장 1명을 포함한 7명의 위원으로 구성하되, 위원장 및 5명의 위원은 비상임으로 하고, 1명의 위원은 상임으로 한다.
② 행정안전부장관은 국가경찰위원회의 심의·의결된 내용이 적정하지 아니하다고 판단할 때에는 재의를 요구할 수 있다.
③ 제주특별자치도의 자치경찰에 대한 경찰의 지원, 협조 및 협약체결의 조정 등에 관한 주요 정책사항은 국가경찰위원회의 심의·의결 사항이 아니다.
④ 국가경찰위원회 위원은 중대한 신체상 또는 정신상의 장애로 직무를 수행할 수 없게 된 경우를 제외하고는 그 의사에 반하여 면직되지 아니한다.

해설

③ 제주특별자치도의 자치경찰에 대한 경찰의 지원, 협조 및 협약체결의 조정 등에 관한 주요 정책사항도 국가경찰위원회의 <u>심의·의결 사항에 해당한다</u>.

> 제10조(국가경찰위원회의 심의·의결 사항 등) ① 다음 각 호의 사항은 국가경찰위원회의 심의·의결을 거쳐야 한다.
> 1. 국가경찰사무에 관한 인사, 예산, 장비, 통신 등에 관한 주요정책 및 경찰 업무 발전에 관한 사항
> 2. 국가경찰사무에 관한 인권보호와 관련되는 경찰의 운영·개선에 관한 사항
> 3. 국가경찰사무 담당 공무원의 부패 방지와 청렴도 향상에 관한 주요 정책사항
> 4. <u>국가경찰사무 외에</u> 다른 국가기관으로부터의 업무협조 요청에 관한 사항
> 5. 제주특별자치도의 자치경찰에 대한 경찰의 지원·협조 및 협약체결의 조정 등에 관한 주요 정책사항
> 6. 제18조에 따른 <u>시·도자치경찰위원회 위원 추천</u>, 자치경찰사무에 대한 주요 법령·정책 등에 관한 사항, 제25조 제4항에 따른 <u>시·도자치경찰위원회 의결에 대한 재의 요구</u>에 관한 사항
> 7. 제2조에 따른 시책 수립에 관한 사항
> 8. 제32조에 따른 비상사태 등 전국적 치안유지를 위한 경찰청장의 지휘·명령에 관한 사항
> 9. 그 밖에 <u>행정안전부장관 및 경찰청장이</u> 중요하다고 인정하여 국가경찰위원회의 회의에 부친 사항
> ② <u>행정안전부장관은</u> 제1항에 따라 심의·의결된 내용이 적정하지 아니하다고 판단할 때에는 <u>재의를 요구할 수 있다.</u>

정답 ③

025 「국가경찰과 자치경찰의 조직 및 운영에 관한 법률」상 국가경찰위원회에 대한 설명으로 가장 적절한 것은?
17순경2차

① 국가경찰위원회는 경찰의 민주주의와 정치적 중립성을 보장하기 위하여 경찰청에 설치한 독립적 심의·의결 기구이다.
② 국가경찰위원회는 위원장 1명을 포함한 7명의 위원으로 구성되며 위원장 및 1명의 위원은 상임으로 하고, 5명의 위원은 비상임으로 한다.
③ 국가경찰사무 담당 공무원의 부패 방지와 청렴도 향상에 관한 주요 정책사항은 국가경찰위원회의 심의·의결을 거쳐야 한다.
④ 국가경찰위원회의 회의는 재적위원 과반수의 출석과 재적위원 과반수의 찬성으로 의결한다.

해설

① 국가경찰위원회는 경찰의 민주주의와 정치적 중립성을 보장하기 위하여 **행정안전부에 설치한** 독립적 심의·의결 기구이다.
② 국가경찰위원회는 위원장 1명을 포함한 7명의 위원으로 구성되며 **위원장 및 5명의 위원은 비상임**으로 하고, **1명의 위원은 상임**으로 한다.
③ ○
④ 국가경찰위원회의 회의는 재적위원 과반수의 출석과 **출석위원 과반수의 찬성**으로 의결한다.

정답 ③

---

026 「국가경찰과 자치경찰의 조직 및 운영에 관한 법률」상 국가경찰위원회에 관한 다음 설명 중 가장 적절하지 않은 것은?
14순경2차

① 위원과 위원장은 행정안전부장관의 제청으로 국무총리를 거쳐 대통령이 임명한다.
② 행정안전부장관은 심의·의결 내용이 적정하지 아니하다고 판단될 때에는 재의를 요구할 수 있다.
③ 위원은 중대한 신체상 또는 정신상의 장애로 직무를 수행할 수 없게 된 경우를 제외하고는 그 의사에 반하여 면직되지 아니한다.
④ 경찰, 검찰, 국가정보원 직원 또는 군인의 직(職)에서 퇴직한 날부터 3년이 지나지 아니한 사람은 위원이 될 수 없다.

해설

① 위원은 행정안전부장관의 제청으로 국무총리를 거쳐 대통령이 임명하지만, **위원장은 비상임위원 중에서 호선**한다.

정답 ①

027 「국가경찰과 자치경찰의 조직 및 운영에 관한 법률」상 국가경찰위원회에 대한 다음 설명 중 옳은 것은 모두 몇 개 인가?
16경간

> ㉠ 국가경찰위원회는 위원장 1명을 포함한 7명의 위원으로 구성하되, 위원장 및 5명의 위원은 상임으로 하고, 1명의 위원은 비상임으로 한다.
> ㉡ 위원은 행정안전부장관의 제청으로 국무총리를 거쳐 대통령이 임명한다.
> ㉢ 경찰, 검찰, 국가정보원 직원 또는 군인의 직에서 퇴직한 날부터 3년이 지나지 아니한 사람은 위원이 될 수 없다.
> ㉣ 위원의 임기는 3년으로 하며, 연임할 수 있다.
> ㉤ 위원회의 회의는 재적위원 과반수의 출석과 출석위원 과반수의 찬성으로 의결한다.
> ㉥ 위원은 중대한 신체상 또는 정신상의 장애로 직무를 수행할 수 없게 된 경우를 제외하고는 그 의사에 반하여 면직되지 아니한다.

① 2개 ② 3개 ③ 4개 ④ 5개

해설
㉠ 국가경찰위원회는 위원장 1명을 포함한 7명의 위원으로 구성하되, **위원장 및 5명의 위원은 비상임**으로 하고, **1명의 위원은 상임**으로 한다.
㉣ 위원의 임기는 3년으로 하며, **연임할 수 없다**.

정답 ③

---

028 「국가경찰과 자치경찰의 조직 및 운영에 관한 법률」과 대통령령인 「국가경찰위원회 규정」상 국가경찰위원회에 대한 다음 설명 중 가장 옳지 않은 것은?
17경간변형

① 정기회의는 특별한 사유가 있는 경우를 제외하고는 매월 2회 위원장이 소집한다.
② 위원장은 필요한 경우 임시회의를 소집할 수 있으며, 위원 3인 이상과 행정안전부장관 또는 경찰청장은 위원장에게 임시회의의 소집을 요구할 수 있다.
③ 위원장이 사고가 있을 때에는 상임위원, 위원중 연장자순으로 위원장의 직무를 대리한다.
④ 경찰청장은 위원회에서 심의·의결된 내용이 적정하지 아니하다고 판단할 때에는 재의를 요구할 수 있다.

해설
④ **행정안전부장관은** 국가경찰위원회의 심의·의결사항이 적정하지 아니하다고 판단할 때에는 10일 이내 재의를 요구할 수 있다. 위원장은 재의요구가 있는 경우에는 그 요구를 받은 날부터 7일 이내에 회의를 소집하여 다시 의결하여야 한다.

정답 ④

029 「국가경찰과 자치경찰의 조직 및 운영에 관한 법률」상 국가경찰위원회에 대한 규정이다. 아래 ㉠부터 ㉣까지의 설명 중 옳고 그름의 표시(O, X)가 바르게 된 것은?

17순경1차

> ㉠ 국가경찰위원회는 위원장 1명을 포함한 7명의 위원으로 구성하되, 위원장 및 5명의 위원은 상임으로 하고, 1명의 위원은 비상임으로 한다.
> ㉡ 위원 중 3명은 법관의 자격이 있는 사람이어야 한다.
> ㉢ 위원은 행정안전부장관의 제청으로 국무총리를 거쳐 대통령이 임명한다.
> ㉣ 위원의 임기는 3년으로 하며, 연임할 수 있다. 이 경우 보궐위원의 임기는 전임자 임기의 남은 기간으로 한다.

① ㉠(X) ㉡(X) ㉢(O) ㉣(X)
② ㉠(O) ㉡(X) ㉢(X) ㉣(O)
③ ㉠(X) ㉡(O) ㉢(O) ㉣(O)
④ ㉠(O) ㉡(O) ㉢(X) ㉣(X)

해설

㉠ 국가경찰위원회는 위원장 1명을 포함한 7명의 위원으로 구성하되, **위원장 및 5명의 위원은 비상임**으로 하고, **1명의 위원은 상임**으로 한다.
㉡ 위원 중 **2명은 법관의 자격**이 있는 사람이어야 한다.
㉢ O
㉣ 위원의 임기는 3년으로 하며, **연임할 수 없다.** 이 경우 보궐위원의 임기는 전임자 임기의 남은 기간으로 한다.

정답 ①

---

030 「국가경찰과 자치경찰의 조직 및 운영에 관한 법률」상 다음 ( )안에 들어갈 숫자의 합은?

20순경1차

> ㉠ 국가경찰위원회는 위원장 1명을 포함한 ( )명의 위원으로 구성한다.
> ㉡ 국가경찰위원회 위원 중 ( )명은 법관의 자격이 있는 사람이어야 한다.
> ㉢ 국가경찰위원회 위원의 임기는 ( )년으로 하며, 연임할 수 없다.
> ㉣ 경찰청장의 임기는 ( )년으로 하고, 중임할 수 없다.

① 13   ② 14   ③ 15   ④ 16

해설

㉠ 국가경찰위원회는 위원장 1명을 포함한 (**7)명**의 위원으로 구성한다.
㉡ 국가경찰위원회 위원 중 (**2)명**은 법관의 자격이 있는 사람이어야 한다.
㉢ 국가경찰위원회 위원의 임기는 (**3)년으로** 하며, 연임할 수 없다.
㉣ 경찰청장의 임기는 (**2)년으로** 하고, 중임할 수 없다.

정답 ②

031 「국가경찰과 자치경찰의 조직 및 운영에 관한 법률」상 국가경찰위원회에 대한 다음 설명 중 옳지 않은 것은 모두 몇 개인가?   19경간

> 가. 국가경찰위원회는 경찰의 민주주의와 정치적 중립을 보장하기 위하여 경찰청에 설치한 독립적 심의·의결기구이다.
> 나. 위원 중 2명은 법관의 자격이 있는 사람이어야 한다.
> 다. 위원은 중대한 신체상 또는 정신상의 장애로 직무를 수행할 수 없게 된 경우를 제외하고는 그 의사에 반하여 면직되지 아니한다.
> 라. 경찰, 검찰, 국가정보원 직원 또는 군인의 직에서 퇴직한 날부터 2년이 지나지 아니한 사람은 위원이 될 수 없다.
> 마. 국가경찰사무와 관련하여 다른 국가기관으로부터의 업무협조 요청에 관한 사항이 국가경찰위원회의 심의·의결 대상이 된다.

① 1개   ② 2개   ③ 3개   ④ 4개

해설

가. <u>행정안전부에</u> 국가경찰위원회를 둔다.
나. O
다. O
라. 경찰, 검찰, 국가정보원 직원 또는 군인의 직(職)에서 퇴직한 날부터 <u>3년이</u> 지나지 아니한 사람은 위원이 될 수 없다.
마. "<u>국가경찰사무 외에</u> 다른 국가기관으로부터의 업무협조 요청에 관한 사항"이 국가경찰위원회의 심의·의결 대상이다.

정답 ③

---

032 국가경찰위원회에 대한 설명 중 가장 적절한 것은?   13승진

① 위원은 행정안전부장관의 제청으로 국무총리를 거쳐 대통령이 임명한다.
② 법관, 검사 또는 변호사의 직에서 퇴직한지 3년이 경과하지 않으면 위원으로 선임될 수 없다.
③ 위원회의 회의는 재적위원 3분의2 이상의 출석과 출석위원 과반수의 찬성으로 의결한다.
④ 행정안전부장관은 국가경찰위원회의 의결사항이 부적당하다고 판단될 때에는 재의요구를 할 수 있으며, 재의요구는 10일 이내에 하여야 하고, 국가경찰위원회는 10일 이내에 재의결하여야 한다.

해설

① O
② <u>경찰, 검찰, 국가정보원 직원 또는 군인</u>의 직(職)에서 퇴직한 날부터 3년이 지나지 아니한 사람은 위원이 될 수 없다. <u>법관, 변호사는 퇴직기간의 제한이 없다.</u>

③ 위원회의 회의는 **재적위원 과반수의 출석과 출석위원 과반수의 찬성으로 의결**한다.
④ 행정안전부장관은 국가경찰위원회의 의결사항이 부적당하다고 판단될 때에는 재의요구를 할 수 있으며, 재의요구는 10일 이내에 하여야 하고, **국가경찰위원회는 7일 이내에 재의결**하여야 한다.

정답 ①

---

033 다음은 「국가경찰과 자치경찰의 조직 및 운영에 관한 법률」상 국가경찰위원회에 대한 규정이다. 아래 ㉠부터 ㉤까지의 설명으로 옳고 그름의 표시(O, ×)가 바르게 된 것은?　　17승진

> ㉠ 국가경찰위원회는 위원장 1명을 포함한 7명의 위원으로 구성하되, 6명의 위원은 비상임으로 하고, 위원장은 상임으로 한다.
> ㉡ 국가경찰위원회 위원은 중대한 신체상 또는 정신상의 장애로 직무를 수행할 수 없게 된 경우를 제외하고는 그 의사에 반하여 면직되지 아니한다.
> ㉢ 경찰, 검찰, 법관, 국가정보원 직원 또는 군인의 직에서 퇴직한 날부터 3년이 지나지 아니한 사람은 국가경찰위원회의 위원이 될 수 없다.
> ㉣ 국가경찰위원회의 사무는 경찰청에서 수행하고, 국가경찰위원회의 회의는 재적위원 과반수의 출석과 재적위원 과반수의 찬성으로 의결한다.
> ㉤ 국가경찰사무와 관련하여 다른 국가기관으로부터의 업무협조 요청에 관한 사항은 국가경찰위원회의 심의·의결 사항이다.

① ㉠(O) ㉡(×) ㉢(O) ㉣(O) ㉤(×)
② ㉠(×) ㉡(O) ㉢(×) ㉣(×) ㉤(O)
③ ㉠(×) ㉡(O) ㉢(×) ㉣(×) ㉤(×)
④ ㉠(×) ㉡(×) ㉢(O) ㉣(O) ㉤(O)

해설

㉠ 국가경찰위원회는 위원장 1명을 포함한 7명의 위원으로 구성하되, **위원장 및 5명의 위원은 비상임**으로 하고, **1명의 위원은 상임**으로 한다.
㉡ O
㉢ **경찰, 검찰, 국가정보원 직원 또는 군인**의 직에서 퇴직한 날부터 3년이 지나지 아니한 사람은 국가경찰위원회의 위원이 될 수 없다.
㉣ 국가경찰위원회의 사무는 경찰청에서 수행하고, 국가경찰위원회의 회의는 **재적위원 과반수의 출석과 출석위원 과반수의 찬성으로 의결**한다.
㉤ **국가경찰사무 외에** 다른 국가기관으로부터의 업무협조 요청에 관한 사항 등이 국가경찰위원회의 심의·의결 사항이다.

정답 ③

034 국가경찰위원회에 대한 설명 중 가장 적절하지 않은 것은? 20승진

① 위원회는 위원장 1명을 포함한 7명의 위원으로 구성하되, 위원장 및 5명의 위원은 비상임으로 하고, 1명의 위원은 상임으로 하며, 위원장은 정무직으로 한다.
② 위원 중 2명은 법관의 자격이 있는 사람이어야 한다.
③ 당적을 이탈한 날부터 3년이 지나지 아니한 사람, 선거에 의하여 취임하는 공직에서 퇴직한 날부터 3년이 지나지 아니한 사람은 위원이 될 수 없다.
④ 위원은 행정안전부장관의 제청으로 국무총리를 거쳐 대통령이 임명한다.

해설

① 위원회는 위원장 1명을 포함한 7명의 위원으로 구성하되, 위원장 및 5명의 위원은 비상임으로 하고, 1명의 위원은 상임으로 하며, <u>상임위원은 정무직</u>으로 한다.

정답 ①

035 '국가경찰위원회'에 대한 설명으로 가장 적절하지 않은 것은? 18승진

① 「국가경찰과 자치경찰의 조직 및 운영에 관한 법률」에 근거를 두고 설치된 기관으로, 행정안전부 소속 합의제 심의·의결기관이다.
② 위원회는 위원장 1명을 포함한 7명의 위원으로 구성하되, 위원장 및 5명의 위원은 비상임으로 하고, 1명의 위원은 상임으로 한다.
③ 위원은 경찰청장의 제청으로 행정안전부장관을 거쳐 대통령이 임명한다.
④ 경찰, 검찰, 국가정보원 직원 또는 군인의 직에서 퇴직한 날부터 3년이 지나지 아니한 사람은 위원이 될 수 없다.

해설

③ 국가경찰위원회위원은 <u>행정안전부장관의 제청으로 국무총리를 거쳐</u> 대통령이 임명한다.(「국가경찰과 자치경찰의 조직 및 운영에 관한 법률」 제6조 제1항)

정답 ③

036 「국가경찰과 자치경찰의 조직 및 운영에 관한 법률」상 국가경찰위원회에 대한 설명으로 가장 적절한 것은?
                                                                            18승진

① 국가경찰위원회는 경찰의 정치적 중립 보장과 중요 정책에 대한 민주적 결정을 위해 설치된 기구로서 행정안전부에 두고, 위원회의 사무도 행정안전부에서 수행한다.
② 경찰, 검찰, 국가정보원 직원 또는 군인의 직에서 퇴직한 날부터 3년이 지나지 아니한 사람은 위원으로 선임될 수 없다.
③ 위원의 임기는 3년으로 하며, 연임할 수 있다.
④ 국가경찰 임무와 관련된 다른 국가기관으로부터의 업무협조요청에 관한 사항은 국가경찰위원회의 심의·의결을 거쳐야 한다.

해설

① 국가경찰행정에 관하여 제10조 제1항 각 호의 사항을 심의·의결하기 위하여 행정안전부에 국가경찰위원회를 둔다.(국자법 제7조) <u>위원회의 사무는 경찰청에서 수행</u>한다.(동법 제11조)
② O
③ 위원의 임기는 3년으로 하며, **연임할 수 없다.**(동법 제9조①)
④ <u>국가경찰 임무 외에</u> 다른 국가기관으로부터의 업무협조 요청에 관한 사항은 국가경찰위원회의 심의·의결을 거쳐야 한다.(동법 제10조)

정답 ②

037 다음은 국가경찰위원회와 소청심사위원회에 대한 설명이다. 다음 ㉠부터 ㉢까지의 설명 중 옳고 그름의 표시(O, X)가 바르게 된 것은?
                                                                            17경기북부여경

㉠ 국가경찰위원회는 「경찰공무원법」 제3조에, 소청심사위원회는 「국가공무원법」 제9조에 그 설치근거를 두고 있다.
㉡ 국가경찰위원회는 위원장 1명을 포함한 5명 이상 7명 이하의 상임위원과 상임위원 수의 2분의 1 이상인 비상임위원으로 구성하되, 위원장은 정무직으로 보한다.
㉢ 소청심사위원회의 위원은 금고 이상의 형벌이나 장기의 심신 쇠약으로 직무를 수행할 수 없게 된 경우 외에는 본인의 의사에 반하여 면직되지 아니한다.
㉣ 소청 사건의 결정은 재적 위원 3분의 2 이상의 출석과 출석 위원 과반수의 합의에 따르되, 의견이 나뉠 경우에는 출석 위원 과반수에 이를 때까지 소청인에게 가장 불리한 의견에 차례로 유리한 의견을 더하여 그 중 가장 유리한 의견을 합의된 의견으로 본다.

① ㉠(O) ㉡(O) ㉢(X) ㉣(O)
② ㉠(X) ㉡(X) ㉢(O) ㉣(O)
③ ㉠(O) ㉡(O) ㉢(X) ㉣(X)
④ ㉠(X) ㉡(X) ㉢(O) ㉣(X)

해설

㉠ <u>국가경찰위원회</u>는 「국가경찰과 자치경찰의 조직 및 운영에 관한 법률」 제7조에, 소청심사위원회는 「국가공무원법」 제9조에 그 설치근거를 두고 있다.

㉡ <u>소청심사위원회</u>는 위원장 1명을 포함한 5명 이상 7명 이하의 상임위원과 상임위원 수의 2분의 1 이상인 비상임위원으로 구성하되, 위원장은 정무직으로 보한다. 국가경찰위원회는 위원장 1명을 포함한 7명의 위원으로 구성하되, 위원장 및 5명의 위원은 비상임(非常任)으로 하고, 1명의 위원은 상임(常任)으로 한다.

정답 ②

---

038 「국가경찰과 자치경찰의 조직 및 운영에 관한 법률」상 시·도자치경찰위원회에 대한 설명으로 옳지 않은 것은 모두 몇 개인가?

보충문제

가. 자치경찰사무를 관장하게 하기 위하여 시·도경찰청장 소속으로 시·도자치경찰위원회를 둔다.
나. 시·도에 2개의 시·도경찰청을 두는 경우 시·도지사 소속으로 2개의 시·도자치경찰위원회를 둘 수 있다.
다. 시·도자치경찰위원회는 위원장 1명을 포함한 7명의 위원으로 구성하되, 위원장은 상임으로 하고, 6명의 위원은 비상임으로 한다.
라. 위원은 특정 성(性)이 10분의 6을 초과하지 아니하여야 한다.
마. 위원 중 1명은 인권문제에 관하여 전문적인 지식과 경험이 있는 사람이 임명될 수 있도록 노력하여야 한다.
바. 시·도자치경찰위원회 위원장과 위원의 임기는 3년으로 하며, 1번만 연임할 수 있다.
사. 보궐위원의 임기는 전임자 임기의 남은 기간으로 하되, 전임자의 남은 임기가 6개월 미만인 경우 그 보궐위원은 제1항에도 불구하고 한 차례만 연임할 수 있다.

① 2개 ② 3개 ③ 4개 ④ 5개

해설

가. 자치경찰사무를 관장하게 하기 위하여 <u>시·도지사 소속으로</u> 시·도자치경찰위원회를 둔다.
나. O
다. 시·도자치경찰위원회는 위원장 1명을 포함한 7명의 위원으로 구성하되, <u>위원장과 1명의 위원은 상임으로 하고, 5명의 위원은 비상임으로 한다</u>.
라. 위원은 특정 성(性)이 10분의 6을 <u>초과하지 아니하도록 노력하여야 한다</u>.
마. O
바. 시·도자치경찰위원회 위원장과 위원의 임기는 3년으로 하며, <u>연임할 수 없다</u>.
사. 보궐위원의 임기는 전임자 임기의 남은 기간으로 하되, 전임자의 남은 임기가 <u>1년 미만인 경우</u> 그 보궐위원은 제1항에도 불구하고 한 차례만 연임할 수 있다.

> 제18조(시·도자치경찰위원회의 설치) ① 자치경찰사무를 관장하게 하기 위하여 특별시장·광역시장·특별자치시장·도지사·특별자치도지사(이하 "시·도지사"라 한다) 소속으로 시·도자치경찰위원회를 둔다. 다만, 제13조 후단에 따라 시·도에 2개의 시·도경찰청을 두는 경우 시·도지사 소속으로 2개의 시·도자치경찰위원회를 둘 수 있다.
> ② 시·도자치경찰위원회는 합의제 행정기관으로서 그 권한에 속하는 업무를 독립적으로 수행한다.
> 제19조(시·도자치경찰위원회의 구성) ① 시·도자치경찰위원회는 위원장 1명을 포함한 7명의 위원으로 구성하되, 위원장과 1명의 위원은 상임으로 하고, 5명의 위원은 비상임으로 한다.
> ② 위원은 특정 성(性)이 10분의 6을 초과하지 아니하도록 노력하여야 한다.
> ③ 위원 중 1명은 인권문제에 관하여 전문적인 지식과 경험이 있는 사람이 임명될 수 있도록 노력하여야 한다.
> 제23조(시·도자치경찰위원회 위원의 임기 및 신분보장) ① 시·도자치경찰위원회 위원장과 위원의 임기는 3년으로 하며, 연임할 수 없다.
> ② 보궐위원의 임기는 전임자 임기의 남은 기간으로 하되, 전임자의 남은 임기가 1년 미만인 경우 그 보궐위원은 제1항에도 불구하고 한 차례만 연임할 수 있다.
> ③ 위원은 중대한 신체상 또는 정신상의 장애로 직무를 수행할 수 없게 된 경우를 제외하고는 그 의사에 반하여 면직되지 아니한다.

정답 ④

039 국가경찰과 자치경찰의 조직과 운영에 관한 법률상 다음 ( )안에 들어갈 숫자의 합은? 22경간

> 가. 시·도자치경찰위원회는 위원장 1명을 포함한 ( )명의 위원으로 구성하되, 위원장과 ( )명의 위원은 상임으로 하고, ( )명의 위원은 비상임으로 한다.
> 나. 시·도자치경찰위원회 위원 중 ( )명은 인권문제에 관하여 전문적인 지식과 경험이 있는 사람이 임명될 수 있도록 노력하여야 한다.
> 다. 시·도자치경찰위원회 위원장과 위원의 임기는 ( )년으로 하며, 연임할 수 없다.

① 17 ② 18 ③ 19 ④ 20

해설

가. 시·도자치경찰위원회는 위원장 1명을 포함한 (7)명의 위원으로 구성하되, 위원장과 (1)명의 위원은 상임으로 하고, (5)명의 위원은 비상임으로 한다.
나. 시·도자치경찰위원회 위원 중 (1)명은 인권문제에 관하여 전문적인 지식과 경험이 있는 사람이 임명될 수 있도록 노력하여야 한다.
다. 시·도자치경찰위원회 위원장과 위원의 임기는 (3)년으로 하며, 연임할 수 없다.

정답 ①

040 「국가경찰과 자치경찰의 조직 및 운영에 관한 법률」상 시·도자치경찰위원회 위원과 관련한 설명으로 가장 옳은 것은?

보충문제

① 시·도자치경찰위원회 위원은 일정한 자격을 갖춘 사람 중에서 추천·지명권자가 추천·지명한 사람을 시·도지사가 임명한다. 위원장은 위원 중에서 호선한다.
② 시·도의회와 시·도자치경찰위원회 추천위원회에서 각각 추천한 2명, 국가경찰위원회와 해당 시·도교육감이 각각 추천한 1명, 시·도지사가 지명한 1명의 사람을 시·도지사가 임명한다.
③ 위원이 될 수 있는 자격에 "판사·검사·변호사 또는 경찰의 직에 3년 이상 있었던 사람"도 포함된다.
④ 경찰, 검찰, 국가정보원 직원 또는 군인의 직에 있거나 그 직에서 퇴직한 날부터 5년이 지나지 아니한 사람은 위원이 될 수 없다.

> **해설**
>
> ① 시·도자치경찰위원회 **위원장은 위원 중에서 시·도지사가 임명**하고, 상임위원은 시·도자치경찰위원회의 의결을 거쳐 위원 중에서 위원장의 제청으로 시·도지사가 임명한다. ⇨ 국가경찰위원회 위원장은 "비상임위원 중에서 호선한다"
> ② O
> ③ 위원이 될 수 있는 자격에 "판사·검사·변호사 또는 경찰의 직에 **5년 이상** 있었던 사람"도 포함된다.
> ④ 경찰, 검찰, 국가정보원 직원 또는 군인의 직에 있거나 그 직에서 퇴직한 날부터 **3년이 지나지 아니한** 사람은 위원이 될 수 없다.
>
> > 제20조(시·도자치경찰위원회 위원의 임명 및 결격사유) ① 시·도자치경찰위원회 위원은 다음 각 호의 사람을 **시·도지사가 임명**한다. (추의/국교도)
> > 1. **시·도의회**가 추천하는 **2명**
> > 2. **국가경찰위원회**가 추천하는 **1명**
> > 3. 해당 **시·도 교육감**이 추천하는 **1명**
> > 4. **시·도자치경찰위원회 위원추천위원회**가 추천하는 **2명**
> > 5. **시·도지사가 지명하는 1명**
> > ② 시·도자치경찰위원회 위원은 다음 각 호의 어느 하나에 해당하는 **자격을 갖추어야 한다**.
> >   1. 판사·검사·변호사 또는 경찰의 직에 **5년 이상** 있었던 사람
> >   2. 변호사 자격이 있는 사람으로서 국가기관등에서 법률에 관한 사무에 **5년 이상** 종사한 경력이 있는 사람
> >   3. 대학이나 공인된 연구기관에서 법률학·행정학 또는 경찰학 분야의 조교수 이상의 직이나 이에 상당하는 직에 **5년 이상** 있었던 사람
> >   4. 그 밖에 관할 지역주민 중에서 지방자치행정 또는 경찰행정 등의 분야에 경험이 풍부하고 학식과 덕망을 갖춘 사람
> > ③ 시·도자치경찰위원회 **위원장은 위원 중에서 시·도지사가 임명**하고, **상임위원은 시·도자치경찰위원회의 의결을 거쳐 위원 중에서 위원장의 제청으로 시·도지사가 임명**한다. 이 경우 위원장과 상임위원은 지방자치단체의 공무원으로 한다.
> > ④ 위원은 정치적 중립을 지켜야 하며, 권한을 남용하여서는 아니 된다.
> > ⑤ 공무원이 아닌 위원에 대해서는 「지방공무원법」 제52조 및 제57조를 준용한다.
> > ⑥ 공무원이 아닌 위원은 그 소관 사무와 관련하여 형법이나 그 밖의 법률에 따른 벌칙을 적용할 때에는 공무원으로 본다.

⑦ 다음 각 호의 어느 하나에 <u>해당하는 사람은 위원이 될 수 없다.</u> 위원이 각 호의 어느 하나에 해당한 경우에는 당연퇴직한다.
1. 정당의 당원이거나 당적을 이탈한 날부터 <u>3년</u>이 지나지 아니한 사람
2. 선거에 의하여 취임하는 공직에 있거나 그 공직에서 퇴직한 날부터 <u>3년</u>이 지나지 아니한 사람
3. 경찰, 검찰, 국가정보원 직원 또는 군인의 직에 있거나 그 직에서 퇴직한 날부터 <u>3년</u>이 지나지 아니한 사람
4. 국가 및 지방자치단체의 공무원(국립 또는 공립대학의 조교수 이상의 직에 있는 사람은 제외한다. 이하 이 조에서 같다)이거나 공무원이었던 사람으로서 퇴직한 날부터 <u>3년</u>이 지나지 아니한 사람. 다만, 제20조 제3항 후단에 따라 위원장과 상임위원이 지방자치단체의 공무원이 된 경우에는 당연퇴직하지 아니한다.
5. 「지방공무원법」 제31조 각 호의 어느 하나에 해당하는 사람. 다만, 「지방공무원법」 제31조 제2호(파산선고받고 복권되지 아니한) 및 제5호(금고이상 선고유예 받고 선고유예기간중)에 해당하는 경우에는 같은 법 제61조 제1호 단서에 따른다.
⑧ 그 밖에 위원의 임명방법 등에 관하여 필요한 사항은 대통령령으로 정하는 기준에 따라 시·도조례로 정한다.

 ②

041 「국가경찰과 자치경찰의 조직 및 운영에 관한 법률」상 시·도자치경찰위원회의 설명에 관한 내용 중 가장 적절하지 <u>않은</u> 것은?　　　　　　　　　　　　　　　　　　　　　　　　　　22순경1차

① 공무원이 아닌 위원에 대해서는 국가공무원법 제55조 및 제57조를 준용한다.
② 위원 중 1명은 인권문제에 관하여 전문적인 지식과 경험이 있는 사람이 임명될 수 있도록 노력하여야 한다.
③ 위원은 정치적 중립을 지켜야 하며, 권한을 남용하여서는 아니 된다.
④ 시·도자치경찰위원회는 합의제 행정기관으로서 그 권한에 속하는 업무를 독립적으로 수행한다.

해설

① 공무원이 아닌 위원에 대해서는 「**지방공무원법**」 제52조(비밀 엄수의 의무) 및 제57조(정치운동의 금지)를 준용한다(국가경찰과 자치경찰의 조직 및 운영에 관한 법률 제20조 제5항).

 ①

042 「국가경찰과 자치경찰의 조직 및 운영에 관한 법률」과 관련한 서술로 옳은 것은 모두 몇 개인가?

보충문제

> 가. 시·도자치경찰위원회 위원 추천을 위하여 시·도자치경찰위원회 소속으로 시·도자치경찰위원회 위원추천위원회를 둔다.
> 나. 시·도자치경찰위원회 위원장이 부득이한 사유로 직무를 수행할 수 없을 때에는 시·도자치경찰위원회 위원 중 연장자순으로 그 직무를 대행한다.
> 다. 시·도경찰청장은 경찰청장이 국가경찰위원회와 협의하여 추천한 사람 중에서 행정안전부장관의 제청으로 국무총리를 거쳐 대통령이 임용한다.
> 라. 시·도자치경찰위원회는 정기적으로 경찰서장의 자치경찰사무 수행에 관한 평가결과를 시·도경찰청장에게 통보하여야 하며 시·도경찰청장은 이를 반영하여야 한다.
> 마. 경찰청장은 비상사태 등 전국적 치안유지를 위하여 자치경찰사무를 수행하는 경찰공무원(제주특별자치도의 자치경찰공무원을 포함)을 직접 지휘·명령하는 등의 조치가 필요한 경우에는 시·도자치경찰위원회에 자치경찰사무를 담당하는 경찰공무원을 직접 지휘·명령하려는 사유 및 내용 등을 구체적으로 제시하여 통보하여야 한다.

① 1개   ② 2개   ③ 3개   ④ 4개

해설

가. 시·도자치경찰위원회 위원 추천을 위하여 **시·도지사 소속으로** 시·도자치경찰위원회 위원추천위원회를 둔다.
나. 시·도자치경찰위원회 위원장은 시·도자치경찰위원회를 대표하고 회의를 주재하며 시·도자치경찰위원회의 의결을 거쳐 업무를 수행한다. 시·도자치경찰위원회 위원장이 부득이한 사유로 직무를 수행할 수 없을 때에는 **상임위원, 시·도자치경찰위원회 위원 중 연장자순으로** 그 직무를 대행한다.
다. 시·도경찰청장은 경찰청장이 **시·도자치경찰위원회와 협의하여 추천한** 사람 중에서 행정안전부장관의 제청으로 국무총리를 거쳐 대통령이 임용한다.
라. 시·도자치경찰위원회는 정기적으로 경찰서장의 자치경찰사무 수행에 관한 평가결과를 **경찰청장에게** 통보하여야 하며 **경찰청장은** 이를 반영하여야 한다.
마. O

정답 ①

043 시·도자치경찰위원회의 심의·의결과 관련하여 가장 옳지 <u>않은</u> 것은? 보충문제

① 시·도자치경찰위원회의 회의는 재적위원 과반수의 출석과 출석위원 과반수의 찬성으로 의결한다.
② 시·도지사는 제1항에 관한 시·도자치경찰위원회의 의결이 적정하지 아니하다고 판단할 때에는 재의를 요구할 수 있다.
③ 위원회의 의결이 법령에 위반되거나 공익을 현저히 해친다고 판단되면 행정안전부장관은 미리 국가경찰위원회의 의견을 들어 시·도지사에게 제3항의 재의를 요구하게 할 수 있고, 경찰청장은 국가경찰위원회와 행정안전부장관을 거쳐 시·도지사에게 재의를 요구하게 할 수 있다.
④ 시·도자치경찰위원회의 위원장은 재의요구를 받은 날부터 7일 이내에 회의를 소집하여 재의결하여야 한다. 이 경우 재적위원 과반수의 출석과 출석위원 3분의 2 이상의 찬성으로 전과 같은 의결을 하면 그 의결사항은 확정된다.

해설

③ 위원회의 의결이 법령에 위반되거나 공익을 현저히 해친다고 판단되면 **행정안전부장관은 미리 경찰청장의 의견을 들어 국가경찰위원회를 거쳐** 시·도지사에게 제3항의 재의를 요구하게 할 수 있고, 경찰청장은 국가경찰위원회와 행정안전부장관을 거쳐 시·도지사에게 재의를 요구하게 할 수 있다.

제25조(시·도자치경찰위원회의 심의·의결사항 등) ① 시·도자치경찰위원회는 제24조의 사무에 대하여 심의·의결한다.
② 시·도자치경찰위원회의 회의는 재적위원 과반수의 출석과 출석위원 과반수의 찬성으로 의결한다.
③ <u>시·도지사는</u> 제1항에 관한 <u>시·도자치경찰위원회의 의결이 적정하지 아니하다고 판단할 때에는 재의를 요구할 수 있다.</u>
④ 위원회의 의결이 법령에 위반되거나 공익을 현저히 해친다고 판단되면 <u>행정안전부장관은 미리 경찰청장의 의견을 들어 국가경찰위원회를 거쳐</u> 시·도지사에게 제3항의 재의를 요구하게 할 수 있고, <u>경찰청장은 국가경찰위원회와 행정안전부장관을 거쳐 시·도지사에게 재의를 요구하게 할 수 있다.</u>
⑤ 시·도자치경찰위원회의 위원장은 <u>재의요구를 받은 날부터 7일 이내에 회의를 소집하여 재의결하여야 한다.</u> 이 경우 <u>재적위원 과반수의 출석과 출석위원 3분의 2 이상의 찬성으로 전과 같은 의결을 하면 그 의결사항은 확정</u>된다.

제26조(시·도자치경찰위원회의 운영 등) ① 시·도자치경찰위원회의 회의는 정기적으로 개최하여야 한다. 다만 <u>위원장이 필요하다고 인정하는 경우, 위원 2명 이상이 요구하는 경우 및 시·도지사가 필요하다고 인정하는 경우에는 임시회의를 개최할 수 있다.</u>
② 시·도자치경찰위원회는 회의 안건과 관련된 이해관계인이 있는 경우 그 의견을 듣거나 회의에 참석하게 할 수 있다.
③ 시·도자치경찰위원회의 위원 중 공무원이 아닌 위원에게는 예산의 범위에서 직무활동에 필요한 비용 등을 지급할 수 있다.
④ 그 밖에 시·도자치경찰위원회의 운영 등에 필요한 사항은 대통령령으로 정하는 기준에 따라 시·도 조례로 정한다.

제27조(사무기구) ① 시·도자치경찰위원회의 사무를 처리하기 위하여 시·도자치경찰위원회에 필요한 사무기구를 둔다.
② 사무기구에는 「지방자치단체에 두는 국가공무원의 정원에 관한 법률」에도 불구하고 대통령령으로 정하는 바에 따라 <u>경찰공무원을 두어야 한다.</u>

정답 ③

044 다음 사항들 가운데 「국가경찰과 자치경찰의 조직 및 운영에 관한 법률」상 시·도자치경찰위원회의 소관사무로 가장 부적절한 것은?

보충문제

① 자치경찰사무 담당 공무원의 고충심사 및 사기진작
② 국가경찰사무·자치경찰사무의 협력·조정과 관련하여 시·도경찰청장과 협의
③ 국가경찰위원회에 대한 심의·조정 요청
④ 그 밖에 시·도지사, 시·도경찰청장이 중요하다고 인정하여 시·도자치경찰위원회의 회의에 부친 사항에 대한 심의·의결

> **해설**
>
> ② 국가경찰사무·자치경찰사무의 협력·조정과 관련하여 **경찰청장과 협의**
>
> 제24조(시·도자치경찰위원회의 소관 사무) ① 시·도자치경찰위원회의 소관 사무는 다음 각 호로 한다.
> 1. 자치경찰사무에 관한 목표의 수립 및 평가
> 2. 자치경찰사무에 관한 인사, 예산, 장비, 통신 등에 관한 주요정책 및 그 운영지원
> 3. 자치경찰사무 담당 공무원의 임용, 평가 및 인사위원회 운영
> 4. 자치경찰사무 담당 공무원의 부패 방지와 청렴도 향상에 관한 주요 정책 및 인권침해 또는 권한 남용 소지가 있는 규칙, 제도, 정책, 관행 등의 개선
> 5. 제2조에 따른 시책 수립
> 6. 제28조 제2항에 따른 시·도경찰청장의 임용과 관련한 경찰청장과의 협의, 제30조 제4항에 따른 평가 및 결과 통보
> 7. 자치경찰사무 감사 및 감사의뢰
> 8. 자치경찰사무 담당 공무원의 주요 비위사건에 대한 감찰요구
> 9. 자치경찰사무 담당 공무원에 대한 징계요구
> 10. 자치경찰사무 담당 공무원의 고충심사 및 사기진작
> 11. 자치경찰사무와 관련된 중요사건·사고 및 현안의 점검
> 12. 자치경찰사무에 관한 규칙의 제정·개정 또는 폐지
> 13. 지방행정과 치안행정의 업무조정과 그 밖에 필요한 협의·조정
> 14. 제32조에 따른 비상사태 등 전국적 치안유지를 위한 경찰청장의 지휘·명령에 관한 사무
> 15. 국가경찰사무·자치경찰사무의 협력·조정과 관련하여 경찰청장과 협의
> 16. 국가경찰위원회에 대한 심의·조정 요청
> 17. 그 밖에 시·도지사, 시·도경찰청장이 중요하다고 인정하여 시·도자치경찰위원회의 회의에 부친 사항에 대한 심의·의결
> ② 시·도자치경찰위원회의 업무와 관련하여 시·도지사는 정치적 목적이나 개인적 이익을 위해 관여하여서는 아니 된다.
>
> **정답** ②

045 「국가경찰과 자치경찰의 조직 및 운영에 관한 법률」상 시·도자치경찰위원회에 대한 설명으로 적절한 것만을 모두 고른 것은? 21순경1차

㉠ 위원장 1명을 포함한 7명의 위원으로 구성하되, 위원장과 1명의 위원은 상임으로 하고 5명의 위원은 비상임으로 한다.
㉡ 위원 중 2명은 법관의 자격이 있는 사람이어야 한다.
㉢ 위원은 시·도의회가 추천하는 2명, 국가경찰위원회가 추천하는 1명, 해당 시·도 교육감이 추천하는 1명, 시·도자치경찰위원회 위원추천위원회가 추천하는 2명, 시·도지사가 지명하는 1명을 시·도지사가 임명한다.
㉣ 위원장은 비상임위원 중에서 호선하고, 상임위원은 시·도자치경찰위원회의 의결을 거쳐 위원 중에서 위원장의 제청으로 시·도지사가 임명한다. 이 경우 위원장과 상임위원은 지방자치단체의 공무원으로 한다.

① ㉠㉡　　② ㉠㉢　　③ ㉡㉢　　④ ㉢㉣

해설

㉡ 국가경찰위원회 위원의 자격에 해당할 뿐, 시·도자치경찰위원회 위원의 자격과는 상관없다.
㉣ 시·도자치경찰위원회 위원장은 위원 중에서 시·도지사가 임명하고, 상임위원은 시·도자치경찰위원회의 의결을 거쳐 위원 중에서 위원장의 제청으로 시·도지사가 임명한다. 이 경우 위원장과 상임위원은 지방자치단체의 공무원으로 한다.(국자법 제20조③)

정답 ②

---

046 각종 위원회와 근거법의 연결로 가장 적절하지 않은 것은? 18승진변형

① 소청심사위원회 – 「국가공무원법」
② 경찰공무원 인사위원회 – 「경찰공무원법」
③ 시·도자치경찰위원회 – 「경찰공무원법」
④ 국가경찰위원회 – 「국가경찰과 자치경찰의 조직 및 운영에 관한 법률」

해설

③ 시·도자치경찰위원회 설치의 근거법률은 「국가경찰과 자치경찰의 조직 및 운영에 관한 법률」이다.

정답 ③

047 「국가경찰과 자치경찰의 조직 및 운영에 관한 법률」을 기술한 것으로 가장 옳은 것은? 보충문제

① 경찰청장은 국가경찰사무를 총괄하고 경찰청 업무를 관장하며 소속 공무원 및 각급 경찰기관의 장을 지휘·감독한다.
② 경찰의 사무를 지역적으로 분담하여 수행하게 하기 위하여 특별시·광역시·특별자치시·도·특별자치도(이하 "시·도"라 한다)에 시·도경찰청을 두고, 시·도자치경찰위원회 소속으로 경찰서를 둔다. 이 경우 인구, 행정구역, 면적, 지리적 특성, 교통 및 그 밖의 조건을 고려하여 시·도에 2개의 시·도경찰청을 둘 수 있다.
③ 시·도경찰청장은 국가경찰사무에 대해서는 경찰청장의 지휘·감독을, 자치경찰사무에 대해서는 시·도지사의 지휘·감독을 받아 관할구역의 소관 사무를 관장하고 소속 공무원 및 소속 경찰기관의 장을 지휘·감독한다.
④ 시·도경찰청장은 수사에 관한 사무에 대해서는 경찰청장과 국가수사본부장의 지휘·감독을 받아 관할구역의 소관 사무를 관장하고 소속 공무원 및 소속 경찰기관의 장을 지휘·감독한다.

해설

① ○
② 경찰의 사무를 지역적으로 분담하여 수행하게 하기 위하여 특별시·광역시·특별자치시·도·특별자치도(이하 "시·도"라 한다)에 시·도경찰청을 두고, **시·도경찰청장 소속으로** 경찰서를 둔다. 이 경우 인구, 행정구역, 면적, 지리적 특성, 교통 및 그 밖의 조건을 고려하여 시·도에 2개의 시·도경찰청을 둘 수 있다.
③ 시·도경찰청장은 국가경찰사무에 대해서는 경찰청장의 지휘·감독을, 자치경찰사무에 대해서는 **시·도자치경찰위원회의 지휘·감독**을 받아 관할구역의 소관 사무를 관장하고 소속 공무원 및 소속 경찰기관의 장을 지휘·감독한다.
④ 시·도경찰청장은 수사에 관한 사무에 대해서는 **국가수사본부장의(경찰청장 X)** 지휘·감독을 받아 관할구역의 소관 사무를 관장하고 소속 공무원 및 소속 경찰기관의 장을 지휘·감독한다.

정답 ①

048 「국가경찰과 자치경찰의 조직 및 운영에 관한 법률」상 지방경찰에 관한 설명으로 가장 적절한 것은?

보충문제

① 경찰의 사무를 지역적으로 분담하여 수행하게 하기 위하여 특별시·광역시·특별자치시·도·특별자치도(이하 "시·도"라 한다)에 시·도경찰청을 두고, 시·군·구청장 소속으로 경찰서를 둔다. 이 경우 인구, 행정구역, 면적, 지리적 특성, 교통 및 그 밖의 조건을 고려하여 시·도에 2개의 시·도경찰청을 둘 수 있다.
② 자치경찰사무를 관장하게 하기 위하여 특별시장·광역시장·특별자치시장·도지사·특별자치도지사(이하 "시·도지사"라 한다) 소속으로 시·도자치경찰위원회를 둔다. 시·도자치경찰위원회는 합의제 행정기관으로서 그 권한에 속하는 업무를 독립적으로 수행한다.
③ 시·도경찰청장은 경찰청장이 국가경찰위원회와 협의하여 추천한 사람 중에서 행정안전부장관의 제청으로 국무총리를 거쳐 대통령이 임용한다.
④ 시·도경찰청장은 국가경찰사무에 대해서는 경찰청장의 지휘·감독을, 자치경찰사무에 대해서는 시·도지사의 지휘·감독을 받아 관할구역의 소관 사무를 관장하고 소속 공무원 및 소속 경찰기관의 장을 지휘·감독한다. 다만, 수사에 관한 사무에 대해서는 국가수사본부장의 지휘·감독을 받아 관할구역의 소관 사무를 관장하고 소속 공무원 및 소속 경찰기관의 장을 지휘·감독한다.

해설

① 경찰의 사무를 지역적으로 분담하여 수행하게 하기 위하여 특별시·광역시·특별자치시·도·특별자치도(이하 "시·도"라 한다)에 시·도경찰청을 두고, **시·도경찰청장 소속으로** 경찰서를 둔다. 이 경우 인구, 행정구역, 면적, 지리적 특성, 교통 및 그 밖의 조건을 고려하여 시·도에 2개의 시·도경찰청을 둘 수 있다.
② O
③ 시·도경찰청장은 경찰청장이 **시·도자치경찰위원회와 협의하여** 추천한 사람 중에서 행정안전부장관의 제청으로 국무총리를 거쳐 대통령이 임용한다.
④ 시·도경찰청장은 국가경찰사무에 대해서는 경찰청장의 지휘·감독을, 자치경찰사무에 대해서는 **시·도자치경찰위원회의 지휘·감독을 받아** 관할구역의 소관 사무를 관장하고 소속 공무원 및 소속 경찰기관의 장을 지휘·감독한다. 다만, 수사에 관한 사무에 대해서는 국가수사본부장의 지휘·감독을 받아 관할구역의 소관 사무를 관장하고 소속 공무원 및 소속 경찰기관의 장을 지휘·감독한다.

정답 ②

049 '국가경찰과 자치경찰의 조직 및 운영에 관한 법률'상 시·도경찰청 등에 대한 설명으로 가장 옳은 것은?

보충문제

① 시·도경찰청에 시·도경찰청장을 두며, 시·도경찰청장은 치안정감 또는 치안감으로 보한다.
② 경찰서에 경찰서장을 두며, 경찰서장은 경무관 또는 총경으로 보한다.
③ 시·도경찰청장은 경찰청장이 국가경찰위원회와 협의하여 추천한 사람 중에서 행정안전부장관의 제청으로 국무총리를 거쳐 대통령이 임용한다.
④ 경찰서장 소속으로 지구대 또는 파출소를 두고, 그 설치기준은 관할구역의 특성을 고려하여 행정안전부령으로 정한다.

해설

① 시·도경찰청에 시·도경찰청장을 두며, 시·도경찰청장은 **치안정감, 치안감 또는 경무관으로** 보한다.
② 경찰서에 경찰서장을 두며, 경찰서장은 **경무관, 총경 또는 경정으로** 보한다.
③ 시·도경찰청장은 경찰청장이 **시·도자치경찰위원회와 협의하여** 추천한 사람 중에서 행정안전부장관의 제청으로 국무총리를 거쳐 대통령이 임용한다.
④ ○

> 제28조(시·도경찰청장) ① 시·도경찰청에 시·도경찰청장을 두며, 시·도경찰청장은 치안정감·치안감(治安監) 또는 경무관(警務官)으로 보한다.
> ② 「경찰공무원법」 제7조에도 불구하고 **시·도경찰청장은 경찰청장이 시·도자치경찰위원회와 협의하여 추천한 사람 중에서 행정안전부장관의 제청으로 국무총리를 거쳐 대통령이 임용**한다.
> ③ 시·도경찰청장은 **국가경찰사무에 대해서는 경찰청장의** 지휘·감독을, **자치경찰사무에 대해서는 시·도자치경찰위원회의** 지휘·감독을 받아 관할구역의 소관 사무를 관장하고 소속 공무원 및 소속 경찰기관의 장을 지휘·감독한다. 다만, **수사에 관한 사무에 대해서는 국가수사본부장의 지휘·감독을 받아** 관할구역의 소관 사무를 관장하고 소속 공무원 및 소속 경찰기관의 장을 지휘·감독한다.
> ④ 제3항 본문의 경우 **시·도자치경찰위원회는** 자치경찰사무에 대해 **심의·의결을 통하여 시·도경찰청장을 지휘·감독**한다. 다만, 시·도자치경찰위원회가 심의·의결할 시간적 여유가 없거나 심의·의결이 곤란한 경우 대통령령으로 정하는 바에 따라 시·도자치경찰위원회의 지휘·감독권을 시·도경찰청장에게 위임한 것으로 본다.
>
> 제30조(경찰서장) ① 경찰서에 경찰서장을 두며, 경찰서장은 경무관, 총경(總警) 또는 경정(警正)으로 보한다.
> ② **경찰서장은 시·도경찰청장의 지휘·감독을 받아** 관할구역의 소관 사무를 관장하고 소속 공무원을 지휘·감독한다.
> ③ **경찰서장 소속으로 지구대 또는 파출소를 두고**, 그 설치기준은 치안수요·교통·지리 등 관할구역의 특성을 고려하여 행정안전부령으로 정한다. 다만, 필요한 경우에는 출장소를 둘 수 있다.
> ④ **시·도자치경찰위원회는 정기적으로 경찰서장의 자치경찰사무 수행에 관한 평가결과를 경찰청장에게 통보하여야 하며 경찰청장은 이를 반영하여야 한다.**

정답 ④

050 「국가경찰과 자치경찰의 조직 및 운영에 관한 법률」 및 「경찰공무원법」에 관한 기술로 가장 옳은 것은?

보충문제

① 「국가경찰과 자치경찰의 조직 및 운영에 관한 법률」 제5조(권한남용의 금지)에 따르면, 국가경찰은 그 직무를 수행할 때 헌법과 법률에 따라 국민의 자유와 권리를 존중하고, 국민 전체에 대한 봉사자로서 공정·중립을 지켜야 하며, 부여된 권한을 남용하여서는 아니 된다.

② 「국가경찰과 자치경찰의 조직 및 운영에 관한 법률」에 따르면 국가경찰의 사무를 지역적으로 분담하여 수행하게 하기 위하여 특별시·광역시·특별자치시·도·특별자치도(이하 "시·도"라 한다)에 시·도경찰청을 두고, 시·도자치경찰위원회 소속으로 경찰서를 둔다.

③ 「경찰공무원법」에 따르면 경찰청장(제7조 제3항 및 제4항에 따라 임용권을 위임받은 자를 포함한다)은 신규채용시험에 합격한 사람(경찰대학을 졸업한 사람과 경찰간부후보생을 포함한다)을 대통령령으로 정하는 바에 따라 성적 순위에 따라 채용후보자 명부에 등재하여야 한다.

④ 「경찰공무원법」에 따르면 「국가경찰과 자치경찰의 조직 및 운영에 관한 법률」 제16조에 따라 경찰청 외부를 대상으로 모집하여 국가수사본부장을 임용하는 경우에는 경력경쟁채용시험으로 경찰공무원을 신규채용하여야 한다.

해설

① 「국가경찰과 자치경찰의 조직 및 운영에 관한 법률」 제5조(권한남용의 금지)에 따르면, <u>경찰은(국가경찰은 X)</u> 그 직무를 수행할 때 헌법과 법률에 따라 <u>국민의 자유와 권리 및 모든 개인이 가지는 불가침의 기본적 인권을 보호하고</u>, 국민 전체에 대한 봉사자로서 공정·중립을 지켜야 하며, 부여된 권한을 남용하여서는 아니 된다.

② 「국가경찰과 자치경찰의 조직 및 운영에 관한 법률」에 따르면 <u>경찰의(국가경찰의 X)</u> 사무를 지역적으로 분담하여 수행하게 하기 위하여 특별시·광역시·특별자치시·도·특별자치도(이하 "시·도"라 한다)에 시·도경찰청을 두고, <u>시·도경찰청장 소속으로</u> 경찰서를 둔다.

③ O

④ 「경찰공무원법」에 따르면 「국가경찰과 자치경찰의 조직 및 운영에 관한 법률」 제16조에 따라 경찰청 외부를 대상으로 모집하여 국가수사본부장을 임용하는 경우에는 경력경쟁채용시험으로 경찰공무원을 <u>신규채용할 수 있다</u>.

정답 ③

051 「국가경찰과 자치경찰의 조직 및 운영에 관한 법률」 및 「지역경찰의 조직 및 운영에 관한 규칙」상 우리나라 경찰조직에 관한 설명으로 가장 적절하지 않은 것은? 14승진

① 경찰의 사무를 지역적으로 분담하여 수행하게 하기 위하여 시·도에 시·도경찰청을 두고, 시·도경찰청장 소속으로 경찰서를 둔다.
② 경찰서에 경찰서장을 두며, 경찰서장은 경무관, 총경 또는 경정으로 보한다.
③ 지구대장은 경정 또는 경감, 파출소장은 경감 또는 경위로 보한다.
④ 경찰서장은 인구, 면적, 행정구역, 교통·지리적 여건, 각종 사건사고 발생 등을 고려하여 경찰서의 관할구역을 나누어 지역경찰관서(지구대 및 파출소)를 설치한다.

해설

③ (O) 지구대장은 경정 또는 경감, 파출소장은 경감 또는 경위로 보한다.(「지역경찰의 조직 및 운영에 관한 규칙」) ※ 파출소장은 경정·경감 또는 경위로 한다.(경찰청과 그 소속기관 조직 및 정원관리 규칙)
④ <u>시·도경찰청장은</u> 인구, 면적, 행정구역, 교통·지리적 여건, 각종 사건사고 발생 등을 고려하여 경찰서의 관할구역을 나누어 지역경찰관서(지구대 및 파출소)를 설치한다.

정답 ④

052 「경찰청과 그 소속기관 조직 및 정원관리 규칙」상 지구대, 파출소 및 출장소에 관한 다음 설명 중 가장 적절하지 않은 것은? 14승진변형

① 시·도경찰청장이 지구대 또는 파출소를 설치하고자 할 때에는 경찰청장에게 승인을 요청하여야 한다.
② 시·도자치경찰위원회는 자치경찰사무에 대해 심의·의결을 통하여 시·도경찰청장을 지휘·감독한다. 다만, 시·도자치경찰위원회가 심의·의결할 시간적 여유가 없거나 심의·의결이 곤란한 경우 대통령령으로 정하는 바에 따라 시·도자치경찰위원회의 지휘·감독권을 시·도경찰청장에게 위임한 것으로 본다.
③ 경찰서장은 임시로 필요한 때에는 출장소를 둘 수 있으며, 출장소를 설치한 때에는 시·도경찰청장에게 보고하여야 한다.
④ 시·도경찰청장이 지구대 또는 파출소를 폐지하거나 명칭·위치 및 관할구역을 변경하였을 때에는 경찰청장에게 보고하여야 한다.

해설

③ <u>시·도경찰청장은</u> 임시로 필요한 때에는 출장소를 둘 수 있으며, 출장소를 설치한 때에는 <u>경찰청장에게</u> 보고하여야 한다.

정답 ③

053 경찰관청의 권한의 위임과 대리에 대한 다음 설명 중 가장 적절하지 <u>않은</u> 것은? 13순경1차

① 권한의 위임은 경찰관청이 그의 권한의 일부를 다른 경찰기관에 이전하여 수임기관의 권한으로, 그 수임기관이 자기의 명의와 책임으로 행사하게 하는 것을 말한다.
② 권한의 위임은 법령상의 근거가 필요 없다.
③ 권한의 위임은 권한의 전부 또는 주요부분에 대하여는 위임이 허용되지 않는다.
④ 대리기관은 피대리관청을 위한 것임을 표시하고 자신(대리기관)의 명의로 대리한다.

> **해설**
> ② 권한의 위임은 법령상 <u>근거가 필요하다</u>.
>
> **정답** ②

054 행정관청의 권한의 대리에 대한 설명 중 가장 적절하지 <u>않은</u> 것은? 20승진

① 권한의 대리에는 임의대리와 법정대리가 있는데, 보통 대리는 임의대리를 의미한다.
② 법정대리는 협의의 법정대리와 지정대리가 있는데, 협의의 법정대리는 일정한 법정 사유가 발생하면 당연히 대리권이 발생하는 경우를 말한다.
③ 권한의 대리는 피대리자의 권한의 전부 또는 일부를 대리자가 피대리자를 위한 것임을 표시하고 자기의 명의로 대행하는 것으로 그 행위는 대리자의 행위로서 효과가 발생한다.
④ 임의대리는 피대리관청의 대리자에 대한 지휘·감독이 가능하나, 법정대리는 원칙적으로 피대리관청의 대리자에 대한 지휘·감독이 불가능하다.

> **해설**
> ③ 권한의 대리는 피대리자의 권한의 전부 <u>또는</u> 일부를 대리자가 피대리자를 위한 것임을 표시하고 자기의 명의로 대행하는 것으로 그 행위는 <u>피대리자</u>의 행위로서 효과가 발생한다.
>
> **정답** ③

055 권한의 위임·대리·대결에 대한 설명으로 가장 적절하지 않은 것은? 15승진

① 위임으로 권한의 귀속이 변경되어 수임기관은 자기의 명의와 책임하에 권한을 행사하고 위임된 권한에 관한 쟁송을 할 때는 수임관청 자신이 당사자가 된다.
② 임의대리는 원칙적으로 권한의 일부에 대해서만 가능하고 복대리가 허용되지 않는다.
③ 경찰청장 사고시 차장이 대행하는 것은 협의의 법정대리이다.
④ 위임사무 처리에 소요되는 인력·예산 등은 반드시 수임자가 부담하여야 한다.

> **해설**
> ④ 위임사무 처리에 소요되는 인력·예산 등은 <u>위임자가 부담</u>하여야 한다.
>
> **정답** ④

056 권한의 위임·대리·대결(전결)에 관한 설명 중 가장 적절하지 않은 것은? 13승진

① 권한의 위임 – 위임으로 권한의 귀속이 변경되어 수임기관은 자기의 명의와 책임하에 권한을 행사하고 위임된 권한에 관한 쟁송시 수임관청 자신이 당사자가 된다. 단, 위임사무 처리에 소요되는 인력·예산 등은 위임자 부담이 원칙이다.
② 권한의 위임 – 수임기관의 사무처리가 위법·부당하다고 인정될 때 위임기관의 취소·정지가 가능하다. 단, 위임기관은 수임기관에 대하여 사전승인을 받거나 협의할 것을 요구할 수 있다.
③ 권한의 대리 – 임의대리는 원칙적으로 ⅰ)대리관계 형성에 법적 근거를 요하지 않으며 ⅱ)권한의 일부에 대해서만 가능하고 ⅲ)복대리가 허용되지 않으며 ⅳ)피대리관청은 대리자에 대한 지휘·감독이 가능하다. 반면, 법정대리는 원칙적으로 ⓐ법적 근거를 기반으로 하며 ⓑ대리권이 피대리관청의 권한의 전부에 미치고 ⓒ복대리가 허용되며 ⓓ피대리관청의 대리자에 대한 지휘·감독이 불가능하다.
④ 대결과 위임전결 – 권한 자체의 귀속에 있어서 변경을 가져오지 않고 본래의 경찰관청의 이름으로 행해지는 내부적 사실행위라는 점에서 경찰관청의 권한귀속의 변동을 가져오는 권한위임과 구별된다.

> **해설**
> ② 권한의 위임 – 수임기관의 사무처리가 위법·부당하다고 인정될 때 위임기관의 취소·정지가 가능하다. 단, 위임기관은 수임기관에 대하여 사전승인을 받거나 협의할 것을 <u>요구할 수 없다</u>.
>
> **정답** ②

057 권한의 대리와 권한의 위임에 관한 설명으로 가장 적절하지 <u>않은</u> 것은? 14승진

① 권한의 위임은 행정관청이 권한의 일부를 하급행정기관 등에 이양해서 행사하게 하는 것으로, 권한이 위임되면 위임한 행정청은 그 권한을 상실하며, 위임을 받은 기관이 자기의 이름과 책임으로 그 권한을 행사하게 된다.
② 행정관청의 권한의 대리 중 임의대리는 원칙적으로 피대리관청의 권한의 전부를 대리할 수 있다.
③ 권한의 위임은 법적근거를 요한다.
④ 법정대리에는 법정사실의 발생과 함께 법령규정에 따라 당연히 대리관계가 발생하는 '협의의 법정대리'와 법정사실이 발생할 경우 일정한 자의 지정이 있어야 비로소 대리관계가 발생하는 '지정대리'가 있다.

해설

② 행정관청의 권한의 대리 중 임의대리는 원칙적으로 피대리관청의 <u>권한의 일부를</u> 대리할 수 있다.

정답 ②

058 행정청의 권한의 위임과 대리에 대한 설명 중 가장 적절한 것은? 18경채

① 권한의 위임은 상급관청이 하급관청에 권한의 전부 또는 주요부분을 이전하여 수임관청의 권한으로 행하도록 하는 것이다.
② 권한의 위임의 효과는 수임관청에 귀속되고 권한의 대리의 효과는 대리기관에 귀속된다.
③ 권한의 위임은 수임관청이 자기명의로 권한을 행사하지만, 권한의 대리는 피대리관청을 위한 것임을 표시하여 대리기관 명의로 권한을 행사한다.
④ 원칙적으로 임의대리는 권한의 전부에 대해서 가능하고 복대리가 불가능하나, 법정대리는 권한의 일부에 대해서만 가능하고 복대리가 가능하다.

해설

① 위임은 상급관청이 자기 <u>권한의 일부를 이전하여</u> 수임관청의 권한으로 행하도록 하는 것이다
② 권한의 위임의 효과는 수임관청에 귀속되고 권한의 대리의 효과는 <u>피대리기관에</u> 귀속된다.
③ O
④ 원칙적으로 임의대리는 <u>권한의 일부에 대해서만</u> 가능하고 복대리가 불가능하나, 법정대리는 <u>권한의 전부에 대해서</u> 가능하고 복대리가 가능하다.

정답 ③

059 권한의 위임과 대리에 관한 설명으로 가장 적절하지 <u>않은</u> 것은?   19순경1차

① 임의대리는 복대리가 허용되지 않는 것이 원칙이다.
② 복대리의 성격은 임의대리에 해당한다.
③ 원칙적으로 대리관청이 대리행위에 대한 행정소송의 피고가 된다.
④ 수임관청이 권한의 위임에서 쟁송의 당사자가 된다.

> **해설**
>
> ③ 권한의 대리란 행정관청의 권한의 전부 또는 일부를 타 행정기관(대리기관)이 피대리관청을 위한 것임을 표시하여 자기의 이름으로 행사하고, 그 행위는 피대리관청의 행위로서의 효과를 발생하는 것을 말한다. 따라서, **행정소송의 피고도 피대리관청이 된다.**

▶ 대리와 위임의 비교

	임의대리	법정대리	위임
권한 이전	대리관청에 이전되지 않음		수임청에 이전
법적 근거	불요	필요	필요
권한의 범위	권한의 일부만 대리가능	전부대리가 원칙	권한의 일부만 위임가능
효과의 귀속	피대리관청		수임청
책임의 귀속	피대리관청(행정소송의 피고)		수임청(행정소송의 피고)
지휘·감독	가능	불가	가능
복대리·재위임	원칙적 불가	가능	법령의 근거가 있는 경우 재위임 가능
상대방	주로 피대리관청의 보조기관		주로 하급관청

정답 ③

060 경찰관청의 권한의 위임과 대리에 대한 설명으로 가장 적절한 것은? 19승진

① 권한의 위임은 보조기관, 권한의 대리는 하급관청이 주로 상대방이 된다.
② 권한의 위임으로 인한 사무처리에 소요되는 인력 예산 등은 수임자 부담이 원칙이다.
③ 권한의 위임 시 수임기관의 사무처리가 위법 부당하다고 인정될 때에는 위임기관은 이를 취소 또는 정지할 수 있고, 수임기관에 대하여 사전승인을 받거나 협의할 것을 요구할 수 있다.
④ 임의대리는 원칙적으로 복대리가 허용되지 않으며 피대리관청은 대리자에 대한 지휘 감독이 가능하나, 법정대리는 복대리가 허용되며 피대리관청의 대리자에 대한 지휘 감독이 불가능하다.

해설

① 권한의 <u>대리는 보조기관이</u>, 권한의 <u>위임은 하급관청이</u> 주로 상대방이 된다.
② <u>위임자 부담이 원칙</u>이다.
③ 권한의 위임 시 수임기관의 사무처리가 위법 또는 부당하다고 인정될 때에는 위임기관은 이를 취소 또는 정지할 수 있고, <u>수임기관에 대하여 사전승인을 받거나 협의할 것을 요구할 수 없다</u>.
④ ○

정답 ④

---

061 위임·대리·대결에 관한 설명으로 가장 적절하지 않은 것은? 15승진

① 권한의 위임은 권한의 귀속이 변경되어 수임기관은 자기의 명의와 책임 하에 권한을 행사하고 위임된 권한에 관한 쟁송을 할 때 수임관청 자신이 당사자가 된다.
② 권한의 위임시 위임기관은 수임기관의 수임사무 처리가 위법하거나 부당하다고 인정될 때에는 이를 취소하거나 정지시킬 수 있다.
③ 경찰청장이 부득이한 사유로 직무를 수행할 수 없을 때 차장이 직무를 대리하는 것은 지정대리에 해당한다.
④ 대결이란 행정기관의 결재권자가 휴가·출장·사고 등의 사유로 결재할 수 없을 때 그 직무를 대리하는 자가 결재하는 것을 뜻한다.

해설

③ 경찰청장이 부득이한 사유로 직무를 수행할 수 없을 때 차장이 직무를 대리하는 것은 **협의의 법정대리**에 해당한다. ※ 지정대리는 법정사실의 발생시 일정한 자의 지정에 의해 대리관계가 발생하는 것으로, ⅰ)손실보상심의위원회 위원장이 부득이한 사유로 직무를 수행할 수 없는 때에는 위원장이 미리 지명한 위원이 직무를 대행하도록 한 것, ⅱ)국무총리와 부총리가 모두 사고일 때 대통령의 지명을 받은 국무위원이 국무총리의 직무를 대행하도록 한 것을 예시로 들 수 있다.

정답 ③

062 권한의 위임·대리에 대한 설명으로 적절하지 않은 것은 모두 몇 개인가? 13승진

> ㉠ 권한의 위임이란 경찰관청이 권한의 일부를 다른 경찰기관에 이전하여 그 수임기관의 권한으로 그 수임기관이 위임기관의 명의와 책임하에서 행사하도록 하는 것을 말한다.
> ㉡ 권한의 위임은 경찰관청의 권한의 일부에 한해서만 가능하고, 권한의 전부위임 또는 주요부분의 위임은 허용되지 않는다.
> ㉢ 임의대리는 피대리관청의 수권행위에 의하여 대리관계가 발생하는 경우로, 원칙적으로 대리관계 형성에 법적 근거를 요하지 않으며, 복대리가 허용된다.
> ㉣ 법정대리는 법정사실 발생시 직접 법령규정에 의하여 대리관계가 발생하는 경우로, 원칙적으로 피대리관청의 대리자에 대한 지휘·감독이 가능하다.
> ㉤ '국무총리 유고시 대통령이 지정하는 국무위원의 국무총리 대리'는 협의의 법정대리에 해당한다.

① 2개   ② 3개   ③ 4개   ④ 5개

해설

㉠ 권한의 위임이란 경찰관청이 권한의 일부를 다른 경찰기관에 이전하여 그 수임기관의 권한으로 그 **수임기관이 자기의 명의**와 책임하에서 행사하도록 하는 것을 말한다.
㉡ O
㉢ 임의대리는 피대리관청의 수권행위에 의하여 대리관계가 발생하는 경우로, 원칙적으로 대리관계 형성에 법적 근거를 요하지 않으며, **복대리가 허용되지 않는다**.
㉣ 법정대리는 법정사실 발생시 직접 법령규정에 의하여 대리관계가 발생하는 경우로, 원칙적으로 피대리관청의 대리자에 대한 **지휘·감독이 불가능하다**.
㉤ '국무총리와 부총리 모두 유고시 대통령이 지정하는 국무위원의 국무총리 대리'는 **지정대리**에 해당한다.

정답 ③

063 경찰관청의 권한의 위임·위탁·대리에 관한 설명으로 옳지 않은 것은 모두 몇 개인가? 11승진

㉠ 권한의 위임은 반드시 법적 근거를 요한다.
㉡ 「행정권한의 위임 및 위탁에 관한 규정」 제6조에 따라 위임 및 위탁기관은 수임 및 수탁기관의 수임 및 수탁사무 처리에 대하여 지휘·감독하고, 그 처리가 위법하다고 인정될 때에만 이를 취소하거나 정지시킬 수 있다.
㉢ 법정대리는 법정사실이 발생하였을 때 직접 법령의 규정에 의하여 대리관계가 발생하므로 원칙상 복대리가 허용되지 않는다.

① 없음　　② 1개　　③ 2개　　④ 3개

해설

㉠ O
㉡ 「행정권한의 위임 및 위탁에 관한 규정」 제6조에 따라 위임 및 위탁기관은 수임 및 수탁기관의 수임 및 수탁사무 처리에 대하여 지휘·감독하고, 그 처리가 위법하다고 인정될 경우뿐만 아니라 **부당한 경우에도** 이를 취소하거나 정지시킬 수 있다.
㉢ 법정대리는 법정사실이 발생하였을 때 직접 법령의 규정에 의하여 대리관계가 발생하므로 **원칙상 복대리가 허용된다.**

정답 ③

064 행정관청의 권한의 위임과 대리에 대한 설명이다. 아래 ㉠부터 ㉣까지의 설명 중 옳고 그름의 표시(O, ×)가 바르게 된 것은? 19승진

㉠ 권한의 위임이란 상급관청이 하급관청에 권한의 전부를 이전하여 수임기관의 권한으로 행하도록 하는 것으로 위임의 범위에는 제한이 없는 것이 원칙이다.
㉡ 권한의 위임은 수임관청에 권한이 이전되므로 수임관청에 효과가 귀속되나, 권한의 대리는 직무의 대행에 불과하므로 임의대리든 법정대리든 피대리관청에 효과가 귀속된다.
㉢ 원칙적으로 임의대리는 권한의 일부에 대해서만 가능하고 복대리가 불가능하나, 법정대리는 권한의 전부에 대해서 가능하고 복대리가 가능하다.
㉣ 임의대리의 경우 피대리관청은 대리기관의 행위에 대한 지휘 감독상의 책임을 지나, 법정대리의 경우 피대리관청은 원칙적으로 지휘 감독상의 책임을 지지 않는다.

① ㉠(O) ㉡(O) ㉢(×) ㉣(O)　　② ㉠(×) ㉡(O) ㉢(O) ㉣(×)
③ ㉠(×) ㉡(O) ㉢(O) ㉣(O)　　④ ㉠(×) ㉡(×) ㉢(O) ㉣(×)

해설

㉠ 위임의 범위는 **권한의 일부에 대하여만 가능하고 전부위임이나 주요부분을 위임할 수 없으므로 범위에 제한이 있다.**

정답 ③

065 「행정권한의 위임 및 위탁에 관한 규정」에 대한 내용으로 가장 적절하지 <u>않은</u> 것은? 18순경1차

① 위임이란 법률에 규정된 행정기관의 장의 권한 중 일부를 그 보조기관 또는 하급행정기관의 장이나 지방자치단체의 장에게 맡겨 그의 권한과 책임 아래 행사하도록 하는 것을 말한다.
② 위임 및 위탁기관은 수임 및 수탁기관의 수임 및 수탁사무 처리에 대하여 지휘·감독하고, 그 처리가 위법하거나 부당하다고 인정될 때에는 이를 취소하거나 정지시킬 수 있다.
③ 수임 및 수탁사무의 처리에 관한 책임은 수임 및 수탁기관에 있으므로, 위임 및 위탁기관의 장은 그에 대한 감독책임을 지지 않는다.
④ 위임 및 위탁기관은 위임 및 위탁사무 처리의 적정성을 확보하기 위하여 필요한 경우에는 수임 및 수탁기관의 수임 및 수탁사무 처리 상황을 수시로 감사할 수 있다.

> **해설**
> ③ 수임 및 수탁사무의 처리에 관한 책임은 수임 및 수탁기관에 있으며, <u>위임 및 위탁기관의 장은 그에 대한 감독책임을 진다</u>(제8조①).
>
> **정답** ③

066 「행정권한의 위임 및 위탁에 관한 규정」에 대한 설명으로 가장 적절하지 <u>않은</u> 것은? 21승진

① 위탁이란 법률에 규정된 행정기관의 장의 권한 중 일부를 다른 행정기관의 장에게 맡겨 그의 권한과 책임 아래 행사하도록 하는 것을 말한다.
② 수임 및 수탁사무의 처리에 관한 책임은 수임 및 수탁기관에 있으며, 수임 및 수탁사무에 관한 권한을 행사할 때에는 위임 및 위탁기관의 명의로 하여야 한다.
③ 위임 및 위탁기관은 수임 및 수탁기관의 수임 및 수탁사무 처리에 대하여 지휘·감독하고, 그 처리가 위법하거나 부당하다고 인정될 때에는 이를 취소하거나 정지시킬 수 있다.
④ 행정기관의 장은 행정권한을 위임 및 위탁할 때에는 위임 및 위탁하기 전에 수임기관의 수임능력 여부를 점검하고, 필요한 인력 및 예산을 이관하여야 한다.

> **해설**
> ② 수임 및 수탁사무의 처리에 관한 책임은 수임 및 수탁기관에 있으며, 위임 및 위탁기관의 장은 그에 대한 감독책임을 진다. 수임 및 수탁사무에 관한 권한을 행사할 때에는 <u>수임 및 수탁기관의 명의로</u> 하여야 한다.(제8조)
>
> **정답** ②

067 「행정권한의 위임 및 위탁에 관한 규정」상 행정기관 간 위임 및 위탁에 대한 설명 중 옳지 않은 것은 모두 몇 개인가?

20경간

> 가. "위임"이란 법률에 규정된 행정기관의 장의 권한 중 일부를 그 보조기관 또는 하급행정기관의 장이나 지방자치단체의 장에게 맡겨 그의 권한과 책임 아래 행사하도록 하는 것을 말한다.
> 나. 행정기관의 장은 행정권한을 위임 및 위탁할 때에는 위임 및 위탁하기 전에 수임기관의 수임능력 여부를 점검하고, 필요한 인력 및 예산을 이관할 수 있다.
> 다. 위임 및 위탁기관은 수임 및 수탁기관의 수임 및 수탁사무 처리에 대하여 지휘·감독하고, 그 처리가 위법하거나 부당하다고 인정될 때에는 이를 취소하거나 정지시켜야 한다.
> 라. 수임 및 수탁사무의 처리에 관하여 위임 및 위탁기관은 수임 및 수탁기관에 대하여 사전승인을 받거나 협의를 할 것을 요구할 수 없다.
> 마. 수임 및 수탁사무의 처리에 관한 책임은 수임 및 수탁기관에 있으며, 위임 및 위탁기관의 장은 그에 대한 감독책임을 진다.
> 바. 위임 및 위탁기관은 위임 및 위탁사무 처리의 적정성을 확보하기 위하여 필요한 경우에는 수임 및 수탁기관의 수임 및 수탁사무 처리 상황을 수시로 감사할 수 있다.

① 1개   ② 2개   ③ 3개   ④ 4개

해설

나. 행정기관의 장은 행정권한을 위임 및 위탁할 때에는 위임 및 위탁하기 전에 수임기관의 수임능력 여부를 점검하고, 필요한 인력 및 예산을 **이관하여야 한다**.

다. 위임 및 위탁기관은 수임 및 수탁기관의 수임 및 수탁사무 처리에 대하여 지휘·감독하고, 그 처리가 위법하거나 부당하다고 인정될 때에는 이를 **취소하거나 정지시킬 수 있다**.

정답 ②

068 다음은 「행정권한의 위임 및 위탁에 관한 규정」에 대한 설명이다. 적절한 것만을 고른 것은 모두 몇 개인가?

21순경1차

> ㉠ 위임 및 위탁기관은 수임 및 수탁기관의 수임 및 수탁사무 처리에 대하여 지휘·감독하고, 그 처리가 위법하거나 부당하다고 인정될 때에는 이를 취소하거나 정지시킬 수 있다.
> ㉡ 수임 및 수탁사무의 처리에 관하여 위임 및 위탁기관은 수임 및 수탁기관에 대하여 사전승인을 받거나 협의를 할 것을 요구할 수 없다.
> ㉢ 수임 및 수탁사무의 처리에 관한 책임은 수임 및 수탁기관에 있으며, 위임 및 위탁기관의 장은 그에 대한 감독책임을 진다.
> ㉣ 수임 및 수탁사무에 관한 권한을 행사할 때에는 수임 및 수탁기관의 명의로 하여야 한다.

① 1개　　② 2개　　③ 3개　　④ 4개

해설

모두 옳은 설명이다.

정답 ④

제2절 경찰공무원법

069 경찰공무원의 임용에 대한 설명으로 가장 적절하지 않은 것은? 15순경1차

① 경찰공무원은 임용장 또는 임용통지서에 기재된 일자에 임용된 것으로 보지만, 사망으로 인한 면직은 사망한 다음 날에 면직된 것으로 본다고 경찰공무원법에 명시되어 있다.
② 경찰청장은 경찰공무원의 채용시험 또는 경찰간부후보생 공개경쟁선발시험에서 부정행위를 한 응시자에 대하여는 해당 시험을 정지 또는 무효로 하고, 그 처분이 있은 날부터 5년간 시험응시자격을 정지한다.
③ 경찰청장은 순경에서 4년 이상 근속자를 경장으로, 경장에서 5년 이상 근속자를 경사로, 경사에서 6년 6개월 이상 근속자를 경위로, 경위에서 8년 이상 근속자를 경감으로 각각 근속승진임용 할 수 있다.
④ 경정이하의 경찰공무원을 신규채용할 때에는 1년간 시보(試補)로 임용하고, 그 기간이 만료된 다음 날에 정규 경찰공무원으로 임용한다.

해설

① 경찰공무원은 임용장 또는 임용통지서에 기재된 일자에 임용된 것으로 보지만, 사망으로 인한 면직은 사망한 다음 날에 면직된 것으로 본다고 **경찰공무원임용령(제5조)에 명시**되어 있다.

정답 ①

070 「경찰공무원법」상 경찰의 인사권자에 대한 설명으로 틀린 것은? 15경간변형

① 총경의 전보·휴직·직위해제·강등·정직 및 복직은 경찰청장이 행한다.
② 경정 이하의 신규채용·승진임용 및 면직은 경찰청장이 행한다.
③ 경찰청장은 대통령령으로 정하는 바에 따라 경찰공무원의 임용에 관한 권한의 일부를 특별시장·광역시장·도지사·특별자치시장 또는 특별자치도지사(이하 "시·도지사"라 한다), 국가수사본부장, 소속 기관의 장, 시·도경찰청장에게 위임할 수 있다.
④ 위 ③의 경우 시·도지사는 위임받은 권한의 일부를 대통령령으로 정하는 바에 따라 「국가경찰과 자치경찰의 조직 및 운영에 관한 법률」 제18조에 따른 시·도자치경찰위원회(이하 "시·도자치경찰위원회"라 한다), 시·도경찰청장에게 다시 위임할 수 있다.

해설

② 경정 이하의 경찰공무원은 경찰청장이 임용한다. 다만, 경정으로의 신규채용, 승진임용 및 면직은 **경찰청장의 제청으로 국무총리를 거쳐 대통령이 한다.**

정답 ②

071 「경찰공무원법」상 경찰공무원 임용에 관한 설명으로 가장 옳지 않은 것은?

보충문제

① 총경 이상 경찰공무원은 경찰청장의 추천을 받아 행정안전부장관의 제청으로 국무총리를 거쳐 대통령이 임용한다.
② 경정 이하의 경찰공무원은 경찰청장이 임용한다. 다만, 경정으로의 신규채용, 승진임용 및 면직은 경찰청장의 제청으로 국무총리를 거쳐 대통령이 한다.
③ 경찰청장은 대통령령으로 정하는 바에 따라 경찰공무원의 임용에 관한 권한의 일부를 시·도지사, 국가수사본부장, 소속 기관의 장, 시·도경찰청장에게 위임할 수 있다.
④ 위 ③의 경우 시·도지사는 위임받은 권한의 일부를 대통령령으로 정하는 바에 따라 시·도자치경찰위원회, 시·도경찰청장에게 다시 위임하여야 한다.

해설

④ 시·도지사는 위임받은 권한의 일부를 대통령령으로 정하는 바에 따라 시·도자치경찰위원회, 시·도경찰청장에게 다시 위임할 수 있다.

「경찰공무원법」제7조(임용권자) ① 총경 이상 경찰공무원은 경찰청장 또는 해양경찰청장의 추천을 받아 행정안전부장관 또는 해양수산부장관의 제청으로 국무총리를 거쳐 대통령이 임용한다. 다만, 총경의 전보, 휴직, 직위해제, 강등, 정직 및 복직은 경찰청장 또는 해양경찰청장이 한다.
② 경정 이하의 경찰공무원은 경찰청장 또는 해양경찰청장이 임용한다. 다만, 경정으로의 신규채용, 승진임용 및 면직은 경찰청장 또는 해양경찰청장의 제청으로 국무총리를 거쳐 대통령이 한다.
③ 경찰청장은 대통령령으로 정하는 바에 따라 경찰공무원의 임용에 관한 권한의 일부를 특별시장·광역시장·도지사·특별자치시장 또는 특별자치도지사(이하 "시·도지사"라 한다), 국가수사본부장, 소속 기관의 장, 시·도경찰청장에게 위임할 수 있다. 이 경우 시·도지사는 위임받은 권한의 일부를 대통령령으로 정하는 바에 따라 「국가경찰과 자치경찰의 조직 및 운영에 관한 법률」제18조에 따른 시·도자치경찰위원회(이하 "시·도자치경찰위원회"라 한다), 시·도경찰청장에게 다시 위임할 수 있다.
④ 해양경찰청장은 대통령령으로 정하는 바에 따라 경찰공무원의 임용에 관한 권한의 일부를 소속 기관의 장, 지방해양경찰관서의 장에게 위임할 수 있다.
⑤ 경찰청장, 해양경찰청장 또는 제3항 및 제4항에 따라 임용권을 위임받은 자는 행정안전부령 또는 해양수산부령으로 정하는 바에 따라 소속 경찰공무원의 인사기록을 작성·보관하여야 한다.

정답 ④

072 「경찰공무원 임용령」상 경찰공무원의 임용과 관련한 설명으로 가장 옳지 않은 것은?   보충문제

① 경찰청장은 법 제7조 제3항 전단에 따라 시·도지사에게 해당 시·도의 자치경찰사무를 담당하는 경찰공무원[시·도자치경찰위원회, 시·도경찰청 및 경찰서(지구대 및 파출소는 포함한다)에서 근무하는 경찰공무원을 말한다] 중 경정의 전보·파견·휴직·직위해제 및 복직에 관한 권한과 경감 이하의 임용권(신규채용 및 면직에 관한 권한은 제외한다)을 위임한다.

② 경찰청장은 법 제7조 제3항 전단에 따라 국가수사본부장에게 국가수사본부 안에서의 경정 이하에 대한 전보권을 위임한다.

③ 경찰청장은 법 제7조 제3항 전단에 따라 소속기관등의 장에게 그 소속 경찰공무원 중 경정의 전보·파견·휴직·직위해제 및 복직에 관한 권한과 경감 이하의 임용권을 위임한다.

④ 위 ①에 따라 임용권을 위임받은 시·도지사는 법 제7조 제3항 후단에 따라 경감 또는 경위로의 승진임용에 관한 권한을 제외한 임용권을 시·도자치경찰위원회에 다시 위임한다.

해설

① 경찰청장은 법 제7조 제3항 전단에 따라 특별시장·광역시장·특별자치시장·도지사 또는 특별자치도지사(이하 "시·도지사"라 한다)에게 해당 시·도의 자치경찰사무를 담당하는 경찰공무원[시·도자치경찰위원회, 시·도경찰청 및 경찰서(**지구대 및 파출소는 제외한다**)에서 근무하는 경찰공무원을 말한다] 중 경정의 전보·파견·휴직·직위해제 및 복직에 관한 권한과 경감 이하의 임용권(신규채용 및 면직에 관한 권한은 제외한다)을 위임한다.

「경찰공무원 임용령」 제4조(임용권의 위임 등) ① **경찰청장은** 법 제7조 제3항 전단에 따라 특별시장·광역시장·특별자치시장·도지사 또는 특별자치도지사(이하 "**시·도지사**"라 한다)**에게** 해당 특별시·광역시·특별자치시·도 또는 특별자치도(이하 "시·도"라 한다)의 자치경찰사무를 담당하는 경찰공무원[「국가경찰과 자치경찰의 조직 및 운영에 관한 법률」 제18조 제1항에 따른 시·도자치경찰위원회(이하 "시·도자치경찰위원회"라 한다), 시·도경찰청 및 경찰서(지구대 및 파출소는 제외한다)에서 근무하는 경찰공무원을 말한다] 중 경정의 전보·파견·휴직·직위해제 및 복직에 관한 권한과 경감 이하의 임용권(신규채용 및 면직에 관한 권한은 제외한다)을 **위임한다**.

② **경찰청장은** 법 제7조 제3항 전단에 따라 <u>국가수사본부장에게</u> 국가수사본부 안에서의 <u>경정 이하에 대한 전보권을 위임한다</u>.

③ **경찰청장은** 법 제7조 제3항 전단에 따라 경찰대학·경찰인재개발원·중앙경찰학교·경찰수사연수원·경찰병원 및 시·도경찰청(이하 "<u>소속기관등</u>"이라 한다)<u>의 장에게</u> 그 소속 경찰공무원 중 경정의 전보·파견·휴직·직위해제 및 복직에 관한 권한과 경감 이하의 임용권을 <u>위임한다</u>.

④ 제1항에 따라 임용권을 위임받은 <u>시·도지사는</u> 법 제7조 제3항 후단에 따라 경감 또는 경위로의 승진임용에 관한 권한을 제외한 임용권을 <u>시·도자치경찰위원회에 다시 위임한다</u>.

⑤ 제4항에 따라 임용권을 위임받은 <u>시·도자치경찰위원회는 시·도지사와 시·도경찰청장의 의견을 들어 그 권한의 일부를 시·도경찰청장에게 다시 위임할 수 있다.</u>
⑥ 제3항 및 제5항에 따라 임용권을 위임받은 <u>시·도경찰청장은 소속 경감 이하 경찰공무원에 대한 해당 경찰서 안에서의 전보권을 경찰서장에게 다시 위임할 수 있다.</u>
⑦ 경찰청장은 수사부서에서 총경을 보직하는 경우에는 국가수사본부장의 추천을 받아야 한다.
⑧ 시·도자치경찰위원회는 임용권을 행사하는 경우에는 시·도경찰청장의 추천을 받아야 한다.
⑨ 시·도경찰청장 및 경찰서장은 지구대장 및 파출소장을 보직하는 경우에는 시·도자치경찰위원회의 의견을 사전에 들어야 한다.
⑩ 소속기관등의 장은 경감 또는 경위를 신규채용하거나 경위 또는 경사를 승진시키려면 미리 경찰청장의 승인을 받아야 한다.
⑪ 제1항부터 제6항까지의 규정에도 불구하고 경찰청장은 경찰공무원의 정원 조정, 승진임용, 인사교류 또는 파견을 위하여 필요한 경우에는 임용권을 행사할 수 있다.

정답 ①

073 「경찰공무원 임용령」상 임용권의 위임에 대한 설명 중 가장 적절하지 않은 것은? 보충문제

① 경찰청장으로부터 임용권을 위임받은 시·도지사는 법 제7조 제3항 후단에 따라 경감 또는 경위로의 승진임용에 관한 권한을 제외한 임용권을 시·도자치경찰위원회에 다시 위임한다.
② 위에 따라 임용권을 위임받은 시·도자치경찰위원회는 시·도지사와 시·도경찰청장의 의견을 들어 그 권한의 일부를 시·도경찰청장에게 다시 위임할 수 있다.
③ 경찰청장 또는 시·도자치경찰위원회로부터 임용권을 위임받은 시·도경찰청장은 소속 경감 이하 경찰공무원에 대한 해당 경찰서 안에서의 전보권을 경찰서장에게 다시 위임할 수 있다.
④ 소속기관등의 장은 경감 또는 경위를 신규채용하거나 경사 또는 경장을 승진시키려면 미리 경찰청장의 승인을 받아야 한다.

해설

① (O) 동령 제4조④
② (O) 동령 제4조⑤
③ (O) 동령 제4조⑥
④ (X) 소속기관등의 장은 경감 또는 경위를 신규채용하거나 <u>경위 또는 경사를</u> 승진시키려면 미리 경찰청장의 승인을 받아야 한다.(동령 제4조⑩)

정답 ④

074 다음 중 「경찰공무원 임용령」의 내용과 가장 다른 것은? 보충문제

① 제4항에 따라 임용권을 위임받은 시·도자치경찰위원회는 시·도지사와 시·도경찰청장의 의견을 들어 그 권한의 일부를 시·도경찰청장에게 다시 위임할 수 있다.
② 경찰청장은 수사부서에서 총경을 보직하는 경우에는 국가수사본부장의 추천을 받아야 한다.
③ 시·도자치경찰위원회는 임용권을 행사하는 경우에는 시·도지사의 추천을 받아야 한다.
④ 시·도경찰청장 및 경찰서장은 지구대장 및 파출소장을 보직하는 경우에는 시·도자치경찰위원회의 의견을 사전에 들어야 한다.

해설

③ 시·도자치경찰위원회는 임용권을 행사하는 경우에는 **시·도경찰청장의** 추천을 받아야 한다.

정답 ③

---

075 「경찰공무원법」과 「경찰공무원 임용령」에서 규정하고 있는 임용권 관련사항을 서술한 것으로 가장 옳지 않은 것은? 보충문제

① 경찰청장은 대통령령으로 정하는 바에 따라 경찰공무원의 임용에 관한 권한의 일부를 특별시장·광역시장·도지사·특별자치시장 또는 특별자치도지사(이하 "시·도지사"라 한다), 국가수사본부장, 소속 기관의 장, 시·도경찰청장에게 위임할 수 있다.
② 경찰청장은 법 제7조 제3항 전단에 따라 경찰대학·경찰인재개발원·중앙경찰학교·경찰수사연수원·경찰병원 및 시·도경찰청(이하 "소속기관등"이라 한다)의 장에게 그 소속 경찰공무원 중 경정의 전보·파견·휴직·직위해제 및 복직에 관한 권한과 경감 이하의 임용권을 위임할 수 있다.
③ 임용권을 위임받은 시·도경찰청장은 소속 경감 이하 경찰공무원에 대한 해당 경찰서 안에서의 전보권을 경찰서장에게 다시 위임할 수 있다.
④ 소속기관등의 장은 경감 또는 경위를 신규채용하거나 경위 또는 경사를 승진시키려면 미리 경찰청장의 승인을 받아야 한다.

해설

② 경찰청장은 법 제7조 제3항 전단에 따라 경찰대학·경찰인재개발원·중앙경찰학교·경찰수사연수원·경찰병원 및 시·도경찰청(이하 "소속기관등"이라 한다)의 장에게 그 소속 경찰공무원 중 경정의 전보·파견·휴직·직위해제 및 복직에 관한 권한과 경감 이하의 임용권을 **위임한다**. ※ 경찰공무원법(지문①)에서는 큰 틀에서 "위임할 수 있다"라고 규정하고, 경찰공무원 임용령(지문②)에서 구체적으로 "위임한다"고 규정한 것에 주의! 아울러, 시·도경찰청장의 경감이하 서내 전보권의 위임(지문③)은 여전히 "위임할 수 있다"임에 주의!

정답 ②

076 「경찰공무원법」에 대한 설명 중 틀린 것은 모두 몇 개인가?   13순경2차변형

> ㉠ 경정으로의 신규채용, 승진임용 및 면직은 경찰청장 또는 해양경찰청장의 제청으로 국무총리를 거쳐 대통령이 한다.
> ㉡ 경사를 경위로 근속승진임용하려는 경우 해당 계급에서 7년 6개월 이상 근속을 요한다.
> ㉢ 경감 이상의 경찰공무원으로서 모든 경찰공무원의 귀감이 되는 공을 세우고 전사하거나 순직한 사람에 대하여는 2계급 특별승진 시킬 수 있다.
> ㉣ 경찰공무원의 인사상담 및 고충을 심사하기 위하여 경찰청, 해양경찰청, 시·도자치경찰위원회, 시·도경찰청, 대통령령으로 정하는 경찰기관 및 지방해양경찰관서에 경찰공무원 고충심사위원회를 둔다.
> ㉤ 경무관 이상의 경찰공무원에 대한 징계의결은 「국가공무원법」에 따라 국무총리 소속으로 설치된 징계위원회에서 한다.

① 1개   ② 2개   ③ 3개   ④ 4개

해설

㉡ 경사를 경위로 근속승진임용하려는 경우 해당 계급에서 **"6년 6개월"** 이상 근속을 요한다(제16조). (4년 – 5년 – 6년6개월 – 8년)
㉢ **"경위 이하"**의 경찰공무원으로서 모든 경찰공무원의 귀감이 되는 공을 세우고 전사하거나 순직한 사람에 대하여는 2계급 특별승진 시킬 수 있다(제19조①).

정답 ②

077 경찰공무원 임용에 관한 다음 설명 중 가장 적절한 것은?   14순경2차

① 총경 이상의 경찰공무원은 경찰청장의 제청으로 국무총리를 거쳐 대통령이 임명한다. 다만, 총경의 전보, 휴직, 직위해제, 강등, 정직 및 복직은 경찰청장이 한다.
② 경정 이하의 경찰공무원을 신규 채용할 때에는 1년간 시보로 임용하고, 그 기간이 만료된 날에 정규 경찰공무원으로 임용한다.
③ 경정으로의 신규채용, 승진임용 및 면직은 경찰청장의 제청으로 국무총리를 거쳐 대통령이 한다.
④ 휴직기간, 직위해제기간 및 징계에 의한 정직처분 또는 견책처분을 받은 기간은 시보임용 기간에 산입하지 아니한다.

> **해설**

① 총경 이상의 경찰공무원은 **경찰청장의 추천을 받아 행정안전부장관의 제청으로** 국무총리를 거쳐 대통령이 임용한다. 다만, 총경의 전보, 휴직, 직위해제, 강등, 정직 및 복직은 경찰청장이 한다(경찰공무원법 제7조①).
② 경정 이하의 경찰공무원을 신규채용할 때에는 1년간 시보로 임용하고, 그 기간이 **만료된 다음 날에** 정규 경찰공무원으로 임용한다(경찰공무원법 제13조①).
③ O
④ 휴직기간, 직위해제기간 및 징계에 의한 **정직처분 또는 감봉처분**을 받은 기간은 시보임용기간에 산입하지 아니한다(경찰공무원법 제13조②).

 ③

078 경찰공무원의 인사권자 및 임명절차에 대한 다음 기술 중 관련 규정에 따를 때 가장 옳지 <u>않은</u> 것은?

14경간

① 경찰청장은 국가경찰위원회의 동의를 받아 행정안전부장관의 제청으로 국무총리를 거쳐 대통령이 임명한다. 이 경우 국회의 인사청문을 거쳐야 한다.
② 총경 이상의 경찰공무원은 경찰청장 또는 해양경찰청장의 추천을 받아 행정안전부장관 또는 해양수산부장관의 제청으로 국무총리를 거쳐 대통령이 임용한다.
③ 경정으로의 신규채용, 승진임용 및 면직은 경찰청장 또는 해양경찰청장의 추천을 받아 행정안전부장관 또는 해양수산부장관의 제청으로 국무총리를 거쳐 대통령이 한다.
④ 소속기관등의 장은 경감 또는 경위를 신규채용하거나 경위 또는 경사를 승진시키려면 미리 경찰청장의 승인을 받아야 한다.

> **해설**

③ 경정으로의 신규채용, 승진임용 및 면직은 **경찰청장 또는 해양경찰청장의 제청으로** 국무총리를 거쳐 대통령이 한다.

 ③

079 「경찰공무원법」상 경찰공무원의 임용권자가 바르게 연결된 것은 모두 몇 개인가?   17경간

┌───┐
│ ㉠ 총경의 휴직 – 경찰청장   ㉡ 총경의 강등 – 대통령   │
│ ㉢ 총경의 복직 – 경찰청장   ㉣ 경정의 면직 – 대통령   │
│ ㉤ 경정으로의 승진 – 경찰청장   ㉥ 총경의 정직 – 대통령   │
└───┘

① 1개   ② 2개   ③ 3개   ④ 4개

> **해설**
> – 총경이상 : 대통령
> – 총경의 휴직·직위해제·전보·강등·정직·복직(휴직전강등정복) : 경찰청장
> – 경정이하 : 경찰청장
> – 경정으로의 신규채용·승진·면직(신승면) : 대통령
> – 경정의 휴직·직위해제·복직·전보·파견(휴직복전파) : 소속기관등의장(시·도청장등)
> ㉡ 경찰청장 ㉣ 대통령 ㉥ 경찰청장
>
> **정답** ③

---

080 경찰의 인사에 대한 설명 중 **틀린** 것은?   10승진

① 경찰공무원인사위원회는 5명 이상 7명 이하로 구성되고, 위원장은 경찰청 인사담당국장이 되며, 위원은 경찰청 소속 총경 이상의 경찰공무원 중에서 위원장이 임명한다.
② 총경의 휴직, 직위해제, 복직, 정직은 경찰청장이 행한다.
③ 경정의 승진임용 및 면직은 경찰청장의 제청으로 국무총리를 거쳐 대통령이 행한다.
④ 경정의 정직은 경찰청장이 행한다.

> **해설**
> ① 경찰공무원인사위원회는 5명 이상 7명 이하로 구성되고, 위원장은 경찰청 인사담당국장이 되며, 위원은 경찰청 소속 총경 이상의 경찰공무원 중에서 **경찰청장이 임명**한다.
>
> **정답** ①

081 다음은 「경찰공무원법」에 대한 설명이다. ㉠~㉤의 내용 중 옳고 그름의 표시(O, X)가 모두 바르게 된 것은?   20순경1차

> ㉠ 경찰청장 또는 해양경찰청장은 경찰공무원의 채용시험 또는 경찰간부후보생 공개경쟁선발시험에서 부정행위를 한 응시자에 대해서는 해당 시험을 정지 또는 무효로 하고, 그 처분이 있은 날부터 5년간 시험응시자격을 정지한다.
> ㉡ 총경 이상 경찰공무원은 경찰청장 또는 해양경찰청장의 추천을 받아 행정안전부장관 또는 해양수산부장관의 제청으로 국무총리를 거쳐 대통령이 임용한다. 다만, 총경의 전보, 휴직, 직위해제, 강등, 정직 및 복직은 경찰청장 또는 해양경찰청장이 한다.
> ㉢ 경찰청장 또는 해양경찰청장은 전시·사변이나 그 밖에 이에 준하는 비상사태에서는 2년의 범위에서 계급정년을 연장할 수 있다. 이 경우 치안감의 경찰공무원에 대해서는 행정안전부장관 또는 해양수산부장관과 국무총리를 거쳐 대통령의 승인을 받아야 하고, 경무관 총경·경정의 경찰공무원에 대하여는 국무총리를 거쳐 대통령의 승인을 받아야 한다.
> ㉣ 경장을 경사로 근속승진임용하려는 경우에는 해당 계급에서 6년 이상 근속자이어야 한다.
> ㉤ 경찰공무원은 그 정년이 된 날이 1월에서 6월 사이에 있으면 6월 30일에 당연퇴직하고, 7월에서 12월 사이에 있으면 12월 31일에 당연퇴직한다.

① ㉠(O) ㉡(O) ㉢(O) ㉣(X) ㉤(O)
② ㉠(O) ㉡(X) ㉢(O) ㉣(O) ㉤(X)
③ ㉠(X) ㉡(O) ㉢(X) ㉣(O) ㉤(X)
④ ㉠(O) ㉡(O) ㉢(X) ㉣(X) ㉤(O)

해설

㉠ (O) 제11조
㉡ (O) 제7조①
㉢ (X) 경찰청장 또는 해양경찰청장은 전시·사변이나 그 밖에 이에 준하는 비상사태에서는 2년의 범위에서 제1항 제2호에 따른 계급정년을 연장할 수 있다. 이 경우 **경무관 이상**의 경찰공무원에 대해서는 행정안전부 장관 또는 해양수산부장관과 국무총리를 거쳐 대통령의 승인을 받아야 하고, **총경·경정**의 경찰공무원에 대하여는 국무총리를 거쳐 대통령의 승인을 받아야 한다(제30조④).
㉣ (X) 경장을 경사로 근속승진임용하려는 경우에는 해당 계급에서 **5년 이상** 근속자이어야 한다(제16조).
㉤ (O) 제30조⑤

정답 ④

082 대통령령인 「경찰공무원 임용령」상 경찰의 인사에 관한 다음 설명 중 옳지 <u>않은</u> 것은 모두 몇 개인가?

19경간변형

> 가. 경찰공무원인사위원회(이하 "인사위원회"라 한다)는 위원장을 포함하여 3명 이상 7명 이하의 위원으로 구성한다.
> 나. 인사위원회의 위원장은 경찰청 인사담당국장이 되고, 위원은 경찰청 소속 총경이상 경찰공무원 중에서 위원장이 임명한다.
> 다. 인사위원회의 회의는 재적위원 과반수의 출석과 출석위원 과반수의 찬성으로 의결한다.
> 라. 경찰청장은 법 제7조 제3항 전단에 따라 소속기관등의 장에게 그 소속 경찰공무원 중 경정의 전보·파견·휴직·직위해제 및 복직에 관한 권한과 경감 이하의 임용권을 위임한다.
> 마. 임용권을 위임받은 시·도경찰청장은 소속 경감 이하 경찰공무원에 대한 해당 경찰서 안에서의 전보권을 경찰서장에게 다시 위임할 수 있다.
> 바. 소속기관등의 장은 경감 또는 경위를 승진시키려면 미리 경찰청장의 승인을 받아야 한다.

① 1개　　② 2개　　③ 3개　　④ 4개

해설

가. 경찰공무원인사위원회(이하 "인사위원회"라 한다)는 위원장을 포함하여 **5명 이상 7명 이하의** 위원으로 구성한다.(경찰공무원 임용령 제9조①)
나. 인사위원회의 위원장은 경찰청 인사담당국장이 되고, 위원은 경찰청 소속 총경 이상 경찰공무원 중에서 **경찰청장이** 각각 임명한다.(동령 제9조 ②)
다. 회의는 **재적위원 과반수의 찬성으로** 의결한다.(동령 제11조②)

▶ **위원회 의결 정족수**

> 소정3⁄2출과 : 재적 3분의 2 이상 출석, 출석과반수찬성 - 소청심사위·정규임용심사위
> 공고5출과 : 5명이상출석, 출석과반수찬성 - 공개수배위·경찰고충심사위회의
> 재과/승인보추 : 재적과반수찬성 - 경공승진심사위·경공인사위·보상금심사위·시도자경위원추천위

라. O (동령 제4조③)
마. O (동령 제4조⑥)
바. 소속기관등의 장은 **경감 또는 경위를 신규채용하거나 경위 또는 경사를 승진시키려면** 미리 경찰청장의 승인을 받아야 한다. (동령 제4조⑩)

정답 ④

083 「경찰공무원법」및 「경찰공무원 임용령」에 대한 설명으로 가장 적절하지 <u>않은</u> 것은? 　20경채

① 경정 이하의 경찰공무원은 경찰청장 또는 해양경찰청장이 임용한다. 다만, 경정으로의 신규채용, 승진임용 및 면직은 경찰청장 또는 해양경찰청장의 제청으로 국무총리를 거쳐 대통령이 한다.
② 자격정지 이상의 형을 선고받거나 혹은 동일한 형의 선고유예를 선고받고 그 유예기간 중에 있는 사람은 경찰공무원으로 임용될 수 없다.
③ 일반경과, 수사경과, 보안경과, 항공경과, 정보통신경과 중 총경 계급의 경찰공무원에게 부여할 수 있는 경과의 수는 2개이다.
④ 경장 계급에서 5년 이상 근속자는 경사로 근속승진임용할 수 있다.

해설

① O (경찰공무원법 제7조②)
② O (경찰공무원법 제8조②)
③ 경과는 총경 이하 경찰공무원에게 부여한다. 단, 수사경과와 보안경과는 경정 이하 경찰공무원에게만 부여한다.(경찰공무원 임용령 제3조 ①) → 총경 계급의 경찰공무원이 부여받을 수 있는 경과는 일반경과와 특수경과이고, 특수경과는 항공경과와 정보통신경과로 구분되기 때문에, 설문의 **일반경과, 항공경과, 정보통신경과 3개가 총경 계급의 경찰공무원에게 부여할 수 있는 경과**가 된다.
④ O (경찰공무원법 제16조①)

▶ **경과** (일보특수/보수경정/특수살은 항정살)

의의	경찰공무원은 그 <u>직무의 종류에 따라</u> 경과(警科)에 의하여 구분할 수 있다.	
부여	① 임용권자(임용제청권자)는 경찰공무원을 <u>신규채용할 때에 경과를 부여하여야 한다</u>. ② <u>총경 이하</u>의 경찰공무원은 경과로 구분한다. 다만, <u>수사경과 및 보안경과는</u> 경정이하 경찰공무원으로 한다.	
구분	일반경과	기획, 감사, 경무, 생활안전, 교통, 경비, 작전, 정보, 외사 기타의 직무로서 수사경과·보안경과 및 특수경과에 속하지 아니하는 직무
	수사경과	범죄수사에 관한 직무(경정 이하에 적용)
	보안경과	보안경찰에 관한 직무(경정 이하에 적용)
	특수경과	항공경과, 정보통신경과

정답 ③

084 「경찰공무원법」상 경찰공무원의 임용에 대한 설명으로 가장 적절한 것은? 19순경1차변형

① 총경 이상의 경찰공무원은 경찰청장의 제청으로 국무총리를 거쳐 대통령이 임용한다.
② 퇴직한 경찰공무원으로서 퇴직 시에 재직하였던 계급의 채용시험에 합격한 사람을 재임용하는 경우 시보임용을 거치지 않는다.
③ 경찰청장은 경찰공무원의 채용시험 또는 경찰간부후보생 공개경쟁선발시험에서 부정행위를 한 응시자에 대하여는 해당 시험을 정지 또는 무효로 하고, 그 처분이 있은 날부터 3년간 시험응시자격을 정지한다.
④ 경찰청장은 경찰공무원의 임용에 관한 권한의 일부를 시·도경찰청장에게 위임할 수 없다.

해설

① 총경 이상 경찰공무원은 <u>경찰청장의 추천</u>을 받아 <u>행정안전부장관의 제청</u>으로 국무총리를 거쳐 대통령이 임용한다.(경찰공무원법 제7조①)
② O (동법 제13조④)
③ 경찰청장은 경찰공무원의 채용시험 또는 경찰간부후보생 공개경쟁선발시험에서 부정행위를 한 응시자에 대하여는 해당 시험을 정지 또는 무효로 하고, 그 처분이 있은 날부터 <u>5년간</u> 시험응시자격을 정지한다.(동법 제11조)
④ 경찰청장은 대통령령으로 정하는 바에 따라 경찰공무원의 임용에 관한 권한의 일부를 특별시장·광역시장·도지사·특별자치시장 또는 특별자치도지사(이하 "시·도지사"라 한다), 국가수사본부장, 소속 기관의 장, 시·도경찰청장에게 <u>위임할 수 있다</u>.(동법 제7조③)

정답 ②

---

085 다음은 「경찰공무원법」 및 「경찰공무원 임용령」상 경찰공무원의 임용에 대하여 설명한 것이다. 옳은 것을 모두 고른 것은? 18순경2차

㉠ 휴직기간, 직위해제기간 및 징계에 의한 감봉처분 또는 견책처분을 받은 기간은 시보임용기간에 산입하지 아니한다.
㉡ 경정으로의 신규채용, 승진임용 및 면직은 경찰청장 또는 해양경찰청장의 제청으로 국무총리를 거쳐 대통령이 한다.
㉢ '징계에 의하여 파면 또는 해임처분을 받은 사람'은 경찰공무원으로 임용될 수 없다.
㉣ 경찰공무원은 임용장이나 임용통지서에 적힌 날짜에 임용된 것으로 보며, 사망으로 인한 면직은 사망한 날에 면직된 것으로 본다.
㉤ 총경의 전보, 휴직, 직위해제, 강등, 정직 및 복직은 경찰청장 또는 해양경찰청장이 한다.

① ㉠㉡㉣   ② ㉠㉢㉣   ③ ㉡㉢㉤   ④ ㉡㉢㉣㉤

> 해설

㉠ 휴직기간, 직위해제기간 및 징계에 의한 **정직처분 또는 감봉처분을** 받은 기간은 시보임용기간에 산입하지 아니한다.
㉢ 경찰공무원은 임용장이나 임용통지서에 적힌 날짜에 임용된 것으로 보며, 사망으로 인한 면직은 **사망한 다음 날에** 면직된 것으로 본다.

▶ **"다음날" 사항들** (사시/선정범)

사망으로 인한 면직, 시보 정규임용, 대통령 선거기간, 정보공개 결정기간 연장, 범칙금 추가납부기간

정답 ③

086 「경찰공무원법」 및 「경찰공무원임용령」상 경찰공무원의 임용에 대한 설명으로 가장 적절하지 않은 것은?

17승진변형

① 경찰청 소속 총경 이상의 경찰공무원은 경찰청장의 추천을 받아 행정안전부장관의 제청으로 국무총리를 거쳐 대통령이 임용하고, 해양경찰청 소속 총경 이상의 경찰공무원은 해양경찰청장의 추천을 받아 해양수산부장관의 제청으로 국무총리를 거쳐 대통령이 임용한다.
② 경정 이하의 경찰공무원은 경찰청장 또는 해양경찰청장이 임용한다. 다만, 경정으로의 신규채용·승진임용·면직은 경찰청장 또는 해양경찰청장의 제청으로 국무총리를 거쳐 대통령이 한다.
③ 경찰공무원은 임용장 또는 임용통지서에 기재된 일자에 임용된 것으로 본다. 다만, 사망으로 인한 면직은 사망한 날에 면직된 것으로 본다.
④ 경찰청장은 대통령령으로 정하는 바에 따라 경찰공무원의 임용에 관한 권한의 일부를 시·도지사, 국가수사본부장, 소속 기관의 장, 시·도경찰청장에게 위임할 수 있다.

> 해설

③ 경찰공무원은 임용장이나 임용통지서에 적힌 날짜에 임용된 것으로 본다. 다만, 사망으로 인한 면직은 **사망한 다음 날에** 면직된 것으로 본다.(경찰공무원 임용령 제5조)

정답 ③

087 경찰공무원 임용에 대한 설명으로 적절하지 <u>않은</u> 것은 모두 몇 개인가? 22경간

> 가. 채용후보자 명부의 유효기간은 2년으로 하되, 경찰청장은 필요에 따라 1년의 범위에서 그 기간을 연장할 수 있다.
> 나. 임용권자 또는 임용제청권자는 채용후보자 명부에 등재된 채용후보자가 학업을 계속하는 경우 채용후보자명부의 유효기간의 범위에서 기간을 정하여 임용 또는 임용제청을 유예할 수 있다. 다만, 유예기간 중이라도 그 사유가 소멸한 경우에는 임용 또는 임용제청을 할 수 있다.
> 다. 신규채용시험에 합격한 사람이 채용후보자 명부에 등재된 이후 그 유효기간 내에 「병역법」에 따른 병역 복무를 위하여 군에 입대한 경우(대학생 군사훈련 과정 이수자를 포함한다)의 의무복무 기간은 채용후보자 명부의 유효기간에 넣어 계산하지 아니한다.
> 라. 채용후보자가 임용 또는 임용제청에 응하지 아니한 경우에는 채용후보자로서의 자격을 상실한다.

① 없음   ② 1개   ③ 2개   ④ 3개

해설

가, 나, 다, 라 모두 옳은 설명이다.

정답 ①

---

088 「수사경찰 인사운영규칙」상 수사경과에 대한 설명으로 가장 적절한 것은? 19승진변형

① 수사경과 유효기간은 수사경과를 부여일 또는 갱신일로부터 5년으로 한다. 수사경과 부여일 또는 갱신일로부터 5년이 되는 날이 전년도 10월 1일부터 해당 연도 4월 30일까지의 사이에 있는 경우에는 해당 연도 4월 30일까지 유효한 것으로 본다.
② 수사업무 수행을 위한 업무역량, 전문성 등을 고려하여 총경 이하의 경찰공무원을 대상으로 수사경과자를 선발한다.
③ 수사경과자의 선발인원은 수사경찰의 전문성 확보와 인사운영의 효율성 등을 고려하여 수사부서 총 정원의 2배의 범위 내에서 경찰청장이 정한다.
④ 수사경과자는 수사경과 유효기간 내에 경찰청장이 지정하는 수사 관련 직무교육을 이수(이 경우 사이버교육을 포함한다)하거나 수사경과 갱신을 위한 시험에 합격하는 방법으로 언제든지 수사경과를 갱신할 수 있다. 다만, 휴직 등 경찰청장이 정하는 사유로 수사경과 갱신을 할 수 없는 경우에는 그 연기를 받을 수 있다.

> **해설**

① 수사경과 유효기간은 수사경과를 부여일 또는 갱신일로부터 5년으로 한다. 다만, 수사경과 부여일 또는 갱신일로부터 5년이 되는 날이 전년도 10월 1일부터 해당 연도 **3월 31일까지의** 사이에 있는 경우에는 해당 연도 **3월 31일까지**, 해당 연도 4월 1일부터 9월 30일까지의 사이에 있는 경우에는 해당 연도 9월 30일까지 유효한 것으로 본다.

② 수사업무 수행을 위한 업무역량, 전문성 등을 고려하여 **경정 이하의** 경찰공무원을 대상으로 수사경과자를 선발한다. (보수/경정 : 보안경과·수사경과는 경정이하)

③ 수사경과자의 선발인원은 수사경찰의 전문성 확보와 인사운영의 효율성 등을 고려하여 수사부서 총 정원의 **1.5배의 범위 내에서** 경찰청장이 정한다.

④ ○

> 제10조(선발의 원칙) ① 수사업무 수행을 위한 업무역량, 전문성 등을 고려하여 경정 이하의 경찰공무원을 대상으로 수사경과자를 선발한다.
> ② **수사경과자의 선발인원은 수사경찰의 전문성 확보와 인사운영의 효율성 등을 고려하여 수사부서 총 정원의 1.5배의 범위 내에서 경찰청장이 정한다.**
> 제12조(선발의 방식) 수사경과자는 다음 각 호의 어느 하나의 방식을 통해 선발한다.
> 　1. 수사경과자 선발시험 합격　2. 수사경과자 선발교육 이수　3. 경찰관서장의 추천
> 제14조(수사경과의 유효기간 및 갱신) ① 수사경과 유효기간은 수사경과를 부여일 또는 갱신일로부터 5년으로 한다.
> ② 수사경과자는 수사경과 유효기간 내에 다음 각 호의 어느 하나에 해당하는 방법으로 언제든지 수사경과를 갱신할 수 있다. 다만, 휴직 등 경찰청장이 정하는 사유로 수사경과 갱신을 할 수 없는 경우에는 그 연기를 받을 수 있다.
> 　1. 경찰청장이 지정하는 수사 관련 직무교육 이수. 이 경우 사이버교육을 포함한다.
> 　2. 수사경과 갱신을 위한 시험에 합격
> ③ 수사경과자가 수사경과 유효기간 내에 다음 각 호의 어느 하나를 충족한 경우 수사경과를 갱신한 것으로 본다.
> 　1. 제7조 제2항의 책임수사관 자격을 부여받은 경우
> 　2. 「전문수사관 운영규칙」 제4조에 따른 전문수사관 또는 전문수사관 마스터로 인증된 경우
> 　3. 50세 이상으로 제3조 제1항의 부서에서 근무한 기간의 합이 10년 이상인 경우
> 　4. 제3조 제1항의 부서에서 최근 3년 간 치안종합성과평가의 개인등급이 최상위 등급인 경우
> ④ 수사경과 유효기간은 별표2에 따른다.

> [별표2] 수사경과 유효기간 - 수사경과 부여일 또는 갱신일로부터 5년이 되는 날이,
> 1. 전년도 10월 1일부터 해당 연도 3월 31일까지의 사이에 있는 경우에는 해당 연도 3월 31일까지 수사경과가 유효한 것으로 본다.
> 2. 해당 연도 4월 1일부터 9월 30일까지의 사이에 있는 경우에는 해당 연도 9월 30일까지 수사경과가 유효한 것으로 본다.

정답 ④

089 「수사경찰 인사운영규칙」상 수사경과에 대한 설명으로 가장 적절하지 <u>않은</u> 것은? 20승진변형

① 직무와 관련하여 청렴의무위반·인권침해 또는 부정청탁에 따른 직무수행으로 징계처분을 받은 경우 수사경과를 해제하여야 한다.
② 위 ①의 사유 외의 사유로 징계처분을 받은 경우 수사경과를 해제할 수 있다.
③ 5년간 연속으로 수사경찰 근무부서 외의 부서에서 근무하는 경우 수사경과를 해제하여야 한다.
④ 인권침해, 편파수사를 이유로 다수의 진정을 받는 등 공정한 수사업무 수행을 기대하기 곤란한 경우 수사경과를 해제하여야 한다.

해설

④ 인권침해, 편파수사를 이유로 다수의 진정을 받는 등 공정한 수사업무 수행을 기대하기 곤란한 경우 수사경과를 <u>해제할 수 있다</u>.

> 제15조(해제사유 등) ① 다음 각 호의 어느 하나에 해당하는 경우에는 수사경과를 해제하여야 한다.
> 1. 직무와 관련한 청렴의무위반·인권침해 또는 부정청탁에 따른 직무수행으로 징계처분을 받은 경우
> 2. 5년간 연속으로 제3조 제1항 외의 부서에서 근무하는 경우
> 3. 제14조에 따른 유효기간 내에 갱신이 되지 않은 경우 (5징갱/필)
> ② 다음 각 호의 어느 하나에 해당하는 경우에는 수사경과를 해제할 수 있다.
> 1. 제1항 제1호 외의 사유로 징계처분을 받은 경우
> 2. 인권침해, 편파수사를 이유로 다수의 진정을 받는 등 공정한 수사업무 수행을 기대하기 곤란한 경우
> 3. 수사업무 능력·의욕이 현저하게 부족한 경우
> 4. 수사경과 해제를 희망하는 경우

정답 ④

090 「경찰청 공무원 임용령」에서 규정한 채용후보자의 자격상실 사유로 가장 적절하지 않은 것은?

18승진

① 채용후보자가 질병 등 교육훈련을 계속할 수 없는 불가피한 사정으로 퇴학처분을 받은 경우
② 채용후보자가 임용 또는 임용제청에 응하지 아니한 경우
③ 채용후보자로서 받아야 할 교육훈련에 응하지 아니한 경우
④ 채용후보자로서 받은 교육훈련성적이 수료점수에 미달되는 경우

해설

① 채용후보자로서 교육훈련을 받는 중에 퇴학처분을 받은 경우. 다만, 질병 등 교육훈련을 계속할 수 없는 불가피한 사정으로 퇴학처분을 받은 경우는 제외한다.

제19조(채용후보자의 자격상실) 채용후보자가 다음 각 호의 어느 하나에 해당하는 경우에는 채용후보자로서의 자격을 상실한다.
1. 채용후보자가 임용 또는 임용제청에 응하지 아니한 경우
2. 채용후보자로서 받아야 할 교육훈련에 응하지 아니한 경우
3. 채용후보자로서 받은 교육훈련성적이 수료점수에 미달되는 경우
4. 채용후보자로서 교육훈련을 받는 중에 퇴학처분을 받은 경우. 다만, 질병 등 교육훈련을 계속할 수 없는 불가피한 사정으로 퇴학처분을 받은 경우는 제외한다.

정답 ①

091 경찰공무원 관계의 변동에 관한 내용 중 가장 적절하지 않은 것은?

13승진

① 강임은 경찰공무원에게는 적용되지 않는다.
② 휴직 중 휴직사유 소멸시 20일 내에 신고해야 한다.
③ 직위해제는 일정한 사유로 직위를 부여하지 아니하는 제재적 성격의 조치이다.
④ 전보란 동일 직위 및 자격 내에서의 근무기관이나 부서를 달리하는 임용을 말한다.

해설

② 휴직 중 휴직사유 소멸시 30일 내에 신고해야 한다.

정답 ②

092 경찰공무원 근무관계의 성립·변동·소멸에 대한 설명으로 적절한 것을 모두 고른 것은?   18승진

㉠ 징계에 의하여 해임의 처분을 받았더라도 그 후 3년이 경과하였다면 경찰공무원에 임용될 수 있다.
㉡ 「국가공무원법」상 강임은 하위 직급에의 임용으로서 경찰공무원에게도 적용된다.
㉢ 감사업무를 담당하는 경찰공무원은 부적격자로 인정되는 경우가 아닌 한 해당 직위에 임용된 날부터 3년 이내에는 다른 직위에 전보할 수 없다.
㉣ 경찰공무원으로서 자격정지 이상의 형의 선고유예를 받고 그 선고유예 기간 중에 있는 자는 당연퇴직된다.

① 없음   ② ㉡   ③ ㉢   ④ ㉠, ㉣

해설

㉠ 징계에 의하여 **해임처분을 받은 사람은 경찰공무원에 임용될 수 없다.**(일반공무원은 3년간 결격사유, 경찰공무원은 영원히 결격사유)
㉡ **강임은 경찰공무원에게는 적용하지 아니한다.**
㉢ 임용권자 또는 임용제청권자는 소속 경찰공무원이 해당 직위에 임용된 날부터 1년 이내(**감사업무를 담당하는 경찰공무원의 경우에는 2년 이내**)에 다른 직위에 전보할 수 없다.
㉣ 자격정지 이상의 형의 선고유예를 선고받은 모든 경우가 아니라, **뇌물·횡령배임·성폭 죄를 범한 사람으로서 자격정지 이상의 형의 선고유예를 받은 경우에만 당연퇴직 대상**이 된다.

정답 ①

---

093 다음은 「경찰공무원법」상 경찰공무원의 정년에 대한 내용이다. 다음 각 ( )에 해당하는 숫자의 합은?   13순경1차변형

㉠ 계급정년은 치안감 4년, 총경 ( )년이다.
㉡ 수사, 정보, 외사, 보안, 자치경찰사무 등 특수 부문에 근무하는 경찰공무원으로서 대통령령으로 정하는 바에 따라 지정을 받은 사람은 총경 및 경정의 경우에는 ( )년의 범위에서 대통령령으로 정하는 바에 따라 계급정년을 연장할 수 있다.
㉢ 경찰청장 또는 해양경찰청장은 전시, 사변이나 그 밖에 이에 준하는 비상사태에서는 ( )년의 범위에서 계급 정년을 연장할 수 있다.

① 11   ② 15   ③ 16   ④ 17

해설

㉠ 총경의 계급정년은 **11년**
㉡ 수사, 정보, 외사, 보안, 자치경찰사무 등 특수 부문에 근무하는 경찰공무원으로서 대통령령으로 정하는 바에 따라 지정을 받은 사람은 총경 및 경정의 경우에는 **4년의** 범위에서 대통령령으로 정하는 바에 따라 제항 제2호에 따른 계급정년을 연장할 수 있다. (**특사비리/특4비2**)

ⓒ 경찰청장 또는 해양경찰청장은 전시·사변이나 그 밖에 이에 준하는 비상사태에서는 **2년의** 범위에서 제1항 제2호에 따른 계급정년을 연장할 수 있다.

정답 ④

094 「경찰공무원법」상 규정이다. (   )안에 들어갈 숫자를 모두 더한 값은?   17순경1차

경찰공무원의 정년은 다음과 같다.
1. 연령정년 : 60세
2. 계급정년
   - 치안감 : (   )년
   - 경무관 : (   )년
   - 총경 : (   )년
   - 경정 : (   )년

① 35   ② 34   ③ 33   ④ 32

해설

1. 연령정년 : 60세
2. 계급정년 : 치안감(4년) 경무관(6년) 총경(11년) 경정(14년)

정답 ①

095 「경찰공무원법」상 경찰공무원 임용결격사유는 모두 몇 개인가?   21경간

가. 「국적법」에 따른 복수국적자
나. 피한정후견인
다. 파산선고를 받고 복권된 사람
라. 「도로교통법」에 따른 음주운전 후 300만원 벌금형을 선고받고 그 형이 확정된 후 6개월이 지난 사람
마. 「성폭력범죄의 처벌 등에 관한 특례법」에 규정된 죄를 범한 후 100만원의 벌금형을 선고받고 그 형이 확정된 후 2년이 지난 사람
바. 징계로 해임처분을 받은 때부터 3년이 지난 사람

① 2개   ② 3개   ③ 4개   ④ 5개

> 해설

가. **임용결격사유에 해당**
나. **임용결격사유에 해당**
다. 결격사유에 해당하지 않음. 결격사유는 "파산선고를 받고 복권되지 아니한 사람"
라. 결격사유에 해당하지 않음. 결격사유는 "공무원으로 재직기간 중 직무와 관련하여 「형법」 제355(횡령·배임)조 및 제356조(업무상 횡령·배임)에 규정된 죄를 범한 사람으로서 300만원 이상의 벌금형을 선고받고 그 형이 확정된 후 2년이 지나지 아니한 사람"이다.
마. **임용결격사유에 해당**. "3년이 지나지 아니한 사람"으로 규정하고 있기 때문에, 설문의 "2년이 지난 사람" 역시 아직 3년이 지나지 않아 결격사유에 해당된다.
바. **임용결격사유에 해당**. 징계로 파면·해임처분을 받은 사람은 영원히 경찰공무원 결격사유에 해당한다.
   → 일반공무원의 경우 해임은 3년 경과시, 파면은 5년 경과시 결격사유에 해당하지 아니한다.

결격 사유 ⇩ 피파복무 자선해 횡삼2 성폭백3	다음 각 호의 어느 하나에 해당하는 사람은 경찰공무원으로 임용될 수 없다. 1. 대한민국 국적을 가지지 아니한(無) 사람 2. 「국적법」 제11조의2 제1항에 따른 복수국적자 3. 피성년후견인 또는 피한정후견인 4. 파산선고를 받고 복권되지 아니한 사람 5. 자격정지 이상의 형(刑)을 선고받은 사람 6. 자격정지 이상의 형의 선고유예를 선고받고 그 유예기간 중에 있는 사람 7. 공무원으로 재직기간 중 직무와 관련하여 「형법」 제355조(횡령배임) 및 제356조(업무상 횡령배임)에 규정된 죄를 범한 자로서 300만원 이상의 벌금형을 선고받고 그 형이 확정된 후 2년이 지나지 아니한 사람 8. 「성폭력범죄의 처벌 등에 관한 특례법」 제2조에 규정된 죄를 범한 사람으로서 100만원 이상의 벌금형을 선고받고 그 형이 확정된 후 3년이 지나지 아니한 사람 9. 미성년자에 대한 다음 각 목의 어느 하나에 해당하는 죄를 저질러 형 또는 치료감호가 확정된 사람(집행유예를 선고받은 후 그 집행유예기간이 경과한 사람을 포함한다) 　가. 「성폭력범죄의 처벌 등에 관한 특례법」 제2조에 따른 성폭력범죄 　나. 「아동·청소년의 성보호에 관한 법률」 제2조 제2호에 따른 아동·청소년대상 성범죄 10. 징계에 의하여 파면 또는 해임처분을 받은 사람
당연 퇴직 ⇩ (파선은 일부만)	경찰공무원이 제8조 제2항 각 호의 어느 하나에 해당하게 된 경우에는 당연히 퇴직한다. 다만, 제8조 제2항 제4호는 파산선고를 받은 사람으로서 「채무자 회생 및 파산에 관한 법률」에 따라 신청기한 내에 면책신청을 하지 아니하였거나 면책불허가 결정 또는 면책 취소가 확정된 경우만 해당하고, 제8조 제2항 제6호는 「형법」 제129조부터 제132조까지(수뢰등), 「성폭력범죄의 처벌 등에 관한 특례법」 제2조, 「아동·청소년의 성보호에 관한 법률」 제2조 제2호 및 직무와 관련하여 「형법」 제355조 또는 제356조에 규정된 죄(횡령배임)를 범한 사람으로서 자격정지 이상의 형의 선고유예를 받은 경우만 해당한다.

정답 ③

096 「경찰공무원법」상 경찰공무원의 임용결격사유에 관한 설명으로 옳은 것은 모두 몇 개인가?

16순경1차

⊙ 피성년후견인 또는 피한정후견인
⊙ 파산선고를 받고 복권되지 아니한 사람
⊙ 자격정지 이상의 형을 선고받은 사람
⊙ 자격정지 이상의 형의 선고유예를 선고받고 그 유예기간 중에 있는 사람
⊙ 징계에 의하여 파면 또는 해임처분을 받은 사람

① 2개　　　② 3개　　　③ 4개　　　④ 5개

해설

모두 경찰공무원의 임용결격사유에 해당한다.

정답 ④

---

097 다음은 「경찰공무원법」 제8조에서 규정하는 '경찰공무원 임용결격사유'이다. ⊙~⊙의 내용 중 옳고 그름의 표시(O, X)가 모두 바르게 된 것은?

20순경2차

⊙ 미성년자에 대한 다음 각목의 어느 하나에 해당하는 죄를 저질러 형 또는 치료감호가 확정된 사람 (집행유예를 선고받은 후 그 집행유예기간이 경과한 사람을 포함한다)
　가. 「성폭력범죄의 처벌 등에 관한 특례법」 제2조에 따른 성폭력범죄
　나. 「아동·청소년의 성보호에 관한 법률」 제2조 제2호에 따른 아동·청소년대상 성범죄
⊙ 벌금의 형을 선고받은 사람
⊙ 대한민국 국적을 가지지 아니한 사람
⊙ 공무원으로 재직기간 중 직무와 관련하여 「형법」 제355조(횡령, 배임) 및 제356조(업무상의 횡령과 배임)에 규정된 죄를 범한 사람으로서 300만원 이상의 벌금형을 선고받고 그 형이 확정된 후 2년이 지난 사람
⊙ 징계에 의하여 파면 또는 해임처분을 받은 사람

① ⊙ (O) ⊙ (O) ⊙ (X) ⊙ (X) ⊙ (O)　　② ⊙ (O) ⊙ (X) ⊙ (O) ⊙ (O) ⊙ (X)
③ ⊙ (X) ⊙ (O) ⊙ (X) ⊙ (O) ⊙ (X)　　④ ⊙ (O) ⊙ (X) ⊙ (O) ⊙ (X) ⊙ (O)

해설

⊙ <u>자격정지 이상의 형(刑)</u>을 선고받은 사람
⊙ 공무원으로 재직기간 중 직무와 관련하여 「형법」 제355조 (횡령, 배임) 및 제356조(업무상의 횡령과 배임)에 규정된 죄를 범한 사람으로서 300만원 이상의 벌금형을 선고받고 그 형이 확정된 후 <u>2년이 지나지 않은 사람</u>

정답 ④

098 「경찰공무원법」과 「국가공무원법」상 공통된 임용결격사유가 아닌 것은? 21순경2차

① 피성년후견인 또는 피한정후견인
② 파산선고를 받고 복권되지 아니한 사람
③ 공무원으로 재직기간 중 직무와 관련하여 「형법」 제355조(횡령, 배임) 및 제356조(업무상의 횡령과 배임)에 규정된 죄를 범한 자로서 300만원 이상의 벌금형을 선고받고 그 형이 확정된 후 2년이 지나지 아니한 사람
④ 「성폭력범죄의 처벌 등에 관한 특례법」 제2조(성폭력범죄)에 규정된 죄를 범한 사람으로서 100만원 이상의 벌금형을 선고받고 그 형이 확정된 후 3년이 지나지 아니한 사람

해설

① 피한정후견인은 경찰공무원 결격사유에는 해당하지만, 국가공무원 결격사유에는 해당하지 아니한다.

정답 ①

---

099 「경찰공무원법」상 시보임용에 대한 설명 중 가장 적절하지 않은 것은? 17순경1차

① 퇴직한 경찰공무원으로서 퇴직 시에 재직하였던 계급의 채용시험에 합격한 사람을 재임용하는 경우에는 시보임용을 거치지 아니한다.
② 경정 이하의 경찰공무원을 신규채용할 때에는 1년간 시보로 임용하고, 그 기간이 만료된 다음 날에 정규 경찰공무원으로 임용한다.
③ 경찰대학을 졸업한 사람 또는 경찰간부후보생으로서 정하여진 교육을 마친 사람을 경위로 임용하는 경우에는 시보임용을 거치지 아니한다.
④ 자치경찰공무원을 그 계급에 상응하는 경찰공무원으로 임용하는 경우에는 시보임용을 거쳐야 한다.

해설

④ 자치경찰공무원을 그 계급에 상응하는 경찰공무원으로 임용하는 경우에는 **시보임용을 거치지 아니한다.**

> 제13조(시보임용) ① 경정 이하의 경찰공무원을 신규 채용할 때에는 1년간 시보(試補)로 임용하고, 그 기간이 만료된 다음 날에 정규 경찰공무원으로 임용한다.
> ② 휴직기간, 직위해제기간 및 징계에 의한 정직처분 또는 감봉처분을 받은 기간은 제1항에 따른 시보임용기간에 산입하지 아니한다. (휴직감정)
> ③ 시보임용기간 중에 있는 경찰공무원이 근무성적 또는 교육훈련성적이 불량할 때에는 「국가공무원법」 제68조 및 이 법 제28조에도 불구하고 면직시키거나 면직을 제청할 수 있다.
> ④ 다음 각 호의 어느 하나에 해당하는 경우에는 시보임용을 거치지 아니한다.
>   1. 경찰대학을 졸업한 사람 또는 경찰간부후보생으로서 정하여진 교육을 마친 사람을 경위로 임용하는 경우

2. 경찰공무원으로서 대통령령으로 정하는 상위계급으로의 승진에 필요한 자격 요건을 갖추고 임용예정 계급에 상응하는 공개경쟁 채용시험에 합격한 사람을 해당 계급의 경찰공무원으로 임용하는 경우
3. 퇴직한 경찰공무원으로서 퇴직 시에 재직하였던 계급의 채용시험에 합격한 사람을 재임용하는 경우
4. 자치경찰공무원을 그 계급에 상응하는 경찰공무원으로 임용하는 경우

정답 ④

100 「경찰공무원법」상 시보임용에 대한 설명으로 옳은 것은?

16순경2차

① 경정 이하 경찰공무원을 신규채용할 때에는 시보임용하고, 그 기간이 만료된 날 정규 경찰공무원으로 임용한다.
② 직위해제기간 및 징계에 의한 정직처분이나 감봉처분을 받은 기간은 시보임용기간에 산입하지 않지만, 휴직기간은 시보임용 기간에 산입한다.
③ 퇴직한 경찰공무원으로서 퇴직 시 재직하였던 계급의 채용시험에 합격한 사람을 재임용하는 경우 시보임용을 거치지 아니한다.
④ 시보임용기간 중에 있는 경찰공무원이 근무성적 또는 교육훈련 성적이 불량할 때는 면직시키거나 면직을 제청하여야 한다.

해설

① 경정 이하의 경찰공무원을 신규채용할 때에는 1년간 시보로 임용하고, 그 기간이 <u>만료된 다음 날에</u> 정규 경찰공무원으로 임용한다.
② <u>휴직기간</u>, 직위해제기간 및 징계에 의한 정직처분 또는 감봉처분을 받은 기간은 제1항에 따른 시보임용기간에 <u>산입하지 아니한다</u>.
③ O
④ 시보임용기간 중에 있는 경찰공무원이 근무성적 또는 교육훈련 성적이 불량할 때는 <u>면직시키거나 면직을 제청할 수 있다</u>.

정답 ③

101 다음은 경찰공무원 근무관계의 발생, 변동, 소멸에 대한 설명이다. 아래 ㉠부터 ㉢까지의 설명 중 옳고 그름의 표시(O, X)가 바르게 된 것은? 22승진

> ㉠ 경찰공무원법상 자치경찰공무원을 그 계급에 상응하는 경찰공무원으로 임용할 때에는 시보임용을 거친다.
> ㉡ 경찰공무원 승진임용규정상 임용권자나 임용제청권자는 심사승진후보자 명부에 기록된 사람이 승진임용되기 전에 정직이상의 징계처분을 받은 경우에는 심사승진후보자 명부에서 그 사람을 제외하여야 한다.
> ㉢ 국가공무원법상 임용권자는 금품비위, 성범죄 등 대통령령으로 정하는 비위행위로 인하여 감사원 및 검찰 경찰등수사기관에서 조사나 수사 중인 자로서 비위의 정도가 중대하고 이로 인하여 정상적인 업무수행을 기대하기 현저히 어려운 자는 직위해제할 수 있다.
> ㉣ 경찰공무원법상 임용권자는 경찰공무원이 경찰공무원으로는 부적합할 정도로 직무수행능력이나 성실성이 현저하게 결여된 사람으로서 대통령령으로 정하는 사유에 해당된다고 인정되는 사람을 직권으로 면직시킬 수 있다.

① ㉠(X) ㉡(O) ㉢(X) ㉣(O)
② ㉠(O) ㉡(X) ㉢(O) ㉣(O)
③ ㉠(X) ㉡(O) ㉢(O) ㉣(O)
④ ㉠(X) ㉡(O) ㉢(O) ㉣(X)

해설

㉠ 경찰공무원법상 자치경찰공무원을 그 계급에 상응하는 경찰공무원으로 임용할 때에는 **시보임용을 거치지 아니한다**.

> 제13조(시보임용) ① 경정 이하의 경찰공무원을 신규 채용할 때에는 1년간 시보(試補)로 임용하고, 그 기간이 만료된 다음 날에 정규 경찰공무원으로 임용한다.
> ② 휴직기간, 직위해제기간 및 징계에 의한 정직처분 또는 감봉처분을 받은 기간은 제1항에 따른 시보임용기간에 산입하지 아니한다.
> ③ 시보임용기간 중에 있는 경찰공무원이 근무성적 또는 교육훈련성적이 불량할 때에는 「국가공무원법」 제68조 및 이 법 제28조에도 불구하고 면직시키거나 면직을 제청할 수 있다.
> ④ 다음 각 호의 어느 하나에 해당하는 경우에는 **시보임용을 거치지 아니한다**.
>   1. 경찰대학을 졸업한 사람 또는 경찰간부후보생으로서 정하여진 교육을 마친 사람을 경위로 임용하는 경우
>   2. 경찰공무원으로서 대통령령으로 정하는 상위계급으로의 승진에 필요한 자격 요건을 갖추고 임용예정 계급에 상응하는 공개경쟁 채용시험에 합격한 사람을 해당 계급의 경찰공무원으로 임용하는 경우
>   3. 퇴직한 경찰공무원으로서 퇴직 시에 재직하였던 계급의 채용시험에 합격한 사람을 재임용하는 경우
>   4. 자치경찰공무원을 그 계급에 상응하는 경찰공무원으로 임용하는 경우

정답 ③

102 「경찰공무원 승진임용 규정」상 승진에 관한 설명 중 가장 적절하지 않은 것은?

22순경1차

① 경찰공무원의 승진임용은 심사승진임용·시험승진임용 및 특별승진임용으로 구분한다.
② 「경찰공무원 승진임용 규정」제6조 제1항 제2호에 따르면 소극행정으로 감봉에 해당하는 징계처분을 받은 경찰공무원은 징계처분의 집행이 끝난 날부터 18개월이 지나지 아니하면 심사승진임용될 수 없다.
③ 임용권자나 임용제청권자는 시험승진후보자 명부에 기록된 사람이 승진임용되기 전에 감봉 이상의 징계처분을 받은 경우에는 시험승진후보자 명부에서 그 사람을 제외하여야 한다.
④ 총경 이하의 경찰공무원에 대해서는 매년 근무성적을 평정하여야 하나 휴직 직위해제 등의 사유로 해당 연도의 평정기관에서 6개월 이상 근무하지 아니한 경찰공무원에 대해서는 근무성적을 평정하지 아니한다.

해설

② (○) 「경찰공무원 승진임용 규정」제6조 ① 다음 각 호의 어느 하나에 해당하는 경찰공무원은 승진임용될 수 없다.
1. 징계의결 요구, 징계처분, 직위해제, 휴직(「공무원 재해보상법」에 따른 공무상 질병 또는 부상으로 인하여 「국가공무원법」제71조 제1항 제1호에 따라 휴직한 사람을 제37조 제1항 제4호 또는 같은 조 제2항에 따라 특별승진임용하는 경우는 제외한다) 또는 시보임용 기간 중에 있는 사람
2. 징계처분의 집행이 끝난 날부터 다음 각 목의 구분에 따른 기간(「국가공무원법」제78조의2 제1항 각 호의 어느 하나에 해당하는 사유로 인한 징계처분과 <u>소극행정</u>, 음주운전(음주측정에 응하지 않은 경우를 포함한다), 성폭력, 성희롱 및 성매매에 따른 징계처분의 경우에는 <u>각각 6개월을 더한 기간</u>)이 지나지 않은 사람
  가. 강등·정직 : 18개월
  나. 감봉 : <u>12개월</u>
  다. 견책 : 6개월
③ (×) 임용권자나 임용제청권자는 심사승진후보자 명부에 기록된 사람이 승진임용되기 전에 <u>정직 이상</u>의 징계처분을 받은 경우에는 심사승진후보자 명부에서 그 사람을 제외하여야 한다(「경찰공무원 승진임용 규정」제24조 제3항).

정답 ③

103 「경찰공무원법」상 시보임용에 대한 설명 중 가장 적절하지 않은 것은? 13순경2차

① 경정 이하의 경찰공무원을 신규채용할 때에는 1년간 시보로 임용하고, 그 기간이 만료된 날에 정규 경찰공무원으로 임용한다.
② 휴직기간, 직위해제기간 및 징계에 의한 정직처분 또는 감봉처분을 받은 기간은 시보임용기간에 산입하지 아니한다.
③ 경찰대학을 졸업한 사람 또는 경찰간부후보생으로서 정하여진 교육을 마친 사람을 경위로 임용하는 경우에는 시보임용을 거치지 아니한다.
④ 자치경찰공무원을 그 계급에 상응하는 경찰공무원으로 임용하는 경우에는 시보임용을 거치지 아니한다.

해설

① 경정 이하의 경찰공무원을 신규채용할 때에는 1년간 시보(試補)로 임용하고, 그 기간이 **만료된 다음 날에** 정규 경찰공무원으로 임용한다(경찰공무원법 제13조①).

▶ "다음날" 사항들 (사시/선정범)

사망으로 인한 면직, 시보 정규임용, 대통령 선거기간, 정보공개 결정기간 연장, 범칙금 추가납부기간

정답 ①

104 「경찰공무원법」상 시보임용 면제대상으로 가장 적절하지 않은 것은? 16승진

① 자치경찰공무원을 그 계급에 상응하는 경찰공무원으로 임용하는 경우
② 경찰대학을 졸업한 사람 또는 경찰간부후보생으로서 정하여진 교육을 마친 사람을 경위로 임용하는 경우
③ 퇴직한 경찰공무원으로서 퇴직 시에 재직하였던 계급의 채용시험에 합격한 사람을 재임용하는 경우
④ 교육훈련성적이 만점의 60퍼센트 이상인 자를 임용하는 경우

해설

④ 교육훈련성적이 만점의 60퍼센트 미만인 경우 **시보임용자의 면직사유**에 해당한다.

「경찰공무원 임용령」 제20조(시보임용경찰공무원) ①임용권자 또는 임용제청권자는 시보임용 기간 중에 있는 경찰공무원(이하 "시보임용경찰공무원"이라 한다)의 근무사항을 항상 지도·감독하여야 한다.
② 임용권자 또는 임용제청권자는 시보임용경찰공무원이 다음 각 호의 어느 하나에 해당하여 정규 경찰공무원으로 임용하는 것이 부적당하다고 인정되는 경우에는 제3항에 따른 **정규임용심사위원회의 심사를 거쳐** 해당 시보임용경찰공무원을 **면직시키거나 면직을 제청할 수 있다.**
 1. 징계사유에 해당하는 경우
 2. 제21조 제1항에 따른 **교육훈련성적이 만점의 60퍼센트 미만**이거나 생활기록이 극히 불량한 경우
 3. 「경찰공무원 승진임용 규정」 제7조 제2항에 따른 제2 평정 요소의 **평정점이 만점의 50퍼센트 미만인 경우**

정답 ④

105 경찰의 대우공무원제도에 대한 다음 설명 중 **틀린** 것을 모두 고른 것은?   16경간

> ㉠ 대우공무원에게는 「공무원수당 등에 관한 규정」에서 정하는 바에 따라 수당을 지급할 수 있다.
> ㉡ 대우공무원은 총경 이하의 경찰공무원으로서 해당 계급에서 5년 이상 근무한 사람을 대상으로 선발한다.
> ㉢ 징계 또는 직위해제 처분을 받은 경우 대우공무원 수당을 감액하여 지급하나, 휴직한 경우에는 지급하지 아니한다.
> ㉣ 대우공무원이 상위계급으로 승진임용되거나 강등되는 경우 그 해당일에 대우공무원의 자격은 별도 조치 없이 당연히 상실된다.
> ㉤ 임용권자나 임용제청권자는 매월 말 5일 전까지 대우공무원 발령일을 기준으로 대우공무원 선발요건을 충족하는 대상자를 결정하여야 하고, 그 다음 달 1일에 일괄하여 대우공무원으로 발령하여야 한다.

① ㉠, ㉡   ② ㉡, ㉢   ③ ㉢, ㉣   ④ ㉡, ㉤

해설

㉡ 대우공무원은 총경 이하의 경찰공무원으로서 해당 계급에서 **총경·경정은 7년 이상, 경감이하는 5년 이상** 근무한 사람을 대상으로 선발한다.
㉢ 징계 또는 직위해제 처분을 받거나 휴직하여도 대우공무원 수당을 **감액하여 지급한다**.

정답 ②

106 경찰공무원의 근무성적평정에 대한 내용 중 옳지 **않은** 것은 모두 몇 개인가?   21경간

> 가. 총경 이하의 경찰공무원에 대해서는 매년 근무성적을 평정 하여야 하며, 근무성적 평정의 결과는 승진 등 인사관리에 반영하여야 한다.
> 나. 근무성적 평정 시 제2평정(주관)요소들에 대한 평정은 수(20%), 우(40%), 양(30%), 가(10%)의 분포비율에 맞도록 하여야 한다.
> 다. 근무성적평정 결과는 공개한다. 다만, 경찰청장은 근무성적평정이 완료되기 전이라도 필요하면 평정 대상 경찰공무원에게 해당 근무성적 평정 예측결과를 통보할 수 있다.
> 라. 정기평정 이후에 신규채용되거나 승진임용된 경찰공무원에 대해서는 3개월이 지난 후부터 근무성적을 평정하여야 한다.
> 마. 근무성적 평정은 연 1회 실시하며, 근무성적 평정자는 3명으로 한다.

① 2개   ② 3개   ③ 4개   ④ 5개

> **[해설]**
> 다. 근무성적 평정 결과는 공개하지 아니한다. 다만, 경찰청장은 근무성적 평정이 완료되면 평정 대상 경찰공무원에게 해당 근무성적 평정 결과를 통보할 수 있다.
> 라. 정기평정 이후에 신규채용되거나 승진임용된 경찰공무원에 대해서는 2개월이 지난 후부터 근무성적을 평정하여야 한다.
>
> **정답 ①**

107 「국가공무원법」상 휴직사유와 휴직기간을 연결한 것 중 옳지 않은 것은 모두 몇 개인가? _{19경간}

> 가. 천재지변이나 전시·사변, 그 밖의 사유로 생사 또는 소재가 불명확하게 된 때 - 1개월 이내
> 나. 국제기구, 외국 기관, 국내외의 대학·연구기관, 다른 국가기관 또는 대통령령으로 정하는 민간기업, 그 밖의 기관에 임시로 채용될 때 - 채용기간(단, 민간기업이나 그 밖의 기관에 채용되면 2년 이내로 한다)
> 다. 국외 유학을 하게 된 때 - 2년 이내(부득이한 경우에는 2년의 범위에서 연장가능)
> 라. 중앙인사관장기관의 장이 지정하는 연구기관이나 교육기관 등에서 연수하게 된 때 - 2년 이내
> 마. 외국에서 근무·유학 또는 연수하게 되는 배우자를 동반하게 된 때 - 3년 이내(부득이한 경우에는 3년의 범위에서 연장 가능)
> 바. 대통령령 등으로 정하는 기간 동안 재직한 공무원이 직무관련 연구과제 수행 또는 자기개발을 위하여 학습·연구 등을 하게 된 때 - 1년 이내

① 1개   ② 2개   ③ 3개   ④ 4개

> **[해설]**
> 가. 천재지변이나 전시·사변, 그 밖의 사유로 생사 또는 소재가 불명확하게 된 때 - **3개월 이내** (단, 경찰공무원의 경우에는 "법원의 실종선고를 받는 날까지"로 경찰공무원법에서 규정) → 위 문제는 국가공무원법 규정만으로 만든 문제임
> 나. 민간기업이나 그 밖의 기관에 채용되면 **3년 이내**로 한다
> 다. 국외 유학을 하게 된 때 - **3년 이내**(부득이한 경우에는 2년의 범위에서 연장가능)
> 라. O
> 마. 외국에서 근무·유학 또는 연수하게 되는 배우자를 동반하게 된 때 - 3년 이내(부득이한 경우에는 **2년의 범위에서** 연장 가능)
> 바. O
>
> **정답 ④**

108 「국가공무원법」상 휴직 사유와 휴직 기간에 대한 설명으로 가장 적절하지 않은 것은? 19승진

① 중앙인사관장기관의 장이 지정하는 연구기관이나 교육기관 등에서 연수하게 될 때 휴직 기간은 3년 이내로 한다.
② 병역법에 따른 병역 복무를 마치기 위하여 징집 또는 소집된 때 휴직 기간은 그 복무 기간이 끝날 때까지로 한다.
③ 만 8세 이하 또는 초등학교 2학년 이하의 자녀를 양육하기 위하여 필요하거나 여성공무원이 임신 또는 출산하게 된 때 휴직 기간은 자녀 1명에 대하여 3년 이내로 한다.
④ 외국에서 근무 유학 또는 연수하게 되는 배우자를 동반하게 된 때 휴직 기간은 3년 이내로 하되, 부득이한 경우에는 2년의 범위에서 연장할 수 있다.

해설

① 연수에 따른 휴직 기간은 <u>2년 이내로</u> 한다. (국외 유학을 하게 된 때의 휴직 기간은 3년 이내로 하되, 부득이한 경우에는 2년의 범위에서 연장할 수 있다)

제72조(휴직 기간) 휴직 기간은 다음과 같다.
1. 제71조 제1항 제1호(신체·정신상의 장애로 <u>장기요양</u>이 필요할 때)에 따른 휴직기간은 <u>1년 이내</u>로 하되, 부득이한 경우 <u>1년의 범위에서 연장할 수 있다</u>. 다만, 다음 각 목의 어느 하나에 해당하는 <u>공무상 질병 또는 부상으로 인한 휴직기간은 3년 이내</u>로 한다.
   가. 「공무원 재해보상법」 제22조 제1항에 따른 요양급여 지급 대상 부상 또는 질병
   나. 「산업재해보상보험법」 제40조에 따른 요양급여 결정 대상 질병 또는 부상
2. 제71조 제1항 제3호(병역)와 제5호(그밖에 법률의 규정에 따른 의무를 수행)에 따른 휴직 기간은 그 복무 기간이 끝날 때까지로 한다.
3. 제71조 제1항 제4호(천재지변이나 전시·사변, 그 밖의 사유로 생사 또는 <u>소재가 불명확</u>하게 된 때)에 따른 휴직 기간은 <u>3개월 이내로</u> 한다.
4. 제71조 제2항 제1호(국제기구, 외국기관, 국내외 대학·연구기관, 다른 국가기관 또는 민간기업 등 임시채용)에 따른 휴직 기간은 그 채용 기간으로 한다. 다만, <u>민간기업이나 그 밖의 기관에 채용되면 3년 이내로</u> 한다.
5. 제71조 제2항 제2호(<u>국외유학</u>)와 제6호(<u>배우자동반외국연수</u>)에 따른 휴직 기간은 <u>3년 이내로</u> 하되, 부득이한 경우에는 <u>2년의 범위에서 연장할 수 있다</u>.
6. 제71조 제2항 제3호(<u>연수</u>)에 따른 휴직 기간은 <u>2년 이내로</u> 한다.
7. 제71조 제2항 제4호(<u>양육·임신·출산</u>)에 따른 휴직 기간은 <u>자녀 1명에 대하여 3년 이내로</u> 한다.
8. 제71조 제2항 제5호(<u>간호</u>)에 따른 휴직 기간은 <u>1년 이내로</u> 하되, <u>재직 기간 중 총 3년을 넘을 수 없다</u>.
9. 제71조 제1항 제6호(공무원노조의전임자)에 따른 휴직 기간은 그 전임 기간으로 한다.
10. 제71조 제2항 제7호(<u>자기개발</u>)에 따른 휴직 기간은 <u>1년 이내로</u> 한다.

정답 ①

109 「국가공무원법」상 휴직사유와 휴직기간을 연결한 것으로 가장 적절하지 <u>않은</u> 것은? 18승진

① 「병역법」에 따른 병역 복무를 마치기 위하여 징집 또는 소집된 때 – 그 복무기간이 끝날 때까지
② 국외 유학을 하게 된 때 – 3년 이내(다만, 부득이한 경우에는 2년의 범위에서 연장할 수 있다)
③ 중앙인사관장기관의 장이 지정하는 연구기관이나 교육기관 등에서 연수하게 된 때 – 2년 이내
④ 대통령령 등으로 정하는 기간 동안 재직한 공무원이 직무 관련 연구과제 수행 또는 자기개발을 위하여 학습·연구 등을 하게 된 때 – 2년 이내

해설
④ 대통령령 등으로 정하는 기간(**5년**) 동안 재직한 공무원이 직무 관련 연구과제 수행 또는 자기개발을 위하여 학습·연구 등을 하게 된 때는 **1년 이내** 의원휴직이 가능하다.

정답 ④

110 「국가공무원법」상 직권휴직 사유로 가장 적절하지 <u>않은</u> 것은? 16승진

① 신체·정신상의 장애로 장기 요양이 필요할 때
② 「병역법」에 따른 병역 복무를 마치기 위하여 징집 또는 소집된 때
③ 천재지변이나 전시·사변, 그 밖의 사유로 생사 또는 소재가 불명확하게 된 때
④ 형사사건으로 기소된 자(약식명령이 청구된 자는 제외한다)

해설
④ 형사사건으로 기소된 자(약식명령이 청구된 자는 제외한다)는 **직위해제 사유**이다.

정답 ④

111 다음 중 직권휴직 사유는 모두 몇 개인가?

15경간

가. 직무수행 능력이 부족하거나 근무성적이 극히 나쁜 자(3개월 범위 내)
나. 국제기구 등 임시채용
다. 병역 징집·소집
라. 파면·해임·강등 또는 정직에 해당하는 징계 의결이 요구 중인 자
마. 형사 사건으로 기소된 자(약식명령 제외)
바. 신체·정신상 장애로 장기요양
사. 연구기관·교육기관 연수
아. 장기요양 부모 등 간호
자. 노동조합 전임자 종사
차. 외국 근무·유학·연수하는 배우자 동반

① 3개   ② 4개   ③ 5개   ④ 6개

해설

직위해제	가, 라, 마
직권휴직	다, 바, 자 ※**노병소요법**(**노**조전임자, **병**역복무, **소**재불명확, 장기**요**양, **법**률규정에따른의무수행)
의원휴직	나, 사, 아, 차

정답 ①

112 「국가공무원법」상 휴직에 대한 설명으로 가장 적절하지 않은 것은?

20승진

① 공무원이 천재지변이나 전시·사변, 그 밖의 사유로 생사 또는 소재가 불명확하게 된 때의 휴직기간은 3개월 이내로 한다.
② 공무원이 국외 유학을 하게 될 때 휴직을 원하면 임용권자는 휴직을 명할 수 있으며, 휴직기간은 3년 이내로 하되, 부득이한 경우에는 2년의 범위에서 연장할 수 있다.
③ 휴직 기간 중 그 사유가 없어지면 지체 없이 임용권자 또는 임용제청권자에게 신고하여야 하며, 임용권자는 30일 이내에 복직을 명하여야 한다.
④ 대통령령등으로 정하는 기간 동안 재직한 공무원이 직무 관련 연구과제 수행 또는 자기개발을 위하여 학습·연구 등을 하게 될 때 휴직 기간은 1년 이내로 한다.

해설

① 참고로, 소재 불명확 사유의 휴직기간은 공무원의 경우 "3개월 이내"이지만(국가공무원법 제71조), 경찰공무원의 경우에는 "법원의 실종선고를 받는 날까지"로 규정하고 있다(경찰공무원법 제29조).
③ 휴직 기간 중 그 사유가 없어지면 **30일 이내에** 임용권자 또는 임용제청권자에게 신고하여야 하며, 임용권자는 **지체 없이** 복직을 명하여야 한다.

정답 ③

113. 경찰공무원의 임용에 대한 설명으로 가장 적절하지 않은 것은? 〈22승진〉

① 경찰공무원 임용령상 시·도경찰청장 및 경찰서장은 지구대장 및 파출소장을 보직하는 경우에는 시·도자치경찰위원회의 의견을 사전에 들어야 한다.
② 국가공무원법상 임용권자는 공무원이 중앙인사관장기관의 장이 지정하는 연구기관이나 교육기관 등에서 연수하게 될 때에는 공무원의 의사에도 불구하고 휴직을 명하여야 한다.
③ 경찰공무원 임용령상 임용권자 또는 임용제청권자는 경찰공무원을 신규채용 할 때에 경과를 부여해야 한다.
④ 경찰공무원법상 총경 이상 경찰공무원은 경찰청장 또는 해양경찰청장의 추천을 받아 행정안전부장관 또는 해양수산부장관의 제청으로 국무총리를 거쳐 대통령이 임용한다. 다만, 총경의 전보, 휴직, 직위해제, 강등, 정직 및 복직은 경찰청장 또는 해양경찰청장이 한다.

해설

② "중앙인사관장기관의 장이 지정하는 연구기관이나 교육기관 등에서 연수하게 된 때"는 **의원휴직 사유**로, 공무원이 **휴직을 원하면 휴직을 명할 수 있다**.

직권 휴직	공무원이 다음에 해당하면 임용권자는 본인의 의사에도 불구하고 **휴직을 명하여야 한다**. (노병소요법) ㉠ 신체·정신상의 장애로 장기 요양이 필요할 때 – 1년 이내(부득이한 경우 1년 범위에서 연장가능), 공무상 질병 또는 부상으로 인한 휴직기간은 3년 이내(대통령령등에 따라 2년범위 연장가능) ㉡ **병역** 복무를 마치기 위하여 징집 또는 소집된 때 – 복무기간 ㉢ 천재지변이나 전시·사변, 그 밖의 사유로 생사 또는 **소재**가 불명확하게 된 때 – 3개월 이내(경찰공무원은 "법원의 실종선고를 받는 날까지") ㉣ 그 밖에 **법률**의 규정에 따른 의무를 수행하기 위하여 직무를 이탈하게 된 때 – 복무기간 ㉤ 공무원**노**동조합 전임자로 종사하게 된 때 – 전임기간

의원
휴직
	임용권자는 공무원이 다음에 해당하는 사유로 휴직을 **원하면 휴직을 명할 수 있다**.
	다만, ㉣의 경우에는 대통령령으로 정하는 특별한 사정이 없으면 휴직을 명하여야 한다.
	㉠ 국제기구, 외국기관, 국내외의 대학·연구기관, 다른 국가기관 또는 대통령령이 정하는 민간기업, 그 밖의 기관에 임시로 채용될 때
	  – 채용기간(민간기업이나 그 밖의 기관에 채용되면 3년 이내)
	㉡ 국외 유학을 하게 된 때 – 3년 이내(부득이한 경우에는 2년의 범위에서 연장가능)
	㉢ 중앙인사관장기관의 장이 지정하는 연구기관이나 교육기관 등에서 연수하게 된 때
	  – 2년 이내
	㉣ 만 8세 이하 또는 초등학교 2학년 이하의 자녀를 양육하기 위하여 필요하거나 여성공무원이 임신 또는 출산하게 된 때 – 자녀 1명에 대하여 3년 이내
	㉤ 사고나 질병 등으로 장기간 요양이 필요한 조부모, 부모(배우자의 부모를 포함한다), 배우자, 자녀 또는 손자녀를 간호하기 위하여 필요한 때
	  – 1년 이내로 하되, 재직 기간 중 총 3년을 넘을 수 없다.
	㉥ 외국에서 근무·유학 또는 연수하게 되는 배우자를 동반하게 된 때 – 3년 이내(부득이한 경우에는 2년의 범위에서 연장가능)
	㉦ 대통령령 등으로 정하는 기간(5년 이상) 동안 재직한 공무원이 직무 관련 연구과제 수행 또는 자기개발을 위하여 학습·연구 등을 하게 된 때 – 1년 이내

정답 ②

114 직위해제에 관한 설명으로 가장 적절하지 않은 것은?
16승진

① 직위해제는 휴직과는 달리 제재적 성격을 가지는 보직의 해제이며 복직이 보장되지 않는다.
② 직위가 해제되면 직무에는 종사하지 못하나 출근의무는 있다.
③ 직위해제사유가 소멸한 때에는 임용권자는 지체 없이 직위를 부여하여야 한다.
④ 직무수행능력이 부족하거나 근무성적이 극히 나쁜 경우 3개월 범위 내에서 직위해제가 가능하다.

해설

② 직위가 해제되면 직무에는 종사하지 못하므로 **출근의무는 없다**.

▶ 직위해제

의 의	⊙ 휴직과는 달리 제재적 성격을 가진 보직해제(복직 보장되지 않음) ⓒ 징계는 아니므로 징계처분과 병과 가능한 재량적 처분(의무적 직위해제 없음)
사 유 (수능중기/ 적격)	다음 해당하는 자에게는 **직위를 부여하지 아니할 수 있다**. 1. 직무수행 능력이 부족하거나 근무성적이 극히 나쁜 자 2. 파면·해임·강등 또는 정직(중징계)에 해당하는 징계 의결이 요구 중인 자 3. 형사 사건으로 기소된 자(약식명령이 청구된 자는 제외) 4. 고위공무원단에 속하는 일반직공무원으로서 일정한 사유로 적격심사를 요구받은 자 5. 금품비위, 성범죄 등 대통령령으로 정하는 비위행위로 인하여 감사원 및 검찰·경찰 등 수사기관에서 조사나 수사 중인 자로서 비위의 정도가 중대하고 이로 인하여 정상적인 업무수행을 기대하기 현저히 어려운 자
효 과	⊙ 직무에 종사하지 못하고 **출근의무도 없음** ⓒ 직위해제의 **사유가 소멸한 때에는 지체없이 직위를 부여하여야 한다**. ⓒ 직위해제 기간은 시보기간/승진소요최저연수에서 제외 　- 예외적 산입1 : 2호(중징계의결요구)에 대하여 징계위원회가 징계하지 아니하기로 의결한 경우와 해당 징계처분이 소청심사위원회의 결정 또는 법원의 판결에 따라 무효 또는 취소로 확정된 경우 　- 예외적 산입2 : 3호(기소) 사유가 된 형사사건이 법원의 판결에 따라 무죄로 확정된 경우 ⓔ 직위해제된 사람에게는 봉급의 일부를 지급한다. 　- 능력부족 사유 : 봉급의 80% 지급 　- 일반직공무원으로서 적격심사 요구받은 자 : 70%(3개월 지난 후 40%) 　- 나머지 사유 : 50%(3개월 지난 후 30%)

정답 ②

115 직위해제에 대한 설명으로 가장 적절하지 않은 것은? 21승진

① 직위해제는 휴직과 달리 제재적 성격을 가지는 보직의 해제이다.
② 직무수행능력이 부족하여 직위해제를 한 경우 대기명령 기간 중 근무성적의 향상을 기대하기 어렵다고 인정될 때에는 징계위원회의 동의를 얻어 임용권자가 직권면직시킬 수 있다.
③ 직위해제 기간은 원칙적으로 승진소요 최저근무연수에 포함되지 않으나, 파면·해임·강등 또는 정직에 해당하는 징계 의결 요구로 직위해제된 사람에 대하여 관할 징계위원회가 징계하지 아니하기로 의결한 경우 등은 승진소요 최저근무연수에 포함된다.
④ 「국가공무원법」 제73조의3 제1항 제5호(고위공무원단에 속하는 일반직공무원으로서 제70조의2 제1항 제2호부터 제5호까지의 사유로 적격심사를 요구받은 자)에 따라 직위해제된 사람이 직위해제일부터 3개월이 지나도 직위를 부여받지 못한 경우에는 그 3개월이 지난 후의 기간 중에는 봉급의 50퍼센트를 지급한다.

해설

④ 고위공무원단에 속하는 일반직공무원으로서 제70조의2 제1항 제2호부터 제5호까지의 사유로 적격심사를 요구받은 자는 봉급의 70퍼센트를 지급한다. 다만, 직위해제일부터 3개월이 지나도 직위를 부여받지 못한 경우에는 그 3개월이 지난 후의 기간 중에는 봉급의 **40퍼센트**를 지급한다.

정답 ④

116 「국가공무원법」상 직위해제에 대한 설명으로 가장 적절한 것은? 21순경1차

① 임용권자는 형사사건으로 기소된 자(약식명령이 청구된 자를 포함한다)에게 직위를 부여하지 아니할 수 있다.
② 임용권자는 신체·정신상의 장애로 장기 요양이 필요한 자에게 직위를 부여하지 아니할 수 있다.
③ 임용권자는 직무수행 능력이 부족하거나 근무성적이 극히 나빠 직위해제된 자에게 3개월의 범위에서 대기를 명한다.
④ 「국가공무원법」 제73조의3 제1항에 따라 직위를 부여하지 아니한 경우에 그 직위해제 사유가 소멸되면 임용권자는 직위를 부여할 수 있다.

해설

① 형사 사건으로 기소된 자(**약식명령이 청구된 자는 제외한다**)에게 직위를 부여하지 아니할 수 있다.
② 신체·정신상의 장애로 장기 요양이 필요한 자는 **직권휴직 사유**에 해당한다.
③ O
④ 「국가공무원법」 제73조의3 제1항에 따라 직위를 부여하지 아니한 경우에 그 직위해제 사유가 소멸되면 임용권자는 **지체없이 직위를 부여하여야 한다**.

정답 ③

117 「국가공무원법」상 직위해제의 사유로 가장 적절하지 않은 것은? 15승진

① 국제기구 등에 임시 채용 되었을 때
② 파면·해임·강등 또는 정직에 해당하는 징계의결이 요구 중인 자
③ 형사사건으로 기소된 자(약식명령이 청구된 자 제외)
④ 직무수행 능력이 부족하거나 근무성적이 극히 나쁜 자

해설

①은 의원휴직 사유이다.

정답 ①

---

118 「국가공무원법」상 직위해제에 대한 설명 중 가장 적절하지 않은 것은? 20승진

① 임용권자는 직무수행 능력이 부족하거나 근무성적이 극히 나쁜 사유로 직위해제된 자에게 3개월 범위에서 대기를 명한다.
② 파면·해임·강등·정직 또는 감봉에 해당하는 징계 의결이 요구 중인 자는 직위해제 대상이다.
③ 직위해제 사유가 소멸한 때에는 임용권자는 지체 없이 직위를 부여하여야 한다.
④ 직위해제는 휴직과 달리 제재적 성격을 가지는 보직의 해제이며 복직이 보장되지 않는다.

해설

② 파면·해임·강등·정직에 해당하는 징계 의결이 요구 중인 자는 직위해제 대상이다. ※ 중징계 의결요구만 직위해제 사유에 해당하고, 경징계는 해당하지 않음

정답 ②

---

119 다음 중 「국가공무원법」상 직위해제의 사유는 모두 몇 개인가? 15순경2차

┌───┐
│ ㉠ 직무수행 능력이 부족하거나 근무성적이 극히 나쁜 자
│ ㉡ 휴직 기간이 끝나거나 휴직 사유가 소멸된 후에도 직무에 복귀하지 아니하거나 직무를 감당할 수 없을 때
│ ㉢ 형사 사건으로 기소된 자(약식명령이 청구된 자는 제외한다)
│ ㉣ 파면·해임·강등 또는 정직에 해당하는 징계 의결이 요구 중인 자
│ ㉤ 직제와 정원의 개폐 또는 예산의 감소 등에 따라 폐직 또는 과원이 되었을 때
└───┘

① 2개　　② 3개　　③ 4개　　④ 5개

해설

「국가공무원법」상 직위해제의 사유에 해당하는 것은 ㉠㉢㉣이고, ㉡㉤은 직권면직 사유에 해당한다.

정답 ②

120 다음 설명 중 틀린 것은 모두 몇 개인가? (다툼이 있는 경우 판례에 의함) 13경간

> ㉠ 직권휴직 사유로는 신체·정신상의 장애로 장기 요양이 필요할 때, 병역법에 따른 병역 복무를 마치기 위하여 징집 또는 소집된 때, 직무수행 능력이 부족하거나 근무성적이 극히 나쁜 자인 경우이다.
> ㉡ "직무수행능력이 부족하거나 근무성적이 극히 나쁜 자인 경우"의 사유로 직위해제된 자에게는 봉급의 70%를 지급한다.
> ㉢ 직위해제된 자가 별도의 징계처분을 받지 않으면 그 기간은 승진소요 최저근무연수에 산입된다.
> ㉣ 직위해제는 징벌적 제재인 징계와는 그 성질을 달리하는 것이어서, 동일한 사유를 이유로 직위해제 후 징계 또는 징계 후 직위해제를 하더라도 일사부재리의 원칙이나 이중처벌 금지의 원칙에 위배되는 것은 아니다.

① 0개 ② 1개 ③ 2개 ④ 3개

해설
㉠ 직무수행 능력이 부족하거나 근무성적이 극히 나쁜 자는 **직위해제 사유**이다.
㉡ 능력부족 사유로 직위해제된 자에게는 **봉급의 80%를** 지급한다.
㉢ 직위해제 기간은 시보기간이나 **승진소요 최저근무연수에 산입되지 않는다**.
㉣ O

정답 ④

---

121 「국가공무원법」상 직권휴직과 직위해제 사유를 설명한 것이다. 아래 ㉠부터 ㉥까지의 설명 중 직권휴직 사유를 모두 고른 것은? 17승진

> ㉠ 직무수행 능력이 부족하거나 근무성적이 극히 나쁜 자
> ㉡ 파면·해임·강등 또는 정직에 해당하는 징계 의결이 요구 중인 자
> ㉢ 신체·정신상의 장애로 장기 요양이 필요할 때
> ㉣ 「병역법」에 따른 병역 복무를 마치기 위하여 징집 또는 소집된 때
> ㉤ 형사사건으로 기소된 자(약식명령이 청구된 자 제외)
> ㉥ 천재지변이나 전시·사변, 그 밖의 사유로 생사 또는 소재가 불명확하게 된 때

① ㉠, ㉡, ㉤ ② ㉠, ㉢, ㉣ ③ ㉢, ㉣, ㉥ ④ ㉢, ㉤, ㉥

해설
③ 직권휴직사유 : ㉢,㉣,㉥, 직위해제사유(수능중기/적격) : ㉠, ㉡, ㉤

정답 ③

122 경찰공무원의 직권면직 사유 가운데, 직권면직 처분을 위해서 징계위원회의 동의가 필요한 경우가 <u>아닌</u> 것은?

19승진

① 휴직기간이 끝나거나 휴직사유가 소멸된 후에도 직무에 복귀하지 아니하거나 직무를 감당할 수 없을 때
② 경찰공무원으로서 부적합할 정도로 직무 수행능력 또는 성실성이 현저하게 결여된 사람으로서 대통령령이 정하는 사유에 해당한다고 인정될 때
③ 국가공무원법 제73조의3 제3항에 따라 대기 명령을 받은 자가 그 기간에 능력 또는 근무성적의 향상을 기대하기 어렵다고 인정된 때
④ 직무를 수행하는 데에 위험을 일으킬 우려가 있을 정도의 성격적 또는 도덕적 결함이 있는 사람으로서 대통령령이 정하는 사유에 해당한다고 인정될 때

해설

①은 징계위원회의 동의를 요하지 않으나, ②,③,④ 징계위원회의 동의를 요한다.
(폐휴자 불필요 - 폐직·과원, 휴직미복귀, 자격증상실)

징계위원회 동의 필요	1. 직위해제되어 대기명령을 받은 자가 그 기간 중 능력 또는 근무성적의 향상을 기대하기 어렵다고 인정된 때 2. 경찰공무원으로는 부적합할 정도로 직무 수행능력이나 성실성이 현저하게 결여된 사람으로서 대통령령으로 정하는 사유에 해당된다고 인정될 때 　㉠ 지능저하 또는 판단력 부족으로 경찰업무를 감당할 수 없는 경우 　㉡ 책임감의 결여로 직무수행에 성의가 없고 위험한 직무를 고의로 기피하거나 포기하는 경우 3. 직무를 수행하는 데에 위험을 일으킬 우려가 있을 정도의 성격적 또는 도덕적 결함이 있는 사람으로서 대통령령으로 정하는 사유에 해당된다고 인정될 때 　㉠ 인격장애, 알코올·약물중독 그 밖의 정신장애로 인하여 경찰업무를 감당할 수 없는 경우 　㉡ 사행행위 또는 재산의 낭비로 인한 채무과다, 부정한 이성관계 등 도덕적 결함이 현저하여 타인의 비난을 받는 경우
징계위원회 동의 불요 (폐휴자 불요)	• 직제와 정원의 개폐 또는 예산의 감소 등에 따라 폐직 또는 과원이 되었을 때 • 휴직기간이 끝나거나 휴직사유가 소멸된 후에도 직무에 복귀하지 아니하거나 직무를 감당할 수 없을 때 • 해당 경과에서 직무를 수행하는 데 필요한 자격증의 효력이 상실되거나 면허가 취소되어 담당 직무를 수행할 수 없게 되었을 때

정답 ①

123 다음 직권면직 사유 중 「경찰공무원법」 및 「국가공무원법」상 징계위원회의 동의가 필요한 사유에 해당하지 않는 것은?
16경간

① 직위해제로 인한 대기명령을 받은 자가 그 기간에 능력 또는 근무성적의 향상을 기대하기 어렵다고 인정된 때
② 경찰공무원으로서 부적합할 정도로 직무수행능력 또는 성실성이 현저히 결여된 자로서 대통령령으로 정하는 사유에 해당한다고 인정될 때
③ 휴직 기간이 끝나거나 휴직사유가 소멸된 후에도 직무에 복귀하지 아니하거나 직무를 감당할 수 없을 때
④ 직무수행에 있어서 위험을 일으킬 우려가 있을 정도의 성격 또는 도덕적 결함이 있는 자로서 대통령령으로 정하는 사유에 해당한다고 인정될 때

해설

③ 휴직 기간이 끝나거나 휴직사유가 소멸된 후에도 직무에 복귀하지 아니하거나 직무를 감당할 수 없을 때는 **징계위원회 동의가 필요 없는** 직권면직사유이다.(폐휴자/불필요)

정답 ③

---

124 경찰공무원법상 경찰공무원의 직권면직사유 중 직권면직 처분을 위해 징계위원회의 동의가 필요한 사유로 옳은 것은 모두 몇 개인가?
22순경1차

㉠ 해당 경과에서 직무를 수행하는 데 필요한 자격증의 효력이 상실되거나 면허가 취소되어 담당 직무를 수행할 수 없게 되었을 때
㉡ 직무를 수행하는 데에 위험을 일으킬 우려가 있을 정도의 성격적 또는 도덕적 결함이 있는 사람으로서 대통령령으로 정하는 사유에 해당된다고 인정될 때
㉢ 경찰공무원으로는 부적합할 정도로 직무 수행능력이나 성실성이 현저하게 결여된 사람으로서 대통령령으로 정하는 사유에 해당된다고 인정될 때
㉣ 휴직 기간이 끝나거나 휴직 사유가 소멸된 후에도 직무에 복귀하지 아니하거나 직무를 감당할 수 없을 때

① 1개　　② 2개　　③ 3개　　④ 4개

해설

㉡, ㉢은 징계위원회의 동의가 필요하고, ㉠, ㉣은 동의가 필요 없는 직권면직 사유이다.(폐휴자/불필요)
임용권자는 경찰공무원이 다음 각 호의 어느 하나에 해당될 때에는 직권으로 면직시킬 수 있다. 다만 제1항 제2호·제3호 또는 「국가공무원법」 제70조 제1항 제5호(직위해제 대기명령자가 근무성적 향상을 기대하기 어렵다고 인정된 때)의 사유로 면직시키는 경우에는 제32조에 따른 징계위원회의 **동의를 받아야 한다**.
1. 「국가공무원법」 제70조 제1항 제3호부터 제5호까지의 규정 중 어느 하나에 해당될 때(3호 폐직·과원, 4호 휴직미복귀, 5호 직위해제 대기명령자)

2. 경찰공무원으로는 부적합할 정도로 직무 수행능력이나 성실성이 현저하게 결여된 사람으로서 대통령령으로 정하는 사유에 해당된다고 인정될 때(ⓒ)
3. 직무를 수행하는 데에 위험을 일으킬 우려가 있을 정도의 성격적 또는 도덕적 결함이 있는 사람으로서 대통령령으로 정하는 사유에 해당된다고 인정될 때(ⓒ)
4. 해당 경과에서 직무를 수행하는 데 필요한 자격증의 효력이 상실되거나 면허가 취소되어 담당 직무를 수행할 수 없게 되었을 때

정답 ②

125 경찰공무원의 권리에 관한 설명으로 가장 적절하지 않은 것은?   16승진

① 경찰공무원은 자기가 담당하는 직무를 집행할 권리가 있으며, 이를 방해하면 「형법」상 공무집행방해죄를 구성한다.
② 경찰공무원은 위법·부당하게 권리가 침해된 경우에 소청 기타 행정쟁송을 제기할 수 있다.
③ 경찰공무원이 질병·부상·폐질·사망 또는 재해를 입었을 때에는 본인 또는 그 유족에게 법률이 정하는 바에 따라 적절한 급여를 지급한다.
④ 경찰공무원의 특수한 권리로서 무기의 휴대는 「경찰관 직무집행법」, 무기의 사용은 「경찰공무원법」에 규정되어 있다.

해설

④ 무기의 휴대는 「경찰공무원법」, 무기의 사용은 「경찰관 직무집행법」에 규정되어 있다.

정답 ④

126 경찰공무원의 권익보장제도에 대한 설명으로 적절한 것을 모두 고른 것은?   18승진

㉠ 경찰공무원에 대하여 징계처분을 할 때에는 그 처분권자 또는 처분제청권자는 처분사유를 적은 설명서를 교부하여야 한다.
㉡ 징계처분으로 처분사유 설명서를 받은 경찰공무원이 그 징계처분에 불복할 때에는 그 설명서를 받은 날부터 30일 이내에 소청심사위원회에 이에 대한 심사를 청구할 수 있다.
㉢ 경찰공무원의 권리구제 범위 확대를 위해 징계처분 등 불리한 처분을 받았을 때 소청심사 청구와 행정소송 제기 중 하나를 선택하는 것이 가능하다.
㉣ 소청심사위원회는 심사 중 다른 비위사실이 발견되는 등 특단의 사정이 없는 한 원징계처분보다 중한 징계를 부과하는 결정을 할 수 없다.

① ㉠, ㉡   ② ㉠, ㉢   ③ ㉡, ㉣   ④ ㉢, ㉣

> **해설**
>
> ⓒ 「국가공무원법」 제75조에 따른 처분, 그 밖에 본인의 의사에 반한 불리한 처분이나 부작위에 관한 **행정소송은 소청심사위원회의 심사·결정을 거치지 아니하면 제기할 수 없다.**
> ⓓ 소청심사위원회가 징계처분등을 받은 자의 청구에 따라 소청을 심사할 경우에는 **원징계처분보다 무거운 징계** 또는 원징계부가금 부과처분보다 무거운 징계부가금을 부과하는 **결정을 하지 못한다.**
>
> 정답 ①

127 경찰공무원의 권리와 의무에 대한 설명으로 가장 적절하지 않은 것은? 22승진

① 경찰공무원법상 모든 계급의 경찰공무원은 형의 선고, 징계처분 또는 국가공무원법 및 경찰공무원법에 정하는 사유에 따르지 아니하고는 본인의 의사에 반하여 휴직 강임 또는 면직을 당하지 아니한다.

② 경찰공무원 복무규정상 경찰공무원은 직위 또는 직권을 이용하여 부당하게 타인의 민사분쟁에 개입하여서는 아니된다.

③ 경찰공무원법상 경찰공무원을 지휘하는 사람은 전시사변, 그 밖에 이에 준하는 비상사태이거나 작전수행 중인 경우 또는 많은 인명손상이나 국가재산 손실의 우려가 있는 위급한 사태가 발생한 경우, 정당한 사유 없이 그 직무수행을 거부 또는 유기하거나 경찰공무원을 지정된 근무지에서 진출 퇴각 또는 이탈하게 하여서는 아니 된다.

④ 공직자윤리법은 총경(자치총경 포함)이상의 경찰공무원을 재산등록의무자로 규정하고 있고, 공직자윤리법시행령은 경찰공무원 중 경정, 경감, 경위, 경사와 자치경찰공무원 중 자치경정, 자치경감, 자치경위, 자치경사를 재산등록의무자로 규정하고 있다.

> **해설**
>
> ① 경찰공무원법상 **치안총감과 치안정감에 대해서는 신분보장 규정을 적용하지 아니한다.**(시보는 별도규정에서 신분보장의 예외로 규정)
>
> > **경찰공무원법**
> > 제36조(「국가공무원법」과의 관계) ① 경찰공무원에 대해서는 「국가공무원법」 제73조의4, 제76조 제2항부터 제5항까지의 규정을 적용하지 아니하며, 치안총감과 치안정감에 대해서는 「국가공무원법」 제68조(신분보장규정) 본문을 적용하지 아니한다.
> > 제13조(시보임용) ③ 시보임용기간 중에 있는 경찰공무원이 근무성적 또는 교육훈련성적이 불량할 때에는 「국가공무원법」 제68조 및 이 법 제28조에도 불구하고 면직시키거나 면직을 제청할 수 있다.
>
> 정답 ①

128 경찰공무원의 권리와 의무에 대한 설명으로 가장 적절하지 않은 것은? 17순경2차

① 「국가공무원법」상 공무원은 소속 상관의 허가 또는 정당한 사유가 없으면 직장을 이탈하지 못한다.
② 복종의 의무와 관련하여, 「경찰공무원법」은 경찰공무원이 구체적 사건수사와 관련된 상관의 지휘·감독의 적법성 또는 정당성에 대하여 이견이 있을 때에는 이의를 제기할 수 있다고 규정하고 있다.
③ 「국가공무원법」상 공무원은 공무 외에 영리를 목적으로 하는 업무에 종사하지 못하며 소속 기관장의 허가 없이 다른 직무를 겸할 수 없다.
④ 「공직자윤리법」상 등록의무자(취업심사대상자)는 퇴직일부터 3년간 퇴직 전 5년 동안 소속하였던 부서 또는 기관의 업무와 밀접한 관련성이 있는 취업제한기관에 취업할 수 없다. 다만, 관할 공직자윤리위원회의 승인을 받은 때에는 그러하지 아니하다.

> 해설
> ② 복종의 의무와 관련하여, 「국가경찰과 자치경찰의 조직 및 운영에 관한 법률」은 국가경찰공무원이 구체적 사건수사와 관련된 상관의 지휘·감독의 적법성 또는 정당성에 대하여 이견이 있을 때에는 이의를 제기할 수 있다고 규정하고 있다(제6조).
>
> 정답 ②

129 경찰공무원의 의무와 관련된 설명 중 가장 적절하지 않은 것은? 13승진

① 국가공무원법에서는 성실의무를 규정하고 있는데, 이는 공무원의 기본적 의무로 다른 의무의 원천이라 할 수 있다.
② 경찰공무원은 직무와 관련하여 직접·간접을 불문하고 사례·증여·향응을 주거나 받을 수 없다는 것은 국가공무원법상 청렴의 의무에 해당한다.
③ 국가공무원법상 비밀엄수의 의무와 관련하여 비밀의 범위에는 자신이 처리하는 직무에 관한 비밀 뿐만 아니라 직무와 관련하여 알게 된 모든 비밀을 포함한다.
④ 복종의 의무와 관련하여 개정 경찰공무원법은 구체적 사건수사와 관련된 소속 상관의 지휘·감독에 대한 경찰공무원의 이의제기권을 명문화하였다.

> 해설
> ④ 복종의 의무와 관련하여 개정 「국가경찰과 자치경찰의 조직 및 운영에 관한 법률」은 구체적 사건수사와 관련된 소속 상관의 지휘·감독에 대한 경찰공무원의 이의제기권을 명문화하였다.
>
> 정답 ④

130 경찰공무원의 의무에 대한 설명으로 가장 적절하지 않은 것은? 　　　　　　　　　18경채

① 「국가공무원법」상 공무원이 외국 정부로부터 영예나 증여를 받을 경우에는 대통령의 허가를 받아야 한다.
② 「국가공무원법」상 공무원은 종교에 따른 차별 없이 직무를 수행하여야 하며, 소속 상관이 종교중립의무에 위배되는 직무상 명령을 한 경우에는 이를 따르지 아니하여야 한다.
③ 「국가경찰과 자치경찰의 조직 및 운영에 관한 법률」상 경찰공무원은 구체적 사건수사와 관련된 상관의 지휘·감독의 적법성 또는 정당성에 대하여 이견이 있을 때에는 이의를 제기할 수 있다.
④ 「경찰공무원 복무규정」상 경찰공무원은 휴무일 또는 근무시간외에 2시간 이내에 직무에 복귀하기 어려운 지역으로 여행을 하고자 할 때에는 소속 경찰기관의 장에게 신고를 하여야 한다. 다만, 치안상 특별한 사정이 있어 경찰청장, 해양경찰청장 또는 경찰기관의 장이 지정하는 기간 중에는 소속경찰기관의 장의 허가를 받아야 한다.

해설
② 「국가공무원법」상 공무원은 종교에 따른 차별 없이 직무를 수행하여야 하며, 소속 상관이 종교중립의무에 위배되는 직무상 명령을 한 경우에는 이를 <u>따르지 아니할 수 있다</u>.

정답 ②

131 다음은 경찰공무원의 의무를 설명한 것이다. 가장 적절하지 않은 것은? 　　　　　14순경1차

① '비밀엄수의 의무'에서 비밀의 범위는 자신이 처리하는 직무에 직결된 비밀뿐만 아니라, 직무와 관련하여 알게 된 모든 비밀을 포함한다.
② '거짓보고 금지의무'는 「경찰공무원법」에 명시되어 있다.
③ 「국가공무원법」상 '종교중립의 의무'는 신분상 의무가 아니라 직무상 의무에 속한다.
④ 「경찰공무원법」상 '성실 의무'는 공무원의 기본적 의무로서 모든 의무의 원천이 된다.

해설
④ <u>성실의무는 국가공무원법에 규정</u>되어 있다(국가공무원법 제56조).

▶ 경찰공무원의 의무

일반적 의무	국가공무원법	선서의무, 성실의무
신분상 의무	국가공무원법 (국가비품청집영정)	비밀엄수, 품위유지, 청렴, 집단행위금지, 영예등제한, 정치운동금지
	공직자윤리법 (윤재선)	재산등록의무, 재산공개의무, 선물신고의무
직무상 의무	국가공무원법 (국가종친복직겸영법)	종교중립, 친절공정, 복종, 직무전념(직장이탈금지, 겸직금지, 영리업무금지), 법령준수
	경찰공무원법 (경정제거지휘)	제복착용의무, 거짓보고 및 직무유기금지의무, 지휘권남용금지의무 ※ 정치관여금지의무(신분상의무)
	경찰공무원 복무규정 (복지부음주)	지정장소 외에서의 직무수행금지의무, 근무시간중 음주금지의무, 민사분쟁에의 부당개입금지의무

정답 ④

---

132 경찰공무원법 상 경찰공무원의 의무에 해당하는 것은 모두 몇 개인가? 22경간

가. 정치관여금지 의무	나. 영리업무종사금지 의무
다. 품위유지 의무	라. 법령준수의 의무
마. 지휘권 남용 등의 금지 의무	바. 집단행위금지 의무
사. 비밀엄수 의무	아. 거짓 보고 등의 금지 의무

① 3개　　② 4개　　③ 5개　　④ 6개

해설

가, 마, 아 3개가 경찰공무원법상 의무에 해당한다.

정답 ①

133 다음은 경찰공무원의 의무이다. 「국가공무원법」상의 의무와 경찰공무원법상의 의무의 개수가 바르게 연결된 것은?

10승진변형

㉠ 복종의 의무	㉡ 비밀엄수의 의무
㉢ 청렴의 의무	㉣ 품위유지의무
㉤ 허위보고금지의무(거짓 보고 등의 금지)	㉥ 집단행위의 금지
㉦ 지휘권남용금지의무	㉧ 친절공정의 의무
㉨ 직장이탈금지	

① 국가공무원법상의 의무 7개, 경찰공무원법상의 의무 2개
② 국가공무원법상의 의무 6개, 경찰공무원법상의 의무 3개
③ 국가공무원법상의 의무 5개, 경찰공무원법상의 의무 4개
④ 국가공무원법상의 의무 4개, 경찰공무원법상의 의무 5개

해설

경찰공무원법상의 의무는 ㉤ 허위보고금지의무(거짓 보고 등의 금지) ㉦ 지휘권남용금지의무이다. 나머지는 모두 국가공무원법상 의무이다.

정답 ①

134 경찰공무원의 의무와 근거법령이다. 옳지 않은 것은?

21경간

①	경찰공무원법	• 거짓보고 및 직무유기금지 의무 • 지휘권남용금지 의무 • 제복착용 의무
②	국가공무원법	• 법령준수 의무 • 친절공정 의무 • 종교중립 의무
③	경찰공무원 복무규정	• 근무시간 중 음주금지 의무 • 품위유지 의무(직무 내외 불문) • 민사분쟁에 부당개입금지 의무
④	공직자윤리법	• 재산의 등록과 공개 의무 • 선물신고 의무 • 취업금지 의무(퇴직공직자 취업제한)

> **해설**
> ③ 품위유지의무는 국가공무원법상의 신분상의무에 해당하는 의무이다. (국가종친복직겸영법/국가비품청집영정)
>
> **정답** ③

135 「국가공무원법」상 공무원의 복무에 관한 다음 설명 중 가장 적절하지 않은 것은?   16순경1차

① 공무원은 노동운동이나 그 밖에 공무 외의 일을 위한 집단 행위를 하여서는 아니 된다. 또한, 사실상 노무에 종사하는 공무원도 포함한다.
② 공무원이 외국 정부로부터 영예나 증여를 받을 경우에는 대통령의 허가를 받아야 한다.
③ 공무원은 공무 외에 영리를 목적으로 하는 업무에 종사하지 못하며 소속 기관장의 허가 없이 다른 직무를 겸할 수 없다.
④ 공무원은 정당이나 그 밖의 정치단체의 결성에 관여하거나 이에 가입할 수 없다.

> **해설**
> ① 공무원은 노동운동이나 그 밖에 공무 외의 일을 위한 집단 행위를 하여서는 아니 된다. **다만, 사실상 노무에 종사하는 공무원은 예외로 한다**(국가공무원법 제66조 제1항).
>
> **정답** ①

136 다음은 경찰공무원의 의무이다. '국가공무원법'에서 규정하고 있는 의무에 해당하는 것은 몇 개인가?   15경간

가. 선서의 의무	나. 법령준수의무
다. 정치운동의 금지	라. 집단행위의 금지
마. 거짓 보고 등의 금지	바. 복종의무
사. 종교중립의 의무	아. 지휘권남용 등의 금지
자. 청렴의 의무	

① 6개   ② 7개   ③ 8개   ④ 9개

> **해설**
>
> | 국가공무원법 | 가, 나, 다, 라, 바, 사, 자 (국가종친복직겸영법/국가비품청집영정) |
> |---|---|
> | 경찰공무원법 | 마, 아 (경정제거지휘) |
>
> **정답** ②

137 「국가공무원법」상 경찰공무원의 의무에 대한 규정이다. 옳은 것을 모두 고른 것은? 17경기북부여경

> ㉠ 직무의 내외를 불문하고 그 품위가 손상되는 행위를 하여서는 아니 된다.
> ㉡ 공무 외에 영리를 목적으로 하는 업무에 종사하지 못하며 소속 기관장의 허가 없이 다른 직무를 겸할 수 없다.
> ㉢ 직무와 관련하여 직접적이든 간접적이든 사례·증여 또는 향응을 주거나 받을 수 없다.
> ㉣ 직무상의 관계가 있든 없든 그 소속 상관에게 증여하거나 소속 공무원으로부터 증여를 받아서는 아니 된다.

① ㉠㉡   ② ㉠㉢㉣   ③ ㉡㉢㉣   ④ ㉠㉡㉢㉣

해설

㉠ 품위유지의무(국가공무원법 제63조)
㉡ 영리업무금지의무(국가공무원법 제64조)
㉢ 청렴의무(국가공무원법 제61조①)
㉣ 청렴의무(국가공무원법 제61조②)

정답 ④

---

138 다음 보기 중 「국가공무원법」상 직무상의 의무에 해당하는 것은 모두 몇 개인가? 19경간

가. 종교중립의 의무	나. 복종의 의무
다. 비밀엄수의 의무	라. 친절·공정의 의무
마. 정치운동의 금지	바. 법령준수의 의무

① 3개   ② 4개   ③ 5개   ④ 6개

해설

가, 나, 라, 바 4개가 직무상의 의무이다. 다, 마는 신분상의 의무.
(국가종친복직겸영법/국가비품청집영정)

정답 ②

139 「국가공무원법」상 공무원의 의무에 관한 다음 설명 중 가장 적절하지 않은 것은? 15순경2차

① 공무원이 외국 정부로부터 영예나 증여를 받을 경우에는 소속 기관장의 허가를 받아야 한다.
② 공무원은 재직 중은 물론 퇴직 후에도 직무상 알게 된 비밀을 엄수하여야 한다.
③ 공무원은 직무상의 관계가 있든 없든 그 소속 상관에게 증여하거나 소속 공무원으로부터 증여를 받아서는 아니 된다.
④ 공무원은 소속 상관의 허가 또는 정당한 사유가 없으면 직장을 이탈하지 못한다.

해설

① 공무원이 외국 정부로부터 영예나 증여를 받을 경우에는 **대통령의 허가를** 받아야 한다(국가공무원법 제62조).

정답 ①

140 「국가공무원법」상 경찰공무원의 의무에 대한 설명으로 가장 적절한 것은? 18순경3차

① 공무원이 외국정부로부터 증여를 받을 경우에는 소속 기관장의 허가를 받아야 한다.
② 공무원은 취임할 때에 소속 기관장 앞에서 대통령령등으로 정하는 바에 따라 선서하여야 한다. 다만, 불가피한 사유가 있으면 취임 후에 선서하게 할 수 있다.
③ 공무원은 소속 기관장의 허가 또는 정당한 사유가 없으면 직장을 이탈하지 못한다.
④ 공무원은 직무와 관련하여 직접적인 경우(간접적인 경우 제외) 사례·증여 또는 향응을 주거나 받을 수 없다.

해설

① 공무원이 외국정부로부터 증여를 받을 경우에는 **대통령의 허가를** 받아야 한다(국가공무원법 제62조).
② O
③ 공무원은 **소속 상관의** 허가 또는 정당한 사유가 없으면 직장을 이탈하지 못한다(동법 제58조 제1항).
④ 공무원은 직무와 관련하여 **직접적이든 간접적이든** 사례·증여 또는 향응을 주거나 받을 수 없다(동법 제61조①).

정답 ②

141 경찰공무원의 의무 중 그 근거 법령이 나머지 셋과 다른 하나는?   19순경2차

① 법령을 준수하며 성실히 직무를 수행하여야 한다.
② 직무를 수행할 때 소속 상관의 직무상 명령에 복종하여야 한다.
③ 직무에 관하여 거짓으로 보고나 통보를 하여서는 아니 된다.
④ 소속 상관의 허가 또는 정당한 사유가 없으면 직장을 이탈하지 못한다.

> **해설**
> ① 국가공무원법 제56조(성실 의무)
> ② 국가공무원법 제57조(복종의 의무)
> ③ 경찰공무원법 제18조(거짓 보고 등의 금지) **(경정제거지휘)**
> ④ 국가공무원법 제58조(직장 이탈 금지)
>
> 정답 ③

142 경찰공무원의 의무에 대한 다음 설명 중 가장 옳지 않은 것은?   17경간

① 소속 상관의 허가 또는 정당한 사유가 없으면 직장을 이탈하지 못한다.
② 외국 정부로부터 영예나 증여를 받을 경우에는 대통령의 허가를 받아야 한다.
③ 「공직자윤리법」에서는 총경 이상의 경찰공무원을, 「공직자윤리법 시행령」에서는 경위 이상의 경찰공무원을 각각 재산등록의무자로 규정하고 있다.
④ 친절·공정의 의무는 국가공무원법에 규정된 법적인 의무이다.

> **해설**
> ③ 「공직자윤리법」에서는 총경 이상의 경찰공무원을, 「공직자윤리법 시행령」에서는 추가로 **경사 이상(경정·경감·경위·경사)의 경찰공무원을** 재산등록 의무자로 규정하고 있다.
>
> 정답 ③

143 경찰공무원의 의무와 관련된 설명 중 가장 옳지 않은 것은? 11승진

① 성실의무는 공무원의 기본적 의무로서 모든 의무의 원천이 되는 바, 이와 관련하여 법률상 명시적 규정이 있다.
② 「공직자윤리법」에서는 치안감 이상의 경찰공무원 및 시·도경찰청장의 경우 재산공개의무를 규정하고 있다.
③ 직장이탈금지와 관련하여 수사기관에서 긴급체포나 현행범 체포된 공무원을 구속하고자 하는 때에는 사전에 그 소속기관의 장에게 통보해야 한다.
④ 경찰공무원의 의무는 크게 선서의무, 성실의무, 직무상 의무, 신분상 의무 등으로 나눌 수도 있는 바, 이 중 직무상 의무에는 법령준수의 의무 및 복종의 의무 등이 포함되어 있다.

해설

③ 수사기관이 공무원을 구속하려면 그 소속 기관의 장에게 미리 통보하여야 한다. <u>다만, 현행범은 그러하지 아니하다.</u>

「국가공무원법」 제58조(직장 이탈 금지)
① 공무원은 소속 상관의 허가 또는 정당한 사유가 없으면 직장을 이탈하지 못한다.
② 수사기관이 공무원을 구속하려면 그 소속 기관의 장에게 미리 통보하여야 한다. 다만, 현행범은 그러하지 아니하다.

정답 ③

---

144 「국가공무원법」상 경찰공무원의 의무에 관한 설명으로 가장 적절하지 않은 것은? 14승진변형

① 경찰공무원은 소속 상관의 허가 또는 정당한 사유가 없으면 직장을 이탈하지 못한다.
② 경찰공무원은 직무상 그 소속 상관에게 증여하거나 소속 경찰공무원으로부터 증여를 받아서는 아니 된다. 다만, 직무상 관계가 없는 증여에 대해서는 그러하지 아니하다.
③ 경찰공무원은 공무 외에 영리를 목적으로 하는 업무에 종사하지 못하며 소속 기관장의 허가 없이 다른 직무를 겸할 수 없다.
④ 경찰공무원은 재직 중은 물론 퇴직 후에도 직무상 알게 된 비밀을 엄수(嚴守)하여야 한다.

해설

② 공무원은 <u>직무상의 관계가 있든 없든</u> 그 소속 상관에게 증여하거나 소속 공무원으로부터 증여를 받아서는 아니 된다.

「국가공무원법」 제61조(청렴의 의무)
① 공무원은 직무와 관련하여 직접적이든 간접적이든 사례·증여 또는 향응을 주거나 받을 수 없다.
② 공무원은 직무상의 관계가 있든 없든 그 소속 상관에게 증여하거나 소속 공무원으로부터 증여를 받아서는 아니 된다.

정답 ②

145 「국가공무원법」상 국가공무원의 의무 중 신분상 의무에 해당하지 <u>않는</u> 것은? 18승진

① 공무원은 재직 중은 물론 퇴직 후에도 직무상 알게 된 비밀을 엄수하여야 한다.
② 공무원이 외국정부로부터 영예나 증여를 받을 경우 대통령의 허가를 받아야 한다.
③ 공무원은 종교에 따른 차별 없이 직무를 수행하여야 하며, 소속 상관이 이에 위배되는 직무상 명령을 한 경우에는 따르지 아니할 수 있다.
④ 공무원은 직무와 관련 없는 경우에도 그 소속 상관에게 증여하거나 소속 공무원으로부터 증여를 받아서는 아니 된다.

해설

③ 종교중립의 의무는 국가공무원법상 직무상 의무에 해당한다.(국가종친복직겸영법) (국가비품청집영정)

정답 ③

---

146 다음 중 「국가공무원법」상 경찰공무원의 의무로서 직무상의 의무는 모두 몇 개인가? 14경간

가. 선서의무	나. 법령준수의무
다. 친절공정의무	라. 영예의 제한
마. 지휘권남용 등 금지의무	바. 비밀엄수의무
사. 거짓보고 및 직무유기금지의무	아. 복종의무

① 2개   ② 3개   ③ 4개   ④ 5개

해설

국가공무원법상 직무상 의무는 법령준수의무, 친절공정의무, 복종의무이다.(국가종친복직겸영법)
가. 선서의무 – 국가공무원법상 일반적 의무
라. 영예의 제한 – 국가공무원법상 신분상 의무
마. 지휘권남용 등 금지의무 – 경찰공무원법상 직무상 의무
바. 비밀엄수의무 – 국가공무원법상 신분상 의무
사. 거짓보고 및 직무유기금지의무 – 경찰공무원법상 직무상 의무

정답 ②

147 보기에 적용될 수 있는 가장 적절한 법률은 무엇인가? 〈12승진〉

> ㉠ 파출소에 근무하는 甲경장은 외국정부로부터 영예 또는 증여를 받을 경우에는 대통령의 허가를 얻어야 한다.
> ㉡ 교통외근으로 근무하는 乙경위는 공무 이외에 다른 직무를 겸직하기 위해서는 소속 기관장의 허가를 얻어야 한다.

① 국가공무원법
② 국가경찰과 자치경찰의 조직 및 운영에 관한 법률
③ 경찰공무원법
④ 경찰관직무집행법

해설

㉠ 영예의 제한 - 국가공무원법 제62조 (국가비품청집영정)
㉡ 겸직금지 - 국가공무원법 제64조 (국가종친복직겸영법)

정답 ①

148 경찰공무원의 「국가공무원법」상 의무에 대한 설명으로 가장 적절한 것은? 〈19승진〉

① 공무원의 직무상 의무로서 직무전념의 의무, 친절 공정의 의무, 법령준수의 의무, 종교중립의 의무, 비밀엄수의 의무, 복종의 의무를 규정하고 있다.
② 복종의 의무와 관련하여 경찰공무원은 구체적 사건수사와 관련하여 상관의 지휘 감독의 적법성 또는 정당성에 대하여 이견이 있을 때에는 이의를 제기할 수 있다.
③ 공무원은 공무 외에 영리를 목적으로 하는 업무에 종사하지 못하며 소속 기관장의 허가 없이 다른 직무를 겸할 수 없다.
④ 공무원은 종교에 따른 차별 없이 직무를 수행하여야 하며, 소속 상관이 종교중립의 의무에 위배되는 직무상 명령을 한 경우에는 이에 따르지 아니하여야 한다.

해설

① 비밀엄수 의무는 신분상 의무
② 경찰공무원의 이의제기권은 「국가경찰과 자치경찰의 조직 및 운영에 관한 법률」에 규정
③ ○
④ 공무원은 종교에 따른 차별 없이 직무를 수행하여야 하며, 소속 상관이 종교중립의 의무에 위배되는 직무상 명령을 한 경우에는 이에 **따르지 아니할 수 있다**(국가공무원법 제59조의2). (상관의 지시·명령에 대해서는 임의규정 / 청렴사항에 대해서는 강행규정)

정답 ③

149 경찰공무원의 권리와 의무에 대한 설명 중 가장 적절한 것은? 19경채

① 외국 정부로부터 영예 또는 증여를 받을 경우에는 대통령의 허가를 받아야 한다.
② 무기휴대권의 법적 근거는 경찰공무원법에 규정되어 있고, 무기사용권의 법적근거는 경찰공무원 복무규정에 규정되어 있다.
③ 경찰공무원의 신분상의 의무로는 비밀엄수의 의무, 청렴의 의무, 품위유지의 의무, 거짓보고 등의 금지의무 등이 있다.
④ 경찰공무원법에서는 성실의무를 명시하고 있는데, 이는 공무원의 기본적 의무로 다른 의무의 원천이라고 할 수 있다.

> **해설**
>
> ① O
> ② 무기휴대권의 법적 근거는 경찰공무원법에 규정되어 있고, 무기사용권의 법적근거는 **경찰관직무집행법에** 규정되어 있다.
> ③ **거짓보고 등의 금지의무는 경찰공무원법에 규정된 직무상 의무**이다.
> ④ **국가공무원법에서는** 성실의무를 명시하고 있는데, 이는 공무원의 기본적 의무로 다른 의무의 원천이라고 할 수 있다.
>
> **정답** ①

150 경찰공무원의 권리와 의무에 관한 설명으로 가장 적절하지 <u>않은</u> 것은? 15승진

① 국민 전체의 봉사자로서 친절하고 공정하게 직무를 수행하여야 한다.
② 외국정부로부터 영예나 증여를 받을 경우에는 대통령의 허가를 받아야 한다.
③ 법령을 준수하며 성실히 직무를 수행하여야 한다.
④ 비밀엄수의무의 위반은 징계의 원인이 될 뿐, 「형법」상 처벌대상이 되지 않는다.

> **해설**
>
> ④ 비밀엄수의무의 위반은 징계의 원인이 되며, **「형법」상 공무상비밀누설죄로 처벌한다.**
>
> **정답** ④

151 경찰공무원의 권리와 의무에 대한 설명 중 가장 적절한 것은? (다툼이 있는 경우 판례에 의함)

13승진

① 무기휴대권의 법적근거는 국가경찰과 자치경찰의 조직 및 운영에 관한 법률 제26조이며, 무기사용권의 법적근거는 경찰관직무집행법 제10조의4로 분리되어 있다.
② 공무원의 보수는 봉급과 기타 각종 수당을 합산한 금액을 말하는데, 경찰공무원의 보수에 관한 사항을 별도로 규정하는 법령은 존재치 않고 행정안전부령인 공무원보수규정 안에서 통합하여 규정하고 있다.
③ 연금은 기획재정부장관이 결정하고 공무원연금공단이 지급하는데, 공무원연금법상 연금청구권의 소멸시효는 단기급여의 경우에는 3년, 장기급여의 경우에는 5년이다.
④ 법령준수의 의무, 영리업무종사금지, 친절공정의 의무, 종교중립의 의무는 경찰공무원의 직무상 의무에 해당한다.

> **해설**
> ① <u>무기휴대권의 법적근거는 경찰공무원법</u> 제26조이며, 무기사용권의 법적근거는 경찰관직무집행법 제10조의4로 분리되어 있다.
> ② 공무원의 보수는 봉급과 기타 각종 수당을 합산한 금액을 말하는데, 경찰공무원의 보수에 관한 사항을 <u>별도로 대통령령(공무원보수규정)</u>에서 규정하고 있다.
> ③ 연금은 <u>인사혁신처장이 결정</u>하고 공무원연금공단이 지급하는데, 공무원연금법상 연금청구권의 <u>소멸시효는 5년</u>이다.
> ④ ○
>
> **정답** ④

152 경찰공무원의 무기휴대 및 사용에 대한 근거로서 가장 적절한 것은?

15순경3차

① 경찰공무원법(무기휴대) - 경찰관 직무집행법(무기사용)
② 경찰관 직무집행법(무기휴대) - 국가경찰과 자치경찰의 조직 및 운영에 관한 법률(무기사용)
③ 경찰공무원법(무기휴대) - 국가경찰과 자치경찰의 조직 및 운영에 관한 법률(무기사용)
④ 국가경찰과 자치경찰의 조직 및 운영에 관한 법률(무기휴대) - 경찰관 직무집행법(무기사용)

> **해설**
> ① 경찰공무원의 무기휴대에 관한 근거법률로 경찰공무원법이 있고, 무기사용에 대한 근거법률로 경찰관직무집행법이 있다.
>
> **정답** ①

153 경찰공무원의 권리와 의무를 규정하는 법령에 대한 설명으로 가장 적절하지 않은 것은? 21승진

① 「공직자윤리법」상 공무원 또는 공직유관단체의 임직원은 외국으로부터 선물(대가 없이 제공되는 물품 및 그 밖에 이에 준하는 것을 말하되, 현금은 제외한다. 이하 같다)을 받거나 그 직무와 관련하여 외국인(외국단체 포함)에게 선물을 받으면 지체없이 소속 기관·단체의 장에게 신고하고 그 선물을 인도하여야 한다.

② ①에 따라 「공직자윤리법 시행령」상 신고하여야 할 선물은 그 선물 수령 당시 증정한 국가 또는 외국인이 속한 국가의 시가로 미국화폐 100달러 이상이거나 국내 시가로 10만원 이상인 선물로 한다.

③ 「공직자윤리법」상 취업심사대상자는 퇴직일부터 3년간 취업심사대상기관에 취업할 수 없다. 다만, 관할 공직자윤리위원회로부터 취업심사대상자가 퇴직 전 5년 동안 소속하였던 부서 또는 기관의 업무와 취업심사대상기관 간에 밀접한 관련성이 없다는 확인을 받으면 취업할 수 있다.

④ 「공무원 재해보상법」에 따른 급여를 받을 권리는 그 급여의 사유가 발생한 날부터 요양급여·재활급여·간병급여·부조급여는 5년간, 그 밖의 급여는 3년간 행사하지 아니하면 시효로 인하여 소멸한다.

해설

④ 「공무원 재해보상법」에 따른 급여를 받을 권리는 그 급여의 사유가 발생한 날부터 요양급여·재활급여·간병급여·부조급여는 **3년간**, 그 밖의 급여는 **5년간** 행사하지 아니하면 시효로 인하여 소멸한다.(공무원 재해보상법 제54조①)

정답 ④

---

154 「경찰공무원법」상 경찰공무원의 의무는 모두 몇 개인가? 20경간

가. 영리업무종사금지 의무	나. 거짓 보고 등의 금지 의무
다. 품위유지 의무	라. 법령준수의 의무
마. 제복착용 의무	바. 집단행위금지 의무
사. 비밀엄수 의무	아. 지정장소 외에서의 직무수행금지 의무

① 2개　　② 3개　　③ 4개　　④ 5개

해설

「경찰공무원법」상 경찰공무원의 의무는 '나', '마' 2개이다. (경정제거지휘)
가. 「국가공무원법」 제64조(영리 업무 및 겸직 금지)
나. **「경찰공무원법」 제24조(거짓 보고 등의 금지)**
다. 「국가공무원법」 제63조(품위 유지의 의무)
라. 「국가공무원법」 제56조(성실 의무) 모든 공무원은 법령을 준수하며 성실히 직무를 수행하여야 한다.
마. **「경찰공무원법」 제26조(복제 및 무기 휴대)**

바. 「국가공무원법」 제66조(집단 행위의 금지)
사. 「국가공무원법」 제60조(비밀 엄수의 의무)
아. 「경찰공무원 복무규정」 제8조(지정장소 외에서의 직무수행금지)

정답 ①

155 「국가공무원법」과 「경찰공무원법」상 경찰공무원의 의무에 대한 설명 중 가장 적절한 것은? 20승진

① '성실 의무'는 공무원의 기본적 의무로서 모든 의무의 원천이 되므로 법률에 명시적 규정이 없다.
② '비밀엄수의 의무', '청렴의 의무', '친절·공정의 의무'는 신분상의 의무에 해당한다.
③ '거짓 보고 등의 금지', '지휘권 남용 등의 금지', '제복 착용'은 「경찰공무원법」에 규정되어 있다.
④ 「국가공무원법」상 수사기관이 현행범으로 체포한 공무원을 구속하려면 그 소속 기관의 장에게 미리 통보하여야 한다.

해설

① '성실 의무'는 공무원의 기본적 의무로서 모든 의무의 원천이 되는 바, **국가공무원법 제56조에서 명시적으로 규정**하고 있는 의무이다.
② '비밀엄수의 의무', '청렴의 의무'는 신분상 의무에 해당하지만, **'친절·공정의 의무'는 직무상 의무에 해당**한다. (국가종친복직겸영법) (국가비품청집영정)
③ O (경정제거지휘) (경찰공무원법 – 정치관여금지, 제복착용의무, 거짓보고등금지의무, 지휘권남용등금지의무)
④ 수사기관이 공무원을 구속하려면 그 소속 기관의 장에게 미리 통보하여야 한다. **다만, 현행범은 그러하지 아니하다.**(국가공무원법 제58조②)

정답 ③

156 경찰공무원과 관련된 서술 가운데 가장 옳은 것은? 보충문제

① 경찰청장은 순경 계급에서 4년 이상 근속자, 경장 계급에서 5년 이상 근속자, 경사 계급에서 6년 6개월 이상 근속자, 경위 계급에서 8년 이상 근속자를 경장, 경사, 경위, 경감으로 각각 근속승진임용할 수 있다.
② 수사, 정보, 외사, 보안, 자치경찰사무 등 특수 부문에 근무하는 경찰공무원으로서 대통령령으로 정하는 바에 따라 지정을 받은 사람은 총경 및 경정의 경우에는 3년의 범위에서 대통령령으로 정하는 바에 따라 계급정년을 연장할 수 있다.
③ 경찰공무원의 '정치 관여 금지' 의무에 대해서는 국가공무원법에서만 규정하고 있다.
④ 경찰공무원으로서 '정치 관여 금지' 의무를 위반하여 정당이나 정치단체에 가입하거나 정치활동에 관여하는 행위를 한 사람은 3년 이하의 징역과 3년 이하의 자격정지에 처한다.

> **해설**
>
> ① O
> ② 수사, 정보, 외사, 보안, 자치경찰사무 등 특수 부문에 근무하는 경찰공무원으로서 대통령령으로 정하는 바에 따라 지정을 받은 사람은 총경 및 경정의 경우에는 <u>4년</u>의 범위에서 대통령령으로 정하는 바에 따라 계급정년을 연장할 수 있다.
> ③ 기존에 국가공무원법에서 '정치 운동의 금지'를 규정하던 것을, <u>경찰공무원법에서 '정치 관여 금지' 의무 규정을 새롭게 규정</u>하였다. 경찰공무원법은 국가공무원법의 특별법적 성격을 갖는다는 점에서 경찰공무원은 우선적으로 경찰공무원법상 '정치 관여 금지' 조항의 적용을 받게 된다.
> ④ 경찰공무원으로서 '정치 관여 금지' 의무를 위반하여 정당이나 정치단체에 가입하거나 정치활동에 관여하는 행위를 한 사람은 <u>5년 이하의 징역과 5년 이하의 자격정지</u>에 처한다.
>
> **정답** ①

157 「경찰공무원 복무규정」상 경찰공무원의 의무에 대한 설명으로 가장 적절하지 <u>않은</u> 것은? 21순경1차

① 경찰공무원은 상사의 허가를 받거나 그 명령에 의한 경우를 제외하고는 직무와 관계없는 장소에서 직무수행을 하여서는 아니된다.
② 경찰공무원은 신규채용·승진·전보·파견·출장·연가·교육훈련기관에의 입교, 기타 신분관계 또는 근무관계 또는 근무관계의 변동이 있는 때에는 소속상관에게 신고를 하여야 한다.
③ 경찰공무원은 직위 또는 직권을 이용하여 부당하게 타인의 민사분쟁에 개입하여서는 아니된다.
④ 경찰공무원은 휴무일 또는 근무시간외에 2시간 이내에 직무에 복귀하기 어려운 지역으로 여행을 하고자 할 때에는 소속상관의 허가를 받아야 한다.

> **해설**
>
> ① (O) 지정장소 외에서의 직무수행금지(제8조)
> ② (O) 상관에 대한 신고(제11조)
> ③ (O) 민사분쟁에의 부당개입금지(제10조)
> ④ (X) 경찰공무원은 휴무일 또는 근무시간외에 2시간 이내에 직무에 복귀하기 어려운 지역으로 여행을 하고자 할 때에는 <u>소속 경찰기관의 장에게 신고를 하여야 한다</u>. 다만, 치안상 특별한 사정이 있어 경찰청장 또는 경찰기관의 장이 지정하는 기간중에는 소속경찰기관의 장의 허가를 받아야 한다.(제13조)
>
> **정답** ④

158 「경찰공무원 복무규정」에 관한 다음 설명 중 가장 적절하지 <u>않은</u> 것은?   15순경2차

① 경찰공무원은 상사의 허가를 받거나 그 명령에 의한 경우를 제외하고는 직무와 관계없는 장소에서 직무수행을 하여서는 아니 된다.
② 경찰공무원은 휴무일 또는 근무시간 외에 3시간 이내에 직무에 복귀하기 어려운 지역으로 여행을 하고자 할 때에는 소속 경찰기관의 장에게 신고를 하여야 한다.
③ 경찰공무원은 근무시간 중 음주를 하여서는 아니 된다. 다만, 특별한 사정이 있는 경우에는 예외로 하되, 이 경우 주기가 있는 상태에서 직무를 수행하여서는 아니 된다.
④ 경찰기관의 장은 근무성적이 탁월하거나 다른 경찰공무원의 모범이 될 공적이 있는 경찰공무원에 대하여 1회 10일 이내의 포상휴가를 허가할 수 있다. 이 경우의 포상휴가기간은 연가일수에 산입하지 아니한다.

> **해설**
>
> ② 경찰공무원은 휴무일 또는 근무시간 외에 <u>2시간 이내에</u> 직무에 복귀하기 어려운 지역으로 여행을 하고자 할 때에는 소속 경찰기관의 장에게 신고를 하여야 한다. 다만, 치안상 특별한 사정이 있어 경찰청장 또는 경찰기관의 장이 지정하는 기간 중에는 소속경찰기관의 장의 허가를 받아야 한다(제13조).
>
> 정답 ②

159 「경찰공무원 복무규정」상 기본강령과 그에 대한 내용으로 가장 적절하게 연결된 것은?   18순경2차

① 경찰사명 : 경찰공무원은 주어진 사명을 다하기 위하여 긍지를 가지고 한마음 한뜻으로 굳게 뭉쳐 임무수행에 모든 역량을 기울여야 한다.
② 경찰정신 : 경찰공무원은 국가와 민족을 위하여 충성과 봉사를 다하며, 국민의 생명·신체 및 재산을 보호하고, 공공의 안녕과 질서를 유지함을 그 사명으로 한다.
③ 규율 : 경찰공무원은 성실하고 청렴한 생활태도로써 국민의 모범이 되어야 한다.
④ 책임 : 경찰공무원은 창의와 노력으로써 소임을 완수하여야 하며, 직무수행의 결과에 대하여 책임을 진다.

> **해설**
>
> ① <u>단결</u> ② <u>사명</u> ③ <u>성실·청렴</u> ④ O
>
> 제3조(기본강령) 경찰공무원은 다음의 기본강령에 따라 복무해야 한다. (사정규단책성)
> 1. 경찰사명
>   경찰공무원은 국가와 민족을 위하여 충성과 봉사를 다하며, 국민의 생명·신체 및 재산을 보호하고, 공공의 안녕과 질서를 유지함을 그 사명으로 한다.
> 2. 경찰정신 (호봉정)
>   경찰공무원은 국민의 수임자로서 일상의 직무수행에 있어서 국민의 자유와 권리를 존중하는 <u>호국·봉사·정의</u>의 정신을 그 바탕으로 삼는다.

> 3. 규율
>   경찰공무원은 법령을 준수하고 직무상의 명령에 복종하며, 상사에 대한 존경과 부하에 대한 존중으로써 규율을 지켜야 한다.
> 4. 단결
>   경찰공무원은 주어진 사명을 다하기 위하여 긍지를 가지고 한마음 한뜻으로 굳게 뭉쳐 임무수행에 모든 역량을 기울여야 한다.
> 5. 책임
>   경찰공무원은 창의와 노력으로써 소임을 완수하여야 하며, 직무수행의 결과에 대하여 책임을 진다.
> 6. 성실·청렴
>   경찰공무원은 성실하고 청렴한 생활태도로써 국민의 모범이 되어야 한다.

정답 ④

160 「경찰공무원 복무규정」의 내용이다. 아래 ㉠부터 ㉣까지의 설명으로 옳고 그름의 표시(O, ×)가 바르게 된 것은?

17승진

> ㉠ 경찰공무원의 기본강령으로 제1호에 경찰사명, 제2호에 경찰정신, 제3호에 규율, 제4호에 책임, 제5호에 단결, 제6호에 성실·청렴을 규정하고 있다.
> ㉡ 경찰공무원은 직위 또는 직권을 이용하여 부당하게 타인의 민사분쟁에 개입하여서는 아니 된다.
> ㉢ 경찰기관의 장은 근무성적이 탁월하거나 다른 경찰공무원의 모범이 될 공적이 있는 경찰공무원에 대하여 1회 10일 이내의 포상휴가를 허가할 수 있다. 이 경우의 포상휴가기간은 연가일수에 산입하지 아니한다.
> ㉣ 경찰기관의 장은 특별한 사정이 없는 한, 연일근무자 및 공휴일 근무자에 대하여는 그 다음날 1일의 휴무를, 당직 또는 철야근무자에 대하여는 다음날 오후 2시를 기준으로 하여 오전 또는 오후의 휴무를 허가할 수 있다.

① ㉠(O) ㉡(O) ㉢(O) ㉣(O)
② ㉠(O) ㉡(×) ㉢(O) ㉣(×)
③ ㉠(×) ㉡(O) ㉢(O) ㉣(×)
④ ㉠(×) ㉡(O) ㉢(×) ㉣(O)

해설

㉠ 경찰공무원의 기본강령으로 제1호에 경찰사명, 제2호에 경찰정신, 제3호에 규율, **제4호에 단결, 제5호에 책임**, 제6호에 성실·청렴을 규정하고 있다.(사정규단책성)
㉣ 경찰기관의 장은 특별한 사정이 없는 한, 연일근무자 및 공휴일 근무자에 대하여는 그 다음날 1일의 휴무를, 당직 또는 철야근무자에 대하여는 다음날 오후 2시를 기준으로 하여 오전 또는 오후의 휴무를 <u>허가하여야 한다</u>.

정답 ③

161 「성희롱·성폭력 근절을 위한 공무원 인사관리규정」에 대한 설명으로 가장 적절하지 않은 것은?

21승진

① 행정부 소속 국가공무원은 누구나 공직 내 성희롱 또는 성폭력 발생 사실을 알게 된 경우 그 사실을 임용권자 또는 임용제청권자(이하 "임용권자등")에게 신고할 수 있다.
② 임용권자등은 ①에 따른 신고를 받거나 공직 내 성희롱 또는 성폭력 발생 사실을 알게 된 경우 그 사실 확인을 위해 조사할 수 있으며, 수사의 필요성이 인정되면 수사기관에 통보하여야 한다.
③ 임용권자등은 ②에 따른 조사 기간 동안 피해자등이 요청한 경우로서 피해자등을 보호하기 위하여 필요하다고 인정하는 경우 그 피해자등이나 성희롱 또는 성폭력과 관련하여 가해 행위를 했다고 신고된 사람에 대하여 근무 장소의 변경, 휴가 사용 권고 등 적절한 조치를 하여야 한다.
④ 임용권자등은 ②에 따른 조사 결과 공직 내 성희롱 또는 성폭력 발생 사실이 확인되면 피해자의 의사에 반(反)하지 않는 한, 피해자에게 「공무원임용령」 제41조에 따른 교육훈련 등 파견근무 조치를 할 수 있다.

해설

② 임용권자등은 제3조에 따른 신고를 받거나 공직 내 성희롱 또는 성폭력 발생 사실을 알게 된 경우에는 지체 없이 그 **사실 확인을 위한 조사를 하여야 하며**, 수사의 필요성이 있다고 인정하는 경우 수사기관에 통보하여야 한다.(제4조①)

정답 ②

162 「국가공무원법」, 「공무원연금법」 및 동법 시행령상 경찰공무원의 징계의 종류와 효과에 대한 설명 중 가장 적절하지 않은 것은?

20승진

① 공무원의 징계는 파면·해임·강등·정직·감봉·견책으로 구분한다.
② 강등은 1계급 아래로 직급을 내리고 공무원신분은 보유하나 3개월간 직무에 종사하지 못하며 그 기간 중 보수는 전액을 감한다.
③ 징계에 의하여 파면된 경우, 재직기간이 5년 이상인 사람의 퇴직급여는 2분의 1을 감액하고, 재직기간이 5년 미만인 사람의 퇴직급여는 3분의 1을 감액한다.
④ 금품 및 향응 수수로 징계 해임된 자의 경우 재직기간이 5년 이상인 사람의 퇴직급여는 4분의 3을 지급하고, 재직기간이 5년 미만인 사람의 퇴직급여는 8분의 7을 지급한다.

해설

③ 징계에 의하여 파면된 경우, 재직기간이 5년 이상인 사람의 퇴직급여는 2분의 1을 감액하고, 재직기간이 5년 미만인 사람의 퇴직급여는 **4분의 1을 감액**한다.

정답 ③

163 「국가공무원법」에 대한 설명으로 가장 적절하지 않은 것은?   15순경3차

① 강등은 1계급 아래로 직급을 내리고 공무원신분은 보유하나 1개월 이상 3개월 이하의 기간 동안 직무에 종사하지 못하며 그 기간 중 보수의 3분의 2를 감한다.
② 정직은 1개월 이상 3개월 이하의 기간으로 하고, 정직 처분을 받은 자는 그 기간 중 공무원의 신분은 보유하나 직무에 종사하지 못하며 보수는 전액을 감한다.
③ 견책은 전과에 대하여 훈계하고 회개하게 한다.
④ 감사원과 검찰·경찰, 그 밖의 수사기관은 조사나 수사를 시작한 때와 이를 마친 때에는 10일 내에 소속 기관의 장에게 그 사실을 통보하여야 한다.

해설

① 강등은 1계급 아래로 직급을 내리고 공무원신분은 보유하나 <u>3개월간 직무에 종사하지 못하며</u> 그 기간 중 <u>보수는 전액을 감한다</u>.

정답 ①

---

164 「경찰공무원법」 및 「국가공무원법」상 경찰공무원 징계의 종류와 효력에 대한 설명으로 가장 적절하지 않은 것은?   17승진

① 파면을 당한 경찰공무원은 향후 경찰관 임용이 불가능하다.
② 해임을 당한 경찰공무원은 향후 경찰관 임용이 가능하다.
③ 정직의 기간은 1월 이상 3월 이하이다.
④ 감봉의 기간은 1월 이상 3월 이하이다.

해설

징계에 의하여 <u>파면 또는 해임처분을 받은 사람은 경찰공무원으로 임용될 수 없다</u>.

정답 ②

---

165 경찰공무원의 징계에 대한 설명 중 가장 옳은 것은?   14경간

① 가장 가벼운 징계벌인 견책은 집행종료 후 18개월이 경과하기 전에는 승진할 수 없다.
② 정직은 정직기간 종료 후 18개월이 경과되기 전에도 승진할 수 있다.
③ 해임은 파면과 달리 신분이 박탈되지 아니하지만, 퇴직급여의 감액이 있다.
④ 파면 처분 이후 5년이 경과하면 일반공무원으로는 임용될 수 있으나 경찰공무원으로는 임용될 수 없다.

해설

① 가장 가벼운 징계벌인 견책은 집행종료 후 <u>6개월이</u> 경과하기 전에는 승진할 수 없다.
② 정직은 정직기간 종료 후 18개월이 경과되기 전에는 **승진할 수 없다**.
③ <u>해임</u>은 <u>파면과 동일하게 경찰공무원의 신분이 박탈되지만</u>, <u>원칙적으로 퇴직급여의 감액은 없다</u>.
④ ○

정답 ④

---

166 경찰공무원의 징계에 대한 설명으로 가장 적절하지 <u>않은</u> 것은?   19순경1차

① 파면 징계처분을 받은 자(재직기간 5년 미만)의 퇴직급여는 1/4을 감액한 후 지급한다.
② 성폭력, 성희롱 및 성매매에 따른 강등 징계처분을 받은 자는 그 처분의 집행이 끝난 날부터 24개월이 지나지 않은 경우 승진임용될 수 없다.
③ 정직 징계처분을 받은 자는 1개월 이상 3개월 이하의 기간 동안 직무에 종사하지 못하며, 정직기간 중 보수는 1/3을 감한다.
④ 임용(제청)권자는 승진후보자 명부에 기록된 사람이 승진임용되기 전에 정직 이상 징계처분을 받은 경우에는 승진후보자 명부에서 그 후보자를 제외하여야 한다.

해설

③ 정직 징계처분을 받은 자는 1개월 이상 3개월 이하의 기간 동안 직무에 종사하지 못하며, 정직기간 중 **보수는 전액을 감한다**.(국가공무원법 제80조 제3항)

정답 ③

---

167 경찰 징계에 대한 설명으로 옳은 것은?   11승진

① 경찰청에 설치하는 경찰공무원 중앙징계위원회는 경무관 이상 경찰공무원에 대한 징계사건을 심의·의결한다.
② 감봉은 1개월 이상 3개월 이하의 기간 동안 보수의 1/3을 감한다.
③ 재직기간이 5년 미만인 자에 대한 파면 처분의 경우 퇴직수당은 1/4을 감액하여 지급한다.
④ 징계 사유가 발생하면 징계위원회에서의 의결을 거치게 되고, 그 의결만으로 효력을 발생한다.

해설

① <u>국무총리 소속하에 설치하는 중앙징계위원회는</u> 경무관 이상 경찰공무원에 대한 징계사건을 심의·의결한다. ※ 경찰공무원 중앙징계위원회에서는 총경·경정에 대한 징계등 의결을 하고, 경찰공무원 보통징계위원회에서는 경감이하에 대한 징계등 의결을 한다.
② ○
③ 파면 처분의 경우 <u>퇴직수당은 재직기간과 상관없이 1/2을 감액</u>하여 지급한다.

④ 징계 사유가 발생하면 징계위원회에서의 의결을 거치게 되고, 그 **징계권자가 그 의결을 실시(집행)함으로써 비로소 효력을 발생**한다.

▶ **징계의 종류**

중징계	파면	① 신분박탈, 향후 경찰관 임용불가, 일반공무원 5년간 임용제한 ② 퇴직급여 제한 – 재직 5년미만(1/4 감액), 재직 5년이상(1/2 감액) ③ 퇴직수당 제한 – 재직기간 상관없이 1/2 감액
	해임	① 신분박탈, 향후 경찰관 임용불가, 일반공무원 3년간 임용제한 ② 퇴직급여 제한없음(단, 금품·향응수수, 공금횡령·유용 – 재직 5년미만 1/8, 재직 5년이상 1/4 감액) ③ 퇴직수당 제한없음(단, 금품·향응수수, 공금횡령·유용 – 재직기간 상관없이 1/4 감액)
	강등	정직3개월의 효과 + 1계급 아래로 직급을 내림
	정직	① 1월이상 3월이하 기간 직무정지 ② 정직기간 중 보수는 전액을 감한다. ③ 집행이 끝난 날부터 18개월간 승진·승급 제한
경징계	감봉	① 1월이상 3월이하의 기간 보수의 3분의 1 감액 ② 집행이 끝난 날부터 12개월간 승진·승급 제한
	견책	① 훈계하는 처분으로 보수는 전액 지급 ② 집행이 끝난 날부터 6개월간 승진·승급 제한

※ 6개월 추가 승진·승급 제한 – 금품·향응수수, 공금횡령·유용, 소극행정, 음주운전(측정불응포함), 성폭력·성희롱·성매매로 인한 징계

정답 ②

---

168 경찰공무원의 징계책임에 대한 설명으로 가장 적절한 것은? 21순경2차

① 「경찰공무원 징계령」상 중징계에는 파면, 해임 및 강등이 있으며, 경징계에는 정직, 감봉 및 견책이 있다.
② 「경찰공무원 징계령」상 징계등 심의 대상자는 증인의 심문을 신청할 수 있다. 이 경우 징계위원회의 위원장이 그 채택 여부를 결정한다.
③ 「국가공무원법」상 정직은 1개월 이상 3개월 이하의 기간으로 하고, 정직 처분을 받은 자는 그 기간 중 공무원의 신분은 보유하나 직무에 종사하지 못하며 보수의 3분의 2를 감한다.
④ 「경찰공무원법」상 경무관 이상의 경찰공무원에 대한 징계의결은 「국가공무원법」에 따라 국무총리 소속으로 설치된 징계위원회에서 한다.

해설

① 정직은 경징계가 아니라 중징계
② 징계등 심의 대상자는 증인의 심문을 신청할 수 있다. 이 경우 **징계위원회는 의결로써** 그 채택 여부를 결정하여야 한다.
③ 정직은 **보수 전액을 감함**

정답 ④

169 다음은 「국가공무원법」, 「공무원연금법」 및 동법 시행령 상 경찰공무원의 징계에 관한 설명이다. ( )안에 들어갈 숫자를 가장 적절하게 나열한 것은?

14승진변형

> 1. 강등은 1계급 아래로 직급을 내리고 공무원 신분은 보유하나 (㉠)개월간 직무에 종사하지 못하며 그 기간 중 보수의 (㉡)을(를) 감한다.
> 2. 징계에 의하여 파면된 경우, 재직기간이 5년 이상인 사람의 퇴직급여는 그 금액의 (㉢)분의 1을 감액한다.
> 3. 아래 사유를 제외한 '그 밖의 징계 등 사유'에 해당하는 경우 징계의결 등의 요구는 징계 등 사유가 발생한 날부터 (㉣)년이 지나면 하지 못한다.
>   – 금품·향응 수수나 공금의 횡령·유용의 경우
>   – 성매매·성폭력·아청대상성범죄·성희롱의 경우

① ㉠-3, ㉡-전액, ㉢-2, ㉣-3
② ㉠-3, ㉡-1, ㉢-4, ㉣-3
③ ㉠-3, ㉡-전액, ㉢-4, ㉣-2
④ ㉠-3, ㉡-1, ㉢-2, ㉣-2

해설

1. 강등은 1계급 아래로 직급을 내리고 공무원 신분은 보유하나 **(3)개월간** 직무에 종사하지 못하며 그 기간 중 보수의 **(전액)**을 감한다.
2. 징계에 의하여 파면된 경우, 재직기간이 5년 이상인 사람의 퇴직급여는 그 금액의 **(2)분의 1**을 감액한다.
3. 아래 사유를 제외한 '그 밖의 징계 등 사유'에 해당하는 경우 징계의결 등의 요구는 징계 등 사유가 발생한 날부터 **(3)년이** 지나면 하지 못한다.
   – 금품·향응 수수나 공금의 횡령·유용의 경우 : 5년
   – 성매매·성폭력·아청대상성범죄·성희롱의 경우 : 10년

> 징계의결등의 요구는 징계 등 사유가 발생한 날부터 다음 기간이 지나면 하지 못한다.(성금/기타)
> – 10년 : 성매매, 성폭력, 아청대상 성범죄, 성희롱
> – 5년 : 금전·물품·부동산·향응 그밖에 재산상이익 취득·제공, 예산·기금 등의 횡령·배임·절도·사기·유용
> – 3년 : 그 밖의 징계 등 사유에 해당하는 경우

정답 ①

170 경찰공무원의 징계에 대한 설명으로 가장 적절하지 않은 것은? 　　　　　　15승진

① 감봉은 보수의 2/3를 감액하며, 처분기간 동안 직무에 종사하지 못한다.
② 승진후보자가 정직이상의 징계처분을 받은 경우 승진임용후보자 명부에서 삭제된다.
③ 강등은 1계급 아래로 직급을 내리고, 3개월간 직무에 종사하지 못하는 징계를 말한다.
④ 징계의결 등의 요구는 성매매·성폭력·아동청소년대상성범죄·성희롱의 경우 징계 등의 사유가 발생한 날부터 10년, 금품·향응수수나 공금의 횡령·유용의 경우에는 5년, 그 밖의 징계 등 사유에 해당하는 경우에는 3년이 지나면 하지 못한다.

해설

① 감봉은 1월~3월의 기간 동안 <u>보수의 1/3을 감액</u>하며, <u>직무에 종사한다</u>.

정답 ①

---

171 「경찰공무원법」상 징계에 관한 다음 설명 중 가장 적절하지 않은 것은? 　　　16순경1차변형

① 경무관 이상의 경찰공무원에 대한 징계의결은 「국가공무원법」에 따라 국무총리 소속으로 설치된 징계위원회에서 한다.
② 총경 이하의 경찰공무원에 대한 징계의결을 하기 위하여 대통령령으로 정하는 경찰기관 및 해양경찰관서에 경찰공무원 징계위원회를 둔다.
③ 경무관 이상의 강등 및 정직과 경정 이상의 파면 및 해임은 행정안전부장관 또는 해양수산부장관의 제청으로 국무총리를 거쳐 대통령이 한다.
④ 징계처분, 휴직처분, 면직처분, 그 밖에 의사에 반하는 불리한 처분에 대한 행정소송은 경찰청장 또는 해양경찰청장을 피고로 한다. 다만, 제7조 제3항 및 제4항에 따라 임용권을 위임한 경우에는 그 위임을 받은 자를 피고로 한다.

해설

③ 경무관 이상의 강등 및 정직과 경정 이상의 파면 및 해임은 <u>경찰청장 또는 해양경찰청장의 제청으로 행정안전부장관 또는 해양수산부장관과 국무총리를 거쳐</u> 대통령이 한다.

정답 ③

172 다음은 경찰공무원 징계를 설명한 것이다. 가장 적절한 것은?

14순경1차

① 총경과 경정의 강등 및 정직은 경찰청장이 행한다.
② 경무관 이상의 경찰공무원에 대한 징계의결은 「국가공무원법」에 따라 경찰청에 설치된 경찰공무원 중앙징계위원회에서 한다.
③ 징계 등 의결을 요구한 자는 경징계의 징계 등 의결을 통지받았을 때에는 통지받은 날부터 30일 이내에 징계 등을 집행하여야 한다.
④ 징계의결 등의 요구는 성매매·성폭력·아동청소년대상성범죄·성희롱의 경우 징계 등의 사유가 발생한 날부터 10년, 금품·향응수수나 공금의 횡령·유용의 경우에는 5년, 그 밖의 징계 등 사유에 해당하는 경우에는 2년이 지나면 하지 못한다.

해설

① O
② 경무관 이상의 경찰공무원에 대한 징계의결은 「국가공무원법」에 따라 <u>국무총리 소속으로 설치된</u> 징계위원회에서 한다.
③ 징계 등 의결을 요구한 자는 경징계의 징계 등 의결을 통지받았을 때에는 통지받은 날부터 <u>15일 이내에</u> 징계 등을 집행하여야 한다(경찰공무원 징계령 제18조 제1항).
④ 징계의결 등의 요구는 성매매·성폭력·아동청소년대상성범죄·성희롱의 경우 징계 등의 사유가 발생한 날부터 10년, 금품·향응수수나 공금의 횡령·유용의 경우에는 5년, 그 밖의 징계 등 사유에 해당하는 경우에는 <u>3년이 지나면</u> 하지 못한다.

정답 ①

---

173 「경찰공무원 징계령」에 대한 설명으로 **틀린** 것은 모두 몇 개인가?

15순경1차변형

㉠ 중징계란 파면, 해임, 강등을 말하며, 경징계란 정직, 감봉 및 견책을 말한다.
㉡ 경찰공무원 보통징계위원회는 해당 징계위원회가 설치된 경찰기관 소속 경정 이하 경찰공무원에 대한 징계 등 사건을 심의·의결한다.
㉢ 경찰공무원 징계위원회는 위원장 1명을 포함하여 11명 이상 51명 이하의 공무원위원과 민간위원으로 구성한다.
㉣ 징계위원회의 의결은 위원장을 포함한 위원 과반수의 출석과 출석위원 2/3의 찬성으로 의결한다.
㉤ 소속이 다른 2명 이상의 경찰공무원이 관련된 징계등 사건으로서 관할 징계위원회가 서로 다른 경우에는 모두를 관할하는 바로 위 상급 경찰기관에 설치된 징계위원회에서 심의·의결한다.

① 0개 ② 1개 ③ 2개 ④ 3개

해설

㉠ <u>중징계란 파면, 해임, 강등, 정직을</u> 말하며, <u>경징계란 감봉 및 견책을</u> 말한다.

ⓒ 경찰공무원 보통징계위원회는 해당 징계위원회가 설치된 경찰기관 소속 **경감 이하** 경찰공무원에 대한 징계 등 사건을 심의·의결한다.
ⓒ O
ⓔ 징계위원회의 의결은 위원장을 포함한 <u>위원 과반수의 출석과 출석위원 과반수의 찬성으로 의결</u>한다.
ⓜ O

정답 ④

174 경찰공무원의 징계에 대한 설명 중 가장 적절하지 않은 것은? 13승진변형

① 「경찰공무원징계령」상 중앙·보통징계위원회는 위원장 1명을 포함하여 11명 이상 51명 이하의 공무원위원과 민간위원으로 구성한다.
② 소속이 다른 2명 이상의 경찰공무원이 관련된 징계 등 사건으로서 관할 징계위원회가 서로 다른 경우에는 모두를 관할하는 바로 위 상급 경찰기관에 설치된 징계위원회에서 심의·의결한다.
③ 금품 및 향응 수수로 징계 해임된 자의 퇴직급여는 재직기간이 5년 이상인 경우, 퇴직급여의 1/4을 지급한다.
④ 경찰기관의 장은 소속 경찰공무원 중 징계사유가 있다고 인정한 때와 징계의결 요구의 신청을 받은 때에는 지체없이 관할 징계위원회를 구성하여 징계의결을 요구하여야 한다.

해설

③ 금품 및 향응 수수로 징계 해임된 자의 퇴직급여는 재직기간이 5년 이상인 경우, **퇴직급여의 1/4을 감액한다(3/4을 지급한다)**.

정답 ③

175 경찰공무원의 징계에 관한 설명 중 옳지 않은 것은 모두 몇 개인가? 11승진

ⓐ 경무관 이상의 경찰공무원에 대한 징계의 의결은 「국가공무원법」에 의하여 국무총리 소속하에 설치된 징계위원회에서 행한다.
ⓑ 경무관 이상의 강등 및 정직과 경정 이상의 파면 및 해임은 경찰청장이 행한다.
ⓒ 업무매뉴얼에 규정된 직무상의 절차를 충실히 이행한 때에는 「경찰공무원 징계양정 등에 관한 규칙」상 정상참작 사유로 감독자의 참작사유에 해당한다.
ⓓ 경찰공무원징계위원회의 위원장은 위원회의 사무를 총괄하며 위원회를 대표하지만, 표결권은 가지지 아니한다.

① 1개　　② 2개　　③ 3개　　④ 4개

해설

㉠ ○
㉡ 경무관 이상의 강등 및 정직과 경정 이상의 파면 및 해임은 **경찰청장의 제청으로 행정안전부장관과 국무총리를 거쳐 대통령이 행한다.**
㉢ 업무매뉴얼에 규정된 직무상의 절차를 충실히 이행한 때에는 「경찰공무원 징계령 세부시행규칙」상 **행위자의 정상참작사유**에 해당한다.
㉣ 경찰공무원징계위원회의 위원장은 위원회의 사무를 총괄하고 위원회를 대표하며, **표결권을 가진다.**

정답 ③

176 경찰공무원의 징계와 관련된 규정에 대한 설명으로 가장 적절하지 않은 것은? 19승진

① 경찰기관의 장은 소속 경찰공무원 중 징계사유가 있다고 인정할 때와 징계등 의결 요구의 신청을 받은 때에는 지체 없이 관할 징계위원회를 구성하여 징계등 의결을 요구하여야 한다.
② 강등 징계시 3개월간 직무에 종사하지 못하며 금품 또는 향응 수수로 강등의 징계처분을 받은 경우 그 처분의 집행이 끝난 날로부터 21개월이 지나지 않으면 승진임용을 할 수 없다.
③ 감독자의 부임 기간이 1개월 미만으로 부하직원에 대한 실질적 감독이 곤란하다고 인정된 때에는 정상을 참작할 수 있다.
④ 행위자가 간첩 또는 사회이목을 집중시킨 중요사건의 범인을 검거한 공로가 있을 때나 업무매뉴얼에 규정된 직무상의 절차를 충실히 이행한 때에는 정상을 참작할 수 있다.

해설

② 금품 또는 향응 수수로 강등의 징계처분을 받은 경우 그 **처분의 집행이 끝난 날로부터 24월**이 지나지 않으면 승진임용을 할 수 없다.
※ 강등(종료후 18월), 금품향응수수(+6월) → 24월
※ 만약, "집행이 끝난 날로부터"라는 표현이 없으면 3개월 정직기간도 가산

정답 ②

177 대통령령인 「경찰공무원 징계령」에 대한 다음 설명 중 가장 옳지 않은 것은? 17경간변형

① 각 경찰공무원 징계위원회는 위원장 1명을 포함하여 11명 이상 51명 이하의 공무원위원과 민간위원으로 구성한다.
② 징계위원회가 설치된 경찰기관의 장은 징계등 심의 대상자보다 상위 계급인 경위 이상의 소속 경찰공무원 또는 상위 직급에 있는 6급 이상의 소속 공무원 중에서 징계위원회의 공무원위원을 임명한다.
③ 징계위원회의 회의는 위원장과 징계위원회가 설치된 경찰기관의 장이 회의마다 지정하는 4명 이상 6명 이하의 위원으로 성별을 고려하여 구성하되, 민간위원의 수는 위원장을 포함한 위원 수의 2분의 1 이상이어야 한다.
④ 징계위원회가 징계등 심의 대상자의 출석을 요구할 때에는 징계위원회 개최일 3일 전까지 그 징계등 심의 대상자에게 출석통지서가 도달되도록 하여야 한다.

> **해설**
> ④ 징계위원회가 징계등 심의대상자의 출석을 요구할 때에는 징계위원회 **개최일 5일 전까지** 징계등 심의대상자에게 출석통지서가 도달되도록 하여야 한다.
>
> **정답** ④

178 「경찰공무원 징계령」상 서술을 나열한 것이다. 옳은 것은 모두 몇 개인가? 보충문제

> ㉠ 징계위원회가 설치된 경찰기관의 장은 징계등 심의 대상자보다 상위 계급인 경위 이상의 소속 경찰공무원 또는 상위 직급에 있는 6급 이상의 소속 공무원 중에서 징계위원회의 공무원위원을 임명한다.
> ㉡ 다만, 보통징계위원회의 경우 징계등 심의 대상자보다 상위 계급인 경위 이상의 소속 경찰공무원 또는 상위 직급에 있는 6급 이상의 소속 공무원의 수가 제3항에 따른 민간위원을 제외한 위원 수에 미달되는 등의 사유로 보통징계위원회를 구성하는 것이 곤란한 경우에는 징계등 심의 대상자보다 상위 계급인 경사 이하의 소속 경찰공무원 또는 상위 직급에 있는 7급 이하의 소속 공무원 중에서 임명할 수 있다.
> ㉢ 위 ㉡의 경우에는 3개월 이하의 정직·감봉 또는 견책에 해당하는 징계등 사건만을 심의·의결한다.
> ㉣ 징계위원회가 설치된 경찰기관의 장은 위원 수의 3분의 1 이상을 성별을 고려하여 민간위원으로 위촉해야 한다.
> ㉤ 중앙징계위원회의 민간위원으로 위촉하려면 법관·검사 또는 변호사로 5년 이상 근무한 사람, 대학에서 경찰 관련 학문을 담당하는 정교수 이상으로 재직 중인 사람 등의 자격을 갖추어야 한다.

① 1개　　② 2개　　③ 3개　　④ 4개

해설

㉠ O
㉡ O
㉢ 이 경우에는 제4조 제2항에도 불구하고 3개월 이하의 **감봉 또는 견책에** 해당하는 징계등 사건만을 심의·의결한다.
㉣ 징계위원회가 설치된 경찰기관의 장은 위원 수의 **2분의 1 이상을** 성별을 고려하여 민간위원으로 위촉해야 한다.
㉤ 중앙징계위원회의 민간위원으로 위촉하려면 법관·검사 또는 변호사로 **10년 이상** 근무한 사람, 대학에서 경찰 관련 학문을 담당하는 정교수 이상으로 재직 중인 사람 등의 자격을 갖추어야 한다.

> 「경찰공무원 징계령」 제6조(징계위원회의 구성 등) ① 각 징계위원회는 **위원장 1명을 포함하여 11명 이상 51명 이하의 공무원위원과 민간위원**으로 구성한다.
> ② 징계위원회가 설치된 경찰기관의 장은 징계등 심의 대상자보다 상위 계급인 **경위 이상의** 소속 경찰공무원 또는 상위 직급에 있는 **6급 이상의** 소속 공무원 중에서 징계위원회의 공무원위원을 임명한다. 다만, 보통징계위원회의 경우 징계등 심의 대상자보다 상위 계급인 경위 이상의 소속 경찰공무원 또는 상위 직급에 있는 6급 이상의 소속 공무원의 수가 제3항에 따른 민간위원을 제외한 위원 수에 미달되는 등의 사유로 보통징계위원회를 구성하는 것이 곤란한 경우에는 징계등 심의 대상자보다 상위 계급인 경사 이하의 소속 경찰공무원 또는 상위 직급에 있는 7급 이하의 소속 공무원 중에서 임명할 수 있으며, 이 경우에는 제4조 제2항에도 불구하고 3개월 이하의 감봉 또는 견책에 해당하는 징계등 사건만을 심의·의결한다.
> ③ 징계위원회가 설치된 경찰기관의 장은 제1항에 따른 **위원 수의 2분의 1 이상을** 다음 각 호의 구분에 따라 다음 각 목의 어느 하나에 해당하는 사람 중에서 성별을 고려하여 **민간위원으로 위촉해야** 한다.
> 1. 중앙징계위원회 (10정총민)
>   가. 법관·검사 또는 변호사로 **10년 이상** 근무한 사람
>   나. 「고등교육법」 제2조에 따른 학교 또는 이에 준하는 교육기관(이하 "대학"이라 한다)에서 경찰 관련 학문을 담당하는 **정교수** 이상으로 재직 중인 사람
>   다. **총경 또는 4급 이상**의 공무원으로 근무하고 퇴직한 사람[퇴직 전 5년부터 퇴직할 때까지 근무했던 적이 있는 경찰기관(해당 경찰기관이 소속된 중앙행정기관 및 그 중앙행정기관의 다른 소속기관에서 근무했던 경우를 포함한다)의 경우에는 퇴직일부터 3년이 경과한 사람을 말한다]
>   라. **민간부문에서** 인사·감사 업무를 담당하는 임원금 또는 이에 상응하는 지위에 근무한 경력이 있는 사람
> 2. 보통징계위원회 (5부20민)
>   가. 법관·검사 또는 변호사로 **5년 이상** 근무한 사람
>   나. 대학에서 경찰 관련 학문을 담당하는 **부교수** 이상으로 재직 중인 사람
>   다. **공무원으로 20년 이상** 근속하고 퇴직한 사람[퇴직 전 5년부터 퇴직할 때까지 근무했던 적이 있는 경찰기관(해당 경찰기관이 소속된 중앙행정기관 및 그 중앙행정기관의 다른 소속기관에서 근무했던 경우를 포함한다)의 경우에는 퇴직일부터 3년이 경과한 사람을 말한다]
>   라. **민간부문에서** 인사·감사 업무를 담당하는 임원금 또는 이에 상응하는 지위에 근무한 경력이 있는 사람
> ④ 징계위원회의 위원장은 위원 중 최상위 계급 또는 이에 상응하는 직급에 있거나 최상위 계급 또는 이에 상응하는 직급에 먼저 승진임용된 공무원이 된다.

정답

179 다음은 「경찰공무원 징계령」의 내용이다. 아래 ㉠부터 ㉣까지의 설명으로 옳고 그름의 표시(O, X)가 바르게 된 것은?

17승진변형

㉠ 「경찰공무원 징계령」상 징계위원회가 설치된 경찰기관의 장은 위원 수의 2분의 1 이상을 성별을 고려하여 민간위원으로 위촉하여야 하며, 공무원으로 20년 이상 근속하고 퇴직한 사람은 중앙징계위원회의 민간위원에 해당할 수 있다.

㉡ 소속이 다른 2명 이상의 경찰공무원이 관련된 징계등 사건으로서 관할 징계위원회가 서로 다른 경우에는 모두를 관할하는 바로 위 상급 경찰기관에 설치된 징계위원회에서 심의·의결한다.

㉢ 징계등 의결 요구를 받은 징계위원회는 그 징계요구서를 받은 날부터 30일 이내에 징계등에 관한 의결을 하여야 한다. 다만, 부득이한 사유가 있을 때에는 해당 징계등 의결을 요구한 경찰기관의 장의 승인을 받아 30일 이내의 범위에서 그 기간을 연장할 수 있다.

㉣ 징계위원회는 출석 통지를 하였음에도 불구하고 징계등 심의 대상자가 정당한 사유 없이 출석하지 아니하였을 때에는 그 사실을 기록에 분명히 적고 서면심사로 징계등 의결을 할 수 있다. 다만, 징계등 심의 대상자의 소재가 분명하지 아니할 때에는 출석 통지를 관보에 게재하고, 그 게재일 다음날부터 10일이 지나면 출석 통지가 송달된 것으로 보며, 징계등 의결을 할 때에는 관보 게재의 사유와 그 사실을 기록에 분명히 적어야 한다.

① ㉠(O) ㉡(O) ㉢(O) ㉣(O)
② ㉠(×) ㉡(O) ㉢(O) ㉣(O)
③ ㉠(×) ㉡(O) ㉢(O) ㉣(×)
④ ㉠(×) ㉡(×) ㉢(×) ㉣(O)

해설

㉠ 「경찰공무원징계령」상 징계위원회가 설치된 경찰기관의 장은 위원 수의 2분의 1 이상을 성별을 고려하여 민간위원으로 위촉하여야 하며, 공무원으로 20년 이상 근속하고 퇴직한 사람은 **보통징계위원회의** 민간위원에 해당할 수 있다.

㉣ 징계위원회는 출석 통지를 하였음에도 불구하고 징계등 심의 대상자가 정당한 사유 없이 출석하지 아니하였을 때에는 그 사실을 기록에 분명히 적고 서면심사로 징계등 의결을 할 수 있다. 다만, 징계등 심의 대상자의 소재가 분명하지 아니할 때에는 출석 통지를 관보에 게재하고, <u>그 게재일부터 10일이 지나면</u> 출석 통지가 송달된 것으로 보며, 징계 등 의결을 할 때에는 관보 게재의 사유와 그 사실을 기록에 분명히 적어야 한다.

정답 ③

180 「경찰공무원 징계령」상 경찰공무원 징계에 대한 설명으로 가장 적절한 것은? 　21순경1차

① 징계위원회는 징계등 사건을 의결할 때에는 징계등 심의 대상자의 평소 행실, 근무 성적, 공적(功績), 뉘우치는 정도와 징계등 의결을 요구한 자의 의견을 고려할 수 있다.
② 징계등 의결 요구를 받은 징계위원회는 그 요구서를 받은 날부터 60일 이내에 징계등에 관한 의결을 하여야 한다. 다만, 부득이한 사유가 있을 때에는 해당 징계등 의결을 요구한 경찰기관의 장의 승인을 받아 30일 이내의 범위에서 그 기간을 연장할 수 있다.
③ 징계등 심의 대상자의 소재가 분명하지 아니할 때에는 출석 통지를 관보에 게재하고, 그 게재일부터 7일이 지나면 출석 통지가 송달된 것으로 보며, 징계등 의결을 할 때에는 관보 게재의 사유와 그 사실을 기록에 분명히 적어야 한다.
④ 징계위원회의 의결은 위원장을 포함한 위원 과반수의 출석과 출석위원 과반수의 찬성으로 의결하되, 의견이 나뉘어 출석위원 과반수의 찬성을 얻지 못한 경우에는 출석위원 과반수가 될 때까지 징계등 심의 대상자에게 가장 불리한 의견을 제시한 위원의 수를 그 다음으로 불리한 의견을 제시한 위원의 수에 차례로 더하여 그 의견을 합의된 의견으로 본다.

해설

① 징계위원회는 징계등 사건을 의결할 때에는 징계등 심의 대상자의 평소 행실, 근무 성적, 공적(功績), 뉘우치는 정도와 징계등 의결을 요구한 자의 의견을 **고려하여야 한다.**(제16조)
② 징계등 의결 요구를 받은 징계위원회는 그 요구서를 받은 날부터 **30일 이내에** 징계등에 관한 의결을 하여야 한다. 다만, 부득이한 사유가 있을 때에는 해당 징계등 의결을 요구한 경찰기관의 장의 승인을 받아 30일 이내의 범위에서 그 기간을 연장할 수 있다.(제11조)
③ 징계등 심의 대상자의 소재가 분명하지 아니할 때에는 출석 통지를 관보에 게재하고, 그 게재일부터 **10일이 지나면** 출석 통지가 송달된 것으로 보며, 징계등 의결을 할 때에는 관보 게재의 사유와 그 사실을 기록에 분명히 적어야 한다.(제12조③)
④ (O) (제14조①)

정답 ④

181 「경찰공무원 징계령」에 대한 설명으로 가장 적절하지 않은 것은?　20승진변형

① 징계등 의결 요구를 받은 징계위원회는 그 요구서를 받은 날부터 30일 이내에 징계등에 관한 의결을 하여야 한다. 다만, 부득이한 사유가 있을 때에는 당해 징계심의대상자의 동의를 얻어 30일 이내의 범위에서 그 기간을 연장할 수 있다.
② 징계위원회가 징계등 심의 대상자의 출석을 요구할 때에는 출석 통지서로 하되, 징계위원회 개최일 5일 전까지 그 징계등 심의 대상자에게 도달되도록 하여야 한다.
③ 징계등 심의대상자의 소재가 분명하지 아니할 때에는 출석통지를 관보에 게재하고 그 게재일부터 10일이 지나면 출석통지가 송달된 것으로 본다.
④ 징계등 의결을 요구한 자는 경징계의 징계등 의결을 통지받았을 때에는 통지받은 날부터 15일 이내에 징계등을 집행하여야 한다.

> **해설**
> ① 징계등 의결 요구를 받은 징계위원회는 그 요구서를 받은 날부터 30일 이내에 징계등에 관한 의결을 하여야 한다. 다만, 부득이한 사유가 있을 때에는 당해 **징계의결을 요구한 자의 승인을 얻어** 30일 이내의 범위에서 그 기간을 연장할 수 있다.
>
> **정답** ①

182 「경찰공무원 징계령」에 대한 내용으로 가장 적절하지 않은 것은?　18순경2차

① 징계위원회의 위원장은 위원회의 사무를 총괄하고 위원회를 대표하며, 표결권을 가진다.
② 징계위원회는 출석 통지를 하였음에도 불구하고 징계등 심의 대상자가 정당한 사유 없이 출석하지 아니하였을 때에는 그 사실을 기록에 분명히 적고 서면심사로 징계등 의결을 할 수 있다. 다만, 징계등 심의 대상자의 소재가 분명하지 아니할 때에는 출석 통지를 관보에 게재하고, 그 게재일부터 10일이 지나면 출석 통지가 송달된 것으로 보며, 징계등 의결을 할 때에는 관보 게재의 사유와 그 사실을 기록에 분명히 적어야 한다.
③ 징계등 의결을 요구한 자는 경징계의 징계등 의결을 통지받았을 때에는 통지받은 날부터 15일 이내에 징계등을 집행하여야 한다.
④ 징계등 의결 요구를 받은 징계위원회는 그 요구서를 받은 날부터 30일 이내에 징계등에 관한 의결을 하여야 한다. 다만, 부득이한 사유가 있을 때에는 해당 징계등 심의 대상자에게 그 사유를 고지하고 30일 이내의 범위에서 그 기간을 연장할 수 있다.

> **해설**
> ④ 징계등 의결 요구를 받은 징계위원회는 그 요구서를 받은 날부터 30일 이내에 징계등에 관한 의결을 하여야 한다. 다만, 부득이한 사유가 있을 때에는 **해당 징계등 의결을 요구한 경찰기관의 장의 승인을 받아** 30일 이내의 범위에서 그 기간을 연장할 수 있다.
>
> **정답** ④

183 「경찰공무원 징계령」의 내용으로 가장 적절하지 않은 것은? 18승진

① 경찰기관의 장은 소속 경찰공무원이 징계사유가 있다고 인정할 때와 징계의결 요구의 신청을 받았을 때에는 지체없이 관할 징계위원회를 구성하여 징계의결을 요구하여야 한다.
② 징계위원회가 설치된 경찰기관의 장은 징계등 심의 대상자보다 상위 계급인 경위 이상의 소속 경찰공무원 또는 상위 직급에 있는 6급 이상의 소속 공무원 중에서 징계위원회의 공무원위원을 임명한다.
③ 징계등 의결 요구를 받은 징계위원회는 그 요구서를 받은 날부터 30일 이내에 징계등에 관한 의결을 하여야 한다. 다만, 부득이한 사유가 있을 때에는 해당 징계등 의결을 요구한 경찰기관의 장의 승인을 받아 30일 이내의 범위에서 그 기간을 연장할 수 있다.
④ 징계등 심의대상자의 소재가 분명하지 아니할 때에는 출석 통지를 관보에 게재하고, 그 게재일부터 7일이 지나면 출석통지가 송달된 것으로 본다.

> **해설**
> ④ 징계위원회는 출석 통지를 하였음에도 불구하고 징계등 심의 대상자가 정당한 사유 없이 출석하지 아니하였을 때에는 그 사실을 기록에 분명히 적고 서면심사로 징계등 의결을 할 수 있다. 다만, 징계등 심의 대상자의 소재가 분명하지 아니할 때에는 출석 통지를 관보에 게재하고, 그 **게재일부터 10일**이 지나면 출석 통지가 송달된 것으로 보며, 징계등 의결을 할 때에는 관보 게재의 사유와 그 사실을 기록에 분명히 적어야 한다.(경찰공무원 징계령 제12조 3항)
>
> **정답** ④

184 「경찰공무원 징계령」에 관한 설명으로 가장 적절하지 않은 것은? 14승진

① 경찰기관의 장은 소속 경찰공무원이 징계사유가 있다고 인정할 때와 징계의결 요구의 신청을 받았을 때에는 관할 징계위원회를 구성하여 징계의결을 요구할 수 있다.
② 징계등 의결을 요구한 자는 경징계의 징계 등 의결을 통지받았을 때에는 통지받은 날부터 15일 이내에 징계등을 집행하여야 한다.
③ 경찰공무원징계위원회의 위원장은 위원회의 사무를 총괄하고 위원회를 대표하며, 표결권을 가진다.
④ 징계등 의결 요구를 받은 징계위원회는 그 요구서를 받은 날부터 30일 이내에 징계 등에 관한 의결을 하여야 한다. 다만, 부득이한 사유가 있을 때에는 해당 징계등 의결을 요구한 경찰기관의 장의 승인을 받아 30일 이내의 범위에서 그 기간을 연장할 수 있다.

> **해설**
> ① 경찰기관의 장은 소속 경찰공무원이 징계사유가 있다고 인정할 때와 징계의결 요구의 신청을 받았을 때에는 관할 징계위원회를 구성하여 **징계의결을 요구하여야 한다**.
>
> **정답** ①

185 「경찰공무원 징계령」상 징계와 관련된 규정에 대한 설명으로 가장 적절하지 않은 것은? 22경간

① 각 징계위원회는 위원장 1명을 포함하여 11명 이상 51명 이하의 공무원위원과 민간위원으로 구성한다.
② 징계위원회의 회의는 위원장과 징계위원회가 설치된 경찰기관의 장이 회의마다 지정하는 4명 이상 6명 이하의 위원으로 성별을 고려하여 구성하되, 민간위원의 수는 위원장을 포함한 위원 수의 2분의 1 이상이어야 한다.
③ 징계위원회가 징계등 심의 대상자의 출석을 요구할 때에는 출석 통지서로 하되, 징계위원회 개최일 5일 전까지 그 징계등 심의 대상자에게 도달되도록 해야 한다.
④ 징계등 의결을 요구한 자는 중징계의 징계등 의결을 통지받았을 때에는 통지받은 날부터 15일 이내에 징계등 처분 대상자의 임용권자에게 의결서 정본을 보내어 해당 징계등 처분을 제청하여야 한다. 다만, 경무관 이상의 강등 및 정직, 경정 이상의 파면 및 해임 처분의 제청, 총경 및 경정의 강등 및 정직의 집행은 경찰청장 또는 해양경찰청장이 한다.

해설

④ 징계등 의결을 요구한 자는 중징계의 징계등 의결을 통지받았을 때에는 **지체 없이** 징계등 처분 대상자의 임용권자에게 의결서 정본을 보내어 해당 징계등 처분을 제청하여야 한다. 다만, 경무관 이상의 강등 및 정직, 경정 이상의 파면 및 해임 처분의 제청, 총경 및 경정의 강등 및 정직의 집행은 경찰청장 또는 해양경찰청장이 한다.(경찰공무원 징계령 제19조 제1항)

정답 ④

186 「경찰공무원 징계령 세부시행규칙」상 감독자의 정상참작 사유로 가장 적절하지 않은 것은? 20승진

① 부임기간이 1개월 미만으로 부하직원에 대한 실질적인 감독이 곤란하다고 인정될 때
② 업무매뉴얼에 규정된 직무상의 절차를 충실히 이행한 때
③ 부하직원의 의무위반행위를 사전에 발견하여 적법 타당하게 조치한 때
④ 기타 부하직원에 대하여 평소 철저한 교양감독 등 감독자로서의 임무를 성실히 수행하였다고 인정될 때

해설

② 업무매뉴얼에 규정된 직무상의 절차를 충실히 이행한 때는 **행위자의 참작 사유**이다.

▶ 정상참작 사유 (경찰공무원 징계령 세부시행규칙)

행위자 참작사유 (4②)	다음 어느 하나에 해당하는 사유가 있을 때에는 징계책임을 감경하여 징계의결 요구 또는 징계의결하거나 징계책임을 묻지 아니할 수 있다. 1. 과실로 인하여 발생한 의무위반행위가 다른 법령에 의해 처벌사유가 되지 않고 비난 가능성이 없는 때 2. 국가 또는 공공의 이익을 증진하기 위해 성실하고 능동적으로 업무를 처리하는 과정에서 부분적인 절차상 하자 또는 비효율, 손실 등의 잘못이 발생한 때 3. 업무매뉴얼에 규정된 직무상의 절차를 충실히 이행한 때 4. 의무위반행위의 발생을 방지하기 위해 최선을 다하였으나 부득이한 사유로 결과가 발생하였을 때 5. 발생한 의무위반행위에 대하여 자진신고하거나 사후조치에 최선을 다하여 원상회복에 크게 기여한 때 6. 간첩 또는 사회이목을 집중시킨 중요사건의 범인을 검거한 공로가 있을 때 7. 제8조 제3항에 따른 감경 제외 대상이 아닌 의무위반행위 중 직무와 관련이 없는 사고로 인한 의무위반행위로서 사회통념에 비추어 공무원의 품위를 손상하지 아니한 때
감독자 참작사유 (5②)	감독자에게 다음 어느 하나에 해당하는 사유가 있을 때에는 징계책임을 감경하여 징계의결 요구 또는 징계의결하거나 징계책임을 묻지 아니할 수 있다. 1. 부하직원의 의무위반행위를 <u>사전에 발견</u>하여 적법 타당하게 조치한 때 2. 부하직원의 의무위반행위가 <u>감독자 또는 행위자의</u> 비번일, 휴가기간, 교육기간 등에 발생하거나, 소관업무아 지접 관련 없는 등 감독자의 실질적 감독범위를 벗어났다고 인정된 때 3. <u>부임기간이 1개월 미만</u>으로 부하직원에 대한 실질적인 감독이 곤란하다고 인정된 때 4. 교정이 불가능하다고 판단된 부하직원의 사유를 명시하여 인사상 조치(전출 등)를 상신하는 등 성실히 관리한 이후에 같은 부하직원이 의무위반행위를 야기하였을 때 5. 기타 부하직원에 대하여 평소 철저한 교양감독 등 감독자로서의 임무를 성실히 수행하였다고 인정된 때

정답 ②

187 「경찰공무원 징계양정 등에 관한 규칙」상 감독자의 정상참작 사유로 가장 적절하지 않은 것은?

15승진

① 부하직원의 의무위반 행위를 사전에 발견하여 적법 타당하게 조치한 때
② 부임기간이 1년 미만으로 부하직원에 대한 실질적인 감독이 곤란하다고 인정된 때
③ 부하직원의 의무위반행위가 감독자 또는 행위자의 비번일, 휴가기간, 교육기간 등에 발생하거나, 소관업무와 직접 관련 없는 등 감독자의 실질적 감독범위를 벗어났다고 인정된 때
④ 교정이 불가능하다고 판단된 부하직원의 사유를 명시하여 인사상 조치(전출 등)를 상신하는 등 성실히 관리한 이후에 같은 부하직원이 의무위반행위를 야기하였을 때

해설

② 부임기간이 <u>1개월 미만</u>으로 부하직원에 대한 실질적인 감독이 곤란하다고 인정된 때

정답 ②

---

188 현행 「경찰공무원 징계양정 등에 관한 규칙」상 감독자의 참작사유로 가장 적절하지 않은 것은?

12승진

① 교정이 불가능하다고 판단된 부하직원의 사유를 명시하여 인사상 조치를 상신하는 등 성실히 관리한 이후에 같은 부하직원이 의무위반행위를 야기하였을 때
② 부하직원의 의무위반행위를 사전에 발견하여 적법·타당하게 조치한 때
③ 간첩 또는 사회이목을 집중시킨 중요사건의 범인을 검거한 공로가 있을 때
④ 부임기간이 1개월 미만으로 부하직원에 대한 실질적인 감독이 곤란하다고 인정된 때

해설

③은 <u>행위자에 대한 참작사유</u>이다.

정답 ③

189 다음 중 「국가공무원법」상 징계처분과 그 불복에 대한 설명 중 옳은 것을 모두 고른 것은? 19경채

> ⊙ 정직은 1개월 이상 3개월 이하의 기간으로 하고, 정직 처분을 받은 자는 그 기간 중 공무원의 신분은 보유하나 직무에 종사하지 못하며 보수는 1/3을 감한다.
> ⓒ 소청심사위원회의 취소명령 또는 변경명령 결정은 그에 따른 징계나 그 밖의 처분이 있을 때까지는 종전에 행한 징계처분에 영향을 미치지 아니한다.
> ⓒ 소청심사위원회가 소청 사건을 심사할 때에 대통령령으로 정하는 바에 따라 소청인 또는 대리인에게 진술 기회를 주어야 하고, 진술 기회를 주지 아니한 결정은 취소할 수 있다.
> ⓔ 소청심사위원회는 심사 중 다른 비위사실이 발견되더라도 원처분보다 중한 징계를 부과하는 결정은 할 수 없다.

① ㉠㉡ ② ㉡㉢ ③ ㉠㉢ ④ ㉡㉣

해설

㉠ 정직은 1개월 이상 3개월 이하의 기간으로 하고, 정직 처분을 받은 자는 그 기간 중 공무원의 신분은 보유하나 직무에 종사하지 못하며 보수는 **전액을 감한다**.
㉢ 소청심사위원회가 소청 사건을 심사할 때에 대통령령으로 정하는 바에 따라 소청인 또는 대리인에게 진술 기회를 주어야 하고, 진술 기회를 주지 아니한 결정은 **무효로 한다**.

정답 ④

---

190 「국가공무원법」상 소청심사위원회에 관한 설명으로 가장 옳은 것은? 16승진

① 인사혁신처 소속의 소청심사위원회는 5인 이상 7인 이내의 상임위원과 상임위원 수의 2분의 1이상인 비상임위원으로 구성한다.
② 의결은 재적위원 3분의 2이상 출석과 재적위원 과반수의 합의에 의한다.
③ 대학에서 행정학, 정치학, 법률학을 담당한 부교수 이상의 직에 3년 이상 근무한 자는 위원이 될 수 있다.
④ 소청심사위원회의 위원은 벌금 이상의 형벌이나 장기의 심신 쇠약으로 직무를 수행할 수 없게 된 경우 외에는 본인의 의사에 반하여 면직되지 아니한다.

해설

① ○
② 의결은 **재적위원 3분의 2이상 출석**과 **출석위원 과반수의 합의**에 의한다.
③ 대학에서 행정학, 정치학, 법률학을 담당한 부교수 이상의 직에 **5년 이상** 근무한 자는 위원이 될 수 있다.
④ 소청심사위원회의 위원은 **금고 이상의 형벌**이나 장기의 심신 쇠약으로 직무를 수행할 수 없게 된 경우 외에는 본인의 의사에 반하여 면직되지 아니한다.

▶ 인사혁신처 소청심사위원회

설치	행정기관 소속 공무원의 징계처분 그밖에 그 의사에 반하는 불리한 처분이나 부작위에 대한 소청을 심사·결정하게 하기 위하여 <u>인사혁신처</u>에 소청심사위원회를 둔다.(합의제 행정관청)
구성	① 위원장 1명을 포함한 <u>5명이상 7명이하 상임위원</u>과 <u>상임위원 수의 2분의 1 이상</u>인 비상임위원 ※ 국회사무처, 법원행정처, 헌재사무처, 중앙선관위사무처에 각각 해당 소청심사위를 둠(위원장 1명을 포함한 위원 5명이상 7명이하의 비상임위원으로 구성) ② <u>위원장은 정무직</u> ③ 상임위원 – 임기는 3년(한 번만 연임가능), 겸직불가 ④ 위원(위원장포함)은 <u>인사혁신처장의 제청</u>으로 국무총리를 거쳐 <u>대통령이 임명</u>
자격	① 법관·검사 또는 변호사의 직에 <u>5년 이상</u> 근무한 자 ② 대학에서 행정학·정치학 또는 법률학을 담당한 부교수 이상의 직에 <u>5년 이상</u> 근무한 자 ③ <u>3급 이상</u> 공무원 또는 고위공무원단에 속하는 공무원으로 <u>3년 이상</u> 근무한 자(단, 3호는 비상임위원은 될 수 없음)
신분보장	소청심사위원회의 위원은 <u>금고 이상</u>의 형벌이나 장기의 심신 쇠약으로 직무를 수행할 수 없게 된 경우 외에는 본인의 의사에 반하여 면직되지 아니한다. → 비상임위원도 신분보장
결정	① 소청 사건의 결정은 <u>재적 위원 3분의 2 이상의 출석과 출석 위원 과반수의 합의</u>에 따른다. (소청32출과 – 소청심사위원회/정규임용심사위원회) ② 제1항에도 불구하고 <u>파면·해임·강등 또는 정직에 해당하는 징계처분을 취소 또는 변경하려는 경우</u>와 효력 유무 또는 존재 여부에 대한 확인을 하려는 경우에는 <u>재적 위원 3분의 2 이상의 출석과 출석 위원 3분의 2 이상의 합의</u>가 있어야 한다. 이 경우 구체적인 결정의 내용은 출석위원 과반수의 합의에 따른다.

정답 ①

191 인사혁신처 소속의 소청심사위원회의 대한 설명으로 가장 옳지 <u>않은</u> 것은? 16경간

① 소청사건의 결정은 재적위원의 3분의 2 이상의 출석과 출석위원 과반수의 합의에 의하여 결정한다.
② 소청심사위원회의 위원은 금고 이상의 형벌이나 장기의 심신쇠약으로 직무를 수행할 수 없게 된 경우 외에는 본인의 의사에 반하여 면직되지 아니한다.
③ 소청심사위원회는 위원장 1명을 포함한 5인 이상 7인 이내 상임위원과 상임위원 수의 2분의 1 이상인 비상임위원으로 구성되며, 위원은 인사혁신처장이 임명한다.
④ 대학에서 정치학을 담당한 부교수 이상의 직에 5년 이상 근무한 자는 위원이 될 수 있다.

해설

③ 소청심사위원회는 위원장 1명을 포함한 5명 이상 7명 이하의 상임위원과 상임위원 수의 2분의 1이상인 비상임위원으로 구성하되, 위원장은 정무직으로 보한다. 소청심사위원회의 <u>위원(위원장을 포함)은 인사혁신처장의 제청으로 국무총리를 거쳐 대통령이 임명한다.</u>

정답 ③

192 「국가공무원법」의 소청심사위원회 및 소청심사위원회 위원에 대한 내용이다. 아래 ㉠부터 ㉢까지의 내용 중 옳고 그름의 표시(O, X)가 바르게 된 것은?

18순경1차

> ㉠ 대학에서 행정학·정치학 또는 법률학을 담당한 부교수 이상의 직에 3년 이상 근무한 자는 위원이 될 수 있다.
> ㉡ 국회사무처, 법원행정처, 헌법재판소사무처 및 중앙선거관리위원회사무처에 설치된 소청심사위원회는 위원장 1명을 포함한 위원 5명 이상 7명 이하의 상임위원으로 구성한다.
> ㉢ 소청사건의 결정은 재적위원의 2분의 1 이상의 출석과 출석위원 과반수의 합의에 의하여 결정한다.
> ㉣ 소청심사위원회의 위원은 벌금 이상의 형벌이나 장기의 심신 쇠약으로 직무를 수행할 수 없게 된 경우 외에는 본인의 의사에 반하여 면직되지 아니한다.

① ㉠(X) ㉡(X) ㉢(O) ㉣(O)   ② ㉠(X) ㉡(O) ㉢(X) ㉣(O)
③ ㉠(O) ㉡(X) ㉢(X) ㉣(X)   ④ ㉠(X) ㉡(X) ㉢(X) ㉣(X)

해설

㉠ 대학에서 행정학·정치학 또는 법률학을 담당한 부교수 이상의 직에 **5년 이상** 근무한 자는 위원이 될 수 있다.
㉡ 국회사무처, 법원행정처, 헌법재판소사무처 및 중앙선거관리위원회사무처에 설치된 소청심사위원회는 위원장 1명을 포함한 위원 5명 이상 7명 이하의 **비상임위원으로** 구성한다.
㉢ 소청사건의 결정은 **재적위원의 3분의 2이상의 출석과** 출석위원 과반수의 합의에 의하여 결정한다. 이에 불구하고 파면·해임·강등 또는 정직에 해당하는 징계처분을 취소 또는 변경하려는 경우와 효력 유무 또는 존재 여부에 대한 확인을 하려는 경우에는 재적 위원 3분의 2 이상의 출석과 출석 위원 3분의 2 이상의 합의가 있어야 한다. 이 경우 구체적인 결정의 내용은 출석 위원 과반수의 합의에 따른다.
㉣ 소청심사위원회의 위원은 **금고 이상의** 형벌이나 장기의 심신 쇠약으로 직무를 수행할 수 없게 된 경우 외에는 본인의 의사에 반하여 면직되지 아니한다.

정답 ④

193 다음 보기 중 인사혁신처 소속의 '소청심사위원회'를 설명한 것으로 <u>틀린</u> 것은 모두 몇 개인가?

14순경1차

⊙ 대학에서 행정학·정치학 또는 법률학을 담당한 부교수 이상의 직에 5년 이상 근무한 자는 위원이 될 수 있다.
ⓒ 위원장 1명을 포함한 5명 이상 7명 이내의 상임위원과 상임위원 수의 2분의 1 이상인 비상임위원으로 구성하되, 위원장은 정무직으로 보한다.
ⓒ 소청 사건의 결정은 재적위원 3분의 2 이상의 출석과 재적위원 과반수의 합의에 따르되, 의견이 나뉠 경우에는 출석위원 과반수에 이를 때까지 소청인에게 가장 불리한 의견에 차례로 유리한 의견을 더하여 그 중 가장 유리한 의견을 합의된 의견으로 본다.
ⓔ 상임위원의 임기는 3년으로 하며, 연임할 수 없다.
ⓜ 상임위원은 다른 직무를 겸할 수 없다.

① 1개　　② 2개　　③ 3개　　④ 4개

해설

ⓒ 소청 사건의 결정은 재적위원 3분의 2 이상의 출석과 **출석위원 과반수의 합의**에 따르되, 의견이 나뉠 경우에는 출석위원 과반수에 이를 때까지 소청인에게 가장 불리한 의견에 차례로 유리한 의견을 더하여 그 중 가장 유리한 의견을 합의된 의견으로 본다(동법 제14조 제1항). 제1항에도 불구하고 파면·해임·강등 또는 정직에 해당하는 징계처분을 취소 또는 변경하려는 경우와 효력 유무 또는 존재 여부에 대한 확인을 하려는 경우에는 재적 위원 3분의 2 이상의 출석과 출석 위원 3분의 2 이상의 합의가 있어야 한다. 이 경우 구체적인 결정의 내용은 출석 위원 과반수의 합의에 따른다.
ⓔ 소청심사위원회의 상임위원의 임기는 3년으로 하며, **한 번만 연임할 수 있다**(동법 제10조 제2항).

정답 ②

194 「국가공무원법」의 소청심사위원회 및 소청심사위원회 위원에 대한 설명이다. 아래 ㉠부터 ㉢까지의 설명 중 옳고 그름의 표시(O, ×)가 바르게 된 것은? 17승진

> ㉠ 행정기관 소속 공무원의 징계처분, 그 밖에 그 의사에 반하는 불리한 처분이나 부작위에 대한 소청을 심사·결정하게 하기 위하여 인사혁신처에 소청심사위원회를 둔다.
> ㉡ 인사혁신처에 설치된 소청심사위원회는 위원장 1명을 포함한 5명 이상 7명 이하의 비상임위원과 비상임위원 수의 2분의 1이상인 상임위원으로 구성한다.
> ㉢ 소청심사위원회가 징계처분 또는 징계부가금 부과처분을 받은 자의 청구에 따라 소청을 심사할 경우에는 원징계처분보다 무거운 징계 또는 원징계부가금부과처분보다 무거운 징계부가금을 부과하는 결정을 하지 못한다.
> ㉣ 소청심사위원회의 위원은 금고 이상의 형벌이나 장기의 심신 쇠약으로 직무를 수행할 수 없게 된 경우 외에는 본인의 의사에 반하여 면직되지 아니한다.

① ㉠(O) ㉡(×) ㉢(O) ㉣(O)
② ㉠(O) ㉡(×) ㉢(O) ㉣(×)
③ ㉠(×) ㉡(O) ㉢(O) ㉣(×)
④ ㉠(×) ㉡(×) ㉢(×) ㉣(O)

해설

㉡ 인사혁신처에 설치된 소청심사위원회는 위원장 1명을 포함한 5명 이상 7명 이하의 **상임위원**과 **상임위원 수의 2분의 1 이상인 비상임위원**으로 구성하되, 위원장은 정무직으로 보한다.

정답 ①

195 소청심사에 대한 설명으로 옳지 않은 것은 모두 몇 개인가? 11승진

> ㉠ 소청은 공무원이 징계처분이나 그 밖에 그의 의사에 반하는 불리한 처분에 대하여 그 시정을 요구하는 행정심판이다.
> ㉡ 소청인 또는 대리인에게 의견진술의 기회가 부여되어야 하고, 진술 기회를 주지 아니한 결정은 무효로 한다.
> ㉢ 소청심사위원회의 결정은 원 징계처분에서 부과한 징계보다 무거운 징계를 부과하는 결정을 하지 못한다.
> ㉣ 소청심사위원회의 취소명령 또는 변경명령결정은 그에 따른 징계 기타 처분이 있을 때까지는 종전에 행한 징계처분에 영향을 미치지 아니한다.
> ㉤ 소청심사위원회의 결정은 처분 행정청을 기속한다.

① 없음   ② 1개   ③ 2개   ④ 3개

> 해설

모두 옳은 설명이다.

▶ 소청심사 절차

심사청구	① 처분사유설명서를 교부받은 날로부터, 또는 기타 불리한 처분을 받았을 때에는 그 처분이 있은 것을 안 날로부터 각각 <u>30일 이내에 심사청구</u> 가능 ② 이 경우 변호사를 대리인으로 선임할 수 있음	
심 사	① 소청심사위원회는 소청을 접수하면 <u>지체 없이 심사하여야 한다</u>. ② 소청심사위원회가 소청 사건을 심사하기 위하여 징계 요구 기관이나 관계 기관의 소속 공무원을 증인으로 소환하면 해당 기관의 장은 이에 따라야 한다.	
진술권	① 소청사건을 심사할 때에는 소청인 또는 대리인에게 <u>진술 기회를 주어야 한다</u>. ② <u>진술 기회를 주지 아니한 결정은 무효</u>로 한다.	
결 정	정족수	① <u>재적위원 3분의 2 이상 출석과 출석위원 과반수 합의로 결정</u> ② 의견이 나뉠 경우 출석위원 과반수에 이를 때까지 가장 불리한 의견에 차례로 유리한 의견을 더하여 그 중 가장 유리한 의견을 합의된 의견으로 본다. ③ 제1항에도 불구하고 <u>파면·해임·강등 또는 정직에 해당하는 징계처분을 취소 또는 변경하려는 경우와 효력 유무 또는 존재 여부에 대한 확인을 하려는 경우</u>에는 <u>재적 위원 3분의 2 이상의 출석과 출석 위원 3분의 2 이상의 합의</u>가 있어야 한다. 이 경우 구체적인 결정의 내용은 출석 위원 과반수의 합의에 따른다.
	기한	① 접수한 날부터 <u>60일 이내에 결정</u>하여야 한다. ② 불가피한 경우 소청심사위원회 의결로 <u>30일 연장할 수 있다</u>.
	불이익 변경금지	<u>원징계처분보다 무거운 징계 또는 원징계부가금 부과처분보다 무거운 징계부가금을 부과하는 결정을 하지 못한다</u>.
	결정의 효과	① <u>소청심사위원회의 결정은 처분 행정청을 기속한다</u>. ② 소청위는 직접 처분을 취소·변경하거나, 처분청에 취소·변경을 명할 수 있다. ③ 취소명령 또는 변경명령 결정은 그에 따른 징계나 그 밖의 처분이 있을 때까지는 종전에 행한 징계처분등에 영향을 미치지 아니한다.
불 복	재심청구	소청심사위원회 결정에 대하여 인사혁신처장이 <u>재심을 청구할 수는 없다</u>.
	행정소송	① 행정소송은 소청심사위원회의 심사·결정을 거치지 아니하면 제기할 수 없다.(<u>필요적 행정심판전치주의</u>) ② <u>행정소송은 경찰청장(또는 임용권 위임받은 자)을 피고</u>로 한다. ③ 소청심사위원회의 결정이 위법하다고 인정될 때, 또는 소청제기 후 60일이 경과해도 결정이 없는 때에는 행정소송을 제기할 수 있다.

정답 ①

196 경찰공무원의 소청심사에 관한 다음 설명 중 가장 적절하지 않은 것은? 14순경2차

① 소청심사위원회가 소청 사건을 심사하기 위하여 징계요구 기관이나 관계기관의 소속 공무원을 증인으로 소환하면 해당 기관의 장은 이에 따라야 한다.
② 경찰공무원의 소청심사와 행정소송의 관계에 대하여 현행법은 임의적 전치주의를 원칙으로 하고 있다.
③ 소청심사위원회 상임위원의 임기는 3년으로 하며, 한번만 연임할 수 있다.
④ 소청심사위원회는 「국가공무원법」에 따른 소청을 접수하면 지체 없이 심사하여야 한다.

해설

② 제75조에 따른 처분, 그 밖에 본인의 의사에 반한 불리한 처분이나 부작위(不作爲)에 관한 <u>행정소송은 소청심사위원회의 심사·결정을 거치지 아니하면 제기할 수 없다(필요적 전치주의)</u>(국가공무원법 제16조①).

정답 ②

197 경찰공무원 등이 징계처분 등 불리한 처분을 받았을 때 그 시정을 요구할 수 있는 기관인 '소청심사위원회'에 관한 설명으로 가장 적절한 것은? 14승진

① 소청인에게 의견진술기회가 보장되나 의견진술기회를 부여하지 않고 행한 결정이라도 무효는 아니다.
② 소청심사위원회의 결정은 당해 처분행정청을 기속하는 것은 아니다.
③ 소청 사건의 결정은 재적 위원 3분의 2 이상의 출석과 출석 위원 과반수의 합의에 따르되, 의견이 나뉠 경우에는 출석 위원 과반수에 이를 때까지 소청인에게 가장 불리한 의견에 차례로 유리한 의견을 더하여 그 중 가장 유리한 의견을 합의된 의견으로 본다.
④ 다른 행정심판과 달리 소청심사 없이도 행정소송 제기가 가능하다.

해설

① 소청인에게 의견진술기회가 보장되나 의견진술기회를 부여하지 않고 행한 결정은 <u>무효이다</u>.
② 소청심사위원회의 결정은 당해 처분행정청을 <u>기속한다</u>.
③ O
④ 다른 행정심판과 달리 <u>소청심사를 거쳐야 행정소송 제기가 가능</u>하다(필요적 전치주의).

정답 ③

198 소청은 공무원이 징계처분이나 강임·휴직·직위해제·면직처분 기타 그의 의사에 반하는 불리한 처분을 받았을 때에 그 시정을 요구하는 행정심판을 말한다. 소청 및 소청심사위원회에 대한 내용 중 가장 적절하지 <u>않은</u> 것은? 12승진

① 인사혁신처에 설치된 소청심사위원회는 합의제 행정관청이다.
② 소청심사위원회는 원징계처분에서 과한 징계보다 중한 징계를 부과하는 결정을 할 수 없다.
③ 소청심사위원회의 결정은 당해 처분행정청을 기속한다.
④ 소청심사위원회의 취소명령 또는 변경명령 결정은 그에 따른 징계나 그 밖의 처분이 있을 때까지는 종전에 행한 징계처분 또는 징계부가금 부과처분에 영향을 미친다.

해설

④ 소청심사위원회의 취소명령 또는 변경명령 결정은 그에 따른 징계나 그 밖의 처분이 있을 때까지는 종전에 행한 징계처분 또는 징계부가금 부과처분에 **영향을 미치지 아니한다**.

정답 ④

199 인사혁신처에 설치된 소청심사위원회에 대한 설명으로 가장 적절하지 <u>않은</u> 것은? 19승진

① 소청심사위원회의 위원은 금고 이상의 형벌이나 장기의 심신 쇠약으로 직무를 수행할 수 없게 된 경우 외에는 본인의 의사에 반하여 면직되지 아니한다.
② 위원장 1명을 포함한 5명 이상 7명 이하의 상임위원과 상임위원 수의 2분의 1 이상인 비상임위원으로 구성되며, 위원은 인사혁신처장의 제청으로 국무총리를 거쳐 대통령이 임명한다.
③ 3급 이상 공무원 또는 고위공무원단에 속하는 공무원으로 3년 이상 근무한 자는 비상임위원은 될 수 있으나, 상임위원은 될 수 없다.
④ 소청심사위원회의 취소명령 또는 변경명령 결정은 그에 따른 징계나 그 밖의 처분이 있을 때까지는 종전에 행한 징계처분에 영향을 미치지 아니한다.

해설

③ 3급 이상 공무원 또는 고위공무원단에 속하는 공무원으로 3년 이상 근무한 자는 **상임위원은 될 수 있으나, 비상임위원은 될 수 없다**.

정답 ③

200 경찰공무원 고충심사에 대한 설명으로 가장 적절하지 않은 것은? 22경간

① 계급이 경사인 경찰 공무원이 종교를 이유로 불합리한 차별을 겪어 고충을 당한 사안일 경우, 보통고충심사위원회에서 고충을 심사하는 것이 부적당하다고 인정될 경우에는 중앙고충심사위원회에서 심사할 수 있다.
② 경찰공무원 고충심사위원회를 두는 경찰공무원법 제31조 제1항에서 "대통령령이 정하는 경찰기관"이라 함은 경찰대학 경찰인재개발원 중앙경찰학교 경찰수사연수원 경찰서 경찰기동대 경비함정 기타 경정 이상의 경찰공무원을 장으로 하는 기관 중 행정안전부장관 또는 해양수산부장관이 지정하는 경찰기관을 말한다.
③ 경찰공무원 고충심사위원회는 위원장 1명을 포함하여 7명 이상 15명 이하의 공무원위원과 민간위원으로 구성한다. 이 경우 민간위원의 수는 위원장을 제외한 위원 수의 2분의 1 이상이어야 한다.
④ 경찰공무원 고충심사위원회의 위원장은 설치기관 소속 공무원 중에서 인사 또는 감사 업무를 담당하는 과장 또는 이에 상당하는 직위를 가진 사람이 된다.

해설

② 경찰공무원 고충심사위원회를 두는 「경찰공무원법」 제31조 제1항에서 "대통령령이 정하는 경찰기관"이라 함은 경찰대학·경찰인재개발원·중앙경찰학교·경찰수사연수원·경찰서·경찰기동대·경비함정 기타 **경감 이상의** 경찰공무원을 장으로 하는 기관중 행정안전부장관 또는 해양수산부장관이 지정하는 경찰기관을 말한다.

정답 ②

201 고충처리에 대한 설명으로 가장 적절하지 <u>않은</u> 것은? 22승진

① 국가공무원법에 따라 공무원은 인사 조직 처우 등 각종 직무조건과 그 밖에 신상 문제와 관련한 고충에 대하여 상담을 신청하거나 심사를 청구할 수 있다.
② 경찰공무원법에 따라 '경찰공무원 고충심사위원회'의 심사를 거친 재심청구와 경정 이상 경찰공무원의 인사상담 및 고충심사는 국가공무원법에 따라 설치된 중앙고충심사위원회에서 한다.
③ 공무원고충처리규정에 따라 고충심사위원회가 청구서를 접수한 때에는 30일 이내에 고충심사에 대한 결정을 하여야 한다. 다만, 부득이하다고 인정되는 경우에는 고충심사위원회의 의결로 30일을 연장할 수 있다.
④ 국가공무원법에 따라 중앙인사관장기관의 장, 임용권자 또는 임용제청자는 기관 내 성폭력 범죄 또는 성희롱 발생 사실의 신고를 받은 경우에는 지체 없이 사실 확인을 위한 조사를 하고 그에 따라 필요한 조치를 할 수 있다.

> **해설**
>
> ④ 중앙인사관장기관의 장, 임용권자 또는 임용제청권자는 기관 내 성폭력 범죄 또는 성희롱 발생 사실의 신고를 받은 경우에는 지체 없이 사실 확인을 위한 조사를 하고 그에 따라 **필요한 조치를 하여야 한다**. (국가공무원법 제76조의2 제3항)
>
> **정답** ④

CHAPTER 06 경찰행정법 Ⅱ (경찰작용법)

제1절 서설(법치행정과 경찰법의 법원)

001 법치행정에 대한 설명으로 가장 적절하지 않은 것은? (다툼이 있는 경우 판례에 의함) 18경행 행정법

① 기본권 제한에 관한 법률유보원칙은 '법률에 근거한 규율'을 요청하는 것이 아니라 '법률에 의한 규율'을 요청하는 것이다.
② 「지방자치법」에 의하면 지방자치단체가 조례로 주민의 권리 제한 또는 의무 부과에 관한 사항이나 벌칙을 정할 때에는 법률의 위임이 있어야 한다.
③ 오늘날 법률유보원칙은 국민의 기본권실현과 관련된 영역에 있어서 국민의 대표자인 입법자가 그 본질적 사항에 대해서 스스로 결정하여야 한다는 요구까지 내포하고 있다.
④ 집회나 시위 해산을 위한 살수차 사용은 집회의 자유 및 신체의 자유에 대한 중대한 제한을 초래하므로 살수차 사용요건이나 기준은 법률에 근거를 두어야 한다.

해설

① 기본권 제한에 관한 법률유보원칙은 '<u>법률에 의한 규율</u>'을 요청하는 것이 아니라 '<u>법률에 근거한 규율</u>'<u>을 요청하는 것이다</u>. 즉, 기본권 제한에 관한 법률유보원칙이 반드시 법률(법률의 형식)만에 의한 제한을 의미하는 것은 아니다.

정답 ①

002 통치행위에 해당하지 않는 것은? (다툼이 있으면 판례에 따름) 행정법기출변형

① 대통령의 서훈취소 ② 사면
③ 남북정상회담의 개최 ④ 대통령의 비상계엄선포

해설

① (통치행위 X) 서훈취소는 서훈수여의 경우와는 달리 이미 발생된 서훈대상자 등의 권리 등에 영향을 미치는 행위로서 관련 당사자에게 미치는 불이익의 내용과 정도 등을 고려하면 사법심사의 필요성이 크다. 따라서 기본권의 보장 및 법치주의의 이념에 비추어 보면, 비록 서훈취소가 대통령이 국가원수로서 행하는 행위라고 하더라도 <u>법원이 사법심사를 자제하여야 할 고도의 정치성을 띤 행위라고 볼 수는 없다</u>.(대판 2012두26920) → 서훈수여는 통치행위 인정, 서훈취소는 통치행위 부정
② (통치행위 O) 대통령의 사면권은 고도의 정치적 결단에 의하여 발동되는 행위이고 그 결단을 존중하여야 할 필요성이 있는 행위라는 의미에서 이른바 통치행위에 속한다고 할 수 있고, 이러한 대통령의 사면권은 사법심사의 대상이 되지 않는다.(서울행정법원 99구24405)

③ (통치행위 ○) '남북정상회담의 개최'는 고도의 정치적 성격을 지니고 있는 행위라 할 것이므로 특별한 사정이 없는 한 그 당부를 심판하는 것은 사법권의 내재적·본질적 한계를 넘어서는 것이 되어 적절하지 못하지만, '남북정상회담의 개최과정에서 재정경제부장관에게 신고하지 아니하거나 통일부장관의 협력사업 승인을 얻지 아니한 채 북한측에 사업권의 대가 명목으로 송금한 행위' 자체는 헌법상 법치국가의 원리와 법 앞에 평등원칙 등에 비추어 볼 때 사법심사의 대상이 된다.(대판 2003도7878) → 남북정상회담개최는 통치행위 인정, 남북정상회담 위한 대북송금은 통치행위 부정
④ (통치행위 ○) 대통령의 '비상계엄의 선포나 확대행위'는 고도의 정치적·군사적 성격을 지니고 있는 행위라 할 것이므로, 그것이 누구에게도 일견하여 헌법이나 법률에 위반되는 것으로서 명백하게 인정될 수 있는 등 특별한 사정이 있는 경우라면 몰라도, 그러하지 아니한 이상 그 계엄선포의 요건 구비 여부나 선포의 당·부당을 판단할 권한이 사법부에는 없다고 할 것이나, '비상계엄의 선포나 확대가 국헌문란의 목적을 달성하기 위하여 행하여진 경우'에는 법원은 그 자체가 범죄행위에 해당하는지의 여부에 관하여 심사할 수 있다.(대판 96도3376 전원합의체) → 비상계엄선포는 통치행위 인정, 국헌문란 목적일 경우 통치행위 부정
※ 참고 - 자이툰부대의 이라크 파병결정은 통치행위에 해당한다.(헌재 2003헌마814)

정답 ①

003 행정법의 법원(法源)의 효력에 대한 설명으로 옳지 않은 것은?   21지방9급행정법

① 헌법개정·법률·조약·대통령령·총리령 및 부령의 공포는 관보에 게재함으로써 한다.
② 「국회법」에 따라 하는 국회의장의 법률 공포는 서울특별시에서 발행되는 둘 이상의 일간신문에 게재함으로써 한다.
③ 법령의 공포일은 해당 법령을 게재한 관보 또는 신문이 발행된 날로 한다.
④ 관보의 내용 해석 및 적용 시기 등에 대하여 종이관보가 전자관보보다 우선적 효력을 가진다.

해설

④ 관보의 내용 해석 및 적용 시기 등에 대하여 **종이관보와 전자관보는 동일한 효력을 가진다.**

「법령 등 공포에 관한 법률」 제11조(공포 및 공고의 절차)
① 헌법개정·법률·조약·대통령령·총리령 및 부령의 공포와 헌법개정안·예산 및 예산 외 국고부담계약의 공고는 관보(官報)에 게재함으로써 한다.
② 「국회법」 제98조 제3항 전단에 따라 하는 국회의장의 법률 공포는 서울특별시에서 발행되는 둘 이상의 일간신문에 게재함으로써 한다.
③ 제1항에 따른 관보는 종이로 발행되는 관보(이하 "종이관보"라 한다)와 전자적인 형태로 발행되는 관보(이하 "전자관보"라 한다)로 운영한다.
④ 관보의 내용 해석 및 적용 시기 등에 대하여 종이관보와 전자관보는 동일한 효력을 가진다.

정답 ④

004 법령등 시행일의 기간 계산에 관한 설명으로 옳은 것을 모두 고른 것은?   행정법기출변형

> ㄱ. 법령등을 공포한 날부터 시행하는 경우에는 공포한 날을 시행일로 한다.
> ㄴ. 법령등을 공포한 날부터 일정 기간이 경과한 날부터 시행하는 경우 법령을 공포한 날을 첫날에 산입하지 아니한다.
> ㄷ. 법령등을 공포한 날부터 일정 기간이 경과한 날부터 시행하는 경우 그 기간의 말일이 토요일 또는 공휴일인 때에는 그 말일로 기간이 만료한다.
> ㄹ. 대통령령은 특별한 규정이 없으면 공포한 날부터 10일이 경과함으로써 효력을 발생한다.

① ㄱ, ㄴ ② ㄱ, ㄹ ③ ㄷ, ㄹ ④ ㄱ, ㄴ, ㄷ

해설

ㄹ. 법령(법률+법규명령)은 특별한 규정이 없으면 <u>공포한 날부터 20일을 경과함으로써</u> 효력을 발생한다.

행정기본법 제7조(법령등 시행일의 기간 계산) 법령등(훈령·예규·고시·지침 등을 포함한다)의 시행일을 정하거나 계산할 때에는 다음 각 호의 기준에 따른다.
1. 법령등을 공포한 날부터 시행하는 경우에는 공포한 날을 시행일로 한다.
2. 법령등을 공포한 날부터 일정 기간이 경과한 날부터 시행하는 경우 법령등을 공포한 날을 첫날에 산입하지 아니한다.
3. 법령등을 공포한 날부터 일정 기간이 경과한 날부터 시행하는 경우 그 기간의 말일이 토요일 또는 공휴일인 때에는 그 말일로 기간이 만료한다.

정답 ④

005 「행정기본법」에서 규정하고 있는 '법 적용의 기준'에 대한 설명으로 가장 적절하지 않은 것은?   공제회문제집응용

① 새로운 법령등은 법령등에 특별한 규정이 있는 경우를 제외하고는 그 법령등의 효력 발생 전에 완성되거나 종결된 사실관계 또는 법률관계에 대해서는 적용되지 아니한다.
② 당사자의 신청에 따른 처분은 원칙적으로 신청 당시의 법령등에 따른다.
③ 법령등을 위반한 행위의 성립과 이에 대한 제재처분은 법령등에 특별한 규정이 있는 경우를 제외하고는 원칙적으로 법령등을 위반한 행위 당시의 법령등에 따른다.
④ ③의 예외로서, 법령등을 위반한 행위 후 법령등의 변경에 의하여 그 행위가 법령등을 위반한 행위에 해당하지 아니하거나 제재처분 기준이 가벼워진 경우로서 해당 법령등에 특별한 규정이 없는 경우에는 변경된 법령등을 적용한다.

해설

② 당사자의 신청에 따른 처분은 법령등에 특별한 규정이 있거나 처분 당시의 법령등을 적용하기 곤란한 특별한 사정이 있는 경우를 제외하고는 <u>처분 당시의</u> 법령등에 따른다(제14조 제2항).

> 제14조(법 적용의 기준) ① 새로운 법령등은 법령등에 특별한 규정이 있는 경우를 제외하고는 그 법령등의 효력 발생 전에 완성되거나 종결된 사실관계 또는 법률관계에 대해서는 적용되지 아니한다.
> ② 당사자의 신청에 따른 처분은 법령등에 특별한 규정이 있거나 처분 당시의 법령등을 적용하기 곤란한 특별한 사정이 있는 경우를 제외하고는 처분 당시의 법령등에 따른다.
> ③ 법령등을 위반한 행위의 성립과 이에 대한 제재처분은 법령등에 특별한 규정이 있는 경우를 제외하고는 법령등을 위반한 행위 당시의 법령등에 따른다. 다만, 법령등을 위반한 행위 후 법령등의 변경에 의하여 그 행위가 법령등을 위반한 행위에 해당하지 아니하거나 제재처분 기준이 가벼워진 경우로서 해당 법령등에 특별한 규정이 없는 경우에는 변경된 법령등을 적용한다.

정답 ②

006 행정법의 법원(法源)에 대한 설명으로 옳지 않은 것은? (다툼이 있는 경우 판례에 의함)

21국가9급행정법

① 지방자치단체가 제정한 조례가 헌법에 의하여 체결·공포된 조약에 위반되는 경우 그 조례는 효력이 없다.
② 행정소송에 관하여 「행정소송법」에 특별한 규정이 없는 사항에 대하여는 「법원조직법」과 「민사소송법」및 「민사집행법」의 규정을 준용한다.
③ 평등원칙은 일체의 차별적 대우를 부정하는 절대적 평등을 의미하는 것이 아니라 입법과 법의 적용에 있어서 합리적인 근거가 없는 차별을 배제하는 상대적 평등을 뜻한다.
④ 개정 법령이 기존의 사실 또는 법률관계를 적용대상으로 하면서 국민의 재산권과 관련하여 종전보다 불리한 법률효과를 규정하고 있는 경우, 그러한 사실 또는 법률관계가 개정 법률이 시행되기 이전에 이미 완성 또는 종결된 것이 아니라면 소급입법금지원칙에 위반된다.

해설

① (O) '1994년 관세 및 무역에 관한 일반협정'('GATT')과 '정부조달에 관한 협정'('AGP')은 국회의 동의를 얻어 공포시행된 조약으로서 각 헌법 제6조 제1항에 의하여 국내법령과 동일한 효력을 가지므로 지방자치단체가 제정한 조례가 GATT나 AGP에 위반되는 경우에는 그 효력이 없다.(대판 2004추10)
② (O) 행정소송법 제8조(법적용예) 행정소송에 관하여 이 법에 특별한 규정이 없는 사항에 대하여는 법원조직법과 민사소송법 및 민사집행법의 규정을 준용한다.
③ (O) 조세평등주의에서의 평등은 일체의 차별적 대우를 부정하는 절대적 평등을 의미하는 것이 아니라 입법과 법의 적용에 있어서 합리적인 근거가 없는 차별을 배제하는 상대적 평등을 뜻하며, 따라서 합리적 근거가 있는 차별은 평등원칙에 반하는 것이 아니다(헌재 2011헌바177).(대판 2018아541)
④ (X) 개정 법령이 기존의 사실 또는 법률관계를 적용대상으로 하면서 국민의 재산권과 관련하여 종전보다 불리한 법률효과를 규정하고 있는 경우에도 그러한 사실 또는 법률관계가 개정 법령이 시행되기 이전에 이미 완성 또는 종결된 것이 아니라면 이를 헌법상 금지되는 소급입법에 의한 재산권 침해라고 할 수는 없으며(이른바 부진정소급입법), 그러한 개정 법령의 적용과 관련하여서는 개정 전 법령의 존속에 대한 국민의 신뢰가 개정 법령의 적용에 관한 공익상의 요구보다 더 보호가치가 있다고 인정되는 경우에 그러한 국민의 신뢰를 보호하기 위하여 그 적용이 제한될 수 있는 여지가 있을 따름이다.(대판 2008두8918)

정답 ④

007 경찰법의 법원(法源)에 관한 설명으로 가장 적절하지 않은 것은? 19순경2차

① 행정입법이란 행정부가 제정하는 법을 의미하며, 행정조직 내부의 사무처리기준에 관한 법규명령과 국민을 구속하는 효력이 있는 행정규칙으로 구분된다.
② 법규명령은 특별한 규정이 없는 한 공포일로부터 20일 경과 후 효력이 발생하나, 행정규칙은 공포를 요하지 않는다.
③ 최후의 보충적 법원으로서 조리는 일반적·보편적 정의를 의미하는 바, 경찰관청의 행위가 형식상 적법하더라도 조리에 위반할 경우 위법이 될 수 있다.
④ 판례에 의할 때 운전면허 취소사유에 해당하는 음주운전을 적발한 경찰관의 소속 경찰서장이 사무 착오로 위반자에게 운전면허정지처분을 한 상태에서 위반자의 주소지 관할 시·도경찰청장이 위반자에게 운전면허취소처분을 한 경우 이는 법의 일반원칙인 조리에 반하여 허용될 수 없다.

해설

① 행정조직 내부의 사무처리기준에 관한 **행정규칙**과 국민을 구속하는 효력이 있는 **법규명령**으로 구분된다.

정답 ①

---

008 경찰법의 법원 중 성문법원에 대한 설명으로 보기 어려운 것은 모두 몇 개인가? 11승진

㉠ 헌법전 가운데 행정의 조직이나 작용의 기본원칙을 정한 부분은 그 한도 내에서 경찰행정법의 법원이 된다.
㉡ 경찰권 발동의 근거는 모두 법률에 근거해야 하므로 법률은 경찰행정상의 법률관계에 있어서 가장 중심적인 법원이다.
㉢ 「헌법」에 의하여 체결·공포된 조약과 일반적으로 승인된 국제법규는 국내법과 같은 효력을 가진다.
㉣ 조례는 법률의 위임이 있을 때 주민의 권리제한 또는 의무부과에 관한 사항이나 벌칙을 정할 수 있다.
㉤ 일반적으로 정의에 합치되는 보편적 원리로서 인정되고 있는 제 원칙을 조리라 하고 법으로 취급된다.

① 없음   ② 1개   ③ 2개   ④ 3개

해설

㉤ **불문법원으로서 조리에 대한 설명은 맞으나, 설문에서 '성문법원'을 묻고 있기 때문에 틀린 지문**이다.

정답 ②

009 경찰법의 법원(法源)에 대한 설명이다. 옳은 것은 모두 몇 개인가? 21경간

> 가. 경찰법의 법원은 일반적으로 성문법원과 불문법원으로 나눌 수 있으며 헌법, 법률, 조약과 국제법규, 조리와 규칙은 성문법원이다.
> 나. 국회에서 의결을 거치지 않고 행정기관에 의하여 제정된 법규를 법규명령이라고 한다.
> 다. 조례와 규칙은 지방의회가 정한다.
> 라. 헌법은 국가의 기본적인 통치구조를 정한 기본법으로 행정의 조직이나 작용의 기본원칙을 정한 부분은 그 한도 내에서 경찰법의 법원이 된다.
> 마. 위임명령은 법규명령이고 집행명령은 행정규칙이다.
> 바. 헌법재판소의 위헌결정은 법원이나 기타 국가기관 및 지방 자치단체를 기속(羈束)하므로 법원성이 인정된다.
> 사. 조리는 평등의 원칙, 비례의 원칙, 금반언의 원칙, 신의성실의 원칙, 신뢰보호의 원칙 등으로 구성되어 있으며 오늘날 법의 일반원칙은 성문화되어 가는 추세에 있다.

① 1개   ② 2개   ③ 3개   ④ 4개

해설

가. 경찰법의 법원은 일반적으로 성문법원과 불문법원으로 나눌 수 있으며 헌법, 법률, 조약과 국제법규, <u>조례와</u> 규칙은 성문법원이다. <u>조리는</u> 사물의 본질적 법칙 또는 일반사회의 정의감에 합치되는 보편적인 원리로 <u>불문법원</u>이다.

다. 조례는 지방자치단체의 의회가 법령이 정하는 범위 내에서 그 권한에 속하는 사무에 관하여 제정하는 자치법규이고, <u>규칙은 지방자치단체의 장이</u> 법령 또는 조례가 위임한 범위 내에서 그 권한에 속하는 사무에 관하여 <u>정립하는 법규</u>이다.

마. <u>위임명령과 집행명령 모두 법규명령에 해당</u>한다. 법규명령은 발동형식에 따라 통상 대통령령을 '시행령', 총리령·부령을 '시행규칙'으로 구분하고, 내용에 따라(위임 여부에 따라) 위임명령과 집행명령으로 구분할 수 있다.

정답 ④

010 경찰관련 법령의 법원(法源)에 대한 설명 중 가장 적절하지 않은 것은? 12승진

① 헌법은 국가의 기본적인 통치구조를 정한 기본법으로서 행정의 조직이나 작용의 기본원칙을 정한 부분은 그 한도 내에서 경찰행정법의 법원이 된다.
② 불문법원으로서 일반적으로 정의에 합치되는 보편적 원리로서 인정되고 있는 모든 원칙을 '조리'라 하고 경찰관청의 행위가 형식상 적법하더라도 조리에 위반할 경우에는 위법이 될 수 있다.
③ 국회의 의결을 거치지 않고 행정기관에 의하여 제정된 성문법규를 '명령'이라 하고 명령의 종류에는 위임명령과 집행명령이 있다.
④ 조례는 지방자치단체의 의회가 법령의 범위 안에서 지방자치권에 의거하여 제정하는 법규를 말하는 것으로 조례로 특히 주민의 '권리제한'을 제외한 '의무부과' 및 '형벌'을 정할 경우에는 반드시 법률의 위임이 있어야 한다.

> **해설**
> ④ 조례는 지방자치단체의 의회가 법령의 범위 안에서 지방자치권에 의거하여 제정하는 법규를 말하는 것으로 조례로 특히 주민의 '권리제한'을 <u>포함한</u> '의무부과' 및 '형벌'을 정할 경우에는 반드시 법률의 위임이 있어야 한다.
>
> **정답** ④

011 경찰법의 법원에 대한 설명 중 옳지 않은 것을 모두 고른 것은? 20승진

> ㉠ 경찰법의 법원은 일반적으로 성문법과 불문법원으로 나눌 수 있으며, 헌법, 법률, 조약과 국제법규, 조리와 규칙은 성문법원이다.
> ㉡ 국회의 의결을 거치지 않고 행정기관에 의하여 제정된 성문법규를 법규명령이라고 한다.
> ㉢ 국무총리는 직권으로 총리령을 발할 수 있으나, 행정각부의 장은 직권으로 부령을 발할 수 없다.
> ㉣ 지방의회가 법령의 범위 안에서 제정하는 자치법규를 규칙이라고 한다.

① ㉠, ㉡   ② ㉠, ㉢   ③ ㉠, ㉡, ㉣   ④ ㉠, ㉢, ㉣

> **해설**
> ㉠ 경찰법의 법원은 일반적으로 성문법과 불문법원으로 나눌 수 있으며, 헌법, 법률, 조약과 국제법규, <u>조례와</u> 규칙은 성문법원이다. <u>조리(행정법의 일반원칙)는 불문법원</u>이다.
> ㉡ O
> ㉢ 국무총리는 직권으로 총리령을 발할 수 있고, <u>행정각부의 장도 직권으로 부령을 발할 수 있다.</u> ※ 헌법 제95조 - 국무총리 또는 행정각부의 장은 소관사무에 관하여 법률이나 대통령령의 위임 또는 직권으로 총리령 또는 부령을 발할 수 있다.
> ㉣ 지방의회가 법령의 범위 안에서 제정하는 자치법규를 <u>조례</u>라고 한다.
>
> **정답** ④

012 법규명령과 행정규칙에 대한 설명으로 가장 옳은 것은? (판례에 의함) 21경간

① 법령 규정이 특정 행정기관에 그 법령 내용의 구체적 사항을 정할 수 있는 권한을 부여하면서 그 권한 행사의 절차나 방법을 특정하고 있지 않아 수임행정기관이 행정규칙의 형식으로 그 내용을 구체적으로 정하고 있다면 그 행정규칙은 대외적 구속력이 있는 법규명령으로서의 효력을 가진다.
② 행정입법이란 행정부가 제정하는 법을 의미하며, 행정조직 내부의 사무처리기준에 관한 법규명령과 국민을 구속하는 효력이 있는 행정규칙으로 구분된다.
③ 법규명령의 제정에는 헌법·법률 또는 상위명령의 근거가 필요하지 않아 독자적인 행정입법 작용이 허용된다.
④ 법규명령은 특별한 규정이 없는 한 공포일로부터 30일이 경과해야 효력이 발생하나 행정규칙은 공포를 요하지 않는다.

해설

① ○
② 행정조직 내부의 사무처리기준에 관한 **행정규칙**과 국민을 구속하는 효력이 있는 **법규명령**으로 구분된다.
③ 법규명령의 제정에는 **헌법·법률 또는 상위명령의 근거가 필요하다.** 위임명령은 개별적·구체적 위임에 의해서만 발할 수 있고, 집행명령은 법률의 명시적 수권이 없어도 직권으로 발할 수 있다. 다만, 집행명령은 법률 또는 상위명령의 집행을 위해 필요한 사항만을 규정할 수 있다.
④ 법규명령은 반드시 공포를 요한다. 법규명령(대통령령·총리령·부령)은 특별한 규정이 없는 한 **공포일로부터 20일**이 경과해야 효력이 발생한다.

정답 ①

013 법규명령과 행정규칙에 대한 설명 중 가장 적절하지 <u>않은</u> 것은? 21승진

① 행정규칙에 따른 종래의 행정관행이 위법한 경우에는 행정청은 자기구속을 당하지 않는다.
② 법규명령이란 국회의 의결을 거치지 않고 행정기관에 의하여 제정된 성문법규를 말하며, 그 종류에는 위임명령과 집행명령이 있다.
③ 국민의 권리 제한 또는 의무 부과와 직접 관련되는 법률, 대통령령, 총리령 및 부령은 긴급히 시행하여야 할 특별한 사유가 있는 경우를 제외하고는 공포일로부터 적어도 30일이 경과한 날부터 시행되도록 하여야 한다.
④ 위임명령은 상위법령의 집행 시 필요한 절차나 형식을 정하는 데 그쳐야 하며 새로운 법규사항을 정하여서는 안 된다.

해설

④ <u>집행명령은</u> 상위법령의 집행 시 필요한 절차나 형식을 정하는 데 그쳐야 하며 새로운 법규사항을 정하여서는 안 된다. 반면, 위임명령은 상위법령에 의하여 개별적·구체적으로 위임된 사항에 관하여 발하는 명령으로, 위임의 범위 내에서 국민의 권리·의무에 관한 법규사항을 새로이 규정할 수 있다.

정답 ④

014 법규명령과 행정규칙에 관한 설명 중 가장 옳지 <u>않은</u> 것은? 19경간

① 법규명령은 공포를 요하나 행정규칙은 공포를 요하지 않는다.
② 법규명령의 형식(부령)을 취하고 있지만, 그 내용이 행정규칙의 실질을 가지는 경우 판례는 당해 규범을 행정규칙으로 보고 있다.
③ 재량준칙의 제정은 행정청에게 재량권이 인정되는 경우에만 가능하며 행정청이 기속권만을 갖는 경우에는 인정되지 않는다.
④ 위임명령은 법규명령이고 집행명령은 행정규칙이다.

> **해설**
> ④ 법규명령은 발동형식에 따라 시행령과 시행규칙으로 구분되며 내용에 따라 위임명령과 집행명령으로 구분된다. 즉 집행명령도 법규명령이다.
>
> 정답 ④

015 법규명령과 행정규칙에 대한 설명 중 적절하지 <u>않은</u> 것을 모두 고르시오. (다툼이 있는 경우 판례에 의함) 13승진

> ㉠ 법규명령은 행정권이 정립하는 일반·추상적인 규정으로서 법규성을 지닌 것을 말하고, 국민과 행정청을 동시에 구속하는 양면적 구속력을 가짐으로써 재판규범이 된다.
> ㉡ 법규명령을 공포를 요하나, 행정규칙은 공포를 요하지 않는다.
> ㉢ 법규명령의 형식(부령)을 취하고 있지만 그 내용이 행정규칙의 실질을 가지는 경우 판례는 당해 규범을 행정규칙으로 보고 있다.
> ㉣ 위임명령은 법규명령이고 집행명령은 행정규칙이다.

① ㉠, ㉣   ② ㉢, ㉣   ③ ㉡   ④ ㉣

> **해설**
> ㉣ <u>집행명령도 법규명령</u>이다.
>
> 정답 ④

016 경찰법의 법원(法源)에 대한 설명으로 가장 적절하지 <u>않은</u> 것은? 14승진

① 경찰법의 존재형식 또는 인식근거에 관한 문제이다.
② 경찰법의 법원은 일반적으로 성문법원과 불문법원으로 나눌 수 있으며, 조례와 규칙은 성문법원의 일종이다.
③ 경찰관청의 행위가 형식상 법령에 적합하다면, 비례의 원칙 등 행정법의 일반원칙에 어긋나더라도 항상 적법한 행위이다.
④ 헌법에 의하여 체결·공포된 조약과 일반적으로 승인된 국제법규도 경찰법의 법원으로 볼 수 있다.

> **해설**
> ③ 경찰관청의 행위가 <u>형식상 법령에 적합하다 하더라도, 비례의 원칙 등 행정법의 일반원칙에 어긋나면 위법한 행위가 된다.</u>
>
> 정답 ③

---

017 성문법원에 관한 설명으로 가장 적절하지 <u>않은</u> 것은? 16승진

① 헌법은 기본적인 통치구조와 국가작용의 기본원칙을 정한 기본법이다.
② 헌법에 의하여 체결·공포된 조약과 일반적으로 승인된 국제법규는 국내법과 같은 효력을 지닌다.
③ 국회의 의결을 거치지 않고 행정기관에 의하여 제정된 성문법규를 명령이라고 한다.
④ 조리는 지방의회가 법령의 범위 안에서 제정하는 자치법규를 말한다.

> **해설**
> ④ <u>조례</u>는 지방의회가 법령의 범위 안에서 제정하는 자치법규를 말한다.
> ※ **지방자치단체는** 법령의 범위에서 그 사무에 관하여 <u>조례를 제정할 수 있다.</u> 다만, 주민의 권리 제한 또는 의무 부과에 관한 사항이나 벌칙을 정할 때에는 법률의 위임이 있어야 한다.(지방자치법 제28조 제1항)
> ※ **지방자치단체의 장은** 법령 또는 조례의 범위에서 그 권한에 속하는 사무에 관하여 <u>규칙을 제정할 수 있다.</u> (지방자치법 제29조)
>
> 정답 ④

018 경찰법의 법원에 대한 설명으로 가장 적절하지 않은 것은? 17승진

① 법규명령의 특징은 국민과 행정청을 동시에 구속하는 양면적 구속력을 가짐으로써 재판규범이 된다.
② 대통령령, 총리령 및 부령은 특별한 규정이 없으면 공포한 날부터 14일이 경과함으로써 효력을 발생한다.
③ 국민의 권리 제한 또는 의무 부과와 직접 관련되는 법률, 대통령령, 총리령 및 부령은 긴급히 시행하여야 할 특별한 사유가 있는 경우를 제외하고는 공포일로부터 적어도 30일이 경과한 날부터 시행되도록 하여야 한다.
④ 법규명령의 한계로 행정권에 대한 입법권의 일반적·포괄적 위임은 인정될 수 없고, 국회 전속적 법률사항의 위임은 원칙적으로 금지되며, 법률에 의하여 위임된 사항을 전부 하위명령에 재위임하는것은 금지된다.

> **해설**
>
> ② 대통령령, 총리령 및 부령은 특별한 규정이 없으면 공포한 날부터 <u>20일</u>이 경과함으로써 효력을 발생한다.
>
> **정답** ②

019 행정규칙과 법규명령에 대한 설명으로 가장 옳은 것은? 16경간, 19승진

① 법규명령은 국민과 행정청을 동시에 구속하는 양면적 구속력을 가짐으로써 재판규범이 된다.
② 행정규칙은 대외적 구속력을 갖고 있으므로 위반하면 반드시 위법이 된다.
③ 위임명령은 법규명령이고 집행명령은 행정규칙이다.
④ 법규명령은 공포를 요하지 않으나, 행정규칙은 공포를 요한다.

> **해설**
>
> ① ○
> ② 행정규칙은 <u>대외적 구속력이 없으므로 위반하더라도 위법이 되지 않는다</u>. 다만 내부적인 징계책임을 진다.
> ③ 법규명령은 내용에 따라 위임명령과 집행명령이 구별된다. 즉, <u>위임명령과 집행명령이 모두 법규명령</u>이다.
> ④ <u>법규명령은 반드시 공포를 요지만, 행정규칙은 공포를 요하지 않는다</u>.
> ※ 대통령령, 총리령 및 부령은 특별한 규정이 없으면 공포한 날부터 20일이 경과함으로써 효력을 발생한다.(법령 등 공포에 관한 법률 제13조)
>
> **정답** ①

020 법규명령과 행정규칙에 대한 설명으로 가장 적절하지 않은 것은? 19승진

① 법규명령은 국민과 행정청을 동시에 구속하는 양면적 구속력을 가짐으로써 재판규범이 된다.
② 법규명령의 한계로 행정권에 대한 입법권의 일반적 포괄적 위임은 인정될 수 없으며, 국회 전속적 법률사항의 위임은 원칙적으로 금지된다.
③ 행정규칙의 종류로는 고시, 훈령, 예규, 일일명령 등이 있다.
④ 행정규칙은 행정기관이 법률의 수권 없이 권한 범위 내에서 만든 일반적 추상적 명령을 말하며 대내적 구속력을 갖고 있으므로 경찰관이 이를 위반하면 반드시 위법이 된다.

해설

④ 행정규칙은 대내적 구속력만 있고 대외적(국민에 대한) 구속력은 없으므로 위반하여도 위법사유에 해당하지는 않는 것이 원칙이다. 다만, 징계사유는 될 수 있다.

정답 ④

---

021 행정규칙과 법규명령에 관한 설명으로 가장 적절하지 않은 것은? 14승진

① 법규명령이란 행정권이 정립하는 일반·추상적인 규정으로서 법규성을 지닌 것을 말한다.
② 법규명령의 한계로 행정권에 대한 입법권의 일반적·포괄적 위임은 인정될 수 없고, 국회 전속적 법률사항의 위임은 원칙적으로 금지되며, 법률에 의하여 위임된 사항을 전부 하위명령에 재위임하는 것은 금지된다.
③ 위임명령은 법규명령이고, 집행명령은 행정규칙이다.
④ 일반적으로 대내적 구속력 유무에 있어서 행정규칙과 법규명령은 동일하다.

해설

③ 집행명령도 법규명령이다.

	법규명령	행정규칙
성질	법규 양면적·대외적 구속력 재판규범성 인정	비법규 편면적·대내적 구속력 재판규범성 부정
근거	상위법령의 근거 필요	상위법령의 근거 불필요
형식	요식행위(문서○, 구두×)	불요식행위(문서○, 구두○)
공포와 효력발생	공포 필요 공포 후 20일 경과후 효력발생	공포 불필요 도달함으로써 효력발생(도달주의)
종류	대통령령(시행령), 총리령·부령(시행규칙)	훈령, 지시, 예규, 일일명령, 고시
내용	국민의 권리·의무에 관한 사항 규율가능	행정조직 내부 사항 규율 (국민 권리의무 규율불가)
위반시 효력	위법	위법은 아님(단, 내부징계사유)

정답 ③

022 행정규칙에 대한 설명으로 가장 적절하지 않은 것은? (다툼이 있는 경우 판례에 의함) 18경행 행정법

① 행정규칙은 원칙적으로 그 성격상 대외적 효력을 갖는 것은 아니나, 예외적인 경우에 대외적으로 효력을 가질 수 있다.
② 이른바 법령보충적 행정규칙은 그 자체로서 직접적으로 대외적인 구속력을 갖는다.
③ 법령의 규정이 특정 행정기관에게 법령 내용의 구체적 사항을 정할 수 있는 권한을 부여하면서 권한행사의 절차나 방법을 특정하지 아니한 경우에는 수임 행정기관은 행정규칙이나 규정 형식으로 법령 내용이 될 사항을 구체적으로 정할 수 있다.
④ 고시가 일반·추상적 성격을 가질 때는 법규명령 또는 행정규칙에 해당하지만, 고시가 구체적인 규율의 성격을 갖는다면 행정처분에 해당한다.

해설

② 법령보충적 행정규칙은 그 자체로서가 아니라 <u>위임을 한 상위법령과 결합하여</u> 대외적인 구속력을 갖는다.

정답 ②

---

023 훈령에 대한 설명으로 가장 적절하지 않은 것은? 20승진

① 훈령의 형식적 요건으로는 훈령권이 있는 상급관청이 발한 것일 것, 하급관청의 권한 내의 사항에 관한 것일 것, 하급관청의 직무상 독립성이 보장된 사항일 것을 들 수 있다.
② 훈령의 실질적 요건으로는 내용이 실현 가능하고 명확할 것, 내용이 적법하고 타당할 것, 내용이 공익에 반하지 않을 것을 들 수 있다.
③ 훈령은 원칙적으로 일반적·추상적 사항에 대해서 발해야 하지만, 개별적·구체적 사항에 대해서도 발해질 수 있다.
④ 하급관청 구성원에 변동이 있더라도 훈령의 효력에는 영향이 없다.

해설

① 훈령의 형식적 요건으로는 훈령권이 있는 상급관청이 발한 것일 것, 하급관청의 권한 내의 사항에 관한 것일 것, <u>하급관청의 직무상 독립성이 보장된 사항이 아닐 것</u> 등을 들 수 있다.

▶ **훈령의 요건**

형식적 요건	① 훈령권있는 상급관청이 발한 것일 것 ② 하급기관의 권한 내 사항일 것 ③ 하급기관의 직무상 독립된 사항이 아닐 것 ④ 법정의 형식·절차가 있을 경우 이를 따를 것
실질적 요건 (공적실)	① 내용이 실현 가능하고 명확할 것 ② 내용이 적법하고 타당할 것 ③ 내용이 공익에 반하지 않을 것

정답 ①

024 경찰관청 상호간의 관계에서 감독수단이 되는 훈령에 대한 설명이다. 가장 옳지 않은 것은? 11승진

① 훈령(외부적 구속력이 없는 경우)은 내부규범으로 구체적인 법령의 근거 없이도 발할 수 있다.
② 훈령의 형식적 요건으로는 훈령권이 있는 상급관청이 발한 것일 것, 하급관청의 권한 내의 사항에 관한 것일 것, 직무상 독립한 범위에 속하는 사항이 아닐 것을 들 수 있다.
③ 훈령은 원칙적으로 일반적·추상적 사항에 대하여 발해야 하지만, 개별적·구체적 사항에 대해서도 발할 수 있다.
④ 서울종로경찰서에 근무하는 경찰관이 직무를 수행함에 있어 서울경찰청 훈령과 경찰청 훈령이 경합할 때에는 경찰청 훈령에 따라 업무를 처리함이 옳다.

해설

④ 서울종로경찰서에 근무하는 경찰관이 직무를 수행함에 있어 서울경찰청 훈령과 경찰청 훈령이 경합할 때에는 <u>서울경찰청(직근상급관청) 훈령에 따라</u> 업무를 처리함이 옳다.

정답 ④

---

025 다음 중 훈령에 대한 설명으로 옳은 것은 모두 몇 개인가? 16순경2차

㉠ 훈령은 구체적인 법령의 근거 없이도 발할 수 있다.
㉡ 훈령의 내용은 하급관청의 직무상 독립된 범위에 속하는 사항이어야 한다.
㉢ 하급경찰관청의 법적 행위가 훈령에 위반하여 행해진 경우 원칙적으로 위법이 아니며, 그 행위의 효력에는 영향이 없다.
㉣ 훈령은 원칙적으로 일반적·추상적 사항에 대해서 발해져야 하지만, 개별적·구체적 사항에 대해서도 발해질 수 있다.

① 1개　　② 2개　　③ 3개　　④ 4개

해설

㉡ 훈령의 내용은 <u>하급관청의 직무상 독립된 범위에 속하는 사항이 아니어야</u> 한다.

정답 ③

026 훈령의 형식적 요건에 해당하지 <u>않는</u> 것은? 20승진

① 훈령권이 있는 상급관청이 발한 것일 것
② 내용이 적법하고 타당할 것
③ 하급관청의 권한 내의 사항에 관한 것일 것
④ 직무상 독립한 범위에 속하는 사항이 아닐 것

해설

② 내용이 적법하고 타당할 것은 <u>실질적 요건</u>이다.

정답 ②

---

027 보기의 내용 중 훈령의 실질적 요건을 모두 나열한 것은? 12승진

㉠ 훈령권이 있는 상급관청이 발한 것일 것
㉡ 내용이 실현 가능하고 명확할 것
㉢ 내용이 적법하고 타당할 것
㉣ 직무상 독립한 범위에 속하는 사항이 아닌 것
㉤ 공익에 반하지 않을 것
㉥ 하급관청의 권한 내의 사항에 관한 것일 것

① ㉠, ㉡, ㉢   ② ㉡, ㉢, ㉣
③ ㉡, ㉣, ㉥   ④ ㉡, ㉢, ㉤

해설

㉡, ㉢, ㉤은 훈령의 실질적 요건이고, 나머지는 형식적 요건이다.(실질적 요건 - 공적실)

정답 ④

028 훈령에 대한 설명으로 가장 적절하지 않은 것은?   12승진

① 훈령은 원칙적으로 일반적·추상적 사항에 대해서 발해야 하지만, 개별적·구체적 사항에 대해서도 발해질 수 있다.
② 훈령은 상급 공무원이 하급 공무원에게 발하는 명령이다.
③ 훈령은 국민의 권리와 의무에 영향을 미치지 않는다.
④ '하급관청의 직무상 독립성이 보장되어 있지 않는 사항일 것'은 훈령의 형식적 요건에 해당한다.

> **해설**
> ② 상급 공무원이 하급 공무원에게 발하는 명령은 **직무명령**이다.
>
> **정답** ②

029 상관이 그 부하공무원에 대하여 그 직무를 지휘하기 위하여 발하는 명령으로 가장 적절한 것은?   16승진

① 훈령　　② 지시　　③ 직무명령　　④ 예규

> **해설**
> ③ 상관이 그 부하공무원에 대하여 그 직무를 지휘하기 위하여 발하는 명령은 직무명령이다.
>
> **정답** ③

030 훈령과 직무명령에 대한 설명으로 가장 옳지 않은 것은? 21경간

① 훈령은 원칙적으로 일반적·상적 사항에 대해서 발해지지만, 개별적·구체적 사항에 대해서도 발해질 수 있다.
② 훈령과 직무명령 모두 법령의 구체적 근거가 없어도 발할 수 있다.
③ 훈령은 법규의 성질을 갖지 않기에 하급경찰관청의 법적 행위가 훈령에 위반하여 행해진 경우에도 위법이 아니며 행위자체의 효력에도 영향이 없다.
④ 훈령의 실질적 요건으로는 훈령이 법규에 저촉되지 않을 것, 공익에 반하지 않을 것, 실현 가능성이 있을 것, 훈령권이 있는 상급관청이 발할 것 등이 있다.

> **해설**
>
> ④ "훈령권이 있는 상급관청이 발할 것"은 훈령의 **형식적 요건**이다.
>
> ▶ **훈령의 요건** (실질적 요건 – 공적실)
>
> | | |
> |---|---|
> | 형식적 요건 | ① 훈령권 있는 상급관청이 발할 것
② 하급관청의 권한 내에 속하는 것일 것
③ 법정의 형식과 절차가 있으면 이를 구비할 것
④ 하급관청의 권한행사의 독립성이 보장되어 있는 사항에 관한 것이 아닐 것 |
> | 실질적 요건 | ① 훈령이 법규에 저촉되지 않을 것(적법하고 타당할 것)
② 공익에 반하지 않을 것
③ 실현 가능하고 명백할 것 |
>
> 정답 ④

031 훈령과 직무명령에 대한 설명으로 옳지 않은 것은? 20경간

① 상호 모순되는 둘 이상의 상급관청의 훈령이 경합할 경우 주관상급관청이 불명확한 때에는 직근상급행정관청의 훈령에 따른다.
② 훈령이란 상급관청이 하급관청의 권한행사를 지휘하기 위하여 발하는 명령으로 구성원의 변동이 있는 경우에도 효력에는 영향이 없다.
③ 훈령은 직무명령의 성격을 가지나 직무명령은 훈령의 성격을 갖지 못한다.
④ 훈령은 원칙적으로 일반적 추상적 사항에 대해서 발해야 하지만, 개별적 구체적 사항에 대해서도 발해질 수 있다.

> **해설**
>
> ① 하급행정기관은 서로 모순되는 둘 이상의 상급관청의 훈령이 경합하는 때에는 주관상급관청의 훈령에 따라야 하고, 주관상급관청이 서로 상하관계에 있는 때에는 직근상급관청의 훈령에 따라야 하며, 주관상급관청이 불명확한 때에는 주관쟁의의 방법으로 해결하여야 한다.
>
> 정답 ①

032 훈령과 직무명령에 관한 설명 중 옳지 않은 것을 모두 고른 것은?
19순경2차

> ㉠ 직무명령은 직무와 관련 없는 사생활에는 그 효력이 미치지 않는다.
> ㉡ 훈령은 일반적·추상적 사항에 대하여만 발할 수 있으며, 개별적·구체적 사항에 대해서는 발할 수 없다.
> ㉢ 훈령을 발하기 위해서는 법령의 구체적 근거를 요하나, 직무명령은 법령의 구체적 근거가 없이도 발할 수 있다.
> ㉣ 훈령의 종류에는 '협의의 훈령', '지시', '예규', '일일명령' 등이 있으며, 이 중 예규는 반복적 경찰 사무의 기준을 제시하기 위하여 발하는 명령을 의미한다.
> ㉤ 훈령은 직무명령을 겸할 수 있으나, 직무명령은 훈령의 성질을 가질 수 없다.

① ㉠㉢   ② ㉡㉢   ③ ㉢㉤   ④ ㉣㉤

해설

㉡ 훈령은 원칙적으로 일반적·추상적 사항에 대해서 발해야 하지만, **개별적·구체적 사항에 대해서도 발해질 수 있다.**
㉢ 훈령, 직무명령 모두 행정규칙으로서 법령의 **구체적 근거가 없이도 발할 수 있다.**

▶ 훈령과 직무명령

	훈령	직무명령
개념	① 상급경찰관청이 하급경찰기관의 권한 행사를 지휘하기 위하여 발하는 명령 ② 훈령은 원칙적으로 일반적·추상적 사항에 대해서 발해야 하지만, 개별적·구체적 사항에 대해서도 발해질 수 있음 ③ 훈령의 종류에는 '협의의 훈령', '지시', '예규', '일일명령' 등이 있음	상관(상급공무원)이 직무에 관하여 부하(하급공무원)에게 발하는 명령
대상	경찰기관의 의사를 구속	명령을 받은 당해 경찰공무원 개인의 의사를 구속
효력	경찰기관을 구성하는 경찰공무원이 변경·교체되어도 유효	직무명령을 받은 경찰공무원의 변경·교체 시 효력 상실
공통점	① 특별한 법적 근거 없이도 발할 수 있음 ② 위반하더라도 원칙적으로 위법은 아니지만, 징계사유는 될 수 있음	
양자의 관계	훈령은 직무명령의 성격을 가지나, 직무명령은 훈령의 성격을 갖지 못함	

정답 ②

033 훈령과 직무명령에 관한 다음 설명으로 옳은 것은 모두 몇 개인가?   18경간

> 가. 훈령의 내용은 하급관청의 직무상 독립된 범위에 속하는 사항이여야 한다.
> 나. 직무명령은 상관이 직무에 관하여 부하에게 발하는 명령이다.
> 다. 직무명령은 직무와 관련 없는 사생활에는 효력이 미치지 않는다.
> 라. 훈령은 원칙적으로 일반적·추상적 사항에 대하여 발해져야 하지만, 개별적·구체적 사항에 대해서도 발해질 수 있다.
> 마. 직무명령의 형식적 요건으로는 권한이 있는 상관이 발할 것, 부하공무원의 직무범위 내의 사항일 것, 부하공무원의 직무상 독립이 보장된 것이 아닐 것, 법정의 형식이나 절차가 있으면 이를 갖출 것이다.

① 1개　　② 2개　　③ 3개　　④ 4개

해설

가. 훈령의 내용은 <u>하급관청의 직무상 독립된 범위에 속하는 사항이 아니어야</u> 한다.

정답 ④

---

034 다음 훈령과 직무명령에 대한 설명 중 옳고 그름의 표시(O, X)가 바르게 된 것은?   18경채

> ㉠ 훈령은 원칙적으로 일반적·추상적 사항에 대해서 발하지만, 개별적·구체적 사항에 대해서도 발해질 수 있다.
> ㉡ 직무명령은 직무에 관하여 상관이 그 소속 하급 공무원에게 발하는 명령으로 직무와 직접 관련 없는 사생활에는 효력이 미치지 않는다.
> ㉢ 훈령의 실질적 요건으로 내용이 실현 가능하고 명확할 것, 내용이 적법하고 타당할 것, 공익에 반하지 않을 것이 있다.
> ㉣ 훈령과 직무명령을 발하기 위해서는 국민의 권리와 의무에 영향을 미치지 않는 경우에도 법률상의 근거가 필요하다.

① ㉠(O) ㉡(X) ㉢(O) ㉣(O)　　② ㉠(X) ㉡(O) ㉢(O) ㉣(X)
③ ㉠(O) ㉡(O) ㉢(O) ㉣(X)　　④ ㉠(O) ㉡(O) ㉢(O) ㉣(O)

해설

㉣ 훈령과 직무명령은 일반국민에 대한 대외적 구속력이 없고 <u>특별한 법적 근거 없이도 발할 수 있다</u>.

정답 ③

035 훈령에 대한 설명으로 가장 적절하지 <u>않은</u> 것은? (단, 다툼이 있는 경우 통설·판례에 의함) 18승진

① 훈령은 원칙적으로 일반적·추상적 사항에 대해서 발해야 하지만, 개별적·구체적 사항에 대해서도 발해질 수 있다.
② '하급관청의 직무상 독립한 범위에 속하는 사항이 아닐 것'은 훈령의 형식적 요건에 해당한다.
③ 하급관청 구성원의 변동이 있더라도 훈령은 그 효력에 영향을 받지 않는다.
④ 훈령은 내부적 구속력을 갖고 있어, 훈령을 위반한 공무원의 행위는 징계의 사유가 되고, 무효 또는 취소사유에 해당한다.

> **해설**
> ④ 훈령은 원칙적으로 대내적 구속력을 가질 뿐, 국민에 대한 구속력(대외적 구속력)은 없어 법규성이 없다. 그러므로 훈령을 위반한 공무원의 행위는 징계의 사유가 되지만, <u>위법(무효 또는 취소) 사유에는 해당하지 않는다</u>.
>
> **정답** ④

036 훈령과 직무명령에 대한 설명으로 가장 적절하지 <u>않은</u> 것은? 19승진

① 훈령이란 상급관청이 하급관청의 권한행사를 지휘하기 위하여 발하는 명령으로 구성원의 변동이 있는 경우에는 당연히 효력을 상실하게 된다.
② 직무명령이란 상관이 부하공무원에게 발하는 명령으로, 특별한 작용법적 근거 없이 발할 수 있다.
③ 훈령의 형식적 요건으로 훈령권이 있는 상급관청이 발한 것일 것, 하급관청의 권한 내의 사항에 관한 것일 것, 직무상 독립한 범위에 속하는 사항이 아닐 것을 들 수 있다.
④ 훈령은 원칙적으로 일반적 추상적 사항에 대해서 발해야 하지만, 개별적 구체적 사항에 대해서도 발해질 수 있다.

> **해설**
> ① <u>구성원의 변동이 있어도 훈령의 효력은 유효</u>하다. 하지만, 직무명령은 구성원이 교체될 경우 그 효력을 상실한다.
>
> **정답** ①

037 「경찰관 직무집행법」 제2조 제7호의 개괄적 수권조항 인정여부에 있어 찬성 측의 논거로 가장 적절하지 않은 것은?

16순경2차

① 경찰권의 성질상 경찰권의 발동사태를 상정해서 경찰권 발동의 요건·한계를 입법기관이 일일이 규정한다는 것은 불가능하다.
② 개괄적 수권조항은 개별조항이 없는 경우에만 보충적으로 적용하면 된다.
③ 개괄적 수권조항으로 인한 경찰권 남용의 가능성은 조리상의 한계 등으로 충분히 통제가 가능하다.
④ 「경찰관 직무집행법」 제2조 제7호는 단지 경찰의 직무범위만을 정한 것으로서 본질적으로는 조직법적 성질의 규정이다.

> **해설**
> ④는 개괄적 수권조항 **부정설에 해당**한다. 개괄적 수권조항(일반조항)이라는 것은 작용법적 근거가 될 수 있는가의 문제이기 때문에. 경직법 제2조 제7호를 "직무범위를 정한 조직법 규정"이라고 말하는 것은 곧 작용법 규정이 아니어서 개괄수권조항으로 볼 수 없다는 의미이다.
>
> **정답** ④

038 경찰행정법상의 일반원칙에 관한 설명 중 가장 옳지 않은 것은? (다툼이 있는 경우 판례에 의함)

11·16승진

① 비례원칙의 실정법적 근거는 「헌법」 제37조 제2항, 「경찰관 직무집행법」 제1조 제2항, 「행정기본법」 제10조 등을 들 수 있으며, 경찰작용이 비례원칙에 위배되지 않기 위해서는 세부 원칙인 적합성, 필요성, 상당성의 원칙 중 적어도 하나는 충족해야 한다.
② 신뢰보호원칙이란 행정기관의 일정한 언동의 정당성 또는 존속성에 대한 개인의 보호가치 있는 신뢰는 보호해주어야 한다는 것으로서, 「행정기본법」과 「행정절차법」이 일반법적 근거가 될 수 있다.
③ 행정의 자기구속의 원칙은 구속의 근거가 되는 행정관행이 적법한 경우에만 적용된다.
④ 대법원은 운전면허 취소사유에 해당하는 음주운전을 적발한 경찰관의 소속경찰서장이 사무착오로 위반자에게 운전면허정지처분을 한 상태에서 위반자의 주소지 관할 시·도경찰청장이 위반자에게 운전면허취소처분을 한 것은 신뢰보호원칙에 위배된다고 판시하였다.

> **해설**
> ① 비례원칙의 실정법적 근거는 「헌법」 제37조 제2항과 「경찰관 직무집행법」 제1조 제2항을 들 수 있으며, 경찰작용이 비례원칙에 위배되지 않기 위해서는 세부 원칙인 **적합성, 필요성, 상당성의 원칙 모두를 충족해야 한다.**
>
> **정답** ①

039 경찰권 발동의 조리상 한계에 대한 설명으로 가장 적절하지 <u>않은</u> 것은?   19순경1차

① 경찰비례의 원칙이란 경찰작용에 있어 목적 실현을 위한 수단과 당해 목적 사이에 합리적인 비례관계가 있어야 한다는 원칙이다.
② 경찰비례의 원칙의 내용 중 상당성의 원칙은 경찰권 발동에 따른 이익보다 사인의 피해가 더 큰 경우 경찰권을 발동해서는 안 된다는 원칙으로서 최소침해원칙이라고도 한다.
③ 경찰책임의 원칙이란 경찰권은 경찰위반상태에 책임이 있는 자에게만 발동되어야 한다는 원칙이다.
④ 경찰책임 원칙의 예외로서 긴급한 필요가 있는 경우 경찰책임 있는 자가 아닌 제3자에 대한 경찰권 발동이 허용되는 경우가 있다.

해설

② 최소침해원칙은 일정한 목적을 달성할 수 있는 수단이 여러 가지 있는 경우에, 행정기관은 상대방(국민)에게 가장 적은 피해를 주는 수단을 선택해야 한다는 원칙으로 경찰비례원칙의 **세부원칙 중 필요성의 원칙**에 해당한다.

정답 ②

---

040 경찰권 발동의 조리상 한계에 대한 설명으로 가장 적절하지 <u>않은</u> 것은?   22경간

① 경찰공공의 원칙이란 경찰권은 공공의 안녕 질서유지에 관계 없는 사적관계에 대해서 발동되어서는 안된다는 원칙을 의미한다.
② 경찰비례의 원칙 중 필요성의 원칙은 협의의 비례원칙이라고도 불리며 경찰기관의 조치는 그 목적을 달성하는데 적합하여야 한다는 원칙이다.
③ 경찰책임의 원칙이란 경찰권은 원칙적으로 경찰위반상태를 야기한 자, 즉 공공의 안녕 질서의 위험에 대하여 행위책임 또는 상태책임을 질 자에게만 발동될 수 있다는 원칙이다.
④ 경찰평등의 원칙이란 경찰권은 그 대상이 되는 모든 사람에게 차별 없이 평등하게 행사되어야 한다는 것을 의미한다.

해설

② 경찰비례의 원칙 중 **상당성의 원칙**은 협의의 비례원칙이라고도 불리며 **경찰작용으로 인한 공익과 침해되는 사익 간에 상당한 비례관계가 유지되어야 한다는 원칙**이다.

▶ **경찰비례의 원칙**

㉠ 적합성의 원칙 – 행정기관이 취한 행정작용은 달성하고자 하는 목적에 적합한 것이어야 한다는 원칙
㉡ 필요성의 원칙 – 목적달성을 위한 행정작용은 여러 적합한 수단 중에서도 그 상대방과 일반국민에 대하여 가장 적은 침해를 가져오는 것이어야 한다는 원칙(최소침해의 원칙)
㉢ 상당성의 원칙 – 행정작용으로 인한 공익과 침해되는 사익간에 상당한 비례관계가 유지되어야 한다는 원칙(협의의 비례원칙) ➔ "경찰은 대포로 참새를 쏘아서는 안 된다"

정답 ②

041 경찰비례의 원칙에 대한 설명으로 가장 적절하지 <u>않은</u> 것은? 20순경2차

① 독일에서 경찰법상의 판례를 중심으로 발달하여 왔고 오늘날에는 행정법의 모든 영역에서 적용되는 원칙으로 이해되고 있다.
② 최소침해의 원칙은 협의의 비례원칙이라고도 불린다.
③ 「경찰관 직무집행법」 제1조 제2항과 「행정기본법」 제10조에서 명문으로 규정하고 있을 뿐만 아니라 헌법 제37조 제2항으로부터도 도출된다.
④ 적합성, 필요성, 상당성의 원칙으로 이루어져 있다.

해설

② 비례원칙의 세부원칙 가운데 협의의 비례원칙은 곧 '상당성 원칙'을 의미한다. <u>최소침해원칙은 필요성 원칙</u>에 해당한다.

▶ 경찰비례의 원칙

의의	경찰권은 공공의 안녕과 질서의 유지를 위하여 묵과할 수 없는 장해가 발생한 경우에 이를 해결하는 데 필요한 최소한도 내의 범위 내에서 발동되어야 한다는 원칙(과잉금지의 원칙) → 경찰 권발동의 조건과 정도를 명시한 원칙
근거	① 헌법 제37조 제2항, 경찰관직무집행법(제1조 제2항, ~~필요한 최소한도에서~~)에 명시적으로 규정되어 있음(불문법 원칙이면서 동시에 헌법상 원칙) ② 행정기본법 제10조에서는 세부원칙의 내용까지 규정
적용	① 재량권행사의 한계를 설정하여 주는 원리이며, 초기에는 주로 경찰행정영역에서 적용되었으나, 오늘날에는 모든 행정영역에서 적용됨 ② 경찰비례의 원칙은 일반조항에 근거하여 경찰권을 발동하는 경우는 물론 개별적 수권조항에 근거하여 경찰권을 발동하는 경우에도 적용됨
위반 효과	비례원칙을 위반한 국가작용은 위법한 국가작용으로 행정소송의 대상이 되며, 국가배상책임이 성립할 수 있음
세부 원칙	① 적합성 원칙 : 경찰권 발동수단은 목적달성에 적합하여야 한다는 원칙 ② 필요성 원칙 : 여러 수단 중 최소침해의 수단을 선택하라는 원칙(최소침해원칙) ③ 상당성 원칙 : 경찰권 발동에 따른 공익보다 사인의 피해가 더 큰 경우 경찰권을 발동해선 안 된다는 원칙(협의의 비례원칙) ※ 세부 3원칙 중 어느 하나만 위배해도 비례원칙 위반임 ※ "경찰은 대포로 참새를 쏘아서는 안 된다."라는 말은 상당성의 원칙을 표현

정답 ②

042 경찰비례의 원칙에 대한 설명으로 가장 적절하지 <u>않은</u> 것은? 22승진

① 행정영역에서 적용되는 원칙으로서, 일반적 수권조항에 근거하여 경찰권을 발동하는 경우는 물론, 개별적 수권조항에 근거하여 경찰권을 발동하는 경우에도 적용된다.
② 경찰행정관청의 특정행위가 공적 목적 달성을 위해 적합하고, 국민에게 가장 피해가 적으며, 달성되는 공익이 침해되는 사익보다 더 커야 적법한 행정작용이 될 수 있다.
③ 상당성의 원칙(협의의 비례원칙)은 경찰기관의 어떤 조치가 경찰목적 달성을 위해 필요한 경우라고 하여도 그 조치에 따른 불이익이 그 조치로 인해 발생하는 이익보다 큰 경우에는 경찰권을 발동해서는 안된다는 원칙이다.
④ 경찰비례의 원칙은 법률에 명문의 규정은 존재하지 않지만 이를 위반한 경찰작용은 위법한 것으로 평가되어 행정소송의 대상이 되며, 국가배상청구의 대상이 될 수 있다.

[해설]

④ 경찰비례의 원칙은 헌법, 행정기본법, 경찰관직무집행법 등에서 <u>명문으로 규정하고 있는 일반원칙</u>이다.

정답 ④

---

043 경찰비례의 원칙에 대한 설명 중 가장 적절하지 <u>않은</u> 것은? 20승진

① 경찰작용에 있어 목적실현을 위한 수단과 당해 목적 사이에 합리적인 비례관계가 있어야 한다는 것으로 「경찰관 직무집행법」에 명시적으로 규정되어 있다.
② 경찰비례의 원칙의 내용으로서 '적합성의 원칙', '필요성의 원칙', '상당성의 원칙'이 있으며 적어도 하나는 충족해야 위법하지 않다.
③ 비례의 원칙을 위반한 국가작용은 행정소송의 대상이 되며, 국가배상책임이 성립할 수 있다.
④ '경찰은 대포로 참새를 쏘아서는 안 된다'는 법언은 상당성의 원칙을 잘 표현한 것이다.

[해설]

② 경찰비례의 원칙의 내용으로서 '적합성의 원칙', '필요성의 원칙', '상당성의 원칙'이 있으며 <u>모두 충족해야 위법하지 않다.</u>

정답 ②

044 행정의 법원칙 중 행정기본법에 명문으로 규정하고 있는 것이 아닌 것은? *행정법기출변형*

① 행정의 자기구속의 원칙
② 부당결부금지의 원칙
③ 성실의무 및 권한남용금지의 원칙
④ 비례의 원칙

> **해설**
> 행정기본법은 "제2장 행정의 법 원칙"에서 법치행정의 원칙(제8조), 평등의 원칙(제9조), 비례의 원칙(제10조), 성실의무 및 권한남용금지의 원칙(제11조), 신뢰보호의 원칙(제12조), 부당결부금지의 원칙(제13조) 등에 대해서 규정하고 있지만 '**행정의 자기구속의 원칙**'에 대해서는 **명문으로 규정하고 있지 않다.**(대신, 평등의 원칙을 규정함)
>
> **정답** ①

045 다음 〈보기〉의 내용 중 공통된 행정의 법 원칙은 무엇인가? *22순경1차*

〈보기〉
○ 「행정기본법」 제12조 제1항 "행정청은 공익 또는 제3자의 이익을 현저히 해칠 우려가 있는 경우를 제외하고는 행정에 대한 국민의 정당하고 합리적인 신뢰를 보호하여야 한다."
○ 「행정절차법」 제4조 제2항 "행정청은 법령등의 해석 또는 행정청의 관행이 일반적으로 국민들에게 받아들여졌을 때에는 공익 또는 제3자의 정당한 이익을 현저히 해칠 우려가 있는 경우를 제외하고는 새로운 해석 또는 관행에 따라 소급하여 불리하게 처리하여서는 아니 된다."

① 비례의 원칙
② 평등의 원칙
③ 신뢰보호의 원칙
④ 부당결부금지의 원칙

> **해설**
> ③ 신뢰보호의 원칙을 명문화한 규정들이다.
>
> **정답** ③

046 신뢰보호의 원칙에 대한 설명으로 옳지 않은 것은? (다툼이 있는 경우 판례에 의함) 22국가9급행정법

① 건축주와 그로부터 건축설계를 위임받은 건축사가 관계 법령에서 정하고 있는 건축한계선의 제한이 있다는 사실을 간과한 채 건축설계를 하고 이를 토대로 건축물의 신축 및 증축허가를 받은 경우, 그 신축 및 증축허가가 정당하다고 신뢰한 데에는 귀책사유가 있다.
② 행정청이 상대방에게 장차 어떤 처분을 하겠다고 공적 견해표명을 하였더라도 그 후에 그 전제로 된 사실적·법률적 상태가 변경되었다면, 그와 같은 공적 견해표명은 효력을 잃게 된다.
③ 수강신청 후에 징계요건을 완화하는 학칙개정이 이루어지고 이어 시험이 실시되어 그 개정학칙에 따라 대학이 성적 불량을 이유로 학생에 대하여 징계처분을 한 경우라면 이는 이른바 부진정소급효에 관한 것으로서 특별한 사정이 없는 한 위법이라고 할 수 없다.
④ 병무청 담당부서의 담당공무원에게 공적 견해의 표명을 구하지 아니한 채 민원봉사 담당공무원이 상담에 응하여 안내한 것을 신뢰한 경우에도 신뢰보호의 원칙이 적용된다.

해설

① (O) (대판 2001두1512).
② (O) 신뢰보호의 원칙은 행정청이 공적인 견해를 표명할 당시의 사정이 그대로 유지됨을 전제로 적용되는 것이 원칙이므로, 사후에 그와 같은 사정이 변경된 경우에는 그 공적 견해가 더 이상 개인에게 신뢰의 대상이 된다고 보기 어려운 만큼, 특별한 사정이 없는 한 행정청이 그 견해표명에 반하는 처분을 하더라도 신뢰보호의 원칙에 위반된다고 할 수 없다.(대판 2018두34732)
③ (O) (대판 87누1123).
④ (X) 병무청 담당부서의 담당공무원에게 공적 견해표명을 구하는 정식의 서면질의 등을 하지 아니한 채 총무과 민원팀장에 불과한 공무원이 <u>민원봉사차원에서 상담에 응하여 안내한 것을 신뢰한 경우 신뢰보호원칙이 적용되지 아니한다.</u>(대판 2003두1875)

정답 ④

047 신뢰보호의 원칙에 대한 설명으로 옳은 것(○)과 옳지 않은 것(×)을 바르게 연결한 것은? (다툼이 있는 경우 판례에 의함)   21지방9급행정법

> (가) 행정청이 공적인 의사표명을 하였다면 이후 사실적·법률적 상태의 변경이 있더라도 행정청이 이를 취소하지 않는 한 여전히 공적인 의사표명은 유효하다.
> (나) 재량권 행사의 준칙인 행정규칙의 공표만으로 상대방은 보호가치 있는 신뢰를 갖게 되었다고 볼 수 있다.
> (다) 행정청이 공적 견해를 표명하였는지를 판단할 때는 반드시 행정조직상의 형식적인 권한분장에 구애될 것은 아니다.
> (라) 신뢰보호원칙의 위반은 「국가배상법」상의 위법 개념을 충족시킨다.

① × × ○ ○
② ○ ○ × ○
③ ○ × ○ ×
④ × ○ ○ ×

해설

(가) (×) 행정청이 상대방에게 장차 어떤 처분을 하겠다고 확약 또는 공적인 의사표명을 하였다고 하더라도 확약 또는 공적인 의사표명이 있은 후에 사실적·법률적 상태가 변경되었다면, 그와 같은 확약 또는 공적인 의사표명은 행정청의 별다른 의사표시를 기다리지 않고 실효된다.(대판 95누10877)
(나) (×) 행정청 내부의 사무처리준칙에 해당하는 이 사건 지침(재량준칙인 '2008년도 농림사업시행지침서')의 공표만으로 신청인이 보호가치 있는 신뢰를 갖게 되었다고 볼 수 없다.(대판 2009두7967)

정답 ①

---

048 경찰책임의 원칙에 대한 다음 설명 중 가장 옳지 않은 것은?   17경간

① 경찰책임은 그 위해의 발생에 대한 고의·과실, 위법성의 유무, 위험에 대한 인식여부 등을 묻지 않는다.
② 모든 자연인은 경찰책임자가 될 수 있으므로 행위능력, 불법행위능력, 형사책임능력, 국적여부 등은 문제되지 않는다.
③ 사법인뿐만 아니라 권리능력 없는 사단도 경찰책임자가 될 수 있다.
④ 긴급한 필요가 있는 경우 예외적으로 경찰책임자가 아닌 자에 대해서 법령상 근거 없이 경찰권을 발동할 수 있다.

해설

④ 경찰긴급권은 긴급한 필요가 있는 경우 질서위반의 책임이 없는 제3자에 대하여 경찰권을 발동하는 경우이므로, 그 발동에는 <U>반드시 실정법적 근거를 요한다</U>.

정답 ④

049 경찰책임의 원칙에 관한 설명으로 가장 적절하지 않은 것은? 19순경2차, 19경채

① 경찰책임의 원칙이란 경찰위반상태에 책임 있는 자에게만 경찰권이 발동되어야 한다는 원칙을 의미한다.
② 경찰책임의 예외로서 경찰긴급권은 급박성, 보충성 등의 요건이 충족되는 경우 경찰책임자가 아닌 제3자에게 경찰권 발동이 인정되는 경우를 의미한다. 법적근거는 요하지 않으나 제3자의 승낙이 있는 경우에 한하여 경찰긴급권의 발동이 허용된다. 다만 이 경우에도 생명·건강 등 제3자의 중대한 법익에 대한 침해는 허용되지 않는다.
③ 경찰책임의 종류에는 행위책임, 상태책임, 복합적 책임이 있다. 먼저 행위책임은 사람의 행위로 인해 경찰위반상태가 발생한 경우를 의미하며, 상태책임은 물건 또는 동물의 소유자·점유자·관리자가 그 지배범위 안에 속하는 물건·동물로 인해 경찰위반상태가 발생한 경우를 의미한다. 마지막으로 복합적 책임은 다수인의 행위책임, 다수의 상태책임 또는 행위·상태 책임이 중복되는 경우를 의미한다.
④ 경찰책임은 사회 공공의 안녕과 질서에 대한 객관적 위험상황이 존재하면 인정되며, 자연인·법인, 고의·과실, 위법성 유무, 의사·행위·책임능력의 유무 등을 불문한다.

> **해설**

② 경찰긴급권은 예외적인 것으로 목전의 급박한 위해를 제거하는 경우에 한하여 <u>반드시 법령에 근거하여 행하여져야 한다.</u>

▶ **경찰책임의 원칙**

의의		① 경찰권은 <u>경찰위반상태에 책임있는 자에게만 발동되어야 한다는 원칙</u> ② <u>고의·과실, 위법성 유무, 위험에 대한 인식여부 등을 묻지 않음</u> ③ 모든 자연인은 경찰책임자가 될 수 있으므로 <u>행위능력, 불법행위능력, 형사책임능력, 국적여부, 정당한 권원의 유무 등은 문제되지 않음</u>
유형	행위 책임	자기 또는 자기의 지배·감독하에 있는 자의 행위로 인하여 질서위반의 상태가 발생한 경우의 경찰상 책임(<u>지배자책임의 성질은 자기책임</u>)
	상태 책임	물건 또는 동물의 소유자, 점유자 기타 이를 사실상 관리하고 있는 자는 질서위반의 상태가 발생한 경우에 경찰책임을 짐(고의·과실 불문)
	복합적 책임	① 다수인의 행위 또는 다수인이 지배하는 물건의 상태로 인하여 위반상태가 발생하는 경우 → 일부 또는 전체에 대하여 경찰권 발동가능 ② 행위책임과 상태책임이 경합하는 경우 : 위험방지의 효율성과 비례원칙을 고려하여 <u>위반상태를 가장 신속하고 효과적으로 제거할 수 있는 위치에 있는 자에게 경찰권을 발동함</u>이 원칙(통상적으로 행위책임자에게 발동함이 적절한 경우가 많으나 반드시 그런 것은 아님)

예외	① 경찰권은 긴급한 필요가 있는 경우 경찰책임자가 아닌 제3자(비장해자)에 대한 경찰권 발동이 가능함 → 경찰긴급권 ② 경찰긴급권은 <u>예외적인 것으로</u> 목전의 급박한 위해를 제거하는 경우에 한하여 <u>반드시 법령에 근거</u>하여 행하여져야 함 ③ 경찰긴급권에 관한 일반규정은 없으며「소방기본법」(제24조-소방활동 종사명령),「경범죄 처벌법」(제3조 제1항 제29호-공무원 원조불응),「경찰관 직무집행법」(제5조 제1항 제3호-위험발생의 방지) 등 개별 법률에서 규정하고 있음 ④ 경찰긴급권에 의하여 예외적으로 경찰책임이 없는 자에게 경찰권을 발동한 경우, 그로 인하여 <u>제3자에게 손실을 입히는 경우에는 보상하여야 함</u>

정답 ②

050 경찰책임의 원칙에 대한 설명 중 옳지 <u>않은</u> 것은?   20경간

① 경찰책임의 주체는 모든 자연인이 될 수 있다. 또한 권리능력 유무에 관계없이 모든 사법인도 경찰책임자가 될 수 있다.
② 경찰이 경찰긴급권에 의하여 예외적으로 경찰책임이 없는 자에게 경찰권을 발동함으로써 제3자에게 손실을 입히는 경우에는 그 손실을 보상하여야 한다.
③ 다수인의 행위 또는 다수인이 지배하는 물건의 상태로 인하여 하나의 질서위반상태가 발생한 경우, 일부 또는 전체에 대하여 경찰권 발동이 가능하다.
④ 타인을 보호 감독할 지위에 있는 자가 피지배자의 행위로 발생한 경찰위반에 대하여 경찰책임을 지는 경우, 자기의 지배범위 내에서 발생한 데에 대한 대위책임이다.

해설

④ 사용자가 피사용자의 행위에 책임을 질 때 그 책임은 <u>자기책임의 성질</u>을 갖는다는 것이 통설이다.

정답 ④

051 경찰책임의 원칙에 관한 설명으로 가장 적절하지 않은 것은? 14승진

① 자신의 보호·감독 하에 있는 자의 행위에 대해서도 책임을 진다.
② 다수인의 행위 또는 다수인이 지배하는 물건의 상태로 인하여 하나의 질서위반상태가 발생한 경우, 일부 또는 전체에 대하여 경찰권 발동이 가능하다.
③ 경찰위반의 상태는 행위 혹은 상태의 특별한 위법성이 요구되고, 경찰책임자의 고의·과실이 없으면 책임이 없다.
④ 경찰책임의 주체는 모든 자연인이 될 수 있다. 또한 권리능력 유무에 관계없이 모든 사법인(私法人)도 경찰책임자가 될 수 있다.

> **해설**
> ③ 경찰위반의 상태는 행위 혹은 상태의 특별한 위법성이 요구되지 않고, 경찰책임자의 <u>고의·과실은 책임의 요건이 아니다</u>.
>
> **정답** ③

052 경찰책임의 원칙에 관한 설명으로 가장 적절한 것은? 14승진

① 자기 자신 이외의 자의 행위에 대해서는 일체 책임을 지지 않는다.
② 고의·과실이 없는 경우에는 언제나 경찰책임을 지지 않는다.
③ 경찰이 경찰긴급권에 의하여 예외적으로 경찰책임이 없는 자에게 경찰권을 발동한 경우, 긴급한 상황에 의한 것이므로 그로 인하여 제3자가 손실을 받더라도 보상할 필요가 없다.
④ 다수인의 행위 또는 다수인이 지배하는 물건의 상태로 인하여 하나의 질서위반상태가 발생한 경우, 일부 또는 전체에 대하여 경찰권 발동이 가능하다.

> **해설**
> ① <u>타인의 행위에 대해서도 책임을 지는 경우가 있다</u>.
> ② <u>고의·과실이 없는 경우에도 경찰책임을 부담한다</u>.
> ③ 경찰이 경찰긴급권에 의하여 예외적으로 경찰책임이 없는 자에게 경찰권을 발동한 경우, <u>제3자의 손실은 반드시 보상하여야 한다</u>.
> ④ O
>
> **정답** ④

053 경찰책임의 원칙에 관한 설명으로 가장 적절하지 않은 것은? 16승진

① 경찰권은 원칙적으로 경찰위반상태에 대하여 책임이 있는 자에게 발동된다.
② 행위책임이 인정되기 위해서는 「민법」상의 행위능력이 요구된다.
③ 경찰책임은 경찰책임자의 고의·과실 여부와 무관하다.
④ 자신의 보호·감독 하에 있는 자의 행위에 대해서도 책임을 진다.

> **해설**
> ② 행위책임이 인정의 요건으로「민법」상의 <u>행위능력이 요구되지 않는다</u>.
>
> 정답 ②

054 다음 설명과 가장 관련이 깊은 것은 무엇인가? 15승진

> 오늘날 복지국가적 행정을 요구하고 있는 시대적 상황에 따라 경찰행정 분야에 서도 각 개인이 경찰권의 발동을 요청할 수 있는 권리인 경찰개입청구권을 인정하기에 이르렀다.

① 재량권의 0으로의 수축 이론
② 비례의 원칙
③ 상당성의 원칙
④ 보충성의 원칙

> **해설**
> ① 재량권의 0으로의 수축 이론에 따르면, <u>재량권이 0으로 수축되는 경우</u> 경찰권 행사는 더 이상 재량이 아니라 특정한 행위를 하여야 할 의무로 바뀌게 되고 상대방(국민)에게는 <u>특정한 경찰권의 발동을 청구할 수 있는 권리가 성립</u>하게 된다.
>
> 정답 ①

055 경찰개입청구권에 대한 설명으로 가장 적절하지 않은 것은? 14승진

① 독일에서 경찰개입청구권을 인정한 판결의 효시로 띠톱판결이 있다.
② 경찰권 행사로 국민이 받는 이익이 반사적 이익인 경우에도 인정된다.
③ 경찰재량이 0으로 수축되는 경우를 전제로 함이 보통이다.
④ 오늘날 사회적 법치국가에서는 경찰개입청구권이 인정될 여지가 점점 확대되어가고 있는 경향이다.

> **해설**
> ② 경찰권 행사로 국민이 받는 이익이 <u>반사적 이익인 경우에는 경찰개입청구권이 인정되지 않는다</u>.
>
> 정답 ②

제2절 경찰처분(행정행위)

056 행정행위에 대한 설명으로 옳지 않은 것은? 　　　　　　　　　　21경간

① 경찰하명이란 일반통치권에 기인하여 경찰목적을 달성하기 위해 국민에 대하여 작위·부작위·급부·수인 등 의무의 일체를 명하는 법률행위적 행정행위를 말하며 경찰관의 수신호나 교통신호등의 신호도 의무를 부과하는 행위로서 경찰하명에 해당한다.
② 부작위 하명의 유형으로는 절대적 금지와 상대적 금지가 있으며, 청소년에게 술이나 담배판매 금지는 절대적 금지이고, 유흥업소의 영업금지는 상대적 금지에 해당한다.
③ 법률행위적 행정행위는 명령적 행정행위(하명·허가·면제 등)와 형성적 행정행위(특허·인가·대리)로 구분할 수 있고, 준법률행위적 행정행위는 확인, 공증, 통지, 수리 등으로 구분할 수 있다.
④ 경찰하명에 위반하여 이루어진 행위는 원칙적으로 그 법적효력에는 아무런 영향을 받지 않는다. 그러나 영업정지 명령에 위반하여 영업을 계속하였을 경우는 당해 영업에 대한 거래행위의 효력이 부인된다.

해설

④ 영업정지 명령에 위반하여 영업을 계속하였을 경우라도 당해 영업으로 인한 **거래행위의 효력이 부인되는 것은 아니다**. → 하명에 위반한 행위의 사법상의 효과에는 아무런 영향도 미치지 않는다.(유효요건이 아니라 적법요건일 뿐)

▶ 법률행위적 행정행위 - 행정청의 의사표시(효과의사)를 구성요소로 하는 행위

명령적 행위 (허하면)	하명	작위·부작위·급부·수인 등 의무를 명하는 행위 - 작위하명 : 위법건축물의 철거명령 - 부작위하명 : 도로통행금지(일반처분) - 수인하명 : 전염병환자의 강제격리조치 - 급부하명 : 조세부과처분
	허가	법령으로 제한된 일반적·상대적 금지(부작위의무)를 해제하여 본래의 자유를 회복시켜주는 행위(영업허가, 건축허가, 운전면허 등)
	면제	법령으로 부과된 작위·급부·수인 등 의무를 특정한 경우 해제해 주는 행정행위(병역면제결정, 면세처분 등)
형성적 행위 (특인대)	특허	- 권리설정행위(협의의 특허) : 공유수면매립면허, 광업허가, 어업면허, 개인택시운송사업면허, 보세구역의 설영(설치운영)특허, 특허기업의 특허(자동차운수사업·전기공급사업·도시가스공급사업 등 공익사업), 행정재산의 사용·수익허가(국립의료원부설주차장 위탁관리용역계약), 공물사용권의 특허(도로점용허가·하천점용허가·공유수면점용허가) - 능력설정행위 : 공법인 설립행위, 공증인 인가·임명처분 등 - 포괄적 법률관계 설정행위 : 공무원임용, 귀화허가 등
	인가	제3자의 법률행위를 보충하여 그 법률효과를 완성하는 행위(사립대학 설립인가, 특허기업 양도인가, 재단법인 정관변경허가, 허가구역 내 토지거래허가 등)
	대리	제3자의 일을 행정청이 대신하여 행함으로써 제3자가 스스로 행한 것과 같은 법적 효과를 발생시키는 행위(행려병사자 유류품 처분, 감독청에 의한 정관작성·임원임명, 조세체납처분절차상 공매처분)

▶ 준법률행위적 행정행위 - 행정청의 의사표시 이외의 정신작용을 구성요소로 하는 행위

확인 (공통수확)	특정한 사실 또는 법률관계의 존부나 정당성 여부에 대하여 <u>의문이나 다툼이 있는 경우</u> <u>행정청이 공적인 권위로써 행하는 판단의 표시행위</u>(국가시험합격자 결정, 당선인 결정, 발명특허, 행정심판의 재결 등)
공증	<u>(의문이나 다툼이 없음을 전제로)</u> 특정한 사실 또는 법률관계의 존재를 공적으로 증명하는 인식행위(각종 등기·등록·증명서발급, 당선증서·합격증서 발급, 여권발급 등)
통지	행정청이 특정인 또는 불특정 다수인에게 <u>특정한 사실 또는 의사를 알리는 행위</u> - 관념의 통지 : 특허출원공고, 귀화 고시, 토지수용시 사업인정고시 - 의사의 통지 : 대집행 계고, 납세의 독촉 등
수리	행정청에 대한 행위를 <u>유효한 행위로서 수령하는 행위</u>(사표의 수리, 행정심판청구서의 수리 등)

정답 ④

057 「행정기본법」상 "처분" 대한 설명으로 가장 적절하지 <u>않은</u> 것은?   공제회문제집응용

① "처분"이란 행정청이 구체적 사실에 관하여 행하는 법 집행으로서 공권력의 행사 또는 그 거부와 그 밖에 이에 준하는 행정작용을 말한다.
② "제재처분"이란 법령등에 따른 의무를 위반하거나 이행하지 아니하였음을 이유로 당사자에게 의무를 부과하거나 권익을 제한하는 처분을 말한다. 다만, 제31조 제1항 각 호에 따른 행정상 강제는 제외한다.
③ 처분(무효인 처분 포함)은 권한이 있는 기관이 취소 또는 철회하거나 기간의 경과 등으로 소멸되기 전까지는 유효한 것으로 통용된다.
④ 행정청은 재량이 있는 처분을 할 때에는 관련 이익을 정당하게 형량하여야 하며, 그 재량권의 범위를 넘어서는 아니 된다.

해설

③ <u>무효인 처분은 처음부터 그 효력이 발생하지 아니한다(유효한 것으로 통용되는 처분에 포함되지 않음)</u>.
(제15조 단서)

제15조(처분의 효력) 처분은 권한이 있는 기관이 취소 또는 철회하거나 기간의 경과 등으로 소멸되기 전까지는 유효한 것으로 통용된다. 다만, 무효인 처분은 처음부터 그 효력이 발생하지 아니한다.

정답 ③

058 「행정기본법」상 "처분" 대한 설명으로 가장 적절하지 않은 것은?

① 행정청은 위법 또는 부당한 처분의 전부나 일부를 소급하여 취소할 수 있다. 다만, 당사자의 신뢰를 보호할 가치가 있는 등 정당한 사유가 있는 경우에는 장래를 향하여 취소할 수 있다.
② 행정청은 ①에 따라 당사자에게 권리나 이익을 부여하는 처분을 취소하려는 경우에는 취소로 인하여 당사자가 입게 될 불이익을 취소로 달성되는 공익과 비교·형량(衡量)하여야 함이 원칙이나, '당사자가 처분의 위법성을 알고 있었거나 과실로 알지 못한 경우'에는 비교·형량의무가 면제된다.
③ 행정청은 적법한 처분이라도 사정변경으로 처분을 더 이상 존속시킬 필요가 없게 된 경우에는 그 처분의 전부 또는 일부를 장래를 향하여 철회할 수 있다.
④ 행정청은 ③에 따라 처분을 철회하려는 경우에는 철회로 인하여 당사자가 입게 될 불이익을 철회로 달성되는 공익과 비교·형량하여야 한다.

해설

② '당사자가 처분의 위법성을 알고 있었거나 **중대한 과실로** 알지 못한 경우'에는 비교형량 대상에서 제외된다(제18조 제2항 제2호).

제18조(위법 또는 부당한 처분의 취소) ① 행정청은 위법 또는 부당한 처분의 전부나 일부를 소급하여 취소할 수 있다. 다만, 당사자의 신뢰를 보호할 가치가 있는 등 정당한 사유가 있는 경우에는 장래를 향하여 취소할 수 있다.
② 행정청은 제1항에 따라 당사자에게 권리나 이익을 부여하는 처분을 취소하려는 경우에는 취소로 인하여 당사자가 입게 될 불이익을 취소로 달성되는 공익과 비교·형량(衡量)하여야 한다. 다만, 다음 각 호의 어느 하나에 해당하는 경우에는 그러하지 아니하다.
  1. 거짓이나 그 밖의 부정한 방법으로 처분을 받은 경우
  2. 당사자가 처분의 위법성을 알고 있었거나 중대한 과실로 알지 못한 경우
③ 제19조(적법한 처분의 철회) 제1항 제2호
제19조(적법한 처분의 철회) ① 행정청은 적법한 처분이 다음 각 호의 어느 하나에 해당하는 경우에는 그 처분의 전부 또는 일부를 장래를 향하여 철회할 수 있다.
  1. 법률에서 정한 철회 사유에 해당하게 된 경우
  2. 법령등의 변경이나 사정변경으로 처분을 더 이상 존속시킬 필요가 없게 된 경우
  3. 중대한 공익을 위하여 필요한 경우
② 행정청은 제1항에 따라 처분을 철회하려는 경우에는 철회로 인하여 당사자가 입게 될 불이익을 철회로 달성되는 공익과 비교·형량하여야 한다.

정답 ②

059 형성적 행정행위에 해당하는 것을 모두 고른 것은?

행정법기출변형

> ㄱ. 사인에게 권리를 설정해 주는 행위
> ㄴ. 작위의무를 명하는 행위
> ㄷ. 포괄적 법률관계를 설정하는 행위
> ㄹ. 행정청이 타인의 법률행위를 보충하여 그 효력을 완성시켜 주는 행위
> ㅁ. 제3자가 해야 할 행위를 행정기관이 대신하여 행함으로써 제3자가 행한 것과 같은 효과를 발생시키는 행위

① ㄱ, ㄴ, ㅁ
② ㄱ, ㄷ, ㄹ
③ ㄱ, ㄷ, ㄹ, ㅁ
④ ㄴ, ㄷ, ㄹ, ㅁ

해설

③ 법률행위적 행정행위는 명령적 행정행위와 형성적 행정행위로 구분되는데, 명령적 행정행위란 주로 질서유지를 위해 국민에 대하여 일정한 작위·부작위·급부·수인 의무를 명하거나 해제해 주는 행정행위를 말하고, 형성적 행정행위란 특정한 상대방에게 일정한 권리·능력·포괄적 법률관계 기타 법률상의 힘이나 지위를 발생·변경·소멸시키는 행정행위를 말한다.

형성적 행정행위에는 ⓐ 직접 상대방을 위해 새로운 법률상의 힘을 설정하는 '특허'와 ⓑ 제3자의 법률행위를 보충하여 그 법률상 효력을 완성시켜 주는 '인가', ⓒ 행정주체가 타 법률관계의 당사자를 대신하여 행하는 행정행위로서 그 행위의 법률적 효과가 당해 당사자에게 귀속하는 '대리'가 있다.

ㄱ. (○) '특허'로서 형성적 행정행위에 해당한다.

> 공유재산의 관리청이 행하는 행정재산의 사용·수익에 대한 허가는 관리청이 공권력을 가진 우월적 지위에서 행하는 행정처분으로서 특정인에게 행정재산을 사용할 수 있는 권리를 설정해 주는 강학상의 특허에 해당된다.(대판 97누1105)

ㄴ. (✕) '작위하명'으로서 명령적 행정행위에 해당한다.
ㄷ. (○) 포괄적 법률관계를 설정하는 행위(공무원임명, 귀화허가 등)는 '특허'로서 형성적 행정행위에 해당한다.
ㄹ. (○) '인가'로서 형성적 행정행위에 해당한다.
ㅁ. (○) '대리'로서 형성적 행정행위에 해당한다.

정답 ③

060 행정행위의 법적 성질을 바르게 연결한 것은? (다툼이 있으면 판례에 따름) 행정법기출변형

> ㄱ. 구「자동차관리법」상 자동차정비조합설립인가
> ㄴ. 구「도시계획법」상 개발제한구역 내의 건축허가
> ㄷ. 「기부금품모집규제법」상 기부금품모집허가

① ㄱ: 인가   ㄴ: 예외적 허가   ㄷ: 특허
② ㄱ: 특허   ㄴ: 허가   ㄷ: 예외적 허가
③ ㄱ: 인가   ㄴ: 예외적 허가   ㄷ: 허가
④ ㄱ: 특허   ㄴ: 인가   ㄷ: 허가

해설

ㄱ : 자동차정비조합설립인가 = 인가
ㄴ : 개발제한구역 내의 건축허가 = 예외적 허가
ㄷ : 기부금품모집허가 = 허가

▶ **예외적 허가(예외적 승인)**

> ㉠ 의의 : 사회적으로 유해하거나 바람직하지 않아 법령상 금지가 원칙이나 특정한 경우에 예외적으로 그 금지를 해제하여 해당 행위를 적법하게 만들어주는 행위를 말한다.
> ㉡ 예시 : 개발제한구역 내 건축허가, 학교환경위생정화구역 내 유흥음식점허가, 카지노업허가, 마약류취급자의 허가 등
> ㉢ 성질 : 원칙적으로 재량행위(억제적 금지의 해제) VS 허가는 원칙적으로 기속행위(예방적 금지의 해제)

정답 ③

---

061 다음 행정행위 중 강학상 특허에 해당하는 것은? (다툼이있는 경우 판례에 의함) 22순경1차

① 자동차운전면허
② 재단법인의 정관변경 허가
③ 한의사 면허
④ 국유재산 등의 관리청이 행정재산의 사용 수익에 대하여 하는 허가

해설

① (×) 자동차운전면허 – 허가
② (×) 재단법인의 정관변경 허가 – 인가
③ (×) 한의사 면허 – 허가
④ (○) 국유재산 등의 관리청이 행정재산의 사용 수익에 대하여 하는 허가 – **강학상 특허**

정답 ④

062 경찰하명에 대한 설명으로 가장 적절하지 않은 것은?

19순경1차

① 경찰하명이란 경찰목적을 달성하기 위해 상대방에게 일정한 작위·부작위·수인·급부의 의무를 명하는 행정행위이다.
② 경찰하명 위반 시에는 경찰상 강제집행의 대상이 되거나 경찰벌이 과해질 수 있으나, 하명을 위반한 행위의 법적 효력에는 원칙적으로 영향을 미치지 않는다.
③ 경찰하명의 상대방인 수명자는 수인의무를 지므로 경찰하명이 위법하더라도 손해배상을 청구할 수 없다.
④ 경찰하명이 있는 경우, 상대방은 행정주체에 대하여만 의무를 이행할 책임이 있고 그 이외의 제3자에 대하여 법상 의무를 부담하는 것은 아니다.

해설

③ 위법한 하명으로 인하여 권리·이익이 침해된 자는 행정심판·행정소송을 제기할 수 있고, <u>손해배상청구소송을 제기할 수 있다.</u>

▶ 경찰하명

개념	경찰목적을 위하여 일정한 <u>작위·부작위·급부·수인 의무를 명하는 행위</u>
성질	의사표시를 구성요소로 하는 법률적 행위
종류	작위하명(집회신고의무), 부작위하명(공공시설 흡연금지), 급부하명(조세부과처분), 수인하명(유흥업소나 영화관에의 경찰관출입 하명과 수인의무)이 있음
효과	원칙적으로 그 수명자에게만 발생함
위반의 효과	경찰의무의 불이행의 경우 경찰상의 강제집행이 행해질 수 있고, 경찰 위반의 경우 경찰벌이 과하여짐(단, 하명에 위반한 행위 자체의 법률상 효과에는 직접적인 영향이 미치지 않음)
구제	위법한 하명으로 인하여 권리·이익이 침해된 자는 행정심판·행정소송을 제기할 수 있고, 손해배상소송을 제기할 수 있음

정답 ③

063 경찰하명에 대한 다음 설명 중 가장 옳지 않은 것은? 16경간

① 하명이란 법령에 의한 일반적·상대적 금지를 특정한 경우에 해제함으로써 일정한 행위를 적법하게 행할 수 있도록 자연의 자유를 회복시켜 주는 행정행위를 말한다.
② 작위, 부작위, 급부, 수인하명이 있으며, 그 효과는 원칙적으로 수명자에게만 발생한다.
③ 청소년 대상 주류 판매금지, 불량(부패)식품 판매금지 등은 부작위하명에 해당한다.
④ 위법한 하명으로 인하여 권리·이익이 침해된 자는 행정심판 또는 행정소송을 제기하여 하명의 취소 등을 구하거나, 손해배상소송을 제기하여 손해배상을 청구할 수 있다.

[해설]
① <u>허가란</u> 법령에 의한 <u>일반적·상대적 금지를 특정한 경우에 해제</u>함으로써 일정한 행위를 적법하게 행할 수 있도록 자연의 자유를 회복시켜 주는 행정행위를 말한다. <u>하명이란</u> 경찰상의 목적을 달성하기 위하여 일반통치권에 의거하여 국민에 대하여 특정한 <u>작위·부작위·수인·급부의 의무를 명하는 행위</u>를 말한다.

정답 ①

064 경찰하명에 대한 설명 중 가장 적절하지 않은 것은? 20승진

① 경찰하명은 경찰목적을 위하여 국가의 일반통치권에 의거 개인에게 특정한 작위·부작위·수인 또는 급부의 의무를 명하는 행정행위이다.
② 부작위하명은 소극적으로 어떤 행위를 하지 말 것을 명하는 것으로 '금지'라 부르기도 한다.
③ 공공시설에서 공중의 건강을 위하여 흡연행위를 금지하는 것은 부작위하명이다.
④ 위법한 하명으로 인하여 권리·이익이 침해된 자는 손실보상을 청구할 수 있다.

[해설]
④ <u>적법한 하명</u>으로 인하여 권리·이익이 침해된 자는 <u>손실보상</u>을 청구할 수 있고, <u>위법한 하명</u>으로 인하여 권리·이익이 침해된 자는 <u>손해배상</u>을 청구할 수 있다.

정답 ④

065 하명의 종류 중 공공시설에서 공중의 건강을 위하여 흡연행위를 금지하는 하명으로 가장 적절한 것은? 16승진

① 작위하명   ② 부작위하명   ③ 급부하명   ④ 수인하명

[해설]
② 흡연행위를 금지하는 하명은 부작위 하명이다.

정답 ②

066 경찰하명에 대한 설명 중 틀린 것은? 10승진

① 하명에 위반한 행위는 원칙적으로 그 법적 효력에는 아무런 영향을 받지 않는다.
② 경찰하명의 효과는 원칙적으로 그 수명자에게만 발생하는 것이나, 대물적 하명의 경우에는 그 대상인 물건에 대한 법적 지위를 승계한 자에게도 그 효과가 미친다.
③ 공공시설에서 공중의 건강을 위하여 흡연행위를 금지시키는 것은 부작위하명에 해당한다.
④ 경찰위반의 경우 경찰상의 강제집행이 행해질 수 있고, 경찰의무의 불이행의 경우 경찰벌이 과하여진다.

> **해설**
> ④ **경찰위반의 경우 경찰벌**을 부과할 수 있고, **경찰의무의 불이행의 경우 경찰상 강제집행**이 행해질 수 있다.

 ④

---

067 허가에 대한 다음 설명 중 가장 적절한 것은? (다툼이 있는 경우 판례에 의함) 18순경3차

① 허가는 허가가 유보된 상대적 금지에 인정되며, 절대적 금지의 경우에는 인정되지 않는다.
② 허가는 행위의 유효요건일 뿐, 적법요건은 아니다.
③ 판례에 의하면 허가여부의 결정기준은 특별한 사정이 없는 한 원칙적으로 신청 당시의 법령에 의한다.
④ 허가는 법령에 의하여 과하여진 작위·급부·수인의무를 특정한 경우에 해제하여 주는 경찰상의 행정행위이다.

> **해설**
> ① ○
> ② 경찰허가는 <u>적법요건일 뿐 유효요건은 아니므로</u>, 허가 없이 한 행위도 유효하다.
> ③ <u>행정처분은 원칙으로 처분시의 법령에 준거하여 행하여져야 하는 것</u>이므로 법령이 정한 허가기준을 구체화하는 고시에서 정한 허가기준이 개정된 경우에도 법령이 개정된 경우와 동일하게 보아 허가신청당시의 허가기준이 아닌 행정처분당시의 허가기준에 의하여 처리함이 상당하다(대판 84누655).
> ④ <u>허가는 상대적 금지(부작위의무)를 특정한 경우에 해제</u>함으로써 적법하게 행할 수 있도록 해주는 행정행위이다. 법령에 의하여 과하여진 <u>작위·급부·수인의무를 특정한 경우에 해제하여 주는 행정행위는 면제</u>이다.

 ①

068 허가에 대한 설명으로 가장 적절한 것은? 19승진

① 허가란 법령에 의하여 과하여진 작위·급부·수인의무를 특정한 경우에 해제하여 주는 행정행위이다.
② 허가는 행위의 '적법요건'이지만 '유효요건'은 아니므로, 무허가 행위는 행정상 강제집행 또는 행정벌의 대상은 되지만, 행위 자체의 법적 효력은 영향을 받지 않는 것이 원칙이다.
③ 허가는 허가가 유보된 상대적 금지뿐만 아니라 절대적 금지의 경우에도 인정된다.
④ 허가는 상대방의 신청에 의하여 행하여지는 것으로 신청에 의하지 않고는 행하여질 수 없다.

해설

① 허가란 <u>부작위의무을 해제</u>하여 주는 행정행위이다.
② O
③ 허가란 일반적이고 상대적 금지를 해제하는 것이지 <u>절대적금지는 허가의 대상이 될 수 없다</u>.
④ 원칙적으로 상대방의 신청에 의해 행해지는 것이나, <u>신청에 의하지 않은 허가(예 : 야간통행금지의 해제) 도 있을 수 있다</u>.

정답 ②

069 강학상 허가에 관한 설명으로 옳지 않은 것은? (다툼이 있으면 판례에 따름) 행정법기출변형

① 반드시 신청을 전제로 하는 것은 아니다.
② 건축허가는 대물적 성질을 갖는 것이어서 그 허가를 할 때에 인적 요소에 관해서는 형식적 심사만 한다.
③ 허가에 붙은 기한이 그 허가된 사업의 성질상 부당하게 짧은 경우에는 그 허가조건의 존속기간으로 보아야 한다.
④ 타법상의 인·허가가 의제되는 허가를 하는 경우, 행정청은 타법상의 인·허가 요건에 대한 심사 없이 허가처분을 할 수 있다.

해설

① (O) 허가는 수익적 행정행위로서 출원(신청)을 요하는 쌍방적 행정행위가 원칙이나, 출원없이 이루어지는 허가도 있다.(예: 통행금지해제, 입산금지해제 등 일반처분)
② (O) 건축허가는 대물적 성질을 갖는 것으로서 행정청으로서는 허가를 함에 있어 건축주가 누구인가 등 인적 요소에 대하여는 신청서에 기재된 바에 따른 형식적 심사만 한다.(대판 92누17822)
③ (O) 일반적으로 행정처분에 효력기간이 정하여져 있는 경우에는 그 기간의 경과로 그 행정처분의 효력은 상실되며, 다만 허가에 붙은 기한이 그 허가된 사업의 성질상 부당하게 짧은 경우에는 이를 그 허가 자체(허가효력)의 존속기간이 아니라 그 허가조건의 존속기간(갱신기간)으로 본다(대결 2004무48).
④ (X) 인·허가의제에 있어서 '주된 인·허가' 요건의 구비여부만 심사하면 족하고 '의제되는 인·허가'의 요건을 구비하였는지 여부는 판단할 필요가 없다는 실체집중효설도 주장되지만, <u>'주된 인·허가' 요건뿐만 아니라 '의제되는 인·허가' 요건까지 모두 구비된 경우에 '주된 인·허가'를 할 수 있다고 보는 절차집중효설이 통설·판례</u>이다.(대판 2001두151).

정답 ④

070 경찰작용의 유형에 관한 설명 중 틀린 것은? 10승진

① 경찰허가는 특정행위를 사실상 적법하게 할 수 있도록 하는 적법요건에 불과하다.
② 판례는 공무원의 직위해제처분과 면직처분간에 하자의 승계를 부정하였다.
③ 경찰허가의 효과의 발생 또는 소멸을 장래의 확실한 사실에 의존시키는 부관은 기한이다.
④ 경찰면제란 법령에 의하여 과하여진 작위·부작위·급부·수인의무를 특정한 경우에 해제하여 주는 경찰상의 행정행위이다.

> **해설**
> ④ 경찰면제란 법령에 의하여 과하여진 <u>작위·급부·수인의무를 특정한 경우에 해제</u>하여 주는 경찰상의 행정행위이다. → <u>부작위의무를 해제하는 것은 허가</u>이다.
>
> **정답** ④

---

071 경찰허가의 효과를 제한 또는 보충하기 위하여 주된 의사표시에 부가된 종된 의사표시를 부관이라고 한다. 부관에 대한 설명으로 옳지 않은 것은? 21경간

① 법정부관의 경우 처분의 효과제한이 직접 법규에 의해서 부여되는 부관으로서 이는 행정행위의 부관과는 구별되는 개념으로 원칙적으로 부관의 개념에 속하지 않는다.
② 부담은 그 자체가 하나의 행정행위이다. 즉, 하명으로서의 성격을 지니기 때문에 분리가 가능하지만, 그 자체가 독립적으로 행정쟁송 및 경찰강제의 대상이 될 수 없다.
③ 부담과 정지조건의 구별이 불분명한 경우에는 최소침해의 원칙에 따라 부담으로 보아야 한다.
④ 수정부담은 새로운 의무를 부가하는 것이 아니라 상대방이 신청한 것과는 다르게 행정행위의 내용을 정하는 부관을 말하며 상대방의 동의가 있어야 효력이 발생한다.

> **해설**
> ② <u>부담</u>은 그 자체가 하나의 독립된 행정행위의 성질을 가지므로 <u>독립적으로 행정쟁송 및 경찰강제의 대상이 될 수 있다.</u>
>
> | 조건 | | |
> |---|---|---|
> | | | ① 행정행위의 효력을 불확실한 장래의 사실에 의존하게 하는 행정청의 의사표시 ② 행정행위는 통지나 공지에 의해 완전한 효력을 발생하는 것이 원칙이지만, 조건이 부가되면 조건이 성취되기 전까지는 불안정한 상태에 있게 된다. |
> | | 정지조건 | <u>조건의 성취에 의해 행정행위의 효과가 비로소 발생</u>한다. 즉, 조건 성취 전까지는 행정행위의 효력이 정지되어 있는 것이다.
예 - 주차시설을 완비할 것을 조건으로 하는 호텔영업허가 |
> | | 해제조건 | <u>조건의 성취에 의해 행정행위의 효력이 당연히 상실</u>된다.
예 - 일정기간 내 공사착수할 것을 조건으로 하는 공유수면매립면허 |

부담	① 행정행위의 주된 내용에 부가하여 그 상대방에게 작위·부작위·급부·수인을 명하는 행정청의 의사표시이다.(부담은 그 자체로서 독립된 행정행위의 성질을 가짐) ② 특허나 허가 같은 수익적 행정행위에 붙여지는 경우가 많다. ③ 부담은 실무상 조건이라고 불리는 경우가 있지만 처음부터 완전히 효력을 발생한다는 점에서 조건이 성취되기 전까지는 효력이 정지되는 정지조건과 다르고, 조건성취에 따라 당연히 효력을 상실하는 해제조건과도 다르다. ④ 내용이 조건인지 부담인지 판정이 어렵다면 원칙적으로 상대방에 침익성이 적은 부담으로 해석해야 한다.
기한	행정행위의 효력발생이나 소멸을 장래의 도래가 확실한 사실에 의존케 하는 행정청의 의사표시 → 그 장래의 사실이 반드시 도래한다는 점에서 조건과 다름
	시기	행정행위 효력발생을 장래 도래가 확실한 사실에 의존시키는 부관
	종기	행정행위 효력소멸을 장래 도래가 확실한 사실에 의존시키는 부관

정답 ②

072 부관에 대한 설명으로 가장 적절하지 않은 것은? (다툼이 있는 경우 판례에 의함) 20경행 행정법

① 행정처분과 부관 사이에 실제적 관련성이 있다고 볼 수 없는 경우 공무원이 공법상의 제한을 회피할 목적으로 행정처분의 상대방과 사이에 사법상 계약을 체결하는 형식을 취하였다면 이는 법치행정의 원리에 반하는 것으로서 위법하다.
② 기한이란 행정행위 효력의 발생·소멸을 장래에 발생 여부가 확실한 사실에 종속시키는 부관을 말한다.
③ 부담의 이행으로서 하게 된 사법상 매매 등의 법률행위는 그 부담을 붙인 행정처분과는 어디까지나 별개의 법률행위이므로 그 부담의 불가쟁력의 문제와는 별도로 그 법률행위가 사회질서위반이나 강행규정에 위반되는지 여부 등을 따져보아 그 법률행위의 유효 여부를 판단하여야 한다.
④ 부담은 그 자체로서 행정쟁송의 대상이 될 수 없다.

해설

① (O) 공무원이 인·허가 등 수익적 행정처분을 하면서 상대방에게 그 처분과 관련하여 이른바 부관으로서 부담을 붙일 수 있다 하더라도, 그러한 부담은 법치주의와 사유재산 존중, 조세법률주의 등 헌법의 기본원리에 비추어 비례의 원칙이나 부당결부의 원칙에 위반되지 않아야만 적법한 것인바, 행정처분과 부관 사이에 실제적 관련성이 있다고 볼 수 없는 경우 공무원이 위와 같은 공법상의 제한을 회피할 목적으로 행정처분의 상대방과 사이에 사법상 계약을 체결하는 형식을 취하였다면 이는 법치행정의 원리에 반하는 것으로서 위법하다. 지방자치단체가 골프장사업계획승인과 관련하여 사업자로부터 기부금을 지급받기로 한 증여계약은 공무수행과 결부된 금전적 대가로서 그 조건이나 동기가 사회질서에 반하므로 민법 제103조에 의해 무효이다(대법원 2007다63966).

② (O) 기한은 행정행위의 효력의 발생 또는 소멸을 장래 발생여부가 확실한 사실에 종속시키는 부관을 말한다. 이와 반대로, 장래 발생여부가 불확실한 사실에 의존시키는 부관은 조건이라고 한다.
③ (O) 대법원 2006다18174
④ (X) 부관 중에서 **부담은 그 자체로 행정쟁송의 대상이 될 수 있다**(독립쟁송가능성 인정). ⇨ 부관은 그 자체로서 직접 법적 효과를 발생하는 독립된 처분이 아니므로, 현행 행정쟁송제도 아래서는 부관 그 자체만을 독립된 쟁송의 대상으로 할 수 없는 것이 원칙이나, 부담의 경우에는 다른 행정행위의 불가분적인 요소가 아니고 그 존속이 본체인 행정행위의 존재를 전제로 하는 것일 뿐이므로, 부담 그 자체로서 행정쟁송의 대상이 될 수 있다고 할 것이다(대법원 91누1264).

정답 ④

073 다음 중 경찰처분의 부관에 관한 설명으로 잘못된 것은 모두 몇 개인가?

14경간

가. 부관이란 경찰처분의 일반적 효과를 일부 제한 또는 보충하기 위하여 주된 의사표시의 내용에 붙여진 종된 의사표시를 의미한다.
나. '조건'에는 행정행위의 효과의 발생을 장래의 불확실한 사실에 의존시키는 해제조건과 행정행위의 효과의 소멸을 장래의 불확실한 사실에 의존시키는 정지조건이 있다.
다. '법률효과의 일부배제'란 행정행위의 주된 내용에 부가하여 법령에서 일반적으로 그 행위에 부여하고 있는 효과의 일부의 발생을 배제시키는 부관이다.
라. '수정부담'이란 상대방이 신청한 것과는 다르게 행정행위의 내용을 정하는 부관으로 상대방의 동의가 없어도 효력이 발생한다.
마. 부관은 법규에 명문 규정이 있는 경우에만 붙일 수 있다.

① 1개 ② 2개 ③ 3개 ④ 4개

해설

가. O
나. '조건'에는 행정행위의 효과의 발생을 장래의 불확실한 사실에 의존시키는 **정지조건과** 행정행위의 효과의 소멸을 장래의 불확실한 사실에 의존시키는 **해제조건**이 있다.
다. O
라. '수정부담'이란 상대방이 신청한 것과는 다르게 행정행위의 내용을 정하는 부관으로 **상대방의 동의가 있어야** 효력이 발생한다.
마. 법률행위적 행정행위 중 재량행위에는 **법적 근거 없이도 자유로이 부관을 부가할 수 있는 것이 원칙**이다.

정답 ③

074 「행정기본법」상 부관에 대한 설명으로 가장 적절하지 않은 것은? 공제회문제집응용

① 부관은 조건·기한·부담·철회권의 유보 등과 같이 주된 처분에 부가되는 종된 규율로서, 주된 처분의 효과를 제한하거나 의무를 부과함으로써 국민의 권리·의무에 영향을 미치는 효과가 있다.
② 행정청은 처분에 재량이 있는 경우에는 부관을 붙일 수 있고, 처분에 재량이 없는 경우에는 법률에 근거가 있어야 부관을 붙일 수 있다.
③ 사후부관(행정처분을 한 후의 부관)은 법률에 근거가 있는 경우에만 허용된다.
④ 부관은 해당 처분의 목적에 위배되지 아니하고, 해당 처분과 실질적인 관련이 있어야 하고, 해당 처분의 목적을 달성하기 위하여 필요한 최소한의 범위일 것이라는 요건 모두에 적합하여야 한다.

해설

③ <u>법률에 근거가 있는 경우 외에도</u> 당사자의 동의가 있는 경우, 사정이 변경되어 부관을 새로 붙이거나 종전의 부관을 변경하지 아니하면 해당 처분의 목적을 달성할 수 없다고 인정되는 경우에 사후부관이 가능하다(제17조 제3항).

> 제17조(부관) ① 행정청은 처분에 재량이 있는 경우에는 부관(조건, 기한, 부담, 철회권의 유보 등을 말한다. 이하 이 조에서 같다)을 붙일 수 있다.
> ② 행정청은 처분에 재량이 없는 경우에는 법률에 근거가 있는 경우에 부관을 붙일 수 있다.
> ③ 행정청은 부관을 붙일 수 있는 처분이 다음 각 호의 어느 하나에 해당하는 경우에는 그 처분을 한 후에도 부관을 새로 붙이거나 종전의 부관을 변경할 수 있다.
>   1. 법률에 근거가 있는 경우
>   2. 당사자의 동의가 있는 경우
>   3. 사정이 변경되어 부관을 새로 붙이거나 종전의 부관을 변경하지 아니하면 해당 처분의 목적을 달성할 수 없다고 인정되는 경우
> ④ 부관은 다음 각 호의 요건에 적합하여야 한다.
>   1. 해당 처분의 목적에 위배되지 아니할 것
>   2. 해당 처분과 실질적인 관련이 있을 것
>   3. 해당 처분의 목적을 달성하기 위하여 필요한 최소한의 범위일 것

정답 ③

075 행정행위의 부관에 대한 설명으로 옳지 않은 것은? (다툼이 있는 경우 판례에 의함) 21지방9급행정법

① 행정청은 처분에 재량이 없는 경우에는 법률에 근거가 있는 경우에 부관을 붙일 수 있다.
② 부담이 처분 당시 법령을 기준으로 적법하다면 처분 후 부담의 전제가 된 주된 처분의 근거 법령이 개정됨으로써 행정청이 더 이상 부관을 붙일 수 없게 되었다 하더라도 곧바로 그 효력이 소멸하게 되는 것은 아니다.
③ 처분과 실제적 관련성이 없어 부관으로 붙일 수 없는 부담이라도 사법상 계약의 형식으로 처분의 상대방에게 부과할 수 있다.
④ 행정재산에 대한 사용·수익허가에서 공유재산의 관리청이 정한 사용·수익허가의 기간에 대해서는 독립하여 행정소송을 제기할 수 없다.

해설

① (O)
> **행정기본법 제17조(부관)** ① 행정청은 처분에 재량이 있는 경우에는 부관(조건, 기한, 부담, 철회권의 유보 등을 말한다)을 붙일 수 있다.
> ② 행정청은 처분에 재량이 없는 경우에는 법률에 근거가 있는 경우에 부관을 붙일 수 있다.

② (O) 부담이 처분 당시 법령을 기준으로 적법하다면 처분 후 부담의 전제가 된 주된 행정처분의 근거 법령이 개정됨으로써 행정청이 더 이상 부관을 붙일 수 없게 되었다 하더라도 곧바로 위법하게 되거나 그 효력이 소멸하게 되는 것은 아니다. (대판 2005다65500)

③ (X) 행정처분과 부관 사이에 실제적 관련성이 있다고 볼 수 없는 경우 공무원이 위와 같은 공법상의 제한을 회피할 목적으로 행정처분의 상대방과 사이에 사법상 계약을 체결하는 형식을 취하였다면 이는 법치행정의 원리에 반하는 것으로서 위법하다. (대판 2007다63966)

④ (O) 행정행위의 부관은 부담인 경우를 제외하고는 독립하여 행정소송의 대상이 될 수 없는바, 기부채납받은 행정재산에 대한 사용·수익허가에서 공유재산의 관리청이 정한 사용·수익허가의 기간은 그 허가의 효력을 제한하기 위한 행정행위의 부관으로서 이러한 사용·수익허가의 기간에 대해서는 독립하여 행정소송을 제기할 수 없다. (대판 99두509)

정답 ③

076 행정행위의 부관에 관한 설명으로 옳지 않은 것은? (다툼이 있으면 판례에 따름) _{행정법기출변형}

① 법률의 근거 없이 기속행위에 그 효과를 제한하는 부관을 붙인 경우 그 부관은 무효이다.
② 사정변경으로 인하여 당초에 부담을 부가한 목적을 달성할 수 없게 된 경우 그 목적 달성에 필요한 범위 내에서 부담의 사후변경이 허용된다.
③ 다른 부관과 달리 부담은 독립하여 행정소송의 대상이 될 수 있다.
④ 부담의 내용을 미리 협약의 형식으로 정한 다음 처분을 하면서 이를 부담으로 부가하는 것은 허용되지 않는다.

해설

④ (×) 부담은 행정청이 행정처분을 하면서 **일방적으로 부가할 수도 있지만**, 부담을 부가하기 이전에 상대방과 협의하여 **부담의 내용을 협약의 형식으로 미리 정한 다음 행정처분을 하면서 이를 부가할 수도 있다**(대판 2005다65500).

정답 ④

---

077 행정행위의 효력에 대한 설명으로 옳지 않은 것은? (다툼이 있는 경우 판례에 의함) _{21지방9급행정법}

① 행정처분이 아무리 위법하다고 하여도 그 하자가 중대하고 명백하여 당연 무효라고 보아야 할 사유가 있는 경우를 제외하고는 아무도 그 하자를 이유로 무단히 그 효과를 부정하지 못한다.
② 민사소송에 있어서 어느 행정처분의 당연무효 여부가 선결문제로 되는 때에는 이를 판단하여 당연무효임을 전제로 판결할 수 있고 반드시 행정소송 등의 절차에 의하여 그 취소나 무효확인을 받아야 하는 것은 아니다.
③ 불가쟁력이 발생한 행정행위로 손해를 입은 국민은 국가배상청구를 할 수 있다.
④ 행정행위의 불가변력은 당해 행정행위에 대해서만 인정되는 것이 아니고, 동종의 행정행위라면 그 대상을 달리 하더라도 인정된다.

해설

① (○) 행정행위의 공정력 때문이다. ※ 공정력이란 행정행위가 비록 위법하더라도 당연무효가 아닌 한 권한있는 기관에 의하여 취소되기 전까지는 누구도 그 효력을 부인할 수 없어 일응 유효한 것으로 통용되는 힘을 말한다.
② (○) 무효사유의 하자인 경우 타 법원에서도 이를 따져볼 수 있다. 단순 취소사유의 하자인 경우에는 효력은 부인할 수 없고 위법성 여부는 판단할 수 있다.
③ (○) 행정행위의 불가쟁력은 행정행위의 상대방이나 이해관계인이 행정행위의 효력을 더 이상 다투지 못하는 효력이다. 국가배상청구소송은 행정행위의 효력을 다투는 것이 아니므로 불가쟁력이 발생한 행정행위라 하더라도 국가배상은 청구할 수 있다.
④ (×) 국민의 권리와 이익을 옹호하고 법적안정을 도모하기 위하여 특정한 행위에 대하여는 행정청이라 하여도 이것을 자유로이 취소, 변경 및 철회할 수 없다는 행정행위의 **불가변력은 당해 행정행위에 대하여서만 인정되는 것이고, 동종의 행정행위라 하더라도 그 대상을 달리할 때에는 이를 인정할 수 없다**. (대판 73누129)

정답 ④

078 행정행위의 효력에 대한 설명으로 옳지 <u>않은</u> 것은? (다툼이 있는 경우 판례에 의함) 22국가9급행정법

① 영업허가취소처분이 나중에 행정쟁송절차에 의하여 취소되었더라도, 그 영업허가취소처분 이후의 영업행위는 무허가영업이다.
② 연령미달 결격자가 다른 사람 이름으로 교부받은 운전면허는 당연무효가 아니고 취소되지 않는 한 유효하므로 그 연령미달 결격자의 운전행위는 무면허운전에 해당하지 아니한다.
③ 구「도시계획법」상 원상회복 등의 조치명령을 받고도 이를 따르지 않은 자에 대해 형사처벌을 하기 위해서는 적법한 조치명령이 전제되어야 하며, 이때 형사법원은 그 적법여부를 심사할 수 있다.
④ 조세부과처분을 취소하는 행정판결이 확정된 경우 부과처분의 효력은 처분 시에 소급하여 효력을 잃게 되므로 확정된 행정판결은 조세포탈에 대한 무죄를 인정할 명백한 증거에 해당한다.

해설

① (X) 영업허가취소처분이 행정쟁송절차에 의하여 취소된 경우 영업허가취소처분 이후의 영업행위를 <u>무허가영업이라고 볼 수 없다.</u>(대판 93도277)
② (O) 사위의 방법으로 연령을 속여 발급받은 운전면허는 비록 위법하다고 하더라도, 「도로교통법」 제65조 제3호의 허위 기타 부정한 수단으로 운전면허를 받은 경우에 해당함에 불과하여 취소되지 않는 한 그 효력이 있는 것이라 할 것이므로 그러한 운전면허에 의한 운전행위는 무면허운전이라 할 수 없다(대판 80도2646).
③ (O) 구 도시계획법 제78조 제1항에 정한 처분이나 조치명령을 받은 자가 이에 위반한 경우로 인하여 같은 법 제92조에 정한 처벌을 하기 위하여는 그 처분이나 조치명령이 적법한 것이라야 하고, 그 처분이 당연무효가 아니라 하더라도 그것이 위법한 처분으로 인정되는 한 같은 법 제92조 위반죄가 성립될 수 없다.(대판 90도1709) → 효력부인이 아닌 위법성만 확인하는 것이므로 형사소송에서 위법성여부(적법여부)를 심사할 수 있다는 의미임
④ (O) (대판 83도2933).

정답 ①

079 무효와 취소에 대한 설명으로 가장 적절하지 않은 것은? (다툼이 있는 경우 판례에 의함)

18경행 행정법

① 과세대상이 되지 않는 법률관계나 사실관계에 대하여 이를 과세대상이 되는 것으로 오인할 만한 객관적인 사실이 있는 경우에 이것이 과세대상이 되는지 여부가 그 사실관계를 정확히 조사하여야 비로소 밝혀질 수 있는 경우라도 이를 오인한 하자가 중대하고, 외관상 명백하다고 할 것이다.

② 일단 성립된 행정처분에 내재하는 하자가 중요한 법규에 위반한 것이고 객관적으로도 명백한 것인 때에는 그 행정처분은 효력을 발생하지 못하는 것이고 여기에서 행정처분의 하자가 객관적으로 명백하다 함은 그 행정처분 자체에 하자가 있음이 외관상 명백함을 말하는 것으로 단순히 행정처분의 대상 자체에 명백한 하자가 있음만을 가리키는 것은 아니다.

③ 공공사업의 경제성 내지 사업성의 결여로 인하여 행정처분이 무효로 되기 위하여는 공공사업을 시행함으로 인하여 얻는 이익에 비하여 공공사업에 소요되는 비용이 훨씬 커서 이익과 비용이 현저하게 균형을 잃음으로써 사회통념에 비추어 행정처분으로 달성하고자 하는 사업 목적을 실질적으로 실현할 수 없는 정도에 이르렀다고 볼 정도로 과다한 비용과 희생이 요구되는 등 그 하자가 중대하여야 할 뿐만 아니라, 그러한 사정이 객관적으로 명백한 경우라야 한다.

④ 행정청이 어느 법률관계나 사실관계에 대하여 어느 법률의 규정을 적용하여 행정처분을 한 경우에 그 법률관계나 사실관계에 대하여는 그 법률의 규정을 적용할 수 없다는 법리가 명백히 밝혀져 그 해석에 다툼의 여지가 없음에도 행정청이 그 규정을 적용하여 처분을 한 때에는 그 하자가 중대하고도 명백하다고 할 것이다.

해설

① (X) 과세대상이 되는 법률관계나 사실관계가 전혀 없는 사람에게 하는 과세 처분은 그 하자가 중대하고 명백하다 하겠으나 과세대상이 되지 않는 법률관계나 사실관계에 대하여 이를 과세대상이 되는 것으로 오인할 만한 객관적인 사실이 있는 경우에 이것이 과세대상이 되는지 여부가 그 사실관계를 정확히 조사하여야 비로소 밝혀질 수 있는 경우라면 <u>이를 오인한 하자가 중대한 경우라도 외관상 명백하다 할 수 없으므로 이를 오인한 과세 처분을 당연무효라 할 수 없다</u>(대법원 82누154).

④ (O) 행정청이 어느 법률관계나 사실관계에 대하여 어느 법률의 규정을 적용하여 행정처분을 한 경우에 그 법률관계나 사실관계에 대하여는 그 법률의 규정을 적용할 수 없다는 법리가 명백히 밝혀져 그 해석에 다툼의 여지가 없음에도 불구하고 행정청이 위 규정을 적용하여 처분을 한 때에는 그 하자가 중대하고도 명백하다고 할 것이나, 그 법률관계나 사실관계에 대하여 그 법률의 규정을 적용할 수 없다는 법리가 명백히 밝혀지지 아니하여 그 해석에 다툼의 여지가 있는 때에는 행정관청이 이를 잘못 해석하여 행정처분을 하였더라도 이는 그 처분요건사실을 오인한 것에 불과하여 그 하자가 명백하다고 할 수는 없다(대법원 2002다68485).

정답 ①

080 행정행위의 무효와 취소에 관한 설명으로 옳은 것은? (다툼이 있으면 판례에 따름) 행정법기출변형

① 하자의 치유는 무효인 행정행위에서만 인정된다.
② 행정심판의 필요적 전치주의가 적용되는 경우 무효확인소송을 제기하려면 무효확인심판의 재결을 거쳐야 한다.
③ 당연무효를 선언하는 의미에서의 취소소송을 제기할 때에는 취소소송의 제소기간을 준수해야 한다.
④ 헌법재판소에 의해 위헌으로 결정된 법률에 근거한 행정행위는 위헌결정이 있기 전에 발령된 행정행위라도 무효이다.

해설

① (X) **하자의 치유는 취소사유의 행정행위에서만 인정**된다(다수설·판례). 하자가 중대·명백한 무효사유의 행정행위에 대해서는 '전환'은 인정할 수는 있으나, '치유'를 인정하는 것은 오히려 법치주의에 반한다는 이유로 이를 부정하는 것이 다수설·판례이다.

※ 징계처분이 중대하고 명백한 흠 때문에 당연무효의 것이라면 징계처분을 받은 자가 이를 용인하였다 하여 그 흠이 치유되는 것은 아니다(대판 88누8869).

② (X) **예외적(필요적) 행정심판전치주의**는 항고소송 가운데 취소소송과 부작위위법확인소송에는 적용되나, **무효등확인소송에는 적용되지 않는다.**(당연무효이니까)

③ (O) '무효선언을 구하는 의미의 취소소송'의 경우에는 그 소송의 형식이 취소소송이므로 행정심판전치주의와 제소기간에 대한 제한이 적용된다는 것이 통설·판례이다.

④ (X) 사후적으로 위헌결정된 법률에 근거한 행정행위는 **원칙적으로 취소사유에 해당**한다고 보는 것이 통설·판례이다(대판 2000다16329).

> ⓐ 원칙적으로 취소사유 : 행정청이 어느 법률에 근거하여 행정처분을 한 후에 헌법재판소가 그 법률을 위헌으로 결정하였다면 결과적으로 그 행정처분은 법률상 근거없이 행하여진 것과 마찬가지가 되어 하자있는 것이 된다고 할 것이나, 하자있는 행정처분이 당연무효가 되기 위하여는 그 하자가 중대할 뿐만 아니라 명백한 것이어야 하는데 일반적으로 법률이 헌법에 위반된다는 사정은 헌법재판소의 위헌결정이 있기 전에는 객관적으로 명백한 것이라고 할 수는 없으므로 특별한 사정이 없는 한 이러한 하자는 위 행정처분의 취소사유에 해당할 뿐 당연무효사유는 아니다(대판 2000다16329).
>
> ⓑ 예외적으로 무효사유 : 행정처분의 집행이 이미 종료되었고, 그것이 반복될 경우 법적 안정성을 크게 해치게 되는 경우에는 후에 행정처분의 근거가 된 법규가 헌법재판소에서 위헌으로 선고된다고 하더라도 그 행정처분이 당연무효가 되지는 않음이 원칙이라고 할 것이나, 행정처분 자체의 효력이 쟁송기간 경과 후에도 존속 중인 경우, 특히 그 처분이 위헌법률에 근거하여 내려진 것이고 그 행정처분의 목적달성을 위하여서는 후행 행정처분이 필요한데 후행 행정처분은 아직 이루어지지 않는 경우와 같이 그 행정처분을 무효로 하더라도 법적 안정성을 크게 해치지 않는 반면에 그 하자가 중대하여 그 구제가 필요할 경우에 대해서는 그 예외를 인정하여 이를 당연무효사유로 보아서 쟁송기간 경과 후에라도 무효확인을 구할 수 있는 것이라고 보아야 할 것이다(헌재 92헌바23).

정답 ③

081 행정행위의 직권취소에 관한 설명으로 옳지 않은 것은? (다툼이 있으면 판례에 따름) 행정법기출변형

① 직권취소는 별도의 법적 근거가 없어도 가능하다.
② 직권취소는 당해 처분의 취소소송 계속 중에도 할 수 있다.
③ 수익적 행정행위의 직권취소에 대한 직권취소는 인정되지 않는다.
④ 수익적 행정행위의 직권취소는 제한될 수 있다. 또한, 수익적 행정행위의 직권취소의 소급효는 제한될 수 있다.

> **해설**
>
> ③ (X) 직권취소에 대한 직권취소가 가능한지와 관련하여 판례는 절충설에 입각하여 ㉠ **수익적 행정행위에 대한 직권취소에 대해서는 직권취소를 인정**하여 원처분을 소생시킬 수 있다고 보지만(단, 이해관계인이 생긴 경우에는 부정), ㉡ 부담적 행정행위에 대한 직권취소에 대해서는 직권취소를 부정하여 원처분을 소생시킬 수 없고 새로운 처분을 다시 하여야 한다고 이해한다(대판 94누7027).
> ④ (O) 수익적 행정행위의 직권취소는 신뢰보호원칙 및 비례원칙 등의 제한을 받는다(대판 93누2803). 취소의 효과는 소급효가 원칙이지만, 수익적 행정행위에 대한 직권취소 중 상대방에게 귀책사유가 없는 경우에는 소급효를 인정하지 않는 것이 원칙이다.
>
> **정답** ③

082 처분의 취소 또는 변경에 관한 설명으로 옳은 것은? (다툼이 있으면 판례에 따름) 행정법기출변형

① 처분의 위법뿐만 아니라 처분의 부당도 직권취소의 사유가 된다.
② 수익적 처분의 직권취소 필요성에 관한 증명책임은 처분의 상대방에 있다.
③ 수익적 처분에 대한 직권취소의 경우에는 「행정절차법」상 사전통지가 필요하지 않다.
④ 행정청은 행정소송이 계속되고 있는 때에는 직권으로 해당 처분을 변경할 수 없다.

> **해설**
>
> ① (O)
> ② (X) 수익적 처분의 **직권취소 필요성에 관한 증명책임은 행정청(처분청)에게 있다**.
> ③ (X) 수익적 처분에 대한 직권취소는 침익적(침해적) 처분이므로 「행정절차법」상 **사전통지의 대상이다**.
> ④ (X) **소송이 계속중일 때에도 처분청은 직권으로 처분을 취소·변경할 수 있다**.
>
> **정답** ①

083 행정행위의 하자에 대한 설명으로 옳지 않은 것은? (다툼이 있는 경우 판례에 의함) 22국가9급행정법

① 이미 불가쟁력이 발생한 보충역편입처분에 하자가 있다고 하더라도 그것이 당연무효의 사유가 아닌 한 공익근무요원소집처분에 승계되는 것은 아니다.
② 건물철거명령이 당연무효가 아니고 불가쟁력이 발생하였다면 건물철거명령의 하자를 이유로 후행 대집행계고처분의 효력을 다툴 수 없다.
③ 도시계획시설사업 시행자 지정 처분이 처분 요건을 충족하지 못하여 당연무효인 경우, 도시계획시설사업의 시행자가 작성한 실시계획을 인가하는 처분도 무효이다.
④ 선행처분인 공무원직위해제처분과 후행 직권면직처분 사이에는 하자의 승계가 인정된다.

[해설]

④ 직위해제처분과 직권면직처분 사이에는 **하자의 승계가 부정**된다.

정답 ④

084 행정행위 하자승계론의 전제요건에 해당하지 않는 것은? 행정법기출변형

① 선행행위에 무효가 아닌 취소사유의 하자가 존재할 것
② 선행행위에 불가쟁력이 발생하였을 것
③ 후행행위는 하자가 없는 적법한 행위일 것
④ 후행행위가 선행행위에 대하여 내용적 구속력이 있을 것

[해설]

④ 하자의 승계론의 전제요건으로는 ⑤ 선행행위와 후행행위 모두 항고소송의 대상이 되는 처분일 것, ⓒ 선행행위에는 취소사유에 해당하는 하자가 있을 것, ⓒ 후행행위 자체에는 고유한 하자가 없을 것, ⓔ 선행행위에 대한 제소기간이 경과하여 불가쟁력이 발생할 것 등이 요구된다. → 전통적인 하자승계론은 선행행위와 후행행위가 동일한 법적 효과를 목적으로 하는 경우에는 승계를 긍정하지만, 별개의 법적 효과를 목적으로 하는 경우에는 하자의 승계를 부정한다. 다만, 최근의 유력설인 구속력이론은 별개의 법적 효과를 목적으로 하는 경우라도 "수인한도를 넘거나 예측가능성이 없다면 구속력을 인정할 수 없다"고 하여 선행행위의 하자를 원용할 수 있다고 한다.
※ ④는 전통적 하자승계이론과 대비되는 '**구속력이론**'과 관련된 내용이다.

정답 ④

085 행정행위의 취소와 철회에 대한 설명으로 옳지 않은 것은? (다툼이 있는 경우 판례에 의함)

21지방9급행정법

① 과세관청은 과세처분의 취소를 다시 취소함으로써 이미 효력을 상실한 과세처분을 소생시킬 수 있다.
② 행정청은 적법한 처분이 중대한 공익을 위하여 필요한 경우에는 그 처분을 장래를 향하여 철회할 수 있다.
③ 수익적 행정행위의 철회는 특별한 다른 규정이 없는 한 「행정절차법」상의 절차에 따라 행해져야 한다.
④ 처분청은 처분의 성립에 하자가 있는 경우 별도의 법적 근거가 없더라도 직권으로 이를 취소할 수 있다.

> 해설
>
> ① 판례는 **부담적 행정행위의 취소의 취소는 부정**하지만, 수익적 행정행위의 취소의 취소에 대하여는 긍정한다(절충설).
> ※ 국세기본법상 부과의 취소에 위법사유가 있다고 하더라도 당연무효가 아닌 한 일단 유효하게 성립하여 부과처분을 확정적으로 상실시키는 것이므로, 과세관청은 부과의 취소를 다시 취소함으로써 원부과처분을 소생시킬 수는 없고 납세의무자에게 종전의 과세대상에 대한 납부의무를 지우려면 다시 법률에서 정한 부과절차에 좇아 동일한 내용의 새로운 처분을 하는 수밖에 없다. (대판 94누7027)

정답 ①

제3절 의무이행확보수단(경찰강제 등)

086 경찰상 의무이행 확보수단을 전통적 수단과 새로운 수단으로 구분할 때, 전통적 수단에 해당하지 않는 것은?

20경간

① 대집행   ② 집행벌   ③ 과징금   ④ 강제징수

해설

③ 과징금은 새로운 의무이행 확보수단에 해당한다.

전통적 의무이행 확보수단	경찰강제	• 강제집행 : 대집행, 강제징수, 직접강제, 집행벌(이행강제금) • 즉시강제
	경찰벌	• 경찰법상 의무위반에 대한 제재로서 일반통치권에 의거하여 사후적으로 과하는 벌(경찰벌과 징계벌은 병과 가능) • 종류 - 경찰형벌, 경찰질서벌
새로운 의무이행 확보수단		• 금전상 제재(과징금·가산금) • 공급거부 • 명단공개 • 관허사업의 제한 • 수익적 행정행위의 취소·철회 • 국외여행의 제한 • 취업제한
직접적 수단		• 경찰강제(대집행, 직접강제, 강제징수) • 경찰상 즉시강제
간접적 수단		• 경찰벌 • 집행벌 • 기타 새로운 의무이행 확보수단

정답 ③

087 경찰상 의무이행 확보수단에 대한 설명으로 가장 적절한 것은? 21승진

① 경찰상 강제집행은 경찰하명에 따른 경찰의무의 불이행이 있는 경우에 상대방의 신체 또는 재산이나 주거 등에 실력을 행사하여 경찰상 필요한 상태를 실현하는 작용으로 간접적 의무이행확보 수단이다.
② 강제징수란 국민이 국가 또는 공공단체에 대해 부담하고 있는 공법상의 금전급부의무를 이행하지 않는 경우에 행정청이 강제적으로 의무가 이행된 것과 동일한 상태를 실현하는 작용으로 새로운 의무이행확보 수단이다.
③ 집행벌은 의무이행을 위한 강제집행이라는 점에서 의무위반에 대한 제재인 경찰벌과 구별되며, 경찰벌과 병과해서 행할 수 있고, 의무이행될 때까지 반복적으로 부과하는 것도 가능하다.
④ 해산명령 불이행에 따른 해산조치, 불법영업소의 폐쇄조치, 감염병 환자의 즉각적인 강제격리는 모두 즉시강제에 해당한다.

해설

① 경찰상 강제집행의 수단은 대집행, 강제징수, 직접강제, 집행벌(이행강제금) 등으로, 이 가운데 대집행, 강제징수, 직접강제는 직접적 의무이행 확보수단인 반면, 집행벌만 간접적 의무이행 확보수단에 해당한다. 통상적으로 경찰상 강제집행은 경찰상 즉시강제와 더불어 (경찰벌과 비교하여) **직접적 의무이행 확보수단**이라고 칭한다.
② 강제징수는 **전통적 의무이행 확보수단**이다.
③ O
④ 해산명령 불이행에 따른 해산조치, 불법영업소의 폐쇄조치는 강제집행의 수단 중 **직접강제에 해당**한다. 감염병 환자의 즉각적인 강제격리는 즉시강제에 해당한다.

 ③

---

088 경찰상 강제집행 및 그 수단에 대한 설명으로 가장 적절하지 않은 것은? 21순경1차

① 경찰상 강제집행은 경찰하명에 의한 의무의 존재 및 그 불이행을 전제로 한다는 점에서 의무불이행을 전제로 하지 않는 경찰상 즉시강제와 구별된다.
② 경찰상 강제집행은 장래에 향하여 의무이행을 강제한다는 점에서 과거의 의무위반에 대한 제재인 경찰벌과 구별된다.
③ 강제징수란 의무자가 관련 법령상의 대체적 작위의무를 이행하지 않을 경우, 당해 경찰관청이 스스로 행하거나 또는 제3자로 하여금 의무자가 하여야 할 행위를 하게 함으로써 의무의 이행이 있는 것과 같은 상태를 실현시킨 후 그 비용을 의무자로부터 징수하는 것이다.
④ 대집행의 근거가 되는 일반법으로는 「행정대집행법」이 있다.

> **[해설]**
>
> ③ **대집행이란** 의무자가 관련 법령상의 대체적 작위의무를 이행하지 않을 경우, 당해 경찰관청이 스스로 행하거나 또는 제3자로 하여금 의무자가 하여야 할 행위를 하게 함으로써 의무의 이행이 있는 것과 같은 상태를 실현시킨 후 그 비용을 의무자로부터 징수하는 것이다. ※ 강제징수란 금전급부 의무를 이행하지 아니하는 경우에 행정청이 의무자의 재산에 실력을 가하여 의무가 이행된 것과 같은 상태를 실현하는 것을 말한다.
>
> **[정답] ③**

089 경찰강제에 대한 설명으로 가장 옳지 않은 것은? 11승진변형

① 대집행은 비대체적 작위의무 불이행에 대하여 스스로 행하거나 제3자로 하여금 이행하게 하고 그 비용을 의무자로부터 징수하는 것을 말한다.

② 집행벌(이행강제금)은 경찰법상의 부작위의무 또는 비대체적 작위의무의 불이행이 있는 경우 그 의무의 이행을 간접적으로 강제하기 위하여 과하는 금전벌을 말하며, 간접적·심리적 강제수단이다.

③ 강제징수란 경찰법상의 금전급부의무의 불이행이 있는 경우 의무자의 재산에 실력을 가하여 의무의 이행이 있었던 것과 같은 상태를 실현하는 작용을 말하며 일반법으로 국세징수법을 근거로 한다.

④ 직접강제란 경찰법상의 의무의 불이행이 있는 경우에 의무자의 신체·재산 등에 직접적으로 실력을 가함으로써 의무의 이행과 동일한 상태를 실현하는 작용을 말한다.

> **[해설]**
>
> ① 대집행은 **대체적 작위의무** 불이행에 대하여 **스스로** 행하거나 제3자로 하여금 이행하게 하고 그 비용을 의무자로부터 징수하는 것을 말한다.
> ※ 경찰강제 = 경찰상 강제집행 + 경찰상 즉시강제
>
> **[정답] ①**

090 경찰상 강제집행의 수단에 대한 설명이다. 다음 중 옳은 것은?   21경간

① 대집행의 절차는 계고 → 통지 → 비용의 징수 → 실행 순이다.
② 집행벌은 경찰벌과 병과해서 행할 수 없다.
③ 강제징수 절차는 독촉 → 체납처분(압류-매각-청산) → 체납처분의 중지 → 결손처분 순으로 진행한다.
④ 강제집행과 즉시강제는 선행의무 불이행을 전제하지 않는다.

해설

① 대집행의 절차는 <u>계고 → 통지 → 실행 → 비용의 징수</u> 순이다.(계통실비)
② 장래의 의무이행을 확보하기 위해 과해지는 집행벌과 과거의 의무위반에 대한 제재로서 과하는 경찰벌은 그 <u>성질과 목적을 달리 하기 때문에 병과할 수 있다.</u>
③ O
④ 강제집행과 즉시강제는 경찰강제(경찰상 필요한 상태를 실현하기 위한 작용)라는 공통점을 가지지만, <u>강제집행이 의무의 존재를 전제로 그 불이행시 일정한 절차를 거쳐 실력행사를 하는 것</u>이라면, 즉시강제는 의무불이행을 전제로 하지 않으며 일정한 절차가 없는 즉각적인 실력행사라는 점에서 구별된다.

정답 ③

091 경찰상 강제집행의 수단에 관한 설명으로 가장 적절하지 <u>않은</u> 것은?   16승진

① 경찰상 의무를 이행하지 않는 경우에 그 이행을 강제하기 위해 과하는 금전벌을 집행벌이라고 한다.
② 대체적 작위의무의 불이행이 있는 경우 행정청이 의무자의 작위의무를 스스로 행하거나 또는 제3자로 하여금 이를 행하게 하고 그 비용을 의무자로부터 징수하는 것을 대집행이라고 한다.
③ 경찰상 의무위반에 대한 최후수단으로서 직접 의무자의 신체나 재산에 실력을 가하여 의무의 이행이 있었던 것과 동일한 상태를 실현하는 작용을 경찰하명이라고 한다.
④ 국민이 국가 또는 공공단체에 대해 부담하고 있는 공법상의 금전급부의무를 이행하지 않는 경우에 행정청이 강제적으로 의무가 이행된 것과 동일한 상태를 실현하는 작용을 강제징수라고 한다.

해설

③ 경찰상 의무위반에 대한 최후수단으로서 직접 의무자의 신체나 재산에 실력을 가하여 의무의 이행이 있었던 것과 동일한 상태를 실현하는 작용을 <u>직접강제</u>라고 한다.

정답 ③

092 경찰상 강제집행의 수단에 대한 설명이다. ㉠부터 ㉣까지의 설명과 명칭이 가장 적절하게 연결된 것은?

18승진

> ㉠ 대체적 작위의무의 불이행이 있는 경우 행정청이 의무자의 작위의무를 스스로 행하거나 제3자로 하여금 이를 행하게 하고 그 비용을 의무자로부터 징수하는 행위
> ㉡ 경찰상 의무를 이행하지 않는 경우에 그 이행을 강제하기 위해 과하는 금전벌
> ㉢ 국민이 국가 또는 공공단체에 대해 부담하고 있는 공법상의 금전급부의무를 이행하지 않는 경우에 행정청이 강제적으로 의무가 이행된 것과 동일한 상태를 실현하는 작용
> ㉣ 경찰상 의무불이행에 대해 최후의 수단으로서 직접 의무자의 신체나 재산에 실력을 가하여 의무의 이행이 있었던 것과 동일한 상태를 실현하는 작용

① ㉠ 대집행 ㉡ 집행벌 ㉢ 강제징수 ㉣ 직접강제
② ㉠ 집행벌 ㉡ 강제징수 ㉢ 대집행 ㉣ 직접강제
③ ㉠ 대집행 ㉡ 강제징수 ㉢ 직접강제 ㉣ 집행벌
④ ㉠ 강제징수 ㉡ 집행벌 ㉢ 직접강제 ㉣ 대집행

해설

㉠ 대집행 ㉡ 집행벌(이행강제금) ㉢ 강제징수 ㉣ 직접강제

정답 ①

093 경찰강제 중 경찰상 강제집행에 관한 설명으로 가장 옳은 것은 무엇인가?

14경간

① 대집행의 절차는 [대집행영장에 의한 통지→대집행의 계고→대집행의 실행→비용의 징수] 순으로 진행된다.
② 집행벌이란 대체적 작위의무의 불이행이 있는 경우에 그 의무의 이행을 직접적으로 강제하기 위하여 과하는 금전벌을 말한다.
③ 직접강제란 경찰법상의 의무의 불이행이 있는 경우에 의무자의 신체·재산 등에 직접적으로 실력을 가함으로써 의무의 이행과 동일한 상태를 실현하는 작용을 말한다.
④ 강제징수란 경찰법상의 금전급부의 의무를 이행하지 아니한 경우에 경찰기관이 의무자의 재산에 실력을 가하여 의무가 이행된 것과 같은 상태를 실현하는 작용을 말하며, 이에 관한 일반법으로는 국세기본법이 있다.

해설

① 대집행의 절차는 [대집행의 계고→대집행영장에 의한 통지→대집행의 실행→비용의 징수] 순으로 진행된다.

② 집행벌이란 **비대체적 작위의무와 부작위의무의 불이행이 있는 경우**에 그 의무의 이행을 **간접적으로 강제하기 위하여** 과하는 금전벌을 말한다.
③ O
④ 강제징수의 일반법으로는 **국세징수법**이 있다.

정답 ③

094 경찰상 강제집행에 대한 설명 중 가장 적절한 것은? 13승진

① 대집행은 비대체적 작위의무의 불이행이 있는 경우 행정청이 의무자의 작위의무를 스스로 행하거나 또는 제3자로 하여금 이를 행하게 하고 그 비용을 의무자로부터 징수하는 것을 말하는데, 그 예로 이동명령에 불응하는 불법주차차량의 견인조치가 있다.
② 집행벌(이행강제금)은 부작위의무 또는 대체적 작위의무를 강제하기 위하여 일정한 기한까지 의무를 이행하지 않으면 이행강제금을 부과한다는 뜻을 미리 계고하여 의무자에게 심리적 압박을 가함으로써 의무이행을 간접적으로 강제하는 수단을 말하는데, 경찰벌과 병과해서 행할 수는 없다.
③ 강제징수는 국민이 국가 또는 공공단체에 대해 부담하고 있는 공법상의 금전급부의무를 이행하지 않는 경우에 행정청이 강제적으로 의무가 이행된 것과 동일한 상태를 실현시키는 작용을 말하는데, 국세징수법상 강제징수절차는 '독촉→매각→압류→청산' 순으로 진행된다.
④ 직접강제는 의무의 불이행이 있는 경우 직접 의무자의 신체·재산에 실력을 가하여 의무의 이행이 있었던 것과 같은 상태를 실현하는 작용을 말하는데, 대체적 작위의무 뿐만 아니라 비대체적 작위의무·부작위의무·수인의무 등 모든 의무의 불이행에 대하여 활용할 수 있다.

해설

① 대집행은 **대체적 작위의무**의 불이행이 있는 경우 행정청이 의무자의 작위의무를 스스로 행하거나 또는 제3자로 하여금 이를 행하게 하고 그 비용을 의무자로부터 징수하는 것을 말하는데, 그 예로 이동명령에 불응하는 불법주차차량의 견인조치가 있다.
② 집행벌(이행강제금)은 부작위의무 또는 **비대체적 작위의무를** 강제하기 위하여 일정한 기한까지 의무를 이행하지 않으면 이행강제금을 부과한다는 뜻을 미리 계고하여 의무자에게 심리적 압박을 가함으로써 의무이행을 간접적으로 강제하는 수단을 말하는데, **경찰벌과 병과해서 행할 수 있다**.
③ 강제징수는 국민이 국가 또는 공공단체에 대해 부담하고 있는 공법상의 금전급부의무를 이행하지 않는 경우에 행정청이 강제적으로 의무가 이행된 것과 동일한 상태를 실현시키는 작용을 말하는데, 국세징수법상 강제징수절차는 '**독촉→압류→매각→청산' 순으로** 진행된다.(**독압매청**)
④ O

정답 ④

095 행정대집행법상 대집행의 요건이 아닌 것은?

① 공법상 의무의 불이행이 있을 것
② 불이행된 의무를 타인이 대신하여 행할 수 있을 것
③ 의무를 명하는 처분에 불가쟁력이 발생하였을 것
④ 다른 수단으로써 의무 이행의 확보가 곤란할 것
⑤ 의무불이행을 방치하는 것이 심히 공익을 해할 것

해설

③ 행정대집행법은 행정처분의 **불가쟁력 발생을 대집행의 요건으로 하고 있지 않다**. 따라서, 불가쟁력이 발생하기 전에도(제소기간이 도과하기 전에도) 대집행을 할 수 있다.

> 행정대집행법 제2조(대집행과 그 비용징수) 법률(법률의 위임에 의한 명령, 지방자치단체의 조례를 포함한다)에 의하여 직접명령되었거나 또는 법률에 의거한 행정청의 명령에 의한 행위로서 타인이 대신하여 행할 수 있는 행위를 의무자가 이행하지 아니하는 경우 다른 수단으로써 그 이행을 확보하기 곤란하고 또한 그 불이행을 방치함이 심히 공익을 해할 것으로 인정될 때에는 당해 행정청은 스스로 의무자가 하여야 할 행위를 하거나 또는 제삼자로 하여금 이를 하게 하여 그 비용을 의무자로부터 징수할 수 있다.

정답 ③

096 행정대집행상의 대집행에 관한 설명으로 옳지 않은 것은? (다툼이 있으면 판례에 따름)

① 대집행을 할 수 있는 권한을 가진 행정청은 대집행권한을 타인에게 위탁할 수 있다.
② 대집행을 하려는 경우 상당한 이행기한을 정하여 그 기한까지 이행되지 아니할 때에는 대집행을 한다는 뜻을 미리 문서로써 계고하여야 한다.
③ 관계 법령에 위반하여 장례식장 영업을 하고 있는 자의 장례식장 사용중지의무는 대집행의 대상이 아니다.
④ 토지·건물의 명도의무는 대집행의 대상이 될 수 있다.

해설

③ (O) 장례식장 사용중지의무는 '비대체적 부작위의무'로서 행정대집행법상의 대집행의 대상이 아니다(대판 2005두7464).
④ (X) '토지·물건의 명도(인도)의무' 불이행에 대한 대집행이 가능한지에 대하여 학설의 다툼이 있으나, 대체적 작위의무에 해당하는 것이 아니므로 **행정대집행법에 의한 대집행의 방법으로는 불가**하고 직접강제에 의하여야 한다는 것이 통설·판례이다(대판 97누157).

정답 ④

097 다음 이행강제금에 대한 설명 중 적절한 것만을 모두 고른 것은? (다툼이 있는 경우 판례에 의함)

20경행 행정법

> ㉠ 건축법상 이행강제금은 시정명령의 위반이라는 과거의 위반행위에 대한 제재이다.
> ㉡ 이행강제금 부과처분에 대해 비송사건절차법에 의한 특별한 불복절차가 마련되어 있는 경우 이행강제금 부과처분은 항고소송의 대상이 되는 행정처분이 아니다.
> ㉢ 근로기준법상 이행강제금의 부과 예고는 '계고'에 해당한다.
> ㉣ 이행강제금은 대체적 작위의무의 위반에 대하여도 부과될 수 있다.
> ㉤ 이행강제금은 일정한 기한까지 의무를 이행하지 않았을 때에는 일정한 금전적 부담을 과하는 것으로서, 헌법 제13조 제1항이 금지하는 이중처벌금지의 원칙의 적용대상이 된다.

① ㉠㉡㉣   ② ㉠㉡㉤   ③ ㉡㉢㉣   ④ ㉢㉣㉤

해설

- ㉠ (X) 이행강제금(집행벌)은 **의무위반에 대한 제재가 아니라 장래의 의무이행을 확보하기 위한 수단**이라는 점에서 과거의 의무위반에 대한 제재로써 과하는 행정벌과는 구별된다.
- ㉡ (O) 농지법상의 이행강제금의 경우에는 이행강제금처분에 불복이 있는 자는 그 처분의 고지를 받은 날로부터 30일 이내에 당해 부과권자에게 이의를 제기할 수 있다(농지법 제62조 제6항). 이 경우에 부과권자는 지체 없이 관할법원에 그 사실을 통보하여야 하며, 그 통보를 받은 관할법원은 비송사건절차법에 의한 과태료의 재판을 한다(농지법 제62조 제7항). 농지법상 이행강제금은 불복시 비송사건절차법에 의한 과태료 재판으로 이어지기 때문에 항고소송의 대상인 행정처분이 아니다.
- ㉢ (O) 이행강제금은 행정법상의 부작위의무 또는 비대체적 작위의무를 이행하지 않은 경우에 '일정한 기한까지 의무를 이행하지 않을 때에는 일정한 금전적 부담을 과할 뜻'을 미리 계고함으로써 의무자에게 심리적 압박을 주어 장래를 향하여 의무의 이행을 확보하려는 간접적인 행정상 강제집행 수단이고, 노동위원회가 근로기준법 제33조에 따라 이행강제금을 부과하는 경우 그 30일 전까지 하여야 하는 이행강제금 부과 예고는 이러한 '계고'에 해당한다(대법원 2011두2170).
- ㉣ (O) 전통적으로 행정대집행은 대체적 작위의무에 대한 강제집행수단으로, 이행강제금은 부작위의무나 비대체적 작위의무에 대한 강제집행수단으로 이해되어 왔으나, 이는 이행강제금 제도의 본질에서 오는 제약은 아니며, 이행강제금은 대체적 작위의무의 위반에 대하여도 부과될 수 있다. 현행 건축법상 위법건축물에 대한 이행강제수단으로 대집행과 이행강제금이 인정되고 있는데, 양 제도는 각각의 장단점이 있으므로 행정청은 개별사건에 있어서 위반내용, 위반자의 시정의지 등을 감안하여 대집행과 이행강제금을 선택적으로 활용할 수 있으며, 이처럼 그 합리적인 재량에 의해 선택하여 활용하는 이상 중첩적인 제재에 해당한다고 볼 수 없다(헌재결 2001헌바80).
- ㉤ (X) 개발제한구역 내의 건축물에 대하여 **허가를 받지 않고 한 용도변경행위에 대한 형사처벌**과 건축법 제83조 제1항에 의한 **시정명령 위반에 대한 이행강제금의 부과는** 그 처벌 내지 제재대상이 되는 기본적 사실관계로서의 행위를 달리하며, 또한 그 보호법익과 목적에서도 차이가 있으므로 **이중처벌에 해당한다고 할 수 없다**(대법원 2005마30).

정답 ③

098 이행강제금에 대한 설명으로 옳지 <u>않은</u> 것은? (다툼이 있는 경우 판례에 의함) 21지방9급행정법

① 이행강제금은 대체적 작위의무의 위반에 대하여도 부과될 수 있다.
② 이미 사망한 사람에게 「건축법」상의 이행강제금을 부과하는 내용의 처분이나 결정은 당연무효이다.
③ 「부동산 실권리자명의 등기에 관한 법률」상 장기미등기자가 이행강제금 부과 전에 등기신청의무를 이행하였더라도 동법에 규정된 기간이 지나서 등기신청의무를 이행하였다면 이행강제금을 부과할 수 있다.
④ 「건축법」상 위법건축물에 대한 이행강제수단으로 대집행과 이행강제금이 인정되고 있는데, 행정청은 개별사건에 있어서 위반내용, 위반자의 시정의지 등을 감안하여 대집행과 이행강제금을 선택적으로 활용할 수 있다.

> 해설

① (O) 전통적으로 행정대집행은 대체적 작위의무에 대한 강제집행수단으로, 이행강제금은 부작위의무나 비대체적 작위의무에 대한 강제집행수단으로 이해되어 왔으나, 이는 이행강제금제도의 본질에서 오는 제약은 아니며, 이행강제금은 대체적 작위의무의 위반에 대하여도 부과될 수 있다. (헌재 2001헌바80,84,102,103, 2002헌바26)
③ (X) 이행강제금은 심리적 압박을 주어 그 의무의 이행을 간접적으로 강제하는 행정상의 간접강제 수단에 해당한다. 따라서 장기미등기자가 <u>이행강제금 부과 전에 등기신청의무를 이행하였다면 이행강제금의 부과로써 이행을 확보하고자 하는 목적은 이미 실현된 것이므로</u> 부동산실명법 제6조 제2항에 <u>규정된 기간이 지나서 등기신청의무를 이행한 경우라 하더라도 이행강제금을 부과할 수 없다고 보아야 한다.</u> (대판 2015두36454)

 ③

099 행정의 실효성 확보수단에 관한 설명으로 옳은 것은? (다툼이 있으면 판례에 따름) 행정법기출변형

① 건축법상 이행강제금 부과처분은 항고소송으로 다툴 수는 없다.
② 이행강제금은 대체적 작위의무의 위반에 대하여 부과될 수 없다.
③ 건축법상 이행강제금의 납부의무는 상속인에게 승계될 수 없는 일신전속적인 성질의 것이고, 대집행에 소요한 비용은 국세징수법의 예에 의하여 징수할 수 있다.
④ 병무청장이 병역법에 따라 병역 의무 기피자의 인적사항을 인터넷 홈페이지에 공개하는 결정은 항고소송의 대상이 되는 행정처분이 아니다.

> 해설

① (X) 건축법상 이행강제금 부과처분은 <u>항고소송의 대상이 되는 행정처분</u>이다.
② (X) 이행강제금은 본래 비대체적 작위의무 또는 부작위의무를 이행하지 않는 경우 의무이행을 강제하기 위한 심리적 압박수단으로 과하는 금전적 부담 또는 강제금을 의미한다. 다만, <u>이행강제금은 대체적 작위의무의 위반에 대하여도 부과될 수 있다.</u>
③ (O)
④ (X) 병역 의무 기피자의 인적사항을 인터넷 홈페이지에 공개하는 결정은 <u>항고소송의 대상이 되는 행정처분</u>이다.

 ③

100 경찰상 강제집행의 수단에 대한 설명으로 가장 적절하지 않은 것은? 20승진

① 직접강제란 의무의 불이행이 있는 경우 직접 의무자의 신체·재산에 실력을 가하여 의무의 이행이 있었던 것과 같은 상태를 실현하는 작용을 말한다.
② 강제징수의 일반법으로서「국세징수법」이 있다.
③ 집행벌은 반복적으로 부과하는 것도 가능하다.
④ 대집행이란 비대체적 작위의무의 불이행이 있는 경우 행정청이 의무자의 작위의무를 스스로 행하거나 또는 제3자로 하여금 이를 행하게 하고 그 비용을 의무자로부터 징수하는 것을 말한다.

> **해설**
> ④ 대집행이란 <u>대체적 작위의무</u>의 불이행이 있는 경우 행정청이 의무자의 작위의무를 스스로 행하거나 또는 제3자로 하여금 이를 행하게 하고 그 비용을 의무자로부터 징수하는 것을 말한다.
>
> **정답** ④

101 다음 설명과 관련이 있는 강제집행 수단으로 가장 적절한 것은? 16승진

| 의무의 불이행이 있는 경우 직접 의무자의 신체·재산에 실력을 가하여 의무의 이행이 있었던 것과 같은 상태를 실현하는 작용으로 의무이행 확보를 위한 최후의 수단 |

① 직접강제   ② 강제징수   ③ 집행벌   ④ 대집행

> **해설**
> ① 직접강제를 서술하고 있다.
>
> **정답** ①

102 경찰상 즉시강제에 대한 설명으로 가장 적절하지 않은 것은? 20순경1차

① 경찰상 즉시강제는 권력적 사실행위인 처분이기 때문에 행정쟁송이 가능하다.
② 즉시강제의 절차적 한계에 있어서 영장주의의 적용 여부에 대하여 영장필요설이 통설과 판례이다.
③ 경찰상 즉시강제 시 필요 이상으로 실력을 행사하여 경찰책임자 이외의 자에게 유형력을 행사하는 것은 위법이 된다.
④ 적법한 즉시강제에 대한 구제로 손실보상을 청구할 수 있으며, 일정한 요건하에서 형법상 위법성조각사유에 해당하는 긴급피난도 가능하다.

> **해설**
>
> ② 헌법상 영장제도는 권력의 억제와 기본권 보장을 목적으로 하므로 경찰상 즉시강제에도 기본적으로 적용되나, 행정목적의 달성을 위하여 불가피하다고 인정할 만한 합리적 이유가 있는 경우에 한하여 영장제도에 대한 예외 인정이 가능하다는 <u>절충설이 다수설</u>의 입장이다.
>
> **정답** ②

103 다음 즉시강제에 대한 설명 중 가장 적절하지 <u>않은</u> 것은? 19경채

① 즉시강제는 권력적 사실행위로서 행정쟁송의 대상인 '처분 등'에 해당하나 대부분의 즉시강제가 단시간에 종료되는 성질상 취소 변경을 구하는 행정쟁송에 의한 구제는 적합하지 않다.
② 위법한 즉시강제에 의해 수인한도를 넘는 특별한 희생을 받은 경우 손실보상 청구가 가능하며, 이러한 내용은 개정된 경찰관 직무집행법 제11조의2에서 명시적으로 규정하고 있다.
③ 즉시강제는 법치국가의 예외적인 권력작용이므로 그 발동에는 법적 근거가 필요하며 경찰상 즉시강제의 경우에는 경찰관 직무집행법이 일반법의 지위를 가진다.
④ 즉시강제는 직접 개인의 신체·재산에 실력을 행사하여 행정상 필요한 상태를 실현한다는 점에서 직접강제와 유사하나, 의무불이행을 전제로 하지 않는다는 점에서 차이가 있다.

> **해설**
>
> ② 경직법 제11조의2는 "적법한 직무집행으로 인하여" 손실을 입은 자에 대하여 정당한 보상을 하도록 규정하고 있다. <u>위법한 즉시강제에 대해서는 손실보상이 아니라 손해배상 청구가 가능하다.</u>
>
> **정답** ②

104 즉시강제에 대한 설명으로 가장 적절하지 <u>않은</u> 것은? 14승진

① 행정상 즉시강제는 이른바 권력적 사실행위로서 행정쟁송의 대상인 '처분등'에 해당한다고 할 수 있다.
② 즉시강제는 성질상 단기간 내에 종료되어 행정처분과 같이 취소·변경을 구할 법률상의 이익이 존재하지 않는 것이 대부분이어서, 행정소송에 의한 구제는 즉시강제의 성질상 적합하지 아니하다.
③ 행정상 즉시강제는 권력적 사실작용이라는 점에서 행정상 강제집행과 같으므로 반드시 선행의무 및 그 불이행을 전제로 한다.
④ 위법한 즉시강제에 대하여는 「형법」상 정당방위가 인정될 수 있으므로 이 경우 저항행위는 공무집행방해죄가 성립하지 않는다.

> **해설**
>
> ③ 행정상 즉시강제는 <u>선행의무 및 그 불이행을 전제로 하지 않는다</u>.
>
> **정답** ③

105 다음 중 경찰상 즉시강제에 대한 설명중 가장 옳은 것은? 13경간

① 경찰관 직무집행법상 불심검문은 대물적 즉시강제이다.
② 경찰관 직무집행법상 총기나 분사기의 사용은 대인적 즉시강제이다.
③ 즉시강제는 급박성·보충성·비례성 등 법률상의 한계를 가지고 있다.
④ 즉시강제의 절차적 한계에 있어서는 영장주의의 적용 여부에 대하여 영장필요설이 통설과 판례이다.

> **해설**
>
> ① 불심검문의 법적 성질에 대하여 <u>대인적 즉시강제</u>로 이해하는 견해가 있고, 행정조사(권력적 행정조사 또는 비권력적 행정조사)로 이해하는 견해도 있다.
> ② O
> ③ 즉시강제는 급박성·보충성·비례성 등 <u>조리상의 한계</u>를 가지고 있다.
> ④ 즉시강제의 영장주의 적용여부에 대하여는 <u>절충설이 통설과 판례</u>이다.
>
> **정답** ②

106 행정상 즉시강제에 해당하는 것을 모두 고른 것은? (다툼이 있는 경우 판례에 의함) 22순경1차

| ㉠ 경찰관 직무집행법 제6조 범죄의 예방을 위한 제지
| ㉡ 경찰관 직무집행법 제4조 제1항 제1호에서 규정하는 술에 취한 상태로 인하여 자기 또는 타인의 생명 신체와 재산에 위해를 미칠 우려가 있는 피구호자에 대한 보호조치
| ㉢ 행정대집행법 제2조 대집행
| ㉣ 국세징수법 제24조 강제징수

① ㉠㉢ ② ㉡㉢ ③ ㉠㉡ ④ ㉡㉣

> **해설**
>
> ㉠ 경찰관 직무집행법 제6조 범죄의 예방을 위한 제지 – <u>행정상 즉시강제</u>
> ㉡ 경찰관 직무집행법 제4조 제1항 제1호에서 규정하는 술에 취한 상태로 인하여 자기 또는 타인의 생명 신체와 재산에 위해를 미칠 우려가 있는 피구호자에 대한 보호조치 – <u>행정상 즉시강제</u>
> ㉢ 행정대집행법 제2조 대집행 – <u>행정상 강제집행</u>
> ㉣ 국세징수법 제24조 강제징수 – <u>행정상 강제집행</u>
>
> **정답** ③

107 다음 중 「경찰관 직무집행법」상 규정된 즉시강제에 해당하는 것은 모두 몇 개인가? 16순경2차

> ㉠ 불심검문 ㉡ 범죄의 예방 및 제지
> ㉢ 무기의 사용 ㉣ 보호조치
> ㉤ 위험방지를 위한 출입

① 2개 ② 3개 ③ 4개 ④ 5개

해설

보기 모두 전통적인 즉시강제에 해당한다. 다만 ㉠불심검문은 대인적 즉시강제라는 견해와 임의적 행정작용이라는 견해가 대립한다.

정답 ③, ④

108 행정상 즉시강제에 대한 설명으로 가장 적절하지 <u>않은</u> 것은? (다툼이 있는 경우 판례에 의함)

19경행 행정법

① 경찰관 직무집행법 제4조 제1항 제1호에서 규정하는 "술에 취하여 자신 또는 다른 사람의 생명 신체 재산에 위해를 끼칠 우려가 있는 사람"에 대한 보호조치는 행정상 즉시강제에 해당한다.
② 경찰관 직무집행법 제6조 제1항("경찰관은 범죄행위가 목전에 행하여지려고 하고 있다고 인정될 때에는 이를 예방하기 위하여 관계인에게 필요한 경고를 하고, 그 행위로 인하여 사람의 생명·신체에 위해를 끼치거나 재산에 중대한 손해를 끼칠 우려가 있는 긴급한 경우에는 그 행위를 제지할 수 있다.") 중 경찰관의 제지에 관한 부분은 범죄의 예방을 위한 행정상 즉시강제에 관한 근거 조항이다.
③ 사전영장주의원칙은 인신보호를 위한 헌법상의 기속원리이기 때문에 인신의 자유를 제한하는 행정상 즉시강제에서도 존중되어야 하고, 다만 사전영장주의를 고수하다가는 도저히 그 목적을 달성할 수 없는 지극히 예외적인 경우에만 형사절차에서와 같은 예외가 인정된다.
④ 출입국관리법에 따른 강제퇴거명령을 받은 외국인의 '보호'(출국시키기 위하여 외국인보호실, 외국인보호소 또는 그 밖에 법무부장관이 지정하는 장소에 인치하고 수용하는 집행활동)는 행정상 즉시강제로서 그 기간의 상한을 법률에서 규정하지 않은 것은 헌법에 위반된다.

해설

④ 강제퇴거대상자의 송환이 언제 가능해질 것인지 미리 알 수가 없으므로, 심판대상조항이 보호기간의 상한을 두지 않은 것은 입법목적 달성을 위해 불가피한 측면이 있다. 보호기간의 상한이 규정될 경우, 그 상한을 초과하면 보호는 해제되어야 하는데, 강제퇴거대상자들이 보호해제된 후 잠적할 경우 강제퇴거명령의 집행이 현저히 어려워질 수 있고, 그들이 범죄에 연루되거나 범죄의 대상이 될 수도 있다. 강제

퇴거대상자는 강제퇴거명령을 집행할 수 있을 때까지 일시적·잠정적으로 신체의 자유를 제한받는 것이며, 보호의 일시해제, 이의신청, 행정소송 및 집행정지 등 강제퇴거대상자가 보호에서 해제될 수 있는 다양한 제도가 마련되어 있다. 따라서 **심판대상조항은 침해의 최소성 및 법익의 균형성 요건도 충족한다**(헌재 2017헌가29).

정답 ④

109 행정상 즉시강제에 대한 설명으로 옳지 <u>않은</u> 것은? (다툼이 있는 경우 판례에 의함) 21국가9급행정법

① 행정상 즉시강제는 국민의 권리침해를 필연적으로 수반하므로, 이에 대해서는 항상 영장주의가 적용된다.
② 행정상 즉시강제는 직접강제와는 달리 행정상 강제집행에 해당하지 않는다.
③ 구 「음반·비디오물 및 게임물에 관한 법률」상 불법게임물에 대한 수거 및 폐기 조치는 행정상 즉시강제에 해당한다.
④ 다른 수단으로는 행정목적을 달성할 수 없는 경우에만 허용되며, 이 경우에도 최소한으로만 실시하여야 한다.

해설

① (X) 우리 헌법 제12조 제3항의 **사전영장주의원칙은** 인신보호를 위한 헌법상의 기속원리이기 때문에 인신의 자유를 제한하는 국가의 **모든 영역(예컨대, 행정상의 즉시강제)에서도 존중되어야 하고,** 다만 사전영장주의를 고수하다가는 도저히 그 목적을 달성할 수 없는 지극히 예외적인 경우에만 형사절차에서와 같은 **예외가 인정된다고 할 것이다.**(대판 93추83)
 ※ **주의(헌법재판소)** - 영장주의가 행정상 즉시강제에도 적용되는지에 관하여는 논란이 있으나, 행정상 즉시강제는 상대방의 임의이행을 기다릴 시간적 여유가 없을 때 하명 없이 바로 실력을 행사하는 것으로서, 그 본질상 급박성을 요건으로 하고 있어 법관의 영장을 기다려서는 그 목적을 달성할 수 없다고 할 것이므로, **원칙적으로 영장주의가 적용되지 않는다고 보아야 할 것이다.**(헌재 2000헌가12)
② (O) 행정상 즉시강제란 목전의 급박한 행정상 장해를 제거할 필요가 있는 경우에, 미리 의무를 명할 시간적 여유가 없을 때 또는 그 성질상 의무를 명하여 가지고는 목적달성이 곤란할 때에, 직접 국민의 신체 또는 재산에 실력을 가하여 행정상 필요한 상태를 실현하는 작용으로, 선행의 의무부과와 그 불이행을 전제로 하는 행정상 강제집행과 구별된다.
 ※ 행정강제가 행정상 **강제집행**과 행정상 **즉시강제**로 구분되고, 행정상 강제집행에는 **대집행, 강제징수, 이행강제금, 직접강제**가 있다.(강강즉/대강이직)

정답 ①

110 행정의 실효성 확보수단의 예와 그 법적 성질의 연결이 옳지 <u>않은</u> 것은? (다툼이 있는 경우 판례에 의함)

21국가9급행정법

① 「건축법」에 따른 이행강제금의 부과 - 집행벌
② 「식품위생법」에 따른 영업소 폐쇄 - 직접강제
③ 「공유재산 및 물품 관리법」에 따른 공유재산 원상복구명령의 강제적 이행 - 즉시강제
④ 「부동산등기 특별조치법」에 따른 과태료의 부과 - 행정벌

해설

③ (X) 행정대집행의 방법으로 공유재산에 설치한 시설물을 철거할 수 있다.
④ (O) 행정벌은 행정형벌과 행정질서벌로 구분된다. 형법에 정하여져 있는 형을 과하는 행정벌을 행정형벌이라고 하고, 형법상의 형이 아닌 과태료가 과하여지는 행정벌을 행정질서벌이라고 한다.

 ③

---

111 경찰벌에 대한 설명 중 맞는 것을 모두 고른 것은?

14경간

가. 경찰벌에는 경찰형벌과 경찰질서벌이 있는 바, 전자는 사형, 징역, 금고, 자격상실, 자격정지, 벌금, 구류, 과료, 몰수 등이 있으며, 후자는 과태료가 있다.
나. 경찰형벌은 경찰법상 의무위반에 대하여 형벌을 가하는 경찰벌로서 경찰관직무집행법이 적용되며, 그 과벌절차는 비송사건 절차법이 적용된다.
다. 지방자치법은 기본권보호를 위하여 조례에 의한 과태료의 부과를 금지하고 있으며, 오직 경찰관직무집행법에 의한 과태료 부과를 규정하고 있다.
라. 경찰벌과 징계벌의 차이에 대하여 전자는 일반사회 질서유지를 목적으로 하지만, 후자는 경찰내부의 질서유지를 목적으로 한다.
마. 경찰벌과 징계벌은 양자가 일반통치권과 특별행정법관계 등의 권력기초가 다르므로 일사부재리의 원칙상 양자를 병과해서는 안 된다.

① 나, 마   ② 나, 다   ③ 다, 라   ④ 가, 라

해설

가. O
나. 경찰형벌은 경찰법상 의무위반에 대하여 형벌을 가하는 경찰벌로서, <u>경찰관직무집행법이 적용되지 않으며</u>, 그 과벌절차는 <u>형사소송법이 적용</u>된다.
다. <u>지방자치법은 조례에 의한 과태료 부과를 인정</u>한다(지방자치단체는 조례를 위반한 행위에 대하여 조례로써 1천만원 이하의 과태료를 정할 수 있다 - 지방자치법 제27조 제1항). <u>경찰관직무집행법에는 과태료 부과 규정이 존재하지 아니하고</u>, 과태료부과에 대해서는 <u>질서위반행위규제법에서 규정</u>하고 있다.
라. O
마. 경찰벌과 징계벌은 양자가 일반통치권과 특별행정법관계 등의 권력기초가 다르므로 <u>병과하더라도 일사부재리 원칙에 위배되지 아니한다</u>.

 ④

112 행정법규의 양벌규정에 대한 설명으로 옳지 <u>않은</u> 것은? (다툼이 있는 경우 판례에 의함)

22국가9급행정법

① 양벌규정은 행위자에 대한 처벌규정임과 동시에 그 위반행위의 이익귀속주체인 영업주에 대한 처벌규정이다.
② 종업원의 범죄성립이나 처벌이 영업주 처벌의 전제조건이 되는 것은 아니다.
③ 법인 대표자의 법규위반행위에 대한 법인의 책임은 법인 자신의 법규위반행위로 평가될 수 있는 행위에 대한 법인의 직접책임이다.
④ 양벌규정에 의한 법인의 처벌은 어디까지나 행정적 제재처분일 뿐 형벌과는 성격을 달리한다.

[해설]

② (O) 양벌규정에 의한 영업주의 처벌은 금지위반행위자인 종업원의 처벌에 종속하는 것이 아니라 독립하여 그 자신의 종업원에 대한 선임·감독상의 과실로 인하여 처벌되는 것이므로 종업원의 범죄성립이나 처벌이 영업주 처벌의 전제조건이 될 필요는 없다(대판 2005도7673).
④ (X) 양벌규정에 근거한 법인의 처벌은 감독의무 위반으로 인한 자기책임으로서 <u>형벌(벌금 등)을 부과하는 것</u>이다.

정답 ④

---

113 「질서위반행위규제법」에 대한 설명이다. 옳지 <u>않은</u> 것은?

21경간

① 심신장애로 인하여 행위의 옳고 그름을 판단할 능력이 없거나 그 판단에 따른 행위를 할 능력이 없는 자의 질서위반행위는 과태료를 부과하지 아니한다.
② 2인 이상이 질서위반행위에 가담한 때에는 각자가 질서위반행위를 한 것으로 본다. 또한 신분에 의하여 성립하는 질서위반행위에 신분이 없는 자가 가담한 때에는 신분이 없는 자에 대하여도 질서위반행위가 성립한다.
③ 하나의 행위가 2 이상의 질서위반행위에 해당하는 경우에는 각 질서위반행위에 대하여 정한 과태료 중 가장 중한 과태료를 부과한다.
④ 과태료는 행정청의 과태료 부과처분이나 법원의 과태료 재판이 확정된 후 3년간 징수하지 아니하거나 집행하지 아니하면 시효로 인하여 소멸된다.

[해설]

④ 과태료는 행정청의 과태료 부과처분이나 법원의 과태료 재판이 확정된 후 <u>5년간</u> 징수하지 아니하거나 집행하지 아니하면 시효로 인하여 소멸한다.

정답 ④

114 「질서위반행위규제법」에 대한 내용으로 가장 적절한 것은?

18순경2차

① 18세가 되지 아니한 자의 질서위반행위는 과태료를 부과하지 아니한다. 다만, 다른 법률에 특별한 규정이 있는 경우에는 그러하지 아니하다.
② 행정청이 질서위반행위에 대하여 과태료를 부과하고자 하는 때에는 미리 당사자에게 대통령령으로 정하는 사항을 통지하고, 7일 이상의 기간을 정하여 의견을 제출할 기회를 주어야 한다. 이 경우 지정된 기일까지 의견 제출이 없는 경우에는 의견이 없는 것으로 본다.
③ 과태료는 행정청의 과태료 부과처분이나 법원의 과태료 재판이 확정된 후 3년간 징수하지 아니하거나 집행하지 아니하면 시효로 인하여 소멸한다.
④ 고의 또는 과실이 없는 질서위반행위는 과태료를 부과하지 아니한다.

해설

① **14세가** 되지 아니한 자의 질서위반행위는 과태료를 부과하지 아니한다. 다만, 다른 법률에 특별한 규정이 있는 경우에는 그러하지 아니하다.
② 행정청이 질서위반행위에 대하여 과태료를 부과하고자 하는 때에는 미리 당사자에게 대통령령으로 정하는 사항을 통지하고, **10일 이상의** 기간을 정하여 의견을 제출할 기회를 주어야 한다. 이 경우 지정된 기일까지 의견 제출이 없는 경우에는 의견이 없는 것으로 본다.
③ 과태료는 행정청의 과태료 부과처분이나 법원의 과태료 재판이 확정된 후 **5년간** 징수하지 아니하거나 집행하지 아니하면 시효로 인하여 소멸한다.
④ O

▶ 질서위반행위규제법

목적(1조)	질서위반행위의 성립요건과 과태료의 부과·징수·재판 등 규정이 목적
정의(2조)	질서위반행위 – 법률(지방자치단체의 조례 포함)상 의무를 위반하여 과태료를 부과하는 행위
적용시점 (3조)	① 질서위반행위의 성립과 과태료 처분은 행위 시(처분 시×)의 법률에 따름 ② 질서위반행위 후 법률이 변경되어 질서위반행위에 해당하지 아니하게 되거나 과태료가 가볍게 된 때 → 특별한 규정이 없는 한 변경된 법률을 적용 ③ 과태료 처분이나 과태료 재판이 확정된 후 법률이 변경되어 그 행위가 질서위반행위에 해당하지 아니하게 된 때 → 특별한 규정이 없는 한 과태료의 징수 또는 집행을 면제
법정주의	법률에 따르지 아니하고는 어떤 행위도 질서위반행위로 과태료를 부과하지 아니한다.
고의과실	고의 또는 과실이 없는 질서위반행위는 과태료를 부과하지 아니한다.
위법성의 착오	위법하지 아니한 것으로 오인하고 행한 질서위반행위는 그 오인에 정당한 이유가 있는 때에 한하여 과태료를 부과하지 아니한다.
책임연령	14세가 되지 아니한 자의 질서위반행위는 과태료를 부과하지 아니한다. 다만, 다른 법률에 특별한 규정이 있는 경우에는 그러하지 아니하다.
심신장애	① 심신장애로 인하여 행위의 옳고 그름을 판단할 능력이 없거나 그 판단에 따른 행위를 할 능력이 없는 자의 질서위반행위는 과태료를 부과하지 아니한다. ② 심신장애로 위 능력이 미약한 자의 질서위반행위는 과태료를 감경한다.

시효 등	① 시효 – 과태료 처분이나 과태료 재판 확정 후 <u>5년</u>간 징수·집행치 않으면 시효 소멸 ② 제척기간 – 질서위반행위가 종료된 날(다수인이 가담한 경우에는 최종행위가 종료된 날)부터 <u>5년</u>이 경과한 경우에는 과태료를 부과할 수 없음

정답 ④

115 질서위반행위규제법에 관한 설명 중 가장 적절하지 않은 것은? 　　22순경1차

① 행정청의 과태료 처분이나 법원의 과태료 재판이 확정된 후 법률이 변경되어 그 행위가 질서위반행위에 해당하지 아니하게 된 때에는 변경된 법률에 특별한 규정이 없는 한 과태료의 징수 또는 집행을 면제한다.
② 고의 또는 과실이 없는 질서위반행위는 과태료를 부과하지 아니한다.
③ 자신의 행위가 위법하지 아니한 것으로 오인하고 행한 질서위반 행위는 그 오인에 정당한 이유가 있는 때에도 과태료를 부과한다.
④ 과태료는 행정청의 과태료 부과처분이나 법원의 과태료 재판이 확정된 후 5년간 징수하지 아니하거나 집행하지 아니하면 시효로 인하여 소멸한다.

해설

③ 자신의 행위가 위법하지 아니한 것으로 오인하고 행한 질서위반행위는 <u>그 오인에 정당한 이유가 있는 때에 한하여 과태료를 부과하지 아니한다</u>(질서위반행위규제법 제8조).

정답 ③

116 「질서위반행위규제법」에 대한 설명으로 가장 적절하지 않은 것은? 　　19승진

① 고의 또는 과실이 없는 질서위반행위는 과태료를 부과하지 아니한다.
② 과태료는 행정청의 과태료 부과처분이나 법원의 과태료 재판이 확정된 후 3년간 징수하지 아니하거나 집행하지 아니하면 시효로 인하여 소멸한다.
③ 행정청이 질서위반행위에 대하여 과태료를 부과하고자 하는 때에는 미리 당사자에게 대통령령으로 정하는 사항을 통지하고, 10일 이상의 기간을 정하여 의견을 제출할 기회를 주어야 한다. 이 경우 지정된 기일까지 의견 제출이 없는 경우에는 의견이 없는 것으로 본다.
④ 행정청의 과태료 부과에 불복하는 당사자는 과태료 부과 통지를 받은 날로부터 60일 이내에 해당 행정청에 서면으로 이의제기를 할 수 있다.

해설

② 과태료는 행정청의 과태료 부과처분이나 법원의 과태료 재판이 확정된 후 <u>5년간</u> 징수하지 아니하거나 집행하지 아니하면 시효로 인하여 소멸한다.(질서위반행위 규제법 제15조)

정답 ②

117 「질서위반행위규제법」에 대한 설명으로 가장 적절한 것은?   17순경1차, 13승진

① 질서위반행위의 성립과 과태료 처분은 처분 시의 법률에 따른다.
② 고의 또는 과실이 없는 질서위반행위에도 과태료를 부과한다.
③ 2인 이상이 질서위반행위에 가담한 때에는 각자가 질서위반행위를 한 것으로 본다.
④ 과태료는 행정청의 과태료 부과 처분이나 법원의 과태료 재판이 확정된 후 3년간 징수하지 아니하거나 집행하지 아니하면 시효로 인하여 소멸한다.

> **해설**
> ① 질서위반행위의 성립과 과태료 처분은 **행위 시의** 법률에 따른다.
> ② 고의 또는 과실이 없는 질서위반행위는 과태료를 **부과하지 아니한다**.
> ③ ○
> ④ 과태료는 행정청의 과태료 부과 처분이나 법원의 과태료 재판이 확정된 후 **5년간** 징수하지 아니하거나 집행하지 아니하면 시효로 인하여 소멸한다.
>
> **정답** ③

118 「질서위반행위규제법」에 관한 다음 설명 중 가장 옳지 않은 것은?   18경간

① 이 법은 법률상 의무의 효율적인 이행을 확보하고 국민의 권리와 이익을 보호하기 위하여 질서위반행위의 성립요건과 과태료의 부과·징수 및 재판 등에 관한 사항을 규정하는 것을 목적으로 한다.
② 질서위반행위 후 법률이 변경되어 그 행위가 질서위반행위에 해당하지 아니하게 되거나 과태료가 변경되기 전의 법률보다 가볍게 된 때에는 법률에 특별한 규정이 없는 한 변경된 법률을 적용한다.
③ 심신장애로 인하여 행위의 옳고 그름을 판단할 능력이 없거나 그 판단에 따른 행위를 할 능력이 없는 자의 질서위반행위는 과태료를 부과하지 아니한다.
④ 19세가 되지 아니한 자의 질서위반행위는 과태료를 부과하지 아니한다. 다만, 다른 법률에 특별한 규정이 있는 경우에는 그러하지 아니하다.

> **해설**
> ④ **14세가** 되지 아니한 자의 질서위반행위는 과태료를 부과하지 아니한다. 다만, 다른 법률에 특별한 규정이 있는 경우에는 그러하지 아니하다(제9조).
>
> **정답** ④

119 다음 「질서위반행위규제법」 및 「질서위반행위규제법 시행령」에 대한 내용에서 괄호 안에 들어갈 숫자를 모두 더한 값은?

21승진

> ㉠ 과태료는 행정청의 과태료 부과처분이나 법원의 과태료 재판이 확정된 후 (　)년간 징수하지 아니하거나 집행하지 아니하면 시효로 인하여 소멸한다.
> ㉡ 동법 제19조 제1항에 따라 행정청은 질서위반행위가 종료된 날부터 (　)년이 경과한 경우에는 해당 질서위반행위에 대하여 과태료를 부과할 수 없다.
> ㉢ (　)세가 되지 아니한 자의 질서위반행위는 과태료를 부과하지 아니한다.
> ㉣ 행정청은 당사자가 동법 제24조의3 제1항에 따라 과태료를 납부하기가 곤란하다고 인정되면 (　)년의 범위에서 과태료의 분할납부나 납부기일의 연기를 결정할 수 있다.
> ㉤ 행정청은 ㉣에 따라 과태료의 분할납부나 납부기일의 연기(이하 "징수유예등"이라 한다)를 결정하는 경우 그 기간을 그 징수유예등을 결정한 날의 다음 날부터 (　)개월 이내로 하여야 한다.

① 26　　　② 28　　　③ 33　　　④ 34

해설

㉠ 5년 ㉡ 5년 ㉢ 14세 ㉣ 1년 ㉤ 9개월

> 질서위반행위규제법 제24조의3(과태료의 징수유예 등) ① 행정청은 당사자가 다음 각 호의 어느 하나에 해당하여 과태료를 납부하기가 곤란하다고 인정되면 <u>1년의 범위에서</u> 대통령령으로 정하는 바에 따라 과태료의 분할납부나 납부기일의 연기(이하 "징수유예등"이라 한다)를 결정할 수 있다.
> 　6. 납부의무자 또는 그 동거 가족이 질병이나 중상해로 <u>1개월 이상의 장기 치료</u>를 받아야 하는 경우
> 시행령 제7조의2(과태료의 징수유예등) ① 행정청은 법 제24조의3 제1항에 따라 과태료의 분할납부나 납부기일의 연기(이하 "징수유예등"이라 한다)를 결정하는 경우 그 기간을 그 징수유예등을 결정한 날의 다음 날부터 <u>9개월 이내로</u> 하여야 한다. 다만, 그 기간이 만료될 때까지 법 제24조의3 제1항에 따른 징수유예등의 사유가 해소되지 아니하는 경우에는 <u>1회에 한정하여 3개월의 범위에서</u> 그 기간을 연장할 수 있다.

정답 ④

120 법률상 의무의 효율적인 이행을 확보하고 국민의 권리와 이익을 보호하기 위하여 질서위반행위의 성립요건과 과태료의 부과·징수 및 재판 등에 관한 사항을 규정하는 것을 목적으로 제정된 「질서위반행위규제법」의 내용으로 가장 적절하지 않은 것은?　14승진

① 질서위반행위의 성립과 과태료 처분은 행위시의 법률에 따른다.
② 과태료 부과는 의견제출 절차를 마친 후 서면 또는 구두로 한다.
③ 2인 이상이 질서위반행위에 가담한 때에는 각자가 질서위반행위를 한 것으로 본다.
④ 과태료는 행정청의 과태료 부과처분이나 법원의 과태료 재판이 확정된 후 5년간 징수하지 아니하거나 집행하지 아니하면 시효로 인하여 소멸한다.

해설

② 과태료 부과는 의견제출 절차를 마친 후에 서면(당사자가 동의하는 경우에는 전자문서를 포함한다)으로 과태료를 부과하여야 한다.

정답 ②

제4절 그 밖의 행정작용들

121 행정입법에 대한 설명으로 옳지 <u>않은</u> 것은? (다툼이 있는 경우 판례에 의함)   22국가9급행정법

① 부령의 형식으로 정해진 제재적 행정처분의 기준은 그 규정의 성질과 내용이 행정청 내부의 사무처리준칙을 정한 것에 불과하므로 대외적으로 국민이나 법원을 구속하는 것은 아니다.
② 항정신병 치료제의 요양급여 인정기준에 관한 보건복지부 고시가 다른 집행행위의 매개 없이 그 자체로서 직접 국민의 구체적인 권리의무와 법률관계를 규율하는 성격을 가질 때에는 항고소송의 대상이 되는 행정처분에 해당한다.
③ 법률의 위임에 의하여 효력을 갖는 법규명령이 법개정으로 위임의 근거가 없어지게 되더라도 효력을 상실하지 않는다.
④ 한국수력원자력 주식회사가 조달하는 기자재, 용역 및 정비공사, 기기수리의 공급자에 대한 관리업무 절차를 규정함을 목적으로 제정·운용하고 있는 '공급자관리지침' 중 등록취소 및 그에 따른 일정 기간의 거래제한조치에 관한 규정들은 상위 법령의 구체적 위임 없이 정한 것이어서 대외적 구속력이 없는 행정규칙이다.

해설

① (O) 판례는 법규명령 형식의 행정규칙에 대하여, 대통령령 형식의 제재적 처분기준에 대하여는 법규적 효력을 인정하면서도, 총리령이나 부령 형식의 제재적 처분기준에 대하여는 법규적 효력을 인정하지 않고 있다.
② (O) 「항정신병 치료제의 요양급여 인정기준에 관한 보건복지부 고시」는 다른 집행행위의 매개 없이 그 자체로서 제약회사, 요양기관, 환자 및 국민건강보험공단 사이의 법률관계를 직접 규율하므로 항고소송의 대상이 되는 행정처분에 해당한다(대판 2003무23).
③ (X) 법률의 위임에 의하여 효력을 갖는 법규명령의 경우 <u>법률이 개정되어 위임의 근거가 없어지게 되면 하위 법규명령은 그 효력이 소멸된다.</u>(대판 93추83)
④ (O) (대판 2017두66541).

정답 ③

122 행정입법에 대한 설명으로 옳은 것은? (다툼이 있는 경우 판례에 의함)

21지방9급행정법

① 법규명령이 위임의 근거가 없어 무효였더라도 나중에 법 개정으로 위임의 근거가 부여되면, 법규명령 제정 당시로 소급하여 유효한 법규명령이 된다.
② 법률의 시행령 내용이 모법 조항의 취지에 근거하여 이를 구체화하기 위한 것인 때에는 모법에 직접 위임하는 규정을 두지 않았더라도 이를 무효라고 볼 수 없다.
③ 대통령령의 입법부작위에 대한 국가배상책임은 인정되지 않는다.
④ 법규명령의 위임근거가 되는 법률에 대하여 위헌결정이 선고되더라도 그 위임에 근거하여 제정된 법규명령은 별도의 폐지행위가 있어야 효력을 상실한다.

해설

① (X) 일반적으로 법률의 위임에 의하여 효력을 갖는 법규명령의 경우, 구법에 위임의 근거가 없어 무효였더라도 **사후에 법개정으로 위임의 근거가 부여되면 그때부터는 유효한 법규명령이 되나**(소급하여 X), 반대로 구법의 위임에 의한 유효한 법규명령이 법개정으로 위임의 근거가 없어지게 되면 그때부터 무효인 법규명령이 된다.(대판 93추83)

② (O) 법률의 시행령이나 시행규칙은 그 법률에 의한 위임이 없으면 개인의 권리·의무에 관한 내용을 변경·보충하거나 법률에 규정되지 아니한 새로운 내용을 정할 수는 없지만, 법률의 시행령이나 시행규칙의 내용이 모법의 입법취지 및 관련 조항 전체를 유기적·체계적으로 살펴 보아 모법의 해석상 가능한 것을 명시한 것에 지나지 아니하거나 모법 조항의 취지에 근거하여 이를 구체화하기 위한 것인 때에는 모법의 규율 범위를 벗어난 것으로 볼 수 없으므로, 모법에 이에 관하여 직접 위임하는 규정을 두지 않았다고 하더라도 이를 무효라고 볼 수는 없다.(대판 2008두13637)

③ (X) 보수청구권은 단순한 기대이익을 넘어서는 것으로서 법률의 규정에 의해 인정된 재산권의 한 내용이 되는 것으로 봄이 상당하고, 따라서 **행정부가 정당한 이유 없이 시행령을 제정하지 않은 것은 위 보수청구권을 침해하는 불법행위에 해당한다.**(대판 2006다3561)

④ (X) **법규명령의 위임근거가 되는 법률에 대하여 위헌결정이 선고되면 그 위임에 근거하여 제정된 법규명령도 원칙적으로 효력을 상실한다.**(대판 2000다18547)

정답 ②

123 행정입법에 관한 설명으로 옳은 것은? (다툼이 있으면 판례에 따름)
행정법기출변형

① 헌법이 규정하고 있는 위임입법의 형식은 열거적인 것이다.
② 법규명령이 위임의 근거가 없어 무효라면 나중에 법 개정으로 위임의 근거가 부여되더라도 유효한 법규명령이 될 수 없다.
③ 재량준칙의 제정에는 법령상 근거가 필요하다.
④ 법령의 위임이 없음에도 법령에 규정된 처분 요건에 해당하는 사항을 부령에서 변경하여 규정한 경우에 그 규정은 국민에 대한 대외적 구속력이 없다.

해설

① (×) <u>헌법이 인정하고 있는 위임입법의 형식은 예시적인 것으로 보아야 할 것</u>이고, 그것은 법률이 행정규칙에 위임하더라도 그 행정규칙은 위임된 사항만을 규율할 수 있으므로, 국회입법의 원칙과 상치되지도 않는다. 다만 형식의 선택에 있어서 규율의 밀도와 규율영역의 특성이 개별적으로 고찰되어야 할 것이고, 그에 따라 입법자에게 상세한 규율이 불가능한 것으로 보이는 영역이라면 행정부에게 필요한 보충을 할 책임이 인정되고 극히 전문적인 식견에 좌우되는 영역에서는 행정기관에 의한 구체화의 우위가 불가피하게 있을 수 있다. 그러한 영역에서 행정규칙에 대한 위임입법이 제한적으로 인정될 수 있다.(헌재 99헌바91).

② (×) 일반적으로 법률의 위임에 의하여 효력을 갖는 법규명령의 경우 구법에 <u>위임의 근거가 없어 무효였더라도 사후에 법 개정으로 위임의 근거가 부여되면 그때부터는 유효한 법규명령이 된다고 할 것</u>이나, 반대로 구법의 위임에 의하여 유효한 법규명령이 법 개정으로 위임의 근거가 없어지게 되면 그때부터 무효인 법규명령이 되는 것은 당연하다. 따라서 어떤 법령의 위임근거 유무에 따른 유효 여부를 심사하려면 법 개정의 전·후에 걸쳐 모두 심사하여야만 그 법규명령의 시기에 따른 유효·무효를 판단할 수 있을 것이다(대판 93추83).

③ (×) <u>재량준칙은 재량권 행사의 기준을 정하는 행정규칙으로서</u>, 일반적으로 행정조직 내부에서만 효력을 가질 뿐 대외적인 구속력을 갖는 것은 아니므로 <u>제정함에 있어 법령상의 근거가 필요없다</u>.(대판 2011두28783).

④ (○) 법령에서 행정처분의 요건 중 일부 사항을 부령으로 정할 것을 위임한 데 따라 시행규칙 등 부령에서 이를 정한 경우에 그 부령의 규정은 국민에 대해서도 구속력이 있는 법규명령에 해당한다고 할 것이지만, 법령의 위임이 없음에도 법령에 규정된 처분 요건에 해당하는 사항을 부령에서 변경하여 규정한 경우에는 그 부령의 규정은 행정청 내부의 사무처리 기준 등을 정한 것으로서 행정조직 내에서 적용되는 행정명령의 성격을 지닐 뿐 국민에 대한 대외적 구속력은 없다고 보아야 한다. 따라서 어떤 행정처분이 그와 같이 법규성이 없는 시행규칙 등의 규정에 위배된다고 하더라도 그 이유만으로 처분이 위법하게 되는 것은 아니라 할 것이고, 또 그 규칙 등에서 정한 요건에 부합한다고 하여 반드시 그 처분이 적법한 것이라고 할 수도 없다. 이 경우 처분의 적법 여부는 그러한 규칙 등에서 정한 요건에 합치하는지 여부가 아니라 일반 국민에 대하여 구속력을 가지는 법률 등 법규성이 있는 관계 법령의 규정을 기준으로 판단하여야 한다(대판 2011두10584).

정답 ④

124 다음 사례에 대한 설명으로 옳은 것을 고르시오. (다툼이 있는 경우 판례에 의함) 22국가9급행정법

> A시 시장은 식품접객업주 甲에게 청소년고용금지업소에 청소년을 고용하였다는 사유로 식품위생법령에 근거하여 영업정지 2개월 처분에 갈음하는 과징금부과처분을 하였고, 甲은 부과된 과징금을 납부하였다. 그러나 甲은 이후 과징금부과처분에 하자가 있음을 알게 되었다.

① 甲은 납부한 과징금을 돌려받기 위해 관할 행정법원에 과징금반환을 구하는 당사자소송을 제기할 수 있다.
② A시 시장이 과징금부과처분을 함에 있어 과징금부과통지서의 일부 기재가 누락되어 이를 이유로 甲이 관할 행정법원에 과징금부과처분의 취소를 구하는 소를 제기한 경우, A시 시장은 취소소송 절차가 종결되기 전까지 보정된 과징금부과처분 통지서를 송달하면 일부 기재 누락의 하자는 치유된다.
③ 「식품위생법」이 청소년을 고용한 행위에 대하여 영업허가를 취소하거나 6개월 이내의 기간을 정하여 그 영업의 전부 또는 일부를 정지하거나 영업소 폐쇄를 명할 수 있다고 하면서 행정처분의 세부기준은 총리령으로 위임한다고 정하고 있는 경우에, 총리령에서 정하고 있는 행정처분의 기준은 재판규범이 되지 못한다.
④ 甲이 자신은 청소년을 고용한 적이 없다고 주장하면서 제기한 과징금부과처분의 취소소송 계속 중에 A시 시장은 甲이 유통기한이 경과한 식품을 판매한 사실을 처분사유로 추가·변경할 수 있다.

해설

① (X) 납부한 과징금을 돌려받기 위해서는 **과징금에 대한 행정처분에 대한 취소소송을 제기하여야 한다.** 취소소송을 통하여 처분이 취소된 이후 과징금반환을 요구하는 부당이득 반환청구소송을 제기하여야 한다.
② (X) 하자의 치유는 쟁송제기 전까지 할 수 있다(판례, 다수설). 따라서, **취소소송 도중에는 하자의 치유를 인정할 수 없다.**
③ (○) 총리령이나 부령으로 정한 제재적 처분기준은 법규적 효력이 인정되지 않는다는 것이 판례의 입장이므로 총리령에서 정하고 있는 행정처분의 기준은 재판규범이 되지 못한다.(대통령령으로 정한 제재적 처분기준은 법규성 인정)
④ (X) 처분사유의 추가·변경은 기본적 사실관계의 동일성이 있어야 가능하다. '청소년 고용'과 '유통기한 경과한 식품판매' 사이에는 **사실관계의 동일성을 인정할 수 없어서 처분사유의 추가·변경 사유가 될 수 없다.**

정답 ③

125 행정작용에 대한 설명으로 옳은 것은? (다툼이 있는 경우 판례에 의함) 22국가9급행정법

① 구체적인 계획을 입안함에 있어 지침이 되거나 특정 사업의 기본방향을 제시하는 내용의 행정계획은 항고소송의 대상인 행정처분에 해당하지 않는다.
② 공법상 계약이 법령 위반 등의 내용상 하자가 있는 경우에도 그 하자가 중대명백한 것이 아니면 취소할 수 있는 하자에 불과하고 이에 대한 다툼은 당사자소송에 의하여야 한다.
③ 지도, 권고, 조언 등의 행정지도는 법령의 근거를 요하고 항고소송의 대상이 된다.
④ 「국가를 당사자로 하는 계약에 관한 법률」에 따라 국가가 당사자가 되는 이른바 공공계약에 관한 법적 분쟁은 원칙적으로 행정법원의 관할 사항이다.

해설

① (O) 국토해양부, 환경부, 문화체육관광부, 농림수산식품부가 합동으로 발표한 '4대강 살리기 마스터플랜' 등은 행정기관 내부에서 사업의 기본방향을 제시하는 계획일 뿐 국민의 권리·의무에 직접 영향을 미치는 것이 아니어서 행정처분에 해당하지 않는다(대판 2010무111).
② (X) 공법상 계약은 비권력적 작용으로서 (행정행위의 효력인) 공정력이 인정되지 않는다. 따라서, 취소는 있을 수 없고 언제나 무효사유에 해당한다. 공법상 계약에 관한 불복은 당사자 소송을 활용하여야 한다.
③ (X) 행정지도는 비권력적 작용으로서 원칙적으로 법적근거를 요하지 않으며 항고소송의 대상이 되지 않는다.
④ (X) 「국가를 당사자로 하는 계약에 관한 법률」에 따라 국가가 당사자가 되는 이른바 공공계약은 사법상의 계약으로서 사법의 원리가 그대로 적용되며 그에 관한 법적 분쟁은 민사법원의 관할이다.

정답 ①

126 공법상 계약에 대한 설명으로 옳지 않은 것은? (다툼이 있는 경우 판례에 의함)   21지방9급행정법

① 공중보건의사 채용계약 해지의 의사표시에 대하여는 공법상의 당사자소송으로 그 의사표시의 무효확인을 청구할 수 있다.
② 공법상 계약에는 법률우위의 원칙이 적용된다.
③ 계약직공무원 채용계약해지의 의사표시는 항고소송의 대상이 되는 처분 등의 성격을 가진 것으로 행정처분과 같이 「행정절차법」에 의하여 근거와 이유를 제시하여야 한다.
④ 행정청은 공법상 계약의 상대방을 선정하고 계약 내용을 정할 때 공법상 계약의 공공성과 제3자의 이해관계를 고려하여야 한다.

> **해설**

① (O) 현행 실정법이 전문직공무원인 공중보건의사의 채용계약 해지의 의사표시는 일반공무원에 대한 징계처분과는 달라서 항고소송의 대상이 되는 처분 등의 성격을 가진 것으로 인정되지 아니하고, 일정한 사유가 있을 때에 관할 도지사가 채용계약 관계의 한쪽 당사자로서 대등한 지위에서 행하는 의사표시로 취급하고 있는 것으로 이해되므로, 공중보건의사 채용계약 해지의 의사표시에 대하여는 대등한 당사자간의 소송형식인 공법상의 당사자소송으로 그 의사표시의 무효확인을 청구할 수 있는 것이다.(대판 95누10617)

② (O) 법률우위의 원칙은 공법상 계약에도 적용되므로, 공법상 계약의 내용은 법을 위반하지 않아야 한다. 행정기본법 역시 공법상 계약의 체결에 있어서 법률우위의 원칙을 명시하고 있으나 법률유보 원칙은 적용되지 아니하므로 법적 근거 없이도 공법상 계약을 체결할 수 있다.

> **행정기본법 제27조(공법상 계약의 체결)** ① 행정청은 법령등을 위반하지 아니하는 범위에서 행정목적을 달성하기 위하여 필요한 경우에는 공법상 법률관계에 관한 계약(이하 "공법상 계약"이라 한다)을 체결할 수 있다. 이 경우 계약의 목적 및 내용을 명확하게 적은 계약서를 작성하여야 한다.
> ② 행정청은 공법상 계약의 상대방을 선정하고 계약 내용을 정할 때 공법상 계약의 공공성과 제3자의 이해관계를 고려하여야 한다.

③ (X) <u>계약직공무원 채용계약해지의 의사표시는 일반공무원에 대한 징계처분과는 달라서 항고소송의 대상이 되는 처분 등의 성격을 가진 것으로 인정되지 아니하고</u>, 국가 또는 지방자치단체가 채용계약 관계의 한쪽 당사자로서 <u>대등한 지위에서 행하는 의사표시</u>로 취급되는 것으로 이해된다.(대판 2002두5948)

④ (O)

정답 ③

제5절 행정절차와 정보공개

127 「행정절차법」에 관한 다음 설명 중 옳지 않은 것은? 　　　　　　　　　　18경간

① 당사자등은 처분 전에 그 처분의 관할 행정청에 서면이나 말로 또는 정보통신망을 이용하여 의견제출을 할 수 있다.
② 행정청이 당사자에게 의무를 부과하거나 권익을 제한하는 처분을 할 때, 청문을 실시하거나 공청회를 개최하는 경우 외에는 당사자등에게 의견제출의 기회를 주어야 한다.
③ 행정청은 청문이 시작되는 날부터 10일 전까지 청문 주재자에게 청문과 관련된 필요한 자료를 미리 통지하여야 한다.
④ 청문 절차시 당사자등으로부터 문서의 열람 또는 복사의 요청이 있는 경우, 행정청은 다른 법령에 따라 공개가 제한되는 경우를 제외하고는 이를 거부할 수 없다.

해설

③ 행정청은 청문이 시작되는 날부터 **7일 전까지 청문 주재자에게** 청문과 관련한 필요한 자료를 미리 통지하여야 한다(제28조③). ※ 행정청은 청문을 하려면 청문이 시작되는 날부터 **10일 전까지 일정한 사항을 당사자등에게** 통지하여야 한다.
④ 당사자등은 의견제출의 경우에는 처분의 사전 통지가 있는 날부터 의견제출기한까지, 청문의 경우에는 청문의 통지가 있는 날부터 청문이 끝날 때까지 행정청에 해당 사안의 조사결과에 관한 문서와 그 밖에 해당 처분과 관련되는 문서의 열람 또는 복사를 요청할 수 있다. 이 경우 행정청은 다른 법령에 따라 공개가 제한되는 경우를 제외하고는 그 요청을 거부할 수 없다.(제37조①) → 의견청취(청문·공청회·의견제출) 가운데에서 '공청회' 관련해서는 문서 열람·복사 요청권을 규정하지 않음

정답 ③

128 「행정절차법」상 의견청취절차에 대한 설명 중 적절하지 않은 것은 모두 몇 개인가? 13승진

㉠ 현행법상 의견청취절차는 청문, 공청회, 의견제출로 나누어진다.
㉡ 현행법상 청문은 행정청이 필요하다고 인정하는 경우에만 실시하도록 규정되어 있다.
㉢ 현행법상 행정청은 청문을 실시하고자 하는 경우에 청문이 시작되는 날부터 10일 전까지 일정한 사항을 당사자 등에게 통지하여야 한다.
㉣ 현행법상 당사자등은 의견제출의 경우에는 처분의 사전 통지가 있는 날부터 의견제출기한까지, 청문의 경우에는 청문의 통지가 있는 날부터 청문이 끝날 때까지 행정청에 해당 사안의 조사결과에 관한 문서와 그 밖에 해당 처분과 관련되는 문서의 열람 또는 복사를 요청할 수 있다. 이 경우 행정청은 다른 법령에 따라 공개가 제한되는 경우를 제외하고는 그 요청을 거부할 수 없다.

① 없음　　　② 1개　　　③ 2개　　　④ 3개

해설

㉡ 「행정절차법」상 청문은 행정청이 필요하다고 인정하는 경우와 <u>다른 법령등에서 청문을 하도록 규정한 경우, 일정한 처분을 하는 경우(인허가 등의 취소, 신분·자격의 박탈, 법인이나 조합 등의 설립허가의 취소)에도</u> 실시하도록 규정되어 있다.

> 제22조(의견청취) ① 행정청이 처분을 할 때 다음 각 호의 어느 하나에 해당하는 경우에는 청문을 한다.
>   1. 다른 법령등에서 청문을 하도록 규정하고 있는 경우
>   2. 행정청이 필요하다고 인정하는 경우
>   3. 다음 각 목의 처분을 하는 경우
>   가. 인허가 등의 취소
>   나. 신분·자격의 박탈
>   다. 법인이나 조합 등의 설립허가의 취소
> ② 행정청이 처분을 할 때 다음 각 호의 어느 하나에 해당하는 경우에는 공청회를 개최한다.
>   1. 다른 법령등에서 공청회를 개최하도록 규정하고 있는 경우
>   2. 해당 처분의 영향이 광범위하여 널리 의견을 수렴할 필요가 있다고 행정청이 인정하는 경우
>   3. 국민생활에 큰 영향을 미치는 처분으로서 대통령령으로 정하는 처분에 대하여 대통령령으로 정하는 수 이상의 당사자등이 공청회 개최를 요구하는 경우

정답

129 「행정절차법」상 의견청취절차에 대한 설명으로 가장 적절하지 않은 것은?   14승진

① 행정청이 당사자에게 의무를 부과하거나 권익을 제한하는 처분을 할 때 다른 법령에 특별한 규정이 없으면 청문을 거쳐야 한다.
② 행정청이 당사자에게 의무를 부과하거나 권익을 제한하는 처분을 할 때 청문을 실시하거나 공청회를 개최하는 경우 외에는 당사자등에게 의견제출의 기회를 주어야 한다.
③ 청문은 행정청이 소속 직원 또는 대통령령으로 정하는 자격을 가진 사람 중에서 선정하는 사람이 주재하되, 행정청은 청문 주재자의 선정이 공정하게 이루어지도록 노력하여야 한다.
④ 행정청이 처분을 할 때에 당사자등이 제출한 의견이 상당한 이유가 있다고 인정하는 경우에는 이를 반영하여야 한다.

> **해설**
> ① 「행정절차법」상 청문은 <u>다른 법령등에서 청문을 하도록 규정하고 있는 경우, 행정청이 필요하다고 인정하는 경우, 일정한 처분을 하는 경우(인허가 등의 취소, 신분·자격의 박탈, 법인이나 조합 등의 설립허가의 취소)</u> 등에 실시하도록 그 개최사유를 열거하고 있다.
>
> **정답** ①

---

130 다음 「행정절차법」이 규정하고 있는 내용 중 적절하지 않은 것만을 고른 것은 모두 몇 개인가?   20경행 행정법

> ㉠ 행정청이 처분을 할 때에는 다른 법령등에 특별한 규정이 있는 경우를 제외하고는 당사자등의 동의를 얻어 문서 또는 전자문서로 한다.
> ㉡ 청문 주재자는 직권으로 또는 당사자의 신청에 따라 필요한 조사를 할 수 있으나 당사자등이 주장하지 아니한 사실에 대하여는 조사할 수 없다.
> ㉢ 행정청은 청문을 하려면 청문이 시작되는 날부터 7일 전까지 「행정절차법」 제21조 제1항 각 호의 사항을 당사자등에게 통지하여야 한다.
> ㉣ 행정청이 행하는 행정작용은 그 내용이 구체적이고 명확하여야 한다.
> ㉤ 「행정절차법」은 법령해석요청권과 부당결부금지의 원칙을 규정하고 있다.

① 2개   ② 3개   ③ 4개   ④ 5개

> **해설**
> ㉠ 행정청이 처분을 할 때에는 다른 법령등에 특별한 규정이 있는 경우를 제외하고는 문서로 하여야 하며, <u>전자문서로 하는 경우에는 당사자등의 동의가 있어야 한다</u>. 다만, 신속히 처리할 필요가 있거나 사안이 경미한 경우에는 말 또는 그 밖의 방법으로 할 수 있다. 이 경우 당사자가 요청하면 지체 없이 처분에 관한 문서를 주어야 한다.(제24조)

ⓒ 청문 주재자는 직권으로 또는 당사자의 신청에 따라 필요한 조사를 할 수 있으며, **당사자등이 주장하지 아니한 사실에 대하여도 조사할 수 있다.**(제33조)
ⓒ 행정청은 청문을 하려면 청문이 시작되는 날부터 **10일 전까지** 제1항 각 호의 사항을 당사자등에게 통지하여야 한다. 이 경우 제1항 제4호부터 제6호까지의 사항은 청문 주재자의 소속·직위 및 성명, 청문의 일시 및 장소, 청문에 응하지 아니하는 경우의 처리방법 등 청문에 필요한 사항으로 갈음한다.(제21조②)
ⓔ O (제5조)
ⓜ 「행정절차법」은 법령해석요청권은 「행정절차법」 제5조 제2항에 있지만 **부당결부금지 원칙에 대해서는 규정이 없다.** ※ 행정작용의 근거가 되는 법령등의 내용이 명확하지 아니한 경우 상대방은 해당 행정청에 그 해석을 요청할 수 있으며, 해당 행정청은 특별한 사유가 없으면 그 요청에 따라야 한다(제5조②).

정답 ③

131 「행정절차법」상 처분의 사전통지 및 의견제출 절차에 대한 설명으로 옳지 <u>않은</u> 것은? (다툼이 있는 경우 판례에 의함)

22국가9급행정법

① 법령등에서 요구된 자격이 없거나 없어지게 되면 반드시 일정한 처분을 하여야 하는 경우에 그 자격이 없거나 없어지게 된 사실이 법원의 재판에 의하여 객관적으로 증명된 경우에는 사전통지를 생략할 수 있다.
② 행정청의 처분으로 의무가 부과되거나 권익이 제한되는 경우라도 당사자가 의견진술의 기회를 포기한다는 뜻을 명백히 표시한 경우에는 의견청취를 생략할 수 있다.
③ 별정직 공무원인 대통령기록관장에 대한 직권면직 처분에는 처분의 사전통지 및 의견청취 등에 관한 「행정절차법」 규정이 적용되지 않는다.
④ 대통령이 한국방송공사 사장을 해임하면서 사전통지절차를 거치지 않은 경우에는 그 해임처분은 위법하다.

해설

③ 대통령기록물 관리에 관한 법률에서 5년 임기의 별정직공무원으로 규정한 대통령기록관장으로 임용된 자를 직권면직한 처분은 의무를 과하거나 원고의 권익을 제한하는 처분이므로 **(행정절차법상) 사전통지나 의견제출의 기회를 주지 않았다면 위법하다.**(대판 2011두30687)

정답 ③

132 행정절차에 대한 설명으로 옳은 것은? (다툼이 있는 경우 판례에 의함) 21지방9급행정법

① 「국가공무원법」상 직위해제처분은 공무원의 인사상 불이익을 주는 처분이므로 「행정절차법」상 사전통지 및 의견청취절차를 거쳐야 한다.
② 처분 당시 당사자가 어떠한 근거와 이유로 처분이 이루어진 것인지를 충분히 알 수 있어서 그에 불복하여 행정구제절차로 나아가는 데에 별다른 지장이 없었던 것으로 인정되는 경우에도 처분서에 처분의 근거와 이유가 구체적으로 명시되어 있지 않았다면 그 처분은 위법하다.
③ 세액산출근거가 기재되지 아니한 납세고지서에 의한 부과처분은 그 후 부과된 세금을 자진납부하였다거나 또는 조세채권의 소멸시효기간이 만료되었다 하여 하자가 치유되는 것이라고는 할 수 없다.
④ 당사자등은 청문조서의 내용을 열람·확인할 수 있을 뿐, 그 청문조서에 이의가 있더라도 정정을 요구할 수는 없다.

해설

① (X) 「국가공무원법」상 직위해제처분은 구 「행정절차법」 제3조 제2항 제9호, 구 「행정절차법 시행령」 제2조 제3호에 의하여 당해 행정작용의 **성질상 행정절차를 거치기 곤란하거나 불필요하다고 인정되는 사항 또는 행정절차에 준하는 절차를 거친 사항에 해당하므로, 처분의 사전통지 및 의견청취 등에 관한 행정절차법의 규정이 별도로 적용되지 않는다.**(대판 2012두26180)

▶ **행정절차법이 적용되지 않는 경우**

> ㉠ 국가공무원법상 직위해제처분
> ㉡ 구 군인사법상 보직해임처분
> ㉢ 공정거래위원회의 의결·결정을 거쳐 행하는 사항
> ㉣ 구 국적법상 귀화

② (X) 「행정절차법」 제23조 제1항은 행정청이 처분을 하는 때에는 당사자에게 그 근거와 이유를 제시하도록 규정하고 있고, 이는 행정청의 자의적 결정을 배제하고 당사자로 하여금 행정구제절차에서 적절히 대처할 수 있도록 하는 데 그 취지가 있다. 따라서 **처분 당시 당사자가 어떠한 근거와 이유로 처분이 이루어진 것인지를 충분히 알 수 있어서 그에 불복하여 행정구제절차로 나아가는 데에 별다른 지장이 없었던 것으로 인정되는 경우**에는 처분서에 처분의 **근거와 이유가 구체적으로 명시되어 있지 않았다고 하더라도 그로 말미암아 그 처분이 위법한 것으로 된다고 할 수는 없다.**(대판 2011두18571)
③ (O) 세액산출근거가 기재되지 아니한 납세고지서에 의한 부과처분은 강행법규에 위반하여 취소대상이 된다 할 것이므로 이와 같은 하자는 납세의무자가 전심절차에서 이를 주장하지 아니하였거나, 그 후 부과된 세금을 자진납부하였다거나, 또는 조세채권의 소멸시효기간이 만료되었다 하여 치유되는 것이라고는 할 수 없다. (대판 84누431)
④ (X) 당사자등은 청문조서의 내용을 열람·확인할 수 있으며, **이의가 있을 때에는 그 정정을 요구할 수 있다.**(「행정절차법」 제34조 제2항)

정답 ③

133 행정절차에 관한 설명으로 옳은 것은? (다툼이 있으면 판례에 따름) 행정법기출변형

① 행정청은 신청 내용을 모두 그대로 인정하는 처분을 하는 경우에도 당사자에게 이유제시를 하여야 한다.
② 이유제시의 하자는 치유의 대상이 될 수 없다.
③ 행정처분에 실체적 위법이 없는 한 절차적 하자만으로 독립된 취소사유가 되지 못한다.
④ 「행정절차법」상 불복방법에 대한 고지절차에 관한 규정을 위반하였다고 하여 그러한 이유만으로 처분이 위법하게 되는 것은 아니다.

해설

① (×)
「행정절차법」제23조(처분의 이유 제시) ① 행정청은 처분을 할 때에는 <u>다음 각 호의 어느 하나에 해당하는 경우를 제외하고는 당사자에게 그 근거와 이유를 제시하여야 한다.</u>
  1. <u>신청 내용을 모두 그대로 인정하는 처분인 경우</u>
  2. 단순·반복적인 처분 또는 경미한 처분으로서 당사자가 그 이유를 명백히 알 수 있는 경우
  3. 긴급히 처분을 할 필요가 있는 경우
② 행정청은 제1항 제2호 및 제3호의 경우에 처분 후 당사자가 요청하는 경우에는 그 근거와 이유를 제시하여야 한다.

② (×) <u>이유제시 하자의 치유를 인정하는 것이 판례의 입장</u>이고, 그 시간상 한계에 대하여는 늦어도 처분에 대한 불복여부의 결정 및 불복신청에 편의를 줄 수 있는 상당한 기간 내에 하여야 한다고 판시하여 행정쟁송제기이전시설의 입장이다(대판 83누393).

③ (×) <u>절차상 하자를 독립된 위법사유로 인정하는 것이 다수설·판례의 입장이다.</u>

④ (○) 「행정절차법」제26조는 "행정청이 처분을 할 때에는 당사자에게 그 처분에 관하여 행정심판 및 행정소송을 제기할 수 있는지 여부, 그 밖에 불복을 할 수 있는지 여부, 청구절차 및 청구기간 그 밖에 필요한 사항을 알려야 한다."라고 규정하고 있다. 이러한 고지절차에 관한 규정은 행정처분의 상대방이 그 처분에 대한 행정심판의 절차를 밟는 데 편의를 제공하려는 것이어서 처분청이 위 규정에 따른 (불복방법) 고지의무를 이행하지 아니하였다고 하더라도 경우에 따라 행정심판의 제기기간이 연장될 수 있음에 그칠 뿐, 그 때문에 심판의 대상이 되는 행정처분이 위법하다고 할 수는 없다.(대판 2017두66633)

정답 ④

134 행정절차에 대한 설명으로 가장 적절하지 <u>않은</u> 것은? (다툼이 있는 경우 판례에 의함) 18경행 행정법

① 「행정절차법」은 공법상 계약과 행정조사 절차에 관해서는 별도의 규정이 없다.
② 「행정절차법」상 당사자등은 처분 전에 그 처분의 관할 행정청에 서면이나 정보통신망을 이용하여 의견을 제출할 수 있으나, 말로는 할 수 없다.
③ 「행정절차법」은 절차적 규정뿐만 아니라 신뢰보호원칙과 같이 실체적 규정을 포함하고 있다.
④ 행정청은 국내에 주소·거소·영업소 또는 사무소가 없는 외국사업자에 대하여 우편송달의 방법으로 문서를 송달할 수 있다.

해설

① 「행정절차법」에서 **공법상 계약과 행정조사** 절차는 규정하고 있지 않다.**(공계조 없음)** (공법상 계약은 행정기본법에서 규정하고 있고, 행정조사는 행정조사기본법에서 규정하고 있음) 다만, 최근 「행정절차법」 개정으로 행정계획, 확약, 위반사실등 공표를 새로이 규정하고 있다.
② 당사자등은 처분 전에 그 처분의 관할 행정청에 **서면이나 말로 또는 정보통신망을 이용하여** 의견제출을 할 수 있다(제27조①).

정답 ②

135 「행정절차법」상 행정지도에 대한 설명으로 가장 적절하지 <u>않은</u> 것은? 19순경1차

① 반드시 문서의 형식으로 하여야만 한다.
② 임의성 원칙을 명문화하고 있다.
③ 행정기관이 그 소관 사무의 범위에서 일정한 행정목적을 실현하기 위하여 특정인에게 일정한 행위를 하거나 하지 아니하도록 지도, 권고, 조언 등을 하는 행정작용을 말한다.
④ 행정지도의 상대방은 해당 행정지도의 방식·내용 등에 관하여 행정기관에 의견제출을 할 수 있다.

해설

① 행정지도가 말로 이루어지는 경우에 상대방이 서면의 교부를 요구하면 그 행정지도를 하는 자는 직무수행에 특별한 지장이 없으면 이를 교부하여야 한다.(행정절차법 제49조②) 즉, **행정지도는 말로도 할 수 있다.**

정답 ①

136 「행정절차법」상 행정지도에 관한 설명으로 가장 적절하지 않은 것은? 　　15승진

① 행정지도는 임의성에 기반하므로 과잉금지원칙과 무관하다.
② 행정지도를 하는 자는 그 상대방에게 그 행정지도의 취지 및 내용과 신분을 밝혀야 한다.
③ 행정지도의 상대방은 해당 행정지도의 방식·내용 등에 관하여 행정기관에 의견제출을 할 수 있다.
④ 행정기관은 행정지도의 상대방이 행정지도에 따르지 아니하였다는 것을 이유로 불이익한 조치를 하여서는 아니 된다.

해설

① 행정지도는 임의성에 기반하며, <u>과잉금지원칙도 적용된다.</u>(행정절차법은 임의성원칙과 과잉금지원칙을 <u>모두 규정하고 있다.</u>) ※행정지도는 그 목적 달성에 필요한 최소한도에 그쳐야 하며, 행정지도의 상대방의 의사에 반하여 부당하게 강요하여서는 아니 된다.(제48조①)

정답 ①

137 「행정절차법」상 행정지도에 관한 설명 중 가장 적절하지 않은 것은? 　　22순경1차

① 행정지도는 그 목적 달성에 필요한 최소한도에 그쳐야 하며, 행정지도의 상대방의 의사에 반하여 부당하게 강요하여서는 아니 된다.
② 행정기관은 행정지도의 상대방이 행정지도에 따르지 아니하였다는 것을 이유로 불이익한 조치를 하여서는 아니된다.
③ 행정지도가 말로 이루어지는 경우에 상대방이 행정지도의 취지 및 내용과 신분의 사항을 적은 서면의 교부를 요구하면 그 행정지도를 하는 자는 직무 수행에 특별한 지장이 없으면 이를 교부하여야 한다.
④ 행정지도의 상대방은 해당 행정지도의 방식·내용 등에 관하여 행정기관에 의견제출을 할 수 없다.

해설

④ 행정지도의 상대방은 해당 행정지도의 방식·내용 등에 관하여 행정기관에 **의견제출을 할 수 있다**(행정절차법 제50조).

정답 ④

138 행정지도에 대한 설명으로 가장 적절한 것은? (다툼이 있는 경우 판례에 의함) 20경행 행정법

① 행정절차법상 행정지도는 의견제출과 사전통지절차에 대해 규정하고 있다.
② 행정절차법상 행정지도를 하는 자는 상대방이 서면의 교부를 요구하는 경우 그 행정지도의 내용과 신분을 적으면 되고 취지를 적을 필요는 없다.
③ 국가배상법상 직무행위에는 비권력적 사실행위가 포함되지 않으므로 행정지도는 직무행위에 포함되지 않는다.
④ 행정지도의 한계를 일탈하지 아니하였다면 그로 인하여 상대방에게 어떤 손해가 발생하였다 하더라도 행정기관은 그에 대한 손해배상책임이 없다.

해설
① 행정지도의 상대방은 해당 행정지도의 방식·내용 등에 관하여 행정기관에 의견제출을 할 수 있다(동법 제50조). 그러나 행정절차법상 **행정지도에 관한 사전통지절차는 존재하지 않는다**.
② 행정지도를 행하는 자는 그 상대방에게 **행정지도의 취지·내용 및 신분을 밝혀야 한다**(행정절차법 제49조 제1항).
③ 국가배상법이 정한 **배상청구의 요건인 '공무원의 직무'**에는 권력적 작용만이 아니라 행정지도와 같은 **비권력적 작용도 포함**되며 단지 행정주체가 사경제주체로서 하는 활동만 제외된다(대법원 96다38971).
④ (O) 행정지도의 한계를 일탈하여 상대방이 행정지도를 따를 수밖에 없는 부득이한 경우에는 행정지도를 실질적으로 권력적 사실행위로 보아 손해배상이 인정될 수 있을 것이다. 그러나 행정지도가 강제성을 띠지 않은 비권력적 작용으로서 행정지도의 한계를 일탈하지 아니하였다면, 그로 인하여 상대방에게 어떤 손해가 발생하였다 하더라도 행정기관은 그에 대한 손해배상책임이 없다(대법원 2006다18228).

정답 ④

---

139 「공공기관의 정보공개에 관한 법률」에 관한 다음 설명 중 가장 적절하지 <u>않은</u> 것은? 15순경2차

① 모든 국민은 정보의 공개를 청구할 권리를 가진다.
② 공공기관이 보유·관리하는 정보는 국민의 알권리 보장 등을 위하여 이 법에서 정하는 바에 따라 적극적으로 공개하여야 한다.
③ 공공기관은 정보공개의 청구를 받으면 그 청구를 받은 날부터 10일 이내에 공개 여부를 결정하여야 한다.
④ 정보의 공개 및 우송 등에 드는 비용은 실비의 범위에서 공공기관이 부담한다.

해설
④ 정보의 공개 및 우송 등에 드는 비용은 실비(實費)의 범위에서 **청구인이 부담한다**(제17조①).

정답 ④

140 공공기관의 정보공개에 관한 법률상 정보공개의 절차에 관한 설명 중 가장 적절한 것은? 22순경1차

① 정보의 공개를 청구하는 자는 해당 정보를 보유하거나 관리하고 있는 공공기관에 정보공개 청구서를 제출하여 정보의 공개를 청구할 수 있으나, 말로써 정보의 공개를 청구할 수 없다.
② 공공기관은 부득이한 사유로 공공기관의 정보공개에 관한 법률 제11조 제1항에 따른 기간 이내에 공개 여부를 결정할 수 없을 때에는 그 기간이 끝난 날부터 기산하여 10일의 범위에서 공개여부 결정기간을 연장할 수 있다. 이 경우 공공기관은 연장된 사실과 연장 사유를 청구인에게 지체 없이 구두로 통지하여야한다.
③ 공공기관은 전자적 형태로 보유 관리하는 정보에 대하여 청구인이 전자적 형태로 공개하여 줄 것을 요청하는 경우에는 그 정보의 성질상 현저히 곤란한 경우를 제외하고는 청구인의 요청에 따라야 한다.
④ 정보의 공개 및 우송 등에 드는 비용은 실비의 범위에서 공공기관이 부담한다.

해설

① 정보의 공개를 청구하는 자는 해당 정보를 보유하거나 관리하고 있는 공공기관에 정보공개 청구서를 제출하거나 **말로써 정보의 공개를 청구할 수 있다**(제10조 제1항).
② 공공기관은 부득이한 사유로 제1항에 따른 기간 이내에 공개 여부를 결정할 수 없을 때에는 그 기간이 끝나는 날의 다음 날부터 기산(起算)하여 10일의 범위에서 공개 여부 결정기간을 연장할 수 있다. 이 경우 공공기관은 연장된 사실과 연장 사유를 청구인에게 지체 없이 **문서로 통지**하여야 한다(제11조 제2항).
③ ○
④ 정보의 공개 및 우송 등에 드는 비용은 실비(實費)의 범위에서 **청구인이 부담**한다(제17조 제1항).

정답 ③

141 「공공기관의 정보공개에 관한 법률」에 대한 설명으로 가장 적절한 것은? 20경채

① 공공기관이 보유·관리하는 정보는 국민의 알권리 보장 등을 위하여 적극적으로 공개할 수 있다.
② 공공기관은 이 법 제10조에 따라 정보공개의 청구를 받으면 그 청구를 받은 날의 다음 날부터 10일 이내에 공개 여부를 결정하여야 한다.
③ 공공기관의 공개거부결정에 대하여 청구인은 이 법에서 정하는 이의신청을 거치지 아니하고는 행정심판을 청구할 수 없다.
④ 정보공개위원회는 성별을 고려하여 위원장과 부위원장 각 1명을 포함한 11명의 위원으로 구성한다.

해설

① 공공기관이 보유·관리하는 정보는 국민의 알권리 보장 등을 위하여 이 법에서 정하는 바에 따라 **적극적으로 공개하여야 한다.**(제3조)

② 공공기관은 제10조에 따라 정보공개의 청구를 받으면 <u>그 청구를 받은 날부터</u> 10일 이내에 공개 여부를 결정하여야 한다.(공공기관의 정보공개에 관한 법률 제10조 ①)
③ 청구인은 제18조에 따른 <u>이의신청 절차를 거치지 아니하고 행정심판을 청구할 수 있다.</u>(공공기관의 정보공개에 관한 법률 제19조 ②)
④ ○

정답 ④

142 '공공기관의 정보공개에 관한 법률'의 내용으로 틀린 것은? 15경간

① 공공기관이 보유·관리하는 정보는 국민의 알권리 보장 등을 위하여 이 법에서 정하는 바에 따라 공개할 수 있다.
② 외국인도 대통령령이 정하는 바에 의하여 정보공개청구가 가능하다.
③ 공공기관은 청구인의 정보공개청구가 있을 때에는 원칙적으로 청구를 받은 날부터 10일 이내에 공개여부를 결정하여야 한다.
④ 정보공개청구에 대하여 실시기관이 공개거부결정을 내린 경우, 청구인은 이 결정에 대하여 통지를 받은 날부터 30일 이내에 해당 공공기관에 문서로 이의신청을 할 수 있다.

해설

① 공공기관이 보유·관리하는 정보는 국민의 알권리 보장 등을 위하여 이 법에서 정하는 바에 따라 <u>적극적으로 공개하여야 한다</u>(제3조).

정답 ①

143 「공공기관의 정보공개에 관한 법률」의 내용으로 가장 적절하지 <u>않은</u> 것은? 14승진

① 모든 국민은 정보의 공개를 청구할 권리를 가지며, 외국인의 정보공개 청구에 관하여는 대통령령으로 정한다.
② 공공기관은 정보공개의 청구가 있는 때에는 청구를 받은 날부터 20일 이내에 공개여부를 결정하여야 한다.
③ 정보공개에 관한 정책의 수립 및 제도개선에 관한 사항 등을 심의·조정하기 위하여 국무총리 소속으로 정보공개위원회를 둔다.
④ 정보의 공개 및 우송 등에 드는 비용은 실비의 범위에서 청구인이 부담한다.

해설

② 공공기관은 정보공개의 청구가 있는 때에는 청구를 받은 날부터 <u>10일 이내에</u> 공개여부를 결정하여야 한다.

▶ 공공기관의 정보공개에 관한 법률

(1) 개괄

용어	정보	"정보"란 공공기관이 직무상 작성 또는 취득하여 관리하고 있는 문서(전자문서를 포함한다) 및 전자매체를 비롯한 모든 형태의 매체 등에 기록된 사항을 말한다.(정보의 형식에 제한없음)
	공개	열람, 사본·복제물 제공, 정보통신망을 통한 제공 등 포함
	공공기관	국가기관(국회·법원·헌재·중앙선관위 포함), 지방자치단체, 공공기관, 지방공사 및 지방공단, 그밖에 대통령령으로 정하는 기관
제도총괄		① <u>행정안전부장관</u>은 정보공개제도의 정책수립 및 제도개선 등에 관한 기획·총괄 ② 행정안전부장관은 정보공개위원회가 필요하다고 요청하면 공공기관(국회·법원·헌재·중앙선관위 제외)의 정보공개제도 운영실태를 평가할 수 있다. ③ 행정안전부장관은 정보공개에 관하여 필요할 경우에 공공기관(국회·법원·헌재·중앙선관위 제외)의 장에게 정보공개 처리 실태의 개선을 권고할 수 있다.
정보공개 원칙	공개의 원칙	공공기관이 보유·관리하는 정보는 국민의 알권리 보장 등을 위하여 이 법에서 정하는 바에 따라 적극적으로 <u>**공개하여야 한다**</u>(공개할 수 있다×).
	부분공개	공개 청구한 정보가 비공개대상 부분과 공개가능한 부분이 혼합되어 있는 경우로서 공개 청구의 취지에 어긋나지 아니하는 범위에서 두 부분을 <u>분리할 수 있는 경우에는 비공개대상 부분을 제외하고 공개하여야 한다.</u>
청구권자		① 모든 국민은 정보의 공개를 청구할 권리를 가진다. ② 외국인의 정보공개 청구에 관하여는 대통령령으로 정한다. → 외국인도 가능
비용부담		실비의 범위에서 <u>**청구인이 부담**</u>(공공복리등 인정되는 경우 감면할 수 있다.)

(2) 청구절차

청구	해당정보를 보유·관리하고 있는 공공기관에 대하여 <u>정보공개청구서를 제출하거나 말로써</u> 정보공개를 청구할 수 있다.
결정	① 청구를 받은 날부터 <u>10일 이내에</u> 공개여부를 결정하여야 한다. ② 부득이한 사유로 규정된 기간 이내에 공개할 수 없을 때에는 그 기간이 끝나는 날의 다음 날부터 기산하여 10일의 범위에서 공개 여부 결정기간을 연장할 수 있다. 이 경우 공공기관은 연장된 사실과 연장 사유를 청구인에게 지체 없이 문서로 통지하여야 한다.
통지	〈공개 결정한 경우〉 ① 공개의 일시 및 장소 등을 분명히 밝혀 청구인에게 통지하여야 한다. ② 청구인이 사본 또는 복제물의 교부를 원하는 경우에는 이를 교부하여야 한다. 다만, 공개 대상 정보의 양이 너무 많아 정상적인 업무수행에 현저한 지장을 초래할 우려가 있는 경우에는 일정 기간별로 나누어 제공하거나 열람과 병행하여 제공할 수 있다. ③ 정보의 원본이 더럽혀지거나 파손될 우려가 있거나 그 밖에 상당한 이유가 있다고 인정할 때에는 그 정보의 사본·복제물을 공개할 수 있다. 〈비공개 결정한 경우〉 비공개 결정을 한 경우에는 그 사실을 청구인에게 지체 없이 문서로 통지하여야 한다. 이 경우 제9조 제1항 각 호 중 어느 규정에 해당하는 비공개 대상 정보인지를 포함한 비공개 이유와 불복의 방법 및 절차를 구체적으로 밝혀야 한다.

(3) 불복절차

이의 신청	① 공공기관의 비공개 결정 또는 부분 공개 결정에 대하여 불복이 있거나 정보공개 청구 후 20일이 경과하도록 정보공개 결정이 없는 때에는 결정 통지를 받은 날 또는 정보공개 청구 후 20일이 경과한 날부터 <u>30일 이내에 해당 공공기관에 문서로(구두로×) 이의신청을 할 수 있다.</u> ② 국가기관등은 이의신청이 있는 경우 심의회를 개최하여야 한다. 다만, 다음 각 호의 어느 하나에 해당하는 경우에는 개최하지 아니할 수 있다.(1.심의회의 심의를 이미 거친 사항 2.단순·반복적인 청구 3.법령에 따라 비밀로 규정된 정보에 대한 청구) ③ 공공기관은 이의신청을 받은 날부터 <u>7일 이내에 그 이의신청에 대하여 결정하고 그 결과를 청구인에게 지체 없이 문서로 통지하여야 한다.</u> 다만, 부득이한 사유로 정하여진 기간 이내에 결정할 수 없을 때에는 그 기간이 끝나는 날의 다음 날부터 기산하여 7일의 범위에서 연장할 수 있으며, 연장 사유를 청구인에게 통지하여야 한다.
행정 심판	① 청구인이 정보공개와 관련한 공공기관의 결정에 대하여 불복이 있거나 정보공개 청구 후 20일이 경과하도록 정보공개 결정이 없는 때에는「행정심판법」에서 정하는 바에 따라 행정심판을 청구할 수 있다. ② 청구인은 이의신청 절차를 거치지 아니하고 행정심판을 청구할 수 있다.
행정 소송	청구인이 정보공개와 관련한 공공기관의 결정에 대하여 불복이 있거나 정보공개 청구 후 20일이 경과하도록 정보공개 결정이 없는 때에는「행정소송법」에서 정하는 바에 따라 행정소송을 제기할 수 있다.

(4) 제3자의 보호

제3자 통지	공개 대상 정보의 전부 또는 일부가 제3자와 관련이 있다고 인정할 때에는 그 사실을 제3자에게 <u>지체 없이 통지하여야 하며</u>, 필요한 경우에는 그의 의견을 들을 수 있다.
비공개 요청	제3자는 그 통지를 받은 날부터 <u>3일 이내에</u> 해당 공공기관에 자신과 관련된 정보를 <u>공개하지 아니할 것을 요청할 수 있다.</u>
제3자 불복	① <u>비공개 요청에도 공개 결정을 할 때에는</u> 공개 결정 이유와 공개 실시일을 <u>지체 없이 문서로 통지</u>하여야 하며, 제3자는 해당 공공기관에 문서로 이의신청을 하거나 행정심판 또는 행정소송을 제기할 수 있다. 이 경우 <u>이의신청은 통지를 받은 날부터 7일 이내에 하여야 한다.</u> ② <u>공개 결정일과 공개 실시일 사이에 최소한 30일의 간격을 두어야 한다.</u>

정답 ②

144 「공공기관의 정보공개에 관한 법률」과 관련된 설명으로 가장 적절하지 않은 것은? 21승진

① 민원인이 경찰관서에서 현재 수사 중인 '폭력단체 현황'에 대한 정보공개를 요청한 경우, 국민의 알 권리를 충족시킨다는 차원에서 해당 정보를 공개하여야 한다.
② 공공기관은 비공개 대상 정보가 기간의 경과 등으로 인하여 비공개의 필요성이 없어진 경우에는 그 정보를 공개 대상으로 하여야 한다.
③ 공공기관은 부득이한 사유로 정보공개의 청구를 받은 날부터 10일 이내에 공개 여부를 결정할 수 없을 때에는 그 기간이 끝나는 날의 다음 날부터 기산(起算)하여 10일의 범위에서 공개 여부 결정기간을 연장할 수 있다.
④ 공공기관은 공개 청구된 공개 대상 정보의 전부 또는 일부가 제3자와 관련이 있다고 인정할 때에는 그 사실을 제3자에게 지체 없이 통지하여야 하며, 통지 받은 제3자는 그 통지를 받은 날부터 3일 이내에 해당 공공기관에 자신과 관련된 정보를 공개하지 아니할 것을 요청할 수 있다.

해설

① '폭력단체 현황'은 범죄의 예방, 수사에 관련된 사항이고 공개될 경우 그 직무수행을 현저히 곤란하게 할 수 있는 상당한 이유가 있는 정보이기 때문에 **비공개 대상 정보에 해당**한다. ※ 공공기관이 보유·관리하는 정보는 공개 대상이 된다. 다만, 진행 중인 재판에 관련된 정보와 범죄의 예방, 수사, 공소의 제기 및 유지, 형의 집행, 교정(矯正), 보안처분에 관한 사항으로서 공개될 경우 그 직무수행을 현저히 곤란하게 하거나 형사피고인의 공정한 재판을 받을 권리를 침해한다고 인정할 만한 상당한 이유가 있는 정보 등에 해당하는 정보는 공개하지 아니할 수 있다.(제9조①4호)

정답 ①

145 「공공기관의 정보공개에 관한 법률」에 관한 설명으로 가장 적절하지 않은 것은? 15경감

① 공공기관이 보유·관리하는 정보는 정보공개청구대상이 된다.
② 모든 국민은 정보의 공개를 청구할 권리를 가진다. 그러나 외국인은 정보의 공개를 청구할 수 없다.
③ 공공기관은 정보공개의 청구를 받으면 그 청구를 받은 날부터 10일 이내에 공개 여부를 결정하여야 한다.
④ 공공기관은 이의신청을 받은 날부터 7일 이내에 그 이의신청에 대하여 결정하고 그 결과를 청구인에게 지체 없이 문서로 통지하여야 한다.

해설

② <u>외국인도 대통령령으로 정하는 바에 따라 정보의 공개를 청구할 수 있다.</u>

정답 ②

146 「공공기관의 정보공개에 관한 법률」에 대한 설명으로 가장 옳지 않은 것은?　　　11승진변형

① 모든 국민은 정보의 공개를 청구할 권리를 가진다.
② 공공기관은 청구인의 정보공개청구가 있는 때에는 원칙적으로 청구를 받은 날부터 10일 이내에 공개여부를 결정하여야 한다.
③ 비공개대상정보에 해당하는 정보에 대해서는 공개를 결정할 수 없다.
④ 공공기관은 정보의 비공개 결정을 한 경우에는 그 사실을 청구인에게 지체 없이 문서로 통지하여야 한다. 이 경우 제9조 제1항 각 호 중 어느 규정에 해당하는 비공개 대상 정보인지를 포함한 비공개 이유와 불복의 방법 및 절차를 구체적으로 밝혀야 한다.

해설

③ 비공개대상정보에 해당하는 정보는 공개하지 아니할 수 있다.(즉, 공개를 결정할 수도 있다.)

정답 ③

---

147 「공공기관의 정보공개에 관한 법률」에 대한 설명으로 가장 적절한 것은?　　　20승진

① 정보의 공개를 청구하는 자는 해당 정보를 보유하거나 관리하고 있는 공공기관에 대하여 서면으로만 정보공개를 청구할 수 있다.
② 정보의 공개 및 우송 등에 드는 비용은 실비의 범위에서 정보공개 청구를 받은 행정청이 부담한다.
③ 청구인이 정보공개와 관련한 공공기관의 결정에 대하여 불복하는 경우 이의신청 절차를 거치지 않아도 행정심판을 청구할 수 있다.
④ 공공기관은 정보공개 청구를 받으면 그 청구를 받은 날부터 7일 이내에 공개 여부를 결정하여야 한다.

해설

① 정보의 공개를 청구하는 자는 해당 정보를 보유하거나 관리하고 있는 공공기관에 대하여 **서면 또는 구술로** 정보공개를 청구할 수 있다.
② 정보의 공개 및 우송 등에 드는 비용은 실비의 범위에서 **청구인이 부담한다**.
③ ○
④ 공공기관은 정보공개 청구를 받으면 그 청구를 받은 날부터 **10일 이내에** 공개 여부를 결정하여야 한다.

정답 ③

148 공공기관의 정보공개에 관한 법률에 대한 설명 중 가장 적절하지 않은 것은? 13승진

① 모든 국민은 정보의 공개를 청구할 권리를 가지며, 외국인도 대통령령이 정하는 바에 따라 정보공개 청구가 가능하다.
② 정보공개의 청구를 받으면 그 청구를 받은 날부터 10일 이내에 공개 여부를 결정하여야 한다.
③ 공공기관은 공개청구된 공개대상정보의 전부 또는 일부가 제3자와 관련이 있다고 인정할 때에는 그 사실을 제3자에게 지체 없이 통지하여야 하며, 필요한 경우에는 그의 의견을 들을 수 있다. 그 사실을 통지받은 제3자는 통지받은 날부터 3일 이내에 해당 공공기관에 대하여 자신과 관련된 정보를 공개하지 아니할 것을 요청할 수 있다.
④ 공개거부결정에 대하여 정보공개법상의 이의신청을 거쳐야만 행정심판을 청구할 수 있다.

[해설]
④ 정보공개법상의 이의신청 절차는 임의적 절차로서 **이의신청 절차를 거치지 아니하고 행정심판을 청구할 수 있다**.

정답 ④

149 「공공기관의 정보공개에 관한 법률」에 대한 설명으로 가장 적절한 것은? 19승진

① 모든 국민은 정보의 공개를 청구할 권리를 가지며, 공공기관이 보유·관리하는 정보는 국민의 알권리 보장 등을 위하여 이 법에서 정하는 바에 따라 적극적으로 공개할 수 있다.
② 공공기관은 공개 청구된 공개 대상 정보의 전부 또는 일부가 제3자와 관련이 있다고 인정할 때에는 그 사실을 제3자에게 지체 없이 통지하여야 하며, 그의 의견을 들어야 한다.
③ 정보의 공개를 청구하는 자는 해당 정보를 보유하거나 관리하고 있는 공공기관에 대하여 서면으로 정보공개를 청구하여야 한다.
④ 공개될 경우 국민의 생명·신체 및 재산의 보호에 현저한 지장을 초래할 우려가 있다고 인정되는 정보는 공개하지 아니할 수 있다.

[해설]
① 공공기관이 보유·관리하는 정보는 국민의 알권리 보장 등을 위하여 이 법에서 정하는 바에 따라 **적극적으로 공개하여야 한다**.
② 공공기관은 공개 청구된 공개 대상 정보의 전부 또는 일부가 제3자와 관련이 있다고 인정할 때에는 그 사실을 제3자에게 지체 없이 통지하여야 하며, **필요한 경우에는 그의 의견을 들을 수 있다**.
③ 정보의 공개를 청구하는 자(이하 "청구인"이라 한다)는 해당 정보를 보유하거나 관리하고 있는 공공기관에 다음 각 호의 사항을 적은 **정보공개 청구서를 제출하거나 말로써 정보의 공개를 청구할 수 있다**.
④ ○

정답 ④

150 「공공기관의 정보공개에 관한 법률」에 대한 설명 중 옳은 것을 모두 고른 것은?

18경채

㉠ 공공기관이 보유·관리하는 정보는 국민의 알권리 보장 등을 위하여 적극적으로 공개할 수 있다.
㉡ 모든 국민은 정보의 공개를 청구할 권리를 가지며 외국인의 정보공개 청구에 관하여는 대통령령으로 정한다.
㉢ 공공기관은 정보공개의 청구를 받으면 그 청구를 받은 날부터 7일 이내에 공개여부를 결정하여야 한다.
㉣ 청구인이 정보공개와 관련한 공공기관의 비공개 결정 또는 부분 공개 결정에 대하여 불복이 있거나 정보공개 청구 후 20일이 경과하도록 정보공개 결정이 없는 때에는 공공기관으로부터 정보공개 여부의 결정 통지를 받은 날 또는 정보공개 청구 후 20일이 경과한 날부터 30일 이내에 해당 공공기관에 문서로 이의신청을 할 수 있다.

① ㉠㉡   ② ㉠㉢   ③ ㉡㉣   ④ ㉢㉣

해설

㉠ 공공기관이 보유·관리하는 정보는 국민의 알권리 보장 등을 위하여 이 법에서 정하는 바에 따라 **적극적으로 공개하여야 한다**. (제3조)
㉡ ○
㉢ 공공기관은 정보공개의 청구를 받으면 그 청구를 받은 날부터 **10일 이내에** 공개 여부를 결정하여야 한다.(제11조①)
㉣ ○

정답 ③

151 「공공기관의 정보공개에 관한 법률」에 대한 다음 설명 중 옳은 것은 모두 몇 개인가?   17경간

> ㉠ 공공기관이 보유·관리하는 정보는 국민의 알권리 보장 등을 위하여 이 법에서 정하는 바에 따라 적극적으로 공개하여야 한다.
> ㉡ 공공기관은 정보공개의 청구를 받으면 그 청구를 받은 날부터 7일 이내에 공개 여부를 결정하여야 한다.
> ㉢ 공공기관은 공개 청구된 공개 대상 정보의 전부 또는 일부가 제3자와 관련이 있다고 인정할 때에는 그 사실을 제3자에게 지체없이 통지하여야 하며, 필요한 경우에는 그의 의견을 들을 수 있다.
> ㉣ 청구인은 공공기관으로부터 정보공개 여부의 결정 통지를 받은 날 또는 정보공개 청구 후 20일이 경과한 날부터 30일 이내에 당해 공공기관에 문서로 이의신청을 할 수 있다.
> ㉤ 공공기관은 이의신청을 받은 날부터 10일 이내에 그 이의신청에 대하여 결정하고 그 결과를 청구인에게 지체 없이 문서로 통지하여야 한다.
> ㉥ 자기와 관련된 정보공개청구사실을 통지받은 제3자는 통지받은 날부터 3일 이내에 해당 공공기관에 대하여 자신과 관련된 정보를 공개하지 아니할 것을 요청할 수 있다.

① 1개 ② 2개 ③ 3개 ④ 4개

해설

㉡ 공공기관은 정보공개의 청구를 받은 날부터 <u>10일 이내에</u> 공개여부를 결정하여야 한다.
㉤ 공공기관은 이의신청을 받은 날부터 <u>7일 이내에</u> 그 이의신청에 대하여 결정하고 그 결과를 청구인에게 지체 없이 문서로 통지하여야 한다.

정답 ④

152 「공공기관의 정보공개에 관한 법률」에 대한 설명으로 틀린 것은 모두 몇 개인가? 15순경3차변형

㉠ 공공기관이 보유·관리하는 정보는 국민의 알권리 보장 등을 위하여 이 법에서 정하는 바에 따라 적극적으로 공개하여야 한다.
㉡ 모든 국민은 정보의 공개를 청구할 권리를 가진다. 외국인의 정보공개 청구에 관하여는 대통령령으로 정한다.
㉢ 청구인이 정보공개와 관련한 공공기관의 비공개 결정 또는 부분 공개 결정에 대하여 불복이 있거나 정보공개 청구 후 20일이 경과하도록 정보공개 결정이 없는 때에는 공공기관으로부터 정보공개 여부의 결정 통지를 받은 날 또는 정보공개 청구 후 20일이 경과한 날부터 30일 이내에 해당 공공기관에 문서로 이의신청을 할 수 있다.
㉣ 정보공개위원회는 성별을 고려하여 위원장과 부위원장 각 1명을 포함한 9명의 위원으로 구성한다. 이 경우 위원장을 포함한 7명은 공무원이 아닌 사람으로 위촉할 수 있다.
㉤ 행정안전부장관은 정보공개위원회가 정보공개제도의 효율적 운영을 위하여 필요하다고 요청하면 공공기관(국회·법원·헌법재판소 및 중앙선거관리위원회를 포함한다)의 정보공개제도 운영실태를 평가할 수 있다.

① 1개 ② 2개 ③ 3개 ④ 4개

해설

㉣ 정보공개위원회는 성별을 고려하여 위원장과 부위원장 각 1명을 포함한 **11명의 위원으로** 구성한다. 이 경우 위원장을 포함한 7명은 공무원이 아닌 사람으로 **위촉하여야 한다.**
㉤ 행정안전부장관은 정보공개위원회가 정보공개제도의 효율적 운영을 위하여 필요하다고 요청하면 공공기관(**국회·법원·헌법재판소 및 중앙선거관리위원회를 제외한다**)의 정보공개제도 운영실태를 평가할 수 있다.

정답 ②

153 「공공기관의 정보공개에 관한 법률」에 대한 다음 설명 중 옳은 것은 모두 몇 개인가? 13순경1차변형

㉠ 모든 국민은 정보의 공개를 청구할 권리를 가지며, 외국인의 정보공개 청구에 관하여는 대통령령으로 정한다.
㉡ 공공기관은 정보공개의 청구가 있는 때에는 청구를 받은 날로부터 10일 이내에 공개 여부를 결정하여야 하고, 부득이한 사유로 그 기간 이내에 공개 여부를 결정할 수 없을 때에는 그 기간이 끝나는 날부터 기산하여 10일의 범위에서 공개 여부 결정기간을 연장할 수 있다.
㉢ 정보의 공개 및 우송 등의 소요되는 비용은 공공기관의 비용으로 부담한다.
㉣ 국무총리 소속으로 두는 정보공개위원회는 성별을 고려하여 위원장 1명과 부위원장 2명을 포함한 11명의 위원으로 구성한다. 이 경우 위원장을 포함한 7명은 공무원이 아닌 사람으로 위촉하여야 한다.
㉤ 정보공개위원회의 위원(공무원 위원은 제외한다)의 임기는 2년으로 하되, 연임할 수 없다.

① 1개   ② 2개   ③ 3개   ④ 없음

해설

㉠ O
㉡ 공공기관은 정보공개의 청구가 있는 때에는 청구를 받은 날로부터 10일 이내에 공개 여부를 결정하여야 하고, 부득이한 사유로 그 기간 이내에 공개 여부를 결정할 수 없을 때에는 그 기간이 **끝나는 날의 다음 날부터 기산하여** 10일의 범위에서 공개 여부 결정기간을 연장할 수 있다.
㉢ 정보의 공개 및 우송 등에 소요되는 비용은 실비의 범위안에서 **청구인의 부담으로** 한다.
㉣ 국무총리 소속으로 정보공개위원회를 둔다. 정보공개위원회는 성별을 고려하여 **위원장과 부위원장 각 1명을 포함한** 11명의 위원으로 구성한다. 이 경우 위원장을 포함한 7명은 공무원이 아닌 사람으로 위촉하여야 한다.
㉤ 위원장·부위원장 및 위원(공무원 위원은 제외한다)의 임기는 2년으로 하되, **연임할 수 있다.**

정답 ①

154 「공공기관의 정보공개에 관한 법률」에 대한 설명 중 가장 옳지 않은 것은? 19경간, 19경채유사

① 청구인은 공공기관으로부터 정보공개 여부의 결정 통지를 받은 날 또는 정보공개 청구 후 20일이 경과한 날부터 30일 이내에 당해 공공기관에 문서로 이의신청을 할 수 있다.
② 공공기관은 이의신청을 받은 날부터 7일 이내에 그 이의신청에 대하여 결정하고 그 결과를 청구인에게 지체 없이 문서로 통지하여야 한다. 다만, 부득이한 사유로 정하여진 기간 이내에 결정할 수 없을 때에는 그 기간이 끝나는 날의 다음 날부터 기산하여 7일의 범위에서 연장할 수 있으며, 연장 사유를 청구인에게 통지하여야 한다.
③ 공공기관은 공개청구된 공개대상정보의 전부 또는 일부가 제3자와 관련이 있다고 인정되는 때에는 그 사실을 제3자에게 지체 없이 통지하여야 하며, 필요한 경우에는 그의 의견을 청취할 수 있다. 공개청구된 사실을 통지받은 제3자는 통지받은 날부터 3일 이내에 당해 공공기관에 대하여 자신과 관련된 정보를 공개하지 아니할 것을 요청할 수 있다.
④ 정보공개위원회는 성별을 고려하여 위원장과 부위원장 각 1명을 포함한 9명의 위원으로 구성한다.

해설

④ 위원회는 성별을 고려하여 위원장과 부위원장 각 1명을 포함한 **11명의 위원으로** 구성한다.

정답 ④

155 「공공기관의 정보공개에 관한 법률」에 대한 설명으로 가장 적절하지 않은 것은? 17순경1차

① 공공기관이 보유·관리하는 정보는 국민의 알권리 보장 등을 위하여 이 법에서 정하는 바에 따라 적극적으로 공개하여야 한다.
② 청구인이 정보공개와 관련한 공공기관의 결정에 대하여 불복이 있거나 정보공개 청구 후 20일이 경과하도록 정보공개 결정이 없는 때에는 「행정심판법」에서 정하는 바에 따라 행정심판을 청구할 수 있다.
③ 공공기관은 청구인의 정보공개청구가 있을 때에는 원칙적으로 청구를 받은 날부터 10일 이내에 공개 여부를 결정하여야 한다.
④ 공공기관은 이의신청을 받은 날부터 7일 이내에 그 이의신청에 대하여 결정하고 그 결과를 청구인에게 지체 없이 문서로 통지하여야 한다. 다만, 부득이한 사유로 정하여진 기간 이내에 결정할 수 없을 때에는 그 기간이 끝나는 날부터 기산하여 7일의 범위에서 연장할 수 있으며, 연장 사유를 청구인에게 통지하여야 한다.

해설

④ 공공기관은 이의신청을 받은 날부터 7일 이내에 그 이의신청에 대하여 결정하고 그 결과를 청구인에게 지체 없이 문서로 통지하여야 한다. 다만, 부득이한 사유로 정하여진 기간 이내에 결정할 수 없을 때에는 그 기간이 **끝나는 날의 다음 날부터 기산하여** 7일의 범위에서 연장할 수 있으며, 연장 사유를 청구인에게 통지하여야 한다(제18조③).

정답 ④

156 「공공기관의 정보공개에 관한 법률」에 대한 설명으로 가장 적절한 것은?

19승진

① 공공기관이 보유·관리하는 정보는 국민의 알권리 보장 등을 위하여 「공공기관의 정보공개에 관한 법률」에서 정하는 바에 따라 적극적으로 공개하여야 한다.
② 공공기관은 공개 청구된 공개 대상 정보의 전부 또는 일부가 제3자와 관련이 있다고 인정할 때에는 그 사실을 제3자에게 3일 이내에 통지하여야 하며, 필요한 경우에는 그의 의견을 들을 수 있다.
③ 청구인이 정보공개와 관련한 공공기관의 부분 공개 결정에 대하여 불복이 있는 때에는 공공기관으로부터 정보공개 여부의 결정 통지를 받은 날부터 20일 이내에 이의신청을 할 수 있다.
④ 공공기관은 이의신청을 받은 날부터 7일 이내에 그 이의신청에 대하여 결정하고 그 결과를 청구인에게 3일 이내에 문서로 통지 하여야 한다.

해설

① O
② 공공기관은 공개 청구된 공개 대상 정보의 전부 또는 일부가 제3자와 관련이 있다고 인정할 때에는 그 사실을 제3자에게 **지체 없이** 통지하여야 하며, 필요한 경우에는 그의 의견을 들을 수 있다.
③ 청구인이 정보공개와 관련한 공공기관의 비공개 결정 또는 부분 공개 결정에 대하여 불복이 있거나 정보공개 청구 후 20일이 경과하도록 정보공개 결정이 없는 때에는 공공기관으로부터 정보공개 여부의 결정 통지를 받은 날 또는 정보공개 청구 후 20일이 경과한 날부터 **30일 이내에** 해당 공공기관에 문서로 이의신청을 할 수 있다.

▶ **이의신청** (집정과/136)

- 집회금지통고 이의신청 : 10일 이내 바로 위의 상급경찰관서장에게
- 정보비공개결정등 이의신청 : 30일 이내 해당 공공기관에 (제3자는 7일 이내)
- 과태료 이의제기 : 60일 이내 해당 행정청에

④ 공공기관은 이의신청을 받은 날부터 7일 이내에 그 이의신청에 대하여 결정하고 그 결과를 청구인에게 **지체 없이** 문서로 통지하여야 한다. 다만, 부득이한 사유로 정하여진 기간 이내에 결정할 수 없을 때에는 그 기간이 끝나는 날의 다음 **날부터** 기산하여 7일의 범위에서 연장할 수 있으며, 연장 사유를 청구인에게 통지하여야 한다.

정답 ①

157 다음은 「공공기관의 정보공개에 관한 법률」상 이의신청에 대한 설명이다. ㉠부터 ㉤까지에 들어갈 숫자를 모두 합한 값은?
<small>18순경2차</small>

> - 청구인이 정보공개와 관련한 공공기관의 비공개 결정 또는 부분 공개 결정에 대하여 불복이 있거나 정보공개 청구 후 (㉠)일이 경과하도록 정보공개 결정이 없는 때에는 공공기관으로부터 정보공개 여부의 결정 통지를 받은 날 또는 정보공개 청구 후 (㉡)일이 경과한 날부터 (㉢)일 이내에 해당 공공기관에 문서로 이의신청을 할 수 있다.
> - 공공기관은 이의신청을 받은 날부터 (㉣)일 이내에 그 이의신청에 대하여 결정하고 그 결과를 청구인에게 지체 없이 문서로 통지하여야 한다. 다만, 부득이한 사유로 정하여진 기간 이내에 결정할 수 없을 때에는 그 기간이 끝나는 날의 다음 날부터 기산하여 (㉤)일의 범위에서 연장할 수 있으며, 연장 사유를 청구인에게 통지하여야 한다.

① 84 ② 90 ③ 94 ④ 100

해설

㉠ 20일, ㉡ 20일, ㉢ 30일, ㉣ 7일, ㉤ 7일

정답 ①

158 「공공기관의 정보공개에 관한 법률」상 불복절차에 관한 다음 설명 중 가장 적절하지 않은 것은?
<small>16순경1차</small>

① 공공기관은 이의신청을 받은 날부터 10일 이내에 그 이의신청에 대하여 결정하고 그 결과를 청구인에게 지체 없이 문서로 통지하여야 한다. 다만, 부득이한 사유로 정하여진 기간 이내에 결정할 수 없을 때에는 그 기간이 끝나는 날의 다음 날부터 기산하여 10일의 범위에서 연장할 수 있으며, 연장 사유를 청구인에게 통지하여야 한다.
② 청구인이 정보공개와 관련한 공공기관의 결정에 대하여 불복이 있거나 정보공개 청구 후 20일이 경과하도록 정보공개 결정이 없는 때에는 「행정심판법」에서 정하는 바에 따라 행정심판을 청구할 수 있다.
③ 청구인은 이의신청 절차를 거치지 아니하고 행정심판을 청구할 수 있다.
④ 청구인이 정보공개와 관련한 공공기관의 결정에 대하여 불복이 있거나 정보공개 청구 후 20일이 경과하도록 정보공개 결정이 없는 때에는 「행정소송법」에서 정하는 바에 따라 행정소송을 제기할 수 있다.

해설

① 공공기관은 이의신청을 받은 날부터 **7일 이내에** 그 이의신청에 대하여 결정하고 그 결과를 청구인에게 지체 없이 문서로 통지하여야 한다. 다만, 부득이한 사유로 정하여진 기간 이내에 결정할 수 없을 때에는 그 기간이 끝나는 날의 다음 날부터 기산하여 **7일의 범위에서** 연장할 수 있으며, 연장 사유를 청구인에게 통지하여야 한다.

정답 ①

제6절 경찰구제법 (손해전보와 행정쟁송)

159 다음 판례 내용 가운데 국가의 배상책임을 부정한 것은? 13경간

① 무장공비와 격투 중에 있는 청년의 가족의 요청을 받고도 경찰관이 출동하지 않아 결과적으로 그 청년이 공비에게 사살된 경우(김신조 사건)
② 상설검문소 근무 경찰관이 통행금지 또는 비상경계령이 내려있지 않는데도 검문소 운영요강을 지키지 아니하고 도로상에 방치해 둔 바리케이드에 오토바이 운행자가 충돌하여 사망한 경우
③ 전경들이 서총련의 불법시위 해산 과정에서 단순히 전경들이 도서관 진입에 항의한 학생 등 시위와 무관한 자들을 강제로 연행한 경우
④ 경찰관들의 시위진압에 대항하여 시위자들이 던진 화염병에 의하여 발생한 화재로 손해를 입은 주민이 국가를 상대로 국가배상을 청구한 경우

해설
④ 경찰관들의 시위진압에 대항하여 시위자들이 던진 화염병에 의하여 발생한 화재로 인하여 손해를 입은 주민이 국가를 상대로 국가배상을 청구한 경우에는 <u>국가의 배상책임을 부정</u>하였다.(대판 94다2480)

정답 ④

160 국가배상에 대한 설명으로 가장 적절하지 않은 것은? (다툼이 있는 경우 판례에 의함) 18경행 행정법

① 「국가배상법」 제5조 소정의 '공공의 영조물'은 국가 또는 지방자치단체가 소유권, 임차권 그 밖의 권한에 기하여 관리하고 있는 경우뿐만 아니라 사실상의 관리를 하고 있는 경우도 포함된다.
② 「국가배상법」 제2조 제1항을 적용할 때 피해자가 손해를 입은 동시에 이익을 얻은 경우에는 손해배상액에서 그 이익에 상당하는 금액을 빼야 한다.
③ 국가나 지방자치단체는 공무원 또는 공무를 위탁받은 사인이 직무를 집행하면서 고의 또는 과실로 법령을 위반하여 타인에게 손해를 입히거나, 「자동차손해배상 보장법」에 따라 손해배상의 책임이 있을 때에는 「국가배상법」에 따라 그 손해를 배상하여야 한다.
④ 공무원이 직무수행 중 불법행위로 타인에게 손해를 입힌 경우에 국가 등이 국가배상책임을 부담하는 외에 공무원 개인도 고의가 있는 경우에만 불법행위로 인한 손해배상책임을 부담한다.

해설
④ 공무원이 직무수행 중 불법행위로 타인에게 손해를 입힌 경우에 공무원 개인에게 <u>고의 또는 중대한 과실이 있는 경우에는</u> 공무원 개인도 불법행위로 인한 손해배상책임을 부담한다.

정답 ④

161 공무원의 직무행위로 인한 손해배상에 대한 설명으로 가장 적절하지 않은 것은? (다툼이 있는 경우 판례에 의함)
18경행 행정법

① 공무원이 통상의 근무지로 자기 소유 차량을 운전하여 출근하던 중 교통사고를 일으킨 경우, 특별한 사정이 없는 한 국가배상법 제2조 제1항에 따른 직무집행 관련성이 부정된다.
② 국가배상법이 정한 배상청구의 요건인 공무원의 직무에는 권력적 작용만이 아니라 행정지도와 같은 비권력적 작용도 포함된다.
③ 형사상 범죄행위를 구성하지 않는 침해행위라 하더라도 그것이 민사상 불법행위를 구성하는지 여부는 형사책임과 별개의 관점에서 검토하여야 한다.
④ 공무원이 재량준칙에 따라 행정처분을 하였는데 결과적으로 그 처분이 재량을 일탈 남용하여 위법하게 된 때에는 그에게 직무집행상의 과실이 인정된다.

해설

① (O) 공무원이 통상적으로 근무하는 근무지로 출근하기 위하여 자기 소유의 자동차를 운행하다가 자신의 과실로 교통사고를 일으킨 경우에는 특별한 사정이 없는 한 국가배상법 제2조 제1항 소정의 공무원이 '직무를 집행함에 당하여' 타인에게 불법행위를 한 것이라고 할 수 없으므로 그 공무원이 소속된 국가나 지방공공단체가 국가배상법상의 손해배상책임을 부담하지 않는다(대법원 94다15271).
② (O) 「국가배상법」 제2조 제1항의 공무원의 직무에는 권력적 작용만이 아니라 행정지도와 같은 비권력적 작용도 포함되지만, 행정주체가 사경제주체로서 하는 활동은 제외된다(대법원 98다47245).
③ (O) 형사문제와 민사문제는 기본적으로 별개이므로 형사상 범죄행위를 구성하지 않는 침해행위라 하더라도 그것이 민사상 불법행위를 구성하는지 여부는 형사책임과 별개의 관점에서 검토하여야 한다.
④ (X) 위법성과 고의·과실은 기본적으로 별개이므로 공무원이 재량준칙에 따라 행정처분을 하였는데 결과적으로 그 처분이 재량을 일탈·남용하여 위법하게 되었다고 하더라도, **해당 공무원에게 직무집행상의 과실을 인정하기는 어렵다**(재량준칙을 따른 행위에 대하여 당해 직무를 담당하는 평균적 공무원이 갖춰야 할 주의의무를 게을리 한 것으로 볼 수는 없기 때문에).

정답 ④

---

162 「국가배상법」상 공무원의 위법한 직무행위로 인한 손해배상에 대한 설명으로 옳은 것은? (다툼이 있는 경우 판례에 의함)
21국가9급행정법

① 일반적으로 공무원이 필요한 지식을 갖추지 못하고 법규의 해석을 그르쳐 행정처분을 하였다면 그가 법률전문가가 아닌 행정직공무원이라고 하여 과실이 없다고는 할 수 없다.
② 국가배상의 요건인 '공무원의 직무'에는 국가나 지방자치단체의 비권력적 작용과 사경제주체로서 하는 작용이 포함된다.
③ 손해배상책임을 묻기 위해서는 가해 공무원을 특정하여야 한다.
④ 국가가 가해 공무원에 대하여 구상권을 행사하는 경우 국가가 배상한 배상액 전액에 대하여 구상권을 행사하여야 한다.

> **해설**

① (O) 일반적으로 공무원이 직무를 집행함에 있어서 관계법규를 알지 못하거나 필요한 지식을 갖추지 못하여 법규의 해석을 그르쳐 잘못된 행정처분을 하였다면 그가 법률전문가가 아닌 행정직 공무원이라고 하여 과실이 없다고 할 수 없다. (대판 95다32747)
② (X) 국가배상법이 정한 손해배상청구의 요건인 '공무원의 직무'에는 국가나 지방자치단체의 권력적 작용뿐만 아니라 비권력적 작용도 포함되지만 <u>단순한 사경제의 주체로서 하는 작용은 포함되지 아니한다.</u> (대판 98다47245)
③ (X) 시위진압 과정에서 <u>가해공무원(전투경찰)이 특정되지 않더라도 손해배상책임이 인정</u>된다.(대판 95다23897)
④ (X) 국가 또는 지방자치단체의 산하 공무원이 그 직무를 집행함에 당하여 중대한 과실로 인하여 법령에 위반하여 타인에게 손해를 가함으로써 국가 또는 지방자치단체가 손해배상책임을 부담하고, 그 결과로 손해를 입게된 경우에는 국가 등은 당해 공무원의 직무내용, 당해 불법행위의 상황, 손해발생에 대한 당해 공무원의 기여정도, 당해 공무원의 평소 근무태도 등 제반사정을 참작하여 <u>손해의 공평한 분담이라는 견지에서 신의칙상 상당하다고 인정되는 한도 내에서만 당해 공무원에 대하여 구상권을 행사할 수 있다</u>고 봄이 상당하다. (대판 91다6764)

정답 ①

---

163 행정상 손해배상에 대한 설명으로 옳지 않은 것은? (다툼이 있는 경우 판례에 의함) <small>22국가9급행정법</small>

① 국가배상청구권의 소멸시효 기간은 지났으나 국가가 소멸시효 완성을 주장하는 것이 신의성실의 원칙에 반하는 권리남용으로 허용될 수 없어 배상책임을 이행한 경우, 국가는 원칙적으로 해당 공무원에 대해 구상권을 행사할 수 있다.
② 공무원이 관계 법령의 해석이 확립되기 전에 어느 한 설을 취하여 업무를 처리한 것이 결과적으로 위법하더라도 처분 당시 그 이상의 업무처리를 성실한 평균적 공무원에게 기대하기 어려웠던 경우라면 원칙적으로 공무원의 과실을 인정할 수 없다.
③ 공무원이 직무를 수행하면서 그 근거가 되는 법령의 규정에 따라 구체적으로 의무를 부여받았어도 그것이 국민의 이익과 관계없이 순전히 행정기관 내부의 질서를 유지하기 위한 것이라면 그 의무에 위반하여 국민에게 손해를 가하여도 국가 등은 배상책임을 부담하지 않는다.
④ 행정처분이 후에 항고소송에서 취소되었다고 할지라도 그 기판력에 의하여 당해 행정처분이 곧바로 공무원의 고의 또는 과실로 인한 것으로서 불법행위를 구성한다고 단정할 수는 없다.

> **해설**

① (X) 공무원의 불법행위로 손해를 입은 피해자의 <u>국가배상청구권의 소멸시효 기간이 지났으나 국가가 소멸시효 완성을 주장하는 것이 신의성실의 원칙에 반하는 권리남용으로 허용될 수 없어 배상책임을 이행한 경우</u>에는, 소멸시효 완성 주장이 권리남용에 해당하게 된 원인행위와 관련하여 공무원이 원인이 되는 행위를 적극적으로 주도하였다는 등의 <u>특별한 사정이 없는 한, 국가가 공무원에게 구상권을 행사하는 것은 신의칙상 허용되지 않는다.</u>(대판 2015다217843)

④ (O) 어떠한 행정처분이 후에 항고소송에서 취소된 사실만으로 당해 행정처분이 곧바로 공무원의 고의 또는 과실로 인한 것으로서 불법행위를 구성한다고 단정할 수 없다.(대판 99다70600)

정답 ①

164 국가배상에 관한 설명으로 가장 옳지 않은 것은? (다툼이 있으면 판례에 따름)   행정법기출변형

① 국가가 국가배상책임을 이행한 경우 공무원에게 경과실이 있으면 국가는 그 공무원에게 구상할 수 없다.
② 국가배상청구소송은 배상심의회에 배상신청을 하지 아니하고도 제기할 수 있다.
③ 부작위에 의한 국가배상책임은 조리상 작위의무를 위반한 경우에는 성립하지 않는다.
④ 공무원의 고의·중과실에 의한 불법행위로 국가배상책임이 성립하는 경우 가해 공무원 개인은 그로 인한 손해배상책임을 부담한다.

해설

① (O) 국가 또는 지방자치단체가 공무원의 위법한 직무집행으로 발생한 손해에 대해 국가배상법에 따라 배상한 경우에는 당해 공무원에게 고의 또는 중과실이 인정될 경우 구상권을 행사할 수 있다(국가배상법 제2조 제2항).
③ (×) 법령에 의하여 일정한 행위를 해야 할 의무가 있는데도 이를 아니한 **부작위에 대해서도 국가배상이 인정된다.** 여기에서 '일정한 행위를 해야 할 의무(작위의무)'에 대하여 판례는 법령에 명시적으로 작위의무가 규정되어 있지 않더라도 **조리에 의한 작위의무를 인정하고 있다.**(대판 2003다69652)

정답 ③

165 국가배상법 제2조 제1항 단서의 이중배상금지에 관한 설명으로 옳지 않은 것은? (다툼이 있으면 판례에 따름)   행정법기출변형

① 피해자가 군인·군무원·경찰공무원 또는 예비군대원이어야 한다.
② 병역법상 공익근무요원은 군인에 해당하여 이중배상이 금지되는 자에 속한다.
③ 전투·훈련 또는 이에 준하는 직무집행 뿐만 아니라 일반 직무집행에 관하여도 적용된다.
④ 전투훈련 중 민간인이 군인과 공동불법행위를 한 경우 민간인은 자신의 부담 부분만을 피해 군인에게 배상하면 된다는 것이 대법원판례의 입장이다.

해설

② 판례에 따르면 **공익근무요원은** 국가배상법 제2조 제1항 단서의 '군인 등'에 해당하지 않으므로 **이중배상이 금지되는 자에 포함되지 않는다.**

정답 ②

166 다음 사례와 관련하여 옳지 않은 설명은 모두 몇 개인가?

11승진

〈사례〉

서울경찰청 소속 형사 A는 자신이 배당받은 절도사건을 수사하던 중 용의자가 현재 17세인 B라는 사실을 알게 되었고, 그 소재를 확인하여 검거하는 과정에서 B가 순순히 연행에 응하지 않는다는 이유만으로 경찰장구인 호신용경봉으로 제압하던 중 흥분하여 잘못 휘두르는 바람에 B의 얼굴에 맞게 되었고, 이로 인해 B의 코뼈가 부러지게 되었다.

㉠ 사례에서 A의 행위에 대한 위법성과 관련하여 경찰비례의 원칙이 고려될 수 있다.
㉡ 사례의 경우 B의 입장에서는 서울경찰청장을 상대로 국가배상청구소송을 제기할 수 있다.
㉢ 사례에서 국가배상책임이 인정된다면 이는 「국가배상법」 제5조의 책임을 인정한 것이다.
㉣ 사례에서 B의 경우 자신의 배상청구권을 친구인 C에게 양도할 수도 있다.

① 1개   ② 2개   ③ 3개   ④ 4개

해설

㉠ O
㉡ 사례의 경우 B의 입장에서는 <u>국가(대한민국)를 상대로</u> 국가배상청구소송을 제기할 수 있다.
㉢ 사례에서 국가배상책임이 인정된다면 이는 「국가배상법」 <u>제2조(공무원의 위법한 직무집행으로 인한 손해배상)의 책임</u>을 인정한 것이다.
㉣ 사례에서 B의 경우 자신의 배상청구권을 친구인 C에게 <u>양도할 수 없다</u>.
※ 생명·신체의 침해로 인한 국가배상을 받을 권리는 양도거나 압류하지 못한다.(국가배상법 제4조)

정답 ③

167 국가배상에 대한 설명으로 옳지 않은 것은? (다툼이 있는 경우 판례에 의함) <small>21지방9급행정법</small>

① 국가나 지방자치단체가 손해를 배상할 책임이 있는 경우에 공무원의 선임·감독 또는 영조물의 설치·관리를 맡은 자와 공무원의 봉급·급여, 그 밖의 비용 또는 영조물의 설치·관리 비용을 부담하는 자가 동일하지 아니하면 그 비용을 부담하는 자도 손해를 배상하여야 한다.

② 국가배상책임에 있어서 국가는 직무상의 의무 위반과 피해자가 입은 손해 사이에 상당인과관계가 인정되는 범위 내에서만 배상책임을 지는 것이고, 이 경우 상당인과관계가 인정되기 위해서는 공무원에게 부과된 직무상 의무의 내용이 전적으로 또는 부수적으로 사회구성원 개인의 안전과 이익을 보호하기 위하여 설정된 것이어야 한다.

③ 「국가배상법」상 '공공의 영조물'은 지방자치단체가 소유권, 임차권 그 밖의 권한에 기하여 관리하고 있는 경우는 포함하지만, 사실상의 관리를 하고 있는 경우는 포함하지 않는다.

④ 공무원 개인이 고의 또는 중과실이 있는 경우에는 불법행위로 인한 손해배상책임을 진다고 할 것이지만, 공무원의 위법행위가 경과실에 기한 경우에는 공무원은 손해배상책임을 부담하지 않는다.

해설

③ (X) 국가배상법 제5조 제1항 소정의 '공공의 영조물'이라 함은 국가 또는 지방자치단체에 의하여 특정 공공의 목적에 공여된 유체물 내지 물적 설비를 말하며, 국가 또는 지방자치단체가 소유권, 임차권 그 밖의 권한에 기하여 관리하고 있는 경우뿐만 아니라 **사실상의 관리를 하고 있는 경우도 포함된다**.(대판 98다17381)

정답 ③

---

168 행정심판에 관한 설명으로 가장 옳은 것은? (다툼이 있으면 판례에 따름) <small>행정법기출변형</small>

① 행정심판 재결에는 특별한 사유가 없는 한 불가변력이 발생하지 않는다.
② 행정심판법은 무효등확인심판에서는 사정재결을 할 수 없음을 명문으로 규정하고 있다.
③ 청구인은 행정심판청구서를 피청구인인 행정청에 제출할 수 없다.
④ 행정심판법상 처분의 부존재확인심판은 허용되지 않는다.

해설

① (X) 행정심판 재결은 행정심판위원회가 행하는 준사법적(準司法的) 행정작용으로 **불가변력과 불가쟁력이 인정된다**.
② (O) 사정재결은 취소심판과 의무이행심판에서 인정되며, 무효등확인심판에는 적용하지 아니한다(행정심판법 제44조 제3항). 이에 반해 사정판결은 취소소송에 대해서만 적용되며, 무효등확인소송과 부작위법확인소송에는 적용되지 않는다(대판 95누5509).

③ (×) 심판청구서는 **행정심판위원회 또는 피청구인인 행정청에 제출하여야 한다**. 종래 반드시 피청구인인 행정청을 거쳐서 행정심판을 제기하도록 했던 '처분청 경유주의'는 폐지되었다.
④ (×) 행정심판법상 처분의 존재확인심판뿐만 아니라 **부존재확인심판도 허용된다**.

> 행정심판법 제5조(행정심판의 종류) 행정심판의 종류는 다음 각 호와 같다.
> 2. 무효등확인심판: 행정청의 처분의 효력 유무 또는 존재 여부를 확인하는 행정심판

정답 ②

169 행정심판법상 행정심판청구의 기간에 대한 설명으로 가장 적절하지 않은 것은? (다툼이 있는 경우 판례에 의함)
19경행 행정법

① 행정심판은 처분이 있음을 알게 된 날부터 90일 이내에 청구하여야 한다. 다만, 청구인이 불가항력으로 인하여 심판청구를 할 수 없었을 때에는 그 사유가 소멸한 날부터 14일 이내에 행정심판을 청구할 수 있다.
② 행정심판은 처분이 있었던 날부터 180일이 지나면 청구하지 못한다. 다만, 정당한 사유가 있는 경우에는 그러하지 아니하다.
③ 행정청이 심판청구의 기간을 알리지 아니한 경우에는 처분이 있었던 날부터 180일 이내에 행정심판을 청구할 수 있다.
④ 취소심판의 경우와 달리 무효등확인심판과 의무이행심판의 경우에는 심판청구의 기간에 제한이 없다.

해설

④ 심판청구기간의 제한은 성질상 취소심판과 거부처분에 대한 의무이행심판에만 적용되고, 무효등확인심판과 부작위에 대한 의무이행심판에는 적용되지 않는다. 따라서, 의무이행심판 중에서 **거부처분에 대한 의무이행심판에는 심판청구의 기간에 제한이 있다**.
※ 행정심판 청구기간 – 알게 된 날부터 **90일** 이내에, 있었던 날부터 **180일** 이내에
※ 행정소송 제소기간 – 안 날부터 **90일** 이내에, 있은 날부터 **1년** 이내에

정답 ④

170 「행정심판법」상 행정심판위원회가 취소심판의 청구가 이유가 있다고 인정하는 경우에 행할 수 있는 재결에 해당하지 않는 것은?
21국가9급행정법

① 처분을 취소하는 재결
② 처분을 할 것을 명하는 재결
③ 처분을 다른 처분으로 변경하는 재결
④ 처분을 다른 처분으로 변경할 것을 명하는 재결

> **해설**

② 행정심판위원회는 취소심판청구에 이유가 있는 경우 제43조 제3항에 의하여 **처분취소재결·처분변경재결·처분변경명령재결을 할 수 있다.**(처분취소명령재결은 법개정으로 삭제) (**처분을 할 것을 명하는 재결은 의무이행심판**)

> **행정심판법 제43조(재결의 구분)** ① 위원회는 심판청구가 적법하지 아니하면 그 심판청구를 각하(却下)한다.
> ② 위원회는 심판청구가 이유가 없다고 인정하면 그 심판청구를 기각(棄却)한다.
> ③ **위원회는 취소심판의 청구가 이유가 있다고 인정하면 처분을 취소 또는 다른 처분으로 변경하거나 처분을 다른 처분으로 변경할 것을 피청구인에게 명한다.**
> ④ 위원회는 무효등확인심판의 청구가 이유가 있다고 인정하면 처분의 효력 유무 또는 처분의 존재 여부를 확인한다.
> ⑤ 위원회는 의무이행심판의 청구가 이유가 있다고 인정하면 지체 없이 신청에 따른 처분을 하거나 처분을 할 것을 피청구인에게 명한다.

※ 다만, 행정심판의 일종인 소청심사에서는 취소명령 결정도 가능하다.

> **국가공무원법 제14조(소청심사위원회의 결정)** ⑥ 소청심사위원회의 결정은 다음과 같이 구분한다.
> 1. 심사 청구가 이 법이나 다른 법률에 적합하지 아니한 것이면 그 청구를 각하(却下)한다.
> 2. 심사 청구가 이유 없다고 인정되면 그 청구를 기각(棄却)한다.
> 3. 처분의 취소 또는 변경을 구하는 심사 청구가 이유 있다고 인정되면 **처분을 취소 또는 변경하거나 처분 행정청에 취소 또는 변경할 것을 명한다.**
> 4. 처분의 효력 유무 또는 존재 여부에 대한 확인을 구하는 심사 청구가 이유 있다고 인정되면 처분의 효력 유무 또는 존재 여부를 확인한다.
> 5. 위법 또는 부당한 거부처분이나 부작위에 대하여 의무 이행을 구하는 심사 청구가 이유 있다고 인정되면 지체 없이 청구에 따른 처분을 하거나 이를 할 것을 명한다.

정답 ②

171 행정소송법상 항고소송에 해당하지 않는 것은?   22순경1차

① 국가 또는 공공단체의 기관이 법률에 위반되는 행위를 한 때에 직접 자기의 법률상 이익과 관계없이 그 시정을 구하기 위하여 제기하는 민중소송
② 행정청의 처분등의 효력 유무 또는 존재여부를 확인하는 무효등 확인소송
③ 행정청의 부작위가 위법하다는 것을 확인하는 부작위위법확인소송
④ 행정청의 위법한 처분등을 취소 또는 변경하는 취소소송

> **해설**

① 민중소송은 국가 또는 공공단체의 기관이 법률에 위반되는 행위를 한 때에 직접 자기의 법률상 이익과 관계없이 그 시정을 구하기 위하여 제기하는 소송이며 **행정소송**에 해당한다(행정소송법 제3조 제3호).

> 제3조(행정소송의 종류) 행정소송은 다음의 네가지로 구분한다.
>   1. 항고소송: 행정청의 처분등이나 부작위에 대하여 제기하는 소송
>   2. 당사자소송: 행정청의 처분등을 원인으로 하는 법률관계에 관한 소송 그 밖에 공법상의 법률관계에 관한 소송으로서 그 법률관계의 한쪽 당사자를 피고로 하는 소송
>   3. 민중소송: 국가 또는 공공단체의 기관이 법률에 위반되는 행위를 한 때에 직접 자기의 법률상 이익과 관계없이 그 시정을 구하기 위하여 제기하는 소송
>   4. 기관소송: 국가 또는 공공단체의 기관상호간에 있어서의 권한의 존부 또는 그 행사에 관한 다툼이 있을 때에 이에 대하여 제기하는 소송. 다만, 헌법재판소법 제2조의 규정에 의하여 헌법재판소의 관장사항으로 되는 소송은 제외한다.
>
> 제4조(항고소송) 항고소송은 다음과 같이 구분한다.
>   1. 취소소송: 행정청의 위법한 처분등을 취소 또는 변경하는 소송
>   2. 무효등 확인소송: 행정청의 처분등의 효력 유무 또는 존재여부를 확인하는 소송
>   3. 부작위위법확인소송: 행정청의 부작위가 위법하다는 것을 확인하는 소송

정답 ①

172 행정소송법상 항고소송에 관한 설명으로 옳은 것은? 〔행정법기출변형〕

① 취소소송은 처분등의 취소를 구할 정당한 이익이 있는 자가 제기할 수 있다.
② 취소소송은 다른 법률에 특별한 규정이 없는 한 국가·공공단체 그 밖의 권리주체를 피고로 한다.
③ 행정소송법상 항고소송의 종류로는 취소소송, 무효등확인소송, 의무이행소송이 있다.
④ 처분등을 취소하는 확정판결은 당해 소송당사자뿐만 아니라, 제3자에 대하여도 효력이 미친다.

해설

① (X) 취소소송은 처분등의 취소를 구할 **법률상 이익이 있는 자**가 제기할 수 있다(행정소송법 제12조).
② (X) 항고소송에서는 다른 법률에 특별한 규정이 없는 한 그 처분 등을 행한 **행정청을 피고로 한다**(행정소송법 제13조 제1항).
③ (X) 행정심판법에서 의무이행심판을 인정하고 있는 것과는 달리 **행정소송법에서는 의무이행소송에 관한 명문규정을 두고 있지 않다.**(행정소송법 제4조) 학설대립이 있으나 다수설과 판례는 의무이행소송을 부정한다.
④ (O) 이를 대세효 또는 취소판결의 제3자효라고 한다(행정소송법 제29조 제1항).

> **행정소송법 제29조(취소판결등의 효력)** ① 처분등을 취소하는 확정판결은 제3자에 대하여도 효력이 있다.

정답 ④

173 「행정소송법」상 취소소송에 대한 설명으로 옳지 않은 것은? (다툼이 있는 경우 판례에 의함)

22국가9급행정법

① 대한민국에서 출생하여 오랜 기간 대한민국 국적을 보유하면서 거주한 재외동포는 사증발급 거부처분의 취소를 구할 법률상 이익이 있다.
② 국민권익위원회가 소방청장에게 일정한 의무를 부과하는 내용의 조치요구를 한 경우 소방청장은 조치요구의 취소를 구할 당사자능력 및 원고적격이 인정되지 않는다.
③ 임용지원자가 특별채용 대상자로서 자격을 갖추고 있고 유사한 지위에 있는 자에 대하여 정규교사로 특별채용한 전례가 있다 하더라도, 교사로의 특별채용을 요구할 법규상 또는 조리상의 권리가 있다고 할 수 없다.
④ 피해자의 의사와 무관하게 주민등록번호가 유출된 경우, 조리상 주민등록번호의 변경을 요구할 신청권을 인정함이 타당하다.

해설

① (O) 국적법상 귀화불허가처분이나 출입국관리법상 체류자격변경 불허가처분, 강제퇴거명령 등을 다투는 외국인은 대한민국에 적법하게 입국하여 상당한 기간을 체류한 사람이므로, 이미 대한민국과의 실질적 관련성 내지 대한민국에서 법적으로 보호가치 있는 이해관계를 형성한 경우이어서 해당 처분의 취소를 구할 법률상 이익이 인정된다.(대판 2014두425060)
② (X) 국민권익위원회가 소방청장에게 인사와 관련하여 부당한 지시를 한 사실이 인정된다며 이를 취소할 것을 요구하기로 의결하고 그 내용을 통지하자 소방청장이 국민권익위원회 조치요구의 취소를 구하는 소송을 제기한 사안에서, 처분성이 인정되는 **국민권익위원회의 조치요구에 불복하고자 하는 소방청장으로서는 조치요구의 취소를 구하는 항고소송을 제기하는 것이 유효·적절한 수단으로 볼 수 있으므로 소방청장이 예외적으로 당사자능력과 원고적격을 가진다.**(대판 2014두35379)
③ (O) 경기도의 각 초등학교 병설유치원에 임시강사로 채용되어 3년 이상 근무하여 온 자들로서 정교사 자격증을 가지고 있어 교육공무원법 제12조 및 교육공무원임용령 제9조의2 제2호의 규정에 의한 특별채용 대상자로서의 자격을 갖추고 있고, 원고 등과 유사한 지위에 있는 전임강사에 대하여는 피고가 정규교사로 특별채용한 전례가 있다 하더라도 그러한 사정만으로 임용지원자에 불과한 원고 등에게 피고에 대하여 교사로의 특별채용을 요구할 법규상 또는 조리상의 권리가 있다고 할 수는 없다.(대판 2004두11626)
④ (O) 피해자의 의사와 무관하게 주민등록번호가 유출된 경우에는 조리상 주민등록번호의 변경을 요구할 신청권을 인정함이 타당하고, 구청장의 주민등록번호 변경신청 거부행위는 항고소송의 대상이 되는 행정처분에 해당한다.(대판 2013두2945)

정답 ②

174 판례상 항고소송의 원고적격이 인정되는 경우만을 모두 고르면? 21 국가9급행정법

> ㄱ. 중국 국적자인 외국인이 사증발급 거부처분의 취소를 구하는 경우
> ㄴ. 소방청장이 처분성이 인정되는 국민권익위원회의 조치요구에 불복하여 조치요구의 취소를 구하는 경우
> ㄷ. 지방법무사회가 법무사의 사무원 채용승인 신청을 거부하여 사무원이 될 수 없게 된 자가 지방법무사회를 상대로 거부처분의 취소를 구하는 경우
> ㄹ. 개발제한구역 중 일부 취락을 개발제한구역에서 해제하는 내용의 도시관리계획변경 결정에 대하여 개발제한구역 해제대상에서 누락된 토지의 소유자가 위 결정의 취소를 구하는 경우

① ㄱ, ㄴ   ② ㄴ, ㄷ   ③ ㄷ, ㄹ   ④ ㄱ, ㄷ, ㄹ

해설

㉠ (X) 사증발급의 법적 성질, 출입국관리법의 입법 목적, 사증발급 신청인의 대한민국과의 실질적 관련성, 상호주의원칙 등을 고려하면, 우리 출입국관리법의 해석상 외국인에게는 사증발급 거부처분의 취소를 구할 법률상 이익이 인정되지 않는다.(대판 2014두42506)

※ (주의판례 - 체류외국인) 출입국관리법상 체류자격변경 불허가처분, 강제퇴거명령 등을 다투는 외국인은 대한민국에 적법하게 입국하여 상당한 기간을 체류한 사람이므로, 이미 대한민국과의 실질적 관련성 내지 대한민국에서 법적으로 보호가치 있는 이해관계를 형성한 경우이어서, 해당 처분의 취소를 구할 법률상 이익이 인정된다고 보아야 한다. (대판 2014두42506)

※ (주의판례 - 외국국적 재외동포) 원고(스티브 승준 유)는 대한민국에서 출생하여 오랜 기간 대한민국 국적을 보유하면서 거주한 사람이므로 이미 대한민국과 실질적 관련성이 있거나 대한민국에서 법적으로 보호가치 있는 이해관계를 형성하였다고 볼 수 있다. 또한 재외동포의 대한민국 출입국과 대한민국 안에서의 법적 지위를 보장함을 목적으로「재외동포의 출입국과 법적 지위에 관한 법률」이 특별히 제정되어 시행 중이다. 따라서 원고는 이 사건 사증발급 거부처분의 취소를 구할 법률상 이익이 인정된다. (대판 2017두38874)

㉡ (O) 국민권익위원회가 소방청장에게 인사와 관련하여 부당한 지시를 한 사실이 인정된다며 이를 취소할 것을 요구하기로 의결하고 그 내용을 통지하자 소방청장이 국민권익위원회 조치요구의 취소를 구하는 소송을 제기한 사안에서, 처분성이 인정되는 국민권익위원회의 조치요구에 불복하고자 하는 소방청장으로서는 조치요구의 취소를 구하는 항고소송을 제기하는 것이 유효·적절한 수단으로 볼 수 있으므로 소방청장이 예외적으로 당사자능력과 원고적격을 가진다. (대판 2014두35379)

㉢ (O) 법무사규칙 제37조 제4항이 이의신청 절차를 규정한 것은 채용승인을 신청한 법무사뿐만 아니라 사무원이 되려는 사람의 이익도 보호하려는 취지로 볼 수 있다. 따라서 지방법무사회의 사무원 채용승인 거부처분 또는 채용승인 취소처분에 대해서는 처분 상대방인 법무사뿐만 아니라 그 때문에 사무원이 될 수 없게 된 사람도 이를 다툴 원고적격이 인정되어야 한다. (대판 2015다34444)

㉣ (X) 개발제한구역 중 일부 취락을 개발제한구역에서 해제하는 내용의 도시관리계획변경결정에 대하여, 개발제한구역 해제대상에서 누락된 토지의 소유자는 위 결정의 취소를 구할 법률상 이익이 없다.(대판 2007두10242)

정답 ②

175 항고소송의 피고에 관한 설명으로 옳지 않은 것은? (다툼이 있으면 판례에 따름) 행정법기출변형

① 처분이 있은 뒤에 그 처분에 관계되는 권한이 다른 행정청에 승계된 때에는 이를 승계한 행정청을 피고로 한다.
② 공정거래위원회의 처분에 대한 항고소송의 피고는 공정거래위원회가 된다.
③ 조례에 대한 무효확인소송의 경우 해당 지방의회의 의장이 피고가 된다.
④ 원고가 피고를 잘못 지정한 때에는 법원은 원고의 신청에 의하여 결정으로써 피고의 경정을 허가할 수 있다.

해설

② (O) 합의제 행정청이 처분청인 경우에는 '합의제 행정청'이 피고가 된다(저작권심의조정위원회, 중앙토지수용위원회, 감사원 등 → 위원장이 아니라 위원회). 다만, 노동위원회법에서 중앙노동위원회의 처분에 대한 소송의 피고를 중앙노동위원회위원장으로 규정하는 것처럼 법률에서 특별히 합의제 행정청의 장을 피고로 하도록 규정한 경우가 있다.
③ (X) 조례에 대한 무효확인소송을 제기함에 있어서 피고적격이 있는 처분등을 행한 행정청은, 행정주체인 지방자치단체 또는 지방자치단체의 내부적 의결기관으로서 지방자치단체의 의사를 외부에 표시할 권한이 없는 지방의회가 아니라, 지방자치단체의 집행기관으로서 조례로서의 효력을 발생시키는 공포권이 있는 지방자치단체의 장이다.(대판 95누8003)

정답 ③

---

176 행정법관계에 대한 설명으로 옳지 않은 것은? (다툼이 있는 경우 판례에 의함) 22국가9급행정법

① 군인연금법령상 급여를 받으려고 하는 사람이 국방부장관에게 급여지급을 청구하였으나 거부된 경우, 곧바로 국가를 상대로 한 당사자소송으로 급여의 지급을 청구할 수 있다.
② 법무사가 사무원을 채용할 때 소속 지방법무사회로부터 승인을 받아야 할 의무는 공법상 의무이다.
③ 사무처리의 긴급성으로 인하여 해양경찰의 직접적인 지휘를 받아 보조로 방제작업을 한 경우, 사인은 그 사무를 처리하며 지출한 필요비 내지 유익비의 상환을 국가에 대하여 민사소송으로 청구할 수 있다.
④ 「공익사업을 위한 토지 등의 취득 및 보상에 관한 법률」상 환매권의 존부에 관한 확인을 구하는 소송 및 환매금액의 증감을 구하는 소송은 민사소송이다.

해설

① (X) 구 군인연금법령상 급여를 받으려고 하는 사람이 관계 법령에 따라 국방부장관 등에게 급여지급을 청구하였으나 국방부장관 등이 이를 거부하거나 일부 금액만 인정하는 급여지급결정을 하는 경우, 그 결정을 대상으로 항고소송을 제기하는 등으로 구체적 권리를 인정받지 않은 상태에서 곧바로 국가를 상대로 한 당사자소송으로 급여의 지급을 소구할 수 없다.(대판 2019두45944)

② (O) 법무사가 사무원을 채용할 때 소속 지방법무사회로부터 승인을 받아야 할 의무는 공법상 의무이므로 채용승인을 취소한 경우, 그 때문에 사무원이 될 수 없게 된 사람은 항고소송을 제기할 원고적격이 인정된다(대판 2015다34444).
③ (O) (대판 2012다15602).
④ (O) (대판 2010두22368).

정답 ①

177 판례에 의할 때 항고소송의 대상인 것을 모두 고른 것은?

행정법기출변형

ㄱ. 어업권면허에 선행하는 우선순위결정
ㄴ. 농지법상 이행강제금 부과처분
ㄷ. 구 「청소년보호법」상 청소년유해매체물 결정 및 고시처분
ㄹ. 두밀분교를 폐교하는 경기도의 조례

① ㄱ, ㄴ   ② ㄱ, ㄷ   ③ ㄴ, ㄷ   ④ ㄷ, ㄹ

해설

ㄱ. (X) 어업권면허에 선행하는 우선순위결정은 행정청이 우선권자로 결정된 자의 신청이 있으면 어업권면허처분을 하겠다는 것을 약속하는 행위로서 **강학상 확약에 불과하고 행정처분은 아니므로**, 우선순위결정에 공정력이나 불가쟁력과 같은 효력은 인정되지 아니한다.(대법원 94누6529)
ㄴ. (X) 이행강제금 부과처분은 원칙적으로 항고소송의 대상이 되는 행정처분이라 할 수 있으나, 농지법상 이행강제금 부과처분은 법에서 별도의 불복수단을 규정하고 있기 때문에 항고소송의 대상이 되지 아니한다.
ㄷ. (O)
ㄹ. (O) 일반적·추상적인 법령 또는 예규·계획 등은 그 규율대상이 제한되어 있다 하더라도 원칙적으로 항고소송의 대상이 되지 못하고 그에 기한 구체적인 처분이 있어야 비로소 그 처분이 항고소송의 대상이 된다. 다만, **두밀분교폐지 조례 사건에서** 판례는 법령·조례·고시 등이 구체적 집행행위의 개입 없이 그 자체로서 직접 국민에 대하여 구체적 효과를 발생하여 특정한 권리의무를 형성하게 하는 경우에는 **항고소송의 대상이 된다고 판시**하였다.(대판 95누8003)

 ④

178 행정소송법상 항고소송의 제소기간에 대한 설명으로 가장 적절한 것은? (다툼이 있는 경우 판례에 의함)

20경행 행정법

① 취소소송은 처분 등이 있음을 안 날부터 90일 이내에 제기하여야 하는데, 행정심판청구를 할 수 있는 경우에 행정심판청구가 있은 때의 기간은 재결서의 정본을 송달받은 날부터 기산하며, 여기서 말하는 '행정심판'은 행정심판법에 따른 일반행정심판만을 의미한다.
② 처분이 있음을 안 날부터 90일을 넘겨 청구한 부적법한 행정심판청구에 대한 재결이 있은 후 재결서를 송달받은 날부터 90일 이내에 원래의 처분에 대하여 취소소송을 제기하면 취소소송은 제소기간을 준수한 것으로 본다.
③ 무효등확인소송의 경우에도 취소소송과 같이 제소기간에 제한이 있다.
④ 처분 당시에는 취소소송의 제기가 법제상 허용되지 않아 소송을 제기할 수 없다가 위헌결정으로 인하여 비로소 취소소송을 제기할 수 있게 된 경우에는 객관적으로는 '위헌결정이 있은 날', 주관적으로는 '위헌결정이 있음을 안 날' 비로소 취소소송을 제기할 수 있게 되어 이때를 제소기간의 기산점으로 삼아야 한다.

해설

① (X) 취소소송은 처분 등이 있음을 안 날부터 90일 이내에 제기하여야 하는데, 행정심판청구를 할 수 있는 경우에 행정심판청구가 있은 때의 기간은 재결서의 정본을 송달받은 날부터 기산하며, 여기서 말하는 **'행정심판'에는 행정심판법에 따른 일반행정심판과 다른 법률에서 특별히 규정한 특별행정심판이 포함된다**.
② (X) 행정처분이 있음을 알고 처분에 대하여 곧바로 취소소송을 제기하는 방법을 선택한 때에는 처분이 있음을 안 날부터 90일 이내에 취소소송을 제기하여야 하고, 행정심판을 청구하는 방법을 선택한 때에는 처분이 있음을 안 날부터 90일 이내에 행정심판을 청구하고 행정심판의 재결서를 송달받은 날부터 90일 이내에 취소소송을 제기하여야 한다. 따라서 처분이 있음을 안 날부터 90일 이내에 행정심판을 청구하지도 않고 취소소송을 제기하지도 않은 경우에는 그 후 제기된 취소소송은 제소기간을 경과한 것으로서 부적법하고, **처분이 있음을 안 날부터 90일을 넘겨 청구한 부적법한 행정심판청구에 대한 재결이 있은 후 재결서를 송달받은 날부터 90일 이내에 원래의 처분에 대하여 취소소송을 제기하였다고 하여 취소소송이 다시 제소기간을 준수한 것으로 되는 것은 아니다**(대법원 2011두18786).
③ (X) 취소소송에 관한 제소기간에 관한 규정(법 제20조)을 무효등확인소송에서는 준용하고 있지 않다. 따라서, **무효등확인소송은 제소기간의 제한이 없다**.
④ (O) (대법원 2007두20997).

정답 ④

179 「행정소송법」에 따른 집행정지에 대한 설명으로 옳지 않은 것은? (다툼이 있는 경우 판례에 의함)

21지방9급행정법

① 처분의 효력정지결정을 하려면 그 효력정지를 구하는 당해 행정처분에 대한 본안소송이 법원에 제기되어 계속중임을 요건으로 한다.
② 거부처분의 효력정지는 그 거부처분으로 인하여 신청인에게 생길 손해를 방지하는 데 필요하므로 신청인에게는 그 효력정지를 구할 이익이 있다.
③ 처분의 효력정지는 처분의 집행 또는 절차의 속행을 정지함으로써 목적을 달성할 수 있는 경우에는 허용되지 아니한다.
④ 신청인의 본안청구의 이유 없음이 명백할 때는 집행정지가 인정되지 않는다.

> **해설**
>
> ② (X) 신청에 대한 거부처분의 효력을 정지하더라도 거부처분이 없었던 것과 같은 상태 즉 거부처분이 있기 전의 신청시의 상태로 되돌아가는 데에 불과하고 행정청에게 신청에 따른 처분을 하여야 할 의무가 생기는 것이 아니므로, **거부처분의 효력정지는** 그 거부처분으로 인하여 신청인에게 생길 손해를 방지하는 데에 아무런 소용이 없어 **그 효력정지를 구할 이익이 없다.**(대판 91두47) → 거부처분취소소송에 있어서는 예외적 집행정지 제도가 적용되지 아니한다.
>
> **정답** ②

180 행정소송법상 집행정지에 관한 설명으로 옳지 않은 것은?

행정법기출변형

① 집행정지는 공공복리에 중대한 영향을 미칠 우려가 있을 때에는 허용되지 아니한다.
② 집행정지신청이 인용되려면 취소소송이 제기된 경우에 처분 등이나 그 집행 또는 절차의 속행으로 인하여 생길 중대한 손해를 예방하기 위한 경우이어야 한다.
③ 집행정지의 결정을 신청함에 있어서는 그 이유에 대한 소명이 있어야 한다.
④ 처분의 효력정지는 처분 등의 집행 또는 절차의 속행을 정지함으로써 목적을 달성할 수 있는 경우에는 허용되지 아니한다.

> **해설**
>
> ② 「행정심판법」상 '중대한 손해가 생기는 것을 예방'하기 위한 것과는 달리, 「행정소송법」은 '회복하기 어려운 손해를 예방'하기 위한 경우로 규정하고 있다.
>
> 행정소송법 제23조(집행정지) ① 취소소송의 제기는 처분등의 효력이나 그 집행 또는 절차의 속행에 영향을 주지 아니한다.
> ② 취소소송이 제기된 경우에 처분등이나 그 집행 또는 절차의 속행으로 인하여 생길 **회복하기 어려운 손해를 예방하기 위하여** 긴급한 필요가 있다고 인정할 때에는 본안이 계속되고 있는 법원은 당사자의 신청 또는 직권에 의하여 처분등의 효력이나 그 집행 또는 절차의 속행의 전부 또는 일부의 정지를 결정할 수 있다. 다만, 처분의 효력정지는 처분등의 집행 또는 절차의 속행을 정지함으로써 목적을 달성할 수 있는 경우에는 허용되지 아니한다.

③ 집행정지는 공공복리에 중대한 영향을 미칠 우려가 있을 때에는 허용되지 아니한다.
④ 제2항의 규정에 의한 집행정지의 결정을 신청함에 있어서는 그 이유에 대한 소명이 있어야 한다.
⑤ 제2항의 규정에 의한 집행정지의 결정 또는 기각의 결정에 대하여는 즉시항고할 수 있다. 이 경우 집행정지의 결정에 대한 즉시항고에는 결정의 집행을 정지하는 효력이 없다.
⑥ 제30조 제1항의 규정(취소판결의 기속력)은 제2항의 규정에 의한 집행정지의 결정에 이를 준용한다.

행정심판법 제30조(집행정지) ② 위원회는 처분, 처분의 집행 또는 절차의 속행 때문에 <u>중대한 손해가 생기는 것을 예방할</u> 필요성이 긴급하다고 인정할 때에는 직권으로 또는 당사자의 신청에 의하여 처분의 효력, 처분의 집행 또는 절차의 속행의 전부 또는 일부의 정지를 결정할 수 있다. 다만, 처분의 효력정지는 처분의 집행 또는 절차의 속행을 정지함으로써 그 목적을 달성할 수 있을 때에는 허용되지 아니한다.

정답 ②

---

181 「행정심판법」상 행정심판에 대한 설명으로 옳지 <u>않은</u> 것은? (다툼이 있는 경우 판례에 의함)

21지방9급행정법

① 심판청구기간의 기산점인 '처분이 있음을 안 날'이라 함은 당사자가 통지·공고 기타의 방법에 의하여 당해 처분이 있었다는 사실을 현실적으로 안 날을 의미한다.
② 행정청의 부작위에 대한 의무이행심판은 심판청구기간 규정의 적용을 받지 않고, 사정재결이 인정되지 아니한다.
③ 심판청구에 대한 재결이 있으면 그 재결 및 같은 처분 또는 부작위에 대하여 다시 행정심판을 청구할 수 없다.
④ 재결이 확정된 경우에도 처분의 기초가 된 사실관계나 법률적 판단이 확정되고 당사자들이나 법원이 이에 기속되어 모순되는 주장이나 판단을 할 수 없게 되는 것은 아니다.

해설

① (O) 심판청구기간의 기산점인 행정심판법 제18조(현 제27조) 제1항 소정의 '처분이 있음을 안 날'이라 함은 당사자가 통지·공고 기타의 방법에 의하여 당해 처분이 있었다는 사실을 현실적으로 안 날을 의미하고, 추상적으로 알 수 있었던 날을 의미하는 것은 아니다. (대판 2002두3850)
② (X) 행정청의 부작위에 대한 의무이행심판은 심판청구기간 규정의 적용을 받지 않고(거부처분에 대한 의무이행심판은 청구기간 규정 적용받음), <u>사정재결은 인정된다</u>(사정재결은 무효등확인심판에만 인정되지 않음. 당연무효이므로).

정답 ②

182 사정판결에 대한 설명으로 옳지 않은 것은? (다툼이 있는 경우 판례에 의함) 21지방9급행정법

① 사정판결은 본안심리 결과 원고의 청구가 이유 있다고 인정됨에도 불구하고 처분을 취소하는 것이 현저히 공공복리에 적합하지 아니하다고 인정하는 때 원고의 청구를 기각하는 판결을 말한다.
② 사정판결은 항고소송 중 취소소송 및 무효등확인소송에서 인정되는 판결의 종류이다.
③ 법원이 사정판결을 함에 있어서는 미리 원고가 그로 인하여 입게 될 손해의 정도와 배상방법 그 밖의 사정을 조사하여야 한다.
④ 원고는 피고인 행정청이 속하는 국가 또는 공공단체를 상대로 손해배상, 제해시설의 설치 그 밖에 적당한 구제방법의 청구를 당해 취소소송등이 계속된 법원에 병합하여 제기할 수 있다.

> **해설**
> ② 사정판결은 **무효등확인소송에는 준용하지 아니한다.**(위법함에도 청구를 기각하는 사정판결은 당연무효에는 적용될 여지가 없음 : 당연무효인 처분을 유지시켜 줄 수는 없으므로)
>
> **정답** ②

제7절 개별 경찰작용법령(경찰관직무집행법 등)

183 「경찰관 직무집행법」 제2조 규정에서 경찰공무원의 직무범위에 대한 다음 설명 중 가장 옳지 않은 것은?

13경간변형

① "교통의 단속과 위해의 방지" 업무는 교통안전을 위한 업무이다.
② "그 밖에 공공의 안녕과 질서유지"는 일반적 수권조항이라는 것에 판례와 학설이 상호 일치하고 있지는 않다.
③ 제2조에서는 "경비, 주요 인사 경호 및 대간첩 작전 수행"을 직무범위에 포함하고 있으나 "대테러 작전 수행"은 직무범위에 포함하고 있지 않다.
④ "공공안녕에 대한 위험의 예방과 대응을 위한 정보의 수집·작성 및 배포"를 직무범위로 규정하고 있다.

해설
③ "대테러 작전 수행" 역시 경직법 제2조에서 직무범위로 명시하고 있다.(3호 – 경비, 주요 인사 경호 및 대간첩·대테러 작전 수행)

정답 ③

184 「경찰관 직무집행법」에 대한 설명으로 가장 적절하지 않은 것은?

20승진

① 동법에 규정된 경찰관의 직권은 그 직무 수행에 필요한 최소한도에서 행사되어야 하며 남용되어서는 아니 된다.
② 제2조 직무 범위에서는 범죄피해자 보호도 경찰의 직무로 규정하고 있다.
③ 경찰관은 수상한 행동이나 그 밖의 주위 사정을 합리적으로 판단하여 볼 때 어떠한 죄를 범하였거나 범하려 하고 있다고 의심할 만한 상당한 이유가 있는 사람을 정지시켜 질문할 수 있다.
④ 최근 「경찰관 직무집행법」 개정(2019. 6. 25. 시행)을 통해 불심검문 시 제복을 착용한 경찰관의 신분증명을 면제하는 규정이 신설되었다.

해설
④ 우리 「경찰관 직무집행법」은 주민등록법이나 외국의 입법례와 달리 제복을 착용한 경찰관의 신분증명을 면제하는 규정이 없다.

정답 ④

185 「경찰관 직무집행법」에 관한 다음 설명 중 옳지 않은 것은 모두 몇 개인가?   14순경2차변형

> ㉠ 「경찰관 직무집행법」은 국민의 자유와 권리 및 모든 개인이 가지는 불가침의 기본적 인권을 보호하고 사회공공의 질서를 유지하기 위한 경찰관(경찰공무원만 해당)의 직무 수행에 필요한 사항을 규정함을 목적으로 한다.
> ㉡ 제2조 제3호에는 경비, 주요 인사 경호 및 대간첩·대테러 작전 수행을 직무범위로 규정하고 있다.
> ㉢ 경찰공무원은 직무수행을 위하여 필요하면 무기를 휴대할 수 있다고 규정하고 있다.
> ㉣ 경찰관서의 장은 대간첩 작전의 수행이나 소요 사태의 진압을 위하여 필요하다고 인정되는 상당한 이유가 있을 때에는 대간첩 작전지역이나 경찰관서·무기고 등 국가중요시설에 대한 접근 또는 통행을 제한하거나 금지하여야 한다.
> ㉤ 이 법에 규정된 경찰관의 직권은 그 직무 수행에 필요한 최소한도에서 행사되어야 하며 남용되어서는 아니 된다는 비례의 원칙을 규정하고 있다.

① 1개　　　② 2개　　　③ 3개　　　④ 4개

해설

㉢ "경찰공무원은 직무 수행을 위하여 필요하면 무기를 휴대할 수 있다."고 규정하여 무기휴대의 근거가 되는 것은 **경찰공무원법**이다. → 무기휴대 근거법은 경찰공무원법, 무기사용 근거법은 경직법
㉣ 경찰관서의 장은 대간첩 작전의 수행이나 소요(騷擾) 사태의 진압을 위하여 필요하다고 인정되는 상당한 이유가 있을 때에는 대간첩 작전지역이나 경찰관서·무기고 등 국가중요시설에 대한 접근 또는 통행을 **제한하거나 금지할 수 있다**(제5조②).

정답 ②

---

186 '경찰관 직무집행법'에 대한 다음의 설명 중 틀린 것은 모두 몇 개인가?   15경간

> 가. 경찰청장 또는 해양경찰청장은 이 법에 따른 경찰관의 직무수행을 위하여 외국 정부기관, 국제기구 등과 자료 교환, 국제협력 활동 등을 하여야 한다.
> 나. 경찰관 직무집행법 제1조는 경찰의 민주적인 관리·운영과 효율적인 임무수행을 위하여 경찰의 기본조직 및 직무 범위와 그 밖에 필요한 사항을 규정함을 목적으로 한다고 명시하고 있다.
> 다. 경찰청장은 위해성 경찰장비를 새로 도입하려는 경우 안전성 검사를 실시하여 그 안전성 검사의 결과보고서를 국회의장에게 제출하여야 한다.
> 라. 경찰관의 직권은 그 직무 수행에 필요한 최소한도에서 행사되어야 하며 남용되어서는 안 된다.

① 1개　　　② 2개　　　③ 3개　　　④ 4개

해설

가. 경찰청장 또는 해양경찰청장은 이 법에 따른 경찰관의 직무수행을 위하여 외국 정부기관, 국제기구 등과 자료 교환, 국제협력 활동 등을 <u>할 수 있다</u>.

나. <u>경찰관 직무집행법 제1조</u> – 이 법은 국민의 자유와 권리 및 모든 개인이 가지는 불가침의 기본적 인권을 보호하고 사회공공의 질서를 유지하기 위한 <u>경찰관</u>(경찰공무원만 해당한다. 이하 같다)<u>의 직무 수행에 필요한 사항을 규정함을 목적으로</u> 한다.

※ <u>국자법 제1조</u> – 이 법은 경찰의 민주적인 관리·운영과 효율적인 임무수행을 위하여 <u>경찰의 기본조직 및 직무 범위와 그 밖에 필요한 사항을 규정함을 목적으로</u> 한다.

다. 경찰청장은 위해성 경찰장비를 새로 도입하려는 경우에는 대통령령으로 정하는 바에 따라 안전성 검사를 실시하여 그 안전성 검사의 결과보고서를 <u>국회 소관 상임위원회에 제출하여야</u> 한다. 이 경우 안전성 검사에는 외부 전문가를 참여시켜야 한다.(제10조⑤)

라. ○

정답 ③

---

187 「경찰관 직무집행법」에 대한 내용으로 옳지 <u>않은</u> 것은 모두 몇 개인가?   20순경1차

㉠ 일반적 수권조항의 존재를 부정하는 학자들에 따르면 경찰관 직무집행법 제2조 제7호는 경찰의 직무범위만을 정한 것으로서 본질적으로 조직법적 성질의 규정에 해당한다고 주장한다.

㉡ 경찰관은 수상한 행동이나 그 밖의 주위 사정을 합리적으로 판단해 볼 때 보호조치대상자에 해당하는 것이 명백하고 응급구호가 필요하다고 믿을 만한 상당한 이유가 있는 사람을 발견하였을 때에는 보건의료기관이나 공공구호기관에 긴급구호를 요청하거나 경찰관서에 보호하는 등 적절한 조치를 하여야 한다.

㉢ 구호대상자를 경찰관서에서 보호하는 기간은 24시간을 초과할 수 없고, 물건을 경찰관서에 임시로 영치하는 기간은 10일을 초과할 수 없다.

㉣ 경찰관은 '현행범이나 사형·무기 또는 장기 3년 이상의 징역이나 금고에 해당하는 죄를 범한 범인의 체포 또는 도주 방지', '자신이나 다른 사람의 생명·신체 및 재산의 보호', '공무집행에 대한 항거 제지'의 직무를 수행하기 위하여 필요하다고 인정되는 상당한 이유가 있을 때에는 그 사태를 합리적으로 판단하여 필요한 한도 내에서 경찰장구를 사용할 수 있다.

㉤ 경찰청장 또는 시·도경찰청장은 손실보상심의위원회의 심의 의결에 따라 보상금을 지급하고, 거짓 또는 부정한 방법으로 보상금을 받은 사람에 대하여는 해당 보상금을 환수할 수 있다.

① 1개　　② 2개　　③ 3개　　④ 4개

해설

㉠ O

㉡ 경찰관은 수상한 행동이나 그 밖의 주위 사정을 합리적으로 판단해 볼 때 보호조치대상자에 해당하는 것이 명백하고 응급구호가 필요하다고 믿을 만한 상당한 이유가 있는 사람을 발견하였을 때에는 보건의료 기관이나 공공구호기관에 긴급구호를 요청하거나 경찰관서에 보호하는 등 **적절한 조치를 할 수 있다**(제4조①).

㉢ O

㉣ 경찰관은 '현행범이나 사형·무기 또는 장기 3년 이상의 징역이나 금고에 해당하는 죄를 범한 범인의 체포 또는 도주 방지', '자신이나 다른 사람의 **생명·신체의 방어 및 보호**', '공무집행에 대한 항거 제지'의 직무를 수행하기 위하여 필요하다고 인정되는 상당한 이유가 있을 때에는 그 사태를 합리적으로 판단하여 필요한 한도 내에서 경찰장구를 사용할 수 있다(제10조의2①).

㉤ 경찰청장 또는 시·도경찰청장은 손실보상심의위원회의 심의·의결에 따라 보상금을 지급하고, 거짓 또는 부정한 방법으로 보상금을 받은 사람에 대하여는 해당 보상금을 **환수하여야 한다**(제11조의2④).

정답 ③

---

188 「경찰관 직무집행법」에 대한 설명 중 옳지 않은 것을 모두 고른 것은?

19경채

㉠ 경찰관은 이미 행하여진 범죄나 행하여지려고 하는 범죄행위에 관한 사실을 안다고 인정되는 사람을 정지시켜 질문할 수 있다.

㉡ 경찰관은 불심검문을 할 때 그 사람이 흉기를 가지고 있는지 조사할 수 있고, 휴대하고 있는 흉기가 위험을 일으킬 수 있는 것으로 인정되면 10일을 초과하지 않는 기간 안에 경찰관서에 임시로 영치할 수 있다.

㉢ 경찰관이 구호대상자를 경찰관서에 보호하는 경우 보호 기간은 12시간을 초과할 수 없다.

㉣ 경찰관은 보호조치를 한 경우 지체 없이 가족, 친지 등에게 그 사실을 알려야 한다.

㉤ 경찰관이 범죄예방을 위해 음식점에 출입하겠다고 요구하는 경우, 음식점이 영업시간이라면 음식점 주인은 정당한 이유 없이 그 요구를 거절할 수 없다.

㉥ 경찰관은 직무 수행에 필요하다고 인정되는 상당한 이유가 있을 때에는 국가기관이나 공사(公私) 단체 등에 직무 수행에 관련된 사실을 조회할 수 있다.

① ㉠㉡㉢ ② ㉡㉣㉤ ③ ㉡㉢㉥ ④ ㉢㉤㉥

해설

㉡ 임시영치는 불심검문이 아니라 **보호조치를 함에 있어서 사용가능**한 수단이다.

㉢ 구호대상자를 경찰관서에서 보호하는 기간은 **24시간을** 초과할 수 없다.

㉥ **경찰관서의 장은** 직무 수행에 필요하다고 인정되는 상당한 이유가 있을 때에는 국가기관이나 공사(公私) 단체 등에 직무 수행에 관련된 사실을 조회할 수 있다. 다만, 긴급한 경우에는 소속 경찰관으로 하여금 현장에 나가 해당 기관 또는 단체의 장의 협조를 받아 그 사실을 확인하게 할 수 있다.

정답 ③

189 「경찰관 직무집행법」상 불심검문에 대한 설명 중 가장 적절하지 <u>않은</u> 것은? 13순경2차, 15승진

① 경찰관은 수상한 거동 기타 주위의 사정을 합리적으로 판단하여 어떠한 죄를 범하였거나 범하려 하고 있다고 의심할 만한 상당한 이유가 있는 자 또는 이미 행하여진 범죄나 행하여지려고 하는 범죄행위에 관하여 그 사실을 안다고 인정되는 자를 정지시켜 질문할 수 있다.

② 그 장소에서 위 ①번의 질문을 하는 것이 당해인에게 불리하거나 교통의 방해가 된다고 인정되는 때에는 질문하기 위하여 부근의 경찰서·지구대·파출소 또는 출장소(지방해양경찰관서를 포함한다)에 동행할 것을 요구할 수 있다. 이 경우 당해인은 경찰관의 동행요구를 거절할 수 없다.

③ 경찰관은 위 ①번에 규정된 자에 대하여 질문을 할 때에 흉기의 소지여부를 조사할 수 있다.

④ 위 ①번의 경우에 당해인은 형사소송에 관한 법률에 의하지 아니하고는 신체를 구속당하지 아니하며, 그 의사에 반하여 답변을 강요당하지 아니한다.

해설

② 이 경우 당해인은 경찰관의 동행요구를 <u>거절할 수 있다</u>(제3조②).

정답 ②

190 「경찰관 직무집행법」상 불심검문에 대한 설명으로 가장 적절한 것은? 19순경1차

① 경찰관은 상대방의 신원확인이 불가능하거나 교통에 방해된다고 인정될 때에는 임의동행을 요구할 수 있다.

② 경찰관은 임의동행한 사람의 가족이나 친지 등에게 동행한 경찰관의 신분, 동행 장소, 동행 목적과 이유를 알리거나 본인으로 하여금 즉시 연락할 수 있는 기회를 주어야 하며, 변호인의 도움을 받을 권리가 있음을 알려야 한다.

③ 경찰관은 질문을 하거나 임의동행을 요구할 경우 자신의 신분을 표시하는 증표를 제시하면서 소속과 성명을 밝혀야 한다. 이때 증표는 경찰공무원증뿐만 아니라 흉장도 포함된다.

④ 경찰관이 불심검문 시 흉기조사뿐 아니라, 흉기 이외의 일반소지품 조사도 할 수 있다고 규정하고 있다.

해설

① 경찰관은 불심검문 대상자를 정지시킨 장소에서 질문을 하는 것이 <u>그 사람에게 불리하거나</u> 교통에 방해가 된다고 인정될 때에는 질문을 하기 위하여 가까운 경찰관서로 동행할 것을 요구할 수 있다.(제3조②)

② O

③ 경찰관은 질문을 하거나 동행을 요구할 경우 자신의 신분을 표시하는 증표를 제시하면서 소속과 성명을 밝히고 질문이나 동행의 목적과 이유를 설명하여야 하며, 동행을 요구하는 경우에는 동행 장소를 밝혀

야 한다. 신분을 표시하는 증표는 경찰공무원의 **공무원증으로 한다**.

④ 경찰관은 불심검문 대상자에게 질문을 할 때에 그 사람이 흉기를 가지고 있는지를 조사할 수 있다. 「경찰관 직무집행법」에서 흉기 이외의 **일반소지품 조사 규정은 두고 있지 않다**.

정답 ②

191 「경찰관 직무집행법」 제3조에 명시되어 있는 불심검문 대상자로 가장 적절하지 **않은** 것은? 16승진

① 수상한 행동이나 그 밖의 주위 사정을 합리적으로 판단하여 볼 때 어떠한 죄를 범하였다고 의심할 만한 상당한 이유가 있는 자
② 수상한 행동이나 그 밖의 주위 사정을 합리적으로 판단하여 볼 때 어떠한 죄를 범하려 하고 있다고 의심할 만한 상당한 이유가 있는 자
③ 행하여지려고 하는 범죄행위에 관하여 그 사실을 안다고 인정되는 자
④ 경찰상 위험을 야기하려고 하고 있다고 의심할 만한 상당한 이유가 있는 자

해설

④는 경직법에서 불심검문의 대상으로 규정하고 있지 않다. → **경직법은 불심검문의 대상을 범죄관련자로 한정**하고 있다.

제3조(불심검문) ① 경찰관은 다음 각 호의 어느 하나에 해당하는 사람을 정지시켜 질문할 수 있다.
  1. 수상한 행동이나 그 밖의 주위 사정을 합리적으로 판단하여 볼 때 <u>어떠한 죄를 범하였거나 범하려 하고 있다고</u> 의심할 만한 상당한 이유가 있는 사람
  2. <u>이미 행하여진 범죄나 행하여지려고 하는 범죄행위에 관한</u> 사실을 안다고 인정되는 사람

정답 ④

192 「경찰관 직무집행법」상 불심검문에 관한 다음 설명 중 가장 적절하지 **않은** 것은? 15순경2차

① 경찰관은 불심검문 시 그 장소에서 질문을 하는 것이 그 사람에게 불리하거나 교통에 방해가 된다고 인정될 때에는 질문을 하기 위하여 가까운 경찰서로 동행할 것을 요구할 수 있다. 이 경우 동행을 요구받은 사람은 그 요구를 거절할 수 있다.
② 경찰관은 질문을 하거나 동행을 요구할 경우 자신의 신분을 표시하는 증표를 제시하면서 소속과 성명을 밝히고 질문이나 동행의 목적과 이유를 설명하여야 하며, 동행을 요구하는 경우에는 동행 장소를 밝혀야 한다.
③ 질문을 받거나 동행을 요구받은 사람은 형사소송에 관한 법률에 따르지 아니하고는 신체를 구속당하지 아니하며, 그 의사에 반하여 답변을 강요당하지 아니한다.
④ 경찰관은 동행한 사람의 가족이나 친지 등에게 동행한 경찰관의 신분, 동행 장소, 동행 목적과 이유를 알리거나 본인으로 하여금 즉시 연락할 수 있는 기회를 주어야 하나, 변호인의 도움을 받을 권리가 있음을 알릴 필요는 없다.

> **[해설]**
>
> ④ 경찰관은 동행한 사람의 가족이나 친지 등에게 동행한 경찰관의 신분, 동행 장소, 동행 목적과 이유를 알리거나 본인으로 하여금 즉시 연락할 수 있는 기회를 주어야 하며, **변호인의 도움을 받을 권리가 있음을 알려야 한다.**(제3조⑤)
>
> [정답] ④

193 「경찰관 직무집행법」상 불심검문에 대한 다음 설명 중 옳지 <u>않은</u> 것은 모두 몇 개인가?   17경간

> ㉠ 경찰관은 거동불심자를 정지시켜 질문을 할 때에 그 사람이 흉기를 가지고 있는지 여부를 조사할 수 있다.
> ㉡ 경찰관은 거동불심자를 정지시켜 질문을 할 때에 미리 진술거부권이 있음을 상대방에게 고지하여야 한다.
> ㉢ 경찰관은 불심검문시 거동불심자를 정지시킨 장소에서 질문하는 것이 그 사람에게 불리하거나 교통에 방해가 된다고 인정될 때에는 질문을 하기 위하여 가까운 경찰관서로 동행할 것을 요구할 수 있다.
> ㉣ 거동불심자에 대한 동행요구시 당해인은 그 요구를 거절할 수 있으나, 이러한 내용이 「경찰관 직무집행법」에 규정되어 있는 것은 아니다.
> ㉤ 경찰관은 동행한 사람의 가족이나 친지 등에게 동행한 경찰관의 신분, 동행 장소, 동행 목적과 이유를 알리거나 본인으로 하여금 즉시 연락할 수 있는 기회를 주어야 하지만, 변호인의 도움을 받을 권리가 있음을 알릴 필요는 없다.

① 0개   ② 1개   ③ 2개   ④ 3개

> **[해설]**
>
> ㉠ O
> ㉡ 불심검문은 피의자 조사가 아니기 때문에 **진술거부권을 고지할 필요가 없다.**
> ㉢ O
> ㉣ 이 경우 **동행을 요구받은 사람은 그 요구를 거절할 수 있다.**(제3조②)
> ㉤ 경찰관은 동행한 사람의 가족이나 친지 등에게 동행한 경찰관의 신분, 동행 장소, 동행 목적과 이유를 알리거나 본인으로 하여금 즉시 연락할 수 있는 기회를 주어야 하며, **변호인의 도움을 받을 권리가 있음을 알려야 한다.**(제3조⑤)
>
> [정답] ④

194 「경찰관 직무집행법」상 불심검문에 대한 설명으로 틀린 것은 모두 몇 개인가?   15순경3차

> ㉠ 경찰관은 수상한 행동이나 그 밖의 주위 사정을 합리적으로 판단하여 볼 때 어떠한 죄를 범하였거나 범하려 하고 있다고 의심할 만한 상당한 이유가 있는 사람을 정지시켜 질문하여야 한다.
> ㉡ 경찰관은 이미 행하여진 범죄나 행하여지려고 하는 범죄행위에 관한 사실을 안다고 인정되는 사람을 정지시켜 질문할 수 있다.
> ㉢ 경찰관은 불심검문 대상자를 정지시킨 장소에서 질문을 하는 것이 그 사람에게 불리하거나 교통에 방해가 된다고 인정될 때에는 질문을 하기 위하여 가까운 경찰관서로 동행할 것을 요구할 수 있다. 이 경우 동행을 요구받은 사람은 그 요구를 거절할 수 없다.
> ㉣ 경찰관은 불심검문 대상자에게 질문을 할 때에 그 사람이 흉기를 가지고 있는지를 조사하여야 한다.

① 1개   ② 2개   ③ 3개   ④ 4개

해설

㉠ 경찰관은 수상한 행동이나 그 밖의 주위 사정을 합리적으로 판단하여 볼 때 어떠한 죄를 범하였거나 범하려 하고 있다고 의심할 만한 상당한 이유가 있는 사람을 **정지시켜 질문할 수 있다**.
㉡ O
㉢ 경찰관은 불심검문 대상자를 정지시킨 장소에서 질문을 하는 것이 그 사람에게 불리하거나 교통에 방해가 된다고 인정될 때에는 질문을 하기 위하여 가까운 경찰관서로 동행할 것을 요구할 수 있다. 이 경우 **동행을 요구받은 사람은 그 요구를 거절할 수 있다**.
㉣ 경찰관은 불심검문 대상자에게 질문을 할 때에 그 사람이 **흉기를 가지고 있는지를 조사할 수 있다**.

정답 ③

195 「경찰관 직무집행법」상 다음 (   )안에 들어갈 숫자의 합은?   15순경3차

> ㉠ 불심검문을 위하여 가까운 경찰관서로 검문대상자를 동행한 경우, 그 검문대상자로 하여금 (   )시간을 초과하여 경찰관서에 머물게 할 수 없다.
> ㉡ 경찰관은 보호조치를 하는 경우에 구호대상자가 휴대하고 있는 무기·흉기 등 위험을 일으킬 수 있는 것으로 인정되는 물건을 경찰관서에 임시로 영치하여 놓을 수 있다. 이 때 경찰관서에 임시로 영치하는 기간은 (   )일을 초과할 수 없다.
> ㉢ 손실보상을 청구할 수 있는 권리는 손실이 있음을 안 날부터 (   )년, 손실이 발생한 날로부터 5년간 행사하지 아니하면 시효의 완성으로 소멸한다.
> ㉣ 이 법에 규정된 경찰관의 의무를 위반하거나 직권을 남용하여 다른 사람에게 해를 끼친 사람은 (   )년 이하의 징역이나 금고에 처한다.

① 20   ② 21   ③ 22   ④ 23

> 해설

㉠ 불심검문을 위하여 가까운 경찰관서로 검문대상자를 동행한 경우, 그 검문대상자로 하여금 (6)시간을 초과하여 경찰관서에 머물게 할 수 없다.
㉡ 경찰관은 보호조치를 하는 경우에 구호대상자가 휴대하고 있는 무기·흉기 등 위험을 일으킬 수 있는 것으로 인정되는 물건을 경찰관서에 임시로 영치하여 놓을 수 있다. 이 때 경찰관서에 임시로 영치하는 기간은 (10)일을 초과할 수 없다.
㉢ 손실보상을 청구할 수 있는 권리는 손실이 있음을 안 날부터 (3)년, 손실이 발생한 날로부터 5년간 행사하지 아니하면 시효의 완성으로 소멸한다.
㉣ 이 법에 규정된 경찰관의 의무를 위반하거나 직권을 남용하여 다른 사람에게 해를 끼친 사람은 (1)년 이하의 징역이나 금고에 처한다.

> 정답 ①

196 「경찰관 직무집행법」에 대한 설명으로 가장 적절한 것은? 〈19승진〉

① 경찰관은 이미 행하여진 범죄나 행하여지려고 하는 범죄행위에 관한 사실을 안다고 인정되는 사람에 대하여 질문을 하는 경우 자신의 신분을 표시하는 증표를 제시하면서 소속과 성명을 밝히고 질문의 목적과 이유를 설명하여야 하며 변호인의 도움을 받을 권리가 있음을 알려야 한다.
② 경찰관은 수상한 행동이나 그 밖의 주위 사정을 합리적으로 판단해 볼 때 구호대상자에 해당함이 명백하여 응급의 구호를 요한다고 믿을 만한 상당한 이유가 있는 자를 발견한 때에는 보건의료기관이나 공공구호기관에 긴급구호를 요청하거나 경찰관서에 보호하는 등 적절한 조치를 하여야 한다.
③ 경찰관은 범죄행위가 목전에 행하여지려고 하고 있다고 인정될 때에는 이를 예방하기 위하여 관계인에게 필요한 경고를 하고 즉시 그 행위를 제지할 수 있다.
④ 경찰관은 자신이나 다른 사람의 생명 신체의 방어 및 보호를 위하여 필요하다고 인정되는 상당한 이유가 있을 때에는 그 사태를 합리적으로 판단하여 필요한 한도에서 경찰장구를 사용할 수 있다.

> 해설

① <u>변호인의 도움을 받을 권리가 있음을 알려야 하는 경우는 동행요구를 한 경우</u>이다.
② 경찰관은 수상한 행동이나 그 밖의 주위 사정을 합리적으로 판단해 볼 때 구호대상자에 해당함이 명백하여 응급의 구호를 요한다고 믿을 만한 상당한 이유가 있는 자를 발견한 때에는 보건의료기관이나 공공구호기관에 긴급구호를 요청하거나 경찰관서에 보호하는 등 **적절한 조치를 할 수 있다**.
③ 경찰관은 범죄행위가 목전(目前)에 행하여지려고 하고 있다고 인정될 때에는 이를 예방하기 위하여 관계인에게 필요한 경고를 하고, <u>그 행위로 인하여 사람의 생명·신체에 위해를 끼치거나 재산에 중대한 손해를 끼칠 우려가 있는 긴급한 경우에는</u> 그 행위를 제지할 수 있다.
④ O

> 정답 ④

197 「경찰관 직무집행법」에 관한 설명 중 옳지 않은 것을 모두 고른 것은? 13경간

> ⊙ 불심검문을 위하여 부근의 경찰관서로 검문대상자를 동행한 경우, 그 검문대상자로 하여금 10시간 초과하여 경찰관서에 머물게 할 수 없다.
> ⓒ 다수인이 출입하는 장소의 관리자 또는 이에 준하는 관계인은 그 영업 또는 공개시간 내에 경찰관이 범죄의 예방 또는 인명, 신체와 재산에 대한 위해예방을 목적으로 그 장소에 출입할 것을 요구하는 때에는 정당한 이유 없이 이를 거절할 수 없다.
> ⓒ 불심검문을 하는 과정에서 그 장소에서 질문을 하는 것이 당해인에게 불리하거나 교통의 방해가 된다고 인정되는 때에는 질문을 하기 위해서 부근의 경찰관서에 동행할 것을 요구할 수 있다. 이 경우 당해인은 정당한 이유 없이 이를 거절할 수 없다.
> ⓔ 경찰관직무집행법상의 불심검문, 보호조치, 범죄의 예방과 제지, 무기사용 등은 대인적 즉시강제라고 할 수 있다. 다만 불심검문의 법적 성격에 대해서는 학설상 논란이 있다.

① 1개   ② 2개   ③ 3개   ④ 4개

해설

⊙ 동행한 사람을 <u>6시간을</u> 초과하여 경찰관서에 머물게 할 수 없다.
ⓒ 동행을 요구받은 사람은 <u>그 요구를 거절할 수 있다(정당한 이유 유무와 상관없이)</u>.

정답 ②

---

198 「경찰관 직무집행법」 제4조의 보호조치에 대한 설명으로 가장 적절하지 않은 것은? 20순경2차

① 경찰관은 정신착란을 일으키거나 술에 취하여 자신 또는 다른 사람의 생명·신체·재산에 위해를 끼칠 우려가 있음이 명백하고 응급구호가 필요하다고 믿을만한 상당한 이유가 있는 사람을 발견 하였을 때 보건의료기관이나 공공구호기관에 긴급구호를 요청하거나 경찰관서에 보호할 수 있다.
② 미아, 병자, 부상자 등으로서 적당한 보호자가 없으며 응급구호가 필요하다고 인정되는 사람이 구호를 거절하지 않는 경우 경찰관은 보호조치를 할 수 있다.
③ 경찰관은 보호조치를 하였을 때에는 지체 없이 구호대상자의 가족, 친지 또는 그밖의 연고자에게 그 사실을 알려야 하며, 구호대상자를 경찰관서에서 보호하는 기간은 6시간을 초과할 수 없다.
④ 경찰관은 보호조치를 하는 경우에 구호대상자가 휴대하고 있는 무기·흉기 등 위험을 일으킬 수 있는 것으로 인정되는 물건을 경찰관서에 임시로 영치할 수 있다.

해설

③ 구호대상자를 경찰관서에서 보호하는 기간은 <u>24시간을</u> 초과할 수 없다.

정답 ③

199 다음은 「경찰관 직무집행법」 제4조 보호조치를 설명한 것이다. 가장 적절한 것은? 14순경1차

① 경찰관은 수상한 거동 기타 주위의 사정을 합리적으로 판단하여 보호조치대상자에 해당함이 명백하며 응급의 구호를 요한다고 믿을 만한 상당한 이유가 있는 자를 발견한 때에는 보건의료기관 또는 공공구호기관에 긴급구호를 요청하거나 경찰관서에 보호하는 등 적당한 조치를 하여야 한다.
② 경찰관이 보호조치를 한 때에는 지체 없이 이를 피구호자의 가족·친지 기타 연고자에게 그 사실을 통지하여야 하며, 연고자가 발견되지 아니할 때에는 피보호자를 적당한 공중보건의료기관이나 공공구호기관에 즉시 인계하여야 한다.
③ 경찰관서에서의 보호조치는 12시간을 초과할 수 없다.
④ 미아·병자·부상자 등으로서 적당한 보호자가 없으며 응급의 구호를 요한다고 인정되면 당해인이 거절하더라도 보호조치가 가능하다.

> **해설**
> ① 경찰관은 수상한 거동 기타 주위의 사정을 합리적으로 판단하여 보호조치대상자에 해당함이 명백하며 응급의 구호를 요한다고 믿을 만한 상당한 이유가 있는 자를 발견한 때에는 보건의료기관 또는 공공구호기관에 긴급구호를 요청하거나 경찰관서에 보호하는 등 <u>적당한 조치를 할 수 있다.</u>(제4조①)
> ② O
> ③ 경찰관서에서의 보호조치는 <u>24시간을</u> 초과할 수 없다.
> ④ <u>미아·병자·부상자 등으로서</u> 적당한 보호자가 없으며 응급의 구호를 요한다고 인정되는 자의 경우 <u>당해인이 거절하면 보호조치를 할 수 없다.</u>
>
> **정답** ②

200 다음 설명으로 가장 적절하지 <u>않은</u> 것은? (다툼이 있는 경우 판례에 의함) 22승진

① 경찰관 직무집행법 시행령상 경찰관의 적법한 직무집행으로 인하여 발생한 손실을 보상받으려는 사람은 보상금 지급 청구서에 손실내용과 손실금액을 증명할 수 있는 서류를 첨부하여 손실보상청구 사건 발생지를 관할하는 국가경찰관서의 장에게 제출하여야 한다.
② 경찰관 직무집행법에 따라 경찰관은 미아, 병자, 부상자 등으로서 적당한 보호자가 없으며 응급구호가 필요하다고 인정되는 사람은 본인이 구호를 거절하는 경우에도 보호조치를 할 수 있다.
③ 경찰관 직무집행법에 따라 경찰관이 불심검문을 하던 중 정지시킨 장소에서 질문하는 것이 불심자에게 불리하거나 교통에 방해가 된다고 인정될 때에는 질문을 하기 위하여 경찰관서로 동행할 것을 요구할 수 있다.
④ 경찰관 직무집행법상 '제지'는 행정상 즉시강제에 해당하며, 필요한 최소한도 내에서 행해져야 하므로 해당 집회 참가가 불법 행위라도, 집회 장소와 시간적 장소적으로 근접하지 않은 경우에는 이를 제지할 수 없다.

해설

② 보호조치 대상자로서 "미아, 병자, 부상자 등으로서 적당한 보호자가 없으며 응급구호가 필요하다고 인정되는 사람"은 본인이 구호를 거절하는 경우는 보호조치 대상에서 제외한다.

제4조(보호조치 등) ① 경찰관은 수상한 행동이나 그 밖의 주위 사정을 합리적으로 판단해 볼 때 다음 각 호의 어느 하나에 해당하는 것이 명백하고 응급구호가 필요하다고 믿을 만한 상당한 이유가 있는 사람(이하 "구호대상자"라 한다)을 발견하였을 때에는 보건의료기관이나 공공구호기관에 긴급구호를 요청하거나 경찰관서에 보호하는 등 적절한 조치를 할 수 있다.
1. 정신착란을 일으키거나 술에 취하여 자신 또는 다른 사람의 생명·신체·재산에 위해를 끼칠 우려가 있는 사람
2. 자살을 시도하는 사람
3. 미아, 병자, 부상자 등으로서 적당한 보호자가 없으며 응급구호가 필요하다고 인정되는 사람. 다만, 본인이 구호를 거절하는 경우는 제외한다.

정답 ②

201 「경찰관 직무집행법」 제4조 '보호조치 등'에 대한 설명으로 가장 적절한 것은?   21승진

① 경찰관은 자살기도자를 발견하여 경찰관서에 보호할 경우 지체 없이 구호대상자의 가족, 친지 또는 그 밖의 연고자에게 그 사실을 알려야 하며, 연고자가 발견되지 아니할 때에는 구호대상자의 의사와 상관없이 공공보건의료기관이나 공공구호기관에 인계할 수 있다.
② 경찰관은 보호조치 등을 하는 경우에 구호대상자가 휴대하고 있는 무기·흉기 등 위험을 일으킬 수 있는 것으로 인정되는 물건을 경찰관서에 임시로 영치(領置)하여 놓을 수 있고, 그 기간은 10일을 초과할 수 없다.
③ 긴급구호요청을 받은 응급의료종사자가 정당한 이유 없이 긴급구호요청을 거절할 경우, 「경찰관 직무집행법」에 따라 3년 이하의 징역 또는 3천만원 이하의 벌금에 처한다.
④ 보호조치는 경찰관서에서 일시 보호하여 구호의 방법을 강구하는 것으로 경찰관의 재량행위에 해당하기 때문에 국가배상책임이 인정되는 경우는 없다.

해설

① 자살기도자와 정신착란을 일으키거나 술에 취하여 자신 또는 다른 사람의 생명·신체·재산에 위해를 끼칠 우려가 있는 사람에 대하여 보호조치를 하였을 때에는 지체 없이 구호대상자의 가족, 친지 또는 그 밖의 연고자에게 그 사실을 알려야 하며, 연고자가 발견되지 아니할 때에는 구호대상자를 적당한 공공보건의료기관이나 공공구호기관에 즉시 인계하여야 한다. → 미아, 병자, 부상자 등으로서 적당한 보호자가 없으며 응급구호가 필요하다고 인정되는 사람은 본인이 구호를 거절하는 경우는 제외한다.(제4조 ①)
② O
③ 긴급구호요청을 받은 응급의료종사자가 정당한 이유 없이 긴급구호요청을 거절할 경우, 「경찰관 직무집행법」에 처벌규정을 두고 있지 않다. → 다만, 「응급의료에 관한 법률」에서는 "응급의료를 거부 또는 기피한 응급의료종사자"에 대하여 3년 이하의 징역 또는 3천만원 이하의 벌금에 처하도록 규정하고 있다.

④ 보호조치는 경찰서에서 일시 보호하여 구호의 방법을 강구하는 것으로 원칙적으로는 경찰관의 재량행위에 해당하지만, 예외적으로 재량권이 0으로 수축되는 경우에는 보호조치를 하여야만 하는 기속행위가 되어 이를 위반한 경찰권 행사는 위법한 행위가 됨은 물론 **국가배상책임이 인정될 수 있다**.

정답 ②

202 「경찰관 직무집행법」에서 보호조치 등에 대한 설명으로 가장 적절한 것은? 21순경2차

① 「경찰관 직무집행법」 제4조 제1항에 따라 긴급구호를 요청받은 보건의료기관이나 공공구호기관은 정당한 이유 없이 긴급구호를 거절할 수 없다. 만약, 긴급구호를 요청받은 응급의료종사자가 정당한 이유 없이 거절한 경우 「경찰관 직무집행법」에 따라 처벌한다.
② 경찰관은 「경찰관 직무집행법」 제4조 제1항의 조치를 하였을 때에는 지체 없이 구호대상자의 가족, 친지 또는 그 밖의 연고자에게 그 사실을 알려야 하며, 연고자가 발견되지 아니할 때에는 구호대상자를 적당한 관할경찰서에 즉시 인계하여야 한다.
③ 경찰관은 「경찰관 직무집행법」 제4조 제1항의 조치를 하는 경우에, 구호대상자가 휴대하고 있는 무기·흉기 등 위험을 일으킬 수 있는 것으로 인정되는 물건을 경찰관서에 임시로 영치하여 놓을 수 있다. 물건을 경찰관서에 임시로 영치하는 기간은 10일을 초과할 수 없다.
④ 미아, 병자, 부상자 등으로서 적당한 보호자가 없으며 응급구호가 필요한 경우 본인이 구호를 거절하더라도 보호조치할 수 있다.

해설

① 경직법이 아니라 「응급의료에 관한 법률」에서 처벌규정을 둠(3년이하 징역 또는 3천만원이하 벌금)
② 경직법 제4조 제4항 경찰관은 제1항의 조치를 하였을 때에는 지체 없이 구호대상자의 가족, 친지 또는 그 밖의 연고자에게 그 사실을 알려야 하며, 연고자가 발견되지 아니할 때에는 구호대상자를 **적당한 공공보건의료기관이나 공공구호기관에** 즉시 인계하여야 한다.
④ 경직법 제4조 제1항 제3호 - **미아, 병자, 부상자** 등으로서 적당한 보호자가 없으며 응급구호가 필요하다고 인정되는 사람. 다만, **본인이 구호를 거절하는 경우는 제외한다**.

정답 ③

203 「경찰관 직무집행법」 제4조 보호조치에 대한 설명 중 옳지 않은 것은 모두 몇 개인가? 20경간

> 가. 경찰관이 구호대상자를 경찰관서에 보호조치 하는 경우 지체 없이 구호대상자의 가족, 친지 또는 그 밖의 연고자에게 그 사실을 알려야 하며, 연고자가 발견되지 아니할 때에는 구호대상자를 적당한 공공보건의료기관이나 공공구호기관에 즉시 인계하여야 한다.
> 나. 경찰관이 구호대상자를 공공보건의료기관이나 공공구호기관에 인계하였을 때에는 해당 경찰관이 즉시 그 사실을 해당 공공보건의료기관 또는 공공구호기관의 장 및 그 감독 행정청에 통보하여야 한다.
> 다. 경찰관이 구호대상자를 경찰관서에 보호조치 하는 경우에 구호대상자가 휴대하고 있는 무기·흉기 등 위험을 일으킬 수 있는 것으로 인정되는 물건을 경찰관서에 임시로 영치하여 놓을 수 있다.
> 라. 구호대상자를 경찰관서에서 보호하는 기간은 24시간을 초과할 수 없고, 물건을 경찰관서에 임시로 영치하는 기간은 10일을 초과할 수 없다.
> 마. 경찰관은 자살을 시도하는 것이 명백하고 응급구호가 필요하다고 믿을 만한 상당한 이유가 있는 구호대상자에 대하여 해당 구호대상자의 동의 여부와 관계없이 보호조치를 할 수 있다.

① 1개　　　② 2개　　　③ 3개　　　④ 4개

해설

나. 경찰관은 제4항에 따라 구호대상자를 공공보건의료기관이나 공공구호기관에 인계하였을 때에는 즉시 그 사실을 소속 경찰서장이나 해양경찰서장에게 보고하여야 한다.(제4조⑤) 제5항에 따라 보고를 받은 **소속 경찰서장이나 해양경찰서장은** 대통령령으로 정하는 바에 따라 구호 대상자를 인계한 사실을 지체 없이 해당 공공보건의료기관 또는 공공구호기관의 장 및 그 감독행정청에 통보하여야 한다.(제4조⑥)

정답 ①

204 「경찰관 직무집행법」상 보호조치에 대한 설명으로 가장 적절한 것은? 18순경3차, 16승진

① 긴급구호를 요청받은 보건의료기관 또는 공공구호기관은 정당한 이유 없이 긴급구호를 거절할 수 없다고 명시되어 있다.
② 긴급구호나 보호조치의 경우 24시간 이내에 피구호자의 가족들에게 연락해 주어야 한다.
③ 자살기도자에 대하여는 경찰관서에 6시간 이내 보호가 가능하다.
④ 임시영치 기간은 10일을 초과할 수 없으며, 법적 성질은 대인적 즉시강제이다.

해설

① O
② 긴급구호나 보호조치를 하였을 때에는 <u>지체 없이</u> 구호대상자의 가족등에게 그 사실을 알려야 한다. (제4조④)
③ 자살기도자 등 보호조치 대상자에 대하여는 경찰관서에 <u>24시간 이내</u> 보호가 가능하다(제4조⑦).
④ 임시영치 기간은 10일을 초과할 수 없으며, 법적 성질은 <u>대물적 즉시강제</u>이다.

정답 ①

---

205 「경찰관 직무집행법」 제4조 보호조치에 대한 설명으로 가장 적절하지 <u>않은</u> 것은? 18승진, 17경기북부여경

① 경찰관은 정신착란을 일으키거나 술에 취하여 자신 또는 다른 사람의 생명·신체·재산에 위해를 끼칠 우려가 있는 사람에 해당하는 것이 명백하고 응급구호가 필요하다고 믿을 만한 상당한 이유가 있는 사람을 발견하였을 때에는 보건의료기관이나 공공구호기관에 긴급구호를 요청할 수 있다.
② 경찰관은 적당한 보호자가 없는 미아에 대해 응급구호가 필요하다고 믿을 만한 상당한 이유가 있다면 본인이 구호를 거절하더라도 「경찰관 직무집행법」 제4조의 보호조치를 실시할 수 있다.
③ 경찰관은 자살을 시도하는 것이 명백하고 응급구호가 필요하다고 믿을 만한 상당한 이유가 있다면 본인 동의여부와 관계없이 「경찰관 직무집행법」 제4조의 보호조치를 실시할 수 있다.
④ 경찰관이 보호조치를 하였을 때에는 지체 없이 구호대상자의 가족, 친지 또는 그 밖의 연고자에게 그 사실을 알려야 하며, 연고자가 발견되지 아니할 때에는 구호대상자를 적당한 공공보건의료기관이나 공공구호기관에 즉시 인계하여야 한다.

해설

② 경직법 규정에 따르면, 보호자가 없는 <u>미아</u>에 대해 응급구호가 필요하다고 믿을 만한 상당한 이유가 있다하더라도 임의대상이므로 <u>본인이 구호를 거절하는 경우 보호조치할 수 없다</u>.

제4조(보호조치 등) ① 경찰관은 수상한 행동이나 그 밖의 주위 사정을 합리적으로 판단해 볼 때 다음 각 호의 어느 하나에 해당하는 것이 명백하고 응급구호가 필요하다고 믿을 만한 상당한 이유가 있는 사람(이하 "구호대상자"라 한다)을 발견하였을 때에는 보건의료기관이나 공공구호기관에 긴급구호를 요청하거나 경찰관서에 보호하는 등 적절한 조치를 할 수 있다. (정술자/미병부)
  1. 정신착란을 일으키거나 술에 취하여 자신 또는 다른 사람의 생명·신체·재산에 위해를 끼칠 우려가 있는 사람
  2. 자살을 시도하는 사람
  3. 미아, 병자, 부상자 등으로서 적당한 보호자가 없으며 응급구호가 필요하다고 인정되는 사람. 다만, 본인이 구호를 거절하는 경우는 제외한다.
② 제1항에 따라 긴급구호를 요청받은 보건의료기관이나 공공구호기관은 정당한 이유 없이 긴급구호를 거절할 수 없다.
③ 경찰관은 제1항의 조치를 하는 경우에 구호대상자가 휴대하고 있는 무기·흉기 등 위험을 일으킬 수 있는 것으로 인정되는 물건을 경찰관서에 임시로 영치(領置)하여 놓을 수 있다.
④ 경찰관은 제1항의 조치를 하였을 때에는 지체 없이 구호대상자의 가족, 친지 또는 그 밖의 연고자에게 그 사실을 알려야 하며, 연고자가 발견되지 아니할 때에는 구호대상자를 적당한 공공보건의료기관이나 공공구호기관에 즉시 인계하여야 한다.
⑤ 경찰관은 제4항에 따라 구호대상자를 공공보건의료기관이나 공공구호기관에 인계하였을 때에는 즉시 그 사실을 소속 경찰서장이나 해양경찰서장에게 보고하여야 한다.
⑥ 제5항에 따라 보고를 받은 소속 경찰서장이나 해양경찰서장은 대통령령으로 정하는 바에 따라 구호대상자를 인계한 사실을 지체 없이 해당 공공보건의료기관 또는 공공구호기관의 장 및 그 감독행정청에 통보하여야 한다.
⑦ 제1항에 따라 구호대상자를 경찰관서에서 보호하는 기간은 24시간을 초과할 수 없고, 제3항에 따라 물건을 경찰관서에 임시로 영치하는 기간은 10일을 초과할 수 없다.

정답 ②

206 현행 「경찰관 직무집행법」에 따를 경우 경찰관의 조치로 가장 적절하지 않은 것은? (단, 다툼이 있는 경우에는 판례에 의한다) 12승진

① A지구대 경찰관은 길을 잃은 소년(13세)을 발견하여 보호조치를 하려고 했으나, 소년이 거부하여 그대로 돌려보냈다.
② B지구대 경찰관은 새벽2시에 술에 취해 한강에 투신하려고 다리 난간에 올라가려는 사람을 발견하고, 그 사람이 거부했음에도 불구하고 인근 지구대에서 보호했다.
③ C지구대 경찰관은 근무중 낯선 사람이 집 앞에 서있다는 신고를 받고 출동하여 주민등록증을 제시해 줄 것을 요청했으나, 이를 거부하여 신원을 확인하지 못했다.
④ 충청남도에서 근무하는 경찰서장 D는 관내 甲단체가 서울역 앞에서 개최할 예정인 미신고 폭력집회에 참석하려고 단체로 버스에 탑승하여 출발하는 것을 제지하였다.

해설

④ 충청남도에서 근무하는 경찰서장D는 관내 甲단체가 서울역 앞에서 개최할 예정인 미신고 폭력집회에 참석하려고 단체로 버스에 탑승하여 출발하는 것을 제지한 경우는 시위장소로부터 원거리에 위치한 장소에서 제지하는 행위는 경직법 제6조의 범죄의 예방과 제지 범위에 포함되지 않는다.

정답 ④

207 「경찰관 직무집행법」상 보호조치에 대한 설명 중 가장 적절한 것은?　　20승진

① 경찰관은 구호대상자를 발견하였을 때 보건의료기관이나 공공구호기관에 긴급구호를 요청할 수 있고, 긴급구호를 요청받은 기관이 정당한 이유 없이 이를 거절하는 경우 「경찰관 직무집행법」상 이에 대한 처벌규정이 있다.
② 본인이 구호를 거절하더라도 구호대상자 중 미아, 병자, 부상자에 대해 보호조치를 할 수 있다.
③ 경찰관은 보호조치를 하는 경우 구호대상자가 휴대하고 있는 무기·흉기 등 위험을 일으킬 수 있는 것으로 인정되는 물건을 임시로 영치할 수 있고, 임시로 영치할 수 있는 기간은 15일을 초과할 수 없다.
④ 경찰관은 보호조치를 하였을 때에는 지체 없이 구호대상자의 가족, 친지 또는 그 밖의 연고자에게 그 사실을 알려야 하고, 구호대상자를 경찰관서에서 보호하는 기간은 24시간을 초과할 수 없다.

해설

① 경찰관은 구호대상자를 발견하였을 때 보건의료기관이나 공공구호기관에 긴급구호를 요청 할 수 있고, 긴급구호를 요청받은 기관이 정당한 이유 없이 이를 거절하는 경우 「경찰관 직무집행법」상 이에 대한 <u>처벌규정은 없다</u>.
② 본인이 구호를 거절하는 경우 구호대상자 중 미아, 병자, 부상자에 대해 보호조치를 <u>할 수 없다</u>.
③ 경찰관은 보호조치를 하는 경우 구호대상자가 휴대하고 있는 무기·흉기 등 위험을 일으킬 수 있는 것으로 인정되는 물건을 임시로 영치할 수 있고, 임시로 영치할 수 있는 기간은 <u>10일</u>을 초과할 수 없다.
④ O

정답 ④

208 다음은 「경찰관 직무집행법」 제5조 위험 발생의 방지조치를 설명한 것이다. 빈칸의 내용을 가장 적절하게 연결한 것은?　　19승진

> 경찰관은 사람의 생명 또는 신체에 위해를 끼치거나 재산에 중대한 손해를 끼칠 우려가 있는 천재, 사변, 인공구조물의 파손이나 붕괴, 교통사고, 위험물의 폭발, 위험한 동물 등의 출현, 극도의 혼잡, 그 밖의 위험한 사태가 있을 때에는 다음 각 호의 조치를 할 수 있다.
> 1. 그 장소에 모인 사람, 사물의 관리자, 그 밖의 관계인에게 필요한 (㉠)을(를) 하는 것
> 2. 매우 긴급한 경우에는 위해를 입을 우려가 있는 사람을 필요한 한도에서 (㉡)시키는 것
> 3. 그 장소에 있는 사람, 사물의 관리자, 그 밖의 관계인에게 위해를 방지하기 위하여 필요하다고 인정되는 조치를 하게 하거나 (㉢)을(를) 하는 것

① ㉠ 경고　　㉡ 제지　　㉢ 억류하거나 피난
② ㉠ 경고　　㉡ 억류하거나 피난　　㉢ 직접조치
③ ㉠ 직접조치　　㉡ 제지　　㉢ 억류하거나 피난
④ ㉠ 직접조치　　㉡ 억류하거나 피난　　㉢ 경고

> 해설
>
> 제5조(위험 발생의 방지 등) ① 경찰관은 사람의 생명 또는 신체에 위해를 끼치거나 재산에 중대한 손해를 끼칠 우려가 있는 천재, 사변, 인공구조물의 파손이나 붕괴, 교통사고, 위험물의 폭발, 위험한 동물 등의 출현, 극도의 혼잡, 그 밖의 위험한 사태가 있을 때에는 **다음 각 호의 조치를 할 수 있다.** (사관경고/위해억피/사관조치)
> 1. 그 장소에 모인 사람, 사물의 관리자, 그 밖의 관계인에게 필요한 경고를 하는 것
> 2. 매우 긴급한 경우에는 위해를 입을 우려가 있는 사람을 필요한 한도에서 억류하거나 피난시키는 것
> 3. 그 장소에 있는 사람, 사물의 관리자, 그 밖의 관계인에게 위해를 방지하기 위하여 필요하다고 인정되는 조치를 하게 하거나 직접 그 조치를 하는 것
>
> 정답 ②

209 경찰관 직무집행법 제5조의 위험발생의 방지조치에 대한 설명 중 가장 적절하지 <u>않은</u> 것은? 13승진

① 위험발생의 방지조치란 경찰관이 사람의 생명 또는 신체에 위해를 끼치거나 재산에 중대한 손해를 끼칠 우려가 있는 천재, 인공구조물의 파손이나 붕괴, 교통사고, 위험물의 폭발, 위험한 동물 등의 출현, 극도의 혼잡, 그 밖의 위험한 사태가 있을 때 이를 방지하기 위해 취하는 특정 조치를 말한다.
② 위험발생 방지조치의 성질은 대인적, 대물적, 대가택적 즉시강제이다.
③ 위험발생 방지조치의 수단으로 경고, 억류·피난조치, 위해방지 조치, 접근·통행의 제한·금지 조치가 있다.
④ 경찰관 직무집행법상 위험발생의 방지를 위한 조치 중 '매우 긴급한 경우'에 위해를 입을 우려가 있는 사람은 경고의 대상자로 규정되어 있다.

> 해설
>
> ④ 경찰관 직무집행법상 위험발생의 방지를 위한 조치 중 '매우 긴급한 경우'에 위해를 입을 우려가 있는 사람은 **억류·피난조치의 대상자로 규정**되어 있다.
>
> 정답 ④

210 현행 「경찰관 직무집행법」에 대한 설명으로 가장 적절하지 <u>않은</u> 것은?　　　　　　12승진

① 경찰관은 사람의 생명 또는 신체에 위해를 끼치거나 재산에 중대한 손해를 끼칠 우려가 있는 천재, 사변, 인공구조물의 파손이나 붕괴, 교통사고, 위험물의 폭발, 위험한 동물 등의 출현, 극도의 혼잡, 그 밖의 위험한 사태가 있을 때에는 그 장소에 모인 사람, 사물의 관리자, 그 밖의 관계인에게 필요한 경고를 할 수 있고, 매우 긴급한 경우에는 위해를 입을 우려가 있는 사람을 필요한 한도 내에서 억류하거나 피난시킬 수 있으며, 그 장소에 있는 사람, 사물의 관리자, 그 밖의 관계인에게 위해를 방지하기 위하여 필요하다고 인정되는 조치를 하게 할 수 있으나 직접조치를 할 수는 없다.
② 경찰관은 불심검문시 그 장소에서 질문하는 것이 당해인에게 불리하거나 교통에 방해가 된다고 인정되는 때에는 질문하기 위하여 부근의 경찰관서에 동행을 요구할 수 있다. 이 경우 당해인은 경찰관의 동행요구를 거절할 수 있다.
③ 경찰관이 보호조치를 한 때에는 지체없이 피구호자의 가족·친지 등 연고자에게 그 사실을 통지하여야 하고, 연고자가 발견되지 않은 때에는 적당한 공중보건의료기관이나 공공구호기관에 즉시 인계하여야 한다.
④ 경찰관 직무집행법은 국민의 생명·신체 및 재산의 보호, 범죄의 예방·진압 및 수사, 범죄피해자보호, 경비·주요인사경호 및 대간첩·대테러 작전 수행, 공공안녕에 대한 위험의 예방과 대응을 위한 정보의 수집·작성 및 배포, 교통 단속과 교통 위해의 방지, 외국 정부기관 및 국제기구와의 국제협력, 그 밖에 공공의 안녕과 질서유지를 직무의 범위로 규정하고 있다.

해설

① 경찰관은 사람의 생명 또는 신체에 위해를 끼치거나 재산에 중대한 손해를 끼칠 우려가 있는 천재, 사변, 인공구조물의 파손이나 붕괴, 교통사고, 위험물의 폭발, 위험한 동물 등의 출현, 극도의 혼잡, 그 밖의 위험한 사태가 있을 때에는 그 장소에 모인 사람, 사물의 관리자, 그 밖의 관계인에게 필요한 경고를 할 수 있고, 매우 긴급한 경우에는 위해를 입을 우려가 있는 사람을 필요한 한도 내에서 억류하거나 피난시킬 수 있으며, 그 장소에 있는 사람, 사물의 관리자, 그 밖의 관계인에게 위해를 방지하기 위하여 필요하다고 인정되는 <u>조치를 하게 하거나 직접 그 조치를 할 수 있다</u>.

정답 ①

211 「경찰관 직무집행법」에 대한 설명 중 가장 적절하지 않은 것은?   13순경2차

① 흥행장·여관·음식점·역 그 밖에 많은 사람이 출입하는 장소의 관리자나 그에 준하는 관계인은 그 영업시간이나 공개된 시간에 경찰관이 범죄의 예방 또는 인명·신체와 재산에 대한 위해예방을 목적으로 그 장소에 출입하겠다고 요구하면 정당한 이유 없이 그 요구를 거절할 수 없다.
② 경찰관은 범인의 체포·도주의 방지 또는 불법집회·시위로 인한 자신이나 다른 사람의 생명·신체와 재산 및 공공시설안전에 대한 현저한 위해의 발생 억제를 위하여 부득이한 경우에는 현장책임자가 판단하여 필요한 최소한의 범위에서 분사기(총포·도검·화약류 등의 안전관리에 관한 법률에 따른 분사기를 말하며, 그에 사용하는 최루 등의 작용제를 포함한다) 또는 최루탄을 사용할 수 있다.
③ 법률에서 정한 절차에 따라 체포·구속된 사람 또는 신체의 자유를 제한하는 판결이나 처분을 받은 사람을 수용하기 위하여 경찰서 및 지구대, 지방해양경찰관서에 유치장을 둔다.
④ 경찰관은 범죄행위가 목전에 행하여지려고 하고 있다고 인정될 때에는 이를 예방하기 위하여 관계인에게 필요한 경고를 발하고, 그 행위로 인하여 인명·신체에 위해를 미치거나 재산에 중대한 손해를 끼칠 우려가 있어 긴급을 요하는 경우에는 그 행위를 제지할 수 있다.

해설

③ 법률에서 정한 절차에 따라 체포·구속된 사람 또는 신체의 자유를 제한하는 판결이나 처분을 받은 사람을 수용하기 위하여 **경찰서와 해양경찰서에** 유치장을 둔다.

정답 ③

212 「경찰관 직무집행법」상 위험방지를 위한 출입에 대한 설명으로 가장 적절하지 않은 것은?   19승진

① 위험방지를 위한 출입의 성질은 대가택적 즉시강제이다.
② 경찰공무원은 여관에 불이 나서 객실에 쓰러져 있는 사람이 있는 경우에는 주인이 허락하지 않더라도 들어갈 수 있다.
③ 새벽 3시에 영업이 끝난 식당에서 주인만 머무르는 경우라도, 경찰공무원은 범죄의 예방을 위해 출입을 요구할 수 있고, 상대방은 이를 거절할 수 없다.
④ 경찰공무원은 위험방지를 위해 여관에 출입할 경우에는 그 신분을 표시하는 증표를 제시하여야 하며, 함부로 관계인이 하는 정당한 업무를 방해해서는 아니 된다

해설

③ 공개된 시간이나 영업시간이 아니므로 범죄예방을 위한 출입을 요구할 수 없다.

정답 ③

213 「경찰관 직무집행법」에 대한 설명으로 가장 적절하지 않은 것은? 22승진

① 국민의 자유와 권리 및 모든 개인이 가지는 불가침의 기본적 인권을 보호하고 사회공공의 질서를 유지하기 위한 경찰관의 직무 수행에 필요한 사항을 규정함을 목적으로 한다.
② 경찰관은 범죄행위가 목전에 행하여 지려고 하고 있다고 인정될 때에는 이를 예방하기 위하여 관계인에게 필요한 경고를 할 수 있다.
③ 경찰관이 위험방지를 위한 출입할 때에는 그 신분을 표시하는 증표의 제시의무는 없다.
④ 경찰관은 위험한 사태가 발생하여 사람의 생명 신체 또는 재산에 대한 위해가 임박한 때에 그 위해를 방지하거나 피해자를 구조하기 위하여 부득이하다고 인정하면 합리적으로 판단하여 필요한 한도에서 다른 사람의 토지 건물 배 또는 차에 출입할 수 있다.

[해설]

③ 그 신분을 표시하는 증표를 제시하여야 한다.

제7조(위험 방지를 위한 출입) ④ 경찰관은 제1항부터 제3항까지의 규정에 따라 필요한 장소에 출입할 때에는 그 신분을 표시하는 증표를 제시하여야 하며, 함부로 관계인이 하는 정당한 업무를 방해해서는 아니 된다.

정답 ③

---

214 「경찰관 직무집행법」상 다음 설명 중 가장 적절하지 않은 것은? 15순경1차

① 경찰서의 장은 대간첩 작전의 수행이나 소요 사태의 진압을 위하여 필요하다고 인정되는 상당한 이유가 있을 때에는 대간첩 작전지역이나 경찰관서·무기고 등 국가중요시설에 대한 접근 또는 통행을 제한하거나 금지할 수 있다.
② 경찰관은 범죄행위가 목전에 행하여지려고 하고 있다고 인정될 때에는 이를 예방하기 위하여 관계인에게 필요한 경고를 하고, 그 행위로 인하여 사람의 생명·신체에 위해를 끼치거나 재산에 중대한 손해를 끼칠 우려가 있는 긴급한 경우에는 그 행위를 제지할 수 있다.
③ 법률에서 정한 절차에 따라 체포·구속된 사람 또는 신체의 자유를 제한하는 판결이나 처분을 받은 사람을 수용하기 위하여 경찰서와 해양경찰서에 유치장을 둔다.
④ 경찰관 직무의 범위에 외국 정부기관 및 국제기구와의 국제협력은 규정되어 있지 않다.

[해설]

④ 경찰관 직무집행법 제2조 제6호에 '외국 정부기관 및 국제기구와의 국제협력'이 경찰관의 직무범위로 규정되어 있다.

정답 ④

215 「경찰관 직무집행법」상 다음 설명 중 가장 적절하지 않은 것은?   13순경1차

① 경찰관서의 장은 대간첩작전의 수행이나 소요사태의 진압을 위하여 필요하다고 인정되는 상당한 이유가 있을 때에는 대간첩작전지역이나 경찰관서·무기고 등 국가중요시설에 대한 접근 또는 통행을 제한하거나 금지할 수 있다.
② 경찰관은 범죄행위가 목전에 행하여지려고 하고 있다고 인정될 때에는 이를 예방하기 위하여 관계인에게 필요한 경고를 하고, 그 행위로 인하여 사람의 생명·신체에 위해를 끼치거나 재산에 중대한 손해를 끼칠 우려가 있는 긴급한 경우에는 그 행위를 제지할 수 있다.
③ 경찰관은 직무수행에 필요하다고 인정되는 상당한 이유가 있을 때에는 국가기관이나 공사(公私) 단체 등에 직무수행에 관련된 사실을 조회할 수 있다. 다만, 긴급한 경우에는 사실을 확인 후 당해 기관 또는 단체의 장에게 추후 통보를 하여야한다.
④ 경찰관은 미아를 인수할 보호자 확인, 유실물을 인수할 권리자 확인 또는 사고로 인한 사상자 확인이나 행정처분을 위한 교통사고 조사에 필요한 사실 확인을 위하여 필요한 때에는 관계인에게 출석하여야 하는 사유·일시 및 장소를 명확히 적은 출석요구서를 보내 경찰관서에 출석할 것을 요구할 수 있다.

> **해설**
> ③ **경찰관서의 장은** 직무수행에 필요하다고 인정되는 상당한 이유가 있을 때에는 국가기관이나 공사(公私) 단체 등에 직무수행에 관련된 사실을 조회할 수 있다. **다만, 긴급한 경우에는 소속 경찰관으로 하여금 현장에 나가 해당 기관 또는 단체의 장의 협조를 받아 그 사실을 확인하게 할 수 있다**(제8조①).
> 정답 ③

216 「경찰관 직무집행법」상 '경찰장비'에 대한 설명으로 옳지 않은 것은?   20경간

① 경찰관은 직무수행 중 경찰장비를 사용할 수 있다. 다만, 사람의 생명이나 신체에 위해를 끼칠 수 있는 경찰장비를 사용할 때에는 필요한 안전교육과 안전검사를 받은 후 사용하여야 한다.
② "경찰장구"란 무기, 최루제와 그 발사장치, 살수차, 감식기구, 해안 감시기구, 통신기기, 차량·선박·항공기 등 경찰이 직무를 수행할 때 필요한 장치와 기구를 말한다.
③ 경찰청장은 사람의 생명이나 신체에 위해를 끼칠 수 있는 경찰장비를 새로 도입하려는 경우에는 대통령령으로 정하는 바에 따라 안전성 검사를 실시하여 그 안전성 검사의 결과보고서를 국회 소관 상임위원회에 제출하여야 한다. 이 경우 안전성 검사에는 외부 전문가를 참여시켜야 한다.
④ 경찰관은 경찰장비를 함부로 개조하거나 경찰장비에 임의의 장비를 부착하여 일반적인 사용법과 달리 사용함으로써 다른 사람의 생명·신체에 위해를 끼쳐서는 아니 된다.

> **해설**
>
> ② "경찰장비"란 무기, 경찰장구, 최루제와 그 발사장치, 살수차, 감식기구, 해안 감시기구, 통신기기, 차량·선박·항공기 등 경찰이 직무를 수행할 때 필요한 장치와 기구를 말한다.
> ※ "경찰장구"란 경찰관이 휴대하여 범인 검거와 범죄 진압 등의 직무 수행에 사용하는 수갑, 포승, 경찰봉, 방패 등을 말한다.
>
> **정답** ②

217 「경찰관 직무집행법」상 경찰장비에 관한 다음 설명 중 가장 적절하지 않은 것은? 　16순경1차

① 경찰관은 직무수행 중 경찰장비를 사용할 수 있다. 다만, 사람의 생명이나 신체에 위해를 끼칠 수 있는 경찰장비(이하 "위해성 경찰장비"라 한다)를 사용할 때에는 필요한 안전교육과 안전검사를 받은 후 사용하여야 한다.
② 경찰청장은 위해성 경찰장비를 새로 도입하려는 경우에는 대통령령으로 정하는 바에 따라 안전성 검사를 실시하여 그 안전성 검사의 결과보고서를 국회 소관 상임위원회에 제출하여야 한다. 이 경우 안전성 검사에는 외부 전문가를 참여시킬 수 있다.
③ 경찰관이 휴대하여 범인 검거와 범죄 진압 등의 직무 수행에 사용하는 수갑, 포승, 경찰봉, 방패는 "경찰장구"에 해당한다.
④ 경찰관은 현행범이나 사형·무기 또는 장기 3년 이상의 징역이나 금고에 해당하는 죄를 범한 범인의 체포 또는 도주 방지를 위한 직무를 수행하기 위하여 필요하다고 인정되는 상당한 이유가 있을 때에는 그 사태를 합리적으로 판단하여 필요한 한도에서 경찰장구를 사용할 수 있다.

> **해설**
>
> ② 경찰청장은 위해성 경찰장비를 새로 도입하려는 경우에는 대통령령으로 정하는 바에 따라 안전성 검사를 실시하여 그 안전성 검사의 결과보고서를 국회 소관 상임위원회에 제출하여야 한다. 이 경우 안전성 검사에는 <u>외부 전문가를 참여시켜야 한다</u>(제10조⑤).
>
> **정답** ②

218 「경찰관 직무집행법」상 경찰장비에 대한 다음의 설명 중 옳은 것은 모두 몇 개인가? 15경간

> 가. 「경찰관 직무집행법」상 위해성 경찰장비는 필요한 최소한도 내에서 사용해야 하며, 위해성 경찰장비의 종류 및 사용기준, 안전교육·안전검사의 기준 등은 대통령령인 '경찰관 직무집행법 시행령'으로 정한다.
> 나. 경찰장비란 무기, 경찰장구, 최루제와 그 발사장치, 살수차, 감식기구, 해안 감시기구, 통신기기, 차량·선박·항공기 등 경찰이 직무를 수행할 때 필요한 장치와 기구를 말한다.
> 다. 경찰장구, 살수차, 분사기, 최루탄, 무기 등의 경찰장비를 사용하는 경우에 그 책임자는 사용일시, 사용장소, 현장책임자, 종류, 수량 등을 기록하여 보관하여야 한다.
> 라. 위해성 경찰장비의 안전성 검사에는 반드시 외부의 전문가를 참여시켜야 한다.

① 1개   ② 2개   ③ 3개   ④ 4개

해설

가. 위해성 경찰장비의 종류 및 사용기준, 안전교육·안전검사의 기준 등은 대통령령인 '<u>위해성 경찰장비의 사용기준 등에 관한 규정</u>'으로 정한다.
다. 경직법 제11조 "사용기록의 보관" 대상에 <u>경찰장구는 포함되지 않는다</u>.

> 제11조(사용기록의 보관) 제10조 제2항에 따른 살수차, 제10조의3에 따른 분사기, 최루탄 또는 제10조의4에 따른 무기를 사용하는 경우 그 책임자는 사용 일시·장소·대상, 현장책임자, 종류, 수량 등을 기록하여 보관하여야 한다.

정답 ②

---

219 「경찰관 직무집행법」상 명시된 경찰관의 경찰장구·분사기·최루탄·무기 등의 사용 관련 규정에 대한 설명으로 가장 적절하지 <u>않은</u> 것은? '16순경2차

① 경찰장구는 사형·무기 또는 장기 3년 이상의 징역이나 금고에 해당하는 죄를 범한 범인의 체포 또는 도주 방지를 위해서 사용할 수 있다.
② 분사기 및 최루탄은 공무집행에 대한 항거의 제지를 위해서 사용할 수 있다.
③ "무기"라 함은 인명 또는 신체에 위해를 가할 수 있도록 제작된 권총·소총·도검 등을 말한다.
④ 살수차·분사기·최루탄·무기를 사용한 경우 그 책임자는 사용일시·장소·대상, 현장책임자, 종류, 수량 등을 기록하여 보관하여야 한다.

해설

② <u>공무집행에 대한 항거의 제지는 분사기 및 최루탄의 사용요건이 아니라</u> 경찰장구 및 위해를 수반하지 않는 무기사용의 사용요건이다.

경찰장구(체생공)	분사기 및 최루탄(체생)	무기(체생공)
① 현행범이나 사형·무기 또는 장기 3년 이상의 징역이나 금고에 해당하는 죄를 범한 범인의 체포 또는 도주 방지 ② 자신이나 다른 사람의 생명·신체의 방어 및 보호 ③ 공무집행에 대한 항거 제지	① 범인의 체포 또는 범인의 도주 방지 ② 불법집회·시위로 인한 자신이나 다른 사람의 생명·신체와 재산 및 공공시설 안전에 대한 현저한 위해의 발생 억제 ※ 공무집행에 대한 항거 제지를 위하여 (×) ※ 단, 위해성경찰장비규정에서는 '가스발사총' 사용요건으로 '공무집행에 대한 항거의 억제'를 규정	① 범인의 체포, 범인의 도주 방지 ② 자신이나 다른 사람의 생명·신체의 방어 및 보호 ③ 공무집행에 대한 항거의 제지

정답 ②

220 「경찰관 직무집행법」상 경찰장구의 사용 기준으로 가장 적절하지 않은 것은?   15순경3차

① 현행범이나 사형·무기 또는 장기 3년 이상의 징역이나 금고에 해당하는 죄를 범한 범인의 체포 또는 도주 방지
② 불법집회·시위로 인한 자신이나 다른 사람의 생명·신체와 재산 및 공공시설 안전에 대한 현저한 위해의 발생 억제
③ 자신이나 다른 사람의 생명·신체의 방어 및 보호
④ 공무집행에 대한 항거 제지

해설

②는 분사기 등의 사용요건에 해당한다.

정답 ②

221 경찰장비 중 「경찰관 직무집행법」과 「총포·도검·화약류 등의 안전관리에 관한 법률」 및 동법 시행령에 따를 때 공무집행에 대한 항거 제지를 위해 사용할 수 없는 경찰장비는 모두 몇 개인가? 20경채

㉠ 총포형분사기	㉡ 수갑
㉢ 권총	㉣ 경찰봉
㉤ 방패	

① 0개   ② 1개   ③ 2개   ④ 3개

해설

경찰장구와 무기의 사용요건으로 '공무집행에 대한 항거 제지'를 규정하고 있으나, 분사기 등의 사용요건으로는 규정하고 있지 않다. 결국 보기 가운데 '분사기 등'에 해당하는 것을 찾는 문제인데, ㉠ 뿐이다.

정답 ②

222 「경찰관 직무집행법」에 대한 내용으로 가장 적절하지 않은 것은? 18순경2차, 19경채

① 「경찰관 직무집행법」 제2조는 직무의 범위에서 '범죄피해자 보호'를 규정하고 있다.
② 법률에서 정한 절차에 따라 체포·구속된 사람 또는 신체의 자유를 제한하는 판결이나 처분을 받은 사람을 수용하기 위하여 경찰서와 해양경찰서에 유치장을 둔다.
③ 경찰관은 '현행범이나 사형·무기 또는 장기 3년 이상의 징역이나 금고에 해당하는 죄를 범한 범인의 체포 또는 도주 방지', '자신이나 다른 사람의 생명·신체의 방어 및 보호', '공무집행에 대한 항거 제지'의 직무를 수행하기 위하여 필요하다고 인정되는 상당한 이유가 있을 때에는 그 사태를 합리적으로 판단하여 필요한 한도에서 경찰장구를 사용할 수 있다.
④ 경찰청장은 위해성 경찰장비를 새로 도입하려는 경우에는 대통령령으로 정하는 바에 따라 안전성 검사를 실시하여 그 안전성 검사의 결과보고서를 국가경찰위원회에 제출하여야 한다. 이 경우 안전성 검사에는 외부 전문가를 참여시켜야 한다.

해설

④ 경찰청장은 위해성 경찰장비를 새로 도입하려는 경우에는 대통령령으로 정하는 바에 따라 안전성 검사를 실시하여 그 안전성 검사의 결과보고서를 <u>국회 소관 상임위원회에</u> 제출하여야 한다. 이 경우 안전성 검사에는 외부 전문가를 참여시켜야 한다.

정답 ④

223 「경찰관 직무집행법」상 경찰관의 무기사용에 대한 설명 중 가장 적절하지 않은 것은? 13승진변형

① 경찰관은 범인의 체포, 범인의 도주 방지, 자신이나 다른 사람의 생명·신체의 방어 및 보호, 공무집행에 대한 항거의 제지를 위하여 필요하다고 인정되는 상당한 이유가 있을 때에는 그 사태를 합리적으로 판단하여 필요한 한도에서 무기를 사용하여야 한다.
② 경찰관직무집행법은 경찰관의 직권남용에 대한 벌칙규정을 두고 있다.
③ 체포영장 집행시 항거·도주의 방지를 위한 경우에는 상대방에게 위해를 수반할 수 있다.
④ 범인이나 소요를 일으킨 사람이 무기·흉기 등 위험한 물건을 지니고 경찰관으로부터 3회 이상 물건을 버리라는 명령이나 항복하라는 명령을 받고도 따르지 아니하면서 계속 항거하여 이를 방지 또는 체포하기 위하여 무기를 사용하지 아니하고는 다른 수단이 없다고 인정되는 상당한 이유가 있을 때는 위해를 수반할 수 있다.

해설

① 경찰관은 범인의 체포, 범인의 도주 방지, 자신이나 다른 사람의 생명·신체의 방어 및 보호, 공무집행에 대한 항거의 제지를 위하여 필요하다고 인정되는 상당한 이유가 있을 때에는 그 사태를 합리적으로 판단하여 필요한 한도에서 <u>무기를 사용할 수 있다</u>.

정답 ①

---

224 「경찰관 직무집행법」 제10조의4(무기의 사용)에 대한 설명으로 가장 적절한 것은? 17경기북부여경

① 무기란 사람의 생명이나 신체에 위해를 끼칠 수 있도록 제작된 권총·소총·도검 등을 말한다.
② 「형법」에 규정된 정당방위와 긴급피난에 해당할 때 경찰관은 무기사용은 가능하나 위해를 줄 수는 없다.
③ 체포·구속영장을 집행하는 과정에서 경찰관의 직무집행에 항거하거나 도주하려고 할 때 위해를 수반한 무기사용이 가능하다. 다만, 이 경우 압수·수색영장을 집행하는 과정에서는 상대방에게 위해를 수반한 무기사용이 불가능하다.
④ 사형·무기 또는 장기 1년 이상의 징역이나 금고에 해당하는 죄를 범하였다고 의심할 만한 충분한 이유가 있는 사람이 경찰관의 직무집행에 항거하거나 도주하려고 하는 경우 위해를 수반한 무기사용이 가능하다.

해설

① ○
② 「형법」에 규정된 정당방위와 긴급피난에 해당할 때는 <u>위해를 수반한 무기사용 요건에 해당</u>한다.
③ <u>체포·구속영장과 압수·수색영장을 집행하는 과정에서</u> 경찰관의 직무집행에 항거하거나 도주하려고 할 때 <u>위해를 수반한 무기사용이 가능하다</u>.
④ 사형·무기 또는 <u>장기 3년 이상의</u> 징역이나 금고에 해당하는 죄를 범하였다고 의심할 만한 충분한 이유가 있는 사람이 경찰관의 직무집행에 항거하거나 도주하려고 하는 경우 위해를 수반한 무기사용이 가능하다.

정답 ①

225 「경찰관 직무집행법」 제10조의4(무기의 사용)에 대한 다음 설명 중 가장 적절하지 않은 것은?

13순경1차

① 경찰관은 범인의 체포·도주의 방지, 자신이나 다른 사람의 생명·신체의 방어 및 보호, 공무집행에 대한 항거의 제지를 위하여 필요하다고 인정되는 상당한 이유가 있을 때에는 그 사태를 합리적으로 판단하여 필요한 한도에서 무기를 사용할 수 있다.
② 범인이나 소요를 일으킨 사람이 무기·흉기 등 위험한 물건을 지니고 경찰관으로부터 3회 이상 물건을 버리라는 명령이나 항복하라는 명령을 받고도 따르지 아니하면서 계속 항거할 때에 이를 방지하거나 그 행위자를 체포하기 위하여 무기를 사용하지 아니하고는 다른 수단이 없다고 인정되는 상당한 이유가 있을 때 무기를 사용할 수 있다.
③ 대간첩작전 수행 과정에서 무장간첩이 항복하라는 경찰관의 명령을 받고도 따르지 아니할 때에 무기를 사용할 수 있다.
④ 무기란 사람의 생명이나 신체에 위해를 끼칠 수 있도록 제작된 권총·소총·도검·경찰봉·최루탄 등을 말한다.

해설

④ "무기"란 사람의 생명이나 신체에 위해를 끼칠 수 있도록 제작된 권총·소총·도검 등을 말한다.(제10조의4②) 경찰봉은 경찰장구에 해당하고, 최루탄은 분사기 등에 해당한다.

정답 ④

226 「경찰관 직무집행법」상 경찰관의 무기사용 시 상대방에게 위해를 주어서는 아니 되는 경우로 가장 적절한 것은?

15순경1차

① 자신이나 다른 사람의 생명·신체의 방어 및 보호
② 대간첩작전 수행 과정에서 무장간첩이 항복하라는 경찰관의 명령을 받고도 따르지 아니할 때
③ 「형법」에 규정된 정당방위와 긴급피난에 해당할 때
④ 범인이나 소요를 일으킨 사람이 무기·흉기 등 위험한 물건을 지니고 경찰관으로부터 3회 이상 물건을 버리라는 명령이나 항복하라는 명령을 받고도 따르지 아니하면서 계속 항거할 때

해설

①만 위해를 끼쳐서는 아니 되는 경우이고, 나머지는 위해 수반이 가능한 경우이다.

> 경찰관 직무집행법 제10조의4 경찰관은 범인의 체포, 범인의 도주 방지, 자신이나 다른 사람의 생명·신체의 방어 및 보호, 공무집행에 대한 항거의 제지를 위하여 필요하다고 인정되는 상당한 이유가 있을 때에는 그 사태를 합리적으로 판단하여 필요한 한도에서 무기를 사용할 수 있다. 다만, 다음 각 호의 어느 하나에 해당할 때를 제외하고는 사람에게 위해를 끼쳐서는 아니 된다.
> 1. 「형법」에 규정된 정당방위와 긴급피난에 해당할 때
> 2. 다음 각 목의 어느 하나에 해당하는 때에 그 행위를 방지하거나 그 행위자를 체포하기 위하여 무기를 사용하지 아니하고는 다른 수단이 없다고 인정되는 상당한 이유가 있을 때
>   가. 사형·무기 또는 장기 3년 이상의 징역이나 금고에 해당하는 죄를 범하거나 범하였다고 의심할 만한 충분한 이유가 있는 사람이 경찰관의 직무집행에 항거하거나 도주하려고 할 때
>   나. 체포·구속영장과 압수·수색영장을 집행하는 과정에서 경찰관의 직무집행에 항거하거나 도주하려고 할 때
>   다. 제3자가 가목 또는 나목에 해당하는 사람을 도주시키려 경찰관에게 항거할 때
>   라. 범인이나 소요를 일으킨 사람이 무기·흉기 등 위험한 물건을 지니고 경찰관으로부터 3회 이상 물건을 버리라는 명령이나 항복하라는 명령을 받고도 따르지 아니하면서 계속 항거할 때
> 3. 대간첩 작전 수행 과정에서 무장간첩이 항복하라는 경찰관의 명령을 받고도 따르지 아니할 때

정답 ①

227 「경찰관 직무집행법」 제10조의4에 규정된 위해를 수반할 수 있는 무기사용 요건에 해당하지 않는 것은?

① 대간첩 작전 수행 과정에서 무장간첩이 항복하라는 경찰관의 명령을 받고도 따르지 아니할 때
② 공무집행에 대한 항거의 제지
③ 「형법」에 규정된 정당방위와 긴급피난
④ 무기·흉기 등 위험한 물건을 지니고 경찰관으로부터 3회 이상 물건을 버리라는 명령이나 항복하라는 명령을 받고도 따르지 아니하면서 계속 항거하는 범인을 체포하기 위하여 무기를 사용하지 아니하고는 다른 수단이 없다고 인정되는 상당한 이유가 있을 때

해설
② 공무집행에 대한 항거의 제지는 <u>위해를 수반하지 않는 무기사용 요건</u>에 해당

정답 ②

228 「경찰관 직무집행법」 및 「위해성 경찰장비의 사용기준 등에 관한 규정」상 경찰장비의 사용에 대한 설명으로 가장 적절한 것은?　20순경2차

① 경찰관은 범인의 체포 또는 도주의 방지, 자신이나 다른 사람의 생명·신체의 방어 및 보호, 공무집행에 대한 항거의 제지를 위하여 필요한 상당한 이유가 있는 경우 경찰장구를 사용할 수 있다.
② 경찰관은 불법집회·시위 또는 소요사태로 인하여 발생할 수 있는 타인 또는 경찰관의 생명·신체의 위해와 재산·공공시설의 위험을 억제하기 위하여 부득이한 경우에는 시·도경찰청장의 명령에 따라 필요한 최소한의 범위에서 가스차를 사용할 수 있다.
③ 제11조(사용기록의 보관)에 따라 살수차, 분사기, 전자충격기 및 전자방패, 무기를 사용하는 경우 그 책임자는 사용 일시·장소·대상, 현장책임자, 종류, 수량 등을 기록하여 보관하여야 한다.
④ 경찰관은 범인·주취자 또는 정신착란자의 자살 또는 자해기도를 방지하기 위하여 필요한 때에는 수갑·포승 또는 호송용 포승을 사용할 수 있다. 이 경우 경찰관은 소속 국가경찰관서의 장에게 그 사실을 보고하여야 한다.

해설

① 경찰관은 **현행범이나 사형·무기 또는 장기 3년 이상의 징역이나 금고에 해당하는 죄를 범한 범인의 체포 또는 도주의 방지**, 자신이나 다른 사람의 생명·신체의 방어 및 보호, 공무집행에 대한 항거의 제지를 위하여 필요한 상당한 이유가 있는 경우 경찰장구를 사용할 수 있다(법 제10조의2①).
② 경찰관은 불법집회·시위 또는 소요사태로 인하여 발생할 수 있는 타인 또는 경찰관의 생명·신체의 위해와 재산·공공시설의 위험을 억제하기 위하여 부득이한 경우에는 **현장책임자의 판단에 의하여** 필요한 최소한의 범위에서 가스차를 사용할 수 있다(규정 제13조①).
③ 제10조 제2항에 따른 **살수차**, 제10조의3에 따른 **분사기, 최루탄 또는** 제10조의4에 따른 **무기를 사용하는 경우** 그 책임자는 사용 일시·장소·대상, 현장책임자, 종류, 수량 등을 기록하여 보관하여야 한다(법 제11조).
④ ○

정답 ④

229 「위해성 경찰장비의 사용기준 등에 관한 규정」에 대한 설명으로 가장 적절하지 않은 것은? 21승진

① 경찰관은 불법집회·시위로 인하여 발생할 수 있는 경찰관의 생명·신체의 위해와 재산·공공시설의 위험을 방지하기 위해서는 경찰봉 또는 호신용경봉을 사용할 수 없다.
② 경찰관은 범인·술에 취한 사람 또는 정신착란자의 자살 또는 자해기도를 방지하기 위하여 필요한 때에는 수갑·포승 또는 호송용포승을 사용할 수 있다.
③ 경찰청장은 위해성 경찰장비를 새로 도입하려는 경우에는 신규 도입 장비에 대한 안전성 검사를 실시한 후 3개월 이내에 안전성 검사 결과보고서를 국회 소관 상임위원회에 제출하여야 한다.
④ 경찰관은 가스차·살수차 또는 특수진압차의 최루탄발사대로 최루탄을 발사하는 경우에는 15도 이상의 발사각을 유지하여야 하고, 최루탄발사기로 최루탄을 발사하는 경우 30도 이상의 발사각을 유지하여야 한다.

> **해설**
> ① 경찰관은 불법집회·시위로 인하여 발생할 수 있는 타인 또는 경찰관의 생명·신체의 위해와 재산·공공시설의 위험을 방지하기 위하여 **필요한 때에는 최소한의 범위안에서** 경찰봉 또는 호신용경봉을 사용할 수 있다.(위해성 경찰장비의 사용기준 등에 관한 규정 제6조)
>
> **정답** ①

230 다음은 「위해성 경찰장비의 사용기준 등에 관한 규정」에 대한 설명이다. 적절한 것만을 고른 것은 모두 몇 개인가? 21순경1차

> ㉠ 경찰관은 소요사태로 인해 타인의 법익이나 공공의 안녕질서에 대한 직접적인 위험이 명백하게 초래되어 살수차 외의 경찰장비로는 그 위험을 제거·완화시키는 것이 현저히 곤란한 경우에는 시·도경찰청장의 명령에 따라 살수차를 배치·사용할 수 있다.
> ㉡ 경찰관은 총기 또는 폭발물을 가지고 대항하는 경우를 제외하고는 14세미만의 자 또는 임산부에 대하여 권총 또는 소총을 발사하여서는 아니된다.
> ㉢ 「경찰관 직무집행법」제10조 제5항 후단에 따라 안전성 검사에 참여한 외부 전문가는 안전성 검사가 끝난 후 3개월 이내에 신규 도입 장비의 안전성 여부에 대한 의견을 경찰청장에게 제출하여야 한다.
> ㉣ 국가경찰관서의 장(경찰청장·해양경찰청장·시·도경찰청장·지방해양경찰청장·경찰서장 또는 해양경찰서장 기타 경무관·총경·경정 또는 경감을 장으로 하는 국가경찰관서의 장을 말한다)은 폐기대상인 위해성 경찰장비 또는 성능이 저하된 위해성 경찰장비를 개조할 수 있으며, 소속경찰관으로 하여금 이를 본래의 용법에 준하여 사용하게 할 수 있다.
> ㉤ 「위해성 경찰장비의 사용기준 등에 관한 규정」제2조 제2호부터 제4호까지의 위해성 경찰장비(제4호의 경우에는 가스차만 해당한다)를 사용하는 경우 그 현장책임자 또는 사용자는 사용보고서를 작성하여 직근상급 감독자에게 보고하고, 직근상급 감독자는 이를 3년간 보관하여야 한다.

① 1개　　　② 2개　　　③ 3개　　　④ 4개

해설

ⓒ 안전성 검사에 참여한 외부 전문가는 안전성 검사가 끝난 후 <u>30일 이내에</u> 신규 도입 장비의 안전성 여부에 대한 의견을 경찰청장에게 제출하여야 한다.

ⓔ 「위해성 경찰장비의 사용기준 등에 관한 규정」 제2조 제2호부터 제4호까지의 위해성 경찰장비(제4호의 경우에는 <u>살수차만 해당</u>한다)를 사용하는 경우 그 현장책임자 또는 사용자는 별지 서식의 사용보고서를 작성하여 직근상급 감독자에게 보고하고, 직근상급 감독자는 이를 3년간 보관하여야 한다.

정답 ③

---

231 다음 중 「위해성 경찰장비의 사용기준 등에 관한 규정」상 경찰장구는 모두 몇 개인가? 13순경1차

㉠ 수갑	㉡ 가스분사기
㉢ 기관총	㉣ 경찰봉
㉤ 유탄발사기	㉥ 전자충격기
㉦ 석궁	㉧ 다목적발사기

① 2개　　② 3개　　③ 4개　　④ 5개

해설

㉠ **수갑 – 경찰장구**　　㉡ 가스분사기 – 분사기·최루탄등
㉢ 기관총 – 무기　　㉣ **경찰봉 – 경찰장구**
㉤ 유탄발사기 – 무기　　㉥ **전자충격기 – 경찰장구**
㉦ 석궁 – 기타장비　　㉧ 다목적발사기 – 기타장비

> 위해성 경찰장비의 사용기준 등에 관한 규정 제2조(위해성 경찰장비의 종류) 「경찰관 직무집행법」(이하 "법"이라 한다) 제10조 제1항 단서에 따른 사람의 생명이나 신체에 위해를 끼칠 수 있는 경찰장비(이하 "위해성 경찰장비"라 한다)의 종류는 다음 각 호와 같다.
> 1. 경찰장구 : 수갑·포승(捕繩)·호송용포승·경찰봉·호신용경봉·**전자충격기**·방패 및 전자방패
> 2. 무기 : 권총·소총·기관총(기관단총을 포함한다. 이하 같다)·산탄총·유탄발사기·박격포·3인치포·함포·크레모아·수류탄·폭약류 및 도검
> 3. 분사기·최루탄등 : 근접분사기·가스분사기·가스발사총(고무탄 발사겸용을 포함한다. 이하 같다) 및 최루탄(그 발사장치를 포함한다. 이하 같다)
> 4. 기타장비 : 가스차·살수차·특수진압차·물포·석궁·다목적발사기 및 도주차량차단장비
> (기타장비 – 차에물석다)

정답 ②

232 「위해성 경찰장비의 사용기준 등에 관한 규정」 제2조에는 경찰장비의 종류가 '경찰장구', '무기', '분사기·최루탄 등', '기타 장비'로 구분이 되어 있다. 다음 중 '경찰장구'로 분류되어 있는 것은 모두 몇 개인가?

13승진

㉠ 수갑	㉡ 전자충격기
㉢ 수류탄	㉣ 권총
㉤ 살수차	㉥ 전자방패
㉦ 가스차	㉧ 물포
㉨ 다목적발사기	㉩ 유탄발사기
㉪ 호송용포승	㉫ 가스발사총

① 2개   ② 3개   ③ 4개   ④ 5개

해설

경찰장구는 ㉠ 수갑 ㉡ 전자충격기 ㉥ 전자방패 ㉪ 호송용포승 4개이다.
※ 기타장비는 "차에 물석다"

정답 ③

---

233 「위해성 경찰장비의 사용기준 등에 관한 규정」상 다음 보기를 경찰장구, 무기, 분사기·최루탄등, 기타장비로 옳게 구분한 것은?

14순경2차

㉠ 살수차	㉡ 산탄총
㉢ 포승	㉣ 전자충격기
㉤ 가스발사총	㉥ 석궁
㉦ 가스차	㉧ 경찰봉

① 경찰장구 3개, 무기 2개, 분사기·최루탄등 2개, 기타장비 1개
② 경찰장구 2개, 무기 1개, 분사기·최루탄등 2개, 기타장비 3개
③ 경찰장구 3개, 무기 1개, 분사기·최루탄등 1개, 기타장비 3개
④ 경찰장구 2개, 무기 3개, 분사기·최루탄등 1개, 기타장비 2개

해설

㉠ 살수차-기타장비 ㉡ 산탄총-무기 ㉢ 포승-경찰장구 ㉣ 전자충격기-경찰장구 ㉤ 가스발사총-분사기최루탄 ㉥ 석궁-기타장비 ㉦ 가스차-기타장비 ㉧ 경찰봉-경찰장구

정답 ③

234 위해성 경찰장비의 사용기준 등에 관한 규정에 관한 설명 중 가장 적절하지 않은 것은? 22순경1차

① 권총 소총 기관총 함포 크레모아 수류탄 가스발사총은 무기에 해당한다.
② 경찰관은 14세 미만의 자 또는 임산부에 대하여 전자충격기 또는 전자방패를 사용하여서는 아니된다.
③ 경찰관은 전극침(電極針) 발사장치가 있는 전자충격기를 사용하는 경우 상대방의 얼굴을 향하여 전극침을 발사하여서는 아니된다.
④ 경찰관(경찰공무원으로 한정한다)은 체포 구속영장을 집행하거나 신체의 자유를 제한하는 판결 또는 처분을 받은 자를 법률이 정한 절차에 따라 호송하거나 수용하기 위하여 필요한 때에는 최소한의 범위안에서 수갑 포승 또는 호송용포승을 사용할 수 있다.

> **해설**
> ① 무기란 권총·소총·기관총(기관단총을 포함한다)·산탄총·유탄발사기·박격포·3인치포·함포·크레모아·수류탄·폭약류 및 도검을 말한다(규정 제2조 제2호). **가스발사총은 분사기·최루탄등에 해당**한다.
> **정답** ①

235 대통령령인 「위해성 경찰장비의 사용기준 등에 관한 규정」에 대한 다음 설명 중 옳지 않은 것은?
17경간

① 경찰관은 전극침 발사장치가 있는 전자충격기를 사용하는 경우 상대방의 얼굴을 향하여 전극침을 발사하여서는 아니된다.
② 경찰관은 총기 또는 폭발물을 가지고 대항하는 경우를 제외하고는 14세 미만의 자 또는 임산부에 대하여 권총 또는 소총을 발사하여서는 아니된다.
③ 경찰관은 가스발사총을 사용할 경우 1미터 이내의 거리에서 상대방의 얼굴을 향하여 이를 발사하여서는 아니된다.
④ 경찰관은 최루탄발사기로 최루탄을 발사하는 경우 15도 이상의 발사각을 유지하여야 하고, 가스차·살수차 또는 특수진압차의 최루탄발사대로 최루탄을 발사하는 경우에는 30도 이상의 발사각을 유지하여야 한다.

> **해설**
> ④ 경찰관은 최루탄발사기로 최루탄을 발사하는 경우 **30도 이상의** 발사각을 유지하여야 하고, 가스·살수차 또는 특수진압차의 최루탄발사대로 최루탄을 발사하는 경우에는 **15도 이상의** 발사각을 유지하여야 한다.
> **정답** ④

236 「위해성 경찰장비의 사용기준 등에 관한 규정」에 대한 설명으로 가장 적절하지 <u>않은</u> 것은?

16순경1차

① 경찰관은 불법집회·시위로 인하여 발생할 수 있는 타인 또는 경찰관의 생명·신체의 위해와 재산·공공시설의 위험을 방지하기 위하여 필요한 때에는 최소한의 범위 안에서 경찰봉 또는 호신용경봉을 사용할 수 있다.
② 경찰관은 14세 이하의 자 또는 임산부에 대하여 전자충격기 또는 전자방패를 사용하여서는 아니 된다.
③ 경찰관은 전극침 발사장치가 있는 전자충격기를 사용하는 경우 상대방의 얼굴을 향하여 전극침을 발사하여서는 아니된다.
④ 경찰관은 최루탄발사기로 최루탄을 발사하는 경우 30도 이상의 발사각을 유지하여야 하고, 가스차·살수차 또는 특수진압차의 최루탄발사대로 최루탄을 발사하는 경우에는 15도 이상의 발사각을 유지하여야 한다.

해설

② 경찰관은 <u>14세 미만의 자</u> 또는 임산부에 대하여 전자충격기 또는 전자방패를 사용하여서는 아니된다. (동규정 제8조①)

정답 ②

---

237 「위해성 경찰장비의 사용기준 등에 관한 규정」에 대한 설명 중 가장 옳은 것은?

19경간

① 경찰관은 최루탄발사기로 최루탄을 발사하는 경우 15도 이상의 발사각을 유지하여야 하고, 가스차·살수차 또는 특수진압차의 최루탄발사대로 최루탄을 발사하는 경우에는 30도 이상의 발사각을 유지하여야 한다.
② 경찰관은 14세 이하의 자 또는 임산부에 대하여 전자충격기 또는 전자방패를 사용하여서는 아니 된다.
③ 분사기·최루탄 등에는 근접분사기·가스분사기·가스발사총(고무탄 발사겸용을 제외) 및 최루탄(그 발사장치를 포함)이 있다.
④ 경찰관은 범인의 체포 또는 도주방지, 타인 또는 경찰관의 생명·신체에 대한 방호, 공무집행에 대한 항거의 억제를 위하여 필요한 때에는 최소한의 범위 안에서 가스발사총을 사용할 수 있다. 이 경우 경찰관은 1미터 이내의 거리에서 상대방의 얼굴을 향하여 이를 발사하여서는 아니 된다.

해설

① 경찰관은 최루탄발사기로 최루탄을 발사하는 경우 <u>30도 이상의</u> 발사각을 유지하여야 하고, 가스차·살수차 또는 특수진압차의 최루탄발사대로 최루탄을 발사하는 경우에는 <u>15도 이상의</u> 발사각을 유지하여야 한다.(동규정 12조②)

② 경찰관은 **14세 미만의** 자 또는 임산부에 대하여 전자충격기 또는 전자방패를 사용하여서는 아니 된다. (동규정 제8조①)
③ 분사기·최루탄 등에는 근접분사기·가스분사기·가스발사총(**고무탄 발사겸용을 포함한다**) 및 최루탄(그 발사장치를 포함)이 있다. (동규정 제2조 제3호)
④ ○

정답 ④

238 경찰장비에 대한 설명이다. 아래 ㉠부터 ㉣까지의 설명 중 옳고 그름의 표시(O, X)가 바르게 된 것은?

22승진

> ㉠ 경찰관 직무집행법상 경찰청장은 위해성 경찰장비를 새로 도입하려는 경우에는 대통령령으로 정하는 바에 따라 안전성 검사를 실시하여 그 안전성 검사의 결과보고서를 행정안전부장관에게 제출하여야 한다.
> ㉡ 위해성 경찰장비의 사용기준 등에 관한 규정상 경찰관은 14세 미만의 자 또는 65세 이상의 고령자에 대하여 전자충격기를 사용하여서는 아니 된다.
> ㉢ 경찰관 직무집행법상 경찰관은 범인의 체포 또는 범인의 도주 방지를 위하여 부득이한 경우에는 현장책임자가 판단하여 필요한 최소한의 범위에서 총포 도검 화약류 등의 안전관리에 관한 법률 에 따른 분사기를 사용할 수 있다.
> ㉣ 경찰관 직무집행법상 경찰관은 범인의 체포, 범인의 도주방지, 자신이나 다른 사람의 생명 신체의 방어 및 보호, 공무집행에 대한 항거의 제지를 위하여 필요하다고 인정되는 상당한 이유가 있을 때에는 그 사태를 합리적으로 판단하여 필요한 한도에서 무기를 사용할 수 있다.

① ㉠(X) ㉡(O) ㉢(O) ㉣(X)
② ㉠(O) ㉡(X) ㉢(O) ㉣(X)
③ ㉠(X) ㉡(X) ㉢(X) ㉣(O)
④ ㉠(X) ㉡(X) ㉢(O) ㉣(O)

해설

㉠ 경찰청장은 위해성 경찰장비를 새로 도입하려는 경우에는 대통령령으로 정하는 바에 따라 안전성 검사를 실시하여 그 안전성 검사의 결과보고서를 **국회 소관 상임위원회에** 제출하여야 한다.(경찰관 직무집행법 제10조 제5항)
㉡ 경찰관은 14세미만의 자 또는 **임산부에 대하여** 전자충격기 또는 전자방패를 사용하여서는 아니된다.(위해성 경찰장비의 사용기준 등에 관한 규정 제8조 제1항)

정답 ④

239 「위해성 경찰장비의 사용기준 등에 관한 규정」에 대한 설명으로 가장 적절하지 않은 것은? 17순경1차

① 경찰관은 총기 또는 폭발물을 가지고 대항하는 경우를 제외하고는 14세 미만의 자 또는 임산부에 대하여 권총 또는 소총을 발사하여서는 아니 된다.
② 가스차·살수차·특수진압차·물포·석궁·다목적발사기 및 도주차량차단장비는 '기타장비'에 포함된다.
③ 근접분사기·가스분사기·가스발사총(고무탄 발사겸용은 제외) 및 최루탄(그 발사장치를 포함)은 '분사기·최루탄등'에 포함된다.
④ 권총·소총·기관총(기관단총을 포함)·산탄총·유탄발사기·박격포·3인치포·함포·크레모아·수류탄·폭약류 및 도검은 '무기'에 포함된다.

해설

③ 근접분사기·가스분사기·가스발사총(<u>고무탄 발사겸용을 포함</u>) 및 최루탄(그 발사장치를 포함)은 '분사기·최루탄등'에 포함된다.

정답 ③

---

240 「위해성 경찰장비의 사용기준 등에 관한 규정」에 대한 내용으로 가장 적절하지 않은 것은?

18순경1차

① 경찰관은 범인·주취자 또는 정신착란자의 자살 또는 자해기도를 방지하기 위하여 필요한 때에는 수갑·포승 또는 호송용포승을 사용할 수 있다.
② 경찰관은 총기 또는 폭발물을 가지고 대항하는 경우를 제외하고는 14세 미만의 자 또는 임산부에 대하여 권총 또는 소총을 발사하여서는 아니 된다.
③ 경찰관은 최루탄발사기로 최루탄을 발사하는 경우 30도 이상의 발사각을 유지하여야 하고, 가스차·살수차 또는 특수진압차의 최루탄발사대로 최루탄을 발사하는 경우에는 15도 이상의 발사각을 유지하여야 한다.
④ 경찰청장은 신규 도입 장비에 대한 안전성 검사를 실시한 후 3개월 이내에 안전성 검사 결과보고서를 국무회의에 제출하여야 한다.

해설

④ 경찰청장은 신규 도입 장비에 대한 안전성 검사를 실시한 후 3개월 이내에 안전성 검사 결과보고서를 <u>국회 소관 상임위원회</u>에 제출하여야 한다.

정답 ④

241 「위해성 경찰장비의 사용기준 등에 관한 규정」의 내용으로 가장 적절하지 않은 것은? 18승진

① 경찰장구에는 수갑·포승(捕繩)·호송용포승·경찰봉·호신용경봉을 포함한다.
② 무기에는 산탄총·유탄발사기·3인치포·전자충격기·폭약류 및 도검을 포함한다.
③ 경찰관은 범인의 체포 또는 도주방지, 타인 또는 경찰관의 생명·신체에 대한 방호, 공무집행에 대한 항거의 억제를 위하여 필요한 때에는 최소한의 범위안에서 가스발사총을 사용할 수 있다. 이 경우 경찰관은 1미터이내의 거리에서 상대방의 얼굴을 향하여 이를 발사하여서는 아니된다.
④ 경찰관은 범인·술에 취한 사람 또는 정신착란자의 자살 또는 자해기도를 방지하기 위하여 필요한 때에는 수갑·포승 또는 호송용포승을 사용할 수 있다. 이 경우 경찰관은 소속 국가경찰관서의 장(경찰청장·해양경찰청장·시·도경찰청장·지방해양경찰청장·경찰서장 또는 해양경찰서장 기타 경무관·총경·경정 또는 경감을 장으로 하는 국가경찰관서의 장을 말한다)에게 그 사실을 보고해야 한다.

해설

② <u>전자충격기는 경찰장구</u>에 해당한다.

정답 ②

242 경찰장구인 전자충격기(테이저)에 관한 설명으로 가장 적절하지 않은 것은? 16승진

① 임산부에 대하여 사용하여서는 아니 된다.
② 전극침은 상대방의 얼굴을 향하여 발사하여서는 아니 된다.
③ 14세 미만의 자에 대하여 사용하여서는 아니 된다.
④ 전자충격기(테이저)를 사용할 때에는 3회 이상의 투기명령을 한 뒤, 대상자를 제압해야만 한다.

해설

④ 전자충격기(테이저)는 경찰장구로서, <u>투기명령 없이 사용할 수 있다.</u>

정답 ④

243 경찰장구인 전자충격기(일명 테이저건)에 대한 설명으로 가장 적절하지 않은 것은? 15승진

① 전극침을 발사하는 경우, 전면은 가슴 이하(허리 벨트선 상단과 심장 아래 쪽 사이)를 조준하고, 후면은 주로 근육이 분포되어 있고 상대적으로 넓은 등을 조준하는 것이 바람직하다.
② 전극침은 상대방의 얼굴을 향해 발사하여서는 안 된다.
③ 공무집행에 대한 항거를 제압하는 수단으로 사용할 수 없다.
④ 14세 미만의 자 및 임산부에 대하여 사용해서는 안 된다.

해설
③ 공무집행에 대한 항거를 제압하는 수단으로 사용할 수 있다.

정답 ③

---

244 「위해성 경찰장비의 사용기준 등에 관한 규정」에 대한 설명으로 가장 적절하지 않은 것은? 19승진

① 직무수행 중 위해성 경찰장비를 사용하는 경찰관은 위해성 경찰장비 사용을 위한 안전교육을 받아야 한다.
② 위해성 경찰장비를 사용하는 경찰관이 소속한 국가경찰관서의 장은 소속 경찰관이 사용할 위해성 경찰장비에 대한 안전검사를 실시하여야 한다.
③ 경찰청장은 위해성 경찰장비를 새로 도입하려는 경우에는 안전성 검사를 실시하여 새로 도입하려는 장비가 사람의 생명이나 신체에 미치는 영향을 평가하여야 한다.
④ 위해성 경찰장비를 새로 도입하려는 경우에 안전성 검사에 참여한 외부 전문가는 안전성 검사를 실시한 후 3개월 이내에 안전성 검사 결과보고서를 국회 소관 상임위원회에 제출하여야 한다.

해설
④ 안전성 검사에 참여한 외부 전문가는 안전성 검사가 끝난 후 30일 이내에 신규 도입 장비의 안전성 여부에 대한 의견을 경찰청장에게 제출하여야 한다.
※ 경찰청장은 신규 도입 장비에 대한 안전성 검사를 실시한 후 3개월 이내에 다음 각 호의 내용이 포함된 안전성 검사 결과보고서를 국회 소관 상임위원회에 제출하여야 한다.

정답 ④

245 「경찰관 직무집행법」에 관한 다음 설명 중 옳은 것은 모두 몇 개인가?   15순경2차

> ㉠ 유치장에 관한 규정을 두고 있다.
> ㉡ "경찰장비"란 무기, 경찰장구, 최루제와 그 발사장치, 살수차, 감식기구, 해안 감시기구, 통신기기, 차량·선박·항공기 등 경찰이 직무를 수행할 때 필요한 장치와 기구를 말한다.
> ㉢ 손실보상청구권은 손실이 있음을 안 날부터 2년, 손실이 발생한 날부터 5년간 행사하지 아니하면 시효의 완성으로 소멸한다.
> ㉣ "경찰장구"란 경찰관이 휴대하여 범인 검거와 범죄 진압 등의 직무 수행에 사용하는 수갑, 포승, 경찰봉, 방패 등을 말한다.

① 1개   ② 2개   ③ 3개   ④ 4개

해설

㉢ 손실보상청구권은 손실이 있음을 <u>안 날부터 3년</u>, 손실이 발생한 날부터 5년간 행사하지 아니하면 시효의 완성으로 소멸한다(동법 제11조의2②).

정답 ③

---

246 「경찰관 직무집행법」 및 「경찰관 직무집행법 시행령」상 손실보상에 대한 설명으로 가장 적절한 것은?   21순경1차

① 손실발생의 원인에 대하여 책임이 없는 자가 경찰관의 적법한 직무집행으로 인하여 생명·신체 또는 재산상의 손실을 입은 경우(손실발생의 원인에 대하여 책임이 없는 자가 경찰관의 직무집행에 자발적으로 협조하거나 물건을 제공하여 생명·신체 또는 재산상의 손실을 입은 경우를 제외한다), 국가는 그 손실을 입은 자에 대하여 정당한 보상을 하여야 한다.
② 경찰청장 또는 시·도경찰청장은 손실보상심의위원회의 심의·의결에 따라 보상금을 지급하고, 거짓 또는 부정한 방법으로 보상금을 받은 사람에 대하여는 해당 보상금을 환수할 수 있다.
③ 손실보상심의위원회는 위원장 1명을 포함한 5명 이상 7명 이하의 위원으로 구성하며, 위원장이 부득이한 사유로 직무를 수행할 수 없는 때에는 상임위원, 위원 중 연장자순으로 위원장의 직무를 대행한다.
④ 보상금을 지급하기로 결정한 경우 경찰청장등(경찰청, 해양경찰청, 시·도경찰청 및 지방해양경찰청의 장)은 「경찰관 직무집행법 시행령」 제10조 제3항에 따른 결정일부터 10일 이내에 보상금 지급 청구 승인 통지서에 결정 내용을 적어서 청구인에게 통지하여야 한다.

> **해설**
> ① 손실발생의 원인에 대하여 책임이 없는 자가 생명·신체 또는 재산상의 손실을 입은 경우(손실발생의 원인에 대하여 책임이 없는 자가 경찰관의 직무집행에 자발적으로 협조하거나 물건을 제공하여 생명·신체 또는 재산상의 손실을 입은 경우를 <u>포함한다</u>), 국가는 그 손실을 입은 자에 대하여 정당한 보상을 하여야 한다.
> ② 경찰청장 또는 시·도경찰청장은 제3항의 손실보상심의위원회의 심의·의결에 따라 보상금을 지급하고, 거짓 또는 부정한 방법으로 보상금을 받은 사람에 대하여는 해당 보상금을 <u>환수하여야 한다</u>.
> ③ 위원회는 위원장 1명을 포함한 5명 이상 7명 이하의 위원으로 구성한다. 위원장이 부득이한 사유로 직무를 수행할 수 없는 때에는 <u>위원장이 미리 지명한 위원이 그 직무를 대행한다</u>.
> ④ (O)
>
> **정답 ④**

247 「경찰관 직무집행법」 및 동법 시행령상 손실보상에 대한 설명으로 가장 적절하지 <u>않은</u> 것은?

18순경2차, 17순경2차유사

① 보상을 청구할 수 있는 권리는 손실이 있음을 안 날부터 3년, 손실이 발생한 날부터 5년간 행사하지 아니하면 시효의 완성으로 소멸한다.
② 소속 경찰공무원의 직무집행으로 인하여 발생한 손실보상청구 사건을 심의하기 위하여 경찰청, 해양경찰청, 시·도경찰청, 지방해양경찰청, 경찰서 및 해양경찰서에 손실보상심의위원회를 설치하며, 위원회는 위원장 1명을 포함한 5명 이상 7명 이하의 위원으로 구성한다.
③ 보상금은 일시불로 지급하되, 예산 부족 등의 사유로 일시금으로 지급할 수 없는 특별한 사정이 있는 경우에는 청구인의 동의를 받아 분할하여 지급할 수 있다.
④ 손실보상의 기준, 보상금액, 지급절차 및 방법, 손실보상심의위원회의 구성 및 운영, 그 밖에 필요한 사항은 대통령령으로 정한다.

> **해설**
> ② 소속 경찰공무원의 직무집행으로 인하여 발생한 손실보상청구 사건을 심의하기 위하여 경찰청, 해양경찰청, 시·도경찰청 및 지방해양경찰청에 손실보상심의위원회(이하 "위원회"라 한다)를 설치하며, 위원회는 위원장 1명을 포함한 5명 이상 7명 이하의 위원으로 구성한다.
>
> **정답 ②**

248 「경찰관 직무집행법」상 손실보상에 대한 설명으로 **틀린** 것은 모두 몇 개인가?

15순경1차

> ㉠ 보상을 청구할 수 있는 권리는 손실이 있음을 안 날로부터 1년, 손실이 발생한 날로부터 3년간 행사하지 아니하면 시효의 완성으로 소멸한다.
> ㉡ 소속 경찰공무원의 직무집행으로 인하여 발생한 손실보상청구 사건을 심의하기 위하여 경찰청, 시·도경찰청 및 경찰서에 손실보상심의위원회를 설치한다.
> ㉢ 보상금은 다른 법률에 특별한 규정이 있는 경우를 제외하고는 현금으로 지급하여야 하고, 일시불로 지급하되 예산부족 등의 사유로 일시금으로 지급할 수 없는 특별한 사정이 있는 경우에는 청구인의 동의를 받아 분할하여 지급할 수 있다.
> ㉣ 물건의 멸실·훼손으로 인한 손실 외의 재산상 손실에 대해서는 직무집행과 상당한 인과관계가 있는 범위에서 보상한다.

① 1개   ② 2개   ③ 3개   ④ 4개

해설

㉠ 보상을 청구할 수 있는 권리는 손실이 있음을 **안 날부터 3년**, 손실이 **발생한 날부터 5년간** 행사하지 아니하면 시효의 완성으로 소멸한다(제11조의2②).
㉡ 소속 경찰공무원의 직무집행으로 인하여 발생한 손실보상청구 사건을 심의하기 위하여 **경찰청, 해양경찰청, 시·도경찰청 및 지방해양경찰청에** 손실보상심의위원회를 설치한다.

> **경찰관 직무집행법 시행령**
> **제9조(손실보상의 기준 및 보상금액 등)** ① 법 제11조의2 제1항에 따라 손실보상을 할 때 물건을 멸실·훼손한 경우에는 다음 각 호의 기준에 따라 보상한다.
>   1. 손실을 입은 물건을 수리할 수 있는 경우 : 수리비에 상당하는 금액
>   2. 손실을 입은 물건을 수리할 수 없는 경우 : 손실을 입은 당시의 해당 물건의 교환가액
>   3. 영업자가 손실을 입은 물건의 수리나 교환으로 인하여 영업을 계속할 수 없는 경우 : 영업을 계속할 수 없는 기간 중 영업상 이익에 상당하는 금액
> ② 물건의 멸실·훼손으로 인한 손실 외의 재산상 손실에 대해서는 직무집행과 상당한 인과관계가 있는 범위에서 보상한다.
> **제11조(손실보상심의위원회의 설치 및 구성)** ① 법 제11조의2 제3항에 따라 소속 경찰공무원의 직무집행으로 인하여 발생한 손실보상청구 사건을 심의하기 위하여 경찰청, 해양경찰청, 시·도경찰청 및 지방해양경찰청에 손실보상심의위원회를 설치한다.
> ② 위원회는 위원장 1명을 포함한 5명 이상 7명 이하의 위원으로 구성한다.
> ③ 위원회의 위원은 소속 경찰공무원과 다음 각 호의 어느 하나에 해당하는 사람 중에서 경찰청장등이 위촉하거나 임명한다. 이 경우 위원의 과반수 이상은 경찰공무원이 아닌 사람으로 하여야 한다.
>   1. 판사·검사 또는 변호사로 5년 이상 근무한 사람
>   2. 「고등교육법」 제2조에 따른 학교에서 법학 또는 행정학을 가르치는 부교수 이상으로 5년 이상 재직한 사람
>   3. 경찰 업무와 손실보상에 관하여 학식과 경험이 풍부한 사람
> 위촉위원의 임기는 2년으로 한다.

정답 ②

249 「경찰관 직무집행법」 및 「경찰관 직무집행법 시행령」상 손실보상에 대한 설명으로 옳지 <u>않은</u> 것은 모두 몇 개인가?

20경간

> 가. 국가는 경찰관의 적법한 직무집행으로 인하여 손실발생의 원인에 대하여 책임이 없는 자가 생명·신체 또는 재산상의 손실을 입은 경우 손실을 입은 자에게 정당한 보상을 하여야 한다.
> 나. 손실을 입은 물건을 수리할 수 있는 경우에는 수리비에 상당하는 금액으로 보상한다.
> 다. 손실을 입은 물건을 수리할 수 없는 경우에는 보상 당시의 해당물건의 교환 가액으로 보상한다.
> 라. 영업자가 손실을 입은 물건의 수리나 교환으로 인하여 영업을 계속할 수 없는 경우에는 기간 중 영업상 이익에 상당하는 금액으로 보상한다.
> 마. 물건의 멸실·훼손으로 인한 손실 외의 재산상 손실에 대해서는 직무집행과 상당한 인과관계가 있는 범위에서 보상한다.
> 바. 보상금은 다른 법률에 특별한 규정이 있는 경우를 제외하고는 현금으로 지급하여야 한다.

① 1개 ② 2개 ③ 3개 ④ 4개

해설

다. 손실을 입은 물건을 수리할 수 없는 경우에는 **손실을 입은 당시의** 해당 물건의 교환가액으로 보상한다.

정답 ①

250 「경찰관 직무집행법」 및 「경찰관 직무집행법 시행령」상 손실보상에 대한 다음 설명 중 옳지 않은 것은 모두 몇 개인가?

19경간

> 가. 국가는 경찰관의 적법한 직무집행으로 인하여 손실발생의 원인에 대하여 책임이 있는 자가 자신의 책임에 상응하는 정도를 초과하는 재산상의 손실을 입은 경우 손실을 입은 자에 대하여 정당한 보상을 하여야 한다.
> 나. 손실보상의 기준, 보상금액, 지급절차 및 방법, 손실보상심의위원회의 구성 및 운영, 그 밖에 필요한 사항은 행정안전부령으로 한다.
> 다. 소속 경찰공무원의 직무집행으로 인하여 발생한 손실보상 청구 사건을 심의하기 위하여 경찰청, 시·도경찰청 및 경찰서에 손실보상심의위원회(이하 "위원회"라 한다)를 설치한다.
> 라. 위원회는 위원장 1명을 포함한 5명 이상 7명 이하의 위원으로 구성한다. 이 경우 위원의 과반수 이상은 경찰공무원이 아닌 사람으로 하여야 한다.
> 마. 위원회의 위원은 소속 경찰공무원과 ⅰ) 판사·검사 또는 변호사로 5년 이상 재직한 사람, ⅱ) 고등교육법 제2조에 따른 학교에서 법학 또는 행정학을 가르치는 정교수 이상으로 5년 이상 재직한 사람, ⅲ) 경찰업무와 손실보상에 관하여 학식과 경험이 풍부한 사람 중에서 경찰청장 등이 위촉하거나 임명한다.
> 바. 위원회의 회의는 재적위원 과반수의 출석으로 개의하고, 출석위원 과반수의 찬성으로 의결한다.

① 1개 ② 2개 ③ 3개 ④ 4개

해설

나. 손실보상의 기준, 보상금액, 지급절차 및 방법, 손실보상심의위원회의 구성 및 운영, 그 밖에 필요한 사항은 **대통령령으로 정한다**.(동법 제11조의2④)

다. 소속 경찰공무원의 직무집행으로 인하여 발생한 손실보상청구 사건을 심의하기 위하여 **경찰청, 해양경찰청, 시·도경찰청 및 지방해양경찰청에** 손실보상심의위원회(이하 "위원회"라 한다)를 설치한다.(시행령 제11조①)

마. 「고등교육법」 제2조에 따른 학교에서 법학 또는 행정학을 가르치는 **부교수 이상으로** 5년 이상 재직한 사람(시행령 제11조③)

정답 ③

251 「경찰관 직무집행법」 및 동법 시행령상 손실보상에 대한 설명 중 가장 적절한 것은? 20승진

① 국가는 손실 발생의 원인에 대하여 책임이 있는 자가 자신의 책임에 상응하는 정도를 초과하는 생명·신체 또는 재산상의 손실을 입은 경우 보상을 하지 않을 수 있다.
② 손실보상을 청구할 수 있는 권리는 손실이 있음을 안 날부터 5년, 손실이 발생한 날부터 3년간 행사하지 아니하면 시효의 완성으로 소멸한다.
③ 손실보상청구 사건을 심의하기 위하여 경찰청, 시·도경찰청에 손실보상심의위원회를 설치한다. 위원회는 위원장 1명을 포함한 5명 이상 7명 이하의 위원으로 구성하며, 위원장은 경찰청장이 지명한다.
④ 보상금은 일시불로 지급하되, 예산 부족 등의 사유로 일시금으로 지급할 수 없는 특별한 사정이 있는 경우에는 청구인의 동의를 받아 분할하여 지급할 수 있다.

해설

① 국가는 손실 발생의 원인에 대하여 책임이 있는 자가 자신의 책임에 상응하는 정도를 초과하는 생명·신체 또는 재산상의 손실을 입은 경우 **정당한 보상을 하여야 한다**.
② 손실보상을 청구할 수 있는 권리는 손실이 있음을 **안 날부터 3년**, 손실이 **발생한 날부터 5년간** 행사하지 아니하면 시효의 완성으로 소멸한다.
③ 손실보상청구 사건을 심의하기 위하여 경찰청, 시·도경찰청에 손실보상심의위원회를 설치한다. 위원회는 위원장 1명을 포함한 5명 이상 7명 이하의 위원으로 구성하며, **위원장은 위원 중에서 호선한다**.
④ ○

> **경찰관 직무집행법**
> 제11조의2(손실보상) ① 국가는 경찰관의 적법한 직무집행으로 인하여 다음 각 호의 어느 하나에 해당하는 손실을 입은 자에 대하여 **정당한 보상을 하여야 한다**.
>   1. 손실발생의 원인에 대하여 책임이 없는 자가 **생명·신체 또는 재산상의 손실**을 입은 경우(손실발생의 원인에 대하여 책임이 없는 자가 경찰관의 직무집행에 자발적으로 협조하거나 물건을 제공하여 생명·신체 또는 재산상의 손실을 입은 경우를 **포함**한다)
>   2. 손실발생의 원인에 대하여 책임이 있는 자가 자신의 책임에 상응하는 정도를 초과하는 생명·신체 또는 재산상의 손실을 입은 경우
> ② 제1항에 따른 보상을 청구할 수 있는 권리는 손실이 있음을 <u>안 날부터 3년</u>, 손실이 <u>발생한 날부터 5년간</u> 행사하지 아니하면 시효의 완성으로 소멸한다.
> ③ 제1항에 따른 손실보상신청 사건을 심의하기 위하여 손실보상심의위원회를 둔다.
> ④ 경찰청장 또는 시·도경찰청장은 제3항의 손실보상심의위원회의 심의·의결에 따라 보상금을 지급하고, <u>거짓 또는 부정한 방법</u>으로 보상금을 받은 사람에 대하여는 해당 <u>보상금을 환수하여야 한다</u>.
> ⑤ 보상금이 지급된 경우 손실보상심의위원회는 대통령령으로 정하는 바에 따라 국가경찰위원회에 심사자료와 결과를 보고하여야 한다. 이 경우 국가경찰위원회는 손실보상의 적법성 및 적정성 확인을 위하여 필요한 자료의 제출을 요구할 수 있다.
>
> **경찰관 직무집행법 시행령**
> 제9조(손실보상의 기준 및 보상금액 등) ① 법 제11조의2 제1항에 따라 손실보상을 할 때 물건을 멸실·훼손한 경우에는 다음 각 호의 기준에 따라 보상한다.
>   1. <u>손실을 입은 물건을 수리할 수 있는 경우 : 수리비에 상당하는 금액</u>
>   2. <u>손실을 입은 물건을 수리할 수 없는 경우 : 손실을 입은 당시의 해당 물건의 교환가액</u>
>   3. 영업자가 손실을 입은 물건의 수리나 교환으로 인하여 영업을 계속할 수 없는 경우 : 영업을 계속할 수 없는 기간 중 영업상 이익에 상당하는 금액

② 물건의 멸실·훼손으로 인한 손실 외의 재산상 손실에 대해서는 직무집행과 상당한 인과관계가 있는 범위에서 보상한다.

제10조(손실보상의 지급절차 및 방법) ① 법 제11조의2에 따라 경찰관의 적법한 직무집행으로 인하여 발생한 손실을 보상받으려는 사람은 별지 제4호서식의 보상금 지급 청구서에 손실내용과 손실금액을 증명할 수 있는 서류를 첨부하여 손실보상청구 <u>사건 발생지를 관할하는 국가경찰관서의 장에게 제출하여야 한다.</u>

② 제1항에 따라 보상금 지급 청구서를 받은 국가경찰관서의 장은 해당 청구서를 제11조 제1항에 따른 손실보상청구 사건을 심의할 손실보상심의위원회가 설치된 경찰청, 해양경찰청, 시·도경찰청 및 지방해양경찰청의 장(이하 "경찰청장등"이라 한다)에게 보내야 한다.

③ 제2항에 따라 보상금 지급 청구서를 받은 경찰청장등은 손실보상심의위원회의 심의·의결에 따라 보상 여부 및 보상금액을 결정하되, 다음 각 호의 어느 하나에 해당하는 경우에는 그 청구를 각하(却下)하는 결정을 하여야 한다.
  1. 청구인이 같은 청구 원인으로 보상신청을 하여 보상금 지급 여부에 대하여 결정을 받은 경우. 다만, 기각 결정을 받은 청구인이 손실을 증명할 수 있는 새로운 증거가 발견되었음을 소명(疏明)하는 경우는 제외한다.
  2. 손실보상 청구가 요건과 절차를 갖추지 못한 경우. 다만, 그 잘못된 부분을 시정할 수 있는 경우는 제외한다.

④ <u>경찰청장등</u>은 제3항에 따른 <u>결정일부터 10일 이내에</u> 다음 각 호의 구분에 따른 통지서에 결정 내용을 적어서 <u>청구인에게 통지하여야 한다.</u>
  1. 보상금을 지급하기로 결정한 경우 : 별지 제5호서식의 보상금 지급 청구 승인 통지서
  2. 보상금 지급 청구를 각하하거나 보상금을 지급하지 아니하기로 결정한 경우 : 별지 제6호서식의 보상금 지급 청구 기각·각하 통지서

⑤ 보상금은 다른 법률에 특별한 규정이 있는 경우를 제외하고는 <u>현금으로 지급하여야 한다.</u>

⑥ 보상금은 <u>일시불로 지급하되</u>, 예산 부족 등의 사유로 일시금으로 지급할 수 없는 특별한 사정이 있는 경우에는 <u>청구인의 동의를 받아 분할하여 지급할 수 있다.</u>

정답 ④

252 「경찰관 직무집행법」 및 동법 시행령상 손실보상에 관한 내용 중 가장 적절하지 <u>않은</u> 것은?

22순경1차

① 소속 경찰공무원의 직무집행으로 인하여 발생한 손실보상청구 사건을 심의하기 위하여 경찰청, 해양경찰청, 시·도경찰청 및 지방해양경찰청에 손실보상심의위원회를 설치한다.

② 손실보상을 청구할 수 있는 권리는 손실이 있음을 안 날부터 3년, 손실이 발생한 날부터 5년간 행사하지 아니하면 시효의 완성으로 소멸한다.

③ 손실보상금 지급 청구서를 받은 경찰청장등은 손실보상심의위원회의 심의 의결에 따라 손실보상 여부 및 손실보상금액을 결정하되 손실보상 청구가 요건과 절차를 갖추지 못한 경우(다만, 그 잘못된 부분을 시정할 수 있는 경우는 제외한다) 그 청구를 기각하는 결정을 하여야 한다.

④ 손실보상금은 일시불로 지급하되, 예산 부족 등의 사유로 일시금으로 지급할 수 없는 특별한 사정이 있는 경우에는 청구인의 동의를 받아 분할하여 지급할 수 있다.

> **해설**
>
> ③ 보상금 지급 청구서를 받은 경찰청장등은 손실보상심의위원회의 심의·의결에 따라 보상 여부 및 보상금액을 결정하되, <u>손실보상 청구가 요건과 절차를 갖추지 못한 경우</u>(다만, 그 잘못된 부분을 시정할 수 있는 경우는 제외한다)에는 그 청구를 <u>각하(却下)하는 결정</u>을 하여야 한다(경찰관직무집행법 시행령 제10조 제3항 제2호).
>
> **정답** ③

253 「경찰관 직무집행법」 및 동법 시행령상 손실보상에 대한 설명이다. 옳고 그름의 표시(O, X)가 모두 바르게 된 것은? 20경채

> ㉠ 경찰관의 적법한 직무집행으로 인하여 손실발생의 원인에 대하여 책임이 있는 자가 자신의 책임에 상응하는 정도를 초과하는 생명·신체 또는 재산상의 손실을 입은 경우, 국가는 해당하는 손실을 입은 자에 대하여 정당한 보상을 하여야 한다.
> ㉡ 손실보상심의위원회가 설치된 경찰청, 해양경찰청, 시·도경찰청 및 지방해양경찰청의 장은 손실보상심의위원회의 심의·의결에 따라 보상금을 지급하기로 결정한 경우, 해당 결정일로부터 7일 이내에 보상금 지급 청구 승인 통지서에 결정내용을 적어서 청구인에게 통지하여야 한다.
> ㉢ 보상금은 다른 법률에 특별한 규정이 있는 경우를 제외하고는 현금으로 지급하여야 하며, 또한 보상금의 추가 지급을 원활히 하기 위해 분할하여 지급하는 것을 원칙으로 한다.
> ㉣ 경찰청장 또는 시·도경찰청장은 동법 제11조의2 제4항에 따라 보상금을 반환하여야 할 사람이 대통령령으로 정한 기한까지 그 금액을 납부하지 아니한 때에는 국세 체납처분의 예에 따라 징수할 수 있다.

① ㉠(O) ㉡(O) ㉢(X) ㉣(O)
② ㉠(O) ㉡(X) ㉢(X) ㉣(O)
③ ㉠(O) ㉡(X) ㉢(O) ㉣(O)
④ ㉠(X) ㉡(O) ㉢(X) ㉣(X)

> **해설**
>
> ㉡ 보상금을 지급하기로 결정한 경우 경찰청장등은 제3항에 따른 결정일부터 <u>10일 이내에</u> 별지 제5호서식의 보상금 지급 청구 승인 통지서에 결정 내용을 적어서 청구인에게 통지하여야 한다.(시행령 제10 ④)
> ㉢ <u>보상금은 일시불로 지급하되</u>, 예산 부족 등의 사유로 일시금으로 지급할 수 없는 특별한 사정이 있는 경우에는 <u>청구인의 동의를 받아 분할하여 지급할 수 있다.</u>(시행령 제10조⑥)
>
> **정답** ②

254 「경찰관 직무집행법」 및 「동법 시행령」상 손실보상에 대한 내용으로 가장 적절하지 <u>않은</u> 것은?

18승진

① 손실보상을 청구할 수 있는 권리는 손실이 있음을 안 날로부터 3년, 손실이 발생한 날로부터 5년간 행사하지 아니하면 시효의 완성으로 소멸한다.
② 손실보상심의위원회는 위원장 1명을 포함한 5명 이상 7명 이하의 위원으로 구성한다.
③ 손실보상심의위원회의 위원장은 위원회 위원 중 경찰청장 등이 지명한다.
④ 위원회의 회의는 재적위원 과반수의 출석으로 개의하고, 출석위원 과반수의 찬성으로 의결한다.

▶ 해설
③ 위원장은 위원 중에서 <u>호선한다</u>.

 ③

255 다음은 「경찰관 직무집행법」 및 동법 시행령의 내용이다. 아래 ㉠부터 ㉥까지의 (   )안에 들어갈 숫자가 바르게 나열된 것은?

17승진

㉮ 경찰관은 보호조치를 하는 경우에 구호대상자가 휴대하고 있는 무기·흉기 등 위험을 일으킬 수 있는 것으로 인정되는 물건을 경찰관서에 임시로 영치하여 놓을 수 있다. 이때 물건을 경찰관서에 임시로 영치하는 기간은 (㉠)일을 초과할 수 없다.
㉯ 손실보상을 청구할 수 있는 권리는 손실이 있음을 안 날부터 (㉡)년, 손실이 발생한 날부터 (㉢)년간 행사하지 아니하면 시효의 완성으로 소멸한다.
㉰ 손실보상심의위원회는 위원장 1명을 포함한 (㉣)명 이상 (㉤)명 이하의 위원으로 구성한다.
㉱ 「경찰관 직무집행법」에 규정된 경찰관의 의무를 위반하거나 직권을 남용하여 다른 사람에게 해를 끼친 사람은 (㉥)년 이하의 징역이나 금고에 처한다.

① ㉠ 10 ㉡ 5 ㉢ 7 ㉣ 3 ㉤ 5 ㉥ 1
② ㉠ 10 ㉡ 3 ㉢ 7 ㉣ 3 ㉤ 5 ㉥ 1
③ ㉠ 10 ㉡ 3 ㉢ 5 ㉣ 5 ㉤ 7 ㉥ 1
④ ㉠ 7 ㉡ 5 ㉢ 7 ㉣ 3 ㉤ 7 ㉥ 2

▶ 해설
㉮ 경찰관은 보호조치를 하는 경우에 구호대상자가 휴대하고 있는 무기·흉기 등 위험을 일으킬 수 있는 것으로 인정되는 물건을 경찰관서에 임시로 영치하여 놓을 수 있다. 이때 물건을 경찰관서에 임시로 영치하는 기간은 (10)일을 초과할 수 없다.
㉯ 손실보상을 청구할 수 있는 권리는 손실이 있음을 안 날부터 (3)년, 손실이 발생한 날부터 (5)년간 행사하지 아니하면 시효의 완성으로 소멸한다.
㉰ 손실보상심의위원회는 위원장 1명을 포함한 (5)명 이상 (7)명 이하의 위원으로 구성한다.
㉱ 「경찰관 직무집행법」에 규정된 경찰관의 의무를 위반하거나 직권을 남용하여 다른 사람에게 해를 끼친 사람은 (1)년 이하의 징역이나 금고에 처한다.

 ③

256 「범인검거 등 공로자 보상에 관한 규정」에 대한 내용으로 가장 적절하지 않은 것은? 18순경1차변형

① 사형, 무기징역 또는 무기금고, 장기 10년 이상의 징역 또는 금고에 해당하는 범죄에 대한 보상금 지급기준 금액은 100만원이다.
② 장기 10년 미만의 징역 또는 금고에 해당하는 범죄에 대한 보상금 지급기준 금액은 30만원이다.
③ 동일한 사람에게 지급결정일을 기준으로 연간(1월 1일부터 12월 31일까지를 말한다) 5회를 초과하여 보상금을 지급할 수 없다.
④ 보상금 지급 심사·의결을 거쳐 지급이 이루어진 이후에는 동일한 사건에 대하여 보상금을 지급할 수 없다.

해설

② 장기 10년 미만의 징역 또는 금고에 해당하는 범죄에 대한 보상금 지급기준 금액은 <u>50만원</u>이다.

「범인검거 등 공로자 보상에 관한 규정」(경찰청고시)
제6조(보상금의 지급 기준) ① 시행령 제20조에 따른 보상금 지급기준 금액은 다음 각 호와 같다.
  1. 사형, 무기징역 또는 무기금고, <u>장기 10년 이상의 징역 또는 금고</u>에 해당하는 범죄 : <u>100만원</u>
  2. <u>장기 10년 미만의 징역 또는 금고</u>에 해당하는 범죄 : <u>50만원</u>
  3. <u>장기 5년 미만의 징역 또는 금고</u>, 장기 10년 이상의 자격정지 또는 벌금형 : <u>30만원</u>
② 연쇄 살인, 사이버 테러 등과 같이 피해 규모가 심각하고 사회적 파장이 큰 범죄의 지급기준 금액은 별표에 따른다.
③ 위원회는 제1항 및 제2항에 따른 보상금 지급기준에서 시행령 제21조 제2항 각 호의 사항을 고려하여 그 금액을 조정하거나 지급하지 아니할 수 있다.
④ 경찰청장 또는 경찰청장의 승인을 받은 시·도경찰청장이 미리 보상금액을 정하여 수배할 경우에는 제1항 및 제2항에 따른 보상금 지급기준에도 불구하고 예산의 범위에서 금액을 따로 결정할 수 있다.
⑤ 동일한 사람에게 지급결정일을 기준으로 <u>연간(1월 1일부터 12월 31일까지를 말한다) 5회를 초과하여 보상금을 지급할 수 없다.</u>
제9조(보상금 이중 지급의 제한) <u>보상금 지급 심사·의결을 거쳐 지급이 이루어진 이후에는 동일한 사건에 대하여 보상금을 지급할 수 없다.</u>
제10조(보상금의 배분 지급) 범인검거 등 공로자가 <u>2명 이상인 경우</u>에는 각자의 공로, 당사자 간의 분배 합의 등을 감안해서 <u>배분하여 지급할 수 있다.</u>

정답 ②

257 「경찰관 직무집행법 시행령」에서 위임받아 제정된 「범인검거 등 공로자 보상에 관한 규정」에 대한 설명으로 가장 적절하지 않은 것은?
18승진변형

① 장기 5년 미만의 징역 또는 금고, 장기 10년 이상의 자격정지 또는 벌금형에 대한 보상금 지급기준 금액은 20만원이다.
② 장기 10년 미만의 징역 또는 금고에 해당하는 범죄에 대한 보상금 지급기준 금액은 50만원이다.
③ 범인검거 등 공로자가 2명 이상인 경우에는 각자의 공로, 당사자 간의 분배 합의 등을 감안해서 보상금을 배분하여 지급할 수 있다.
④ 보상금 지급 심사·의결을 거쳐 지급이 이루어진 이후에는 동일한 사건에 대하여 보상금을 지급할 수 없다.

> **해설**
> ① 장기 5년 미만의 징역 또는 금고, 장기 10년 이상의 자격정지 또는 벌금형 : **30만원**

정답 ①

258 「경찰관 직무집행법」상 범인검거 등 공로자 보상에 대한 ㉠부터 ㉣까지의 내용 중 옳은 것을 모두 고른 것은?
19승진

> 제11조의3(범인검거 등 공로자 보상) ① 경찰청장, 시·도경찰청장 또는 경찰서장은 다음 각 호의 어느 하나에 해당하는 사람에게 ㉠ 보상금을 지급하여야 한다.
> 1. 범인 또는 범인의 소재를 신고하여 검거하게 한 사람
> ㉡ 2. 범인을 검거하여 경찰공무원에게 인도한 사람
> ㉢ 3. 테러범죄의 예방활동에 현저한 공로가 있는 사람
> ② 경찰청장, 시·도경찰청장 및 경찰서장은 제1항에 따른 보상금 지급의 심사를 위하여 대통령령으로 정하는 바에 따라 각각 보상금심사위원회를 설치 운영하여야 한다.
> ③ 제2항에 따른 보상금심사위원회는 ㉣ 위원장 1명을 제외한 5명 이내의 위원으로 구성한다.

① ㉠, ㉡   ② ㉠, ㉣   ③ ㉡, ㉢   ④ ㉡, ㉣

> **해설**
> ㉠ 보상금을 **지급할 수 있다.**
> ㉣ 위원장 1명을 **포함한** 5명 이내의 위원으로 구성한다.

정답 ③

259 「경찰관 직무집행법」에 대한 다음 설명 중 옳은 것은 모두 몇 개인가? 17경간

> ㉠ 미아, 병자, 부상자 등으로서 적당한 보호자가 없으며 응급구호가 필요하다고 인정되는 사람의 경우 당해인이 이를 거절하는 때에도 보호조치를 할 수 있다.
> ㉡ 위험 발생의 방지를 위한 조치수단 중 매우 긴급한 경우 '억류 또는 피난조치를 할 수 있는 대상자'로 규정된 자는 그 장소에 모인 사람, 사물의 관리자, 그 밖의 관계인이다.
> ㉢ 법 제10조의4에 따른 무기를 사용하는 경우 그 책임자는 사용 일시 장소 대상, 현장책임자, 종류, 수량 등을 기록하여 보관하여야 한다.
> ㉣ 이 법에 규정된 경찰관의 의무를 위반하거나 직권을 남용하여 다른 사람에게 해를 끼친 사람은 1년 이하의 징역이나 금고에 처한다.
> ㉤ 손실보상을 청구할 수 있는 권리는 손실이 있음을 안 날로부터 2년, 손실이 발생한 날로부터 5년간 행사하지 아니하면 시효의 완성으로 소멸한다.

① 1개   ② 2개   ③ 3개   ④ 4개

해설

㉠ <u>임의보호 대상자(미아·병자·부상자)가 보호를 거절하는 경우에는 보호조치를 할 수가 없다.</u>
㉡ 억류 또는 피난 조치의 대상자는 '<u>위해를 입을 우려가 있는 사람</u>'이다.
㉢ O
㉣ O
㉤ 손실보상을 청구할 수 있는 권리는 손실이 있음을 <u>안 날부터 3년</u>, 손실이 발생한 날부터 5년간 행사하지 아니하면 시효의 완성으로 소멸한다.

정답 ②

260 「경찰관 직무집행법」에 관한 내용 중 가장 적절하지 <u>않은</u> 것은? 22순경1차

① 경찰관서의 장은 직무 수행에 필요하다고 인정되는 상당한 이유가 있을 때에는 국가기관이나 공사(公私) 단체 등에 직무수행에 관련된 사실을 조회할 수 있다. 다만, 긴급한 경우에는 소속 경찰관으로 하여금 현장에 나가 해당 기관 또는 단체의 장의 협조를 받아 그 사실을 확인하게 할 수 있다.
② 국가경찰위원회 위원장은 경찰관이 경찰관 직무집행법 제2조(직무의 범위) 각 호에 따른 직무의 수행으로 인하여 민·형사상책임과 관련된 소송을 수행할 경우 변호인 선임 등 소송수행에 필요한 지원을 하여야 한다.
③ 경찰청장, 시·도경찰청장 또는 경찰서장은 경찰관 직무집행법 제11조의3 제2항에 따른 보상금심사위원회의 심사·의결에 따라 보상금을 지급하고, 거짓 또는 부정한 방법으로 보상금을 받은 사람에 대하여는 해당 보상금을 환수한다.
④ 보상금심사위원회는 위원장 1명을 포함한 5명 이내의 위원으로 구성한다.

해설

② 경찰청장과 해양경찰청장은 경찰관이 제2조 각 호에 따른 직무의 수행으로 인하여 민·형사상 책임과 관련된 소송을 수행할 경우 변호인 선임 등 <u>소송 수행에 필요한 지원을 할 수 있다</u>(경찰관직무집행법 제11조의4).

▶ **경직법 최근 신설조항**

> 제11조의4(소송 지원) 경찰청장과 해양경찰청장은 경찰관이 제2조 각 호에 따른 직무의 수행으로 인하여 민·형사상 책임과 관련된 소송을 수행할 경우 변호인 선임 등 소송 수행에 <u>필요한 지원을 할 수 있다.</u>(하여야 한다 X)
> 제11조의5(직무 수행으로 인한 형의 감면) 다음 각 호의 범죄가 행하여지려고 하거나 행하여지고 있어 타인의 생명·신체(재산X)에 대한 위해 발생의 우려가 명백하고 긴급한 상황에서, 경찰관이 그 위해를 예방하거나 진압하기 위한 행위 또는 범인의 검거 과정에서 경찰관을 향한 직접적인 유형력 행사에 대응하는 행위를 하여 그로 인하여 타인에게 피해가 발생한 경우, 그 경찰관의 직무수행이 불가피한 것이고 필요한 최소한의 범위에서 이루어졌으며 해당 경찰관에게 <u>고의 또는 중대한 과실이 없는 때에는</u>(고의 또는 과실 X) 그 정상을 참작하여 <u>형을 감경하거나 면제할 수 있다.</u>(하여야 한다 X)
> 1. 「형법」제2편제24장 <u>살인</u>의 죄, 제25장 <u>상해와 폭행</u>의 죄, 제32장 강간과 추행의 죄 중 <u>강간</u>에 관한 범죄, 제38장 절도와 강도의 죄 중 <u>강도</u>에 관한 범죄 및 이에 대하여 다른 법률에 따라 가중처벌하는 범죄(추행X, 절도X)
> 2. 「가정폭력범죄의 처벌 등에 관한 특례법」에 따른 <u>가정폭력범죄</u>, 「아동학대범죄의 처벌 등에 관한 특례법」에 따른 <u>아동학대범죄</u>

정답 ②

261 「경찰관 직무집행법」 제11조의5에서는 아래 범죄에 해당하는 경우 '직무수행으로 인한 형의 감면'을 인정하고 있다. 이에 대한 요건과 효과에 대한 설명으로 가장 적절한 것은? *공제회문제집응용*

> 1. 「형법」 제2편 제24장 살인의 죄, 제25장 상해와 폭행의 죄, 제32장 강간과 추행의 죄 중 강간에 관한 범죄, 제38장 절도와 강도의 죄 중 강도에 관한 범죄 및 이에 대하여 다른 법률에 따라 가중처벌하는 범죄
> 2. 「가정폭력범죄의 처벌 등에 관한 특례법」에 따른 가정폭력범죄, 「아동학대범죄의 처벌 등에 관한 특례법」에 따른 아동학대범죄

① 형의 감면 대상인 범죄가 행하여지려고 하거나 행하여지고 있어 타인의 생명·신체·재산에 대한 위해 발생의 우려가 명백하고 긴급한 상황이어야 한다.
② 경찰관이 그 위해를 예방하거나 진압하기 위한 행위 또는 범인의 검거 과정에서 경찰관을 향한 직접적인 유형력 행사에 대응하는 행위를 하여 그로 인하여 타인에게 피해가 발생한 경우이어야 한다.
③ 경찰관의 직무수행이 불가피한 것이고 필요한 최소한의 범위에서 이루어졌으며 해당 경찰관에게 고의 또는 과실이 없어야 한다.
④ 효과로서 그 정상을 참작하여 형을 감경하거나 면제한다.

해설

① 형의 감면 대상인 범죄가 행하여지려고 하거나 행하여지고 있어 타인의 **생명·신체에 대한** 위해 발생의 우려가 명백하고 긴급한 상황이어야 한다(위해의 명백성과 긴급성). 대상범죄에 재산죄가 포함된다 하더라도 재산에 대한 위해는 포함되지 아니한다.
② O
③ 해당 경찰관에게 **고의 또는 중대한 과실이 없어야** 한다. 경찰공무원의 직무 수행 과정에서 경과실로 인해 발생한 사고에 대하여 형을 감면할 수 있는 근거가 미비하여 경찰관이 직무 집행에 소극적으로 임하고 있다는 지적에 따라 신설된 규정이므로 과실 중 경과실만 면책규정이 적용된다.
④ 효과로서 그 정상을 참작하여 형을 **감경하거나 면제할 수 있다(임의적 감면)**.

> 제11조의5(직무 수행으로 인한 형의 감면) 다음 각 호의 범죄가 행하여지려고 하거나 행하여지고 있어 타인의 생명·신체에 대한 위해 발생의 우려가 명백하고 긴급한 상황에서, 경찰관이 그 위해를 예방하거나 진압하기 위한 행위 또는 범인의 검거 과정에서 경찰관을 향한 직접적인 유형력 행사에 대응하는 행위를 하여 그로 인하여 타인에게 피해가 발생한 경우, 그 경찰관의 직무수행이 불가피한 것이고 필요한 최소한의 범위에서 이루어졌으며 해당 경찰관에게 고의 또는 중대한 과실이 없는 때에는 그 정상을 참작하여 형을 감경하거나 면제할 수 있다.
> 1. 「형법」 제2편제24장 살인의 죄, 제25장 상해와 폭행의 죄, 제32장 강간과 추행의 죄 중 강간에 관한 범죄, 제38장 절도와 강도의 죄 중 강도에 관한 범죄 및 이에 대하여 다른 법률에 따라 가중처벌하는 범죄
> 2. 「가정폭력범죄의 처벌 등에 관한 특례법」에 따른 가정폭력범죄, 「아동학대범죄의 처벌 등에 관한 특례법」에 따른 아동학대범죄

정답 ②

262 「경찰관 직무집행법」상 경찰관의 '직무 수행으로 인한 형의 감면'에 대한 설명으로 옳지 <u>않은</u> 것은?

공제회문제집응용

① 살인의 죄가 행하여지려고 할 때 타인의 신체에 대한 위해 발생의 우려가 명백할 경우 이를 예방하려는 과정에서 타인에게 피해가 발생한 경우 형을 감경하거나 면제할 수 있다.
② 폭행이 행해지고 있는 상황에서 이를 진압하기 위해 행사한 유형력으로 인해 타인에게 피해가 발생한 경우 형을 감경하거나 면제할 수 있다.
③ 직무 수행으로 인한 형의 감면은 불가피성이 인정되고, 필요최소한의 범위에서 행해졌다는 두가지 조건만을 충족하였다면 정상을 참작할 수 있다.
④ 아동학대범죄를 진압하기 위한 행위일 경우에도 직무 수행으로 인한 형의 감면 조항을 근거로 정상을 참작할 수 있다.

해설

③ 경찰관 직무집행법 제11조의5(직무 수행으로 인한 형의 감면)에 대한 설명으로, 직무수행의 불가피성, 필요최소한의 범위, <u>고의 또는 중대한 과실이 없을 것</u>을 요건으로 한다.

정답 ③

263 경찰관의 정보수집 및 처리 등에 관한 규정상 경찰관이 정보수집을 위해 상시적으로 출입해서는 안되며, 정보활동을 위해 필요한 경우에 한정하여 일시적으로 출입할 수 있는 장소에 포함되지 <u>않는</u> 곳은?

22경간

① 언론·교육·종교·시민사회 단체 등 민간단체
② 민간기업
③ 정당의 사무소
④ 공기업

해설

④는 해당하지 않는다.

제5조(정보 수집 등을 위한 출입의 한계) 경찰관은 다음 각 호의 장소에 <u>상시적으로 출입해서는 안 되며, 정보활동을 위해 <u>필요한 경우에 한정하여 일시적으로만 출입해야 한다.</u>
  1. 언론·교육·종교·시민사회 단체 등 <u>민간단체</u>
  2. 민간기업
  3. 정당의 사무소
제1조(목적) 이 영은 「<u>경찰관 직무집행법</u>」 제8조의2에 따라 경찰관이 수집·작성·배포할 수 있는 공공안녕에 대한 위험의 예방과 대응을 위한 정보의 구체적인 범위와 처리 기준, 정보의 수집·작성·배포에 수반되는 사실의 확인 절차 및 한계에 관하여 규정함을 목적으로 한다.
제2조(정보활동의 기본원칙 등) ① 공공안녕에 대한 위험의 예방과 대응을 위한 정보의 수집·작성·배포와 이에 수반되는 사실의 확인을 위해 경찰관이 수행하는 활동(이하 "정보활동"이라 한다)은 <u>국민의 자유와 권리를 보호하는 것을 목적으로</u> 해야 하며, <u>필요 최소한의 범위에 그쳐야 한다.</u>

② 경찰관은 정보활동과 관련하여 <u>다음 각 호의 행위를 해서는 안 된다.</u>
　1. 정치에 관여하기 위해 정보를 수집·작성·배포하는 행위
　2. 법령의 직무 범위를 벗어나 개인의 동향 등을 파악하기 위해 사생활에 관한 정보를 수집·작성·배포하는 행위
　3. 상대방의 명시적 의사에 반해 자료 제출이나 의견 표명을 강요하는 행위
　4. 부당한(정당한X) 민원이나 청탁을 직무 관련자에게 전달하는 행위
　5. 직무상 알게 된 정보를 누설하거나 개인의 이익을 위해 사용하는 행위
　6. 직무와 무관한 비공식적 직함을 사용하는 행위

제3조(수집 등 대상 정보의 구체적인 범위) 경찰관이 「경찰관 직무집행법」(이하 "법"이라 한다) 제8조의2 제1항에 따라 수집·작성·배포할 수 있는 정보의 구체적인 범위는 다음 각 호와 같다.
　1. <u>범죄의 예방과 대응에 필요한 정보</u>(범죄수사에 필요한 정보 X)
　2. 「형의 집행 및 수용자의 처우에 관한 법률」 제126조의2 또는 「보호관찰 등에 관한 법률」 제55조의3에 따라 통보되는 정보의 대상자인 수형자·가석방자의 재범방지 및 피해자의 보호에 필요한 정보
　3. 국가중요시설의 안전 및 주요 인사(人士)의 보호에 필요한 정보
　4. 방첩·대테러활동 등 국가안전을 위한 활동에 필요한 정보
　5. <u>재난·안전사고</u> 등으로부터 국민안전을 확보하기 위한 정보
　6. 집회·시위 등으로 인한 <u>공공갈등과 다중운집</u>에 따른 질서 및 안전 유지에 필요한 정보
　7. 국민의 생명·신체·재산의 보호와 공공안녕에 대한 위험의 예방과 대응을 위한 <u>정책에 관한 정보</u> [해당 정책의 입안·집행·평가를 위해 객관적이고 필요한 사항에 관한 정보로 한정하며, 이와 직접적·구체적으로 관련이 없는 사생활·신조(信條) 등에 관한 정보는 제외한다]
　8. 도로 교통의 위해(危害) 방지·제거 및 원활한 소통 확보를 위한 정보
　9. 「보안업무규정」 제45조 제1항에 따라 경찰청장이 위탁받은 신원조사 또는 「공공기관의 정보공개에 관한 법률」 제2조 제3호에 따른 공공기관의 장이 법령에 근거하여 요청한 사실의 확인을 위한 정보
　10. 그 밖에 제1호부터 제9호까지에서 규정한 사항에 준하는 정보

제4조(정보의 수집 및 사실의 확인 절차) ① 경찰관은 법 제8조의2 제1항에 따라 정보를 수집하거나 정보의 수집·작성·배포에 수반되는 사실을 확인하려는 경우에는 상대방에게 자신의 <u>신분을 밝히고</u> 정보 수집 또는 사실 확인의 <u>목적을 설명해야 한다.</u> 이 경우 강제적인 방법을 사용해서는 안 된다.
② 제1항 전단에도 불구하고 <u>다음 각 호의 어느 하나에 해당하는</u> 경우에는 같은 항 전단에서 <u>규정한 절차를 생략할 수 있다.</u>
　1. 국민의 생명·신체의 안전이나 국가안보에 긴박한 위험이 발생할 우려가 있는 경우
　2. <u>범죄의 대응을 위한 정보활동에 현저한 지장을 초래할 우려가 있는 경우</u>
③ 경찰관은 정보를 제공하거나 사실을 확인해 준 자가 신분이나 처우와 관련하여 불이익을 받지 않도록 비밀유지 등 필요한 조치를 해야 한다.

제5조(정보 수집 등을 위한 출입의 한계) 경찰관은 다음 각 호의 장소에 상시적으로 출입해서는 안 되며, 정보활동을 위해 <u>필요한 경우에 한정하여 일시적으로만 출입해야</u> 한다. (22경간)
　1. 언론·교육·종교·시민사회 단체 등 민간단체
　2. 민간기업
　3. 정당의 사무소

제8조(위법한 지시의 금지 및 거부) ① 누구든지 정보활동과 관련하여 경찰관에게 이 영과 그 밖의 법령에 반하여 지시해서는 안 된다.
② 경찰관은 <u>명백히 위법한 지시라고 판단되는 경우에는 그 집행을 거부할 수 있다.</u>
③ 경찰관은 명백히 위법한 지시를 거부했다는 이유로 인사·직무 등과 관련한 어떠한 불이익도 받지 않는다.

정답 ④

264 「경찰 물리력 행사의 기준과 방법에 관한 규칙」에 대한 설명으로 가장 적절하지 <u>않은</u> 것은?

20순경1차

① 경찰관이 물리력 사용 시 준수하여야 할 기본원칙, 물리력 사용의 정도, 각 물리력 수단의 사용 한계 및 유의사항을 규정함으로써 국민과 경찰관의 생명 신체를 보호하고 인권을 보장하며 경찰 법집행의 정당성을 확보하는 데에 그 목적이 있다.
② 경찰관은 성별, 장애, 인종, 종교 및 성정체성 등에 대한 선입견을 가지고 차별적으로 물리력을 사용하여서는 아니 된다.
③ 경찰관은 이미 경찰목적을 달성하여 더 이상 물리력을 사용할 필요가 없는 경우에는 물리력 사용을 즉시 중단하여야 한다.
④ 대상자가 경찰관의 지시, 통제를 따르지 않고 비협조적이지만 경찰관 또는 제3자에 대해 직접적인 위해를 가하지 않는 경우에 경찰봉이나 방패 등으로 대상자의 신체 중요 부위 또는 급소부위를 가격할 수 있다.

해설

④ 경찰봉, 방패, 신체적 물리력으로 대상자의 신체 중요 부위 또는 급소 부위 가격하는 행위는 **치명적 공격상태의 대상자**로 인해 경찰관 또는 제3자의 생명·신체에 급박하고 중대한 위해가 초래될 가능성이 있는 경우 최후의 수단으로 사용할 수 있는 물리력 수준(**고위험 물리력**)이다.

▶ 「경찰 물리력 행사의 기준과 방법에 관한 규칙」

1.3.	경찰 물리력 사용 3대 원칙	
	객관적 합리성의 원칙, 대상자 행위와 물리력 간 상응의 원칙, 위해감소노력 우선의 원칙	
1.4.	경찰 물리력 사용 시 유의사항	
1.4.1.	경찰관은 경찰청이 공인한 물리력 수단을 사용하여야 한다.	
1.4.2.	경찰관은 성별, 장애, 인종, 종교 및 성정체성 등에 대한 선입견을 가지고 차별적으로 물리력을 사용하여서는 아니 된다.	
1.4.3.	경찰관은 대상자의 신체 및 건강상태, 장애유형 등을 고려하여 물리력을 사용하여야 한다.	
1.4.4.	경찰관은 이미 경찰목적을 달성하여 더 이상 물리력을 사용할 필요가 없는 경우에는 물리력 사용을 즉시 중단하여야 한다.	
1.4.5.	경찰관은 대상자를 징벌하거나 복수할 목적으로 물리력을 사용하여서는 아니 된다.	
1.4.6.	경찰관은 오직 상황의 빠른 종결이나, 직무수행의 편의를 위한 목적으로 물리력을 사용하여서는 아니 된다.	
2.1.	대상자 행위 (순소적/폭치)	
	대상자가 경찰관 또는 제3자에 대해 보일 수 있는 행위는 그 위해의 정도에 따라 순응, 소극적 저항, 적극적 저항, 폭력적 공격, 치명적 공격 등 다섯 단계로 구별한다.	
2.2.	경찰관 대응 수준 (허접/저중고)	
	대상자 행위에 따른 경찰관의 대응 수준은 협조적 통제, 접촉 통제, 저위험 물리력, 중위험 물리력, 고위험 물리력 등 다섯 단계로 구별한다.	

> ① 순응 – 지시, 통제에 따르는 상태(약간의 시간지체도 '순응')
> ② 소극적 저항 – 비협조적이지만 직접적 위해를 가하지 않는 상태
> ③ 적극적 저항 – 위해 수준이 낮은 행위만을 하는 상태(도주, 밀고 잡아끔, 침을 뱉거나 밀침)
> ④ 폭력적 공격 – 신체적 위해를 가하는 상태(주먹·발 사용, 강한 힘으로 밀거나 잡아당김)
> ⑤ 치명적 공격 – 사망·심각한부상 초래할 수 있는 행위(총기류·흉기 이용, 목을 세게 조르거나 무차별 폭행)
>
> ① 협조적 통제 – '순응' 이상 대상자에 대해(언어적 통제, 수갑사용)
> ② 접촉 통제 – '소극적 저항' 이상 대상자에 대해(신체일부 잡기·밀기·잡아끌기)
> ③ 저위험 물리력 – '적극적 저항' 이상 대상자에 대해(관절꺾기, 넘어뜨리기, 분사기사용)
> ④ 중위험 물리력 – '폭력적 공격' 이상 대상자에 대해(중요부위가 아닌 신체부위를 가격)
> ⑤ 고위험 물리력 – '치명적 공격' 이상 대상자에 대해(신체중요부위 또는 급소 가격)

정답 ④

265 경찰 물리력 행사의 기준과 방법에 관한 규칙 제2장에 따른 대상자 행위에 대한 설명이다. 각 단계와 내용의 연결이 가장 적절하지 <u>않은</u> 것은? 22순경1차

① 소극적 저항 – 대상자가 경찰관의 지시, 통제를 따르지 않고 비협조적이지만 경찰관 또는 제3자에 대해 직접적인 위해를 가하지 않는 상태
② 적극적 저항 – 대상자가 자신에 대한 경찰관의 체포 연행 등 정당한 공무집행을 방해하지만 경찰관 또는 제3자에 대해 위해 수준이 낮은 행위만을 하는 상태
③ 폭력적 공격 – 대상자가 경찰관 또는 제3자에 대해 신체적 위해를 가하는 상태
④ 치명적 공격 – 대상자가 경찰관에게 폭력을 행사하려는 자세를 취하여 그 행사가 임박한 상태, 주먹 발 등을 사용해서 경찰관에 대해 신체적 위해를 초래하고 있는 상태

해설

④ **폭력적 공격** : 대상자가 경찰관에게 폭력을 행사하려는 자세를 취하여 그 행사가 임박한 상태, 주먹·발 등을 사용해서 경찰관에 대해 <u>신체적 위해를 초래하고 있거나 임박한</u> 상태, 강한 힘으로 경찰관을 밀거나 잡아당기는 등 완력을 사용해 체포에서 벗어나려고 하는 상태 등이 이에 해당한다(규칙 2.1.4).

※ **치명적 공격** : 대상자가 경찰관 또는 제3자에 대해 <u>사망 또는 심각한 부상을 초래할 수 있는</u> 행위를 하는 상태를 말한다(규칙 2.1.5).

◉ **대상자 행위와 경찰 물리력 사용의 정도** (순소적폭치/허접저중고 따비낮신사/협극통부사)

경찰 물리력 사용의 정도(규칙2.2.)		대상자 행위(규칙2.1.)	
협조적 통제	'순응' 이상의 상태인 대상자에 대해 사용할 수 있는 물리력 수준으로서, 대상자의 협조를 유도하거나 <u>협조에 따른 물리력</u>	순응	대상자가 경찰관의 지시, 통제에 <u>따르는 상태</u>
접촉 통제	'소극적 저항' 이상의 상태인 대상자에 대해 사용할 수 있는 물리력 수준으로서, 대상자 신체 접촉을 통해 경찰목적 달성을 강제하지만 신체적 부상을 야기할 가능성은 <u>극히 낮은 물리력</u>	소극적 저항	대상자가 경찰관의 지시, 통제를 따르지 않고 <u>비협조적</u>이지만 경찰관 또는 제3자에 대해 직접적인 위해를 가하지 않는 상태
저위험 물리력	'적극적 저항' 이상의 상태인 대상자에 대해 사용할 수 있는 물리력 수준으로서, 대상자가 <u>통증을 느낄 수 있으나</u> 신체적 부상을 당할 가능성은 낮은 물리력	적극적 저항	대상자가 자신에 대한 경찰관의 체포·연행 등 정당한 공무집행을 방해하지만 경찰관 또는 제3자에 대해 <u>위해 수준이 낮은 행위만</u>을 하는 상태
중위험 물리력	'폭력적 공격' 이상의 상태의 대상자에 대해 사용할 수 있는 물리력 수준으로서, 대상자에게 <u>신체적 부상을 입힐 수 있으나</u> 생명·신체에 대한 중대한 위해 발생 가능성은 낮은 물리력	폭력적 공격	대상자가 경찰관 또는 제3자에 대해 <u>신체적 위해</u>를 가하는 상태
고위험 물리력	'치명적 공격' 상태의 대상자로 인해 경찰관 또는 제3자의 생명·신체에 급박하고 중대한 위해가 초래될 가능성이 있는 경우 최후의 수단으로 사용할 수 있는 물리력 수준으로서, 대상자의 <u>사망 또는 심각한 부상을 초래할 수 있는 물리력</u>	치명적 공격	대상자가 경찰관 또는 제3자에 대해 <u>사망 또는 심각한 부상을 초래할 수 있는 행위</u>를 하는 상태

◉ **경찰 물리력의 종류** (분전총)

저위험 물리력 (2.2.3.)	가. <u>목을 압박하여 제압하거나 관절을 꺾는 방법</u>, 팔·다리를 이용해 움직이지 못하도록 조르는 방법, 다리를 걸거나 들쳐 매는 등 균형을 무너뜨려 넘어뜨리는 방법, 대상자가 넘어진 상태에서 움직이지 못하게 위에서 눌러 세압하는 방법 나. <u>분사기 사용</u>(다른 저위험 물리력 이하의 수단으로 제압이 어렵고, 경찰관이나 대상자의 부상 등의 방지를 위해 필요한 경우)
중위험 물리력 (2.2.4.)	가. 손바닥, 주먹, 발 등 신체부위를 이용한 가격 나. 경찰봉으로 <u>중요부위가 아닌 신체 부위</u>를 찌르거나 가격 다. 방패로 강하게 압박하거나 세게 미는 행위 라. <u>전자충격기 사용</u>
고위험 물리력 (2.2.5.)	1) 권총 등 <u>총기류 사용</u> 2) 경찰봉, 방패, 신체적 물리력으로 대상자의 <u>신체 중요 부위 또는 급소 부위 가격</u>, 대상자의 목을 강하게 조르거나 신체를 강한 힘으로 압박하는 행위

정답 ④

CHAPTER 07 경찰행정학 Ⅰ (경찰관리론)

제1절 경찰조직관리

001 막스 베버(M. Weber)의 '이상적 관료제'의 구조적 특성에 대한 설명 중 가장 적절하지 않은 것은?

20승진

① 관료의 권한과 직무 범위는 법규와 관례에 의해 규정된다.
② 직무의 수행은 서류에 의해 이루어진다.
③ 직무조직은 계층제적 구조로 구성된다.
④ 구성원 간 또는 직무 수행상 감정의 배제가 필요하다.

해설

① 관료의 권한과 직무 범위는 **법규에 의해** 규정된다.

정답 ①

002 계층제의 장점에 대한 설명으로 가장 적절하지 않은 것은?

15승진

① 명령과 지시를 일사불란하게 수행하도록 하는데 적합하다.
② 권한과 책임의 배분을 통하여 업무의 신중을 기할 수 있다.
③ 지휘계통을 확립하고 조직의 업무수행에 통일을 기할 수 있다.
④ 환경변화에 대한 조직의 신축적 대응으로 새로운 지식, 기술 등 도입이 용이하다.

해설

④ 계층제는 조직의 경직성으로 인해 환경변화에 대한 신축적 대응이 어렵고, 또한 새로운 지식, 기술 등 도입이 어렵다.

정답 ④

003 경찰조직편성의 원리에 대한 설명으로 가장 옳지 않은 것은? 16경간

① 계층제의 원리는 조직목적수행을 위한 구성원의 임무를 책임과 난이도에 따라 상하로 나누어 배치한다.
② 분업의 원리는 조직의 종류와 성질, 업무의 전문화 정도에 따라 기관별·개인별로 업무를 분담시킨다.
③ 조정의 원리는 조직구성원 간 행동양식을 조정하여 조직목적을 효율적으로 달성하기 위해 노력한다.
④ 계층제의 원리는 '경찰업무처리의 신중성'이라는 측면에서 문제점이 제기된다.

해설
④ 계층제의 원리는 '경찰업무처리의 신중성'이라는 측면의 장점을 가지고 있다(문제점이 아니라).

정답 ④

---

004 경찰조직편성의 원리에 대한 설명으로 가장 적절하지 않은 것은? 20순경1차

① 계층제의 원리의 무리한 적용은 행정능률과 횡적 조정을 저해한다.
② 통솔범위의 원리에서 통솔범위는 계층 수, 업무의 복잡성, 조직 규모의 크기와 반비례 관계이다.
③ 관리자의 공백 등에 의한 업무의 공백에 대비하기 위하여 조직은 권한의 위임, 대리 또는 유고관리자의 사전지정 등을 활용하여 명령통일의 한계를 완화할 수 있다.
④ 분업화의 정도가 높아질수록 조정과 통합이 어려워져서 할거주의가 초래될 수 있다.

해설
① 계층제의 원리의 무리한 적용은 행정능률과 종적 조정을 저해한다.

정답 ①

005 다음에 설명하는 내용을 볼 때, 경찰조직에 필요한 조직편성의 원리로 가장 적절한 것은? 　22경간

> 경찰은 대부분의 경우 예기치 못한 사태가 돌발적으로 발생하며, 시급히 해결하지 않으면 피해를 회복하기 곤란한 경우가 많아 신속한 집행을 필요로 하는데, 이때 지시가 분산되고 여러 사람으로부터 지시를 받는다면, 범인을 놓친다든지 사고처리가 늦어 인명이나 재산의 피해에 신속한 대응이 불가능하다.

① 계층제의 원리(Hierarchy)
② 통솔범위의 원리(Span of Control)
③ 명령통일의 원리(Unity of Command)
④ 조정과 통합의 원리(Coordination)

해설

③ 여러 사람으로부터 지시를 받는다면 신속한 대응이 불가능하다는 서술이므로 '명령통일의 원리'의 필요성을 말하고 있다.

정답 ③

---

006 경찰조직편성의 원리에 대한 설명 중 가장 적절하지 않은 것은 모두 몇 개인가? 　20경채

> ㉠ 계층제의 원리는 구성원의 임무를 책임과 난이도에 따라 상하로 나누어 배치하여 조직의 일체감, 통일성을 유지하므로 조직의 환경변화에 신축적으로 대응하기 용이하다.
> ㉡ 통솔범위의 원리에 의하면 통솔범위는 부하직원의 능력이 높을수록, 신설부서일수록, 근접한 부서일수록, 단순 업무일수록, 계층의 수가 적을수록 넓어진다.
> ㉢ 분업의 원리는 구성원의 부품화, 반복업무에 따른 흥미상실, 비밀증가 등 지나친 전문화로 인하여 문제가 발생할 경우, 조정의 원리 등의 적용을 통하여 해결할 수 있다.
> ㉣ 조정의 원리는 조직의 목적달성을 위해 구성원의 행동이 통일을 기하도록 집단적 노력을 질서 있게 배열하는 과정이다.
> ㉤ 조정과 통합의 원리에서 갈등의 원인이 지나치게 세분화된 업무처리에 있다면 관리자는 조직의 전문화 강화에 더욱 힘써야 한다.

① 1개　　② 2개　　③ 3개　　④ 4개

해설

㉠ 계층제는 조직의 경직화를 초래하여 새로운 기술이나 지식의 도입이 어렵고, <u>환경변화에 대한 신축적 대응을 곤란하게 한다</u>.
㉡ 일반적으로 <u>신설부서보다는 역사가 깊은(오래된) 부서일수록 통솔범위가 넓어진다</u>. 통솔범위의 원리는 계층제와는 상반관계로, 통솔범위가 넓어지면 계층의 수는 적어지고 통솔범위가 좁아지면 계층의 수는 많아진다.
㉢ O

② O
⑩ 갈등의 원인이 '지나치게 세분화된 업무처리'에 있다면 **업무처리과정을 통합한다든지 연결하는 장치나 대화채널을 확보해주는 것이 필요**하다.

정답 ③

007 경찰조직편성의 원리에 대한 설명 중 적절한 것을 모두 고른 것은? 18순경3차

> ㉠ 계층제의 원리 – 책임과 난이도에 따라 상위로 갈수록 권한과 책임이 무거운 임무를 수행하도록 편성한다.
> ㉡ 통솔범위의 원리 – 신설조직보다 기성조직에서, 단순반복 업무보다 전문적 사무를 담당하는 조직에서 상관이 많은 부하직원을 통솔할 수 있다.
> ㉢ 명령통일의 원리 – 상위직에 부여된 권한과 책임을 하위자에게 분담시키는 권한의 위임제도를 적절히 활용하여 명령통일의 한계를 완화할 수 있다.
> ㉣ 조정과 통합의 원리 – 조직의 구조, 보상체계, 인사 등의 제도개선과 조직원의 행태를 합리적으로 개선하는 것은 갈등의 단기적인 대응방안이다.

① ㉠㉡   ② ㉠㉢   ③ ㉠㉣   ④ ㉡㉢

해설

㉡ 신설조직보다 기성조직에서, **전문적 사무보다는 단순반복 업무를 담당하는 조직에서** 상관이 많은 부하직원을 통솔할 수 있다
㉣ 조직의 구조, 보상체계, 인사 등의 제도개선과 조직원의 행태를 합리적으로 개선하는 것은 갈등의 **장기적인 대응방안**이다.

정답 ②

008 경찰조직 편성의 원리에 관한 다음 설명 중 옳은 것은 모두 몇 개인가? 18경간

> 가. 계층제는 경찰조직의 일체감과 통일성을 확보하지만 조직의 경직화를 초래한다.
> 나. 둘 이상의 상관으로부터 지시나 명령을 받게 되면 업무수행의 혼선이 발생할 수 있으므로 명령통일의 원리가 필요하다.
> 다. Mooney는 조정의 원리를 제1의 원리라고 하였다.
> 라. 구조조정의 문제와 깊은 관련성이 있는 것은 통솔범위의 원리이다.
> 마. 분업은 전문화라는 장점이 있지만 전체적인 통찰력을 약화시키는 단점이 있다.

① 2개   ② 3개   ③ 4개   ④ 5개

해설

모두 옳은 설명이다.

정답 ④

009 경찰조직편성의 원리에 관한 설명으로 가장 적절하지 않은 것은? 19순경2차

① 통솔범위는 신설부서보다는 오래된 부서, 지리적으로 근접한 부서보다는 분산된 부서, 복잡한 업무보다는 단순한 업무의 경우에 넓어진다.
② 계층제는 조직의 경직화를 가져와 환경변화에 대한 조직의 신축적 대응을 어렵게 한다.
③ 조정의 원리는 구성원이나 단위기관의 활동을 전체적인 관점에서 통일하여 조직의 목표 달성도를 높이려는 원리를 말한다.
④ 분업의 원리란 업무를 성질과 종류별로 구분하여 한 사람에게 한 가지의 동일한 업무만을 전담토록 하는 원리를 말한다.

해설

① 통솔범위는 신설부서보다는 오래된 부서, **지리적으로 분산된 부서보다는 근접한 부서**, 복잡한 업무보다는 단순한 업무의 경우에 넓어진다.

정답 ①

---

010 경찰 조직편성의 원리에 대한 설명 중 가장 적절한 것은? 19경채

① 계층제는 권한의 책임과 배분을 통하여 업무의 신중을 기할 수 있으므로 새로운 지식 기술의 도입이 용이하다.
② 수사경찰이 내부관리자와 검사로부터 이중의 지시를 받았던 과거의 수사체계는 통솔범위의 원리라는 측면에서 문제점으로 지적되었다.
③ 직무를 책임·난이도에 따라 등급화하고 상위로 갈수록 권한과 책임이 무거운 임무를 수행하도록 편성하여 상하간 명령복종 관계를 적용하는 조직원리는 명령통일의 원리이다.
④ 갈등의 문제해결이 어려운 경우에는 관리자가 갈등을 초래할 수 있는 결정을 보류 또는 회피하는 방법을 사용할 수도 있다.

해설

① 계층제는 조직의 경직화를 초래하여 **새로운 기술이나 지식의 도입이 어렵고** 환경변화에의 신축적인 대응이 곤란하다는 단점을 가진다.
② 수사경찰이 내부관리자와 검사로부터 이중의 지시를 받았던 과거의 수사체계는 **명령통일의 원리라는 측면에서** 문제점으로 지적되었다.
③ 직무를 책임·난이도에 따라 등급화하고 상위로 갈수록 권한과 책임이 무거운 임무를 수행하도록 편성하여 상하간 명령복종 관계를 적용하는 조직원리는 **계층제의 원리**이다.
④ O

정답 ④

011 조직편성의 원리 중 조직의 구성원간에 지시나 보고를 주고받는 과정에서 지시는 한 사람만이 할 수 있고, 보고도 한 사람에게만 하여야 한다는 원칙과 관련이 깊은 것을 모두 고른 것은? 12승진

> ㉠ 경찰의 경우에 수사나 사고처리 및 범죄예방활동에 이르기까지 거의 모든 업무수행에서 결단과 신속한 집행을 필요로 하는데, 이때 지시가 분산되고 여러 사람으로부터 지시를 받는다면, 범인을 놓친다든지 사고처리가 늦어 인명이나 재산의 피해에 신속하게 대응할 수 없게 된다.
> ㉡ 조직의 집단적 노력을 질서있게 배열하는 과정으로서 개별적인 활동을 전체적인 관점에서 통일하여 조직의 목표달성도를 높이려는 원리라고 하겠으며, 특히 J. Mooney 교수는 '조직의 제1원리'라고 명명하며 그 중요성을 강조한 바 있다.
> ㉢ 관리자의 공백 등을 대비하여 대리나 권한의 위임 또는 유고관리자의 사전지정 등을 적절히 활용하여야 한다.
> ㉣ 관리자의 통솔능력한계를 벗어나게 인원을 배치하면 적정한 지휘통솔이 되지 않기 때문에 하위자들의 지시 대기시간이 길어지고 의사소통이 되지 않아 지시자의 의도와 다르게 집행되는 문제가 생긴다. 즉 관리자의 통솔범위로 적정한 부하의 수는 어느 정도인가라는 문제는 관리의 효율성을 좌우하는 중요한 원리이다.

① ㉠, ㉡   ② ㉠, ㉢   ③ ㉡, ㉢   ④ ㉢, ㉣

해설

설문은 명령통일의 원리에 대한 내용이다.
㉠ 명령통일의 원리, ㉡ 조정의 원리, ㉢ 명령통일의 원리, ㉣ 통솔범위의 원리

정답 ②

012 경찰조직관리에 대한 설명 중 적절하지 <u>않은</u> 것은 모두 몇 개인가? 13·14승진

> ㉠ 최근 부각되는 구조조정의 문제와 관련성이 깊은 것은 통솔범위의 원리이다.
> ㉡ 조직목적수행을 위한 구성원의 임무를 책임과 난이도에 따라 상하로 나누어 배치하는 것은 명령통일의 원리이다.
> ㉢ 1인의 상관 또는 감독자가 효과적으로 직접 감독할 수 있는 부하의 수를 검토하는 것은 통솔범위의 원리이다.
> ㉣ 계층제 원리의 경우 '경찰업무 처리의 신중성'이라는 측면에서 문제점이 제기된다.
> ㉤ 갈등의 원인이 세분화된 업무처리에 있다면 업무처리과정을 통합한다든지 연결하는 장치나 대화채널의 확보가 필요하다.

① 1개   ② 2개   ③ 3개   ④ 4개

해설
ⓒ 조직목적수행을 위한 구성원의 임무를 책임과 난이도에 따라 상하로 나누어 배치하는 것은 **계층제의 원리**이다.
ⓔ 계층제 원리의 경우 '경찰업무 처리의 신중성'이라는 측면은 **문제점이 아니라 장점**이다.

정답 ②

013 경찰조직의 편성 원리에 관한 설명으로 가장 적절하지 않은 것은? 　　　16승진
① 통솔범위의 원리란 조직의 구성원 간에 지시나 보고를 주고받는 과정에서 지시는 한 사람만이 할 수 있고, 보고도 한 사람에게만 하여야 한다는 원칙을 말한다.
② 계층제의 원리란 조직목적수행을 위한 구성원의 임무를 책임과 난이도에 따라 상위로 갈수록 권한과 책임이 무거운 임무를 수행하도록 편성하는 것이다.
③ 분업의 원리란 조직의 종류와 성질, 업무의 전문화 정도에 따라 기관별·개인별로 업무를 분담시키는 것을 말한다.
④ 조정의 원리란 구성원이나 단위기관의 활동을 전체적인 관점에서 통일하여 조직의 목표 달성도를 높이려는 원리를 말한다.

해설
① **명령통일의 원리**란 조직의 구성원 간에 지시나 보고를 주고받는 과정에서 지시는 한 사람만이 할 수 있고, 보고도 한 사람에게만 하여야 한다는 원칙을 말한다.

정답 ①

014 조직의 구성원 간에 지시나 보고를 주고받는 과정에서 지시는 한 사람만이 할 수 있고, 보고도 한 사람에게만 하여야 한다는 조직편성의 원리는 무엇인가? 　　　15순경2차, 16승진
① 통솔범위의 원리　　　　　　　　② 조정의 원리
③ 명령통일의 원리　　　　　　　　④ 계층제의 원리

해설
③ 경찰조직의 편성원리 가운데 **명령통일의 원리**에 대한 설명이다. 명령통일의 원리는 경찰 수사권조정의 근거가 되는 경찰조직의 편성원리이다.

정답 ③

015 조직편성의 원리 중 명령통일의 원리에 대한 설명으로 가장 적절하지 <u>않은</u> 것은? 18승진

① 조직의 구성원 간에 지시나 보고를 주고받는 과정에서 지시는 한 사람만이 할 수 있고, 보고도 한 사람에게만 하여야 한다는 원칙이다.
② 경찰의 경우에 수사나 사고처리 및 범죄예방활동에 이르기까지 거의 모든 업무수행에서 결단과 신속한 집행을 필요로 하는데, 이때 지시가 분산되고 여러 사람으로부터 지시를 받는다면, 범인을 놓친다든지 사고처리가 늦어 인명이나 재산의 피해에 신속한 대응이 불가하다.
③ 관리자의 공백 등을 대비하여 대리, 위임, 유고관리자 사전지정 등이 필요하다.
④ 조직목적수행을 위한 구성원의 임무를 책임과 난이도에 따라 상위로 갈수록 권한과 책임이 무거운 임무를 수행하도록 편성한다.

> **해설**
> ④ 조직목적수행을 위한 구성원의 임무를 책임과 난이도에 따라 상위로 갈수록 권한과 책임이 무거운 임무를 수행하도록 편성하는 것은 **계층제의 원리**이다.
>
> **정답 ④**

016 조직편성의 원리에 대한 설명으로 가장 적절하지 <u>않은</u> 것은? 19승진

① 계층제의 원리 – 직무를 책임과 난이도에 따라 등급화하고 계층 간에 명령복종관계를 적용하는 원리로, 지휘계통을 확립하고 조직의 업무수행에 통일을 기할 수 있다.
② 통솔범위의 원리 – 1인의 상관 또는 감독자가 효과적으로 직접 통솔할 수 있는 부하의 수를 정하는 원리로, 통솔범위는 신설 부서보다는 오래된 부서, 지리적으로 분산된 부서보다는 근접 부서, 복잡한 업무보다는 단순한 업무의 경우에 넓어진다.
③ 명령통일의 원리 – 조직의 집단적 노력을 질서 있게 배열하는 과정으로서 개별적인 활동을 전체적인 관점에서 통일하여 조직의 목표달성도를 높이려는 원리로, 관리자의 공백 등을 대비하여 대리, 위임, 유고관리자 사전지정 등이 필요하다.
④ 조정의 원리 – 조직편성의 각각의 원리는 장단점을 가지고 있는 바, 이러한 장단점을 조화롭게 승화시키는 원리로, 문제해결이 어려운 경우 관리자가 갈등을 초래할 수 있는 결정을 보류 또는 회피하는 방식을 사용할 수 있다.

> **해설**
> ③ 조직의 집단적 노력을 질서 있게 배열하는 과정으로서 개별적인 활동을 전체적인 관점에서 통일하여 조직의 목표달성도를 높이려는 원리는 **"조정의 원리"**에 관한 설명이다.
>
> **정답 ③**

017 경찰조직의 편성원리에 대한 설명 중 틀린 것은 모두 몇 개인가? 10승진

> ㉠ 신설조직보다 기성조직에서 상관이 많은 부하직원을 통솔할 수 있다.
> ㉡ 명령통일의 원리를 너무 철저히 지키다 보면 업무수행에 혼란을 야기할 수도 있다.
> ㉢ 최근 부각되는 구조조정의 문제와 관련성이 깊은 것은 조정의 원리이다.
> ㉣ 계층제의 원리는 구성원이나 단위기관의 활동을 전체적인 관점에서 통일하여 조직의 목표달성도를 높이려는 원리이다.
> ㉤ 명령통일의 원리로서 신속한 결단과 결단내용의 지시가 한 사람에게 통합되어야 한다.

① 1개   ② 2개   ③ 3개   ④ 4개

해설
㉢ 최근 부각되는 구조조정의 문제와 관련성이 깊은 것은 **통솔범위의 원리**이다.
㉣ **조정의 원리는** 구성원이나 단위기관의 활동을 전체적인 관점에서 통일하여 조직의 목표달성도를 높이려는 원리이다.

정답 ②

---

018 경찰조직 편성원리에 대한 설명으로 가장 적절하지 않은 것은? 20승진

① 통솔범위의 원리란 조직목적수행을 위한 구성원의 임무를 책임과 난이도에 따라 상위로 갈수록 권한과 책임이 무거운 임무를 수행하도록 편성하는 것을 말한다.
② 명령통일의 원리란 조직 구성원 간에 지시나 보고를 주고받는 과정에서 지시는 한 사람만이 할 수 있고, 보고도 한 사람에게만 하여야 한다는 원칙을 말한다.
③ 명령통일의 원리에 따르면 관리자의 공백 등을 대비하여 대리, 위임, 유고관리자 사전지정 등이 필요하다.
④ 계층제의 원리는 권한과 책임의 배분을 통하여 신중한 업무처리가 가능하다는 장점이 있다.

해설
① **계층제의 원리**란 조직목적수행을 위한 구성원의 임무를 책임과 난이도에 따라 상위로 갈수록 권한과 책임이 무거운 임무를 수행하도록 편성하는 것을 말한다.

정답 ①

019 한정된 인력이나 예산을 가지고 갈등이 생기는 경우에 업무추진의 우선순위를 지정하는 등의 방법으로 갈등을 해결하는 조직편성원리로 가장 적절한 것은?   21승진

① 조정과 통합의 원리   ② 명령통일의 원리
③ 계층제의 원리   ④ 통솔범위의 원리

해설

① 조정과 통합의 원리를 서술하고 있다.

▶ **조정과 통합의 방법**

1. 갈등의 원인을 진단하고 문제를 해결하는 방법
   ㉠ 갈등의 원인이 세분화된 업무처리에 있는 경우 : 업무처리과정을 통합한다든지 연결하는 장치나 대화채널을 확보
   ㉡ 부서간의 갈등이 일어나고 있는 경우 : 더 높은 상위목표를 서로 이해하고 양보하게 함
   ㉢ 한정된 인력이나 예산을 가지고 갈등이 생기는 경우 : 가능하면 예산과 인력을 확보하고 관리자가 업무추진의 우선순위를 정해주어야 함
2. 문제해결이 어려운 경우 - 갈등을 완화시키거나, 양자간의 타협을 도출하거나, 관리자가 갈등을 초래할 수 있는 결정을 보류 또는 회피하는 방식을 사용

정답 ①

020 경찰조직편성의 원리에 관한 설명 중 가장 적절하지 않은 것은?   22순경1차

① '통솔의 범위'는 한 사람의 상관이 효과적으로 감독할 수 있는 최대한의 부하의 수를 말한다.
② '계층제'는 권한과 책임의 정도에 따라 직무를 등급화함으로써 상·하계층 간 직무상 지휘 감독관계에 놓이게 하는 것을 말한다.
③ '명령통일의 원리'는 조직구성원들은 한 사람의 상관으로부터만 명령을 받고, 보고도 그 상관에게만 하여야 한다는 것을 의미한다.
④ '할거주의'는 타기관 및 타부처에 대한 횡적인 조정과 협조를 용이하게 만드는 대표적인 요인으로 조정 통합의 원리에 필수적인 요소이다.

해설

④ '할거주의'는 소속기관·부서에만 충성·집착함으로써 타 조직·부서와의 조정·협조가 곤란할 수 있다.

정답 ④

021 조정과 통합의 원리에 대한 다음 설명 중 가장 옳지 않은 것은? 17경간

① 문제해결이 어려울 경우 갈등을 완화하고 양자 간의 타협을 도출해야 한다. 또한 관리자가 갈등을 초래할 수 있는 결정을 보류 또는 회피하는 것도 좋은 방법이다.
② 한정된 인력이나 예산으로 대안 선택에 갈등이 생기는 경우에는 가능하면 예산과 인력을 확보하고 업무추진의 우선순위를 지정할 필요가 있다.
③ 갈등해결 방안으로는 강제적, 공리적, 규범적 방안이 있을 수 있는 바, '상위목표의 제시'는 규범적 방안, '처벌과 제재'는 강제적 방안의 하나이다.
④ 갈등의 원인이 세분화된 업무처리에 있다면, 이를 더 전문화시키는 데 힘써야 한다.

> **해설**
> ④ 갈등의 원인이 세분화된 업무처리에 있다면 <u>업무처리과정을 통합한다든지 연결하는 장치나 대화채널을 확보해주는 것이 필요</u>하다.
>
> **정답** ④

022 조직 내부의 갈등은 업무의 효율성을 떨어뜨리는 요인이 된다. 이러한 갈등의 해결방법에 대한 설명 중 가장 옳지 않은 것은? 11승진

① 갈등에 대한 장기적 대응방안으로 조직원의 행태개선 등을 들 수 있다.
② 갈등의 원인이 세분화된 업무처리에 있다면 조정보다는 전문화에 힘써야 한다.
③ 문제해결이 어려울 때는 갈등을 완화하는 방법도 있다.
④ 한정된 인력이나 예산에서 갈등이 발생하면 관리자는 업무추진의 우선순위를 정해 줌으로써 갈등을 해소할 수도 있다.

> **해설**
> ② 갈등의 원인이 세분화된 업무처리에 있다면 <u>업무처리과정을 통합한다든지 연결하는 장치나 대화채널을 확보해주는 등 조정에 힘써야 한다.</u>
>
> **정답** ②

023 조직 내부 갈등의 해결방법에 대한 설명으로 가장 적절하지 않은 것은? 19승진

① 부서 간의 갈등이 일어나고 있을 때는 더 높은 상위목표를 제시, 상호 간 이해와 양보를 유도하는 것이 바람직하다.
② 문제해결이 어려운 경우에는 갈등을 완화하거나 관리자가 갈등을 초래할 수 있는 결정을 보류 또는 회피하는 방식을 사용할 수 있다.
③ 갈등의 장기적 대응을 위해서 조직의 구조, 보상체계, 인사 등의 제도개선과 조직원의 행태를 합리적으로 개선하는 방안이 있다.
④ 갈등의 원인이 세분화된 업무처리에 있다면 업무추진의 우선순위를 정해주는 것이 바람직하고 한정된 인력이나 예산으로 갈등이 생기는 경우 전체적인 업무처리과정의 조정과 통합이 바람직하다.

해설

④ 갈등의 <u>원인이 세분화된 업무처리에 있다면 업무처리과정을 통합한다든지 연결하는 장치나 대화채널을 확보해 주어야</u> 하고, 갈등의 <u>원인이 한정된 인력이나 예산에 있다면 예산과 인력을 확보하고 업무추진의 우선순위를 정해주어야</u> 한다.

정답 ④

024 조직내의 갈등은 업무의 효율성을 떨어뜨리는 요인이 된다. 다음 중 갈등의 조정과 통합방법에 대한 설명으로 가장 적절하지 않은 것은? 17승진

① 부서 간의 갈등이 일어나고 있을 때는 더 높은 상위목표를 제시, 상호 간 이해와 양보를 유도하는 것이 바람직하다.
② 한정된 인력이나 예산을 가지고 갈등이 생기는 경우에는 가능하면 예산과 인력을 확보하고 업무추진의 우선순위를 지정할 필요가 있다.
③ 문제해결이 어려운 경우에는 갈등을 완화, 양자 간의 타협을 도출, 관리자가 갈등을 초래할 수 있는 결정을 보류 또는 회피하는 방식을 사용한다.
④ 조직의 구조, 보상체계, 인사 등의 제도개선과 조직원의 행태를 합리적으로 개선하는 것은 갈등의 단기적인 대응방안이다.

해설

④ 조직의 구조, 보상체계, 인사 등의 제도개선과 조직원의 행태를 합리적으로 개선하는 것은 갈등의 <u>장기적인 대응방안</u>이다.

정답 ④

025 정책결정 모델에 대한 설명으로 가장 적절하지 않은 것은? 22경간

① 만족 모델(Satisfying model)은 정책결정자가 최선의 합리성을 추구하기 보다는, 시간적 공간적 재정적측면에서 여러 요인을 고려하여 만족할 만한 수준에서 결정한다.
② 쓰레기통 모델(Garbage can model)은 설정된 목표를 달성하기 위해 정보분석과 환류과정을 통해 자신의 행동을 스스로 조정해 나간다고 가정하는 모델이다.
③ 혼합탐사 모델(Mixed scanning model)은 점증 모델(Incremental model)의 단점을 합리 모델(Rational model)과의 통합을 통해서 보완하기 위해 주장된 것이다. 정책결정을 근본적 결정과 세부적 결정으로 나누고, 합리적 결정과 점증적 결정을 적절하게 혼합하여 의사결정을 한다.
④ 최적 모델(Optimal model)은 합리 모델의 비현실성과 점증 모델의 보수성을 극복하기 위하여 이상주의와 현실주의의 통합을 시도한 것이다. 이 모델은 기존의 정책을 바탕으로 이루어지는 점증주의 성향을 비판하면서, 새로운 결정을 내릴 때마다 정책방향도 다시 검토할 것을 주장한다.

> **해설**
>
> ② 정책결정 모형(모델) 가운데 **쓰레기통 모델(Garbage can model)은** 쓰레기들이 우연히 한 쓰레기통에 모이는 것처럼, **의사결정에 필요한 네가지 요소(문제, 해결책, 선택기회, 참여자)가 우연히 모여서 의사결정이 이루어진다고 보는 것**으로 '조직화된 무질서' 상태에서의 의사결정을 다루는 모형이다. ※ 사이버네틱스 모형은 설정된 목표를 달성하기 위해 정보제어와 환류과정을 통해 자신의 행동을 스스로 조정해 나간다고 가정하는 모델이다.
>
> 정답 ②

제2절 경찰인사관리

026 다음은 경찰직업공무원제도에 대한 설명이다. 옳은 것은 모두 몇 개인가? 　20순경1차

> ㉠ 실적주의는 직업공무원제로 발전되어 가는 기반이 되지만, 실적주의가 바로 직업공무원 제도를 의미하는 것은 아니다.
> ㉡ 행정의 안정성, 계속성, 독립성, 중립성 확보가 용이하다.
> ㉢ 행정통제 및 행정책임 확보가 용이하다.
> ㉣ 젊은 인재의 채용을 위한 연령제한으로 공직 임용의 기회균등을 저해한다.

① 1개　　　② 2개　　　③ 3개　　　④ 4개

해설

㉢ 직업공무원제도는 <u>행정통제 및 행정책임 확보가 곤란하다는 단점</u>을 가진다.

▶ **직업공무원제도**

의의	직업공무원제도란 공무원이 공직을 "보람있는 생애의 일"로 생각하고 공직생활을 할 수 있도록 마련된 공무원제도를 말한다. 이를 위해서는 공직이 유능한 젊은 남녀에게 개방되고, 매력적인 것이 되어야 하며, 업적과 능력에 따라 명예롭고 높은 지위에 올라갈 수 있어야 한다.
확립요건	실적주의, 공무원의 정치적 중립, 신분보장, 공직에 대한 높은 사회적 평가와 적정한 보수제도
장점	장기근무 유도로 행정의 계속성·안정성·일관성 확보, 행정의 중립성·독립성 확보
단점	채용연령 제한으로 공직에의 기회균등 저해, 공직집단의 보수화·관료화로 행정통제 및 행정책임 확보의 곤란
\<직업공무원제도와 실적주의의 관계\> 양자는 깊은 관련성을 가지나, 동일한 것은 아니다. 미국의 경우 펜들톤법 제정(1883년)으로 실적주의가 확립되었으나 직업공무원제의 필요성이 강조된 것은 1930년대 이후라는 점, 유럽의 경우 직업공무원제도는 일찍부터 도입되었으나 실적주의는 최근에 들어서야 확립된 점에서 알 수 있다.	

정답 ③

027 인사행정에 대한 설명으로 가장 옳지 않은 것은? 11승진

① 실적주의는 공무원 임용 기준이 직무수행능력과 성적이다.
② 각국의 인사행정은 실적주의와 엽관주의가 적절히 조화되어 실행되고 있고, 우리나라는 실적주의를 주로 하되 엽관주의적 요소가 가미된 것으로 이해할 수 있다.
③ 엽관주의는 인사행정의 기준을 당파성과 정실에 두는 제도로 행정을 단순하게 보아 누구나 수행할 수 있는 것으로 보기 때문에 법령에 저촉되지 않는 한 일체의 신분상의 불이익을 받지 않는다.
④ 실적주의는 19세기 말 미국 등에서 공직의 매관매직·공직부패 등이 문제되어 대두되었고, 공직은 모든 국민에게 개방되며 어떠한 차별도 받지 않는다.

> **해설**
>
> ③ "법령에 저촉되지 않는 한 일체의 신분상의 불이익을 받지 않는다"는 것은 **실적주의의 '신분보장'**을 기술한 것이다.
>
> **정답** ③

028 다음 중 엽관주의의 단점에 대한 설명이 아닌 것은 모두 몇 개인가? 13경간

> ㉠ 인사행정의 소극화·형식화·집권화를 초래할 수 있다.
> ㉡ 행정의 계속성·일관성·안정성이 훼손될 수 있다.
> ㉢ 국민요구에 대응하지 않을 우려가 있다.
> ㉣ 인사의 기준이 객관적이지 않아 인사의 공정성이 약하게 된다.
> ㉤ 인사부패가 연관되기 쉽다.
> ㉥ 인사관리의 경직성을 초래할 수 있다.

① 2개   ② 3개   ③ 4개   ④ 5개

> **해설**
>
> ㉠㉢㉥ – 실적주의의 단점
> ㉡㉣㉤ – 엽관주의의 단점

	실적주의	엽관주의
장점	① 정치적 중립과 부패방지에 기여 ② 신분보장으로 인한 행정의 전문성·독자성·계속성 확보 – 공무원은 법령에 저촉되지 않는 한 일체의 신분상 불이익을 받지 않음 ③ 공직에의 균등한 기회보장 – 공직은 모든 국민에게 개방되며 어떠한 차별도 받지 않음 ④ 행정능력 향상에 기여	① 정당이념의 철저한 구현으로 정당정치의 발전에 기여 ② 공무원에 대한 민주적 통제 강화 – 국민의 요구에 대한 대응성 높아짐 ③ 관직 특권화 배제와 관료제의 침체방지 ④ 공무원의 적극적인 충성심 유도
단점	① 인사행정의 소극화·형식화·집권화 ② 인사관리의 경직성 ③ 공무원의 보수화와 특권의식화 ④ 공무원에 대한 민주적 통제 곤란 – 국민의 요구에 대한 대응성 낮아짐	① 인사행정의 정실화에 따른 행정능률의 저하 우려 ② 인사의 기준이 객관적이지 않아 인사의 공정성 저해 ③ 인사부패가 연관되기 쉽다. ④ 신분보장이 안 되므로 장기적 행정수행이 곤란 – 행정의 계속성·안정성 저해 ⑤ 필요한 관직의 증설로 예산낭비와 국민의 부담 가중 우려

정답 ②

029 공직의 분류 방식에 대한 설명 중 가장 적절하지 않은 것은? 　　　18경채

① 직위분류제는 채용·전직·보수 등 인사행정의 합리적 기준을 제공하나 권한과 책임의 한계가 불명확하다는 한계가 존재한다.
② 계급제는 사람중심의 분류방식으로 직위분류제에 비해서 부처간의 협조와 조정이 용이하다.
③ 직위분류제는 1909년 미국의 시카고 시에서 처음 실시된 방식으로 동일한 직무를 장기간 담당하게 되어 행정의 전문화에 유용하다.
④ 우리나라의 공직분류 방식은 계급제를 위주로 하여 직위분류제적 요소를 가미한 혼합형태라고 할 수 있다.

해설

① 직위분류제는 권한과 책임의 한계가 명확하다.

정답 ①

030 공직 분류 방식 중 계급제와 직위분류제에 대한 설명이다. 가장 적절하지 <u>않은</u> 것은? 17순경1차

① 계급제는 사람을, 직위분류제는 직무를 중요시한다.
② 직위분류제는 계급제보다 권한의 한계가 불명확하다.
③ 공직을 평생직장으로 이해하는 직업공무원제도의 정착에는 직위분류제보다 계급제가 유리하다.
④ 우리나라의 공직 분류는 계급제 위주에 직위분류제적 요소를 가미한 혼합형태라고 할 수 있다.

> **해설**
>
> ② <u>직위분류제는 계급제보다 권한과 책임의 한계가 명확하다.</u>
>
> ▶ **직위분류제와 계급제의 비교**

구분	계급제	직위분류제
발달	독일, 프랑스, 일본 등에서 시행	1909년 미국 시카고시에서 처음 실시
인간·직무	사람중심의 분류방법	직무중심의 분류방법
인사배치	<u>인사배치의 신축성, 융통성 확보</u>	<u>인사배치의 비신축성, 비융통성</u> (인사배치의 자의성·정실화 방지)
행정가	일반행정가 양성	전문행정가 양성 : 행정조직의 전문화·분업화
조정·협조	기관간의 횡적협조 용이	기관간의 횡적협조 곤란
신분보장	강력한 신분보장 : 직업공무원제의 정착에 유리	신분보장 미약
보수	보수의 합리적 기준제시(×)	보수의 합리적 기준제시(○)
인사행정	인사행정의 합리화(×)	인사행정의 합리화(○) - 시험·채용·전직 등 인사배치 기준 제공
권한·책임	권한과 책임의 한계가 명확하지 않음	권한과 책임의 한계가 명확
임용	폐쇄형 충원방식	개방형 충원방식

정답 ②

031 직위분류제와 계급제를 비교한 것으로 가장 옳지 않은 것은? 　　16경간

① 계급제는 사람을, 직위분류제는 직무를 중요시한다.
② 직위분류제보다는 계급제가 공직을 평생직장으로 이해하는 직업공무원제도의 정착에 보다 유리하다.
③ 계급제는 인사배치가 비융통적이나 직위분류제는 보다 신축적이다.
④ 각국의 공직제도는 계급제와 직위분류제가 상호 융화되는 경향이 있다.

해설
③ 계급제는 인사배치가 융통적·신축적이고, 직위분류제는 비융통적·비신축적이다.

정답 ③

032 계급제와 직위분류제에 대한 설명 중 가장 적절하지 않은 것은? 　　20경채

① 직위분류제는 직무의 특성에 중점을 두고 직무의 종류와 책임, 난이도를 기준으로 공직을 분류한다.
② 계급제는 일반적 교양과 능력을 가진 사람을 채용하여 장기간에 걸쳐 능력이 키워지므로 특정 분야의 경찰전문가 양성에 적합한 방식이다.
③ 직위분류제는 계급제에 비해 인사배치의 신축성과 융통성이 부족하다.
④ 계급제는 직위분류제에 비해 신분보장이 강하며 폐쇄형 충원방식을 택한다.

해설
② 계급제가 일반행정가 양성에 유리하다면, 직위분류제는 전문행정가 양성에 유리하다.

정답 ②

033 계급제와 직위분류제에 대한 설명으로 가장 적절하지 않은 것은? 　　19순경1차, 12승진

① 직위분류제의 경우 직무중심 분류로서 계급제보다 인사배치에 신축성을 기할 수 있다.
② 계급제의 경우 널리 일반적 교양, 능력을 갖춘 사람을 채용하여 장기간에 걸쳐 능력을 향상시키므로 공무원이 종합적, 신축적인 능력을 갖출 수 있다.
③ 직위분류제의 경우 동일한 직무를 장기간 담당하게 되어 행정의 전문화에 기여한다.
④ 우리나라의 공직분류는 계급제 위주에 직위분류제적 요소를 가미한 혼합 형태라고 할 수 있다.

해설
① 직위분류제는 직무중심 분류로서 해당직무에만 배치하는 것을 내용으로 하므로 계급제에 비해 인사배치에 있어 비융통적이다.

정답 ①

034 공직의 분류방식 중 직위분류제에 대한 설명으로 가장 옳지 않은 것은? 13경간

① 1909년 미국의 시카고에서 처음 실시되었다.
② 동일한 직무를 장기간 담당하게 되어 행정조직의 전문화를 촉진할 수 있다.
③ 보수제도의 합리적 기준제시가 가능하다.
④ 직업공무원제의 확립에 기여한다.

> **해설**
> ④ 직위분류제는 개방형 충원방식을 전제로 하기 때문에 폐쇄형 충원방식을 취하는 계급제에 비하여 직업공무원제 확립에 불리하다.
>
> **정답** ④

035 다음은 공직 분류 방식 중 계급제와 직위분류제에 대한 설명이다. 옳은 것은 모두 몇 개인가? 16순경2차

> ㉠ 직위분류제는 계급제에 비해서 보수결정의 합리적인 기준을 제시하는 것이 장점이다.
> ㉡ 계급제는 이해력이 넓어져 직위분류제에 비해서 기관 간의 횡적 협조가 용이한 편이다.
> ㉢ 직위분류제는 프랑스에서 처음 실시된 후 독일 등으로 전파되었다.
> ㉣ 우리나라의 공직 분류는 계급제 위주에 직위분류제적 요소를 가미한 혼합형태라고 할 수 있다.

① 1개   ② 2개   ③ 3개   ④ 4개

> **해설**
> ㉢ 직위분류제는 1909년 미국 시카고에서 처음 실시되었다.
>
> **정답** ③

036 다음에서 설명하는 공직분류 방식으로 가장 적절한 것은? 19경채

> • 독일, 프랑스, 일본 등이 이 제도를 따르고 있음
> • 공무원이 보다 종합적·신축적인 능력을 갖출 수 있고, 이해력이 넓어져 기관 간 협조가 용이함
> • 조직 외부로부터 충원이 힘든 폐쇄형 충원방식을 취함
> • 직업공무원제도 정착에 유리함

① 계급제   ② 엽관주의   ③ 실적주의   ④ 직위분류제

> **해설**
> ① 계급제의 전형적인 특징들을 서술하고 있다.
>
> 정답 ①

037 경찰인사관리에 대한 설명 중 <u>틀린</u> 것은? 10승진

① 계급제는 공무원이 보다 종합적·신축적인 능력을 가질 수 있고, 이해력이 넓어져 기관간의 협조가 용이하다.
② 계급제는 보통 계급의 수가 많고 계급간의 차별이 심하며 외부로부터의 충원이 힘든 폐쇄형의 충원방식을 취하고 있다.
③ 직위분류제는 시험·채용·전직의 합리적 기준을 제공하여 인사행정의 합리화를 기할 수 있고, 동일직무에 대한 동일보수의 원칙을 확립함으로써 보수제도의 합리적 기준을 제시할 수 있다.
④ 직위분류제는 인사배치의 비융통성, 신분보장 미흡 등의 단점이 있다.

> **해설**
> ② 계급제는 보통 **계급의 수가 적고** 계급간의 차별이 심하며 외부로부터의 충원이 힘든 폐쇄형의 충원방식을 취하고 있다.
>
> 정답 ②

038 인사행정의 합리화를 기할 수 있는 직위분류제의 특징으로 옳은 것은 모두 몇 개인가? 11승진

㉠ 동일직무·동일보수의 원칙	㉡ 신축적 인사배치
㉢ 일반 행정가 양성에 유리	㉣ 신분보장 강화
㉤ 권한과 책임한계의 불명확	

① 1개   ② 2개   ③ 3개   ④ 4개

> **해설**
> 직위분류제의 특징은 ㉠이다. ㉡,㉢,㉣은 계급제의 장점, ㉤은 계급제의 단점
>
> ▶ **계급제와 직위분류제**
>
> | 계급제 | ① 개인의 자격·능력·학력에 바탕하여 구분된 계급을 중심으로 공직을 분류하는 제도
② 인간중심의 분류방식으로 영국, 독일, 프랑스, 일본, 한국 등에서 채택
③ 계급제는 통상 계급의 수가 적고, 계급간 차별이 심하며, 폐쇄형 충원방식 |
> |---|---|
> | 직위
분류제 | ① 개개의 직위에 내포된 직무의 종류와 책임도·난이도 등에 따라 공직을 분류하는 제도
② 직무중심의 분류방식으로 미국에서 발달(1909년 미국 시카고시 최초 도입)
③ 행정의 전문화·분업화에 유리하며, 개방형 충원방식 |

	계급제	직위분류제
발달	영국, 독일, 프랑스, 일본, 한국 등	미국, 캐나다 등 채택 (1909년 시카고시市 최초)
초점	인간중심 분류	직무중심 분류
인사충원	인사배치의 신축성, 탄력성, 융통성 외부충원의 폐쇄성	인사배치의 비신축성, 비융통성 외부충원의 개방성
행정가	일반행정가 양성에 유리	전문행정가 양성에 유리
신분보장	강력한 신분보장으로 직원공무원제에 유리	신분보장 미약
합리성	보수·인사행정의 합리적 기준제시 못함	보수와 인사행정(시험·채용·전직 등)의 합리적 기준 제시
권한/책임	권한과 책임의 한계가 명확치 않음	권한과 책임의 한계가 명확
조정/협조	기관간·부서간 횡적 협조 용이	기관간·부서간 횡적 협조 곤란

※ 직위분류제와 계급제는 상호배타적 관계가 아니라 상호보완적 관계로, 각국에서 양자를 융화시키는 경향
※ 우리나라의 공직체계 역시 계급제를 원칙으로 해서 직위분류제 요소를 가미하고 있음

정답 ①

039 계급제와 직위분류제에 대한 설명으로 가장 적절하지 <u>않은</u> 것은?   12승진

① 계급제는 사람중심, 직위분류제는 직무중심이며 계급제는 충원방식에서 폐쇄형을 직위분류제는 개방형을 채택하고 있고, 계급제는 인사배치의 신축성이 있으나 직위분류제는 보다 비융통적이다.
② 중간계급에의 진입을 허용하지 않는 계급제가 공직을 평생직장으로 이해하는 직업공무원제도의 정착에 보다 유리하다.
③ 계급제와 직위분류제의 관계는 양립될 수 없는 상호배타적인 관계가 아니라 서로의 결함을 시정할 수 있는 상호보완적인 관계에 있다고 볼 수 있다.
④ 직위분류제는 시험·채용·전직의 합리적 기준을 제공하여 인사행정의 합리화를 기할 수 있고, 동일직무에 대한 동일보수의 원칙을 확립함으로써 보수제도의 합리적 기준을 제시할 수 있으나, 전직이 제한되고 행정의 전문화가 곤란하며 권한과 책임의 한계가 불명확하고 신분보장이 미흡하다는 단점이 있다.

해설

④ 직위분류제는 시험·채용·전직의 합리적 기준을 제공하여 인사행정의 합리화를 기할 수 있고, 동일직무에 대한 동일보수의 원칙을 확립함으로써 보수제도의 합리적 기준을 제시할 수 있다. 또한, 또한, 전직이 제한되고 **행정의 전문화에 기여**하며 **권한과 책임의 한계가 명확**하다.

정답 ④

040 계급제와 직위분류제를 비교한 것으로 가장 적절하지 않은 것은?   14승진

① 계급제는 보통 계급의 수가 적고 계급간의 차별이 심하며 외부로부터의 충원이 힘든 폐쇄형의 충원방식을 취하고 있다.
② 계급제는 널리 일반적 교양·능력을 가진 사람을 채용하여 신분보장과 함께 장기간에 걸쳐 능력이 키워지므로 공무원이 보다 종합적·신축적인 능력을 가질 수 있다.
③ 직위분류제는 시험·채용·전직의 합리적 기준을 제공하여 인사행정의 합리화를 기할 수 있고, '동일직무에 대한 동일보수의 원칙'을 확립함으로써 보수제도의 합리적 기준을 제시할 수 있다.
④ 계급제는 직무를 중요시하며, 직무분석과 직무평가의 중요성을 강조하는 제도이다.

해설

④ **직위분류제는** 직무를 중요시하며, 직무분석과 직무평가의 중요성을 강조하는 제도이다.

정답 ④

---

041 공직분류방식에 대한 설명으로 가장 적절한 것은?   19승진

① 계급제는 인간중심의 분류방법으로 널리 일반적 교양 능력을 가진 사람을 채용하여 신분보장과 함께 장기간에 걸쳐 능력이 키워지므로 공무원이 보다 종합적 신축적인 능력을 가질 수 있다.
② 직위분류제는 동일한 직무를 장기간 담당하게 되어 행정의 전문화에 유용하나, 권한과 책임의 한계가 불명확하다는 단점이 있다.
③ 계급제는 충원방식에서 폐쇄형을 채택하여 인사배치가 비융통적이나 직위분류제는 개방형을 채택하고 있어 인사배치의 신축성이 있다.
④ 직위분류제는 계급제에 비해서 보수결정의 합리적인 기준을 제시할 수 있으며, 직무분석을 통한 이해력이 넓어져 기관 간의 횡적 협조가 용이한 편이다.

해설

① ○
② 직위분류제는 **권한과 책임의 한계가 명확**한 것이 장점이다.
③ 계급제는 인사배치가 **융통적**이나, 직위분류는 인사배치가 **비신축적**이다.
④ "이해력이 넓어져 기관 간의 횡적 협조가 용이한 것"은 **계급제**에 대한 내용이다.

정답 ①

042 계급제와 직위분류제를 비교한 것으로 가장 적절한 것은? 19승진

① 계급제는 공직을 분류함에 있어서 행정기관을 구성하는 개개의 직위에 내포되어 있는 직무의 종류와 책임도 및 곤란도에 따라 여러 직종과 등급 및 직급을 분류하는 제도이다.
② 계급제는 보통 계급의 수가 적고 계급 간의 차별이 심하며, 동일한 직무를 장기간 담당하게 되어 직위분류제에 비해 행정의 전문화에 기여한다.
③ 직위분류제는 직무중심의 분류방법으로 시험 채용 전직의 합리적 기준을 제공하여 계급제에 비해 인사배치의 신축성을 기할 수 있다.
④ 직위분류제는 권한과 책임의 한계를 명확히 하는 장점이 있지만, 유능한 일반행정가의 확보 곤란, 신분보장의 미흡 등의 단점이 있다.

해설

① <u>직위분류제에 대한 내용</u>이다.
② <u>동일한 직무를 장기간 담당하게 되어 계급제에 비해 행정의 전문화에 기여하는 것은 직위분류제</u>의 내용이다.
③ 직위분류제는 계급제에 비해 인사배치가 <u>비신축적</u>이다.
④ O

정답 ④

043 매슬로우(Maslow)의 욕구 이론에 대한 설명으로 가장 적절하지 <u>않은</u> 것은? 17순경2차

① 매슬로우는 욕구를 생리적 욕구(Physiological Needs), 안전의 욕구(Safety Needs), 사회적 욕구(Social Needs), 존경의 욕구(Esteem Needs), 자기실현 욕구(Self-actualization Needs)로 구분하였다.
② 안전의 욕구는 현재 및 장래의 신분이나 생활에 대한 불안 해소에 관한 것으로 신분보장, 연금제도 등을 통해 충족시켜 줄 수 있다.
③ 존경의 욕구는 동료·상사·조직 전체에 대한 친근감·귀속감 충족에 관한 것으로 인간관계의 개선, 고충처리 상담 등을 통해 충족시켜 줄 수 있다.
④ 생리적 욕구는 의·식·주 및 건강 등에 관한 것으로 적정보수제도, 휴양제도 등을 통해 충족시켜 줄 수 있다.

해설

③ <u>사회적 욕구는</u> 동료·상사·조직 전체에 대한 친근감·귀속감 충족에 관한 것으로 인간관계의 개선, 고충처리 상담 등을 통해 충족시켜 줄 수 있다.

▶ **매슬로우(Maslow)의 욕구 5단계설** (생안사존자 / 생보휴 / 안신년 / 사고인 / 자승단)

	내 용	충족방안
생리적 욕구	의식주 및 건강의 욕구(가장 강한 욕구)	적정보수, 휴양제도
안전의 욕구	현재·미래의 신분안전과 생활불안 해소	신분보장, 연금제도
사회적 욕구 (애정욕구)	동료·상사·조직(집단)에의 소속감·친근감	① 인간관계 개선, 비공식집단 활성화 ② 고충처리, 인사상담
존경의 욕구	타인의 인정·존중·신뢰·명예를 얻으려는 욕구	참여의 확대, 권한의 위임, 제안·포상제도
자아실현욕구	① 자기계발·자기완성, 성취감 충족의 욕구로 최고가치의 궁극적인 욕구 ② 조직목표와 조화되기 어려운 욕구	① 공정하고 합리적인 승진제도 운영 ② 공무원단체의 활용
내용	① 인간을 움직이는 욕구는 5단계로 구성되는데, 각 욕구는 한 단계의 욕구가 충족되어야 비로소 다음 단계의 욕구로 순차적·상향적으로 진행되는 "만족·진행 접근법"을 취함 ② 이미 충족된 욕구는 더 이상 동기부여 요인으로서 의미를 잃게 됨 ③ 개인의 궁극적인 목표이자, 조직목표와 가장 조화하기 어려운 욕구는 자아실현욕구임	

정답 ③

---

044 매슬로(Maslow)가 주장하는 5단계 기본욕구와 그 욕구를 충족시키는 것을 바르게 연결한 것은?

15순경3차

① 안전 욕구 – 적정보수제도, 휴양제도
② 사회적 욕구 – 인간관계의 개선, 고충처리 상담
③ 존경 욕구 – 신분보장, 연금제도
④ 생리적 욕구 – 참여확대, 권한의 위임, 제안제도, 포상제도

해설

① 생리적 욕구 – 적정보수제도, 휴양제도 (생보휴)
② (O) 사회적욕구 – 고충처리 상담, 인간관계 개선 (사고인)
③ 안전 욕구 – 신분보장, 연금제도 (안신년)
④ 존경 욕구 –참여확대, 권한의 위임, 제안제도, 포상제도

정답 ②

045 메슬로(Maslow)의 5단계 기본욕구에 대한 설명 중 가장 적절하게 연결된 것은? 14경간

① 생리적 욕구 – 신분보장, 연금제도
② 안전욕구 – 적정보수제도, 포상제도
③ 사회적 욕구 – 인간관계의 개선, 고충처리 상담
④ 존경욕구 – 참여확대, 권한의 위임, 공무원단체 활용

> **해설**
> ① 안전 욕구 – 신분보장, 연금제도 (안신년)
> ② 적정보수제도는 생리적 욕구, 포상제도는 존경욕구
> ③ O (사고인)
> ④ 공무원단체 활용은 자기실현욕구 충족방법
>
> **정답** ③

046 보기는 Maslow의 5단계 기본욕구에 대한 설명이다. 가장 적절하게 연결된 것은? 12승진

〈보기 1〉
㉠ 생리적욕구   ㉡ 안전욕구
㉢ 사회적욕구   ㉣ 존경욕구
㉤ 자아실현욕구

〈보기 2〉
ⓐ 타인의 인정·신망을 받으려는 욕구
ⓑ 장래에의 자기발전·자기완성의 욕구 및 성취감 충족
ⓒ 현재 및 장래의 공무원 신분이나 생활에 대한 불안을 해소
ⓓ 동료·상사·조직전체에 대한 친근감·귀속감을 충족
ⓔ 건강 등에 관한 욕구

〈보기 3〉
甲. 합리적인 승진, 공무원 단체 활용
乙. 참여확대, 권한의 위임, 제안·포상제도
丙. 신분보장, 연금제도
丁. 인간관계의 개선, 고충처리 상담
戊. 적정보수제도, 휴양제도

① ㉢ – ⓓ – 丁
② ㉡ – ⓒ – 甲
③ ㉠ – ⓔ – 丙
④ ㉣ – ⓐ – 丁

> **해설**
>
> ○ 생리적욕구 / ⓔ 건강 등에 관한 욕구 / 戊. 적정보수제도, **휴양제도 (생보휴)**
> ○ 안전욕구 / ⓒ 현재 및 장래의 공무원 신분이나 생활에 대한 불안을 해소 / 丙. **신분보장, 연금제도 (안신년)**
> ○ 사회적욕구 / ⓓ 동료·상사·조직전체에 대한 친근감·귀속감을 충족 / 丁. 인간관계의 개선, **고충처리 상담 (사고인)**
> ○ 존경욕구 / ⓐ 타인의 인정·신망을 받으려는 욕구 / 乙. 참여확대, 권한의 위임, 제안·포상제도
> ○ 자아실현욕구 / ⓑ 장래에의 자기발전·자기완성의 욕구 및 성취감 충족 / 甲. 합리적인 승진, 공무원 단체 활용 **(자승단)**
>
> 정답 ①

047 경찰서장 甲은 소속 경찰관들의 사기 앙양 방법을 모색 중이다. Maslow의 욕구이론과 경찰조직이론에 비추어 볼 때 甲이 취할 사기 앙양책에 대한 설명 중 가장 옳지 <u>않은</u> 것은? 11승진

① 소속 직원들 개개인을 인격의 주체로서 합당한 대우를 해준다.
② 소속 직원들간 인간관계의 개선을 통하여 Maslow가 언급한 자기실현 욕구를 만족시켜 준다.
③ 직원들의 불만·갈등을 평소 들어줄 수 있도록 상담 창구를 마련하여 Maslow가 언급한 사회적 욕구를 해소하여 준다.
④ 지연·학연 등에 의한 편파적 인사나 대상에 따라 다른 기준이 적용되는 인사를 배제한다.

> **해설**
>
> ② 소속 직원들간 인간관계의 개선을 통하여 Maslow가 언급한 <u>사회적 욕구</u>를 만족시켜 준다.(사고인) (사회적욕구 - 고충처리 상담, 인간관계 개선)
>
> 정답 ②

048 Maslow의 인간욕구 5단계론에 대한 설명 중 가장 적절하지 <u>않은</u> 것은? 13승진

① 안전 욕구는 공무원의 현재 및 장래의 신분이나 생활에 대한 불안 해소와 관련된 것으로, 신분보장, 연금제도를 통해 충족시켜 줄 수 있다.
② 사회적 욕구는 동료·상사·조직 전체에 대한 친근감·귀속감 충족에 관한 것으로, 인간관계의 개선, 권한의 위임을 통해 충족시켜 줄 수 있다.
③ 존경 욕구는 타인의 인정·존중·신망을 받으려는 욕구에 관한 것으로, 참여확대, 포상제도 등을 통해 충족시켜 줄 수 있다.
④ 자기실현 욕구는 장래에의 자기발전·자기완성의 욕구 및 성취감 충족에 관한 것으로, 공정하고 합리적인 승진, 공무원 단체 활용을 통해 충족시켜 줄 수 있다.

> **해설**
>
> ② 권한의 위임은 <u>존경의 욕구</u>이다.
>
> 정답 ②

049 매슬로우(Maslow)의 욕구계층이론에 대한 설명으로 가장 적절한 것은? 19승진

① 경찰관이 포상휴가를 가는 것보다 유능한 경찰관이라는 인정을 받고 싶어서 열심히 범인을 검거하였다면 자아실현의 욕구를 충족하고 싶은 것이다.
② 매슬로우는 5단계 기본욕구가 우선순위의 계층을 이루고 있어 한 단계의 욕구가 충족되어야 비로소 다음 단계의 욕구가 발로 된다고 보았다.
③ 소속 직원들 간 인간관계의 개선, 공무원 단체의 활용, 고충처리 상담, 적정한 휴양제도는 사회적 욕구를 충족시켜 주기 위한 방안에 해당한다.
④ 경찰관에 대한 공정하고 합리적인 승진제도를 마련하고 권한의 위임과 참여를 확대하는 것은 자아실현의 욕구를 충족시켜 주기 위한 방안에 해당한다.

해설

① 존경의 욕구
② O
③ 공무원단체는 자아실현욕구, 휴양제도는 생리적 욕구와 관련된다. (생보휴/안신년/사고인/자승단)
④ 권한의 위임과 참여확대는 존경의 욕구와 관련된다.

정답 ②

050 Maslow의 5단계 기본욕구에 대한 설명 중 틀린 것은? 10승진

① 생리적 욕구는 의·식·주 및 건강 등에 관한 것으로 적정보수제도 또는 휴양제도를 통해 충족시켜 줄 수 있다.
② 안전욕구는 현재 및 장래의 신분이나 생활에 대한 불안 해소에 관한 것으로 신분보장 또는 연금제도를 통해 충족시켜 줄 수 있다.
③ 사회적 욕구는 동료·상사·조직 전체에 대한 친근감·귀속감 충족에 관한 것으로 참여확대 또는 포상제도를 통해 충족시켜 줄 수 있다.
④ 자아실현욕구는 장래에의 자기발전·자기완성의 욕구 및 성취감 충족에 관한 것으로 합리적인 승진 또는 공무원단체 활용을 통해 충족시켜 줄 수 있다.

해설

③ 참여확대 또는 포상제도를 통해 존경욕구를 충족시켜 줄 수 있다.

정답 ③

051 A 경찰서장은 동기부여 이론 및 사기 이론을 활용하여 소속 경찰관들의 사기를 높이기 위한 방안을 모색하였다. 이론의 적용으로 가장 적절하지 않은 것은? 20순경2차

① Maslow의 욕구계층이론에 따라 존경의 욕구를 충족시켜 주기 위하여 권한위임을 확대하였다.
② Herzberg의 동기위생요인이론에 따르면 사기진작을 위해서는 동기요인이 강화되어야 하므로 적성에 맞는 직무에 배정하고 책임감과 성취감을 느낄 수 있도록 독려하였다.
③ McGregor의 X이론에 따르면 인간은 근본적으로 업무에 대한 의욕을 가지고 있기 때문에 이러한 의욕을 강화시키기 위해 금전적 보상과 포상제도를 강화하였다.
④ McGregor의 Y이론을 적용하여 상급자의 일방적 지시와 명령을 줄이고 의사결정 과정에 일선경찰관들의 참여를 확대시키도록 지시하였다.

> **해설**
>
> ③ McGregor의 X이론에 따르면 인간은 본래 게으르고 일을 싫어하며, 변화를 싫어하고 책임감이 없기 때문에, 조직목표 달성을 위해서는 저차원적 욕구(생리·안전) 충족과 지시·통제·처벌을 활용한 동기부여가 필요하다. 반면, Y이론에 따르면 인간은 스스로 문제해결능력을 가지고 있고 자율적으로 결정하고 행동할 수 있는 존재이기 때문에, 목표달성을 위해서는 적절한 보상과 고차원적 욕구(사회적·존경·자아실현)의 충족을 통한 동기부여가 필요하다.
>
> 정답 ③

제3절 경찰예산관리

052 예산을 성립과정 중심으로 분류할 때, 다음이 설명하는 예산제도로 가장 적절한 것은? 14승진

> 회계연도 개시 전까지 예산의 불성립 시에 전년도 예산에 준하여 지출하는 예산제도로서 예산집행의 신축성을 부여하고 예산 불성립으로 인한 행정중단의 방지를 도모한다.

① 준예산
② 본예산
③ 추가경정예산
④ 수정예산

해설

설문은 준예산에 대한 내용이다.

▶ 예산 성립과정 중심의 분류

본예산	정상적인 절차를 거쳐 최초로 확정된 예산
수정예산	정부가 예산안을 국회에 <u>제출한 이후 확정(성립)되기 전에 일부 내용을 변경</u>하여 제출하는 예산
추가경정예산	이미 <u>확정(성립)된 예산에 변경</u>을 가할 필요가 있을 때 편성하는 예산
준예산	① <u>회계연도 개시 전까지 예산 불성립 시에</u> 당해연도 예산이 국회에서 의결될 때까지 전년도에 준해서 지출하는 예산(예산불성립으로 인한 행정중단 방지를 위해 필요) ② 용도 – ㉠헌법이나 법률에 의해 설치된 기관·시설의 유지운영 ㉡법률상 지출의무의 이행(공무원보수·사무처리기본경비등) ㉢이미 예산으로 승인된 사업의 계속비

정답 ①

053 경찰예산에 대한 설명으로 가장 적절한 것은? 19승진

① 정부 예산안이 국회를 통과하여 확정된 후에 새롭게 발생한 사유로 인하여 이미 성립한 예산에 변경을 가할 필요가 있을 때 편성하는 예산은 수정예산이다.
② 준예산은 회계연도 개시 전까지 예산의 불성립시 전년도 예산에 준하여 지출하는 제도로 예산 확정 전에는 경찰공무원의 보수와 경찰관서의 유지 운영 등 기본경비에는 사용할 수 없다.
③ 관서운영경비는 관서운영경비출납공무원이 아니면 지급할 수 없으며 관서운영경비출납공무원은 관서운영경비를 금융회사등에 예치하여 관리하여야 한다.
④ 예산의 집행은 예산의 배정으로부터 시작되며 예산이 확정되면 해당 예산이 배정되지 않은 상태에서도 지출원인행위를 할 수 있다.

해설

① **추가경정예산**에 대한 설명이다.
② 예산 확정 전에 경찰공무원의 보수와 경찰관서의 유지 운영 등 기본경비에는 **사용할 수 있다**.
③ O
④ 해당 예산이 배정되지 않은 상태에서는 지출원인행위를 **할 수 없다**.

정답 ③

054 예산제도에 대한 설명 중 틀린 것은 모두 몇 개인가? 10승진, 19승진유사

㉠ 품목별 예산제도는 회계책임이 명확하고, 계획과 지출이 일치한다는 장점이 있다.
㉡ 성과주의 예산제도는 기능의 중복을 피하기 곤란하고, 의사결정을 위한 충분한 자료 제시가 부족하다는 단점이 있다.
㉢ 일몰법은 매년 사업의 우선순위를 새로이 결정하고 그에 따라 예산을 책정한다.
㉣ 자본예산은 정부예산을 경상지출과 자본지출로 구분하여 경상지출은 경상수입으로 충당시켜 균형을 이루게 하고 자본지출은 적자재정과 공채발행으로 그 수입에 충당하게 함으로써 균형을 이루게 하는 예산제도이다.

① 1개   ② 2개   ③ 3개   ④ 4개

해설

㉠ 품목별 예산제도는 회계책임이 명확하지만, **계획과 지출이 불일치**한다는 단점이 있다.
㉡ **품목별 예산제도는** 기능의 중복을 피하기 곤란하고, 의사결정을 위한 충분한 자료제시가 부족하다는 단점이 있다.
㉢ **영기준 예산제도는** 매년 사업의 우선순위를 새로이 결정하고 그에 따라 예산을 책정한다.
㉣ 자본예산은 정부예산을 경상지출과 자본지출로 구분하여 경상지출은 경상수입으로 충당시켜 균형을 이루게 하고 자본지출은 적자재정과 공채발행으로 그 수입에 충당하게 함으로써 **불균형예산**을 편성하는 예산제도이다.

▶ 예산제도의 변천

1. 품목별예산(LIBS : Line Item Budget System) – 통제 지향
① 정부지출의 대상, 성질을 기준으로 지출품목마다 그 비용을 계산하여 편성하는 예산제도
② 통제지향 예산제도로, 예산담당 공무원들에게 필요한 핵심적 기술은 회계기술
③ 총괄(단독) 예산제도로는 적합하지 않고, 다른 모든 예산제도와 병행될 수 있음(우리나라를 포함하여 세계적으로 가장 많이 활용되는 예산제도)

장 점	단 점
• 예산운영의 용이성, 회계검사의 용이성 • 회계책임의 명확성 확보 • 재량권축소로 예산유용 방지와 재정통제에 유리 • 인사행정에 유용한 자료 제공	• 계획과 지출의 불일치 • 기능간 중복과 자원배분의 비효율성 • 성과측정의 곤란 • 예산집행의 신축성 제약 • 의사결정을 위한 자료제공 역할의 부족

2. 성과주의예산(PBS : Performance Budget System) – 관리 지향
① 정부활동을 세부사업으로 구분하여 세부사업별로 "단위원가 × 업무량 = 예산액"으로 편성하는 예산제도
② 정부의 물품구입보다 정부가 수행하는 활동(사업)에 초점을 둠으로써 예산의 관리기능을 강조

장 점	단 점
• 국민이 정부활동을 이해함에 용이 • 업무단위/단위원가 산출로 자원배분의 합리화 • 예산집행의 신축성 확보 • 업무능률 측정하여 다음연도 예산에 반영	• 기본요소인 업무단위/단위원가 산출의 어려움 • 품목별예산에 비해 통제곤란, 회계책임 불분명 • 인건비 등 경직성경비 적용의 곤란

3. 계획예산(PPBS : Planning Programming Budgeting System) – 계획 지향
① 장기적인 기획과 단기적인 예산을 유기적으로 연결시켜 편성하는 예산제도(일명 프로그램 예산)
② 장점 – 예산과 기획의 통합, 자원배분의 합리성 제고
③ 단점 – 중앙집권화(하향적 의사결정), 관료조직의 반발, 계량화와 환산작업의 곤란, 실현가능성 낮음

4. 영기준예산(ZBB : Zero-base Budget System) – 감축 지향
① 모든 사업·활동을 원점에서 재검토하여 우선순위에 따라 예산편성하는 제도
② 전년도 예산을 기준으로 점증적으로 예산편성하는 폐단을 시정하려는 목적으로 탄생한 제도
③ 장점 – 예산팽창의 방지, 작은정부시대/자원난시대에 적합
④ 단점 – 시간·노력의 과다한 소모, 사업축소나 폐지의 곤란성

5. 일몰법과 자본예산

일몰법	① 특정 사업이나 활동에 대하여 일정기간이 지나면 자동적으로 폐지되게 하는 법률 ② 일몰법은 행정부가 편성하는 예산이 아니라, 국회가 제정하는 법임
자본 예산	정부예산을 경상지출과 자본지출로 구분하여 경상지출은 경상수입으로 충당시켜 균형을 이루되, 자본지출은 적자재정과 공채발행으로 불균형예산을 편성(허용)하는 제도

정답 ④

055 예산제도에 대한 설명 중 틀린 것은 모두 몇 개인가? 10승진

> ⊙ 성과주의 예산제도는 인사행정에 유용한 자료를 제공하지만, 기능의 중복을 피하기 곤란하다.
> ⓒ 계획예산은 국민의 입장에서 경찰활동을 이해하기 용이하지만, 인건비 등 경직성경비의 적용에 어려움이 있다.
> ⓒ 준예산은 회계연도 개시 전까지 예산의 불성립시에 전년도 예산에 준하여 지출하는 예산제도로 예산확정 전이라도 공무원의 보수와 사무처리에 관한 기본경비 등에는 지출할 수 있다.
> ⓔ 국회를 통과하여 예산이 확정되었더라도 해당예산이 배정되지 않은 상태에서는 지출 원인행위를 할 수 없다.
> ⓜ 관서운영 경비 중 건당 500만원 이하의 경비만 관서운영경비로 집행하도록 규정한 예산과목은 운영비·특수활동비가 있으며 업무추진비는 이에 해당하지 않는다.

① 2개 ② 3개 ③ 4개 ④ 5개

해설

⊙ **품목별 예산제도**는 인사행정에 유용한 자료를 제공하지만, 기능의 중복을 피하기 곤란하다.
ⓒ **성과주의 예산**은 국민의 입장에서 경찰활동을 이해하기 용이하지만, 인건비 등 경직성경비의 적용에 어려움이 있다.
ⓒ O
ⓔ O
ⓜ 관서운영 경비 중 건당 500만원 이하의 경비만 관서운영경비로 집행하도록 규정한 예산과목에는 운영비·특수활동비·안보비 및 **업무추진비 등이 해당**한다.

정답 ②

056 예산제도에 대한 설명 중 가장 옳은 것은? 18경채

① 품목별예산제도는 지출의 대상, 성질을 기준으로 세출예산의 금액을 분류함으로써 단위원가의 계산이 중요하고 정부가 수행하는 업무에 중점을 두는 관리 지향적 예산제도이다.
② 계획예산제도는 장기적인 기획과 단기적인 예산을 프로그램 작성을 통하여 유기적으로 결합하여 회계책임이 명확해지고, 인사행정에 유용한 정보와 자료를 제공할 수 있다는 장점이 있다.
③ 일몰법은 특정의 행정기관이나 사업이 일정기간 경과하면 의무적·자동적으로 폐지되게 하는 법률을 말하며 입법부에서 제정한다.
④ 추가경정예산은 회계연도 개시 전까지 예산의 불성립 시에 전년도 예산에 준하여 지출하는 예산제도이다.

해설

① 품목별예산제도는 지출의 대상, 성질을 기준으로 세출예산의 금액을 분류한다. "단위원가의 계산이 중요하고 정부가 수행하는 업무에 중점을 두는 관리 지향적 예산제도"는 성과주의 예산제도에 대한 설명이다.
② 계획예산제도는 장기적인 기획과 단기적인 예산을 프로그램 작성을 통하여 유기적으로 결합하고 자원배분에 관한 의사결정의 일관성과 합리성을 도모한다. "회계책임이 명확해지고, 인사행정에 유용한 정보와 자료를 제공할 수 있다는 장점"은 품목별 예산제도에 대한 설명이다.
③ O
④ 추가경정예산은 예산이 국회를 통과하여 성립한 후에 추가 또는 변경을 하는 예산을 말한다. "회계연도 개시 전까지 예산의 불성립 시에 전년도 예산에 준하여 지출하는 예산제도"는 준예산이다.

정답 ③

---

057 예산제도에 대한 다음 설명 중 가장 옳지 않은 것은? 17경간

① 품목별 예산제도는 기능의 중복을 피하기 용이하지만, 행정책임의 소재와 회계책임을 명확히 할 수 없다는 단점이 있다.
② 품목별 예산제도는 통제지향적이라 볼 수 있으며, 관계공무원에게 필요한 핵심적 기술로 회계기술을 꼽는다.
③ 성과주의 예산제도는 정부의 기능·활동·사업계획을 세부사업으로 분류하고 각 세부사업을 '단위원가 × 업무량=예산액'으로 표시하여 편성하는 예산제도이다.
④ 성과주의 예산제도는 일반국민이 정부사업에 대한 이해가 용이하다는 장점을 갖는다.

해설

① 품목별 예산제도(LIBS)는 기능의 중복을 피하기 곤란하고 계획과 지출이 일치되지 못하는 단점이 있지만, 통제지향적 예산으로서 재량권남용을 방지하고 행정책임의 소재와 회계책임을 명확히 할 수 있다는 장점을 가진다.

정답 ①

058 다음 중 품목별 예산제도에 대한 설명으로 **틀린** 것은 모두 몇 개인가?　　　13경간

> ㉠ 정부가 수행하는 업무에 중점에 두는 관리지향적 예산제도이다.
> ㉡ 회계 집행내용과 책임의 소재가 명확하다.
> ㉢ 지출대상 및 금액이 명확히 설정되어 있어 예산집행의 신축성이 제약된다.
> ㉣ 인사행정에 유용한 자료를 제공한다.
> ㉤ 감독부서 및 국회의 통제가 비교적 용이하다.
> ㉥ 인건비 등 경직성 경비의 적용이 어려워 기본경비에 대해서는 적용이 곤란하다.
> ㉦ 일반국민이 정부사업을 이해하는데 용이하다.

① 2개　　　② 3개　　　③ 4개　　　④ 5개

해설
㉠ 품목별 예산제도는 **통제지향적** 예산제도이다.
㉥ 품목별 예산제도가 아니라 **성과주의예산제도(PBS)의 단점**이다.
㉦ 품목별 예산제도가 아니라 **성과주의예산제도(PBS)의 장점**이다.

정답 ②

---

059 다음 예산제도에 대한 설명 중 옳지 **않은** 것은 모두 몇 개인가?　　14경간, 18승진유사

> 가. 품목별예산제도는 지출의 대상, 성질을 기준으로 세출예산의 금액을 분류함으로써 회계책임이 명확하고, 인사행정에 유용한 정보 및 자료를 제공하며, 계획과 지출이 일치하는 장점이 있다.
> 나. 성과주의예산제도는 사업계획을 세부사업으로 분류하고 각 세부사업을 '단위원가×업무량=예산액'으로 표시하여 편성함으로써 해당부서의 업무능률을 측정하여 다음 연도 반영이 가능하며, 인건비 등 경직성 경비 적용에 용이한 장점이 있다.
> 다. 품목별예산제도는 예산집행의 신축성에 제약이 있고, 성과측정이 곤란하며, 감사기관에 의한 통제가 용이하지 않고, 미시적 관리로 정부 전체활동의 통합조정에 필요한 수단을 제공하지 못한다는 단점이 있다.
> 라. 성과주의예산제도는 단위원가 계산이 곤란하고, 업무측정단위 선정이 어려운 단점이 있다.
> 마. 계획예산제도(PPBS)는 매년사업의 우선순위를 새로이 결정하고 그에 따라 예산을 책정하는 제도로서, 전년도 예산을 기준으로 점증적으로 예산액을 책정하는 폐단을 시정하려는 목적에서 유래하였다.

① 1개　　　② 2개　　　③ 3개　　　④ 4개

> **해설**

가. 품목별예산제도는 지출의 대상, 성질을 기준으로 세출예산의 금액을 분류함으로써 회계책임이 명확하고, 인사행정에 유용한 정보 및 자료를 제공하지만, **계획과 지출이 일치하지 않는다는 단점**이 있다.
나. **성과주의예산제도는 인건비 등 경직성 경비에 적용하기 힘들다는 문제점**이 있다.
다. 품목별 예산제도는 통제지향적 예산제도로서 **감사기관에 의한 통제가 용이하다는 장점**이 있다.
라. ○
마. **영기준예산제도는** 매년사업의 우선순위를 새로이 결정하고 그에 따라 예산을 책정하는 제도로서, 전년도 예산을 기준으로 점증적으로 예산액을 책정하는 폐단을 시정하려는 목적에서 유래하였다.

정답 ④

060 품목별 예산제도와 가장 관련이 깊은 것은? 12승진
① 사업계획을 세부사업으로 분류하고 각 세부사업을 '단위원가 × 업무량=예산액'으로 표시하여 편성하는 예산제도
② 세출예산의 대상·성질에 따라 편성한 예산으로 집행에 대한 회계책임을 명백히 하고 경비사용의 적정화에 유리한 예산제도
③ 장기적인 기획과 단기적인 예산편성을 구체적인 실시기획을 통하여 유기적으로 연결시켜 예산배분에 관한 의사결정을 합리적으로 일관성 있게 행하려는 예산제도
④ 조직체의 모든 사업·활동에 대하여 영기준을 적용해서 각각의 효율성·효과성 및 중요성 등을 체계적으로 분석하고 사업의 존속·축소·확대 여부를 원점에서 새로 분석·검토하여 우선순위별로 실행예산을 결정하는 예산제도

> **해설**

① 성과주의 예산제도, ② 품목별 예산제도, ③ 계획예산제도, ④ 영기준예산제도

정답 ②

061 예산제도에 대한 설명 중 가장 적절하지 않은 것은? 12승진
① 일몰법은 특정의 행정기관이나 사업이 일정기간이 지나면 의무적·자동적으로 폐지되게 하는 법률이다.
② 품목별 예산제도는 회계책임이 명확하고 인사행정에 유용한 정보와 자료를 제공한다는 장점이 있다.
③ 사업의 우선순위 결정이 중요한 대표적인 예산제도는 계획예산제도이다.
④ 성과주의 예산제도는 국민의 입장에서 경찰활동에 대한 이해가 용이하다는 장점이 있다.

> **해설**

③ 사업의 우선순위 결정이 중요한 대표적인 예산제도는 **영기준 예산제도**이다.

정답 ③

062 예산제도에 대한 설명 중 가장 적절하지 <u>않은</u> 것은? 13승진

① 품목별예산은 회계책임을 명확히 하고, 인사행정에 유용한 자료를 제공할 수 있는 예산제도이다.
② 성과주의예산은 정부가 구입하는 물품보다 정부가 수행하는 업무에 중점을 두는 관리지향적 예산제도이다.
③ 계획예산은 예산편성시 전년도 예산을 기준으로 점증적으로 예산액을 책정하는 폐단을 시정하려는 목적에서 유래되었다.
④ 준예산은 회계연도 개시 전까지 예산의 불성립시에 전년도에 준해서 지출하는 예산제도로서 예산집행의 신축성을 부여하고, 예산 불성립으로 인한 행정의 중단을 방지한다. 즉, 예산확정 전이라도 공무원의 보수와 사무처리에 관한 기본경비 등에는 준예산제도로 지출할 수 있다.

> **해설**

③ **영기준 예산**은 예산편성시 전년도 예산을 기준으로 점증적으로 예산액을 책정하는 폐단을 시정하려는 목적에서 유래되었다.

정답 ③

063 예산에 대한 설명으로 옳은 것은 모두 몇 개인가? 11승진

㉠ 예산이 국회를 통과하여 성립한 후에 그 내용을 변경하는 예산은 수정예산이다.
㉡ 세출예산의 대상·성질에 따라 편성한 예산으로 집행에 대한 회계책임을 명백히 하는 제도는 '품목별 예산'제도이다.
㉢ 경찰청장은 예산안편성지침에 따라 그 소관에 속하는 다음 연도 세입세출예산·계속비·명시이월비 및 국고채무부담행위 요구서를 작성하여 매년 9월 30일까지 기획재정부장관에게 제출하여야 한다.
㉣ 국회를 통과하여 예산이 확정되었다면 해당 예산이 배정되지 않았다 하더라도 지출원인행위를 할 수 있다.

① 없음　　② 1개　　③ 2개　　④ 3개

> **해설**
>
> ㉠ 예산이 국회를 통과하여 성립한 후에 그 내용을 변경하는 예산은 **추가경정예산**이다.
> ㉡ O
> ㉢ 경찰청장은 예산안편성지침에 따라 그 소관에 속하는 다음 연도 세입세출예산·계속비·명시이월비 및 국고채무부담행위 요구서를 작성하여 **매년 5월 31일까지** 기획재정부장관에게 제출하여야 한다.
> ㉣ 국회를 통과하여 예산이 확정되었더라도 해당 예산이 배정되지 않은 상태에서는 지출원인행위를 **할 수 없**다.
>
> 정답 ②

064 경찰예산 과정에 대한 내용으로 옳지 않은 것은? 21경간

① 경찰청장은 예산안편성지침에 따라 그 소관에 속하는 다음 연도의 예산요구서를 기획재정부장관에게 제출하고 기획재정부장관은 예산요구서에 따라 예산안을 편성하여 국무회의 심의를 거쳐 대통령의 승인을 얻은 후 회계연도 개시 120일 전까지 국회에 제출하여야 한다.
② 국회에 제출된 경찰예산안은 행정안전위원회에서 종합심사를 통해 구체적이고 실질적인 금액 조정이 이루어지며 종합심사가 끝난 예산안은 본회의에 상정되어 회계연도 개시 30일 전까지 본회의 의결을 거침으로써 확정된다.
③ 경찰청장은 예산이 확정된 후 예산배정요구서를 기획재정부장관에게 제출하고 기획재정부장관은 예산배정요구서에 따라 분기별 예산배정계획을 작성하여 국무회의 심의와 대통령승인을 얻은 후 분기별 예산배정계획에 따라 경찰청장에게 예산을 배정한다.
④ 경찰청장은 결산보고서를 기획재정부장관에게 제출하여야 하며 정부는 감사원 검사를 거친 국가결산보고서를 다음 연도 5월31일까지 국회에 제출하여야 한다.

> **해설**
>
> ② 종합심사는 **예산결산특별위원회에서** 한다. 행정안전위원회에서 하는 과정은 예비심사이다.

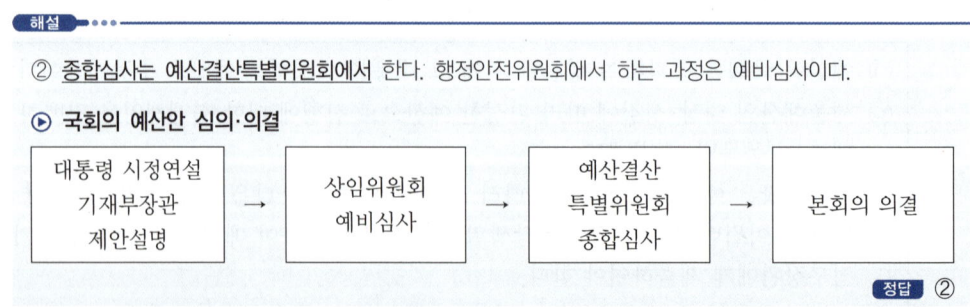

정답 ②

065 예산안이 국회에 제출되면 예산안 심의를 위한 국회가 개회되고 예산안 종합심사를 위하여 예산결산특별위원회가 활동한다. 다음 중 예산결산특별위원회 종합심사 순서를 나열한 것으로 가장 적절한 것은?

18승진

① 종합정책질의 → 계수조정소위원회의 계수조정 → 부별 심사 → 예산결산특별위원회 전체회의에서 소위원회의 조정안 승인
② 종합정책질의 → 부별 심사 → 계수조정소위원회의 계수조정 → 예산결산특별위원회 전체회의에서 소위원회의 조정안 승인
③ 종합정책질의 → 부별 심사 → 예산결산특별위원회 전체회의에서 소위원회의 조정안 승인 → 계수조정소위원회의 계수조정
④ 부별 심사 → 종합정책질의 → 계수조정소위원회의 계수조정 → 예산결산특별위원회 전체회의에서 소위원회의 조정안 승인

> **해설**
>
> ② 〈예결위 종합심사 순서〉: 종합정책질의 → 부별 심사 → 계수조정소위원회의 계수조정 → 예산결산특별위원회 전체회의에서 소위원회의 조정안 승인 **(종부계전)**
>
> **정답** ②

066 다음은 경찰예산의 과정을 순서 없이 나열한 것이다. 과정의 순서를 가장 바르게 나열한 것은?

20순경2차

> ㉠ 경찰청장은 다음 연도의 세입세출예산·계속비·명시이월비 및 국고채무부담행위 요구서를 작성하여 기획재정부장관에게 제출한다.
> ㉡ 기획재정부장관은 대통령의 승인을 받은 국가결산보고서를 감사원에 제출하여야 한다.
> ㉢ 정부는 국가결산보고서를 국회에 제출하여야 한다.
> ㉣ 경찰청장은 예산배정 요구서를 기획재정부장관에게 제출하여야 한다.
> ㉤ 기획재정부장관은 국무회의 심의를 거쳐 대통령의 승인을 얻은 다음 연도의 예산편성지침을 경찰청장에게 통보한다.
> ㉥ 정부는 대통령의 승인을 얻은 예산안을 국회에 제출하고 국회는 심의와 의결을 거쳐 예산안을 확정한다.

① ㉤ - ㉠ - ㉣ - ㉥ - ㉢ - ㉡
② ㉠ - ㉤ - ㉥ - ㉣ - ㉢ - ㉡
③ ㉤ - ㉠ - ㉥ - ㉣ - ㉡ - ㉢
④ ㉣ - ㉤ - ㉠ - ㉥ - ㉡ - ㉢

> **해설**
>
> ③ ㉤-㉠-㉥-㉣-㉡-㉢ 순서이다. 「국가재정법」상 예산은 '편성(㉤㉠) → 심의(㉥) → 집행(㉣) → 결산(㉡㉢)' 과정으로 이루어진다.
> ㉠ 예산안의 편성 과정 중 예산요구서 제출에 관한 설명이다(매년 5월 31일까지).
> ㉡ 예산의 결산과정 중 국가결산보고서의 작성 및 제출에 관한 설명이다(다음연도 4월 10일까지).
> ㉢ 예산의 결산과정 중 국가결산 국회보고서의 국회제출에 관한 설명이다(다음 연도 5월 31일까지).

② 예산의 집행과정 중 예산배정 요구서의 제출에 관한 설명이다(예산이 확정된 후).
⑩ 예산안의 편성 과정 중 예산안편성지침의 통보에 관한 설명이다(매년 3월 31일까지).
⑭ 예산안의 심의 과정 중 국회의 심의·의결에 대한 설명이다(회계연도 개시 120일 전까지).

정답 ③

067 「국가재정법」상 예산안의 편성에 대한 내용으로 가장 적절하지 않은 것은? 18순경1차

① 각 중앙관서의 장은 매년 1월 31일까지 당해 회계연도부터 3회계연도 이상의 기간 동안의 신규사업 및 기획재정부장관이 정하는 주요 계속사업에 대한 중기사업계획서를 기획재정부장관에게 제출하여야 한다.
② 기획재정부장관은 국무회의의 심의를 거쳐 대통령의 승인을 얻은 다음 연도의 예산안편성지침을 매년 3월 31일까지 각 중앙관서의 장에게 통보하여야 한다.
③ 각 중앙관서의 장은 제29조의 규정에 따른 예산안편성지침에 따라 그 소관에 속하는 다음 연도의 세입세출예산·계속비·명시이월비·국고채무부담행위요구서를 작성하여 매년 5월 31일까지 기획재정부장관에게 제출하여야 한다.
④ 정부는 제32조의 규정에 따라 대통령의 승인을 얻은 예산안을 회계연도 개시 120일 전까지 국회에 제출하여야 한다.

해설
① 각 중앙관서의 장은 매년 1월 31일까지 당해 회계연도부터 **5회계연도 이상의** 기간 동안의 신규사업 및 기획재정부장관이 정하는 주요 계속사업에 대한 중기사업계획서를 기획재정부장관에게 제출하여야 한다.

정답 ①

068 「국가재정법」상 경찰 예산안의 편성에 대한 설명으로 가장 적절하지 않은 것은? 20승진

① 경찰청장은 매년 1월 31일까지 당해 회계연도부터 5회계연도 이상의 기간 동안의 신규사업 및 기획재정부장관이 정하는 주요 계속사업에 대한 중기사업계획서를 기획재정부장관에게 제출하여야 한다.
② 기획재정부장관은 국무회의의 심의를 거쳐 대통령의 승인을 얻은 다음 연도의 예산안편성지침을 매년 3월 31일까지 경찰청장에게 통보하여야 한다.
③ 경찰청장은 예산안편성지침에 따라 그 소관에 속하는 다음 연도의 세입세출예산·계속비·명시이월비 및 국고채무부담행위 요구서를 작성하여 매년 5월 31일까지 기획재정부장관에게 제출하여야 한다.
④ 기획재정부장관은 예산요구서에 따라 예산안을 편성하여 국회의 심의를 거친 후 대통령의 승인을 얻어야 한다.

해설
④ 기획재정부장관은 예산요구서에 따라 예산안을 편성하여 **국무회의**의 심의를 거친 후 대통령의 승인을 얻어야 한다.

▶ **예산의 편성** (중지요 / 중기중 / 135)

중기사업계획서 제출	각 중앙관서의 장(경찰청장)은 매년 1월 31일까지 당해 회계연도부터 5회계연도 이상의 기간 동안의 신규사업 및 기획재정부장관이 정하는 주요 계속사업에 대한 중기사업계획서를 기획재정부장관에게 제출하여야 한다.
예산안편성지침 통보	기획재정부장관은 국무회의의 심의를 거쳐 대통령의 승인을 얻은 다음 연도의 예산안편성지침을 매년 3월 31일까지 각 중앙관서의 장에게 통보하여야 한다.
예산요구서 제출	각 중앙관서의 장(경찰청장)은 예산편성지침에 따라 그 소관에 속하는 다음 연도의 예산요구서(세입세출예산·계속비·명시이월비 및 국고채무부담행위 요구서)를 작성하여 매년 5월 31일까지 기획재정부장관에게 제출하여야 한다.
예산안 편성과 국회제출	① 기획재정부장관은 예산요구서에 따라 예산안을 편성하여 국무회의의 심의를 거친 후 대통령의 승인을 얻어야 한다. ② 정부는 대통령의 승인을 얻은 예산안을 회계연도 개시 120일 전까지 국회에 제출하여야 한다.

정답 ④

069 「국가재정법」상 예산 편성 및 집행에 관한 설명 중 가장 적절하지 <u>않은</u> 것은? 22순경1차

① 각 중앙관서의 장은 제29조의 규정에 따른 예산안편성지침에 따라 그 소관에 속하는 당해 연도의 세입세출예산 계속비 명시이월비 및 국고채무부담행위 요구서를 작성하여 매년 3월 31일까지 기획재정부장관에게 제출하여야 한다.

② 각 중앙관서의 장은 매년 1월 31일까지 해당 회계연도부터 5회계 연도 이상의 기간 동안의 신규사업 및 기획재정부장관이 정하는 주요 계속사업에 대한 중기사업계획서를 기획재정부장관에게 제출하여야 한다.

③ 기획재정부장관은 각 중앙관서의 장에게 예산을 배정한 때에는 감사원에 통지하여야 한다.

④ 정부는 제32조의 규정에 따라 대통령의 승인을 얻은 예산안을 회계연도 개시 120일 전까지 국회에 제출하여야 한다.

해설

① 각 중앙관서의 장은 제29조의 규정에 따른 예산안편성지침에 따라 그 소관에 속하는 **다음 연도의** 세입세출예산·계속비·명시이월비 및 국고채무부담행위 요구서를 작성하여 매년 **5월 31일까지** 기획재정부장관에게 제출하여야 한다(국가재정법 제31조 제1항).

정답 ①

070 「국가재정법」상 예산의 결산에 대한 설명으로 가장 옳지 않은 것은? _{보충문제}

① 경찰청장은 「국가회계법」에서 정하는 바에 따라 회계연도마다 작성한 결산보고서("중앙관서결산보고서")를 다음 연도 2월 말일까지 기획재정부장관에게 제출하여야 한다.
② 기획재정부장관은 「국가회계법」에서 정하는 바에 따라 회계연도마다 작성하여 대통령의 승인을 받은 국가결산보고서를 다음 연도 3월 말일까지 감사원에 제출하여야 한다.
③ 감사원은 ②에 따라 제출된 국가결산보고서를 검사하고 그 보고서를 다음 연도 5월 20일까지 기획재정부장관에게 송부하여야 한다.
④ 정부는 ③에 따라 감사원의 검사를 거친 국가결산보고서를 다음 연도 5월 31일까지 국회에 제출하여야 한다.

해설

② 기획재정부장관은 「국가회계법」에서 정하는 바에 따라 회계연도마다 작성하여 대통령의 승인을 받은 국가결산보고서를 다음 연도 <u>4월 10일까지</u> 감사원에 제출하여야 한다.

▶ **예산의 결산** (중기감정/2455)

중앙관서 결산보고서 제출	각 중앙관서의 장은 중앙관서결산보고서를 다음 연도 <u>2월 말일까지</u> 기획재정부장관에게 제출하여야 한다.
국가결산보고서 감사원 제출	기획재정부장관은 대통령 승인을 받은 국가결산보고서를 다음 연도 <u>4월 10일</u>까지 감사원에 제출하여야 한다.
결산검사	감사원은 국가결산보고서를 검사하고 그 보고서를 다음 연도 <u>5월 20일까지</u> 기획재정부장관에게 송부하여야 한다.
국가결산보고서 국회 제출	정부는 감사원 검사를 거친 국가결산보고서를 다음 연도 <u>5월 31일까지</u> 국회에 제출하여야 한다.

정답 ②

---

071 경찰예산에 관한 설명으로 가장 적절하지 않은 것은? _{19순경2차}

① 정부 예산안이 국회를 통과하여 확정된 후에 새롭게 발생한 사유로 인하여 이미 성립한 예산에 변경을 가할 필요가 있을 때 편성하는 예산은 추가경정예산이다.
② 예산의 집행은 예산의 배정으로부터 시작되므로 예산이 확정되더라도 해당 예산이 배정되지 않은 상태에서는 지출원인행위를 할 수 없다.
③ 품목별 예산제도는 세출예산의 대상·성질에 따라 편성한 예산으로 집행에 대한 회계책임을 명백히 하고 경비사용의 적정화에 유리한 장점이 있다.
④ 기획재정부장관은 예산안을 편성하여 국무회의 심의를 거쳐 대통령의 승인을 얻어야 하며, 정부는 이 예산안을 회계연도 개시 90일 전까지 국회에 제출하여야 한다.

해설

④ 기획재정부장관은 예산요구서에 따라 예산안을 편성하여 국무회의의 심의를 거친 후 대통령의 승인을 얻어야 한다. 정부는 대통령의 승인을 얻은 예산안을 <u>회계연도 개시 120일 전까지</u> 국회에 제출하여야

한다(국가재정법 제32조, 제33조).
   ※ 단, 헌법에서는 "회계연도 개시 90일 전까지" → 정부는 회계연도마다 예산안을 편성하여 회계연도 개시 90일전까지 국회에 제출하고, 국회는 회계연도 개시 30일전까지 이를 의결하여야 한다.(헌법 제54조②)

정답 ④

072 「국가재정법」상 예산의 집행에 대한 설명 중 가장 적절한 것은? 　　　　　　　　　20승진

① 각 중앙관서의 장은 예산이 확정되기 전에 사업운영계획 및 이에 따른 세입세출예산·계속비와 국고채무부담행위를 포함한 예산배정요구서를 기획재정부장관에게 제출하여야 한다.
② 기획재정부장관은 예산배정요구서에 따라 분기별 예산배정계획을 작성하여 국무회의의 심의를 거친 후 대통령의 승인을 얻어야 한다.
③ 예산이 확정되면 해당 예산이 배정되지 않은 상태라도 지출원인행위를 할 수 있다.
④ 경찰청장은 예산이 정한 각 기관 간 또는 각 장·관·항 간에 상호 이용(移用)할 수 있는 것이 원칙이다.

해설

① 경찰청장은 <u>예산이 확정된 후</u> 사업운영계획 및 이에 따른 세입세출예산·계속비와 국고채 무부담행위를 포함한 예산배정요구서를 기획재정부장관에게 제출하여야 한다.
② O
③ 예산이 확정되었더라도 해당 예산이 배정되지 않은 상태에서는 지출원인행위를 <u>할 수 없다</u>.
④ 경찰청장은 예산이 정한 각 기관 간 또는 각 장·관·항 간에 상호 <u>이용(移用)할 수 없다</u>. 다만, 미리 예산으로써 국회의 의결을 얻은 때에는 기획재정부장관의 승인을 얻어 이용하거나 기획재정부장관이 위임하는 범위 안에서 자체적으로 이용할 수 있다.

정답 ②

073 「국가재정법」상 경찰예산의 집행에 대한 설명으로 가장 적절하지 <u>않은</u> 것은? 　　　15순경1차

① 경찰청장은 예산이 확정된 후 사업운영계획 및 이에 따른 세입세출예산·계속비와 국고채무부담행위를 포함한 예산배정요구서를 기획재정부장관에게 제출하여야 한다.
② 기획재정부장관은 경찰청장에게 예산을 배정한 때에는 감사원에 통지하여야 한다.
③ 기획재정부장관은 예산집행의 효율성을 높이기 위하여 매년 예산집행에 관한 지침을 작성하여 경찰청장에게 통보하여야 한다.
④ 경찰청장은 세출예산이 정한 목적 외에 경비를 사용할 수 있다.

해설

④ 각 중앙관서의 장(경찰청장)은 세출예산이 정한 목적 외에 경비를 <u>사용할 수 없다</u>(국가재정법 제45조).

정답 ④

제4절 기타 관리(물품·장비·보안)

074 「물품관리법」상 물품관리에 대한 내용으로 가장 적절한 것은? 18순경1차

① 기획재정부장관은 각 중앙관서의 장이 수행하는 물품관리에 관한 업무를 총괄·조정한다.
② 각 중앙관서의 장은 물품관리관의 사무의 일부를 분장하는 분임물품관리관을 대통령령으로 정하는 바에 따라 두어야 한다.
③ 분임물품관리관이란 물품출납공무원의 사무의 일부를 분장하는 공무원을 말한다.
④ 물품관리관으로부터 대통령령으로 정하는 바에 따라 물품의 사용에 관한 사무를 위임받은 공무원을 물품운용관이라 한다.

> **해설**
> ① <u>조달청장은</u> 각 중앙관서의 장이 수행하는 물품관리에 관한 업무를 총괄·조정한다(법 제7조②).
>
>> 제7조(총괄기관) ① <u>기획재정부장관은</u> 물품관리의 <u>제도와 정책에 관한 사항</u>을 관장하며, 물품 관리에 관한 정책의 결정을 위하여 필요하면 조달청장이나 각 중앙관서의 장으로 하여금 물품관리 상황에 관한 보고를 하게 하거나 필요한 조치를 할 수 있다.
>> ② <u>조달청장은</u> 각 중앙관서의 장이 수행하는 <u>물품관리에 관한 업무를 총괄·조정</u>한다.
>
> ② 각 중앙관서의 장은 물품관리관의 사무의 일부를 분장하는 분임물품관리관, 물품관리관은 물품출납공무원의 사무의 일부를 분장하는 분임물품출납공무원을 대통령령으로 정하는 바에 따라 각각 <u>둘 수 있다</u>(법 제12조①).
> ③ <u>분임물품출납공무원이란</u> 물품출납공무원의 사무의 일부를 분장하는 공무원을 말한다.
> ④ O
>
> **정답** ④

075 「경찰장비관리규칙」상 무기 및 탄약관리에 대한 설명으로 가장 적절하지 <u>않은</u> 것은? 17순경2차변형

① '집중무기고'란 경찰인력 및 경찰기관별 무기책정기준에 따라 배정된 개인화기와 공용화기를 집중보관·관리하기 위하여 각 경찰기관에 설치된 시설을 말한다.
② 탄약고는 무기고와 분리되어야 하며 가능한 본 청사와 격리된 독립 건물로 하여야 한다.
③ 경찰서에 설치된 집중무기고의 열쇠는 일과시간은 경무과장, 일과 후는 상황관리관이 보관·관리한다. 다만, 휴가·비번 등으로 관리책임자 공백 시는 별도 관리책임자를 지정하여야 한다.
④ 경찰기관의 장은 무기를 휴대한 자 중에서 '경찰공무원 직무적성검사 결과 고위험군에 해당되는 자'가 있을 때에는 즉시 대여한 무기·탄약을 회수하여야 한다.

> **해설**
>
> ④ 경찰기관의 장은 무기를 휴대한 자 중에서 '**경찰공무원 직무적성검사 결과 고위험군에 해당되는 자**', '정신건강상 문제가 우려되어 치료가 필요한 자', '정서적 불안 상태로 인하여 무기 소지가 적합하지 않은 자로서 소속 부서장의 요청이 있는 자', '그 밖에 경찰기관의 장이 무기 소지 적격 여부에 대해 심의를 요청하는 자'가 있을 때에는 <u>무기 소지 적격 심의위원회의 심의를 거쳐 대여한 무기·탄약을 회수할 수 있다</u>.
>
> **정답 ④**

076 「경찰장비관리규칙」상 무기관리에 관한 설명으로 가장 적절하지 않은 것은? 16승진

① 무기고와 탄약고는 견고하게 만들고 환기·방습장치와 방화시설 및 총가시설 등이 완비되어야 한다.
② 무기고와 탄약고는 통합설치하여야 하며 가능한 본 청사와 격리된 독립 건물로 하여야 한다.
③ 무기·탄약고 비상벨은 상황실과 숙직실 등 초동조치 가능 장소와 연결하고, 외곽에는 철조망 장치와 조명등 및 순찰함을 설치하여야 한다.
④ 간이무기고는 근무자가 24시간 상주하는 지구대 및 상황실 등 경찰기관의 장이 필요하다고 인정하는 상당한 이유가 있는 장소에 설치할 수 있다.

> **해설**
>
> ② 무기고와 탄약고는 <u>분리되어야</u> 하며 가능한 본 청사와 격리된 독립 건물로 하여야 한다.
>
> **정답 ②**

077 경찰장비관리규칙상 무기고 및 탄약고 설치에 관한 설명 중 가장 적절하지 않은 것은? 22순경1차

① 무기 탄약고 비상벨은 상황실과 숙직실 등 초동조치 가능장소와 연결하고, 외곽에는 철조망 장치와 조명등 및 순찰함을 설치하여야 한다.
② 탄약고 내에는 전기시설을 하는 것이 원칙이나, 조명은 건전지 등으로 하고 방화시설을 완비하여야 한다.
③ 무기고와 탄약고의 환기통 등에는 손이 들어가지 않도록 쇠창살시설을 하고, 출입문은 2중으로 하여 각 1개소 이상씩 자물쇠를 설치하여야 한다.
④ 탄약고는 무기고와 분리되어야 하며 가능한 본 청사와 격리된 독립 건물로 하여야 한다.

> **해설**
>
> ② 탄약고 내에는 <u>전기시설을 하여서는 아니되며</u>, 조명은 건전지 등으로 하고 방화시설을 완비하여야 한다. 단, 방폭설비를 갖춘 경우 전기시설을 설치할 수 있다(경찰장비관리규칙 제115조 제7항).
>
> **정답 ②**

078 「경찰장비관리규칙」상 무기관리에 대한 설명으로 가장 적절하지 <u>않은</u> 것은? 17승진

① 무기는 인명 또는 신체에 위해를 가할 수 있도록 제작된 권총·소총·도검 등을 말한다.
② 무기·탄약고 비상벨은 상황실과 숙직실 등 초동조치 가능장소와 연결하고, 외곽에는 철조망장치와 조명등 및 순찰함을 설치할 수 있다.
③ 탄약고는 무기고와 분리되어야 하며, 가능한 본 청사와 격리된 독립 건물로 하여야 한다.
④ 간이무기고는 근무자가 24시간 상주하는 지구대, 파출소, 상황실 및 112타격대 등 경찰기관의 장이 필요하다고 인정하는 상당한 이유가 있는 장소에 설치할 수 있다.

> **해설**
> ② 무기·탄약고 비상벨은 상황실과 숙직실 등 초동조치 가능장소와 연결하고, 외곽에는 철조망장치와 조명등 및 순찰함을 <u>설치하여야 한다.</u>(제115조⑤)
>
> **정답** ②

079 「경찰장비관리규칙」에 대한 설명 중 옳은 것은 모두 몇 개인가? 13순경2차

> ㉠ "간이무기고"란 경찰기관의 각 기능별 운용부서에서 효율적 사용을 위하여 집중무기고로부터 무기·탄약의 일부를 대여 받아 별도로 보관·관리하는 시설을 말한다.
> ㉡ 무기고와 탄약고의 환기통 등에는 손이 들어가지 않도록 쇠창살 시설을 하고, 출입문은 2중으로 하여 각 1개소 이상씩 자물쇠를 설치하여야 한다.
> ㉢ 경찰기관의 장은 무기를 휴대한 자 중에서 직무상의 비위 등으로 인하여 징계대상이 된 자가 발생한 때에는 즉시 대여한 무기·탄약을 회수하여야 한다.
> ㉣ 경찰기관의 장은 무기를 휴대한 자 중에서 정신건강상 문제가 우려되어 치료가 필요한 자가 있을 때에는 대여한 무기·탄약을 회수할 수 있다.
> ㉤ 경찰기관의 장은 무기를 휴대한 자 중에서 술자리 또는 연회장소에 출입할 경우에는 대여한 무기·탄약을 무기고에 보관하도록 하여야 한다.

① 2개   ② 3개   ③ 4개   ④ 5개

> **해설**
> 모두 옳은 설명이다.
>
> **정답** ④

080 「경찰장비관리규칙」상 즉시 대여한 무기·탄약을 회수하여야 할 사유로 가장 적절하지 않은 것은?

15승진

① 직무상의 비위 등으로 인하여 징계대상이 된 자
② 형사사건의 조사 대상이 된 자
③ 사의를 표명한 자
④ 정신건강상 문제로 우려되어 치료가 필요한 자

해설

④ 정신건강상 문제로 우려되어 치료가 필요한 자는 대여한 무기를 회수할 수 있는 사유

▶ 무기·탄약의 회수 및 보관

강제회수대상 (징형사)	① 경찰기관의 장은 무기를 휴대한 자 중에서 다음 각 호에 해당하는 자가 발생한 때에는 즉시 대여한 무기·탄약을 회수하여야 한다. 1. 직무상의 비위 등으로 인하여 징계대상이 된 자 2. 형사사건의 조사의 대상이 된 자 3. 사의를 표명한 자
임의회수대상	② 경찰기관의 장은 무기를 휴대한 자 중에서 다음에 해당하는 자가 있을 때에는 무기 소지 적격 심의위원회의 심의를 거쳐 대여한 무기·탄약을 회수할 수 있다. 1. 경찰공무원 직무적성검사 결과 고위험군에 해당되는 자 2. 정신건강상 문제가 우려되어 치료가 필요한 자 3. 정서적 불안 상태로 무기소지가 적합하지 않은 자로서 소속부서장의 요청이 있는 자 4. 그 밖에 경찰기관의 장이 무기 소지 적격 여부에 대해 심의를 요청하는 자
강제보관대상 (술상기)	③ 경찰기관의 장은 무기를 휴대한 자 중에서 다음 각 호에 해당하는 경우에는 대여한 무기·탄약을 무기고에 보관하도록 하여야 한다. 1. 술자리 또는 연회장소에 출입할 경우 2. 상사의 사무실을 출입할 경우 3. 기타 정황을 판단하여 필요하다고 인정되는 경우

정답 ④

081 「경찰장비관리규칙」상 무기·탄약의 회수 및 보관에 대한 설명 중 가장 적절한 것은?

20승진, 11승진유사

① 경찰기관의 장은 무기를 휴대한 자 중에서 사의를 표명한 자에게 대여한 무기·탄약을 즉시 회수하여야 한다.
② 경찰기관의 장은 무기를 휴대한 자 중에서 경찰공무원 직무적성검사 결과 고위험군에 해당되는 자에게 대여한 무기·탄약을 즉시 회수하여야 한다.
③ 경찰기관의 장은 무기를 휴대한 자 중에서 형사사건의 조사의 대상이 된 자에게 대여한 무기·탄약을 무기 소지 적격 심의위원회의 심의를 거쳐 회수할 수 있다.
④ 경찰기관의 장은 무기를 휴대한 자 중에서 정신건강상 문제가 우려되어 치료가 필요한 자에게 대여한 무기·탄약을 즉시 회수하여야 한다.

> **해설**
>
> ① ○
> ② 경찰기관의 장은 무기를 휴대한 자 중에서 경찰공무원 직무적성검사 결과 고위험군에 해당되는 자가 있을 때에는 <u>심의위원회의 심의를 거쳐 대여한 무기·탄약을 회수할 수 있다</u>.
> ③ 경찰기관의 장은 무기를 휴대한 자 중에서 형사사건의 조사의 대상이 된 자에게 대여한 무기·탄약을 <u>즉시 회수하여야 한다</u>.
> ④ 경찰기관의 장은 무기를 휴대한 자 중에서 정신건강상 문제가 우려되어 치료가 필요한 자가 있을 때에는 <u>심의위원회의 심의를 거쳐 대여한 무기·탄약을 회수할 수 있다</u>.
>
> **정답** ①

082 「경찰장비관리규칙」에 대한 설명으로 가장 적절하지 않은 것은?

17경기북부여경

① 경찰관이 권총을 휴대·사용하는 경우 총구는 공중 또는 지면(안전지역)을 향한다.
② 경찰관이 권총을 휴대·사용하는 경우 1탄은 공포탄, 2탄 이하는 실탄을 장전한다. 다만, 대간첩작전, 살인·강도 등 중요범인이나 무기·흉기 등을 사용하는 범인의 체포 및 위해의 방호를 위하여 불가피한 경우에 1탄부터 실탄을 장전할 수 있다.
③ 경찰기관의 장은 무기를 휴대한 자 중에서 경찰공무원 직무적성검사 결과 고위험군에 해당되는 자, 정신건강상 문제가 우려되어 치료가 필요한 자, 형사사건의 조사의 대상이 된 자에게 대여한 무기·탄약을 회수할 수 있다.
④ 경찰기관의 장은 무기를 휴대한 자 중에서 직무상의 비위 등으로 인하여 징계대상이 된 자, 사의를 표명한 자가 발생한 때에는 즉시 대여한 무기·탄약을 회수하여야 한다.

> **해설**
>
> ③ 경찰기관의 장은 무기를 휴대한 자 중에서 경찰공무원 직무적성검사 결과 고위험군에 해당되는 자, 정신건강상 문제가 우려되어 치료가 필요한 자가 있을 때에는 무기소지 적격 심의위원회의 심의를 거쳐 대여한 무기·탄약을 회수할 수 있지만, <u>"형사사건의 조사의 대상이 된 자"가 발생한 때에는 즉시 대여한 무기·탄약을 회수하여야 한다</u>.

경찰장비관리규칙

제123조(무기·탄약 취급상의 안전관리) ① 경찰관은 권총·소총 등 총기를 휴대·사용하는 경우 다음의 안전수칙을 준수하여야 한다.
  1. 권총
    가. 총구는 공중 또는 지면(안전지역)을 향한다.
    나. 실탄 장전시 반드시 안전장치(방아쇠울에 설치 사용)를 장착한다.
    다. 1탄은 공포탄, 2탄 이하는 실탄을 장전한다. 다만, 대간첩작전, 살인 강도 등 중요범인이나 무기·흉기 등을 사용하는 범인의 체포 및 위해의 방호를 위하여 불가피한 경우에 1탄부터 실탄을 장전할 수 있다.
    라. 조준시는 대퇴부 이하를 향한다.

제120조(무기·탄약의 회수 및 보관) ① 경찰기관의 장은 무기를 휴대한 자 중에서 다음 각 호에 해당하는 자가 발생한 때에는 <u>즉시 대여한 무기·탄약을 회수하여야 한다.</u>
  1. 직무상의 비위 등으로 인하여 징계대상이 된 자
  2. 형사사건의 조사의 대상이 된 자
  3. 사의를 표명한 자
② 경찰기관의 장은 무기를 휴대한 자 중에서 다음 각 호에 해당하는 자가 있을 때에는 무기 소지 적격 심의위원회(이하 '<u>심의위원회</u>'라 한다.)<u>의 심의를 거쳐</u> 대여한 무기·탄약을 <u>회수할 수 있다.</u>
  1. 경찰공무원 직무적성검사 결과 고위험군에 해당되는 자
  2. 정신건강상 문제가 우려되어 치료가 필요한 자
  3. 정서적 불안 상태로 인하여 무기 소지가 적합하지 않은 자로서 소속 부서장의 요청이 있는 자
  4. 그 밖에 경찰기관의 장이 무기 소지 적격 여부에 대해 심의를 요청하는 자
③ 경찰기관의 장은 <u>제2항에 규정한 사유들이 소멸되면</u> 직권 또는 당사자 신청에 따라 무기 소지 적격 <u>심의위원회의 심의를 거쳐 무기 회수의 해제 조치를 할 수 있다.</u>
④ 경찰기관의 장은 무기를 휴대한 자 중에서 다음 각 호에 해당하는 경우에는 대여한 무기·탄약을 무기고에 <u>보관하도록 하여야 한다.</u>
  1. 술자리 또는 연회장소에 출입할 경우
  2. 상사의 사무실을 출입할 경우
  3. 기타 정황을 판단하여 필요하다고 인정되는 경우

정답 ③

083 「경찰장비관리규칙」에서 규정하고 있는 내용과 <u>다른</u> 것은 모두 몇 개인가?   14승진

> ㉠ 경찰기관의 장은 무기를 휴대한 자 중에서 직무상의 비위 등으로 인하여 징계대상이 된 자, 형사사건의 조사의 대상이 된 자, 사의를 표명한 자가 발생한 때에는 즉시 대여한 무기·탄약을 회수하여야 한다.
> ㉡ 차량운행시 책임자는 1차 운전자, 2차 선임탑승자(사용자), 3차 경찰기관의 장으로 한다.
> ㉢ 차량교체를 위한 불용 대상차량은 부속기관 및 시·도경찰청에 배정되는 수량의 범위 내에서 내용연수 경과 여부 등 차량사용기간을 최우선적으로 고려하여 선정한다.
> ㉣ 불용처분된 차량은 부속기관 및 시·도경찰청별로 실정에 맞게 공개매각을 원칙으로 하되, 공개매각이 불가능한 때에는 폐차처분을 할 수 있다. 다만, 매각을 할 때에는 경찰표시도색을 제거하는 등 필요한 조치를 하여야 한다.

① 없음   ② 1개   ③ 2개   ④ 3개

해설
모두 옳은 설명이다.

정답 ①

---

084 「경찰장비관리규칙」에 관한 다음 설명 중 옳은 것은 모두 몇 개인가?   18경간

> 가. 전자충격기는 물품관리관의 책임 하에 집중 관리함을 원칙으로 하나, 운용부서에 대여하여 그 부서장의 책임 하에 관리·운용하게 할 수 있다.
> 나. 차량의 차종은 승용·승합·화물·특수용으로 구분하고, 차형은 차종별로 대형·중형·소형·경형·다목적형으로 구분한다.
> 다. 각 경찰기관의 업무용차량은 운전요원의 부족 등 불가피한 사유가 없는 한 집중관리를 원칙으로 한다.
> 라. 부속기관 및 시·도경찰청의 장은 다음 년도에 소속기관의 차량정수를 증감시킬 필요가 있을 때에는 매년 3월말까지 다음 년도 차량정수 소요계획을 경찰청장에게 제출하여야 한다.
> 마. 경찰기관의 장은 무기를 휴대한 자 중에서 경찰공무원 직무적성검사 결과 고위험군에 해당되는 자, 정신건강상 문제가 우려되어 치료가 필요한 자, 정서적 불안 상태로 인하여 무기 소지가 적합하지 않은 자로서 소속 부서장의 요청이 있는 자, 그 밖에 경찰기관의 장이 무기 소지 적격 여부에 대해 심의를 요청하는 자 등이 있을 때에는 무기 소지 적격 심의위원회의 심의를 거쳐 대여한 무기·탄약을 회수할 수 있다.

① 2개   ② 3개   ③ 4개   ④ 5개

해설

모두 옳은 설명이다.

정답 ④

085 「경찰장비관리규칙」상 차량관리에 대한 설명으로 가장 옳은 것은? 11승진
① 차량 교체를 위한 불용차량 선정에는 내용연수 경과 여부 등 차량 사용기간을 최우선적으로 고려하여 선정한다.
② 차량 열쇠는 지정된 열쇠함에 집중보관 및 관리하고, 예비열쇠를 확보하기 위해 복제해 놓아야 한다.
③ 부속기관 및 시·도경찰청은 소속기관 차량 중 다음 년도 교체대상 차량을 매년 12월 말까지 경찰청장에게 보고하여야 한다.
④ 차량운행 시 책임자는 1차 선임탑승자(사용자), 2차 운전자, 3차 경찰기관의 장으로 한다.

해설

① ○
② 차량 열쇠는 지정된 열쇠함에 집중보관 및 관리하고, <u>예비열쇠의 확보 등을 위한 무단복제와 전·의경 운전원의 임의 소지 및 보관을 금한다.</u>
③ 부속기관 및 시·도경찰청은 소속기관 차량 중 다음 년도 교체대상 차량을 <u>매년 11월 말까지</u> 경찰청장에게 보고하여야 한다.
④ 차량운행 시 책임자는 <u>1차 운전자</u>, <u>2차 선임탑승자(사용자)</u>, 3차 경찰기관의 장으로 한다.

정답 ①

086 현행 「경찰장비관리규칙」상 경찰 차량관리에 대한 설명 중 가장 적절하지 <u>않은</u> 것은? 12승진
① 교체를 위한 불용차량 선정에는 내용연수 경과여부 등 차량사용기간을 최우선적으로 고려하여 선정하며 사용기간이 동일한 경우에는 주행거리와 차량의 노후상태, 사용부서 등을 종합적으로 검토하여 신중하게 선정한다.
② 차량열쇠는 지정된 열쇠함에 집중 보관하여 「경찰장비관리규칙」에 규정된 자가 관리하고, 예비열쇠의 확보 등을 위한 무단복제와 전·의경 운전원의 임의 소지 및 보관을 금한다.
③ 부속기관 및 시·도경찰청의 장은 다음 연도에 소속기관의 차량정수를 증감시킬 필요가 있을 때에는 매년 3월말까지 다음 연도 차량정수 소요계획을 경찰청장에게 제출하여야 한다.
④ 차량은 용도별로 전용·지휘용·업무용·순찰용·수사용·특수용 차량으로 구분한다.

해설

④ 차량은 용도별로 <u>전용·지휘용·업무용·순찰용·특수용</u> 차량으로 구분한다(<u>수사용X</u>). (전지업순특)

정답 ④

087 「경찰장비관리규칙」에 대한 설명으로 가장 적절하지 않은 것은? 17승진, 16승진유사

① 부속기관 및 시·도경찰청의 장은 다음 연도에 소속기관의 차량 정수를 증감시킬 필요가 있을 때에는 매년 3월말까지 다음 연도 차량정수 소요계획을 경찰청장에게 제출하여야 한다.
② 부속기관 및 시·도경찰청은 소속기관 차량 중 다음 연도 교체대상 차량을 매년 11월 말까지 경찰청장에게 보고하여야 한다.
③ 차량교체를 위한 불용 대상차량은 부속기관 및 시·도경찰청에 배정되는 수량의 범위 내에서 주행거리를 최우선적으로 고려하여 선정한다.
④ 차량운행 시 책임자는 1차 운전자, 2차 선임탑승자(사용자), 3차 경찰기관의 장으로 한다.

> **해설**
> ③ 차량교체를 위한 불용 대상차량은 부속기관 및 시·도경찰청에 배정되는 수량의 범위 내에서 내용연수 경과 여부 등 **차량사용기간을 최우선적으로 고려**하여 선정한다.(동규칙 제94조 제1항)
>
> **정답** ③

088 다음은 「경찰장비관리규칙」에 대한 설명이다. ㉠부터 ㉣까지의 설명 중 옳고 그름의 표시(O, X)가 바르게 된 것은? 17경기북부여경

> ㉠ 부속기관 및 시·도경찰청은 소속기관 차량 중 다음 년도 교체대상 차량을 매년 3월 말까지 경찰청장에게 보고해야 한다.
> ㉡ 차량교체를 위한 불용 대상차량 선정에는 차량주행거리를 최우선적으로 고려하여 선정한다.
> ㉢ 업무용차량은 운전요원의 부족 등 불가피한 사유가 없는 한 집중관리를 원칙으로 한다.
> ㉣ 의경 신임운전요원은 2주 이상 운전교육을 실시한 후에 운행하도록 하여야 한다.

① ㉠(X) ㉡(X) ㉢(O) ㉣(X)
② ㉠(X) ㉡(O) ㉢(X) ㉣(O)
③ ㉠(O) ㉡(X) ㉢(O) ㉣(O)
④ ㉠(O) ㉡(O) ㉢(X) ㉣(X)

> **해설**
> ㉠ 부속기관 및 시·도경찰청은 소속기관 차량 중 다음 년도 교체대상 차량을 **매년 11월 말까지** 경찰청장에게 보고해야 한다.
> ㉡ 차량교체를 위한 불용 대상차량 선정에는 내용선수 경과 여부 등 **차량사용기간을 최우선적으로 고려**하여 선정한다.
> ㉢ O
> ㉣ 의경 신임운전요원은 **4주 이상** 운전교육을 실시한 후에 운행하도록 하여야 한다.
>
> **정답** ①

089 「경찰장비관리규칙」상 차량관리에 대한 설명으로 적절하지 않은 것을 모두 고른 것은? 18승진

㉠ 차량은 용도별로 전용·지휘용·행정용·순찰용·특수구난용 차량으로 구분한다.
㉡ 부속기관 및 시·도경찰청의 장은 다음 연도에 소속기관의 차량정수를 증감시킬 필요가 있을 때에는 매년 11월 말까지 다음 연도 차량정수 소요계획을 경찰청장에게 제출하여야 한다.
㉢ 차량교체를 위한 불용 대상차량은 주행거리와 차량의 노후상태를 최우선적으로 고려하여 선정하여야 하고, 주행거리가 동일한 경우에는 차량사용기간, 사용부서 등을 추가로 검토한다.
㉣ 차량운행 시 책임자는 1차 선임탑승자, 2차 운전자(사용자), 3차 경찰기관의 장으로 한다.

① ㉠㉣   ② ㉠㉡㉢   ③ ㉡㉢㉣   ④ ㉠㉡㉢㉣

해설

㉠ 차량은 용도별로 다음 각호와 같이 **전용·지휘용·업무용·순찰용·특수용** 차량으로 구분한다.(전지업순특)
㉡ 부속기관 및 시·도경찰청의 장은 다음 연도에 소속기관의 차량정수를 증감시킬 필요가 있을 때에는 **매년 3월말까지** 다음 년도 차량정수 소요계획을 경찰청장에게 제출하여야 한다.
㉢ 차량교체를 위한 불용 대상차량은 부속기관 및 시·도경찰청에 배정되는 수량의 범위 내에서 **내용연수 경과 여부 등 차량사용기간을 최우선적으로 고려하여 선정한다**. 사용기간이 동일한 경우에는 주행거리와 차량의 노후상태, 사용부서 등을 종합적으로 검토 예산낭비 요인이 없도록 신중하게 선정한다.
㉣ 차량운행시 책임자는 **1차 운전자, 2차 선임탑승자(사용자)**, 3차 경찰기관의 장으로 한다.

정답 ④

---

090 경찰장비 관리에 관한 내용 중 옳은 것은 모두 몇 개인가? 13경간

㉠ 경찰장비 관리의 목표는 능률성·효과성·경제성에 있으므로 과학적 관리기법을 적용하여 경찰업무수행의 원활한 지원과 낭비적 요소 제거를 이루어야 한다.
㉡ 교체를 위한 불용차량 선정에는 내용연수 경과 여부 등 차량 사용기간을 최우선적으로 고려하여 선정한다.
㉢ 차량운행시 책임자는 1차 운전자, 2차 선임탑승자(사용자), 3차 경찰기관의 장으로 한다.
㉣ 업무용차량은 운전요원의 부족 등 불가피한 사유가 없는 한 집중관리가 원칙이다.
㉤ 차량을 운행하고자 할 때는 사용자가 경찰배차관리시스템을 이용하여 허가를 받아야 하며, 시스템을 이용할 수 없는 때에는 운행허가서로 갈음할 수 있다.

① 2개   ② 3개   ③ 4개   ④ 5개

> **해설**
>
> 모두 옳은 설명이다.
>
> 제99조(차량운행절차) ① 차량을 운행하고자 할 때는 <u>사용자가 경찰배차관리시스템을 이용하여 주간에는 해당 경찰기관장의 운행허가를 받아야</u> 하고, 일과 후 및 공휴일에는 상황관리(담당)관(경찰서는 상황(부)실장을 말한다)의 허가를 받아야 한다. 다만, 시스템을 이용할 수 없는 때에는 운행허가서로 갈음할 수 있다.
>
> 정답 ④

091 보안관리에 대한 설명 중 틀린 것은? 10경위

① 비밀의 구분은 국가정보원법 제4조에 명시되어 있다.
② 보안업무의 법적 근거로는 국가정보원법, 정보및보안업무기획·조정규정, 보안업무규정이 있다.
③ 경찰청장, 경찰병원장, 경찰서장은 Ⅱ급 및 Ⅲ급 비밀 취급인가권자에 해당한다.
④ 경찰공무원은 비밀취급인가증을 별도로 발급받지 않는 특별인가의 대상이다.

> **해설**
>
> ① 비밀의 구분은 <u>보안업무규정</u> 제4조에 명시되어 있다.
>
> 정답 ①

092 보안관리에 대한 설명 중 틀린 것은? 10승진

① 보안업무의 원칙 중 한정의 원칙이란 한 번에 다량의 비밀이나 정보가 유출되지 않도록 하는 원칙을 말한다.
② 비밀의 분류 중 Ⅱ급비밀은 누설될 경우 국가안전보장에 막대한 지장을 끼칠 우려가 있는 비밀이다.
③ 비밀분류의 원칙 중 과도 또는 과소분류 금지의 원칙이란 비밀은 적절히 보호할 수 있는 최저등급으로 분류하여야 하며 과도 또는 과소하게 분류하여서는 아니된다는 원칙이다.
④ 보호지역(보호구역) 중 제한구역은 비인가자가 비밀, 주요시설 및 Ⅲ급 비밀 소통용 암호자재에 접근하는 것을 방지하기 위하여 안내를 받아 출입하여야 하는 구역을 말한다.

> **해설**
>
> ① 보안업무의 원칙 중 <u>부분화의 원칙</u>이란 한 번에 다량의 비밀이나 정보가 유출되지 않도록 하는 원칙을 말한다.

▶ **보안의 원칙** (한알부조)

알 사람만 알아야 한다는 원칙 (한정의 원칙)	① 보안의 대상이 되는 사실을 전파할 때, 전파가 꼭 필요한가 또는 전파를 받는 사람이 반드시 전달받아야 하며 필요한 것인가의 여부를 신중히 검토한 후에 이루어져야 한다는 원칙 ② 가장 중요하고 기본적인 원칙
부분화의 원칙	한 번에 다량의 비밀이나 정보가 유출되지 않도록 해야 한다는 원칙
보안과 업무효율의 조화원칙	① 보안과 업무효율은 반비례의 관계가 있으므로 양자의 적절한 조화를 유지하는 방법을 강구해야 한다는 원칙 ② 지나치게 보안을 강조하면 알 필요가 있는 사람이 알지 못하게 되어 업무에 지장을 줄 수 있다.

정답 ①

093 「보안업무규정」 상 다음의 설명 중 가장 옳지 않은 것은? 16경간, 14승진유사

① Ⅱ급 비밀은 누설될 경우 국가안전보장에 막대한 지장을 끼칠 우려가 있는 비밀을 말한다.
② Ⅲ급 비밀은 누설될 경우 국가안전보장에 해를 끼칠 우려가 있는 비밀을 말한다.
③ 비밀분류의 원칙은 과도 또는 과소분류 금지의 원칙, 독립분류의 원칙, 외국비밀 존중의 원칙이 있다.
④ 비밀은 그 중요성과 가치의 정도에 따라 Ⅰ급, Ⅱ급, Ⅲ급, 대외비로 구분한다.

해설

④ 비밀은 그 중요성과 가치의 정도에 따라 Ⅰ급, Ⅱ급, Ⅲ급으로 구분한다.(대외비는 비밀이 아님)

Ⅰ급 비밀	누설될 경우 대한민국과 외교관계가 단절되고 전쟁을 일으키며, 국가의 방위계획·정보활동 및 국가방위에 반드시 필요한 과학과 기술의 개발을 위태롭게 하는 등의 우려가 있는 비밀 (단절/막지/해를)
Ⅱ급 비밀	누설될 경우 국가안전보장에 막대한 지장을 끼칠 우려가 있는 비밀
Ⅲ급 비밀	누설될 경우 국가안전보장에 해를 끼칠 우려가 있는 비밀

정답 ④

094 비밀에 대한 설명으로 가장 적절하지 않은 것은? 〈22승진〉

① 보안업무규정 시행 세부규칙상 모든 경찰공무원(전투경찰순경을 포함한다)은 임용과 동시 Ⅲ급 비밀취급권을 가진다.
② 보안업무규정 시행 세부규칙 상 정보부서에 근무하는 경찰공무원은 그 보직발령과 동시에 Ⅱ급 비밀취급권을 인가받은 것으로 한다.
③ 보안업무규정과 보안업무규정 시행규칙상 보호지역 중 제한구역은 비인가자가 비밀, 주요시설 및 Ⅲ급 비밀 소통용 암호자재에 접근하는 것을 방지하기 위하여 안내를 받아 출입하여야 하는 구역을 말한다.
④ 보안업무규정상 비밀은 그 중요성과 가치의 정도에 따라 구분하며 누설될 경우 국가안전보장에 해를 끼칠 우려가 있는 비밀은 Ⅱ급 비밀에 해당한다.

해설

④ 누설될 경우 국가안전보장에 해를 끼칠 우려가 있는 비밀은 **Ⅲ급 비밀**에 해당한다.

정답 ④

---

095 「보안업무규정」상 비밀에 대한 설명으로 가장 적절하지 않은 것은? 〈15순경1차〉

① 비밀이란 「국가정보원법」 제4조 제1항 제2호에 따른 국가 기밀로서 이 영에 따라 비밀로 분류된 것을 말한다.
② 비밀은 그 중요성과 가치의 정도에 따라 Ⅰ급비밀·Ⅱ급비밀 및 Ⅲ급비밀로 구분한다.
③ 누설되는 경우 대한민국과 외교관계가 단절되고 전쟁을 유발하며, 국가의 방위계획·정보활동 및 국가방위에 반드시 필요한 과학과 기술의 개발을 위태롭게 하는 등의 우려가 있는 비밀은 이를 Ⅰ급비밀로 한다.
④ 누설될 경우 국가안전보장에 해를 끼칠 우려가 있는 비밀은 이를 Ⅱ급비밀로 한다.

해설

④ 누설될 경우 국가안전보장에 해를 끼칠 우려가 있는 비밀은 **Ⅲ급비밀로** 한다(보안업무규정 제4조 제3호).

정답 ④

096 보안업무규정상 비밀에 관한 설명 중 가장 적절하지 않은 것은? 22순경1차

① Ⅱ급 비밀은 누설될 경우 국가안전보장에 막대한 지장을 끼칠 우려가 있는 비밀을 말한다.
② 비밀은 적절히 보호할 수 있는 최고등급으로 분류하되, 과도하거나 과소하게 분류해서는 아니 된다.
③ 비밀은 보관하고 있는 시설 밖으로 반출해서는 아니 된다. 다만, 공무상 반출이 필요할 때에는 소속 기관의 장의 승인을 받아야 한다.
④ 비밀을 휴대하고 출장 중인 사람은 비밀을 안전하게 보호하기 위하여 국내 경찰기관 또는 재외공관에 보관을 위탁할 수 있으며, 위탁받은 기관은 그 비밀을 보관하여야 한다.

> **해설**
>
> ② 비밀은 적절히 보호할 수 있는 **최저등급으로** 분류하되, 과도하거나 과소하게 분류해서는 아니 된다(보안업무규정 제12조 제1항).
>
> **정답** ②

097「보안업무규정」상 비밀보호에 관한 설명으로 틀린 것은 모두 몇 개인가? 16순경1차

> ㉠ 각급기관의 장은 비밀의 작성·분류·취급·유통 및 이관 등의 모든 과정에서 비밀이 누설되거나 유출되지 아니하도록 보안대책을 수립하여 시행하여야 한다.
> ㉡ 비밀은 해당 등급의 비밀취급 인가를 받은 사람만 취급할 수 있다.
> ㉢ 비밀은 적절히 보호할 수 있는 최고등급으로 분류하되, 과도하거나 과소하게 분류해서는 아니 된다.
> ㉣ 비밀은 그 자체의 내용과 가치의 정도에 따라 분류하여야 하며, 다른 비밀과 관련해서 분류해서는 아니 된다.
> ㉤ 경찰청장은 Ⅱ급 및 Ⅲ급비밀 취급 인가권자이다.

① 1개   ② 2개   ③ 3개   ④ 4개

> **해설**
>
> ㉢ 비밀은 적절히 보호할 수 있는 **최저등급으로** 분류하되, 과도하거나 과소하게 분류해서는 아니 된다(동규정 제12조 제1항).
>
> **정답** ①

098 「보안업무규정」상 비밀에 대한 다음 설명 중 옳은 것은 모두 몇 개인가?   19경간

> 가. 비밀은 그 중요성과 가치의 정도에 따라 Ⅰ급, Ⅱ급, Ⅲ급 비밀로 구분된다.
> 나. 누설될 경우 국가안전보장에 해를 끼칠 우려가 있는 경우 Ⅱ급 비밀로 분류한다.
> 다. 외국 정부나 국제기구로부터 접수한 비밀은 그 접수기관이 필요로 하는 정도로 보호할 수 있도록 분류하여야 한다.
> 라. 비밀은 적절히 보호할 수 있는 최고등급으로 분류하되, 과도하거나 과소하게 분류해서는 아니 된다.
> 마. 국가정보원장은 비밀 소통용 암호자재를 제작하여 필요한 기관에 공급한다. 다만 국가정보원장이 필요하다고 인정하는 암호자재의 경우 그 암호자재를 사용하는 기관은 국가정보원장이 인가하는 암호체계의 범위에서 암호자재를 제작할 수 있다.
> 바. 암호자재를 사용하는 기관의 장은 사용기간이 끝난 암호자재를 지체 없이 국가정보원장에게 반납해야 한다.

① 1개   ② 2개   ③ 3개   ④ 4개

해설

가. ○
나. **Ⅱ급비밀** : 누설될 경우 국가안전보장에 **막대한 지장을** 끼칠 우려가 있는 비밀
다. 외국 정부나 국제기구로부터 접수한 비밀은 그 **생산기관이** 필요로 하는 정도로 보호할 수 있도록 분류하여야 한다.(제12조③)
라. 비밀은 적절히 보호할 수 있는 **최저등급으로** 분류하되, 과도하거나 과소하게 분류해서는 아니 된다. (제12조①)
마. ○
바. 암호자재를 사용하는 기관의 장은 사용기간이 끝난 암호자재를 지체 없이 **그 제작기관의 장에게** 반납하여야 한다.(제7조②)

정답 ②

099 「보안업무규정 시행규칙」에 대한 설명으로 가장 적절하지 않은 것은?　20승진

① Ⅰ급비밀은 반드시 금고에 보관하여야 하며, 다른 비밀과 혼합하여 보관하여서는 아니 된다.
② 비밀의 보관용기 외부에는 비밀의 중요성과 가치에 따라 구분하여 표시하여야 한다.
③ 제한구역이란 비인가자가 비밀, 주요시설 및 Ⅲ급 비밀 소통용 암호자재에 접근하는 것을 방지하기 위하여 안내를 받아 출입하여야 하는 구역을 말한다.
④ 통제구역이란 보안상 매우 중요한 구역으로서 비인가자의 출입이 금지되는 구역을 말한다.

> **해설**
> ② 비밀의 보관용기 외부에는 <u>비밀의 보관을 알리거나 나타내는 어떠한 표시도 해서는 아니된다</u>.
> 정답 ②

100 대통령훈령인 「보안업무규정 시행규칙」에 대한 다음 설명 중 옳지 않은 것은 모두 몇 개인가?　17경간

> ㉠ Ⅰ급비밀은 반드시 금고에 보관하여야 하며, 보관책임자가 Ⅰ급비밀취급인가를 받은 때에는 Ⅰ급비밀을 Ⅱ, Ⅲ급비밀과 혼합 보관할 수 있다.
> ㉡ 비밀의 보관용기 외부에는 비밀의 보관을 알리거나 나타내는 어떠한 표시도 하여서는 아니된다.
> ㉢ 비밀열람기록전은 그 비밀을 파기 시에 같이 파기하는 것이 아니라 분리하여 따로 철하여 보관하여야 한다.
> ㉣ 비밀열람기록전의 보존기간은 5년이며, 그 이전에 폐기할 때에는 경찰청장의 승인을 받아야 한다.

① 0개　　② 1개　　③ 2개　　④ 3개

> **해설**
> ㉠ Ⅰ급비밀은 반드시 금고에 보관하여야 하며, **다른 비밀과 혼합하여 보관하여서는 아니 된다**. ※ Ⅱ급비밀 및 Ⅲ급비밀은 금고 또는 이중 철제캐비닛 등 잠금장치가 있는 안전한 용기에 보관하여야 하며, 보관책임자가 Ⅰ급비밀 취급 인가를 받은 때에는 Ⅱ급비밀과 Ⅲ급비밀을 같은 용기에 혼합하여 보관할 수 있다.
> ㉣ 비밀관리부철은 5년간 보존하여야 하며 그 이전에 폐기하고자 할 때에는 **국가정보원장의** 승인을 받아야 한다.
> 정답 ③

101 「보안업무규정 시행규칙」상 비밀의 관리방법으로 옳은 것은 모두 몇 개인가?   20경간변형

> 가. 비밀보관책임자는 보관비밀을 대출하는 때에는 비밀대출부에 관련사항을 기록·유지한다.
> 나. 비밀관리기록부와 암호자재 관리기록부에는 모든 비밀과 암호자재에 대한 보안책임 및 보안관리 사항이 정확히 기록·보존되어야 한다.
> 다. 비밀열람기록전은 그 비밀의 생산기관이 첨부하며, 비밀을 파기하는 때에는 비밀에서 분리하여 따로 철하여 보관하여야 한다.
> 라. 각급기관의 장은 비밀의 작성·분류·접수·발송 및 취급 등에 필요한 모든 관리사항을 기록하기 위하여 비밀관리기록부를 작성하여 갖추어 두어야 한다. 다만, Ⅰ급비밀 관리기록부는 따로 작성하여 갖추어 두어야 하며, 암호자재는 암호자재 관리기록부로 관리한다.
> 마. 비밀의 발간업무에 종사하는 사람은 작업일지에 작업에 관한 사항을 기록·보관해야 한다. 이 경우 작업일지는 비밀열람기록전을 갈음하는 것으로 본다.
> 바. 비밀접수증, 비밀열람기록전, 배부처 등 자료는 비밀과 함께 철하여 보관·활용하고, 비밀의 보호기간이 만료되면 비밀에서 분리한 후 각각 편철하여 5년간 보관해야 한다.

① 2개   ② 3개   ③ 4개   ④ 5개

해설

③ 「보안업무규정 시행규칙」 내용은 '가', '다', '마', '바' 4개이다.
 가. 「보안업무규정 시행규칙」 제45조(비밀의 대출 및 열람) 제1항
 나. 「보안업무규정」 제22조(비밀관리기록부) 제2항
 다. 「보안업무규정 시행규칙」 제45조(비밀의 대출 및 열람) 제3항
 라. 「보안업무규정」 제22조(비밀관리기록부) 제1항
 마. 「보안업무규정 시행규칙」 제45조(비밀의 대출 및 열람) 제5항
 바. 「보안업무규정 시행규칙」 제70조(비밀 및 암호자재 관련 자료의 보관) 제1항

정답 ③

102 「보안업무규정 시행규칙」에 관한 다음 설명 중 가장 옳지 <u>않은</u> 것은? 18경간

① 비밀취급 인가권자는 소속 직원의 인사기록 카드에 기록된 비밀취급의 인가 및 인가해제 사유와 임용 시의 신원조사회보서에 따라 새로 신원조사를 하지 아니하고 비밀취급을 인가할 수 있다. 다만, Ⅰ급비밀 취급을 인가할 때에는 새로 신원조사를 하여야 한다.

② 비밀취급 인가권자는 업무상 조정·감독을 받는 기업체나 단체에 소속된 사람에 대하여 소관 비밀을 계속적으로 취급하게 하여야 할 필요가 있을 때에는 미리 국가정보원장과의 협의를 거쳐 해당하는 사람에게 Ⅱ급 이하의 비밀취급을 인가할 수 있다.

③ Ⅱ급비밀 및 Ⅲ급비밀은 금고 또는 이중 철제캐비닛 등 잠금장치가 있는 안전한 용기에 보관하여야 하며, 보관책임자가 Ⅱ급비밀 취급 인가를 받은 때에는 Ⅱ급비밀과 Ⅲ급비밀을 같은 용기에 혼합하여 보관할 수 있다.

④ 보관용기에 넣을 수 없는 비밀은 제한지역에 보관하는 등 그 내용이 노출되지 아니하도록 특별한 보호대책을 마련하여야 한다.

> **해설**
> ④ 보관용기에 넣을 수 없는 비밀은 **제한구역 또는 통제구역**에 보관하는 등 그 내용이 노출되지 아니하도록 특별한 보호대책을 마련하여야 한다(보안업무규정 시행규칙 제33조④).
>
> **정답** ④

103 다음 중 「보안업무규정 시행규칙」상 비밀 또는 주요시설 및 자재에 대한 비인가자의 접근을 방지하기 위하여 그 출입에 안내가 요구되는 보호지역은? 14순경1차

① 통제구역 ② 통제지역 ③ 제한지역 ④ 제한구역

> **해설**
> ④ 제한구역에 대한 설명이다(보안업무규정 시행규칙 제54조).
>
> ▶ **보호지역(보호구역)의 구분** (지구통/감안금)
>
> | | |
> |---|---|
> | 제한지역 | 비밀 또는 국·공유재산의 보호를 위하여 울타리 또는 방호·경비인력에 의하여 영 제34조 제3항에 따른 승인을 받지 않은 사람의 접근이나 출입에 대한 감시가 필요한 지역 |
> | 제한구역 | 비인가자가 비밀, 주요시설 및 Ⅲ급 비밀 소통용 암호자재에 접근하는 것을 방지하기 위하여 안내를 받아 출입하여야 하는 구역 |
> | 통제구역 | 보안상 매우 중요한 구역으로서 비인가자의 출입이 금지되는 구역 |
>
> **정답** ④

104 「보안업무규정 시행 세부규칙」에 따른 제한구역을 모두 고른 것은? 20승진

㉠ 정보통신실 ㉡ 과학수사센터
㉢ 암호취급소 ㉣ 발간실
㉤ 치안상황실 ㉥ 작전·경호·정보·보안업무 담당부서 전역

① ㉠, ㉡, ㉢, ㉣
② ㉠, ㉢, ㉤, ㉥
③ ㉠, ㉡, ㉣, ㉥
④ ㉡, ㉢, ㉤, ㉥

해설

③ 암호취급소와 치안상황실은 통제구역이다.

▶ 경찰 내 보호구역 설정기준 (보안업무규정 시행 세부규칙 제60조)

구분	내용
제한구역	가. 전자교환기(통합장비)실, 정보통신실 나. 발간실 다. 송신 및 중계소, 정보통신관제센터 라. 경찰청 및 시·도경찰청 항공대 마. 작전·경호·정보·보안업무 담당부서 전역 바. 과학수사센터
통제구역 (암기상무/조탄비)	가. 암호취급소 나. 정보보안기록실 다. 무기창·무기고 및 탄약고 라. 종합상황실·치안상황실 마. 암호장비관리실 바. 정보상황실 사. 비밀발간실 아. 종합조회처리실

정답 ③

---

105 「보안업무규정 시행 세부규칙」에서 제한구역에 해당하는 것은 모두 몇 개인가? 21순경2차

㉠ 전자교환기(통합장비)실 ㉡ 정보통신관제센터
㉢ 정보보안기록실   ㉣ 경찰청 및 시·도경찰청 항공대
㉤ 종합상황실

① 2개   ② 3개   ③ 4개   ④ 5개

해설

② ㉢㉤은 통제구역(암기상무/조탄비). 나머지가 제한구역(나름 중요한 곳이니 최소한 제한구역에는 해당)

106 비밀에 대한 설명 중 가장 적절한 것은? 12승진

① 비밀분류의 원칙은 과도 또는 과소분류 금지의 원칙, 독립분류의 원칙, 보안과 효율의 조화가 있다.
② 비밀은 그 자체의 내용과 가치의 정도에 따라 분류하여야 한다는 원칙은 과도 또는 과소분류 금지의 원칙이다.
③ A경찰서 경비과에서 생산한 중요시설 경비대책이란 제목의 비밀문건은 보안과에서 비밀분류를 담당한다.
④ 비밀의 보관용기 외부에는 비밀의 보관을 알리거나 나타내는 어떠한 표시도 하여서는 아니 된다.

해설

① 비밀분류의 원칙은 <u>과</u>도 또는 과소분류 금지의 원칙, <u>독립</u>분류의 원칙, <u>외국 또는 국제기구의 비밀 존중 원칙</u>이 있다.(<u>외과독립</u>)
② 비밀은 그 자체의 내용과 가치의 정도에 따라 분류하여야 한다는 원칙은 <u>독립분류의 원칙</u>이다.
③ A경찰서 경비과에서 생산한 중요시설 경비대책이란 제목의 비밀문건은 <u>경비과(생산부서)</u>에서 비밀분류를 담당한다. ※ 보안업무규정 제11조(비밀의 분류) 제3항 – <u>비밀을 생산하거나 관리하는 사람</u>은 비밀의 작성을 완료하거나 비밀을 접수하는 즉시 그 <u>비밀을 분류하거나 재분류할 책임이 있다</u>.
④ O

정답 ④

---

107 비밀에 대한 설명 중 가장 적절한 것은? 13경감변형

① 특수경과(정보통신·항공경과) 근무자는 보직발령과 동시에 Ⅱ급 비밀취급권을 인가받은 것으로 한다.
② Ⅰ급 비밀과 Ⅱ급 비밀은 구분된 관리번호를 사용하여 동일 관리기록부를 사용할 수 있다.
③ 비밀열람기록전은 그 비밀이 생산기관이 첨부하며, 비밀을 파기하는 때에 비밀과 함께 파기한다.
④ 비밀관리기록부, 비밀 접수 및 발송대장, 비밀대출부, 암호자재 관리기록부 등 자료는 새로운 관리부철로 옮겨서 관리할 경우 기존 관리부철을 3년간 보관해야 한다.

해설

① O
② <u>Ⅰ급비밀관리기록부는 따로 작성하여 갖추어 두어야 한다</u>.
③ 비밀열람기록전은 그 비밀의 생산기관이 첨부하며, 비밀을 파기하는 때에는 <u>비밀에서 분리하여 따로 철하여 보관하여야 한다</u>.
④ 비밀관리기록부, 비밀 접수 및 발송대장, 비밀대출부, 암호자재 관리기록부 등 자료는 새로운 관리부철로 옮겨서 관리할 경우 기존 관리부철을 <u>5년간</u> 보관해야 한다.

정답 ①

108 보안업무에 관한 설명으로 가장 적절하지 않은 것은? 15승진

① 경찰공무원은 임용과 동시에 Ⅲ급 비밀 취급권을 갖는다.
② 비밀 분류시 과도 또는 과소분류 금지 원칙, 독립분류의 원칙, 외국비밀 존중의 원칙을 준수하여야 한다.
③ 비밀의 등급은 경무과에서 일괄 결정한다.
④ 비밀의 보관용기는 외부에 비밀의 보관을 알리거나 나타내는 어떠한 표시도 하여서는 아니 된다.

> **해설**
> ③ 비밀의 등급은 <u>생산 또는 관리하는 부서에서</u> 결정한다.
>
> **정답** ③

109 보안업무에 관한 설명으로 가장 적절한 것은? 15승진

① 경찰공무원은 임용과 동시에 Ⅰ급 비밀취급권을 갖는다.
② 비밀의 등급은 보안과에서 일괄 결정한다.
③ 비밀의 보관용기는 외부에 비밀의 보관을 알리거나 나타내는 표시를 반드시 하여야 한다.
④ 비밀 분류시 과도 또는 과소분류 금지 원칙, 독립분류의 원칙, 외국비밀 존중의 원칙을 준수하여야 한다.

> **해설**
> ① 경찰공무원은 임용과 동시에 <u>Ⅲ급 비밀취급권</u>을 갖는다.
> ② 비밀의 등급은 <u>생산 또는 관리하는 부서에서</u> 결정한다.
> ③ 비밀의 보관용기는 <u>외부에 비밀의 보관을 알리거나 나타내는 표시를 하여서는 아니 된다.</u>
> ④ O (외과독립 - 외국비밀존중원칙, 과도 또는 과소분류 금지원칙, 독립분류원칙)
>
> **정답** ④

110 「보안업무규정」에 대한 설명으로 가장 적절한 것은?   17승진, 16승진유사

① 비밀은 그 중요성과 가치의 정도에 따라 Ⅰ급 비밀, Ⅱ급 비밀, Ⅲ급 비밀, 대외비로 구분한다.
② 외국 정부나 국제기구로부터 접수한 비밀은 그 접수기관이 필요로 하는 정도로 보호할 수 있도록 분류하여야 한다.
③ 경찰청장은 Ⅰ급 비밀취급 인가권자이다.
④ 누설될 경우 국가안전보장에 막대한 지장을 끼칠 우려가 있는 비밀은 Ⅱ급 비밀이다.

해설

① 비밀은 중요성과 가치의 정도에 따라 Ⅰ급 비밀, Ⅱ급 비밀, Ⅲ급 비밀로 구분한다.(대외비는 비밀의 구분에 포함되지 않는다)
② 외국 정부나 국제기구로부터 접수한 비밀은 그 생산기관이 필요로 하는 정도로 보호할 수 있도록 분류하여야 한다.
③ 경찰청장은 Ⅱ급 및 Ⅲ급 비밀취급 인가권자이다.(경찰청장, 시·도경찰청장, 경찰서장 모두 Ⅱ급 및 Ⅲ급 비밀취급 인가권자)
④ O

정답 ④

111 「보안업무규정」에 대한 설명으로 가장 적절하지 않은 것은?   19승진

① 비밀이란 「국가정보원법」 제4조 제1항 제2호에 따른 국가 기밀로서 보안업무규정에 따라 비밀로 분류된 것으로, 그 중요성과 가치의 정도에 따라 Ⅰ급, Ⅱ급, Ⅲ급 비밀로 구분된다.
② 누설될 경우 국가안전보장에 막대한 지장을 끼칠 우려가 있는 비밀을 Ⅱ급 비밀로 하며, 누설될 경우 국가안전보장에 해를 끼칠 우려가 있는 비밀을 Ⅲ급 비밀로 한다.
③ 비밀은 다른 비밀과 관련하여 분류해서는 아니 되고, 외국 정부나 국제기구로부터 접수한 비밀은 그 생산기관이 필요로 하는 정도로 보호할 수 있도록 분류하여야 한다.
④ 공무원 또는 공무원이었던 사람은 어떠한 경우에도 소속 기관의 장이나 소속되었던 기관의 장의 승인 없이 비밀을 공개해서는 아니 된다.

해설

④ 공무원 또는 공무원이었던 사람은 법률에서 정하는 경우를 제외하고는 소속 기관의 장이나 소속되었던 기관의 장의 승인 없이 비밀을 공개해서는 아니 된다.(보안업무규정 제25조)

정답 ④

112 「보안업무규정」에 대한 설명으로 가장 적절한 것은?

18순경3차

① 각급기관의 장은 비밀의 작성·분류·접수·발송 및 취급 등에 필요한 모든 관리사항을 기록하기 위하여 비밀관리기록부를 작성하여 갖추어 두어야 한다. 다만, Ⅱ급 이상 비밀관리기록부는 따로 작성하여 갖추어 두어야 하며, 암호자재는 암호자재 관리기록부로 관리한다.

② 그 생산자가 특정한 제한을 하지 아니한 것으로서 해당 등급의 비밀취급 인가를 받은 사람이 공용(共用)으로 사용하는 경우 Ⅰ급비밀의 일부 또는 전부에 대해서 모사(模寫)·타자(打字)·인쇄·조각·녹음·촬영·인화(印畵)·확대 등 그 원형을 재현(再現)하는 행위를 할 수 있다.

③ 비밀취급 인가를 받지 아니한 사람에게 비밀을 열람하거나 취급하게 할 때에는 국가정보원장이 정하는 바에 따라 소속 기관의 장(비밀이 군사와 관련된 사항인 경우에는 국방부장관)이 미리 열람자의 인적사항과 열람하려는 비밀의 내용 등을 확인하고 열람 시 비밀보호에 필요한 자체 보안대책을 마련하는 등의 보안조치를 하여야 한다. 다만, Ⅰ급비밀의 보안조치에 관하여는 국가정보원장과 미리 협의하여야 한다.

④ 각급기관의 장은 보안 업무의 효율적인 수행을 위하여 필요하다고 인정되는 경우에는 국가정보원장의 승인하에 해당 비밀의 보존기간 내에서 그 사본을 제작하여 보관할 수 있다.

해설

① 각급기관의 장은 비밀의 작성·분류·접수·발송 및 취급 등에 필요한 모든 관리사항을 기록하기 위하여 비밀관리기록부를 작성하여 갖추어 두어야 한다. 다만, **Ⅰ급 비밀관리기록부는** 따로 작성하여 갖추어 두어야 하며, 암호자재는 암호자재 관리기록부로 관리한다(보안업무규정 제22조①).

② 그 생산자가 특정한 제한을 하지 아니한 것으로서 해당 등급의 비밀취급 인가를 받은 사람이 공용(共用)으로 사용하는 경우 **Ⅱ급비밀 및 Ⅲ급비밀 대해서** 모사(模寫)·타자(打字)·인쇄·조각·녹음·촬영·인화(印畵)·확대 등 그 원형을 재현(再現)하는 행위를 할 수 있다(동규정 제23조①2호).

③ O

④ 각급기관의 장은 보안 업무의 효율적인 수행을 위하여 필요하다고 인정되는 경우에는 해당 비밀의 보존기간 내에서 **제1항의 단서에 따라(Ⅰ급비밀 : 그 생산자의 허가를 받은 경우, Ⅱ급비밀 및 Ⅲ급비밀: 그 생산자가 특정한 제한을 하지 아니한 것으로서 해당 등급의 비밀취급 인가를 받은 사람이 공용으로 사용하는 경우)** 그 사본을 제작하여 보관할 수 있다(동규정 제23조②).

정답 ③

113 「보안업무규정」상 비밀보호에 대한 설명으로 가장 적절하지 않은 것은?

19승진

① Ⅰ급 비밀은 그 생산자의 허가를 받은 경우에도 모사·타자·인쇄·조각·녹음·촬영·인화·확대 등 그 원형을 재현하는 행위를 할 수 없다.
② 비밀은 해당 등급의 비밀취급 인가를 받은 사람 중 그 비밀과 업무상 직접 관계가 있는 사람만 열람할 수 있다.
③ 공무원 또는 공무원이었던 사람은 법률에서 정하는 경우를 제외하고는 소속 기관의 장이나 소속되었던 기관의 장의 승인 없이 비밀을 공개해서는 아니 된다.
④ 비밀은 보관하고 있는 시설 밖으로 반출해서는 아니 된다. 다만, 공무상 반출이 필요할 때에는 소속 기관의 장의 승인을 받아야 한다.

해설

① Ⅰ급비밀은 생산자의 허가를 받은 경우 그 원형을 재현하는 행위를 할 수 있다.

보안업무규정 제23조(비밀의 복제·복사 제한) ① 비밀의 일부 또는 전부나 암호자재에 대해서는 모사(模寫)·타자(打字)·인쇄·조각·녹음·촬영·인화(印畵)·확대 등 그 원형을 재현(再現)하는 행위를 할 수 없다. 다만, 다음 각 호의 구분에 따른 비밀의 경우에는 그러하지 아니하다.
1. Ⅰ급비밀: 그 생산자의 허가를 받은 경우
2. Ⅱ급비밀 및 Ⅲ급비밀: 그 생산자가 특정한 제한을 하지 아니한 것으로서 해당 등급의 비밀취급 인가를 받은 사람이 공용(共用)으로 사용하는 경우
3. 전자적 방법으로 관리되는 비밀: 해당 비밀을 보관하기 위한 용도인 경우
② 각급기관의 장은 보안 업무의 효율적인 수행을 위하여 필요하다고 인정되는 경우에는 해당 비밀의 보존기간 내에서 제1항 단서에 따라 그 사본을 제작하여 보관할 수 있다.

정답 ①

제5절 문서관리

114 「행정 효율과 협업 촉진에 관한 규정」에 대한 설명 중 가장 적절한 것은? 　　13승진변형

① "업무관리시스템"이란 행정기관이 행정정보를 생산·수집·가공·저장·검색·제공·송신·수신하고 활용할 수 있도록 하드웨어·소프트웨어·데이터베이스 등을 통합한 시스템을 말한다.

② 문서는 수신자에게 도달(전자문서의 경우는 수신자가 관리하거나 지정한 전자적 시스템 등에 입력되는 것을 말한다)됨으로써 성립한다. 다만, 공고문서는 그 문서에서 효력발생 시기를 구체적으로 밝히고 있지 않으면 그 고시 또는 공고 등이 있은 날부터 5일이 경과한 때에 성립한다.

③ 공문서의 종류 중 민원문서란 비치대장·비치카드 등 행정기관이 일정한 사항을 기록하여 행정기관 내부에 비치하면서 업무에 활용하는 문서를 말한다.

④ 민원서식에는 민원인의 편의를 도모하기 위하여 그 민원업무의 처리흐름도, 처리기간, 전자적 처리가 가능한지 등을 표시하여야 하며, 음성정보나 영상정보 등을 수록하거나 연계한 바코드 등을 표기할 수 있다.

해설

① **"행정정보시스템"**이란 행정기관이 행정정보를 생산·수집·가공·저장·검색·제공·송신·수신하고 활용할 수 있도록 하드웨어·소프트웨어·데이터베이스 등을 통합한 시스템을 말한다.

※ "업무관리시스템"이란 행정기관이 업무처리의 모든 과정을 제22조 제1항에 따른 과제관리카드 및 문서관리카드 등을 이용하여 전자적으로 관리하는 시스템을 말한다.

② 문서는 수신자에게 도달(전자문서의 경우는 수신자가 관리하거나 지정한 전자적 시스템 등에 입력되는 것을 말한다)됨으로써 **효력을 발생한다**. 다만, 공고문서는 그 문서에서 효력발생 시기를 구체적으로 밝히고 있지 않으면 그 고시 또는 공고 등이 있은 날부터 5일이 경과한 때에 **효력이 발생한다**.

※ 문서는 결재권자가 해당 문서에 서명(전자이미지서명, 전자문자서명 및 행정전자서명을 포함한다)의 방식으로 결재함으로써 성립한다.

③ 공문서의 종류 중 **비치문서**란 비치대장·비치카드 등 행정기관이 일정한 사항을 기록하여 행정기관 내부에 비치하면서 업무에 활용하는 문서를 말한다.

④ O

정답 ④

115 「행정 효율과 협업 촉진에 관한 규정」상 공문서에 대한 설명으로 가장 적절하지 않은 것은? 14승진

① 법규문서 – 헌법·법률·대통령령·총리령·부령·조례·규칙 등에 관한 문서
② 공고문서 – 고시·공고 등 행정기관이 일정한 사항을 일반에게 알리는 문서
③ 비치문서 – 훈령·지시·예규·일일명령 등 행정기관이 그 하급기관이나 소속 공무원에 대하여 일정한 사항을 지시하는 문서
④ 민원문서 – 민원인이 행정기관에 허가, 인가, 그 밖의 처분 등 특정한 행위를 요구하는 문서와 그에 대한 처리문서

해설

③ **지시문서** – 훈령·지시·예규·일일명령 등 행정기관이 그 하급기관 또는 소속 공무원에 대하여 일정한 사항을 지시하는 문서

▶ **공문서의 종류 (행정 효율과 협업 촉진에 관한 규정 제4조)** (민법/공지/일비)

구분	내용
법규문서	헌법·법률·대통령령·총리령·부령·조례 및 규칙 등에 관한 문서
지시문서	훈령·지시·예규 및 일일명령 등 행정기관이 그 하급기관 또는 소속공무원에 대하여 일정한 사항을 지시하는 문서
공고문서	고시·공고 등 행정기관이 일정한 사항을 일반에게 알리기 위한 문서
비치문서	행정기관이 일정한 사항을 기록하여 행정기관 내부에 비치하면서 업무에 활용하는 대장, 카드 등의 문서
민원문서	민원인이 행정기관에 허가, 인가, 그 밖의 처분 등 특정한 행위를 요구하는 문서와 그에 대한 처리문서
일반문서	법규·지시·공고·비치·민원문서에 속하지 아니하는 모든 문서

 정답 ③

116 행정 효율과 협업 촉진에 관한 규정상 공문서에 관한 설명 중 가장 적절하지 않은 것은? 22순경1차

① '지시문서'란 훈령·지시·예규·일일명령 등 행정기관이 그 하급기관이나 소속 공무원에 대하여 일정한 사항을 지시하는 문서를 말한다.
② '공고문서'란 고시·공고 등 행정기관이 일정한 사항을 일반에게 알리는 문서를 말한다.
③ '일반문서'란 민원인이 행정기관에 허가, 인가, 그 밖의 처분등 특정한 행위를 요구하는 문서와 그에 대한 처리문서를 말한다.
④ '법규문서'란 헌법·법률·대통령령·총리령·부령·조례·규칙 등에 관한 문서를 말한다.

해설

③ "**일반문서**"란 제1호부터 제5호까지의 문서에 속하지 아니하는 모든 문서를 말한다. 지문은 **민원문서**에 대한 설명이다(행정 효율과 협업 촉진에 관한 규정 제4조 제5호).

 정답 ③

117 문서관리에 대한 다음 설명 중 가장 옳지 않은 것은? 16경간

① 기안문에는 발의자와 보고자의 직위나 직급 앞 또는 위에 발의자는 ★표시를, 보고자는 ◉표시를 한다.
② 문서는 수신자에게 도달(전자문서의 경우는 수신자가 관리하거나 지정한 전자적 시스템 등에 입력되는 것을 말한다)됨으로써 효력을 말한다.
③ 문서에는 음성정보나 영상정보 등이 수록되거나 연계된 바코드 등을 표기할 수 있다.
④ 관인은 행정기관의 명의로 발신하거나 교부하는 문서에 사용하는 직인과 행정기관의 장이나 보조기관의 명의로 발신하거나 교부하는 문서에 사용하는 청인으로 구분한다.

해설

④ 관인은 행정기관의 명의로 발신하거나 교부하는 문서에 사용하는 <u>청인과</u> 행정기관의 장이나 보조기관의 명의로 발신하거나 교부하는 문서에 사용하는 <u>직인으로</u> 구분한다.

정답 ④

118 「행정 효율과 협업 촉진에 관한 규정」상 공문서의 성립 및 효력발생시기에 대한 설명 중 가장 적절하지 않은 것은? 14승진

① 문서는 결재권자가 해당 문서에 서명(전자이미지서명, 전자문자서명 및 행정전자서명을 포함)의 방식으로 결재함으로써 성립한다.
② 문서는 수신자에게 도달됨으로써 효력을 발생한다.
③ 전자문서의 경우는 수신자가 관리하거나 지정한 전자적 시스템 등에 입력되는 것을 도달되는 것으로 본다.
④ 공고문서는 그 문서에서 효력발생 시기를 구체적으로 밝히고 있지 않으면 그 고시 또는 공고 등이 있은 날부터 10일이 경과한 때에 효력이 발생한다.

해설

④ <u>공고문서는</u> 그 문서에서 효력발생 시기를 구체적으로 밝히고 있지 않으면 그 고시 또는 공고 등이 있은 날부터 <u>5일</u>이 경과한 때에 효력이 발생한다.
※ <u>행정절차법상 공시송달</u> – 송달받을 자의 주소등을 통상적인 방법으로 확인할 수 없는 경우에 송달받을 자가 알기 쉽도록 관보, 공보, 게시판, 일간신문 중 하나 이상에 공고하고 인터넷에도 공고하여야 한다. 위의 경우에는 다른 법령등에 특별한 규정이 있는 경우를 제외하고는 공고일부터 <u>14일</u>이 지난 때에 그 효력이 발생한다.

정답 ④

119 「행정 효율과 협업 촉진에 관한 규정」 및 동 시행규칙 상 공문서에 관한 설명으로 가장 적절하지 <u>않은</u> 것은?

14승진

① "공문서"란 행정기관에서 공무상 작성하거나 시행하는 문서를 말하며, 행정기관이 접수한 문서는 공문서에 포함되지 않는다.
② 문서는 수신자에게 도달(전자문서의 경우는 수신자가 관리하거나 지정한 전자적 시스템 등에 입력되는 것을 말한다)됨으로써 효력을 발생한다.
③ 훈령·지시·예규·일일명령 등 행정기관이 그 하급기관이나 소속 공무원에 대하여 일정한 사항을 지시하는 문서를 "지시문서"라고 한다.
④ 결재권자의 서명란에는 서명날짜를 함께 표시한다.

> **해설**
>
> ① "공문서"란 행정기관에서 공무상 작성하거나 시행하는 문서(도면·사진·디스크·테이프·필름·슬라이드·전자문서 등의 특수매체기록을 포함한다.)와 <u>행정기관이 접수한 모든 문서</u>를 말한다.
>
> 정답 ①

제6절 경찰홍보

120 경찰홍보에 대한 설명 중 틀린 것은?   10승진

① 공공관계(PR)는 상대방의 지지를 얻기 위한 노력이나 활동이라는 점에서 선전과 유사하다.
② 보도관련 용어 중 'off the record'는 보도하지 않을 것을 조건으로 하는 자료나 정보제공을 말한다.
③ 정정보도청구를 받은 언론사의 대표는 14일 이내에 그 수용 여부에 대한 통지를 청구인에게 발송하여야 한다.
④ Ericson은 경찰과 대중매체는 서로 얽혀서 범죄와 정의, 사회질서의 현실을 해석하고 규정짓는 사회기구의 역할을 수행한다고 주장하였다.

> **해설**
> ③ 정정보도청구를 받은 언론사의 대표는 <u>3일 이내에</u> 그 수용 여부에 대한 통지를 청구인에게 발송하여야 한다.
>
> **정답** ③

121 경찰홍보에 관한 설명이다 가장 적절하지 <u>않은</u> 것은?   13경간

① 기업 이미지식 경찰홍보란 포돌이처럼 상징물을 개발, 전파하는 등 조직이미지를 고양하여 높아진 주민 지지도를 바탕으로 예산획득, 형사사법 환경하의 협력확보 등의 목적을 달성하는 종합적이고 계획적인 홍보활동을 말한다.
② 경찰과 대중매체의 관계를 '단란하고 행복스럽지는 않더라도, 오래 지속되는 결혼생활'에 비유한 사람은 Sir. Robert Mark이다.
③ 적극적 홍보전략으로는 대중매체 이용, 언론접촉 장려, 홍보와 타기능 연계, 비밀주의와 공개최소화 원칙이 있다.
④ 협의의 홍보란 유인물, 팜플렛 등 각종 매체를 통해 개인이나 단체의 좋은 점을 일방적으로 알리는 활동이다.

> **해설**
> ③ <u>비밀주의와 공개최소화 원칙은 소극적 홍보전략</u>에 해당하고, 이를 공개주의와 비밀최소화 원칙으로 전환해야 적극적인 홍보전략이 된다.
>
> **정답** ③

122 경찰홍보에 대한 설명 중 옳은 것은 모두 몇 개인가? 15경간, 11승진유사

> 가. 공공관계(PR)는 상대방의 지지를 얻기 위한 노력이나 활동이라는 점에서 선전과 유사하다.
> 나. 보도관련 용어 중 off the record는 보도하지 않을 것을 조건으로 하는 자료나 정보 제공을 말한다.
> 다. Crandon은 경찰과 대중매체는 서로 얽혀서 범죄와 정의, 사회질서의 현실을 해석하고 규정짓는 사회기구의 역할을 수행한다고 주장하였다.
> 라. 주민의 지지도를 바탕으로 예산획득, 형사사법 환경하의 협력 확보 등의 목적을 달성하는 종합적이고 계획적인 홍보활동을 기업 이미지식 경찰홍보라고 한다.
> 마. Ericson은 경찰과 대중매체는 서로를 필요로 하기 때문에 둘 사이에는 공생관계가 발달한다고 주장하였다.
> 바. 경찰의 홍보활동과 관련하여 헌법상 사생활의 보호와 알 권리 간의 균형있는 조화가 필요하다.

① 2개 ② 3개 ③ 4개 ④ 5개

해설

다. Ericson이 주장하였다.
마. Crandon이 주장하였다.

정답 ③

123 지역사회 내의 경찰·공사기관 그리고 각 개인이 그들의 공통된 문제·욕구·책임을 발견하고 지역사회문제의 해결과 적극적인 지역사회 프로그램을 위해 공동으로 노력하는 것을 무엇이라고 하는가? 16승진

① Press Relations(언론관계)
② Media Relations(대중매체관계)
③ Community Relations(지역공동체관계)
④ Public Relations(공공관계)

해설

설문은 Community Relations(지역공동체관계)에 대한 설명이다.

정답 ③

124 지역사회 내의 각종 기관 및 주민들과 유기적인 연락 및 협조체계를 구축하여 지역사회 각계 각층의 문제·요구·책임을 발견하고 지역사회의 문제해결과 적극적인 지역사회 프로그램을 위해 경찰과 지역사회가 공동으로 노력하는 것을 무엇이라고 하는가? 22경간

① Public Relations(PR: 공공관계)
② Police-Press Relations(PPR: 경찰과 언론관계)
③ Police-Media Relations(PMR: 경찰과 대중매체관계)
④ Police-Community Relations(PCR: 경찰과 지역사회관계)

> **해설**
> ④ 경찰과 지역사회관계(=지역공동체 관계)(Police-Community Relations)
>
> **정답** ④

125 다음 (   )안에 들어갈 인물을 바르게 나열한 것은? 18승진

> 경찰과 대중매체의 관계를 '단란하고 행복스럽지 않더라도, 오래 지속되는 결혼생활'에 비유한 사람은 (㉠)이고, '경찰과 대중매체는 서로를 필요로 하기 때문에 둘 사이에는 공생관계가 발달한다.'고 주장한 사람은 (㉡)이다.

① ㉠ Ericson   ㉡ Crandon
② ㉠ Crandon   ㉡ Sir Robert Mark
③ ㉠ Sir Robert Mark   ㉡ Ericson
④ ㉠ Sir Robert Mark   ㉡ Crandon

> **해설**
> ④ 경찰과 대중매체의 관계를 '단란하고 행복스럽지 않더라도, 오래 지속되는 결혼생활'에 비유한 사람은 (Sir Robert Mark)이고, '경찰과 대중매체는 서로를 필요로 하기 때문에 둘 사이에는 공생관계가 발달한다.'고 주장한 사람은 (Crandon)이다.
>
> **정답** ④

126 보도 관련 용어에 대한 다음 설명 중 가장 옳지 않은 것은? 16경간

① issue : 기사 내용을 요약해서 1~2줄 정도로 간략하게 쓴 글
② deadline : 취재된 기사를 편집부에 넘겨야 하는 기사 마감시간
③ embargo : 어느 시한까지 보도하지 않을 것을 전제로 자료제공이 이루어지는 관행
④ off the record : 보도하지 않을 것을 조건으로 하는 자료나 정보제공

해설

① 리드(Lead) - 기사내용을 요약해서 1~2줄 정도로 간략하게 쓴 글
※ issue - 일정시점에서 중요시되어 토론·논쟁이나 갈등의 요인이 되는 사회·문화·경제·정치적 관심이나 사고를 말한다.

정답 ①

127 「언론중재 및 피해구제 등에 관한 법률」상 사실적 주장에 관한 언론보도 등이 진실하지 아니함으로 인하여 피해를 입은 자가 그 내용에 관한 정정보도를 청구할 수 있는 기간으로 가장 적절한 것은?

14승진

① 보도가 있음을 안 날부터 15일 이내, 보도가 있은 후 1월 이내
② 보도가 있음을 안 날부터 1월 이내, 보도가 있은 후 2월 이내
③ 보도가 있음을 안 날부터 3월 이내, 보도가 있은 후 6월 이내
④ 보도가 있음을 안 날부터 6월 이내, 보도가 있은 후 1년 이내

해설

▶ **정정보도청구권**

요건	① 피해자는 언론보도등이 있음을 <u>안 날부터 3개월 이내</u>, 언론보도등이 <u>있은 후 6개월 이내</u>에 정정보도를 청구할 수 있다. ② 정정보도 청구에 언론사등의 <u>고의·과실이나 위법성을 필요로 하지 아니한다</u>. ③ 국가·지방자치단체, 기관 또는 단체의 장은 해당 업무에 대하여 그 기관 또는 단체를 대표하여 정정보도를 청구할 수 있다.
행사 절차	① 정정보도 청구는 <u>언론사등의 대표자에게 서면으로</u> 하여야 한다. ② 청구를 받은 <u>언론사등의 대표자는 3일 이내에 그 수용 여부에 대한 통지를 청구인에게 발송하여야 한다</u>. ③ 언론사등이 청구를 <u>수용할 때에는</u> 지체 없이 피해자와 정정보도의 내용·크기 등에 관하여 협의한 후, 그 청구를 받은 날부터 <u>7일 내에 정정보도문을 방송하거나 게재하여야 한다</u>.
거부 사유	다음 어느 하나에 해당하는 사유가 있는 경우 언론사등은 정정보도 청구를 <u>거부할 수 있다</u>. 1. 피해자가 정정보도청구권을 행사할 정당한 이익이 없는 경우 2. 청구된 정정보도의 내용이 명백히 사실과 다른 경우 3. 청구된 정정보도의 내용이 명백히 위법한 내용인 경우 4. 정정보도의 청구가 <u>상업적인</u>(공익적인X) 광고만을 목적으로 하는 경우 5. 청구된 정정보도의 내용이 국가·지방자치단체 또는 공공단체의 <u>공개회의</u>(비공개회의X)와 법원의 <u>공개재판</u>(비공개재판X)절차의 사실보도에 관한 것인 경우

정답 ③

128 다음은 「언론중재 및 피해구제 등에 관한 법률」에 대한 내용이다. 괄호 안에 들어갈 숫자의 총합은?

17경간

> - 사실적 주장에 관한 언론보도가 진실하지 아니함으로 인하여 피해를 입은 자는 당해 언론보도가 있음을 안 날로부터 (   )개월 이내, 당해 언론보도가 있은 후 (   )개월 이내에 정정보도를 청구할 수 있다.
> - 정정보도 청구를 받은 언론사 등의 대표자는 (   )일 이내에 그 수용 여부에 대한 통지를 청구인에게 발송하여야 한다.
> - 언론사 등이 정정보도 청구를 수용할 때에는 지체 없이 피해자 또는 그 대리인과 정정보도의 내용·크기 등에 관하여 협의한 후, 그 청구를 받은 날부터 (   )일 이내에 정정보도문을 방송하거나 게재하여야 한다.

① 18 ② 19 ③ 24 ④ 25

해설

② 3 + 6 + 3 + 7 = 19

정답 ②

129 「언론중재 및 피해구제 등에 관한 법률」에 관한 설명으로 가장 적절하지 않은 것은?

19순경2차

① 사실적 주장에 관한 언론보도등이 진실하지 아니함으로 인하여 피해를 입은 자는 해당 언론보도등이 있음을 안 날부터 6개월 이내에 그 내용에 관한 정정보도를 청구할 수 있다.
② 언론등의 보도 또는 매개로 인한 분쟁의 조정·중재 및 침해사항을 심의하기 위하여 언론중재위원회를 둔다.
③ 정정보도는 해당 언론보도등이 있은 후 6개월이 경과하면 청구할 수 없다.
④ 정정보도의 청구를 받은 언론사의 대표자는 3일 이내에 그 수용 여부에 대한 통지를 청구인에게 발송하여야 한다.

해설

① 사실적 주장에 관한 언론보도등이 진실하지 아니함으로 인하여 피해를 입은 자는 해당 언론보도등이 있음을 안 날부터 <u>3개월 이내에</u> 언론사등에게 그 언론보도등의 내용에 관한 정정보도를 청구할 수 있다 (제14조①)

정답 ①

130 「언론중재 및 피해구제 등에 관한 법률」에 대한 설명 중 옳지 <u>않은</u> 것을 모두 고른 것은? 20경간

> 가. 정정보도 청구를 받은 언론사 등의 대표자는 3일 이내에 그 수용 여부에 대한 통지를 청구인에게 발송하여야 한다.
> 나. 피해자가 정정보도청구권을 행사할 정당한 이익이 없는 경우 언론사는 정정보도 청구를 거부할 수 있다.
> 다. 청구된 정정보도의 내용이 명백히 사실과 다른 경우 언론사는 정정보도 청구를 거부할 수 있다.
> 라. 청구된 정정보도의 내용이 명백히 위법한 내용인 경우 언론사는 정정보도 청구를 거부할 수 있다.
> 마. 정정보도의 청구가 공익적인 광고만을 목적으로 하는 경우 언론사는 정정보도 청구를 거부할 수 있다.
> 바. 청구된 정정보도의 내용이 국가·지방자치단체 또는 공공단체의 공개회의와 법원의 비공개재판절차의 사실보도에 대한 것인 경우 언론사는 정정보도 청구를 거부할 수 있다.

① 가, 나, 마   ② 다, 마, 바   ③ 라, 바   ④ 마, 바

해설

마. 정정보도의 청구가 **상업적인 광고만을** 목적으로 하는 때
바. 청구된 정정보도의 내용이 국가·지방자치단체 또는 공공단체의 공개회의와 법원의 **공개재판절차의** 사실보도에 대한 것인 때

정답 ④

131 「언론중재 및 피해구제 등에 관한 법률」에서 침해구제에 대한 설명으로 가장 적절하지 <u>않은</u> 것은?

21순경2차

① 사실적 주장에 관한 언론보도등이 진실하지 아니함으로 인하여 피해를 입은 자는 해당 언론보도등이 있음을 안 날부터 3개월 이내에 언론사, 인터넷뉴스서비스사업자 및 인터넷멀티미디어 방송사업자에게 그 언론보도등의 내용에 관한 정정보도를 청구할 수 있다. 다만, 해당 언론보도등이 있은 후 6개월이 지났을 때에는 그러하지 아니하다.
② 「언론중재 및 피해구제 등에 관한 법률」에 따른 정정보도청구등과 관련하여 분쟁이 있는 경우 피해자 또는 언론사등은 중재위원회에 조정을 신청할 수 있다.
③ 당사자 양쪽은 정정보도청구등 또는 손해배상의 분쟁에 관하여 중재부의 종국적 결정에 따르기로 합의하고 중재를 신청할 수 있다. 중재결정은 확정판결과 동일한 효력이 있다.
④ 사실적 주장에 관한 언론보도등으로 인하여 피해를 입은 자는 그 보도 내용에 관한 반론보도를 언론사등에 청구할 수 있다. 반론보도청구는 언론사등의 고의·과실이나 위법성을 필요로 한다.

> **[해설]**
> ④ 정정보도건 반론보도건 <u>언론사등의 고의·과실이나 위법성을 필요로 하지 아니한다.</u> → 만약 그걸 요구한다면 정정보도청구등 제도가 무용지물이 되니 그걸 요구할 리가 없음
>
> **정답** ④

132 「언론중재 및 피해구제 등에 관한 법률」상 정정보도청구에 대한 설명으로 가장 적절하지 <u>않은</u> 것은?

20승진, 13승진유사

① 사실적 주장에 관한 언론보도등이 진실하지 아니함으로 인하여 피해를 입은 자는 해당 언론보도등이 있음을 안 날부터 3개월 이내에 언론사등에게 그 언론보도등의 내용에 관한 정정보도를 청구할 수 있다. 다만, 해당 언론보도등이 있은 후 6개월이 지났을 때에는 그러하지 아니하다.
② 정정보도 청구는 언론사등의 대표자에게 서면으로 하여야 하며, 청구서에는 피해자의 성명·주소·전화번호 등의 연락처를 적고, 정정의 대상인 언론보도등의 내용 및 정정을 청구하는 이유와 청구하는 정정보도문을 명시하여야 한다.
③ 청구된 정정보도의 내용이 법원의 공개재판절차의 사실보도에 관한 것인 경우 언론사등은 정정보도 청구를 거부할 수 없다.
④ 이 법에 따른 정정보도청구등과 관련하여 분쟁이 있는 경우 피해자 또는 언론사등은 중재위원회에 조정을 신청할 수 있다.

> **[해설]**
> ③ 청구된 정정보도의 내용이 법원의 공개재판절차의 사실보도에 관한 것인 경우 언론사등은 정정보도 청구를 <u>거부할 수 있다.</u>
>
> **정답** ③

133 「언론중재 및 피해구제 등에 관한 법률」상 정정보도에 관한 설명으로 가장 적절하지 않은 것은?

15승진

① 사실적 주장에 관한 언론보도 등이 진실하지 아니함으로 인하여 피해를 입은 자는 해당 언론보도 등이 있음을 안 날부터 3개월 이내에 언론사에 그 언론보도 등의 내용에 관한 정정보도를 청구할 수 있다. 다만, 해당 언론보도 등이 있은 후 6개월이 지났을 때에는 그러하지 아니하다.
② 정정보도청구를 받은 언론사의 대표는 3일 이내에 그 수용 여부에 대한 통지를 청구인에게 발송하여야 한다.
③ 청구된 정정보도의 내용이 국가·지방자치단체 또는 공공단체의 공개회의와 법원의 공개 재판절차의 사실보도에 관한 것인 경우 해당 언론사는 정정보도 청구를 거부할 수 있다.
④ 피해자가 정정보도청구권을 행사할 정당한 이익이 없더라도 피해자 권리 보호를 위해 해당 언론사는 정정보도의 청구를 거부할 수 없다.

해설

④ 피해자가 정정보도청구권을 행사할 **정당한 이익이 없는 경우는** 해당 언론사는 정정보도의 청구를 **거부할 수 있는 사유에 해당한다.**

정답 ④

134 경찰관이 언론사를 상대로 정정보도를 청구하려고 한다. 법률과 판례에 따를 때 옳지 않은 것은?

21경간

① 사실적 주장에 관한 언론보도가 진실하지 아니함으로 피해를 입은 경우 해당 언론보도가 있음을 안 날부터 3개월 이내에 해당 언론사 대표에게 서면으로 그 언론보도 내용에 관한 정정보도를 청구할 수 있다.
② 사실적 주장이란 의견표명에 대치되는 개념으로서 사실적 주장과 의견표명이 혼재할 경우 양자를 구별할 때에는 해당 언론보도의 객관적인 내용과 아울러 해당 언론보도가 게재한 문맥의 보다 넓은 의미나 배경이 되는 사회적 흐름 및 시청자에게 주는 전체적인 인상도 함께 고려하여야 한다.
③ 복잡한 사실관계를 알기 쉽게 단순하게 만드는 과정에서 일부 특정한 사실관계를 압축, 강조하거나 대중의 흥미를 끌기 위해 실제 사실관계에 장식을 가하는 과정에서 다소의 수사적 과장이 있더라도 전체적인 맥락에서 보아 보도내용의 중요 부분이 진실에 합치한다면 그 보도의 진실성은 인정된다.
④ 정정보도를 청구하는 경우에 그 언론사의 고의·과실이나 위법성을 필요로 하는 것은 아니며 그 언론사는 언론보도가 진실하다는 것에 대한 증명책임을 부담한다.

> **해설**
>
> ④ 사실적 주장에 관한 언론보도 등의 내용에 관한 정정보도를 청구하는 <u>피해자는 그 언론보도 등이 진실하지 아니하다는 데 대한 증명책임을 부담</u>한다.(대법원 2009다52649)
>
> **정답** ④

135 「언론중재 및 피해구제 등에 관한 법률」상 언론중재위원회에 대한 설명 중 가장 옳지 <u>않은</u> 것은?

19경간, 16순경1차유사

① 언론 등의 보도 또는 매개로 인한 분쟁의 조정·중재 및 침해사항을 심의하기 위하여 언론중재위원회(이하 "중재위원회"라 한다)를 둔다.
② 중재위원회는 40명 이상 90명 이내의 중재위원으로 구성하며, 중재위원은 문화체육관광부장관이 위촉한다.
③ 중재위원회에 위원장 1명과 2명 이내의 부위원장 및 2명 이내의 감사를 두며, 각각 중재위원 중에서 호선한다.
④ 위원장·부위원장·감사 및 중재위원의 임기는 각각 2년으로 하며, 한 차례만 연임할 수 있다.

> **해설**
>
> ④ 위원장·부위원장·감사 및 중재위원의 임기는 각각 <u>3년으로</u> 하며, 한 차례만 연임할 수 있다.(제7조⑤)
>
> **정답** ④

136 「언론중재 및 피해구제 등에 관한 법률」상 언론중재위원회에 대한 설명으로 가장 적절하지 <u>않은</u> 것은?

15승진변형

① 언론 등의 보도 또는 매개로 인한 분쟁의 조정·중재 및 침해사항을 심의하기 위하여 언론중재위원회를 둔다.
② 언론중재위원회는 중재위원회 규칙의 제정·개정 및 폐지에 관한 사항 등을 심의한다.
③ 위원장은 중재위원회를 대표하고, 중재위원회의 업무를 총괄한다.
④ 중재위원회는 40명 이상 90명 이내의 중재위원으로 구성하며, 중재위원은 행정안전부장관이 위촉한다. 중재위원회에 위원장 1명과 2명 이내의 부위원장 및 5명 이내의 감사를 두며, 각각 중재위원 중에서 호선(互選)한다.

> **해설**
>
> ④ 중재위원회는 40명 이상 90명 이내의 중재위원으로 구성하며, 중재위원은 <u>문화체육관광부장관이 위촉한다</u>. 중재위원회에 위원장 1명과 2명 이내의 부위원장 및 <u>2명 이내의 감사</u>를 두며, 각각 중재위원 중에서 호선(互選)한다.
>
> **정답** ④

137 언론중재 및 피해구제 등에 관한 법률에 관한 설명 중 가장 적절하지 않은 것은? 　22순경1차

① '정정보도'란 언론의 보도 내용의 전부 또는 일부가 진실하지 아니한 경우 이를 진실에 부합되게 고쳐서 보도하는 것을 말한다.
② 언론중재 및 피해구제 등에 관한 법률 제16조 제1항, 제2항에 따르면, 사실적 주장에 관한 언론보도등으로 인하여 피해를 입은 자는 그 보도 내용에 관한 반론보도를 언론사등에 청구할 수 있고, 이러한 청구에는 언론사등의 고의·과실이나 위법성을 필요로 하지 아니하며, 보도 내용의 진실 여부와 상관없이 그 청구를 할 수 있다.
③ 언론중재 및 피해구제 등에 관한 법률 제19조 제3항에 따르면, 제2항의 출석요구를 받은 신청인이 2회에 걸쳐 출석하지 아니한 경우에는 조정신청을 취하한 것으로 보며, 피신청 언론사등이 2회에 걸쳐 출석하지 아니한 경우에는 조정신청 취지에 따라 정정보도등을 이행하기로 합의한 것으로 본다.
④ 언론중재위원회는 40명 이상 90명 이내의 중재위원으로 구성하며, 위원장 1명과 2명 이내의 부위원장 및 2명 이내의 감사를 두는데, 위원장 부위원장 감사 및 중재위원의 임기는 각각 3년으로 하며, 연임할 수 없다.

해설

④ 위원장·부위원장·감사 및 중재위원의 임기는 각각 3년으로 하며, **한 차례만 연임할 수 있다**(언론중재 및 피해구제 등에 관한 법률 제7조 제5항).

정답 ④

138 「언론중재 및 피해구제 등에 관한 법률」상 언론중재위원회에 대한 내용으로 ㉠부터 ㉣에 들어갈 숫자를 모두 합한 값은? 　18순경1차

- 중재위원회는 (㉠)명 이상 (㉡)명 이내의 중재위원으로 구성한다.
- 중재위원회에 위원장 1명과 (㉢)명 이내의 부위원장 및 (㉣)명 이내의 감사를 두며, 각각 중재위원 중에서 호선한다.

① 124　　② 125　　③ 134　　④ 135

해설

㉠ 40 ㉡ 90 ㉢ 2 ㉣ 2 = 134

정답 ③

CHAPTER 08 경찰행정학 Ⅱ (경찰통제)

제1절 경찰통제

001 행정책임과 행정통제에 관한 설명으로 가장 적절하지 않은 것은? 〔14승진〕

① 행정책임이란 행정조직이 직무를 수행할 때 주권자인 국민의 기대와 요구에 부응하여 공익·근무규율 등 일정한 기준에 따라 행동하여야 할 의무를 말한다.
② 보통 행정책임을 확보하기 위한 수단으로서 행정통제가 행하여진다.
③ 행정책임과 행정통제는 민주성 확보와 법치주의 확립 및 정치적 중립성 확보를 위해 필요하다.
④ 경찰에 대한 통제의 필요성은 경찰의 민주적 운영을 위해서라기보다 경찰의 능률성을 확보하기 위해서 더 필요하다.

해설

④ 경찰에 대한 통제는 경찰의 <u>민주적 운영을 위해서 필요한 수단</u>이다.

정답 ④

002 경찰통제에 대한 설명 중 가장 옳지 않은 것은? 〔14경간〕

① 경찰의 임무는 국민의 자유나 권리를 침해할 가능성이 크므로 통제의 필요성도 크다고 볼 수 있다.
② 경찰조직의 정책과오에 대하여는 정책결정의 책임보다는 경찰공무원 개인의 책임으로 돌리는 경우가 많다.
③ 행정심판, 국회의 국정감사권, 국회의 예산심의권은 사후통제에 해당한다.
④ 경찰통제 유형을 내부통제와 외부통제로 구분할 때 청문감사관, 훈령권, 직무명령권은 내부통제에 해당한다.

해설

③ 행정심판과 국회의 국정감사권은 사후통제에 해당하나, 국회의 <u>예산심의권은 사전통제</u>에 해당한다.

정답 ③

003 경찰통제에 대한 설명으로 가장 적절하지 <u>않은</u> 것은? 20순경2차

① 국가경찰위원회제도와 국민감사청구제도는 경찰행정에 대하여 국민들의 참여를 보장하는 민주적 통제장치이다.
② 경찰의 위법행위에 대한 국가배상 판결이나 행정심판에 의한 통제는 사법통제이며, 국가인권위원회와 국민권익위원회에 의한 통제는 행정통제이다.
③ 상급기관이 갖는 훈령권·직무명령권은 하급기관의 위법이나 재량권 행사의 오류를 시정할 수 있는 내부적 통제장치이다.
④ 국회가 갖는 입법권과 예산심의권은 사전통제에 해당하나 예산 결산권과 국정감사·조사권은 사후 통제에 해당한다.

해설

② **행정심판에 의한 통제는** 사후통제로 **행정부에 의한 통제**이다.(행정심판위원회는 행정부 소속)

정답 ②

---

004 경찰통제의 유형에 대한 설명 중 옳은 것은? 20경간

① 행정절차법, 국회에 의한 예산결산권은 사전통제에 해당한다.
② 경찰청의 감사관, 시·도경찰청의 청문감사담당관, 경찰서의 청문감사관은 외부통제에 해당한다.
③ 국가인권위원회의 통제는 협의의 행정통제로서 외부통제에 해당한다.
④ 행정안전부장관의 경찰청장과 국가경찰위원회 위원의 임명제청권은 행정통제로서 외부통제에 해당한다.

해설

① 국회에 의한 **예산결산권은 사후통제**에 해당한다.
② 경찰청의 감사관, 시·도경찰청의 청문감사담당관, 경찰서의 청문감사관은 **내부통제에 해당**한다.
③ 국가인권위원회는 독립기관이므로, 국가인권위원회의 통제는 '**광의의 행정부'에 의한 통제**(광의의 행정통제)이다.
④ O

정답 ④

005 경찰에 대한 통제 제도에 관한 설명 중 가장 옳지 <u>않은</u> 것은? 11승진

① 국가경찰위원회는 경찰의 주요정책에 관하여 심의·의결하는 권한을 가지고 있으므로 민주적 통제 제도라고 할 수 있으며, 경찰청에서 사무를 수행하므로 내부적 통제 제도라고 할 수 있다.
② 정보공개는 행정통제의 근본으로서, 「공공기관의 정보공개에 관한 법률」에서는 정보공개를 청구할 수 있는 외국인의 범위에 관하여 대통령령에 정하고 있다.
③ 상급 경찰기관장의 지시에 따라 일정기간 동안 소속 경찰기관이 아닌 다른 경찰기관의 소속 직원의 복무실태, 업무추진 실태 등을 점검하는 것을 교류감찰이라 하며, 이는 내부적 통제 제도에 해당한다.
④ 외부적 통제 제도로 볼 수 있는 국가인권위원회는 경찰서 유치장이나 사법경찰관리가 그 직무수행을 위하여 사람을 조사·유치 또는 수용하는 시설에 대한 방문조사권을 갖고 있다.

> **해설**

① 국가경찰위원회는 경찰의 주요정책에 관하여 심의·의결하는 권한을 가지고 있으므로 민주적 통제 제도라고 할 수 있으며, **외부적 통제** 제도라고 할 수 있다.

▶ **외부통제**

입법통제 (국회)	입법권, 예산심의·의결·결산권, 국정조사·감사권, 탄핵소추의결권 등	
사법통제 (법원)	① 행정소송, 위헌위법명령·규칙심사권 등 외부통제이면서 사후통제 ② 판례의 경우, 판례의 법원성이 인정되는 영미법계에서 보다 강력한 통제장치로서 작용	
행정통제 (타 행정부)	대통령	경찰청장 임명권, 경정이상 임용권, 정책결정권
	감사원	회계검사권, 직무감찰권
	행정안전부장관	경찰청장 임명제청권
	국가경찰위원회	행정안전부장관 소속으로 주요 치안정책 등에 대한 심의·의결권
	소청심사위원회	인사혁신처 소속으로 소청심사권
	국민권익위원회	부패방지, 국민권익보호
	중앙행정심판위원회	국민권익위원회 소속으로 경찰 처분에 대한 행정심판 재결권을 가짐(행정심판위원회는 행정기관, 행정심판은 행정통제)
	기타	국정원(정보·보안업무), 국방부(대간첩작전), 검찰(수사권·기소권, 수사지휘권, 구속장소감찰권, 교체임용요구권)
	국가인권위원회	입법·사법·행정 어디에도 속하지 않는 독립적 국가기구로(광의의 행정부) 인권침해행위·차별행위 조사권, 구금시설·보호시설 방문조사권 등 가짐(국가인권위원회법)
민중통제	여론, 이익집단, 언론기관, 정당, NGO, 국민감사청구제도	

정답 ①

006 경찰통제의 유형이 가장 바르게 연결된 것은?

19순경1차

① 내부통제 : 청문감사관 제도, 국가경찰위원회, 직무명령권
② 외부통제 : 국민권익위원회, 소청심사위원회, 국민감사청구제도
③ 사전통제 : 행정예고제, 상급기관의 하급기관에 대한 감독권
④ 사후통제 : 사법부에 의한 사법심사, 국회의 입법권·예산심의권

해설

① 국가경찰위원회는 외부통제에 해당한다(행정안전부 소속이므로).
② O
③ 상급기관의 하급기관에 대한 감독권은 사후통제에 해당한다.
④ 국회의 입법권·예산심의권은 사전통제에 해당한다.

정답 ②

007 다음 중 경찰통제에 대한 설명으로 가장 옳지 않은 것은?

13경간변형

① 민주적 통제는 경찰조직의 민주성을 확보하기 위한 통제방법으로 각국의 행정체계에 따라 다르다. 우리나라에서는 경찰조직의 민주성 확보를 위해서 국가경찰위원회 제도를 두고 있으나 경찰지휘관 선거제도와 자치경찰제는 시행하고 있지 않다.
② 경찰활동이 행정편의주의에 입각한 고도의 재량행위지만, 오늘날에는 재량의 일탈과 남용에 대해서는 사법심사의 대상이 된다고 보고 있는데, 이 경우 실체적 심사뿐만 아니라 재량의 절차적 통제가 가능하다고 보고 있다.
③ 오늘날에는 행정청의 행위로 권리나 이익을 침해받기 전에 국민이 절차적으로 참여하는 등 사전통제를 강화하는 추세이다.
④ 사법통제는 사후통제이기 때문에 행정결정에 대하여 효과적인 구제책이 되지 못하고, 소송절차가 복잡하고 시간과 경비가 많이 소요되며, 위법성 여부만을 다룰 수 있을 뿐이며 행정의 비능률성이나 부당한 재량행위는 다룰 수 없다는 점 등이 문제점으로 제기되고 있다.

해설

① 2006년도에 제주자치경찰제도를 도입했고, 2021년에는 전국적으로 자치경찰제도를 도입했다.

정답 ①

008 경찰 통제에 대한 설명 중 가장 적절하지 <u>않은</u> 것은? 20승진

① 19세 이상의 국민은 경찰을 비롯한 공공기관의 사무처리가 법령위반 또는 부패행위로 인하여 공익을 현저히 해하는 경우 200인 이상의 연서로 감사원에 감사를 청구할 수 있다.
② 국가경찰위원회 제도는 경찰의 주요정책 등에 관하여 심의·의결하는 권한을 가지고 있으므로 민주적 통제에 해당하고, 행정안전부 소속으로 외부적 통제에도 해당한다.
③ 청문감사관 제도는 경찰 내부적 통제이다.
④ 행정절차법은 입법예고, 행정예고 등 행정에 대한 사전 통제를 규정하고 있다.

> **해설**
> ① <u>18세 이상의</u> 국민은 경찰을 비롯한 공공기관의 사무처리가 법령위반 또는 부패행위로 인하여 공익을 현저히 해하는 경우 대통령령이 정하는 일정한 수(<u>300인</u>) 이상의 국민의 연서로 감사원에 감사를 청구할 수 있다.
>
> **정답** ①

---

009 다음은 경찰의 사전통제와 사후통제, 내부통제와 외부통제를 구분없이 나열한 것이다. 이 중 사전통제와 내부통제에 관한 것으로 올바르게 짝지어진 것은? 17경간

〈사전통제와 사후통제〉
가. 행정절차법에 의한 청문   나. 국회의 입법권
다. 국회의 국정감사 조사권   라. 사법부에 의한 사법심사
마. 국회의 예산심의권

〈내부통제와 외부통제〉
㉠ 국가경찰위원회의 심의·의결   ㉡ 감사원에 의한 직무감찰
㉢ 청문감사관 제도   ㉣ 경찰청장의 훈령권
㉤ 중앙행정심판위원회의 심리·재결

① 사전통제 : 가, 나   내부통제 : ㉠, ㉢
② 사전통제 : 나, 다   내부통제 : ㉢, ㉣
③ 사전통제 : 라, 마   내부통제 : ㉡, ㉤
④ 사전통제 : 나, 마   내부통제 : ㉢, ㉣

> **해설**
> 사전통제 – 가나마, 사후통제 – 다라 / 내부통제 – ㉢㉣, 외부통제 – ㉠㉡㉤
>
> **정답** ④

010 다음 경찰의 통제유형 가운데 사후통제인 동시에 외부통제에 해당하는 것은 모두 몇 개인가?

15경간

가. 청문감사관제도	나. 국회의 예산심의권
다. 국회의 국정감사	라. 국가경찰위원회의 심의·의결
마. 법원의 사법심사	바. 감사원의 직무감찰

① 2개　　　　② 3개　　　　③ 4개　　　　④ 5개

해설

가. 청문감사관제도(내부통제)
나. 국회의 예산심의권(사전통제, 외부통제)
다. 국회의 국정감사(**사후통제, 외부통제**)
라. 국가경찰위원회의 심의·의결(심의·의결은 사전통제, 외부통제)
마. 법원의 사법심사(**사후통제, 외부통제**)
바. 감사원의 직무감찰(**사후통제, 외부통제**)

정답 ②

제2절 경찰감찰과 경찰행정사무감사

011 「경찰 감찰 규칙」에 대한 설명 중 가장 옳은 것은? 19경간변형

① 감찰관은 감찰조사를 위해서 조사대상자의 출석을 요구할 때에는 조사기일 2일 전까지 출석요구서 또는 구두로 조사일시, 의무위반행위사실 요지 등을 통지하여야 한다. 다만, 사안이 급박한 경우에는 즉시 조사에 착수할 수 있다.
② 감찰관은 소속공무원의 의무위반사실에 대한 민원을 접수한 경우 접수일로부터 1개월 내에 신속히 처리하여야 한다.
③ 감찰관은 다른 경찰기관 또는 검찰, 감사원 등 다른 행정기관으로부터 통보받은 소속공무원의 의무위반행위에 대해서는 통보받은 날로부터 2개월 이내에 신속히 처리하여야 한다.
④ 경찰기관장의 장은 1년 이상 성실히 근무한 감찰관에 대해서는 희망부서를 고려하여 전보한다.

> **해설**
> ① 감찰관은 감찰조사를 위해서 조사대상자의 출석을 요구할 때에는 **조사기일 3일 전까지** 별지 제5호서식의 출석요구서 또는 구두로 조사일시, 의무위반행위사실 요지 등을 통지하여야 한다. 다만, 사안이 급박한 경우 또는 조사대상자의 요청이 있는 경우에는 즉시 조사에 착수할 수 있다.(제25조①)
> ② 감찰관은 소속공무원의 의무위반사실에 대한 민원을 접수한 경우 접수일로부터 **2개월 내에** 신속히 처리하여야 한다.(제35조①)
> ③ 감찰관은 다른 경찰기관 또는 검찰, 감사원 등 다른 행정기관으로부터 통보받은 소속공무원의 의무위반행위에 대해서는 통보받은 날로부터 **1개월 이내에** 신속히 처리하여야 한다.(제36조①)
> ④ ○
>
> 정답 ④

012 경찰 감찰 규칙상 감찰활동에 대한 설명으로 가장 적절하지 않은 것은? 22경간

① 경찰기관의 장은 의무위반행위가 자주 발생하거나 그 발생가능성이 높다고 인정되는 시기, 업무분야 및 경찰관서등에 대하여는 일정기간 동안 전반적인 조직관리 및 업무추진 실태등을 집중 점검할 수 있다.
② 감찰관은 소속공무원의 의무위반행위에 관한 단서(현장인지, 진정·탄원 등을 포함한다)를 수집·접수한 경우 소속경찰기관의 장에게 보고하여야 한다.
③ 감찰관은 직무상 조사를 위한 출석, 질문에 대한 답변 및 진술서 제출, 증거품 등 자료 제출, 현지조사의 협조를 요구할 수 있다.
④ 경찰기관의 장은 상급 경찰기관의 장의 지시에 따라 소속감찰관으로 하여금 일정기간 동안 다른 경찰기관 소속 직원의 복무실태, 업무추진실태 등을 점검하게 할 수 있다.

해설

② 감찰관은 소속공무원의 의무위반행위에 관한 단서(현장인지, 진정·탄원 등을 포함한다)를 수집·접수한 경우 <u>소속 경찰기관의 감찰부서장에게</u> 보고하여야 한다.(경찰 감찰 규칙 제15조 제1항)

정답 ②

013 「경찰 감찰 규칙」에 대한 설명으로 가장 적절하지 않은 것은? 21승진

① 감찰관은 소속 경찰기관의 관할구역 안에서 활동하여야 하나, 상급 경찰기관의 장의 지시가 있는 경우에는 관할구역 밖에서도 활동할 수 있다.
② 감찰관은 소속공무원의 의무위반행위에 관한 단서(현장인지, 진정·탄원 등을 포함한다)를 수집·접수한 경우 소속 경찰기관의 감찰부서장에게 보고하여야 한다.
③ 경찰기관의 장은 감찰관이 제5조에 따른 결격사유에 해당되는 것으로 밝혀졌을 경우와 제7조 제1항 각 호의 어느 하나에 해당하는 경우를 제외하고는 3년 이내에 본인의 의사에 반하여 전보하여서는 아니된다. 다만, 승진 등 인사관리상 필요한 경우에는 그러하지 아니하다.
④ 경찰기관의 장은 1년 이상 성실히 근무한 감찰관에 대해서는 희망부서를 고려하여 전보한다.

해설

③ 경찰기관의 장은 감찰관이 제5조에 따른 결격사유에 해당되는 것으로 밝혀졌을 경우와 다음 각 호의 어느 하나에 해당하는 경우를 제외하고는 <u>2년 이내에</u> 본인의 의사에 반하여 전보하여서는 아니 된다. 다만, 승진 등 인사관리상 필요한 경우에는 그러하지 아니하다.(제7조①)

정답 ③

014 「경찰 감찰 규칙」에 대한 설명으로 가장 적절하지 않은 것은? 16순경2차

① 경찰기관의 장은 1년 이상 성실히 근무한 감찰관에 대해서는 희망부서를 고려하여 전보한다.
② 감찰관은 소속공무원의 의무위반사실에 대한 민원을 접수하였을 때에는 접수일로부터 2개월 내에 신속히 처리하여야 한다.
③ 감찰관은 심야(오후 10시부터 오전 6시까지를 말한다)에 조사를 하여서는 아니 된다. 다만, 조사대상자 또는 그 변호인의 심야조사 요청이 있는 경우에는 예외적으로 심야조사를 할 수 있다. 이 경우 심야조사의 사유를 조서에 명확히 기재하여야 한다.
④ 경찰기관의 장은 상급 경찰기관의 장의 지시에 따라 소속 감찰관으로 하여금 일정기간 동안 다른 경찰기관 소속 직원의 복무실태, 업무추진 실태 등을 점검하게 할 수 있다.

해설

③ 감찰관은 심야(<u>자정부터 오전 6시까지를 말한다</u>)에 조사를 하여서는 아니 된다. 제1항에도 불구하고 감찰관은 조사대상자 또는 그 변호인의 별지 제6호 서식에 의한 심야조사 요청이 있는 경우에는 예외적으로 심야조사를 할 수 있다. 이 경우 심야조사의 사유를 조서에 명확히 기재하여야 한다.

정답 ③

015 「경찰 감찰 규칙」에 대한 설명 중 틀린 것은 모두 몇 개인가? 16경간

㉠ 감찰관은 소속 경찰기관의 관할구역 안에서 활동하여야 한다. 다만, 상급 경찰기관의 장의 지시가 있는 경우에는 관할구역 밖에서도 활동할 수 있다.
㉡ 경찰기관의 장은 상급 경찰기관의 장의 지시에 따라 소속 감찰관으로 하여금 일정기간 동안 다른 경찰기관 소속 직원의 복무실태, 업무추진 실태 등을 점검하게 할 수 있다.
㉢ 감찰관은 다른 경찰기관 또는 검찰, 감사원 등 다른 행정기관으로부터 통보받은 소속공무원의 의무위반행위에 대해서는 통보받은 날로부터 2개월 이내에 신속히 처리하여야 한다.
㉣ 감찰관은 소속공무원의 의무위반사실에 대한 민원을 접수한 경우 접수일로부터 1개월 내에 신속히 처리하여야 한다.
㉤ 경찰기관의 장은 1년 이상 성실히 근무한 감찰관에 대해서는 희망부서를 고려하여 전보한다.

① 0개　　② 1개　　③ 2개　　④ 3개

해설

㉢ 감찰관은 다른 경찰기관 또는 검찰, 감사원 등 다른 행정기관으로부터 통보받은 소속공무원의 의무위반행위에 대해서는 통보받은 날로부터 <u>1개월 이내에</u> 신속히 처리하여야 한다.
㉣ 감찰관은 소속공무원의 의무위반사실에 대한 민원을 접수한 경우 접수일로부터 <u>2개월 내에</u> 신속히 처리하여야 한다.

▶ 경찰 감찰 규칙

제5조(감찰관의 결격사유) 다음 각 호의 어느 하나에 해당하는 사람은 감찰관이 될 수 없다.
1. 직무와 관련한 금품 및 향응 수수, 공금횡령·유용, 「성폭력범죄의 처벌 등에 관한 특례법에 따른 성폭력범죄로 징계처분을 받은 사람
2. 제1호 이외의 사유로 징계처분을 받아 말소기간이 경과하지 아니한 사람
3. 질병 등으로 감찰관으로서의 업무수행이 어려운 사람
4. 기타 감찰관으로서 적합하지 아니하다고 판단되는 사람

제7조(감찰관의 신분보장) ① 경찰기관의 장은 감찰관이 제5조에 따른 결격사유에 해당되는 것으로 밝혀졌을 경우와 다음 각 호의 어느 하나에 해당하는 경우를 제외하고는 <u>2년 이내</u>(3년 이내×)에 본인의 의사에 반하여 전보하여서는 아니 된다. 다만, 승진 등 인사관리상 필요한 경우에는 그러하지 아니하다.
1. 징계사유가 있는 경우
2. 형사사건에 계류된 경우
3. 질병 등으로 감찰업무를 수행할 수 없거나 직무수행 능력이 현저히 부족하다고 판단되는 경우
4. 고압·권위적인 감찰활동을 반복하여 물의를 야기한 경우

② 경찰기관장은 <u>1년 이상</u> 성실히 근무한 감찰관에 대해서는 희망부서를 고려하여 전보한다.

제12조(감찰활동의 관할) 감찰관은 소속 경찰기관의 관할구역 안에서 활동하여야 한다. 다만, <u>상급 경찰기관의 장의 지시</u>가 있는 경우에는 관할구역 밖에서도 활동할 수 있다.

제13조(특별감찰) 경찰기관의 장은 의무위반행위가 자주 발생하거나 그 발생 가능성이 높다고 인정되는 시기, 업무분야 및 경찰서 등에 대하여는 일정기간 동안 전반적인 조직관리 및 업무추진 실태 등을 집중 점검할 수 있다.

제14조(교류감찰) 경찰기관의 장은 <u>상급 경찰기관의 장의 지시에 따라</u> 소속 감찰관으로 하여금 일정기간 동안 다른 경찰기관의 소속 직원의 복무실태, 업무추진 실태 등을 점검하게 할 수 있다.

제15조(감찰활동의 착수) ① 감찰관은 소속공무원의 의무위반행위에 관한 단서(현장인지, 진정·탄원 등을 포함)를 수집·접수한 경우 소속 경찰기관의 <u>감찰부서장에게 보고</u>하여야 한다.
② 감찰부서장은 제1항에 따른 보고를 받은 경우 감찰 대상으로서의 적정성을 검토한 후 감찰활동 착수 여부를 결정하여야 한다.

제16조(감찰계획의 수립) ① 감찰관은 제15조에 따른 감찰활동에 착수할 때에는 감찰기간과 대상, 중점감찰사항 등을 포함한 감찰계획을 소속 경찰기관의 <u>감찰부서장에게 보고</u>하여 승인을 받아야 한다.
② 감찰관은 사전에 계획하고 보고한 범위에 한하여 감찰활동을 수행하여야 한다.
③ 제1항에 따른 <u>감찰기간은 6개월의 범위 내에서 감찰부서장이 정한다.</u>
④ 감찰관은 계속 감찰활동이 필요한 경우 그 사유를 소명하여 소속 경찰기관의 <u>감찰부서장의 승인을 받아 6개월의 범위 내에서 감찰기간을 연장할 수 있다.</u>

제18조(감찰관 증명서 등 제시) 감찰관은 제17조에 따른 요구를 할 경우 소속 경찰기관의 장이 발행한 별지 제3호 서식의 감찰관 증명서 또는 경찰공무원증을 제시하여 신분을 밝히고 감찰활동의 목적을 설명하여야 한다.

제19조(감찰활동 결과의 보고 및 처리) ① 감찰관은 감찰활동 결과 소속공무원의 의무위반행위, 불합리한 제도·관행, 선행·수범 직원 등을 발견한 경우 이를 소속 경찰기관의 장에게 보고하여야 한다.
② 경찰기관의 장은 제1항의 결과에 대하여 문책 요구, 시정·개선, 포상 등 필요한 조치를 하여야 한다.

제25조(출석요구) ① 감찰관은 감찰조사를 위해서 조사대상자의 출석을 요구할 때에는 조사기일 <u>3일</u>(2일×) <u>전까지</u> 별지 제5호 서식의 출석요구서 또는 구두로 조사일시, 의무위반행위사실 요지 등을 통지하여야 한다. 다만, 사안이 급박한 경우 또는 조사대상자의 요청이 있는 경우에는 즉시 조사에 착수할 수 있다.
② 제1항의 경우 조사일시 등을 정할 때에는 조사대상자의 의사를 존중하여야 한다.

④ 감찰관은 조사대상자의 방어권 보장을 위하여 필요한 경우 조사대상자의 동의를 받아 조사대상자의 소속 부서장에게 제1항에 따른 출석요구 사실을 통지할 수 있다.

제28조(조사 참여) ① 감찰관은 조사대상자가 다음 각 호의 사항을 신청할 경우 이에 해당하는 사람을 참여하게 하거나 동석하도록 하여야 한다.
  1. 다음 각 목의 사람의 참여
     가. 다른 감찰관
     나. 변호인
  2. 다음 각 목의 사람의 동석
     가. 조사대상자의 동료공무원
     나. 조사대상자의 직계친족, 배우자, 가족 등 조사대상자의 심리적 안정과 원활한 의사소통에 도움을 줄 수 있는 자

② 감찰관은 다음 각 호의 사유가 발생한 경우에는 참여자의 참여를 제한하거나 동석자의 퇴거를 요구할 수 있다.
  1. 참여자 또는 동석자가 조사 과정에 부당하게 개입하거나 조사를 제지·중단시키는 경우
  2. 참여자 또는 동석자가 조사대상자에게 특정한 답변을 유도하거나 진술 번복을 유도하는 경우
  3. 그 밖의 참여자 또는 동석자의 언동 등으로 조사에 지장을 초래하는 경우

③ 감찰관은 참여자의 참여를 제한하거나 동석자를 퇴거하게 한 경우 그 사유를 조사대상자에게 설명하고 그 구체적 정황을 청문보고서 등 조사서류에 기재하여 기록에 편철하여야 한다.

제31조(조사시 유의사항) ① 감찰관은 조사시 엄정하고 공정하게 진실 발견에 노력하여야 한다.
② 감찰관은 조사시 조사대상자의 이익이 되는 주장 및 제출자료 등에 대해서도 사실관계를 명확히 하여 조사내용에 반영하여야 한다.
⑤ 감찰부서장은 성폭력·성희롱 피해 여성에 대하여는 <u>피해자의 의사에 반하지 않는 한</u>(반드시×) <u>여성 경찰공무원이 조사하도록 하여야</u> 하고, 조사 과정에서 피해자의 인격이나 명예가 손상되거나 사적인 비밀이 침해되지 않도록 하여야 한다.

제32조(심야조사의 금지) ① 감찰관은 <u>심야</u>(자정부터 오전 6시까지)에 조사를 하여서는 아니 된다.
② 제1항에도 불구하고 감찰관은 <u>조사대상자 또는 그 변호인의 별지 제6호 서식에 의한 심야조사 요청이 있는 경우에는 예외적으로 심야조사를 할 수 있다.</u> 이 경우 심야조사의 사유를 조서에 명확히 기재하여야 한다.

제35조(민원사건의 처리) ① 감찰관은 소속공무원의 의무위반사실에 대한 <u>민원을 접수한 경우</u> 접수일로부터 <u>2개월 내에 신속히 처리하여야 한다</u>. 다만, 부득이한 사유로 민원을 기한 내에 처리할 수 없을 때에는 소속 경찰기관의 감찰부서장에게 보고하여 그 처리 기간을 연장할 수 있다.

제36조(기관통보사건의 처리) ① 감찰관은 다른 경찰기관 또는 검찰, 감사원 등 <u>다른 행정기관으로부터 통보</u>받은 소속공무원의 의무위반행위에 대해서는 통보받은 날로부터 <u>1개월 이내에 신속히 처리하여야 한다</u>.
② 감찰관은 검찰·경찰, 그 밖의 <u>수사기관으로부터 수사개시 통보를 받은 경우에는</u> 징계의결요구권자의 결재를 받아 해당 기관으로부터 수사결과의 통보를 받을 때까지 감찰조사, 징계의결요구 등의 <u>절차를 진행하지 아니 할 수 있다</u>. → 주의 : 감사원이 조사중인 특정사건에 대해서는 조사개시 통보받은 날부터 징계절차를 진행하지 못한다.

제40조(감찰관에 대한 징계 등) ② 감찰관의 의무위반행위에 대해서는 「경찰공무원 징계령 세부시행규칙」의 징계양정에 정한 기준보다 <u>가중하여</u> 징계조치한다.

정답 ③

016 경찰청 훈령인 「경찰 감찰 규칙」에서 규정하고 있는 내용과 <u>다른</u> 것은 모두 몇 개 인가?　　14승진

> ㉠ 경찰기관의 장은 상급 경찰기관의 장의 지시에 따라 소속 감찰관으로 하여금 일정기간 동안 다른 경찰기관 소속 직원의 복무실태, 업무추진 실태 등을 점검하게 할 수 있다.
> ㉡ 감찰관은 소속공무원의 의무위반사실에 대한 민원을 접수한 경우 접수일로부터 2개월 내에 신속히 처리하여야 한다. 다만, 부득이한 사유로 민원을 기한 내에 처리할 수 없을 때에는 소속 경찰기관의 감찰부서장에게 보고하여 그 처리 기간을 연장할 수 있다.
> ㉢ 감찰관은 심야(자정부터 오전 6시까지를 말한다)에 조사를 하여서는 아니 된다. 이에 불구하고 감찰관은 조사대상자 또는 그 변호인의 별지 서식에 의한 심야조사 요청이 있는 경우에는 예외적으로 심야조사를 할 수 있다. 이 경우 심야조사의 사유를 조서에 명확히 기재하여야 한다.
> ㉣ 감찰관은 다른 경찰기관 또는 검찰, 감사원 등 다른 행정기관으로부터 통보받은 소속 공무원의 의무위반행위에 대해서는 통보받은 날로부터 1개월 이내에 신속히 처리하여야 한다.

① 없음　　② 1개　　③ 2개　　④ 3개

해설

모두 옳은 설명이다.

정답 ①

017 「경찰 감찰 규칙」에 대한 설명으로 가장 적절한 것은?　　17순경1차

① 감찰관은 심야(오후 10시부터 오전 6시까지를 말한다)에 조사를 하여서는 아니 된다. 이에 불구하고 감찰관은 조사대상자 또는 그 변호인의 별지 서식에 의한 심야조사 요청이 있는 경우에는 예외적으로 심야조사를 할 수 있다.
② 감찰관은 소속 경찰기관의 관할구역 안에서 활동하여야 한다. 다만, 상급 경찰기관의 장의 지시가 있는 경우에는 관할구역 밖에서도 활동할 수 있다.
③ 감찰관은 검찰·경찰, 그 밖의 수사기관으로부터 수사개시 통보를 받은 경우에는 징계의결 요구권자의 결재를 받아 해당기관으로부터 수사결과의 통보를 받을 때까지 감찰조사, 징계의결요구 등의 절차를 진행해야 한다.
④ 감찰관은 감찰조사를 실시하기 전에 조사대상자에게 의무위반행위 사실의 요지를 알릴 수 없지만 다른 감찰관의 참여를 요구할 수 있음은 고지하여야 한다.

해설
① 감찰관은 심야(자정부터 오전 6시까지를 말한다)에 조사를 하여서는 아니 된다. 이에 불구하고 감찰관은 조사대상자 또는 그 변호인의 별지 서식에 의한 심야조사 요청이 있는 경우에는 예외적으로 심야조사를 할 수 있다.
② O
③ 감찰관은 검찰·경찰, 그 밖의 수사기관으로부터 수사개시 통보를 받은 경우에는 징계의결요구권자의 결재를 받아 해당 기관으로부터 수사결과의 통보를 받을 때까지 감찰조사, 징계의결요구 등의 절차를 진행하지 아니 할 수 있다.
④ 감찰관은 감찰조사를 실시하기 전에 조사대상자에게 의무위반행위 사실의 요지를 알려야 한다. 이 경우 감찰관은 조사대상자에게 제28조(조사 참여) 제1항 각 호의 사항을 신청할 수 있다는 사실을 고지하여야 한다.

정답 ②

018 「경찰 감찰 규칙」에 대한 설명 중 가장 적절하지 않은 것은? 　　　13순경2차

① 감찰관은 심야(자정부터 오전 6시까지를 말한다)에 조사를 하여서는 아니 된다. 이에 불구하고 감찰관은 조사대상자 또는 그 변호인의 별지 서식에 의한 심야조사 요청이 있는 경우에는 예외적으로 심야조사를 할 수 있다.
② 경찰기관의 장은 상급 경찰기관의 장의 지시에 따라 소속 감찰관으로 하여금 일정기간 동안 다른 경찰기관 소속 직원의 복무실태, 업무추진 실태 등을 점검하게 할 수 있다.
③ 감찰관은 다른 경찰기관 또는 검찰, 감사원 등 다른 행정기관으로부터 통보받은 소속공무원의 의무위반행위에 대해서는 통보받은 날로부터 2개월 이내에 신속히 처리하여야 한다.
④ 감찰관은 소속 경찰기관의 관할구역 안에서 활동하여야 한다. 다만, 상급 경찰기관의 장의 지시가 있는 경우에는 관할구역 밖에서도 활동할 수 있다.

해설
③ 감찰관은 다른 경찰기관 또는 검찰, 감사원 등 다른 행정기관으로부터 통보받은 소속공무원의 의무위반행위에 대해서는 통보받은 날로부터 1개월 이내에 신속히 처리하여야 한다(제36조①).

정답 ③

019 「경찰 감찰 규칙」에 대한 내용으로 옳지 않은 것은 모두 몇 개인가?   11승진변형

> ㉠ 감찰관은 소속 경찰기관의 관할구역 안에서 활동하는 것을 원칙으로 하고, 관할 구역 밖에서는 활동할 수 없다.
> ㉡ 의무위반행위가 자주 발생하거나 그 발생 가능성이 높다고 인정되는 시기, 업무분야 및 경찰관서 등에 대하여는 일정기간 동안 전반적인 조직관리 및 업무추진 실태 등을 집중 점검하는 것이 특별감찰이다.
> ㉢ 감찰부서장은 소속 경찰기관의 장의 지시에 따라 소속 감찰관으로 하여금 일정기간 동안 다른 경찰기관 소속 직원의 복무실태, 업무추진 실태 등을 점검하게 할 수 있다.
> ㉣ 감찰관은 검찰·경찰, 그 밖의 수사기관으로부터 수사개시 통보를 받은 경우에는 징계의결요구권자의 결재를 받아 해당 기관으로부터 수사결과의 통보를 받을 때까지 감찰조사, 징계의결요구 등의 절차를 진행하지 아니할 수 있다.
> ㉤ 감찰관의 의무위반행위에 대해서는 「경찰공무원 징계령 세부시행규칙」의 징계양정 기준에 의하여 징계조치한다.

① 1개   ② 2개   ③ 3개   ④ 4개

해설

㉠ 감찰관은 소속 경찰기관의 관할구역 안에서 활동하여야 한다. 다만, **상급 경찰기관의 장의 지시가 있는 경우에는 관할구역 밖에서도 활동할 수 있다.**
㉡ ○
㉢ **경찰기관의 장은 상급 경찰기관의 장의 지시에 따라** 소속 감찰관으로 하여금 일정기간 동안 다른 경찰기관 소속 직원의 복무실태, 업무추진 실태 등을 점검하게 할 수 있다.
㉣ ○
㉤ 감찰관의 의무위반행위에 대해서는 「경찰공무원 징계령 세부시행규칙」의 징계양정에 정한 기준보다 **가중하여** 징계조치한다.

정답 ③

020 「경찰 감찰 규칙」상 감찰활동에 대한 설명 중 가장 적절하지 않은 것은? 　　20승진

① 감찰관은 직무상 조사를 위한 출석, 질문에 대한 답변 및 진술서 제출, 증거품 등 자료제출, 현지조사의 협조를 요구할 수 있다.
② 위의 ①과 같은 요구를 받은 소속공무원은 정당한 사유가 없는 한 그 요구에 응하여야 한다.
③ 감찰관은 다른 경찰기관 또는 검찰, 감사원 등 다른 행정기관으로부터 통보받은 소속공무원의 의무위반행위에 대해서는 통보받은 날로부터 1개월 이내에 신속히 처리하여야 한다.
④ 감찰관은 심야(오후 10시부터 오전 6시까지를 말한다)에 조사를 하여서는 아니 된다.

해설

④ 감찰관은 심야(자정부터 오전 6시까지를 말한다)에 조사를 하여서는 아니 된다.

정답 ④

021 현행 「경찰 감찰 규칙」의 규정 내용과 다르게 서술한 것은 모두 몇 개인가? 　　12승진변형

㉠ 심야(일몰부터 오전 6시까지)에 조사를 하여서는 안 되도록 원칙규정을 두면서도, 조사대상자 또는 그 변호인의 별지 서식에 의한 심야조사 요청이 있는 경우에는 예외적으로 심야조사를 할 수 있도록 규정하였다.
㉡ 감찰관은 감찰조사를 실시하기 전에 조사대상자에게 의무위반행위사실의 요지를 알려야 한다. 이 경우 감찰관은 조사대상자에게 제28조 제1항에서 정하는 사람의 참여나 동석을 신청할 수 있다는 사실을 고지하여야 한다.
㉢ 감찰부서장은 성폭력·성희롱 피해 여성에 대하여는 반드시 여성 경찰공무원이 조사하도록 하여야 하고, 조사 과정에서 피해자의 인격이나 명예가 손상되거나 사적인 비밀이 침해되지 않도록 하여야 한다.
㉣ 검찰·경찰 그 밖의 수사기관으로부터 수사개시 통보를 받은 경우에는 징계의결요구권자의 결재를 받아 해당 기관으로부터 수사결과의 통보를 받을 때까지 감찰조사, 징계의결요구 등의 절차를 진행하지 아니할 수 있다.

① 1개　　② 2개　　③ 3개　　④ 4개

해설

㉠ 심야(자정부터 오전 6시까지)에 조사를 하여서는 안 되도록 원칙규정을 두면서도, 조사대상자 또는 그 변호인의 별지 서식에 의한 심야조사 요청이 있는 경우에는 예외적으로 심야조사를 할 수 있도록 규정하였다.
㉢ 감찰부서장은 성폭력·성희롱 피해 여성에 대하여는 **피해자의 의사에 반하지 않는 한** 여성 경찰공무원이 조사하도록 하여야 하고, 조사 과정에서 피해자의 인격이나 명예가 손상되거나 사적인 비밀이 침해되지 않도록 하여야 한다.

정답 ②

022 「경찰 감찰 규칙」에 관한 설명으로 가장 적절하지 않은 것은? 16승진

① 직무와 관련한 금품 및 향응 수수, 공금횡령·유용, 「성폭력범죄의 처벌 및 피해자보호 등에 관한 법률」에 따른 성폭력 범죄로 징계처분을 받은 사람은 말소기간의 경과 여부에 상관없이 감찰관이 될 수 없다.
② 감찰관은 직무수행에 있어서 조사를 위한 출석, 질문에 대한 답변 및 진술서 제출, 증거품 및 자료 제출, 현지조사의 협조 등을 요구할 수 있으며, 경찰공무원 등은 정당한 사유가 없는 한 그 요구에 응하여야 한다.
③ 감찰관은 반드시 소속 경찰기관의 관할구역 안에서만 활동하여야 한다.
④ 경찰기관장은 1년 이상 성실히 근무한 감찰관에 대해서는 희망부서를 고려하여 전보한다.

해설
③ 감찰관은 소속 경찰기관의 관할구역 안에서 활동하여야 한다. 다만, **상급 경찰기관의 장의 지시가 있는 경우에는 관할구역 밖에서도 활동할 수 있다.**

정답 ③

023 「경찰 감찰 규칙」에 관한 설명으로 가장 적절하지 않은 것은? 16승진, 18승진유사

① 감찰관은 소속공무원의 의무위반사실에 대한 민원을 접수하였을 때는 접수일로부터 3개월 이내에 신속히 처리하여야 하며 그 기간을 연장할 수 없다.
② 감찰관은 직무수행에 있어서 조사를 위한 출석, 질문에 대한 답변 및 진술서 제출, 증거품 및 자료 제출, 현지조사의 협조 등을 요구할 수 있으며, 경찰공무원 등은 정당한 사유가 없는 한 그 요구에 응하여야 한다.
③ 감찰관은 원칙적으로 감찰조사를 위해서 조사대상자의 출석을 요구할 때에는 조사기일 3일 전까지 출석요구서 또는 구두로 조사일시, 의무위반행위사실 요지 등을 통지하여야 한다.
④ 감찰관은 원칙적으로 심야(자정부터 오전 6시까지)에 조사하는 것은 금지되나, 조사대상자 또는 그 변호인의 별지 서식에 의한 심야조사 요청이 있는 경우에는 예외적으로 심야조사를 할 수 있다.

해설
① 감찰관은 소속공무원의 의무위반사실에 대한 민원을 접수한 경우 접수일로부터 **2개월 내에** 신속히 처리하여야 한다. 다만, 부득이한 사유로 민원을 기한 내에 처리할 수 없을 때에는 소속 경찰기관의 감찰부서장에게 보고하여 그 **처리 기간을 연장할 수 있다.**

정답 ①

024 「경찰 감찰 규칙」에 대한 설명으로 가장 적절하지 않은 것은? 17승진변형

① 경찰기관장은 1년 이상 성실히 근무한 감찰관에 대해서는 희망부서를 고려하여 전보한다.
② 경찰기관의 장은 상급 경찰기관의 장의 지시에 따라 소속 감찰관으로 하여금 상시적으로 다른 경찰기관 소속 직원의 복무실태, 업무추진 실태 등을 점검하게 할 수 있다.
③ 감찰관은 다른 경찰기관 또는 검찰, 감사원 등 다른 행정기관으로부터 통보받은 소속공무원의 의무위반행위에 대해서는 통보받은 날로부터 1개월 이내에 신속히 처리하여야 한다.
④ 감찰관은 심야(자정부터 오전 6시까지를 말한다)에 조사를 하여서는 아니 된다. 다만, 조사대상자 또는 그 변호인의 별지 서식에 의한 심야조사 요청이 있는 경우에는 예외적으로 심야조사를 할 수 있다.

> **해설**
> ② 경찰기관의 장은 상급 경찰기관의 장의 지시에 따라 소속 감찰관으로 하여금 **일정기간 동안** 다른 경찰기관 소속 직원의 복무실태, 업무추진 실태 등을 점검하게 할 수 있다.
>
> 정답 ②

025 「경찰 감찰 규칙」에 의한 감찰활동에 대한 설명으로 가장 적절하지 않은 것은? 19승진변형

① 경찰기관의 장은 상급 경찰기관의 장의 지시에 따라 소속 감찰관으로 하여금 일정기간 동안 다른 경찰기관 소속 직원의 복무실태, 업무추진 실태 등을 점검하게 할 수 있다.
② 감찰관은 감찰조사를 위해서 의무위반행위와 관련된 경찰공무원 등의 출석을 요구할 때에는 조사기일 3일 전까지 출석요구서 또는 구두로 조사일시, 의무위반행위사실 요지 등을 통지하여야 한다. 다만, 사안이 급박한 경우 또는 조사대상자의 요청이 있는 경우에는 즉시 조사에 착수할 수 있다.
③ 감찰관은 소속공무원의 의무위반행위에 관한 단서(현장인지, 진정·탄원 등을 포함한다)를 수집·접수한 경우 소속 경찰기관의 감찰부서장에게 보고하여야 한다. 감찰부서장은 보고를 받은 경우 감찰 대상으로서의 적정성을 검토한 후 감찰활동 착수 여부를 결정하여야 한다.
④ 감찰관은 검찰·경찰, 그 밖의 수사기관으로부터 수사개시 통보를 받은 경우에는 해당 기관으로부터 수사결과의 통보를 받을 때까지 감찰조사, 징계의결요구 등의 절차를 진행해서는 아니 된다.

> **해설**
> ④ 감찰관은 검찰·경찰, 그 밖의 수사기관으로부터 수사개시 통보를 받은 경우에는 징계의결요구권자의 결재를 받아 해당 기관으로부터 수사결과의 통보를 받을 때까지 감찰조사, 징계의결요구 등의 절차를 **진행하지 아니 할 수 있다.**
>
> 정답 ④

026 「경찰청 감사 규칙」상 감사결과의 조치기준과 그 내용을 연결한 것으로 가장 적절한 것은? 18승진

① 개선 요구 - 감사결과 문제점이 인정되는 사실이 있어 그 대안을 제시하고 감사대상기관의 장 등으로 하여금 개선방안을 마련하도록 할 필요가 있는 경우
② 권고 - 감사결과 법령상·제도상 또는 행정상 모순이 있거나 그 밖에 개선할 사항이 있다고 인정되는 경우
③ 변상명령 - 감사결과 위법 또는 부당하다고 인정되는 사실이 있어 추징·회수·환급·추급 또는 원상복구 등이 필요하다고 인정되는 경우
④ 통보 - 감사결과 비위 사실이나 위법 또는 부당하다고 인정되는 사실이 있으나 징계 또는 문책 요구, 시정요구, 경고·주의, 개선 요구, 권고를 하기에 부적합하여 감사대상기관 또는 부서에서 자율적으로 처리할 필요가 있다고 인정되는 경우

> **해설**
>
> ① 권고 ② 개선 요구 ③ 시정 요구 ④ ○
>
> 제4조(감사의 종류와 주기) ① 감사의 종류는 <u>종합감사, 특정감사, 재무감사, 성과감사, 복무감사, 일상감사</u>로 구분한다.(복종특성/재일)
> ② <u>종합감사의 주기는 1년에서 3년까지 하되</u> 치안수요 등을 고려하여 조정 실시한다. 다만, <u>직전 또는 당해연도에 감사원 등 다른 감사기관이 감사를 실시한</u>(실시 예정인 경우를 포함한다) 감사대상기관에 대해서는 감사의 일부 또는 전부를 실시하지 아니할 수 있다.
> ③ 일상감사의 대상·기준 및 절차 등에 관한 세부사항은 경찰청장이 따로 정한다.
> 제5조(감사계획의 수립) ① <u>경찰청 감사관</u>은 감사계획 수립에 필요한 경우 <u>시·도자치경찰위원회 및 시·도경찰청장과 감사일정을 협의하여야 한다.</u>
> ② 감사관은 <u>매년 2월말까지</u> 연간 감사계획을 수립하여 감사대상기관에 통보한다.
> 제6조(감사단의 편성) ① 감사관은 감사목적을 달성하고 감사성과를 확보할 수 있도록 감사담당자의 전문지식 및 실무경험 등을 고려하여 감사단을 편성할 수 있고 개인별 감사사무분장을 정하여야 한다.
> ② 감사관은 제1항에 따라 감사단을 편성하고자 할 때에는 감사담당자 중에서 <u>감사단장을 지정하여 감사단을 지휘·감독하도록 하여야 한다.</u>
> ③ 감사관은 전문지식 또는 실무경험이 필요하다고 인정되는 업무에 대한 감사를 할 경우에는 <u>업무담당자나 외부전문가를 감사에 참여시킬 수 있다.</u>
> 제8조(감사담당자의 우대) <u>경찰청장</u>은 관계 법령에서 정하는 범위 내에서 <u>감사담당자에 대하여</u> 근무성적평정, 전보·수당 등의 <u>우대방안을 적극 추진하도록 노력하여야 한다.</u>
> 제9조(감사의 절차) 감사는 다음 각 호의 순서로 진행함을 원칙으로 하되 감사관 또는 감사단장이 감사의 종류 및 현지실정에 따라 조정할 수 있다.
> 　1. <u>감사개요 통보</u> : 감사관 또는 감사단장은 감사대상기관의 장에게 감사계획의 개요를 통보한다.
> 　2. <u>감사의 실시</u> : 감사담당자는 개인별 감사사무분장에 따라 감사를 실시한다.
> 　3. <u>감사의 종결</u> : 감사관 또는 감사단장은 감사기간 내에 감사를 종결하여야 한다. 다만, 감사목적의 달성을 위하여 필요한 경우 감사기간을 연장할 수 있다.
> 　4. <u>감사결과의 설명</u> : 감사관 또는 감사단장은 감사의 목적을 달성하기 위하여 필요한 경우 감사대상기관 또는 부서를 대상으로 주요 감사결과를 설명하고 이에 대한 의견을 들을 수 있다.

> 제10조(감사결과의 처리기준 등) 감사관은 감사결과를 다음 각 호의 <u>기준에 따라 처리하여야 한다.</u>
> (시원시추/경경/권고안/통자)
> 1. <u>징계 또는 문책 요구</u> : 국가공무원법과 그 밖의 법령에 규정된 징계 또는 문책 사유에 해당하거나 정당한 사유 없이 자체감사를 거부하거나 자료의 제출을 게을리한 경우
> 2. <u>시정 요구</u> : 감사결과 위법 또는 부당하다고 인정되는 사실이 있어 <u>추징·회수·환급·추급 또는 원상복구</u> 등이 필요하다고 인정되는 경우
> 3. <u>경고·주의 요구</u> : 감사결과 위법 또는 부당하다고 인정되는 사실이 있으나 그 정도가 징계 또는 문책사유에 이르지 아니할 정도로 <u>경미</u>하거나, 감사대상기관 또는 부서에 대한 제재가 필요한 경우
> 4. <u>개선 요구</u> : 감사결과 법령상·제도상 또는 행정상 모순이 있거나 그 밖에 개선할 사항이 있다고 인정되는 경우
> 5. <u>권고</u> : 감사결과 문제점이 인정되는 사실이 있어 그 <u>대안</u>을 제시하고 감사대상기관의 장 등으로 하여금 <u>개선방안</u>을 마련하도록 할 필요가 있는 경우
> 6. <u>통보</u> : 감사결과 비위 사실이나 위법 또는 부당하다고 인정되는 사실이 있으나 제1호부터 제5호까지의 요구를 하기에 부적합하여 감사대상기관 또는 부서에서 <u>자율적으로 처리</u>할 필요가 있다고 인정되는 경우
> 7. <u>변상명령</u> : 「회계관계직원 등의 책임에 관한 법률」이 정하는 바에 따라 변상책임이 있는 경우
> 8. <u>고발</u> : 감사결과 범죄 혐의가 있다고 인정되는 경우
> 9. <u>현지조치</u> : 감사결과 경미한 지적사항으로서 현지에서 즉시 시정·개선조치가 필요한 경우

정답 ④

027 감사관의 감사결과에 대한 조치기준으로서 틀린 것은? 15경간

① 감사결과 법령상·제도상 또는 행정상 모순이 있거나 그 밖에 개선할 사항이 있다고 인정되는 경우 개선 요구를 하여야 한다.
② 감사결과 위법 또는 부당하다고 인정되는 사실이 있으나 그 정도가 징계 또는 문책사유에 이르지 아니할 정도로 경미하거나, 감사대상기관 또는 부서에 대한 제재가 필요한 경우에 경고·주의 요구를 하여야 한다.
③ 감사결과 문제점이 인정되는 사실이 있어 그 대안을 제시하고 감사대상기관의 장 등으로 하여금 개선방안을 마련하도록 할 필요가 있는 경우에 권고를 하여야 한다.
④ 감사결과 위법 또는 부당하다고 인정되는 사실이 있어 추징·회수·환급·추급 또는 원상복구 등이 필요하다고 인정되는 경우 징계 또는 문책 요구를 하여야 한다.

해설

④ 감사결과 위법 또는 부당하다고 인정되는 사실이 있어 추징·회수·환급·추급 또는 원상복구 등이 필요하다고 인정되는 경우 **시정 요구**를 하여야 한다.

정답 ④

028 「경찰청 감사 규칙」상 감사결과의 처리기준에 관한 설명 중 옳은 것은 모두 몇 개인가? 22순경1차

⊙ 변상명령 : 감사결과 경미한 지적사항으로서 현지에서 즉시 시정 개선조치가 필요한 경우
⊙ 경고·주의 요구 : 감사결과 위법 또는 부당하다고 인정되는 사실이 있으나 그 정도가 징계 또는 문책사유에 이르지 아니할 정도로 경미하거나, 감사대상기관 또는 부서에 대한 제재가 필요한 경우
⊙ 시정 요구 : 감사결과 법령상 제도상 또는 행정상 모순이 있거나 그 밖에 개선할 사항이 있다고 인정되는 경우
⊙ 개선 요구 : 감사결과 문제점이 인정되는 사실이 있어 그 대안을 제시하고 감사대상기관의 장 등으로 하여금 개선방안을 마련하도록 할 필요가 있는 경우

① 0개 ② 1개 ③ 2개 ④ 3개

해설

⊙ <u>현지조치</u>에 대한 설명이다.
⊙ ○
⊙ <u>개선요구</u>에 대한 설명이다.
⊙ <u>권고</u>에 대한 설명이다.

정답 ②

---

029 「경찰청 감사 규칙」상 감사결과의 조치기준에 대한 설명으로 옳은 것을 모두 고른 것은? 20승진

⊙ 시정 요구 - 감사결과 법령상·제도상 또는 행정상 모순이 있거나 그 밖에 개선할 사항이 있다고 인정되는 경우
⊙ 권고 - 감사결과 문제점이 인정되는 사실이 있어 그 대안을 제시하고 감사대상기관의 장 등으로 하여금 개선방안을 마련하도록 할 필요가 있는 경우
⊙ 징계 또는 문책 요구 - 국가공무원법과 그 밖의 법령에 규정된 징계 또는 문책 사유에 해당하거나 정당한 사유 없이 자체감사를 거부하거나 자료의 제출을 게을리한 경우
⊙ 변상명령 - 감사결과 위법 또는 부당하다고 인정되는 사실이 있어 추징·회수·환급·추급 또는 원상복구 등이 필요하다고 인정되는 경우

① ㉠, ㉡ ② ㉡, ㉢ ③ ㉠, ㉢ ④ ㉢, ㉣

해설

⊙ <u>개선 요구</u> - 감사결과 법령상·제도상 또는 행정상 모순이 있거나 그 밖에 개선할 사항이 있다고 인정되는 경우
⊙ <u>시정 요구</u> - 감사결과 위법 또는 부당하다고 인정되는 사실이 있어 추징·회수·환급·추급 또는 원상복구 등이 필요하다고 인정되는 경우

정답 ②

030 「부패방지 및 국민권익위원회의 설치와 운영에 관한 법률」에 대한 설명으로 옳지 않은 것은? 20경간

① 국민권익위원회에 신고가 접수된 당해 부패행위의 혐의대상자가 경무관급 이상의 경찰공무원으로서, 부패혐의의 내용이 형사처벌을 위한 수사 및 공소제기의 필요성이 있는 경우에는 위원회의 명의로 검찰, 수사처, 경찰 등 관할 수사기관에 고발할 수 있다.
② 조사기관은 신고를 이첩받은 날부터 60일 이내에 감사·수사 또는 조사를 종결하여야 한다. 다만, 정당한 사유가 있는 경우에는 그 기간을 연장할 수 있으며, 위원회에 그 연장사유 및 연장기간을 통보하여야 한다.
③ 신고를 하려는 자는 본인의 인적사항과 신고취지 및 이유를 기재한 기명의 문서로써 하여야 하며, 신고대상과 부패행위의 증거 등을 함께 제시하여야 한다.
④ 신고자가 신고의 내용이 허위라는 사실을 알았거나 알 수 있었음에도 불구하고 신고한 경우에는 「부패방지 및 국민권익위원회의 설치와 운영에 관한 법률」의 보호를 받을 수 없다.

해설

① 위원회에 신고가 접수된 당해 부패행위의 혐의대상자가 다음 각 호(3호 - 경무관급 이상의 경찰공무원)에 해당하는 고위공직자로서 부패혐의의 내용이 형사처벌을 위한 수사 및 공소제기의 필요성이 있는 경우에는 위원회의 명의로 검찰, 수사처, 경찰 등 관할 수사기관에 고발을 하여야 한다.

③

제58조(신고의 방법) 신고를 하려는 자는 본인의 인적사항과 신고취지 및 이유를 기재한 기명의 문서로써 하여야 하며, 신고대상과 부패행위의 증거 등을 함께 제시하여야 한다.
제58조의2(비실명 대리신고) ① 제58조에도 불구하고 신고자는 자신의 인적사항을 밝히지 아니하고 변호사를 선임하여 신고를 대리하게 할 수 있다. 이 경우 제58조에 따른 신고자의 인적사항 및 기명의 문서는 변호사의 인적사항 및 변호사 이름의 문서로 갈음한다.
② 제1항에 따른 신고는 위원회에 하여야 하며, 신고자 또는 신고자를 대리하는 변호사는 그 취지를 밝히고 신고자의 인적사항, 신고자임을 입증할 수 있는 자료 및 위임장을 위원회에 함께 제출하여야 한다.
③ 위원회는 제2항에 따라 제출된 자료를 봉인하여 보관하여야 하며, 신고자 본인의 동의 없이 이를 열람하여서는 아니 된다.

정답 ①

031 경찰통제에 관한 설명 중 가장 적절하지 않은 것은? 22순경1차

① 국회는 입법권과 예산심의권을 통해 경찰을 사전 통제할 수 있다.
② 부패방지 및 국민권익위원회의 설치와 운영에 관한 법률 및 동법 시행령에 따르면, 18세 이상의 국민은 경찰 등 공공기관의 사무처리가 법령위반 또는 부패행위로 인하여 공익을 현저히 해하는 경우, 100명 이상의 국민의 연서로 감사원에 감사를 청구할 수 있다.
③ 상급자의 하급자에 대한 직무명령권은 내부적 통제의 일환이다.
④ 경찰의 위법한 처분에 대한 행정소송제도는 사법통제로서 외부적 통제 장치이다.

> **해설**
>
> ② 18세 이상의 국민은 공공기관의 사무처리가 법령위반 또는 부패행위로 인하여 공익을 현저히 해하는 경우 **대통령령으로 정하는 일정한 수(300명) 이상의** 국민의 연서로 감사원에 감사를 청구할 수 있다. 다만, 국회·법원·헌법재판소·선거관리위원회 또는 감사원의 사무에 대하여는 국회의장·대법원장·헌법재판소장·중앙선거관리위원회 위원장 또는 감사원장에게 감사를 청구하여야 한다(부패방지 및 국민권익위원회의 설치와 운영에 관한 법률 제72조 제1항).
>
> **정답** ②

제3절 인권보장과 경찰통제

032 경찰 인권시책의 흐름(1970년대 이전부터 1990년대까지)을 시대순으로 옳게 나열한 것은? 12승진

㉠ 인권보다 검거율 제고 우선
㉡ 인권구호는 등장하나, 구체적인 인권시책 미흡
㉢ 인권보다 사회안정 우선
㉣ 국민의 인권의식 향상에 비해 인권경찰 만족도 미흡

① ㉠, ㉡, ㉢, ㉣ ② ㉠, ㉢, ㉡, ㉣
③ ㉢, ㉠, ㉡, ㉣ ④ ㉢, ㉡, ㉠, ㉣

해설

(1) 70년대 이전 : 인권보다 검거율 제고 우선 {678910/검(시)미안미패}
(2) 70년대 : 인권구호는 등장하나, 구체적인 인권시책 미흡
(3) 80년대 : 인권보다 사회안정 우선
(4) 90년대 : 국민의 인권의식 향상에 비해 인권경찰 만족도 미흡
(5) 2000년대 : 직무패러다임의 인권중심으로 전환 시급

정답 ①

---

033 인권의 개념에 대한 설명 중 가장 적절하지 않은 것은? 13승진

① 인권의 개념은 자연법과 사회계약론에 기원을 두고 있는 것으로, 사람이기 때문에 당연히 가지는 권리를 말한다.
② 기본적 인권은 박탈할 수도 없고, 양도할 수도 없는, 인간이 인간답게 생존할 수 있는 기본적 권리를 뜻하는 것으로서 이를 천부인권사상이라고 한다.
③ '인권'은 헌법이 보장하는 국민의 기본적 권리를 의미하고, '기본권'은 인간의 생래적·천부적 권리, 즉 자연권을 의미한다.
④ 국가인권위원회법 제2조(정의)에 의하면, '인권'이라 함은 헌법 및 법률에서 보장하거나 대한민국이 가입·비준한 국제인권조약 및 국제관습법에서 인정하는 인간으로서의 존엄과 가치 및 자유와 권리를 말한다.

해설

③ **기본권**은 헌법이 보장하는 국민의 기본적 권리를 의미하고, **인권**은 인간의 생래적·천부적 권리, 즉 자연권을 의미한다.

정답 ③

034 경찰활동의 인권지향성을 제고하기 위한 제도적 수단들로 옳은 것은?   21경간

① 「국가재정법」에 따라 경찰은 예산을 편성할 때 예산이 인권에 미친 영향을 평가하는 보고서를 작성하여야 한다.
② 「국가경찰과 자치경찰의 조직 및 운영에 관한 법률」에 따라 '국가경찰사무에 관한 인권보호와 관련되는 경찰의 운영·개선에 관한 사항'은 국가경찰위원회의 심의·의결을 거칠 수 있다.
③ 「경찰 인권보호 규칙」에 따라 경찰청장은 인권침해를 예방하고 인권친화적인 치안 행정이 구현되도록 소정의 사항에 대하여 인권영향평가를 실시하여야 한다.
④ 「국가인권위원회법」에 따라 국가인권위원회는 인권의 보호와 향상을 위하여 필요하다고 인정하면 경찰정책과 관행을 개선 또는 시정할 수 있다.

> **해설**
> ① 정부 전체에 적용되는 인권영향평가제도를 규정하고 있는 법률은 존재하지 아니한다. 경찰의 인권영향평가제도는 경찰청훈령인 '경찰 인권보호 규칙'에 근거해 실시하고 있다.
> ② 「국가경찰과 자치경찰의 조직 및 운영에 관한 법률」에 따라 '국가경찰사무에 관한 인권보호와 관련되는 경찰의 운영·개선에 관한 사항'은 국가경찰위원회의 심의·의결을 거쳐야 한다.
> ③ O
> ④ 위원회는 인권의 보호와 향상을 위하여 필요하다고 인정하면 관계기관등에 정책과 관행의 개선 또는 시정을 권고하거나 의견을 표명할 수 있다.(국가인권위원회법 제25조①)
>
> **정답** ③

035 「경찰 인권보호 규칙」(경찰청 훈령)에 대한 설명으로 가장 적절하지 않은 것은?   21승진

① 인권보호담당관은 반기 1회 이상 인권영향평가의 이행 여부를 점검하고, 이를 경찰청 인권위원회에 제출하여야 한다.
② 경찰청장은 경찰관등이 근무하는 동안 지속적·체계적으로 교육을 받을 수 있도록 매년 인권교육종합계획을 수립·시행하여야 한다.
③ 조사담당자는 사건을 조사하는 과정에서 동일한 사건에 대하여 경찰·검찰 등의 수사가 시작된 경우에는 사건 조사를 즉시 중단하고 종결하거나 해당 기관에 이첩할 수 있다. 다만, 확인된 인권침해 사실에 대한 구제 절차는 계속하여 이행할 수 있다.
④ 조사담당자는 제출자가 보관 중인 물건의 반환을 요구하는 경우에는 반환하여야 하며, 사건이 종결되어 더 이상 보관할 필요가 없는 경우에는 제출자가 요구하지 않더라도 반환할 수 있다.

> **해설**
> ② 경찰청장은 경찰관등이 근무하는 동안 지속적·체계적으로 교육을 받을 수 있도록 3년 단위로 인권교육종합계획을 수립하여 시행하여야 한다.(제18조①)
>
> **정답** ②

036 「경찰 인권보호 규칙」에 대한 설명 중 가장 적절한 것은?

보충문제

① "인권침해"란 경찰관등이 직무를 수행하는 과정에서 모든 사람에게 보장된 인권을 침해하는 것을 말한다. 여기에서 "경찰관등"이란 경찰청과 그 소속기관의 경찰공무원(의무경찰은 제외), 일반직공무원, 무기계약근로자 및 기간제근로자를 의미한다.
② 경찰청장은 인권침해를 예방하고, 인권친화적인 치안 행정이 구현되도록 "제·개정하려는 법령 및 행정규칙", "국민의 인권에 영향을 미치는 정책 및 계획", "참가인원, 내용, 동원 경력의 규모, 배치 장비 등을 고려하여 인권침해 가능성이 높다고 판단되는 집회 및 시위" 등 사항에 대하여 인권영향평가를 실시할 수 있다.
③ 사전에 청문, 공청회 등 의견 청취 절차를 거친 정책 및 계획의 경우에는 인권영향평가의 대상에서 제외한다.
④ "제·개정하려는 법령 및 행정규칙"의 경우에는 해당 안건을 국가경찰위원회에 상정하기 30일 이전에 인권영향평가를 실시하여야 한다.

해설

① "인권침해"란 경찰관등이 직무를 수행하는 과정에서 모든 사람에게 보장된 인권을 침해하는 것을 말한다. 여기에서 "경찰관등"이란 경찰청과 그 소속기관의 **경찰공무원**, 일반직공무원, 무기계약근로자 및 기간제근로자로, <u>의무경찰을 의미한다</u>.
② 경찰청장은 인권침해를 예방하고, 인권친화적인 치안 행정이 구현되도록 "제·개정하려는 법령 및 행정규칙", "국민의 인권에 영향을 미치는 정책 및 계획", "참가인원, 내용, 동원 경력의 규모, 배치 장비 등을 고려하여 인권침해 가능성이 높다고 판단되는 집회 및 시위" 등 사항에 대하여 **인권영향평가를 실시하여야 한다**.
③ ○
④ "제·개정하려는 법령 및 행정규칙"의 경우에는 해당 안건을 국가경찰위원회에 상정하기 **60일 이전에** 인권영향평가를 실시하여야 한다.

경찰 인권보호 규칙
제21조(인권영향평가의 실시) ① **경찰청장은** 인권침해를 예방하고, 인권친화적인 치안 행정이 구현되도록 다음 각 호의 사항에 대하여 **인권영향평가를 실시하여야 한다**.
　1. 제·개정하려는 법령 및 행정규칙
　2. 국민의 인권에 영향을 미치는 정책 및 계획
　3. 참가인원, 내용, 동원 경력의 규모, 배치 장비 등을 고려하여 인권침해 가능성이 높다고 판단되는 집회 및 시위
② 제1항에도 불구하고 다음 각 호의 어느 하나에 해당하는 경우 평가 대상에서 제외한다.
　1. 제·개정하려는 법령 및 행정규칙의 내용이 경미한 경우
　2. 사전에 청문, 공청회 등 의견 청취 절차를 거친 정책 및 계획
제23조(평가 절차) ① **경찰청장은** 다음 각 호의 구분에 따른 **기한 내에 인권영향평가를 실시하여야 한다**. (법정집/6전3)
　1. 제21조 제1항 제1호(**법령·규칙**) : 해당 안건을 **경찰위원회에 상정하기 60일 이전**
　2. 제21조 제1항 제2호(**정책·계획**) : 해당 사안이 **확정되기 이전**
　3. 제21조 제1항 제3호(**집회·시위**) : 집회 및 시위 **종료일로부터 30일 이전**
② 제1항에도 불구하고 제1항 각 호의 기한에 평가를 실시할 수 없는 부득이한 사유가 발생한 경우에는 기한에 관계없이 평가를 실시할 수 있다.

③ 경찰청장은 인권영향평가를 실시하는 경우에 경찰청 인권위원회에 자문 할 수 있다.
④ 경찰청장은 제3항에 따라 경찰청 인권위원회가 제시한 의견을 존중하여야 한다.

정답 ③

037 「경찰 인권보호 규칙」에 대한 설명으로 옳지 않은 것은?
19순경1차

① 경찰청 인권위원회는 위원장 1명을 포함하여 7명 이상 13명 이하의 위원으로 구성한다. 이때, 특정 성별이 전체 위원 수의 10분의 6을 초과하지 아니해야 한다.
② 위원장과 위촉 위원의 임기는 위촉된 날로부터 2년으로 하며 위촉 위원은 두 차례만 연임할 수 있다.
③ 경찰청장은 매년 인권교육종합계획을 수립하여 시행하여야 한다.
④ 경찰관서의 장은 경찰청 인권교육종합계획의 내용을 반영하여 매년 인권교육 계획을 수립·시행하여야 한다.

해설

③ 경찰청장은 경찰관등이 근무하는 동안 지속적·체계적으로 교육을 받을 수 있도록 <u>3년 단위로</u> 인권교육종합계획을 수립하여 시행하여야 한다.(제18조①)

정답 ③

038 인권과 관련한 다음 설명 중 가장 적절하지 않은 것은?
22승진

① 경찰관 인권행동강령상 경찰관은 직무를 수행하는 과정에서 합리적인 이유 없이 성별, 종교, 장애 등을 이유로 누구도 차별하여서는 아니 되고, 신체적 정신적 경제적 문화적인 차이 등으로 특별한 보호가 필요한 사람의 인권을 보호하여야 한다.
② 경찰 인권보호 규칙상 인권보호담당관은 분기 1회 이상 인권영향평가의 이행 여부를 점검하고, 이를 경찰청 인권위원회에 제출하여야 한다.
③ 참가인원, 내용, 동원 경력의 규모, 배치 장비 등을 고려하여 인권침해 가능성이 높다고 판단되는 집회 및 시위의 경우는 경찰 인권보호 규칙상 인권영향평가 실시 대상에 해당한다.
④ 경찰 인권보호 규칙상 인권침해사건 조사절차에서 사건이 종결되어 더 이상 물건을 보관할 필요가 없는 경우, 조사담당자는 사건 조사 과정에서 진정인이 임의로 제출한 물건을 제출자가 요구하지 않더라도 반환할 수 있다.

해설

② 인권보호담당관은 <u>반기 1회 이상</u> 인권영향평가의 이행 여부를 점검하고, 이를 경찰청 인권위원회에 제출하여야 한다.(<u>평가반</u>)(경찰 인권보호 규칙 제24조)

정답 ②

039 「경찰 인권보호 규칙」상의 경찰청 및 시·도경찰청 인권위원회에 대한 설명 중 가장 적절하지 <u>않은</u> 것은?

20경채

① 경찰활동 전반에 걸친 민주적 통제를 구현하여 경찰력 오·남용을 예방하기 위해 경찰청과 시·도경찰청에 인권보호와 관련한 정책 심의의결기구로서 각각 경찰청 인권위원회, 시·도경찰청 인권위원회를 두고 있다.
② 경찰청 및 시·도경찰청 인권위원회는 위원장 1명을 포함하여 7명 이상 13명 이하의 위원으로 구성한다.
③ 위원장과 위촉 위원의 임기는 위촉된 날로부터 2년으로 하며 위원장의 직은 연임할 수 없고, 위촉 위원에 결원이 생긴 경우로 위촉할 수 있으며, 이 경우 새로 위촉된 위원의 임기는 위촉된 날부터 기산한다.
④ 경찰청장은 경찰관 등이 근무하는 동안 지속적·체계적으로 교육을 받을 수 있도록 3년 단위로 인권교육종합계획을 수립하여 시행하여야 한다.

> **해설**
> ① <u>의결기구가 아니라 자문기관</u>이다. ※ 경찰 활동 전반에 걸친 민주적 통제를 구현하여 경찰력 오·남용을 예방하고, 경찰행정의 인권지향성을 높여 인권을 존중하는 경찰 활동을 정립하기 위해 **경찰청장 및 시·도경찰청장의 자문기구**로서 각각 경찰청 인권위원회, 시·도경찰청 인권위원회(이하 "위원회"라 한다)를 설치하여 운영한다.(제3조)
>
> **정답** ①

---

040 「경찰 인권보호 규칙」에 관한 설명 중 가장 적절하지 <u>않은</u> 것은?

22순경1차

① '인권침해'란 경찰관등이 직무를 수행하는 과정에서 모든 사람에게 보장된 인권을 침해하는 것을 말한다.
② 경찰 활동 전반에 걸친 민주적 통제를 구현하여 경찰력 오 남용을 예방하고, 경찰 행정의 인권지향성을 높여 인권을 존중하는 경찰 활동을 정립하기 위해 시·도경찰청장 및 경찰서의 심의의결기구로서 각각 시·도경찰청 인권위원회, 경찰서 인권위원회를 설치하여 운영한다.
③ 경찰청장은 경찰관등이 근무하는 동안 지속적 체계적으로 교육을 받을 수 있도록 3년 단위로 인권교육종합계획을 수립하여 시행하여야 한다.
④ 인권보호담당관은 인권침해를 예방하고 제도를 개선하기 위해 연 1회 이상 인권 관련 정책 이행 실태, 인권교육 추진 현황, 경찰청과 소속기관의 청사 및 부속 시설 전반의 인권침해적 요소의 존재 여부를 진단하여야 한다.

> **해설**
> ② 경찰 활동 전반에 걸친 민주적 통제를 구현하여 경찰력 오·남용을 예방하고, 경찰 행정의 인권지향성을 높여 인권을 존중하는 경찰 활동을 정립하기 위해 경찰청장 및 시·도경찰청장의 **자문기구**로서 각각 경찰청 인권위원회, 시·도경찰청 인권위원회를 설치하여 운영한다(경찰 인권보호 규칙 제3조).
>
> **정답** ②

041 「경찰 인권보호 규칙」상 경찰청 및 시·도경찰청 인권위원회에 대한 설명으로 가장 적절한 것은?

18순경3차

① 위원회는 위원장 1명을 포함하여 7명 이상 15명 이하의 위원으로 구성한다. 이때, 특정 성별이 전체 위원 수의 10분의 6을 초과하지 아니해야 한다.
② 위원회의 회의는 정기회의와 임시회의로 구분하며, 정기회의는 경찰청은 분기 1회, 시·도경찰청은 월 1회 개최한다.
③ 위원장과 위촉 위원의 임기는 위촉된 날로부터 2년으로 하며 위원장의 직은 연임할 수 없고, 위촉 위원은 두 차례만 연임할 수 있다.
④ 위촉 위원에 결원이 생긴 경우 새로 위촉할 수 있고, 이 경우 위촉된 위원의 임기는 위촉된 날의 다음날부터 기산한다.

해설

① 위원회는 위원장 1명을 포함하여 **7명 이상 13명 이하의** 위원으로 구성한다(제5조①).
② 정기회의는 **경찰청은 월 1회**, **시·도경찰청은 분기 1회** 개최한다(제11조②).
③ ○
④ 위촉된 위원의 임기는 **위촉된 날부터 기산한다**(제7조②).

정답 ③

---

042 「경찰 인권보호 규칙」에 대한 설명 중 가장 적절하지 않은 것은?

22경간

① "경찰관등"이란 경찰청과 그 소속기관의 경찰공무원, 일반직공무원, 무기계약근로자 및 기간제근로자, 의무경찰을 의미한다.
② 경찰 활동 전반에 걸친 민주적 통제를 구현하여 경찰력 오·남용을 예방하고, 경찰 행정의 인권지향성을 높여 인권을 존중하는 경찰활동을 정립하기 위해 인권문제에 대한 심의기구로서 각각경찰청인권위원회, 시·도경찰청 인권위원회를 설치하여 운영한다.
③ "인권침해"란 경찰관등이 직무를 수행하는 과정에서 모든 사람에게 보장된 인권을 침해하는 것을 말한다.
④ "조사담당자"란 인권침해를 내용으로 하는 진정을 조사하고 이에 따른 구제 업무 등을 수행하는 경찰청과 그 소속기관에 근무하는 공무원을 말한다.

해설

② 경찰 활동 전반에 걸친 민주적 통제를 구현하여 경찰력 오·남용을 예방하고, 경찰 행정의 인권지향성을 높여 인권을 존중하는 경찰 활동을 정립하기 위해 경찰청장 및 시·도경찰청장의 **자문기구로서** 각각 경찰청 인권위원회, 시·도경찰청 인권위원회를 설치하여 운영한다.

정답 ②

043 다음 중 「경찰 인권보호 규칙」상 경찰청 및 그 소속기관의 장이 진정을 기각할 수 있는 경우로 가장 적절한 것은?
21순경2차

① 진정인이 진정을 취소한 경우
② 사건 해결과 진상 규명에 핵심적인 중요 참고인의 소재를 알 수 없는 경우
③ 진정 내용이 사실이 아니거나 사실 여부를 확인하는 것이 불가능한 경우
④ 진정의 원인이 된 사실이 공소시효, 징계시효 및 민사상 시효 등이 모두 완성된 경우

해설

③ 각하 사유는 조사하지도 않고 짬시킬 수 있는 사유이고, 기각 사유는 조사해보니 타당성이 없어서 짬시키는 사유임 → ③번의 "사실이 아니거나 사실여부 확인 불가능한 경우"가 기각사유임. 왜냐하면, 사실인지 아닌지는 조사해봐야 알 수 있기 때문에, 조사해 본 이후에 짬시키는 기각사유임

제29조(진정의 각하) ① 경찰청 및 그 소속기관의 장은 다음 각 호의 어느 하나에 해당할 경우에는 그 진정을 각하할 수 있다.
1. 진정 내용이 인권침해에 해당하지 아니하는 것이 명백한 경우
2. 진정 내용이 명백히 사실이 아니거나 이유가 없다고 인정되는 경우
3. 피해자가 아닌 사람이 한 진정으로서 피해자가 조사를 원하지 않는다는 의사표시를 명백하게 한 경우
4. 진정의 원인이 된 사실이 공소시효, 징계시효 및 민사상 시효 등이 모두 완성된 경우
5. 진정의 원인이 된 사실에 관하여 법원이나 헌법재판소의 재판, 수사기관의 수사 또는 그 밖에 법률에 따른 권리 구제절차가 진행 중이거나 종결된 경우(기간의 경과 등 형식 요건을 제대로 갖추지 못하여 종결된 경우는 제외한다)
6. 진정이 익명(匿名)이나 가명(假名)으로 제출된 경우
7. 진정인이 진정을 취소한 경우
8. 기각 또는 각하된 진정과 동일한 내용으로 다시 진정한 경우
9. 진정 내용이 추상적이거나 관계자를 근거 없이 비방하는 등 업무를 방해할 의도로 진정한 것으로 판단되는 경우
10. 진정의 취지가 그 진정의 원인이 된 사실에 관한 법원의 확정 판결이나 헌법재판소의 결정에 반대되는 경우
11. 국가인권위원회에서 진정서의 내용과 같은 사실을 이미 조사 중이거나 조사한 사실이 확인된 경우(진정인의 진정 취소를 이유로 각하 처리된 사건은 제외한다)

제37조(진정의 기각) 경찰청 및 그 소속기관의 장은 진정 내용을 조사한 결과 다음 각 호의 어느 하나에 해당하는 경우에는 그 진정을 기각할 수 있다.
1. 진정 내용이 사실이 아니거나 사실 여부를 확인하는 것이 불가능한 경우
2. 진정 내용이 이미 피해회복이 이루어지는 등 따로 구제조치가 필요하지 아니하다고 인정되는 경우
3. 진정 내용은 사실이나 인권침해에 해당하지 아니하는 경우

정답 ③

044 2020년 제정된 「경찰관 인권행동강령」에 관한 설명으로 가장 옳은 것은?   보충문제

① 경찰관은 인권을 침해하는 행위를 하도록 지시받거나 강요받았을 경우 이를 거부할 수 있다.
② 경찰관은 직무를 수행하는 과정에서 합리적인 이유 없이 성별, 종교, 장애, 병력(病歷), 나이, 사회적 신분, 국적, 민족, 인종, 정치적 견해, 성적 지향 등을 이유로 누구도 차별하여서는 아니 된다.
③ 경찰관은 범죄피해자의 명예와 사생활의 평온을 보호하고, 추가적인 피해 방지와 신체적·정신적 피해(경제적 피해는 제외)의 조속한 회복 및 권익증진을 위하여 노력하여야 한다.
④ 경찰관은 인권 의식을 함양하고 인권 친화적인 경찰 활동을 할 수 있도록 인권교육을 이수하여야 하며, 경찰서의 장은 정례적으로 소속 직원에게 인권교육을 하여야 한다.

> **해설**
>
> ① 경찰관은 인권을 침해하는 행위를 하도록 지시받거나 강요받았을 경우 **이를 거부해야 하고**, 법령에 정한 절차에 따라 이의를 제기할 수 있으며, 이를 이유로 불이익한 처우를 받지 아니한다.
> ② 경찰관은 직무를 수행하는 과정에서 합리적인 이유 없이 성별, 종교, 장애, 병력(病歷), 나이, 사회적 신분, 국적, 민족, 인종, 정치적 견해 등을 이유로 누구도 차별하여서는 아니 된다. ⇨ 제정 당시 포함여부에 대하여 논란이 있었던 **"성적 지향"은 규정하고 있지 않다.**
> ③ 경찰관은 범죄피해자의 명예와 사생활의 평온을 보호하고, 추가적인 피해 방지와 **신체적·정신적·경제적 피해의** 조속한 회복 및 권익증진을 위하여 노력하여야 한다.
> ④ ○
>
> **정답** ④

045 「개인정보 보호법」에 관한 다음 설명 중 가장 옳지 않은 것은? 18경간

① 개인정보처리자는 보유기간의 경과, 개인정보의 처리 목적 달성 등 그 개인정보가 불필요하게 되었을 때에는 지체 없이 그 개인정보를 파기하여야 한다. 다만, 다른 법령에 따라 보존하여야 하는 경우에는 그러하지 아니하다.
② 개인정보처리자는 정보주체의 동의를 받은 경우에도 정보주체의 개인정보를 제3자에게 제공(공유를 포함한다)하여서는 아니 된다.
③ 개인정보처리자는 법률에 특별한 규정이 있거나 법령상 의무를 준수하기 위하여 불가피한 경우에는 개인정보를 수집할 수 있으며 그 수집 목적의 범위에서 이용할 수 있다.
④ 개인정보를 처리하거나 처리하였던 자는 업무상 알게 된 개인정보를 누설하거나 권한 없이 다른 사람이 이용하도록 제공하는 행위를 하여서는 아니 된다.

> **해설**
> ② 개인정보처리자는 **정보주체의 동의를 받은 경우에는** 정보주체의 개인정보를 **제3자에게 제공(공유를 포함한다)할 수 있다**(제17조①).
>
> **정답** ②

MEMO

PART 02

각론

01 생활안전경찰

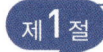 **제1절 지역경찰 업무**

001 경찰청훈령인 「지역경찰의 조직 및 운영에 관한 규칙」에 대한 다음 설명 중 가장 옳은 것은? 17경간
① "지역경찰관서"라 함은 지구대, 파출소 및 치안센터를 말한다.
② 경찰서장은 인구, 면적, 행정구역, 교통·지리적 여건, 각종 사건사고 발생 등을 고려하여 경찰서의 관할구역을 나누어 지역경찰관서를 설치한다.
③ 지역 치안수요 및 인력여건 등을 고려하여 지역경찰관서의 관리팀 및 순찰팀의 인원은 시·도경찰청장이 결정하고, 순찰팀의 수는 경찰서장이 결정한다.
④ 경찰 중요 시책의 홍보 및 협력치안 활동은 지역경찰관서장의 직무로, 관내 중요 사건 발생시 현장 지휘는 순찰팀장의 직무로 명시되어 있다.

해설
① "지역경찰관서"라 함은 <u>지구대 및 파출소</u>를 말한다.
② <u>시·도경찰청장은</u> 인구, 면적, 행정구역, 교통·지리적 여건, 각종 사건사고 발생 등을 고려하여 경찰서의 관할구역을 나누어 지역경찰관서를 설치한다.
③ <u>순찰팀의 수는 시·도경찰청장이 결정</u>하고, <u>관리팀 및 순찰팀의 인원은 경찰서장이 결정</u>한다.
④ ○

정답 ④

002 「지역경찰의 조직 및 운영에 관한 규칙」에 대한 설명으로 가장 적절하지 않은 것은? 18순경2차
① 지역경찰의 근무는 행정근무, 상황근무, 순찰근무, 경계근무, 대기근무, 기타근무로 구분한다.
② 순찰팀의 수는 지역 치안수요 및 인력여건 등을 고려하여 경찰서장이 결정한다.
③ 관리팀 및 순찰팀의 인원은 지역 치안수요 및 인력여건 등을 고려하여 경찰서장이 결정한다.
④ '관리팀원 및 순찰팀원에 대한 일일근무 지정 및 지휘·감독'은 순찰팀장의 직무로 명시되어 있다.

해설
② 순찰팀의 수는 지역 치안수요 및 인력여건 등을 고려하여 <u>시·도경찰청장이 결정</u>한다.

정답 ②

003 「지역경찰의 조직 및 운영에 관한 규칙」상 순찰팀장이 수행하는 직무 내용으로 가장 적절하지 <u>않은</u> 것은?   22경간

① 관내 중요 사건 발생시 현장 지휘
② 지역경찰관서의 시설·예산·장비의 관리
③ 근무교대시 주요 취급사항 및 장비 등의 인수인계확인
④ 관리팀원 및 순찰팀원에 대한 일일근무 지정 및 지휘·감독

해설

②는 <u>지역경찰관서장의 직무</u>이다.

▶ 지역경찰관서장과 순찰팀장의 직무

지역경찰관서장의 직무(분홍제관)	순찰팀장의 직무
1. 관내 치안상황의 <u>분</u>석 및 대책 수립	1. 근무교대시 주요 취급사항 및 장비 등 인수인계 확인
2. 지역경찰관서의 시설·예산·장비의 <u>관</u>리	2. 관리팀원 및 순찰팀원에 대한 일일근무지정 및 지휘·감독
3. 소속 지역경찰의 근무와 관련된 <u>제</u>반사항에 대한 지휘 및 감독	3. 관내 중요 사건 발생시 현장 지휘
4. 경찰 중요 시책의 <u>홍</u>보 및 협력치안 활동	4. 지역경찰관서장 부재시 업무 대행

정답 ②

004 「지역경찰의 조직 및 운영에 관한 규칙」에 대한 설명 중 옳지 <u>않은</u> 것은 모두 몇 개인가?   20경간

가. 행정근무를 지정받은 지역경찰은 각종 현황·통계·부책 관리 및 중요 사건·사고 발생시 보고·전파 업무를 수행한다.
나. 순찰팀의 수는 지역 치안수요 및 인력여건 등을 고려하여 경찰서장이 결정한다.
다. 경찰 중요 시책의 홍보 및 협력치안 활동은 지역경찰관서장의 직무로, 관내 중요 사건 발생시 현장 지휘는 순찰팀장의 직무로 명시되어 있다.
라. 경찰서장은 인구, 면적, 행정구역, 교통·지리적 여건 등을 고려하여 경찰서의 관할구역을 나누어 지역경찰관서를 설치한다.
마. '지역경찰관서'란 지구대, 파출소 및 치안센터를 말한다.

① 1개   ② 2개   ③ 3개   ④ 4개

해설

가. "중요 사건·사고 발생시 보고·전파" 업무는 <u>상황근무</u>에 해당한다.
나. 순찰팀의 수는 지역 치안수요 및 인력여건 등을 고려하여 <u>시·도경찰청장이 결정</u>한다.
라. <u>시·도경찰청장은</u> 인구, 면적, 행정구역, 교통·지리적 여건, 각종 사건사고 발생 등을 고려하여 경찰서의 관할구역을 나누어 지역경찰관서를 설치한다.
마. "지역경찰관서"란 <u>지구대 및 파출소를 말한다.</u>

정답 ④

005 다음 보기 중 「지역경찰의 조직 및 운영에 관한 규칙」상 지역경찰의 근무종류와 그 업무가 올바르게 연결된 것은?

19경간

가. 시설 및 장비의 작동여부 확인
나. 방문민원 및 각종 신고사건의 접수 및 처리
다. 주민여론 및 범죄첩보 수집
라. 비상 및 작전사태 등 발생 시 차량, 선박 등의 통행 통제

① 가-순찰근무   나-행정근무   다-상황근무   라-순찰근무
② 가-상황근무   나-상황근무   다-순찰근무   라-경계근무
③ 가-상황근무   나-행정근무   다-상황근무   라-순찰근무
④ 가-순찰근무   나-상황근무   다-순찰근무   라-경계근무

해설

가-상황근무, 나-상황근무, 다-순찰근무, 라-경계근무

▶ **지역경찰 근무의 종류** (행상순경대기)

행정근무 (문예부)	1. 문서의 접수 및 처리 2. 시설·장비의 관리 및 예산의 집행 3. 각종 현황, 통계, 자료, 부책 관리 4. 기타 행정업무 및 지역경찰관서장이 지시한 업무
상황근무 (중요신작)	1. 시설 및 장비의 작동여부 확인 2. 방문민원 및 각종 신고사건의 접수 및 처리 3. 요보호자 또는 피의자에 대한 보호·감시 4. 중요 사건·사고 발생시 보고 및 전파 5. 기타 필요한 문서의 작성
순찰근무	① 순찰근무는 그 수단에 따라 112 순찰, 방범오토바이 순찰, 자전거 순찰 및 도보 순찰 등으로 구분한다. ② 112 순찰근무 및 야간 순찰근무는 반드시 2인 이상 합동으로 지정하여야 한다. ③ 순찰근무를 지정받은 지역경찰은 지정된 근무구역에서 다음 각 호의 업무를 수행한다. 　1. 주민여론 및 범죄첩보 수집 　2. 각종 사건사고 발생시 초동조치 및 보고, 전파 　3. 범죄 예방 및 위험발생 방지 활동 　4. 경찰사범의 단속 및 검거 　5. 경찰방문 및 방범진단 　6. 통행인 및 차량에 대한 검문검색 등
경계근무	① 경계근무는 반드시 2인 이상 합동으로 지정하여야 한다. ② 경계근무를 지정받은 지역경찰은 지정된 장소에서 다음 각 호의 업무를 수행한다. 　1. 불순분자 및 범법자 등 색출을 위한 통행인 및 차량, 선박 등에 대한 검문검색 및 후속조치 　2. 비상 및 작전사태 등 발생시 차량, 선박 등의 통행 통제

대기근무	1. 대기근무의 장소는 지역경찰관서 및 치안센터 내로 한다. 단, 식사시간을 대기 근무로 지정한 경우에는 식사 장소를 대기 근무 장소로 지정할 수 있다. ※ 지역경찰관리자는 신고출동태세 유지 등을 위해 필요한 경우에는 <u>휴게 및 식사시간도 대기 근무로 지정할 수 있다.</u> 2. 대기근무를 지정받은 지역경찰은 지정된 장소에서 휴식을 취하되, 무전기를 청취하며 <u>10분 이내 출동이 가능한 상태를 유지하여야</u> 한다.
기타근무	기타근무는 치안상황에 효과적으로 대응하기 위하여 지역경찰 관리자가 지정하는 근무로써 제23조부터 제27조까지 규정한 근무에 해당하지 않는 형태의 근무를 말한다.

정답 ②

006 다음 보기 중 「지역경찰의 조직 및 운영에 관한 규칙」상 지역경찰의 근무종류와 그 업무를 연결한 것으로 옳은 것은 모두 몇 개인가?

14순경1차

> ㉠ 행정근무 – 방문민원 및 각종 신고사건의 접수 및 처리
> ㉡ 상황근무 – 요보호자 또는 피의자에 대한 보호·감시
> ㉢ 상황근무 – 중요 사건·사고 발생시 보고 및 전파
> ㉣ 순찰근무 – 주민여론 및 범죄첩보 수집
> ㉤ 경계근무 – 비상 및 작전사태 등 발생시 차량, 선박 등의 통행 통제

① 1개 ② 2개 ③ 3개 ④ 4개

해설

㉠ "방문민원 및 각종 신고사건의 접수 및 처리"는 <u>상황근무</u>에 해당한다.

정답 ④

007 「지역경찰의 조직 및 운영에 관한 규칙」에 관한 다음 설명 중 옳은 것은 모두 몇 개인가? 18경간

> 가. 시·도경찰청장 및 경찰서장은 지역경찰의 올바른 직무수행 및 자질 향상을 위해 필요한 교육을 실시하여야 한다. 교육시간, 방법, 내용 등 지역경찰 교육과 관련된 세부적인 기준은 시·도경찰청장이 따로 정한다.
> 나. 순찰근무의 근무종류 및 근무구역은 시간대별·장소별 치안수요, 각종 사건사고 발생, 순찰 인원 및 가용 장비, 관할 면적 및 교통·지리적 여건을 고려하여 지정하여야 한다.
> 다. 상황근무를 지정받은 지역경찰은 지역경찰관서 및 치안센터 내에서 시설 및 장비의 작동여부 확인, 방문민원 및 각종 신고사건의 접수 및 처리, 요보호자 또는 피의자에 대한 보호·감시, 중요 사건·사고 발생시 보고 및 전파, 기타 필요한 문서의 작성의 업무를 수행한다.
> 라. 행정근무를 지정받은 지역경찰은 지역경찰관서 내에서 문서의 접수 및 처리, 시설·장비의 관리 및 예산의 집행, 각종 현황·통계·자료·부책 관리, 기타 행정업무 및 지역경찰관서장이 지시한 업무를 수행한다.
> 마. 시·도경찰청장은 소속 시·도경찰청의 지역경찰정원 충원현황을 연 2회 이상 점검하고 현원이 정원에 미달할 경우, 지역경찰 정원충원 대책을 수립·시행하여야 한다.

① 1개   ② 2개   ③ 3개   ④ 4개

해설

가. 시·도경찰청장 및 경찰서장은 지역경찰의 올바른 직무수행 및 자질 향상을 위해 필요한 교육을 실시하여야 한다. 교육시간, 방법, 내용 등 지역경찰 교육과 관련된 세부적인 기준은 **경찰청장이 따로 정한다**(제39조①).

정답 ④

---

008 「지역경찰의 조직 및 운영에 관한 규칙」상 '순찰근무'에 대한 설명으로 가장 적절하지 않은 것은? 19승진

① 각종 사건사고 발생시 초동조치 및 보고, 전파
② 비상 및 작전사태 등 발생시 차량, 선박 등의 통행 통제
③ 경찰사범의 단속 및 검거
④ 통행인 및 차량에 대한 검문검색 등

해설

②는 **경계근무**에 해당한다.

정답 ②

009 「지역경찰의 조직 및 운영에 관한 규칙」상 순찰팀장의 업무 내용에 관한 설명으로 가장 적절하지 <u>않은</u> 것은?

16승진

① 근무교대 시 주요 취급사항 및 장비 등의 인수인계 확인
② 문서의 접수 및 처리, 시설 및 장비의 관리, 예산의 집행 등 지역경찰관서의 행정업무
③ 관리팀원 및 순찰팀원에 대한 일일근무 지정 및 지휘·감독
④ 관내 중요 사건 발생 시 현장 지휘

해설

②는 <u>지역경찰 근무의 종류 가운데 행정근무에 해당</u>하는 내용이다.

정답 ②

---

010 「지역경찰의 조직 및 운영에 관한 규칙」에 관한 설명 중 옳은 것은 모두 몇 개인가?

22순경1차

㉠ 시·도경찰청장은 인구, 면적, 행정구역, 교통·지리적 여건, 각종 사건사고 발생 등을 고려하여 경찰서의 관할구역을 나누어 지역경찰관서를 설치한다.
㉡ 관리팀원 및 순찰팀원에 대한 일일근무 지정 및 지휘감독과 관내 중요 사건 발생시 현장 지휘는 순찰팀장의 직무이다.
㉢ 직주일체형 치안센터에 배치된 근무자는 근무 종료후(휴무일포함)에도 관할구역 내에 위치하며 지역경찰관서와 연락체계를 유지하여야 한다.
㉣ 지역경찰관서장은 관내 치안상황의 분석 및 대책을 수립하고 소속 지역경찰의 근무와 관련된 제반사항에 대해 지휘 및 감독한다.
㉤ 상황근무를 지정받은 지역경찰은 지역경찰관서 및 치안센터내에서 방문민원 및 각종 신고사건의 접수 및 처리를 수행한다.

① 5개　　② 4개　　③ 3개　　④ 2개

해설

㉢ 직주일체형 치안센터에 배치된 근무자는 근무 종료 후에도 관할구역 내에 위치하며 지역경찰관서와 연락체계를 유지하여야 한다. 다만, <u>휴무일은 제외</u>한다.(「지역경찰의 조직 및 운영에 관한 규칙」 제19조)

정답 ②

011 경찰공무원의 근무시간 등에 관한 용어 설명으로 가장 적절한 것은? 22경간

① "상시근무"라 함은 일상적으로 24시간 계속하여 대응·처리해야하는 업무를 수행하기 위하여 근무조를 나누어 일정한 계획에 의한 반복주기에 따라 교대로 업무를 수행하는 근무형태를 말한다.
② "대기"라 함은 근무 도중 자유롭게 쉬는 시간을 말하며 식사시간을 포함한다.
③ "비번"이라 함은 교대근무자가 일정한 계획에 따라 다음 근무시작전까지 자유롭게 쉬는 것을 말한다.
④ "휴게시간"이라 함은 근무일에 해당함에도 불구하고 누적된 피로 회복 등 건강유지를 위하여 일정시간 동안 근무에서 벗어나 자유롭게 쉬는 것을 말한다.

> **해설**
> ① "**상시근무**"라 **함은** 일상적으로 24시간 계속하여 대응·처리해야 하는 업무를 수행하거나 긴급하고 중대한 치안상황에 대비하기 위하여 **야간, 토요일 및 공휴일에 관계없이 상시적으로 업무를 수행하는 근무형태**를 말한다. ※ "**교대근무**"라 **함은** 근무조를 나누어 일정한 계획에 의한 **반복주기에 따라 교대로 업무를 수행하는 근무형태**를 말한다.
> ② "**휴게시간**"이라 **함은** 근무도중 자유롭게 쉬는 시간을 말하며 식사시간을 포함한다. ※ "대기"라 함은 신고사건 출동 등 치안상황에 대응하기 위하여 일정시간 지정된 장소에서 근무태세를 갖추고 있는 형태의 근무를 말한다.
> ③ O
> ④ "**휴무**"라 **함은** 근무일에 해당함에도 불구하고 누적된 피로 회복 등 건강유지를 위하여 일정시간 동안 근무에서 벗어나 자유롭게 쉬는 것을 말한다.
>
> 「경찰기관 상시근무 공무원의 근무시간 등에 관한 규칙」
> 제2조(정의) 이 규칙에서 사용하는 용어는 다음과 같다.
> 1. "상시근무"라 함은 일상적으로 24시간 계속하여 대응·처리해야 하는 업무를 수행하거나 긴급하고 중대한 치안상황에 대비하기 위하여 야간, 토요일 및 공휴일에 관계없이 상시적으로 업무를 수행하는 근무형태를 말한다.
> 2. "교대근무"라 함은 근무조를 나누어 일정한 계획에 의한 반복주기에 따라 교대로 업무를 수행하는 근무형태를 말한다.
> 3. "휴무"라 함은 근무일에 해당함에도 불구하고 누적된 피로 회복 등 건강유지를 위하여 일정시간 동안 근무에서 벗어나 자유롭게 쉬는 것을 말한다.
> 4. "비번"이라 함은 교대근무자가 일정한 계획에 따라 다음 근무시작 전까지 자유롭게 쉬는 것을 말한다.
> 5. "휴게시간"이라 함은 근무도중 자유롭게 쉬는 시간을 말하며 식사시간을 포함한다.
> 6. "대기"라 함은 신고사건 출동 등 치안상황에 대응하기 위하여 일정시간 지정된 장소에서 근무태세를 갖추고 있는 형태의 근무를 말한다.
>
> **정답** ③

제2절 112상황관리 및 경비업 업무

012 112신고처리 업무와 관련한 측위기술에 대한 설명 중 가장 적절하지 않은 것은? 20승진

① LBS란 Location Based Services의 약자로 휴대전화 등의 위치를 기반으로 한 서비스를 통칭하는 용어이며 일반적으로 휴대전화 위치추적의 의미로도 사용된다.
② Cell방식은 휴대전화가 접속한 기지국의 위치를 기반으로 위치를 판단하며 모든 휴대전화에 사용가능하나 위치오차가 크다.
③ GPS방식은 인공위성을 통해 휴대전화에 내장된 GPS의 위치를 측정하며 위치오차가 비교적 정확하지만 건물내부나 지하 등에서는 측위가 불가능한 경우가 발생한다.
④ Wi-Fi방식은 휴대전화의 Wi-Fi가 연결된 무선AP(무선인터넷 공유기)의 위치를 통한 측위를 나타내며 Cell방식과 비교하여 위치가 현격히 다른 경우 Wi-Fi값 위치를 신고자의 위치로 추정한다.

해설

④ Wi-Fi방식은 휴대전화의 Wi-Fi가 연결된 무선AP(무선인터넷 공유기)의 위치를 통한 측위를 나타내며 **Cell방식과 비교하여 위치가 현격히 다른 경우 Cell값 위치를 신고자의 위치로 추정한다.**

▶ **측위기술의 종류 및 특징** (쎌와지)

	측위 방식	특징(장점/단점)
Cell 방식 (C값)	① 휴대전화 접속 기지국 위치를 기반 ② 수백m(도심지)~수km(개활지) 오차	① 모든 휴대전화에 대해 가능, 실내·지하에서도 측위 가능 ② 오차가 커 부정확
WiFi 방식 (W값)	① WiFi가 연결된 무선AP 통해 측위 ② 수십m 오차(GPS방식보다는 떨어지나, Cell방식보다는 정확)	① 실내·지하에서도 측위 가능 ② AP가 많이 설치되지 않은 시외지역에서는 측위 곤란 ※ C값과 W값에 큰 차이가 있는 경우, C값은 신고자 위치로 추정(통신사 데이터베이스 갱신이 되지 않은 경우임)
GPS 방식 (G값)	① 인공위성을 통해 휴대전화 GPS로 측위 ② 수십m 오차로 가장 정확한 측위	① 가장 정확한 측위 ② GPS 미설치, 꺼놓은 경우, 건물내부나 지하 등에서는 측위 불가능

정답 ④

013 '112신고 접수·지령 매뉴얼'과 관련된 위치정보조회에 대한 설명으로 가장 적절하지 <u>않은</u> 것은?

21승진

① 납치·감금·강도, 성폭력 등의 생명·신체를 위협하는 범죄피해를 당하거나 범죄피해가 예상되는 자의 위치정보조회가 가능하다.
② 자살을 암시하는 유서 또는 음성, 문자 등을 타인에게 전송한 자살기도자의 위치정보조회가 가능하다.
③ 112 또는 119를 통해 긴급구조 요청이 접수된 경우는 「통신비밀보호법」에 의거하여 위치정보 조회를 실시한다.
④ 위치정보조회는 112신고 접수시스템에 연계하여 위치정보 요청 및 정보를 수신한다.

해설

③ 112 또는 119를 통해 긴급구조 요청이 접수된 경우에는 **「위치정보의 보호 및 이용 등에 관한 법률」**에 의거하여 위치정보 조회를 실시한다.

▶ 통신수사(위치추적)와 위치정보조회의 비교

	통신수사(위치추적)	위치정보조회
관련근거	통신비밀보호법 제13조의 통신사실확인자료 제공요청	위치정보의 보호 및 이용 등에 관한 법률
요건	검사, 사법경찰관이 수사 또는 형의 집행을 위해 필요한 경우	112·119 통해 긴급구조요청 접수된 경우
조회대상	대상자가 통신한 기지국 주소	대상자가 현재 위치한 기지국 주소, 또는 GPS 등 위치정보
절차	지방법원·지원 허가 (긴급한 경우 사후허가 가능)	112신고 접수시스템 연계 위치정보 요청 및 정보수신
소요시간	약 30분 내외(FAX 전송 등)	수초 이내

정답 ③

014 「경비업법」 제2조 제1호에서 정의하고 있는 "경비업"의 내용을 설명한 것이다. 아래 ㉠부터 ㉣까지의 설명 중 옳은 것을 모두 고른 것은?

17승진

> ㉠ 특수경비업무는 공항(항공기 포함) 등 대통령령이 정하는 국가중요시설의 경비 및 도난·화재 그 밖의 위험발생을 방지하는 업무이다.
> ㉡ 신변보호업무는 사람의 생명이나 신체에 대한 위해의 발생을 방지하고 그 신변을 보호하는 업무이다.
> ㉢ 혼잡경비업무는 경비를 필요로 하는 시설 및 장소(이하 "경비대상시설"이라 한다)에서의 도난·화재 그 밖의 혼잡 등으로 인한 위험발생을 방지하는 업무이다.
> ㉣ 기계경비업무는 경비대상시설에 설치한 기기에 의하여 감지·송신된 정보를 그 경비대상시설장소에 설치한 관제시설의 기기로 수신하여 도난·화재 등 위험발생을 방지하는 업무이다.

① ㉠㉡ ② ㉠㉡㉢ ③ ㉠㉡㉣ ④ ㉠㉡㉢㉣

해설

㉢ **시설경비업무는** 경비를 필요로 하는 시설 및 장소(이하 "경비대상시설"이라 한다)에서의 도난·화재 그 밖의 혼잡 등으로 인한 위험발생을 방지하는 업무이다.

㉣ 기계경비업무는 경비대상시설에 설치한 기기에 의하여 감지·송신된 정보를 <u>그 경비대상시설 외의 장소에 설치한 관제시설</u>의 기기로 수신하여 도난·화재 등 위험발생을 방지하는 업무이다.

▶ **경비업의 종류** (시신호송특기)

시설경비	경비를 필요로 하는 시설 및 장소(경비대상시설)에서의 도난·화재 그 밖의 혼잡 등으로 인한 위험발생을 방지하는 업무
호송경비	운반중에 있는 현금·유가증권·귀금속·상품 그 밖의 물건에 대하여 도난·화재 등 위험발생을 방지하는 업무
신변보호	사람의 생명이나 신체에 대한 위해의 발생을 방지하고 그 신변을 보호하는 업무
기계경비	경비대상시설에 설치한 기기에 의하여 감지·송신된 정보를 <u>그 경비대상시설외의 장소에 설치한 관제시설</u>의 기기로 수신하여 도난·화재 등 위험발생을 방지하는 업무
특수경비	<u>공항(항공기를 포함)</u> 등 대통령령이 정하는 국가중요시설의 경비 및 도난·화재 그 밖의 위험발생을 방지하는 업무

정답 ①

015 「경비업법」 제2조 정의에 관한 설명 중 가장 적절하지 않은 것은? 22순경1차

① '시설경비업무'란 경비를 필요로 하는 시설 및 장소(이하 "경비대상시설"이라 한다)에서의 도난·화재 그 밖의 혼잡 등으로 인한 위험발생을 방지하는 업무를 말한다.
② '호송경비업무'란 운반중에 있는 현금·유가증권·귀금속·상품 그 밖의 물건에 대하여 도난·화재 등 위험발생을 방지하는 업무를 말한다.
③ '신변보호업무'란 사람의 생명·신체·재산에 대한 위해의 발생을 방지하고 그 신변을 보호하는 업무를 말한다.
④ '기계경비업무'란 경비대상시설에 설치한 기기에 의하여 감지·송신된 정보를 그 경비대상시설 외의 장소에 설치한 관제시설의 기기로 수신하여 도난·화재 등 위험발생을 방지하는 업무를 말한다.

> **해설**
> ③ 신변보호업무 : 사람의 **생명이나 신체**에 대한 위해의 발생을 방지하고 그 신변을 보호하는 업무(경비업법 제2조 제1호 다목)
>
> **정답** ③

016 「경비업법」상 경비업에 대한 설명이다. 다음 중 옳은 것을 모두 고른 것은? 17순경1차, 16순경1차유사, 13승진유사

㉠ 경비업의 업무에는 시설경비, 호송경비, 신변보호, 기계경비, 특수경비가 있다.
㉡ 신변보호업무는 사람의 생명이나 신체에 대한 위해의 발생을 방지하고 그 신변을 보호하는 업무이다.
㉢ 시설경비업무는 공항(항공기를 포함) 등 대통령령이 정하는 국가중요시설의 경비 및 도난·화재 그 밖의 위험발생을 방지하는 업무이다.
㉣ 기계경비업무는 경비대상시설에 설치한 기기에 의하여 감지·송신된 정보를 그 경비대상시설 내의 장소에 설치한 관제시설의 기기로 수신하여 도난·화재 등 위험발생을 방지하는 업무이다.

① 없음 ② ㉠㉡ ③ ㉠㉡㉢ ④ ㉠㉡㉢㉣

> **해설**
> ㉢ **특수경비업무는** 공항(항공기를 포함) 등 대통령령이 정하는 국가중요시설의 경비 및 도난·화재 그 밖의 위험발생을 방지하는 업무이다.
> ㉣ 기계경비업무는 경비대상시설에 설치한 기기에 의하여 감지·송신된 정보를 **그 경비대상시설 외의 장소에** 설치한 관제시설의 기기로 수신하여 도난·화재 등 위험발생을 방지하는 업무이다.
>
> **정답** ②

017 「경비업법」상 경비업에 대한 설명 중 옳은 것을 모두 고른 것은?   20경간

> 가. 기계경비업무는 경비대상시설에 설치한 기기에 의하여 감지·송신된 정보를 그 경비대상시설 외의 장소에 설치한 관제시설의 기기로 수신하여 도난·화재 등 위험발생을 방지하는 업무이다.
> 나. 신변보호업무는 사람의 생명이나 신체에 대한 위해의 발생을 방지하고 그 신변을 보호하는 업무이다.
> 다. 특수경비업무는 공항(항공기를 제외한다) 등 대통령령이 정하는 국가중요시설의 경비 및 도난·화재 그 밖의 위험발생을 방지하는 업무이다.
> 라. 혼잡경비업무는 경비를 필요로 하는 시설 및 장소에서의 도난·화재 그 밖의 혼잡 등으로 인한 위험발생을 방지하는 업무이다.

① 가　　　　② 가, 나　　　　③ 가, 나, 다　　　　④ 가, 나, 다, 라

해설

다. 특수경비업무 : **공항(항공기를 포함한다)** 등 대통령령이 정하는 국가중요시설의 경비 및 도난·화재 그 밖의 위험발생을 방지하는 업무
라. **시설경비업무** : 경비를 필요로 하는 시설 및 장소(이하 "경비대상시설"이라 한다)에서의 도난·화재 그 밖의 혼잡 등으로 인한 위험발생을 방지하는 업무

정답 ②

---

018 「경비업법」에 대한 설명 중 가장 옳지 않은 것은?   19경간

① 경비업을 영위하고자 하는 법인은 도급받아 행하고자 하는 경비업무를 특정하여 그 법인의 주사무소의 소재지를 관할하는 경찰서장의 허가를 받아야 한다. 도급받아 행하고자 하는 경비업무를 변경하는 경우에도 또한 같다.
② 경비업은 법인이 아니면 이를 영위할 수 없다.
③ 경비업 허가의 유효기간은 허가받은 날부터 5년으로 한다.
④ 경비업자는 집단민원현장에 경비원을 배치하는 때에는 경비지도사를 선임하고 그 장소에 배치하여 행정안전부령으로 정하는 바에 따라 경비원을 지도·감독하게 하여야 한다.

해설

① 경비업을 영위하고자 하는 법인은 도급받아 행하고자 하는 경비업무를 특정하여 그 법인의 주사무소의 소재지를 관할하는 **시·도경찰청장의 허가를** 받아야 한다. 도급받아 행하고자 하는 경비업무를 변경하는 경우에도 또한 같다.

정답 ①

019 「경비업법」에 대한 내용으로 가장 적절하지 않은 것은?   18순경1차

① 경비업은 법인이 아니면 이를 영위할 수 없다.
② 경비업을 영위하고자 하는 법인은 도급받아 행하고자 하는 경비업무를 특정하여 그 법인의 주사무소의 소재지를 관할하는 시·도경찰청장의 허가를 받아야 한다. 도급받아 행하고자 하는 경비업무를 변경하는 경우에도 또한 같다.
③ 이 법 제4조 제1항의 규정에 의한 경비업 허가의 유효기간은 허가받은 다음 날부터 5년으로 한다.
④ 경비업자는 집단민원현장에 경비원을 배치하는 때에는 경비지도사를 선임하고 그 장소에 배치하여 행정안전부령으로 정하는 바에 따라 경비원을 지도·감독하게 하여야 한다.

> **해설**
> ③ 이 법 제4조 제1항의 규정에 의한 경비업 허가의 유효기간은 <u>허가받은 날부터</u> 5년으로 한다.
>
> **정답** ③

---

020 다음 중 경비업의 허가를 받은 법인이 관할 시·도경찰청장에게 신고해야 할 사항이 아닌 것은?   18경간

① 영업을 폐업하거나 휴업한 때
② 법인의 주사무소나 출장소를 신설·이전 또는 폐지한 때
③ 도급받아 행하고자 하는 경비업무를 변경하는 경우
④ 특수경비업무를 개시하거나 종료한 때

> **해설**
> ③ 도급받아 행하고자 하는 경비업무를 변경하는 경우는 시·도경찰청장 신고 사항이 아니라 <u>허가 사항</u>이다.
>
> **제4조(경비업의 허가)**
> ① 경비업을 영위하고자 하는 법인은 도급받아 행하고자 하는 경비업무를 특정하여 그 법인의 <u>주사무소의 소재지를 관할하는 시·도경찰청장의 허가를 받아야 한다. 도급받아 행하고자 하는 경비업무를 변경하는 경우에도 또한 같다.</u>
> ③ 제1항의 규정에 의하여 경비업의 허가를 받은 법인은 다음 각호의 1에 해당하는 때에는 <u>시·도경찰청장에게 신고하여야 한다.</u>
> 1. 영업을 폐업하거나 휴업한 때
> 2. 법인의 명칭이나 대표자·임원을 변경한 때
> 3. 법인의 주사무소나 출장소를 신설·이전 또는 폐지한 때
> 4. 기계경비업무의 수행을 위한 관제시설을 신설·이전 또는 폐지한 때
> 5. 특수경비업무를 개시하거나 종료한 때
> 6. 그 밖에 대통령령이 정하는 중요사항을 변경한 때
>
> **정답** ③

제3절 생활질서업무

021 풍속업소 단속시 단속대상으로 가장 적절하지 않은 것은? 15승진

① 17세 여성을 접대부로 고용한 단란주점 업주
② 25세 남성에게 술을 판매한 유흥주점 업주
③ 18세 남성에게 술을 판매한 노래연습장 업주
④ 17세 여성을 접대부로 고용한 노래연습장 업주

> **해설**
> ① 단란주점은 청소년(연19세미만) 출입·고용 금지(청소년보호법)
> ② **연19세 이상은 유흥주점 출입·고용 가능(청소년보호법), 연19세 이상은 주류제공 가능(청소년보호법)**
> ③ 노래연습장은 주류 판매 금지(음악산업 진흥에 관한 법률)
> ④ 노래연습장은 접대부 고용 금지(음악산업 진흥에 관한 법률)
>
> **정답** ②

022 게임물 관련 사업자의 준수사항 내용으로 가장 적절하지 않은 것은? 14승진

① 게임물 및 컴퓨터 설비 등에 음란물 차단프로그램을 설치해야 한다.
② 어떤 경우에도 경품을 제공하여서는 안 된다.
③ 일반게임제공업을 영위하는 자는 게임장에 청소년을 출입시켜서는 안 된다.
④ 게임물을 이용한 도박행위를 하도록 내버려두어서는 안 된다.

> **해설**
> ② 게임물 관련업자는 경품 등을 제공하여 사행성을 조장해서는 안 된다. 다만, **청소년게임제공업의 전체 이용가 게임물에 대하여 대통령령이 정하는 경품의 종류(완구류 및 문구류 등. 다만, 현금·상품권 및 유가증권은 제외), 지급기준, 제공방법 등에 의한 경우는 예외**로 한다
>
> **정답** ②

023 「풍속영업의 규제에 관한 법률」에서 규정하는 풍속영업의 범위에 해당하지 않는 것은? 17경간

① 「게임산업진흥에 관한 법률」에 따른 복합유통게임제공업
② 「영화 및 비디오물의 진흥에 관한 법률」에 따른 비디오물감상실업
③ 「공중위생관리법」에 따른 미용업
④ 「체육시설의 설치 이용에 관한 법률」에 따른 무도장업

> **해설**

③ 숙박업, 목욕장업, 이용업 중 대통령령으로 정하는 것이 풍속영업에 해당하며, **미용업은 풍속영업에 해당하지 않는다.**

▶ **풍속영업의 종류** (노비숙목이/무도게임유단)

1. 「게임산업진흥에 관한 법률」에 따른 게임제공업 및 복합유통게임제공업
2. 「영화 및 비디오물의 진흥에 관한 법률」에 따른 비디오물감상실업
3. 「음악산업진흥에 관한 법률」에 따른 노래연습장업
4. 「공중위생관리법」에 따른 숙박업, 목욕장업, 이용업 중 대통령령으로 정하는 것
5. 「식품위생법」에 따른 식품접객업 중 대통령령으로 정하는 것 – 단란주점영업, 유흥주점영업
6. 「체육시설의 설치·이용에 관한 법률」에 따른 무도학원업 및 무도장업
7. 그 밖에 선량한 풍속을 해치거나 청소년의 건전한 성장을 저해할 우려가 있는 영업으로 대통령령으로 정하는 것(키스방·대딸방·전립선마사지·유리방·성인PC방·휴게텔·인형체험방 등)

정답 ③

024 풍속사범에 대한 단속과 관련한 설명 중 옳은 것은 모두 몇 개인가? (판례에 의함)　　20경간

가. 풍속업소인 숙박업소에서 음란한 외국의 위성방송프로그램을 수신하여 투숙객 등으로 하여금 시청하게 하는 행위는 구 「풍속영업의 규제에 관한 법률」에서 규정된 '음란한 물건'을 관람하게 하는 행위에 해당하지 않는다.
나. 유흥주점영업허가를 받았다고 하더라도 실제로는 노래연습장 영업을 하고 있다면 유흥주점영업에 따른 영업자 준수사항을 지켜야 할 의무가 있다고 할 수 없다.
다. 일반음식점 허가를 받은 사람이 주로 주류를 조리·판매하는 형태의 주점영업을 하였다면, 손님이 노래를 부를 수 있는 여건이 갖추어지지 않았다고 하더라도 구 「식품위생법」상 단란주점영업에 해당한다.
라. 18세 미만의 청소년에게 술을 판매함에 있어서 가사 그의 민법상 법정대리인의 동의를 받았다고 하더라도 그러한 사정만으로 위 행위가 정당화될 수는 없다.
마. 청소년이 이른바 '티켓걸'로서 노래연습장 또는 유흥주점에서 손님들의 흥을 돋우어 주고 시간당 보수를 받은 경우라고 하더라도 업소주인이 청소년을 시간제 접대부로 고용한 것으로 보기 어려우므로 업소주인을 청소년보호법위반죄로 처벌할 수 없다.
바. 모텔에 동영상 파일 재생장치인 디빅 플레이어를 설치하고 투숙객에게 그 비밀번호를 가르쳐 주어 저장된 음란 동영상을 관람하게 한 경우, 이는 「풍속영업의 규제에 관한 법률」에서 금지하고 있는 음란한 비디오물을 풍속영업소에서 관람하게 한 행위에 해당한다.

① 1개　　② 2개　　③ 3개　　④ 4개

해설

가. 풍속영업소인 숙박업소에서 음란한 외국의 위성방송프로그램을 수신하여 투숙객 등으로 하여금 시청하게 하는 행위는, 풍속법 제3조 제2호에 규정된 '음란한 물건'을 관람하게 하는 행위에 해당한다.(대판 2008도11679)

나. O

다. 일반음식점 허가를 받은 사람이 주로 주류를 조리·판매하는 형태의 주점영업을 하였더라도, 손님이 노래를 부를 수 있는 여건이 갖추어지지 않은 이상 구 식품위생법상 단란주점영업에 해당하지 않는다(대판 2008도2160)

라. O

마. 청소년이 이른바 '티켓걸'로서 노래연습장 또는 유흥주점에서 손님들의 흥을 돋우어 주고 시간당 보수를 받은 사안에서 업소주인이 청소년을 시간제 접대부로 고용한 것으로 보고 업소주인을 청소년보호법 위반죄로 처단한 원심의 조치는 정당하다(대판 2005도3801)

바. O

정답 ③

---

025 「성매매알선 등 행위의 처벌에 관한 법률」에 규정된 '성매매알선 등 행위'로 가장 적절하지 않은 것은?

15승진

① 불특정인을 상대로 금품을 수수하고 하는 성교행위
② 성매매를 알선, 권유, 유인 또는 강요하는 행위
③ 성매매의 장소를 제공하는 행위
④ 성매매에 제공되는 사실을 알면서 자금, 토지 또는 건물을 제공하는 행위

해설

① 불특정인을 상대로 금품을 수수하고 하는 성교행위는 성매매의 정의에 해당한다.

성매매알선 등 행위의 처벌에 관한 법률 제2조(정의)
① 이 법에서 사용하는 용어의 뜻은 다음과 같다.
1. "성매매"란 불특정인을 상대로 금품이나 그 밖의 재산상의 이익을 수수(收受)하거나 수수하기로 약속하고 다음 각 목의 어느 하나에 해당하는 행위를 하거나 그 상대방이 되는 것을 말한다.
   가. 성교행위
   나. 구강, 항문 등 신체의 일부 또는 도구를 이용한 유사 성교행위
2. "성매매알선 등 행위"란 다음 각 목의 어느 하나에 해당하는 행위를 하는 것을 말한다.
   가. 성매매를 알선, 권유, 유인 또는 강요하는 행위
   나. 성매매의 장소를 제공하는 행위
   다. 성매매에 제공되는 사실을 알면서 자금, 토지 또는 건물을 제공하는 행위

정답 ①

026 「성매매알선 등 행위의 처벌에 관한 법률」상 '성매매알선 등 행위'의 태양으로 명시하고 있지 <u>않은</u> 것은?

18경위

① 성매매의 장소를 제공하는 행위
② 성매매에 이용됨을 알면서 정보통신망을 제공하는 행위
③ 성매매를 알선, 권유, 유인 또는 강요하는 행위
④ 성매매에 제공되는 사실을 알면서 자금, 토지 또는 건물을 제공하는 행위

해설

정답 ②

027 「성매매알선 등 행위의 처벌에 관한 법률」에 관한 다음 설명 중 옳은 것은 모두 몇 개인가?

15순경2차

㉠ "성매매"란 불특정인을 상대로 금품이나 그 밖의 재산상의 이익을 수수하거나 수수하기로 약속하고 성교행위 또는 구강·항문 등 신체의 일부 또는 도구를 이용한 유사성교행위를 하거나 그 상대방이 되는 것을 말한다.
㉡ "성매매알선 등 행위"에는 성매매의 장소를 제공하는 것도 포함한다.
㉢ 성매매피해자의 성매매는 처벌하지 아니한다.
㉣ 이 법에 규정된 죄를 범한 사람이 수사기관에 신고하거나 자수한 경우에는 형을 감경하거나 면제해야 한다.

① 1개　　② 2개　　③ 3개　　④ 4개

해설

㉣ 이 법에 규정된 죄를 범한 사람이 수사기관에 신고하거나 자수한 경우에는 <u>형을 감경하거나 면제할 수 있다</u>(제26조).

정답 ③

028 「성매매알선 등 행위의 처벌에 관한 법률」에 대한 설명으로 적절한 것은 모두 몇 개인가? 21순경2차

> ㉠ "성매매"란 불특정인을 상대로 금품이나 그 밖의 재산상의 이익을 수수하거나 수수하기로 약속하고 유사성교행위를 제외한 성교행위를 하거나 그 상대방이 되는 것을 말한다.
> ㉡ "성매매알선 등 행위"에는 성매매를 알선, 권유, 유인 또는 강요하는 행위와 성매매의 장소를 제공하는 행위를 포함한다.
> ㉢ "성매매피해자"란 위계, 위력에 의하여 성매매를 강요당한 사람, 성매매 목적의 인신매매를 당한 사람 등을 말한다. 다만, 고용관계로 인하여 보호 또는 감독하는 사람에 의하여 마약등에 중독되어 성매매를 한 사람은 성매매피해자에 포함되지 않는다.
> ㉣ 검사 또는 사법경찰관은 수사과정에서 피의자 또는 참고인이 성매매피해자에 해당한다고 볼만한 상당한 이유가 있을 때에는 지체없이 법정대리인, 친족 또는 변호인에게 통지하고, 신변보호, 수사의 비공개, 친족 또는 지원시설·성매매피해상담소에의 인계 등 그 보호에 필요한 조치를 하여야 한다. 다만, 피의자 또는 참고인의 사생활 보호 등 부득이한 사유가 있는 경우에는 통지하지 아니할 수 있다.
> ㉤ 성매매피해자의 성매매는 형을 감경하거나 면제할 수 있다.

① 1개　　　② 2개　　　③ 3개　　　④ 4개

해설

㉠ 성매매 개념에 <u>유사성교행위가 포함된다</u>.
㉡ O
㉢ 고용관계로 인하여 보호 또는 감독하는 사람에 의하여 마약등에 중독되어 성매매를 한 사람도 <u>성매매피해자에 포함된다</u>.
㉣ O
㉤ 「성매매알선 등 행위의 처벌에 관한 법률」 제6조 ① 성매매피해자의 성매매는 <u>처벌하지 아니한다</u>.

정답 ②

029 다음 중 「경범죄 처벌법」상 법정형이 가장 무거운 것은?

13순경2차, 16승진유사

① 술에 취한 채로 관공서에서 몹시 거친 말과 행동으로 주정하거나 시끄럽게 한 사람
② 흥행장, 경기장, 역, 나루터, 정류장, 그 밖에 정하여진 요금을 받고 입장시키거나 승차 또는 승선시키는 곳에서 웃돈을 받고 입장권·승차권 또는 승선권을 다른 사람에게 되판 사람
③ 범죄 피의자로 입건된 사람의 신원을 지문조사 외의 다른 방법으로는 확인할 수 없어 경찰공무원이나 검사가 지문을 채취하려고 할 때에 정당한 이유 없이 이를 거부한 사람
④ 공회당·극장·음식점 등 여러 사람이 모이거나 다니는 곳 또는 여러 사람이 타는 기차·자동차·배 등에서 몹시 거친 말이나 행동으로 주위를 시끄럽게 하거나 술에 취하여 이유 없이 다른 사람에게 주정한 사람

해설

① 관공서에서의 주취소란 – **60만원 이하의 벌금, 구류 또는 과료**의 형으로 처벌한다.
② 암표매매 – 20만원 이하의 벌금, 구류 또는 과료의 형으로 처벌한다.
③ 지문채취 불응 – 10만원 이하의 벌금, 구류 또는 과료의 형으로 처벌한다.
④ 음주소란 등 – 10만원 이하의 벌금, 구류 또는 과료의 형으로 처벌한다.

▶ **경범죄의 종류와 처벌** (방광암출 / 주거)

① 10만원 이하의 벌금, 구류 또는 과료의 형으로 처벌(40개 항목)
② 20만원 이하의 벌금, 구류 또는 과료의 형으로 처벌 (방광암출)
  1. (출판물의 부당게재 등) 올바르지 아니한 이익을 얻을 목적으로 다른 사람 또는 단체의 사업이나 사사로운 일에 관하여 신문, 잡지, 그 밖의 출판물에 어떤 사항을 싣거나 싣지 아니할 것을 약속하고 돈이나 물건을 받은 사람
  2. (거짓광고) 여러 사람에게 물품을 팔거나 나누어 주거나 일을 해주면서 다른 사람을 속이거나 잘못 알게 할 만한 사실을 들어 광고한 사람
  3. (업무방해) 못된 장난 등으로 다른 사람, 단체 또는 공무수행 중인 자의 업무를 방해한 사람
  4. (암표매매) 흥행장, 경기장, 역, 나루터, 정류장, 그 밖에 정하여진 요금을 받고 입장시키거나 승차 또는 승선시키는 곳에서 웃돈을 받고 입장권·승차권 또는 승선권을 다른 사람에게 되판 사람
③ 60만원 이하의 벌금, 구류 또는 과료의 형으로 처벌 (주거)
  1. (관공서에서의 주취소란) 술에 취한 채로 관공서에서 몹시 거친 말과 행동으로 주정하거나 시끄럽게 한 사람
  2. (거짓신고) 있지 아니한 범죄나 재해 사실을 공무원에게 거짓으로 신고한 사람

※ ③항의 항목(주거)은 법정형이 60만원이하벌금·구류·과료이므로 **주거가 분명하더라도 현행범체포 가능함**(형소법214조 – 다액 50만원 이하 벌금, 구류, 과료에 해당하는 죄의 현행범인에 대하여는 범인의 주거가 분명하지 아니한 때에 한하여 현행범체포 가능)

정답 ①

030 「경범죄 처벌법」상 규정된 내용에 대한 설명으로 가장 적절하지 않은 것은? 16순경2차, 18경채유사

① 주거가 확인된 경우라면 어떠한 경우라도 「경범죄처벌법」을 위반한 사람을 체포할 수 없다.
② 거짓 광고, 업무방해, 암표매매의 경우 20만원 이하의 벌금, 구류 또는 과료의 형으로 처벌한다.
③ 「경범죄 처벌법」위반의 죄를 짓도록 시키거나 도와준 사람은 죄를 지은 사람에 준하여 벌한다.
④ 「경범죄 처벌법」상의 범칙금 통고처분서를 받은 사람은 통고처분서를 받은 날로부터 10일 이내에 범칙금을 납부하여야 한다.

> **해설**
> ① 「경범죄 처벌법」상 60만원 이하의 벌금, 구류, 과료에 해당하는 경우(주거 : 관공서 주취소란, 거짓신고)에는 주거가 명확한 경우에도 현행범 체포할 수 있다.
>
> **정답** ①

031 경범죄 처벌법에 대한 설명으로 가장 적절하지 않은 것은? (다툼이 있는 경우 판례에 의함) 22승진

① 범칙행위를 한 사람이라도 18세 미만인 경우에는 범칙자에 해당하지 않는다.
② 주거지에서 음악 소리를 크게 내거나 큰 소리로 떠들어 이웃을 시끄럽게 하는 행위는 경범죄 처벌법 상 '인근소란 등'에 해당한다.
③ '관공서에서의 주취소란'과 '거짓신고'의 법정형으로 볼 때, 두 경범죄의 경우에는 형사소송법 제214조(경미사건과 현행범인의 체포)에 해당되지 않아 범인의 주거가 분명하더라도 현행범인 체포가 가능하다.
④ '폭행 등 예비'와 '거짓 광고'는 10만원 이하의 벌금, 구류 또는 과료의 형으로 처벌한다.

> **해설**
> ④ '거짓 광고'는 20만원 이하의 벌금, 구류 또는 과료의 형으로 처벌한다.
> ※ 20만원이하 벌금, 구류, 과료 - 업무방해, 거짓광고, 암표매매, 출판물부당게재(방광암출)
> ※ 60만원이하 벌금, 구류, 과료 - 관공서주취소란, 거짓신고(주거)
>
> **정답** ④

032 「경범죄 처벌법」에 대한 다음 설명 중 가장 옳지 <u>않은</u> 것은? 16경간

① 술에 취한 채로 관공서에서 몹시 거친 말과 행동으로 주정하거나 시끄럽게 한 사람에 대해서는 주거가 분명한 경우에도 현행범 체포가 가능하다.
② 거짓신고는 재해 사실에 대하여 공무원에게 거짓으로 신고한 경우에도 성립한다.
③ 여러 사람에게 물품을 팔거나 나누어 주거나 일을 해주면서 다른 사람을 속이거나 잘못 알게 할 만한 사실을 들어 광고한 사람은 60만원 이하의 벌금, 구류 또는 과료의 형으로 처벌한다.
④ 상대방의 명시적 의사에 반하여 지속적으로 접근을 시도하여 면회 또는 교제를 요구하거나 지켜보기, 따라다니기, 잠복하여 기다리기 등의 행위를 반복하여 하는 사람은 10만원 이하의 벌금, 구류 또는 과료의 형으로 처벌한다.

해설

③ (거짓광고) 여러 사람에게 물품을 팔거나 나누어 주거나 일을 해주면서 다른 사람을 속이거나 잘못 알게 할 만한 사실을 들어 광고한 사람은 <u>20만원 이하의 벌금, 구류 또는 과료</u>의 형으로 처벌한다.

정답 ③

---

033 「경범죄 처벌법」에 대한 설명 중 가장 적절하지 <u>않은</u> 것은? 21순경1차

① 장난전화, 광고물 무단부착, 행렬방해, 흉기의 은닉휴대는 10만원 이하의 벌금, 구류 또는 과료의 형으로 처벌한다.
② 「경범죄 처벌법」 제7조 제1항에 따라 범칙자로 인정되는 사람일지라도 통고처분서 받기를 거부한 사람, 주거 또는 신원이 확실하지 아니한 사람, 그 밖에 통고처분을 하기가 매우 어려운 사람에 대하여는 통고처분하지 않는다.
③ 경범죄를 짓도록 시키거나 도와준 사람은 죄를 지은 사람에 준하여 벌하며, 경범죄의 미수범도 처벌한다.
④ 「경범죄 처벌법」 제8조 제1항에 따른 납부기간에 범칙금을 납부하지 아니한 사람은 납부기간의 마지막 날의 다음 날부터 20일 이내에 통고받은 범칙금에 그 금액의 100분의 20을 더한 금액을 납부하여야 한다.

해설

③ '경범죄 처벌법은 제3조의 죄를 짓도록 시키거나 도와준 사람은 죄를 지은 사람에 준하여 벌한다.'라고 하여 교사범과 종범에 대한 처벌규정을 두고 있으나 <u>미수범에 대한 처벌규정은 두고 있지 않다</u>.

정답 ③

034 「경범죄 처벌법」에 대한 설명으로 가장 적절하지 <u>않은</u> 것은? 20순경2차

① 범칙행위란 「경범죄 처벌법」 제3조 제1항 각 호부터 제3항 각 호까지의 어느 하나에 해당하는 위반 행위이다.
② 「경범죄 처벌법」 제3조의 죄를 짓도록 시키거나 도와준 사람은 죄를 지은 사람에 준하여 처벌한다.
③ "범칙자"란 범칙행위를 한 사람으로서 '피해자가 있는 행위를 한 사람', '죄를 지은 동기나 수단 및 결과를 헤아려볼 때 구류처분을 하는 것이 적절하다고 인정되는 사람', '범칙행위를 상습적으로 하는 사람', '18세 미만인 사람'의 어느 하나에도 해당하지 않는 사람을 말한다.
④ 술에 취한 채로 관공서에서 몹시 거친 말과 행동으로 주정하거나 시끄럽게 한 사람에 대해서 60만원 이하의 벌금, 구류 또는 과료의 형으로 처벌한다.

> **해설**
> ① "범칙행위"란 <u>제3조 제1항 각 호 및 제2항 각 호의</u> 어느 하나에 해당하는 위반행위를 말한다(경범죄 처벌법 제6조 제1항).
>
> **정답** ①

035 「경범죄처벌법」에 대한 설명으로 가장 적절하지 <u>않은</u> 것은? 20경채

① 이 법 제3조의 거짓신고를 한 자는 주거가 분명한 경우에도 현행범 체포가 가능하다.
② 이 법 제3조의 행렬방해에 해당하는 자는 20만원 이하의 벌금, 구류 또는 과료의 형으로 처벌한다.
③ 범칙금을 납부한 사람은 그 범칙행위에 대하여 다시 처벌받지 아니한다.
④ 범칙금 통고처분서를 받은 사람이 천재지변이나 그 밖의 부득이한 사유로 말미암아 기간 내에 범칙금을 납부할 수 없을 때에는 그 부득이한 사유가 없어지게 된 날부터 5일 이내에 납부하여야 한다.

> **해설**
> ② 행렬방해에 해당하는 행위를 한 사람은 <u>**10만원 이하의 벌금, 구류 또는 과료**</u>의 형으로 처벌한다.
>
> **정답** ②

036 「경범죄 처벌법」에 대한 설명 중 가장 적절한 것은? 〈19경채〉

① 경범죄를 범한 사람을 벌할 때에는 그 사정과 형편을 헤아려서 그 형을 감경 또는 면제하거나 구류와 과료를 함께 과(科)할 수 있다.
② '범칙자'란 범칙행위를 한 사람으로서, 범칙행위를 상습적으로 하는 사람, 죄를 지은 동기나 수단 및 결과를 헤아려볼 때 구류 처분을 하는 것이 적절하다고 인정되는 사람, 피해자가 있는 행위를 한 사람, 18세 미만인 사람 중 어느 하나에 해당하지 않는 사람을 말한다.
③ 범칙금 납부 기한 내 범칙금을 납부하지 않아 즉결심판이 청구된 피고인이 통고받은 범칙금에 그 금액의 100분의 50을 더한 금액을 납부하고 그 증명서류를 즉결심판 선고 전까지 제출하였을 때에는 경찰서장, 해양경찰서장 및 제주특별자치도지사는 그 피고인에 대한 즉결심판 청구를 취소할 수 있다.
④ 경범죄처벌법상의 교사·방조는 형법총칙상의 교사·방조에 관한 규정과 동일하게 교사범은 정범과 동일한 형으로 처벌하고, 경범죄의 방조범은 정범의 형보다 감경하여 처벌한다.

해설
① 경범죄를 범한 사람을 벌할 때에는 그 사정과 형편을 헤아려서 <u>그 형을 면제하거나</u> 구류와 과료를 함께 과(科)할 수 있다.
② ○
③ 범칙금 납부 기한 내 범칙금을 납부하지 않아 즉결심판이 청구된 피고인이 통고받은 범칙금에 그 금액의 100분의 50을 더한 금액을 납부하고 그 증명서류를 즉결심판 선고 전까지 제출하였을 때에는 경찰서장, 해양경찰서장 및 제주특별자치도지사는 그 피고인에 대한 <u>즉결심판 청구를 취소하여야 한다</u>.
④ 경범죄처벌법상 죄를 짓도록 시키거나 도와준 사람은 <u>죄를 지은 사람에 준하여 벌한다</u>.

정답 ②

037 「경범죄처벌법」에 규정된 통고처분에 관한 다음 설명 중 가장 옳지 않은 것은? 〈18경간〉

① 주거 또는 신원이 확실하지 아니한 사람은 통고처분의 대상이 아니다.
② 천재지변이나 그 밖의 부득이한 사유로 말미암아 그 기간 내에 범칙금을 납부할 수 없을 때에는 그 부득이한 사유가 없어지게 된 날부터 5일 이내에 납부하여야 한다.
③ 범칙자란 범칙행위를 상습적으로 하는 사람, 피해자가 있는 행위를 한 사람, 죄를 지은 동기나 수단 및 결과를 헤아려볼 때 구류처분을 하는 것이 적절하다고 인정되는 사람을 말한다.
④ 경찰서장은 통고처분서 받기를 거부한 사람에 대하여 지체 없이 즉결심판을 청구하여야 한다.

해설

「경범죄처벌법」상 "범칙자"란 범칙행위를 한 사람으로서 <u>다음 각 호의 어느 하나에 해당하지 아니하는 사람</u>을 말한다.
1. 범칙행위를 상습적으로 하는 사람
2. 죄를 지은 동기나 수단 및 결과를 헤아려볼 때 구류처분을 하는 것이 적절하다고 인정되는 사람
3. 피해자가 있는 행위를 한 사람
4. 18세 미만인 사람

정답 ③

038 경범죄 처벌법에 대한 설명으로 적절하지 않은 것은 모두 몇 개인가? 22경간

가. 경범죄 처벌법 위반의 죄를 짓도록 시키거나 도와준 사람은 죄를 지은 사람에 준하여 벌한다.
나. 경찰청장, 해양경찰청장, 제주특별자치도지사 또는 철도특별사법경찰대장은 범칙자로 인정되는 사람에 대하여 그 이유를 명백히 나타낸 서면으로 범칙금을 부과하고 이를 납부할 것을 통고할 수 있다.
다. 통고처분서를 받은 사람은 통고처분서를 받은 날부터 10일 이내에 경찰청장 해양경찰청장 또는 철도특별사법경찰대장이 지정한 은행, 그 지점이나 대리점, 우체국 또는 제주특별자치도지사가 지정하는 금융기관이나 그 지점에 범칙금을 납부하여야 한다. 다만, 천재지변이나 그 밖의 부득이한 사유로 말미암아 그 기간 내에 범칙금을 납부할 수 없을 때에는 그 부득이한 사유가 없어지게 된 날부터 5일 이내에 납부하여야 한다.
라. 범칙행위를 상습적으로 하는 사람은 경범죄 처벌의 특례를 규정한 장에서 범칙자에 해당하지 않는다.
마. 술에 취한 채로 관공서에서 몹시 거친 말과 행동으로 주정하거나 시끄럽게 한 사람은 20만원 이하의 벌금, 구류 또는 과료의 형으로 처벌한다.

① 없음   ② 1개   ③ 2개   ④ 3개

해설

나. <u>경찰서장, 해양경찰서장</u>, 제주특별자치도지사 또는 철도특별사법경찰대장은 범칙자로 인정되는 사람에 대하여 그 이유를 명백히 나타낸 서면으로 범칙금을 부과하고 이를 납부할 것을 통고할 수 있다.
마. '관공서에서의 주취소란'으로 <u>60만원 이하의 벌금, 구류 또는 과료</u>의 형으로 처벌한다.

〈경범죄 종류와 처벌〉 ※ 아래 ①②위반이 범칙행위(③위반은 범칙행위 아님)
① 10만원 이하 벌금, 구류, 과료 - 40개 항목
② 20만원 이하 벌금, 구류, 과료 - 4개 항목(방광암출)
 - 업무방해, 거짓 광고, 암표매매, 출판물의 부당게재 등
③ 60만원 이하 벌금, 구류, 과료 - 2개 항목(주거)
 - 관공서에서의 주취소란, 거짓신고

정답 ③

039 「경범죄 처벌법」에 관한 다음 설명 중 가장 적절하지 않은 것은? (다툼이 있으면 판례에 의함)

14순경2차

① 버스정류장 등지에서 소매치기할 생각으로 은밀히 성명불상자들의 뒤를 따라다닌 경우 「경범죄 처벌법」상 '불안감 조성'에 해당한다.
② 「경범죄 처벌법」 제3조(경범죄의 종류)에 따라 사람을 벌할 때에는 그 사정과 형편을 헤아려서 그 형을 면제하거나 구류와 과료를 함께 과할 수 있다.
③ 술에 취한 채로 관공서에서 몹시 거친 말과 행동으로 주정하거나 시끄럽게 한 사람은 60만원 이하의 벌금, 구류 또는 과료의 형으로 처벌한다.
④ 범칙자란 범칙행위를 한 사람으로서 '범칙행위를 상습적으로 하는 사람, 피해자가 있는 행위를 한 사람, 죄를 지은 동기나 수단 및 결과를 헤아려볼 때 구류처분을 하는 것이 적절하다고 인정되는 사람, 18세 미만인 사람' 중 어느 하나에 해당하지 않는 사람을 말한다.

해설

① 버스정류장 등지에서 소매치기할 생각으로 은밀히 성명불상자들의 뒤를 따라다닌 경우 「경범죄 처벌법」상 '<u>불안감 조성</u>'에 해당하지 <u>않는다</u>(대판 99도2034).

정답 ①

040 스토킹범죄의 처벌 등에 관한 법률에 관한 설명 중 가장 적절하지 않은 것은?

22순경1차

① '스토킹범죄'란 지속적 또는 반복적으로 스토킹행위를 하는 것을 말한다.
② 사법경찰관리는 진행 중인 스토킹행위에 대하여 신고를받은경우 즉시 현장에 나가 스토킹 행위의 제지, 스토킹행위자와 피해자 분리, 유치장 또는 구치소에의 유치 등의 조치를 할 수 있다.
③ 스토킹범죄를 저지른 사람은 3년 이하의 징역 또는 3천 만원 이하의 벌금에 처한다.
④ 흉기 또는 그 밖의 위험한 물건을 휴대하거나 이용하여 스토킹범죄를 저지른 사람은 5년 이하의 징역 또는 5천 만원 이하의 벌금에 처한다.

해설

② 국가경찰관서의 <u>유치장 또는 구치소에의 유치</u>는 <u>잠정조치</u>에 해당한다(스토킹범죄의 처벌 등에 관한 법률 제9조 제1항 제4호).

제3조(스토킹행위 신고 등에 대한 응급조치) 사법경찰관리는 진행 중인 스토킹행위에 대하여 신고를 받은 경우 즉시 현장에 나가 다음 각 호의 조치를 하여야 한다.
1. 스토킹행위의 제지, 향후 스토킹행위의 중단 통보 및 스토킹행위를 지속적 또는 반복적으로 할 경우 처벌 경고
2. 스토킹행위자와 피해자등의 분리 및 범죄수사
3. 피해자등에 대한 긴급응급조치 및 잠정조치 요청의 절차 등 안내
4. 스토킹 피해 관련 상담소 또는 보호시설로의 피해자등 인도(피해자등이 동의한 경우만 해당)

제4조(긴급응급조치) ① 사법경찰관은 스토킹행위 신고와 관련하여 스토킹행위가 지속적 또는 반복적으로 행하여질 우려가 있고 스토킹범죄의 예방을 위하여 긴급을 요하는 경우 스토킹행위자에게 직권으로 또는 스토킹행위의 상대방이나 그 법정대리인 또는 스토킹행위를 신고한 사람의 요청에 의하여 다음 각 호에 따른 조치를 할 수 있다.
1. 스토킹행위의 상대방이나 그 주거등으로부터 100미터 이내의 접근 금지
2. 스토킹행위의 상대방에 대한 「전기통신기본법」 제2조 제1호의 전기통신을 이용한 접근 금지
② 사법경찰관은 제1항의 긴급응급조치를 하였을 때에는 즉시 스토킹행위의 요지, 긴급응급조치가 필요한 사유, 긴급응급조치의 내용 등이 포함된 긴급응급조치결정서를 작성하여야 한다.

제9조(스토킹행위자에 대한 잠정조치) ① 법원은 스토킹범죄의 원활한 조사·심리 또는 피해자 보호를 위하여 필요하다고 인정하는 경우에는 결정으로 스토킹행위자에게 다음 각 호의 잠정조치를 할 수 있다.
1. 피해자에 대한 스토킹범죄 중단에 관한 서면 경고
2. 피해자나 그 주거등으로부터 100미터 이내의 접근 금지
3. 피해자에 대한 「전기통신기본법」 제2조 제1호의 전기통신을 이용한 접근 금지
4. 국가경찰관서의 유치장 또는 구치소에의 유치
② 제1항 각 호의 잠정조치는 병과할 수 있다.

정답 ②

041 다음은 「총포·도검·화약류 등의 안전관리에 관한 법률」상 용어를 정리한 것이다. 가장 옳은 것은 무엇인가?
14경간

① '총포'란 권총, 소총, 기관총, 포, 엽총, 금속성 탄알이나 가스 등을 쏠 수 있는 장약총포, 공기총(가스를 이용하는 것을 포함)으로 대통령령이 정하는 것을 말한다. 단, 총포신·기관부 등 그 부품은 제외한다.
② '도검'이란 칼날의 길이가 15cm이상 되는 칼·검·창·치도·비수 등으로서 성질상 흉기로 쓰이는 것만을 의미한다.
③ '화약류'라 함은 화약·폭약을 말한다. 단, 화공품은 제외한다.
④ '전자충격기'란 사람의 활동을 일시적으로 곤란하게 하거나 인명에 위해를 주는 전류를 방류할 수 있는 기기로서 대통령령으로 정하는 것을 말한다.

> **해설**
>
> ① "총포"란 권총, 소총, 기관총, 포, 엽총, 금속성 탄알이나 가스 등을 쏠 수 있는 장약총포, 공기총(가스를 이용하는 것을 포함한다. 이하 같다) **및 총포신·기관부 등 그 부품**(이하 "부품"이라 한다)으로서 대통령령으로 정하는 것을 말한다.
> ② "도검"이라 함은 **칼날의 길이가 15센티미터 이상 되는 칼·검·창·치도(雉刀)·비수 등으로서 성질상 흉기로 쓰이는 것**과 **칼날의 길이가 15센티미터 미만이라 할지라도 흉기로 사용될 위험성이 뚜렷한 것 중에서 대통령령이 정하는 것**을 말한다.
> ③ "화약류"라 함은 다음 각호의 **화약·폭약 및 화공품**(화공품 : 화약 및 폭약을 써서 만든 공작물을 말한다. 이하 같다)을 말한다.
> ④ ○
>
> **정답** ④

042 「총포·도검·화약류 등의 안전관리에 관한 법률」에 대한 내용으로 가장 적절하지 않은 것은?

18순경1차

① "총포"란 권총, 소총, 기관총, 포, 엽총, 금속성 탄알이나 가스 등을 쏠 수 있는 장약총포, 공기총(가스를 이용하는 것을 포함한다) 및 총포신·기관부 등 그 부품으로서 대통령령으로 정하는 것을 말한다.
② 자격정지 이상의 형을 선고받고 그 집행이 끝나거나 집행을 받지 아니하기로 확정된 후 3년이 지나지 아니한 자는 총포·도검·화약류·분사기·전자충격기·석궁 제조업의 허가를 받을 수 없다.
③ 누구든지 유실·매몰 또는 정당하게 관리되고 있지 아니하는 총포·도검·화약류·분사기·전자충격기·석궁이라고 인정되는 물건을 발견하거나 습득하였을 때에는 24시간 이내에 가까운 경찰관서에 신고하여야 한다.
④ 화약류를 운반하려는 사람은 행정안전부령으로 정하는 바에 따라 발송지를 관할하는 경찰서장에게 신고하여야 한다. 다만, 대통령령으로 정하는 수량 이하의 화약류를 운반하는 경우에는 그러하지 아니하다.

> **해설**
>
> ② **금고 이상의** 형을 선고받고 그 집행이 끝나거나 집행을 받지 아니하기로 확정된 후 3년이 지나지 아니한 자는 총포·도검·화약류·분사기·전자충격기·석궁 제조업의 허가를 받을 수 없다.
>
> **정답** ②

043 총포·도검·화약류 등 안전관리 관련 법령에 대한 설명 중 가장 적절하지 않은 것은? 13승진

① 전자충격기, 가스분사기, 석궁, 가스발사총, 구난구명총, 도살총의 소지는 주소지를 관할하는 경찰서장의 허가를 받아야 한다.
② 권총, 엽총, 어획총의 소지는 주소지를 관할하는 시·도경찰청장의 허가를 받아야 한다.
③ 18세 미만인 사람은 총포 등을 취급해서는 안 되며 누구든지 그들에게 이를 취급하게 하여서도 안 된다. 단, 대한체육회장이나 특별시·광역시·특별자치시·도 또는 특별자치도의 체육회장이 추천한 선수 또는 후보자가 사격경기용 총포나 석궁을 소지하는 경우는 제외한다.
④ 분사기에는 총포형·막대형·만년필형·기타 휴대형 분사기가 있다.

해설

② <u>권총, 어획총</u>의 소지는 주소지를 관할하는 시·도경찰청장의 허가를 받아야 한다.
→ 엽총의 소지는 경찰서장의 허가

▶ **허가권자 정리** (제판소/엽산도마가구공)

	경찰청장	시·도경찰청장	경찰서장
제조업 수출입	① 총포 ② 화약류	도검, 분사기, 전자충격기, 석궁	
판매업		모두	
소지 (주소지관할)		총포	① 총(엽총, 산업용총, 도살총, 마취총, 가스발사총, 구난구명총, 공기총) ② 도검·분사기·전자충격기·석궁, 화약류

정답 ②

044 유실물처리에 관한 다음 설명 중 가장 옳지 않은 것은? 18경간

① 유실물이란 점유자의 의사에 의하지 않거나 타인에게 절취된 것이 아니면서 우연히 그 지배에서 벗어난 동산을 말하며, 점유자의 의사에 의하여 버린 물건이나 도품은 유실물에 해당하지 않는다.
② 범죄자가 놓고 간 것으로 인정되는 물건을 습득한 자는 신속히 그 물건을 경찰서에 제출하여야 한다.
③ 유실물을 습득한 자가 보상금을 받을 권리 및 습득물의 소유권을 취득할 권리를 얻기 위해서는 습득일로부터 7일 이내에 경찰서(지구대·파출소 등 소속 경찰관서를 포함한다)에 신고하여야 한다.
④ 유실물을 습득한 자가 유실물의 소유권을 취득할 권리를 보유한 때부터 2개월 이내에 유실물을 수취하지 아니할 때에는 그 소유권을 상실한다.

> **해설**
>
> ④ 유실물법 및 「민법」 제253조, 제254조에 따라 물건의 소유권을 취득한 자가 그 취득한 날부터 **3개월 이내에** 물건을 경찰서 또는 자치경찰단으로부터 받아가지 아니할 때에는 그 소유권을 상실한다(유실물법 제14조).
>
> **정답** ④

045 유실물 처리와 관련된 다음 설명 중 틀린 것은 모두 몇 개인가? 16경간

> ㉠ 습득물 공고 후 1년 이내에 소유자가 권리를 주장하지 않으면 습득자가 소유권을 취득한다.
> ㉡ 국가 또는 지방자치단체와 그 밖에 대통령령으로 정하는 공공기관도 보상금을 청구할 수 있다.
> ㉢ 물건의 반환을 받는 자는 물건 가액의 5/100 이상 30/100 이하의 범위에서 보상금을 습득자에게 지급하여야 한다.
> ㉣ 습득물, 유실물, 준유실물, 유기동물은 「유실물법」의 규정에 따라 처리된다.

① 1개　　　② 2개　　　③ 3개　　　④ 4개

> **해설**
>
> ㉠ 습득물 공고 후 **6개월 이내에** 소유자가 권리를 주장하지 않으면 습득자가 소유권을 취득한다.
> ㉡ 국가 또는 지방자치단체와 그 밖에 대통령령으로 정하는 공공기관은 **보상금을 청구할 수 없다**.
> ㉢ 물건의 반환을 받는 자는 물건 가액의 **5/100 이상 20/100 이하의 범위에서** 보상금을 습득자에게 지급하여야 한다.
> ㉣ 습득물, 유실물, 준유실물은 「유실물법」의 규정에 따라 처리된다. **유기동물은 「동물보호법」의 규정에 따라 처리**된다.
>
> **정답** ④

제4절 여성·청소년 업무

046 「소년법」에 관한 다음 설명 중 옳지 않은 것은 모두 몇 개인가?　　　18경간

> 가. 정당한 이유 없이 가출하고, 그의 성격이나 환경에 비추어 앞으로 형벌 법령에 저촉되는 행위를 할 우려가 있는 10세 이상인 소년은 소년부의 보호사건으로 심리한다.
> 나. 소년부는 사건이 그 관할에 속하지 아니한다고 인정하면 결정으로써 그 사건을 관할 소년부에 이송하여야 한다.
> 다. "소년"이란 19세 미만인 자를 말하며, "보호자"란 법률상 감호교육을 할 의무가 있는 자 또는 현재 감호하는 자를 말한다.
> 라. 징역 또는 금고를 선고받은 소년에 대하여는 특별히 설치된 교도소 또는 일반 교도소 안에 특별히 분리된 장소에서 그 형을 집행한다. 다만, 소년이 형의 집행 중에 23세가 되면 일반 교도소에서 집행할 수 있다.
> 마. 촉법소년 및 우범소년에 해당하는 때에는 경찰서장은 직접 관할 검찰청에 송치하여야 한다.

① 0개　　② 1개　　③ 2개　　④ 3개

[해설]

마. 촉법소년 및 우범소년에 해당하는 때에는 <u>경찰서장은 직접 관할 소년부에 송치하여야 한다</u>(제4조②).

정답 ②

---

047 '소년법'상 소년형사절차의 특례에 대한 설명이다. 빈 칸의 숫자를 모두 더한 값은?　　　15경간

> 가. 죄를 범할 당시 (　)세 미만인 소년에 대하여 사형 또는 무기형으로 처할 것인 때에는 (　)년의 유기형으로 한다.
> 나. 소년이 법정형으로 장기 (　)년 이상의 유기형에 해당하는 죄를 범한 경우에는 그 형의 범위에서 장기와 단기를 정하여 선고하되, 장기는 (　)년, 단기는 (　)년을 초과하지 못한다.
> 다. 징역 또는 금고를 선고받은 소년에 대하여는 형의 집행 중에 (　)세가 되면 일반교도소에서 집행할 수 있다.

① 70　　② 71　　③ 73　　④ 75

해설

- 가 – 죄를 범할 당시 <u>18세 미만인</u> 소년에 대하여 사형 또는 무기형으로 처할 것인 때에는 <u>15년의</u> 유기형으로 한다.
- 나 – 소년이 법정형으로 <u>장기 2년 이상의</u> 유기형에 해당하는 죄를 범한 경우에는 그 형의 범위에서 장기와 단기를 정하여 선고한다. 다만, <u>장기는 10년</u>, <u>단기는 5년</u>을 초과하지 못한다.
- 다 – 징역 또는 금고를 선고받은 소년에 대하여는 형의 집행 중에 <u>23세가 되면</u> 일반교도소에서 집행할 수 있다.

정답 ③

---

048 「청소년 보호법」상 '청소년유해행위'에 해당하지 <u>않는</u> 것은? 16경간

① 영리를 목적으로 청소년으로 하여금 신체적인 접촉 또는 은밀한 부분의 노출 등 성적 접대행위를 하게 하거나 이러한 행위를 알선·매개하는 행위
② 영리나 흥행을 목적으로 청소년에게 음란한 행위를 하게 하는 행위
③ 주로 차 종류를 조리·판매하는 업소에서 청소년으로 하여금 영업장을 벗어나 차 종류를 배달하는 행위를 하게 하거나 이를 조장하거나 묵인하는 행위
④ 아동·청소년에 대하여 폭행이나 협박으로 구강·항문 등 신체(성기는 제외한다)의 내부에 성기를 넣는 행위

해설

④ 아동·청소년에 대하여 폭행이나 협박으로 구강·항문 등 신체(성기는 제외한다)의 내부에 성기를 넣는 행위는 '<u>아동·청소년의 성보호에 관한 법률</u>'상 '<u>아동·청소년대상 성폭력범죄</u>'에 해당한다.

아동·청소년의 성보호에 관한 법률 제7조(아동·청소년에 대한 강간·강제추행 등)
① 폭행 또는 협박으로 아동·청소년을 강간한 사람은 무기징역 또는 5년 이상의 유기징역에 처한다.
② 아동·청소년에 대하여 폭행이나 협박으로 다음 각 호의 어느 하나에 해당하는 행위를 한 자는 5년 이상의 유기징역에 처한다.
 1. 구강·항문 등 신체(성기는 제외한다)의 내부에 성기를 넣는 행위
 2. 성기·항문에 손가락 등 신체(성기는 제외한다)의 일부나 도구를 넣는 행위

정답 ④

049 「청소년 보호법」상 청소년유해행위에 해당하는 것은 모두 몇 개인가? 19경간

가. 청소년에게 구걸을 시키거나 청소년을 이용하여 구걸하는 행위
나. 영리나 흥행을 목적으로 청소년에게 음란한 행위를 하게 하는 행위
다. 영리를 목적으로 청소년으로 하여금 거리에서 손님을 유인하는 행위를 하게 하는 행위
라. 주로 차 종류를 조리·판매하는 업소에서 청소년을 고용하는 행위
마. 청소년을 남녀 혼숙하게 하는 등 풍기를 문란하게 하는 영업행위를 하거나 이를 목적으로 장소를 제공하는 행위
바. 영리를 목적으로 청소년으로 하여금 손님과 함께 술을 마시거나 노래 또는 춤 등으로 손님의 유흥을 돋우는 접객행위를 하게 하거나 이러한 행위를 알선·매개하는 행위

① 3개   ② 4개   ③ 5개   ④ 6개

해설

라. 주로 차 종류를 조리·판매하는 업소에서 청소년으로 하여금 **영업장을 벗어나 차 종류를 배달하는 행위**를 하게 하거나 이를 조장하거나 묵인하는 행위

정답 ③

050 다음 중 「청소년 보호법」상 처벌규정으로 가장 옳지 않은 것은? 14경간

① 영리를 목적으로 청소년으로 하여금 신체적인 접촉 또는 은밀한 부분의 노출 등 성적 접대행위를 하게 하거나 이러한 행위를 알선, 매개하는 행위를 한 자는 1년 이상 10년 이하의 징역에 처한다.
② 영리나 흥행을 목적으로 청소년에게 음란한 행위를 하게 한 자는 7년 이하의 징역에 처한다.
③ 영리나 흥행을 목적으로 청소년의 장애나 기형 등의 모습을 일반인들에게 관람시키는 행위를 한 자는 5년 이하의 징역에 처한다.
④ 영리를 목적으로 청소년으로 하여금 거리에서 손님을 유인하는 행위를 하게 한 자는 3년 이하의 징역 또는 3천만원 이하의 벌금에 처한다.

해설

② 영리나 흥행을 목적으로 청소년에게 음란한 행위를 하게 한 자는 **10년 이하의 징역**에 처한다.

▶ **청소년유해행위 및 처벌** (성접음/장구학/풍유차)

청소년유해행위	처벌
① 영리를 목적으로 청소년으로 하여금 신체적인 접촉 또는 은밀한 부분의 노출 등 <u>성적 접대행위</u>를 하게 하거나 이러한 행위를 알선·매개하는 행위	1년 이상 10년 이하의 징역
② 영리를 목적으로 청소년으로 하여금 손님과 함께 술을 마시거나 노래 또는 춤 등으로 손님의 <u>유흥을 돋우는</u> 접객행위를 하게 하거나 이러한 행위를 알선·매개하는 행위 ③ 영리나 흥행을 목적으로 청소년에게 <u>음란한</u> 행위를 하게 하는 행위	10년 이하의 징역
④ 영리나 흥행을 목적으로 청소년의 <u>장</u>애나 기형 등의 모습을 일반인들에게 관람시키는 행위 ⑤ 청소년에게 <u>구걸</u>을 시키거나 청소년을 이용하여 구걸하는 행위(지하철 내에서 18세의 소년을 앵벌이 시킨 자에 대한 처벌근거법 – 청소년보호법) ⑥ 청소년을 <u>학</u>대하는 행위	5년 이하의 징역
⑦ 영리를 목적으로 청소년으로 하여금 거리에서 <u>손님을 유인</u>하는 행위를 하게 하는 행위 ⑧ 청소년을 남녀 <u>혼숙하게 하는</u> 등 <u>풍기를 문란</u>하게 하는 영업행위를 하거나 이를 목적으로 장소를 제공하는 행위 ⑨ 주로 차 종류를 조리·판매하는 업소에서 청소년으로 하여금 영업장을 벗어나 <u>차 종류를 배달</u>하는 행위를 하게 하거나 이를 조장하거나 묵인하는 행위	3년 이하의 징역 또는 3천만원 이하의 벌금

정답 ②

051 「청소년 보호법」상 "청소년유해업소"에 관한 설명으로 가장 적절하지 않은 것은? (단, 청소년은 모두 「청소년 보호법」 제2조 제1호의 "청소년"을 의미한다.) 19순경2차, 14승진유사

① 청소년 출입·고용금지업소와 청소년고용금지업소로 구분된다.
② 이 경우 업소의 구분은 그 업소가 영업을 할 때 다른 법령에 따라 요구되는 허가·인가·등록·신고 등의 여부와 관계없이 실제로 이루어지고 있는 영업행위를 기준으로 한다.
③ 사행행위 영업, 단란주점 영업, 유흥주점 영업소의 경우 청소년의 고용뿐 아니라 출입도 금지되어 있다.
④ 청소년은 일반음식점 영업 중 주로 주류의 조리·판매를 목적으로 한 소주방·호프·카페는 출입할 수 없다.

해설

④ <u>청소년 고용만 금지되며, 출입은 허용된다(청소년 고용금지업소)</u>.

청소년 출입·고용 금지업소 (일복사단/노무비/전장성)	청소년 고용 금지업소 (청티숙목이/호카비/만피유)
① 일반게임제공업, 복합유통게임제공업 ② 사행행위영업 ③ 단란주점영업, 유흥주점영업 ④ 노래연습장업(단, 청소년실에 한정하여 출입 허용) ⑤ 무도학원업, 무도장업 ⑥ 비디오물감상실업, 제한관람가비디오물소극장업, 복합영상물제공업 ⑦ 전화방, 화상전화방(전기통신설비를 갖추고 불특정한 사람들 사이의 음성대화 또는 화상대화를 매개하는 것을 주된 목적으로 하는 영업) ⑧ 한국마사회법에 따른 장외발매소 ⑨ 경륜·경정법에 따른 장외매장 ⑩ 성적 서비스 제공영업(청소년보호위원회 결정/여성가족부장관 고시 → 성기구취급업소, 키스방, 대딸방, 전립선마사지, 유리방, 성인PC방, 휴게텔, 인형체험방 등) ⑪ 청소년유해매체물 및 청소년유해약물 등을 제작·생산·유통하는 영업 등 청소년의 출입과 고용이 청소년에게 유해하다고 인정되는 영업으로서 대통령령으로 정하는 기준에 따라 청소년보호 위원회가 결정하고 여성가족부장관이 고시한 것	① 청소년게임제공업, 인터넷컴퓨터게임시설제공업(PC방) ② - 숙박업(관광진흥법상 휴양 콘도미니엄업, 농어촌정비법 또는 국제회의산업 육성에 관한 법률을 적용받는 숙박업은 제외) - 목욕장업 중 안마실을 설치하거나 개별실로 구획하여 하는 영업 - 이용업(취업이 금지되지 아니한 남자 청소년을 고용하는 경우는 제외) ③ - 호프·소주방·카페(일반음식점영업 중 주로 주류의 조리·판매를 목적으로 하는 형태의 영업) - 티켓다방(휴게음식점영업으로서 종업원에게 영업장을 벗어나 차 종류 등을 배달·판매하게 하면서 소요시간에 따라 대가를 받게 하는 형태의 영업) ④ 비디오물소극장업 ⑤ 만화대여업(회비 받거나 유료로 빌려 주는) ⑥ 유해화학물질영업 ⑦ 청소년보호위원회가 결정하고 여성가족부장관이 고시한 것

 ④

052 '청소년 보호법'상 청소년유해업소 중 청소년 출입 및 고용 금지업소에 해당되지 <u>않는</u> 것은? 15경간

① '식품위생법'에 의한 유흥주점업, 단란주점업
② '체육시설의 설치·이용에 관한 법률'에 의한 무도학원업, 무도장업
③ '사행행위 등 규제 및 처벌 특례법'에 의한 사행행위업
④ 회비 등을 받거나 유료로 만화를 대여하는 만화대여업

해설

④ "회비 등을 받거나 유료로 만화를 대여하는 만화대여업"은 <u>출입은 가능하고 고용만 금지되는 업소이다 (청소년 고용금지업소)</u>.

 ④

053 다음의 「청소년 보호법」 및 동법 시행령상 청소년유해업소 중 "청소년 출입·고용금지업소"를 모두 고른 것은?

18순경2차

> ㉠ 「게임산업진흥에 관한 법률」에 따른 인터넷컴퓨터게임시설 제공업
> ㉡ 「게임산업진흥에 관한 법률」에 따른 일반게임제공업
> ㉢ 「영화 및 비디오물의 진흥에 관한 법률」 제2조 제16호에 따른 비디오물감상실업
> ㉣ 「영화 및 비디오물의 진흥에 관한 법률」에 따른 비디오물소극장업

① ㉠㉢　　② ㉠㉣　　③ ㉡㉢　　④ ㉡㉣

해설

③ 청소년 출입·고용금지업소는 ㉡㉢, 고용금지업소는 ㉠㉣이다.

정답 ③

---

054 「청소년 보호법」 제2조 제5호의 "청소년유해업소"란 청소년의 출입과 고용이 청소년에게 유해한 것으로 인정되는 청소년출입·고용금지업소와 청소년의 출입은 가능하나 고용이 청소년에게 유해한 것으로 인정되는 청소년고용금지업소를 말한다. 다음 중 옳지 <u>않은</u> 것은? (이 경우 업소의 구분은 그 업소가 영업을 할 때 다른 법령에 따라 요구되는 허가·인가·등록·신고 등의 여부와 관계없이 실제로 이루어지고 있는 영업행위를 기준으로 한다)

17승진

	청소년출입·고용금지업소	청소년고용금지업소
①	「게임산업진흥에 관한 법률」에 따른 '일반게임제공업'	「게임산업진흥에 관한 법률」에 따른 '청소년게임제공업'
②	「영화 및 비디오물의 진흥에 관한 법률」에 따른 '비디오물소극장업'	「영화 및 비디오물의 진흥에 관한 법률」에 따른 '비디오물감상실업'
③	「사행행위 등 규제 및 처벌 특례법」에 따른 '사행행위영업'	「게임산업진흥에 관한 법률」에 따른 '인터넷컴퓨터게임시설제공업'
④	「체육시설의 설치·이용에 관한 법률」에 따른 '무도학원업'	회비 등을 받거나 유료로 만화를 빌려주는 '만화대여업'

해설

「영화 및 비디오물의 진흥에 관한 법률」에 따른 '비디오물감상실업'은 출입·고용금지업소이고, '비디오물소극장업'은 고용금지업소에 해당한다.

정답 ②

055 청소년의 정의와 관련된 규정이 있는 다음 법률 중 청소년의 상한 연령이 가장 높은 것은? 17승진

① 청소년 보호법
② 아동·청소년의 성보호에 관한 법률
③ 청소년 기본법
④ 게임산업진흥에 관한 법률(단, 초·중등교육법은 고려하지 않음)

> **해설**

① **청소년 보호법** 상 청소년 – '청소년'이란 <u>만 19세 미만</u>인 사람을 말한다. 다만, <u>만 19세가 되는 해의 1월 1일을 맞이한 사람은 제외</u>한다.
② **아동·청소년의 성보호에 관한 법률** 상 아동·청소년 – '아동·청소년'이란 <u>19세 미만</u>의 자를 말한다. 다만, <u>19세에 도달하는 연도의 1월 1일을 맞이한 자는 제외</u>한다.
③ **청소년 기본법** 상 청소년 – '청소년'이란 <u>9세 이상 24세 이하</u>인 사람을 말한다.
④ **게임산업진흥에 관한 법률** 상 청소년 – '청소년'이라 함은 <u>18세 미만</u>의 자를 말한다.

▶ **청소년의 연령 기준** (청기24/소심고/아청연심고)

청소년기본법	9세 이상 24세 이하
소년법(2조), 소년업무규칙	19세 미만
아동청소년의성보호에관한법률 청소년보호법	19세 미만 (연 나이 : 19세가 되는 1월 1일을 맞이한 자를 제외)
아동복지법	18세 미만
게임산업진흥에관한법률 영화및비디오물의진흥에관한법률 음악산업진흥에관한법률	18세 미만 (고등학생 포함)

〈근로기준법상 고용금지 : 식당/일반다방 등〉
① 15세미만인 자(중학교에 재학 중인 18세 미만 포함)는 근로자로 사용하지 못한다.
② 15세이상~18세미만 → 사용자는 연소자증명서와 친권자동의서를 사업장에 갖추어야 함
③ 13세이상~15세미만 → 고용노동부장관 발급 취직인허증을 지닌 소년만 근로자로 사용할 수 있음

정답 ③

056 「청소년 보호법」과 관련된 판례에 대한 설명 중 가장 적절하지 않은 것은?　　12승진

① 「청소년 보호법」의 입법취지와 목적 및 규정 내용 등에 비추어 볼 때, 18세 미만의 청소년에게 술을 판매함에 있어서 가사 그의 민법상 법정대리인의 동의를 받았다고 하더라도 그러한 사정만으로 위 술 판매행위가 정당화 될 수는 없다.
② 「청소년 보호법」상의 '청소년'에 해당하는지의 판단 기준은 가족관계부 등 공법상의 나이가 아니라 실제의 나이를 기준으로 하여야 할 것이다.
③ 청소년이 이른바 '티켓걸'로서 노래연습장 또는 유흥주점에서 손님들의 흥을 돋우어 주고 시간당 보수를 받은 사안에서, 시간제로 보수를 받고 근무하는 위와 같은 영업형태는 업소 주인이 청소년을 시간제 접대부로 고용한 것으로 보아 업소 주인에 대하여 「청소년 보호법」 위반의 죄책을 묻는 것이 정당하다.
④ 일반음식점 허가를 받은 업소가 실제로는 주로 주류를 조리·판매하는 영업행위를 한 경우, 이는 「청소년보호법」상의 청소년 고용금지업소에 해당하며, 주간에는 주로 음식류를, 야간에는 주로 주류를 조리·판매하는 형태의 영업행위를 한 경우, 야간 영업형태의 청소년 보호를 위한 분리의 필요성으로 인하여 주·야간의 영업형태를 불문하고 「청소년 보호법」상의 청소년 고용금지 업소에 해당한다.

해설

④ 일반음식점 허가를 받은 업소가 실제로는 주로 주류를 조리·판매하는 영업행위를 한 경우, 이는 「청소년보호법」상의 청소년 고용금지업소에 해당하며, 주간에는 주로 음식류를, 야간에는 주로 주류를 조리·판매하는 형태의 영업행위를 한 경우, <u>야간의 영업형태에 있어서의 업소는 한정적으로</u> 청소년보호법상의 청소년 고용금지 업소에 해당한다.

정답 ④

---

057 「아동·청소년의 성보호에 관한 법률」에 대한 설명으로 가장 적절하지 않은 것은?
17순경2차, 18경채유사

① 아동·청소년성착취물을 제작·수입 또는 수출한 자(동법 제11조 제1항)에 대하여 미수범 처벌 규정을 두고 있다.
② 아동·청소년의 성을 사기 위하여 아동·청소년을 유인하거나 성을 팔도록 권유한 자(동법 제13조 제2항)의 경우 미수범 처벌규정이 없다.
③ 법원은 아동·청소년 대상 성범죄를 범한 「소년법」 제2조의 소년에 대하여 형의 선고를 유예하는 경우에는 반드시 보호관찰을 명하여야 한다.
④ 음주 또는 약물로 인한 심신장애 상태에서 아동·청소년대상 성폭력 범죄를 범한 때에는 「형법」 제10조 제1항·제2항 및 제11조(심신장애자·농아자 감면규정)를 적용하지 아니한다.

> **해설**
>
> ④ 음주 또는 약물로 인한 심신장애 상태에서 아동·청소년대상 성폭력 범죄를 범한 때에는 「형법」제10조 제1항·제2항 및 제11조(심신장애자·농아자 감면규정)를 <u>적용하지 아니할 수 있다</u>(제19조).
>
> 정답 ④

058 「아동·청소년의 성보호에 관한 법률」에 대한 설명 중 옳지 않은 것은? 　　11승진

① 아동·청소년의 성을 사는 행위의 상대방이 되도록 유인·권유한 자의 경우(동법 제11조 제3항)에 미수범도 처벌한다.
② 아동·청소년성착취물의 제작·배포행위는 동법에 의한 단속대상이 된다.
③ 동법 제2조에서 말하는 아동·청소년의 성을 사는 행위에는 신체의 일부를 접촉·노출하는 행위로서 일반인의 성적 수치심을 일으키는 행위도 포함된다.
④ 아동·청소년성착취물을 소지한 자도 동법에 의하여 처벌된다.

> **해설**
>
> ① 아동·청소년의 성을 사는 행위의 상대방이 되도록 유인·권유한 자의 경우에 <u>미수범 규정은 없다</u>.
>
> ▶ **아동·청소년 대상 성범죄의 유형**
>
> ① 아동·청소년에 대한 강간·강제추행 등(유사강간 포함)<u>(미수범처벌○)</u>
> ② 장애인인 아동·청소년에 대한 간음 등
> ③ 13세이상 16세미만 아동·청소년에 대한 간음 등
> ④ 강간 등 상해·치상
> ⑤ 강간 등 살인·치사
> ⑥ 아동·청소년성착취물 제작·배포 등<u>(제작·수입·수출만 미수범처벌○)</u>
> ⑦ 아동·청소년 매매행위<u>(미수범처벌○)</u>
> ⑧ 아동·청소년의 성을 사는 행위 등(유인·권유까지 처벌)
> ⑨ 아동·청소년에 대한 강요행위(성을 사는 행위의 상대방이 되도록)<u>(미수범처벌○)</u>
> ⑩ (아청의 성을 사는 행위의) 알선영업행위 등
> ⑪ 아동·청소년에 대한 성착취 목적 대화 등
>
> ※ 위 ①~⑪를 "아동·청소년 대상 성범죄", ①~⑤를 "아동·청소년 대상 성폭력범죄"라 함
> ※ 아동·청소년 19세 미만(다만, 19세에 도달하는 연도의 1월 1일을 맞이한 자는 제외)
> ※ 미수범 처벌(<u>강강착매</u>) : <u>강</u>간·강제추행, <u>강</u>요행위, 성<u>착</u>취물 제작수입수출, <u>매</u>매행위
> ※ 영리를 목적으로 청소년으로 하여금 손님과 함께 술을 마시거나 노래·춤 등으로 유흥을 돋구는 접객행위를 하게 하는 것은 「아동·청소년의 성보호에 관한 법률」상 단속대상이다.(× → 청소년보호법 단속대상)
>
> 정답 ①

059 「아동·청소년의 성보호에 관한 법률」에 대한 설명으로 가장 적절하지 <u>않은</u> 것은? (다툼이 있는 경우 판례에 의함)

21승진

① 아동·청소년이 이미 성매매 의사를 가지고 있었던 경우에도 그러한 아동·청소년에게 금품이나 그 밖의 재산상 이익, 직무·편의제공 등 대가를 제공하거나 약속하는 등의 방법으로 성을 팔도록 권유하는 행위는 동법에서 말하는 '성을 팔도록 권유하는 행위'에 포함된다.

② 아동·청소년의 '성을 사는 행위'를 알선하는 행위를 업으로 하는 사람이 알선의 대상이 아동·청소년임을 인식하면서 알선행위를 하였더라도, 아동·청소년의 성을 사는 행위를 한 사람이 상대방이 아동·청소년임을 인식하지 못하였다면 「아동·청소년의 성보호에 관한 법률」위반으로 처벌할 수 없다.

③ 성을 사는 행위를 알선하는 행위를 업으로 하는 자가 성매매알선을 위한 종업원을 고용하면서 고용대상자에 대하여 연령확인의무 이행을 다하지 아니한 채 아동·청소년을 고용하였다면, 특별한 사정이 없는 한 적어도 아동·청소년의 성을 사는 행위의 알선에 관한 미필적 고의는 인정된다.

④ 아동·청소년의 성을 사기 위하여 아동·청소년을 유인하거나 성을 팔도록 권유한 행위(동법 제13조 제2항)는 미수범 처벌규정이 없다.

> **해설**
>
> ② 아동·청소년의 성을 사는 행위를 알선하는 행위를 업으로 하여 청소년성보호법 제15조 제1항 제2호의 위반죄가 성립하기 위해서는 알선행위를 업으로 하는 사람이 아동·청소년을 알선의 대상으로 삼아 그 성을 사는 행위를 알선한다는 것을 인식하여야 하지만, <u>이에 더하여 알선행위로 아동·청소년의 성을 사는 행위를 한 사람이 행위의 상대방이 아동·청소년임을 인식하여야 한다고 볼 수는 없다.</u>(대판 2015도15664)
>
> **정답** ②

060 「아동·청소년의 성보호에 관한 법률」의 적용으로 가장 옳은 것은? (단, 지문의 아동·청소년은 동법의 적용 대상으로 본다.)

11승진

① 노래방을 운영하는 甲은 평소 알고 지내던 청소년 A가 놀러오자 손님방에 들어가 노래와 춤으로 손님의 유흥을 돋우게 하여 동법에 의하여 처벌 받았다.
② 영화관 주인 乙은 심야에 웃돈을 받고 아동 B가 나오는 음란물을 공연히 상영하려다 영사기 고장으로 미수에 그쳤으나, 동법에 의하여 처벌 받았다.
③ 말년 휴가를 나온 丙은 놀이터에서 놀고 있는 아동 C를 발견하고, 맛있는 것을 사준다며 근처 학교로 유인해 강제추행 하였으나, 피해자의 고소가 없어 동법에 의하여 공소가 제기되지 않았다.
④ 丁은 야간에 술을 마시고 근처에 있던 청소년 D의 성을 사려고 말을 걸었으나, 미수에 그쳐 동법에 의해 처벌되지 않았다.

> **해설**
>
> ① 노래방을 운영하는 甲은 평소 알고 지내던 청소년 A가 놀러오자 손님방에 들어가 노래와 춤으로 손님의 유흥을 돋우게 한 경우 **청소년유해행위로서 청소년보호법의 적용**을 받는다.
> ② 아동·청소년성착취물에 대해서는 제작·수입·수출 행위만 미수범 처벌하므로, **사안과 같은 배포행위는 미수범을 처벌하지 아니한다.**
> ③ 강간·간제추행 등 성폭력범죄와 성범죄에 대해서 친고죄 규정 폐지되었으므로 **고소와 상관없이 처벌 가능하다.**
> ④ O (아동·청소년의 성을 사는 행위의 미수범은 처벌하지 아니한다)
>
> **정답** ④

061 「아동·청소년의 성보호에 관한 법률」상 아동·청소년의 성을 사는 행위에 해당하지 않는 것은?

15승진

① 성교행위
② 구강·항문 등 신체의 일부나 도구를 이용한 유사성교행위
③ 신체의 전부 또는 일부를 접촉·노출하는 행위로서 일반인의 성적 수치심이나 혐오감을 일으키는 행위
④ 노래와 춤 등으로 손님의 유흥을 돋구는 행위

> **해설**
>
> ④ 노래와 춤 등으로 손님의 유흥을 돋구는 행위는 「청소년보호법」상 청소년유해행위의 한 형태로서 금지되는 것이다.
>
> 〈아동·청소년의 성보호에 관한 법률 상 "아동·청소년의 성을 사는 행위"〉
> 4. "아동·청소년의 성을 사는 행위"란 아동·청소년, 아동·청소년의 성(性)을 사는 행위를 알선한 자 또는 아동·청소년을 실질적으로 보호·감독하는 자 등에게 금품이나 그 밖의 재산상 이익, 직무·편의제공 등 대가를 제공하거나 약속하고 다음 각 목의 어느 하나에 해당하는 행위를 아동·청소년을 대상으로 하거나 아동·청소년으로 하여금 하게 하는 것을 말한다.
> 가. 성교 행위
> 나. 구강·항문 등 신체의 일부나 도구를 이용한 유사 성교 행위
> 다. 신체의 전부 또는 일부를 접촉·노출하는 행위로서 일반인의 성적 수치심이나 혐오감을 일으키는 행위
> 라. 자위 행위
>
> 〈성매매알선 등 행위의 처벌에 관한 법률 상 "성매매"〉
> 불특정인을 상대로 금품이나 그 밖의 재산상의 이익을 수수하거나 수수하기로 약속하고 다음 어느 하나에 해당하는 행위를 하거나 그 상대방이 되는 것을 말한다.
> 가. 성교행위
> 나. 구강, 항문 등 신체의 일부 또는 도구를 이용한 유사 성교행위

정답 ④

062 「아동·청소년의 성보호에 관한 법률」상 미수범으로 처벌되는 경우는? 20경간

① 아동·청소년의 성을 사는 행위의 장소를 제공하는 행위를 업으로 하는 자
② 폭행이나 협박으로 아동·청소년으로 하여금 아동·청소년의 성을 사는 행위의 상대방이 되게 한 자
③ 아동·청소년의 성을 사는 행위를 알선하는데 사용되는 사실을 알면서 자금·토지 또는 건물을 제공한 자
④ 영업으로 아동·청소년의 성을 사는 행위의 장소를 제공·알선하는 업소에 아동·청소년을 고용하도록 한 자

> **해설**
>
> ▶ 아동·청소년에 대한 강요행위 등(미수범처벌) (강폭영업선)
>
> 1. 폭행이나 협박으로 아동·청소년으로 하여금 아동·청소년의 성을 사는 행위의 상대방이 되게 한 자
> 2. 선불금, 그 밖의 채무를 이용하는 등의 방법으로 아동·청소년을 곤경에 빠뜨리거나 위계 또는 위력으로 아동·청소년으로 하여금 아동·청소년의 성을 사는 행위의 상대방이 되게 한 자
> 3. 업무·고용이나 그 밖의 관계로 자신의 보호 또는 감독을 받는 것을 이용하여 아동·청소년으로 하여금 아동·청소년의 성을 사는 행위의 상대방이 되게 한 자
> 4. 영업으로 아동·청소년을 아동·청소년의 성을 사는 행위의 상대방이 되도록 유인·권유한 자
>
> **정답** ②

063 '아동·청소년의 성보호에 관한 법률' 내용으로 틀린 것은? 15경간변형

① 폭행 또는 협박으로 아동·청소년을 강간한 사람은 무기징역 또는 5년 이상의 유기징역에 처한다.
② 아동·청소년성착취물을 제작, 수입 또는 수출한 자는 무기징역 또는 5년 이상의 유기징역에 처한다.
③ 아동·청소년의 성을 사는 행위를 한 자는 1년 이상 10년 이하의 징역 또는 2천만원 이상 5천만원 이하의 벌금에 처한다.
④ 아동·청소년의 성을 사기 위하여 아동·청소년을 유인하거나 성을 팔도록 권유한 자는 5년 이하의 징역 또는 3천만원 이하의 벌금에 처한다.

> **해설**
>
> ④ 아동·청소년의 성을 사기 위하여 아동·청소년을 유인하거나 성을 팔도록 권유한 자는 <u>3년 이하의 징역 또는 3천만원 이하의 벌금</u>에 처한다.(제13조②)
>
> **정답** ④

064 「실종아동등의 보호 및 지원에 관한 법률」과 「실종아동등 및 가출인 업무처리 규칙」상 용어의 설명으로 가장 적절한 것은?

14승진

① 아동등 : 실종신고 당시 18세 미만의 아동은 법상 "아동등"에 해당한다.
② 장기실종아동등 : 보호자로부터 신고를 접수한지 24시간이 경과하도록 발견하지 못한 찾는 실종아동등을 말한다.
③ 가출인 : 신고 당시 보호자로부터 이탈된 19세 이상의 사람을 말한다.
④ 발견지 : 실종아동등 또는 가출인을 발견하여 보호 중인 장소를 말하며, 발견한 장소와 보호 중인 장소가 서로 다른 경우 보호 중인 장소를 말한다.

> **해설**

① <u>실종 당시</u> 18세 미만의 아동은 법상 "아동등"에 해당한다.
② "장기실종아동등"이란, 보호자로부터 신고를 접수한지 <u>48시간</u>이 경과하도록 발견하지 못한 찾는 실종아동등을 말한다.
③ "가출인"이란 신고 당시 보호자로부터 이탈된 <u>18세 이상</u>의 사람을 말한다.
④ ○

▶ **실종아동등의 보호 및 지원에 관한 법률 & 실종아동등 및 가출인 업무처리 규칙**

아동등 (18장치)	① <u>실종 당시</u>(신고당시X) 18세 미만인 아동 ② 「<u>장</u>애인복지법」상 지적장애인, 자폐성장애인 또는 정신장애인 ③ 「치매관리법」상 <u>치</u>매환자
실종아동등	약취·유인 또는 유기되거나 사고를 당하거나 가출하거나 길을 잃는 등의 사유로 인하여 보호자로부터 이탈된 아동등
보호자	친권자, 후견인이나 그 밖에 다른 법률에 따라 아동등을 보호하거나 부양할 의무가 있는 사람(다만, 보호시설의 장 또는 종사자는 제외)
보호시설	「사회복지사업법」제2조 제4호에 따른 사회복지시설 및 인가·신고 등이 없이 아동등을 보호하는 시설로서 사회복지시설에 준하는 시설
찾는 실종아동등	보호자가 찾고 있는 실종아동등
보호 실종아동등	보호자가 확인되지 않아 경찰관이 보호하고 있는 실종아동등
장기 실종아동등	보호자로부터 <u>신고를 접수한 지</u>(이탈한 지X) 48시간이 경과한 후에도 발견되지 않은 찾는실종아동등
가출인	<u>신고 당시</u>(가출당시X) 보호자로부터 이탈된 18세 이상의 사람
발생지	① 원칙 : 실종아동등 및 가출인이 실종·가출 전 최종적으로 목격되었거나 목격되었을 것으로 추정하여 신고자 등이 진술한 장소 ② 예외 : 신고자 등이 최종 목격 장소를 진술하지 못하거나, 목격되었을 것으로 추정되는 장소가 대중교통시설 등일 경우 또는 실종·가출 발생 후 1개월이 경과한 때에는 실종아동등 및 가출인의 실종 전 최종 주거지
발견지	① 실종아동등 또는 가출인을 발견하여 보호 중인 장소 ② <u>발견한 장소와 보호 중인 장소가 서로 다른 경우에는 보호 중인 장소</u>

정답 ④

065 실종아동등에 대한 설명으로 가장 적절하지 않은 것은? 22승진

① 실종아동등 및 가출인 업무처리 규칙상 '장기실종아동등'이란 보호자로부터 신고를 접수한 지 48시간이 경과한 후에도 발견되지 않은 찾는 실종아동등을 말한다.
② 실종아동등 및 가출인 업무처리 규칙상 '발견지'는 실종아동등 또는 가출인을 발견하여 보호 중인 장소를 말하며, 발견한 장소와 보호 중인 장소가 서로 다른 경우에는 발견한 장소를 말한다.
③ 실종아동등 및 가출인 업무처리 규칙상 경찰관서의 장은 실종아동등 또는 가출인에 대한 신고를 접수한 후, 신고대상자가 수사기관으로부터 지명수배 또는 지명통보된 사람에 해당하는 경우에는 신고 내용을 실종아동등 프로파일링시스템에 입력하지 않을 수 있다.
④ 실종아동등의 보호 및 지원에 관한 법률상 경찰관서의 장은 실종아동등(범죄로 인한 경우 제외)의 조속한 발견을 위하여 위치정보의 보호 및 이용 등에 관한 법률에 따른 개인위치정보사업자에게 실종아동등의 위치 확인에 필요한 개인위치정보등의 제공을 요청할 수 있다.

해설

② 실종아동등 및 가출인 업무처리 규칙상 '발견지'는 실종아동등 또는 가출인을 발견하여 보호 중인 장소를 말하며, 발견한 장소와 보호 중인 장소가 서로 다른 경우에는 **보호 중인 장소**를 말한다.

정답 ②

066 「실종아동등의 보호 및 지원에 관한 법률」과 「실종아동등 및 가출인 업무처리규칙」에 대한 설명 중 가장 옳지 않은 것은? 19경간

① "발견지"란 실종아동등 또는 가출인을 발견하여 보호 중인 장소를 말하며, 발견한 장소와 보호 중인 장소가 서로 다른 경우에는 보호 중인 장소를 말한다.
② 실종아동등 프로파일링시스템에 입력하는 대상은 실종아동등, 가출인, 보호시설 입소자 중 보호자가 확인되지 않는 사람이다.
③ 발견된 18세 미만 아동 및 가출인의 경우 실종아동등 프로파일링시스템에 등록된 자료는 수배 해제 후로부터 10년간 보관한다.
④ 경찰관서의 장은 실종아동등(범죄로 인한 경우 제외)의 조속한 발견을 위하여 필요한 때에는 「위치정보의 보호 및 이용 등에 관한 법률」에 따른 위치정보사업자에게 실종아동등의 개인위치정보의 제공을 요청할 수 있다.

해설

③ 발견된 18세 미만 아동 및 가출인 : 수배 해제 후로부터 **5년간** 보관(아가5/장치10) ※ 발견된 지적·자폐성·정신장애인 및 치매환자 : 수배 해제 후로부터 10년간 보관

정답 ③

067 「실종아동등의 보호 및 지원에 관한 법률」과 「실종아동등 및 가출인 업무처리 규칙」상 용어의 설명으로 가장 적절한 것은?

17순경1차

① '아동등'이란 실종신고 당시 18세 미만인 아동, 「장애인복지법」 제2조의 장애인 중 지적장애인, 자폐성장애인 또는 정신장애인 및 「치매관리법」 제2조 제2호의 치매환자를 말한다.
② '발생지'란 실종아동등 및 가출인이 실종·가출 전 최종적으로 목격되었거나 목격되었을 것으로 추정하여 신고자 등이 진술한 장소를 말하며, 신고자 등이 최종 목격 장소를 진술하지 못하거나, 목격되었을 것으로 추정되는 장소가 대중교통시설 등일 경우 또는 실종·가출 발생 후 10일이 경과한 때에는 실종아동등 및 가출인의 실종 전 최종 주거지를 말한다.
③ '발견지'란 실종아동등 또는 가출인을 발견하여 보호 중인 장소를 말하며, 발견한 장소와 보호 중인 장소가 서로 다른 경우에는 발견한 장소를 말한다.
④ '장기실종아동등'이란 보호자로부터 신고를 접수한 지 48시간이 경과한 후에도 발견되지 않은 찾는실종아동등을 말한다.

해설

① '아동등'이란 **실종 당시** 18세 미만인 아동, 「장애인복지법」 제2조의 장애인 중 지적장애인, 자폐성장애인 또는 정신장애인 및 「치매관리법」 제2조 제2호의 치매환자를 말한다.
② '발생지'란 실종아동등 및 가출인이 실종·가출 전 최종적으로 목격되었거나 목격되었을 것으로 추정하여 신고자 등이 진술한 장소를 말하며, 신고자 등이 최종 목격 장소를 진술하지 못하거나, 목격되었을 것으로 추정되는 장소가 대중교통시설 등일 경우 또는 실종·가출 발생 후 **1개월이** 경과한 때에는 실종아동등 및 가출인의 실종 전 최종 주거지를 말한다.
③ '발견지'란 실종아동등 또는 가출인을 발견하여 보호 중인 장소를 말하며, 발견한 장소와 보호 중인 장소가 서로 다른 경우에는 **보호 중인 장소**를 말한다.
④ O

정답 ④

068 「실종아동등의 보호 및 지원에 관한 법률」상 사용하는 용어의 정의에 대한 설명으로 가장 적절하지 않은 것은?

16순경2차

① "아동등"이란 실종 당시 19세 미만인 아동, 지적장애인, 자폐성장애인 또는 정신장애인, 치매환자에 해당하는 사람을 말한다.
② "실종아동등"이란 약취(略取) 유인(誘引) 또는 유기(遺棄)되거나 사고를 당하거나 가출하거나 길을 잃는 등의 사유로 인하여 보호자로부터 이탈(離脫)된 아동등을 말한다.
③ "보호자"란 친권자, 후견인이나 그 밖에 다른 법률에 따라 아동등을 보호하거나 부양할 의무가 있는 사람을 말한다. 다만, 보호시설의 장 또는 종사자는 제외한다.
④ "보호시설"이란 사회복지시설 및 인가·신고 등이 없이 아동등을 보호하는 시설로서 사회복지시설에 준하는 시설을 말한다.

> **해설**
> ① "아동등"이란 실종 당시 **18세 미만인** 아동, 지적장애인, 자폐성장애인 또는 정신장애인, 치매환자에 해당하는 사람을 말한다.
>
> 정답 ①

069 「실종아동등 및 가출인 업무처리 규칙」상 규정된 용어에 대한 설명 중 가장 적절하지 <u>않은</u> 것은?

18순경3차

① "가출인"이란 신고 당시 보호자로부터 이탈된 18세 이상의 사람을 말한다.
② "장기실종아동등"이란 보호자로부터 신고를 접수한 지 48시간이 경과한 후에도 발견되지 않은 찾는실종아동등을 말한다.
③ "보호실종아동등"이란 보호자가 확인되어 경찰관이 보호하고 있는 실종아동등을 말한다.
④ "발견지"란 실종아동등 또는 가출인을 발견하여 보호 중인 장소를 말하며, 발견한 장소와 보호 중인 장소가 서로 다른 경우에는 보호 중인 장소를 말한다.

> **해설**
> ③ "보호실종아동등"이란 <u>보호자가 확인되지 않아</u> 경찰관이 보호하고 있는 실종아동등을 말한다.
>
> 정답 ③

070 「실종아동등 및 가출인 업무처리규칙」에 대한 다음 설명 중 옳은 것은 모두 몇 개인가?

16경간, 17승진유사

> ㉠ "아동등"이란 「실종아동등의 보호 및 지원에 관한 법률」 제2조 제1호에 따른 실종 당시 18세 미만 아동, 지적·자폐성·정신장애인, 치매환자를 말한다.
> ㉡ "장기실종아동등"이란 보호자로부터 신고를 접수한 지 36시간이 경과한 후에도 발견되지 않은 찾는 실종아동등을 말한다.
> ㉢ "발견지"란 실종아동등 또는 가출인을 발견하여 보호 중인 장소를 말하며, 발견한 장소와 보호 중인 장소가 서로 다른 경우에는 발견한 장소를 말한다.
> ㉣ 실종아동등 프로파일링시스템에 입력하는 대상은 실종아동등, 가출인, 보호자가 확인된 보호시설 입소자 등이다.
> ㉤ 미발견자의 경우 실종아동등 프로파일링시스템에 등록된 자료는 소재 발견시까지 보관한다.

① 0개 ② 1개 ③ 2개 ④ 3개

> **해설**
>
> ㉠ O
> ㉡ "장기실종아동등"이란 보호자로부터 신고를 접수한 지 <u>48시간이</u> 경과한 후에도 발견되지 않은 찾는 실종아동등을 말한다.
> ㉢ "발견지"란 실종아동등 또는 가출인을 발견하여 보호 중인 장소를 말하며, 발견한 장소와 보호 중인 장소가 서로 다른 경우에는 <u>보호 중인 장소</u>를 말한다.
> ㉣ 실종아동등 프로파일링시스템에 입력하는 대상은 실종아동등, 가출인, <u>보호시설 입소자 중 보호자가 확인되지 않는 사람</u> 등이다.
> ㉤ O
>
> **정답 ③**

071 「실종아동등의 보호 및 지원에 관한 법률」에 대한 다음 설명 중 옳은 것은 모두 몇 개인가? 17경간

> ㉠ "보호시설"이라 함은 「사회복지사업법」 제2조 제4호에 따른 사회복지시설만을 의미하고, 인가·신고 등이 없이 아동등을 보호하는 시설로서 사회복지시설에 준하는 시설은 보호시설에 포함되지 않는다.
> ㉡ 직무를 수행하면서 실종아동등임을 알게 되었을 때에 경찰 신고체계로 지체 없이 신고해야 하는 신고의무자로는 보호시설의 장, 사회복지전담공무원이 있고, 보호시설의 종사자는 신고의무자에 해당하지 않는다.
> ㉢ 경찰관서의 장은 실종아동등의 발생 신고를 접수하면 지체 없이 수색 또는 수사의 실시 여부를 결정하여야 한다.
> ㉣ 경찰관서의 장은 실종아동등(범죄로 인한 경우 포함)의 조속한 발견을 위하여 필요한 때에는 「위치정보의 보호 및 이용 등에 관한 법률」에 따른 위치정보사업자에게 실종아동등의 개인위치정보의 제공을 요청할 수 있다.

① 1개   ② 2개   ③ 3개   ④ 4개

> **해설**
>
> ㉠ 보호시설이란 <u>사회복지사업법 제2조 제4호에 따른 사회복지시설 및 인가·신고 등이 없이 아동등을 보호하는 시설로서 사회복지시설에 준하는 시설</u>이다.
> ㉡ <u>보호시설의 장 또는 그 종사자도 신고의무자</u>이다.
> ㉢ O
> ㉣ 경찰관서의 장은 실종아동등(<u>범죄로 인한 경우를 제외함</u>)의 조속한 발견을 위하여 필요한 때에는 「위치정보의 보호 및 이용 등에 관한 법률」 제5조에 따른 위치정보사업자에게 실종아동등의 개인위치정보의 제공을 요청할 수 있다.
>
> **정답 ①**

072 「실종아동등의 보호 및 지원에 관한 법률」과 「실종아동등 및 가출인 업무처리 규칙」상 규정된 용어에 대한 설명으로 가장 적절한 것은?

17승진

① 「실종아동등의 보호 및 지원에 관한 법률」상 "보호시설"이란 「사회복지사업법」 제2조 제4호에 따른 사회복지시설을 말하고, 인가·신고 등이 없이 아동등을 보호하는 시설로서 사회복지시설에 준하는 시설은 해당하지 아니한다.
② 「실종아동등 및 가출인 업무처리 규칙」상 "발생지"란 실종아동등 또는 가출인을 발견하여 보호 중인 장소를 말하며, 발견한 장소와 보호 중인 장소가 서로 다른 경우에는 보호 중인 장소를 말한다.
③ 「실종아동등의 보호 및 지원에 관한 법률」상 "실종아동등"이란 약취·유인 또는 유기되거나 사고를 당하거나 가출하거나 길을 잃는 등의 사유로 인하여 보호자로부터 이탈된 아동등을 말한다.
④ 「실종아동등의 보호 및 지원에 관한 법률」상 "아동등"은 신고 당시 18세 미만인 아동과 「장애인복지법」 제2조의 장애인 중 지적장애인·자폐성장애인 또는 정신장애인, 「치매관리법」 제2조 제2호의 치매환자를 말한다.

해설

① '보호시설'이란 「사회복지사업법」 제2조 제4호에 따른 사회복지시설 **및 인가·신고 등이 없이 아동등을 보호하는 시설로서 사회복지시설에 준하는 시설**을 말한다.
② 「실종아동등 및 가출인 업무처리 규칙」상 **"발견지"**란 실종아동등 또는 가출인을 발견하여 보호 중인 장소를 말하며, 발견한 장소와 보호 중인 장소가 서로 다른 경우에는 보호 중인 장소를 말한다.
※ **"발생지"**란 실종아동등 및 가출인이 실종·가출 전 최종적으로 목격되었거나 목격되었을 것으로 추정하여 신고자 등이 진술한 장소를 말하며, 신고자 등이 최종 목격 장소를 진술하지 못하거나, 목격되었을 것으로 추정되는 장소가 대중교통시설 등일 경우 또는 실종·가출 발생 후 1개월이 경과한 때에는 실종아동등 및 가출인의 실종 전 최종 주거지를 말한다.
③ O
④ '아동등'이란 **실종 당시** 18세 미만인 아동, 「장애인복지법」 제2조의 장애인 중 지적장애인, 자폐성장애인 또는 정신장애인 또는 「치매관리법」 제2조 제2호의 치매환자를 말한다.

정답 ③

073 「실종아동등의 보호 및 지원에 관한 법률」상 실종아동등에 대한 신고의무자가 아닌 것은 모두 몇 개인가?

18경간

> 가. 「아동복지법」제13조에 따른 아동복지전담공무원
> 나. 「사회복지사업법」제14조에 따른 사회복지전담공무원
> 다. 「청소년 보호법」제35조에 따른 청소년 보호·재활센터의 장 또는 그 종사자
> 라. 업무·고용 등의 관계로 사실상 아동등을 보호·감독하는 사람

① 0개 ② 1개 ③ 2개 ④ 3개

해설

> 실종아동등의 보호 및 지원에 관한 법률 제6조(신고의무 등) ① 다음 각 호의 어느 하나에 해당하는 사람은 그 직무를 수행하면서 실종아동등임을 알게 되었을 때에는 제3조 제2항 제1호에 따라 경찰청장이 구축하여 운영하는 신고체계(이하 "경찰신고체계"라 한다)로 지체 없이 신고하여야 한다.
> 1. 보호시설의 장 또는 그 종사자
> 2. 「아동복지법」제13조에 따른 아동복지전담공무원
> 3. 「청소년 보호법」제35조에 따른 청소년 보호·재활센터의 장 또는 그 종사자
> 4. 「사회복지사업법」제14조에 따른 사회복지전담공무원
> 5. 「의료법」제3조에 따른 의료기관의 장 또는 의료인
> 6. 업무·고용 등의 관계로 사실상 아동등을 보호·감독하는 사람

정답 ①

---

074 「실종아동등의 보호 및 지원에 관한 법률」상 실종아동등의 수색에 대한 설명으로 가장 적절하지 않은 것은?

15승진

① 경찰관서의 장은 실종아동등의 조속한 발견을 위하여 필요한 때에는 위치정보사업자에게 실종아동등의 개인위치정보의 제공을 요청할 수 있다.
② 위 ①의 요청을 받은 위치정보사업자는 그 실종아동등의 동의 없이 개인위치정보를 수집할 수 없으며, 실종아동등의 동의가 없음을 이유로 경찰관서의 장의 요청을 거부할 수 있다.
③ 경찰관은 실종아동등을 찾기 위한 목적으로 제공받은 개인위치정보를 실종아동등을 찾기 위한 목적 외의 용도로 이용하여서는 아니 된다.
④ 경찰관서의 장은 실종아동등의 발생 신고를 접수하면 지체 없이 수색 또는 수사의 실시 여부를 결정하여야 한다.

해설

> ② 위 ①의 요청을 받은 위치정보사업자는 그 실종아동등의 동의 없이 개인위치정보를 수집할 수 있으며, 실종아동등의 동의가 없음을 이유로 경찰관서의 장의 요청을 거부할 수 없다.

정답 ②

075 「실종아동등의 보호 및 지원에 관한 법률」 및 「실종아동등 및 가출인 업무처리 규칙」에 대한 설명 중 가장 적절한 것은? 20승진

① 「실종아동등 및 가출인 업무처리 규칙」상 '장기실종아동등'이란 실종된 지 48시간이 경과한 후에도 발견되지 않은 찾는실종아동등을 말한다.
② 「실종아동등의 보호 및 지원에 관한 법률」상 「의료법」 제3조에 따른 의료기관의 장 또는 의료인은 신고의무자에 해당한다.
③ 「실종아동등 및 가출인 업무처리 규칙」 제7조 제2항에 따라 보호시설 무연고자는 실종아동등 프로파일링시스템에 입력하지 않을 수 있다.
④ 「실종아동등의 보호 및 지원에 관한 법률」상 '아동등'이란 약취·유인 또는 유기되거나 사고를 당하거나 길을 잃는 등의 사유로 인하여 보호자로부터 이탈된 아동등을 말한다.

해설

① 「실종아동등 및 가출인 업무처리 규칙」상 '장기실종아동등'이란 <u>신고를 접수한지</u> 48시간이 경과한 후에도 발견되지 않은 찾는실종아동등을 말한다.
② O
③ 「실종아동등 및 가출인 업무처리 규칙」 제7조 제2항에 따라 보호시설 무연고자는 실종아동등 프로파일링시스템 <u>입력 대상</u>이다.
④ 「실종아동등의 보호 및 지원에 관한 법률」상 '<u>실종아동등</u>'이란 약취·유인 또는 유기되거나 사고를 당하거나 길을 잃는 등의 사유로 인하여 보호자로부터 이탈된 아동등을 말한다.

정답 ②

---

076 「실종아동등의 보호 및 지원에 관한 법률」에 대한 설명으로 가장 적절한 것은? 19승진

① 경찰관서의 장은 실종아동등의 발생 신고를 접수하면 24시간 내에 수색 또는 수사의 실시 여부를 결정하여야 한다.
② 경찰관서의 장은 실종아동등(범죄로 인한 경우 포함)의 조속한 발견을 위하여 필요한 때에는 「위치정보의 보호 및 이용 등에 관한 법률」에 따른 개인위치정보사업자에게 실종아동등의 개인위치정보의 제공을 요청할 수 있다.
③ 업무에 관계없이 아동을 보호하는 자는 신고의무자에 해당한다.
④ '아동등'은 실종 당시 18세 미만인 아동과 장애인복지법 제2조의 장애인 중 지적장애인, 자폐성장애인 또는 정신장애인, 치매 관리법 제2조 제2호의 치매환자를 말한다.

해설

① 경찰관서의 장은 실종아동등의 발생 신고를 접수하면 <u>지체 없이</u> 수색 또는 수사의 실시 여부를 결정하여야 한다.
② 경찰관서의 장은 실종아동등(<u>범죄로 인한 경우 제외</u>)의 조속한 발견을 위하여 필요한 때에는 「위치정보의 보호 및 이용 등에 관한 법률」에 따른 개인위치정보사업자에게 실종아동등의 개인위치정보의 제공을 요청할 수 있다.

③ 업무·고용 등의 관계로 사실상 아동등을 보호·감독하는 사람이 신고의무자에 해당한다.
④ ○

정답 ④

077 다음 설명 중 가장 적절하지 못한 것은?   15경간

① 경찰관이 실종아동등 신고를 접수한 경우에는 범죄와 관련 여부 등을 확인한 후 즉시 신고 내용을 경찰청장(실종아동찾기센터)에게 보고하여야 한다.
② 경찰서의 장이 보호실종아동등을 수배한 후에도 보호자를 발견하지 못한 경우에는 관할 지방지차단체의 장에게 인계한다.
③ 경찰서의 장은 실종아동등에 대하여 실종아동등 프로파일링시스템 수배일로부터 1개월까지는 10일에 1회, 1개월이 경과한 후부터는 매월 1회 보호자에게 추적진행사항을 통보하여야 한다.
④ 실종아동등의 신고는 관할에 관계없이 실종아동찾기센터, 각 시·도경찰청 및 경찰서에서 전화·서면·구술 등의 방법으로 접수한다.

해설

③ 경찰서의 장은 실종아동등에 대하여 실종아동등 프로파일링시스템 수배일로부터 <u>1개월까지는 15일에 1회, 1개월이 경과한 후부터는 분기별 1회</u> 보호자에게 추적진행사항을 통보하여야 한다.

정답 ③

CHAPTER 02 수사경찰

제1절 수사의 조건과 원칙

001 다음 중 수사의 조건에 관한 설명으로 옳은 것은? 15경간

① 범죄의 혐의는 구체적 사실에 근거한 수사기관의 객관적 혐의를 의미한다.
② 형사소송법은 수사의 필요성을 수사의 조건으로 명시하고 있다.
③ 수사의 필요성은 수사비례의 원칙과 관련되어 있다.
④ 폭행죄 수사에 있어서 피해자의 처벌불원 의사표시가 명백히 표시된 경우에도 수사의 필요성이 인정된다.

해설

① 수사의 조건으로서 필요성과 상당성이 요구된다. 필요성에 있어서 '범죄혐의'와 관련하여 수사는 수사기관의 **주관적 혐의**에 의하여 개시되며 객관적 혐의일 것을 요하는 것은 아니다. 다만, 구체적 사실에 근거한 혐의여야 한다.

② O

> 제199조(수사와 필요한 조사) ①수사에 관하여는 그 **목적을 달성하기 위하여 필요한 조사**를 할 수 있다. 다만, 강제처분은 이 법률에 특별한 규정이 있는 경우에 한하며, **필요한 최소한도의 범위 안에서만** 하여야 한다.
> 제200조(피의자의 출석요구) 검사 또는 사법경찰관은 **수사에 필요한 때에는** 피의자의 출석을 요구하여 진술을 들을 수 있다.

③ <u>수사의 상당성은 수사비례의 원칙과 관련</u>되어 있다.(상당성 - 수사비례의 원칙 + 수사의 신의칙)
(상당신비)
④ 폭행죄는 반의사불벌죄이므로 피해자의 **처벌불원 의사표시가 명백히 표시된 경우에는 수사의 필요성이 부정된다**.

정답 ②

002 수사실행의 5대 원칙 중 검증적 수사의 원칙에 대한 설명으로 가장 옳은 것은? 16경간

① 수사의 기본방법에서 제1의 조건 또는 제1의 법칙이다.
② 여러 가지 추측 중에서 과연 어떤 추측이 정당한 것인가를 가리기 위해서 모든 추측 하나 하나를 모든 각도에서 검토해야 한다는 원칙이다.
③ 수사관의 판단이 진실이라는 이유 또는 객관적 증거를 제시해야 한다는 원칙이다.
④ 수집된 자료를 기초로 합리적인 판단을 해야 한다는 원칙이다.

> **해설**

① 수사의 기본방법에서 <u>제1의 조건 또는 제1의 법칙</u>은 그 사건과 관련된 모든 수사자료를 완전히 수집하여야 한다는 '<u>수사자료 완전수집의 원칙</u>'이다.
② O
③ 수사관의 판단이 진실이라는 이유 또는 객관적 증거를 제시해야 한다는 것은 '<u>사실판단 증명의 원칙</u>'이다.
④ 수집된 자료를 기초로 합리적인 판단을 해야 한다는 것은 '<u>적절한 추리의 원칙</u>'이다.

▶ **수사실행의 5원칙** (완전감식/추검사)

수사자료 완전수집의 원칙 (수사의 제1법칙)	수사의 기본방법의 제1의 조건은 역시 그 사건에 관련된 <u>모든 수사 자료를 수사관이 완전히 수집</u>하여 문제를 명확히 하여야 한다는 원칙
수사자료 감식·검토의 원칙	① 수집된 자료는 <u>과학적 지식과 시설을 최대한 활용, 면밀히 감식·검토</u>하여야 하며, 수사관의 상식적인 검토나 경험적인 판단에 의존하는 일이 있어서는 안 된다는 원칙 ② 수집된 자료를 면밀하게 감식·검토함으로써 지금까지 알지 못했던 자료의 가치를 발견하는 것도 자료수집의 매우 중요한 방법이 된다.
적절한 추리의 원칙	① 추측시에 <u>수집된 자료를 기초로 합리적인 판단</u> ② 추측은 <u>가상적인 판단</u>이므로 그 진실성이 확인될 때까지는 추측을 진실이라고 주장·확신해서는 안 된다는 원칙
검증적 수사의 원칙	① 여러 가지 추측 중에서 과연 어떤 추측이 정당한 것인가를 가리기 위해서는 그들 <u>추측 하나 하나를 모든 각도에서 검토</u>해야 한다는 원칙 ② 수사는 추측을 확인하는 작업인 동시에 또 다른 측면에서 새로운 자료수집 이라고 할 수 있다. ③ 검증방법 : 수사사항의 결정 → 수사방법의 결정 → 수사의 실행
사실판단 증명의 원칙	① 수사관의 판단을 형사절차에 올려놓기 위해서는 그 판단이 수사관만의 주관적인 판단에 그칠 것이 아니라 다른 누구에 대해서도 그 판단이 <u>진실이라는 것을 객관적으로 증명</u>하지 않으면 안 된다는 원칙 ② 수사관의 판단이 진실이라는 이유 또는 객관적 증거를 제시하여 증명하여야 한다.

정답 ②

003 수사실행의 5대 원칙에 대한 설명으로 가장 적절한 것은? 21승진

① 수사자료 감식·검토의 원칙 : 수사관의 상식적 검토·판단에만 의할 것이 아니라 감식과학이나 과학적 지식 또는 시설장비를 최대한 활용하여 수사를 해야 한다는 원칙으로, 수사의 기본방법 중 제1조건이다.
② 적절한 추리의 원칙 : 추측 시에 수집된 자료를 기초로 합리적인 판단을 하고, 추측은 수사결과에 대한 확정적 판단이므로, 신뢰성이 검증된 증거를 바탕으로 추측을 하여야 한다.
③ 검증적 수사의 원칙 : 여러 가지 추측 중에서 어떤 추측이 정당한 것인가를 가리기 위해서는 그들 추측 하나를 모든 각도에서 검토해야 한다는 원칙으로, 수사방법의 결정 → 수사사항의 결정 → 수사실행이라는 순서에 따라 검토한다.
④ 사실판단 증명의 원칙 : 수사관이 한 판단의 진실성이 증명되기 위해서는 누구에게나 그 진위가 확인될 수 있어야 하며, 판단이 언어나 문자로 표현되고 근거의 제시로서 객관화되어야 한다는 원칙이다.

> **해설**
> ① 수사의 기본방법 중 제1조건은 <u>수사자료 완전수집의 원칙</u>이다.
> ② <u>추측은 가상적인 판단(가설)이므로 그 진실성이 확인될 때까지는 추측을 진실이라고 주장·확신해서는 안 된다.</u>
> ③ <u>수사사항의 결정 → 수사방법의 결정 → 수사실행</u> (사방실행)
> ④ O
>
> 정답 ④

004 수사실행 5원칙에 대한 설명 중 틀린 것은 모두 몇 개인가? 14경간

> 가. 수집된 수사자료는 면밀히 감식하고 분석·검토하여야 한다는 원칙은 수사자료 감식·검토의 원칙이다.
> 나. 여러가지 추측 하에 과연 어느 추측이 정당한 것인가를 가리기 위해서는 모든 각도에서 검토해야 한다는 원칙은 검증적 수사의 원칙이다.
> 다. 수사관이 범죄현장에서 수집한 자료를 기초로 사건에 대해 가상의 예측과 판단을 하여야 한다는 원칙은 사실판단 증명의 원칙이다.
> 라. 수사에 의해 획득한 확신 있는 판단은 모두에게 그 판단이 진실이라는 것을 객관적으로 증명해야 한다는 원칙은 적절한 추리의 원칙이다.
> 마. 수사의 제1조건은 사건에 관련된 모든 수사자료를 수사관이 완전히 수집하여야 한다는 수사자료 완전수집의 원칙이다.

① 2개   ② 3개   ③ 4개   ④ 5개

해설

다. 수사관이 범죄현장에서 수집한 자료를 기초로 사건에 대해 가상의 예측과 판단을 하여야 한다는 원칙은 **적절한 추리의 원칙**이다.
라. 수사에 의해 획득한 확신 있는 판단은 모두에게 그 판단이 진실이라는 것을 객관적으로 증명해야 한다는 원칙은 **사실판단증명의 원칙**이다.

정답 ①

제2절 수사의 과정

005 다음 중 수사구조개혁 찬성 측에서 채택할 수 있는 논거로 가장 적절하지 않은 것은? 2020승진

① 수사·기소 단계의 권한을 분산하여 견제와 균형을 이루고 있는 주요국과 달리 우리나라는 모든 권한이 검사에 집중되어 있어 각종 폐해가 발생하더라도 견제나 감시가 사실상 불가능하다.
② 수사와 기소의 분리, 형사사법 권한의 분산을 통해 경찰과 검찰이 각자 고유의 역할에 충실하도록 함으로써 형사사법 정의의 실현은 물론 국민 편익 제고가 가능하다.
③ 경찰은 수사의 책임성 제고를 위해 수사지휘 역량 및 수사 과정의 인권보장제도 강화와 수사 전문성 함양에 노력하고 있고, 경찰권을 분산하고 공정성을 높이기 위해 자치경찰제 도입, 국가수사본부 설치, 정보경찰 개혁 등 다양한 경찰개혁을 추진하고 있다.
④ 막강한 정보수집력을 가지고 있는 경찰에게 독자적 수사권을 부여할 경우 경찰에의 권력 집중으로 인한 폐해가 발생할 수 있고, 경찰 수사에 대한 통제가 어렵게 된다.

해설

④는 독자적 수사권 부여에 대한 **반대론**의 입장이다. → 검찰에의 권력집중은 수사구조개혁 찬성론의 견해임. 아무런 설명 없이 "권력집중"이라고 하면 찬성론과 반대론 모두에 사용할 수 있음에 주의해야 함

정답 ④

006 오늘날 우리나라 경찰의 변화에 관한 설명 중 가장 적절하지 않은 것은? 22순경1차

① 수사절차 전반에 걸쳐 주관적인 시각으로 사건을 살펴보고 오류를 바로잡을 수 있도록 하기 위하여 일선 지구대 및 파출소에 '영장심사관', '수사심사관' 제도를 도입 운영하고 있다.
② 집회 시위에 대한 관점을 관리 통제에서 인권존중 소통으로 근본적으로 바꾸기 위해 스웨덴 집회 시위관리 정책을 벤치마킹한 '대화 경찰관제'를 도입 시행하고 있다.
③ 국경을 초월하는 국제범죄에 능동적으로 대응하고 재외국민보호를 위해 치안시스템 전수, 외국경찰 초청연수, 치안인프라구축사업 등을 내용으로 하는 치안한류 사업을 추진하고 있다.
④ 2020년 12월 국가정보원법 개정에 따라 국가정보원의 국가안보 관련 수사업무가 경찰로 이관될 예정이다.

해설

① 경찰청은 인권보호를 강화하고 경찰수사의 공정성을 높이기 위한 방안으로 '영장심사관' 제도를 시행하고 있으며 2018년 3월 5일 ~ 2018년 7월 4일 까지 전국 8개 경찰서에서 시범운영을 했으며 8월부터 전국 17개청 23개서로 확대했다. 즉, **일선 지구대·파출소가 아닌 일선 경찰서이다**.

정답 ①

007 다음 중 「검찰청법」상 검사가 수사를 개시할 수 있는 범죄의 범위와 가장 거리가 먼 것은? 보충문제

① 선거범죄
② 방위사업범죄
③ 경찰공무원이 범한 범죄
④ 사이버범죄

> **해설**
>
> ④는 검사가 수사를 개시할 수 있는 범죄에 해당하지 않는다.
>
> **검찰청법 제4조(검사의 직무)** ① 검사는 공익의 대표자로서 다음 각 호의 직무와 권한이 있다.
> 1. 범죄수사, 공소의 제기 및 그 유지에 필요한 사항. 다만, 검사가 수사를 개시할 수 있는 범죄의 범위는 다음 각 목과 같다. (경선공부/방대)
>   가. 부패범죄, 경제범죄, 공직자범죄, 선거범죄, 방위사업범죄, 대형참사 등 대통령령으로 정하는 중요 범죄
>   나. 경찰공무원이 범한 범죄
>   다. 가목·나목의 범죄 및 사법경찰관이 송치한 범죄와 관련하여 인지한 각 해당 범죄와 직접 관련성이 있는 범죄
> 2. 범죄수사에 관한 특별사법경찰관리 지휘·감독
>
> ▶ **역사적인 검찰청법·형사소송법 개정**
>
> ① 두 법률 모두 4개월 뒤인 9월초 시행
> ② 검찰청법 개정
>   〈검사 수사개시 범죄의 제한〉 부패·경제범죄로 한정. 단, 선거범죄는 2022년말까지 유예
>   가. 부패범죄, 경제범죄 등 대통령령으로 정하는 중요 범죄
>   나. 경찰공무원(다른 법률에 따라 사법경찰관리의 직무를 행하는 자를 포함) 및 고위공직자범죄수사처 소속 공무원(파견공무원 포함)이 범한 범죄
>   다. 가목·나목의 범죄 및 사법경찰관이 송치한 범죄와 관련하여 인지한 각 해당 범죄와 직접 관련성이 있는 범죄
>   〈수사·기소 검사의 분리〉 검사는 자신이 수사개시한 범죄에 대하여는 공소를 제기할 수 없음(사법경찰관 송치범죄는 예외)
> ③ 형사소송법 개정
>   ※ 검사는 사법경찰관으로부터 송치받은 사건에 관하여는 해당 사건과 "동일성을 해치지 아니하는 범위 내에서" 수사할 수 있음
>   ※ 사법경찰관의 불송치사건에 대하여 이의신청을 할 수 있는 주체에서 '고발인'을 제외
>
> **정답** ④

008 「형사소송법」상 검사의 시정조치요구와 관련한 설명으로 옳지 않은 것은 모두 몇 개인가? 보충문제

> 가. 검사는 사법경찰관리의 수사과정에서 법령위반, 인권침해 또는 수사미진이 의심되는 사실의 신고가 있거나 그러한 사실을 인식하게 된 경우에는 사법경찰관에게 사건기록 등본의 송부를 요구할 수 있다. 송부 요구를 받은 사법경찰관은 지체 없이 검사에게 사건기록 등본을 송부하여야 한다.
> 나. 위 송부를 받은 검사는 필요하다고 인정되는 경우에는 사법경찰관에게 시정조치를 요구하여야 한다.
> 다. 사법경찰관은 검사의 시정조치 요구가 있는 때에는 정당한 이유가 없으면 지체 없이 이를 이행하고, 그 결과를 검사에게 보고하여야 한다.
> 라. 통보를 받은 검사는 시정조치 요구가 정당한 이유 없이 이행되지 않았다고 인정되는 경우에는 사법경찰관에게 사건을 송치할 것을 요구할 수 있다. 송치 요구를 받은 사법경찰관은 검사에게 사건을 송치하여야 한다.
> 마. 검사는 사법경찰관리의 수사과정에서 법령위반, 인권침해 또는 현저한 수사권 남용이 있었던 때에는 권한 있는 사람에게 해당 사법경찰관리의 징계를 요구할 수 있다.
> 바. 사법경찰관은 피의자를 신문한 이후에 수사과정에서 법령위반, 인권침해 또는 현저한 수사권 남용이 있는 경우 검사에게 구제를 신청할 수 있음을 피의자에게 알려주어야 한다.

① 2개　　　② 3개　　　③ 4개　　　④ 5개

해설

가. 검사는 사법경찰관리의 수사과정에서 **법령위반, 인권침해 또는 현저한 수사권 남용이** 의심되는 사실의 신고가 있거나 그러한 사실을 인식하게 된 경우에는 사법경찰관에게 사건기록 등본의 송부를 요구할 수 있다. 송부 요구를 받은 사법경찰관은 지체 없이 검사에게 사건기록 등본을 송부하여야 한다. (법인남)
나. 위 송부를 받은 검사는 필요하다고 인정되는 경우에는 사법경찰관에게 시정조치를 **요구할 수 있다.**
다. 사법경찰관은 검사의 시정조치 요구가 있는 때에는 정당한 이유가 없으면 지체 없이 이를 이행하고, 그 **결과를 검사에게 통보하여야 한다.**
라. O
마. **검찰총장 또는 각급 검찰청 검사장은** 사법경찰관리의 수사과정에서 법령위반, 인권침해 또는 현저한 수사권 남용이 있었던 때에는 권한 있는 사람에게 해당 사법경찰관리의 징계를 요구할 수 있다.
바. 사법경찰관은 **피의자를 신문하기 전에** 수사과정에서 법령위반, 인권침해 또는 현저한 수사권 남용이 있는 경우 검사에게 구제를 신청할 수 있음을 피의자에게 알려주어야 한다.

정답 ④

009 「형사소송법」상 검사의 보완수사요구와 관련한 설명으로 가장 옳지 않은 것은? 보충문제

① 송치사건의 공소제기 여부 결정 또는 공소의 유지에 관하여 필요한 경우 검사는 사법경찰관에게 보완수사를 요구할 수 있다.
② 사법경찰관이 신청한 영장의 청구 여부 결정에 관하여 필요한 경우 검사는 사법경찰관에게 보완수사를 요구할 수 있다.
③ 사법경찰관은 검사의 보완수사 요구가 있는 때에는 정당한 이유가 없는 한 1개월 이내에 이를 이행하고, 그 결과를 검사에게 통보하여야 한다.
④ 검찰총장 또는 각급 검찰청 검사장은 사법경찰관이 정당한 이유 없이 제1항의 요구에 따르지 아니하는 때에는 권한 있는 사람에게 해당 사법경찰관의 직무배제 또는 징계를 요구할 수 있다.

해설

③ 사법경찰관은 검사의 보완수사 요구가 있는 때에는 정당한 이유가 없는 한 **지체 없이** 이를 이행하고, 그 결과를 검사에게 통보하여야 한다.

정답 ③

010 「형사소송법」 및 「검사와 사법경찰관의 상호협력과 일반적 수사준칙에 관한 규정」상 수사의 경합과 관련된 내용으로 가장 옳지 않은 것은? 보충문제

① 「형사소송법」상 검사는 사법경찰관과 동일한 범죄사실을 수사하게 된 때에는 사법경찰관에게 사건을 송치할 것을 요구할 수 있다.
② 「형사소송법」상 위 송치 요구를 받은 사법경찰관은 지체 없이 검사에게 사건을 송치하여야 한다. 다만, 검사가 영장을 청구하기 전에 동일한 범죄사실에 관하여 사법경찰관이 영장을 신청한 경우에는 해당 영장에 기재된 범죄사실을 계속 수사할 수 있다.
③ 「검사와 사법경찰관의 상호협력과 일반적 수사준칙에 관한 규정」상 검사는 사법경찰관에게 사건송치를 요구할 때에는 그 내용과 이유를 구체적으로 적은 서면 또는 구두로 할 수 있다.
④ 「검사와 사법경찰관의 상호협력과 일반적 수사준칙에 관한 규정」상 사법경찰관은 위 송치 요구를 받은 날부터 7일 이내에 사건을 검사에게 송치해야 한다. 이 경우 관계 서류와 증거물을 함께 송부해야 한다.

해설

③ 「검사와 사법경찰관의 상호협력과 일반적 수사준칙에 관한 규정」상 검사는 사법경찰관에게 사건송치를 요구할 때에는 그 내용과 이유를 구체적으로 적은 **서면으로 해야 한다**.

정답 ③

011 사법경찰관의 송치 등 결정 및 검사의 재수사요청과 관련된 설명으로 옳지 않은 것은 모두 몇 개인가?

보충문제

> 가. 사법경찰관은 범죄를 수사한 결과, 범죄의 혐의가 있다고 인정되는 경우에는 지체없이 검사에게 사건을 송치하고 관계 서류와 증거물을 검사에게 송부하여야 한다. 그 밖의 경우에는 불송치결정을 하고 그 이유를 명시한 서면과 함께 관계 서류와 증거물을 지체 없이 검사에게 송부하여야 한다. 이 경우 검사는 송부받은 날부터 60일 이내에 사법경찰관에게 반환하여야 한다.
> 나. 사법경찰관은 송부한 날부터 7일 이내에 서면으로 고소인·고발인·피해자 또는 그 법정대리인(피해자가 사망한 경우 그 배우자·직계친족·형제자매를 포함)에게 사건을 검사에게 송치하지 아니하는 취지와 그 이유를 통지하여야 한다.
> 다. 불송치결정 통지를 받은 사람은 해당 사법경찰관의 소속 관서의 장에게 이의를 신청할 수 있다. 사법경찰관은 이의신청이 있는 때에는 지체 없이 검사에게 사건을 송치하고 관계 서류와 증거물을 송부하여야 하며, 처리결과와 그 이유를 이의신청인에게 통지하여야 한다.
> 라. 검사는 불송치결정의 경우에 사법경찰관이 사건을 송치하지 아니한 것이 위법 또는 부당한 때에는 그 이유를 문서로 명시하여 사법경찰관에게 재수사를 요청할 수 있다. 사법경찰관은 재수사 요청이 있는 때에는 사건을 재수사하여야 한다.
> 마. 검사는 사법경찰관에게 재수사를 요청하려는 경우에는 법 제245조의5 제2호에 따라 관계 서류와 증거물을 송부받은 날부터 60일 이내에 해야 한다. 다만, "불송치 결정에 영향을 줄 수 있는 명백히 새로운 증거 또는 사실이 발견된 경우" 또는 "증거 등의 허위, 위조 또는 변조를 인정할 만한 상당한 정황이 있는 경우"에는 관계 서류와 증거물을 송부받은 날부터 60일이 지난 후에도 재수사를 요청할 수 있다.
> 바. 검사는 사법경찰관이 재수사 결과를 통보한 사건에 대해서 다시 재수사를 요청을 하거나 송치 요구를 할 수 없다. 다만, 사법경찰관의 재수사에도 불구하고 관련 법리에 위반되거나 송부받은 관계 서류 및 증거물과 재수사결과만으로도 공소제기를 할 수 있을 정도로 명백히 채증법칙에 위반되거나 공소시효 또는 형사소추의 요건을 판단히는 데 오류기 있어 시건을 송치히지 않은 위법 또는 부당이 시정되지 않은 경우에는 재수사 결과를 통보받은 날부터 30일 이내에 법 제197조의3에 따라 사건송치를 요구할 수 있다.

① 0개 ② 1개 ③ 2개 ④ 3개

해설

가. 사법경찰관은 범죄를 수사한 결과, 범죄의 혐의가 있다고 인정되는 경우에는 지체없이 검사에게 사건을 송치하고 관계 서류와 증거물을 검사에게 송부하여야 한다. 그 밖의 경우에는 불송치결정을 하고 그 이유를 명시한 서면과 함께 관계 서류와 증거물을 지체 없이 검사에게 송부하여야 한다. 이 경우 검사는 송부받은 날부터 **90일 이내에** 사법경찰관에게 반환하여야 한다.

마. 검사는 사법경찰관에게 재수사를 요청하려는 경우에는 법 제245조의5 제2호에 따라 관계 서류와 증거물을 송부받은 날부터 90일 이내에 해야 한다. 다만, "불송치 결정에 영향을 줄 수 있는 명백히 새로운 증거 또는 사실이 발견된 경우" 또는 "증거 등의 허위, 위조 또는 변조를 인정할 만한 상당한 정황이 있는 경우"에는 관계 서류와 증거물을 송부받은 날부터 90일이 지난 후에도 재수사를 요청할 수 있다.

정답 ③

012 「검사와 사법경찰관의 상호협력과 일반적 수사준칙에 관한 규정」에 대한 설명으로 가장 적절한 것은?

21순경2차

① 검사는 사법경찰관에게 수사경합에 따른 사건송치를 요구할 때에는 그 내용과 이유를 구체적으로 적은 서면으로 해야 하며, 사법경찰관은 요구를 받은 날부터 10일 이내에 사건을 검사에게 송치해야 한다.
② 사법경찰관은 수사중지 결정을 한 경우 7일 이내에 사건기록을 검사에게 송부해야 한다. 이 경우 검사는 사건기록을 송부받은 날부터 30일 이내에 반환해야 한다.
③ 검사는 사법경찰관으로부터 송치받은 사건에 대해 보완수사가 필요하다고 인정하는 경우에는 직접 보완수사를 하는 것을 원칙으로 한다. 다만, 필요가 있다고 인정되는 경우에는 사법경찰관에게 보완수사를 요구할 수 있다.
④ 검사는 사법경찰관에게 재수사를 요청하려는 경우에는 관계 서류와 증거물을 송부받은 날부터 90일 이내에 해야 하며, 90일이 지난 후에는 불송치 결정에 영향을 줄 수 있는 명백히 새로운 증거 또는 사실이 발견된 경우를 제외하고 재수사를 요청할 수 없다.

해설

①
제49조(수사경합에 따른 사건송치) ① 검사는 법 제197조의4 제1항에 따라 사법경찰관에게 사건송치를 요구할 때에는 그 내용과 이유를 구체적으로 적은 서면으로 해야 한다.
② 사법경찰관은 제1항에 따른 요구를 받은 날부터 7일 이내에 사건을 검사에게 송치해야 한다. 이 경우 관계 서류와 증거물을 함께 송부해야 한다.

③
제59조(보완수사요구의 대상과 범위) ① 검사는 법 제245조의5 제1호에 따라 사법경찰관으로부터 송치받은 사건에 대해 보완수사가 필요하다고 인정하는 경우에는 특별히 직접 보완수사를 할 필요가 있다고 인정되는 경우를 제외하고는 사법경찰관에게 보완수사를 요구하는 것을 원칙으로 한다.

④
제63조(재수사요청의 절차 등) ① 검사는 법 제245조의8에 따라 사법경찰관에게 재수사를 요청하려는 경우에는 법 제245조의5 제2호에 따라 관계 서류와 증거물을 송부받은 날부터 90일 이내에 해야 한다. 다만, 다음 각 호의 어느 하나에 해당하는 경우에는 관계 서류와 증거물을 송부받은 날부터 90일이 지난 후에도 재수사를 요청할 수 있다.
1. 불송치 결정에 영향을 줄 수 있는 명백히 새로운 증거 또는 사실이 발견된 경우
2. 증거 등의 허위, 위조 또는 변조를 인정할 만한 상당한 정황이 있는 경우

정답 ②

013 「형사소송법」에 근거규정이 있는 수사의 단서로 가장 적절하지 않은 것은? 16승진

① 변사자 검시 ② 불심검문
③ 현행범인의 체포 ④ 고소

> **해설**
> ② 불심검문은 경찰관직무집행법에 규정되어 있다.
>
> **정답** ②

014 범죄첩보는 수사첩보의 한 내용으로서 범죄수사상 참고가 될 만한 제반사항을 의미하는 것으로 수사의 단서가 될 수 있는 것은 물론 범죄로의 이행이 예상되는 사안이나 이미 발생한 범죄에 관한 사항 등이 모두 대상이 된다. 다음 중 범죄첩보의 특징을 설명한 것으로 가장 적절하지 않은 것은? 16순경1차

① 결과지향성 – 범죄첩보는 수사 후 현출되는 결과가 있어야 한다.
② 혼합성 – 범죄첩보는 그 속에 하나의 원인과 결과가 내포되어 있어야 한다.
③ 가치변화성 – 범죄첩보는 시간이 경과함에 따라 가치가 감소한다.
④ 결합성 – 범죄첩보는 여러 첩보가 서로 결합되어 이루어진다.

> **해설**
> ③은 범죄첩보의 특징 중 **시한성**에 대한 설명이다.
>
> ▶ **범죄첩보의 특징** (시가지결혼/가필/혼인)
>
> | | |
> |---|---|
> | 시한성 | 범죄첩보는 시간이 경과함에 따라 가치가 감소한다. |
> | 가치변화성 | 범죄첩보는 수사기관의 필요성에 따라 가치가 달라진다. |
> | 결과지향성 | 범죄첩보는 수사에 착수하여 사건으로 현출되는 결과가 있어야 한다. |
> | 결합성 | 범죄첩보는 여러 첩보가 서로 결합되어 이루어진다. |
> | 혼합성 | 범죄첩보는 그 속에 하나의 원인과 결과를 내포하고 있다. |
>
> **정답** ③

015 다음 중 범죄첩보의 특징을 설명한 것으로 가장 적절하지 않은 것은?

14승진

① 혼합성 – 범죄첩보는 여러 첩보가 서로 결합되어 이루어진다.
② 가치변화성 – 범죄첩보는 수사기관의 필요성에 따라 가치가 달라진다.
③ 시한성 – 범죄첩보는 시간이 경과함에 따라 가치가 감소한다.
④ 결과지향성 – 범죄첩보는 수사 후 현출되는 결과가 있어야 한다.

해설

① **결합성** – 범죄첩보는 여러 첩보가 서로 결합되어 이루어진다.
※ <u>혼합성(혼인)</u> – 범죄첩보는 그 속에 <u>원인</u>과 결과를 내포하고 있다(인과관계).
※ <u>가치변화성(가필)</u> – 범죄첩보는 수사기관의 <u>필요성</u>에 따라 가치가 달라진다.

정답 ①

016 범죄첩보에 대한 설명 중 틀린 것은 모두 몇 개인가?

15경간

가. 수집된 수사첩보는 범죄 발생 관서에서 처리하는 것을 원칙으로 한다.
나. 경찰공무원이 입수한 모든 수사첩보는 범죄첩보분석시스템(CIAS)을 통하여 작성·제출함을 원칙으로 한다.
다. 조사할 정도는 아니나 추후 활용할 가치가 있는 첩보를 참고라고 한다.
라. 범죄첩보는 그 속에 하나의 원인과 결과를 내포하고 있다는 것은 범죄첩보의 특징 중 혼합성에 대한 설명이다.

① 1개　　② 2개　　③ 3개　　④ 4개

해설

가. 수집된 첩보는 <u>수집관서에서</u> 처리하는 것을 원칙으로 한다.
다. 조사할 정도는 아니나 추후 활용할 가치가 있는 첩보를 <u>기록</u>이라고 한다.

▶ **범죄첩보 성적 평가** (특중통기참/경시서추단)

특보	① 전국단위 기획수사에 활용될 수 있는 첩보 ② 2개 이상의 지방청과 연관된 중요 사건 첩보 등 경찰청에서 처리해야 할 첩보	10점
중보	2개 이상 경찰서와 연관된 중요 사건첩보 등 시·도경찰청 단위에서 처리해야 할 첩보	5점
통보	경찰서 단위에서 조사할 가치가 있는 첩보	2점
기록	조사할 정도는 아니나 추후 활용할 가치가 있는 첩보	1점
참고	단순히 수사업무에 참고가 될 뿐 사용가치가 적은 첩보	0점

정답 ②

017 입건 전 조사(내사) 및 수사에 관한 다음 설명 중 가장 옳지 않은 것은? 18경간

① 입건이란 수사기관이 사건을 수리하여 수사를 개시하는 것을 말한다.
② 경찰관은 첩보사건의 조사를 착수하고자 할 때에는 별지 제2호서식의 입건 전 조사착수보고서를 작성하고, 소속 수사부서의 장에게 보고하고 지휘를 받아야 한다.
③ 입건전조사(내사) 단계의 피혐의자에게 진술거부권은 인정되지 않는다.
④ 피혐의자 또는 참고인 등의 소재불명으로 그 사유가 해소될 때까지 입건전조사를 계속할 수 없는 경우에는 입건전조사 중지한다.

해설

③ 입건전조사(내사) 단계의 **피내사자(피혐의자)에게도 진술거부권과 변호인접견교통권이 인정된다**.

입건 전 조사 사건 처리에 관한 규칙
제4조(조사사건의 수리) ① 조사사건에 대해 수사의 단서로서 조사할 가치가 있다고 인정되는 경우에는 이를 수리하고, <u>소속 수사부서장에게 보고하여야 한다</u>.
제5조(첩보사건의 착수) ① 경찰관은 첩보사건의 조사를 착수하고자 할 때에는 별지 제2호서식의 입건 전 조사착수보고서를 작성하고, <u>소속 수사부서의 장에게 보고</u>하고 지휘를 받아야 한다.
제8조(수사절차로의 전환) 경찰관은 조사 과정에서 범죄혐의가 있다고 판단될 때에는 지체없이 범죄인지서를 작성하여 <u>소속 수사부서장의 지휘</u>를 받아 수사를 개시하여야 한다.
제9조(불입건 결정 지휘) 수사부서의 장은 조사에 착수한 후 6개월 이내에 수사절차로 전환하지 않은 사건에 대하여 「경찰수사규칙」 제19조 제2항 제2호부터 제5호까지의 사유에 따라 **불입건 결정 지휘를 하여야 한다**. 다만, 다수의 관계인 조사, 관련자료 추가확보·분석, 외부 전문기관 감정 등 계속 조사가 필요한 사유가 소명된 경우에는 <u>6개월의 범위내에서 조사기간을 연장 할 수 있다</u>.

정답 ③

---

018 다음 중 경찰 수사의 종결형식에 대한 설명으로 가장 옳지 않은 것은? 14경간변형

① 피의사실이 범죄를 구성하지 않는 경우 불송치(죄가안됨) 결정을 한다.
② 고소·고발사건에서 혐의없음·죄가안됨·공소권없음 사유가 있음이 명백한 경우 불송치(각하) 결정을 한다.
③ 피의자의 소재가 판명되지 않는 경우 수사중지(피의자중지) 결정을 한다.
④ 피의사실에 대하여 소송조건이 결여된 경우에는 불송치(공소권없음) 결정을 한다.

해설

① 피의사실이 인정되지 아니하거나, 피의사실이 범죄를 구성하지 아니하는 경우에는 **불송치(혐의없음)** 결정을 한다. 위법성조각사유나 책임조각사유가 있는 경우에 불송치(죄가안됨) 결정을 한다.

정답 ①

019 다음 중 경찰 수사의 종결형식에 대하여 틀린 것은 모두 몇 개인가?

15경간변형

가. 피의사실이 인정되지만 피의자가 사망한 경우 불송치(공소권없음) 결정
나. 고소고발사건에 대하여 혐의없음, 죄가 안됨, 공소권 없음이 명백한 경우 불송치(각하) 결정
다. 고소인이 소재불명인 경우에는 수사중지(피의자중지) 결정
라. 상해죄에 있어서 정당방위가 인정된다면 불송치(죄가안됨) 결정
마. 피의자의 행위가 구성요건해당성이 있으나 이를 입증할 증거가 불충분한 경우 불송치(혐의없음) 결정
바. 강간죄의 경우 수사 도중 고소가 취소되면 불송치(공소권없음) 결정
사. 범죄의 혐의가 있다고 인정되는 경우에는 검찰송치 결정

① 1개 ② 2개 ③ 3개 ④ 4개

해설

다. 고소인이 소재불명인 경우에는 **수사중지(참고인중지) 결정**, 피의자가 소재불명인 경우에는 수사중지(피의자중지) 결정
바. 강간죄의 경우 비친고죄이므로 **고소가 취소되어도 송치 결정**

정답 ②

020 변사사건 처리에 관한 다음 설명 중 가장 옳은 것은?

18경간

① 「형사소송법」에는 변사자의 검시에 관한 규정이 없다.
② 「형법」에 있던 변사체검시방해죄는 사문화되어 2005년 「형법」 일부 개정시 폐지되었다.
③ 변사사건 신고 접수 이전에 범죄의심·실종 등 사유로 신고 접수 또는 수사를 진행한 경찰서는 해당사건을 변사사건 관할 경찰서로 즉시 이송한다.
④ 의료법은 의사 등이 사체를 검안하여 변사한 것으로 의심되는 때에는 사체의 소재지를 관할하는 경찰서장에게 신고하여야 한다고 규정하고 있다.

해설

① 「형사소송법」 제222조는 "변사자의 검시"에 대하여 규정하고 있다.
② 「형법」 제163조는 '변사체검시방해죄'를 규정하고 있다.
③ 변사사건 신고가 접수되기 전에 범죄의심·실종 등을 이유로 신고가 접수되거나 수사가 진행된 사건은 기존 경찰관서에서 책임 수사하고, 변사사건은 변사 신고를 접수한 관할 경찰관서에서 처리한다.
④ O (의료법 제26조)

「변사 사건 처리 규칙」(경찰청훈령)
제7조(범죄 의심·실종 등을 이유로 신고된 변사 사건의 관할) ① 변사 사건 신고가 접수되기 전에 범죄 의심·실종 등을 이유로 신고가 접수되거나 수사가 진행된 사건은 기존 경찰관서에서 책임 수사하고(이하 "책임 수사 경찰관서"라고 한다), 변사 사건은 변사 신고를 접수한 관할 경찰관서에서 처리한다.
② <u>변사 사건 신고 접수 이후에</u> 다른 경찰관서에서 범죄 의심·실종 등을 이유로 신고를 접수하거나 수사를 진행한 경우에는 변사 사건을 관할하는 경찰관서가 해당 사건을 이송받아 병합하고, 책임 수사 경찰관서가 된다.
③ 제1항에 따라 변사 사건 처리 경찰관서와 책임 수사 경찰관서가 서로 다른 경우에는 해당 경찰관서 중 피의자를 검거한 경찰관서에서 병합수사한다.
④ 제1항과 제2항에 따른 관할이 없는 경찰관서에서 피의자를 검거한 때에는 책임 수사 경찰관서로 신병을 인계하여 병합수사한다.

「형사소송법」
제222조(변사자의 검시) ① 변사자 또는 변사의 의심있는 사체가 있는 때에는 그 소재지를 관할하는 지방검찰청 검사가 검시하여야 한다.
② 전항의 검시로 범죄의 혐의를 인정하고 긴급을 요할 때에는 영장없이 검증할 수 있다.
③ 검사는 사법경찰관에게 전2항의 처분을 명할 수 있다.

「검사와 사법경찰관의 상호협력과 일반적 수사준칙에 관한 규정」(대통령령)
제17조(변사자의 검시 등) ① 사법경찰관은 변사자 또는 변사한 것으로 의심되는 사체가 있으면 변사 사건 발생사실을 <u>검사에게 통보해야 한다.</u>
② 검사는 법 제222조 제1항에 따라 검시를 했을 경우에는 검시조서를, 검증영장이나 같은 조 제2항에 따라 검증을 했을 경우에는 검증조서를 각각 작성하여 사법경찰관에게 송부해야 한다.
③ 사법경찰관은 법 제222조 제1항 및 제3항에 따라 검시를 했을 경우에는 검시조서를, 검증영장이나 같은 조 제2항 및 제3항에 따라 검증을 했을 경우에는 검증조서를 각각 작성하여 검사에게 송부해야 한다.
④ 검사와 사법경찰관은 법 제222조에 따라 변사자의 검시를 한 사건에 대해 사건 종결 전에 수사할 사항 등에 관하여 상호 의견을 제시·교환해야 한다.

「경찰수사규칙」(행정안전부령)
제27조(변사자의 검시·검증) ① 사법경찰관은 법 제222조 제1항 및 제3항에 따라 검시를 하는 경우에는 의사를 참여시켜야 하며, 그 의사로 하여금 검안서를 작성하게 해야 한다. 이 경우 사법경찰관은 <u>검시 조사관을 참여시킬 수 있다.</u>(참여시켜야 한다 ×)
② 사법경찰관은 법 제222조에 따른 검시 또는 검증 결과 사망의 원인이 범죄로 인한 것으로 판단하는 경우에는 신속하게 수사를 개시해야 한다.
제30조(검시와 참여자) 사법경찰관리는 검시에 특별한 지장이 없다고 인정하면 <u>변사자의 가족·친족·이웃사람·친구, 시·군·구·읍·면·동의 공무원이나 그 밖에 필요하다고 인정하는 사람을 검시에 참여시켜야 한다.</u>(참여시킬 수 있다 ×)
제31조(사체의 인도) ① 사법경찰관은 변사자에 대한 검시 또는 검증이 종료된 때에는 사체를 소지품 등과 함께 신속히 유족 등에게 인도한다. 다만, 사체를 인수할 사람이 없거나 변사자의 신원이 판명되지 않은 경우에는 사체가 현존하는 지역의 특별자치시장·특별자치도지사·시장·군수 또는 자치구의 구청장에게 인도해야 한다.
② 제1항 본문에서 검시 또는 검증이 종료된 때는 다음 각 호의 구분에 따른 때를 말한다.
  1. 검시가 종료된 때 : 다음 각 목의 어느 하나에 해당하는 때
    가. 수사준칙 제17조 제2항에 따라 검사가 사법경찰관에게 검시조서를 송부한 때

나. 수사준칙 제17조 제3항에 따라 사법경찰관이 검사에게 검시조서를 송부한 이후 검사가 의견을 제시한 때
  2. 검증이 종료된 때 : 부검이 종료된 때
③ 사법경찰관은 제1항에 따라 사체를 인도한 경우에는 인수자로부터 별지 제19호서식의 사체 및 소지품 인수서를 받아야 한다.

「범죄수사규칙」(경찰청훈령)
제56조(변사사건 발생보고) 경찰관은 변사자 또는 변사로 의심되는 시체를 발견하거나 시체가 있다는 신고를 받았을 때에는 즉시 소속 경찰관서장에게 보고하여야 한다.
제57조(변사자의 검시) ① 「경찰수사규칙」 제27조 제1항에 따라 검시에 참여한 검시조사관은 별지 제15호서식의 변사자조사결과보고서를 작성하여야 한다.
② 경찰관은 「형사소송법」 제222조 제1항 및 제3항에 따라 검시를 한 때에는 의사의 검안서, 촬영한 사진 등을 검시조서에 첨부하여야 하며, 변사자의 가족, 친족, 이웃사람, 관계자 등의 진술조서를 작성한 때에는 그 조서도 첨부하여야 한다.
③ 경찰관은 검시를 한 경우에 범죄로 인한 사망이라 인식한 때에는 신속하게 수사를 개시하고 소속 경찰관서장에게 보고하여야 한다.
제59조(시체의 인도) ① 「경찰수사규칙」 제31조 제1항에 따라 시체를 인도하였을 때에는 인수자에게 별지 제16호서식의 검시필증을 교부해야 한다.
② 변사체는 후일을 위하여 매장함을 원칙으로 한다.

정답 ④

021 변사사건 처리와 관련한 법령과 훈령의 규정을 서술한 것이다. 옳지 않은 것은 모두 몇 개인가?

보충문제

가. 변사자 또는 변사의 의심있는 사체가 있는 때에는 그 소재지를 관할하는 지방검찰청 검사가 검시하여야 한다.
나. 사법경찰관은 변사자 또는 변사한 것으로 의심되는 사체가 있으면 변사사건 발생사실을 검사에게 보고하여야 한다.
다. 경찰관은 변사자 또는 변사로 의심되는 시체를 발견하거나 시체가 있다는 신고를 받았을 때에는 즉시 소속 경찰관서장에게 보고하여야 한다.
라. 사법경찰관은 형사소송법 제222조 제1항 및 제3항에 따라 검시를 하는 경우에는 의사를 참여시켜야 하며, 그 의사로 하여금 검안서를 작성하게 해야 한다. 이 경우 사법경찰관은 검시 조사관을 참여시켜야 한다.
마. 사법경찰관리는 검시에 특별한 지장이 없다고 인정하면 변사자의 가족·친족, 이웃사람·친구, 시·군·구·읍·면·동의 공무원이나 그 밖에 필요하다고 인정하는 사람을 검시에 참여시킬 수 있다.
바. 변사체는 후일을 위하여 화장함을 원칙으로 한다.

① 2개   ② 3개   ③ 4개   ④ 5개

> 해설

가. ○
나. 사법경찰관은 변사자 또는 변사한 것으로 의심되는 사체가 있으면 변사사건 발생사실을 검사에게 **통보해야 한다**.
다. ○
라. 사법경찰관은 형사소송법 제222조 제1항 및 제3항에 따라 검시를 하는 경우에는 의사를 참여시켜야 하며, 그 의사로 하여금 검안서를 작성하게 해야 한다. 이 경우 사법경찰관은 **검시 조사관을 참여시킬 수 있다**.
마. 사법경찰관리는 검시에 특별한 지장이 없다고 인정하면 변사자의 가족·친족, 이웃사람·친구, 시·군·구·읍·면·동의 공무원이나 그 밖에 필요하다고 인정하는 사람을 검시에 **참여시켜야 한다**.
바. 변사체는 후일을 위하여 **매장함을** 원칙으로 한다.

정답 ③

022 변사사건 및 지문에 대한 설명으로 가장 적절하지 않은 것은?
22승진

① 전당포, 금은방 등에 비치된 거래대장에 압날된 지문과 같이 준현장지문은 범죄현장 이외의 장소에서 채취한 지문을 말한다.
② 경찰수사규칙상 사법경찰관이 검시를 할 때에는 검시 조사관을 참여시켜야 하며, 검시에 참여한 검시 조사관은 변사자 조사결과 보고서를 작성해야 한다.
③ 지문 및 수사자료표 등에 관한 규칙상 '지문자동검색시스템(AFIS: Automated Fingerprint Identification System)'은 주민등록증발급신청서 외국인의 생체정보 수사자료표의 지문을 원본 그대로 암호화하여 데이터베이스에 저장하고, 채취한 지문과의 동일성 검색에 활용하는 전산시스템을 말한다.
④ 경찰수사규칙상 사법경찰관리는 검시에 특별한 지장이 없다고 인정하면 변사자의 가족 친족, 이웃사람 친구, 시·군·구·읍·면·동의 공무원이나 그 밖에 필요하다고 인정하는 사람을 검시에 참여시켜야 한다.

> 해설

② 사법경찰관이 검시를 하는 경우에는 검시 조사관을 **참여시킬 수 있다**.(경찰수사규칙 제27조) 검시에 참여한 검시조사관은 변사자 조사결과보고서를 작성하여야 한다.(범죄수사규칙 제57조)

정답 ②

제3절 현장수사활동(과학수사)

023 「범죄수법공조자료관리규칙」에 대한 설명으로 옳지 않은 것은 모두 몇 개인가? 보충문제

> ㉠ 경찰서장은 수법원지 작성 대상 범죄에 해당하는 피의자를 검거하였거나 인도받아 조사하여 구속 송치할 때에는 "수법·수배·피해통보 전산자료 입력코드번호부"에 규정된 내용에 따라 경찰시스템을 활용하여 수법원지를 전산입력하여 관할 지검장에게 전산송부하여야 한다.
> ㉡ 다만 불구속 피의자도 재범의 우려가 있다고 인정되는 자에 대하여는 수법원지를 전산입력하여야 한다.
> ㉢ 수법원지 전산입력 후 피작성자가 사망하였을 때에는 전산자료를 삭제하여야 한다.
> ㉣ 피해통보표 피작성자가 80세 이상이 되었을 때에는 전산자료를 삭제하여야 한다.
> ㉤ 피해통보표 전산입력 후 20년이 경과하였을 때에는 전산자료를 삭제하여야 한다.

① 2개 ② 3개 ③ 4개 ④ 5개

해설

㉠ ~ **경찰청장**에게 전산송부하여야 한다.
㉡ 다만 불구속 피의자도 재범의 우려가 있다고 인정되는 자에 대하여는 수법원지를 **전산입력 할 수 있다**.
㉢ O
㉣ "피작성자가 80세 이상이 되었을 때"는 **수법원지** 삭제 사유임 ※ 피해통보표는 "미검+신원불상"을 대상으로 하므로 80세 이상인지 여부를 알 수 없음
㉤ 피해통보표 전산입력 후 **10년**년이 경과하였을 때에는 전산자료를 삭제하여야 한다.

> **제12조(수법원지 및 피해통보표의 삭제)** (수사중80/피검사10년)
> ① 수법원지가 다음 각 호에 해당할 때에는 전산자료를 삭제하여야 한다.
>   1. 피작성자가 사망하였을 때
>   2. 피작성자가 80세 이상이 되었을 때
>   3. 작성자의 수법분류번호가 동일한 원지가 2건 이상 중복될 때 1건을 제외한 자료
> ② 피해통보표가 다음 각 호에 해당할 때에는 전산자료를 삭제하여야 한다.
>   1. 피의자가 검거되었을 때
>   2. 피의자가 사망하였을 때
>   3. 피해통보표 전산입력후 10년이 경과하였을 때

정답 ③

024 「범죄수법공조자료관리규칙」상 수법원지와 피해통보표에 대한 설명으로 틀린 것은 몇 개인가?

보충문제

> ③ 경찰서장은 수법원지 전산입력 대상범죄의 신고를 받았거나 또는 인지하였을 때에는 지체없이 "수법·수배·피해통보 전산자료 입력코드번호부"에 수록된 내용에 따라 경찰시스템을 활용하여 수법원지를 전산입력하여 경찰청장에게 전산송부하여야 한다. 다만 당해 범죄의 피의자가 즉시 검거되었거나 피의자의 성명·생년월일·소재 등 정확한 신원이 판명된 경우에는 그러하지 아니한다.
> ⓒ 경찰서장은 피해통보표 전산입력 대상범죄에 해당하는 피의자를 검거하였거나 인도받아 조사하여 구속 송치할 때에는 "수법·수배·피해통보 전산자료 입력코드번호부"에 규정된 내용에 따라 경찰시스템을 활용하여 피해통보표를 전산입력하여 경찰청장에게 전산송부하여야 한다. 다만 불구속 피의자도 재범의 우려가 있다고 인정되는 자에 대하여는 전산입력할 수 있다
> ⓒ 수법원지를 통하여 범인의 필적조회가 가능하다.
> ⓔ 피해통보표와 마찬가지로 수법원지를 통해 장물조회가 가능하다.
> ⓓ 수법원지의 범행개요(범행사실)는 간단하게 요약하여 입력(기재)하여야 한다.

① 2개   ② 3개   ③ 4개   ④ 5개

해설

③ 경찰서장은 **피해통보표** 전산입력 대상범죄의 신고를 받았거나 또는 인지하였을 때에는 지체없이 "수법·수배·피해통보 전산자료 입력코드번호부"에 수록된 내용에 따라 경찰시스템을 활용하여 **피해통보표**를 전산입력하여 경찰청장에게 전산송부하여야 한다. 다만 당해 범죄의 피의자가 즉시 검거되었거나 피의자의 성명·생년월일·소재 등 정확한 신원이 판명된 경우에는 그러하지 아니한다. ※ **피해통보표는 미검사건 대상**

ⓒ 경찰서장은 **수법원지** 전산입력 대상범죄에 해당하는 피의자를 검거하였거나 인도받아 조사하여 구속 송치할 때에는 "수법·수배·피해통보 전산자료 입력코드번호부"에 규정된 내용에 따라 경찰시스템을 활용하여 **수법원지**를 전산입력하여 경찰청장에게 전산송부하여야 한다. 다만 불구속 피의자도 재범의 우려가 있다고 인정되는 자에 대하여는 전산입력할 수 있다. ※ **수법원지는 검거피의자 대상**

ⓒ 수법원지에는 피의자(인적사항, 혈액형, 지문, 특징), 수법(범행수단과 방법) 등을 기록하지만, **필적은 기재하지 않는다.**

ⓔ 피해통보표에 전산입력한 피해품은 장물수배로 본다(미검이기 때문에). 피해통보표와는 달리 수법원지는 검거자를 대상으로 하기 때문에 **장물수배와는 직접적인 관련이 없다.**

ⓓ 범행(수법)개요는 피의자의 주된 **범행수단과 방법이 부각되도록 상세히** 입력하여야 한다(규칙 제4조 제14호).

정답 ④

025 유류품 수사시 착안점에 대한 다음 내용 중 〈보기1〉과 〈보기2〉의 연결이 적절하지 않은 것은?

18승진

〈보기 1〉
㉠ 동일성   ㉡ 관련성
㉢ 기회성   ㉣ 완전성

〈보기 2〉
ⓐ 범인이 현장에 갈 수 있었을 것
ⓑ 범인이 유류품 및 그의 일부라고 인정할 만한 것과 동종의 물건을 소유하거나 휴대하고 있었을 것
ⓒ 범인이 범행시각에 근접하여 현장 및 그 부근에 있었을 것
ⓓ 물건의 존재의 경과가 명확할 것
ⓔ 유류품이 범행 때와 같은 성질을 가지고 있을 것
ⓕ 흉기 등의 경우 상해부위와 합치될 것
ⓖ 물건의 특징이 합치될 것
ⓗ 유류품에 존재하는 사용버릇을 가지고 있는 인물일 것

① ㉠ – ⓓ,ⓕ   ② ㉡ – ⓑ,ⓗ
③ ㉢ – ⓐ,ⓒ   ④ ㉣ – ⓔ,ⓖ

해설

㉠ 동일성 – ⓓ,ⓕ,ⓖ   ㉡ 관련성 – ⓑ,ⓗ
㉢ 기회성 – ⓐ,ⓒ   ㉣ 완전성 – ⓔ

▶ **유류품 수사** (동행/연인/전시/회장)

의의	① 범죄현장이나 부근에 남아있는 흉기등 유류품을 수집·추적하여 범인을 색출하는 수사기법 ② 범인이 떨어뜨린 것을 중심으로 수사(피해자가 떨어뜨린✕)
동일성	① 유류품과 범행과의 관계(유류품이 범행에 사용된 것인가) ② 물건의 존재의 경과가 명확할 것, 물건의 특징이 합치될 것, 유류상황과 진술이 합치될 것, 흉기등의 경우 상해부위와 합치될 것
관련성	① 유류품과 범인과의 관계(유류품이 범인의 물건이 확실한가) ② 범인이 유류품 및 그의 일부라고 인정할 만한 것과 동종의 물건을 소유하거나 휴대하고 있었을 것, 유류품에 존재하는 사용버릇을 가지고 있는 인물일 것
기회성	① 유류품과 범행현장과의 관계(범인이 현장에 유류할 기회가 있었는가) ② 범인이 현장에 갈 수 있었을 것, 유류의 기회가 있었을 것, 범인이 범행시각에 근접하여 현장이나 그 부근에 있었을 것
완전성	① 유류품과 범행시의 관계(유류품이 범행시와 동일한 상태로 보전되어 있는가) ② 유류품이 범행시와 같은 성질을 가지고 있을 것, 인수관계의 경과에 대하여 명확히 할 것

정답 ④

026 지문에 대한 설명으로 옳지 않은 것은 모두 몇 개인가?

14경간

> 가. 정상지문 – 먼지 쌓인 물체, 연한 점토, 마르지 않은 도장면에 인상된 지문으로 선의 고랑과 이랑이 반대로 현출된다.
> 나. 준현장지문 – 피의자 검거를 위해 범죄현장에서 채취한 피의자의 지문을 말한다.
> 다. 관계자지문 – 현장지문, 준현장지문 중에서 범인이 남긴 것으로 추정되는 지문을 말한다.
> 라. 잠재지문 – 이화학적 가공을 하여야 비로소 가시상태로 되는 지문으로 채취 방법에는 고체법, 기체법, 액체법 등이 있다.

① 1개 ② 2개 ③ 3개 ④ 4개

해설

가. **역지문** – 먼지 쌓인 물체, 연한 점토, 마르지 않은 도장면에 인상된 지문으로 선의 고랑과 이랑이 반대로 현출된다.
나. 준현장지문은 범인의 침입경로, 도주경로 및 예비장소 등 **범죄현장 이외의 장소에서** 채취한 지문을 말한다.
다. 관계자지문은 현장지문 또는 준현장지문 중에서 **범인 이외의 자가 남긴 것으로 추정되는** 지문을 말한다.
라. ○

▶ **지문의 종류와 채취방법**

현장지문	의의		범죄현장에서 발견·채취한 지문
	현재지문	의의	가공하지 않아도 육안으로 식별되는 지문
		정상지문	손 끝에 묻은 혈액·잉크·먼지 등이 손가락에 묻은 후 피사체에 인상된 지문. 착색된 부분이 융선(이랑)이며 무인했을 때의 지문과 같음
		역지문	먼지쌓인 물체, 연한 점토 등에 인상되거나, 다량의 유동성 물질이 묻은 손가락을 강한 압력으로 물체에 밀착해 생긴 지문으로, 고랑과 이랑(융선)이 반대로 현출
	잠재지문		① 육안으로 식별되지 않아 가공·검출이 필요한 지문 ② 범죄현장의 대부분의 지문은 잠재지문
준현장지문			범인의 침입경로, 도주경로, 예비장소 등 범죄현장 이외의 장소에서 채취한 지문
관계자지문			현장지문 또는 준현장지문 가운데 범인 이외의 사람(피해자, 출입자)이 남긴 것으로 추정되는 지문
유류지문			현장지문 또는 준현장지문 가운데 관계자 지문을 제외하고 남은 지문(공범자의 지문도 유류지문에 해당함) ※ 유류지문은 범인의 지문일 가능성이 가장 높음
채취방법	현재지문		① 먼지지문 : 사진촬영, 전사법, 실리콘러버법 ② 혈액지문 : 사진촬영, 전사법
	잠재지문		고체법, 액체법, 기체법

정답 ③

027 시체의 초기현상에 관한 설명 중 틀린 것은? 15경간

① 시체굳음(시체경직)은 보통 턱관절부터 시작해서 사망 후 12시간 정도면 전신에 미친다.
② 각막은 사망 후 12시간 전후 흐려져서 48시간이 되면 불투명해진다.
③ 사망 후 10시간 후면 침윤성 시반이 형성되어 체위를 바꾸어도 이미 형성된 시체얼룩은 사라지지 않는다.
④ 백골화는 소아의 경우 사망 후 4~5년, 성인은 7~10년 후에 완전하게 이루어진다.

> **해설**
> ① 시체굳음 ② 각막의 혼탁 ③ 시체얼룩
> ④ **백골화는 시체의 후기현상**이다.
> ※ 시체의 후기현상 – **자**가용해, **백**골화, **부**패, **시**체밀랍, **미**라화 (자백부시미)
>
> **정답** ④

028 시체의 후기현상에 대한 설명 중 가장 적절하지 <u>않은</u> 것은? 13승진

① 자가용해는 부패균의 작용에 의해 일어나는 질소화합물의 분해 현상을 말한다.
② 시체의 밀랍화는 화학적 분해에 의해 고체형태의 지방산 혹은 그 화합물로 변화한 상태를 말한다.
③ 백골화는 시체의 후기현상으로 **뼈**만 남는 상태를 말한다.
④ 미라화는 고온·건조지대에서 시체의 건조가 부패·분해보다 **빠**를 때 생기는 현상을 말한다.

> **해설**
> ① **부패는** 부패균의 작용에 의해 일어나는 질소화합물의 분해 현상을 말한다.
> ※ **자가용해는** 사후에 미생물의 관여 없이도 세포 가운데의 **자가효소에 따라 분해**가 일어나 세포구성 성분이 분해되는 단계이다.
>
> **정답** ①

029 시체의 현상과 관련하여 다음 설명 중 가장 적절하지 <u>않은</u> 것은? 　　　14승진

① 백골화는 일반적으로 소아의 경우는 사후 4~5년, 성인은 7~10년 후에 이루어진다.
② 시체얼룩은 혈액침전현상으로 주위의 온도가 높을수록 빠르다.
③ 시체의 체온은 시간이 경과할수록 떨어져 결국 주위의 온도와 같게 되며 수분이 증발하면서 주위의 온도보다 낮아지는 경우도 있다.
④ 시체 굳음은 일반적으로 손가락·발가락 → 팔다리 → 어깨관절 → 턱관절 순으로 진행한다.

[해설]
④ 시체 굳음은 일반적으로 "턱관절 → 어깨관절 → 팔다리 → 손가락·발가락" 순으로 진행한다.

정답 ④

---

030 다음 중 시체의 초기현상 및 후기현상에 대한 설명 중 가장 적절한 것은? 　　　20승진

① 시체는 사후에 일시 이완되었다가 시간이 경과하면서 점차 경직되고, 턱관절에서 경직되기 시작하여 사후 6시간 정도면 전신에 미친다.
② 자가용해는 세균의 작용으로 장기나 조직 등이 분해되어 가는 과정이다.
③ 아질산소다 중독인 경우 시체얼룩은 암갈색(황갈색)을 나타낸다.
④ 사이안화칼륨 중독인 경우 시체얼룩은 암적갈색을 나타낸다.

[해설]
① 시체는 사후에 일시 이완되었다가 시간이 경과하면서 점차 경직되고, 턱관절에서 경직되기 시작하여 <u>사후 12시간 정도면 전신에 미친다</u>.
② 자가용해는 세균의 작용과는 별도의 <u>자가효소에 의해</u> 장기나 조직 등이 분해되어 가는 과정이다.
③ ○
④ 사이안화칼륨(청산가리) 중독인 경우 시체얼룩은 <u>선홍색</u>을 나타낸다.
※ <u>홍익일저청</u>(선홍색 : <u>익</u>사, <u>일</u>산화탄소 중독, <u>저</u>체온사, <u>청</u>산가리 중독)
※ <u>암걸려마</u>(<u>암</u>갈색 : <u>염</u>소산칼륨 중독, <u>아</u>질산소다 중독)
※ <u>녹황</u>(녹갈색 : 황화수소가스 중독)

 ③

031 시체의 현상에 대한 설명으로 가장 적절한 것은? 21승진

① 적혈구 자체 중량에 의한 혈액 침전현상으로 시체 하부의 피부가 암적갈색으로 변화하는 시체얼룩과 세포 가운데의 자가효소에 의해 세포구성성분이 분해·변성되는 자가용해는 모두 시체의 초기현상에 해당된다.
② 시체얼룩의 경우, 일산화탄소 중독사는 선홍색을 띄고, 청산가리 중독사는 암갈색을 띤다.
③ 공기의 유통이 좋고 온도는 20~30도 사이에서 습도는 60~66%일 때 활발히 진행되는 부패와 피부에 대한 수분 보충이 정지되어 몸의 표면이 습윤성을 잃고 건조해지는 시체의 밀랍화는 모두 시체의 후기현상에 해당된다.
④ 총기에 의해 사망한 시체의 경우, 총알입구, 사출구, 사창관이 모두 있는 관통총창이 대부분이나, 발사각도 등에 따라 회선총창, 반도총창이 있을 수 있다.

> **해설**
> ① <u>자가용해는 시제의 후기현상</u>에 해당한다(단, 자가용해를 시체의 초기현상으로 보는 견해도 있음).
> ② <u>청산가리(사이안화칼륨) 중독은 선홍색</u>을 띤다.
> ③ 피부에 대한 수분 보충이 정지되어 몸의 표면이 습윤성을 잃고 건조해지는 현상은 <u>시체건조이고 시체의 초기현상에 해당한다</u>.
> ④ ○
>
> ▶ 총알상처의 분류
>
> | 관통총상 | 총알입구, 사출구, 사창관이 모두 있는 경우 |
> |---|---|
> | 맹관총상 | 총알입구와 사창관만 있고 탄환이 체내에 남아있는 경우 |
> | 찰과총상 | 탄두가 체표만 찰과 하였을 경우 |
> | 반도총상 | 탄환의 속도가 떨어져 피부를 뚫지 못하고 피부까짐이나 피부밑 출혈만 형성하였을 경우 |
> | 회선총상 | 탄환이 골격에 맞았으나 천공시키지 못하고 뼈와 연부조직 사이를 우회하였을 경우 |
>
> **정답** ④

032 시체의 후기현상으로 가장 적절하지 않은 것은? 15승진

① 시체얼룩 ② 부패 ③ 미라화 ④ 백골화

> **해설**
> ① <u>시체얼룩은 시체 초기 현상</u>이다.
> ※ 시체의 후기현상 – <u>자</u>백부시미(<u>자</u>가용해, <u>백</u>골화, <u>부</u>패, <u>시</u>체밀랍, <u>미</u>라화)
>
> **정답** ①

033 과학수사에 대한 설명으로 옳은 것을 모두 고른 것은?   20승진

> ㉠ 유류품 수사시 착안점으로 동일성, 관련성, 기회성, 완전성을 들 수 있는바, 유류품이 범행시와 동일한 상태로 보전되어 있는가를 검사하는 것은 완전성과 관련된다.
> ㉡ 현장지문 또는 준현장지문 중에서 관계자지문을 제외하고 남은 지문은 범인지문으로 추정되는 지문으로서 이를 유류지문이라고 하며, 손가락으로 마르지 않은 진흙을 적당히 눌렀을 때 나타나는 지문은 역지문이다.
> ㉢ 각막의 혼탁은 사후 12시간 전후 흐려져서 24시간이 되면 현저하게 흐려지고, 48시간이 되면 불투명해진다.
> ㉣ 시체굳음은 턱관절에서 경직되기 시작하여 사후 12시간 정도면 전신에 미친다.

① ㉠, ㉢   ② ㉠, ㉡, ㉣   ③ ㉡, ㉢, ㉣   ④ ㉠, ㉡, ㉢, ㉣

해설

모두 옳은 지문이다.

정답 ④

---

034 「디엔에이신원확인정보의 이용 및 보호에 관한 법률」에 대한 설명으로 가장 적절한 것은?   19승진

① 경찰청장은 수형인등으로부터 채취한 디엔에이감식시료로부터 취득한 디엔에이신원확인정보에 관한 사무를 총괄한다.
② 법원이 무죄판결을 하면서 치료감호를 선고하는 경우 디엔에이신원확인정보담당자는 구속피의자등에 대해 데이터베이스에 수록된 디엔에이신원확인정보를 삭제하여서는 아니 된다.
③ 채취한 디엔에이감식시료는 데이터베이스 수록 후에도 일정 기간 보관하여야 한다.
④ 사법경찰관은 살인죄를 범하여 구속된 피의자로부터 디엔에이감식시료를 채취할 수 없다.

해설

① <u>검찰총장은</u> 수형인등으로부터 채취한 디엔에이감식시료로부터 취득한 디엔에이신원확인정보에 관한 사무를 총괄하고, <u>경찰청장은</u> 범죄현장등에서 채취한 디엔에이감식시료와 구속피의자등으로부터 채취한 디엔에이감식시료로부터 취득한 디엔에이신원확인정보에 관한 사무를 총괄한다.
② ○
③ 디엔에이신원확인정보담당자가 디엔에이신원확인정보를 데이터베이스에 수록한 때에는 채취된 디엔에이감식시료와 그로부터 추출한 디엔에이를 <u>지체 없이 폐기하여야 한다</u>.
④ 사법경찰관은 살인죄를 범하여 구속된 피의자로부터 디엔에이감식시료를 <u>채취할 수 있다</u>.

정답 ②

035 「디지털 증거의 처리 등에 관한 규칙」에 대한 설명으로 가장 적절하지 <u>않은</u> 것은? 18승진변경

① '복제본'이란 정보저장매체등에 저장된 전자정보 전부를 하드카피 또는 이미징 등의 기술적 방법으로 별도의 다른 정보저장매체에 저장한 것을 말한다.
② '디지털 증거분석 의뢰물'이란 범죄사실을 규명하기 위해 디지털 증거분석관에게 분석의뢰된 전자정보, 정보저장매체등 원본, 복제본을 말한다.
③ 수사관은 압수·수색·검증 현장에서 전자정보를 압수하는 경우에는 실체적 진실발견과 증거인멸 방지를 위해 정보저장매체 원본을 외부로 반출하는 방법으로 압수하는 것이 원칙이다.
④ 경찰관은 압수·수색·검증영장을 신청하는 때에는 전자정보와 정보저장매체등을 구분하여 판단하여야 한다.

해설

③ 압수·수색·검증 현장에서 <u>전자정보를 압수하는 경우에는 범죄 혐의사실과 관련된 전자정보에 한하여 문서로 출력하거나 휴대한 정보저장매체에 해당 전자정보만을 복제하는 방식(이하 "선별압수"라 한다)으로 하여야 한다.</u>

▶ **전자정보 압수·수색의 방법 「디지털 증거의 처리 등에 관한 규칙」**

제2조(정의) 이 규칙에서 사용하는 용어의 뜻은 다음과 같다.
  1. "전자정보"란 전기적 또는 자기적 방법으로 저장되거나 네트워크 및 유·무선 통신 등을 통해 전송되는 정보를 말한다.
  2. "디지털포렌식"이란 전자정보를 수집·보존·운반·분석·현출·관리하여 범죄사실 규명을 위한 증거로 활용할 수 있도록 하는 과학적인 절차와 기술을 말한다.
  3. "디지털 증거"란 범죄와 관련하여 <u>증거로서의 가치가 있는 전자정보</u>를 말한다.
  4. "정보저장매체등"이란 전자정보가 저장된 컴퓨터용 디스크, 그 밖에 이와 비슷한 정보저장매체를 말한다.
  5. "정보저장매체등 원본"이란 전자정보 <u>압수·수색·검증을 목적으로 반출의 대상이 된 정보저장매체등</u>을 말한다.
  6. "복제본"이란 <u>정보저장매체등에 저장된 전자정보 전부</u>를 하드카피 또는 이미징 등의 기술적 방법으로 별도의 <u>다른 정보저장매체에 저장한 것</u>을 말한다.

제14조(전자정보 압수·수색·검증의 집행)
① 경찰관은 압수·수색·검증 현장에서 전자정보를 압수하는 경우에는 범죄 혐의사실과 관련된 전자정보에 한하여 문서로 출력하거나 휴대한 정보저장매체에 해당 전자정보만을 복제하는 방식(이하 "<u>선별압수</u>"라 한다)<u>으로 하여야 한다</u>. 이 경우 해시값 확인 등 디지털 증거의 동일성, 무결성을 담보할 수 있는 적절한 방법과 조치를 취하여야 한다.

제15조(복제본의 획득·반출)
① 경찰관은 다음 각 호의 사유로 인해 압수·수색·검증 현장에서 제14조 제1항 전단에 따라 <u>선별압수하는 방법이 불가능하거나 압수의 목적을 달성하기에 현저히 곤란한 경우에는 복제본을 획득하여 외부로 반출한 후 전자정보의 압수·수색·검증을 진행할 수 있다.</u>
  1. 피압수자 등이 협조하지 않거나, 협조를 기대할 수 없는 경우
  2. 혐의사실과 관련될 개연성이 있는 전자정보가 삭제·폐기된 정황이 발견되는 경우
  3. 출력·복제에 의한 집행이 피압수자 등의 영업활동이나 사생활의 평온을 침해한다는 이유로 피압수자 등이 요청하는 경우
  4. 그 밖에 위 각 호에 준하는 경우

② 경찰관은 제1항에 따라 획득한 복제본을 반출하는 경우에는 복제본의 해시값을 확인하고 피압수자 등에게 전자정보 탐색 및 출력·복제과정에 참여할 수 있음을 고지한 후 별지 제3호서식의 복제본 반출(획득) 확인서를 작성하여 피압수자 등의 확인·서명을 받아야 한다. 이 경우, 피압수자 등의 확인·서명을 받기 곤란한 경우에는 그 사유를 해당 확인서에 기재하고 기록에 편철한다.

제16조(정보저장매체등 원본 반출)
① 경찰관은 압수·수색·검증현장에서 다음 각 호의 사유로 인해 제15조 제1항에 따라 **복제본을 획득·반출하는 방법이 불가능하거나 압수의 목적을 달성하기에 현저히 곤란한 경우에는 정보저장매체등 원본을 외부로 반출한 후 전자정보의 압수·수색·검증을 진행할 수 있다.**
1. 영장 집행현장에서 하드카피·이미징 등 복제본 획득이 물리적·기술적으로 불가능하거나 극히 곤란한 경우
2. 하드카피·이미징에 의한 집행이 피압수자 등의 영업활동이나 사생활의 평온을 침해한다는 이유로 피압수자 등이 요청하는 경우
3. 그 밖에 위 각 호에 준하는 경우

정답 ③

036 「전기통신사업법」상 통신자료에 해당하는 것은? 15승진

① 인터넷 로그 기록
② 가입자의 전기통신 일시
③ 이용자의 성명
④ 발신 기지국 위치

해설

③ 이용자의 성명은 통신자료. 나머지는 통신사실확인자료이다.

▶ 통신수사의 종류

	통신제한조치	통신사실확인자료	통신자료
근거	통신비밀보호법	통신비밀보호법	전기통신사업법
성격	강제수사	강제수사	임의수사
대상	① 280개 대상범죄 ② **통화내용**: 우편물의 검열과 전기통신의 감청(송수신방해 포함)	① 모든 범죄 ② **통화내역** ③ 통신일시, 시간, 상대방 가입자번호, 사용도수, 로그기록자료, 접속지 추적자료, 접속 위치추적자료	① 모든 범죄 ② **이용자 인적사항**(성명, 주민번호, 전화번호, 주소, 아이디, 가입일/해지일) ③ 특정시간, 특정(유동)IP 사용자 정보
절차	① 법원의 허가 ② 사후통지의무		① 경찰서장 명의 협조공문 ② 사후통지의무 ×

정답 ③

037 「통신비밀보호법」상 통신사실확인자료에 해당하지 <u>않는</u> 것은? 18승진

① 가입자의 전기통신일시
② 이용자의 가입일 또는 해지일
③ 사용도수
④ 발·착신 통신번호 등 상대방의 가입자번호

해설

② 이용자의 가입일 또는 해지일은 **통신자료**에 해당한다.

통신비밀 보호법 제2조(정의)
11. "통신사실확인자료"라 함은 다음 각목의 어느 하나에 해당하는 전기통신사실에 관한 자료를 말한다.
  가. 가입자의 전기통신일시
  나. 전기통신개시·종료시간
  다. 발·착신 통신번호 등 상대방의 가입자번호
  라. 사용도수
  마. 컴퓨터통신 또는 인터넷의 사용자가 전기통신역무를 이용한 사실에 관한 컴퓨터통신 또는 인터넷의 로그기록자료
  바. 정보통신망에 접속된 정보통신기기의 위치를 확인할 수 있는 발신기지국의 위치추적자료
  사. 컴퓨터통신 또는 인터넷의 사용자가 정보통신망에 접속하기 위하여 사용하는 정보통신기기의 위치를 확인할 수 있는 접속지의 추적자료

정답 ②

038 통신수사에 대한 설명으로 가장 적절하지 <u>않은</u> 것은? 22승진

① 전기통신사업법상 전기통신사업자는 법원, 검사 또는 수사관서의 장, 정보수사기관의 장이 재판, 수사, 형의 집행 또는 국가안전보장에 대한 위해를 방지하기 위한 정보수집을 위하여 통신자료제공을 요청하면 그 요청에 따를 수 있다.
② 통신비밀보호법상 검사 또는 사법경찰관은 수사 또는 형의 집행을 위하여 필요한 경우 전기통신사업법에 의한 전기통신사업자에게 '통신사실확인자료'의 열람이나 제출을 요청할 수 있다.
③ 통신비밀보호법 제3조(통신 및 대화비밀의 보호)의 규정에 위반하여, 불법검열에 의하여 취득한 우편물이나 그 내용 및 불법감청에 의하여 지득 또는 채록된 전기통신의 내용은 재판 또는 징계절차에서 증거로 사용할 수 없다.
④ 통신비밀보호법상 발·착신 통신번호 등 상대방의 가입자번호는 '통신사실확인자료'에 해당되지 않는다.

해설

④ 통신비밀보호법상 발·착신 통신번호 등 상대방의 가입자번호는 '**통신사실확인자료**'에 해당한다.

정답 ④

039 통신수사에 대한 설명으로 가장 적절하지 않은 것은? (다툼이 있는 경우 판례에 의함) 21승진

① 「형법」 제283조 제2항의 '존속협박'으로는 통신제한조치허가서를 청구할 수 없다.
② 통신자료에는 이용자의 성명, 주민등록번호, 주소, 가입일 또는 해지일, 전화번호, ID 등이 포함된다.
③ 통신사실확인자료 중 수사를 위한 정보통신기기 관련 실시간 추적자료, 컴퓨터 통신·인터넷 로그기록 자료는 다른 방법으로 범행 저지, 범인의 발견·확보, 증거의 수집·보전이 어려운 경우에만 해당 자료의 열람이나 제출 요청이 가능하다.
④ 통신제한조치는 당사자의 동의 없이 개봉 등의 방법으로 우편물의 내용을 지득·채록·유치하는 것을 의미하는 우편물의 검열과 당사자의 동의 없이 전자장치등을 사용하여 전기통신의 음향·문언·부호·영상을 청취·공독하여 그 내용을 지득·채록하거나 전기통신의 송·수신을 방해하는 전기통신의 감청이 있다.

> **해설**
>
> ③ 검사 또는 사법경찰관은 제1항에도 불구하고 수사를 위하여 통신사실확인자료 중 1. 제2조 제11호 바목·사목 중 **실시간 추적자료** 2. **특정한 기지국에 대한 통신사실확인자료** 어느 하나에 해당하는 자료가 필요한 경우에는 다른 방법으로는 범죄의 실행을 저지하기 어렵거나 범인의 발견·확보 또는 증거의 수집·보전이 어려운 경우에만 전기통신사업자에게 해당 자료의 열람이나 제출을 요청할 수 있다.(통신비밀보호법 제13조②) (실기/보충)
>
> **정답** ③

040 통신수사에 대한 다음 설명 중 옳은 것은 모두 몇 개인가? 17경간

> ㉠ 통신제한조치는 전기통신사업법에 근거하는 임의수사이다.
> ㉡ 우편물 검열은 통신제한조치에 해당한다.
> ㉢ 성명, 아이디 등 이용자의 인적사항은 「통신비밀보호법」에 규정된 통신사실확인자료에 해당한다.
> ㉣ 통신사실확인자료의 제공 요청은 경찰서장 명의 공문만으로도 가능하다.

① 0개　　　② 1개　　　③ 2개　　　④ 3개

> **해설**
>
> ㉠ 통신제한조치는 **통신비밀보호법에 근거하는 강제수사**이다.
> ㉡ O
> ㉢ 이용자의 인적 사항(성명, 주민번호, 주소, 전화번호, ID, 가입·해지일자)은 **전기통신사업법에 규정된 통신자료**에 해당한다.

ⓔ 통신사실 확인자료제공을 요청하는 경우에는 요청사유, 해당 가입자와의 연관성 및 필요한 자료의 범위를 기록한 서면으로 **관할 지방법원(보통군사법원을 포함) 또는 지원의 허가를 받아야 한다.** 다만, 관할 지방법원 또는 지원의 허가를 받을 수 없는 긴급한 사유가 있는 때에는 통신사실 확인자료제공을 요청한 후 지체 없이 그 허가를 받아 전기통신사업자에게 송부하여야 한다.

정답 ②

041 「통신비밀보호법」상 통신제한조치에 대한 설명으로 가장 적절하지 않은 것은?   19승진

① 사법경찰관은 범죄수사를 위한 통신제한조치의 허가요건이 구비된 경우에는 검사에 대하여 각 사건별로 통신제한조치에 대한 허가를 신청하고, 검사는 법원에 대하여 그 허가를 청구할 수 있다.
② 우편물 검열은 통신제한조치에 해당한다.
③ 사법경찰관은 긴급통신제한조치의 집행착수 후 지체없이 법원에 허가청구를 하여야 하며, 그 긴급통신제한조치를 한 때부터 36시간 이내에 법원의 허가를 받지 못한 때에는 즉시 이를 중지하여야 한다.
④ 사법경찰관이 긴급통신제한조치를 할 경우에는 미리 검사의 지휘를 받아야 한다. 다만, 특히 급속을 요하여 미리 지휘를 받을 수 없는 사유가 있는 경우에는 긴급통신제한조치의 집행 착수 후 지체없이 검사의 승인을 얻어야 한다.

해설

① 사법경찰관은 범죄수사를 위한 통신제한조치의 허가요건이 구비된 경우에는 검사에 대하여 **각 피의자별 또는 각 피내사자별로** 통신제한조치에 대한 허가를 신청하고, 검사는 법원에 대하여 그 허가를 청구할 수 있다.

정답 ①

042 조사과정에서의 영상녹화에 대한 내용으로 가장 적절하지 않은 것은? 18순경1차변형

① 경찰관은 피의자 또는 피의자 아닌 자의 조서를 작성하는 때에는 그 조사 과정을 영상녹화할 수 있다.
② 사법경찰관리는 피의자 또는 피의자가 아닌 사람을 영상녹화하는 경우 그 조사의 시작부터 조서에 기명날인 또는 서명을 마치는 시점까지의 모든 과정을 영상녹화해야 한다. 다만, 조사 도중 영상녹화의 필요성이 발생한 때에는 그 시점에서 진행 중인 조사를 중단하고, 중단한 조사를 다시 시작하는 때부터 조서에 기명날인 또는 서명을 마치는 시점까지의 모든 과정을 영상녹화해야 한다.
③ 경찰관은 피조사자의 기명날인 또는 서명을 받을 수 없는 경우에는 기명날인 또는 서명란에 그 취지를 기재하고 직접 기명날인 또는 서명한다.
④ 경찰관은 원본을 봉인하기 전에 진술자 또는 변호인이 녹화물의 시청을 요구하는 때에는 영상녹화물을 재생하여 시청하게 할 수 있다. 이 경우 진술자 또는 변호인이 녹화된 내용에 대하여 이의를 진술하는 때에는 그 취지를 기재한 서면을 사건기록에 편철하여야 한다.

> 해설

① O (형사소송법 제221조①, 제244조의2①)
② O (경찰수사규칙 제43조)
③ O (범죄수사규칙 제85조③)
④ 경찰관은 원본을 봉인하기 전에 진술자 또는 변호인이 녹화물의 시청을 요구하는 때에는 영상녹화물을 재생하여 **시청하게 하여야 한다**. 이 경우 진술자 또는 변호인이 녹화된 내용에 대하여 이의를 진술하는 때에는 그 취지를 기재한 서면을 사건기록에 편철하여야 한다(범죄수사규칙 제86조).

정답 ④

043 다음은 리드(REID) 테크닉을 활용한 신문기법의 순서이다. A부터 D까지 각 단계에 대한 설명으로 가장 적절하지 않은 것은?

21승진

> 직접적 대면 → 신문화제의 전개 → (A) → 반대논리 격파 → (B) → (C) → 양자택일 적 질문하기 → (D) → 구두자백의 서면화

① A단계는 용의자가 수사관의 신문화제 전개를 방해하는 혐의를 부인하는 진술을 하지 못하게 억지한다.
② B단계는 전(前)단계가 효과적이라면 피의자가 수사관을 회피하기 쉬우므로 시선을 맞추고 화제를 계속 반복하는 동시에 피의자의 긍정적 측면을 부각한다.
③ C단계는 동정과 이해를 표시하고, 끝까지 피의자를 추궁하여 자백할 것을 촉구한다.
④ D단계는 용의자가 수사관의 질문에 선택적으로 답하는 단계를 지나 적극적으로 범행에 대하여 진술하도록 한다.

해설

③ 6단계는 '우울한 기분 달래주기' 단계로 사실대로 말할 것을 촉구하며 동정과 이해를 표시한다.

▶ 리드 테크닉을 활용한 신문기법 (대화부반관/기택이가/셌서)

1단계 직접적 대면	수사관이 용의자가 범인이라는 심증을 갖고 있음을 명확하게 알려준다.
2단계 신문 화제의 전개	용의자에게 범행에 대한 합리화·정당화 사유를 제공하여 비난가능성을 줄여주는 화제를 언급
3단계 부인(否認) 다루기	용의자가 수사관의 신문화제 전개를 방해하는 혐의를 부인하는 진술을 하지 못하게 억지
4단계 반대논리 격파	수사관이 주도하는 신문의 화제를 흐리는 용의자의 진술을 압도
5단계 관심 이끌어내기	전 단계가 효과적이라면 피의자가 수사관을 회피하기 쉬우므로 시선을 맞추고 화제를 계속 반복하는 동시에 피의자의 긍정적 측면을 부각
6단계 우울한 기분 달래주기	사실대로 말할 것을 촉구하며 동정과 이해를 표시
7단계 양자택일적 질문하기	어느 것을 선택해도 혐의가 인정되는 2가지 선택의 질문을 던진다.
8단계 세부사항 질문	용의자가 수사관의 질문에 선택적으로 답하는 단계를 지나 적극적으로 범행에 대하여 진술하도록 한다.
9단계 구두 자백의 서면화	피의자가 진술로 자백한 내용을 서면으로 확보

정답 ③

제4절 수사행정

044 「피의자 유치 및 호송 규칙」상 피의자 유치 등에 관한 다음 설명 중 가장 적절하지 <u>않은</u> 것은?

14승진

① 19세 이상의 사람과 19세 미만의 사람은 유치실이 허용하는 범위 내에서 분리하여 유치하여야 한다.
② 동시에 3명 이상의 피의자를 입감시킬 때에는 경위 이상 경찰관이 입회하여 순차적으로 입감시켜야 한다.
③ 신체, 의류, 휴대품의 검사는 동성의 유치인보호관이 실시하여야 한다. 다만, 여성유치인보호관이 없을 경우에는 미리 지정하여 신체 등의 검사방법을 교양 받은 여성경찰관으로 하여금 대신하게 할 수 있다.
④ 죄질이 경미하고 동작과 언행에 특이사항이 없으며 위험물 등을 은닉하고 있지 않다고 판단되는 유치인에 대하여 신체 등의 외부를 눈으로 확인하고 손으로 가볍게 두드려 만져 검사하는 것을 "간이검사"라 한다.

해설

④ 죄질이 경미하고 동작과 언행에 특이사항이 없으며 위험물 등을 은닉하고 있지 않다고 판단되는 유치인에 대하여 신체 등의 외부를 눈으로 확인하고 손으로 가볍게 두드려 만져 검사하는 것을 "**외표검사**"라 한다.

▶ 유치장 관리

관리 책임	경찰서장	경찰서장은 피의자의 유치 및 유치장의 관리에 <u>전반적인 지휘·감독</u>을 하여야 하며 그 책임을 져야 한다.
	유치인보호 주무자 (주무과장)	<u>경찰서 주무과장(유치인보호 주무자)</u>은 경찰서장을 보좌하여 유치인 보호 및 유치장 관리를 담당하는 경찰관(유치인보호관)을 지휘·감독하고 피의자의 유치 및 유치장의 관리에 관한 책임을 진다.(야간·공휴일에는 상황실장 또는 경찰서장이 지정하는 자)
	유치인 보호관	경찰서장이 지정하는 자는 <u>유치인보호 주무자를 보조</u>하여 피의자의 유치에 관한 사무를 수행하고 유치장을 적절히 관리하여야 한다.
피의자 유치	〈유치절차〉 입감·출감은 <u>유치인보호 주무자가 발부하는</u> 피의자입(출)감지휘서에 의하여야 하며 <u>동시에 3명이상을 입감시킬 때에는 경위이상 경찰관이 입회</u>하여 순차적으로 입감시켜야 한다. 〈분리유치(<u>구9장공</u>)〉 ①<u>형사범과 구류처분자</u> ②<u>19세 이상과 19세 미만</u> ③<u>신체장애인 및 사건관련의 공범자</u> 등은 유치실이 허용하는 범위 내에서 분리하여 유치하여야 하며, 신체장애인에 대하여는 신체장애를 고려한 처우를 하여야 한다.	

신체검사	외표검사	죄질이 경미하고 동작과 언행에 특이사항이 없으며 위험물 등을 은닉하고 있지 않다고 판단되는 유치인에 대하여는 신체 등의 외부를 눈으로 확인하고 손으로 가볍게 두드려 만져 검사한다.
	간이검사	일반적으로 유치인에 대하여는 탈의막 안에서 **속옷은 벗지 않고 신체검사의를 착용**(유치인 의사에 따름)하도록 한 상태에서 위험물 등의 은닉여부를 검사한다.
	정밀검사	살인, 강도, 절도, 강간, 방화, 마약류, 조직폭력 등 죄질이 중하거나 근무자 및 다른 유치인에 대한 위해 또는 자해할 우려가 있다고 판단되는 유치인에 대하여는 탈의막 안에서 **속옷을 벗고 신체검사의로 갈아입도록** 한 후 정밀하게 위험물 등의 은닉여부를 검사하여야 한다.
	※ 신체 등의 검사는 동성의 유치인보호관이 실시하여야 한다. 다만, 여성유치인보호관이 없을 경우에는 미리 지정하여 신체 등의 검사방법을 교양 받은 여성경찰관으로 하여금 대신하게 할 수 있다.	

정답 ④

045 피의자 유치 및 호송 규칙 상 피의자 유치 및 호송에 대한 설명 중 가장 적절하지 않은 것은? 22승진

① 간이검사란 일반적으로 유치인에 대하여는 탈의막 안에서 속옷은 벗지 않고 신체검사의를 착용(유치인의 의사에 따른다)하도록 한 상태에서 위험물 등의 은닉여부를 검사하는 것을 말한다.
② 피의자를 유치장에 입감시키거나 출감시킬 때에는 유치인 보호주무자가 발부하는 피의자입(출)감지휘서에 의하여야 하며 동시에 3명 이상의 피의자를 입감시킬 때에는 경위 이상 경찰관이 입회하여 순차적으로 입감시켜야 한다.
③ 호송관은 호송중 피호송자가 도망하였을 때 도주한 자에 관한 호송관계서류 및 금품을 인수관서에 보관해야 한다.
④ 피호송자의 금전, 유가증권은 호송관서에서 인수관서에 직접 송부하나, 소액의 금전, 유가증권 또는 당일로 호송을 마칠 수 있을 때에는 호송관에게 탁송할 수 있다.

해설
③ 호송관은 호송중 피호송자가 도망하였을 때 도주한 자에 관한 호송관계서류 및 금품을 **호송관서**에 보관해야 한다.

정답 ③

046 경찰청훈령인 「피의자 유치 및 호송 규칙」에 대한 설명으로 가장 옳은 것은? 　　　　17경간

① 간이검사란 죄질이 경미하고 동작과 언행에 특이사항이 없으며 위험물 등을 은닉하고 있지 않다고 판단되는 유치인에 대하여 신체 등의 외부를 눈으로 확인하고 손으로 가볍게 두드려 만져 검사하는 것을 말한다.
② 호송관은 호송 출발 전 반드시 호송주무관의 지휘에 따라 포박한 후 신체검색을 실시한다.
③ 동시에 2명 이상의 피의자를 입감시킬 때에는 경위 이상 경찰관이 입회하여 순차적으로 입감시켜야 한다.
④ 호송관은 수갑 또는 수갑·포승을 사용하는 피호송자가 2인 이상일 때에는 호송수단에 따라 2인 내지 5인을 1조로 하여 상호 연결시켜 포승으로 포박한다.

> **해설**
> ① <u>외표검사란</u> 죄질이 경미하고 동작과 언행에 특이사항이 없으며 위험물 등을 은닉하고 있지 않다고 판단되는 유치인에 대하여 신체 등의 외부를 눈으로 확인하고 손으로 가볍게 두드려 만져 검사하는 것을 말한다.
> ② 호송관은 반드시 호송주무관의 지휘에 따라 <u>포박하기 전에</u> 피호송자에 대하여 안전호송에 필요한 신체검색을 실시하여야 한다.
> ③ <u>동시에 3명 이상의</u> 피의자를 입감시킬 때에는 경위 이상 경찰관이 입회하여 순차적으로 입감시켜야 한다.
> ④ O
>
> **정답** ④

047 경찰의 유치장 관리에 대한 설명 중 틀린 것은? 　　　　10승진변형

① 경찰서 유치장은 「경찰관 직무집행법」 제9조에 근거하여 설치하고 있다.
② 유치장에는 구속된 피의자뿐만 아니라 「즉결심판에 관한 절차법」에 의해 판사로부터 구류판결을 받은 피고인도 수감할 수 있다.
③ 동시에 3인 이상의 피의자를 입감시킬 때에는 경위 이상 경찰관이 입회하여 순차적으로 입감시켜야 한다.
④ 유치인보호관은 경찰서장을 보좌하여 유치인 보호 및 유치장 관리를 담당하는 경찰관을 지휘·감독하고 피의자의 유치 및 유치장의 관리에 관한 책임을 진다.

> **해설**
> ④ <u>유치인보호주무자(경찰서 주무과장)는</u> 경찰서장을 보좌하여 유치인 보호 및 유치장 관리를 담당하는 경찰관(유치인보호관)을 지휘·감독하고 피의자의 유치 및 유치장의 관리에 관한 책임을 진다.
> ※ 유치인보호관은 유치인보호주무자를 보조하여 피의자의 유치에 관한 사무를 수행하고 유치장을 적절히 관리하여야 한다.
>
> **정답** ④

048 「피의자 유치 및 호송규칙」상 유치 및 호송에 관한 설명 중 옳은 것은 모두 몇 개인가? 18경간

> 가. 비상호송이란 전시, 사변 또는 이에 준하는 국가비상 사태나 천재, 지변에 있어서 피호송자를 다른 곳에 수용하기 위한 호송을 말한다.
> 나. 호송은 일출 전 또는 일몰 후에 하는 것을 원칙으로 한다.
> 다. 19세 이상의 사람과 19세 미만의 사람은 유치실이 허용하는 범위 내에서 분리하여 유치하여야 한다.
> 라. 송치하는 금품을 호송관에게 탁송할 때에는 호송관서에 보관책임이 있고, 그렇지 아니한 때에는 송부한 관서에 그 책임이 있다.
> 마. 호송 중 중증이 발병한 경우, 24시간 이내 치료될 수 있다고 진단되었을 때에는 치료 후 호송관서의 호송관이 호송을 계속하게 하여야 한다.
> 바. 호송에 큰 지장이 없고 당일로 호송을 마칠 수 있는 경중의 경우, 호송관이 적절한 응급조치를 취하고 호송을 계속하여야 한다.

① 2개　　② 3개　　③ 4개　　④ 5개

해설

나. **호송은 일출전 또는 일몰후에 할 수 없다.** 다만, 기차, 선박 및 차량을 이용하는 때 또는 특별한 사유가 있는 때에는 그러하지 아니한다(제54조).

정답 ④

---

049 「피의자 유치 및 호송 규칙」에 대한 설명 중 옳지 <u>않은</u> 것은 모두 몇 개인가? 20경간

> 가. 호송관은 피호송자를 숙박시켜야 할 사유가 발생하였을 때에는 체류지 관할 경찰서 유치장 또는 교도소를 이용하여야 한다.
> 나. 호송관은 반드시 호송주무관의 지휘에 따라 포박한 후 피호송자에 대하여 안전호송에 필요한 신체검색을 실시하여야 한다.
> 다. 피호송자의 수용장소를 다른 곳으로 이동하거나 특정관서에 인계하기 위한 호송을 비상호송이라 한다.
> 라. 호송관은 호송근무를 할 때에는 분사기를 휴대하여야 하며, 호송관서의 장은 특별한 사유가 있는 경우 호송관이 총기를 휴대하도록 하여야 한다.
> 마. 일출 전 또는 일몰 후에는 호송이 항상 금지된다.
> 바. 금전·유가증권은 호송관에게 탁송하고, 물품은 호송관서에서 인수관서에 직접 송부함이 원칙이다.

① 2개　　② 3개　　③ 4개　　④ 5개

해설

가. ○
나. 호송관은 반드시 호송주무관의 지휘에 따라 <u>포박하기 전에</u> 피호송자에 대하여 안전호송에 필요한 신체검색을 실시하여야 한다.
다. "<u>이감호송</u>"이라 함은 피호송자의 수용장소를 다른 곳으로 이동하거나 특정관서에 인계하기 위한 호송을 말한다.
라. 호송관은 호송근무를 할 때에는 분사기를 휴대하여야 한다. 호송관서의 장은 특별한 사유가 있는 경우 <u>호송관이 총기를 휴대하도록 할 수 있다</u>.
마. 호송은 일출전 또는 일몰후에 할 수 없다. <u>다만, 기차, 선박 및 차량을 이용하는 때 또는 특별한 사유가 있는 때에는 그러하지 아니한다.</u>
바. 피호송자의 영치금품은 다음 각 호의 구분에 따라 처리한다.
  1. <u>금전, 유가증권은 호송관서에서 인수관서에 직접 송부한다</u>. 다만 소액의 금전, 유가증권 또는 당일로 호송을 마칠 수 있을 때에는 호송관에게 탁송할 수 있다.
  3. <u>물품은 호송관에게 탁송한다</u>. 다만, 위험한 물품 또는 호송관이 휴대하기에 부적당한 발송관서에서 인수관서에 직접 송부할 수 있다.

정답 ④

050 「피의자 유치 및 호송규칙」에 대한 설명으로 가장 적절하지 않은 것은? 18승진, 13승진유사

① 호송관은 반드시 호송주무관의 지휘에 따라 포박하기 전에 피호송자에 대하여 안전호송에 필요한 신체검색을 실시하여야 한다.
② 호송관은 수갑 또는 수갑·포승을 사용하는 피호송자가 2인 이상일 때에는 호송수단에 따라 2인 내지 6인을 1조로 하여 상호 연결시켜 포승으로 포박한다.
③ 호송수단은 경찰호송차 기타 경찰이 보유하고 있는 차량에 의함을 원칙으로 하여야 한다.
④ 여자인 피호송자의 신체검색은 여자경찰관이 행하거나 성년의 여자를 참여시켜야 한다.

해설

② 호송관은 수갑 또는 수갑·포승을 사용하는 피호송자가 2인 이상일 때에는 호송수단에 따라 <u>2인 내지 5인을 1조로</u> 하여 상호 연결시켜 포승으로 포박한다.

제50조(피호송자에 대한 수갑 등의 사용) ① 호송관은 제47조 제2항의 호송주무관의 허가를 받아 「경찰관 직무집행법」 제10조의2 제1항 및 「위해성 경찰장비의 사용기준 등에 관한 규정」 제4조에 따라 필요한 한도에서 호송대상자에 대하여 수갑 또는 수갑·포승을 사용할 수 있다. 다만, 구류선고 및 감치명령을 받은 자와 미성년자, 고령자, 장애인, 임산부 및 환자 중 주거와 신분이 확실하고 도주의 우려가 없는 자에 대하여는 수갑 또는 수갑·포승을 채우지 아니한다. (고구미/환장감임)
② 미체포 피의자가 구속 전 피의자심문에 임의로 출석한 경우에는 원칙적으로 수갑 및 포승을 사용하지 아니한다. 다만, 도주 우려 등 사정변경이 생겨 수갑 및 포승 사용이 필요하다고 인정되는 상당한 이유가 있는 경우는 예외로 한다.
③ 미체포 피의자에 대하여 심문 구인용 구속영장을 강제집행하여 법원에 인치하는 경우에는 제2항 본문을 적용하지 않는다.
④ 호송관은 제1항에 따라 수갑 또는 수갑·포승을 사용하는 피호송자가 2인 이상일 때에는 호송수단에 따라 2인내지 5인을 1조로 하여 상호 연결시켜 포승으로 포박한다.
⑤ 호송주무관은 제1항 내지 제4항에 의하여 호송관이 한 포박의 적정여부를 확인하여야 한다.

정답 ②

---

051 「범죄수사규칙」상 검거한 지명수배자에 대하여 지명수배가 여러 건인 경우에 인계받을 관서의 순서가 바르게 나열된 것은?　　　　　　　　　　　　　　　　　　　　　　　　　　　　　18승진

㉠ 검거관서와 거리 또는 교통상 가장 인접한 수배관서
㉡ 공소시효 만료 3개월 이내이거나 공범에 대한 수사 또는 재판이 진행 중인 수배관서
㉢ 법정형이 중한 죄명으로 지명수배한 수배관서
㉣ 검거관서와 동일한 지방검찰청 또는 지청의 관할구역에 있는 수배관서

① ㉠-㉡-㉢-㉣　　　　　　　　② ㉡-㉢-㉣-㉠
③ ㉠-㉣-㉡-㉢　　　　　　　　④ ㉡-㉣-㉠-㉢

해설

② ㉡-㉢-㉣-㉠

범죄수사규칙 제99조(지명수배자의 인수·호송 등) (3공/중동인)
③ 경찰관은 검거한 지명수배자에 대하여 지명수배가 여러 건인 경우에는 다음 각호의 수배관서 순위에 따라 검거된 지명수배자를 인계받아 조사하여야 한다.
 1. 공소시효 만료 3개월 이내이거나 공범에 대한 수사 또는 재판이 진행중인 수배관서
 2. 법정형이 중한 죄명으로 지명수배한 수배관서
 3. 검거관서와 동일한 지방검찰청 또는 지청의 관할구역에 있는 수배관서
 4. 검거관서와 거리 또는 교통상 가장 인접한 수배관서
④ 검거관서와 수배관서의 경찰관은 지명수배자를 검거한 때로부터 구속영장 청구시한(체포한 때부터 48시간)을 경과하지 않도록 서로 협조하여야 한다.

정답 ②

052 지명수배에 대한 설명으로 가장 적절하지 않은 것은? 22승진

① 범죄수사규칙상 경찰관이 검거한 지명수배자에 대하여 지명수배가 여러 건인 경우, 검거 관서와 거리 또는 교통상 가장 인접한 수배관서가 법정형이 중한 죄명으로 지명수배한 수배관서보다 지명수배자를 먼저 인계받아 조사해야 한다.
② 범죄수사규칙상 국가수사본부장은 공개수배 위원회를 개최하여 중요지명피의자 종합 공개수배 대상자를 선정한다.
③ 경찰수사규칙상 사법경찰관리가 지명수배자를 발견하였으나 체포영장 또는 구속영장을 소지하지 않은 경우, 긴급하게 필요하면 지명수배자에게 영장이 발부되었음을 고지한 후 체포 또는 구속할 수 있으며 사후에 지체 없이 그 영장을 제시해야 한다.
④ 범죄수사규칙상 도서지역에서 지명수배자가 발견된 경우에 지명수배자 등이 발견된 관할 경찰관서의 경찰관은 지명수배자의 소재를 계속 확인하고, 수배관서와 협조하여 검거 시기를 정함으로써 검거 후 구속영장청구시한(체포한 때부터 48시간)이 경과되지 않도록 하여야 한다.

> **해설**
>
> ① 법정형이 중한 죄명으로 지명수배한 수배관서가 인접한 수배관서보다 먼저 인계받아 조사하여야 한다.
>
> 범죄수사규칙 제99조(지명수배자의 인수·호송 등) ③ 경찰관은 검거한 지명수배자에 대하여 지명수배가 여러 건인 경우에는 다음 각호의 수배관서 순위에 따라 검거된 지명수배자를 인계받아 조사하여야 한다. (3공/중동인)
> 1. 공소시효 만료 3개월 이내이거나 공범에 대한 수사 또는 재판이 진행중인 수배관서
> 2. 법정형이 중한 죄명으로 지명수배한 수배관서
> 3. 검거관서와 동일한 지방검찰청 또는 지청의 관할구역에 있는 수배관서
> 4. 검거관서와 거리 또는 교통상 가장 인접한 수배관서
>
> 제101조(중요지명피의자 종합 공개수배) ① 시·도경찰청장은 지명수배를 한 후, 6월이 경과하여도 검거하지 못한 사람들 중 다음 각 호에 해당하는 중요지명피의자를 매년 5월과 11월 연 2회 선정하여 국가수사본부장에게 별지 제36호서식의 중요지명피의자 종합 공개수배 보고서에 따라 보고하여야 한다.
> 1. 강력범(살인, 강도, 성폭력, 마약, 방화, 폭력, 절도범을 말한다)
> 2. 다액·다수피해 경제사범, 부정부패 사범
> 3. 그밖에 신속한 검거를 위해 전국적 공개수배가 필요하다고 판단되는 자
> ② 국가수사본부장은 공개수배 위원회를 개최하여 제1항의 중요지명피의자 종합 공개수배 대상자를 선정하고, 매년 6월과 12월 중요지명피의자 종합 공개수배 전단을 별지 제37호서식의 중요지명피의자 종합 공개수배에 따라 작성하여 게시하는 방법으로 공개수배 한다.
> 제104조(공개수배 위원회) ① 국가수사본부는 중요지명피의자 종합 공개수배, 긴급 공개수배 등 공개수배에 관한 사항을 심의하기 위하여 공개수배위원회를 둘 수 있다.
> ② 제1항에 따라 공개수배 위원회를 두는 경우 위원장은 수사운영지원담당관으로 하고, 위원회는 위원장 1명을 포함하여 7명 이상 11명 이내로 성별을 고려하여 구성한다. 이 경우, 외부전문가를 포함하여야 한다.
> ⑤ 국가수사본부 공개수배 위원회 정기회의는 매년 5월, 11월 연 2회 개최하며 제102조 제1항에 해당하는 등 필요한 경우 임시회의를 개최할 수 있다.
> ⑥ 국가수사본부 공개수배 위원회 회의는 위원 5명 이상의 출석과 출석위원 과반수 찬성으로 의결한다. (공고5출과 - 공개수배위원회, 고충심사위원회)

정답 ①

053 「경찰수사규칙」상 수배제도에 관한 설명으로 가장 옳은 것은?

① 사법경찰관리는 법정형이 사형, 무기 또는 장기 3년 이상의 징역이나 금고에 해당하는 죄를 범했다고 의심할 만한 상당한 이유가 있어 체포영장 또는 구속영장이 발부된 사람의 소재를 알 수 없을 때에는 지명수배를 하여야 한다.
② 사법경찰관리는 긴급체포를 하지 않으면 수사에 현저한 지장을 초래하는 경우에는 영장을 발부받지 않고 지명수배할 수 있다. 이 경우 지명수배 후 48시간 이내 체포영장을 발부받아야 하며, 체포영장을 발부받지 못한 때에는 즉시 지명수배를 해제해야 한다.
③ 사법경찰관리는 법정형이 장기 3년 미만의 징역 또는 금고, 벌금에 해당하는 죄를 범했다고 의심할 만한 상당한 이유가 있고, 출석요구에 응하지 않은 사람의 소재를 알 수 없을 때에는 지명통보를 할 수 있다.
④ 사법경찰관리는 지명통보자를 발견한 때에는 지명통보자에게 지명통보된 사실, 범죄사실의 요지 및 통보관를 고지하고, 발견된 날부터 3개월 이내에 통보관서에 출석해야 한다는 내용과 정당한 사유 없이 출석하지 않을 경우 지명수배되어 체포될 수 있다는 내용을 통지해야 한다.

해설

① 사법경찰관리는 법정형이 사형, 무기 또는 장기 3년 이상의 징역이나 금고에 해당하는 죄를 범했다고 의심할 만한 상당한 이유가 있어 체포영장 또는 구속영장이 발부된 사람의 소재를 알 수 없을 때에는 **지명수배를 할 수 있다**.
② 사법경찰관리는 긴급체포를 하지 않으면 수사에 현저한 지장을 초래하는 경우에는 영장을 발부받지 않고 지명수배할 수 있다. 이 경우 지명수배 후 **신속히** 체포영장을 발부받아야 하며, 체포영장을 발부받지 못한 때에는 즉시 지명수배를 해제해야 한다.
③ ○
④ 사법경찰관리는 지명통보자를 발견한 때에는 지명통보자에게 지명통보된 사실, 범죄사실의 요지 및 통보관를 고지하고, 발견된 날부터 **1개월 이내에** 통보관서에 출석해야 한다는 내용과 정당한 사유 없이 출석하지 않을 경우 지명수배되어 체포될 수 있다는 내용을 통지해야 한다.

> 「경찰수사규칙」
> 제45조(지명수배) ① 사법경찰관리는 다음 각 호의 어느 하나에 해당하는 사람의 소재를 알 수 없을 때에는 <u>지명수배를 할 수 있다</u>.
> 　1. 법정형이 사형, 무기 또는 장기 3년 이상의 징역이나 금고에 해당하는 죄를 범했다고 의심할 만한 상당한 이유가 있어 체포영장 또는 구속영장이 발부된 사람
> 　2. 제47조에 따른 지명통보의 대상인 사람 중 지명수배를 할 필요가 있어 체포영장 또는 구속영장이 발부된 사람
> ② 제1항에도 불구하고 법 제200조의3 제1항에 따른 <u>긴급체포를 하지 않으면 수사에 현저한 지장을 초래하는 경우에는 영장을 발부받지 않고 지명수배할 수 있다</u>. 이 경우 지명수배 후 신속히 체포영장을 발부받아야 하며, <u>체포영장을 발부받지 못한 때에는 즉시 지명수배를 해제해야 한다</u>.

제46조(지명수배자 발견 시 조치) ① 사법경찰관리는 제45조 제1항에 따라 지명수배된 사람("지명수배자")을 발견한 때에는 체포영장 또는 구속영장을 제시하고, 수사준칙 제32조 제1항에 따라 권리 등을 고지한 후 체포 또는 구속하며 별지 제36호서식의 권리 고지 확인서를 받아야 한다. 다만, 체포영장 또는 구속영장을 소지하지 않은 경우 긴급하게 필요하면 지명수배자에게 영장이 발부되었음을 고지한 후 체포 또는 구속할 수 있으며 사후에 지체 없이 그 영장을 제시해야 한다.

② 사법경찰관은 제45조 제2항에 따라 영장을 발부받지 않고 지명수배한 경우에는 지명수배자에게 긴급체포한다는 사실과 수사준칙 제32조 제1항에 따른 권리 등을 고지한 후 긴급체포해야 한다. 이 경우 지명수배자로부터 별지 제36호서식의 권리 고지 확인서를 받고 제51조 제1항에 따른 긴급체포서를 작성해야 한다.

제47조(지명통보) 사법경찰관리는 다음 각 호의 어느 하나에 해당하는 사람의 소재를 알 수 없을 때에는 **지명통보를 할 수 있다.**

1. 법정형이 장기 3년 미만의 징역 또는 금고, 벌금에 해당하는 죄를 범했다고 의심할 만한 상당한 이유가 있고, 출석요구에 응하지 않은 사람
2. 법정형이 장기 3년 이상의 징역이나 금고에 해당하는 죄를 범했다고 의심되더라도 사안이 경미하고, 출석요구에 응하지 않은 사람

제48조(지명통보자 발견 시 조치) 사법경찰관리는 제47조에 따라 지명통보된 사람("지명통보자")을 발견한 때에는 지명통보자에게 지명통보된 사실, 범죄사실의 요지 및 지명통보한 경찰관서("통보관서")를 고지하고, 발견된 날부터 1개월 이내에 통보관서에 출석해야 한다는 내용과 정당한 사유 없이 출석하지 않을 경우 지명수배되어 체포될 수 있다는 내용을 통지해야 한다.

정답 ③

제5절 각 기능별 수사

054 「가정폭력범죄의 처벌 등에 관한 특례법」에 대한 설명 중 가장 적절하지 않은 것은?

13승진, 16승진유사

① 가정폭력이란 가정구성원 사이의 신체적, 정신적 또는 재산상 피해를 수반하는 행위를 말한다.
② 가정구성원이란 배우자(사실상 혼인관계에 있는 사람 포함), 직계존비속, 동거하는 친족 등이 해당하며, 배우자였던 사람은 가정구성원에서 제외된다.
③ 피해자는 가정폭력행위자가 자기 또는 배우자의 직계존속인 경우에도 고소할 수 있다.
④ 피해자에게 고소할 법정대리인이나 친족이 없는 경우에 이해관계인이 신청하면 검사는 10일 이내에 고소할 수 있는 사람을 지정하여야 한다.

해설

② 배우자였던 사람도 가정구성원에 포함된다.

정답 ②

055 가정폭력범죄에 대한 설명 중 가장 옳지 않은 것은?

13경간

① 가정폭력이란 가족구성원 사이의 신체적·정신적 또는 재산상 피해를 수반하는 행위를 말한다.
② 누구든지 가정폭력범죄를 알았을 때는 수사기관에 신고할 수 있다.
③ 자기 또는 배우자의 직계존속에 대하여도 고소할 수 있다.
④ 검사는 이해관계인 신청이 있으면 7일 이내에 고소할 수 있는 자를 지정하여야 한다.

해설

④ 피해자에게 고소할 법정대리인이나 친족이 없는 경우에 이해관계인의 신청이 있으면 검사는 10일 이내에 고소할 수 있는 자를 지정하여야 한다.

정답 ④

056 「가정폭력범죄의 처벌 등에 관한 특례법」에 대한 설명 중 가장 적절하지 않은 것은? 13승진

① 동법상 가정구성원 중 배우자는 사실상 혼인관계에 있는 사람을 포함한다.
② 동법상 가정폭력이란 가정구성원 사이의 신체적, 정신적 피해를 수반하는 행위를 말하고 재산상 피해를 수반하는 행위는 포함되지 않는다.
③ 형법상 체포·감금죄, 명예훼손죄, 주거·신체 수색죄, 재물손괴죄는 가정폭력범죄에 해당한다.
④ 피해자의 법정대리인이 가정폭력행위자인 경우 또는 가정폭력행위자와 공동으로 가정폭력범죄를 범한 경우에는 피해자의 친족이 고소할 수 있다.

해설

② 재산상 피해를 수반하는 행위도 포함된다.

정답 ②

057 「가정폭력범죄의 처벌 등에 관한 특례법」에 관한 다음 설명 중 가장 적절한 것은? 14승진

① 계부모와 자녀의 관계 또는 적모와 서자의 관계에 있었던 사람은 가족 구성원에 해당하지 않는다.
② 진행 중인 가정폭력범죄에 대하여 신고를 받은 사법경찰관리는 즉시 현장에 나가서 피해자가 동의하지 않는 경우에도 피해자를 가정폭력 관련 상담소 또는 보호시설로 인도할 수 있다.
③ 누구든지 가정폭력범죄를 알게 된 경우에는 수사기관에 신고할 수 있다.
④ 피해자는 행위자가 자기 또는 배우자의 직계존속인 경우 「형사소송법」 제224조 규정에 의하여 직계존속을 고소할 수 없다.

해설

① 계부모와 자녀의 관계 또는 적모와 서자의 관계에 있었던 사람도 **가족 구성원에 해당**한다.
② 진행 중인 가정폭력범죄에 대하여 신고를 받은 사법경찰관리는 즉시 현장에 나가서 다음 각 호의 **응급조치를 하여야 한다**.
  2. 피해자를 가정폭력 관련 상담소 또는 보호시설로 인도(**피해자가 동의한 경우만 해당한다**)
③ ○
④ **폭력행위자가 자기 또는 배우자의 직계존속인 경우에도 고소할 수 있다**.

정답 ③

058 「가정폭력범죄의 처벌 등에 관한 특례법」에 대한 설명으로 가장 적절하지 않은 것은? 21순경1차

① 가정폭력으로서 출판물 등에 의한 명예훼손, 재물손괴, 유사강간, 주거침입의 죄는 가정폭력범죄에 해당한다.
② 사법경찰관은 「가정폭력범죄의 처벌 등에 관한 특례법」 제5조에 따른 응급조치에도 불구하고 가정폭력범죄가 재발될 우려가 있고, 긴급을 요하여 법원의 임시조치 결정을 받을 수 없을 때에는 직권 또는 피해자나 그 법정대리인의 신청에 의하여 긴급임시조치를 할 수 있다.
③ 법원은 가정폭력행위자에 대하여 유죄판결(선고유예는 제외)을 선고하거나 약식명령을 고지하는 경우에는 200시간의 범위에서 재범예방에 필요한 수강명령(「보호관찰 등에 관한 법률」에 따른 수강명령) 또는 가정폭력 치료프로그램의 이수명령을 병과할 수 있다.
④ 가정폭력범죄 중 아동학대범죄에 대해서는 「청소년 보호법」을 우선 적용한다.

해설

④ (X) 가정폭력범죄 중 아동학대범죄에 대해서는 **「아동학대범죄의 처벌 등에 관한 특례법」을 우선 적용한다.**

정답 ④

---

059 다음 중 「가정폭력범죄의 처벌 등에 관한 특례법」에 관한 설명으로 가장 옳은 것은 무엇인가? 14경간

① 가정구성원의 범위에는 동거하는 친족 관계에 있는 자 또는 있었던 자가 포함된다.
② 피해자에게 고소할 법정대리인이나 친족이 없는 경우에 이해관계인이 신청하면 검사는 10일 이내에 고소할 수 있는 사람을 지정할 수 있다.
③ 가정폭력범죄에는 아동혹사, 명예훼손, 협박, 학대, 상해, 주거·신체수색, 주거침입·퇴거불응, 재물손괴·특수손괴, 강간, 강제추행 등이 있다.
④ 사법경찰관은 응급조치에도 불구하고 가정폭력범죄가 재발될 우려가 있고, 긴급을 요하여 법원의 임시조치 결정을 받을 수 없을 때에는 피해자나 그 법정대리인의 신청에 의해서만 긴급임시조치를 할 수 있다.

해설

① 가정구성원의 범위에는 **동거하는 친족 관계에 있는 자는 포함되나 있었던 자가 포함되지 않는다.**
② 피해자에게 고소할 법정대리인이나 친족이 없는 경우에 이해관계인이 신청하면 검사는 10일 이내에 고소할 수 있는 사람을 **지정하여야 한다.**
③ ○
④ 사법경찰관은 응급조치에도 불구하고 가정폭력범죄가 재발될 우려가 있고, 긴급을 요하여 법원의 임시조치 결정을 받을 수 없을 때에는 **직권 또는 피해자나 그 법정대리인의 신청에 의하여** 긴급임시조치를 할 수 있다.

정답 ③

060 「가정폭력범죄의 처벌 등에 관한 특례법」에 대한 설명으로 가장 적절하지 <u>않은</u> 것은? 22승진

① 사법경찰관은 가정폭력범죄에 대한 응급조치에도 불구하고 가정폭력범죄가 재발될 우려가 있고, 긴급을 요하여 법원의 임시조치 결정을 받을 수 없을 때에는 직권 또는 피해자나 그 법정대리인의 신청에 의하여 긴급임시조치를 할 수 있다.

② 진행 중인 가정폭력범죄에 대하여 신고를 받은 사법경찰관리는 즉시 현장에 나가서 폭력행위의 제지, 가정폭력행위자 피해자의 분리, 현행범인의 체포 등 범죄수사, 피해자를 가정폭력 관련 상담소 또는 보호시설로 인도(피해자가 동의한 경우만 해당), 긴급치료가 필요한 피해자를 의료기관으로 인도, 폭력행위재발시 제8조에 따라 임시조치를 신청할 수 있음을 통보, 제55조의2에 따른 피해자보호명령 또는 신변안전조치를 청구할 수 있음을 고지해야 한다.

③ 甲의 배우자였던 乙이 甲에게 폭행을 당한 것을 이유로 112종합상황실에 가정폭력으로 신고하여 순찰 중이던 경찰관이 출동한 경우, 그 경찰관은 해당 사건에 대해 가정폭력범죄사건으로 처리할 수 없다.

④ 피해자 또는 그 법정대리인은 가정폭력행위자를 고소할 수 있고, 피해자의 법정대리인이 가정폭력행위자인 경우 또는 가정폭력행위자와 공동으로 가정폭력범죄를 범한 경우에는 피해자의 친족이 고소할 수 있다.

해설

③ '배우자였던 사람'도 '가정구성원'에 해당하기 때문에 '<u>가정폭력 사건</u>'에 해당한다.

제2조(정의) 이 법에서 사용하는 용어의 뜻은 다음과 같다.
1. "가정폭력"이란 가정구성원 사이의 신체적, 정신적 또는 재산상 피해를 수반하는 행위를 말한다.
2. "가정구성원"이란 다음 각 목의 어느 하나에 해당하는 사람을 말한다.
   가. 배우자(사실상 혼인관계에 있는 사람을 포함한다. 이하 같다) 또는 배우자였던 사람
   나. 자기 또는 배우자와 직계존비속관계(사실상의 양친자관계를 포함한다. 이하 같다)에 있거나 있었던 사람
   다. 계부모와 자녀의 관계 또는 적모(嫡母)와 서자(庶子)의 관계에 있거나 있었던 사람
   라. 동거하는 친족

※ 지문의 '가정폭력사건(가정폭력범죄사건)'과 '가정보호사건(보호처분의 대상이 되는 사건)'을 헷갈리면 안 된다.

제7조(사법경찰관의 사건 송치) <u>사법경찰관은</u> 가정폭력범죄를 신속히 수사하여 사건을 검사에게 송치하여야 한다. 이 경우 사법경찰관은 해당 사건을 <u>가정보호사건으로 처리하는 것이 적절한지에 관한 의견을 제시할 수 있다.</u>

제9조(가정보호사건의 처리) ① <u>검사는</u> 가정폭력범죄로서 사건의 성질·동기 및 결과, 가정폭력행위자의 성행 등을 고려하여 이 법에 따른 보호처분을 하는 것이 적절하다고 인정하는 경우에는 <u>가정보호사건으로 처리할 수 있다.</u> 이 경우 검사는 피해자의 의사를 존중하여야 한다.

정답 ③

061 「가정폭력범죄의 처벌 등에 관한 특례법」 제5조(가정폭력 범죄에 대한 응급조치) 상 진행 중인 가정폭력범죄에 대하여 신고를 받은 사법경찰관리가 즉시 현장에 나가서 취해야 하는 응급조치로 거리가 먼 것을 모두 고른 것은?
13순경1차변형

> ㉠ 피해자 또는 가정구성원의 주거 또는 점유하는 방실(房室)로 부터의 퇴거 등 격리
> ㉡ 피해자 또는 가정구성원의 주거, 직장 등에서 100미터 이내의 접근 금지
> ㉢ 피해자 또는 가정구서원에 대한 전기통신을 이용한 접근 금지
> ㉣ 폭력행위의 제지, 가정폭력행위자·피해자의 분리
> ㉤ 피해자를 가정폭력 관련 상담소 또는 보호시설로 인도(피해자가 동의한 경우만 해당)
> ㉥ 긴급치료가 필요한 피해자를 의료기관으로 인도

① ㉠㉡㉢   ② ㉠㉡㉤   ③ ㉡㉢㉣   ④ ㉢㉣㉥

해설

① 진행 중인 가정폭력범죄에 대하여 신고를 받은 사법경찰관리가 즉시 현장에 나가서 취해야 하는 응급조치는 ㉣㉤㉥이다. ㉠㉡㉢은 판사가 가정보호사건의 원활한 조사·심리 또는 피해자 보호를 위하여 필요하다고 인정하는 경우에 결정으로 가정폭력행위자에게 할 수 있는 임시조치이다.

> 가정폭력범죄의 처벌 등에 관한 특례법 제5조(가정폭력범죄에 대한 응급조치) 진행 중인 가정폭력범죄에 대하여 신고를 받은 사법경찰관리는 즉시 현장에 나가서 다음 각 호의 조치를 하여야 한다. (제수보의통피)
> 1. 폭력행위의 제지, 가정폭력행위자·피해자의 분리
> 1의2. 「형사소송법」 제212조에 따른 현행범인의 체포 등 범죄수사
> 2. 피해자를 가정폭력 관련 상담소 또는 보호시설로 인도(피해자가 동의한 경우만 해당)
> 3. 긴급치료가 필요한 피해자를 의료기관으로 인도
> 4. 폭력행위 재발 시 제8조에 따라 임시조치를 신청할 수 있음을 통보
> 5. 제55조의2에 따른 피해자보호명령 또는 신변안전조치를 청구할 수 있음을 고지
>
> 제8조의2(긴급임시조치) ① 사법경찰관은 제5조에 따른 응급조치에도 불구하고 가정폭력범죄가 재발될 우려가 있고, 긴급을 요하여 법원의 임시조치 결정을 받을 수 없을 때에는 직권 또는 피해자나 그 법정대리인의 신청에 의하여 제29조 제1항 제1호부터 제3호까지(격백통)의 어느 하나에 해당하는 조치(이하 "긴급임시조치"라 한다)를 할 수 있다.
>
> 제29조(임시조치) ① 판사는 가정보호사건의 원활한 조사·심리 또는 피해자 보호를 위하여 필요하다고 인정하는 경우에는 결정으로 가정폭력행위자에게 다음 각 호의 어느 하나에 해당하는 임시조치를 할 수 있다. (격백통/요구상)
> 1. 피해자 또는 가정구성원의 주거 또는 점유하는 방실(房室)로부터의 퇴거 등 격리
> 2. 피해자 또는 가정구성원의 주거, 직장 등에서 100미터 이내의 접근 금지
> 3. 피해자 또는 가정구성원에 대한 「전기통신기본법」 제2조 제1호의 전기통신을 이용한 접근 금지
> 4. 의료기관이나 그 밖의 요양소에의 위탁
> 5. 국가경찰관서의 유치장 또는 구치소에의 유치
> 6. 상담소등에의 상담위탁
> ⇨ 1호부터 3호까지의 임시조치기간은 2개월, 4호부터 6호의 임시조치기간은 1개월을 초과할 수 없다. 다만, 피해자의 보호를 위하여 그 기간을 연장할 필요가 있다고 인정하는 경우에는 결정으로 1호부터 3호까지의 임시조치는 두 차례만, 4호부터 6호의 임시조치는 한 차례만 각 기간의 범위에서 연장할 수 있다.

정답 ①

062 「가정폭력범죄의 처벌 등에 관한 특례법」에 대한 다음 설명 중 가장 적절하지 않은 것은? 14순경2차

① 사법경찰관은 가정폭력범죄에 대한 응급조치에도 불구하고 재발될 우려가 있고, 긴급을 요하여 검사의 임시조치 결정을 받을 수 없을 때에는 긴급임시조치를 할 수 있다.
② 누구든지 가정폭력범죄를 알게 된 경우에는 수사기관에 신고할 수 있다.
③ 모욕, 명예훼손, 재물손괴, 강간, 강제추행은 가정폭력범죄에 해당한다.
④ '가정폭력'이란 가정구성원 사이의 신체적, 정신적 또는 재산상 피해를 수반하는 행위를 말하며, 사실상 혼인관계에 있는 사람도 가정구성원에 해당한다.

해설

① 사법경찰관은 제5조에 따른 응급조치에도 불구하고 가정폭력범죄가 재발될 우려가 있고, 긴급을 요하여 **법원의 임시조치 결정**을 받을 수 없을 때에는 직권 또는 피해자나 그 법정대리인의 신청에 의하여 제29조 제1항 제1호부터 제3호까지의 어느 하나에 해당하는 조치(이하 "긴급임시조치"라 한다)를 할 수 있다 (제8조의2).

정답 ①

063 「가정폭력범죄의 처벌 등에 관한 특례법」상 가정폭력범죄에 대해 사법경찰관이 취할 수 있는 조치에 대한 설명으로 틀린 것은 모두 몇 개인가? 15순경1차, 15승진유사

㉠ 긴급치료가 필요한 피해자를 의료기관으로 인도하여야 한다.
㉡ 피해자의 동의 없이도 피해자를 가정폭력 관련 상담소 또는 보호시설로 인도할 수 있다.
㉢ 가정폭력범죄가 재발될 우려가 있다고 인정하는 경우에는 사법경찰관의 직권으로 법원에 임시조치를 청구할 수 있다.
㉣ 사법경찰관은 가정폭력범죄를 신속히 수사하여 사건을 검사에게 송치하여야 한다. 이 경우 사법경찰관은 해당 사건을 가정보호사건으로 처리하는 것이 적절한지에 관한 의견을 제시할 수 있다.

① 1개　　② 2개　　③ 3개　　④ 4개

해설

㉡ "피해자를 가정폭력 관련 상담소 또는 보호시설로 인도"하는 응급조치는 **피해자가 동의한 경우만 해당한다**.
㉢ **검사는** 가정폭력범죄가 재발될 우려가 있다고 인정하는 경우에는 **직권으로 또는 사법경찰관의 신청에 의하여 법원에** 제29조 제1항 제1호·제2호 또는 제3호의 **임시조치를 청구할 수 있다**. → 사법경찰관은 신청권자이고 검사가 청구권자이다.

정답 ②

064 「가정폭력범죄의 처벌 등에 관한 특례법」에 대한 다음 설명 중 옳지 않은 것은 모두 몇 개인가?

19경간변형

> 가. "가정폭력범죄"란 가정폭력으로서 「형법」상 상해, 폭행, 유기, 학대, 아동혹사, 체포, 감금, 협박, 강간, 강제추행, 명예훼손, 모욕, 주거침입·퇴거불응, 강요, 공갈, 재물손괴·특수손괴·중손괴 등에 해당하는 죄를 말한다.
> 나. 가정폭력행위자가 자기 또는 배우자의 직계존속일 경우에는 고소할 수 없다.
> 다. 피해자에게 고소할 법정대리인이나 친족이 없는 경우에 이해관계인이 신청하면 검사는 7일 이내에 고소할 수 있는 사람을 지정하여야 한다.
> 라. 아동, 70세 이상의 노인, 그 밖에 정상적인 판단 능력이 결여된 사람의 치료 등을 담당하는 의료인 및 의료기관의 장이 직무를 수행하면서 가정폭력범죄를 알게 된 경우에는 정당한 사유가 없으면 즉시 수사기관에 신고하여야 한다.

① 1개 ② 2개 ③ 3개 ④ 4개

해설

> 가. 재물손괴·특수손괴는 가정폭력범죄이지만, **중손괴는 가정폭력범죄가 아니다**.
> 나. 피해자는 「형사소송법」 제224조에도 불구하고 **가정폭력행위자가 자기 또는 배우자의 직계존속인 경우에도 고소할 수 있다**.
> 다. 피해자에게 고소할 법정대리인이나 친족이 없는 경우에 이해관계인이 신청하면 검사는 **10일 이내에** 고소할 수 있는 사람을 지정하여야 한다.
> 라. 아동, **60세 이상의 노인**, 그 밖에 정상적인 판단 능력이 결여된 사람의 치료 등을 담당하는 의료인 및 의료기관의 장이 직무를 수행하면서 가정폭력범죄를 알게 된 경우에는 정당한 사유가 없으면 즉시 수사기관에 신고하여야 한다.

정답 ④

065 「가정폭력범죄의 처벌 등에 관한 특례법」에 대한 설명으로 옳은 것은 모두 몇 개인가?

15순경3차

> ㉠ 피해자 또는 그 법정대리인은 가정폭력행위자를 고소할 수 있다. 피해자의 법정대리인이 가정폭력행위자인 경우 또는 가정폭력행위자와 공동으로 가정폭력범죄를 범한 경우에는 피해자의 친족이 고소할 수 없다.
> ㉡ 동거하는 친족관계에 있었던 자는 가정구성원에 해당되지 않는다.
> ㉢ 사법경찰관은 가정폭력범죄를 신속히 수사하여 사건을 검사에게 송치하여야 한다. 이 경우 사법경찰관은 해당 사건을 가정보호사건으로 처리하는 것이 적절한지에 관한 의견을 제시할 수 있다.
> ㉣ 피해자에게 고소할 법정대리인이나 친족이 없는 경우에 이해관계인이 신청하면 검사는 10일 이내에 고소할 수 있는 사람을 지정하여야 한다.

① 없음 ② 1개 ③ 2개 ④ 3개

> **해설**
>
> ㉠ 피해자 또는 그 법정대리인은 가정폭력행위자를 고소할 수 있다. 피해자의 법정대리인이 가정폭력행위자인 경우 또는 가정폭력행위자와 공동으로 가정폭력범죄를 범한 경우에는 <u>피해자의 친족이 고소할 수 있다</u>.
>
> 정답 ④

066 「가정폭력범죄의 처벌 등에 관한 특례법」상 임시조치 및 긴급임시조치에 관한 내용으로 가장 적절하지 않은 것은?
15경감

① 사법경찰관은 제5조에 따른 응급조치에도 불구하고 가정폭력범죄가 재발될 우려가 있고, 긴급을 요하여 법원의 임시조치 결정을 받을 수 없을 때에는 직권 또는 피해자나 그 법정 대리인의 신청에 의하여 긴급임시조치를 할 수 있다.
② 사법경찰관은 긴급임시조치를 한 경우에는 즉시 긴급임시조치결정서를 작성하여야 한다.
③ 긴급임시조치결정서에는 범죄사실의 요지, 긴급임시조치가 필요한 사유 등을 기재하여야 한다.
④ 긴급임시조치를 통해 가정폭력행위자를 피해자 또는 가정구성원의 주거로부터 퇴거시킬 수는 없다.

> **해설**
>
> ④ 긴급임시조치로 "<u>퇴거 등 격리</u>", "주거, 직장 등에서 100미터 이내의 접근 금지", "전기통신을 이용한 접근 금지"의 어느 하나에 해당하는 조치를 할 수 있다.
>
> ▶ **가정폭력범죄** (제수보의통피 / 격백통 / 격백통요구상)
>
> 응급조치(사경관리) ①제지/분리 ②범죄수사 ③상담소/보호시설인도(동의필요)
> ④의료기관인도 ⑤임시조치 신청 통보 ⑥피해자보호명령/신변안전조치 청구 고지
> 긴급임시조치(사경관) ①퇴거등격리 ②100m이내 접근금지 ③전기통신이용 접근금지
> 임시조치(판사) ①퇴거등격리 ②100m이내 접근금지 ③전기통신이용 접근금지
> ④요양소위탁 ⑤구치소유치 ⑥상담위탁
>
> ※ 긴급임시조치한 경우 <u>지체 없이</u> 검사에게 임시조치를 신청한다.(사경)
> ※ 긴급임시조치한 경우 <u>48시간 이내</u> 임시조치 청구하여야 한다.(검사)
>
> ▶ **아동학대범죄** (제격보의 / 객백통 / 격백통친교요구)
>
> 응급조치(사경관리+아전공) ①제지 ②격리 ③보호시설인도(아동의견존중) ④의료기관인도
> 긴급임시조치(사경관) ①퇴거등격리 ②100m이내 접근금지 ③전기통신이용 접근금지
> 임시조치(판사) ①퇴거등격리 ②100m이내 접근금지 ③전기통신이용 접근금지
> ④친권 제한/정지 ⑤상담/교육 위탁 ⑥요양시설위탁 ⑦구치소유치
>
> ※ 응급조치(①제외), 긴급임시조치 한 경우 <u>지체 없이</u> 검사에게 임시조치 청구를 신청하여야 한다.(사경)
> ※ 검사가 임시조치 청구하는 때에는, 응급조치 <u>72시간이내</u>, 긴급임시조치 <u>48시간이내</u> 임시조치 청구하여야 한다.(검사)
>
> 정답 ④

067 「가정폭력범죄의 처벌 등에 관한 특례법」에 대한 설명으로 가장 적절하지 않은 것은? 　16순경2차

① 검사는 가정폭력범죄가 재발될 우려가 있다고 인정하는 경우에는 직권으로 또는 사법경찰관의 신청에 의하여 법원에 피해자 또는 가정구성원의 주거 또는 점유하는 방실로부터의 퇴거 등 격리, 피해자 또는 가정구성원의 주거·직장 등에서 100미터 이내의 접근 금지, 의료기관이나 그 밖의 요양소에 위탁의 임시조치를 청구할 수 있다.
② 사법경찰관은 응급조치에도 불구하고 가정폭력범죄가 재발될 우려가 있고, 긴급을 요하여 법원의 임시조치 결정을 받을 수 없을 때에는 직권 또는 피해자나 그 법정대리인의 신청에 의하여 긴급임시조치를 할 수 있다.
③ 임시조치의 청구는 긴급임시조치를 한 때부터 48시간 이내에 청구하여야 하며, 긴급임시조치결정서를 첨부하여야 한다.
④ 「형법」상 유기죄는 가정폭력범죄에 해당한다.

> **해설**
> ① 검사는 가정폭력범죄가 재발될 우려가 있다고 인정하는 경우에는 직권으로 또는 사법경찰관의 신청에 의하여 법원에 피해자 또는 가정구성원의 주거 또는 점유하는 방실로부터의 퇴거 등 격리, 피해자 또는 가정구성원의 주거·직장 등에서 100미터 이내의 접근 금지, **피해자 또는 가정구성원에 대한 전기통신기본법 제2조 제1호의 전기통신을 이용한 접근금지**의 임시조치를 청구할 수 있다.
>
> **정답** ①

068 가정폭력범죄 사건처리에 대한 설명 중 가장 적절하지 않은 것은? 　14승진

① 긴급임시조치결정서에는 범죄사실의 요지, 긴급임시조치가 필요한 사유 등을 기재하여야 한다.
② 사법경찰관은 응급조치에도 불구하고 재발 우려 및 긴급한 경우에도 법원의 결정 없이는 긴급임시조치를 할 수 없다.
③ 피해자를 가정폭력 관련 상담소 또는 보호시설로 인도한다.(피해자가 동의한 경우)
④ 긴급치료가 필요한 피해자를 의료기관에 인도한다.

> **해설**
> ② 사법경찰관은 응급조치에도 불구하고 재발 우려 및 긴급한 경우에는 **직권 또는 피해자의 신청에 따라 (법원의 결정 없이도) 긴급임시조치를 할 수 있다.**
>
> **정답** ②

069 「가정폭력범죄의 처벌 등에 관한 특례법」에 대한 설명으로 가장 적절한 것은? 18승진

① 가정구성원 사이의 신체적, 정신적 또는 재산상 피해를 수반하는 행위로서 「형법」 제257조(상해)의 죄를 범한 자가 피해자와 사실혼관계에 있는 경우 민법 소정의 친족이라 할 수 없어 「가정폭력범죄의 처벌 등에 관한 특례법」상 가정구성원에 해당하지 않는다.

② 피해자는 자기 또는 배우자의 직계존속이 가정폭력행위자인 경우 이를 고소할 수 없다. 다만, 피해자의 법정대리인이 가정폭력행위자인 경우 또는 가정폭력행위자와 공동으로 가정폭력범죄를 범한 경우에는 피해자의 친족이 고소할 수 있다.

③ 사법경찰관은 응급조치에도 불구하고 가정폭력범죄가 재발될 우려가 있고, 긴급을 요하여 법원의 임시조치 결정을 받을 수 없을 때에는 직권 또는 피해자나 그 법정대리인의 신청에 의하여 긴급임시조치를 할 수 있다.

④ 이때의 긴급임시조치는 '폭력행위의 제지, 가정폭력행위자·피해자의 분리 및 범죄수사', '피해자를 가정폭력 관련 상담소 또는 보호시설로 인도', '긴급치료가 필요한 피해자를 의료기관으로 인도', '폭력행위 재발 시 제8조에 따라 임시조치를 신청할 수 있음을 통보'를 그 내용으로 한다.

> **해설**
> ① <u>사실상 혼인관계에 있는 사람도 가정구성원에 해당</u>한다.
> ② <u>폭력행위자가 자기 또는 배우자의 직계존속인 경우에도 고소할 수 있다.</u> 피해자의 법정대리인이 폭력행위자인 경우 또는 폭력행위자와 공동하여 가정폭력범죄를 범한 경우에는 피해자의 친족이 고소할 수 있다.
> ③ O
> ④ 긴급임시조치로 "<u>퇴거 등 격리</u>", "주거, 직장 등에서 <u>100미터 이내의 접근 금지</u>", "<u>전기통신을 이용한 접근 금지</u>"의 어느 하나에 해당하는 조치를 할 수 있다.(격백통)
>
> **정답** ③

070 「가정폭력범죄의 처벌 등에 관한 특례법」에 대한 설명으로 가장 적절하지 않은 것은? 19승진

① 업무방해는 '가정폭력범죄'에 해당한다.
② 진행 중인 가정폭력범죄에 대하여 신고를 받은 사법경찰관리는 즉시 현장에 나가서 폭력행위의 제지, 가정폭력행위자 피해자의 분리 및 범죄수사의 조치를 하여야 한다.
③ 사법경찰관이 긴급임시조치를 한 때에는 지체 없이 검사에게 임시조치를 신청하고, 신청받은 검사는 법원에 임시조치를 청구하여야 한다. 이 경우 임시조치의 청구는 긴급임시조치를 한 때부터 48시간 이내에 청구하여야 하며, 긴급임시조치결정서를 첨부하여야 한다.
④ 자기 또는 배우자와 직계존비속관계(사실상의 양친자관계를 포함)에 있거나 있었던 사람은 '가정구성원'에 해당한다.

> **해설**
> ① <u>업무방해죄 또는 공무집행방해죄는 가정폭력범죄에 해당하지 않는다.</u>
>
> **정답** ①

071 「가정폭력범죄의 처벌 등에 관한 특례법」상 가정폭력 범죄의 유형에 해당하지 <u>않는</u> 죄는 모두 몇 개인가?

20경간, 15·16경간유사

> 가. 공갈죄
> 나. 퇴거불응죄
> 다. 주거·신체 수색죄
> 라. 중손괴죄
> 마. 재물손괴죄
> 바. 중감금죄
> 사. 약취·유인죄
> 아. 특수감금죄
> 자. 아동혹사죄

① 1개 ② 2개 ③ 3개 ④ 4개

해설

출제 당시에는 '나.퇴거불응'이 가정폭력범죄가 아니었으나, 법률개정으로 가정폭력범죄에 포함되었으므로, 보기 중 가정폭력범죄가 아닌 것은 '라(중손괴죄)'와 '사(약취유인죄)'이다.

〈가정폭력범죄〉 폭행, 체포, 감금, 모욕, 유기(영아유기), 명예훼손, 학대, 아동혹사, 공갈, 주거신체수색, 강요, 협박, 상해, 강간, 강제추행, 준강간, 준강제추행, <u>강간등상해·치상</u>, <u>강간등살인·치사</u>, 미성년자에 대한 간음, 미성년자의제강간, <u>재물손괴·특수손괴</u>, <u>주거침입·퇴거불응</u>, 카메라등이용촬영(성폭력처벌법), 불안감유발(정보통신망법)
〈가폭범죄 아닌 범죄〉 살인·강도·절도, 사기·횡령·배임, 약취/유인·업무방해·공무집행방해·인질강요, 중손괴, 상해치사·폭행치사상·유기치사상·체포감금치사상 (살강절/사횡배/약방인/중손/치사상)

정답 ②

072 「가정폭력범죄의 처벌 등에 관한 특례법」상 가정폭력범죄에 해당하지 <u>않는</u> 것은?

15순경1차변형

① 주거침입
② 카메라등이용촬영(성폭력처벌법)
③ 약취·유인죄
④ 불안감유발(정보통신망법)

해설

③ <u>약취·유인죄는 가정폭력범죄에 해당하지 않는다</u>. 법률개정으로 주거침입·퇴거불응, 특수손괴, 카메라등이용촬영(성폭력처벌법), 불안감유발(정보통신망법) 등이 가정폭력범죄로 새로 규정되었다.

정답 ③

073 「가정폭력범죄의 처벌 등에 관한 특례법」상 가정폭력 범죄에 해당하는 것은 모두 몇 개인가?

16순경1차

㉠ 살인	㉡ 폭행
㉢ 중상해	㉣ 영아유기
㉤ 특수공갈	

① 1개　　② 2개　　③ 3개　　④ 4개

해설

④ 폭행, 중상해, 영아유기, 특수공갈 등 4개는 가정폭력범죄에 해당한다. 살인은 가정폭력범죄가 아니다.

정답 ④

074 다음 중 신고를 받고 출동한 지역경찰관이 「가정폭력범죄의 처벌 등에 관한 특례법」상 가정폭력 사건으로 처리할 수 있는 경우는?

19승진

① 甲과 사실혼 관계에 있는 사람이 甲에게 사기죄를 범한 경우
② 乙의 시어머니가 乙의 아들을 약취한 경우
③ 丙과 같이 살고 있는 사촌동생이 丙의 명예를 훼손한 경우
④ 丁의 배우자의 지인이 丁의 재물을 손괴한 경우

해설

① 甲과 사실혼 관계에 있는 사람(가정구성원 ○), 사기(가정폭력범죄 ×)
② 乙의 시어머니(가정구성원 ○), 약취(가정폭력범죄 ×)
③ 丙과 같이 살고 있는 사촌동생(가정구성원 ○), 명예훼손(가정폭력범죄 ○)
④ 丁의 배우자의 지인(가족구성원 ×), 손괴(가정폭력범죄 ○)

〈가폭범죄가 아닌 죄〉(살강절 / 사횡배 / 약방인 / 중손 / 치사상)
살인·강도·절도, 사기·횡령·배임, 약취유인·권리행사방해·업무방해·공무집행방해·인질강요, 중손괴, 상해치사·폭행치사상·유기치사상·감금치사상
※ 단, 재물손괴·특수손괴, 주거침입·퇴거불응, 강간(강간등 살인·치사·상해·치상 포함)은 가폭범죄임

정답 ③

075 「아동학대범죄의 처벌 등에 관한 특례법」에 대한 설명으로 가장 적절하지 않은 것은? 15순경3차

① 아동이란 19세 미만인 사람을 말한다.
② 아동학대범죄에 대하여는 이 법을 우선 적용한다. 다만, 「성폭력범죄의 처벌 등에 관한 특례법」, 「아동·청소년의 성보호에 관한 법률」에서 가중처벌되는 경우에는 그 법에서 정한 바에 따른다.
③ 이 법은 아동학대범죄의 처벌 및 그 절차에 관한 특례와 피해아동에 대한 보호절차 및 아동학대행위자에 대한 보호처분을 규정함으로써 아동을 보호하여 아동이 건강한 사회 구성원으로 성장하도록 함을 목적으로 한다.
④ 아동학대범죄 신고를 접수한 사법경찰관리나 아동학대전담공무원은 지체 없이 아동학대범죄의 현장에 출동하여야 한다.

해설

① 아동학대범죄의 처벌 등에 관한 특례법상 아동이란 <u>18세 미만</u>인 사람을 말한다.

정답 ①

076 「아동학대범죄의 처벌 등에 관한 특례법」에 대한 설명으로 가장 적절하지 않은 것은? 21순경2차

① 아동학대 신고의무자가 보호하는 아동에 대하여 아동학대범죄를 범한 때에는 그 죄에 정한 형의 2분의 1까지 가중한다.
② 아동학대범죄 현장을 발견한 경우 또는 학대현장 이외의 장소에서 학대피해가 확인되고 재학대의 위험이 급박한 경우, 사법경찰관리 또는 아동학대전담공무원은 피해아동등의 보호를 위하여 즉시 응급조치를 하여야 한다. 응급조치에는 아동학대범죄 행위의 제지, 아동학대행위자를 피해아동등으로부터 격리, 피해아동등을 아동학대 관련 보호시설로 인도, 피해아동등 또는 가정구성원에 대한 전기통신을 이용한 접근 금지 등의 조치가 있다.
③ 아동학대행위자를 피해아동등으로부터 격리하는 경우, 72시간을 넘을 수 없다. 다만, 공휴일이나 토요일이 포함되는 경우로서 피해아동등의 보호를 위하여 필요하다고 인정되는 경우에는 48시간의 범위에서 그 기간을 연장할 수 있다.
④ 판사는 아동학대범죄의 원활한 조사·심리 또는 피해아동등의 보호를 위하여 필요하다고 인정하는 경우에는 결정으로 아동학대행위자에게 임시조치를 할 수 있다. 임시조치에는 친권 또는 후견인 권한 행사의 제한 또는 정지, 아동보호전문기관 등에의 상담 및 교육 위탁, 의료기관이나 그 밖의 요양시설에의 위탁, 경찰관서의 유치장 또는 구치소에의 유치 등이 있다.

해설

② 응급조치 - 제격보의(제지, 격리, 보호시설 인도, 의료기관 인도)
※ 긴급임시조치 - 격백통(퇴거등 격리, 100미터 접근금지, 전기통신이용 접근금지)

① **가정폭력범죄** (제수보의통피 / 격백통 / 격백통요구상)
응급조치(사경관리) ①제지/분리 ②수사 ③상담소/보호시설 인도(동의필요) ④의료기관 인도
⑤임시조치 신청할수있음 통보 ⑥피해자보호명령등 청구할수있음 고지
긴급임시조치(사경관) ①퇴거등격리 ②100m이내 접근금지 ③전기통신이용 접근금지
임시조치(판사) ①퇴거등격리 ②100m이내 접근금지 ③전기통신이용 접근금지
④요양소위탁 ⑤구치소유치 ⑥상담소등 상담위탁
※ 긴급임시조치한 경우 지체 없이 검사에게 임시조치를 신청한다.(사경)
※ 긴급임시조치한 경우 48시간 이내 임시조치 청구하여야 한다.(검사)

② **아동학대범죄** (제격보의 / 격백통 / 격백통친교요구)
응급조치(사경관리+아전공) ①제지 ②격리 ③보호시설인도(아동의견존중) ④의료기관인도
긴급임시조치(사경관) ①퇴거등격리 ②100m이내 접근금지 ③전기통신이용 접근금지
임시조치(판사) ①퇴거등격리 ②100m이내 접근금지 ③전기통신이용 접근금지
④친권 제한/정지 ⑤상담/교육 위탁 ⑥요양시설위탁 ⑦구치소유치
※ 응급조치(①제외), 긴급임시조치한 경우 지체 없이 검사에게 임시조치 청구를 신청하여야 한다.(사경)
※ 검사가 임시조치 청구하는 때에는 응급조치 72시간 이내, 긴급임시조치 48시간 이내에 하여야 한다.(검사)

정답 ②

077 「아동학대범죄의 처벌 등에 관한 특례법」에 대한 설명 중 가장 옳지 않은 것은? 19경간, 15순경1차유사

① 피해아동이 보호자의 학대를 당연하게 받아들이고 이를 학대로 인식하지 못하는 미인지성 때문에 「아동학대범죄의 처벌 등에 관한 특례법」은 아동학대 신고의무자를 광범위하게 규정하고 있다.
② 응급조치상의 격리란 아동학대행위자를 48시간(다만, 공휴일이나 토요일이 포함되는 경우로서 피해아동등의 보호를 위하여 필요하다고 인정되는 경우에는 48시간의 범위에서 연장 가능)을 기한으로 하여 피해아동으로부터 장소적으로 분리하는 조치를 말한다.
③ 응급조치에도 불구하고 아동학대범죄가 재발될 우려가 있고, 긴급을 요하여 법원의 임시조치 결정을 받을 수 없을 때 사법경찰관은 직권이나 피해아동등, 그 법정대리인 등의 신청에 따라 긴급임시조치를 할 수 있다.
④ 임시조치는 아동학대범죄의 원활한 조사·심리 또는 피해아동등의 보호를 위하여 필요하다고 인정되는 경우 판사의 결정으로 아동학대행위자의 권한 또는 자유를 일정기간동안 제한하는 조치이다.

해설

② 제1항 제2호부터 제4호까지의 규정에 따른 응급조치(격보의)는 **72시간**을 넘을 수 없다. 다만, 본문의 기간에 공휴일이나 토요일이 포함되는 경우로서 피해아동등의 보호를 위하여 필요하다고 인정되는 경우에는 48시간의 범위에서 그 기간을 연장할 수 있다. 제3항에도 불구하고 검사가 제15조 제2항에 따라 임시조치를 법원에 청구한 경우에는 법원의 임시조치 결정 시까지 응급조치 기간이 연장된다.

정답 ②

078 「아동학대범죄의 처벌 등에 관한 특례법」에 대한 다음 설명 중 옳은 것은 모두 몇 개인가? 17경간

> ㉠ 아동이란 19세 미만인 사람을 말한다.
> ㉡ 아동학대범죄 신고를 접수한 사법경찰관리나 아동학대전담공무원은 지체 없이 아동학대범죄의 현장에 출동하여야 한다.
> ㉢ 현장에 출동하거나 아동학대범죄 현장을 발견한 사법경찰관리 또는 아동학대전담공무원은 피해아동등의 보호를 위하여 즉시 응급조치를 하여야 한다.
> ㉣ 응급조치의 유형에는 아동학대범죄 행위의 제지, 아동학대 행위자를 피해아동으로부터 격리, 피해아동을 아동학대 관련 보호시설로 인도, 아동보호전문기관에의 상담 및 교육 위탁이 있다.
> ㉤ 아동학대행위자를 피해아동등으로부터 격리하는 응급조치는 48시간을 넘을 수 없다.

① 1개 ② 2개 ③ 3개 ④ 4개

해설

㉠ 아동이란 **18세 미만**의 사람을 말한다.
㉡ O
㉢ O
㉣ '아동보호전문기관 등에의 상담 및 교육 위탁'은 **응급조치가 아니라 임시조치에 해당**한다.
㉤ 격리나 인도의 응급조치는 격리 시나 인도 시로부터 **72시간을** 넘을 수 없다.

정답 ②

079 「아동학대범죄의 처벌 등에 관한 특례법」에 대한 설명으로 가장 적절하지 <u>않은</u> 것은? 22승진

① 아동학대범죄 신고를 접수한 사법경찰관리나 아동학대전담공무원이 동행하여 현장출동하지 아니한 경우, 수사기관의 장이나 시·도지사 또는 시장·군수·구청장은 현장출동에 따른 조사등의 결과를 서로에게 통지할 수 있다.
② 사법경찰관은 피해아동등에 대한 응급조치에도 불구하고, 아동학대범죄가 재발될 우려가 있고 긴급을 요하여 법원의 임시조치결정을 받을 수 없을 때에는 직권으로 아동학대행위자에 대한 긴급임시조치를 할 수 있다.
③ 검사는 아동학대범죄사건의 증인이 피고인 또는 그 밖의 사람으로부터 생명 신체에 해를 입거나 입을 염려가 있다고 인정될 때에는 관할 경찰서장에게 증인의 신변안전을 위하여 필요한 조치를 할 것을 요청하여야 한다.
④ 판사가 아동학대범죄의 원활한 조사 심리 또는 피해아동등의 보호를 위하여 필요하다고 인정하는 경우에는 결정으로 아동학대행위자에게 경찰관서의 유치장 또는 구치소에 유치하는 조치를 할 수 있다.

> **해설**
> ① 아동학대범죄 신고를 접수한 사법경찰관리나 아동학대전담공무원이 동행하여 현장출동 하지 아니한 경우, 수사기관의 장이나 시·도지사 또는 시장·군수·구청장은 현장출동에 따른 조사등의 결과를 <u>서로에게 통지하여야 한다.</u>(제11조)
>
> **정답** ①

080 「아동학대범죄의 처벌 등에 관한 특례법」에 대한 설명 중 가장 적절하지 않은 것은? 20승진

① 아동학대범죄에 대하여는 이 법을 우선 적용한다. 다만, 「성폭력범죄의 처벌 등에 관한 특례법」, 「아동·청소년의 성보호에 관한 법률」에서 가중 처벌되는 경우에는 그 법에서 정한 바에 따른다.
② 아동학대범죄 신고를 접수한 사법경찰관리나 아동학대전담공무원은 지체 없이 아동학대범죄의 현장에 출동하여야 한다.
③ 현장에 출동하거나 아동학대범죄 현장을 발견한 경우 또는 학대현장 이외의 장소에서 학대피해가 확인되고 재학대의 위험이 급박·현저한 경우, 사법경찰관리 또는 아동학대전담공무원은 피해아동등의 보호를 위하여 즉시 응급조치를 하여야 한다.
④ 피해아동등에 대한 응급조치의 내용 중 '피해아동등을 아동학대 관련 보호시설로 인도' 하는 조치를 하는 때에는 피해아동 및 보호자의 동의를 받아야 한다.

> **해설**
> ④ 피해아동등에 대한 응급조치의 내용 중 '피해아동을 아동학대 관련 보호시설로 인도'하는 조치를 하는 때에는 <u>피해아동등의 이익을 최우선으로 고려하여야 하며, 피해아동등을 보호하여야 할 필요가 있는 등 특별한 사정이 있는 경우를 제외하고는 피해아동등의 의사를 존중하여야 한다.</u> → 가정폭력처벌법상 '보호시설 인도'는 피해자가 동의한 경우만 해당
>
> **정답** ④

081 아동학대 사건에 대한 설명으로 가장 적절한 것은? 20승진

① 응급학대범죄의 신고를 받아 현장에 출동하거나 아동학대범죄 현장을 발견한 사법경찰관리가 피해아동등의 보호를 위하여 즉시 행하는 조치를 임시조치라 한다.
② 응급조치상 격리란 학대행위자를 48시간을 기한으로 피해아동등으로부터 공간적으로 분리하는 조치를 의미한다.
③ 임시조치는 아동학대범죄의 원활한 조사·심리 또는 피해아동등의 보호를 위하여 필요하다고 인정되어 판사의 결정으로 학대행위자의 권한 또는 자유를 일정기간동안 제한하는 조치이다.
④ 긴급임시조치에는 피해아동등 또는 가정구성원의 주거로부터 퇴거 등 격리, 피해아동등 또는 가정구성원의 주거, 학교 또는 보호시설 등에서 100미터 이내의 접근 금지, 경찰관서의 유치장 또는 구치소에의 유치 등이 있다.

해설
① 응급학대범죄의 신고를 받아 현장에 출동하거나 아동학대범죄 현장을 발견한 사법경찰관리가 피해아동 등의 보호를 위하여 즉시 행하는 조치를 **응급조치**라 한다.
② 응급조치상 격리란 학대행위자를 **72시간을 기한으로** 피해아동등으로부터 공간적으로 분리하는 조치를 의미한다.
③ O
④ 긴급임시조치에는 피해아동등 또는 가정구성원의 주거로부터 퇴거 등 격리, 피해아동등 또는 가정구성원의 주거, 학교 또는 보호시설 등에서 100미터 이내의 접근 금지, **피해아동등 또는 가정구성원에 대한 「전기통신기본법」 제2조 제1호의 전기통신을 이용한 접근 금지** 등이 있다.(격백통)
※ "경찰관서의 유치장 또는 구치소에의 유치"는 긴급임시조치가 아닌 임시조치의 내용이다.

정답 ③

082 「아동학대범죄의 처벌 등에 관한 특례법」에 대한 설명으로 가장 적절하지 않은 것은? 18승진변형

① 응급조치상의 격리란 아동학대행위자를 72시간(다만, 공휴일이나 토요일이 포함되는 경우로서 피해아동등의 보호를 위하여 필요하다고 인정되는 경우에는 48시간의 범위에서 연장 가능)을 기한으로 하여 피해아동으로부터 장소적으로 분리하는 조치를 의미한다.
② 응급조치에도 불구하고 아동학대범죄가 재발될 우려가 있고, 긴급을 요하여 법원의 임시조치 결정을 받을 수 없을 때 사법경찰관은 직권이나 피해아동등, 그 법정대리인(아동학대행위자를 제외한다), 변호사, 시·도지사, 시장·군수·구청장 또는 아동보호전문기관의 장의 신청에 따라 긴급임시조치를 할 수 있다.
③ 사법경찰관이 응급조치 또는 긴급임시조치를 하였거나 시·도지사 또는 시장·군수·구청장으로부터 응급조치가 행하여졌다는 통지를 받은 때에는 지체 없이 검사에게 제19조에 따른 임시조치의 청구를 신청하여야 한다.
④ 임시조치 청구의 신청을 받은 검사는 임시조치를 청구하는 때에는 응급조치가 있었던 때부터 48시간 이내에, 긴급임시조치가 있었던 때부터 24시간 이내에 하여야 한다.

해설
④ 임시조치 청구의 신청을 받은 검사는 임시조치를 청구하는 때에는 응급조치가 있었던 때부터 **72시간 이내에**, 긴급임시조치가 있었던 때부터 **48시간 이내에** 하여야 한다.

정답 ④

083 「아동학대범죄의 처벌 등에 관한 특례법」상 아동학대행위자에 대한 임시조치로 가장 적절하지 <u>않은</u> 것은?   19승진

① 피해아동등 또는 가정구성원의 주거, 학교 또는 보호시설 등에서 100미터 이내의 접근 금지
② 피해아동등을 아동학대 관련 보호시설로 인도
③ 아동보호전문기관 등에의 상담 및 교육 위탁
④ 친권 또는 후견인 권한 행사의 제한 또는 정지

> **해설**
>
> ② "피해아동등을 아동학대 관련 보호시설로 인도"는 **응급조치**에 해당한다.
> ※ 임시조치 – 1.퇴거등 **격**리, 2.**100미터** 이내 접근금지, 3.전기**통**신이용 접근금지, 4.**친권**(후견인) 제한·정지, 5.아동보호전문기관등 상담·**교육**위탁, 6.의료기관·**요양**시설 위탁, 7.유치장·**구**치소 유치 (격백통/친교요구)
> ※ 임시조치기간은 2개월을 초과할 수 없다. 다만, 피해아동의 보호를 위하여 그 기간을 연장할 필요가 있다고 인정하는 경우에는 결정으로 제1호부터 제3호까지의 규정에 따른 임시조치는 두 차례만, 같은 항 제4호부터 제7호까지의 규정에 따른 임시조치는 한 차례만 각 기간의 범위에서 연장할 수 있다.
>
> **정답** ②

084 「아동복지법」상 처벌규정의 내용으로 옳지 않은 것은?   18경간

① 아동의 정신건강 및 발달에 해를 끼치는 정서적 학대행위를 한 자는 5년 이하의 징역 또는 5천만원 이하의 벌금에 처한다.
② 정당한 권한을 가진 알선기관 외의 자가 아동의 양육을 알선하고 금품을 취득하거나 금품을 요구 또는 약속하는 행위를 한 때에는 5년 이하의 징역 또는 5천만원 이하의 벌금에 처한다.
③ 아동을 위하여 증여 또는 급여된 금품을 그 목적 외의 용도로 사용하는 행위를 한 자는 3년 이하의 징역 또는 3천만원 이하의 벌금에 처한다.
④ 공중의 오락 또는 흥행을 목적으로 아동의 건강 또는 안전에 유해한 곡예를 시키는 행위 또는 이를 위하여 아동을 제3자에게 인도하는 행위를 한 자는 1년 이하의 징역 또는 1천만원 이하의 벌금에 처한다.

> **해설**
>
> ② 정당한 권한을 가진 알선기관 외의 자가 아동의 양육을 알선하고 금품을 취득하거나 금품을 요구 또는 약속하는 행위를 한 때에는 **3년 이하의 징역 또는 3천만원 이하의 벌금**에 처한다(제71조①3호).
>
> **정답** ②

085 「학교폭력예방 및 대책에 관한 법률」에 규정된 가해학생에 대한 조치로 가장 적절하지 않은 것은?

17승진

① 피해학생에 대한 구두사과
② 피해학생 및 신고·고발 학생에 대한 접촉, 협박 및 보복행위의 금지
③ 사회봉사
④ 학급교체

> **해설**
>
> ① 가해학생에 대한 조치의 하나로 '피해학생에 대한 서면사과'가 있다.
>
> ▶ 가해학생에 대한 조치 (제17조①)
> 1. 피해학생에 대한 서면사과 (구두사과X, 반성문제출X)
> 2. 피해학생 및 신고·고발 학생에 대한 접촉, 협박 및 보복행위의 금지
> 3. 학교에서의 봉사
> 4. 사회봉사
> 5. 학내외 전문가에 의한 특별 교육이수 또는 심리치료
> 6. 출석정지
> 7. 학급교체
> 8. 전학
> 9. 퇴학처분 (사금봉봉교/출급전퇴)
>
> 정답 ①

086 「성폭력범죄의 처벌 등에 관한 특례법」에 대한 설명으로 가장 적절한 것은?

20순경2차

① 수사기관은 「성폭력범죄의 처벌 등에 관한 특례법」 제3조부터 제8조까지, 제10조 및 제15조(제9조의 미수범은 제외한다)의 범죄의 피해자를 조사하는 경우에 피해자 등이 신청할 때에는 조사에 지장을 줄 우려가 있는 등 부득이한 경우가 아니면 피해자와 신뢰관계에 있는 사람을 동석하게 하여야 한다. 이 경우 수사기관은 피해자와 신뢰관계에 있는 사람이 피해자에게 불리하거나 피해자가 원하지 아니하는 경우에는 동석하게 하여서는 아니 된다.
② 모든 성폭력 범죄피해자를 조사하는 경우에 진술내용과 조사과정을 비디오녹화기 등 영상물 녹화장치로 촬영·보존하여야 한다.
③ 경찰청장은 각 경찰서장으로 하여금 성폭력범죄 전담 사법경찰관을 지정하도록 하여 특별한 사정이 없으면 이들로 하여금 피의자를 조사하게 하여야 한다.
④ 수사기관은 성폭력범죄의 피해자를 조사할 때 피해자가 편안한 상태에서 진술할 수 있는 환경을 조성하여야 하며, 조사 횟수는 1회로 마쳐야 한다.

> **해설**

① ○
② 성폭력범죄의 피해자가 <u>19세 미만이거나 신체적인 또는 정신적인 장애로 사물을 변별하거나 의사를 결정할 능력이 미약한 경우에는</u> 피해자의 진술 내용과 조사 과정을 비디오녹화기 등 영상물 녹화장치로 촬영·보존하여야 한다(제30조①). → 제30조 제6항 중 '제1항에 따라 촬영한 영상물에 수록된 피해자의 진술은 공판준비기일 또는 공판기일에 조사 과정에 동석하였던 신뢰관계에 있는 사람 또는 진술조력인의 진술에 의하여 그 성립의 진정함이 인정된 경우에 증거로 할 수 있다' 부분 가운데 '19세 미만 성폭력범죄 피해자'에 관한 부분은 헌법에 위반된다.(헌재 위헌결정)
③ 경찰청장은 각 경찰서장으로 하여금 성폭력범죄 전담 사법경찰관을 지정하도록 하여 특별한 사정이 없으면 이들로 하여금 <u>피해자를</u> 조사하게 하여야 한다(제26조②).
④ 수사기관과 법원은 성폭력범죄의 피해자를 조사하거나 심리·재판할 때 피해자가 편안한 상태에서 진술할 수 있는 환경을 조성하여야 하며, <u>조사 및 심리·재판 횟수는 필요한 범위에서 최소한으로 하여야 한다</u>(제29조).

> **정답** ①

---

087 「성폭력범죄의 처벌 등에 관한 특례법」에 관한 설명으로 가장 적절하지 <u>않은</u> 것은?   15승진

① 성폭력범죄의 피해자가 19세 미만이거나 신체적인 또는 정신적인 장애로 사물을 변별하거나 의사를 결정할 능력이 미약한 경우에는 피해자의 진술 내용과 조사 과정을 비디오녹화기 등 영상물 녹화장치로 촬영·보존하여야 한다.
② 위 ①에 따른 영상물 녹화는 피해자 또는 법정대리인이 이를 원하지 아니하는 의사를 표시한 경우에는 촬영을 하여서는 아니 된다. 다만, 가해자가 친권자 중 일방인 경우는 그러하지 아니하다.
③ 촬영한 영상물에 수록된 피해자(신체적인 또는 정신적인 장애로 사물을 변별하거나 의사를 결정할 능력이 미약한 경우)의 진술은 공판기일에 피해자의 진술에 의하여 그 성립의 진정함이 인정된 경우에만 증거로 할 수 있다.
④ 경찰청장은 각 경찰서장으로 하여금 성폭력범죄 전담 사법경찰관을 지정하도록 하여 특별한 사정이 없으면 이들로 하여금 피해자를 조사하게 하여야 한다.

> **해설**

③ 촬영한 영상물에 수록된 피해자(신체적인 또는 정신적인 장애로 사물을 변별하거나 의사를 결정할 능력이 미약한 경우)의 진술은 공판준비기일 또는 공판기일에 <u>피해자나 조사 과정에 동석하였던 신뢰관계에 있는 사람 또는 진술조력인의 진술에 의하여</u> 그 성립의 진정함이 인정된 경우에 증거로 할 수 있다. → 증거로 할 수 있는 경우에서 '19세 미만 성폭력범죄 피해자'에 관한 부분은 헌법에 위반된다는 헌재 결정으로 인하여 '신체적인 또는 정신적인 장애로 사물을 변별하거나 의사를 결정할 능력이 미약한 경우'에만 해당조항이 적용됨

> **정답** ③

088 「성폭력범죄의 처벌 등에 관한 특례법」에 대한 설명으로 가장 적절하지 않은 것은? 17승진

① 성폭력범죄의 피해자가 19세 미만이거나 신체적인 또는 정신적인 장애로 사물을 변별하거나 의사를 결정할 능력이 미약한 경우에는 피해자의 진술 내용과 조사 과정을 비디오녹화기 등 영상물 녹화장치로 촬영·보존하여야 한다.
② 위의 "①"에 따른 영상물 녹화는 피해자 또는 법정대리인이 이를 원하지 아니하는 의사를 표시한 경우에는 촬영을 하여서는 아니 된다. 다만, 가해자가 친권자 중 일방인 경우는 그러하지 아니하다.
③ 위의 "①"에 따라 촬영한 영상물에 수록된 피해자(신체적인 또는 정신적인 장애로 사물을 변별하거나 의사를 결정할 능력이 미약한 경우로 한정)의 진술은 공판준비기일 또는 공판기일에 피해자나 조사 과정에 동석하였던 신뢰관계에 있는 사람 또는 진술조력인의 진술에 의하여 그 성립의 진정함이 인정된 경우에 증거로 하여야 한다.
④ 경찰청장은 각 경찰서장으로 하여금 성폭력범죄 전담 사법경찰관을 지정하도록 하여 특별한 사정이 없으면 이들로 하여금 피해자를 조사하게 하여야 한다.

[해설]
③ 촬영한 영상물에 수록된 피해자(신체적인 또는 정신적인 장애로 사물을 변별하거나 의사를 결정할 능력이 미약한 경우로 한정)의 진술은 공판준비기일 또는 공판기일에 피해자나 조사 과정에 동석하였던 신뢰관계에 있는 사람 또는 진술조력인의 진술에 의하여 그 성립의 진정함이 인정된 경우에 **증거로 할 수 있다**.

정답 ③

---

089 「성폭력범죄의 처벌 등에 관한 특례법」에 대한 설명으로 가장 적절한 것은? 19승진

① 카메라등이용촬영죄는 디엔에이(DNA)증거 등 그 죄를 증명할 수 있는 과학적인 증거가 있는 때에는 공소시효가 10년 연장된다.
② 경찰청장은 각 경찰서장으로 하여금 성폭력범죄 전담 사법경찰관을 지정하도록 하여 특별한 사정이 없으면 이들로 하여금 피의자를 조사하게 하여야 한다.
③ 13세인 사람에 대하여 강간죄를 범한 경우에는 공소시효를 적용하지 아니한다.
④ 신체적인 장애가 있는 사람에 대하여 강제추행죄를 범한 경우에는 공소시효를 적용하지 아니한다.

[해설]
① 카메라등이용촬영죄는 공소시효가 10년 연장되는 범죄에 해당되지 않는다.
② 경찰청장은 각 경찰서장으로 하여금 성폭력범죄 전담 사법경찰관을 지정하도록 하여 특별한 사정이 없으면 이들로 하여금 **피해자를** 조사하게 하여야 한다.
③ **13세 미만의** 사람 및 신체적인 또는 정신적인 장애가 있는 사람에 대하여 강간·강제추행 등 일정한 죄를 범한 경우에는 공소시효를 적용하지 아니한다.
④ O

정답 ④

090 「성폭력범죄의 처벌 등에 관한 특례법」에 대한 다음 설명 중 옳지 않은 것은 모두 몇 개인가?

17경간

> ⊙ 미성년자에 대한 성폭력범죄의 공소시효는 해당 성폭력범죄로 피해를 당한 미성년자가 성년에 달한 날부터 진행한다.
> ⓒ 13세 미만의 사람 및 신체적인 또는 정신적인 장애가 있는 사람에 대하여 강간죄를 범한 경우에는 공소시효가 10년 연장된다.
> ⓒ 성폭력범죄의 피해자가 21세 미만이거나 신체적인 또는 정신적인 장애로 사물을 변별하거나 의사를 결정할 능력이 미약한 경우에는 피해자의 진술 내용과 조사과정을 비디오녹화기 등 영상물 녹화장치로 촬영·보존하여야 한다.
> ⓔ 검사와 사법경찰관은 성폭력범죄의 피의자가 죄를 범하였다고 믿을 만한 충분한 증거가 있고, 국민의 알권리 보장, 피의자의 재범 방지 및 범죄예방 등 오로지 공공의 이익을 위하여 필요할 때에는 얼굴, 성명 및 나이 등 피의자의 신상에 관한 정보를 공개할 수 있다. 다만, 피의자가 「청소년보호법」상 청소년에 해당하는 경우에는 공개하지 아니한다.

① 1개   ② 2개   ③ 3개   ④ 4개

해설

- ⓒ 공소시효를 적용하지 아니한다.
- ⓒ 성폭력범죄의 피해자가 **19세 미만이거나** 신체적인 또는 정신적인 장애로 사물을 변별하거나 의사를 결정할 능력이 미약한 경우에는 피해자의 진술 내용과 조사 과정을 비디오녹화기 등 영상물 녹화장치로 촬영·보존하여야 한다.

정답 ②

091 「성폭력범죄의 처벌 등에 관한 특례법」에 대한 설명으로 옳은 것은?

20경간

① 등록대상자가 6개월 이상 국외에 체류하기 위하여 출국하는 경우에는 미리 관할경찰관서의 장에게 허가를 받아야 한다.
② 경찰청장은 각 경찰서장으로 하여금 성폭력범죄 전담 사법경찰관을 지정하도록 하여 특별한 사정이 없으면 이들로 하여금 피해자를 조사하게 하여야 한다.
③ 촬영한 영상물에 수록된 피해자(신체적인 또는 정신적인 장애로 사물을 변별하거나 의사를 결정할 능력이 미약한 경우로 한정)의 진술은 공판기일에 피해자의 진술에 의하여 그 성립의 진정함이 인정된 경우에만 증거로 할 수 있다.
④ 13세 미만의 사람 및 신체적인 또는 정신적인 장애가 있는 사람에 대하여 강간죄를 범한 경우에는 공소시효가 10년 연장된다.

해설

① 등록대상자가 6개월 이상 국외에 체류하기 위하여 출국하는 경우에는 미리 관할경찰관서의 장에게 체류국가 및 체류기간 등을 <u>신고하여야 한다</u>.
② O
③ 촬영한 영상물에 수록된 피해자(신체적인 또는 정신적인 장애로 사물을 변별하거나 의사를 결정할 능력이 미약한 경우로 한정)의 진술은 공판준비기일 또는 공판기일에 <u>피해자나 조사 과정에 동석하였던 신뢰관계에 있는 사람 또는 진술조력인의 진술에 의하여</u> 그 성립의 진정함이 인정된 경우에 증거로 할 수 있다.
④ 13세 미만의 사람 및 신체적인 또는 정신적인 장애가 있는 사람에 대하여 다음 각 호의 죄(강간, 강제추행, 강간등살인·치사, 강간등상해·치상 등)를 범한 경우에는 제1항과 제2항에도 불구하고 「형사소송법」 제249조부터 제253조까지 및 「군사법원법」 제291조부터 제295조까지에 규정된 <u>공소시효를 적용하지 아니한다</u>.

정답 ②

092 「성폭력범죄의 처벌 등에 관한 특례법」의 신상정보 등록 등에 대한 내용으로 가장 적절하지 않은 것은?

18순경1차

① 등록대상자가 6개월 이상 국외에 체류하기 위하여 출국하는 경우에는 미리 관할경찰관서의 장에게 허가를 받아야 한다.
② 신상정보 등록의 원인이 된 성범죄로 형의 선고를 유예받은 사람이 선고유예를 받은 날부터 2년이 경과하여 「형법」 제60조에 따라 면소된 것으로 간주되면 신상정보 등록을 면제한다.
③ 등록대상자의 신상정보의 등록·보존 및 관리 업무에 종사하거나 종사하였던 자는 직무상 알게 된 등록정보를 누설하여서는 아니 된다.
④ 등록정보의 공개는 여성가족부장관이 집행하고, 법무부장관은 등록정보의 공개에 필요한 정보를 여성가족부장관에게 송부하여야 한다.

해설

① 등록대상자가 6개월 이상 국외에 체류하기 위하여 출국하는 경우에는 미리 관할경찰관서의 장에게 체류국가 및 체류기간 등을 <u>신고하여야 한다</u>.

정답 ①

093 「폭력행위 등 처벌에 관한 법률」 제4조 소정의 '범죄단체'의 의미와 가장 거리가 먼 것은? 13경간

① 일정한 범죄를 한다는 공동목적 아래 불특정 다수인에 의해 이루어진 계속적인 결합체라는 성격을 지닌다.
② 단체 구성원이 선·후배 혹은 형·아우로 뭉쳐져 그들 특유의 규율에 따른 통솔이 이루어져 단체나 집단으로서의 위력을 발휘하는 경우가 많다.
③ 그 단체를 주도하거나 내부 질서를 유지하기 위한 최소한의 통솔체계가 갖추어져야 한다.
④ 구성 또는 가입에 있어 명칭이나 강령이 명확하게 존재하고 단체 결성식이나 가입식과 같은 특별한 절차가 있어야만 성립되는 것은 아니다.

> **해설**
>
> ① 단체란 일정한 범죄를 한다는 공동목적 아래에서 **특정다수인에 의해** 이루어진 계속적인 결합체를 의미한다.
>
> **정답** ①

094 「특정강력범죄의 처벌에 관한 특례법」상 특정강력범죄 피의자의 신상정보공개 요건에 대한 다음 설명 중 옳은 것은 모두 몇 개인가? 19경간

> 가. 범행수단이 잔인하고 중대한 피해가 발생한 특정강력범죄 사건일 것
> 나. 피의자가 그 죄를 범하였다고 믿을 만한 충분한 증거가 있을 것
> 다. 국민의 알권리 보장, 피의자의 재범방지 및 범죄예방 등 오로지 공공의 이익을 위하여 필요할 것
> 라. 피의자가 장애인복지법의 장애인에 해당하지 아니할 것

① 1개 ② 2개 ③ 3개 ④ 4개

> **해설**
>
> 라. 피의자가 「청소년 보호법」 제2조 제1호의 **청소년에 해당하지 아니할 것**
>
> 제8조의2(피의자의 얼굴 등 공개) ① 검사와 사법경찰관은 다음 각 호의 요건을 모두 갖춘 특정강력범죄사건의 피의자의 얼굴, 성명 및 나이 등 신상에 관한 정보를 공개할 수 있다.
> 1. 범행수단이 잔인하고 **중**대한 피해가 발생한 특정강력범죄사건일 것
> 2. 피의자가 그 죄를 범하였다고 믿을 만한 **충**분한 증거가 있을 것
> 3. 국민의 알권리 보장, 피의자의 재범방지 및 범죄예방 등 오로지 **공**공의 이익을 위하여 필요할 것
> 4. 피의자가 「청소년 보호법」 제2조 제1호의 **청**소년에 해당하지 아니할 것 (충청/공중)
>
> **정답** ③

095 다음은 마약류에 대한 설명이다. 옳은 것으로 묶인 것은?　　　　　19순경1차

> ㉠ 마약이라 함은 양귀비, 아편, 대마와 이로부터 추출되는 모든 알칼로이드로서 대통령령으로 정하는 것을 말한다.
> ㉡ GHB(일명 물뽕)는 무색, 무취, 무미의 액체로 유럽 등지에서 데이트 강간약물로도 불린다.
> ㉢ LSD는 곡물의 곰팡이, 보리 맥각에서 추출한 물질을 인공 합성시켜 만든 것으로 무색, 무취, 무미하다.
> ㉣ 코카인은 「마약류 관리에 관한 법률」에서 규제하는 향정신성의약품에 해당한다.
> ㉤ 마약성분을 갖고 있으나 다른 약들과 혼합되어 마약으로 다시 제조하거나 제제할 수 없고, 그것에 의하여 신체적 또는 정신적 의존성을 일으키지 아니하는 것으로서 총리령으로 정하는 것을 한외마약이라고 한다.
> ㉥ 한외마약은 코데날, 코데잘, 코데솔, 코데인, 유코데, 세코날 등이 있다.

① ㉠㉥　　　② ㉡㉢　　　③ ㉢㉤　　　④ ㉣㉤

해설

㉠ "마약"이란 다음 각 목의 어느 하나에 해당하는 것을 말한다. → 라. **양귀비, 아편 또는 코카 잎에서 추출되는 모든 알칼로이드 및 그와 동일한 화학적 합성품으로서** 대통령으로 정하는 것 → "**대마**"는 "**마약류**"에는 **포함되나 "마약"은 아님**
㉡ GHB(일명 물뽕)는 무색, 무취의 **짠맛이 나는** 액체로 유럽 등지에서 성범죄용으로 악용되어 데이트 강간약물로도 불린다.
㉢ O
㉣ **코카인은 마약**에 해당한다
㉤ O
㉥ **코데인은 천연마약**에 해당한다.

▶ [핵심정리] 마약류의 분류

마약	천연마약	양귀비, 생아편, 몰핀, 코데인, 코카인, 테바인, 크랙 등(양아몰크인)
	합성마약	페치딘계, 메사돈계, 프로폭시펜, 아미노부텐, 모리피난, 벤조모르핀 등
	반합성마약	헤로인, 히드로모르핀, 옥시코돈, 하이드로폰 등(헤옥히/하이)
	한외마약 (마약 ×)	① 다른 약물이나 물질과 혼합되어 가목부터 자목까지에 열거된 것으로 다시 제조하거나 제제할 수 없고, 그것에 의하여 신체적 또는 정신적 의존성을 일으키지 아니하는 것으로서 총리령으로 정하는 것 → "한외마약"으로 마약에서 제외 ② 코데날, 코데잘, 코데솔, 유코데, 세코날 등
대마		대마초, 마리화나, 해쉬쉬
향정신성 의약품	각성제	엑스터시, 메스암페타민(히로뽕), 암페타민류 (강매엑스얌)
	환각제	LSD, 사일로사이빈, 페이요트(메스카린) 등 (환매L사페이)
	억제제	알프라졸람, 바르비탈염류제(아로바르비탈), 벤조다이아핀제제

정답 ③

096 마약류에 대한 설명 중 적절한 것은 모두 몇 개인가?   21경채

> ㉠ 엑스터시는 1914년 독일에서 식욕감퇴제로 개발되었으며, 곡물의 곰팡이와 보리 맥각에서 발견되어 이를 분리·가공·합성한 것이다.
> ㉡ 프로포폴은 흔히 수면마취제라고 불리는 정맥마취제로서 수면내시경 등에 사용되나, 환각제 대용으로 오·남용되는 사례가 있어 마약으로 지정되어 관리되고 있다.
> ㉢ 야바는 카페인, 에페드린, 밀가루 등에 필로폰을 혼합한 것이다.
> ㉣ 메스칼린은 미국의 텍사스나 멕시코 북부지역에서 자생하는 선인장인 페이요트에서 추출·합성한 향정신성의약품이다.
> ㉤ 대마의 종류에는 대마초, 대마초의 종자·뿌리, 대마수지 또는 해시시 등이 있다.

① 1개   ② 2개   ③ 3개   ④ 4개

해설

㉠ 곡물의 곰팡이, 보리 맥각에서 추출한 물질을 인공적으로 합성시켜 만들어낸 것으로 무색·무취·무미한 특징을 가지고 있는 향정신성의약품은 LSD이다.(엘보 - LSD/보리맥각)
㉡ <u>프로포폴은 마약이 아니라 향정신성의약품</u>으로 지정되어 관리되고 있다.
㉤ <u>대마초의 종자·뿌리 및 성숙한 대마초의 줄기와 그 제품은 제외</u>한다.

정답 ②

097 마약류에 관한 다음 설명 중 옳은 것은 모두 몇 개인가?   18경간

> 가. MDMA(엑스터시)는 독일에서 식욕감퇴제로 개발된 것으로, 포옹마약으로도 지칭된다.
> 나. GHB(물뽕)은 미국이나 유럽 등지에서는 성범죄용으로 악용되어 '데이트 강간 약물'이라고도 불린다.
> 다. 러미나(덱스트로메트로판)는 청소년들 사이에서 소주에 타서 마시기도 하는데 정글 쥬스라고도 한다.
> 라. S정(카리소프로돌)은 근골격계 질환 치료제이며 과다복용시 사망까지 이를 수 있다.
> 마. L.S.D는 우편·종이 등의 표면에 묻혔다가 뜯어서 입에 넣는 방법으로 복용하기도 한다.
> 바. 야바(YABA)는 카페인, 에페드린, 밀가루 등에 필로폰을 혼합한 것으로 순도가 낮다.
> 사. 메스카린은 선인장인 페이요트에서 추출·합성한 향정신성의약품이다.

① 4개   ② 5개   ③ 6개   ④ 7개

해설

모두 옳은 설명이다.

정답 ④

098 마약류에 대한 설명으로 가장 적절한 것은? 20순경1차

① 러미나(덱스트로메트로판)는 강한 중추신경 억제성 진해작용이 있으며, 의존성과 독성이 강한 특징이 있다.
② 카리소프로돌(일명 S정)은 골격근 이완의 효과가 있는 근골격계 질환 치료제로서 과다복용 시 인사불성, 혼수쇼크, 호흡저하, 사망에까지 이르게 할 수 있다.
③ GHB는 무색, 무취, 무미의 액체로 소다수 등 음료수에 타서 복용하여 '물같은 히로뽕'이라는 뜻으로 일명 물뽕으로 불리고 있다.
④ 사일로시빈은 미국의 텍사스나 멕시코 북부지역에서 자생하는 선인장인 페이요트(Peyote)에서 추출 합성한 향정신성의약품이다.

[해설]
① 러미나는 강한 중추신경 억제성 진해작용이 있으나 **의존성과 독성은 없어** 코데인 대용으로 널리 시판된다.
② O
③ GHB는 무색무취로써 **짠맛이 나는** 액체로 소다수 등의 음료에 타서 복용하며 '물같은 히로뽕'이라는 뜻에서 '물뽕'이라고도 한다(GHB=짠물뽕).
④ 사일로시빈은 <u>남아메리카, 멕시코, 미국의 열대와 아열대 지역에서 나는 버섯으로부터 얻어지는 향정신성의약품</u>이다. 미국의 텍사스나 멕시코 북부지역에서 자생하는 선인장인 페이요트(peyote)에서 추출·합성한 향정신성의약품은 <u>메스칼린</u>이다.

[정답] ②

---

099 마약류 관리에 관한 법률에서 규제하는 마약류에 관한 설명 중 가장 적절하지 <u>않은</u> 것은? 13승진

① 한외마약이란 일반약품에 마약성분을 미세하게 혼합한 약물로 신체적·정신적 의존성을 일으킬 염려가 없어 감기약 등으로 판매되는 합법의약품으로서 코데날, 세코날, 인산코데인정 등이 있다.
② 야바(YABA)는 카페인, 에페드린, 밀가루 등에 필로폰을 혼합한 것으로 순도가 20~30% 정도로 낮고, 원재료가 화공약품인 관계로 헤로인과 달리 안정적인 밀조가 가능하다.
③ L.S.D.는 곡물의 곰팡이·보리 맥각에서 추출한 물질을 인공합성시켜 만든 것으로, 무색·무취·무미하며, 캡슐·정제·액체 형태로 사용된다.
④ G.H.B.는 무색·무취의 짠맛이 나는 액체로 소다수 등의 음료에 타서 복용하며, 특히 미국, 유럽 등지에서 성범죄용으로 악용되어 '정글 쥬스'라고도 불린다.

[해설]
④ G.H.B.는 무색·무취의 짠맛이 나는 액체로 소다수 등의 음료에 타서 복용하며, 특히 미국, 유럽 등지에서 성범죄용으로 악용되어 '**데이트 강간 약물(물뽕)**'라고도 불린다(GHB=짠물뽕). ※ 정글쥬스는 덱스트로 메트로판(러미라)의 별칭이다.(덱정러 : 덱스트로메트로판=정글쥬스=러미라)

[정답] ④

100 마약에 관한 다음 설명 중 가장 적절한 것은?　　　　　　　　　　　　　　14승진

① 반합성마약이란 일반약품에 마약성분을 미세하게 혼합한 약물로 신체적·정신적 의존성을 일으킬 염려가 없어 감기약 등으로 판매되는 합법의약품이다.
② 러미라는 금단증상으로 온몸이 뻣뻣해지고 뒤틀리며 혀 꼬부라지는 소리 등을 하게한다.
③ 성범죄용으로 악용되어 '데이트 강간약물'이라고도 불리는 것은 GHB를 말한다.
④ LSD는 각성제 중 가장 강력한 효과를 나타낸다.

> **해설**
> ① <u>한외마약</u>이란 일반약품에 마약성분을 미세하게 혼합한 약물로 신체적·정신적 의존성을 일으킬 염려가 없어 감기약 등으로 판매되는 합법의약품이다.
> ② <u>카리소프로돌(S정)</u>은 금단증상으로 온몸이 뻣뻣해지고 뒤틀리며 혀 꼬부라지는 소리 등을 하게한다.
> ③ O
> ④ LSD는 <u>환각제</u> 중 가장 강력한 효과를 나타낸다. (환매L사페이)
>
> **정답** ③

101 마약류에 대한 설명으로 가장 적절한 것은?　　　　　　　　　　　　　　20승진

① 한외마약이란 일반약품에 마약성분을 미세하게 혼합한 약물로 신체적·정신적 의존성을 일으킬 염려가 없어 감기약 등으로 판매되는 합법의약품이다.
② 향정신성의약품 중 덱스트로 메트로판은 강한 중추신경 억제성 진해작용이 있으며 의존성과 독성이 강하다.
③ 마약의 분류 중 합성 마약으로는 헤로인, 옥시코돈, 하이드로폰 등이 있다.
④ GHB는 무색·무취의 짠맛이 나는 액체로 소다수 등의 음료에 타서 복용하며, 특히 미국, 유럽 등지에서 성범죄용으로 악용되어 '정글주스'라고도 불린다.

> **해설**
> ① O
> ② 향정신성의약품 중 덱스트로 메트로판은 강한 중추신경 억제성 진해작용이 있으며 <u>의존성과 독성은 없다</u>.
> ③ 마약의 분류 중 <u>반합성 마약</u>으로는 헤로인, 옥시코돈, 하이드로폰 등이 있다.
> ④ <u>'정글주스'라고도 불리는 것은 덱스트로 메트로판(러미라)</u>이다. (덱정러)
>
> **정답** ①

102 L.S.D.에 관한 설명 중 틀린 것은 모두 몇 개인가?

10승진, 16승진유사

㉠ 곡물의 곰팡이, 보리 맥각에서 추출하여 이를 분리·가공·합성한 것이다.
㉡ 무색, 무취의 짠맛이 나는 액체로 소다수 등의 음료에 타서 복용한다.
㉢ 청소년들이 소주에 타서 마시기도 하는데, 이를 '정글쥬스'라고도 한다.
㉣ 강한 각성작용으로 의식이 뚜렷해지고 잠이 오지 않으며 피로감이 없어진다.
㉤ 금단증상으로는 온몸이 뻣뻣해지고 뒤틀리며 혀 꼬부라지는 소리 등을 하게 된다.

① 2개 ② 3개 ③ 4개 ④ 5개

해설

㉠ O
㉡ <u>무색, 무취, 무미</u>하다. ※ <u>GHB</u> – 무색, 무취의 짠맛이 나는 액체로 소다수 등의 음료에 타서 복용한다.
㉢ <u>덱스트로 메트로판(러미라)</u> – 청소년들이 소주에 타서 마시기도 하는데, 이를 '정글쥬스'라고도 한다.
㉣ <u>메스암페타민(필로폰)</u> – 강한 각성작용으로 의식이 뚜렷해지고 잠이 오지 않으며 피로감이 없어진다.
㉤ <u>카리소프로돌(S정)</u> – 금단증상으로는 온몸이 뻣뻣해지고 뒤틀리며 혀 꼬부라지는 소리 등을 하게 된다.

정답 ③

103 향정신성의약품에 대한 다음 설명 중 틀린 것은 모두 몇 개인가?

16경간

㉠ 메스암페타민(히로뽕, 필로폰)은 기분이 좋아지는 약, 포옹마약(Hug drug), 클럽마약, 도리도리 등으로 지칭된다.
㉡ 엑스터시(MDMA)는 곡물의 곰팡이, 보리 맥각에서 추출한 물질을 인공합성시켜 만든 것으로 무색, 무취, 무미한 특징이 있다.
㉢ L.S.D.는 카페인, 에페드린, 밀가루 등에 필로폰을 혼합한 것으로 순도가 20~30% 정도로 낮다.
㉣ 덱스트로 메트로판(러미라)은 진해거담제(감기, 만성 기관지염, 폐렴 등 치료제)로서 의사의 처방전으로 약국 구입이 가능하다.
㉤ 카리소프로돌(일명 S정)의 금단증상으로는 온몸이 뻣뻣해지고 뒤틀리며 혀꼬부라지는 소리 등을 하는 것이 특징이다.

① 2개 ② 3개 ③ 4개 ④ 5개

해설

㉠ <u>엑스터시(MDMA)는</u> 기분이 좋아지는 약, 포옹마약(Hug drug), 클럽마약, 도리도리 등으로 지칭된다.
㉡ <u>L.S.D.는</u> 곡물의 곰팡이, 보리 맥각에서 추출한 물질을 인공합성시켜 만든 것으로 무색·무취·무미하다.(LSD=립술뒤, 강력하기 때문에 종이에 묻혀 입에 넣는 방식으로 복용하기도 함) (L보=보리맥각)
㉢ <u>야바(YABA)는</u> 카페인, 에페드린, 밀가루 등에 필로폰을 혼합한 것으로 순도가 20~30% 정도로 낮다.

정답 ②

104 다음 중 「마약류 관리에 관한 법률」상 향정신성의약품에 관한 설명으로 옳지 않은 것은 모두 몇 개인가?

14경간

> 가. 야바(YABA)는 카페인·에페드린·밀가루 등에 필로폰을 혼합한 것으로 순도가 높다.
> 나. 덱스트로 메트로판은 강한 중추신경 억제성 진해작용이 있으나, 의존성과 독성은 없어 코데인 대용으로 널리 사용된다.
> 다. LSD는 각성제 중 가장 강력한 효과를 나타내며 캡슐, 정제, 액체 형태로 사용된다.
> 라. GHB(물뽕)은 무색무취의 짠맛이 나는 액체로써 '데이트 강간 약물'로도 불린다.
> 마. 카리소프로돌(일명 S정)은 중추신경에 작용하여 골격근 이완의 효과가 있는 근골격계 질환 치료제로서 과다복용 시 치명적으로 인사불성, 혼수쇼크, 호흡저하를 가져오며 사망까지 이를 수 있다.
> 바. 페이요트(Peyote)는 미국의 텍사스나 멕시코 북부지역에서 자생하는 선인장인 메스카린에서 추출·합성한 향정신성의약품이다.

① 2개　　　② 3개　　　③ 4개　　　④ 5개

해설

가. 야바(YABA)는 카페인·에페드린·밀가루 등에 필로폰을 혼합한 것으로 <u>순도가 20~30% 정도로 낮다</u>.
다. LSD는 <u>환각제 중</u> 가장 강력한 효과를 나타내며 캡슐, 정제, 액체 형태로 사용된다.
바. <u>메스카린은</u> 미국의 텍사스나 멕시코 북부지역에서 자생하는 선인장인 <u>페이요트(Peyote)에서 추출·합성</u>한 향정신성의약품이다.

정답 ②

---

105 사이버범죄의 유형에 대한 설명 중 옳지 않은 것은?

20경간

① 해킹, 바이러스 유포, 메일폭탄 등은 '사이버테러형 범죄'에 해당한다.
② 컴퓨터 자료에 대한 논리적 가해행위도 '컴퓨터 파괴행위'에 해당한다.
③ 컴퓨터 부정조작 유형 중 기존의 프로그램을 변경하거나 기존의 프로그램과 전혀 다른 새로운 프로그램을 작성, 투입하는 방법을 '프로그램 조작'이라 한다.
④ 컴퓨터 부정조작 유형 중 일부 은닉·변경된 자료나 허구의 자료 등을 컴퓨터에 입력시켜 잘못된 산출을 초래하도록 하는 방법을 '산출조작'이라 한다.

해설

④ '투입조작'에 대한 설명이다.

정답 ④

106 사이버범죄의 특징으로 옳은 것은 모두 몇 개인가?　　　　　　　　　　　　　　　　14경간

> 가. 죄의식이 희박하고 범행이 되풀이 될 가능성이 높다.
> 나. 광역성을 띄고 있고, 익명성을 과신한다.
> 다. 발견과 증명은 물론 고의 입증이 용이하다.
> 라. 개인적인 보복이나 경제적 이익의 취득을 목적으로 행하여지기도 한다.
> 마. 행위자의 연령이 낮고 초범인 경우가 많다.

① 1개　　　　② 2개　　　　③ 3개　　　　④ 4개

해설

다. 발견과 증명은 물론 고의 입증이 어렵다.

정답 ④

CHAPTER 03 경비경찰활동

제1절 경비경찰일반

001 다음 중 경비경찰에 대한 설명으로 가장 옳은 것은? 13경간

① 금융기관의 도난방지를 위한 경비는 원칙적으로 경비경찰의 대상이다.
② 폭력행위등 처벌에 관한 법률 제3조(집단적 폭행)는 집단으로 위력을 보인 경우이므로 경비경찰의 대상이다.
③ 대테러활동은 개인적 불법행위와 관련된 것으로 경비경찰의 대상이 아니다.
④ 자연적 돌발사태로 인하여 발생하는 재산상의 피해는 경비경찰의 대상이다.

해설

① 금융기관의 도난방지를 위한 경비는 원칙적으로 <u>생활안전경찰</u>의 대상이다.
② 폭력행위등 처벌에 관한 법률 제3조(집단적 폭행)는 원칙적으로 <u>수사경찰</u>의 대상이다.
③ <u>테러는 공안을 해치는 범죄로서 대테러활동은 경비경찰의 대상이다.</u>
④ O (재난경비)

정답 ④

002 경비경찰의 특징에 대한 설명으로 가장 옳지 않은 것은? 16경간

① 복합기능적 활동 – 경비사태가 발생한 후의 진압뿐만 아니라 특정한 사태가 발생하기 전의 경계·예방 역할을 수행한다.
② 현상유지적 활동 – 경비활동은 기본적으로 현재의 질서상태를 보존하는 것에 가치를 둔다고 할 수 있다. 따라서 동태적·적극적 질서유지가 아닌 새로운 변화와 발전을 보장하기 위한 정태적·소극적 의미의 유지작용이다.
③ 즉시적(즉응적) 활동 – 경비상황은 국가적으로나 사회적으로 중대한 영향을 미치므로 신속한 처리가 요구된다. 따라서 경비사태에 대한 기한을 정하여 진압할 수 없으며 즉시 출동하여 신속하게 조기에 제압한다.
④ 하향적 명령에 의한 활동 – 경비활동은 주로 계선조직의 지휘관이 내리는 지시나 명령에 의하여 움직이므로 활동의 결과에 대해서도 지휘관이 지휘책임을 지는 것이 일반적이다.

해설

② 현상유지적 활동 – <u>정태적·소극적 질서유지가 아닌 새로운 변화와 발전을 보장하기 위한 동태적·적극적 의미의 유지작용</u>이다.

정답 ②

003 경비경찰의 특징 중 다음 설명에 해당하는 것으로 가장 적절한 것은? 16승진

> 경비경찰의 활동대상은 공공의 안녕과 질서를 유지하는 것을 목적으로 하므로 결과적으로 사회 전체의 질서를 파괴하는 범죄를 대상으로 작용한다는 점에서 경비경찰의 임무는 국가목적적 치안의 수행이다.

① 복합기능적 활동
② 조직적 부대활동
③ 사회전반적 안녕목적의 활동
④ 현상유지적 활동

해설

③ 설문은 <u>사회전반적 안녕목적의 활동</u>에 대한 설명이다.

정답 ③

004 경비경찰의 특징에 대한 설명으로 가장 적절하지 <u>않은</u> 것은? 19승진

① 복합기능적 활동 – 경비사태가 발생한 후의 진압뿐만 아니라 특정한 사태가 발생하기 전의 경계 예방의 역할을 수행한다.
② 현상유지적 활동 – 경비활동은 기본적으로 현재의 질서상태를 보존하는 것에 가치를 둔다고 할 수 있다. 그러나 정태적 소극적인 질서유지가 아닌 새로운 변화와 발전을 보장하기 위한 동태적 적극적인 의미의 유지작용이다.
③ 즉시적(즉응적) 활동 – 경비상황은 국가적으로나 사회적으로 중대한 영향을 미치므로 신속한 처리가 요구된다. 따라서 경비사태에 대한 기한을 정하여 진압할 수 없으며 즉시 출동하여 신속하게 조기에 제압한다.
④ 하향적 명령에 의한 활동 – 긴급하고 신속한 경비업무의 효율적인 처리를 위하여 지휘관을 한 사람만 두어야 한다는 의미로 폭동의 진압과 같은 긴급한 상황에서는 지휘관의 신속한 결단과 명확한 지침이 필요하다.

해설

④ 긴급하고 신속한 경비업무의 효율적인 처리를 위하여 지휘관을 한 사람만 두어야 한다는 것은 <u>조직운영의 원리</u> 중 '<u>지휘관단일성의 원칙</u>'이다.

정답 ④

005 경비경찰의 종류 및 특징에 대한 설명으로 가장 적절하지 않은 것은? 21승진

① 경비경찰의 종류 중 치안경비란 공안을 해하는 다중범죄 등 집단적인 범죄사태가 발생하거나 발생할 우려가 있는 경우 적절한 조치로 사태를 예방·경계·진압하는 경찰을 내용으로 한다.
② 경비경찰의 종류 중 혼잡경비란 기념행사·경기대회·경축제례 등에 수반하는 조직화되지 않은 군중에 의하여 발생하는 자연적·인위적 혼란상태를 예방·경계·진압하는 경찰을 내용으로 한다.
③ 경비경찰은 다중범죄, 테러, 경호상 위해나 경찰작전상황 등이 발생하였을 경우 즉시 출동하여 신속하게 조기진압해야 하는 복합기능적인 활동이라는 특징을 갖는다.
④ 경비경찰은 지휘관의 하향적 명령에 의한 활동으로 부대원의 재량은 상대적으로 적고, 활동 결과에 대한 책임은 지휘관이 지는 경우가 많다는 특징을 갖는다.

해설

③ 경비경찰은 다중범죄, 테러, 경호상 위해나 경찰작전상황 등이 발생하였을 경우 즉시 출동하여 신속하게 조기 진압해야 한다는 것은 **"즉응적 활동"**의 특징을 설명한 것이다. ※ **"복합기능적 활동"**의 특징은 경비경찰은 특정한 사태가 발생한 후에 진압하는 역할 뿐만 아니라 사태의 발생을 미연에 방지하는 경계·예방적 역할까지 하여야 한다는 특징을 말한다.

정답 ③

---

006 경비경찰의 조직운영과 관련하여 옳은 것은 모두 몇 개인가? 13경간

⊙ 지시는 한 사람에 의해서 행해져야 하고, 보고도 한 사람을 통해서 이루어져야 한다.
⊙ 의사결정은 신속하고 효과적인 절차를 위해 결정과정을 단일화해야 한다.
⊙ 임무를 중복 부여하고 최악의 경우를 대비한다.
⊙ 주민의 협력을 받아 효과적으로 목적을 달성한다.
⊙ 치안협력성의 원칙은 업무수행의 신속성과는 관련이 적다.
⊙ 부대단위로 활동을 할 때에 반드시 지휘관이 있어야 하는 것은 아니다.

① 1개 ② 2개 ③ 3개 ④ 4개

해설

⊙ O (지휘관단일성 원칙)
⊙ **지휘관단일성의 원칙은 의사결정과정의 단일성까지 요구하는 것은 아니며**, 결정은 다수에 의하여 신중히 검토된 후에 가장 효과적·합리적으로 결정하되 그 **집행에 있어서의 단일성을 의미**한다.
⊙ 체계통일성 원칙상 책임과 임무의 분담이 명확히 이루어지고 명령과 복종의 체계가 통일되기 위해서는 **임무의 중복 부여가 있어서는 아니 된다.**
⊙ O (치안협력성 원칙)
⊙ O (치안협력성 원칙)

ⓑ 부대단위활동 원칙상 성공적인 부대 운영을 위해서는 부대를 구성하는 지휘권과 보급지원체계를 갖추어야 하므로 **부대에는 반드시 지휘관을 두어야 한다**.

정답 ③

007 경비수단에 대한 설명 중 가장 적절한 것은?
_{21승진}

① 경비부대를 전면에 배치 또는 진출시켜 위력을 과시하거나 경고하여 범죄실행의 의사를 자발적으로 포기하도록 하는 '경고'는 「경찰관 직무집행법」 제5조에 근거를 두고 있다.
② 경비수단의 원칙 중 '위치의 원칙'은 상대방의 저항력이 가장 허약한 시점을 포착하여 집중적이고 강력한 실력행사를 하여야 한다는 원칙이다.
③ 직접적 실력행사인 '제지'와 '체포'는 경비사태를 예방·진압하거나 상대방의 신체를 구속하는 강제처분으로서 모두 「경찰관 직무집행법」 제6조에 근거를 두고 있다.
④ 경비수단의 원칙 중 '균형의 원칙'은 작전시의 변수의 발생은 사회적으로 큰 파장을 미칠 수 있으므로 경찰병력이나 군중들을 사고 없이 안전하게 진압하여야 한다는 원칙이다.

해설

① ○
② 경비수단의 원칙 중 **'시점의 원칙(적시의 원칙)'은** 상대방의 저항력이 가장 허약한 시점을 포착하여 집중적이고 강력한 실력행사를 하여야 한다는 원칙이다.
③ 제지는 경찰관직무집행법 제6조(범죄의 예방과 제지)에 근거하지만, **체포는 형사소송법 제212조(현행범인의 체포)에 근거**한다.
④ 경비수단의 원칙 중 **'안전의 원칙'은** 작전시의 변수의 발생은 사회적으로 큰 파장을 미칠 수 있으므로 경찰병력이나 군중들을 사고 없이 안전하게 진압하여야 한다는 원칙이다.

▶ **경비수단의 종류**

간접적 실력행사	경고	① 경고는 경비부대를 전면에 배치 또는 진출시켜 위력을 과시하거나 주의를 주어 범죄실행의 의사를 자발적으로 포기하도록 하는 **간접적 실력행사**이다. ② 경고는 관계자에게 주의를 주고 어떠한 행위를 촉구하는 사실상의 통지행위로 임의처분에 해당 → 경찰비례원칙은 당연히 적용 ③ **경찰관직무집행법 제5조에 근거를 두고 있다.**
직접적 실력행사	제지	① 제지는 경비사태를 예방·진압하기 위한 강제처분으로 세력분산·주동자 및 주모자 격리 등을 실시하는 **직접적 실력행사**이다. ② 제지의 성질은 의무불이행을 전제로 하지 않는 **대인적 즉시강제(강제집행X)**이다. ③ 제지방법은 위법행위의 태양, 피해법익의 경중, 위험의 긴박성, 상대방의 저항 등 구체적 상황을 고려해야 하며, 필요 최소한도 내에서 행사해야 한다. ④ 제지행위시 무기를 사용할 수도 있다. ⑤ **경찰관직무집행법 제6조에 근거하고 있다.**
	체포	① 체포는 신체를 구속하는 강제처분이며 **직접적 실력행사**이다. ② 체포는 **형사소송법에 근거**가 있다.

※ 실력행사시 반드시 경고 → 제지 → 체포 순으로 해야 하는 것은 아니다. 실력행사의 순서는 경비수단의 원칙과 관계가 없으며, 실력행사에 정해진 순서도 없으므로 주어진 경비상황에 맞게 적절하게 행사하면 된다.

▶ **경비수단의 원칙** (균위시안)

균형의 원칙	균형 있는 경력운영으로 상황에 따라 <u>주력부대와 예비부대를 적절하게 활용</u>하여 한정된 경력으로 최대의 효과를 올려야 한다.
위치의 원칙	경비사태에 대하여 실력행사시 상대하는 <u>군중보다 유리한 지점과 위치를 확보</u>하여 작전 수행이나 진압을 하여야 한다.
시점의 원칙 (적시의 원칙)	실력행사시 상대의 기세와 힘이 빠져서 저항력이 <u>허약한 시점을 포착</u>하여 때를 놓치지 않고 강력하고 집중적인 실력행사를 하여야 한다.
안전의 원칙	경비사태 발생시 진압과정에서 <u>경찰이나 시민의 사고가 없어야</u> 한다.

정답 ①

---

008 경비경찰의 수단에 대한 설명 중 가장 적절하지 <u>않은</u> 것은?   13·14승진

① 안전의 원칙 – 작전할 때 변수의 발생은 사회적으로 큰 파장을 미칠 수 있으므로 사고없는 안전한 진압을 하는 것이다.
② 적시의 원칙 – 가장 적절한 시기에 실력행사를 하는 것으로 상대의 허약한 시점을 포착하여 실력행사를 하는 것이다.
③ 위치의 원칙 – 실력행사 때 상대하는 군중보다 유리한 지점과 위치를 확보하여 작전수행이나 진압을 실시하는 것이다.
④ 한정의 원칙 – 상황과 대상에 따라 주력부대와 예비부대를 적절하게 활용하여 한정된 경력으로 최대한의 성과를 거양하는 것이다.

해설

④ <u>균형의 원칙</u> – 상황과 대상에 따라 주력부대와 예비부대를 적절하게 활용하여 한정된 경력으로 최대한의 성과를 거양하는 것이다.

정답 ④

009 다음 내용이 설명하는 경비경찰의 원칙 중 가장 옳은 것은? 15경간

> 가. 경비상황에 대비하여 경력을 운용할 경우에 상황에 따라 균형 있는 경력운용을 해야 하며, 주력부대와 예비대를 적절하게 활용하여 한정된 경력으로 최대의 성과를 올려야 한다.
> 나. 경력을 동원하여 실력으로 상대방을 제압해야 하는 경우에는 부대 위치와 지형지물의 이용 등 유리한 지점과 위치를 확보해야 한다.
> 다. 경력을 동원하여 물리력으로 상대방을 제압할 경우에는 상대의 허약한 시점을 포함하여 적절한 실력행사를 해야 한다.
> 라. 경비사태 발생 시에 진압과정에서 경찰이나 시민의 사고가 없어야 하며, 경찰작전시 새로운 변수의 발생을 방지해야 한다.

① 경비경찰의 공공의 원칙
② 경비경찰의 조직운영의 원칙
③ 경비경찰의 수단의 원칙
④ 경비경찰의 작전의 원칙

해설
경비수단의 원칙 중 가(균형의 원칙), 나(위치의 원칙), 다(시점의 원칙=적시의 원칙), 라(안전의 원칙)을 서술하고 있다.

정답 ③

---

010 경비수단의 종류에 대한 설명 중 **틀린** 것은 모두 몇 개인가? 14경간

> 가. 경고는 사실상 통지행위로 직접적 실력행사에 해당하는 임의처분이다.
> 나. 경고는 경찰관직무집행법에, 제지와 체포는 형사소송법에 그 법적 근거를 두고 있다.
> 다. 제지는 세력분산·통제파괴·주동자 및 주모자 격리 등을 실시하는 행위이다.
> 라. 체포는 직접적 실력행사로서, 명백한 위법일 때 실력을 행사하는 행위이다.

① 0개   ② 1개   ③ 2개   ④ 3개

해설
가. 경고는 사실상 통지행위로 <u>간접적 실력행사</u>에 해당하는 임의처분이다.
나. <u>경고와 제지는 경찰관직무집행법에, 체포는 형사소송법에 그 법적 근거</u>를 두고 있다.

정답 ③

011 다음은 경비경찰권의 조리상 한계에 관한 설명으로 **틀린** 것은? 15경간

① 경찰소극목적의 원칙 – 경찰행정의 목적은 공공의 안녕과 질서의 유지에 있는 것이므로 법령에 특별한 규정이 없는 한, 경비경찰권은 소극적인 사회질서유지를 위해서만 발동하는 데 그친다.
② 경찰비례의 원칙 – 공공의 안녕·질서에 대한 경미한 장애를 제거하기 위하여 중대한 개인의 권리를 제한하는 것은 허용되지 않는다는 것을 말한다. 경찰권 발동의 정도는 최소한의 정도에 그쳐야 한다.
③ 경찰책임의 원칙 – 경찰권은 원칙적으로 경찰위반의 상태 즉, 사회공공의 안녕·질서에 대한 위험에 대해 직접적으로 책임을 질 지위에 있는 자(경찰책임자)에게만 발동될 수 있다.
④ 보충성의 원칙 – 경찰의 업무수행과정에서 국민의 협력을 구해야 하고 국민이 스스로 협조해 줄 때 효과적인 업무수행이 가능하다.

> **해설**
>
> ④는 경비경찰 조직운영의 원칙 가운데 "**치안협력성 원칙**"으로 경비경찰의 조리상 한계와는 전혀 관련이 **없다**. 한편, 보충성의 원칙이란 경찰강제력의 행사는 다른 수단으로는 경찰목적을 달성할 수 없는 경우에 보충적으로만 가능하다는 원칙을 말한다.
>
> **정답** ④

제2절 행사안전경비(혼잡경비)

012 다음 중 행사안전경비에 대한 설명으로 가장 옳지 않은 것은? 14경간

① 행사안전경비는 대규모의 공연, 기념행사, 경기대회, 제례의식 등 기타 각종 행사를 위해 모인 조직화된 군중에 의하여 발생하는 자연적인 혼란상태를 사전에 예방하거나 경계하고, 위험한 사태가 발생한 경우에 신속히 조치하여 확대되는 것을 방지하는 경비경찰활동을 말한다.
② 군중정리의 원칙에는 밀도의 희박화, 이동의 일정화, 경쟁적 사태의 해소, 지시의 철저가 있다.
③ 군중은 자기의 위치와 갈 곳을 잘 몰라 불안감을 가지므로 이를 해소시키기 위하여 일정한 방향과 속도로 이동시켜 주위의 상황을 파악할 수 있는 여건을 조성함으로써 심리적 안정감을 갖도록 해야 한다는 것은 '이동의 일정화'에 대한 내용이다.
④ 행사안전경비의 법적 근거에는 「국가경찰과 자치경찰의 조직 및 운영에 관한 법률」 제3조, 「경찰관 직무집행법」 제5조 등이 있다.

해설

① 행사안전경비는 대규모의 공연, 기념행사, 경기대회, 제례의식 등 기타 각종 행사를 위해 모인 **조직화되지 않은 군중에 의하여** 발생하는 혼란상태를 사전에 예방하거나 경계하고, 위험한 사태가 발생한 경우에 신속히 조치하여 확대되는 것을 방지하는 경비경찰활동을 말한다.

정답 ①

013 군중정리의 원칙에 관한 다음 설명 중 가장 적절하지 않은 것은? 15순경2차

① 밀도의 희박화 – 많은 사람이 모이면 충돌과 혼잡이 야기되므로 제한된 장소에 가급적 많은 사람이 모이는 것을 회피하게 한다.
② 이동의 일정화 – 대규모 군중이 모이는 장소는 사전에 블록화한다.
③ 경쟁적 사태의 해소 – 순서에 의하여 움직일 때 순조롭게 모든 일이 잘될 수 있다는 것을 이해시키는 것으로, 차분한 목소리로 안내방송을 하는 것도 한 방법이다.
④ 지시의 철저 – 계속적이고 자세한 안내방송으로 지시를 철저히 해서 혼잡한 사태를 정리하고 사고를 미리 방지할 수 있다.

해설

② 대규모 군중이 모이는 장소를 사전에 블록화하는 것은 **밀도의 희박화**이다.

▶ **군중정리의 원칙** (밀이경지/밀리겠지)

밀도의 희박화	① 제한된 면적에 많은 사람이 모이면 충돌/혼잡 야기 → 가급적 많은 사람의 밀집 방지 ② 대규모 군중이 모이는 장소는 사전에 블록화하여야 함
이동의 일정화	위치와 방향을 모를 때 불안하므로, 일정방향으로 이동시켜 안정감 형성
경쟁적 행동의 지양	질서를 지키면 손해보는 현상을 목격하면 서로 먼저 가려고 하는 심리가 형성되어 혼란상태를 일으킬 수 있으므로, 질서있는 행동의 이익을 납득시켜 경쟁적 사태를 해소해야 함
지시의 철저	혼잡할수록 안내방송의 반복적이고 자세한 지시·설명이 사고방지에 도움

정답 ②

014 행사안전경비에 관한 다음 설명 중 가장 옳은 것은? 18경간

① 「공연법」 제11조에 의하면 공연장 운영자는 재해대처계획을 수립하여 매년 관할 시·도경찰청장에게 신고하여야 한다. 이 경우 시·도경찰청장은 신고 받은 재해대처계획을 관할 소방서장에게 통보하여야 한다.

② 「경비업법 시행령」 제30조에 의하면 시·도경찰청장은 행사장 그 밖에 많은 사람이 모이는 시설 또는 장소에서 혼잡 등으로 인한 위험의 발생을 방지하기 위하여 경비원에 의한 경비가 필요하다고 인정되는 때에는 행사개최일 전에 당해 행사의 주최자에게 경비원에 의한 경비를 실시하거나 부득이한 사유로 그것을 실시할 수 없는 경우에는 행사개최 36시간 전까지 시·도경찰청장에게 그 사실을 통지하여 줄 것을 요청해야 한다.

③ 「경찰관직무집행법」 제5조(위험 발생의 방지 등)에 따라 경찰관은 행사경비를 실시함에 있어 매우 긴급한 경우 위해를 입을 우려가 있는 사람을 필요한 한도 내에서 억류할 수 있다.

④ 행사안전경비는 공연, 경기대회 등 미조직된 군중에 의하여 발생되는 자연적인 혼란상태를 사전에 예방·경계·진압하는 경비경찰활동으로 개인이나 단체의 불법행위를 전제로 한다.

해설

① 「공연법」 제11조에 의하면 공연장 운영자는 재해대처계획을 수립하여 매년 관할 **특별자치시장·특별자치도지사·시장·군수·구청장에게** 신고하여야 한다. 이 경우 **특별자치시장·특별자치도지사·시장·군수·구청장은** 신고받은 재해대처계획을 관할 소방서장에게 통보하여야 한다.

② 「경비업법 시행령」 제30조에 의하면 시·도경찰청장은 행사장 그 밖에 많은 사람이 모이는 시설 또는 장소에서 혼잡 등으로 인한 위험의 발생을 방지하기 위하여 경비원에 의한 경비가 필요하다고 인정되는 때에는 행사개최일 전에 당해 행사의 주최자에게 경비원에 의한 경비를 실시하거나 부득이한 사유로 그것을 실시할 수 없는 경우에는 행사개최 **24시간 전까지** 시·도경찰청장에게 그 사실을 통지하여 줄 것을 **요청할 수 있다.**

③ ○

④ 행사안전경비는 공연, 경기대회 등 미조직된 군중에 의하여 발생되는 자연적인 혼란상태를 사전에 예방·경계·진압하는 경비경찰활동으로 **개인이나 단체의 불법행위를 전제로 하지 않는다.**

정답 ③

015 「공연법」 및 「동법 시행령」의 내용으로 가장 적절하지 않은 것은? 　　　　　　　　18승진

① 공연장운영자는 화재나 그 밖의 재해를 예방하기 위하여 그 공연장 종업원의 임무·배치 등 재해대처계획을 수립하여 매년 관할 특별자치시장·특별자치도지사·시장·군수·구청장에게 신고하여야 한다. 이 경우 특별자치시장·특별자치도지사·시장·군수·구청장은 신고받은 재해대처계획을 관할 소방서장에게 통보하여야 한다.
② 재해대처계획에는 비상시에 하여야 할 조치 및 연락처에 관한 사항이 포함되어야 한다.
③ 공연장 외의 시설이나 장소에서 1천명 이상의 관람이 예상되는 공연을 하려는 자가 신고한 재해대처계획의 사항을 변경하려는 경우에는 해당 공연 7일 전까지 변경신고를 하여야 한다.
④ 재해대처계획을 신고하지 아니한 자는 1천만원 이하의 과태료를 부과한다.

해설

④ 재해대처계획을 신고하지 아니한 자는 **2천만원** 이하의 과태료를 부과한다.

정답 ④

016 행사안전경비에 대한 설명으로 가장 적절하지 않은 것은? 　　　　　　　　19승진

① 행사안전경비의 근거법령으로는 국가경찰과 자치경찰의 조직 및 운영에 관한 법률, 경찰관 직무집행법, 경비업법 시행령 등이 있다.
② 공연법 제11조에 의하면 공연장운영자는 재해대처계획을 관할소방서장에게 신고하여야 한다.
③ 공연법에는 공연장운영자가 재해대처계획을 신고하지 않는 경우 과태료를 부과하는 규정이 있다.
④ 관중석에 배치되는 예비대는 통로 주변에 배치하는 것이 효과적이다.

해설

② 공연법 제11조 제1항 공연장운영자는 화재나 그 밖의 재해를 예방하기 위하여 그 공연장 종업원의 임무·배치 등 재해대처계획을 수립하여 매년 **관할 특별자치시장·특별자치도지사·시장·군수·구청장에게 신고하여야 한다.** 이 경우 특별자치시장·특별자치도지사·시장·군수·구청장은 신고받은 재해대처계획을 관할 소방서장에게 통보하여야 한다.

정답 ②

제3절 선거경비

017 선거경비에 대한 설명 중 가장 적절하지 않은 것은? 20승진

① 대통령 선거기간은 23일이며, 국회의원 및 지방자치단체 의원 선거기간은 14일이다.
② 개표소 경비관련 3선 개념에 의하면 제1선은 개표소 내부, 제2선은 울타리 내곽, 제3선은 울타리 외곽으로 구분한다.
③ 대통령 선거, 국회의원선거, 지방자치단체의 의회의원 및 장의 선거기간은 후보자등록 마감일의 다음날부터 선거일까지이다.
④ 대통령선거, 국회의원선거, 지방선거 모두 선거일 06:00부터 개표 종료시까지 갑호비상이 원칙이다.

해설

③ 대통령 선거는 후보자 등록 마감일의 다음 날부터 선거일까지이며, **국회의원선거, 지방자치단체의 의회의원 및 장의 선거기간은 후보자 등록 마감일 후 6일부터 선거일까지**이다.

선거기간	① 선거별 선거기간 　1. 대통령선거는 23일 　2. 국회의원선거와 지방자치단체의 의회의원 및 장의 선거는 14일 ② "선거기간"이란 다음 기간을 말함 　1. 대통령선거 : 후보자등록마감일의 다음 날부터 선거일까지 　2. 국회의원/지자체장/지방의원 선거 : 후보자등록마감일 후 6일부터 선거일까지
선거운동 기간	선거운동은 선거기간개시일부터 선거일 전일까지에 한하여 할 수 있음

정답 ③

---

018 선거경비에 대한 설명으로 가장 적절한 것은? 21순경2차

① 통상 비상근무체제는 선거기간 개시일부터 개표 종료 때까지이며, 경계강화기간은 선거기간 개시일부터 선거 전일까지이다.
② 대통령 후보자는 갑호경호 대상으로 후보자 등록 시부터 당선 확정 시까지 후보자가 원하는 경우 유세장·숙소 등에 대해 24시간 경호임무를 수행하고, 후보자가 원하지 않는 경우 시·도경찰청에서 경호경험이 있는 자를 선발해 관내 유세기간 중 근접 배치한다.
③ 투표소의 질서유지는 선거관리위원회와 경찰이 합동으로 하고, 경찰은 112 순찰차를 투표소 밖에 배치하여 거점근무 및 순찰을 실시하고, 정복 경찰을 투표소 내에 배치하여야 한다.
④ 「공직선거법」상 누구든지 개표소 안에서 무기 등을 지닐 수 없으므로 선거관리위원회 위원장의 원조요구가 있더라도 개표소 안으로 투입되는 경찰관은 무기를 휴대할 수 없다.

> **해설**
> ② 대통령선거 후보자는 **을호** 경호대상
> ③ **투표소는 선관위에서 자체경비**하고, 경찰은 돌발상황을 대비한 순찰 및 즉응출동태세를 구축한다.
> ④ 원조를 요구받아 개표소 안에 들어간 경찰공무원만 무기등 지닐 수 있다.
>
> 제183조(개표소의 출입제한과 질서유지)
> ③ 구·시·군선거관리위원회위원장이나 위원은 개표소의 질서가 심히 문란하여 공정한 개표가 진행될 수 없다고 인정하는 때에는 개표소의 질서유지를 위하여 정복을 한 경찰공무원 또는 경찰관서장에게 원조를 요구할 수 있다.
> ④ 제3항의 규정에 의하여 원조요구를 받은 경찰공무원 또는 경찰관서장은 즉시 이에 따라야 한다.
> ⑤ 제3항의 요구에 의하여 개표소안에 들어간 경찰공무원 또는 경찰관서장은 구·시·군선거관리위원회위원장의 지시를 받아야 하며, 질서가 회복되거나 위원장의 요구가 있는 때에는 즉시 개표소에서 퇴거하여야 한다.
> ⑥ 제3항의 경우를 제외하고는 누구든지 개표소안에서 무기나 흉기 또는 폭발물을 지닐 수 없다.
>
> **정답** ①

019 선거경비에 대한 설명으로 가장 적절하지 않은 것은? 22승진

① 개표소 경비에 대한 3선 개념 중 제3선은 울타리 외곽으로, 검문조 순찰조를 운영하여 위해 기도자의 접근을 차단한다.
② 공직선거법상 구·시·군선거관리위원회위원장이나 위원이 개표소의 질서유지를 위하여 정복을 한 경찰공무원 또는 경찰관서장에게 원조를 요구할 수 있으며, 이와 같은 요구에 의해 개표소안에 들어간 경찰공무원 또는 경찰관서장은 질서가 회복되거나 위원장의 요구시 개표소에서 퇴거할 수 있다.
③ 공직선거법상 투표소 안에서 또는 투표소로부터 100미터 안에서 소란한 언동을 하거나 특정 정당이나 후보자를 지지 또는 반대하는 언동을 하는 자가 있는 때에는 투표관리관 또는 투표사무원은 이를 제지하고, 그 명령에 불응하는 때에는 투표소 또는 그 제한거리 밖으로 퇴거하게 할 수 있다.
④ 공직선거법상 투표관리관 또는 투표사무원은 투표소의 질서가 심히 문란하여 공정한 투표가 실시될 수 없다고 인정하는 때에는 투표소의 질서를 유지하기 위하여 정복을 한 경찰공무원 또는 경찰관서장에게 원조를 요구할 수 있다.

> **해설**
> ② 공직선거법상 구·시·군선거관리위원회위원장이나 위원이 개표소의 질서유지를 위하여 정복을 한 경찰공무원 또는 경찰관서장에게 원조를 요구할 수 있으며, 이와 같은 요구에 의해 개표소안에 들어간 경찰공무원 또는 경찰관서장은 질서가 회복되거나 위원장의 요구가 있는 때에는 **즉시 개표소에서 퇴거하여야 한다**.
>
> **정답** ②

020 선거경비에 대한 설명 중 옳지 않은 것은 모두 몇 개인가?

20경간

> 가. 국회의원 후보자의 신변보호는 후보자가 경호를 원하지 않더라도 직원을 항상 대기시켜 유세기간 중 근접배치한다.
> 나. 대통령후보자의 신변보호는 을호 경호 대상으로 후보자등록의 다음날부터 당선확정시까지 실시한다.
> 다. 제1선 개표소 내부에 질서문란행위가 발생한 경우 선거관리위원회위원장의 요청이 있는 경우에만 경찰력을 투입한다.
> 라. 개표소 경비 제2선(울타리 내곽)은 선거관리위원회와 합동으로 출입자를 통제하고, 출입문은 되도록 정문만을 사용한다.
> 마. 개표소 내부의 사전 안전검측 및 유지는 선거관리위원회에서 보안안전팀을 운영하여 실시한다.

① 2개 ② 3개 ③ 4개 ④ 5개

해설

가. 지방자치단체장 및 국회의원후보자의 신변보호는 **후보자가 원할 경우에는** 각 선거구를 관할하는 경찰서에서 전담 경호요원을 적정 수(2~3명 정도) 배치한다.
나. **후보자등록시부터 당선확정시까지** 실시한다.
다. 구·시·군선거관리위원회**위원장이나 위원**은 개표소의 질서가 심히 문란하여 공정한 개표가 진행될 수 없다고 인정하는 때에는 개표소의 질서유지를 위하여 정복을 한 경찰공무원 또는 경찰관서장에게 **원조를 요구할 수 있다**. 원조요구를 받은 경찰공무원 또는 경찰관서장은 즉시 이에 따라야 한다.
라. O
마. 선거관리위원회와 협조하여 **경찰에서 보안안전팀을 운영**함으로써 개표소 내·외곽에 대한 사전 안전검측을 실시하여 안전을 유지한다.

정답 ③

021 A경찰서 경비계장은 지방선거를 앞두고 개표소 경비대책을 수립하였다. ㉠부터 ㉣까지의 내용 중 적절하지 <u>않은</u> 것을 모두 고른 것은?
18승진

> ㉠ 제1선(개표소 내부)은 선거관리위원회위원장의 책임하에 질서를 유지한다.
> ㉡ 「공직선거법」상 누구든지 개표소 안에서 무기 등을 지닐 수 없으므로 선거관리위원회위원장의 원조요구가 있더라도 개표소 안으로 투입되는 경찰관에게 무기를 휴대할 수 없도록 한다.
> ㉢ 제2선(울타리 내곽)에서는 선거관리위원회와 합동으로 출입자를 통제하며, 2선의 출입문은 수개로 하는 것이 원칙이므로 정문과 후문을 개방한다.
> ㉣ 우발사태에 대비하여 개표소별로 예비대를 확보하고 소방·한전 등 관계요원을 대기시켜 자가발전시설이나 예비조명기구를 확보하여 화재·정전사고 등에 대비한다.

① ㉠, ㉡   ② ㉠, ㉢   ③ ㉡, ㉢   ④ ㉢, ㉣

[해설]

㉡ 선거관리위원회위원장이나 위원이 개표소의 질서유지를 위하여 정복을 한 경찰공무원 또는 경찰관서장에게 원조를 요구한 경우를 제외하고는 누구든지 개표소 안에서 무기나 흉기 또는 폭발물을 지닐 수 없다. → 즉, 위 <u>요구에 따라서 개표소 안에 들어간 경찰공무원에 한하여 무기나 흉기 또는 폭발물을 지닐 수 있다.</u>

㉢ 출입문은 <u>되도록 정문만을 사용하고 기타 출입문은 시정</u>한다.

정답 ③

---

022 선거경비에 대한 설명으로 가장 적절하지 <u>않은</u> 것은?
15승진

① 개표소 경비 관련 3선 개념에 의하면 제1선은 개표소 내부, 제2선은 울타리 내곽, 제3선은 울타리 외곽으로 구분한다.
② 제1선 개표소 내부에서 질서문란행위가 발생한 경우 선거관리위원회위원장 또는 선거관리위원회위원의 요구가 없더라도 경찰 자체판단으로 경찰력을 투입하여야 한다.
③ 제3선 울타리 외곽은 검문조·순찰조를 운영하여 위해(危害) 기도자 접근을 차단한다.
④ 개표소별로 충분한 예비대를 확보, 운영한다.

[해설]

② 제1선 개표소 내부에서 질서문란행위가 발생한 경우 <u>선거관리위원회위원장 또는 선거관리위원회위원의 요구가 있을 때에만</u> 경찰력을 투입하여야 한다.

정답 ②

제4절 재난경비

023 「재난 및 안전관리 기본법」에 대한 설명으로 가장 적절한 것은? 20순경2차
① "재난"이란 국민의 생명·신체·재산과 국가에 피해를 주거나 줄 수 있는 것으로서 자연재난과 인적재난으로 구분된다.
② "재난관리"란 재난의 예방·대응·복구 및 평가를 위하여 하는 모든 활동을 말한다.
③ 「재난 및 안전관리 기본법」상 대통령령으로 정하는 대규모 재난의 대응·복구 등에 관한 사항을 총괄·조정하고 필요한 조치를 하기 위하여 국무조정실에 중앙재난안전대책본부를 둔다.
④ 해외재난의 경우 외교부장관이 중앙대책본부장의 권한을 행사한다.

해설
① "재난"이란 국민의 생명·신체·재산과 국가에 피해를 주거나 줄 수 있는 것으로서 **자연재난과 사회재난**으로 구분된다. (사자 Lion)
② "재난관리"란 재난의 **예방·대비·대응 및 복구**를 위하여 하는 모든 활동을 말한다. (예대응복)
③ 「재난 및 안전관리 기본법」상 대통령령으로 정하는 대규모 재난의 대응·복구 등에 관한 사항을 총괄·조정하고 필요한 조치를 하기 위하여 **행정안전부에** 중앙재난안전대책본부를 둔다(본부장은 행정안전부장관). ※ 재난 및 안전관리에 관한 다음 각 호의 사항을 심의하기 위하여 국무총리 소속으로 중앙안전관리위원회를 둔다(위원장은 국무총리).
④ O

정답 ④

024 「재난 및 안전관리 기본법」에 관한 설명으로 가장 적절하지 않은 것은? 19순경2차
① "재난"이란 국민의 생명·신체·재산과 국가에 피해를 주거나 줄 수 있는 것으로서 자연재난과 사회재난으로 구분된다.
② "재난관리"란 재난의 예방·대비·대응 및 복구를 위하여 하는 모든 활동을 말한다.
③ 국무총리는 국가 및 지방자치단체가 행하는 재난 및 안전관리 업무를 총괄·조정한다.
④ 특별재난지역 선포는 재난관리 체계상 복구 단계에서의 활동에 해당된다.

해설
③ **행정안전부장관은** 국가 및 지방자치단체가 행하는 재난 및 안전관리 업무를 총괄·조정한다(동법 제6조).

정답 ③

025 「재난 및 안전관리 기본법」상 재난관리 체계에 대한 설명으로 옳은 것은? 19순경1차

① 특별재난지역 선포는 대응 단계에서의 활동이다.
② 재난분야 위기관리 매뉴얼 작성은 예방 단계에서의 활동이다.
③ 재난관리체계 등의 평가는 대비 단계에서의 활동이다.
④ 재난피해조사는 복구 단계에서의 활동이다.

> **해설**
> ① 특별재난지역 선포는 **복구 단계**에서의 활동이다.
> ② 재난분야 위기관리 매뉴얼 작성은 **대비 단계**에서의 활동이다.
> ③ 재난관리체계 등의 평가는 **예방 단계**에서의 활동이다.
> ④ ○
>
> 정답 ④

026 「재난 및 안전관리 기본법」상 중앙재난안전대책본부("중앙대책본부")에 대한 설명으로 가장 적절한 것은? 18경채

① 행정안전부령으로 정하는 대규모 재난의 대응·복구 등에 관한 사항을 총괄·조정하고 필요한 조치를 하기 위하여 행정안전부에 중앙대책본부를 둔다.
② 중앙대책본부의 본부장은 대통령이 되며, 중앙대책본부장은 필요하다고 인정하면 중앙대책본부회의를 소집할 수 있다.
③ 예외적으로 해외재난의 경우 법무부장관이 중앙대책본부장의 권한을 행사한다.
④ 재난의 효과적인 수습을 위하여 국무총리가 범정부적 차원의 통합 대응이 필요하다고 인정하는 경우에는 국무총리가 중앙대책본부장의 권한을 행사할 수 있다.

> **해설**
> ① **대통령령으로 정하는** 대규모 재난의 대응·복구 등에 관한 사항을 총괄·조정하고 필요한 조치를 하기 위하여 행정안전부에 중앙재난안전대책본부를 둔다.
> ② 중앙대책본부의 **본부장은 행정안전부장관이** 되며, 중앙대책본부장은 중앙대책본부의 업무를 총괄하고 필요하다고 인정하면 중앙대책본부회의를 소집할 수 있다.
> ③ 재난의 효과적인 수습을 위하여 국무총리가 중앙대책본부장의 권한을 행사할 수 있다. 이 경우 행정안전부장관이 차장이 된다. 단 **해외재난의 경우 외교부장관이**, 방사능재난의 경우는 원자력안전위원회위원장(중앙방사능방재대책본부장)이 차장이 된다.
> ④ ○
>
> 정답 ④

027 재난경비에 대한 설명으로 옳지 않은 것은? 20경간

① 재난지역 범죄예방활동과 재난지역 총포·화약류 안전관리 강화는 생안 기능에서 수행한다.
② 재난지역 주변 순찰활동과 피해지역 주민 소개 등 대피 지원은 112기능에서 수행한다.
③ 「재난 및 안전관리 기본법」상 '재난'이란 국민의 생명·신체·재산과 국가의 피해를 주거나 줄 수 있는 것으로서 자연재난, 인적재난으로 구분된다.
④ 「재난 및 안전관리 기본법」상 대통령령으로 정하는 대규모 재난의 대응·복구 등에 관한 사항을 총괄·조정하고 필요한 조치를 하기 위하여 행정안전부에 중앙재난안전대책본부를 둔다.

해설

③ "재난"이란 국민의 생명·신체·재산과 국가에 피해를 주거나 줄 수 있는 것으로서 <u>자연재난과 사회재난</u>으로 구분된다. (사자 Lion)

정답 ③

---

028 「경찰 재난관리 규칙」에 대한 설명으로 가장 적절한 것은? 19승진변형

① 경찰관서 피해복구 업무 및 자체 경비는 경비국의 업무이다.
② 치안상황관리관은 재난이 발생하였거나 재난이 발생할 우려가 있는 경우에는 위기관리센터 또는 치안종합상황실에 재난상황실을 설치·운영할 수 있다. 다만, 제11조의 재난대책본부가 설치되었거나 「재난 및 안전관리 기본법」 제38조에 따라 '경계' 단계의 위기경보가 발령된 경우에는 재난상황실을 설치·운영하여야 한다.
③ 재난상황실에는 재난상황실장 1명을 두며 상황실장은 치안상황관리관으로 한다.
④ 경찰청장은 인명 또는 재산의 피해정도가 매우 큰 재난 또는 사회적, 경제적으로 광범위한 영향이 있는 재난이 발생하였거나 발생할 우려가 있어 이에 대한 전국적인 관리가 필요하다고 인정하는 경우 경찰청에 재난대책본부를 설치할 수 있다.

해설

① **경무인사기획관**(㉠경찰관·경찰관서의 피해 예방 및 피해 발생 시 대응·복구, ㉡재난상황 시 직원 복무 및 사기 관리)의 업무이다.
② 치안상황관리관은 재난이 발생하였거나 재난이 발생할 우려가 있는 경우에는 위기관리센터 또는 치안종합상황실에 재난상황실을 설치·운영할 수 있다. 다만, 제11조의 재난대책본부가 설치되었거나 「재난 및 안전관리 기본법」 제38조에 따라 '**심각**' 단계의 위기경보가 발령된 경우에는 재난상황실을 설치·운영하여야 한다.
③ 재난상황실에는 재난상황실장 1명을 두며 상황실장은 **위기관리센터장**으로 한다.
④ ○

「경찰 재난관리 규칙」

제4조(경찰청 재난상황실의 설치) 치안상황관리관은 재난이 발생하였거나 재난이 발생할 우려가 있는 경우에는 위기관리센터 또는 치안종합상황실에 재난상황실을 설치·운영할 수 있다. 다만, 제11조의 재난대책본부가 설치되었거나 「재난 및 안전관리 기본법」 제38조에 따라 '심각' 단계의 위기경보가 발령된 경우에는 재난상황실을 설치·운영하여야 한다.

제5조(구성) ① 재난상황실에는 재난상황실장 1명을 두며 상황실장은 위기관리센터장으로 한다. 다만, 다음 각 호의 어느 하나에 해당하는 경우에는 상황관리관(상황관리관의 임무를 수행하는 자를 포함한다)이 상황실장의 임무를 대행할 수 있다.
  1. 일과시간 외 또는 토요일·공휴일
② 재난상황실에 총괄반, 분석반, 상황반을 두며, 그 구성과 임무는 다음 각 호와 같다.(총분상)
  1. 총괄반은 위기관리센터 소속 직원으로 구성하며, 재난상황실 운영을 총괄하고 재난관리를 위한 관계기관과의 협조 업무를 담당한다.
  2. 분석반은 위기관리센터 소속 직원으로 구성하며, 재난상황의 분석, 재난관리를 위한 대책 마련 및 다른 국·관과의 협조 업무를 담당한다.
  3. 상황반은 치안상황관리관실 및 다른 국·관의 직원으로 구성하며, 재난상황의 접수·전파·보고, 재난관리를 위한 초동조치 등 상황관리를 담당한다.

제9조(시·도경찰청등 재난상황실 설치 및 운영) ① 시·도경찰청등의 장은 관할 지역 내에서 재난이 발생하였거나 발생할 우려가 있는 경우 재난상황실을 설치·운영할 수 있다. 다만, 시·도경찰청등에 재난대책본부가 설치되었거나, 법 제38조에 따라 '심각' 단계의 위기경보가 발령된 경우에는 재난상황실을 설치·운영하여야 한다.

제10조(재난상황의 보고 및 전파) ② 시·도경찰청등의 상황실장은 재난상황보고서를 작성하여 경찰청 치안상황관리관에게 정기 보고하여야 하며, 보고주기와 서식 및 내용은 치안상황관리관이 재난의 성격과 유형에 따라 조정할 수 있다.

제11조(경찰청 재난대책본부의 설치) 경찰청장은 인명 또는 재산의 피해정도가 매우 큰 재난 또는 사회적, 경제적으로 광범위한 영향이 있는 재난이 발생하였거나 발생할 우려가 있어 이에 대한 전국적인 관리가 필요하다고 인정하는 경우 경찰청에 재난대책본부를 설치할 수 있다.

제12조(재난대책본부의 구성 등) ① 재난대책본부는 치안상황관리관이 본부장이 되고 위기관리센터장, 혁신기획조정담당관, 경무담당관, 범죄예방정책과장, 교통기획과장, 경비과장, 정보관리과장, 외사기획정보과장, 수사운영지원담당관, 경제범죄수사과장, 강력범죄수사과장, 사이버수사기획과장, 안보기획관리과장, 홍보담당관, 감사담당관, 정보화장비기획담당관, 과학수사담당관 및 그 밖에 본부장이 지정하는 사람으로 구성한다.
② 재난대책본부에 총괄운영단, 대책실행단, 대책지원단을 두며, 그 구성과 임무는 다음 각 호와 같다. (총대지)
  1. 총괄운영단은 본부장을 보좌하여 재난대책본부의 운영에 필요한 사무를 담당하며 단장은 위기관리센터장이 된다.
  2. 대책실행단은 경찰 재난관리 활동의 실행을 담당하며 단장은 제1항의 구성원 중 본부장이 지정한 사람으로 한다.
  3. 대책지원단은 대책실행단의 활동을 지원하며 단장은 제1항의 구성원 중 본부장이 지정한 사람으로 한다.

제16조(시·도경찰청등 재난대책본부의 설치 및 운영) ① 시·도경찰청등의 장은 경찰청에 재난대책본부가 설치되었거나, 관할 지역 내 재난이 발생하였거나 발생할 우려가 있는 경우 시·도경찰청등에 재난대책본부를 설치할 수 있고 그 운영은 제12조부터 제14조의 규정을 준용한다. 이 경우, 시·도경찰청등의 장은 재난대책본부의 설치 사항을 바로 위 상급기관의 장에게 보고한다.
② 시·도경찰청의 본부장은 시·도경찰청장이 지정하는 차장 또는 부장으로 한다.

③ 경찰서의 본부장은 재난업무를 주관하는 부서의 장으로 한다.
④ 제2항 및 제3항에도 불구하고, 시·도경찰청등의 장은 재난의 규모가 광범위하여 효과적인 대응이 필요한 경우 본부장을 시·도경찰청등의 장으로 격상하여 운영할 수 있다.
제20조(현장지휘본부의 설치 및 운영) ① 시·도경찰청등의 장은 관할 지역 내 재난이 발생한 경우 재난현장의 대응 활동을 총괄하기 위하여 현장지휘본부를 설치할 수 있다.

정답 ④

029 재난 및 대테러 경비활동에 대한 설명으로 가장 적절하지 않은 것은? 22승진

① 「재난 및 안전관리 기본법」상 '재난'은 '자연재난'과 '사회재난'으로 구분된다.
② 테러취약시설 안전활동에 관한 규칙 상 C급 다중이용건축물등은 테러에 의하여 파괴되거나 기능 마비 시 제한된 지역에서 단기간 대테러진압작전이 요구되고, 국민생활에 상당한 영향을 미칠 수 있는 건축물 또는 시설을 말한다.
③ 국민보호와 공공안전을 위한 테러방지법 상 '테러위험인물'이란 테러단체의 조직원이거나 테러단체 선전, 테러자금모금기부, 그 밖에 테러 예비·음모·선전·선동을 하였거나 하였다고 의심할 상당한 이유가 있는 사람을 말한다.
④ 경찰 재난관리 규칙상 시·도경찰청등의 장은 관할 지역내에서 재난이 발생하였거나 발생할 우려가 있는 경우 재난상황실을 설치 운영할 수 있으나, 시·도경찰청등에 재난대책본부가 설치되었거나, 「재난 및 안전관리 기본법」상 '경계' 단계의 위기경보가 발령된 경우에는 재난상황실을 설치·운영하여야 한다.

해설

④ 경찰 재난관리 규칙상 시·도경찰청등의 장은 관할 지역내에서 재난이 발생하였거나 발생할 우려가 있는 경우 재난상황실을 설치 운영할 수 있으나, 시·도경찰청등에 재난대책본부가 설치되었거나, 「재난 및 안전관리 기본법」상 **'심각'** 단계의 위기경보가 발령된 경우에는 재난상황실을 설치·운영하여야 한다.

정답 ④

030 재난경비에 관한 설명으로 가장 적절하지 <u>않은</u> 것은? 15승진변형

① 재난관리주관기관의 장은 대통령령으로 정하는 재난에 대한 징후를 식별하거나 재난발생이 예상되는 경우에는 그 위험 수준, 발생 가능성 등을 판단하여 그에 부합되는 조치를 할 수 있도록 위기경보를 발령할 수 있다. 위기경보는 재난 피해의 전개 속도, 확대 가능성 등 재난상황의 심각성을 종합적으로 고려하여 관심·주의·경계·심각으로 구분할 수 있다.
② 경찰은 재난 때 긴급구조지원기관으로서의 임무를 수행하고, 지역통제단장은 시·도는 시·도경찰청장, 시·군·구는 경찰서장이 맡는다.
③ '재난지역 및 중요시설 주변 순찰활동'은 112 기능에서 수행한다.
④ 재난 지역에서의 '비상출동로 지정·운용'은 교통 기능에서 수행한다.

> **해설**

② 경찰은 재난 때 긴급구조지원기관으로서의 임무를 수행하고, 지역통제단장은 시·도는 **소방본부장**, 시·군·구는 **소방서장**이 맡는다. ※ 재난관리 주무부서는 행정안전부, 긴급구조기관은 소방과 해양경찰이며 (긴급구조기관이 긴급구조통제단 구성), 경찰은 긴급구조지원기관이다.

▶ 경찰청 국·관별 재난관리 임무

구 분	내 용
치안상황관리관	- 재난대책본부 및 재난상황실 운영 - 재난관리를 위한 관계기관과의 협력 - 재난피해우려지역 예방 순찰 및 재난취약요소 발견 시 초동조치 - 재난지역 주민대피 지원(20경간)
대변인	- 경찰의 재난관리 관련 홍보
감사관	- 재난상황 시 재난관리태세 점검
기획조정관	- 재난관리와 관련한 예산의 조정·지원
경무인사기획관	- 경찰관·경찰관서의 피해 예방 및 피해 발생 시 대응·복구 - 재난상황 시 직원 복무 및 사기 관리
정보화장비정책관	- 재난관리 자원 비축·관리 및 보급 - 국가적 정보통신 피해 발생 시 긴급통신망 복구지원 - 재난지역 통신장비 설치 및 운영 - 그 밖에 재난관리를 위한 장비의 지원
생활안전국	- 재난지역 범죄예방활동 - 재난지역 총포·화약류 안전관리
교통국	- 재난대비 교통취약지 예방 순찰 및 취약요소 발견 시 초동조치 - 재난지역 교통통제 및 긴급차량 출동로 확보 - 재난지역 교통안전시설 관리 - 재난 관련 인적·물적자원의 이동 시 교통안전 확보
경비국	- 재난관리를 위한 경찰부대 및 장비 동원 - 재난관리 필수시설의 안전관리

공공안녕정보국	- 재난취약요소에 대한 정보활동 - 재난상황 시 국민 안전을 확보하기 위한 정보활동
외사국	- 해외 재난안전정보 수집 - 재난지역 체류 외국인 관련 치안활동
형사국	- 재난지역 강도·절도 등 민생침해범죄의 예방 및 검거 - 재난으로 인한 인명피해 발생 시 원인이 되는 불법행위에 대한 수사
수사국	- 재난 관계 법령 위반 행위에 대한 수사 - 매점매석 등 사회혼란 야기 행위에 대한 수사 - 감염병·가축전염병의 확산으로 인한 재난 발생 시 역학조사 지원 - 기타 재난 발생의 원인이 되는 불법행위에 대한 수사
과학수사관리관	- 재난상황으로 인한 사상자 신원확인
사이버안전국	- 온라인상 허위정보의 생산·유포 행위 대응 및 수사 - 온라인상 매점매석 등 사회혼란 야기 행위에 대한 수사
안보수사국	- 재난지역 국가안보 위해요소 점검

▶ **현장지휘본부 전담반 및 지원팀별 임무**

구 분	내 용
전담반	- 현장지휘본부 운영 총괄·조정 - 재난안전상황실 업무협조 - 현장상황 등 보고·전파
112	- 재난지역 및 중요시설 주변 순찰활동 - 피해지역 주민 소개 등 대피 및 접근 통제
경무	- 현장지휘본부 사무실, 차량, 유·무선 통신시설 등 설치 - 그 밖에 예산, 장비 등 행정업무 지원
홍보	- 경찰 지원활동 등 언론대응 및 홍보
경비	- 재난지역 및 중요시설 등 경비 - 경찰통제선 설정·운용
교통	- 비상출동로 지정·운용 - 현장주변에 대한 교통통제 및 우회로 확보 등 교통관리
생안	- 재난지역 범죄예방활동 - 재난지역 총포·화약류 안전관리 강화
수사	- 실종자·사상자 현황 파악 및 수사 - 민생침해범죄의 예방 및 수사활동
정보	- 재난지역 집단민원 파악 - 관계기관 협조체제 및 대외 협력관계 유지

정답 ②

031 재난발생시 경찰의 임무에 대한 설명으로 가장 옳지 않은 것은? 　　　13경간
　① 경비경찰은 비상출동로를 사전지정하고 이에 대한 유지를 담당한다.
　② 통제구역으로 들어가는 출입구는 되도록 단일화한다.
　③ 경찰은 긴급구조 지원기관으로 인원과 장비를 지원한다.
　④ 제1통제선은 소방, 제2통제선은 경찰이 담당한다.

> **해설**
> ① 비상출동로의 사전지정 및 유지는 <u>교통기능의 업무</u>이다.
>
> 　　　　　　　　　　　　　　　　　　　　　　　　　　　　　　**정답** ①

제5절 다중범죄진압경비(치안경비)

032 다중범죄의 특징 중 확신적 행동성에 관한 설명으로 가장 적절한 것은? 　　　16승진
　① 다중범죄를 발생시키는 주동자나 참여하는 자들은 자신의 사고가 정의라는 확신을 가지고 행동하므로 과감하고 전투적인 경우가 많다. 점거농성 때 투신이나 분신자살 등이 그 대표적인 예이다.
　② 다중범죄의 발생은 군중심리의 영향을 많이 받아 일단 발생하면 부화뇌동으로 인하여 갑자기 확대될 수도 있다. 조직도 상호 연계되어 있으므로 어느 한 곳에서 시위사태가 발생하면 같은 상황이 전국으로 파급되기 쉽다.
　③ 시위군중은 행동에 대한 의혹이나 불안을 갖지 않고 과격·단순하게 행동하며 비이성적인 경우가 많아 주장내용이 편협하고 타협, 설득이 어렵다.
　④ 현대사회의 문제는 전국적으로 공통성이 있으며 조직도 전국적으로 연계된 경우가 많다. 다중범죄는 특정한 조직에 기반을 두고 뚜렷한 목적의식을 가지고 있으므로 소속되어 있는 단체의 설치목적이나 활동방침을 분명하게 파악하는 것이 사태의 진상파악에 도움이 된다.

> **해설**
> ① 확신적 행동성에 관한 설명이다.
> ② 부화뇌동적 파급성에 관한 설명이다.
> ③ 비이성적 단순성에 관한 설명이다.
> ④ 조직적 연계성에 관한 설명이다.
>
> 　　　　　　　　　　　　　　　　　　　　　　　　　　　　　　**정답** ①

033 다중범죄의 정책적 치료법 및 진압의 기본원칙에 대한 설명으로 가장 적절하지 <u>않은</u> 것은? 22승진

① 전이법은 불만집단과 이에 반대하는 대중의견을 크게 부각시켜 불만집단이 자진해산 및 분산하게 하는 정책적 치료법이다.
② 봉쇄 방어는 군중이 중요시설이나 기관 등 보호대상물의 점거를 기도할 경우, 사전에 부대가 선점하여 바리케이트 등으로 봉쇄하는 방어조치로 충돌 없이 효과적으로 무산시키는 진압의 기본원칙이다.
③ 세력분산은 일단 시위대가 집단을 형성한 이후에 부대가 대형으로 진입하거나 장비를 사용하여 시위집단의 지휘 통제력을 차단하며, 수개의 소집단으로 분할시켜 시위의사를 약화시키는 진압의 기본원칙이다
④ 지연정화법은 시간을 지연시킴으로써 불만집단의 고조된 주장을 이성적으로 사고할 기회를 부여하고 정서적으로 감정을 둔화시켜서 흥분을 가라앉게 하는 정책적 치료법이다.

> **해설**
>
> ① **경쟁행위법은** 불만집단과 이에 반대하는 대중의견을 크게 부각시켜 불만집단이 자진해산 및 분산하게 하는 정책적 치료법이다. ※ 전이법은 다중범죄의 발생 징후나 이슈가 있을 때 집단이나 국민들의 관심을 집중시킬 수 있는 경이적인 사건을 폭로하거나 규모가 큰 행사를 개최하여 원래의 이슈가 상대적으로 약화되도록 하는 방법을 말한다.
>
> 정답 ①

034 다중범죄의 정책적 치료법 가운데 특정사안의 불만집단에 대한 정보활동을 강화하여 사전에 불만 및 분쟁요인을 찾아내어 해소시켜 주는 방법으로 가장 적절한 것은? 15순경1차, 16승진

① 선수승화법　② 전이법　③ 지연정화법　④ 경쟁행위법

> **해설**
>
> ① 다중범죄의 정책적 치료법 가운데 특정사안의 불만집단에 대한 정보활동을 강화하여 사전에 불만 및 분쟁요인을 찾아내어 해소시켜 주는 방법은 <u>선수승화법</u>이다.
>
> ▶ **다중범죄의 정책적 치료법** (선전지경)
>
> | | |
> |---|---|
> | 선수승화법 | 특정한 불만집단에 대한 정보활동을 강화하여 <u>사전에 불만 및 분쟁요인을 찾아내어 해소</u>시켜주는 방법 |
> | 전이법 | 다중범죄의 발생 징후나 이슈가 있을 때 집단이나 국민들의 관심을 집중시킬 수 있는 <u>경이적인 사건을 폭로</u>하거나 <u>규모가 큰 행사를 개최</u>하여 원래의 이슈가 상대적으로 약화되도록 하는 방법 |
> | 지연정화법 | 불만집단의 고조된 주장을 <u>시간을 끌어</u> 이성적으로 생각할 기회를 부여하고 정서적으로 감정을 둔화시켜 <u>흥분을 가라앉게</u> 하는 방법 |
> | 경쟁행위법 | 불만집단과 <u>반대되는 대중의견</u>을 크게 부각시켜 불만집단이 위압되어 스스로 해산 및 분산되도록 하는 방법 |
>
> 정답 ①

035 다중범죄의 정책적 치료법 중 보기의 내용으로 가장 옳은 것은? 16경간, 12승진

> 다중범죄의 발생 징후나 이슈가 있을 때 집단이나 국민들의 관심을 집중시킬 수 있는 경이적인 사건을 폭로하거나 규모가 큰 행사를 개최함으로써 원래의 이슈가 상대적으로 약화되도록 하는 방법

① 선수승화법   ② 전이법   ③ 지연정화법   ④ 경쟁행위법

해설

② 경이적인 사건·뉴스를 발표하거나 대규모 행사 개최를 통해 국민의 관심을 다른 곳에 집중시키는 **전이법**을 설명하고 있다.

정답 ②

---

036 다음은 다중범죄 진압경비에 대한 설명이다. 가장 적절하지 않은 것은? 14순경1차

① 다중범죄의 특성으로는 부화뇌동적 파급성, 비이성적 단순성, 확신적 행동성, 조직적 연계성이 있다.
② 진압의 3대원칙으로는 신속한 해산, 주모자 체포, 재집결 방지가 있다.
③ 진압의 기본원칙 중 군중이 목적지에 집결하기 이전에 중간에서 차단하여 집합을 하지 못하게 하는 방법은 차단·배제이다.
④ 다중범죄의 정책적 치료법 중 불만집단과 반대되는 대중의견을 크게 부각시켜 불만집단이 위압되어 스스로 해산 및 분산되도록 하는 방법은 전이법이다.

해설

④는 **경쟁행위법**에 대한 설명이다. **전이법**은 다중범죄의 발생징후나 이슈가 있을 때 집단이나 국민들의 관심을 집중시킬 수 있는 **경이적인 사건을 폭로하거나 규모가 큰 행사를 개최**하여 원래의 이슈가 상대적으로 약화되도록 하는 방법이다.

정답 ④

037 다중범죄에 대한 진압의 기본원칙 중 다음은 무엇에 관한 설명인가?   17경간, 18경채

> 군중이 목적지에 집결하기 전에 중간에서 차단하여 집합을 못하게 하는 방법으로, 중요 목지점에 경력을 배치하고 검문검색을 실시하여 불법시위 가담자를 사전에 색출·검거하거나 귀가시킨다.

① 봉쇄·방어 ② 차단·배제 ③ 세력분산 ④ 주동자 격리

해설

② '집결하기 전에 중간에서 차단하는 것'이 <u>차단·배제</u>이다.

▶ **진압의 기본원칙** (봉주세차)

봉쇄·방어	군중들이 중요시설이나 기관 등 보호대상물의 점거를 기도할 경우, <u>사전에 진압부대가 점령하거나 바리케이드 등으로 봉쇄</u>하여 방어조치를 취하는 방법으로, 군중의 의도를 사전에 봉쇄하여 충돌 없이 효과적으로 무산시키는 방법
차단·배제	다중범죄는 다중이 모일 수 있는 교통상 편리한 특정 장소에서 시도되는 경우가 많다. 이러한 경우 군중이 목적지에 <u>집결하기 전에 중간에서 차단</u>하여 집합을 못하게 하는 방법
세력분산	일단 시위대가 집단을 형성한 이후에 진압부대가 대형으로 공격하거나 가스탄을 사용하여 시위집단의 지휘통제력을 차단시키며 수개의 소집단으로 분할시켜 시위의사를 약화시킴으로써 그 세력을 분산시키는 방법
주동자 격리	다중범죄는 특정한 지도자나 주동자의 선동에 의하여 이루어지므로 주모자를 사전에 검거하거나 군중과 격리하여 군중의 집단적 결속력을 약화시켜 계속된 행동을 못하게 진압하는 방법

정답 ②

제6절 경호경비

038 경호경비에 대한 설명으로 옳은 것은? 　　　　　　　　　　　　　　21경간

① 경호란 경비와 호위를 포함하는 개념으로 호위란 피경호자의 생명과 신체를 보호하기 위해 특정한 지역을 경계·순찰·방비하는 행위이다.
② 자기 담당구역이 아닌 인근지역에서 특별한 상황이 발생하면 상호원조의 원칙에 따라 확인·원조해야 한다.
③ 행사장 경호과정에서 비표확인이나 MD(금속탐지기) 설치 운영 등은 제3선 경계구역부터 철저히 이루어져야 한다.
④ 「대통령 등의 경호에 관한 법률」에 따르면 대통령뿐만 아니라 대통령 당선인과 대통령권한대행 모두 경호처의 경호대상이다.

해설

① 피경호자의 생명과 신체를 보호하기 위해 **특정한 지역을 경계·순찰·방비하는 행위는 경비**이다.
② 경호의 4대원칙 중 자기 담당구역 책임의 원칙에 관련한 내용이다. 경호원은 각자 자기 담당구역 내에서 일어나는 어떠한 사태에 대해서도 책임을 지고 해결하여야 한다는 것으로, **비록 인근지역에 특별한 상황이 발생하더라도 자기 담당구역을 이탈해서는 안 된다.**
③ 비표확인이나 MD(금속탐지기) 설치 운영은 제1선 안전구역에서의 활동이다.
④ ○

▶ **경호의 대상**

국내 요인	갑호	① 대통령과 그 가족 ② 대통령당선인과 그 가족 ③ 퇴임 후 10년 이내 전직대통령과 그 배우자 ④ 대통령권한대행과 그 배우자
	을호	국회의장, 대법원장, 국무총리, 헌법재판소장, 퇴임 후 10년 경과한 전직대통령, 대통령선거 후보자
	병호	갑호, 을호 외에 경찰청장이 필요하다고 인정한 사람
국외 요인	국빈 A~C등급	대통령, 국왕, 행정수반 등(경호처장이 등급 분류)
	외빈 A·B등급	왕족, 국제기구대표, 기타 장관급 이상 외빈(경찰청장이 등급 분류)

※ 대통령경호처에서는 갑호·국빈 경호를 주관(1선은 경호처, 2·3선은 경찰)
※ 경찰에서는 을호·병호·외빈 경호를 주관

정답 ④

039 경호경비 중 행사장 경호에 대한 설명으로 가장 적절하지 <u>않은</u> 것은? 17경기북부여경

① 제1선(안전구역-내부)은 승·하차장, 동선 등의 취약개소로 피경호자에게 직접적으로 위해를 가할 수 있는 거리 내의 지역 등을 말한다.
② 제1선(안전구역-내부)은 절대안전 확보구역으로 MD설치 운용, 출입자 통제관리를 실시하며, 원거리 기동순찰조를 운영한다.
③ 제2선(경비구역-내곽)에 대한 경호책임은 경찰이 담당하고 군부대 내(內)일 경우에는 군이 책임을 진다.
④ 제3선(경계구역-외곽)은 조기경보지역으로 우발사태에 대한 대비책을 강구하고 통상 경찰이 책임을 진다.

해설

② '원거리 기동순찰조 운영'은 제3선(경계구역)이다.

▶ **행사장경호 경호활동지역** (안비계/절주조) (M비/소바)

제1선(내부) **(안전구역)** **(절대안전확보구역)**	의의	요인의 승·하차장, 동선 등의 취약개소로 피경호자에게 직접적으로 위해를 가할 수 있는 거리내의 지역
	경호책임	경호에 대한 주관 및 책임은 경호실에서 수립·실시하고 경찰은 경호실 요청시 경력 및 장비 지원
	주요활동	ⓐ 출입자 통제관리 ⓑ MD설치 운용 ⓒ 비표확인 및 출입자 감시
제2선(내곽) **(경비구역)** **(주경비지역)**	의의	주경비지역으로서, 제1선을 제외한 행사장 중심으로 소총의 유효사거리를 고려한 거리의 개념으로 설정된 선
	경호책임	경호책임은 경찰이 담당하고 군부대 내일 경우에는 군이 책임진다.
	주요활동	ⓐ 바리케이트 등 장애물 설치 ⓑ 돌발사태 대비 예비대 운영 및 구급차, 소방차 대기
제3선(외곽) **(경계구역)** **(조기경보지역)**	의의	조기경보지역으로서, 행사장중심으로 적의 접근을 조기에 경보하고 차단하기 위해 설정된 선
	경호책임	통상 경찰이 책임
	주요활동	ⓐ 감시조 운영 ⓑ 도보등 원거리 기동순찰조 운영 ⓒ 원거리 불심자 검문·차단

정답 ②

040 다음 행사장 경호에 대한 설명과 명칭을 바르게 연결한 것은?   21승진

> ㉠ 주경비지역으로로, 바리케이트 등 장애물 설치, 돌발사태를 대비한 예비대 운영 및 구급차, 소방차 대기가 필요하다.
> ㉡ 절대안전 확보구역으로, 출입자 통제관리, MD 설치 운용, 비표 확인 및 출입자 감시가 필요하다.
> ㉢ 조기경보지역으로, 감시조 운용, 도보 등 원거리 기동순찰조 운영, 원거리 불심자 검문·차단이 필요하다.

① ㉠ 안전구역 ㉡ 경비구역 ㉢ 경계구역
② ㉠ 경비구역 ㉡ 경계구역 ㉢ 안전구역
③ ㉠ 경비구역 ㉡ 안전구역 ㉢ 경계구역
④ ㉠ 경계구역 ㉡ 안전구역 ㉢ 경비구역

[해설]
㉠ 주경비지역으로, 바리케이트 등 장애물을 설치, 돌발사태를 대비한 예비대 운영 및 구급차, 소방차 대기가 필요하다. → **경비구역**
㉡ 절대안전 확보구역으로, 출입자 통제관리, MD 설치 운용, 비표 확인 및 출입자 감시가 필요하다. → **안전구역**
㉢ 조기경보지역으로, 감시조 운용, 도보 등 원거리 기동순찰조 운영, 원거리 불심자 검문·차단이 필요하다. → **경계구역**

정답 ③

---

041 경호에 대한 설명으로 옳지 않은 것은 모두 몇 개인가?   15경간

> 가. 경호란 경호 대상자의 생명과 신체에 가하여지는 위해(危害)를 방지하거나 제거하고, 특정 지역을 경계·순찰 및 방비하는 등의 모든 안전활동이다.
> 나. 연도경호는 물적 위해요소가 방대하여 엄격하고 통제된 3중 경호원리를 적용하기 어렵다.
> 다. 행사장 경호에 있어 제1선은 경비구역으로 MD를 설치·운용하고 비표확인 및 출입자 감시가 이루어진다.
> 라. 행사장 경호에 있어 제3선은 경계구역으로서 돌발사태에 대비하여 예비대 및 비상통로, 소방차, 구급차 등을 확보한다.

① 1개   ② 2개   ③ 3개   ④ 4개

[해설]
다. **제1선은 안전구역**으로 MD를 설치·운용하고 비표확인 및 출입자 감시가 이루어진다.
라. **제2선은 경비구역으로서** 돌발사태에 대비하여 예비대 및 비상통로, 소방차, 구급차 등을 확보한다.

정답 ②

042 경비경찰활동에 대한 설명 중 가장 적절한 것은? 　　　　　　　　　　　　　　　　20경채

① 군중정리의 원칙들 중 대규모 군중이 모이는 장소를 사전에 블록화하여 추후 일정한 방향으로 이동시켜 주위상황을 파악할 수 있는 여건을 조성하는 것은 경쟁적 행동의 지양과 밀접한 관련이 있다.
② 통합방위사태의 유형 중 일부 또는 여러 지역에서 적의 침투 혹은 도발로 단기간 내에 치안회복이 어려워 시·도경찰청장, 지역군사령관 또는 함대사령관의 지휘·통제 하에 통합방위작전을 수행하여야 할 사태는 갑종사태이다.
③ 세 가지 경호활동지역 중 MD설치 운용과 비표확인 및 출입자 감시를 주요활동으로 하는 구역은 절대안전확보구역인 제3선이다.
④ 경호경비의 4대 원칙은 자기 희생의 원칙, 목적물 보존의 원칙, 자기 담당구역 책임의 원칙, 하나의 통제된 지점을 통한 접근의 원칙이다.

> **해설**
> ① 군중정리의 원칙들 가운데 대규모 군중이 모이는 장소를 사전에 블록화하는 것은 '**밀도의 희박화**'이고, 일정방향으로 이동시켜 주위상황을 파악할 수 있는 여건을 조성하고 안정감을 갖게 하는 것은 '**이동의 일정화**'이다. '**경쟁적 행동의 지양**'은 차분한 안내방송 등을 통하여 다른 사람보다 먼저 가려는 심리상태를 억제시키고 질서있게 행동하면 모든 일이 잘 될 수 있다는 것을 납득시키는 것을 말한다.
> ② 일부 또는 여러 지역에서 적이 침투·도발 → **을종사태**
> 　시·도경찰청장, 지역군사령관 또는 함대사령관의 지휘·통제 → **병종사태**
> ③ 세 가지 경호활동지역 중 MD설치 운용과 비표확인 및 출입자 감시를 주요활동으로 하는 구역은 절대안전확보구역인 **제1선이다**.
> ④ ○
>
> 　　　　　　　　　　　　　　　　　　　　　　　　　　　　　　정답 ④

제7절 대테러경비(특수경비)

043 「국민보호와 공공안전을 위한 테러방지법」에 관한 다음 설명 중 가장 옳지 않은 것은? 18경간
① 테러단체란 국가테러대책위원회가 지정한 테러단체를 말한다.
② 타국의 외국인테러전투원으로 가입한 사람을 처벌하는 규정이 있다.
③ 국가정보원장은 테러위험인물에 대한 추적을 할 경우 국가테러대책위원회 위원장에게 사전 또는 사후에 보고하여야 한다.
④ 테러단체 구성죄는 대한민국 영역 밖에서 범한 외국인에게도 적용한다.

해설
① "테러단체"란 <u>국제연합(UN)이 지정한</u> 테러단체를 말한다.

정답 ①

044 「국민보호와 공공안전을 위한 테러방지법」에 대한 설명으로 가장 적절한 것은? 17순경1차
① 국가테러대책위원회 위원장은 대통령으로 한다.
② '테러단체'란 국제연합(UN)이 지정한 테러단체를 말한다.
③ '테러위험인물'이란 테러를 실행·계획·준비하거나 테러에 참가할 목적으로 국적국이 아닌 국가의 테러단체에 가입하거나 가입하기 위하여 이동 또는 이동을 시도하는 내국인·외국인을 말한다.
④ 국가정보원장은 테러위험인물에 대하여 출입국·금융거래 및 통신이용 등 관련 정보를 수집하여야 한다.

해설
① 대테러활동에 관한 정책의 중요사항을 심의·의결하기 위하여 국가테러대책위원회를 두며, 국가테러대책위원회 <u>위원장은 국무총리</u>로 한다.
② O
③ '<u>외국인테러전투원</u>'이란 테러를 실행·계획·준비하거나 테러에 참가할 목적으로 국적국이 아닌 국가의 테러단체에 가입하거나 가입하기 위하여 이동 또는 이동을 시도하는 내국인·외국인을 말한다. ※ "테러위험인물"이란 테러단체의 조직원이거나 테러단체 선전, 테러자금 모금·기부, 그 밖에 테러 예비·음모·선전·선동을 하였거나 하였다고 의심할 상당한 이유가 있는 사람을 말한다.
④ 국가정보원장은 테러위험인물에 대하여 출입국·금융거래 및 통신이용 등 관련 <u>정보를 수집할 수 있다</u>.

정답 ②

045 국민보호와 공공안전을 위한 테러방지법 제2조 정의에 관한 설명 중 가장 적절하지 않은 것은?

22순경1차

① '테러위험인물'이란 테러를 실행 계획 준비하거나 테러에 참가할 목적으로 국적국이 아닌 국가의 테러단체에 가입하거나 가입하기 위하여 이동 또는 이동을 시도하는 외국인을 말한다.
② '대테러활동'이란 제1호의 테러 관련 정보의 수집, 테러위험인물의 관리, 테러에 이용될 수 있는 위험물질 등 테러수단의 안전관리, 인원 시설 장비의 보호, 국제행사의 안전확보, 테러위협에의 대응 및 무력진압 등 테러 예방과 대응에 관한 제반활동을 말한다.
③ '테러단체'란 국제연합(UN)이 지정한 테러단체를 말한다.
④ '대테러조사'란 대테러활동에 필요한 정보나 자료를 수집하기 위하여 현장조사 문서열람 시료채취 등을 하거나 조사대상자에게 자료제출 및 진술을 요구하는 활동을 말한다.

> **해설**
> ① "테러위험인물"이 아닌 "**외국인테러전투원**"에 대한 설명이다.
> "테러위험인물"이란 테러단체의 조직원이거나 테러단체 선전, 테러자금 모금·기부, 그 밖에 테러 예비·음모·선전·선동을 하였거나 하였다고 의심할 상당한 이유가 있는 사람을 말한다(제2조 제3호).
>
> **정답** ①

046 최근 국제사회 내 테러단체의 위험성이 증대됨에 따라 대테러 업무의 중요성이 더욱 강조되고 있다. 「테러취약시설 안전활동에 관한 규칙」상 다중이용건축물등의 분류와 지도·점검에 관한 내용으로 가장 적절하지 않은 것은? (단, 테러경보 상향이 없는 것으로 간주)

16승진

① 다중이용건축물등은 기능·역할의 중요성과 가치의 정도에 따라 A급, B급, C급으로 구분한다.
② A급 다중이용건축물등의 경우 관할 경찰서장은 분기 1회 이상 지도·점검을 실시하여야 한다.
③ B급 다중이용건축물등의 경우 관할 경찰서장은 반기 1회 이상 지도·점검을 실시하여야 한다.
④ C급 다중이용건축물등의 경우 관할 경찰서장은 연 1회 이상 지도·점검을 실시하여야 한다.

> **해설**
> ④ C급 다중이용건축물등의 경우 관할 경찰서장은 **반기 1회 이상** 지도·점검을 실시하여야 한다.
>
> **정답** ④

047 다음 ( )안에 들어갈 말로 옳게 연결된 것은?

18경간

「테러취약시설 안전활동에 관한 규칙」에 따르면, 테러취약시설 중 다중이용건축물등은 시설의 기능·역할의 중요성과 가치의 정도에 따라 A급, B급, C급으로 구분한다.
이 중에서 (㉠)급은 테러에 의하여 파괴되거나 기능 마비시 일부 지역의 대테러진압작전이 요구되고, 국민생활에 중대한 영향을 미칠 수 있는 시설로서 관할 경찰서장은 (㉡)에 (㉢)회 이상 지도·점검을 실시하여야 한다.

① ㉠-B, ㉡-반기, ㉢-1
② ㉠-C, ㉡-반기, ㉢-1
③ ㉠-B, ㉡-분기, ㉢-1
④ ㉠-C, ㉡-분기, ㉢-2

해설

테러취약시설 및 안전활동에 관한 규칙
제9조(다중이용건축물등의 분류) ① 다중이용건축물등은 기능·역할의 중요성과 가치의 정도에 따라 "A"등급, "B"등급, "C"등급(이하 각 "A급", "B급", "C급"이라 한다)으로 구분하며, 그 기준은 다음 각 호와 같다. (가결/나중/다제단상)
  1. A급 : 테러에 의하여 파괴되거나 기능 마비시 광범위한 지역의 대테러진압작전이 요구되고, 국민생활에 결정적인 영향을 미칠 수 있는 건축물 또는 시설
  2. B급 : 테러에 의하여 파괴되거나 기능 마비시 일부 지역의 대테러진압작전이 요구되고, 국민생활에 중대한 영향을 미칠 수 있는 건축물 또는 시설
  3. C급 : 테러에 의하여 파괴되거나 기능 마비시 제한된 지역에서 단기간 대테러진압작전이 요구되고, 국민생활에 상당한 영향을 미칠 수 있는 건축물 또는 시설
제22조(다중이용건축물등 지도·점검) ① 경찰서장은 관할 내에 있는 다중이용건축물등 전체에 대해 해당 시설 관리자의 동의를 받아 다음 각 호와 같이 지도·점검을 실시하여야 한다.(분반반/선반/선)
  1. A급 : 분기 1회 이상
  2. B급, C급 : 반기 1회 이상
② 시·도경찰청장은 관할 내 다중이용건축물등 중 일부를 선별하여 해당 시설 관리자의 동의를 받아 반기 1회 이상 지도·점검을 실시하여야 한다.
③ 경찰청장은 경찰관서장이 다중이용건축물등에 대해 적절한 지도·점검을 실시하는지 감독하고, 해당 시설 관리자의 동의를 받아 선별적으로 지도·점검을 실시하여야 한다.

정답 ①

048 경찰의 대테러 업무에 대한 설명 중 옳은 것을 모두 고른 것은? 20승진

> ㉠ 「테러취약시설 안전활동에 관한 규칙」에 의하면 'B'급 다중이용건축물등의 경우 테러에 의해 파괴되거나 기능 마비시 일부 지역의 대테러진압작전이 요구되고, 국민 생활에 중대한 영향을 미칠 수 있는 건축물 또는 시설이며, 관할 경찰서장은 분기 1회 이상 지도·점검을 실시해야 한다.
> ㉡ 「테러취약시설 안전활동에 관한 규칙」에 의하면 'C'급 다중이용건축물등의 경우 테러에 의하여 파괴되거나 기능 마비시 제한된 지역의 대테러진압작전이 요구되고, 국민생활에 상당한 영향을 미칠 수 있는 건축물 또는 시설이며, 관할 경찰서장은 반기 1회 이상 지도·점검을 실시해야한다.
> ㉢ '리마증후군'이란 인질범이 인질에게 일체감을 느끼게 되고 인질의 입장을 이해하여 호의를 베푸는 등 인질범이 인질에게 동화되는 현상이다.
> ㉣ 테러단체 구성죄는 미수범, 예비·음모 모두 처벌한다.

① ㉠, ㉢   ② ㉡, ㉢   ③ ㉡, ㉢, ㉣   ④ ㉠, ㉡, ㉣

해설

㉠ 「테러취약시설 안전활동에 관한 규칙」에 의하면 'B'급 다중이용건축물등의 경우 테러에 의해 파괴되거나 기능 마비시 일부 지역의 대테러진압작전이 요구되고, 국민 생활에 중대한 영향을 미칠 수 있는 건축물 또는 시설이며, 관할 경찰서장은 <u>반기 1회 이상</u> 지도·점검을 실시해야 한다.

정답 ③

---

049 경찰의 대테러 업무에 대한 설명 중 옳지 않은 것은? 20경간

① 한국의 대테러 부대인 KNP868은 대테러 예방 및 대응을 위해 1983년 창설된 경찰특수부대로 현재 서울경찰청 직할부대이다.
② 외국의 대테러조직으로 영국의 SAS, 미국의 SWAT, 독일의 GSG-9, 프랑스의 GIGN 등이 있다.
③ 「테러취약시설 안전활동에 관한 규칙」상 경찰서장은 관할 내에 있는 B급 다중이용건축물등에 대하여 분기 1회 이상 지도·점검을 실시하여야 한다.
④ 「국민보호와 공공안전을 위한 테러방지법」상 '테러단체'란 국제연합(UN)이 지정한 테러단체를 말한다.

해설

③ A급 : 분기 1회 이상, <u>B급·C급 : 반기 1회 이상</u>

정답 ③

050 다음 빈 칸에 들어갈 알맞은 단어끼리 짝지은 것은?   17경간

> • 1972년 뮌헨올림픽 당시 검은 9월단에 의한 이스라엘 선수단 테러사건을 계기로 독일에서는 연방경찰 소속으로 (㉠)이 설립되었다.
> • (㉡)은 인질사건 발생시 인질이 인질범에 동화되는 현상을 의미하며, 심리학에서 오귀인 효과라고도 한다.

① ㉠ GSG-9 ㉡ 스톡홀름 증후군
② ㉠ GIPN   ㉡ 스톡홀름 증후군
③ ㉠ GSG-9 ㉡ 리마 증후군
④ ㉠ GIPN   ㉡ 리마 증후군

해설

▶ 각국의 대테러부대

SAS (영국)	제2차 세계대전 중 북아프리카 전선의 적 후방에서 작전을 하기 위해서 창설. 제2차 대전 후에는 테러진압 부대로 운영됐으며 다른 나라 특수부대의 모델이 됨
SWAT (미국)	SWAT(Special Weapons And Tactics)는 미국 각 주립 경찰서 내에 조직된 특공팀으로서 1967년에 창설
GSG-9 (독일)	1972년 뮌헨올림픽에서 '검은 9월단'에 의한 이스라엘 선수 테러사건 발생 후 창설
GIPN GIGN (프랑스)	• GIPN : 경찰특공대로 1972년 뮌헨올림픽 이스라엘선수단 테러사건 이후 창설 (현재 GIPN은 해체된 후 경찰특공대인 RAID로 흡수됨) • GIGN : 군인경찰특공대로 1973년 프랑스 주재 사우디아라비아대사관 점거사건을 계기로 창설

▶ 인질관련 증후군

스톡홀름 증후군	① 1973년 스웨덴 스톡홀름 은행강도사건시 인질들이 인질범에 동조한 것에서 유래 ② <u>인질이 인질범에 동화되는 현상</u>으로, 심리학에서 '오귀인 효과'라고도 함
리마 증후군	① 1996년 페루 리마 일본대사관에 투팍아마르 게릴라가 난입, 126일간 인질극 ② <u>인질범이 인질에 동화되는 현상</u>

정답 ①

제8절 국가중요시설경비와 경찰작전

051 「통합방위법」상 국가중요시설에 관한 다음 설명 중 가장 적절하지 않은 것은? 16순경1차, 14승진유사

① 국가중요시설의 관리자(소유자를 포함한다. 이하 같다)는 경비·보안 및 방호책임을 지며, 통합방위사태에 대비하여 자체방호계획을 수립하여야 한다. 이 경우 국가중요시설의 관리자는 자체방호계획을 수립하기 위하여 필요하면 시·도경찰청장 또는 지역군사령관에게 협조를 요청할 수 있다.
② 시·도경찰청장 또는 지역군사령관은 통합방위사태에 대비하여 국가중요시설에 대한 방호지원계획을 수립·시행하여야 한다.
③ 국가중요시설의 평시 경비·보안활동에 대한 지도·감독은 관계 행정기관의 장과 국가정보원장이 수행한다.
④ 국가중요시설은 경찰청장이 관계 행정기관의 장 및 국가정보원장과 협의하여 지정한다.

해설
④ 국가중요시설은 **국방부장관이** 관계 행정기관의 장 및 국가정보원장과 협의하여 지정한다.

정답 ④

052 통합방위법상 국가중요시설에 대한 설명으로 가장 적절하지 않은 것은? 22경간

① 국가중요시설의 관리자는 경비·보안 및 방호책임을 지며, 통합방위사태에 대비하여 자체방호계획을 수립하여야 한다. 이 경우 국가중요시설의 관리자는 자체방호계획을 수립하기 위하여 시·도경찰청장 또는 지역군사령관에게 협조를 요청하여야 한다.
② 시·도경찰청장 또는 지역군사령관은 통합방위사태에 대비하여 국가중요시설에 대한 방호지원계획을 수립·시행하여야 한다.
③ 국가중요시설의 평시 경비·보안활동에 대한 지도·감독은 관계 행정기관의 장과 국가정보원장이 수행한다.
④ 국가중요시설은 국방부장관이 관계 행정기관의 장 및 국가정보원장과 협의하여 지정한다.

해설
① 국가중요시설의 관리자(소유자를 포함)는 경비·보안 및 방호책임을 지며, 통합방위사태에 대비하여 자체방호계획을 수립하여야 한다. 이 경우 국가중요시설의 관리자는 자체방호계획을 수립하기 위하여 필요하면 시·도경찰청장 또는 지역군사령관에게 **협조를 요청할 수 있다.**(통합방위법 제21조 제1항)

정답 ①

053 국가중요시설에 대한 설명 중 틀린 것은? 10승진

① 국가중요시설이란 공공기관, 공항·항만, 주요산업시설 등 적에 의하여 점령 또는 파괴되거나 기능이 마비될 경우 국가안보 및 국민생활에 심대한 영향을 미치는 시설을 말한다.
② 국가중요시설은 국방부장관이 관계행정기관의 장 및 국가정보원장과 협의하여 지정한다.
③ 국가중요시설은 시설의 기능, 역할의 중요성과 가치의 정도에 따라서 가, 나, 다급으로 분류한다.
④ 적에 의하여 파괴되거나 기능마비시 제한된 지역에서 단기간 통합방위작전 수행이 요구되고 국민생활에 상당한 영향을 미칠 수 있는 시설은 나급에 해당한다.

해설

④ 적에 의하여 파괴되거나 기능마비시 제한된 지역에서 단기간 통합방위작전 수행이 요구되고 국민생활에 상당한 영향을 미칠 수 있는 시설은 '다'급에 해당한다.
※ 테러취약시설 가운데 다중이용건축물등의 분류(ABC)도 완전히 똑같음

▶ 국가중요시설의 분류 ※ 분류기준 : 시설의 기능·역할의 중요성과 가치의 정도

가급	적에 의하여 점령 또는 파괴되거나 기능 마비시 광범위한 지역의 통합방위작전수행이 요구되고, 국민생활에 결정적인 영향을 미칠 수 있는 시설 (가광결 / 나일중 / 다제단상)
나급	적에 의하여 점령 또는 파괴되거나 기능 마비시 일부 지역의 통합방위작전수행이 요구되고, 국민생활에 중대한 영향을 미칠 수 있는 시설
다급	적에 의하여 점령 또는 파괴되거나 기능 마비시 제한된 지역에서 단기간 통합방위작전수행이 요구되고, 국민생활에 상당한 영향을 미칠 수 있는 시설

정답 ④

054 「통합방위법」상 다음의 내용이 설명하는 것과 옳게 연결된 것은? 13순경1차

㉠ 적의 침투·도발 위협이 예상되거나 소규모의 적이 침투하였을 때에 시·도경찰청장, 지역군사령관 또는 함대 사령관의 지휘·통제 하에 통합방위작전을 수행하여 단기간 내에 치안이 회복될 수 있는 사태를 말한다.
㉡ 일정한 조직체계를 갖춘 적의 대규모 병력 침투 또는 대량살상무기 공격 등의 도발로 발생한 비상사태로서 통합방위본부장 또는 지역군사령관의 지휘·통제하에 통합방위작전을 수행하여야 할 사태를 말한다.

① ㉠-갑종사태, ㉡-을종사태
② ㉠-병종사태, ㉡-갑종사태
③ ㉠-을종사태, ㉡-갑종사태
④ ㉠-갑종사태, ㉡-병종사태

해설

▶ **통합방위사태의 유형** (대일소) (통지/지/시지함)

갑종사태	일정한 조직체계를 갖춘 적의 <u>대규모 병력 침투</u> 또는 대량살상무기 공격 등의 도발로 발생한 비상사태로서 <u>통합방위본부장 또는 지역군사령관의 지휘·통제</u> 하에 통합방위작전을 수행하여야 할 사태
을종사태	<u>일부 또는 여러 지역에서 적이 침투·도발</u>하여 단기간 내에 치안이 회복되기 어려워 <u>지역군사령관의 지휘·통제</u> 하에 통합방위작전을 수행하여야 할 사태
병종사태	적의 침투·도발 위협이 예상되거나 <u>소규모의 적이 침투</u>하였을 때에 <u>시·도경찰청장, 지역군사령관 또는 함대사령관의 지휘·통제</u> 하에 통합방위작전을 수행하여 단기간 내에 치안이 회복될 수 있는 사태

정답 ②

---

055 통합방위사태가 선포된 때에는 통합방위법의 규정에 따라 통합방위작전을 신속하게 수행하여야 한다. 지역별 통합방위작전 수행 담당자로 가장 적절한 것은? 22경간

① 갑종사태가 선포된 경우 경찰관할지역 : 경찰청장
② 을종사태가 선포된 경우 특정경비지역 : 통합방위본부장
③ 을종사태가 선포된 경우 경찰관할지역 : 시·도경찰청장
④ 병종사태가 선포된 경우 특정경비지역 : 지역군사령관

해설

① <u>갑종사태</u>가 선포된 경우 경찰관할지역 : <u>통합방위본부장 또는 지역군사령관</u>
② <u>을종사태</u>가 선포된 경우 특정경비지역 : <u>지역군사령관</u>
③ <u>을종사태</u>가 선포된 경우 경찰관할지역 : <u>지역군사령관</u>

제15조(통합방위작전) ① 통합방위작전의 관할구역은 다음 각 호와 같이 구분한다.
 1. 지상 관할구역: 특정경비지역, 군관할지역 및 경찰관할지역
 2. 해상 관할구역: 특정경비해역 및 일반경비해역
 3. 공중 관할구역: 비행금지공역(空域) 및 일반공역
② 시·도경찰청장, 지역군사령관 또는 함대사령관은 통합방위사태가 선포된 때에는 즉시 다음 각 호의 구분에 따라 통합방위작전(공군작전사령관의 경우에는 통합방위 지원작전)을 신속하게 수행하여야 한다. 다만, 을종사태가 선포된 경우에는 지역군사령관이 통합방위작전을 수행하고, 갑종사태가 선포된 경우에는 통합방위본부장 또는 지역군사령관이 통합방위작전을 수행한다.
 1. 경찰관할지역: 시·도경찰청장
 2. 특정경비지역 및 군관할지역: 지역군사령관
 3. 특정경비해역 및 일반경비해역: 함대사령관
 4. 비행금지공역 및 일반공역: 공군작전사령관

정답 ④

056 「통합방위법」상 다음 설명에 해당하는 것은 무엇인가? 15순경3차

> 적의 침투·도발 위협이 예상되거나 소규모의 적이 침투하였을 때에 시·도경찰청장, 지역군사령관 또는 함대사령관의 지휘·통제 하에 통합방위작전을 수행하여 단기간 내에 치안이 회복될 수 있는 사태

① 갑종사태　　② 을종사태　　③ 병종사태　　④ 정종사태

해설

③ 통합방위사태 가운데 병종사태를 서술하고 있다.(대일소)(통지/지/시지함)

정답 ③

---

057 「통합방위법」에 관한 다음 설명 중 가장 적절하지 <u>않은</u> 것은? 14순경2차

① '갑종사태'란 일정한 조직체계를 갖춘 적의 대규모 병력 침투 또는 대량살상무기 공격 등의 도발로 발생한 비상사태로서 통합방위본부장 또는 지역군사령관의 지휘·통제 하에 통합방위작전을 수행하여야 할 사태를 말한다.
② '국가중요시설'이란 공공기관, 공항·항만, 주요 산업시설 등 적에 의하여 점령 또는 파괴되거나 기능이 마비될 경우 국가안보와 국민생활에 심각한 영향을 주게 되는 시설을 말한다.
③ 국가중요시설은 국방부장관이 관계행정기관의 장 및 국가정보원장과 협의하여 지정한다.
④ 시·도경찰청장, 지역군사령관 또는 함대사령관은 둘 이상의 시·도에 걸쳐 병종사태에 해당하는 상황이 발생하였을 때 즉시 국방부장관에게 통합방위사태의 선포를 건의하여야 한다.

해설

④ 갑종사태에 해당하는 상황이 발생하면 국방부장관은 즉시 국무총리를 거쳐 대통령에게 통합방위사태의 선포를 건의하여야 한다. **시·도경찰청장, 지역군사령관 또는 함대사령관은 을종사태나 병종사태**에 해당하는 상황이 발생한 때에는 즉시 **시·도지사에게** 통합방위사태의 선포를 건의하여야 한다. 다만, **둘 이상의 시·도에 걸쳐 을종사태**에 해당하는 상황이 발생하였을 때에는 **국방부장관이 국무총리를 거쳐 대통령에게** 선포를 건의하여야 하며, **둘 이상의 시·도에 걸쳐 병종사태**에 해당하는 상황이 발생하였을 때에는 **행정안전부장관 또는 국방부장관이 국무총리를 거쳐 대통령에게** 선포를 건의하여야 한다.

정답 ④

058 「통합방위법」상 다음 설명 중 가장 옳지 않은 것은?
16경간

① 통합방위본부는 합동참모본부에 두며, 통합방위본부장은 국방부장관이고 부본부장은 합동참모의장이다.
② 「통합방위법」상 대피명령을 위반하는 경우 처벌규정이 있다.
③ 국무총리 소속으로 중앙 통합방위협의회를 둔다.
④ 시·도경찰청장은 관할구역 중에서 적의 침투가 예상되는 곳 등에 검문소를 설치·운용할 수 있다.

해설

① (X) 통합방위본부는 합동참모본부에 두며, **통합방위본부장은 합동참모의장**이 되고, **부본부장은 합동참모본부 합동작전본부장**이 된다.
④ (O) 시·도경찰청장, 지방해양경찰청장(대통령령으로 정하는 해양경찰서장을 포함), 지역군사령관 및 함대사령관은 관할구역 중에서 적의 침투가 예상되는 곳 등에 검문소를 설치·운용할 수 있다. 다만, 지방해양경찰청장이 검문소를 설치하는 경우에는 미리 관할 함대사령관과 협의하여야 한다.

정답 ①

059 경찰작전에 대한 설명 중 옳지 않은 것은?
20경간

① 평시 및 병종사태 발생 시 경찰책임지역 내에서는 시·도경찰청장 책임 하에 경찰·군·예비군·관·민 등 모든 국가방위요소를 지휘·통제하여 작전을 수행한다.
② 적의 침투·도발 위협이 예상되거나 소규모의 적이 침투한 때에 시·도경찰청장, 지역군사령관 또는 함대사령관의 지휘·통제하에 통합방위작전을 수행하여 단기간 내에 치안이 회복될 수 있는 사태는 병종사태에 해당한다.
③ 상황발생시 상황보고·통보 및 하달은 1순위로 직접 행동을 취할 기관 및 부대, 2순위로 지휘계통에 보고, 3순위로 협조 및 지원을 요하는 기관 및 부대, 4순위로 기타 필요한 기관 및 부대 순이다.
④ 비상근무는 비상상황 하에서 업무수행의 효율화를 위해 발령한다.

해설

③ 상황발생 때 상황보고·통보 및 하달 순위는 1순위로 직접 행동을 취할 기관 및 부대, **2순위로 협조 및 지원을 요하는 기관 및 부대, 3순위로 지휘계통에 보고**, 4순위 기타 필요한 기관 및 부대 순이다.

정답 ③

060 「통합방위법」상 통합방위작전 및 경찰작전에 대한 설명으로 가장 적절한 것은? 　17순경2차

① 대통령 소속으로 중앙 통합방위협의회를 둔다.
② '갑종사태'란 일정한 조직 체계를 갖춘 적의 대규모 병력 침투 또는 대량살상무기(大量殺傷武器) 공격 등의 도발로 발생한 비상사태로서 통합방위본부장 또는 지역군사령관의 지휘·통제 하에 통합방위작전을 수행하여야 할 사태를 말한다.
③ 시·도경찰청장 또는 경찰서장은 통합방위사태가 선포된 때에는 인명·신체에 대한 위해를 방지하기 위하여 즉시 작전지역에 있는 주민이나 체류 중인 사람에게 대피할 것을 명하여야 한다.
④ '을종사태'란 일부 또는 여러 지역에서 적이 침투·도발하여 단기간 내에 치안이 회복되기 어려워 시·도경찰청장의 지휘·통제 하에 통합방위작전을 수행하여야 할 사태를 말한다.

> **해설**
> ① **국무총리 소속으로** 중앙 통합방위협의회를 둔다.
> ② O
> ③ **시·도지사 또는 시장·군수·구청장은** 통합방위사태가 선포된 때에는 인명·신체에 대한 위해를 방지하기 위하여 즉시 작전지역에 있는 주민이나 체류 중인 사람에게 대피할 것을 **명할 수 있다**.
> ④ '을종사태'란 일부 또는 여러 지역에서 적이 침투·도발하여 단기간 내에 치안이 회복되기 어려워 **지역군사령관의** 지휘·통제 하에 통합방위작전을 수행하여야 할 사태를 말한다.
>
> **정답** ②

061 「통합방위법」에 대한 다음 설명 중 옳지 않은 것은 모두 몇 개인가? 　19경간

> 가. 특별시장·광역시장·특별자치시장·도지사·특별자치도지사 소속으로 특별시·광역시·특별자치시·도·특별자치도 통합방위협의회를 두고, 그 의장은 시·도지사가 된다.
> 나. 대통령 소속으로 중앙 통합방위협의회를 둔다.
> 다. "을종사태"란 적의 침투·도발 위협이 예상되거나 소규모의 적이 침투하였을 때에 시·도경찰청장, 지역군사령관 또는 함대사령관의 지휘·통제 하에 통합방위작전을 수행하여 단기간 내에 치안이 회복될 수 있는 사태를 말한다.
> 라. 시·도경찰청장, 지역군사령관 또는 함대사령관은 둘 이상의 시·도에 걸쳐 병종상태에 해당하는 상황이 발생하였을 때 즉시 국방부장관에게 통합방위사태의 선포를 건의하여야 한다.
> 마. 시·도지사 또는 시장·군수·구청장은 통합방위사태가 선포된 때에는 인명·신체에 대한 위해를 방지하기 위하여 즉시 작전지역에 있는 주민이나 체류 중인 사람에게 대피할 것을 명할 수 있다.

① 2개　　② 3개　　③ 4개　　④ 5개

해설

가. ○
나. **국무총리 소속으로** 중앙 통합방위협의회를 둔다.
다. **"병종사태"란** 적의 침투·도발 위협이 예상되거나 소규모의 적이 침투하였을 때에 시·도경찰청장, 지역 군사령관 또는 함대사령관의 지휘·통제 하에 통합방위작전을 수행하여 단기간 내에 치안이 회복될 수 있는 사태를 말한다.
라. 둘 이상의 시·도에 걸쳐 병종사태에 해당하는 상황이 발생하였을 경우에는 **행정안전부장관 또는 국방부장관은 국무총리를 거쳐 대통령에게 통합방위사태의 선포를 건의하여야 한다.**
마. ○

정답 ②

062 「통합방위법」에 대한 설명으로 가장 적절하지 않은 것은?   20승진

① 시·도경찰청장, 지역군사령관 또는 함대사령관은 을종사태나 병종사태에 해당하는 상황이 발생한 때에는 즉시 시·도지사에게 통합방위사태의 선포를 건의하여야 한다.
② 시·도지사는 위 ①에 따른 건의를 받은 때에는 중앙협의회의 심의를 거쳐 을종사태 또는 병종사태를 선포할 수 있다.
③ 「통합방위법」상 통합방위본부장은 합동참모의장, 부본부장은 합동참모본부 합동작전본부장이 되고, 지역 통합방위협의회 의장은 시·도지사이며, 중앙 통합방위협의회 의장은 국무총리이다.
④ 국방부장관은 둘 이상의 시·도에 걸쳐 을종사태에 해당하는 상황이 발생하였을 때 즉시 국무총리를 거쳐 대통령에게 통합방위사태의 선포를 건의하여야 한다.

해설

② 시·도지사는 위 ①에 따른 건의를 받은 때에는 **시·도 협의회의 심의를 거쳐** 을종사태 또는 병종사태를 선포할 수 있다.

정답 ②

063 통합방위사태 선포시 대응활동에 관한 설명 중 옳지 않은 것은 모두 몇 개인가? 18경간

> 가. 서울특별시와 경기도에 걸친 병종사태에 해당하는 상황이 발생하였을 때는 대통령이 선포권자가 된다.
> 나. 통합방위작전의 관할구역 중 경찰관할지역은 경찰청장이 작전을 수행한다.
> 다. 시장·군수·구청장도 통제구역을 설정하여 출입을 금지·제한하거나 퇴거명령을 할 수 있다.
> 라. 을종사태는 적의 침투·도발이 예상되거나 소규모의 적이 침투하여 단기간 내에 치안이 회복될 수 있는 사태를 말한다.
> 마. 「통합방위법」에 따른 대피명령을 위반하는 경우 300만원 이하의 벌금에 처한다.

① 0개 ② 1개 ③ 2개 ④ 3개

해설

나. 통합방위작전의 관할구역 중 경찰관할지역은 **시·도경찰청장이** 작전을 수행한다.
라. **병종사태는** 적의 침투·도발이 예상되거나 소규모의 적이 침투하여 단기간 내에 치안이 회복될 수 있는 사태를 말한다.

정답 ③

---

064 「경찰 비상업무 규칙」에 대한 설명으로 가장 적절하지 않은 것은? 21승진

① "지휘선상 위치 근무"란 비상연락체계를 유지하며 유사시 1시간 이내에 현장지휘 및 현장근무가 가능한 장소에 위치하는 것을 말한다.
② "정착근무"란 사무실 또는 상황과 관련된 현장에 위치하는 것을 말한다.
③ "일반요원"이란 필수요원을 포함한 경찰관 등으로 비상소집시 2시간 이내에 응소하여야 할 자를 말한다.
④ "가용경력"이란 총원에서 휴가·출장·교육·파견 등을 제외하고 실제 동원될 수 있는 모든 인원을 말한다.

해설

③ "일반요원"이란 **필수요원을 제외한** 경찰관 등으로 비상소집시 2시간 이내에 응소하여야 할 자를 말한다.

▶ 비상근무 용어 (지정착/1관사)

비상상황	대간첩·테러, 대규모 재난 등의 긴급 상황이 발생하거나 발생할 우려가 있는 경우 또는 다수의 경력을 동원해야 할 치안수요가 발생하여 치안활동을 강화할 필요가 있는 때
지휘선상 위치근무	비상연락체계를 유지하며 유사시 1시간 이내에 현장지휘 및 현장근무가 가능한 장소에 위치하는 것

정위치근무	감독순시·현장근무 및 사무실 대기 등 <u>관할구역 내에 위치</u>하는 것
정착근무	<u>사무실 또는 상황과 관련된 현장</u>에 위치하는 것
필수요원	전 경찰관 및 일반·별정·기능직공무원 중 경찰기관의 장이 지정한 자로 비상소집시 <u>1시간 이내</u> 응소하여야 할 자
일반요원	필수요원을 제외한 경찰관 등으로 비상소집시 <u>2시간 이내</u> 응소하여야 할 자
가용경력	총원에서 <u>병가·휴가·출장·교육·파견 등</u>을 제외하고 실제 동원될 수 있는 모든 인원

정답 ③

065 「경찰 비상업무 규칙」에 대한 설명으로 가장 적절한 것은?

18순경3차

① "필수요원"이라 함은 전 경찰관 및 일반직공무원 중 경찰기관의 장이 지정한 자로 비상소집시 1시간 이내에 응소하여야 할 자를 말한다.
② "지휘선상 위치 근무"라 함은 감독순시·현장근무 및 사무실 대기 등 관할구역 내에 위치하는 것을 말한다.
③ 지휘관과 참모는 을호 비상 시 정위치 근무 또는 지휘선상 위치 근무를 원칙으로, 병호 비상 시 지휘선상 위치 근무를 원칙으로 한다.
④ 비상근무를 발령할 경우에는 정황의 특수성을 감안하여 비상근무의 목적이 원활히 달성될 수 있도록 가용경력을 최대한 동원하여야 한다.

해설

① ○
② <u>"정위치 근무"라 함은</u> 감독순시·현장근무 및 사무실 대기 등 관할구역 내에 위치하는 것을 말한다. <u>"지휘선상 위치 근무"라 함은</u> 비상연락체계를 유지하며 유사시 1시간 이내에 현장지휘 및 현장근무가 가능한 장소에 위치하는 것을 말한다.
③ 지휘관과 참모는 <u>을호 비상 시 정위치 근무를 원칙으로, 병호 비상 시 정위치 근무 또는 지휘선상 위치 근무를 원칙으로</u> 한다.
④ 비상근무를 발령할 경우에는 정황의 특수성을 감안하여 비상근무의 목적이 원활히 달성될 수 있도록 <u>적정한 인원, 계급, 부서를 동원하여 불필요한 동원이 없도록 하여야 한다</u>.

정답 ①

066 「경찰 비상업무 규칙」상 용어의 정의로 가장 적절하지 않은 것은? 18순경2차, 19승진유사

① "가용경력"이라 함은 총원에서 휴가·출장·교육·파견 등을 제외하고 실제 동원될 수 있는 모든 인원을 말한다.
② "정위치 근무"라 함은 감독순시·현장근무 및 사무실 대기 등 관할구역 내에 위치하는 것을 말한다.
③ "정착근무"라 함은 사무실 또는 상황과 관련된 현장에 위치하는 것을 말한다.
④ "작전준비태세"라 함은 '경계강화' 단계를 발령하기 이전에 별도의 경력을 동원하여 경찰작전부대의 출동태세 점검, 지휘관 및 참모의 비상연락망 구축 및 신속한 응소체제를 유지하며, 작전상황반을 운영하는 등 필요한 작전사항을 미리 조치하는 것을 말한다.

해설
④ "작전준비태세"라 함은 '경계강화' 단계를 발령하기 이전에 <u>별도의 경력동원 없이</u> 경찰작전부대의 출동태세 점검, 지휘관 및 참모의 비상연락망 구축 및 신속한 응소체제를 유지하며, 작전상황반을 운영하는 등 필요한 작전사항을 미리 조치하는 것을 말한다.

정답 ④

067 「경찰 비상업무 규칙」에 대한 설명으로 가장 적절하지 않은 것은? 21순경1차

① 필수요원이라 함은 전 경찰관 및 일반직공무원(이하 "경찰관 등") 중 경찰기관의 장이 지정한 자로 비상소집시 1시간 이내에 응소하여야 할 자를 말하며, 일반요원이라 함은 필수요원을 제외한 경찰관 등으로 비상소집시 2시간 이내에 응소하여야 할 자를 말한다.
② 비상근무는 경비 소관의 경비비상과 작전비상, 안보 소관의 안보비상, 수사 소관의 수사비상, 교통 소관의 교통비상, 생활안전 소관의 생활안전비상, 치안상황관리관 소관의 재난비상으로 구분하여 발령한다.
③ 비상근무 갑호가 발령된 때에는 연가를 중지하고 가용경력 100%까지 동원할 수 있고, 비상근무 을호가 발령된 때에는 연가를 중지하고 가용경력 50%까지 동원할 수 있으며, 비상근무 병호가 발령된 때에는 부득이한 경우를 제외하고는 연가를 억제하고 가용경력 30%까지 동원할 수 있다.
④ 작전준비태세가 발령된 때에는 별도의 경력동원 없이 경찰관서 지휘관 및 참모의 비상연락망을 구축하고 신속한 응소체제를 유지하며, 경찰작전부대는 상황발생 시 즉각 출동이 가능하도록 출동태세 점검을 실시하는 등의 비상근무를 한다.

해설
② 비상근무는 경비, 작전, 안보, 수사, <u>교통</u>, 재난 비상으로 나뉜다.(<u>생활안전비상은 없음</u>)

정답 ②

068 「경찰 비상업무 규칙」에 대한 설명으로 가장 적절한 것은? 18승진

① '지휘선상 위치 근무'라 함은 비상연락체계를 유지하며 유사시 2시간 이내에 현장지휘 및 현장근무가 가능한 장소에 위치하는 것을 말한다.
② '정착근무'라 함은 감독순시·현장근무 및 사무실 대기 등 관할구역 내에 위치하는 것을 말한다.
③ '가용경력'이라 함은 총원에서 휴가·출장·교육·파견 등을 포함한 실제 동원될 수 있는 모든 인원을 말한다.
④ 비상근무의 종류에는 경비비상, 작전비상, 안보비상, 수사비상, 교통비상, 재난비상이 있다.

해설

① "지휘선상 위치 근무"라 함은 비상연락체계를 유지하며 유사시 <u>1시간</u> 이내에 현장지휘 및 현장근무가 가능한 장소에 위치하는 것을 말한다.
② <u>"정착근무"라 함은 사무실 또는 상황과 관련된 현장에 위치</u>하는 것을 말한다.
※ '정위치근무'라 함은 감독순시·현장근무 및 사무실 대기 등 관할구역 내에 위치하는 것을 말한다.
③ "가용경력"이라 함은 총원에서 휴가·출장·교육·파견 등을 <u>제외하고</u> 실제 동원될 수 있는 모든 인원을 말한다.

정답 ④

069 「경찰 비상업무 규칙」상 비상근무에 대한 설명 중 가장 적절하지 않은 것은? 19경채

① 병호 비상 시 부득이한 경우를 제외하고는 연가를 억제하고 가용경력의 30%까지 동원할 수 있다.
② 지휘관과 참모는 을호 비상 시 정위치 근무를, 경계 강화 시 지휘선상 위치 근무를 원칙으로 한다.
③ 작전준비태세 시에는 별도 경력동원은 필요하지 않고 경찰관서 지휘관 및 참모의 비상연락망을 구축하고 응소체제를 유지하면 된다.
④ 집단사태·테러 등의 발생으로 치안질서의 혼란이 예견되는 경우에는 경비비상 을호를 발령하는 것이 적절하다.

해설

④ 집단사태·테러·재난 등의 발생으로 치안질서의 혼란이 예견되는 경우에는 경비비상 <u>병호를 발령</u>하는 것이 적절하다.

▶ 비상근무의 종류 (중중억/착정정지)

갑호 비상	① 비상근무 갑호가 발령된 때에는 연가를 중지하고 가용경력 100%까지 동원할 수 있다. ② 지휘관(지구대장, 파출소장은 지휘관에 준한다. 이하 같다)과 참모는 정착 근무를 원칙으로 한다.
을호 비상	① 비상근무 을호가 발령된 때에는 연가를 중지하고 가용경력 50%까지 동원할 수 있다. ② 지휘관과 참모는 정위치 근무를 원칙으로 한다.
병호 비상	① 비상근무 병호가 발령된 때에는 부득이한 경우를 제외하고는 연가를 억제하고 가용경력 30%까지 동원할 수 있다. ② 지휘관과 참모는 정위치 근무 또는 지휘선상 위치 근무를 원칙으로 한다.
경계 강화	① 별도의 경력동원 없이 특정분야의 근무를 강화한다. ② 전 경찰관은 비상연락체계를 유지하고 경찰작전부대는 상황발생시 즉각 출동이 가능하도록 출동대기태세를 유지한다. ③ 지휘관과 참모는 지휘선상위치근무를 원칙으로 한다.
작전준비 태세 (작전비상시 적용)	① 별도의 경력동원 없이 경찰관서 지휘관 및 참모의 비상연락망을 구축하고 신속한 응소체제를 유지한다. ② 경찰작전부대는 상황발생시 즉각 출동이 가능하도록 출동태세 점검을 실시한다. ③ 유관기관과의 긴밀한 연락체계를 유지하고, 필요시 작전상황반을 유지한다.

▶ 비상근무의 종류별 정황 (대극혼/대혼/혼) (대적고) (정경특/수집중/교혼예)

경비비상	갑호	1. 계엄이 선포되기 전의 치안상태 2. 대규모 집단사태·테러 등의 발생으로 치안질서가 극도로 혼란하게 되었거나 그 징후가 현저한 경우 3. 국제행사·기념일 등을 전후하여 치안수요의 급증으로 가용경력을 100% 동원할 필요가 있는 경우
	을호	1. 대규모 집단사태·테러 등의 발생으로 치안질서가 혼란하게 되었거나 그 징후가 예견되는 경우 2. 국제행사·기념일 등을 전후하여 치안수요가 증가하여 가용경력의 50%를 동원할 필요가 있는 경우
	병호	1. 집단사태·테러 등의 발생으로 치안질서의 혼란이 예견되는 경우 2. 국제행사·기념일 등을 전후하여 치안수요가 증가하여 가용경력의 30%를 동원할 필요가 있는 경우
재난비상	갑호 : 대극혼 을호 : 대혼 병호 : 혼	
작전비상	갑호	대규모 적정이 발생하였거나 발생 징후가 현저한 경우
	을호	적정이 발생하였거나 일부 적의 침투가 예상되는 경우
	병호	정·첩보에 의해 적 침투에 대비한 고도의 경계강화가 필요한 경우
정보비상	갑호	간첩 또는 정보사범 색출을 위한 경계지역 내 검문검색 필요시
	을호	상기 상황하에서 특정지역, 요지에 대한 검문검색 필요시

수사비상	갑호	사회이목을 집중시킬만한 중대범죄 발생시
	을호	중요범죄 사건발생시
교통비상	갑호	농무, 풍수설해 및 화재로 극도의 교통혼란 및 사고발생시
	을호	상기 징후가 예상될 시

정답 ④

070 경찰 비상업무 규칙 상 비상근무의 종류별 정황에 대한 설명이다. 아래 ㉠부터 ㉣까지의 설명 중 옳고 그름의 표시(O, X)가 바르게 된 것은?

22승진

㉠ 작전비상 – 갑호 – 대규모 적정이 발생하였거나 발생 징후가 현저한 경우
㉡ 교통비상 – 을호 – 농무, 풍수설해 및 화재로 극도의 교통혼란 및 사고발생시
㉢ 경비비상 – 병호 – 국제행사 기념일 등을 전후하여 치안수요가 증가하여 가용경력의 50%를 동원할 필요가 있는 경우
㉣ 수사비상 – 갑호 – 사회이목을 집중시킬만한 중대범죄 발생시

① ㉠(O) ㉡(X) ㉢(X) ㉣(O)
② ㉠(O) ㉡(X) ㉢(O) ㉣(O)
③ ㉠(X) ㉡(X) ㉢(O) ㉣(X)
④ ㉠(O) ㉡(O) ㉢(X) ㉣(X)

해설

㉡ 교통비상 – **갑호** – 농무, 풍수설해 및 화재로 극도의 교통혼란 및 사고발생시
㉢ 경비비상 – 병호 – 국제행사 기념일 등을 전후하여 치안수요가 증가하여 **가용경력의 30%를 동원할 필요**가 있는 경우

정답 ①

071 「경찰 비상업무 규칙」상 비상근무의 종류별 정황에 대한 설명으로 연결이 가장 적절한 것은?

20승진

① 정보비상 을호 – 간첩 또는 정보사범 색출을 위한 경계지역 내 검문검색 필요 시
② 작전비상 을호 – 대규모 적정이 발생하였거나 발생 징후가 현저한 경우
③ 수사비상 을호 – 사회이목을 집중시킬만한 중대범죄 발생 시
④ 경비비상 을호 – 대규모 집단사태·테러 등의 발생으로 치안질서가 혼란하게 되었거나 그 징후가 예견되는 경우

해설

① 정보비상 **갑호** – 간첩 또는 정보사범 색출을 위한 경계지역 내 검문검색 필요 시
② 작전비상 **갑호** – 대규모 적정이 발생하였거나 발생 징후가 현저한 경우
③ 수사비상 **갑호** – 사회이목을 집중시킬만한 중대범죄 발생 시
④ ○

정답 ④

072 「경찰 비상업무 규칙」에 대한 설명 중 가장 적절한 것은?

20승진

① 병호비상 시 연가를 중지하고 가용경력 30%까지 동원할 수 있다.
② 경계강화 시 지휘관과 참모는 비상연락망을 구축하고 신속한 응소체제를 유지한다.
③ '가용경력'이라 함은 총원에서 휴가·출장·교육·파견 등을 포함한 실제 동원될 수 있는 모든 인원을 말한다.
④ 비상근무 유형에 따른 분류에는 경비비상, 작전비상, 안보비상, 수사비상, 교통비상, 재난비상이 있다.

해설

① 병호비상 시 **연가를 억제하고** 가용경력 30%까지 동원할 수 있다.
② 경계강화 시 지휘관과 참모는 **지휘선상 위치 근무**를 원칙으로 한다.
③ '가용경력'이라 함은 총원에서 휴가·출장·교육·파견 등을 **제외한** 실제 동원될 수 있는 모든 인원을 말한다.
④ ○

정답 ④

제9절 청원경찰

073 청원경찰법 및 동법 시행령 상 청원경찰에 대한 설명으로 가장 적절하지 않은 것은? 20순경1차

① 청원경찰에 대한 징계의 종류는 파면, 해임, 정직, 감봉 및 견책으로 구분한다.
② 청원주는 청원경찰을 신규로 배치하거나 이동배치하였을 때에는 배치지(이동배치의 경우에는 종전의 배치지)를 관할하는 경찰서장에게 그 사실을 통보하여야 한다.
③ 청원경찰(국가기관이나 지방자치단체에 근무하는 청원경찰을 포함한다)의 직무상 불법행위에 대한 배상책임에 관하여는 민법의 규정을 따른다.
④ 청원경찰이 그 배치지의 특수성 등으로 특수복장을 착용할 필요가 있을 때에는 청원주는 시·도경찰청장의 승인을 받아 특수복장을 착용하게 할 수 있다.

해설

③ 청원경찰(<u>국가기관이나 지방자치단체에 근무하는 청원경찰을 제외한다</u>)의 직무상 불법행위에 대한 배상책임에 관하여는 「민법」의 규정을 따른다.

정답 ③

074 「청원경찰법」및「청원경찰법 시행령」상 청원경찰에 대한 설명 중 가장 옳지 않은 것은? 19경간, 17승진유사

① 시·도경찰청장은 청원경찰 배치가 필요하다고 인정하는 기관의 장 또는 시설·사업장의 경영자에게 청원경찰을 배치할 것을 요청할 수 있다.
② 청원경찰의 임용자격은 19세 이상인 사람이다.
③ 청원경찰은 청원경찰의 배치 결정을 받은 자와 배치된 기관·시설 또는 사업장 등의 구역을 관할하는 경찰서장의 감독을 받아 그 경비구역만의 경비를 목적으로 필요한 범위에서 경찰관 직무집행법에 따른 경찰관의 직무를 수행한다.
④ 시·도경찰청장은 청원경찰이 직무를 수행하기 위하여 필요하다고 인정할 때에는 청원주의 신청을 받아 관할 경찰서장으로 하여금 무기를 대여하여 지니게 할 수 있다.

해설

② <u>18세 이상인 사람</u>이다. ※ 군복무 마친 사람으로 한정하는 규정은 삭제됨

정답 ②

075 「청원경찰법 및 동법 시행령」상 청원경찰에 대한 설명으로 가장 적절한 것은? 　　17순경2차

① 청원경찰은 청원주와 배치된 기관·시설 또는 사업장 등의 구역을 관할하는 경찰서장의 감독을 받아 그 경비구역만의 경비를 목적으로 필요한 범위에서 「경찰공무원법」에 따른 경찰관의 직무를 수행한다.
② 관할 경찰서장은 청원경찰이 직무상에 의무를 위반하거나 직무를 태만히 할 때 징계처분을 하여야 한다.
③ 관할 경찰서장은 매달 1회 이상 청원경찰을 배치한 경비구역에 대하여 복무규율과 근무상황을 감독하여야 한다.
④ 청원경찰의 임용자격은 19세 이상인 사람이다.

해설

① 청원경찰은 청원주와 배치된 기관·시설 또는 사업장 등의 구역을 관할하는 경찰서장의 감독을 받아 그 경비구역만의 경비를 목적으로 필요한 범위에서 **「경찰관직무집행법」에 따른** 경찰관의 직무를 수행한다.
② **청원주는** 청원경찰이 직무상에 의무를 위반하거나 직무를 태만히 할 때 징계처분을 하여야 한다.
③ O
④ 청원경찰의 임용자격은 **18세 이상인** 사람이다.

정답 ③

---

076 「청원경찰법」에 대한 설명 중 가장 적절하지 <u>않은</u> 것은? 　　13순경2차

① 청원경찰은 청원주가 임용하되, 임용을 할 때에는 미리 경찰서장의 승인을 받아야 한다.
② 청원경찰에 대한 징계의 종류는 파면, 해임, 정직, 감봉 및 견책으로 구분한다.
③ 청원경찰은 청원주와 배치된 기관·시설 또는 사업장 등의 구역을 관할하는 경찰서장의 감독을 받아 그 경비구역만의 경비를 목적으로 필요한 범위에서 「경찰관직무집행법」에 따른 경찰관의 직무를 수행한다.
④ 시·도경찰청장은 청원경찰의 효율적인 운영을 위하여 청원주를 지도하며 감독상 필요한 명령을 할 수 있다.

해설

① 청원경찰은 청원주가 임용하되, 임용을 할 때에는 미리 **시·도경찰청장의 승인을** 받아야 한다.
③④

감독	① 청원경찰은 청원주와 관할 경찰서장의 감독을 받아 직무를 수행한다. ② 청원주는 항상 소속 청원경찰의 근무 상황을 감독하고, 근무 수행에 필요한 교육을 하여야 한다.
감독상 명령	시·도경찰청장은 청원경찰의 효율적인 운영을 위하여 청원주를 지도하며 감독상 필요한 명령을 할 수 있다.

정답 ①

077 청원경찰에 대한 다음 설명 중 옳은 것은 모두 몇 개인가? 16경간

> ㉠ 청원경찰은 청원주가 임용하되, 임용을 할 때에는 미리 시·도경찰청장의 승인을 받아야 한다.
> ㉡ 청원경찰에 대한 징계의 종류는 파면, 해임, 강등, 정직, 감봉 및 견책으로 구분한다.
> ㉢ 시·도경찰청장은 청원경찰이 직무를 수행하기 위하여 필요하다고 인정하면 청원주의 신청을 받아 관할 경찰서장으로 하여금 청원경찰에게 무기를 대여하여 지니게 하여야 한다.
> ㉣ 청원경찰이 직무를 수행할 때 직권을 남용하여 국민에게 해를 끼친 경우에는 1년 이하의 징역이나 금고에 처한다.
> ㉤ 청원경찰의 임용자격은 20세 이상인 사람이다.

① 0개 ② 1개 ③ 2개 ④ 3개

해설

㉠ O
㉡ 청원경찰에 대한 징계의 종류는 **파면, 해임, 정직, 감봉 및 견책**으로 구분한다. **(강등은 없음)**
㉢ 시·도경찰청장은 청원경찰이 직무를 수행하기 위하여 필요하다고 인정하면 청원주의 신청을 받아 관할 경찰서장으로 하여금 청원경찰에게 **무기를 대여하여 휴대하게 할 수 있다.**
㉣ 청원경찰이 직무를 수행할 때 직권을 남용하여 국민에게 해를 끼친 경우에는 **6개월 이하의** 징역이나 금고에 처한다.
㉤ 청원경찰의 임용자격은 **18세 이상인** 사람이다.

정답 ②

---

078 다음 보기 중 「청원경찰법」상 청원경찰을 설명한 것으로 틀린 것은 모두 몇 개인가? 14순경1차

> ㉠ 청원경찰은 청원경찰의 배치 결정을 받은 자(이하 청원주)와 배치된 기관·시설 또는 사업장 등의 구역을 관할하는 경찰서장의 감독을 받아 그 경비구역만의 경비를 목적으로 필요한 범위에서 「경찰관 직무집행법」에 따른 경찰관의 직무를 수행한다.
> ㉡ 청원경찰은 청원주가 임용하되, 임용을 할 때에는 미리 시·도경찰청장의 승인을 받아야 한다.
> ㉢ 시·도경찰청장은 청원경찰이 직무를 수행하기 위하여 필요하다고 인정하면 청원주의 신청을 받아 관할 경찰서장으로 하여금 청원경찰에게 무기를 대여하여 지니게 할 수 있다.
> ㉣ 청원경찰에 대한 징계 종류로는 파면, 해임, 강등, 감봉, 견책이 있다.
> ㉤ 청원경찰이 직무를 수행할 때 직권을 남용하여 국민에게 해를 끼친 경우에는 「청원경찰법」 제10조에 의하여 1년 이하의 징역이나 금고에 처한다.

① 0개 ② 1개 ③ 2개 ④ 3개

해설

ⓔ 청원경찰에 대한 징계의 종류는 파면, 해임, **정직**, 감봉 및 견책으로 구분한다
ⓜ 청원경찰이 직무를 수행할 때 직권을 남용하여 국민에게 해를 끼친 경우에는 **6개월 이하의** 징역이나 금고에 처한다.

정답 ③

---

079 청원경찰에 대한 설명으로 가장 적절한 것은? 　　　　　　　　　　　　　　　　　　　　　19승진

① 청원경찰을 배치받으려는 자는 대통령령으로 정하는 바에 따라 관할 경찰서장에게 청원경찰 배치를 신청하여야 한다.
② 청원경찰은 청원주의 신청에 따라 시·도경찰청장이 임용한다.
③ 청원경찰에 대한 징계의 종류는 파면, 해임, 정직, 감봉 및 견책으로 구분한다.
④ 청원경찰의 '근무 중 제복 착용 의무'가 법률에 명시적으로 규정 되어 있지는 않다.

해설

① 청원경찰을 배치받으려는 자는 대통령령으로 정하는 바에 따라 <u>관할 시·도경찰청장에게</u> 청원경찰 배치를 신청하여야 한다.
② 청원경찰은 <u>청원주가 임용하되</u>, 임용을 할 때에는 <u>미리 시·도경찰청장의 승인을 받아야</u> 한다.
④ 청원경찰은 근무 중 제복을 <u>착용하여야 한다</u>.(청원경찰법 제8조①)

정답 ③

---

080 「경비업법」과 「청원경찰법」상 관련자들에게 부여된 준수사항들로 옳지 <u>않은</u> 것은? 　　　　　21경간

① 경비업자는 경찰공무원 또는 군인의 제복과 색상 및 디자인 등이 명확히 구별되는 소속 경비원의 복장을 정하고 이를 확인할 수 있는 사진을 첨부하여 주된 사무소를 관할하는 시·도경찰청장에게 소정의 양식에 따라 신고하여야 한다.
② 경비원은 장비를 근무 중에만 휴대할 수 있고 경비업무를 위하여 필요하다고 인정되는 상당한 이유가 있을 때에는 필요한 최소한도에서 장비를 사용할 수 있다.
③ 청원경찰은 청원주와 배치된 기관·시설 또는 사업장 등의 구역을 관할하는 경찰서장의 감독을 받아 그 경비구역만의 경비를 목적으로 필요한 범위에서 「경찰관 직무집행법」에 따른 경찰관의 직무를 수행한다.
④ 청원경찰은 근무 중 제복을 착용하여야 하며 경찰청장은 청원경찰이 직무를 수행하기 위하여 필요하다고 인정하면 청원주의 신청을 받아 관할 시·도경찰청장으로 하여금 청원경찰에게 무기를 대여하여 지니게 할 수 있다.

해설

④ <u>시·도경찰청장은</u> 청원경찰이 직무를 수행하기 위하여 필요하다고 인정하면 청원주의 신청을 받아 <u>관할 경찰서장으로 하여금</u> 청원경찰에게 무기를 대여하여 지니게 할 수 있다.

정답 ④

CHAPTER 04 교통경찰

제1절 교통경찰 일반론

001 「도로교통법」제2조 용어의 정의에 대한 설명으로 가장 적절하지 않은 것은? 17순경2차

① '자전거횡단도'란 자전거 및 개인형이동장치가 일반도로를 횡단할 수 있도록 안전표지로 표시한 도로의 부분을 말한다.
② '교차로'란 '십'자로, 'T'자로나 그 밖에 둘 이상의 도로(보도와 차도가 구분되어 있는 도로에서는 차도를 말한다)가 교차하는 부분을 말한다.
③ '길가장자리구역'이란 보도와 차도가 구분되어 있는 도로에서 보행자의 안전을 확보하기 위하여 안전표지 등으로 경계를 표시한 도로의 가장자리 부분을 말한다.
④ '안전표지'란 교통안전에 필요한 주의·규제·지시 등을 표시하는 표지판이나 도로의 바닥에 표시하는 기호·문자 또는 선 등을 말한다.

해설

③ "길가장자리구역"이란 <u>보도와 차도가 구분되지 아니한 도로에서</u> 보행자의 안전을 확보하기 위하여 안전표지 등으로 경계를 표시한 도로의 가장자리 부분을 말한다.

정답 ③

002 「도로교통법」상 용어의 정의에 대한 다음 설명 중 가장 옳지 않은 것은?   16경간

① "길가장자리구역"이란 보도와 차도가 구분되지 아니한 도로에서 보행자의 안전을 확보하기 위하여 안전표지 등으로 경계를 표시한 도로의 가장자리 부분을 말한다.
② "고속도로"란 자동차의 고속 운행에만 사용하기 위하여 지정된 도로를 말한다.
③ "긴급자동차"란 소방차, 구급차, 혈액 공급차량, 그 밖에 대통령령으로 정하는 자동차로서 그 본래의 긴급한 용도로 사용되고 있는 자동차를 말한다.
④ "보도"란 연석선, 안전표지나 그와 비슷한 인공구조물로 경계를 표시하여 보행자(유모차, 보행보조용 의자차, 노약자용 보행기 등 행정안전부령으로 정하는 기구·장치를 이용하여 통행하는 사람은 제외한다)가 통행할 수 있도록 한 도로의 부분을 말한다.

해설

④ "보도"란 연석선, 안전표지나 그와 비슷한 인공구조물로 경계를 표시하여 보행자(유모차, 보행보조용 의자차, 노약자용 보행기 등 행정안전부령으로 정하는 기구·장치를 이용하여 통행하는 사람을 **포함한다**)가 통행할 수 있도록 한 도로의 부분을 말한다.

정답 ④

003 「도로교통법」 제2조에서 규정하고 있는 용어의 정의로 가장 적절하지 않은 것은?   13순경2차

① "교차로"란 '십'자로, 'T'자로나 그 밖에 둘 이상의 도로(보도와 차도가 구분되어 있는 도로에서는 차도를 말한다)가 교차하는 부분을 말한다.
② "신호기"란 도로교통에서 문자·기호 또는 등화를 사용하여 진행·정지·방향전환·주의 등의 신호를 표시하기 위하여 사람이나 전기의 힘으로 조작하는 장치를 말한다.
③ "주차"란 운전자가 승객을 기다리거나 화물을 싣거나 차가 고장 나거나 그 밖의 사유로 차를 계속 정지 상태에 두는 것 또는 운전자가 차에서 떠나서 즉시 그 차를 운전할 수 없는 상태에 두는 것을 말한다.
④ "보도"란 보행자만 다닐 수 있도록 안전표지나 그와 비슷한 인공구조물로 표시한 도로를 말한다.

해설

④ **보행자전용도로**란 보행자만 다닐 수 있도록 안전표지나 그와 비슷한 인공구조물로 표시한 도로를 말한다. ※ "보도"란 연석선, 안전표지나 그와 비슷한 인공구조물로 경계를 표시하여 보행자(유모차, 보행보조용 의자차, 노약자용 보행기 등 행정안전부령으로 정하는 기구·장치를 이용하여 통행하는 사람을 포함한다)가 통행할 수 있도록 한 도로의 부분을 말한다.

정답 ④

제2절 교통규제와 교통지도·단속

004 「도로교통법」에 대한 설명(㉠~㉣) 중 옳고 그름의 표시(O, X)가 바르게 된 것은? 21순경2차

> ㉠ "자동차"란 철길이나 가설된 선을 이용하지 아니하고 원동기를 사용하여 운전되는 차로서 승용자동차, 승합자동차, 화물자동차, 특수자동차, 이륜자동차, 원동기장치자전거를 말한다. 다만, 건설기계는 제외한다.
> ㉡ 자동차등을 운전하려는 사람은 시·도경찰청장으로부터 운전면허를 받아야 한다. 다만, 「도로교통법」 제2조 제19호나목의 원동기를 단 차 중 「교통약자의 이동편의 증진법」 제2조 제1호에 따른 교통약자가 최고속도 시속 20킬로미터 이하로만 운행될 수 있는 차를 운전하는 경우에는 그러하지 아니하다.
> ㉢ 어린이통학버스가 도로에 정차하여 어린이나 영유아가 타고 내리는 중임을 표시하는 점멸등 등의 장치를 작동 중일 때에는 어린이통학버스가 정차한 차로와 그 차로의 바로 옆 차로로 통행하는 차의 운전자는 어린이통학버스에 이르기 전에 일시정지하여 안전을 확인한 후 서행하여야 한다.
> ㉣ 어린이의 보호자는 어린이가 행정안전부령으로 정하는 인명보호 장구를 착용한 경우를 제외하고 도로에서 개인형 이동장치를 운전하게 하여서는 아니 된다.

① ㉠(O) ㉡(X) ㉢(O) ㉣(X)
② ㉠(X) ㉡(O) ㉢(X) ㉣(O)
③ ㉠(X) ㉡(X) ㉢(O) ㉣(X)
④ ㉠(X) ㉡(O) ㉢(O) ㉣(X)

해설
㉠ 원동기장치자전거는 제외. 「건설기계관리법」 제26조 제1항 단서에 따른 건설기계를 포함
㉣ 어린이의 보호자는 도로에서 어린이가 개인형 이동장치를 운전하게 하여서는 아니 된다.

정답 ④

005 「도로교통법」상 경찰공무원이 반드시 조치를 하여야 하는 내용에 해당하지 <u>않는</u> 것은? 22경간

① 도로에서의 위험을 방지하고 교통의 안전과 원활한 소통을 확보하기 위하여 필요하다고 인정할 때, 행렬등에 대하여 구간을 정하고 그 구간에서 행렬등이 도로 또는 차도의 우측(자전거도로가 설치되어 있는 차도에서는 자전거도로를 제외한 부분의 우측을 말한다)으로 붙어서 통행할 것을 명하는 등 필요한 조치
② 신체에 장애가 있는 사람이 도로를 통행하거나 횡단하기 위하여 도움을 요청하거나 도움이 필요하다고 인정하는 경우, 그 사람이 안전하게 통행하거나 횡단할 수 있도록 필요한 조치
③ 앞을 보지 못하는 사람으로서 흰색 지팡이를 가지지 아니하거나 장애인보조견을 동반하지 아니하는 등 필요한 조치를 하지 아니하고 다니는 사람을 발견한 경우, 그들의 안전을 위한 적절한 조치
④ 교통이 빈번한 도로에서 놀고 있는 어린이를 발견한 경우, 그들의 안전을 위한 적절한 조치

해설

① 경찰공무원은 도로에서의 위험을 방지하고 교통의 안전과 원활한 소통을 확보하기 위하여 필요하다고 인정할 때에는 행렬등에 대하여 구간을 정하고 그 구간에서 행렬등이 도로 또는 차도의 우측(자전거도로가 설치되어 있는 차도에서는 자전거도로를 제외한 부분의 우측을 말한다)으로 붙어서 통행할 것을 명하는 등 <u>필요한 조치를 할 수 있다.</u>(「도로교통법」 제9조 제3항)

> 제11조(어린이 등에 대한 보호) ⑤ 경찰공무원은 신체에 장애가 있는 사람이 도로를 통행하거나 횡단하기 위하여 도움을 요청하거나 도움이 필요하다고 인정하는 경우에는 그 사람이 안전하게 통행하거나 횡단할 수 있도록 <u>필요한 조치를 하여야 한다.</u>
> ⑥ 경찰공무원은 다음 각 호의 어느 하나에 해당하는 사람을 발견한 경우에는 그들의 안전을 위하여 <u>적절한 조치를 하여야 한다.</u>
> 1. 교통이 빈번한 도로에서 놀고 있는 어린이
> 2. 보호자 없이 도로를 보행하는 영유아
> 3. 앞을 보지 못하는 사람으로서 흰색 지팡이를 가지지 아니하거나 장애인보조견을 동반하지 아니하는 등 필요한 조치를 하지 아니하고 다니는 사람
> 4. 횡단보도나 교통이 빈번한 도로에서 보행에 어려움을 겪고 있는 노인(65세 이상인 사람을 말한다. 이하 같다)

정답 ①

006 교통법규 위반에 대한 설명 중 옳지 않은 것은? (판례에 의함) 20경간

① 횡단보도의 신호가 적색인 상태에서 반대차선에 정지 중인 차량 뒤에서 보행자가 건너올 것까지 예상하여 주의의무를 다하여야 한다고 할 수 없다.
② 앞차가 빗길에 미끄러져 비정상적으로 움직일 때는 진로를 예상할 수 없으므로 뒤따라가는 차량의 운전자는 이러한 사태에 대비하여 속도를 줄이고 안전거리를 확보해야 할 주의의무가 있다.
③ 교차로에 교통섬이 설치되고 그 오른쪽으로 직진 차로에서 분리된 우회전 차로가 설치된 경우, 우회전 차로가 아닌 직진차로를 따라 우회전 하는 행위를 교차로 통행방법을 위반한 것이라 볼 수 없다.
④ '운전면허를 받지 아니하고'라는 법률문언의 통상적 의미에 '운전면허를 받았으나 그 후 운전면허의 효력이 정지된 경우'가 당연히 포함된다 할 수 없다.

> **해설**
> ③ <u>교차로 통행방법을 위반한 것</u>이다.
>
> **정답** ③

---

007 다음 설명 중 가장 적절하지 않은 것은? (다툼이 있는 경우 판례에 의함) 19경채

① 피해자가 보행신호등의 녹색등화가 점멸되고 있는 상태에서 횡단보도를 횡단하기 시작하여 횡단을 완료하기 전에 보행신호등이 적색등화로 변경되었고, 차량신호등의 녹색등화에 따라서 직진하던 운전차량이 피해자를 충격해 상해를 입혔다면 「도로교통법」상 보행자보호의무를 위반한 것이다.
② 무면허에 음주를 하고 운전을 하였다면 이는 1개의 운전행위라 할 것이므로 무면허운전죄와 음주운전죄는 상상적 경합관계에 해당한다.
③ 앞지르기가 금지된 비탈길의 고갯마루 부근에서 앞차가 진로를 양보하였더라도 앞지르기는 할 수 없다.
④ 동승자가 교통사고 후 운전자와 공모하여 도주행위에 단순하게 가담하였다는 이유만으로는, 특정범죄가중처벌등에관한법률위반(도주차량)죄의 공동정범으로 처벌할 수 없다.

> **해설**
> ① 피해자가 보행신호등의 녹색등화가 점멸되고 있는 상태에서 횡단보도를 횡단하기 시작하여 횡단을 완료하기 전에 보행신호등이 적색등화로 변경된 후 차량신호등의 녹색등화에 따라서 직진하던 피고인 운전차량에 충격된 경우에, 피해자는 신호기가 설치된 횡단보도에서 녹색등화의 점멸신호에 위반하여 횡단보도를 통행하고 있었던 것이어서 횡단보도를 통행중인 보행자라고 보기는 어렵다고 할 것이므로, 피고인에게 운전자로서 사고발생지에 관한 업무상 주의의무위반의 과실이 있음은 별론으로 하고 「도로교통법」 소정의 <u>보행자보호 의무를 위반한 잘못이 있다고는 할 수 없다.</u>(대판2001도2939)

> **공제회문제집 참고판례**
>
> 자동차의 운전자는 횡단보행자용 신호기의 지시에 따라 횡단보도를 횡단하는 보행자가 있을 때에는 횡단보도에의 진입 선후를 불문하고 일시정지하는 등의 조치를 취함으로써 보행자의 통행이 방해되지 않도록 하여야 하고, 다만 자동차가 횡단보도에 먼저 진입한 경우로서 그대로 진행하더라도 보행자의 횡단을 방해하지 않거나 통행에 위험을 초래하지 않을 상황이라면 그대로 진행할 수 있는 것으로 해석된다. 이러한 법리는 그 보호의 정도를 달리 볼 이유가 없는 횡단보행자용 신호기가 설치되지 않은 횡단보도를 횡단하는 보행자에 대하여도 마찬가지로 적용된다고 보아야 한다. 따라서 모든 차의 운전자는 **보행자보다 먼저 횡단보행자용 신호기가 설치되지 않은 횡단보도에 진입한 경우에도**, 보행자의 횡단을 방해하지 않거나 통행에 위험을 초래하지 않을 상황이 아니고서는, **차를 일시정지하는 등으로 보행자의 통행이 방해되지 않도록 할 의무가 있다**(대판 2020도8675).

정답 ①

008 교통경찰의 활동에 대한 설명 중 적절한 것은 모두 몇 개인가? (다툼이 있는 경우 판례에 의함) 13승진

> ㉠ 특별한 이유없이 호흡측정을 거부하는 운전자라도 경찰공무원은 혈액채취에 의한 측정방법이 있음을 고지하고 그 선택여부를 물어야 할 의무가 있다.
> ㉡ 보행자용 신호기의 신호를 위반하여 교통사고를 야기한 경우 신호위반의 책임을 물을 수 있다.
> ㉢ 신호위반으로 교통사고를 야기한 자가 신호위반의 범칙금을 납부하였다면 업무상과실치상죄로 처벌하는 것은 이중처벌에 해당한다.
> ㉣ 차마의 운전자는 길가의 건물이나 주차장 등에서 도로에 들어갈 때에는 일단 서행하면서 안전여부를 확인하여야 한다.
> ㉤ 운전면허 행정처분에 대해서는 형법상 공소시효 등이 적용되지 않으므로 행정처분 사유가 객관적으로 증명될 경우 행정처분을 할 수 있다.

① 없음　　② 1개　　③ 2개　　④ 3개

해설

㉠ 특별한 이유없이 호흡측정을 거부하는 운전자에게 경찰공무원은 **혈액채취에 의한 측정방법이 있음을 고지하고 그 선택여부를 물어야 할 의무는 없다**.
㉡ 보행자용 신호기의 신호를 위반하여 교통사고를 야기한 경우 **신호위반의 책임을 물을 수 없다**.
㉢ 신호위반으로 교통사고를 야기한 자가 신호위반의 **범칙금을 납부하였다고 하더라도 업무상과실치상죄로 처벌할 수 있다**.
※ 통고처분을 받게 된 범칙행위와 「교통사고처리 특례법」 제3조 제1항 위반죄는 그 행위의 성격 및 내용이나 죄질, 피해법익 등에 현저한 차이가 있어 동일성이 인정되지 않는 별개의 범죄행위라고 보아야 할 것이므로, 통고처분을 받아 범칙금을 납부하였다고 하더라도 업무상과실치상죄로 처벌하는 것이 이중처벌에 해당한다고 볼 수 없다(대판2006도4322).
㉣ 차마의 운전자는 길가의 건물이나 주차장 등에서 도로에 들어갈 때에는 **일단 정지**한 후에 안전한지 확인하면서 서행하여야 한다.

② ○

▶ 참고(도로교통법 신설조항)

> 제50조의2(자율주행자동차 운전자의 준수사항 등) ① 행정안전부령으로 정하는 완전 자율주행시스템에 해당하지 아니하는 자율주행시스템을 갖춘 자동차의 운전자는 자율주행시스템의 직접 운전 요구에 지체 없이 대응하여 조향장치, 제동장치 및 그 밖의 장치를 직접 조작하여 운전하여야 한다.
> ② 운전자가 <u>자율주행시스템을 사용하여 운전하는 경우에는</u> 제49조 제1항 제10호, 제11호 및 제11호의2의 규정(운전중 휴대전화·영상표시장치 사용·조작 금지)을 적용하지 아니한다. → 자율주행시스템을 사용하여 운전하는 경우에는 휴대전화·영상표시장치 사용·조작할 수 있음

정답 ②

009 「도로교통법 시행규칙」상 안전표지에 대한 설명 중 적절하지 않은 것을 모두 고른 것은? 20순경1차

㉠ 보조표지 - 도로상태가 위험하거나 도로 또는 그 부근에 위험물이 있는 경우에 필요한 안전조치를 할 수 있도록 이를 도로사용자에게 알리는 표지
㉡ 규제표지 - 도로교통의 안전을 위하여 각종 제한 금지 등의 규제를 하는 경우에 이를 도로사용자에게 알리는 표지
㉢ 노면표시 - 주의표지 규제표지 또는 지시표지의 주기능을 보충하여 도로사용자에게 알리는 표지
㉣ 지시표지 - 도로의 통행방법 통행구분 등 도로교통의 안전을 위하여 필요한 지시를 하는 경우에 도로사용자가 이에 따르도록 알리는 표지

① ㉠㉡   ② ㉡㉢   ③ ㉠㉢   ④ ㉡㉣

해설

㉠ 도로상태가 위험하거나 도로 또는 그 부근에 위험물이 있는 경우에 필요한 안전조치를 할 수 있도록 이를 도로사용자에게 알리는 표지는 **주의표지**이다.
㉢ 주의표지·규제표지 또는 지시표지의 주기능을 보충하여 도로사용자에게 알리는 표지는 **보조표지**이다.

▶ 교통안전표지

주의표지	도로상태가 <u>위험하거나</u> 도로 또는 그 부근에 <u>위험물이 있는</u> 경우에 필요한 <u>안전조치를 할 수 있도록</u> 이를 도로사용자에게 알리는 표지(예 : 터널표지, 도로공사표지, 야생동물위험표지)
규제표지	도로교통의 안전을 위하여 <u>각종 제한·금지 등의 규제</u>를 하는 경우에 이를 도로사용자에게 알리는 표지(예 : 양보표지, 통행·횡단·주차 금지표지, 속도제한표지)
지시표지	도로의 <u>통행방법·통행구분 등</u> 도로교통의 안전을 위하여 <u>필요한 지시</u>를 하는 경우에 도로사용자가 이에 따르도록 알리는 표지(예 : 주차장표지, 자동차·자전거전용도로표지, 직진표지)
보조표지	주의표지·규제표지 또는 지시표지의 <u>주기능을 보충</u>하여 도로사용자에게 알리는 표지((예 : 거리표지(여기서 500m), 일자표지(일요일공휴일 제외), 시간표지(00시~00시))
노면표시	도로교통의 안전을 위하여 각종 주의·규제·지시 등의 내용을 노면에 기호·문자 또는 선으로 도로사용자에게 알리는 표지

정답 ③

010 「도로교통법 시행규칙」상 도로상태가 위험하거나 도로 또는 그 부근에 위험물이 있는 경우에 필요한 안전조치를 할 수 있도록 이를 도로사용자에게 알리는 '안전표지'는 무엇인가? <small>19경간, 14순경1차</small>

① 규제표지　　② 지시표지　　③ 주의표지　　④ 보조표지

> **해설**
> ③ 도로상태가 위험하거나 도로 또는 그 부근에 위험물이 있는 경우에 필요한 안전조치를 할 수 있도록 이를 도로사용자에게 알리는 표지는 <u>주의표지</u>이다.
>
> **정답** ③

011 다음 설명 중 가장 적절하지 <u>않은</u> 것은? (다툼이 있으면 판례에 의함) <small>15순경2차</small>

① 화물차를 주차한 상태에서 적재된 상자 일부가 떨어지면서 지나가던 피해자에게 상해를 입힌 경우 교통사고로 볼 수 없다.
② 교통사고로 인한 물적 피해가 경미하고, 파편이 도로상에 비산되지도 않았다고 하더라도, 가해차량이 즉시 정차하는 등 필요한 조치를 취하지 아니한 채 그대로 도주한 경우에는 「도로교통법」 제54조 제1항 위반죄가 성립한다.
③ 교차로 직전의 횡단보도에 따로 차량 보조등이 설치되어 있지 아니한 경우, 교차로 차량신호등이 적색이고 횡단보도 보행등이 녹색인 상태에서 횡단보도를 지나 우회전하다가 사람을 다치게 하였다면 「교통사고처리특례법」상 특례조항인 신호위반에 해당하지 않는다.
④ 교차로에 교통섬이 설치되고 그 오른쪽으로 직진 차로에서 분리된 우회전 차로가 설치된 경우, 우회전 차로가 아닌 직진 차로를 따라 우회전하는 행위는 교차로 통행방법을 위반한 것이다.

> **해설**
> ③ 교차로 직전의 횡단보도에 따로 차량 보조등이 설치되어 있지 아니한 경우, 교차로 차량신호등이 적색이고 횡단보도 보행등이 녹색인 상태에서 횡단보도를 지나 우회전하다가 업무상과실치상의 결과가 발생하면 교통사고처리 특례법 제3조 제1항, 제2항 단서 제1호의 <u>신호위반에 해당한다</u>(대판2009도8222).
>
> **정답** ③

012 다음 설명 중 가장 적절하지 않은 것은? (단, 다툼이 있으면 판례에 의함)
14승진

① 교차로 직전의 횡단보도에 따로 차량보조등이 설치되어 있지 아니한 경우, 교차로 차량 신호등이 적색이고 횡단보도 보행등이 녹색인 상태에서 횡단보도를 지나 우회전하다가 사람을 다치게 한 경우 교통사고처리특례법 상 특례조항인 신호위반에 해당한다.
② 신호위반으로 교통사고를 야기한 자가 신호위반의 범칙금을 납부하였다면, 교통사고처리특례법 상 신호위반으로 인한 업무상과실치상죄의 죄책을 물을 수 없다.
③ 부득이한 사정으로 중앙선을 침범하여 교통사고를 야기한 경우 중앙선침범에 해당되지 않는다.
④ 횡단보도의 신호가 적색인 상태에서 반대차선에 정지 중인 차량 뒤에서 보행자가 건너올 것까지 예상하여 주의의무를 다하여야 한다고 할 수 없다.

해설

② 신호위반으로 교통사고를 야기한 자가 신호위반의 <u>범칙금을 납부하였다고 하더라도 업무상과실치상죄로 처벌할 수 있다</u>.

 ②

013 「도로교통법령」상 긴급자동차로 간주되는 자동차에 해당하지 않는 것은?
14경간

① 경찰용의 긴급자동차에 의하여 유도되고 있는 자동차
② 국군 및 주한국제연합군용의 긴급자동차에 의하여 유도되고 있는 국군 및 주한국제연합군의 자동차
③ 자동차의 색칠·사이렌 또는 경광등이 자동차안전기준에 규정된 긴급자동차에 관한 구조에 적합한 자동차
④ 생명이 위급한 환자나 부상자 또는 수혈을 위한 혈액을 운반 중인 자동차

해설

<u>③은 긴급자동차가 갖춰야 할 사항</u>으로, 적합하지 아니할 경우 긴급자동차 지정을 취소할 수 있다. → 긴급자동차로 간주되는 자동차와는 상관이 없음

 ③

014 다음 중 긴급자동차의 우선 통행 및 특례에 대한 설명으로 가장 옳은 것은? 15경간변형

① 「도로교통법」상 '긴급자동차'란 소방차, 구급차, 경찰차량 그 밖에 대통령령으로 정하는 자동차로서 그 본래의 긴급한 용도로 사용되고 있는 자동차를 말한다.
② 긴급자동차는 긴급하고 부득이한 때에는 도로의 중앙 좌측부분을 통행할 수 있다.
③ 위 ②의 경우 교통사고가 발생하여도 긴급자동차의 특례로 인정받아 처벌이 면제된다.
④ 모든 긴급자동차에 대하여 자동차등 속도 제한, 앞지르기(시기·장소)금지, 끼어들기 금지, 신호위반, 보도침범, 중앙선침범, 횡단등 금지, 안전거리 확보, 앞지르기 방법, 정차 및 주차의 금지, 주차금지, 고장 등의 조치에 관한 규정을 적용하지 아니한다.

해설

① 「도로교통법」상 '긴급자동차'란 소방차, 구급차, **혈액공급차량** 그 밖에 대통령령으로 정하는 자동차로서 그 본래의 긴급한 용도로 사용되고 있는 자동차를 말한다. **(소구혈대)**
② O
③ 긴급자동차(제2조 제22호 가목부터 다목까지의 자동차와 대통령령으로 정하는 경찰용 자동차만 해당한다)의 운전자가 그 차를 본래의 긴급한 용도로 운행하는 중에 교통사고를 일으킨 경우에는 그 긴급활동의 시급성과 불가피성 등 정상을 참작하여 제151조, 「교통사고처리 특례법」 제3조 제1항 또는 「특정범죄 가중처벌 등에 관한 법률」 제5조의13(어린이보호구역 치사상)에 따른 형을 **감경하거나 면제할 수 있다.**
④ 속·끼·앞(시/장)은 (모든) 긴급자동차에 대하여는 적용하지 아니한다. 다만, **그 외 항목은(신중보횡/안방정주고)** '소방차·구급차·혈액공급차량'과 대통령령으로 정하는 경찰용 자동차에 대해서만 적용하지 아니한다. (신중보횡/안방정주고 – 신호위반, 중앙선침범, 보도침범, 도로 횡단·유턴·후진금지, 안전거리확보등, 앞지르기 방법등, 정차주차금지, 주차금지, 고장등조치)

정답 ②

---

015 「도로교통법령」상 '국내외 요인에 대한 경호업무수행에 공무로 사용되는 자동차'에 대한 특례로서 해당 긴급자동차에 적용하지 <u>않는</u> 사항들은 모두 몇 개인가? 22경간

가. 「도로교통법」 제17조에 따른 자동차등의 속도 제한나. 「도로교통법」 제23조에 따른 끼어들기 금지
다. 「도로교통법」 제19조에 따른 안전거리 확보 등
라. 「도로교통법」 제33조에 따른 주차금지
마. 「도로교통법」 제21조 제1항에 따른 앞지르기 방법등

① 2개   ② 3개   ③ 4개   ④ 5개

해설

① '국내외 요인에 대한 경호업무 수행에 공무로 사용되는 자동차'는 '경찰용 자동차'에 해당하지 않는다. 따라서, 모든 긴급자동차에 적용하지 아니하는 1호~3호(속끼/앞시장) 사항에만 해당하므로, '가'와 '나' 조항만 적용되지 아니하는 긴급자동차이다.

「도로교통법」 제30조(긴급자동차에 대한 특례) 긴급자동차에 대하여는 다음 각 호의 사항을 적용하지 아니한다. 다만, 제4호부터 제12호까지의 사항은 긴급자동차 중 제2조 제22호가목부터 다목까지의 자동차와 대통령령으로 정하는 경찰용 자동차에 대해서만 적용하지 아니한다.
1. 제17조에 따른 자동차등의 속도 제한. 다만, 제17조에 따라 긴급자동차에 대하여 속도를 제한한 경우에는 같은 조의 규정을 적용한다. (속끼/앞시장)
2. 제22조에 따른 앞지르기의 금지(시기 및 장소)
3. 제23조에 따른 끼어들기의 금지
4. 제5조에 따른 신호위반 (안방정주고/신중보횡)
5. 제13조 제1항에 따른 보도침범
6. 제13조 제3항에 따른 중앙선 침범
7. 제18조에 따른 횡단 등의 금지
8. 제19조에 따른 안전거리 확보 등
9. 제21조 제1항에 따른 앞지르기 방법 등
10. 제32조에 따른 정차 및 주차의 금지
11. 제33조에 따른 주차금지
12. 제66조에 따른 고장 등의 조치

「도로교통법 시행령」 제2조(긴급자동차의 종류) ① 「도로교통법」(이하 "법"이라 한다) 제2조 제22호라목에서 "대통령령으로 정하는 자동차"란 긴급한 용도로 사용되는 다음 각 호의 어느 하나에 해당하는 자동차를 말한다. 다만, 제6호부터 제11호까지의 자동차는 이를 사용하는 사람 또는 기관 등의 신청에 의하여 시·도경찰청장이 지정하는 경우로 한정한다.
1. 경찰용 자동차 중 범죄수사, 교통단속, 그 밖의 긴급한 경찰업무 수행에 사용되는 자동차
2. 국군 및 주한 국제연합군용 자동차 중 군 내부의 질서 유지나 부대의 질서 있는 이동을 유도(誘導)하는 데 사용되는 자동차
3. 수사기관의 자동차 중 범죄수사를 위하여 사용되는 자동차
4. 다음 각 목의 어느 하나에 해당하는 시설 또는 기관의 자동차 중 도주자의 체포 또는 수용자, 보호관찰 대상자의 호송·경비를 위하여 사용되는 자동차
   가. 교도소·소년교도소 또는 구치소
   나. 소년원 또는 소년분류심사원
   다. 보호관찰소
5. 국내외 요인(要人)에 대한 경호업무 수행에 공무(公務)로 사용되는 자동차
6. 전기사업, 가스사업, 그 밖의 공익사업을 하는 기관에서 위험 방지를 위한 응급작업에 사용되는 자동차
7. 민방위업무를 수행하는 기관에서 긴급예방 또는 복구를 위한 출동에 사용되는 자동차
8. 도로관리를 위하여 사용되는 자동차 중 도로상의 위험을 방지하기 위한 응급작업에 사용되거나 운행이 제한되는 자동차를 단속하기 위하여 사용되는 자동차
9. 전신·전화의 수리공사 등 응급작업에 사용되는 자동차
10. 긴급한 우편물의 운송에 사용되는 자동차
11. 전파감시업무에 사용되는 자동차

정답 ①

016 「도로교통법」상 자전거등과 긴급자동차의 통행방법에 대한 설명 중 가장 적절하지 않은 것은?

20경채

① 자전거등의 운전자는 자전거도로가 설치되지 아니한 곳에서는 도로 우측 가장자리에 붙어서 통행하여야 한다.
② 자전거등의 운전자는 길가장자리구역을 통행할 때, 보행자의 통행에 방해가 될 때에는 서행하거나 일시정지하여야 한다.
③ 긴급자동차는 긴급하고 부득이한 경우에는 도로의 중앙이나 좌측 부분을 통행할 수 있으며, 이 경우 교통안전에 특히 주의하면서 통행하여야 한다.
④ 교차로나 그 부근에서 긴급자동차가 접근하는 경우 차마와 노면전차의 운전자는 긴급자동차가 우선 통행할 수 있도록 진로를 양보하여 서행하여야 한다.

> **해설**
>
> ④ 진로 양보는 <u>교차로나 그 부근 이외의 장소에서의 의무사항</u>이다.
>
> 제29조(긴급자동차의 우선 통행)
> ④ <u>교차로나 그 부근에서 긴급자동차가 접근하는 경우</u>에는 차마와 노면전차의 운전자는 <u>교차로를 피하여 일시정지하여야 한다.</u>
> ⑤ 모든 차와 노면전차의 운전자는 <u>제4항에 따른 곳 외의 곳에서 긴급자동차가 접근한 경우</u>에는 긴급자동차가 우선통행할 수 있도록 <u>진로를 양보하여야 한다.</u>
>
> 정답 ④

017 「도로교통법」상 자전거등과 관련된 설명 중 가장 적절하지 않은 것은?

13순경2차변형

① 자전거등의 운전자는 자전거도로 및 「도로법」에 따른 도로를 운전할 때에는 행정안전부령으로 정하는 인명보호 장구를 착용하여야 하며, 동승자에게도 이를 착용하도록 하여야 한다.
② 자전거등의 운전자는 안전표지로 통행이 허용된 경우를 제외하고는 2대 이상이 나란히 차도를 통행하여서는 아니 된다.
③ 자전거등의 운전자는 술에 취한 상태 또는 약물의 영향과 그 밖의 사유로 정상적으로 운전하지 못할 우려가 있는 상태에서 자전거를 운전하여서는 아니 된다.
④ 자전거등의 운전자가 횡단보도를 이용하여 도로를 횡단할 때에는 보행자의 통행에 방해가 되지 않도록 서행하여야 한다.

> **해설**
>
> ④ 자전거등의 운전자가 횡단보도를 이용하여 도로를 횡단할 때에는 자전거등에서 내려서 **자전거등을 끌거나 들고 보행하여야 한다.**(제13조의2⑥) → (자전거등=자전거+개인형이동장치)
>
> 정답 ④

018 「도로교통법」상 자전거등과 관련된 다음 설명 중 옳은 것은 모두 몇 개인가?

18경간

> 가. 자전거등의 운전자는 자전거도로가 설치되지 아니한 곳에서는 도로 좌측 가장자리에 붙어서 통행하여야 한다.
> 나. 자전거등의 운전자는 길가장자리구역(안전표지로 자전거의 통행을 금지한 구간은 제외한다)을 통행할 수 있다. 이 경우 자전거등의 운전자는 보행자의 통행에 방해가 될 때에는 서행하거나 일시정지하여야 한다.
> 다. 자전거등의 운전자는 안전표지로 통행이 허용된 경우를 제외하고는 2대 이상이 나란히 차도를 통행하여서는 아니 된다.
> 라. 자전거등의 운전자가 횡단보도를 이용하여 도로를 횡단할 때에는 보행자의 통행에 방해가 되지 않도록 서행하여야 한다.
> 마. 자전거등의 운전자는 자전거도로 및 「도로법」에 따른 도로를 운전할 때에는 행정안전부령으로 정하는 인명보호 장구를 착용하여야 하며, 동승자에게도 이를 착용하도록 하여야 한다.
> 바. 자전거등의 운전자는 밤에 도로를 통행하는 때에는 전조등과 미등을 켜거나 야광띠 등 발광장치를 착용하여야 한다.

① 1개 ② 2개 ③ 3개 ④ 4개

해설

가. 자전거등의 운전자는 자전거도로가 설치되지 아니한 곳에서는 도로 **우측 가장자리**에 붙어서 통행하여야 한다(「도로교통법」 제13조의2 제2항).
라. 자전거등의 운전자가 횡단보도를 이용하여 도로를 횡단할 때에는 자전거등에서 내려서 **자전거등을 끌거나 들고 보행하여야 한다**.(제13조의2⑥).

정답 ④

019 「도로교통법」상 보행자 및 차마의 통행방법 등에 관한 설명 중 가장 적절하지 않은 것은? 14승진

① 자전거등의 운전자는 안전표지로 통행이 허용된 경우를 제외하고는 2대 이상이 나란히 차도를 통행하여서는 아니 된다.
② 보행자는 보도와 차도가 구분된 도로에서는 언제나 보도로 통행하여야 한다. 다만, 차도를 횡단하는 경우, 도로공사 등으로 보도의 통행이 금지된 경우나 그 밖의 부득이한 경우에는 그러하지 아니하다.
③ 차마의 운전자는 길가의 건물이나 주차장 등에서 도로에 들어갈 때에는 일단 서행하면서 안전 여부를 확인하여야 한다.
④ 보행자는 모든 차의 바로 앞이나 뒤로 횡단하여서는 아니 된다. 다만, 횡단보도를 횡단하거나 신호기 또는 경찰공무원등의 신호나 지시에 따라 도로를 횡단하는 경우에는 그러하지 아니하다.

해설

③ 차마의 운전자는 길가의 건물이나 주차장 등에서 도로에 들어갈 때에는 **일단 정지**한 후에 안전한지 확인하면서 서행하여야 한다.

▶ 참고(도로교통법 개정사항)

제8조(보행자의 통행) ① 보행자는 **보도와 차도가 구분된 도로에서는 언제나 보도로 통행하여야** 한다. 다만, 차도를 횡단하는 경우, 도로공사 등으로 보도의 통행이 금지된 경우나 그 밖의 부득이한 경우에는 그러하지 아니하다.
② 보행자는 **보도와 차도가 구분되지 아니한 도로 중 중앙선이 있는 도로(일방통행인 경우에는 차선으로 구분된 도로를 포함한다)에서는 길가장자리 또는 길가장자리구역으로 통행하여야** 한다. 〈개정 2021.10.19.〉
③ 보행자는 다음 각 호의 **어느 하나에 해당하는 곳에서는 도로의 전 부분으로 통행할 수 있다**. 이 경우 보행자는 고의로 차마의 진행을 방해하여서는 아니 된다. 〈개정 2022. 1.11.〉
  1. **보도와 차도가 구분되지 아니한 도로 중 중앙선이 없는 도로(일방통행인 경우에는 차선으로 구분되지 아니한 도로에 한정한다)**
  2. 보행자우선도로
④ 보행자는 보도에서는 우측통행을 원칙으로 한다. 〈개정 2021.10.19.〉
제27조(보행자의 보호) ⑥ 모든 차의 운전자는 다음 각 호의 어느 하나에 해당하는 곳에서 **보행자의 옆을 지나는 경우에는 안전한 거리를 두고 서행하여야** 하며, **보행자의 통행에 방해가 될 때에는 서행하거나 일시정지**하여 보행자가 안전하게 통행할 수 있도록 하여야 한다. 〈개정 2022. 1.11.〉
  1. 보도와 차도가 구분되지 아니한 도로 중 중앙선이 없는 도로
  2. 보행자우선도로
  3. 도로 외의 곳
⑦ 모든 차 또는 노면전차의 운전자는 제12조 제1항에 따른 **어린이 보호구역 내에 설치된 횡단보도 중 신호기가 설치되지 아니한 횡단보도 앞**(정지선이 설치된 경우에는 그 정지선을 말한다)에서는 **보행자의 횡단 여부와 관계없이 일시정지하여야** 한다. 〈신설 2022. 1. 11.〉

정답 ③

020 「도로교통법」에 규정된 '어린이통학버스'에 대한 설명으로 가장 적절하지 않은 것은? 18승진

① 어린이라 함은 13세 미만인 사람을 말한다.
② 어린이통학버스가 도로에 정차하여 어린이나 영유아가 타고 내리는 중임을 표시하는 점멸등 등의 장치를 작동 중일 때에는 어린이통학버스가 정차한 차로와 그 차로의 바로 옆 차로로 통행하는 차의 운전자는 어린이통학버스에 이르기 전에 일시정지하여 안전을 확인한 후 서행하여야 한다.
③ 위 '②'의 경우 중앙선이 설치되지 아니한 도로와 편도 1차로인 도로에서는 반대방향에서 진행하는 차의 운전자도 어린이통학버스에 이르기 전에 일시정지하여 안전을 확인한 후 서행하여야 한다.
④ 모든 차의 운전자는 어린이나 영유아를 태우고 있다는 표시를 한 상태로 도로를 통행하는 어린이통학버스를 앞지를 때 과도하게 속도를 올리는 등 행위를 자제하여야 한다.

[해설]

④ 모든 차의 운전자는 어린이나 영유아를 태우고 있다는 표시를 한 상태로 도로를 통행하는 어린이통학버스를 <u>앞지르지 못한다</u>.

정답 ④

---

021 「도로교통법」상 어린이통학버스 등에 대한 다음 설명 중 틀린 것은 모두 몇 개인가? 13순경1차변형

㉠ 모든 차의 운전자는 어린이나 영유아를 태우고 있다는 표시를 한 상태로 도로를 통행하는 어린이통학버스를 앞지르지 못한다.
㉡ 어린이통학버스(「여객자동차 운수사업법」 제4조 제3항에 따른 한정면허를 받아 어린이를 여객대상으로 하여 운행되는 운송사업용 자동차는 제외한다)를 운영하려는 자는 행정안전부령으로 정하는 바에 따라 미리 관할 경찰서장에게 신고하고 신고증명서를 발급받아야 한다.
㉢ 어린이통학버스를 운전하는 사람은 어린이나 영유아가 어린이통학버스를 탈 때에는 승차한 모든 어린이나 영유아가 좌석안전띠를 매도록 한 후에 출발하여야 하며, 내릴 때에는 보도나 길가장자리구역 등 자동차로부터 안전한 장소에 도착한 것을 확인한 후에 출발하여야 한다.
㉣ 어린이통학버스를 운영하는 사람과 운전하는 사람 및 어린이통학버스 보호자는 어린이통학버스 안전교육을 받아야 한다.

① 1개   ② 2개   ③ 3개   ④ 없음

[해설]

모두 옳은 설명이다(「도로교통법」 제51조~제51조의3).

정답 ④

022 어린이 보호구역 및 어린이 통학버스에 대한 설명으로 가장 적절하지 않은 것은? 22승진

① 「도로교통법」상 모든 차의 운전자는 어린이나 영유아를 태우고 있다는 표시를 한 상태로 도로를 통행하는 어린이통학버스를 앞지르지 못한다.
② 어린이 노인 및 장애인 보호구역의 지정 및 관리에 관한 규칙상 시·도경찰청장이나 경찰서장은 「도로교통법」 제12조 제1항 또는 제12조의2 제1항에 따라 보호구역에서 구간별·시간대별로 도시 지역의 간선도로를 일방통행로로 지정·운영할 수 있다.
③ 「도로교통법 시행령」상 어린이 통학버스는 교통사고로 인한 피해를 전액 배상할 수 있도록 보험업법 에 따른 보험 또는 여객자동차 운수사업법 에 따른 공제조합에 가입되어 있어야 한다.
④ 어린이 노인 및 장애인 보호구역의 지정 및 관리에 관한 규칙상 시장등은 조사 결과 보호구역으로 지정 관리할 필요가 인정되는 경우에 관할 시·도경찰청장 또는 경찰서장과 협의하여 해당 보호구역 지정대상시설의 주(主) 출입문을 중심으로 반경 300미터 이내의 도로 중 일정구간을 보호구역으로 지정하나, 해당 지역의 교통여건 및 효과성 등을 면밀히 검토하여 필요한 경우에 보호구역 지정대상시설의 주 출입문을 중심으로 반경 500미터 이내의 도로에 대해서도 보호구역으로 지정할 수 있다.

> **해설**
> ② 보호구역에서 구간별·시간대별로 도시 지역의 **이면도로를** 일방통행로로 지정·운영할 수 있다.
>
> 정답 ②

023 경찰관이 해당 운전자를 적발하여도 단속할 수 없는 경우는 무엇인가? 15승진

① 유료주차장 내에서 음주운전을 하다가 적발된 경우
② 대학교 구내에서 마약을 과다복용하고 운전을 하다가 적발된 경우
③ 아파트 지하주차장에서 보행자를 충격하여 다치게 한 후 적절한 조치 없이 현장을 이탈하였다가 적발된 경우
④ 학교 운동장에서 운전면허를 취득하기 위해 운전연습을 하다가 신고를 통해 적발된 경우

> **해설**
> ① 음주운전 시 형벌규정은 도로가 아닌 주차장에서의 운전에도 적용된다.
> ② 약물운전 시 형벌규정은 도로 아닌 대학 구내에서의 운전에도 적용된다.
> ③ 뺑소니에 적용되는 형벌규정은 도로가 아닌 주차장에서의 운전에도 적용된다.
> ④ 면허없이 운전하는 **무면허 규정은 도로가 전제된다.** 따라서 **도로가 아닌 학교운동장에서 면허 없이 연습한 행위는 무면허로 처벌되지 않는다.**
>
> 정답 ④

024 「도로교통법」상 '주차금지장소'에 대한 설명으로 가장 적절하지 않은 것은?

17순경1차변형

① 터널 안 및 다리 위
② 다중이용업소의 영업장이 속한 건축물로 소방본부장의 요청에 의하여 시·도경찰청장이 지정한 곳으로부터 5미터 이내인 곳
③ 도로공사를 하고 있는 경우에는 그 공사 구역의 양쪽 가장자리로부터 10미터 이내인 곳
④ 시·도경찰청장이 도로에서의 위험을 방지하고 교통의 안전과 원활한 소통을 확보하기 위하여 필요하다고 인정하여 지정한 곳

해설

③ 도로공사를 하고 있는 경우에는 그 공사 구역의 양쪽 가장자리로부터 <u>5미터 이내</u>인 곳이 '주차금지장소'이다.

▶ 주·정차금지장소 vs 주차금지장소 (교도소5/안정횡건10 vs 다터/다중공사5미터)

주·정차 금지장소	① 교차로·횡단보도·건널목이나 보도와 차도가 구분된 도로의 보도(주차장법에 따라 차도와 보도에 걸쳐서 설치된 노상주차장은 제외) ② <u>교차로의 가장자리</u>나 <u>도로의 모퉁이</u>로부터 <u>5미터</u> 이내인 곳 ③ 안전지대가 설치된 도로에서는 그 <u>안전지대의 사방</u>으로부터 각각 <u>10미터</u> 이내인 곳 ④ 버스여객자동차의 <u>정류지</u>임을 표시하는 기둥이나 표지판 또는 선이 설치된 곳으로부터 <u>10미터</u> 이내인 곳. 다만, 버스여객자동차의 운전자가 그 버스여객자동차의 운행시간 중에 운행노선에 따르는 정류장에서 승객을 태우거나 내리기 위하여 차를 정차하거나 주차하는 경우에는 그러하지 아니하다. ⑤ 건널목의 가장자리 또는 <u>횡단보도</u>로부터 <u>10미터</u> 이내인 곳 ⑥ 다음의 곳으로부터 <u>5미터</u> 이내인 곳 　㉠ 소방기본법 제10조에 따른 <u>소방용수시설 또는 비상소화장치</u>가 설치된 곳 　㉡ 「소방시설 설치 및 안전관리에 관한 법률」 제2조 제1항 제1호에 따른 <u>소방시설</u>로서 대통령령으로 정하는 시설이 설치된 곳 ⑦ 시·도경찰청장이 도로에서의 위험을 방지하고 교통의 안전과 원활한 소통을 확보하기 위하여 필요하다고 인정하여 지정한 곳 ⑧ 시장등이 제12조 제1항에 따라 지정한 어린이 보호구역
주차 금지장소	① <u>터널 안</u> 및 <u>다리 위</u> ② 다음의 곳으로부터 <u>5미터</u> 이내의 곳 　㉠ <u>도로공사</u>를 하고 있는 경우에는 그 공사 구역의 양쪽 가장자리 　㉡ 「다중이용업소의 안전관리에 관한 특별법」에 따른 <u>다중이용업소</u>의 영업장이 속한 건축물로 소방본부장의 요청에 의하여 시·도경찰청장이 지정한 곳 ③ 시·도경찰청장이 도로에서의 위험을 방지하고 교통의 안전과 원활한 소통을 확보하기 위하여 필요하다고 인정하여 지정한 곳

정답 ③

025 「도로교통법」상 주차금지(정차는 허용) 장소로 옳은 것은 모두 몇 개인가?

16순경1차변형

㉠ 소방용수시설 또는 비상소화장치가 설치된 곳으로부터 5미터 이내인 곳
㉡ 터널 안 및 다리 위
㉢ 교차로의 가장자리나 도로의 모퉁이로부터 5미터 이내인 곳
㉣ 도로공사를 하고 있는 경우에는 그 공사구역의 양쪽 가장자리로부터 5미터 이내인 곳

① 1개 ② 2개 ③ 3개 ④ 4개

해설

㉠㉢은 주·정차 금지장소, ㉡㉣은 주차 금지장소이다.

정답 ②

026 다음 중 「도로교통법」상 정차 및 주차 모두가 금지되는 장소는 모두 몇 개인가?

17경간

㉠ 교차로·횡단보도·건널목이나 보도와 차도가 구분된 도로의 보도(「주차장법」에 따라 차도와 보도에 걸쳐서 설치된 노상주차장은 제외)
㉡ 다중이용업소의 영업장이 속한 건축물로 소방본부장의 요청에 의하여 시·도경찰청장이 지정한 곳으로부터 5미터 이내인 곳
㉢ 도로공사를 하고 있는 경우에는 그 공사 구역의 양쪽 가장자리 5미터 이내인 곳
㉣ 교차로의 가장자리나 도로의 모퉁이로부터 5미터 이내인 곳
㉤ 건널목의 가장자리 또는 횡단보도로부터 10미터 이내인 곳
㉥ 터널 안 및 다리 위

① 2개 ② 3개 ③ 4개 ④ 5개

해설

주차 금지장소는 ㉡㉢㉥, 주·정차 금지장소는 ㉠㉣㉤이다.

정답 ②

027 다음 중 주·정차 금지구역에 해당하지 <u>않은</u> 것은? 20승진

① 도로공사를 하고 있는 경우 그 공사 구역의 양쪽 가장자리로부터 5m 이내인 곳
② 교차로의 가장자리나 도로의 모퉁이로부터 5m 이내인 곳
③ 건널목의 가장자리 또는 횡단보도로부터 10m 이내인 곳
④ 안전지대가 설치된 도로에서는 그 안전지대의 사방으로부터 각각 10m 이내인 곳

> **해설**
>
> ① 도로공사를 하고 있는 경우 그 공사 구역의 양쪽 가장자리로부터 5m 이내인 곳은 <u>주차금지 구역</u>에 해당한다.
> ※ 주차 금지 - 다터/다중공사5미터(다리위, 터널안/다중이용업소, 도로공사 5미터)
> ※ 주·정차 금지 - 교도소5/안정횡건10(교차로, 도로모퉁이, 소방 5미터 / 안전지대, 정류지, 횡단보도, 건널목 10미터)
>
> **정답** ①

---

028 「도로교통법」 및 「도로교통법 시행령」상 주·정차에 대한 설명으로 가장 적절하지 <u>않은</u> 것은? 22승진

① 경찰서장, 도지사 또는 시장등은 차를 견인하였을 때부터 24시간이 경과되어도 이를 인수하지 아니하는 때에는 해당 차의 보관장소 등 행정안전부령이 정하는 사항을 해당 차의 사용자 또는 운전자에게 등기우편으로 통지할 수 있다.
② 도로공사를 하고 있는 경우에 그 공사 구역의 양쪽 가장자리로부터 5미터 이내인 곳은 주차금지 장소에 해당한다.
③ 도로 또는 노상주차장에 정차하거나 주차하려고 하는 차의 운전자는 차를 차도의 우측 가장자리에 정차하는 등 대통령령으로 정하는 정차 또는 주차의 방법 시간과 금지사항 등을 지켜야 한다.
④ 경사진 곳에 정차하거나 주차(도로 외의 경사진 곳에서 정차하거나 주차하는 경우를 포함한다)하려는 자동차의 운전자는 대통령령으로 정하는 바에 따라 고임목을 설치하거나 조향장치(操向裝置)를 도로의 가장자리 방향으로 돌려놓는 등 미끄럼사고의 발생을 방지하기 위한 조치를 취하여야 한다.

> **해설**
>
> ① 경찰서장, 도지사 또는 시장등은 차를 견인하였을 때부터 24시간이 경과되어도 이를 인수하지 아니하는 때에는 해당 차의 보관장소 등 행정안전부령이 정하는 사항을 해당 차의 사용자 또는 운전자에게 <u>등기우편으로 통지하여야 한다</u>.
>
> **정답** ①

029 승용자동차 기준 제한속도 위반에 따른 범칙금과 벌점에 대한 설명으로 옳은 것은? (단, 어린이보호구역 및 장애인 노인보호구역 제외)

17경간

① 제한속도를 60km/h 초과한 경우 13만원의 범칙금과 60점의 벌점이 부과된다.
② 제한속도 위반 정도가 40km/h 초과, 60km/h 이하인 경우 9만원의 범칙금과 40점의 벌점이 부과된다.
③ 제한속도 위반 정도가 20km/h 초과, 40km/h 이하인 경우 6만원의 범칙금과 15점의 벌점이 부과된다.
④ 제한속도 위반 정도가 20km/h 이하인 경우 4만원의 범칙금이 부과된다.

해설

① 제한속도를 60km/h 초과한 경우 <u>12만원의 범칙금</u>과 60점의 벌점이 부과된다.
② 제한속도 위반 정도가 40km/h 초과, 60km/h 이하인 경우 9만원의 범칙금과 <u>30점의 벌점</u>이 부과된다.
③ O
④ 제한속도 위반 정도가 20km/h 이하인 경우 <u>3만원의 범칙금</u>이 부과된다.

▶ 속도위반시 범칙금·과태료·벌점 등

속도	범칙금	과태료	벌점	어린이보호구역 (오전8시~오후8시)
60km/h 초과	12만원	13만원	60점	120점
40km/h 초과 60km/h 이하	9만원	10만원	30점	60점
20km/h 초과 40km/h 이하	6만원	7만원	15점	30점
20km/h 이내	3만원	4만원	벌점 없음	15점

※ 80km/h 초과 - 30만원이하 벌금/구류, 벌점 80점
※ 100km/h 초과 - 100만원이하 벌금/구류, 벌점 100점
※ 100km/h 초과 3회이상 - 1년이하 징역이나 500만원이하 벌금 → 면허취소

정답 ③

030 다음 설명 중 가장 적절한 것은? (다툼이 있으면 판례에 의함)   15순경3차

① 일반적으로 고속도로를 운전하는 자동차 운전자에게 도로상에 장애물이 나타날 것을 예견하여 제한속도 이하로 감속 운행할 주의 의무가 있다.
② 자동차를 움직이게 할 의도 없이 다른 목적을 위하여 자동차의 원동기(모터)의 시동을 걸었는데, 실수로 기어 등 자동차의 발진에 필요한 장치를 건드려 원동기의 추진력에 의하여 자동차가 움직인 경우 자동차의 운전에 해당한다.
③ 무면허운전으로 인한 「도로교통법」 위반죄에 있어서는 어느 날에 운전을 시작하여 다음 날까지 동일한 기회에 일련의 과정에서 계속 운전을 한 경우 등 특별한 경우를 제외하고는 사회통념상 운전한 날을 기준으로 운전한 날마다 1개의 운전행위가 있다고 보는 것은 상당하지 않다.
④ 특별한 이유 없이 호흡측정기에 의한 측정에 불응하는 운전자에게 경찰공무원이 혈액채취에 의한 측정방법이 있음을 고지하고 그 선택 여부를 물어야 할 의무가 있다고는 할 수 없다.

해설

① 일반적으로 고속도로를 운전하는 자동차 운전자에게 도로상에 장애물이 나타날 것을 예견하여 제한속도 이하로 <u>감속 운행할 주의 의무는 없다</u>.
② 자동차를 움직이게 할 의도 없이 다른 목적을 위하여 자동차의 원동기(모터)의 시동을 걸었는데, 실수로 기어 등 자동차의 발진에 필요한 장치를 건드려 원동기의 추진력에 의하여 자동차가 움직인 경우 <u>자동차의 운전에 해당하지 않는다</u>.
③ 무면허운전으로 인한 「도로교통법」 위반죄에 있어서는 어느 날에 운전을 시작하여 다음날까지 동일한 기회에 일련의 과정에서 계속 운전을 한 경우 등 특별한 경우를 제외하고는 사회통념상 운전한 날을 기준으로 <u>운전한 날마다 1개의 운전행위가 있다고 보는 것이 상당하다</u>.
④ ○

정답 ④

031 음주운전 단속 및 처벌에 대한 설명으로 가장 적절하지 않은 것은? (다툼이 있으면 판례에 의함)

20승진

① 음주측정 시에 사용하는 불대는 1회 1개 사용함을 원칙으로 한다.
② 호흡측정기에 의한 음주측정치와 혈액검사에 의한 음주측정치가 불일치할 경우 혈액검사에 의한 음주측정치가 우선한다.
③ 음주로 인한 특정범죄가중처벌 등에 관한 법률 위반(위험운전치사상)죄와 도로교통법 위반(음주운전)죄는 실체적 경합관계에 있다.
④ 음주운전 위반 시 혈중알코올농도가 0.15퍼센트인 경우 2년 이상 5년 이하의 징역이나 1천만원 이상 2천만원 이하의 벌금에 처한다.

> **해설**

④ 음주운전 위반 시 혈중알코올농도가 <u>0.2퍼센트 이상인 경우</u> 2년 이상 5년 이하의 징역이나 1천만원 이상 2천만원 이하의 벌금에 처한다.

▶ **공제회문제집 참고판례**

음주운전 신고를 받고 출동한 경찰관이 <u>만취한 상태로 시동이 걸린 차량 운전석에 앉아있는 피고인을 발견하고 음주측정을 위해 하차를 요구함으로써</u> 도로교통법 제44조 제2항이 정한 <u>음주측정에 관한 직무에 착수하였다고 할 것이고</u>, 피고인이 차량을 운전하지 않았다고 다투자 경찰관이 지구대로 가서 차량 블랙박스를 확인하자고 한 것은 음주측정에 관한 직무 중 '운전' 여부 확인을 위한 임의동행 요구에 해당하고, 피고인이 차량에서 내리자마자 도주한 것을 임의동행 요구에 대한 거부로 보더라도, <u>경찰관이 음주측정에 관한 직무를 계속하기 위하여 피고인을 추격하여 도주를 제지한 것은</u> 앞서 본 바와 같이 도로교통법상 음주측정에 관한 일련의 직무집행 과정에서 이루어진 행위로써 정당한 직무집행에 해당한다(대판 2020도7193).

 ④

032 「도로교통법」상 음주 및 약물운전의 행위에 대한 처벌로서 가장 옳지 않은 것은?

18경간변형, 13경간유사

① 혈중알콜농도가 0.2퍼센트 이상의 승용자동차 운전자는 2년 이상 5년 이하의 징역이나 1천만원 이상 2천만원 이하의 벌금에 처한다.
② 혈중알콜농도가 0.08퍼센트 이상 0.2퍼센트 미만의 화물자동차 운전자는 1년 이상 2년 이하의 징역이나 500만원 이상 1천만원 이하의 벌금에 처한다.
③ 혈중알콜농도가 0.03퍼센트 이상 0.08퍼센트 미만인 승합자동차 운전자는 1년 이하의 징역이나 500만원 이하의 벌금에 처한다.
④ 약물로 인하여 정상적으로 운전하지 못할 우려가 있는 상태에서의 승용자동차 운전자는 1년 이상 2년 이하의 징역이나 500만원 이상 1천만원 이하의 벌금에 처한다.

> **해설**

④ 약물로 인하여 정상적으로 운전하지 못할 우려가 있는 상태에서 자동차등 또는 노면전차를 운전한 사람은 <u>3년 이하의 징역이나 1천만원 이하의 벌금</u>에 처한다(148조의2 제4항).

▶ 주취운전 처벌 (1255/38측2)

2년이상 5년이하 징역이나 1천만이상 2천이하 벌금	① 측정불응 2회이상 위반 ② 혈중알콜농도 0.2퍼센트 이상
1년이상 5년이하 징역이나 500만이상 2천이하 벌금	측정불응
1년이상 2년이하 징역이나 500만이상 1천만이하 벌금	혈중알콜농도 0.08퍼센트 이상 0.2퍼센트 미만
1년이하 징역이나 500만이하 벌금	혈중알콜농도 0.03퍼센트 이상 0.08퍼센트 미만

※ 자전거등 음주운전(측정불응 포함) → 20만원이하벌금·구류·과료
※ 범칙금 – 자전거 음주운전은 3만원(측정불응 10만원)
※ 범칙금 – PM 음주운전은 10만원(측정불응 13만원)
※ 음주운전 2회이상 가중처벌조항 위헌결정 – "측정거부 2회이상" 또는 "음주운전과 측정거부가 결합된 사건"에 대해서는 종전과 같이 가중처벌

※ 도로교통법 제44조 제1항을 <u>2회 이상 위반한 사람'에 대하여</u> 비형벌적인 반복 음주운전 방지 수단에 대한 충분한 고려 없이, 가중처벌의 요건이 되는 과거 음주운전 금지규정 위반 전력 등과 관련하여 아무런 제한을 두지 않음으로써 가중처벌할 필요가 없거나 죄질이 비교적 가벼운 유형의 재범 음주운전 행위에 대해서까지 <u>일률적으로 가중처벌하도록 한 것은</u> 형벌 본래의 기능에 <u>필요한 정도를 현저히 일탈하는 과도한 법정형</u>(2년 이상 5년 이하의 징역 또는 1천만원 이상 2천만원 이하의 벌금)을 정하고 있다. 그러므로 <u>책임과 형벌 간의 비례원칙에 위배</u>된다.(헌재 2021.11.25. 2019헌바446)

정답 ④

---

033 「도로교통법」상 음주운전 처벌기준에 대한 설명으로 가장 적절하지 <u>않은</u> 것은? 15순경1차변형

① 위반 시 혈중 알코올농도가 0.2% 이상인 경우 2년 이상 5년 이하의 징역이나 1천만원 이상 2천만원 이하의 벌금
② 음주측정에 응하지 않을 시 1년 이상 5년 이하의 징역이나 500만원 이상 2천만원 이하의 벌금
③ 혈중 알코올농도가 0.08% 이상 0.2% 미만인 경우 1년 이하의 징역이나 500만원 이하의 벌금
④ 측정거부 2회 이상 위반 시 2년 이상 5년 이하의 징역이나 1천만원 이상 2천만원 이하의 벌금

> **해설**

③ 혈중 알코올농도가 0.08%이상 0.2%미만인 경우 <u>1년 이상 2년 이하의 징역이나 500만원 이상 1천만원 이하의 벌금</u>에 처한다.

정답 ③

034 「도로교통법」상 '술에 취한 상태에서의 운전 금지' 규정을 위반한 경우 처벌기준에 대한 설명으로 가장 적절하지 않은 것은?

17경기북부여경변형

① 혈중알콜농도가 0.08퍼센트 이상 0.2퍼센트 미만인 사람은 1년 이상 2년 이하의 징역이나 500만원 이상 1천만원 이하의 벌금에 처한다.
② 술에 취한 상태에 있다고 인정할 만한 상당한 이유가 있는 사람으로서 경찰공무원의 호흡조사 측정에 응하지 아니한 사람은 1년 이상 5년 이하의 징역이나 500만원 이상 2천만원 이하의 벌금에 처한다.
③ 측정거부 2회 이상 위반한 사람은 1년 이상 5년 이하의 징역이나 500만원 이상 2천만원 이하의 벌금에 처한다.
④ 혈중알콜농도가 0.2퍼센트 이상인 사람은 2년 이상 5년 이하의 징역이나 1천만원 이상 2천만원 이하의 벌금에 처한다.

해설

③ 측정거부(또는 "음주운전+측정거부") 2회 이상 위반한 사람은 <u>2년 이상 5년 이하의 징역 또는 1천만원 이상 2천만원 이하의 벌금</u>에 처한다.

정답 ③

035 음주운전으로 운전면허 취소처분 또는 정지처분을 받았을 때 일정 요건을 갖춘 경우 면허행정처분을 감경하는 경우가 있다. 이때 「도로교통법 시행규칙」상 감경 제외 사유로 규정된 것이 아닌 것은?

20승진

① 혈중알코올농도 0.1퍼센트를 초과하여 운전한 경우
② 음주운전 중 인적피해 교통사고를 일으킨 경우
③ 과거 3년 이내에 3회 이상의 인적피해 교통사고의 전력이 있는 경우
④ 과거 5년 이내에 음주운전 전력이 있는 경우

해설

③ 과거 <u>5년</u> 이내에 3회 이상의 인적피해 교통사고의 전력이 있는 경우

정답 ③

036 음주운전 단속과 처벌에 대한 설명 중 옳지 않은 것은 모두 몇 개인가? (음주운전은 혈중알콜농도 0.03%이상을 넘어서 운전한 경우로 전제함, 다툼이 있는 경우 판례에 의함) 20경간

> 가. 자전거 음주운전도 처벌 대상이다.
> 나. 취중 경운기나 트랙터 운전의 경우 음주운전에 해당하지 않는다.
> 다. 음주측정용 불대는 1인 1개를 사용함을 원칙으로 한다.
> 라. 주차장, 학교 경내 등 「도로교통법」상 도로가 아닌 곳에서도 음주운전에 대해 「도로교통법」 적용이 가능하나, 운전면허 행정처분만 가능하고 형사처벌은 할 수 없다.
> 마. 음주운전을 하다가 교통사고로 사람을 죽게 하거나 다치게 한 때에는 그 운전면허를 취소한다.
> 바. 피고인의 음주와 음주운전을 목격한 참고인이 있는 상황에서 경찰관이 음주 및 음주운전 종료로부터 약 5시간 후 집에서 자고 있는 피고인을 연행하여 음주측정을 요구한 데에 대하여 피고인이 불응한 경우, 「도로교통법」상 음주측정불응죄가 성립한다.

① 2개 ② 3개 ③ 4개 ④ 5개

해설

가. (O) 자전거등 음주운전은 20만원 이하의 벌금이나 구류 또는 과료에 처한다. → 자전거 음주운전 범칙금은 3만원(측정불응시 10만원), PM 음주운전 범칙금은 10만원(측정불응시 13만원)
나. (O) 「도로교통법」 제44조에서 '술에 취한 상태에서 자동차등(건설기계 포함), 노면전차 또는 자전거를 운전하여서는 아니 된다.'고 규정하고 있는데, '자동차등'에 농기계(경운기, 트랙터 등)는 해당하지 않기 때문에 농기계는 음주운전 금지조항의 적용을 받지 않는다.
다. (X) 음주측정 시에 사용하는 불대는 <u>1회 1개</u>를 원칙으로 하여야 한다.
라. (X) <u>형사처벌만 가능하고 행정처분은 할 수 없다</u>.
마. (O)
바. (O)

정답 ①

037 「도로교통법」상 음주운전과 관련된 내용이다. 아래 ㉠부터 ㉣까지의 내용 중 옳고 그름의 표시(O, X)가 바르게 된 것은? (단, '술에 취한 상태'는 혈중알코올농도가 0.03퍼센트 이상인 경우로 전제함)

19순경1차변형

㉠ 술에 취한 상태에서 자전거를 운전한 사람은 처벌된다.
㉡ 음주운전 2회 이상 위반으로 벌금형을 확정받고 면허가 취소된 경우, 면허가 취소된 날부터 3년간 면허시험 응시자격이 제한된다.
㉢ 무면허인 자가 술에 취한 상태에서 자동차등을 운전한 경우, 무면허운전죄와 음주운전죄는 실체적 경합관계에 있다.
㉣ 도로가 아닌 곳에서 술에 취한 상태로 자동차등을 운전하더라도 음주단속의 대상이 된다.

① ㉠(O) ㉡(O) ㉢(X) ㉣(X)
② ㉠(O) ㉡(X) ㉢(O) ㉣(O)
③ ㉠(O) ㉡(X) ㉢(X) ㉣(O)
④ ㉠(X) ㉡(O) ㉢(O) ㉣(X)

해설

㉠ (O) 자전거등 음주운전은 20만원 이하의 벌금이나 구류 또는 과료에 처한다.(범칙금은 3만원, 측정불응 시 범칙금은 10만원)
㉡ (X) 음주운전 2회 이상 위반으로 벌금형을 확정받고 면허가 취소된 경우, 면허가 취소된 날부터 **2년간** 면허시험 응시자격이 제한된다.
㉢ (X) 무면허인데다가 술이 취한 상태에서 오토바이를 운전하였다는 것은 1개의 운전행위라 할 것이므로 두 죄(무면허운전죄와 음주운전죄)는 **상상적 경합관계**에 있다(대판86도2731).
㉣ (O) 음주운전, 약물운전, 사고후미조치(뺑소니)와 그 형사처벌은 도로 외의 곳에서의 운전도 포함된다.

정답 ③

038 「도로교통법」상 음주운전에 대한 설명으로 가장 적절하지 않은 것은? (다툼이 있는 경우 판례에 의함)

21승진

① 경찰공무원은 교통의 안전과 위험방지를 위하여 필요하다고 인정하거나, 술에 취한 상태에서 자동차등을 운전하였다고 인정할 만한 상당한 이유가 있는 경우에는 음주측정을 할 수 있다.
② 무면허인데다가 술이 취한 상태에서 오토바이를 운전하였다면 무면허운전죄와 음주운전죄는 실체적 경합관계에 있다.
③ 음주감지기에서 음주반응이 나온 경우, 그것만으로 술에 취한 상태에 있다고 인정할 만한 상당한 이유가 있다고 볼 수 없다.
④ 주차장, 학교 경내 등 「도로교통법」상 도로가 아닌 곳에서의 음주운전, 약물운전, 사고 후 미조치에 대하여 형사처벌이 가능하다.

해설

② 형법 제40조에서 말하는 1개의 행위란 법적 평가를 떠나 사회관념상 행위가 사물자연의 상태로서 1개로 평가되는 것을 말하는 바, 무면허인데다가 술이 취한 상태에서 오토바이를 운전하였다는 것은 위의 관점에서 분명히 1개의 운전행위라 할 것이고 이 행위에 의하여 「도로교통법」 제111조 제2호, 제40조(무면허운전의 금지)와 제109조 제2호, 제41조 제1항(주취중 운전금지)의 각 죄에 동시에 해당하는 것이니 두 죄는 형법 제40조의 **상상적 경합관계**에 있다고 할 것이다.(대판86도2731)

정답 ②

039 「도로교통법」상 음주측정 거부에 해당하는 것은? (판례에 의함) 　21경간

① 경찰공무원이 운전자의 음주 여부나 주취 정도를 확인하기 위하여 음주측정기에 의한 측정의 사전절차로서 음주감지기에 의한 시험을 요구할 때, 그 시험결과에 따라 음주측정기에 의한 측정이 예정되어 있고 운전자가 그러한 사정을 인식하였음에도 음주감지기에 의한 시험에 명시적으로 불응한 경우

② 오토바이를 운전하여 자신의 집에 도착한 상태에서 단속경찰관으로부터 주취운전에 관한 증거수집을 위한 음주측정을 위해 인근 파출소까지 동행하여 줄 것을 요구받고 이를 명백하게 거절하였음에도 위법하게 체포·감금된 상태에서 음주측정요구에 응하지 않은 행위

③ 신체 이상 등의 사유로 인하여 호흡조사에 의한 측정에 응할 수 없는 운전자가 혈액채취에 의한 측정을 거부하거나 이를 불가능하게 한 행위

④ 교통사고로 상해를 입은 피고인의 골절부위와 정도에 비추어 음주측정 당시 통증으로 인하여 깊은 호흡을 하기 어려웠고 그 결과 음주측정이 제대로 되지 아니한 경우

해설

① ○
② 교통안전과 위험방지를 위한 필요가 없음에도 주취운전을 하였다고 인정할 만한 상당한 이유가 있다는 이유만으로 이루어지는 음주측정은 이미 행하여진 주취운전이라는 범죄행위에 대한 증거 수집을 위한 수사절차로서의 의미를 가지는 것인데, 구 「도로교통법」상의 규정들이 음주측정을 위한 강제처분의 근거가 될 수 없으므로 위와 같은 음주측정을 위하여 당해 운전자를 강제로 연행하기 위해서는 수사상의 강제처분에 관한 형사소송법상의 절차에 따라야 하고, 이러한 **절차를 무시한 채 이루어진 강제연행은 위법한 체포**에 해당한다. 이와 같은 **위법한 체포 상태에서 음주측정요구가 이루어진 경우**, 음주측정요구를 위한 위법한 체포와 그에 이은 음주측정요구는 주취운전이라는 범죄행위에 대한 증거 수집을 위하여 연속하여 이루어진 것으로서 개별적으로 그 적법 여부를 평가하는 것은 적절하지 않으므로 **그 일련의 과정을 전체적으로 보아 위법한 음주측정요구가 있었던 것으로 볼 수밖에 없고**, 운전자가 주취운전을 하였다고 인정할 만한 상당한 이유가 있다 하더라도 그 운전자에게 경찰공무원의 이와 같은 위법한 음주측정요구에 대해서까지 그에 응할 의무가 있다고 보아 이를 강제하는 것은 부당하므로 **그에 불응하였다고 하여 음주측정거부에 관한 「도로교통법」 위반죄로 처벌할 수 없다.**(대판2004도8404)
③ 구 「도로교통법」 제150조 제2호는 "술에 취한 상태에 있다고 인정할 만한 상당한 이유가 있는 사람으로서 제44조 제2항의 규정에 의한 경찰공무원의 측정에 응하지 아니한 사람은 2년 이하의 징역이나 500만 원 이하의 벌금에 처한다"라고 규정하고 있으므로, 위 조항에서 규정한 경찰공무원의 측정은 같은

법 제44조 제2항 소정의 호흡조사에 의한 측정만을 의미하는 것으로서 같은 법 제44조 제3항 소정의 혈액채취에 의한 측정을 포함하는 것으로 볼 수 없음은 법문상 명백하다. 따라서, **신체 이상 등의 사유로 인하여 호흡조사에 의한 측정에 응할 수 없는 운전자가 혈액채취에 의한 측정을 거부하거나 이를 불가능하게 하였다고 하더라도 이를 들어 음주측정에 불응한 것으로 볼 수는 없다.**(대판2010도2935)

④ 구 「도로교통법」 제41조 제2항, 제3항의 해석상, 술에 취한 상태에서 자동차등을 운전하였다고 인정할 만한 상당한 이유가 있는 경우에 경찰공무원은 운전자가 술에 취하였는지 여부를 호흡측정기에 의하여 측정할 수 있고 운전자는 그 측정에 응할 의무가 있으나, 운전자의 신체 이상 등의 사유로 호흡측정기에 의한 측정이 불가능 내지 심히 곤란한 경우까지 그와 같은 방식의 측정을 요구할 수는 없으며(이와 같은 상황이라면 경찰공무원으로서는 호흡측정기에 의한 측정의 절차를 생략하고 운전자의 동의를 얻거나 판사로부터 영장을 발부받아 혈액채취에 의한 측정으로 나아가야 할 것이다), 이와 같은 경우 경찰공무원이 **운전자의 신체 이상에도 불구하고 호흡측정기에 의한 음주측정을 요구하여** 운전자가 음주측정수치가 나타날 정도로 **숨을 불어넣지 못한 결과** 호흡측정기에 의한 **음주측정이 제대로 되지 아니하였다고 하더라도 음주측정에 불응한 것으로 볼 수는 없다.**(대판2005도7125)

정답 ①

040 음주운전 관련 판례에 대한 설명으로 가장 적절하지 않은 것은? (다툼이 있는 경우 판례에 의함)

20순경2차

① 음주운전 전력이 1회(벌금형) 있는 운전자가 한 달 내 2회에 걸친 음주운전으로 적발되어 두 사건이 동시에 기소된 사안에서, 「도로교통법」 제148조의2 제1항(벌칙)에 규정된 '음주운전 금지 규정을 2회 이상 위반한 사람'이란 음주운전으로 2회 이상 형의 선고를 받거나 유죄의 확정판결을 받은 자로 한정하여야 한다.

② 경찰공무원이 술에 취한 상태에 있다고 인정할 만한 상당한 이유가 있는 운전자에게 음주 여부를 확인하기 위하여 음주측정기에 의한 측정의 사전단계로 음주감지기에 의한 시험을 요구하는 경우, 그 시험 결과에 따라 음주측정기에 의한 측정이 예정되어 있고 운전자가 그러한 사정을 인식하였음에도 음주감지기에 의한 시험에 명시적으로 불응함으로써 음주측정을 거부하겠다는 의사를 표명하였다면, 음주감지기에 의한 시험을 거부한 행위도 음주측정기에 의한 측정에 응할 의사가 없음을 객관적으로 명백하게 나타낸 것으로 볼 수 있다.

③ 주취운전자에 대한 경찰관의 권한 행사가 법률상 경찰관의 재량에 맡겨져 있다고 하더라도, 그러한 권한을 행사하지 아니한 것이 구체적인 상황 하에서 현저하게 합리성을 잃는 경우에는 경찰관의 직무상 의무를 위배한 것으로서 위법하다. 음주운전으로 적발된 주취운전자가 도로 밖으로 차량을 이동하겠다며 단속경찰관으로부터 보관 중이던 차량열쇠를 반환 받아 몰래 차량을 운전하여 가던 중 사고를 일으켰다면, 주의 의무를 게을리한 경찰관의 직무상 의무위반에 의한 국가배상 책임이 인정된다.

④ 음주운전과 관련한 「도로교통법」 위반죄의 범죄수사를 위하여 미성년자인 피의자의 혈액채취가 필요한 경우, 피의자에게 의사 능력이 있다면 피의자 본인만이 혈액채취에 관한 유효한 동의를 할 수 있고, 피의자에게 의사능력이 없는 경우에도 명문의 규정이 없는 이상 법정대리인이 피의자를 대리하여 동의할 수는 없다.

> **해설**

① 「도로교통법」 제148조의2 제1항 제1호의 문언 내용과 입법 취지 등을 종합하면, 위 조항 중 '제44조 제1항을 2회 이상 위반한 사람'은 문언 그대로 2회 이상 음주운전 금지규정을 위반하여 음주운전을 하였던 사실이 인정되는 사람으로 해석해야 하고, 그에 대한 형의 선고나 유죄의 확정판결 등이 있어야만 하는 것은 아니다(대판2018도11378).

정답 ①

041 음주운전 관련 판례의 내용으로 가장 적절하지 않은 것은?

18순경1차

① 「형사소송법」규정에 위반하여 수사기관이 법원으로부터 영장 또는 감정처분허가장을 발부받지 아니한 채 피의자의 동의 없이 피의자의 신체로부터 혈액을 채취하고 더구나 사후적으로도 지체 없이 이에 대한 영장을 발부받지도 아니하고서 그 강제채혈한 피의자의 혈액 중 알코올농도에 관한 감정결과보고서 등은 피고인이나 변호인의 증거동의가 있다고 하더라도 유죄의 증거로 사용할 수 없다.

② 음주운전과 관련한 「도로교통법」 위반죄의 범죄수사를 위하여 미성년자인 피의자의 혈액채취가 필요한 경우에도 피의자에게 의사능력이 있다면 피의자 본인만이 혈액채취에 관한 유효한 동의를 할 수 있고, 피의자에게 의사능력이 없는 경우에도 명문의 규정이 없는 이상 법정대리인이 피의자를 대리하여 동의할 수는 없다.

③ 「도로교통법」에 규정된 음주측정은 성질상 강제될 수 있는 것이 아니며 궁극적으로 당사자의 자발적인 협조가 필수적인 것이므로 이를 두고 법관의 영장을 필요로 하는 강제처분이라 할 수 없다. 따라서 주취운전의 혐의자에게 영장없는 음주측정에 응할 의무를 지우고 이에 불응한 사람을 처벌한다고 하더라도 영장주의에 위배되지 아니한다.

④ 위드마크 공식은 운전자가 음주한 상태에서 운전한 사실이 있는지에 대한 경험법칙에 의한 증거수집 방법이므로 경찰공무원에게 위드마크 공식의 존재 및 나아가 호흡측정에 의한 혈중알코올농도가 음주운전 처벌기준 수치에 미달하였더라도 위드마크 공식에 의한 역추산 방식에 의하여 운전 당시의 혈중알코올농도를 산출할 경우 그 결과가 음주운전 처벌기준 수치 이상이 될 가능성이 있다는 취지를 운전자에게 미리 고지하여야 할 의무가 있다.

> **해설**

④ 위드마크 공식은 운전자가 음주한 상태에서 운전한 사실이 있는지에 대한 경험법칙에 의한 증거수집 방법에 불과하다. 따라서 경찰공무원에게 위드마크 공식의 존재 및 나아가 호흡측정에 의한 혈중알코올농도가 음주운전 처벌기준 수치에 미달하였더라도 위드마크 공식에 의한 역추산 방식에 의하여 운전 당시의 혈중알코올농도를 산출할 경우 그 결과가 음주운전 처벌기준 수치 이상이 될 가능성이 있다는 취지를 운전자에게 미리 고지하여야 할 의무가 있다고 보기도 어렵다(대판2017도661).

정답 ④

042 음주운전 관련 판례에 대한 설명으로 가장 적절하지 <u>않은</u> 것은?   16순경2차

① 경찰관이 음주운전 단속시 운전자의 요구에 따라 곧바로 채혈을 실시하지 않은 채 호흡측정기에 의한 음주측정을 하고 1시간 12분이 경과한 후에야 채혈을 하였다는 사정만으로는 위 행위가 법령에 위배된다거나 객관적 정당성을 상실하여 운전자가 음주운전 단속과정에서 받을 수 있는 권익이 현저하게 침해되었다고 단정하기 어렵다.
② 피고인의 음주와 음주운전을 목격한 참고인이 있는 상황에서 경찰관이 음주 및 음주운전 종료로부터 약 5시간 후 집에서 자고 있는 피고인을 연행하여 음주측정을 요구한 데에 대하여 피고인이 불응한 경우, 「도로교통법」상의 음주측정불응죄가 성립하지 않는다.
③ 어떤 사람이 자동차를 움직이게 할 의도 없이 다른 목적을 위하여 자동차의 원동기(모터)의 시동을 걸었는데, 실수로 기어 등 자동차의 발진에 필요한 장치를 건드려 원동기의 추진력에 의하여 자동차가 움직이거나 또는 불안전한 주차상태나 도로여건 등으로 인하여 자동차가 움직이게 된 경우는 자동차의 운전에 해당하지 아니한다.
④ 경찰관이 술에 취한 상태에서 자동차를 운전한 것으로 보이는 피고인을 경찰관직무집행법에 따른 보호조치 대상자로 보아 경찰관서로 데려온 직후 음주측정을 요구하였는데 피고인이 불응하여 음주측정불응죄로 기소된 사안에서 위법한 보호조치 상태를 이용하여 음주측정 요구가 이루어졌다는 등의 특별한 사정이 없는 한 피고인의 행위는 음주측정불응죄에 해당한다.

해설

② 피고인의 음주와 음주운전을 목격한 참고인이 있는 상황에서 경찰관이 음주 및 음주운전 종료로부터 약 5시간 후 집에서 자고 있는 피고인을 연행하여 음주측정을 요구한 데에 대하여 피고인이 불응한 경우, 「도로교통법」상의 <u>음주측정불응죄가 성립한다</u>.

정답 ②

043 음주운전 관련 판례에 대한 설명으로 가장 적절하지 않은 것은? 22경간

① 위드마크 공식은 운전자가 음주한 상태에서 운전한 사실이 있는지에 대한 경험법칙에 의한 증거수집 방법에 불과하므로, 경찰공무원에게 위드마크 공식의 존재 및 나아가 호흡측정에 의한 혈중알코올농도가 음주운전 처벌기준 수치에 미달하였더라도 위드마크 공식에 의한 역추산 방식에 의하여 운전 당시의 혈중알코올농도를 산출할 경우 그 결과가 음주운전 처벌기준 수치 이상이 될 가능성이 있다는 취지를 운전자에게 미리 고지하여야 할 의무는 없다.
② 경찰관이 음주운전 단속시 운전자의 요구에 따라 곧바로 채혈을 실시하지 않은채 호흡측정기에 의한 음주측정을 하고 1시간 12분이 경과한 후에 채혈을 한 것은 객관적 정당성을 상실하여 운전자가 음주운전 단속과정에서 받을 수 있는 권익이 현저하게 침해되었다고 볼 수 있다.
③ 음주종료 후 4시간 정도 지난 시점에서 물로 입 안을 헹구지 아니한 채 호흡측정기로 측정한 혈중알코올 농도 수치가 0.05%로 나타난 사안에서, 위 증거만으로는 피고인이 혈중알코올 농도 0.05% 이상의 술에 취한 상태에서 자동차를 운전하였다고 인정하기 어렵다.
④ 경찰관이 술에 취한 상태에서 자동차를 운전한 것으로 보이는 피고인을 경찰관 직무집행법에 따른 보호조치 대상자로 보아 경찰관서로 데려온 직후 음주측정을 요구하였는데 피고인이 불응하여 음주측정불응죄로 기소된 사안에서, 위법한 보호조치상태를 이용하여 음주측정 요구가 이루어졌다는 등의 특별한 사정이 없는 한 피고인의 행위는 음주측정불응죄에 해당한다.

해설

② 경찰관이 음주운전 단속시 운전자의 요구에 따라 곧바로 채혈을 실시하지 않은 채 호흡측정기에 의한 음주측정을 하고 1시간 12분이 경과한 후 채혈이 이루어졌다는 사정만으로는 단속 경찰공무원의 행위가 법령에 위반된다거나 그 객관적 정당성을 상실하여 운전자가 음주운전에 대한 단속과정에서 받을 수 있는 권익이 현저하게 침해되었다고 단정하기는 어렵다.(대판 2006다32132)

정답 ②

044 음주운전 관련 판례에 관한 설명 중 가장 적절하지 않은 것은? (다툼이 있는 경우 판례에 의함)

22순경1차

① 술에 취해 자동차 안에서 잠을 자다가 추위를 느껴 히터를 가동시키기 위하여 시동을 걸었고, 실수로 자동차의 제동장치 등을 건드렸거나 처음 주차할 때 안전조치를 제대로 취하지 아니한 탓으로 원동기의 추진력에 의하여 자동차가 약간 경사진 길을 따라 앞으로 움직여 피해자의 차량 옆면을 충격한 사실은 엿볼 수 있으나 이를 두고 피고인이 자동차를 운전하였다고 할 수는 없다.

② 운전자가 경찰공무원으로부터 음주측정을 요구받고 호흡측정기에 숨을 내쉬는 시늉만 하는 등 형식적으로 음주측정에 응하였을 뿐 경찰공무원의 거듭된 요구에도 불구하고 호흡측정기에 음주 측정수치가 나타날 정도로 숨을 제대로 불어넣지 아니하였다면 이는 실질적으로 음주측정에 불응한 것과 다를 바 없다.

③ 음주운전과 관련한 「도로교통법」위반죄의 범죄수사를 위하여 미성년자인 피의자의 혈액채취가 필요한 경우에도 피의자에게 의사능력이 있다면 피의자 본인만이 혈액채취에 관한 유효한 동의를 할 수 있고, 피의자에게 의사능력이 없는 경우 명문의 규정이 없더라도 법정대리인이 피의자를 대리하여 동의할 수 있다.

④ 특별한 이유 없이 호흡측정기에 의한 측정에 불응하는 운전자에게 경찰공무원이 혈액채취에 의한 측정방법이 있음을 고지하고 그 선택 여부를 물어야 할 의무가 있다고는 할 수 없다.

해설

③ 형사소송법상 소송능력이란 소송당사자가 유효하게 소송행위를 할 수 있는 능력, 즉 피고인 또는 피의자가 자기의 소송상의 지위와 이해관계를 이해하고 이에 따라 방어행위를 할 수 있는 의사능력을 의미하는데, 피의자에게 의사능력이 있으면 직접 소송행위를 하는 것이 원칙이고, 피의자에게 의사능력이 없는 경우에는 형법 제9조 내지 제11조의 규정의 적용을 받지 아니하는 범죄사건에 한하여 예외적으로 법정대리인이 소송행위를 대리할 수 있다(형사소송법 제26조). 따라서 음주운전과 관련한 「도로교통법」위반죄의 범죄수사를 위하여 미성년자인 피의자의 혈액채취가 필요한 경우에도 피의자에게 의사능력이 있다면 피의자 본인만이 혈액채취에 관한 유효한 동의를 할 수 있고, <u>피의자에게 의사능력이 없는 경우에도 명문의 규정이 없는 이상 법정대리인이 피의자를 대리하여 동의할 수는 없다</u>(대법원 2014. 11. 13. 2013도1228).

정답 ③

045 음주측정거부에 대한 설명으로 가장 적절하지 <u>않은</u> 것은? (다툼이 있는 경우 판례에 의함)   21승진

① 명시적인 의사표시를 하지 않으면서 경찰관이 음주측정 불응에 따른 불이익을 5분 간격으로 3회 이상 고지(최초 측정요구시로부터 15분 경과)했음에도 계속 음주측정에 응하지 않은 때에는 음주측정거부자로 처리한다.
② 음주측정거부 시 1년 이상 5년 이하의 징역이나 5백만원 이상 2천만원 이하의 벌금에 처한다.
③ 흉골골절 등으로 인한 통증으로 깊은 호흡을 할 수 없어 이십여 차례 음주측정기를 불었으나 끝내 음주측정이 되지 아니한 경우 음주측정불응죄가 성립하지 아니한다.
④ 여러차례에 걸쳐 호흡측정기의 빨대를 입에 물고 형식적으로 숨을 부는 시늉만 하였을 뿐 숨을 제대로 불지 아니하여 호흡측정기에 음주측정수치가 나타나지 아니하도록 한 행위는 음주측정불응죄에 해당하지 않는다.

> **해설**
> ④ 틀림. 운전자가 경찰공무원으로부터 음주측정을 요구받고 호흡측정기에 숨을 내쉬는 시늉만 하는 등 형식적으로 음주측정에 응하였을 뿐 경찰공무원의 거듭된 요구에도 불구하고 호흡측정기에 음주측정수치가 나타날 정도로 숨을 제대로 불어넣지 아니하였다면 이는 <u>실질적으로 음주측정에 불응한 것과 다를 바 없다 할 것이고, 운전자가 정당한 사유 없이 호흡측정기에 의한 음주측정에 불응한 이상 그로써 음주측정불응의 죄는 성립하는 것</u>이며, 그 후 경찰공무원이 혈액채취 등의 방법으로 음주여부를 조사하지 아니하였다고 하여 달리 볼 것은 아니다.(대판99도5210)
>
> **정답** ④

046 아래의 상황에 대한 설명으로 가장 적절하지 <u>않은</u> 것은? (다툼이 있는 경우 판례에 의함)   20경채

> ○○경찰서 △△지구대에 근무 중인 경찰관 P는 순찰근무 중 112신고를 받고 20××. 11. 3. 00:30경 현장에 출동한 바, 햄버거 가게 앞 도로의 편도 2차로 중 1차로에서 자신의 차량에 시동을 켠 채로 그대로 정차하여 운전석에 잠들어 있는 甲을 발견하였다. 경찰관 P는 당시 甲이 술냄새가 나고, 혈색이 붉으며, 말을 할 때 혀가 심하게 꼬이고 비틀거리며 걷는 등 술에 취한 것으로 보여 甲을 순찰차 뒷자리에 태운 뒤 △△지구대로 데려와, 도착한 직후인 00:47부터 같은 날 01:09까지 甲에게 3회에 걸쳐 음주측정을 요구하였으나, 甲은 이에 불응하였다.

① P는 甲을 경찰관직무집행법 제4조 제1항에 따른 보호조치 대상자로 판단하였다.
② 지구대에서 음주측정을 요구한 시점에 P의 甲에 대한 보호조치는 종료되었다.
③ 만일 출동 현장에 甲의 배우자가 있었으나 인계하지 않고 배우자의 의사에 반하여 지구대로 데려왔다면, 이는 적법한 조치라고 할 수 없다.
④ P의 음주측정 요구에 불응한 甲에게는 「도로교통법」상 음주측정 불응죄가 성립한다.

해설

② 경찰공무원은 교통의 안전과 위험방지를 위하여 필요하다고 인정하거나 운전자가 술에 취한 상태에서 자동차 등을 운전하였다고 인정할 만한 상당한 이유가 있고 운전자의 음주운전 여부를 확인하기 위하여 필요한 경우에는 사후의 음주측정에 의하여 음주운전 여부를 확인할 수 없음이 명백하지 않는 한 운전자에 대하여 구「도로교통법」제44조 제2항에 의하여 음주측정을 요구할 수 있고, 운전자가 이에 불응한 경우에는 같은 법 제148조의2 제2호의 음주측정불응죄가 성립한다. 이와 같은 법리는 운전자가 경찰관직무집행법 제4조에 따라 보호조치된 사람이라고 하여 달리 볼 것이 아니므로, **경찰공무원이 보호조치된 운전자에 대하여 음주측정을 요구하였다는 이유만으로 음주측정 요구가 당연히 위법하다거나 보호조치가 당연히 종료된 것으로 볼 수는 없다.** (대판2011도4328)

정답 ②

---

047 다음 상황에 대한 설명으로 가장 적절하지 않은 것은? (다툼이 있는 경우 판례에 의함)   21순경1차

> 甲은 음주 후 자신의 처(처는 술을 마시지 않음)와 동승한 채 화물차를 운전하여 가다가 음주단속을 당하게 되자 경찰관이 들고 있던 경찰용 불봉을 충격하고 그대로 도주하였다. 단속 현장에서 약 3km 떨어진 지점까지 교통사고를 내지 않고 운전하며 진행하던 중 다른 차량에 막혀 더 이상 진행하지 못하게 되자 스스로 차량을 세운 후 운전석에서 내려 도주하려 하였으나, 결국 甲은 경찰관에게 제지되어 체포의 절차에 따르지 않고 甲과 그의 처의 의사에 반하여 지구대로 보호조치되었다. 이후 2회에 걸친 경찰관의 음주측정요구를 거부하였다는 이유로 甲은「도로교통법」위반(음주측정거부) 혐의로 기소되었다.

① 경찰관이 甲에 대하여「경찰관 직무집행법」제4조에 따른 보호조치를 하고자 하였다면, 당시 옆에 있었던 처에게 甲을 인계하였어야 했고, 특별한 사정이 없는 한 지구대에서 甲을 보호하는 것은 허용되지 않는다.
② 甲은 음주측정거부에 관한「도로교통법」위반죄로 처벌될 수 없다.
③ 구「도로교통법」제44조 제2항 및 제148조의2 제2호 규정들이 음주측정을 위한 강제처분의 근거가 될 수 있으므로, 위와 같은 음주측정을 위하여 운전자를 강제로 연행하기 위해서는 수사상 강제처분에 관한「형사소송법」상 절차에 따를 필요가 없다.
④ 경찰관이 甲에 대하여 행한 음주측정요구는「형법」제136조에 따른 공무집행방해죄의 보호 대상이 될 수 없다.

해설

① (O) 경찰관직무집행법 제4조 제1항 제1호(이하 '이 사건 조항'이라 한다)에서 규정하는 술에 취한 상태로 인하여 자기 또는 타인의 생명·신체와 재산에 위해를 미칠 우려가 있는 피구호자에 대한 보호조치는 경찰 행정상 즉시강제에 해당하므로, 그 조치가 불가피한 최소한도 내에서만 행사되도록 발동·행사 요건을 신중하고 엄격하게 해석하여야 한다. 따라서 이 사건 조항의 '술에 취한 상태'란 피구호자가 술에 만취하여 정상적인 판단능력이나 의사능력을 상실할 정도에 이른 것을 말하고, 이 사건 조항에 따른 보호조치를 필요로 하는 피구호자에 해당하는지는 구체적인 상황을 고려하여 경찰관 평균인을 기준으로 판단하되, 그 판단은 보호조치의 취지와 목적에 비추어 현저하게 불합리하여서는 아니 되며, 피구호자의 가족 등에게 피구호자를 인계할 수 있다면 특별한 사정이 없는 한 경찰관서에서 피구호자를 보호하는 것은 허용되지 않는다.

> **제4조(보호조치 등)** ④ 경찰관은 제1항의 조치를 하였을 때에는 지체 없이 구호대상자의 가족, 친지 또는 그 밖의 연고자에게 그 사실을 알려야 하며, 연고자가 발견되지 아니할 때에는 구호대상자를 적당한 공공보건의료기관이나 공공구호기관에 즉시 인계하여야 한다.

② (O) 화물차 운전자인 피고인이 경찰의 음주단속에 불응하고 도주하였다가 다른 차량에 막혀 더 이상 진행하지 못하게 되자 운전석에서 내려 다시 도주하려다 경찰관에게 검거되어 지구대로 보호조치된 후 2회에 걸쳐 음주측정요구를 거부하였다고 하여 「도로교통법」 위반(음주측정거부)으로 기소된 사안에서, 당시 피고인이 술에 취한 상태이기는 하였으나 술에 만취하여 정상적인 판단능력이나 의사능력을 상실할 정도에 있었다고 보기 어려운 점, 당시 상황에 비추어 평균적인 경찰관으로서는 피고인이 경찰관직무집행법 제4조 제1항 제1호(이하 '이 사건 조항'이라 한다)의 보호조치를 필요로 하는 상태에 있었다고 판단하지 않았을 것으로 보이는 점, 경찰관이 피고인에 대하여 이 사건 조항에 따른 보호조치를 하고자 하였다면, 당시 옆에 있었던 피고인 처(妻)에게 피고인을 인계하였어야 하는데도, 피고인 처의 의사에 반하여 지구대로 데려간 점 등 제반 사정을 종합할 때, 경찰관이 피고인과 피고인 처의 의사에 반하여 피고인을 지구대로 데려간 행위를 적법한 보호조치라고 할 수 없고, 나아가 달리 적법 요건을 갖추었다고 볼 자료가 없는 이상 경찰관이 피고인을 지구대로 데려간 행위는 위법한 체포에 해당하므로, 그와 같이 위법한 체포 상태에서 이루어진 경찰관의 음주측정요구도 위법하다고 볼 수밖에 없어 그에 불응하였다고 하여 피고인을 음주측정거부에 관한 「도로교통법」 위반죄로 처벌할 수 없다.

③ (X) 구 「도로교통법」 제44조 제2항 및 제148조의2 제2호 규정들이 음주측정을 위한 강제처분의 근거가 될 수 없으므로, 위와 같은 음주측정을 위하여 운전자를 강제로 연행하기 위해서는 수사상 강제처분에 관한 「형사소송법」상 절차에 따라야 한다.

④ (O) 위법한 체포상태에서 음주측정요구라는 공무집행행위 역시 위법하므로, 피고인이 음주측정을 요구하는 경찰관 공소외 2를 폭행하였다고 하여 공무집행방해죄가 성립한다고 볼 수 없다.

> **정답** ③

048 음주운전 또는 교통사고에 대한 판례의 태도로 가장 적절하지 않은 것은? 19승진

① 아파트 단지 내 통행로가 왕복 4차선의 외부도로와 직접 연결되어 있고, 외부차량의 통행에 제한이 없으며, 별도의 주차 관리인이 없다면 「도로교통법」상 도로에 해당한다.
② 교통사고의 결과가 피해자의 구호 및 교통질서의 회복을 위한 조치가 필요한 상황인 이상 교통사고 발생 시의 구호조치의무 및 신고의무는 교통사고를 발생시킨 당해 차량의 운전자에게 그 사고 발생에 있어서 고의·과실 혹은 유책·위법의 유무에 관계없이 부과된 의무라고 해석함이 타당하고, 당해 사고의 발생에 귀책사유가 없는 경우에도 위 의무가 없다고 할 수 없다.
③ 신호위반으로 교통사고를 야기한 자가 통고처분을 받아 신호 위반의 범칙금을 납부하였다고 하더라도, 교통사고처리 특례법 상 신호위반으로 인한 업무상과실치상죄로 처벌하는 것이 이중처벌에 해당한다고 볼 수 없다.
④ 약물 등의 영향으로 정상적으로 운전하지 못할 우려가 있는 상태에서 자동차 등을 운전하였다고 인정하려면, 약물 등의 영향으로 인하여 현실적으로 '정상적으로 운전하지 못할 상태'에 이르러야만 한다.

> **해설**
>
> ④ 약물 등의 영향으로 정상적으로 운전하지 못할 우려가 있는 상태에서 자동차 등을 운전하였다고 인정하려면, <u>약물 등의 영향으로 인하여 '정상적으로 운전하지 못할 우려가 있는 상태'에서 운전을 하면 바로 성립하고, 현실적으로 '정상적으로 운전하지 못할 상태'에 이르러야만 하는 것은 아니다.</u>(2010도11272)
>
> **정답** ④

049 판례에 대한 설명 중 가장 적절하지 <u>않은</u> 것은? 12승진

① 약물 등의 영향으로 정상적으로 운전하지 못할 우려가 있는 상태에서 자동차 등을 운전하였다고 인정하려면, 약물 등의 영향으로 인하여 '정상적으로 운전하지 못할 우려가 있는 상태'에서 운전을 하면 바로 성립하고, 현실적으로 '정상적으로 운전하지 못할 상태'에 이르러야만 하는 것은 아니다.

② 음주감지기에서 음주반응이 나온 경우, 그것만으로 술에 취한 상태에 있다고 인정할 만한 상당한 이유가 있다고 볼 수 없다.

③ 술에 취한 피고인이 자동차 안에서 잠을 자다가 추위를 느껴 히터를 가동하기 위하여 시동을 걸었고, 실수로 제동장치 등을 건드렸다고 하더라도 자동차가 움직였으면 음주운전에 해당된다.

④ 물로 입안을 헹굴 기회를 달라는 요구를 무시한 채 호흡측정기로 혈중알콜농도를 측정하여 음주운전 단속수치가 나왔다고 하더라도 음주운전을 하였다고 단정할 수 없다.

> **해설**
>
> ③ '운전'이라 함은 도로에서 차를 그 본래의 사용방법에 따라 사용하는 것으로, 운전의 개념은 '목적적 요소를 포함'하는 것이므로 고의의 운전행위만을 의미하고 <u>자동차 안에 있는 사람의 의지나 관여 없이 자동차가 움직인 경우에는 운전에 해당하지 않는다.</u>
>
> **정답** ③

제3절 운전면허 및 면허행정처분

050 「도로교통법」상 운전면허 결격사유에 대한 설명으로 가장 적절하지 않은 것은? 17순경2차

① 19세 미만(원동기장치자전거의 경우에는 16세 미만)인 사람은 운전면허를 받을 수 없다.
② 제1종 대형면허 또는 제1종 특수면허를 받으려는 경우로서 19세 미만이거나 자동차(이륜자동차는 제외한다)의 운전경험이 1년 미만인 사람은 운전면허를 받을 수 없다.
③ 듣지 못하는 사람(제1종 운전면허 중 대형면허·특수면허만 해당한다), 앞을 보지 못하는 사람(한쪽 눈만 보지 못하는 사람의 경우에는 제1종 운전면허 중 대형면허·특수면허만 해당한다)이나 그 밖에 대통령령으로 정하는 신체장애인은 운전면허를 받을 수 없다.
④ 교통상의 위험과 장해를 일으킬 수 있는 정신질환자 또는 뇌전증 환자로서 대통령령으로 정하는 사람은 운전면허를 받을 수 없다.

해설

① <u>18세 미만</u>(원동기장치자전거의 경우에는 16세 미만)인 사람은 운전면허를 받을 수 없다.

정답 ①

051 다음은 「도로교통법」에서 운전면허와 관련하여 규정하는 내용들이다. 괄호안에 들어갈 숫자를 모두 더한 값은? 21경간

> 가. (㉠)세 미만(원동기장치자전거의 경우 제외)인 사람은 운전면허를 받을 수 없다.
> 나. (㉡)세 이상인 사람으로서 운전면허를 받으려는 사람은 시험에 응시하기 전에 '노화와 안전운전에 관한 사항' 등에 관한 교통안전교육을 받아야 한다.
> 다. 연습운전면허는 그 면허를 받은 날부터 (㉢)년 동안 효력을 가진다.
> 라. 운전면허시험에서 부정행위를 하여 해당 시험이 무효로 처리된 사람은 그 처분이 있은 날부터 (㉣)년간 해당 시험에 응시하지 못한다.

① 94   ② 96   ③ 98   ④ 99

해설

가. <u>18세 미만</u>(원동기장치자전거의 경우에는 16세 미만)인 사람은 운전면허를 받을 수 없다.(제81조①제1호)
나. <u>75세 이상</u>인 사람으로서 운전면허를 받으려는 사람은 제83조 제1항 제2호와 제3호에 따른 시험에 응시하기 전에, 운전면허증 갱신일에 75세 이상인 사람은 운전면허증 갱신기간 이내에 각각 노화와 안전운전에 관한 사항 등에 관한 교통안전교육을 받아야 한다.(제73조⑤)
다. 연습운전면허는 그 면허를 받은 날부터 <u>1년 동안</u> 효력을 가진다. 다만, 연습운전면허를 받은 날부터 1년 이전이라도 연습운전면허를 받은 사람이 제1종 보통면허 또는 제2종 보통면허를 받은 경우 연습운전면허는 그 효력을 잃는다.(제81조)

라. 운전면허시험에서 부정행위로 시험이 무효로 처리된 사람은 그 처분이 있은 날부터 <u>2년간</u> 해당 시험에 응시하지 못한다.(제84조의2)

정답 ②

052 「도로교통법」상 운전면허 결격사유에 대한 설명 중 가장 옳지 <u>않은</u> 것은?   19경간

① 제1종 대형면허 또는 제1종 특수면허를 받으려는 경우로서 19세 미만이거나 자동차(이륜자동차는 제외한다)의 운전경험이 2년 미만인 사람은 운전면허를 받을 수 없다.
② 18세 미만(원동기장치자전거의 경우에는 16세 미만)인 사람은 운전면허를 받을 수 없다.
③ 듣지 못하는 사람(제1종 운전면허 중 대형면허·특수면허만 해당한다), 앞을 보지 못하는 사람(한쪽 눈만 보지 못하는 사람의 경우에는 제1종 운전면허 중 대형면허·특수면허만 해당한다)이나 그 밖에 대통령령으로 정하는 신체장애인은 운전면허를 받을 수 없다.
④ 교통상의 위험과 장해를 일으킬 수 있는 정신질환자 또는 뇌전증 환자로서 대통령령으로 정하는 사람은 운전면허를 받을 수 없다.

해설

① 제1종 대형면허 또는 제1종 특수면허를 받으려는 경우로서 19세 미만이거나 자동차(이륜자동차는 제외한다)의 운전경험이 <u>1년 미만인</u> 사람은 운전면허를 받을 수 없다.(제82조①6호)

정답 ①

053 「도로교통법 시행규칙」 별표18에 따른 각종 운전면허와 운전할 수 있는 차에 대한 설명으로 가장 적절하지 <u>않은</u> 것은?   18순경3차

① 제1종 보통 연습면허로 승차정원 15인의 승합자동차는 운전할 수 있으나 적재중량 12톤의 화물자동차는 운전할 수 없다.
② 제2종 보통면허로 승차정원 10인의 승합자동차는 운전할 수 있으나 적재중량 4톤의 화물자동차는 운전할 수 없다.
③ 제1종 보통면허로 승차정원 15인의 승합자동차는 운전할 수 있으나 적재중량 12톤의 화물자동차는 운전할 수 없다.
④ 제1종 대형면허로 승차정원 45인의 승합자동차는 운전할 수 있으나 대형견인차는 운전할 수 없다.

해설

② 제2종 보통면허는 승차정원 10인 이하의 승합자동차와 <u>적재중량 4톤 이하의 화물자동차를 운전할 수 있으므로, 적재중량 4톤의 화물자동차를 운전할 수 있다.</u>

종별	구분		운전할 수 있는 차량

제1종	대형면허		① 승용자동차 / 승합자동차 / 화물자동차
			② 건설기계
			    가. 덤프트럭, 아스팔트살포기, 노상안정기
			    나. 콘크리트믹서트럭, 콘크리트펌프, 천공기(트럭 적재식)
			    다. 콘크리트믹서트레일러, 아스팔트콘크리트재생기
			    라. 도로보수트럭, 3톤 미만의 지게차
			③ 특수자동차[대형견인차, 소형견인차 및 구난차("구난차등")는 제외]
			④ 원동기장치자전거

	특수면허	대형견인차	① 견인형 특수자동차 ② 제2종 보통면허로 운전할 수 있는 차량
		소형견인차	① 총중량 3.5톤 이하의 견인형 특수자동차 ② 제2종 보통면허로 운전할 수 있는 차량
		구난차	① 구난형 특수자동차 ② 제2종 보통면허로 운전할 수 있는 차량
	보통면허		① 승용자동차 ② 승합자동차(승차정원 15명 이하) ③ 화물자동차(적재중량 12톤 미만) ④ 건설기계(도로를 운행하는 3톤 미만의 지게차로 한정) ⑤ 특수자동차(총중량 10톤 미만)(구난차등은 제외) ⑥ 원동기장치자전거
	소형면허		① 3륜화물자동차 ② 3륜승용자동차 ③ 원동기장치자전거
제2종	보통면허		① 승용자동차 ② 승용자동차(승차정원 10명 이하) ③ 화물자동차(적재중량 4톤 이하) ④ 특수자동차(총중량 3.5톤 이하)(구난차등은 제외) ⑤ 원동기장치자전거
	소형면허		① 이륜자동차(배기량 125cc 초과, 측차부를 포함) ② 원동기장치자전거
	원동기장치 자전거면허		원동기장치자전거

정답 ②

054 「도로교통법」 및 동법 시행규칙상 제1종 보통면허로 운전할 수 있는 것은 모두 몇 개인가?

16순경1차변형

> ㉠ 승용자동차
> ㉡ 승차정원 15명 이하의 승합자동차
> ㉢ 원동기장치자전거
> ㉣ 총중량 10톤 미만의 특수자동차(구난차등을 포함한다)
> ㉤ 건설기계(도로를 운행하는 3톤 미만의 지게차로 한정)

① 2개 ② 3개 ③ 4개 ④ 5개

해설
㉣ 총중량 10톤 미만의 특수자동차(**구난차등은 제외한다**)
  ※ "구난차등"은 "대형견인차, 소형견인차 및 구난차"를 말함

정답 ③

---

055 다음은 「도로교통법 시행규칙」상 각종 운전면허로 운전할 수 있는 차량의 종류를 표로 정리한 것이다. ㉠부터 ㉣까지 ( ) 안에 들어갈 숫자를 순서대로 나열한 것은?

18순경2차

> 〈제1종 보통운전면허〉
> ㉠ 적재중량 ( )톤 미만의 화물자동차

> 〈제2종 보통운전면허〉
> ㉡ 승차정원 ( )명 이하의 승합자동차
> ㉢ 적재중량 ( )톤 이하의 화물자동차
> ㉣ 총중량 ( )톤 이하의 특수자동차(구난차등은 제외한다)

① 10 - 12 - 4 - 3.5 ② 12 - 10 - 4 - 3.5
③ 12 - 10 - 4 - 4   ④ 12 - 10 - 3.5 - 4

해설
㉠ 12톤, ㉡ 10명, ㉢ 4톤, ㉣ 3.5톤

제1종 보통면허	① 승용자동차 ② 승합자동차(승차정원 15명 이하) ③ 화물자동차(적재중량 12톤 미만) ④ 건설기계(도로를 운행하는 3톤 미만의 지게차로 한정) ⑤ 특수자동차(총중량 10톤 미만)(구난차등은 제외) ⑥ 원동기장치자전거
제2종 보통면허	① 승용자동차 ② 승용자동차(승차정원 10명 이하) ③ 화물자동차(적재중량 4톤 이하) ④ 특수자동차(총중량 3.5톤 이하)(구난차등은 제외) ⑤ 원동기장치자전거

정답 ②

056 다음 중 무면허 운전에 해당하는 경우로 가장 적절한 것은? 　　19순경2차

① 제1종 보통면허를 소지한 甲이 구난차등이 아닌 10톤의 특수자동차를 운전한 경우
② 제1종 대형면허를 소지한 乙이 구난차등이 아닌 특수자동차를 운전한 경우
③ 제2종 보통면허를 소지한 丙이 승차정원 10인의 승합자동차를 운전한 경우
④ 제2종 보통면허를 소지한 丁이 적재중량 4톤의 화물자동차를 운전한 경우

해설

① 제1종 보통면허로는 구난차등이 아닌 **총중량 10톤 미만의 특수자동차 운전이 가능**하다. 따라서, **10톤의 특수자동차를 운전하였다면 무면허운전**에 해당한다.

정답 ①

057 다음 중 「도로교통법」 및 「도로교통법 시행규칙」에 따라 제2종 보통 연습면허만을 받은 사람이 운전할 수 있는 차량의 개수는? 　　21순경1차

○ 승차정원 10명 이하의 승합자동차
○ 총중량 3.5톤 이하의 견인형 특수자동차
○ 적재중량 4톤 이하의 화물자동차
○ 건설기계(도로를 운행하는 3톤 미만의 지게차로 한정)

① 1개　　　② 2개　　　③ 3개　　　④ 4개

해설

- 승차정원 10명 이하의 승합자동차 → 운전가능
- 총중량 3.5톤 이하의 견인형 특수자동차 → <u>연습면허로 특수자동차는 운전불가</u>
- 적재중량 4톤 이하의 화물자동차 → 운전가능
- 건설기계(도로를 운행하는 3톤 미만의 지게차로 한정) → 제1종보통면허로 운전가능하지만, 1종보통면허라 하더라도 <u>연습면허로는 운전불가</u>

연습면허	제1종 보통	승용자동차 승차정원 15명 이하의 승합자동차 적재중량 12톤 미만의 화물자동차
	제2종 보통	승용자동차 승차정원 10명 이하의 승합자동차 적재중량 4톤 이하의 화물자동차

정답 ②

---

058 운전면허에 대한 설명으로 가장 적절하지 <u>않은</u> 것은?   20승진

① 제2종 보통면허로는 승차정원 10명 이하의 승합자동차, 적재중량 4톤 이하의 화물자동차, 총중량 3.5톤 이하의 특수자동차(구난차등은 제외한다) 등을 운전할 수 있다.
② 임시운전증명서의 유효기간은 20일 이내로 하되, 운전면허의 취소 또는 정지처분 대상자의 경우 40일 이내로 할 수 있다. 다만, 시·도경찰청장이 필요하다고 인정하는 경우 그 유효기간을 1회에 한하여 20일의 범위 이내에서 연장할 수 있다.
③ 제1종 특수면허 중 소형견인차 면허를 가지고 총중량 3.5톤 이하의 견인형 특수자동차를 운전할 수 있다.
④ 국제운전면허증 또는 상호인정외국면허증을 발급받은 사람은 국내에 입국한 날부터 1년 동안만 그 국제운전면허증 또는 상호인정외국면허증으로 자동차등을 운전할 수 있다.

해설

② 임시운전증명서의 유효기간은 20일 이내로 하되, 운전면허의 취소 또는 정지처분 대상자의 경우 40일 이내로 할 수 있다. 다만, <u>경찰서장</u>이 필요하다고 인정하는 경우 그 유효기간을 1회에 한하여 20일의 범위 이내에서 연장할 수 있다.

정답 ②

059 다음은 「도로교통법」 제96조 국제운전면허증 또는 상호인정외국면허증에 의한 자동차등의 운전에 관한 설명이다. 빈칸의 내용을 가장 적절하게 연결한 것은?

16승진

> 외국의 권한 있는 기관에서 도로교통에 관한 협약에 따른 국제운전면허증 또는 상호인정외국면허증을 발급받은 사람은 제80조 제1항에도 불구하고 국내에 (㉠)부터 (㉡)동안만 그 국제운전면허증 또는 상호인정외국면허증으로 자동차등을 운전할 수 있다.

① ㉠ 입국한 날 ㉡ 1년
② ㉠ 입국한 날 ㉡ 2년
③ ㉠ 발행한 날 ㉡ 1년
④ ㉠ 발행한 날 ㉡ 2년

해설

외국의 권한 있는 기관에서 도로교통에 관한 협약에 따른 국제운전면허증 또는 상호인정외국면허증을 발급받은 사람은 제80조 제1항에도 불구하고 국내에 **입국한 날부터 1년 동안만** 그 국제운전면허증 또는 상호인정외국면허증으로 자동차등을 운전할 수 있다.

정답 ①

060 「도로교통법」상 국제운전면허증 또는 상호인정외국면허증에 관한 다음 설명 중 옳고 그름의 표시(○, ×)가 바르게 된 것은?

18경간

> 가. 국제운전면허증 또는 상호인정외국면허증을 외국에서 발급받은 사람은 「여객자동차 운수사업법」 또는 「화물자동차 운수사업법」에 따른 사업용 자동차를 운전할 수 없다. 「여객자동차 운수사업법」에 따른 대여사업용 자동차를 임차하여 운전하는 경우에도 마찬가지이다.
> 나. 국제운전면허증 또는 상호인정외국면허증을 외국에서 발급받은 사람은 국내에 입국한 날부터 2년 동안만 그 국제운전면허증 또는 상호인정외국면허증으로 자동차등을 운전할 수 있다.
> 다. 국제운전면허는 모든 국가에서 통용된다.
> 라. 국제운전면허증을 발급받은 사람의 국내운전면허의 효력이 정지된 때에는 그 정지기간 동안 그 효력이 정지된다.

① 가(×) 나(×) 다(×) 라(○)
② 가(○) 나(○) 다(×) 라(○)
③ 가(×) 나(○) 다(○) 라(×)
④ 가(×) 나(○) 다(×) 라(○)

해설

가. 국제운전면허증 또는 상호인정외국면허증을 외국에서 발급받은 사람은 「여객자동차 운수사업법」 또는 「화물자동차 운수사업법」에 따른 사업용 자동차를 운전할 수 없다. 다만, 「여객자동차 운수사업법」에 따른 **대여사업용 자동차를 임차(賃借)하여 운전하는 경우에는 그러하지 아니하다**(제96조 제2항).
나. 국제운전면허증 또는 상호인정외국면허증을 외국에서 발급받은 사람은 국내에 입국한 날부터 **1년 동안만** 그 국제운전면허증 또는 상호인정외국면허증으로 자동차등을 운전할 수 있다(제96조 제1항).
다. 모든 국가가 아니라 <u>1949년 제네바에서 체결된</u> 「도로교통에 관한 협약」이나 1968년 비엔나에서 체결된 「도로교통에 관한 협약」에 가입한 국가 또는 <u>우리나라와 국제운전면허를 상호 인정하는 협약·협정·약정을 체결한 국가에서만 통용</u>된다(제96조 제1항).
라. ○

정답 ①

061 국제운전면허증의 발급에 관한 설명 중 틀린 것은 모두 몇 개인가?　　13경간

> ㉠ 국제운전면허증을 발급받으려면 관할경찰서장에게 신청하여야 한다.
> ㉡ 국제운전면허증의 유효기간은 발급받은 날부터 3년으로 한다.
> ㉢ 국제운전면허증은 이를 발급받은 사람의 국내운전면허의 효력이 없어지거나 취소된 때에는 그 효력을 잃는다.
> ㉣ 국제운전면허증을 발급받은 사람의 국내 운전면허의 효력이 정지된 때에는 그 정지기간 동안 그 효력이 정지된다.

① 1개　　② 2개　　③ 3개　　④ 4개

해설
㉠ 국제운전면허증을 발급받으려면 **시·도경찰청장에게** 신청하여야 한다.
㉡ 국제운전면허증의 유효기간은 **발급받은 날부터 1년으로** 한다.

정답 ②

---

062 보기의 괄호 안에 들어갈 숫자를 순서대로 나열한 것 중 가장 적절한 것은?　　12승진

> ㉠ 운전면허증 재발급 신청시, 정기 적성검사(면허증 갱신 포함)와 수시 적성검사 신청시 발급되는 임시운전증명서의 유효기간은 (　)일 이내로 하되, 운전면허 취소·정지처분 대상자에게 발급되는 임시운전 증명서의 유효기간은 (　)일 이내로 할 수 있다. 다만, 경찰서장은 필요하다고 인정되는 경우 유효기간을 1회에 한하여 20일의 범위에서 연장할 수 있다.
> ㉡ 도로교통협약의 규정에 의한 운전면허증을 외국에서 발급받은 사람은 「도로교통법」 제80조 제1항의 규정에도 불구하고 입국한 날로부터 (　)년 동안만 국내에서 그 국제운전면허증으로 자동차등을 운전할 수 있다.

① 40, 20, 1　　② 40, 40, 2　　③ 20, 40, 1　　④ 20, 20, 1

해설
㉠ 임시운전 증명서의 유효기간은 (20)일 이내로 하되, 운전면허 취소·정지처분 대상자에게 발급되는 임시운전 증명서의 유효기간은 (40)일 이내로 할 수 있다. 다만, 경찰서장은 필요하다고 인정되는 경우 유효기간을 1회에 한하여 20일의 범위에서 연장할 수 있다.
㉡ 도로교통협약의 규정에 의한 운전면허증을 외국에서 발급받은 사람은 「도로교통법」 제80조 제1항의 규정에도 불구하고 입국한 날로부터 (1)년 동안만 국내에서 그 국제운전면허증으로 자동차등을 운전할 수 있다.

정답 ③

063 연습운전면허에 대한 설명으로 가장 적절하지 않은 것은? 　　　　　　　　　　　18경채

① 연습운전면허는 제1종 보통연습면허와 제2종 보통연습면허의 2종류가 있으며, 원칙적으로 그 면허를 받은 날부터 1년 동안 효력을 가진다.
② 주행연습 중이라는 사실을 다른 차의 운전자가 알 수 있도록 연습 중인 자동차에 주행연습 표지를 붙여야 한다.
③ 자동차운전학원 강사의 지시에 따라 운전하던 중 교통사고를 일으킨 경우 연습운전면허를 취소하지 않는다.
④ 연습운전면허 소지자가 교통사고를 일으키거나 법규를 위반한 경우 벌점을 부과한다.

해설

④ 벌점관리는 운전면허를 취득한 사람에 한해 관리하고 있다. <u>연습운전면허에는 정지제도나 벌점제도가 없다.</u>

정답 ④

---

064 연습운전면허에 대한 다음 설명 중 옳지 않은 것은 모두 몇 개인가? 　　　　　　　　19경간

가. 연습운전면허는 그 면허를 받은 날부터 1년 동안 효력을 가진다. 다만, 연습운전면허를 받은 날부터 1년 이전이라도 제1종 보통면허 또는 제2종 보통면허를 받은 경우 연습 운전면허는 그 효력을 잃는다.
나. 시·도경찰청장은 연습운전면허를 발급받은 사람이 운전 중 고의 또는 과실로 교통사고를 일으키거나 「도로교통법」이나 「도로교통법」에 따른 명령 또는 처분을 위반한 경우에는 연습운전면허를 취소하여야 한다.
다. 다만, 연습운전면허를 받은 사람이 ⅰ) 도로교통공단의 도로주행시험을 담당하는 사람, 자동차운전학원의 강사, 전문학원의 강사 또는 기능검정원의 지시에 따라 운전하던 중 교통사고를 일으킨 경우, ⅱ) 도로가 아닌 곳에서 교통사고를 일으킨 경우, ⅲ) 교통사고를 일으켰으나 물적 피해만 발생한 경우에는 연습운전면허를 취소하지 않는다.
라. 연습운전면허를 받은 사람이 도로에서 주행연습을 하는 때에는 운전면허(연습하고자 하는 자동차를 운전할 수 있는 운전면허에 한한다)를 받은 날부터 2년이 경과된 사람(소지하고 있는 운전면허의 효력이 정지기간 중인 사람을 제외한다)과 함께 승차하여 그 사람의 지도를 받아야 한다.

① 없음　　② 1개　　③ 2개　　④ 3개

해설

모두 옳은 설명이다.

정답 ①

065 연습운전면허에 대한 설명으로 옳은 것을 모두 고른 것은?

17경기북부여경

> ㉠ 연습운전면허는 그 면허를 받은 날부터 1년 동안 효력을 가진다. 다만, 연습운전면허를 받은 날부터 1년 이전이라도 연습운전면허를 받은 사람이 제1종 보통면허 또는 제2종 보통면허를 받은 경우 연습운전면허는 그 효력을 잃는다.
> ㉡ 연습운전면허를 발급받은 사람이 운전 중 고의 또는 과실로 교통사고를 일으킨 경우 연습운전면허를 취소하여야 하고, 이때 도로교통공단의 도로주행시험을 담당하는 사람의 지시에 따라 운전하던 중 교통사고를 일으킨 경우도 마찬가지이다.
> ㉢ 연습운전면허를 발급받은 사람이 도로가 아닌 곳에서 교통사고를 일으킨 경우에는 연습운전면허를 취소하여야 한다.
> ㉣ 연습운전면허를 발급받은 사람이 교통사고를 일으켰으나 단순 물적 피해만 발생한 경우 면허가 취소되지 않는다.

① ㉠㉡   ② ㉠㉣   ③ ㉡㉢   ④ ㉢㉣

해설

㉡ 연습운전면허를 발급받은 사람이 운전 중 고의 또는 과실로 교통사고를 일으킨 경우 연습운전면허를 취소하여야 하나, <u>도로교통공단의 도로주행시험을 담당하는 사람의 지시에 따라 운전하던 중 교통사고를 일으킨 경우는 취소하지 않는다.</u>
㉢ 연습운전면허를 발급받은 사람이 <u>도로가 아닌 곳에서 교통사고를 일으킨 경우에는 연습운전면허를 취소하지 않는다.</u>

정답 ②

---

066 운전면허 행정처분 결과에 따른 결격대상자와 결격기간의 연결이 옳지 <u>않은</u> 것은 모두 몇 개인가?

20경간

> 가. 자동차 등을 이용하여 범죄행위를 하거나 다른 사람의 자동차를 훔치거나 빼앗아 무면허로 운전한 자 - 위반한 날부터 3년
> 나. 다른 사람이 부정하게 운전면허를 받도록 하기 위하여 운전면허시험에 대리응시한 자 - 취소된 날부터 2년
> 다. 과로상태 운전으로 사람을 사상한 후 구호조치 없이 도주한 자 - 취소된 날부터 5년
> 라. 2회 이상의 공동위험행위로 운전면허가 취소된 자 - 취소된 날부터 2년
> 마. 적성검사를 받지 아니하여 운전면허가 취소된 자 - 취소된 날부터 1년

① 1개   ② 2개   ③ 3개   ④ 4개

해설

마. "적성검사를 받지 아니하거나 적성검사에 불합격하여 운전면허가 취소된 경우"에는 **즉시 운전면허를 받을 수 있다(기간제한 없음)**.

▶ **운전면허 발급기간의 제한** (오른쪽 글자수로 외우자)

다음의 어느 하나의 경우에 해당하는 사람은 다음에 규정된 기간이 지나지 아니하면 운전면허를 받을 수 없다. 다만, 다음의 사유로 인하여 <u>벌금 미만</u>의 형이 확정되거나 <u>선고유예</u>의 판결이 확정된 경우 또는 <u>기소유예</u>나 「소년법」에 따른 <u>보호처분</u>의 결정이 있는 <u>경우에는 기간 내라도 운전면허를 받을 수 있다</u>.

5년	① 무면허운전(면허정지중 운전, 발급제한기간중 국제운전면허증 운전 포함)·음주운전·과로등운전(과로/질병/약물)·공동위험행위로 사람을 사상한 후 필요한 조치 및 신고를 하지 아니한 경우(취소된 날 또는 위반한 날부터 5년) ② 음주운전으로 사람을 사망에 이르게 한 경우	과음무공(뺑) 음주운전(사)
4년	과/음/무/공 이외의 사유로 사람을 사상한 후 필요한 조치 및 신고를 하지 아니한 경우	나머지(뺑)
3년	① 음주운전/측정거부 위반하여 2회 이상 교통사고 일으킨 경우 ② 자동차를 이용하여 범죄행위를 하거나, 다른 사람의 자동차 등을 훔치거나 빼앗은 사람이 무면허운전을 한 경우	① 음2교 ② 범죄무
2년	① 2회 이상 공동위험행위로 운전면허 취소된 경우 ② 2회 이상 음주운전/측정거부 위반하여 운전면허가 취소된 경우 ③ 3회 이상 무면허운전(면허정지중운전포함) ④ 음주운전/측정거부 위반하여 교통사고를 일으킨 경우 ⑤ 운전면허를 받을 수 없는 사람이 운전면허를 받거나 운전면허효력의 정지기간 중 운전면허증 또는 운전면허증에 갈음하는 증명서를 교부받은 사실이 드러난 때 ⑥ 다른 사람이 부정하게 운전면허를 받도록 하기 위하여 운전면허 시험에 대신 응시한 경우 ⑦ 다른 사람의 자동차 등을 훔치거나 빼앗은 자	① 공2 ② 음2 ③ 무3 ④ 음교 ⑤⑥ 부정 ⑦ 강절
1년	"위 2~5년 제한사유 이외의 사유로 운전면허 취소된 자" ① 그 외 사유(예 : 무면허운전, 자동차이용범죄 등) ② 공동위험행위로 취소된 경우 원자 면허 받으려는 경우	
6개월	"위 2~5년 제한사유 이외의 사유로 운전면허 취소된 자"가 원동기장치자전거면허를 받으려는 경우	
즉시 가능	적성검사를 받지 아니하거나 적성검사에 불합격하여 운전면허가 취소된 경우	

정답 ①

067 다음 중 「도로교통법」상 운전면허 행정처분결과에 따른 운전면허 발급제한기간이 3년인 경우는 모두 몇 개인가?
13순경1차변경

> ㉠ 무면허운전, 음주운전, 약물·과로운전, 공동위험행위 외의 사유로 사람을 사상한 후 구호조치 및 신고없이 도주한 경우 (취소된 날부터)
> ㉡ 2회 이상 음주운전(음주측정거부 포함)으로 운전면허가 취소된 경우 (취소된 날부터)
> ㉢ 제1종 운전면허를 받은 사람이 적성검사에 불합격되어 다시 제2종 운전면허를 받으려는 경우
> ㉣ 2회 이상의 공동위험행위로 운전면허가 취소된 경우(취소된 날부터)

① 1개 ② 2개 ③ 3개 ④ 없음

해설

㉠ 무면허운전, 음주운전, 약물·과로운전, 공동위험행위 외의 사유로 사람을 사상한 후 구호조치 및 신고없이 도주한 경우 – <u>운전면허발급제한기간 4년</u> (나머지빽 – 4글자)
㉡ 2회 이상 음주운전(음주측정거부 포함)으로 운전면허가 취소된 경우 – <u>운전면허발급제한기간 2년</u> (공2/음2/무3/음교/부정/강절 – 2글자)
㉢ 제종 운전면허를 받은 사람이 적성검사에 불합격되어 다시 제2종 운전면허를 받으려는 경우 – <u>운전면허발급제한기간 없음</u>
㉣ 2회 이상의 공동위험행위로 운전면허가 취소된 경우 – <u>운전면허발급제한기간 2년</u> (공2/음2/무3/음교/부정/강절 – 2글자)

정답 ④

---

068 다음 사유로 운전면허 취소처분 후 운전면허시험 응시제한 기간 중 옳지 <u>않은</u> 것은?
13경간

① 과로운전 중 사상사고 야기 후 구호조치 및 신고 없이 도주 – 5년
② 2회 이상 음주운전으로 운전면허가 취소된 경우 – 3년
③ 다른 사람의 자동차를 훔치거나 빼앗은 때 – 2년
④ 다른 사람을 위하여 운전면허시험에 대리 응시한 때 – 2년

해설

① (O) 과음무공빽(5글자) → 5년
② (X) 공2/음2/무3/음교/부정/강절(2글자) → <u>2년간</u> 운전면허 발급이 제한된다.
③ (O) 강절(2글자) → 2년
④ (O) 부정(2글자) → 2년

정답 ②

069 다음은 운전면허시험 응시제한기간에 대한 내용이다. 괄호 안에 들어갈 숫자의 총합은? 17경간

> ⊙ 과로운전 중 사상사고 야기 후 구호조치 및 신고없이 도주한 경우, 취소된 날부터 (　)년
> ⓒ 2회 이상 음주운전으로 운전면허가 취소된 경우, 취소된 날부터 (　)년
> ⓒ 다른 사람의 자동차등을 훔치거나 빼앗은 사람이 무면허 운전을 한 경우, 위반한 날부터 (　)년
> ⓔ 2회 이상의 공동위험행위로 운전면허가 취소된 경우, 취소된 날부터 (　)년
> ⓜ 운전면허효력의 정지기간 중 운전면허증 또는 운전면허증을 갈음하는 증명서를 발급받은 사실이 드러나 운전면허가 취소된 경우, 취소된 날부터 (　)년

① 13　　　　② 14　　　　③ 15　　　　④ 16

해설

⊙ 5년 ⓒ 2년 ⓒ 3년 ⓔ 2년 ⓜ 2년

▶ **면허취득 제한기간**

5년(5글자) : 과음무공(뺑), 음주운전(사)
4년(4글자) : 나머지뺑
3년(3글자) : 음2교(음주운전으로 2회이상 교통사고),
　　　　　　범죄무(자동차이용범죄/자동차강절도 + 무면허)
2년(2글자) : 공2, 음2, 무3, 음교, 부정, 강절
1년 : ⊙ 그 외 사유(예 : 무면허운전, 자동차이용범죄 등)
　　　ⓒ 공동위험행위로 취소된 자가 원자면허 받으려는 경우
6개월 : "2~5년 제한사유 이외 사유로 면허취소된 자"가 원자면허 받으려는 경우
즉시가능 : 적성검사를 받지 아니하거나 적성검사에 불합격하여 면허취소된 경우

정답 ②

070 「도로교통법」상 다음 보기의 운전면허결격기간을 모두 합한 것으로 옳은 것은?

14순경2차

> ㉠ 운전면허를 받을 수 없는 사람이 운전면허를 받은 사실이 드러난 때
> ㉡ 과로상태운전으로 사람을 사상한 후 필요한 조치 및 신고를 하지 아니한 경우
> ㉢ 음주운전의 규정을 3회 이상 위반하여 운전면허가 취소된 경우
> ㉣ 적성검사를 받지 아니하여 운전면허가 취소된 경우

① 9년　　② 9년 6개월　　③ 10년　　④ 10년 6개월

해설

㉠ 운전면허를 받을 수 없는 사람이 운전면허를 받은 사실이 드러난 때 – **2년**
㉡ 과로상태운전으로 사람을 사상한 후 필요한 조치 및 신고를 하지 아니한 경우 – **5년**
㉢ 음주운전의 규정을 2회 이상 위반하여 운전면허가 취소된 경우 – **2년**
㉣ 적성검사를 받지 아니하여 운전면허가 취소된 경우 – **기간제한 없음**

정답 ①

---

071 다음 괄호 안에 들어갈 운전면허시험 응시제한기간의 총 합은 얼마인가? (단, 해당 행위로 인해 반드시 행정처분이 있다고 볼 것)

14경간

> 가. 음주운전으로 2회 이상 교통사고 야기한 경우, 취소된 날로부터 (　) 년
> 나. 다른 사람의 자동차 등을 훔치거나 빼앗은 사람이 그 자동차 등을 무면허 운전한 경우, 위반한 날로부터 (　) 년
> 다. 과로운전 중 인적 피해사고 야기 후 구호조치 없이 도주한 경우, 취소된 날로부터 (　) 년
> 라. 음주운전금지규정을 2회 이상 위반하여 취소된 경우, 취소된 날로부터 (　) 년
> 마. 다른 사람이 부정하게 운전면허를 받도록 하기 위하여 운전면허시험에 대신 응시하여 취소된 경우, 취소된 날로부터 (　) 년

① 14년　　② 15년　　③ 16년　　④ 17년

해설

가. 음주운전으로 2회 이상 교통사고 야기한 경우, **취소된 날로부터 3년** (음2교)
나. 다른 사람의 자동차 등을 훔치거나 빼앗은 사람이 그 자동차 등을 무면허 운전한 경우, **위반한 날로부터 3년** (범죄무)
다. 과로운전 중 인적 피해사고 야기 후 구호조치 없이 도주한 경우, **취소된 날로부터 5년** (과음무공뺑)
라. 음주운전금지규정을 2회 이상 위반하여 취소된 경우, **취소된 날로부터 2년** (음2)
마. 다른 사람이 부정하게 운전면허를 받도록 하기 위하여 운전면허시험에 대신 응시하여 취소된 경우, **취소된 날로부터 2년** (부정)

정답 ②

072 아래는 「도로교통법 시행규칙」 별표 28 운전면허 취소·정지처분 기준의 일부를 발췌한 것이다. 다음 중 옳은 것은?

18순경3차

> 1. 일반기준
>   가. ~ 마. 〈생략〉
>   바. 처분기준의 감경
>   (1) 감경사유
>   (가) 음주운전으로 운전면허 취소처분 또는 정지처분을 받은 경우 운전이 가족의 생계를 유지할 중요한 수단이 되거나, ㉠ <u>모범운전자로서 처분당시 2년 이상 교통봉사활동에 종사</u>하고 있거나, 교통사고를 일으키고 도주한 운전자를 검거하여 경찰서장 이상의 표창을 받은 사람으로서 다음의 어느 하나에 해당되는 경우가 없어야 한다.
>   1) ㉡ <u>혈중알코올농도가 0.08퍼센트를 초과하여 운전한 경우</u>
>   2) 음주운전 중 인적피해 교통사고를 일으킨 경우
>   3) 경찰관의 음주측정요구에 불응하거나 도주한 때 또는 단속경찰관을 폭행한 경우
>   4) ㉢ <u>과거 5년 이내에 3회 이상의 인적피해 교통사고의 전력이 있는 경우</u>
>   5) ㉣ <u>과거 3년 이내에 음주운전의 전력이 있는 경우</u>

① ㉠   ② ㉡   ③ ㉢   ④ ㉣

해설

㉠ 처분당시 <u>3년 이상</u> 교통봉사활동에 종사하고 있을 것을 요한다.
㉡ 혈중알코올농도 <u>0.1퍼센트를</u> 초과하여 운전한 경우이다.
㉢ O
㉣ <u>과거 5년 이내에</u> 음주운전의 전력이 있는 경우이다.

정답 ③

073 「도로교통법」 및 「도로교통법 시행령」상 교통안전교육에 대한 설명으로 가장 적절하지 않은 것은?

21승진

① 교통안전교육은 운전면허를 받고자 하는 사람이 학과시험 응시 전 받아야 하는 1시간의 교통안전교육으로, 자동차운전 전문학원에서 학과교육을 수료한 사람은 제외된다.
② 특별교통안전교육 중 의무교육 대상은 운전면허효력 정지처분을 받게 되거나 받은 초보운전자로서 그 정지기간이 끝나지 아니한 사람 등이다.
③ 특별교통안전교육 중 권장교육 대상은 운전면허를 받은 사람 중 교육을 받으려는 날에 65세 이상인 사람 등으로, 권장교육을 받기 전 1년 이내에 해당 교육을 받지 아니한 사람에 한정한다.
④ 긴급자동차 교통안전교육 중 신규 교통안전교육은 긴급자동차를 운전하는 사람을 대상으로 3년마다 정기적으로 실시하는 교육이다.

해설

④ 긴급자동차를 운전하는 사람을 대상으로 3년마다 정기적으로 실시하는 교육(2시간 이상)은 정기 교통안전교육에 대한 설명이다. 신규 교통안전교육은 최초로 긴급자동차를 운전하려는 사람을 대상으로 실시하는 교육(3시간 이상)이다.(시행령 제38조의2②) ※ 특별교통안전교육(특별교통안전의무교육+특별교통안전권장교육)은 강의·시청각교육 또는 현장체험교육 등의 방법으로 3시간 이상 48시간 이하로 각각 실시한다.

정답 ④

제4절 교통사고 처리

074 「교통사고처리특례법」 제3조 제2항 단서 '처벌특례 항목'에 해당하지 않는 것은? 20경간

① 일시정지를 내용으로 하는 안전표지가 표시하는 지시를 위반하여 운전한 경우
② 교차로 통행방법을 위반하여 운전한 경우
③ 고속도로에서의 앞지르기 방법을 위반하여 운전한 경우
④ 약물의 영향으로 정상적으로 운전하지 못할 우려가 있는 상태에서 운전한 경우

해설

교특법 제3조 제2항 단서의 '처벌특례' (철길앞/횡단어린이/신중무음속보/추추)

1. 신호기가 표시하는 신호 또는 교통정리를 하는 경찰공무원등의 신호를 위반하거나 통행금지 또는 일시정지를 내용으로 하는 안전표지가 표시하는 지시를 위반하여 운전한 경우
2. 중앙선을 침범하거나 같은 법 제62조를 위반하여 횡단, 유턴 또는 후진한 경우
3. 제한속도를 시속 20킬로미터 초과하여 운전한 경우
4. 앞지르기의 방법·금지시기·금지장소 또는 끼어들기의 금지를 위반하거나 고속도로에서의 앞지르기 방법을 위반하여 운전한 경우
5. 철길건널목 통과방법을 위반하여 운전한 경우
6. 횡단보도에서의 보행자 보호의무를 위반하여 운전한 경우
7. 운전면허 또는 건설기계조종사면허를 받지 아니하거나 국제운전면허증을 소지하지 아니하고 운전한 경우(무면허)
8. 술에 취한 상태에서 운전을 하거나 약물의 영향으로 정상적으로 운전하지 못할 우려가 있는 상태에서 운전한 경우(음주운전)
9. 보도가 설치된 도로의 보도를 침범하거나 보도 횡단방법을 위반하여 운전한 경우
10. 승객의 추락 방지의무를 위반하여 운전한 경우
11. 어린이 보호구역에서 어린이의 안전에 유의하면서 운전하여야 할 의무를 위반하여 어린이의 신체를 상해에 이르게 한 경우
12. 자동차의 화물이 떨어지지 아니하도록 필요한 조치를 하지 아니하고 운전한 경우(화물추락방지)

정답 ②

075 「교통사고처리 특례법」 제3조(처벌의 특례) 제2항 각호에 규정된 12개 예외 항목에 해당하지 않는 것은? 18순경2차

① 횡단보도에서의 보행자 보호의무를 위반하여 운전한 경우
② 자동차의 화물이 떨어지지 아니하도록 필요한 조치를 하지 아니하고 운전한 경우
③ 제한속도를 시속 10킬로미터 초과하여 운전한 경우
④ 철길건널목 통과방법을 위반하여 운전한 경우

해설

③ 제한속도를 시속 20킬로미터 초과하여 운전한 경우에 해당한다.

 정답 ③

076 「교통사고처리 특례법」 제3조 제2항 단서의 '처벌특례 항목'에 해당하지 <u>않는</u> 것을 모두 고른 것은?

17승진

> ㉠ 중앙선을 침범한 경우
> ㉡ 제한속도를 시속 10킬로미터 초과하여 운전한 경우
> ㉢ 고속도로에서의 끼어들기 방법을 위반하여 운전한 경우
> ㉣ 철길건널목 통과방법을 위반하여 운전한 경우
> ㉤ 횡단보도에서의 보행자 보호의무를 위반하여 운전한 경우
> ㉥ 정지선을 침범한 경우
> ㉦ 보도 횡단방법을 위반하여 운전한 경우

① ㉠, ㉡, ㉣
② ㉡, ㉢, ㉥
③ ㉢, ㉣, ㉥
④ ㉤, ㉥, ㉦

해설

㉡ 제한속도를 시속 <u>20킬로미터 초과</u>하여 운전한 경우가 처벌특례 항목
㉢ <u>고속도로에서의 앞지르기 방법을 위반</u>하여 운전한 경우가 처벌특례 항목
㉥ <u>'특례 12개 항목'</u>에 해당하지 않는다.

정답 ②

077 「교통사고처리 특례법」 제3조 제2항 단서 '처벌특례 항목'들에 대한 설명 중 옳은 것들로 묶인 것은? (판례에 의함)

21경간

> 가. 교차로 진입 직전에 백색실선이 설치되어 있으면, 교차로에서의 진로변경을 금지하는 내용의 안전표지가 개별적으로 설치되어 있지 않다고 하더라도 자동차 운전자가 교차로에서 진로변경을 시도하다가 교통사고를 내었다면 이는 특례법상 '통행금지를 내용으로 하는 안전표지가 표시하는 지시를 위반하여 운전한 경우'에 해당한다.
> 나. 중앙선이 설치된 도로의 어느 구역에서 좌회전이나 유턴이 허용되어 중앙선이 백색점선으로 표시되어 있는 경우, 그 지점에서 안전표지에 따라 좌회전이나 유턴을 하기 위하여 중앙선을 넘어 운행하다가 반대편 차로를 운행하는 차량과 충돌하는 교통사고를 내었더라도 이를 특례법에서 규정한 중앙선 침범 사고라고 할 것은 아니다.
> 다. 연습운전면허를 받은 사람은 운전을 함에 있어 '주행연습외의 목적으로 운전하여서는 아니된다'는 사항을 준수해야 하며 이에 위반하여 운전한 경우 그 운전은 특례법에서 규정한 무면허운전으로 보아 처벌할 수 있다.
> 라. 화물차 적재함에서 작업하던 피해자가 차에서 내린 것을 확인하지 않은 채 출발함으로써 피해자가 추락하여 상해를 입게된 경우, 특례법 소정의 '승객의 추락방지 의무'를 위반하여 운전한 경우에 해당하지 않는다.

① 가.나.   ② 가.다.   ③ 나.다.   ④ 나.라.

해설

가. 교차로 진입 직전에 설치된 백색실선을 교차로에서의 진로변경을 금지하는 내용의 안전표지와 동일하게 볼 수 없으므로, 교차로에서의 진로변경을 금지하는 내용의 안전표지가 개별적으로 설치되어 있지 않다면 자동차 운전자가 교차로에서 진로변경을 시도하다가 교통사고를 야기하였다고 하더라도 이를 교통사고처리 특례법 제3조 제2항 단서 제1호에서 정한 '「도로교통법」 제5조에 따른 통행금지를 내용으로 하는 안전표지가 표시하는 **지시를 위반하여 운전한 경우**'에 해당한다고 할 수 없다.(대법원 2015도3107)

나. O

다. 운전을 할 수 있는 차의 종류를 기준으로 운전면허의 범위가 정해지게 되고, 해당 차종을 운전할 수 있는 운전면허를 받지 아니하고 운전한 경우가 무면허운전에 해당된다고 할 것이므로 실제 운전의 목적을 기준으로 운전면허의 유효범위나 무면허운전 여부가 결정된다고 볼 수는 없다. 따라서 연습운전면허를 받은 사람이 운전을 함에 있어 주행연습 외의 목적으로 운전하여서는 아니된다는 준수사항을 지키지 않았다고 하더라도 준수사항을 지키지 않은 것에 대하여 **연습운전면허의 취소 등 제재를 가할 수 있음은 별론으로 하고 그 운전을 무면허운전이라고 보아 처벌할 수는 없다.**(대법원 2013도15031)

라. O

정답 ④

078 다음 ㉠부터 ㉡까지 중 「교통사고처리 특례법」 제3조 제2항(처벌의 특례) 단서 각 호에 해당하는 것은 모두 몇 개인가?

22승진

㉠ 「도로교통법」 제39조 제4항을 위반하여 자동차의 화물이 떨어지지 아니하도록 필요한 조치를 하지 아니하고 운전한 경우
㉡ 「도로교통법」 제17조 제1항 또는 제2항에 따른 제한속도를 시속 20킬로미터 초과하여 운전한 경우
㉢ 「도로교통법」 제13조 제3항을 위반하여 중앙선을 침범하거나 같은 법 제62조를 위반하여 횡단, 유턴 또는 후진한 경우
㉣ 「도로교통법」 제24조에 따른 철길건널목 통과방법을 위반하여 운전한 경우

① 1개　　② 2개　　③ 3개　　④ 4개

해설

④ 모두 특례 12개 조항에 해당한다.

정답 ④

079 「교통사고처리 특례법」 제3조 제2항 단서에 규정된 처벌의 특례 11개 항목에 해당하지 않는 것은 모두 몇 개인가?

16경간, 15승진유사

> ㉠ 신호위반으로 인한 사고
> ㉡ 안전거리 미확보로 인한 사고
> ㉢ 승객추락방지 의무 위반으로 인한 사고
> ㉣ 어린이보호구역 주의의무 위반으로 인한 사고
> ㉤ 통행우선순위 위반으로 인한 사고

① 0개 ② 1개 ③ 2개 ④ 3개

해설

③ 특례 항목에 해당하지 않는 것은 ㉡㉤ 2개이다.

정답 ③

---

080 「교통사고조사규칙」에서 규정하고 있는 용어의 정의로 가장 옳은 것은?

18경간

① 충돌이란 2대 이상의 차가 동일방향으로 주행 중 뒤차가 앞차의 후면을 충격한 것을 말한다.
② 요마크(Yaw mark)란 차의 급제동으로 인하여 타이어의 회전이 정지된 상태에서 노면에 미끄러져 생긴 타이어 마모흔적 또는 활주흔적을 말한다.
③ 접촉이란 차가 추월, 교행 등을 하려다가 차의 좌우측면을 서로 스친 것을 말한다.
④ 전도란 차가 주행 중 도로 또는 도로 이외의 장소에 뒤집혀 넘어진 것을 말한다.

해설

① **추돌이란** 2대 이상의 차가 동일방향으로 주행 중 뒤차가 앞차의 후면을 충격한 것을 말한다. ※ 충돌이란 차가 반대방향 또는 측방에서 진입하여 그 차의 정면으로 다른 차의 정면 또는 측면을 충격한 것을 말한다.
② **스키드마크(Skid mark)란** 차의 급제동으로 인하여 타이어의 회전이 정지된 상태에서 노면에 미끄러져 생긴 타이어 마모흔적 또는 활주흔적을 말한다. ※ "요마크(Yaw mark)"란 급핸들 등으로 인하여 차의 바퀴가 돌면서 차축과 평행하게 옆으로 미끄러진 타이어의 마모흔적을 말한다.
③ O
④ **전복이란** 차가 주행 중 도로 또는 도로 이외의 장소에 뒤집혀 넘어진 것을 말한다. ※ 전도란 차가 주행 중 도로 또는 도로 이외의 장소에 차체의 측면이 지면에 접하고 있는 상태(좌측면이 지면에 접해 있으면 좌전도, 우측면이 지면에 접해 있으면 우전도)를 말한다.

정답 ③

081 교통사고와 관련된 내용으로 가장 적절하지 않은 것은? (다툼이 있으면 판례에 의함) 20승진

① 교통사고로 인한 물적 피해가 경미하고 파편이 도로상에 비산되지도 않았다고 하더라도, 가해차량이 즉시 정차하는 등 필요한 조치를 취하지 아니한 채 그대로 도주한 경우에는 「도로교통법」 제54조 제1항 위반죄가 성립한다.
② 보행자가 횡단보도 보행신호등의 녹색등화의 점멸신호 전에 횡단을 시작하였다면, 보행신호등의 녹색등화가 점멸하고 있는 동안에 횡단보도를 통행하고 있다 해도 횡단보도에서의 보행자 보호의무의 대상이 되지 않는다.
③ 교통조사관은 「교통사고조사규칙」에 따라 차대차 사고로서 당사자 간의 과실이 동일한 경우 피해가 경한 당사자를 선순위로 지정한다.
④ 택시 운전자인 甲이 교차로에서 적색등화에 우회전하다가 신호에 따라 진행하던 乙의 승용차를 충격하여 乙에게 상해를 입혔다면, 당해 사고는 「교통사고처리 특례법」 제3조 제2항 단서 제1호에서 정한 '신호위반'으로 인한 사고에 해당하지 아니한다.

> **해설**
> ② 보행신호등의 녹색등화의 점멸신호 전에 횡단을 시작하였는지 여부를 가리지 아니하고 보행신호등의 녹색등화가 점멸하고 있는 동안에 횡단보도를 통행하는 모든 보행자는 횡단보도에서의 보행자 보호의무의 대상이 된다(대판2007도9598).
>
> **정답** ②

082 교통과에 근무하는 경찰관 甲이 교통사고를 처리할 때 각 유형별 법률 적용이 가장 적절하지 않은 것은? (단, 교통사고처리 특례법, 도로교통법, 특정범죄가중처벌 등에 관한 법률 이외의 법률적용은 논외로 하고 자동차 보험 등에 가입되어 있음을 전제함) 12승진

① 운전자 A가 치사사고를 발생시켰을 경우 교통사고처리특례법을 적용하여 형사입건 처리하였다.
② 운전자 B가 치상사고를 발생시켜 피해자가 중상해를 입은 경우 피해자와 합의가 되지 않아 교통사고처리특례법을 적용하여 형사입건 처리하였다.
③ 운전자 C가 필로폰을 복용하여 정상적인 운전이 곤란한 상태에서 자동차를 운전하여 사람을 상해한 경우 특정범죄가중처벌 등에 관한 법률을 적용하여 형사입건 처리하였다.
④ 운전자 D가 단순 물적피해를 야기한 경우라도 도주하였다가 검거된 경우에는 특정범죄가중처벌 등에 관한 법률을 적용하여 형사입건 처리하였다.

> **해설**
> ④ 단순 물적피해를 야기하고 도주한 경우에는 「도로교통법」 제148조를 적용하여 형사입건 처리한다.
>
> **정답** ④

083 교통사고와 관련된 내용으로 가장 적절하지 않은 것은? (다툼이 있으면 판례에 의함)

17승진, 11승진유사

① 신호위반으로 교통사고를 일으킨 사람이 통고처분을 받아 신호위반의 범칙금을 납부하였다면, 「교통사고처리 특례법」상 신호위반으로 인한 업무상과실치상죄의 죄책을 물을 수 없다.
② 교차로와 횡단보도가 연접하여 설치되어 있고 차량용 신호기는 교차로에만 설치된 경우, 교차로의 차량신호등이 적색이고 교차로에 연접한 횡단보도 보행등이 녹색인 경우에 차량 운전자가 위 횡단보도 앞에서 정지하지 아니하고 횡단보도를 지나 우회전하던 중 업무상과실치상의 결과가 발생하면 「교통사고처리 특례법」제3조 제1항, 제2항 단서 제1호의 '신호위반'에 해당한다.
③ 「특정범죄 가중처벌 등에 관한 법률」제5조의3 도주차량운전자에 대한 가중처벌규정과 관련하여, 차의 교통으로 인한 업무상과실치사상의 사고는 「도로교통법」이 정하는 도로에서의 교통사고로 제한되지 않는다.
④ 「교통사고조사규칙」에 따라 차대차 사고로서 당사자 간의 과실이 동일한 경우 피해가 경한 당사자를 선순위로 지정한다.

해설
① 신호위반이라는 범칙행위와 별개인 형사범죄행위에 대하여 죄책을 물어도 **이중처벌이나 일사부재리원칙에 위배되지 않는다.**

정답 ①

084 교통사고에 대한 판례의 태도로 가장 적절하지 않은 것은? (다툼이 있는 경우 판례에 의함) 18승진

① 음주로 인한 특정범죄가중처벌 등에 관한 법률 위반(위험운전치사상)죄와 「도로교통법」 위반(음주운전)죄가 모두 성립하는 경우 두 죄는 실체적 경합관계에 있다.
② 택시 운전자인 甲이 교차로에서 적색등화에 우회전하다가 신호에 따라 진행하던 乙의 승용차를 충격하여 乙에게 상해를 입혔다면 「교통사고처리 특례법」제3조 제2항 단서 제1호에서 정한 '신호위반'으로 인한 사고에 해당한다.
③ 「특정범죄 가중처벌 등에 관한 법률」제5조의3 도주차량죄의 교통사고는 「도로교통법」이 정하는 도로에서의 교통사고에 제한되지 않는다.
④ 보행자가 횡단보도 보행신호등의 녹색등화의 점멸신호 전에 횡단을 시작하였는지 여부를 가리지 아니하고 보행신호등의 녹색등화가 점멸하고 있는 동안에 횡단보도를 통행하는 모든 보행자는 횡단보도에서의 보행자 보호의무의 대상이 된다.

해설
② 교차로 적색등화는 직진하지 말라는 신호이므로 우회전 중 교통사고가 발생했다면 **신호위반에 해당하지 않는다.**

정답 ②

085 다음 설명 중 가장 적절하지 않은 것은? (다툼이 있으면 판례에 의함) 15승진

① 화물차를 주차한 상태에서 적재된 상자 일부가 떨어지면서 지나가던 피해자에게 상해를 입힌 경우, 교통사고로 볼 수 없다.
② 연속된 교통사고로 피해자가 사망한 경우 후행 교통사고 운전자에게 책임을 물으려면 후행 교통사고를 일으킨 사람이 주의의무를 게을리 하지 않았다면 피해자가 사망에 이르지 않았을 것이라는 사실이 증명되어야 한다.
③ 「특정범죄 가중처벌 등에 관한 법률」 제5조의3 도주차량죄의 교통사고는 「도로교통법」이 정하는 도로에서의 교통사고로 제한하여야 한다.
④ 아파트 단지 내 통행로가 왕복 4차선의 외부도로와 직접 연결되어 있고, 외부차량의 통행에 제한이 없으며, 별도의 주차관리인이 없다면 「도로교통법」상 도로에 해당된다.

해설

③ 「특정범죄 가중처벌 등에 관한 법률」 제5조의3 도주차량죄의 교통사고는 「도로교통법」이 정하는 <u>도로에서의 교통사고로 제한되지 않는다.</u>

정답 ③

086 다음 중 특정범죄 가중처벌등에 관한 법률위반(도주차량)에 해당하는 것은 몇 개인가? (판례에 의함) 15경간

가. 사고를 야기한 후 자신의 범행을 은폐하기 위해 목격자라고 경찰에 허위신고한 경우
나. 사고 후 자신의 명함을 주고 택시에게 피해자 이송의뢰를 하였으나 피해자가 경찰이 도착하기 전에는 병원에 가지 않겠다고 하여 이송을 못하고 있는 사이 현장을 이탈한 경우
다. 교회 주차장에서 교통사고를 야기하여 사람을 다치게 하고도 구호조치 없이 도주한 경우
라. 교통사고를 야기한 운전자가 피해자를 병원에 후송한 후 신원을 밝히지 아니한 채 도주한 경우

① 1개 ② 2개 ③ 3개 ④ 4개

해설

④ 모두 특정범죄가중처벌에관한법률 제5조의3의 <u>도주차량 운전자에 해당</u>한다.

정답 ④

087 교통사고현장에 나타나는 현상에 관한 설명으로 가장 적절한 것은? 15승진

① 요마크(Yaw Mark) – 급격한 속도증가로 바퀴가 제자리에서 회전할 때 주로 나타나며 오직 구동바퀴에서만 발생하는 것이 특징이다.
② 스키드마크(Skid Mark) – 자동차가 급제동하면서 바퀴가 구르지 않고 미끄러질 때 나타나며 좌·우측 타이어의 흔적이 대체로 동등하게 나타나는 것이 특징이다.
③ 가속스커프(Acceleration Scuff) – 마치 호미로 노면을 판 것 같이 짧고 깊게 패인 가우지 마크로서 차량 간의 최대 접속시 만들어진다.
④ 칩(Chip) – 급핸들 조향으로 바퀴는 회전을 계속하면서 차축과 평행하게 옆으로 미끄러진 타이어 흔적을 말하며 주로 빗살무늬 흔적의 형태를 보인다.

> **해설**
> ① 가속스커프(Acceleration Scuff)에 대한 설명임
> ② ○
> ③ 칩(Chip)에 대한 설명임
> ④ 요마크(Yaw Mark)에 대한 설명임
>
> **정답** ②

088 차륜흔적 및 노면의 상처에 대한 다음 설명 중 옳은 것은 모두 몇 개인가? 16경간

> ㉠ 스크래치(Scratch) – 큰 압력 없이 미끄러진 금속물체에 의해 단단한 포장노면에 가볍게 불규칙적으로 좁게 나타나는 긁힌 자국
> ㉡ 가속스커프(Acceleration Scuff) – 정지된 차량에서 기어가 들어가 있는 채로 엔진이 고속으로 회전하다가 클러치 페달을 갑자기 놓아 급가속이 될 때 순간적으로 발생
> ㉢ 칩(Chip) – 마치 호미로 노면을 판 것 같이 짧고 깊게 팬 가우지 마크로서 차량간의 최대 접속 시 만들어짐
> ㉣ 요마크(Yaw Mark) – 바퀴가 돌면서 차축과 평행하게 옆으로 미끄러진 타이어의 마찰 흔적

① 1개　　　② 2개　　　③ 3개　　　④ 4개

> **해설**
> 모두 옳은 설명이다.
>
> **정답** ④

089 다음은 안전거리에 관한 설명이다. 빈칸에 들어갈 용어가 가장 적절하게 연결된 것은?   15승진

> 운전자가 위험을 느끼고 브레이크를 밟았을 때 자동차가 제동되기 시작하기까지의 사이에 주행하는 거리를 (㉠)라 하고, 자동차가 실제로 제동되기 시작하여 정지하기까지의 거리를 (㉡)라 하며, 이 둘을 더한 거리를 (㉢)라 한다.

① ㉠ 공주거리 ㉡ 제동거리 ㉢ 정지거리
② ㉠ 제동거리 ㉡ 정지거리 ㉢ 공주거리
③ ㉠ 정지거리 ㉡ 제동거리 ㉢ 공주거리
④ ㉠ 공주거리 ㉡ 정지거리 ㉢ 제동거리

해설

① 운전자가 위험을 느끼고 브레이크를 밟았을 때 자동차가 제동되기 시작하기까지의 사이에 주행하는 거리를 **공주거리**라 하고, 자동차가 실제로 제동되기 시작하여 정지하기까지의 거리를 **제동거리**라 하며, 이 둘을 더한 거리를 **정지거리**라 한다. → 안전거리는 정지거리보다 약간 긴 정도의 거리를 말한다. (안정공제)

정답 ①

090 다음 중 신뢰원칙 관련 판례에서 그 내용이 가장 옳지 않은 것은?   14경간

① 고속도로를 운행하는 자동차 운전자는 고속도로를 무단횡단하는 보행자가 있을 것을 예견하여 운전할 주의의무가 없다.
② 횡단보도에서 보행자 신호가 녹색에서 적색신호로 깜박거릴 때 운전자의 주의의무가 없다.
③ 전날 밤에 주차해 둔 차량을 그 다음날 아침에 출발하기에 앞서 차체 밑에 장애물이 있는지 여부를 확인하여야 할 주의의무가 있다.
④ 편도 5차선 도로의 1차로를 신호에 따라 진행하던 자동차 운전자에게 도로의 오른쪽에 연결된 소방도로에서 오토바이가 나와 맞은편 쪽으로 가기 위해 편도 5차선 도로를 대각선 방향으로 가로 질러 진행하는 경우까지 예상하여 진행할 주의의무는 없다.

해설

② 보행자 신호가 녹색신호에서 정지신호로 바뀔 무렵 전후에 횡단보도를 통과하는 자동차 운전자는 보행자가 교통신호를 철저히 준수할 것이라는 신뢰만으로 자동차를 운전할 것이 아니라 좌우에서 이미 횡단보도에 진입한 보행자가 있는지 여부를 살펴보고 또한 그의 동태를 두루 살피면서 서행하는 등 하여 그와 같은 상황에 있는 <u>보행자의 안전을 위해 어느 때라도 정지할 수 있는 태세를 갖추고 자동차를 운전하여야 할 업무상의 주의의무가 있다</u>(대법원 86도549).

정답 ②

091 다음 중 도로교통과 관련된 신뢰의 원칙에 관한 내용으로 틀린 것은 모두 몇 개인가? (판례에 의함)

15경간

> 가. 특별한 사정이 없는 한 고속도로를 운행하는 자동차의 운전자는 보행자가 나타날 것을 예견하여 제한속도 이하로 감속 운행할 주의의무가 없다.
> 나. 고속도로상이라 하더라도 제동거리 밖의 무단횡단자를 발견했을 경우 사고를 미연에 방지할 의무가 있다.
> 다. 특별한 사정이 없는 한 반대차로를 운행하는 차가 갑자기 중앙선을 넘어올 것까지 예견하여 감속해야 할 주의의무는 없다.
> 라. 보행자신호가 적색인 경우 반대차로 상에서 정지하여 있는 차량의 뒤로 보행자가 횡단보도를 건너올 수 있다는 것까지 예상할 주의의무는 없다.
> 마. 보행자신호의 녹색등이 점멸하는 때에는 보도 위에 서 있던 보행자가 갑자기 뛰기 시작하면서 보행을 시작할 수도 있다는 것까지 예상할 주의의무는 없다.

① 1개   ② 2개   ③ 3개   ④ 4개

해설

마. 보행자신호의 녹색등이 점멸하는 때에는 보도 위에 서 있던 <u>보행자가 갑자기 뛰기 시작하면서 보행을 시작할 수도 있다는 것까지 예상할 주의의무가 있다.</u> → 보행신호등의 녹색등화가 점멸하고 있는 동안에 횡단보도를 통행하는 모든 보행자는 「도로교통법」에서 정한 횡단보도에서의 보행자보호의무의 대상이 된다(대판 2007도9598)

정답 ①

CHAPTER 05 정보경찰활동

제1절 정보 일반론

001 정보경찰활동에 대한 내용으로 옳지 않은 것은?   21경간

① 첩보와 정보는 구분되며 첩보가 부정확한 견문이나 지식을 포함하는데 반해 정보는 가공을 통해 객관적으로 평가된 지식이다.
② 정보는 사용목적(대상)에 따라 소극정보와 적극정보로 구분되며 국가안전을 유지하는 경찰기능의 기초가 되는 정보를 소극정보라 한다.
③ 2019년 제정된 「정보경찰 활동규칙」에서는 정보활동의 범위를 범죄정보를 포함한 공공안녕에 대한 위험의 예방 및 대응에 관한 정보로 재편하였다.
④ 「정보경찰 활동규칙」에 따라 정보관이 정보를 수집할 때에는 모든 상황에서 신분을 밝히고 목적을 설명하여야 하며, 임의적인 방법을 사용하여야 한다.

해설

④ 정보관이 정보를 수집할 때에는 신분을 밝히고 정보수집의 목적을 설명하여야 하며, 임의적인 방법을 사용하여야 한다(제6조 제1항). 정보관은 <u>국민의 생명·신체의 안전과 국가안보에 긴박한 위험이 발생할 우려가 있는 경우와 범죄정보를 수집하는 경우</u>에는 제1항에 따른 <u>신분 밝힘과 목적 설명을 생략할 수 있다</u>(제6조 제2항).

정답 ④

002 정보의 질적 요건에 관한 다음 설명 중 가장 적절하지 않은 것은?   15순경2차

① 완전성은 정보가 사실과 일치되는 성질이다.
② 적시성은 정보가 정책결정이 이루어지는 시점에 비추어 가장 적절한 시기에 존재하는 성질이다.
③ 적실성은 정보가 당면 문제와 관련된 성질이다.
④ 객관성은 정보가 국가정책의 결정과정에서 사용될 때 국익증대와 안보추구라는 차원에서 객관적 입장을 유지해야 한다는 것을 의미한다.

해설

① 정보가 사실과 일치되는 성질은 <u>정확성</u>에 대한 설명이다. 완전성은 정보가 그 자체로서 정책결정에 필요하고 가능한 모든 내용을 망라하고 있는 성질이다.

▶ 정보의 질적 요건(정보 가치에 대한 평가기준) (적정완시객) (적실목·적실문/정확사)

적실성	① 정보로서의 가치를 갖기 위해서는 정보사용자의 <u>사용목적과 관련</u>된 것으로서, 사용권자의 의사 결정에 반드시 필요한 내용을 제공해야 한다. ② 정보가 <u>당면문제와 관련된 성질</u>이다.
정확성	① 정보가 <u>사실과 일치되는 성질</u> ② 정보는 사용자가 어떤 결심이나 행동방침을 결정하는 중요한 요소가 되므로 객관적으로 평가된 정확한 지식이어야 한다.
완전성	① 정보는 주제에 맞는 내용이면서 <u>주제와 관련된 모든 사항이 포함되어야</u> 한다. 즉, 그 정보를 해석하거나 해당 정책과 관련된 의사결정을 하는 데 있어서 추가적인 정보가 필요하지 않는 상태를 의미한다. ② 정보의 완전성은 절대적인 완전성을 뜻하는 것이 아니라 시간이 허용하는 한 최대로 완전한 지식이 되어야 함을 의미하며, 긴급한 사항을 완전한 정보로 제공하려다가 시기를 놓치는 우를 범해서는 안 된다(완전성과 적시성은 상호충돌가능성이 높다).
적시성	① 정보가 정책결정이 이루어지는 시점에 비추어 가장 적절한 시기에 존재하는 성질이다. ② 정보는 <u>정보사용자가 필요한 시기에 제공되어야</u> 한다.
객관성	정보가 국가정책의 결정과정에서 사용될 때, <u>국익증대와 안보추구라는</u> 차원에서 객관적 입장을 유지해야 한다. <u>정보생산자가 개인적 이익이나 생산부서 또는 생산기관의 이익을 감안하여 정보를 왜곡하게 될 때 객관성을 잃게 된다</u>.

정답 ①

003 경찰정보활동에 대한 설명으로 가장 적절하지 않은 것은?   19승진

① '견문'이란 경찰관이 공·사생활을 통하여 보고 들은 국내외의 정치·경제·사회·문화 등 제 분야에 관한 각종 보고자료를 말한다.
② '정보상황보고'란 매일 전국의 사회갈등이나 집회시위 상황을 정리하여 그 다음 날 아침에 경찰 내부와 정부 각 기관에 전파하는 보고서이다.
③ '정보판단(대책)서'란 신고된 집회계획 또는 정보관들이 입수한 미신고 집회 개최계획 등을 파악하고 이 중 경찰력을 필요로 하는 중요 집회에 대해 미리 작성하여 경비·수사 등 관련기능에 전파하는 보고서이다.
④ '정책정보보고서'란 정부 정책의 문제점을 파악하고 그 개선책을 보고하는 데 주안점을 두는 정보보고이며, '예방적 상황정보'라고 볼 수 있다.

해설

② '정보상황보고'란 일반적으로 '상황속보' 또는 '속보'로 불리며 집회·시위 등 공공의 갈등 상황 및 갈등이 우려되는 사안에 대해 경찰 내부 또는 필요시 경찰 외부에까지 전파하는 보고(서)를 말한다.
※ 매일 전국의 사회갈등이나 집회시위 상황을 정리하여 그 다음 날 아침에 경찰 내부와 정부 각 기관에 전파하는 보고서는 **중요상황정보**이다.

정답 ②

004 상황정보에 관한 설명으로 가장 적절하지 않은 것은? 16승진

① 속보는 사회갈등이나 집회시위와 관련한 경우가 대부분이다.
② 정확한 보고를 위해 반드시 형식을 갖춘 보고서에 의한다.
③ 본질상 제1보, 제2보 등의 형식을 취하는 경우가 많다.
④ 필요시 경찰 외부에도 전파하는 시스템으로 운용되고 있다.

> **해설**
> ② 반드시 형식을 갖춘 보고서에 의할 필요는 없다.(속보의 생명은 신속성이기 때문에 보고 형식 자체가 중요하다 할 수는 없지만 6하원칙에 맞춰 보고하는 것이 원칙이다.)
>
> **정답** ②

005 정보의 분류 중 사용목적에 따른 분류로 가장 적절한 것은? 15순경1차

① 전략정보, 전술정보
② 적극정보, 소극(보안)정보
③ 기본정보, 현용정보, 판단정보
④ 인간정보, 기술정보

> **해설**
> ② 사용목적에 따라 적극정보와 소극(보안)정보로 구분할 수 있다.(목적소/목적보)
>
> **정답** ②

006 정보의 분류에 대한 설명 중 가장 적절하지 않은 것은? 13승진

① 사용목적에 따른 분류 : 적극정보, 소극(보안)정보
② 분석형태에 따른 분류 : 기본정보, 현용정보, 판단정보
③ 정보출처에 따른 분류 : 정치정보, 경제정보, 사회정보, 군사정보, 과학정보
④ 수집활동에 따른 분류 : 인간정보, 기술정보

> **해설**
> ③ 정보요소에 따른 분류 : 정치정보, 경제정보, 사회정보, 군사정보, 과학정보

▶ **정보의 분류** (수락술/분기현판/목적소·목적보/활인기)

사용수준에 따라	전략정보(국가정보), 전술정보(부문정보) ※ 성질에 따라 - 전략, 전술, 방첩
분석형태(기능)에 따라	기본정보, 현용정보, 판단정보
사용목적(대상)에 따라	적극정보, 소극정보(보안정보)
수집활동에 따라	인간정보, 기술정보
요소에 따라	정치정보, 경제정보, 사회정보, 군사정보, 과학정보, 산업정보
입수형태에 따라	직접정보, 간접정보
정보출처에 따라	공개여부(공개/비밀) 입수단계(근본/부차) 주기성(정기/우연)

정답 ③

---

007 정보의 분류에 관한 설명으로 옳지 않은 것은 모두 몇 개인가? 14경간

가. 요소에 의한 분류 - 정치, 경제, 사회, 군사 등
나. 사용수준에 의한 분류 - 국내정보, 국외정보
다. 사용목적에 의한 분류 - 적극정보, 보안정보
라. 수집활동에 의한 분류 - 인간정보, 기술정보
마. 분석형태(기능)에 의한 분류 - 기본정보, 현용정보, 판단정보

① 0개 ② 1개 ③ 2개 ④ 3개

해설

나. <u>사용수준에 의한 분류 - 전략정보, 전술정보</u> (수락술)
※ 국내정보, 국외정보는 내용에 의한 분류이다.

정답 ②

---

008 정보를 분석형태에 따라 분류할 때 이에 해당하지 않는 것은? 15경간

① 기본정보 ② 기술정보 ③ 현용정보 ④ 판단정보

해설

② 정보를 수집활동에 따라 인간정보, 기술정보로 분류할 수 있다. (활인기)
※ 분석형태에 따른 분류 - 기본정보, 현용정보, 판단정보 (분기현판)

정답 ②

009 다음 빈 칸에 들어갈 알맞은 단어끼리 짝지은 것은? 18경채

- (㉠)는 모든 사상의 정적인 상태를 기술한 정보로서, 과거의 사례에 대한 기본적·서술적 또는 일반 자료적 유형의 정보이다.
- (㉡)는 모든 사상의 동태를 현재의 시점에서 객관적으로 기술한 정보로 의사결정자에게 그때그때의 동향으로 알리기 위한 정보이다.
- (㉢)는 특정문제를 체계적이고 실증적으로 연구하여 미래에 있을 어떤 상태를 추리·평가한 정보로서 정보생산자의 능력과 재능을 가장 많이 필요로 하는 정보이다.

① ㉠ 기본정보 ㉡ 현용정보 ㉢ 판단정보
② ㉠ 판단정보 ㉡ 현용정보 ㉢ 기본정보
③ ㉠ 현용정보 ㉡ 기본정보 ㉢ 판단정보
④ ㉠ 기본정보 ㉡ 판단정보 ㉢ 현용정보

해설

㉠ 기본정보(과거) ㉡ 현용정보(현재) ㉢ 판단정보(미래)

정답 ①

---

010 정보를 분석형태에 따라 분류할 때 다음 보기와 가장 관련이 깊은 정보는? 19경간, 14승진

과거와 현재를 바탕으로 하여 미래의 가능성을 예측한 평가정보로서 정책결정자에게 정책의 결정에 필요한 사전적인 지식을 제공하는 기능을 한다.

① 기본정보 ② 판단정보 ③ 현용정보 ④ 보안정보

해설

② 분석형태에 따른 분류로서 **기본정보(과거)·현용정보(현재)·판단정보(미래) 가운데 판단정보에 대하여 설명**하고 있다. ※ 셔먼 켄트(Sherman Kent)는 정보의 사용자가 과거, 현재, 미래의 사항에 관심을 가지고 있다는 이론에 근거하여 정보를 기본정보, 현용정보, 판단정보로 분류한다

정답 ②

011 다음 빈 칸에 들어갈 알맞은 단어끼리 짝지은 것은? 17경간

- (㉠)는 과거와 현재를 바탕으로 하여 미래의 가능성을 예측한 평가정보로서 정책결정자에게 정책의 결정에 필요한 사전적인 지식을 제공하는 기능을 한다.
- (㉡)는 국가안전보장을 위태롭게 하는 간첩활동, 태업 및 전복에 대비할 국가적 취약점의 분석과 판단에 관한 정보를 말한다.

① ㉠-판단정보, ㉡-적극정보   ② ㉠-판단정보, ㉡-보안정보
③ ㉠-현용정보, ㉡-소극정보   ④ ㉠-현용정보, ㉡-적극정보

해설

㉠ 분석형태에 따른 분류(기본정보/현용정보/판단정보) 가운데 **판단정보**
㉡ 사용목적에 따른 분류(적극정보/보안정보) 가운데 **보안정보(소극정보)**

정답 ②

012 정보에 대한 설명 중 가장 적절하지 않은 것은? 19경채

① 전략정보란 국가 전체에 영향을 미치는 수준의 정보이고, 전술정보는 전략정보의 기본방침 하에서 이를 구체적으로 수행하기 위한 세부적인 정보로서, 전략정보와 전술정보는 상대적인 개념으로 파악된다.
② 정보는 사용 목적에 따라 적극정보와 소극정보로 분류할 수 있으며 적극정보는 국가이익을 증대시키기 위해 정책을 입안하고 계획을 수립하며 정책계획을 수행하는데 필요한 정보를 말하고, 소극정보는 국가의 안전을 유지하는 국가경찰기능의 기초가 되는 정보를 말한다.
③ 공개출처정보는 정보출처에 대한 별다른 보호조치가 없더라도 상시적으로 정보를 획득할 것으로 기대되는 출처로부터 얻어진 정보를 뜻하며, 방대한 양이 장점이자 단점이다.
④ 정보의 적시성(timeliness)이란, 정보가 정책결정이 이뤄지는 시점에 비추어 가장 적절한 시기에 존재해야 한다는 것으로, 평가 기준이 되는 시점은 생산자의 생산 시점이다.

해설

④ 정보의 적시성(timeliness)이란, 정보가 정책결정이 이뤄지는 시점에 비추어 가장 적절한 시기에 존재해야 한다는 것으로, **평가 기준이 되는 시점은 정보사용자의 사용 시점**이다.

정답 ④

013 정보를 출처에 따라 분류할 때 그 설명 중 가장 적절한 것은? 20승진

① 근본출처정보는 정보출처에 대한 별다른 보호조치가 없더라도 상시적으로 정보를 획득할 것으로 기대되는 출처로부터 얻어진 정보이다.
② 비밀출처정보란 정보관이 의도한 정보입수의 시점과는 무관하게 얻어지는 정보이다.
③ 정기출처정보는 정기적으로 정보를 획득할 수 있는 출처로부터 얻은 정보로 일반적으로 우연출처정보에 비해 출처의 신빙성과 내용의 신뢰성 면에서 우위를 점한다고 볼 수 없다.
④ 간접정보란 중간매체가 있는 경우의 정보로 정보관은 이들 매체를 통해 정보를 감지하게 되지만 사실은 그 내용에 해당 매체의 주관이나 편견이 개입될 소지가 있다는 면에서 직접정보에 비해 출처의 신빙성과 내용의 신뢰성이 낮게 평가될 여지가 있다.

해설

① **공개출처정보**는 정보출처에 대한 별다른 보호조치가 없더라도 상시적으로 정보를 획득할 것으로 기대되는 출처로부터 얻어진 정보이다.
② **우연출처정보**란 정보관이 의도한 정보입수의 시점과는 무관하게 얻어지는 정보이다.
③ **정기출처정보**는 정기적으로 정보를 획득할 수 있는 출처로부터 얻은 정보로 일반적으로 우연출처정보에 비해 출처의 신빙성과 내용의 신뢰성 면에서 우위를 점한다고 볼 수 있다.
④ O

▶ **출처에 따른 정보의 분류**

㉠ **근본출처정보(직접정보)** – 정보를 수집하는 데 있어서 중간매체가 개입되지 않는 경우의 정보(정보관이 직접 체험한 정보)로 부차적 출처정보(간접정보)에 비해 출처의 신빙성과 내용의 신뢰성 면에서 우위를 점한다고 볼 수 있다.

㉡ **부차적 출처정보(간접정보)** – 중간매체가 있는 경우의 정보(TV, 라디오, 신문 등의 공개출처정보들이 대표적)로 정보관은 이들 매체를 통해 정보를 감지하게 되지만 사실은 그 내용에 해당 매체의 주관이나 편견이 개입될 소지가 있다는 면에서 근본출처정보에 비해 출처의 신빙성과 내용의 신뢰성이 낮게 평가될 여지가 있다.

㉠ **정기출처정보** – 정기적으로 정보를 획득할 수 있는 출처로부터 얻은 정보(정보입수의 시간적 간격이 일정하거나 정보입수의 시점을 정보관이 통제하고 있는 경우)로 정기간행물, 일간신문, 정시뉴스 등은 공개출처정보인 경우이고, 정기적으로 정보를 제공하는 형태로 운용되는 공작원(agent) 또는 협조자 등은 비밀출처정보의 경우이다. 일반적으로 정기출처정보가 우연출처정보에 비해 출처의 신빙성과 내용의 신뢰성 면에서 우위를 점한다고 볼 수 있다.

㉡ **우연출처정보** – 정보관(Intelligence Officer)이 의도한 정보입수의 시점과는 무관하게 부정기적으로 얻어지는 정보를 일컫는 개념이다.

> ㉠ <u>비밀출처정보</u> – 그 출처가 외부에 노출될 경우 출처로서의 기능을 상실하게 되는 것은 물론이고 출처의 입장이 난처해질 우려가 있기 때문에 외부로부터 강력히 보호를 받아야 하는 출처를 말한다. 예를 들어 국가정보기관과 부문정보기관에서 정보의 수집과 생산 등에 종사하는 정보관이 대표적이다(국가정보기능이라는 관점에서 정보관도 하나의 출처임) 또한 이들 정보관이 비밀리에 관리하는 공작원이나 협조자, 귀순자 등은 물론 외교관, 주재관 등이 비밀출처에 포함된다.
> ㉡ <u>공개출처정보</u> – 정보출처에 대한 별다른 보호조치가 없더라도 상시적으로 정보를 획득할 것으로 기대되는 출처로부터 얻어진 정보를 의미한다.
> ※ 미국의 랜슨(Ranson) : 각국 정보기관 정보의 80% 이상이 공개출처로부터 입수
> ※ "학생이 갈 수 있는 곳에 스파이를 보내지 말라!" : 공개출처의 중요성 의미
> ※ 공개출처정보가 얻어지는 출처의 예로는 신문, 방송, 여행객, 전화번호부, 연구기관의 보고서, 기타 공개된 자료 등을 들 수 있다.
> ※ 비밀출처라고 해서 반드시 공개출처에 비해 신뢰성이 높거나 그 반대의 경우인 것은 아니다. 일반적으로는 비밀출처정보의 획득비용이 공개출처정보의 경우에 비해 높은 것으로 평가되는 만큼 우선 공개출처정보의 획득가능성을 평가함으로써 정부기관의 자원의 낭비를 예방할 수 있을 것이다.

정답 ④

014 정보의 순환과정에 대한 설명으로 가장 적절한 것은? 22경간

① 정보의 순환과정은 첩보의 수집 → 정보의 요구 → 정보의 생산 → 정보의 배포 순이다.
② 첩보수집의 소순환과정은 첩보의 수집계획 → 출처개척 → 획득 → 전달 순이다.
③ 정보요구의 소순환과정은 첩보의 선택 → 기록 → 평가 → 분석 → 종합 → 해석 순이다.
④ 정보생산의 소순환과정은 첩보의 기본요소 결정→ 수집계획서의 작성 → 명령하달 → 사후검토 순이다.

해설

① 정보의 순환과정은 <u>정보의 요구 → 첩보의 수집</u> → 정보의 생산 → 정보의 배포 순이다.(요수생배)
② ○
③ <u>정보생산의</u> 소순환과정은 첩보의 선택 → 기록 → 평가 → 분석 → 종합 → 해석 순이다.(선기/평분종해)
④ <u>정보요구의</u> 소순환과정은 첩보의 기본요소 결정 → 수집계획서의 작성 → 명령하달 → 사후검토(조정·감독) 순이다.(기계명조/기계명검)

정답 ②

015 정보의 순환과정에 대한 다음 설명 중 옳은 것은 모두 몇 개인가?

19경간

> 가. 정보의 순환과정 중 가장 중요하고도 어려운 단계는 정보 생산단계이다.
> 나. 첩보수집단계의 소순환과정은 첩보의 기본요소 결정 → 첩보수집계획서의 작성 → 명령·하달 → 사후검토 순이다.
> 다. 정보생산단계의 소순환과정은 선택 → 평가 → 기록 → 분석 → 종합 → 해석이다.
> 라. 정보의 순환은 연속적 또는 동시에 이루어질 수도 있다.
> 마. 정보배포의 원칙 중 '보안성'이란 알아야 할 필요가 있는 대상자에게는 알려야 하고, 알 필요가 없는 대상자에게는 알려서는 안 된다는 것이다.
> 바. 정보배포의 수단 중 '특별보고서'는 어떤 기관 또는 사용자가 요청한 문제에 대하여 정보를 작성하고 배포하는 방법이다.

① 1개 ② 2개 ③ 3개 ④ 4개

해설

가. 정보의 순환과정 중 가장 중요하고도 어려운 단계는 **첩보수집단계**이다.
나. 첩보수집단계의 소순환과정은 **첩보의 출처의 개척 → 첩보의 수집 → 첩보의 전달**이다. ※ 첩보의 기본요소 결정 → 첩보수집계획서의 작성 → 명령·하달 → 사후검토는 첩보요구 단계의 소순환과정이다.
다. 정보생산단계의 소순환과정은 **선택 → 기록 → 평가 → 분석 → 종합 → 해석**이다. (선기/평분종해)
라. ○
마. 정보배포의 원칙 중 '**보안성**'이란 "작성된 정보연구 및 판단이 누설됨으로써 초래될 결과를 예방하기 위해 보안대책을 강구해야 한다"는 원칙을 말한다.
※ **정보배포의 원칙** - 필요성, 적시성, 적당성, 계속성, 보안성 (필시적계보)
※ **보안관리에서 보안업무의 원칙** - 알 사람만 알아야 한다는 원칙(한정의 원칙), 부분화의 원칙, 보안과 업무효율의 조화의 원칙 (한알부조)
바. 정보배포의 수단 중 '**지정된 연구과제 보고서**'는 어떤 기관 또는 사용자가 요청한 문제에 대하여 정보를 작성하고 배포하는 방법이다. ※ '특별보고서'는 축적된 정보가 다수의 사람이나 기관에게 이해관계가 있거나 가치가 있을 때에 사용하는 정보의 배포수단이다.

정답 ①

016 정보생산자와 정보사용자의 관계에 있어, 정보생산자의 장애요인에 대한 설명 중 **틀린** 것은 몇 개인가?

13경간

> ㉠ 정보분석관의 객관적 분석의 결여와 더불어 정보기관의 집단적 편견도 정보실패의 주요원인이다.
> ㉡ 정책결정자의 소요요청에 부합되지 않는다면 정책수립에 도움이 되지 않을 것이다.
> ㉢ 정보속성상 정보는 애매하고 불명확한 사안을 다루고 있어 여러 가능성을 언급하는 경우가 많다.
> ㉣ 정책결정자의 수요에 맞추어 제 시간에 정보보고서를 제출해야 하는데, 완벽한 보고서를 만든다고 시간변수를 간과한다면 좋은 정보보고서를 만들 수 없다.

① 0개 ② 1개 ③ 2개 ④ 3개

해설

모두 맞는 설명이다.

정답 ①

---

017 다음 설명 중 가장 옳지 <u>않은</u> 것은?

18경간

① PNIO는 국가정책의 수립자와 수행자의 질문에 대한 응답을 위하여 선정된 우선적인 정보 목표이며, 국가의 전 정보기관활동의 기본방침이고, 특히 경찰청이 정보수집계획을 수립할 때 가장 중요한 지침이 된다.
② EEI는 사전에 반드시 첩보수집요구계획서를 작성하며, 해당부서의 정보활동을 위한 일반지침이 된다.
③ SRI는 어떤 수시적 돌발상황의 해결에 필요한 한도내에서 임시적·단편적·지역적인 특수사건을 단기에 해결하기 위하여 필요한 경우에 요구되는 첩보이다.
④ SRI의 경우 사전 첩보수집계획서가 필요하다.

해설

④ <u>SRI의 경우 사전 첩보수집계획서는 불필요</u>하다. 수시적 돌발상황을 해결하기 위한 첩보수집이라는 점에서 첩보수집계획서 작성과는 거리가 있다.

정답 ④

018 정보요구의 방법 중 첩보기본요소(EEI)에 대한 설명으로 가장 적절하지 않은 것은? 19승진

① 정보기관의 활동은 주로 첩보기본요소(EEI)에 의한다.
② 사전에 반드시 첩보수집계획서를 작성한다.
③ 전체적인 의미를 가진 일반적인 내용으로 계속적·반복적으로 수집할 사항이다.
④ 우선적으로 필요로 하는 가장 기본적인 사항으로 첩보수집계획서의 핵심이다.

> **해설**
> ① 정보기관의 활동은 주로 SRI에 의한다.(정보사용자들은 필요 시 수시로 SRI를 활용하여 정보를 요구한다.)
>
> 정답 ①

019 다음 보기의 상황에 따른 정보요구방법이 올바르게 연결된 것은? 14순경2차

> ㉠ 각 정보부서에 맡고 있는 정책을 수행함에 있어서 필요한 일반적·포괄적 정보로서 계속적이고 반복적으로 수집해야 할 필요가 있는 경우
> ㉡ 어떤 수시적 돌발상황의 해결에 필요한 한도 내에서 임시적·단편적·지역적인 특수사건을 단기에 해결하기 위하여 필요한 경우
> ㉢ 국가안전보장이나 정책에 관련되는 국가정보목표의 우선순위로서, 정부에서 기획된 연간 기본정책을 수행함에 있어 필요로 하는 자료들을 목표로 하여 선정하는 경우
> ㉣ 정세의 변화에 따라 불가피하게 정책상 수정이 요구되거나 이를 위한 자료가 절실히 요구되는 경우

① ㉠ PNIO ㉡ SRI ㉢ EEI ㉣ OIR
② ㉠ EEI ㉡ SRI ㉢ PNIO ㉣ OIR
③ ㉠ PNIO ㉡ OIR ㉢ EEI ㉣ SRI
④ ㉠ EEI ㉡ OIR ㉢ PNIO ㉣ SRI

> **해설**
>
> 정답 ②

020 정보의 배포와 관련된 설명으로 ㉠~㉤의 내용 중 옳고 그름의 표시(O, X)가 모두 바르게 된 것은?

19순경2차

> ㉠ 정보의 배포란 정보를 필요로 하는 개인이나 기관에게 적합한 내용을 적당한 시기에 제공하는 과정을 말하는 것으로, 적합한 형태를 갖출 필요는 없다.
> ㉡ 보안성의 원칙은 정보연구 및 판단이 누설되면 정보로서의 가치를 상실할 수 있으므로 이를 예방하기 위해 보안대책을 강구해야 한다는 것을 말한다.
> ㉢ 계속성의 원칙은 정보가 정보사용자에게 배포되었다면, 그 정보의 내용이 변화되었거나 관련 내용이 추가적으로 입수되었거나 할 경우 계속적으로 사용자에게 배포되어야 한다는 것을 말한다.
> ㉣ 정보배포의 주된 목적은 정책입안자 또는 정책결정자가 정보를 바탕으로 건전한 정책결정에 이르도록 하는 데 있다.
> ㉤ 정보는 먼저 생산된 것을 우선적으로 배포하여야 한다.

① ㉠(X) ㉡(X) ㉢(O) ㉣(X) ㉤(O)
② ㉠(X) ㉡(O) ㉢(O) ㉣(O) ㉤(X)
③ ㉠(O) ㉡(O) ㉢(X) ㉣(O) ㉤(O)
④ ㉠(X) ㉡(O) ㉢(O) ㉣(X) ㉤(X)

해설

㉠ 생산된 정보의 내용과 양, 정보의 긴급성, 비밀등급 등의 제 요소를 고려하여 **적합한 형태를 갖추어야 한다**.
㉤ **먼저 생산되었다고 우선적으로 배포하는 것이 아니라, 정보의 중요성과 긴급성에 따라 정보의 배포순위가 결정된다.** 정보사용자가 해당 정보를 필요로 하는지, 필요로 하는 시기는 언제인지 등을 고려하여 중요하고 긴급한 정보를 우선적으로 배포해야 한다.

▶ **정보 배포의 원칙** (필시적계보)

필요성	㉠ 알아야 할 필요가 있는 대상자에게 알려야 하고, 알 필요가 없는 대상에게는 알려서는 안 된다는 것을 말한다. ㉡ 배포기관은 누가 어떤 정보를 언제, 어떻게 사용할 것인가를 파악하고 있어야 한다.
적시성	㉠ 작성된 정보가 아무리 정확하고 안전하며 중요한 정보라 할지라도 적시에 필요로 하는 대상에게 배포되어야 한다. ㉡ 정보사용자의 정보 활용에 요구되는 최소한의 시간적 여유를 보장하지 않으면 적시성 원칙에 위배 → 먼저 생산된 정보라고 해서 먼저 배포하는 것이 아님
적당성	사용자의 능력·상황에 맞춰 적당한 양을 조절하여 필요한 만큼만 전달해야 한다.
보안성	㉠ 누설됨으로써 초래될 결과를 예방하기 위해 보안대책을 강구해야 한다. ㉡ 완성된 정보연구 및 판단이 누설되면 정보로서의 가치를 상실할 수 있다.
계속성	정보가 필요한 기관에 배포되었다면 그 주제와 관련된 새로운 정보는 그 기관에 계속 배포해 주어야 한다.

정답 ②

021 정보배포의 원칙에 대한 설명이다. 〈보기 1〉과 〈보기 2〉의 내용이 가장 적절하게 연결된 것은?

20경채

〈보기 1〉
(가) 특정 정보가 필요한 정보사용자에게 배포되었다면, 그 정보의 내용이 변화되었거나 혹은 관련 내용이 추가적으로 입수되었을 경우에 관련 정보는 지속적으로 사용자에게 배포되어야 한다.
(나) 정보는 정책결정과정에서 정보사용자가 사용하고자 하는 시간에 맞추어 배포되어야 한다.
(다) 정보는 사용자의 능력과 상황에 맞추어서 적당한 양을 조절하여 필요한 만큼만 적절한 전파수단을 통해 전달되어야 한다.

〈보기 2〉
㉠ 필요성 ㉡ 적시성
㉢ 적당성 ㉣ 계속성

	(가)	(나)	(다)		(가)	(나)	(다)
①	㉣	㉡	㉢	②	㉡	㉢	㉠
③	㉠	㉡	㉢	④	㉣	㉡	㉠

해설

(가) 계속성 (나) 적시성 (다) 적당성

정답 ①

---

022 정보의 배포수단에 대한 설명 중 가장 적절하게 연결된 것은?

17순경1차, 17승진

㉠ 통상 개인적인 대화의 형태로 이루어지며, 질문에 대한 답변이나 토의 형태로 직접 전달하는 방법이다.
㉡ 정보사용자 또는 다수 인원에게 신속히 전달하는 경우에 이용되는 방법으로 강연식이나 문답식으로 진행되며, 현용정보의 배포수단으로 많이 이용된다.
㉢ 정보분석관이 가장 많이 활용하는 방법으로 정기간행물에 포함시키는 것이 적절하지 못한 긴급한 정보를 전달하는 데 주로 사용되며, 신속성이 중요하다.
㉣ 매일 24시간에 걸친 정치, 경제, 사회, 문화 등 제반 정세의 변화를 중점적으로 망라한 보고서로 사전에 고안된 양식에 의해 매일 작성되며, 제한된 범위에서 배포된다.

① ㉠ 비공식적 방법 ㉡ 브리핑 ㉢ 메모 ㉣ 일일정보보고서
② ㉠ 비공식적 방법 ㉡ 브리핑 ㉢ 전신 ㉣ 특별보고서
③ ㉠ 브리핑 ㉡ 비공식적 방법 ㉢ 메모 ㉣ 특별보고서
④ ㉠ 브리핑 ㉡ 비공식적 방법 ㉢ 전신 ㉣ 일일정보보고서

> 해설

▶ 정보배포의 수단

비공식적 방법	통상 개인적인 대화의 형태로 이루어지며, 분석관과 정책결정자 사이, 정보기관의 대표 사이, 분석관 사이에 사용
보고서	일반적으로 가장 많이 활용되는 방법이며, 생산된 정보의 내용을 서류형태로 보고서화 하여 정보수요자에게 배포하는 방법
브리핑	㉠ 정보사용자 개인 또는 다수 인원에 신속히 전달하는 경우에 이용되는 방법으로 강연식이나 문답식으로 진행되며, 현용정보 배포수단으로 많이 이용 ㉡ 치밀한 사전준비와 구술능력을 요구하며 시각적인 보조자료를 적절히 활용하는 것이 효과적이다.
메모	㉠ 정보분석관이 가장 많이 활용 ㉡ 정기간행물에 포함시키는 것이 적절하지 못한 긴급한 정보, 즉 현용정보를 전달하는데 주로 사용되며 신속성이 중요시됨 ㉢ 메모는 분석된 내용에 대한 요약이나 결론만을 언급하기 때문에 정확성은 다른 수단에 비하여 낮다.
문자메시지	정보사용자가 공식회의 행사 등에 참석하여 물리적인 접촉이 용이하지 않은 경우나 사실확인 차원의 단순보고에 활용하는 방식으로 최근 활용도가 점차 높아지고 있는 배포수단
일일정보 보고서	㉠ 매일 24시간에 걸친 정치, 경제, 사회, 문화 등 제반 정세의 변화를 중점적으로 망라한 보고서로 사전에 고안된 양식에 의해 매일 작성되며, 제한된 범위에서 배포 ㉡ 대부분이 현용정보의 성격을 가지므로 신속성이 중요시 된다.
정기간행물	㉠ 광범위한 배포를 위하여 주·월간 등으로 발행되며, 방대한 정보를 수록 ㉡ 공인된 사용자가 가장 최근의 중요한 진행상황을 알 수 있도록 하는 배포수단
특별보고서	㉠ 누적된 정보가 다수의 사람이나 기관에게 이해관계가 있거나 가치가 있을 때 사용 ㉡ 생산이 부정기적이라는 면에서 일일정보보고서나 정기간행물과 차이 ㉢ 형식면에서 통일성이 낮고 정보의 내용, 긴급성, 사용자 필요에 따라 다양
지정된 연구과제 보고서	㉠ 특정한 정보사용자가 요청한 문제에 대하여 정보를 작성·배포하는 것 ㉡ 요구받은 주제에 대한 중점적인 연구가 이루어져야 하며, 사안의 진행상황은 물론 향후 정책대안까지 제시하여야 하는 것이 일반적 ㉢ 주로 판단정보를 다룸
전화(전신)	돌발적이고 긴급을 요하는 정보의 배포를 위하여 이용되는 수단으로, 흔히 해외에서 주재하는 기관이나 요원에게 최근의 상황을 신속히 전달하는데 효과적·단편적이며 주로 전시에 많이 이용

정답 ①

023 정보의 배포수단 중 브리핑에 관한 설명으로 가장 적절하지 않은 것은? 16승진

① 정보사용자 개인 또는 다수에 대하여 정보분석관이 정보의 내용을 요약하여 구두로 설명하는 방법이다.
② 매일 24시간에 걸친 정치·경제·사회·문화 등 제반 정세의 변화를 중점적으로 망라한 보고서이다.
③ 통상 강연식이나 문답식으로 진행되는데 시간을 절약할 수 있어 현용정보의 배포수단으로 많이 이용한다.
④ 치밀한 사전준비와 구술능력을 요구하며 시각적인 보조자료를 적절히 활용하는 것이 효과적이다.

해설

② 매일 24시간에 걸친 정치·경제·사회·문화 등 제반 정세의 변화를 중점적으로 망라한 보고서는 **일일정보보고서**이다.

정답 ②

024 정보의 배포수단에 관한 설명으로 가장 적절하지 않은 것은? 16승진

① 브리핑은 정보분석관이 가장 많이 활용하는 방법이다.
② 일일 정보보고서는 사전에 고안된 양식에 의해 매일 작성되며 제한된 범위에서 배포된다.
③ 메모는 정기간행물에 포함하는 것이 적절하지 못한 긴급한 정보, 즉 현용정보를 전달하는데 주로 사용되며 신속성이 중요시된다.
④ 특별보고서는 축적된 정보가 다수의 사람이나 기관이 이해관계 또는 가치를 가지는 것일 때 발행한다.

해설

① **메모**는 정보분석관이 가장 많이 활용하는 방법이다.

정답 ①

025 정보의 배포 단계 중 보안조치에 대한 설명으로 가장 적절하지 않은 것은? 18승진

① 통신보안조치 – 컴퓨터 네트워크에 대한 보안조치는 오늘날 통신보안의 가장 중요한 분야에 해당한다.
② 인사보안조치 – 민감한 정보를 취급할 가능성이 있는 공무원을 채용·관리하는 데 있어서 해당 정보들이 공무원이 될 자 또는 공무원에 의해 유출될 가능성을 차단하는 것을 말한다.
③ 정보의 분류조치 – 주요문서와 같은 정보들을 여러 등급으로 분류하여 각각의 관리방법과 열람자격 등을 규정함으로써 정보의 유출을 막는 일련의 조치를 말한다.
④ 물리적 보안조치 – 문서에 비밀임을 표시하거나 관련 정보나 문서를 열람하는 자격을 제한하는 등의 조치, 관련 문서의 배포범위를 제한하거나 폐기 대상인 문서를 파기하는 등의 관리방법을 말한다.

해설

④ 문서에 비밀임을 표시하거나 관련 정보나 문서를 열람하는 자격을 제한하는 등의 조치, 관련 문서의 배포범위를 제한하거나 폐기 대상인 문서를 파기하는 등의 관리방법은 **정보의 분류조치**에 해당한다.
※ 물리적 보안조치는 보호가치 있는 정보를 보관하는 보호구역을 지정하여 관리하고 그 시설에 대한 보안조치를 실시하는 방안들을 총칭한다.

정답 ④

026 정보경찰활동에 대한 설명으로 가장 적절하지 않은 것은? 20승진

① 관련 문서의 배포범위를 제한하거나 폐기 대상인 문서를 파기하는 등의 관리방법은 물리적 보안조치에 해당한다.
② 정보배포의 원칙으로 필요성, 적당성, 보안성, 적시성, 계속성이 있다.
③ 어떤 수시적 돌발상황의 해결에 필요한 한도 내에서 임시적, 단편적, 지역적 특수사건을 단기에 해결하기 위하여 필요한 경우 요구되는 첩보를 SRI(특별첩보요구)라고 한다.
④ 정보배포의 원칙 중 계속성은 특정 정보가 필요한 정보사용자에게 배포되었다면 그 정보의 내용이 계속 변화되었거나 관련 내용이 추가적으로 입수되었거나 할 경우 정보는 계속적으로 사용자에게 배포되어야 한다는 원칙이다.

해설

① 관련 문서의 배포범위를 제한하거나 폐기 대상인 문서를 파기하는 등의 관리방법은 **정보의 분류조치**에 해당한다.

정답 ①

제2절 경찰정보활동

027 정보경찰의 보고서의 경우 정례화되어 어떠한 판단을 나타내는 특수한 용어가 있는데, 그 용어와 사용례의 연결이 가장 적절한 것은? 13승진

① 예상됨 – 어떤 징후가 나타나거나 상황이 전개될 것이 거의 확실시되는 근거가 있는 경우
② 전망됨 – 과거의 움직임이나 현재 동향, 미래의 계획 등으로 미루어 장기적으로 활동의 윤곽이 어떠하리라는 예측을 할 경우
③ 우려됨 – 구체적인 근거는 없이 현재 나타난 동향의 원인·배경 등을 다소 막연히 추측할 때
④ 추정됨 – 구체적인 징후는 없으나 전혀 그 가능성을 배제하기 곤란하여 최소한의 대비가 필요한 때

해설

① **판단됨** – 어떤 징후가 나타나거나 상황이 전개될 것이 거의 확실시되는 근거가 있는 경우
② ○
③ **추정됨** – 구체적인 근거는 없이 현재 나타난 동향의 원인·배경 등을 다소 막연히 추측할 때
④ **우려됨** – 구체적인 징후는 없으나 전혀 그 가능성을 배제하기 곤란하여 최소한의 대비가 필요한 때

▶ 정보보고서 작성시 판단을 나타내는 용어 (판예전추우/거비장막대)

판단됨	어떤 징후가 나타나거나 상황이 전개될 것이 거의 확실시 되는 근거가 있는 경우
예상됨	첩보 등을 분석한 결과 단기적으로 어떤 상황이 전개될 것이 비교적 확실한 경우
전망됨	과거의 움직임이나 현재동향, 미래의 계획 등으로 미루어 장기적으로 활동의 윤곽이 어떠하리라는 예측을 할 경우
추정됨	구체적인 근거는 없이 현재 나타난 동향의 원인·배경 등을 다소 막연히 추측할 때
우려됨	구체적인 징후는 없으나 전혀 그 가능성을 배제하기 곤란하여 최소한의 대비가 필요한 때

정답 ②

028 다음 설명 중 가장 옳지 않은 것은? 13경간

① 중요상황정보는 매일 전국의 사회갈등이나 집회시위 상황을 정리하여 그 다음날 아침에 경찰 내부와 정부 각 기관에 전파하는 보고서이다.
② 신고된 집회계획 또는 정보관들이 입수한 미신고 집회 개최계획 등을 파악하여 이 중 경찰력을 필요로 하는 중요 집회에 대해서는 미리 정보판단서를 작성하여 경비·수사 등 관련 기능에 전파하여야 하는데 이렇게 만들어진 정보판단서를 집회시위대책 또는 정보대책이라고 한다.
③ 정책정보보고서는 정부 정책의 문제점을 파악하고 그 개선책을 보고하는데 주안점을 두는 정보보고로 '예방적 상황정보'라고 볼 수 있다.
④ 정보보고서의 작성은 일반적인 보고서의 작성과 큰 차이가 없으므로 어떠한 판단이나 경찰 조치를 나타내는 특수한 용어를 사용해서는 안 된다.

[해설]

④ 경찰의 정보보고서는 일반 대중에게 배포하려는 것이 아니고 사회갈등이나 집회시위와 관련한 분야에 특화되어 있기 때문에 <u>일반적인 보고서 작성과는 차이가 있다. 따라서 어떠한 판단이나 경찰상 조치를 나타내는 특수한 용어를 사용하게 된다.</u>

정답 ④

029 정보경찰의 활동에 관한 설명으로 가장 옳지 않은 것은? 14경간변형

① 국가정보원장은 대상자의 충성심·신뢰성 등을 확인하기 위하여 신원조사를 한다.
② 신원조사란 보안의 대상이 되는 인원, 즉 국가안전에 관련되는 임무에 종사하거나 이에 관련되는 행위를 하는 자 및 그 예정자에 대하여 실시하는 대인정보활동을 의미한다.
③ 정보판단서는 경찰공무원이 오관의 작용을 통해 근무 및 일상생활 중 지득한 제 견문을 신속·정확하게 수집·보고하는 보고서이다.
④ 정보기록은 일정한 장소에 집중적으로 보관함으로써 안전성을 확보하는 동시에 체계적인 관리를 할 수 있다.

[해설]

③ <u>견문보고서는</u> 경찰공무원이 오관의 작용을 통해 근무 및 일상생활 중 지득한 제 견문을 신속·정확하게 <u>수집·보고하는</u> 보고서이다. ※ 정보판단서는 다른 견문과 자료를 종합·분석하여 작성한 보고서로서 지휘관으로 하여금 경력동원 등 상황에 대한 조치를 요하는 보고서이다.

정답 ③

030 「보안업무규정」상 신원조사에 대한 설명으로 가장 적절하지 않은 것은? 18순경2차변형

① 경찰청장은 보안업무규정 제3조 제2호에 해당하는 사람의 충성심·신뢰성 등을 확인하기 위하여 신원조사를 한다.
② 공무원 임용 예정자(국가안전보장에 한정된 국가 기밀을 취급하는 직위에 임용될 예정인 사람으로 한정한다)는 신원조사의 대상이 된다.
③ 해외여행을 위하여 「여권법」에 따른 여권이나 「선원법」에 따른 선원수첩 등 신분증서 또는 「출입국관리법」에 따른 사증 등을 발급받으려는 사람(입국하는 교포를 포함한다)은 보안업무규정상 신원조사의 대상이 아니다.
④ 국가정보원장은 신원조사 결과 국가안전보장에 해를 끼칠 정보가 있음이 확인된 사람에 대해서는 관계 기관의 장에게 그 사실을 통보하여야 한다.

> **해설**
> ① **국가정보원장은** 제3조 제2호에 해당하는 사람의 충성심·신뢰성 등을 확인하기 위하여 신원조사를 한다.
>
> **정답** ①

---

031 「보안업무규정」상 신원조사에 대하여 설명한 것이다. 옳은 것을 모두 몇 개인가? 17순경2차변형

> ⊙ 국가정보원장은 제3조 제2호에 해당하는 사람의 충성심·신뢰성 등을 확인하기 위하여 신원조사를 할 수 있다.
> ⓒ 국가보안시설·보호장비를 관리하는 기관 등의 장(해당 국가보안시설 등의 관리업무를 수행하는 소속직원을 포함한다)은 신원 조사의 대상이 된다.
> ⓒ 모든 공무원 임용 예정자는 신원조사의 대상이 된다.
> ② 임명할 때 정부의 승인이나 동의가 필요한 공공기관의 임원은 신원조사의 대상이 된다.
> ⓜ 국가정보원장은 신원조사 결과 국가안전보장에 해를 끼칠 정보가 있음이 확인된 사람에 대해서는 관계기관의 장에게 통보할 수 있으며, 통보를 받은 관계 기관의 장은 신원조사 결과에 따라 필요한 보안대책을 마련하여야 한다.

① 없음 ② 1개 ③ 2개 ④ 3개

> **해설**
> ⊙ 국가정보원장은 제3조 제2호에 해당하는 사람의 충성심·신뢰성 등을 확인하기 위하여 **신원조사를 한다**.
> ⓒ "공무원 임용 예정자(국가안전보장에 한정된 국가 기밀을 취급하는 직위에 임용될 예정인 사람으로 한정한다)"가 신원조사 대상이다.
> ② 보안업무규정 개정으로 **신원조사 대상에서 삭제**되었다.
> ⓜ 국가정보원장은 신원조사 결과 국가안전보장에 해를 끼칠 정보가 있음이 확인된 사람에 대해서는 관계 기관의 장에게 **통보하여야 한다**. 통보를 받은 관계 기관의 장은 신원조사 결과에 따라 필요한 보안대책을 마련하여야 한다.

> **보안업무규정상 신원조사**

제36조(신원조사) ① 국가정보원장은 제3조 제2호에 해당하는 사람의 충성심·신뢰성 등을 확인하기 위하여 신원조사를 한다. (충신)
③ 관계 기관의 장은 다음 각 호에 해당하는 사람에 대하여 국가정보원장에게 신원조사를 요청해야 한다. (공비/보장직)
  1. 공무원 임용 예정자(국가안전보장에 한정된 국가 기밀을 취급하는 직위에 임용될 예정인 사람으로 한정한다)
  2. 비밀취급 인가 예정자
  4. 국가보안시설·보호장비를 관리하는 기관 등의 장(해당 국가보안시설 등의 관리 업무를 수행하는 소속 직원을 포함한다)
  6. 그 밖에 다른 법령에서 정하는 사람이나 각급기관의 장이 국가안전보장을 위하여 필요하다고 인정하는 사람
제37조(신원조사 결과의 처리) ① 국가정보원장은 신원조사 결과 국가안전보장에 해를 끼칠 정보가 있음이 확인된 사람에 대해서는 관계 기관의 장에게 그 사실을 통보하여야 한다.
② 제1항의 통보를 받은 관계 기관의 장은 신원조사 결과에 따라 필요한 보안대책을 마련하여야 한다.
제45조(권한의 위탁) ① 국가정보원장은 제36조에 따른 신원조사와 관련한 권한의 일부를 국방부장관과 경찰청장에게 위탁할 수 있다.

정답 ②

032 「보안업무규정」상 신원조사에 대한 설명으로 옳지 않은 것은 모두 몇 개인가? 18승진변형

> ㉠ 국가정보원장은 보안업무규정 제3조 제2호에 해당하는 사람의 충성심·신뢰성을 확인하기 위하여 신원조사를 할 수 있다.
> ㉡ 관계 기관의 장은 신원조사 대상자에 대하여 경찰청장에게 신원조사를 요청할 수 있다.
> ㉢ 국가정보원장은 신원조사 결과 국가안전보장에 해를 끼칠 정보가 있음이 확인된 사람에 대해서는 관계 기관의 장에게 그 사실을 통보할 수 있다.
> ㉣ 국가정보원장으로부터 위 ㉢의 통보를 받은 관계 기관의 장은 신원조사 결과에 따라 필요한 보안대책을 마련할 수 있다.
> ㉤ 국가정보원장은 제36조에 따른 신원조사와 관련한 권한의 일부를 관계 기관의 장과 경찰청장에게 위탁하여야 한다.

① 2개   ② 3개   ③ 4개   ④ 5개

해설

㉠ 국가정보원장은 보안업무규정 제3조 제2호에 해당하는 사람의 충성심·신뢰성을 확인하기 위하여 신원조사를 한다.
㉡ 관계 기관의 장은 신원조사 대상자에 대하여 국가정보원장에게 신원조사를 요청해야 한다.
㉢ 국가정보원장은 신원조사 결과 국가안전보장에 해를 끼칠 정보가 있음이 확인된 사람에 대해서는 관계 기관의 장에게 그 사실을 통보하여야 한다.

ⓔ 국가정보원장으로부터 위 ⓒ의 통보를 받은 관계 기관의 장은 신원조사 결과에 따라 필요한 **보안대책을 마련하여야 한다.**
ⓜ 국가정보원장은 제36조에 따른 신원조사와 관련한 권한의 일부를 **국방부장관**과 경찰청장에게 **위탁할 수 있다.**

정답 ④

제3절 집회 및 시위에 관한 법률

033 「집회 및 시위에 관한 법률」상 집회 및 시위에 대한 설명으로 가장 적절하지 <u>않은</u> 것은? (다툼이 있는 경우 판례에 의함)

21승진

① 「집회 및 시위에 관한 법률」제2조 제2호가 규정한 '시위'에 해당하려면 '공중이 자유로이 통행할 수 있는 장소'라는 요건을 반드시 충족하여야 한다.
② 외형상 기자회견이라는 형식을 띠었지만, 용산철거를 둘러싸고 철거민의 입장을 옹호하면서 검찰에 수사기록을 공개하라는 내용의 공동 의견을 형성하여 이를 대외적으로 표명할 목적 아래 일시적으로 일정한 장소에 모인 것은 「집회 및 시위에 관한 법률」상 집회에 해당한다.
③ 「집회 및 시위에 관한 법률」은 옥외집회와 시위를 구분하여 개념을 규정하고 있고, 순수한 1인 시위는 동법의 적용 대상에 해당하지 않는다.
④ 집회가 성립하기 위한 최소한의 인원에 대해 종래의 학계와 실무에서는 2인설과 3인설이 대립하고 있었으나 대법원은 '2인이 모인 집회도 「집회 및 시위에 관한 법률」의 규제대상'이라고 판시한 바 있다.

① **집시법상의 "시위"는** 여러 사람이 공동의 목적을 가지고 ㉠ 도로, 광장, 공원 등 일반인이 자유로이 통행할 수 있는 장소를 행진하거나 ㉡ 위력(威力) 또는 기세(氣勢)를 보여, 불특정한 여러 사람의 의견에 영향을 주거나 제압(制壓)을 가하는 행위를 말하는 것이므로 <u>반드시 '일반인이 자유로이 통행할 수 있는 장소'에서 이루어져야 한다거나 '행진' 등 장소 이동을 동반해야만 성립하는 것은 아니다.</u>(헌재 2010헌가2)

정답 ①

034 「집회 및 시위에 관한 법률」상 다음 설명 중 옳은 것은 모두 몇 개인가? 　13순경1차

> ㉠ '옥외집회'란 천장이 있고, 사방이 폐쇄된 장소에서 여는 집회를 말한다.
> ㉡ '주최자'란 자기 이름으로 자기 책임 아래 집회나 시위를 여는 사람이나 단체를 말한다. 주최자는 주관자를 따로 두어 집회 또는 시위의 실행을 맡아 관리하도록 위임할 수 있다. 이 경우 주관자는 그 위임의 범위 안에서 주최자로 본다.
> ㉢ 관할경찰관서장은 신고서의 기재사항에 미비한 점을 발견하면 접수증을 교부한 때부터 12시간 이내에 주최자에게 24시간을 기한으로 그 기재사항을 보완할 것을 통고할 수 있다.
> ㉣ 집회 또는 시위의 주최자 및 질서유지인은 특정한 사람이나 단체가 집회나 시위에 참가하는 것을 막을 수 있다. 다만, 언론사의 기자는 출입이 보장되어야 하며, 이 경우 기자는 신분증을 제시하고 기자임을 표시한 완장을 착용하여야 한다.

① 1개　　② 2개　　③ 3개　　④ 4개

해설

㉠ '옥외집회'란 <u>천장이 없거나 사방이 폐쇄되지 아니한</u> 장소에서 여는 집회를 말한다(제2조).

정답 ③

---

035 「집회 및 시위에 관한 법률」에서 사용하는 용어의 정의로 가장 적절하지 <u>않은</u> 것은? 　16순경1차

① "시위"란 여러 사람이 공동의 목적을 가지고 도로, 광장, 공원 등 일반인이 자유로이 통행할 수 있는 장소를 행진하거나 위력 또는 기세를 보여, 불특정한 여러 사람의 의견에 영향을 주거나 제압을 가하는 행위를 말한다.
② "주관자"란 자기 이름으로 자기 책임 아래 집회나 시위를 여는 사람이나 단체를 말한다. 주관자는 주최자를 따로 두어 집회 또는 시위의 실행을 맡아 관리하도록 위임할 수 있다. 이 경우 주최자는 그 위임의 범위 안에서 주관자로 본다.
③ "질서유지인"이란 주최자가 자신을 보좌하여 집회 또는 시위의 질서를 유지하게 할 목적으로 임명한 자를 말한다.
④ "옥외집회"란 천장이 없거나 사방이 폐쇄되지 아니한 장소에서 여는 집회를 말한다.

해설

② "**주최자**"란 자기 이름으로 자기 책임 아래 집회나 시위를 여는 사람이나 단체를 말한다. <u>주최자는 주관자를 따로 두어</u> 집회 또는 시위의 실행을 맡아 관리하도록 위임할 수 있다. <u>이 경우 주관자는 그 위임의 범위 안에서 주최자로 본다</u>(제2조 제3호).

정답 ②

036 「집회 및 시위에 관한 법률」상 주최자와 질서유지인의 준수 사항에 대한 설명으로 가장 적절하지 <u>않은</u> 것은?　　　　　　　　　　　　　　　　　　　　　　　　　　　　　　　　　　　　　　　22경간

① 집회 또는 시위의 주최자는 집회 또는 시위의 질서 유지에 관하여 자신을 보좌하도록 18세 이상의 사람을 질서유지인으로 임명하여야 한다.
② 집회 또는 시위의 주최자는 질서를 유지할 수 없으면 그 집회 또는 시위의 종결을 선언하여야 한다.
③ 질서유지인은 참가자 등이 질서유지인임을 쉽게 알아볼 수 있도록 완장, 모자, 어깨띠, 상의 등을 착용하여야 한다.
④ 관할경찰관서장은 집회 또는 시위의 주최자와 협의하여 질서유지인의 수를 적절하게 조정할 수 있다.

해설

① 집회 또는 시위의 주최자는 집회 또는 시위의 질서 유지에 관하여 자신을 보좌하도록 18세 이상의 사람을 질서유지인으로 <u>임명할 수 있다</u>.

정답 ①

037 「집회 및 시위에 관한 법률」에 대한 설명으로 가장 적절한 것은?　　　　　　　　　　　18순경3차

① "주최자"란 자기 이름으로 자기 책임 아래 집회나 시위를 여는 사람이나 단체를 말한다. 주최자는 질서유지인을 따로 두어 집회 또는 시위의 실행을 맡아 관리하도록 위임할 수 있다.
② 집회 또는 시위의 주최자는 집회 또는 시위의 질서 유지에 관하여 자신을 보좌하도록 18세 이상의 사람을 질서유지인으로 임명하여야 한다.
③ 옥외집회 또는 시위 장소가 두 곳 이상의 경찰서의 관할에 속하는 경우에는 관할 시·도경찰청장에게 신고서를 제출해야 하고, 두 곳 이상의 시·도경찰청 관할에 속하는 경우에는 경찰청장에게 신고서를 제출하여야 한다.
④ 집회 또는 시위의 주최자는 집회 또는 시위에 있어서의 질서를 유지할 수 없으면 그 집회 또는 시위의 종결을 선언하여야 한다.

해설

① <u>주최자는 주관자를 따로 두어</u> 집회 또는 시위의 실행을 맡아 관리하도록 위임할 수 있다(제2조 제3호).
② 집회 또는 시위의 주최자는 집회 또는 시위의 질서 유지에 관하여 자신을 보좌하도록 18세 이상의 사람을 <u>질서유지인으로 임명할 수 있다</u>(제16조 제2항).
③ 옥외집회 또는 시위 장소가 두 곳 이상의 경찰서의 관할에 속하는 경우에는 관할 시·도경찰청장에게 신고서를 제출해야 하고, <u>두 곳 이상의 시·도경찰청 관할에 속하는 경우에는 주최지를 관할하는 시·도경찰청장에게 신고서를 제출하여야 한다</u>(제6조 제1항).

정답 ④

038 「집회 및 시위에 관한 법률」에 대한 설명으로 가장 적절한 것은? 17순경2차

① '주관자'란 자기 이름으로 자기 책임 아래 집회나 시위를 여는 사람이나 단체를 말한다.
② 집회 또는 시위의 주관자는 집회 또는 시위의 질서 유지에 관하여 자신을 보좌하도록 18세 이상의 사람을 질서유지인으로 임명하여야 한다.
③ 주최자는 신고한 옥외집회 또는 시위를 하지 아니하게 된 경우에는 신고서에 적힌 집회 일시 24시간 전에 그 철회사유 등을 적은 철회신고서를 관할 경찰관서장에게 제출하여야 한다.
④ 관할 경찰서장 또는 시·도경찰청장은 신고서를 접수하면 신고자에게 접수 일시를 적은 접수증을 12시간 이내에 내주어야 한다.

> **해설**
> ① **주최자**란 자기 이름으로 자기 책임 아래 집회나 시위를 여는 사람이나 단체를 말한다.
> ② 집회 또는 시위의 **주최자는** 집회 또는 시위의 질서 유지에 관하여 자신을 보좌하도록 18세 이상의 사람을 질서유지인으로 **임명할 수 있다**.
> ④ 관할 경찰서장 또는 시·도경찰청장은 신고서를 접수하면 신고자에게 접수 일시를 적은 접수증을 **즉시 내주어야 한다**.
>
> **정답** ③

039 「집회 및 시위에 관한 법률」에 대한 설명 중 가장 적절하지 않은 것은? 13순경2차

① "질서유지인"이란 주최자가 자신을 보좌하여 집회 또는 시위의 질서를 유지하게 할 목적으로 임명한 자를 말한다.
② 집회 또는 시위의 주최자는 평화적인 집회 또는 시위가 방해받을 염려가 있다고 인정되면 관할 경찰관서에 그 사실을 알려 보호를 요청할 수 있다. 이 경우 관할 경찰관서의 장은 정당한 사유 없이 보호 요청을 거절하여서는 안 된다.
③ 관할 경찰서장 또는 시·도경찰청장은 「집회 및 시위에 관한 법률」 제6조 제1항에 따른 신고서를 접수하면 신고자에게 접수 일시를 적은 접수증을 24시간 이내에 내주어야 한다.
④ 경찰관은 집회 또는 시위의 주최자에게 알리고 그 집회 또는 시위의 장소에 정복을 입고 출입할 수 있다. 다만, 옥내집회 장소에 출입하는 것은 직무 집행을 위하여 긴급한 경우에만 할 수 있다.

> **해설**
> ③ 관할 경찰서장 또는 시·도경찰청장은 「집회 및 시위에 관한 법률」 제6조 제1항에 따른 신고서를 접수하면 신고자에게 접수 일시를 적은 접수증을 **즉시 내주어야 한다**(제6조 제2항).
>
> **정답** ③

040 「집회 및 시위에 관한 법률」에 대한 다음의 설명 중 **틀린 것은 모두 몇 개인가?** 13경간, 15순경1차유사

> ㉠ 시위란 여러 사람이 공동의 목적을 가지고 도로·광장·공원 등 일반인이 자유로이 통행할 수 있는 장소를 행진하거나 위력 또는 기세를 보여 불특정한 여러 사람의 의견에 영향을 주거나 제압을 가하는 행위를 말한다.
> ㉡ 주최자란 자기 이름으로 자기 책임 아래 집회나 시위를 여는 사람이나 단체를 말한다.
> ㉢ 관할경찰관서장은 신고서의 기재 사항에 미비한 점을 발견하면 접수증을 교부한 때부터 24시간 이내에 주최자에게 12시간을 기한으로 그 기재 사항을 보완할 것을 통고할 수 있다.
> ㉣ 집회 또는 시위의 주최자는 집회 또는 시위의 질서 유지에 관하여 자신을 보좌하도록 18세 이상의 사람을 질서유지인으로 임명할 수 있다.

① 0개　　② 1개　　③ 2개　　④ 3개

해설

㉢ 관할경찰관서장은 신고서의 기재 사항에 미비한 점을 발견하면 접수증을 교부한 때부터 <u>12시간 이내에</u> 주최자에게 <u>24시간을 기한으로</u> 그 기재 사항을 보완할 것을 통고할 수 있다.

정답 ②

---

041 「집회 및 시위에 관한 법률」상 다음 (　　) 안에 들어갈 숫자를 순서대로 가장 적절하게 나열한 것은?

15순경2차

> • 관할경찰관서장은 신고서의 기재 사항에 미비한 점을 발견하면 접수증을 교부한 때부터 (㉠)시간 이내에 주최자에게 (㉡)시간을 기한으로 그 기재 사항을 보완할 것을 통고할 수 있다.
> • 집회 또는 시위의 주최자는 금지 통고를 받은 날부터 (㉢)일 이내에 해당 경찰관서의 바로 위의 상급경찰관서의 장에게 이의를 신청할 수 있다.

① ㉠ - 12, ㉡ - 12, ㉢ - 10　　② ㉠ - 24, ㉡ - 12, ㉢ - 7
③ ㉠ - 12, ㉡ - 24, ㉢ - 7　　④ ㉠ - 12, ㉡ - 24, ㉢ - 10

해설

• 관할경찰관서장은 신고서의 기재 사항에 미비한 점을 발견하면 접수증을 교부한 때부터 <u>(12)시간 이내에</u> 주최자에게 <u>(24)시간을 기한으로</u> 그 기재 사항을 보완할 것을 통고할 수 있다(제7조 제1항).
• 집회 또는 시위의 주최자는 금지 통고를 받은 날부터 <u>(10)일 이내에</u> 해당 경찰관서의 바로 위의 상급경찰관서의 장에게 이의를 신청할 수 있다(제9조 제1항).

정답 ④

042 다음 중 집회 및 시위에 관한 내용으로서 빈 칸의 숫자가 옳은 것은? 　　15경간, 14·17·18승진유사

> 가. 옥외집회나 시위를 주최하려는 자는 그에 관한 사항 모두를 적은 신고서를 옥외집회나 시위를 시작하기 (　)시간 전부터 (　)시간 전에 관할 경찰서장에게 제출하여야 한다.
> 나. 관할경찰관서장은 신고서의 기재사항에 미비한 점을 발견하면 접수증을 교부한 때부터 (　)시간 이내에 주최자에게 (　)시간을 기한으로 그 기재사항을 보완할 것을 통고할 수 있다.
> 다. 신고서를 접수한 관할경찰관서장은 신고된 옥외집회 또는 시위가 다음 각 호의 어느 하나에 해당하는 때에는 신고서를 접수한 때부터 (　)시간 이내에 집회 또는 시위를 금지할 것을 주최자에게 통고할 수 있다.
> 라. 집회 또는 시위의 주최자는 제8조에 따른 금지 통고를 받은 날부터 (　)일 이내에 해당 경찰관서의 바로 위의 상급경찰관서의 장에게 이의를 신청할 수 있다.

① 가. (720) – (48), 나. (24) – (12), 다. (48), 라. (10)
② 가. (720) – (48), 나. (24) – (24), 다. (48), 라. (7)
③ 가. (720) – (48), 나. (12) – (24), 다. (48), 라. (10)
④ 가. (720) – (24), 나. (12) – (24), 다. (24), 라. (7)

해설

가. 720시간 전부터 48시간 전에
나. 12시간 이내에 24시간을 기한으로
다. 접수한 때부터 48시간 이내에
라. 금지 통고를 받은 날부터 10일 이내에

정답 ③

043 다음은 「집회 및 시위에 관한 법률」에 관한 설명이다. 옳은 것은 모두 몇 개인가? 　　14경간

> 가. 신고서를 접수한 관할 경찰관서장은 일정한 경우 신고서를 접수한 때부터 48시간 이내에 집회 또는 시위의 금지를 주최자에게 통고할 수 있다.
> 나. 금지통고를 받은 주최자는 금지통고를 받은 날로부터 15일 이내에 당해 경찰관서의 직근 상급경찰관서의 장에게 이의를 신청할 수 있다.
> 다. 각급 법원의 청사의 경계지점으로부터 100m 이내의 장소에서는 옥외집회 또는 시위를 하여서는 아니된다.
> 라. 헌법재판소의 결정에 따라 해산된 정당의 목적을 달성하기 위한 집회 또는 시위는 누구든지 주최하여서는 아니된다.

① 1개　　② 2개　　③ 3개　　④ 4개

> **해설**

나. 금지통고를 받은 주최자는 금지통고를 받은 날로부터 **10일 이내**에 당해 경찰관서의 직근 상급경찰관서의 장에게 이의를 신청할 수 있다.

▶ **이의신청** (집정과/136)

㉠ 집회금지통고 이의신청 : **10일 이내** 바로 위의 상급경찰관서장에게
㉡ 정보비공개결정등 이의신청 : **30일 이내** 해당 공공기관에 (제3자는 7일 이내)
㉢ 과태료 이의제기 : **60일 이내** 해당 행정청에

정답 ③

044 「집회 및 시위에 관한 법률」에 관한 다음 설명 중 가장 적절하지 <u>않은</u> 것은? 14순경2차변형

① 관할경찰관서장은 집회 또는 시위의 시간과 장소가 중복되는 2개 이상의 신고가 있는 경우 그 목적으로 보아 서로 상반되거나 방해가 된다고 인정되면 즉시 뒤에 접수된 집회 또는 시위에 대하여 그 집회 또는 시위의 금지를 통고할 수 있다.

② 집회 또는 시위의 주최자는 금지통고를 받은 날부터 10일 이내에 해당 경찰관서의 바로 위의 상급경찰관서의 장에게 이의를 신청할 수 있다.

③ 관할경찰관서장은 신고서의 기재 사항에 미비한 점을 발견하면 접수증을 교부한 때부터 12시간 이내에 주최자에게 24시간을 기한으로 그 기재 사항을 보완할 것을 통고할 수 있다.

④ 집회 또는 시위의 주최자가 질서유지인을 두고 도로를 행진하는 경우에는 교통소통을 위한 금지를 할 수 없다. 다만, 해당 도로와 주변 도로의 교통 소통에 장애를 발생시켜 심각한 교통 불편을 줄 우려가 있으면 금지를 할 수 있다.

> **해설**

① 관할경찰관서장은 집회 또는 시위의 시간과 장소가 중복되는 2개 이상의 신고가 있는 경우 그 목적으로 보아 서로 상반되거나 방해가 된다고 인정되면 <u>각 옥외집회 또는 시위 간에 시간을 나누거나 장소를 분할하여 개최하도록 권유하는 등 각 옥외집회 또는 시위가 서로 방해되지 아니하고 평화적으로 개최·진행될 수 있도록 노력하여야 한다</u>(제8조②). 관할경찰관서장은 제2항에 따른 <u>권유가 받아들여지지 아니하면 뒤에 접수된 옥외집회 또는 시위에 대하여 제1항에 준하여 그 집회 또는 시위의 금지를 통고할 수 있다</u>(제8조③).

정답 ①

045 다음 보기 중 「집회 및 시위에 관한 법률」에 대한 설명으로 옳은 것은 모두 몇 개인가? 14순경1차

> ㉠ 옥외집회 또는 시위 장소가 두 곳 이상의 경찰서의 관할에 속하는 경우에는 관할 시·도경찰청장에게 제출하여야 하고, 두 곳 이상의 시·도경찰청 관할에 속하는 경우에는 경찰청장에게 제출하여야 한다.
> ㉡ 관할 경찰관서장은 「집회 및 시위에 관한 법률」 제6조 제1항에 따른 신고서의 기재 사항에 미비한 점을 발견하면 접수증을 교부한 때부터 24시간 이내에 주최자에게 12시간을 기한으로 그 기재 사항을 보완할 것을 통고할 수 있다.
> ㉢ 금지통고를 받은 주최자는 금지통고를 받은 날로부터 10일 이내에 해당 경찰관서의 바로 위의 상급경찰관서의 장에게 이의를 신청할 수 있다.
> ㉣ '주최자'라 함은 자기 이름으로 자기 책임 아래 집회 또는 시위를 개최하는 사람 또는 단체를 말하며, 주최자는 질서유지인을 따로 두어 집회 또는 시위의 실행을 맡아 관리하도록 위임할 수 있다.
> ㉤ 집회 또는 시위의 주최자 및 질서유지인은 특정한 사람이나 단체가 집회나 시위에 참가하는 것을 막을 수 있다. 다만, 언론사의 기자는 출입이 보장되어야 하며, 이 경우 기자는 신분증을 제시하고 기자임을 표시한 완장을 착용하여야 한다.

① 1개 ② 2개 ③ 3개 ④ 4개

해설

㉠ 옥외집회 또는 시위 장소가 두 곳 이상의 경찰서의 관할에 속하는 경우에는 관할 시·도경찰청장에게 제출하여야 하고, 두 곳 이상의 시·도경찰청 관할에 속하는 경우에는 <u>주최지를 관할하는 시·도경찰청장에게</u> 제출하여야 한다(제6조 제1항).
㉡ 관할 경찰관서장은 제6조 제1항에 따른 신고서의 기재 사항에 미비한 점을 발견하면 접수증을 교부한 때부터 <u>12시간 이내에</u> 주최자에게 <u>24시간을 기한으로</u> 그 기재 사항을 보완할 것을 통고할 수 있다(제7조 제1항).
㉢ O
㉣ "주최자(主催者)"란 자기 이름으로 자기 책임 아래 집회나 시위를 여는 사람이나 단체를 말한다. 주최자는 <u>주관자를 따로 두어</u> 집회 또는 시위의 실행을 맡아 관리하도록 위임할 수 있다. 이 경우 주관자는 그 위임의 범위 안에서 주최자로 본다(동법률 제2조 제3호).
㉤ O

정답 ②

046 다음 중 「집회 및 시위에 관한 법률」에 대한 설명으로 적절한 것을 모두 고른 것은? 18순경2차

> ㉠ 집회 또는 시위의 주최자 및 질서유지인은 특정한 사람이나 단체가 집회나 시위에 참가하는 것을 막을 수 있다. 다만, 언론사의 기자는 출입이 보장되어야 하며, 이 경우 기자는 신분증을 제시하고 기자임을 표시한 완장을 착용하여야 한다.
> ㉡ 단체는 「집회 및 시위에 관한 법률」상 "주최자"가 될 수 없다.
> ㉢ 집회 또는 시위의 주최자는 집회 또는 시위의 질서 유지에 관하여 자신을 보좌하도록 18세 이상의 사람을 질서유지인으로 임명할 수 있다.
> ㉣ 학문, 예술, 체육, 종교, 의식, 친목, 오락, 관혼상제 및 국경행사에 관한 집회에는 '확성기등 사용의 제한'에 관한 규정을 적용하지 아니한다.

① ㉠㉡ ② ㉠㉢ ③ ㉡㉢ ④ ㉠㉢㉣

해설

㉡ 「집회 및 시위에 관한 법률」상 주최자의 자격에는 아무런 제한이 없다. 자연인뿐만 아니라 단체도 주최자가 될 수 있다.
㉣ 소음측정의 대상 및 요건으로는 학문, 예술, 체육, 종교, 의식, 친목, 오락, 관혼상제 및 국경행사에 관한 집회 등 신고대상이 아닌 경우는 물론 신고를 생략한 집회를 포함한 모든 집회·시위가 해당한다.(단, 1인시위는 집회·시위가 아니므로 제외)

정답 ②

047 「집회 및 시위에 관한 법률」에 대한 설명으로 가장 적절한 것은? 19승진

① '집회'란 여러 사람이 공동의 목적을 가지고 도로, 광장, 공원 등 일반인이 자유로이 통행할 수 있는 장소를 행진하거나 위력 또는 기세를 보여, 불특정한 여러 사람의 의견에 영향을 주거나 제압을 가하는 행위를 말한다.
② 집회 시위의 신고를 받은 관할경찰관서장은 집회 시위의 보호와 공공의 질서 유지를 위해 최대한의 범위를 정하여 질서유지선을 설정할 수 있다.
③ 신고장소가 다른 사람의 주거지역이나 이와 유사한 장소 또는 학교 및 군사시설, 상가밀집지역의 주변지역에서의 집회나 시위의 경우 그 거주자나 관리자가 시설이나 장소의 보호를 요청하는 경우에는 집회나 시위의 금지 또는 제한을 통고할 수 있다.
④ 관할경찰관서장은 옥외집회 및 시위 신고서의 기재 사항에 미비한 점을 발견하면 접수증을 교부한 때부터 12시간 이내에 주최자에게 24시간을 기한으로 그 기재 사항을 보완할 것을 통고할 수 있다.

> **해설**
> ① **"시위"**란 여러 사람이 공동의 목적을 가지고 도로, 광장, 공원 등 일반인이 자유로이 통행할 수 있는 장소를 행진하거나 위력 또는 기세를 보여, 불특정한 여러 사람의 의견에 영향을 주거나 제압을 가하는 행위를 말한다.
> ② 관할경찰관서장은 집회 및 시위의 보호와 공공의 질서 유지를 위하여 필요하다고 인정하면 **최소한의 범위를 정하여** 질서유지선을 설정할 수 있다.
> ③ **상가밀집지역은 해당하지 아니한다.**
> ④ ○
>
> **정답** ④

048 「집회 및 시위에 관한 법률」에 대한 다음 설명 중 가장 옳은 것은?

16경간

① 관할경찰관서장은 제6조 제1항에 따른 신고서의 기재 사항에 미비한 점을 발견하면 접수증을 교부한 때부터 24시간 이내에 주최자에게 12시간을 기한으로 그 기재사항을 보완할 것을 통고할 수 있다.
② 관할경찰관서장은 집회 또는 시위의 시간과 장소가 중복되는 2개 이상의 신고가 있는 경우 그 목적으로 보아 서로 상반되거나 방해가 된다고 인정되면 각 옥외집회 또는 시위 간에 시간을 나누거나 장소를 분할하여 개최하도록 권유하는 등 각 옥외집회 또는 시위가 서로 방해되지 아니하고 평화적으로 개최·진행될 수 있도록 노력하여야 한다. 관할경찰관서장은 위 권유가 받아들여지지 아니하면 뒤에 접수된 옥외집회 또는 시위에 대하여 그 집회 또는 시위의 금지를 통고하여야 한다.
③ 집회 또는 시위의 주최자는 집회 또는 시위의 질서 유지에 관하여 자신을 보좌하도록 16세 이상의 사람을 질서유지인으로 임명할 수 있다.
④ 집회 또는 시위의 주최자는 금지통고를 받을 날부터 10일 이내에 해당 경찰관서의 바로 위의 상급경찰관서의 장에게 이의를 신청할 수 있다.

> **해설**
> ① 관할경찰관서장은 제6조 제1항에 따른 신고서의 기재 사항에 미비한 점을 발견하면 접수증을 교부한 때부터 **12시간 이내에** 주최자에게 **24시간을 기한으로** 그 기재 사항을 보완할 것을 통고할 수 있다.
> ② 관할경찰관서장은 집회 또는 시위의 시간과 장소가 중복되는 2개 이상의 신고가 있는 경우 그 목적으로 보아 서로 상반되거나 방해가 된다고 인정되면 각 옥외집회 또는 시위 간에 시간을 나누거나 장소를 분할하여 개최하도록 권유하는 등 각 옥외집회 또는 시위가 서로 방해되지 아니하고 평화적으로 개최·진행될 수 있도록 노력하여야 한다(제8조②). 관할경찰관서장은 제2항에 따른 권유가 받아들여지지 아니하면 뒤에 접수된 옥외집회 또는 시위에 대하여 제1항에 준하여 그 집회 또는 시위의 **금지를 통고할 수 있다**(제8조③).
> ③ 집회 또는 시위의 주최자는 집회 또는 시위의 질서 유지에 관하여 자신을 보좌하도록 **18세 이상의** 사람을 질서유지인으로 임명할 수 있다.
> ④ ○
>
> **정답** ④

049 「집회 및 시위에 관한 법률」에 대한 설명 중 가장 적절한 것은? 14승진

① 관할 경찰관서장은 신고내용을 검토하여 보완 또는 금지통고의 사유가 없는 경우에는 별도의 통지를 하지 않는다.
② 관할 경찰관서장은 신고서의 기재사항에 미비점을 발견하면 접수증을 교부한 때부터 24시간 이내에 주최자에게 12시간을 기한으로 그 기재 사항을 보완할 것을 통고할 수 있다.
③ 제한·금지통고서 및 보완통고서는 주최자 또는 연락책임자에게 직접 송달하여야 하고, 대리송달은 허용되지 아니한다.
④ 타인의 주거지역이나 이와 유사한 장소 또는 학교·군사시설, 상가밀집지역의 주변지역에서의 집회 또는 시위의 경우 그 거주자 또는 관리자가 시설이나 장소의 보호를 요청하는 때에는 집회 또는 시위의 금지 또는 제한을 통고할 수 있다.

> **해설**
>
> ① O
> ② 관할 경찰관서장은 신고서의 기재사항에 미비점을 발견하면 접수증을 교부한 때부터 <u>12시간 이내에</u> 주최자에게 <u>24시간을 기한으로</u> 그 기재 사항을 보완할 것을 통고할 수 있다.
> ③ 제한·금지통고서 및 보완통고서를 직접 송달할 수 없는 경우 <u>대리송달도 가능하다</u>(대리인이나 직원, 건물 관리인이나 건물 소재지 통장·반장에게 전달할 수 있다.)
> ④ <u>상가밀집지역은 해당하지 아니한다</u>.
>
> 정답 ①

050 「집회 및 시위에 관한 법률」에 대한 설명으로 가장 적절한 것은? 17경기북부여경

① 옥외집회나 시위를 주최하려는 자는 신고서를 옥외집회나 시위를 시작하기 720시간 전부터 24시간 전에 관할 경찰서장에게 제출하여야 한다.
② 옥외집회 또는 시위 장소가 두 곳 이상의 경찰시의 관할에 속하는 경우에는 관할 시·도경찰청장에게 신고서를 제출하여야 하고, 두 곳 이상의 시·도경찰청 관할에 속하는 경우에는 주최지를 관할하는 시·도경찰청장에게 신고서를 제출하여야 한다.
③ 관할 경찰서장 또는 시·도경찰청장은 「집회 및 시위에 관한 법률」 제6조 제1항에 따른 신고서를 접수하면 신고자에게 접수 일시를 적은 접수증을 48시간 이내에 내주어야 한다.
④ 관할경찰관서장은 신고서의 기재 사항에 미비한 점을 발견하면 접수증을 교부한 때부터 24시간 이내에 주최자에게 12시간을 기한으로 그 기재 사항을 보완할 것을 통고할 수 있다.

해설

① 옥외집회나 시위를 주최하려는 자는 신고서를 옥외집회나 시위를 시작하기 <u>720시간 전부터 48시간 전에</u> 관할 경찰서장에게 제출하여야 한다.
② O
③ 관할 경찰서장 또는 시·도경찰청장은 「집회 및 시위에 관한 법률」 제6조 제1항에 따른 신고서를 접수하면 신고자에게 접수 일시를 적은 접수증을 <u>즉시 내주어야 한다</u>.
④ 관할경찰관서장은 신고서의 기재 사항에 미비한 점을 발견하면 접수증을 교부한 때부터 <u>12시간 이내에</u> 주최자에게 <u>24시간을 기한으로</u> 그 기재 사항을 보완할 것을 통고할 수 있다.

정답 ②

051 「집회 및 시위에 관한 법률」에 대한 설명으로 가장 적절한 것은? 19승진

① 옥외집회나 시위를 주최하려는 자는 신고서를 옥외집회나 시위를 시작하기 720시간 전부터 24시간 전에 관할 경찰서장에게 제출하여야 한다. 다만, 옥외집회 또는 시위 장소가 두 곳 이상의 경찰서의 관할에 속하는 경우에는 관할 시·도경찰청장에게 제출하여야 하고, 두 곳 이상의 시·도경찰청 관할에 속하는 경우에는 주최지를 관할하는 시·도경찰청장에게 제출하여야 한다.
② 관할 경찰서장 또는 시·도경찰청장은 「집회 및 시위에 관한 법률」 제6조 제1항에 따른 신고서를 접수하면 신고자에게 접수 일시를 적은 접수증을 12시간 이내에 내주어야 한다.
③ 관할경찰관서장은 신고서의 기재 사항에 미비한 점을 발견하면 접수증을 교부한 때부터 12시간 이내에 주최자에게 24시간을 기한으로 그 기재 사항을 보완할 것을 통고할 수 있다.
④ 주최자는 신고한 옥외집회 또는 시위를 하지 아니하게 된 경우에는 신고서에 적힌 집회 일시 12시간 전에 그 철회사유 등을 적은 철회신고서를 관할경찰관서장에게 제출하여야 한다.

해설

① 옥외집회나 시위를 주최하려는 자는 그에 관한 다음 각 호의 사항 모두를 적은 신고서를 옥외집회나 시위를 시작하기 720시간 전부터 <u>48시간</u> 전에 관할 경찰서장에게 제출하여야 한다. 다만, 옥외집회 또는 시위 장소가 두 곳 이상의 경찰서의 관할에 속하는 경우에는 관할 시·도경찰청장에게 제출하여야 하고, 두 곳 이상의 시·도경찰청 관할에 속하는 경우에는 주최지를 관할하는 시·도경찰청장에게 제출하여야 한다.
② 관할 경찰서장 또는 시·도경찰청장(이하 "관할경찰관서장"이라 한다)은 제1항에 따른 신고서를 접수하면 신고자에게 접수 일시를 적은 접수증을 <u>즉시</u> 내주어야 한다.
③ O
④ 주최자는 신고한 옥외집회 또는 시위를 하지 아니하게 된 경우에는 신고서에 적힌 집회 일시 <u>24시간 전에</u> 그 철회사유 등을 적은 철회신고서를 관할경찰관서장에게 제출하여야 한다.

정답 ③

052 「집회 및 시위에 관한 법률」에 대한 설명 중 가장 옳지 <u>않은</u> 것은?

19경간

① 주최자는 신고한 집회·시위를 개최하지 아니할 경우 집회일시 24시간 전에 관할 경찰관서장에게 철회신고서를 제출하여야 한다.
② 옥외집회 및 시위의 신고를 받은 경찰관서장이 설정한 질서유지선을 경찰관의 경고에도 불구하고 정당한 사유 없이 상당 시간 침범하거나 손괴·은닉·이동 또는 제거하거나 그 밖의 방법으로 그 효용을 해친 자는 6개월 이하의 징역 또는 50만원 이하의 벌금·구류 또는 과료에 처한다.
③ 정당한 사유 없이 철회신고서를 관할경찰관서장에게 제출하지 아니한 모든 옥외집회 또는 시위의 주최자에 대해서는 100만원 이하의 과태료를 부과한다.
④ 폭행, 협박, 그 밖의 방법으로 평화적인 집회 또는 시위를 방해하거나 질서를 문란하게 한 자는 3년 이하의 징역 또는 300만원 이하의 벌금에 처한다. 다만 군인·검사·경찰관이 방해하면 5년 이하의 징역에 처한다.

> **해설**
> ③ 제8조 제4항(뒤에 접수된 옥외집회 또는 시위가 금지 통고되고 먼저 신고를 접수하여 옥외집회 또는 시위를 개최할 수 있는 경우)에 해당하는 먼저 신고된 옥외집회 또는 시위의 주최자가 정당한 사유 없이 제6조 제3항(철회신고서제출)을 위반한 경우에 100만원 이하의 과태료를 부과한다.
>
> **정답** ③

053 「집회 및 시위에 관한 법률」에 대한 설명으로 가장 적절한 것은? (다툼이 있는 경우 판례에 의함)

18승진

① 甲단체가 A공원(전북군산경찰서 관할)에서 옥외집회를 갖고, B광장(충남서산경찰서 관할)까지 행진을 하려는 경우 甲단체의 대표자이자 주최자인 乙은 경찰청장에게 집회신고서를 제출하여야 한다.
② 경찰서장은 집회신고에 대해 집회신고서의 형식적인 미비점뿐만 아니라 내용에 대해서도 보완통고를 할 수 있다.
③ 주최자는 신고한 옥외집회 또는 시위를 하지 아니하게 된 경우에는 신고서에 적힌 집회일시 24시간 전에 관할경찰관서장에게 철회신고서를 제출하여야 한다.
④ 정당한 사유 없이 철회신고서를 관할경찰관서장에게 제출하지 아니한 모든 옥외집회 또는 시위의 주최자에 대해서는 100만원 이하의 과태료를 부과한다.

> **해설**
> ① 甲단체가 A공원(전북군산경찰서 관할)에서 옥외집회를 갖고, B광장(충남서산경찰서 관할)까지 행진을 하려는 경우 甲단체의 대표자이자 주최자인 乙은 **주최지 관할 시·도경찰청장인 전북경찰청장에게 집회신고서를 제출하여야** 한다.
> ② 경찰서장은 집회신고에 대해 집회신고서의 **형식적인 미비점에 대해서만** 보완통고를 할 수 있다.
> ③ O
> ④ **뒤에 접수된 옥외집회 또는 시위가 금지 통고된 경우 먼저 신고된 옥외집회 또는 시위의 주최자가 정당한 사유 없이 철회신고서를 제출하지 아니한 때에만** 100만원 이하의 과태료를 부과한다.
>
> 정답 ③

054 「집회 및 시위에 관한 법률」 및 「집회 및 시위에 관한 법률 시행령」에 대한 설명으로 가장 적절한 것은?

20순경2차

① 집회 또는 시위의 주최자는 금지 통고를 받은 날부터 7일 이내에 해당 경찰관서의 바로 위의 상급경찰관서의 장에게 이의를 신청할 수 있다.
② 집회 또는 시위 금지통고에 대해 이의 신청을 받은 경찰관서장은 24시간 이내에 금지를 통고한 경찰관서장에게 이의 신청의 취지와 이유를 알리고, 답변서의 제출을 명하여야 한다.
③ 주최자는 신고한 옥외집회 또는 시위를 하지 아니하게 된 경우에는 신고서에 적힌 집회 일시 12시간 전에 철회신고서를 관할 경찰관서장에게 제출하여야 한다.
④ 관할 경찰관서장은 집회 및 시위 참가자들이 자진해산 요청에 따르지 아니하는 경우, 세 번 이상 자진 해산할 것을 명령하고 그 이후에도 해산하지 아니하면 직접 해산시킬 수 있다.

> **해설**
> ① 집회 또는 시위의 주최자는 금지 통고를 받은 날부터 **10일 이내에** 해당 경찰관서의 바로 위의 상급경찰관서의 장에게 이의를 신청할 수 있다(법 제9조 제1항).
> ② 집회 또는 시위 금지통고에 대해 이의 신청을 받은 경찰관서장은 **즉시** 집회 또는 시위의 금지를 통고한 경찰관서장에게 이의 신청의 취지와 이유를 알리고, 답변서의 제출을 명하여야 한다(시행령 제8조 제1항).
> ③ 주최자는 신고한 옥외집회 또는 시위를 하지 아니하게 된 경우에는 신고서에 적힌 집회 일시 **24시간 전에** 철회신고서를 관할 경찰관서장에게 제출하여야 한다(법 제6조 제3항).
> ④ O
>
> 정답 ④

055 「집회 및 시위에 관한 법률」에 대한 설명으로 가장 적절하지 않은 것은? 20승진

① 옥외집회와 시위의 장소가 두 곳 이상의 시·도경찰청의 관할에 속하는 경우 주최지를 관할하는 시·도경찰청장에게 집회신고서를 제출해야 한다.
② 관할경찰관서장은 신고서의 기재 사항에 미비한 점을 발견하면 접수증을 교부한 때부터 12시간 이내에 주최자에게 24시간을 기한으로 그 기재 사항을 보완할 것을 통고할 수 있다.
③ 주최자는 신고한 옥외집회 또는 시위를 하지 아니하게 된 경우에는 신고서에 적힌 집회일시 12시간 전에 관할경찰관서장에게 철회신고서를 제출해야 한다.
④ 옥외집회나 시위를 주최하려는 자는 신고서를 옥외집회나 시위를 시작하기 720시간 전부터 48시간 전에 관할 경찰서장에게 제출해야 한다.

> **해설**
> ③ 주최자는 신고한 옥외집회 또는 시위를 하지 아니하게 된 경우에는 신고서에 적힌 집회일시 **24시간 전에** 관할경찰관서장에게 철회신고서를 제출해야 한다.
>
> 정답 ③

056 「집회 및 시위에 관한 법률」상 제한·금지·보완통고에 대한 설명으로 가장 적절하지 않은 것은? 21승진

① 관할경찰관서장은 「집회 및 시위에 관한 법률」 제8조 제5항 각호의 어느 하나에 해당하는 경우로서 거주자나 관리자가 시설이나 장소의 보호를 요청하는 경우에는 집회나 시위의 금지 또는 제한을 통고할 수 있으며, 제한 통고의 경우 시한에 대한 규정은 없다.
② 관할경찰관서장은 금지 사유에 해당하는 집회 및 시위의 경우에 신고서를 접수한 때로부터 48시간 이내에 금지통고를 할 수 있다.
③ 관할경찰관서장은 「집회 및 시위에 관한 법률」 제6조 제1항에 따른 신고서의 기재사항에 미비한 점을 발견하면 접수증을 교부한 때로부터 12시간 이내에 주최자에게 24시간을 기한으로 그 기재사항을 보완할 것을 통고할 수 있다.
④ 보완통고는 보완할 사항을 분명히 밝혀 서면 또는 문자 메시지(SMS)로 주최자 또는 연락책임자에게 전달하여야 한다.

> **해설**
> ④ 보완 통고는 보완할 사항을 분명히 밝혀 **서면으로** 주최자 또는 연락책임자에게 송달하여야 한다. (제7조②)
>
> 정답 ④

057 「집회 및 시위에 관한 법률」 및 동법 시행령에 대한 설명 중 가장 적절한 것은? 20승진

① 관할경찰관서장은 「집회 및 시위에 관한 법률」 제6조 제1항에 따른 신고서의 기재 사항에 미비한 점을 발견하면 접수증을 교부한 때부터 12시간 이내에 주최자 또는 질서유지인에게 24시간을 기한으로 그 기재 사항을 보완할 것을 통고할 수 있다.
② 위 ①에 따른 보완통고는 보완할 사항을 분명히 밝혀 서면 또는 구두로 주최자 또는 연락책임자에게 송달하여야 한다.
③ 「집회 및 시위에 관한 법률」 제6조 제1항에 따른 신고를 받은 관할경찰관서장이 집회 및 시위의 보호와 공공의 질서 유지를 위하여 필요하다고 인정하여 질서유지선을 설정할 때에는 주최자 또는 연락책임자에게 이를 알려야 한다.
④ 집회 또는 시위 장소의 상황에 따라 질서유지선을 새로 설정하거나 변경하는 경우 반드시 서면으로 통지해야 한다.

> **해설**
> ① 관할경찰관서장은 「집회 및 시위에 관한 법률」 제6조 제1항에 따른 신고서의 기재 사항에 미비한 점을 발견하면 접수증을 교부한 때부터 12시간 이내에 **주최자에게** 24시간을 기한으로 그 기재 사항을 보완할 것을 통고할 수 있다.
> ② 위 ①에 따른 보완통고는 보완할 사항을 분명히 밝혀 **서면으로** 주최자 또는 연락책임자에게 송달하여야 한다.
> ③ O
> ④ 집회 또는 시위 장소의 상황에 따라 질서유지선을 새로 설정하거나 변경하는 경우에는 집회 또는 시위의 장소에 있는 경찰공무원이 **구두로 알릴 수 있다**.
>
> **정답** ③

058 「집회 및 시위에 관한 법률」에 규정된 '청사 또는 저택의 경계 지점으로부터 100m 이내의 옥외집회 또는 시위 금지 장소'로 가장 적절하지 <u>않은</u> 것은? 15승진, 15순경3차유사

① 국회의사당
② 헌법재판소
③ 대통령 관저
④ 검찰청

> **해설**
> ④ 각급 법원, 헌법재판소 등은 포함되지만 **검찰청은 포함되지 않는다**.

> 제11조(옥외집회와 시위의 금지 장소) 누구든지 다음 각 호의 어느 하나에 해당하는 청사 또는 저택의 <u>경계 지점으로부터 100미터 이내의 장소에서는 옥외집회 또는 시위를 하여서는 아니 된다.</u>
> 1. 국회의사당. 다만, 다음 각 목의 어느 하나에 해당하는 경우로서 국회의 기능이나 안녕을 침해할 우려가 없다고 인정되는 때에는 그러하지 아니하다.
>   가. 국회의 활동을 방해할 우려가 없는 경우
>   나. 대규모 집회 또는 시위로 확산될 우려가 없는 경우
> 2. 각급 법원, 헌법재판소. 다만, 다음 각 목의 어느 하나에 해당하는 경우로서 각급 법원, 헌법재판소의 기능이나 안녕을 침해할 우려가 없다고 인정되는 때에는 그러하지 아니하다.
>   가. 법관이나 재판관의 직무상 독립이나 구체적 사건의 재판에 영향을 미칠 우려가 없는 경우
>   나. 대규모 집회 또는 시위로 확산될 우려가 없는 경우
> 3. <u>대통령 관저, 국회의장 공관, 대법원장 공관, 헌법재판소장 공관</u>
> 4. 국무총리 공관. 다만, 다음 각 목의 어느 하나에 해당하는 경우로서 국무총리 공관의 기능이나 안녕을 침해할 우려가 없다고 인정되는 때에는 그러하지 아니하다.
>   가. 국무총리를 대상으로 하지 아니하는 경우
>   나. 대규모 집회 또는 시위로 확산될 우려가 없는 경우
> 5. 국내 주재 외국의 외교기관이나 외교사절의 숙소. 다만, 다음 각 목의 어느 하나에 해당하는 경우로서 외교기관 또는 외교사절 숙소의 기능이나 안녕을 침해할 우려가 없다고 인정되는 때에는 그러하지 아니하다.
>   가. 해당 외교기관 또는 외교사절의 숙소를 대상으로 하지 아니하는 경우
>   나. 대규모 집회 또는 시위로 확산될 우려가 없는 경우
>   다. <u>외교기관의 업무가 없는 휴일에 개최하는 경우</u>

정답 ④

059 「집회 및 시위에 관한 법률」 및 「집회 및 시위에 관한 법률 시행령」상 질서유지선에 대한 설명으로 가장 적절한 것은?   21순경1차

① 관할 경찰관서장은 집회 및 시위의 보호와 공공의 질서 유지를 위하여 집회·시위의 행진로를 확보하거나 이를 위한 임시횡단보도를 설치할 필요가 있을 경우에는 「집회 및 시위에 관한 법률」 제13조 제1항에 따라 질서유지선을 설정할 수 있다.
② 경찰관서장이 질서유지선을 설정할 때에는 주최자 또는 연락책임자에게 이를 서면으로 고지하여야 하며, 이러한 과정을 통해 설정·고지된 질서유지선은 추후에 변경할 수 없다.
③ 옥외집회 및 시위의 신고를 받은 관할 경찰관서장은 집회 및 시위의 보호와 공공의 질서 유지를 위하여 필요하다고 인정하면 최대한의 범위를 정하여 질서유지선을 설정할 수 있다.
④ 「집회 및 시위에 관한 법률」 제13조에 따라 설정한 질서유지선을 경찰관의 경고에도 불구하고 정당한 사유 없이 상당 시간 침범하거나 손괴·은닉·이동 또는 제거하거나 그 밖의 방법으로 그 효용을 해친 자는 6개월 이하의 징역 또는 500만원 이하의 벌금·구류 또는 과료에 처한다.

해설

① ○
② 법 제13조 제2항에 따른 질서유지선의 설정 고지는 서면으로 하여야 한다. 다만, 집회 또는 시위 장소의 상황에 따라 질서유지선을 <u>새로 설정하거나 변경하는 경우에는 집회 또는 시위의 장소에 있는 경찰공무원이 구두로 알릴 수 있다.</u>
③ 신고를 받은 관할경찰관서장은 집회 및 시위의 보호와 공공의 질서 유지를 위하여 필요하다고 인정하면 <u>최소한의 범위를 정하여</u> 질서유지선을 설정할 수 있다.
④ 「집회 및 시위에 관한 법률」 제13조에 따라 설정한 질서유지선을 경찰관의 경고에도 불구하고 정당한 사유 없이 상당 시간 침범하거나 손괴·은닉·이동 또는 제거하거나 그 밖의 방법으로 그 효용을 해친 자는 6개월 이하의 징역 또는 <u>50만원 이하의</u> 벌금·구류 또는 과료에 처한다.

정답 ①

---

060 「집회 및 시위에 관한 법률」에 규정된 질서유지선에 관한 설명으로 가장 적절하지 <u>않은</u> 것은?

15승진

① 집회 시위의 보호와 공공의 질서유지를 위해 띠·줄·방책 등으로 설치할 수 있다.
② 경찰관서장은 질서유지선을 설정할 때에는 주최자 또는 연락책임자에게 이를 알려야 한다.
③ 일단 설정·고지된 질서유지선은 변경할 수 없다.
④ 질서유지선을 손괴할 경우 처벌할 수 있다.

해설

③ 일단 설정·고지된 질서유지선도 <u>상황에 따라 새로 설정하거나 변경할 수 있다.</u>

정답 ③

---

061 「집회 및 시위에 관한 법률」, 「집회 및 시위에 관한 법률 시행령」상 질서유지선에 대한 설명으로 가장 옳은 것은?

17경간

① 집회·시위의 신고를 받은 관할경찰관서장은 집회·시위의 보호와 공공의 질서유지를 위해 최대한의 범위를 정하여 질서유지선을 설정할 수 있다.
② '집회·시위의 참가자를 일반인이나 차량으로부터 보호할 필요가 있을 경우'는 질서유지선을 설정할 수 있는 경우에 해당하지 않는다.
③ 경찰관서장이 질서유지선을 설정할 때에는 사전에 질서유지인에게 이를 서면으로 고지하여야 한다.
④ 적법한 요건에 따라 설정한 질서유지선을 경찰관의 경고에도 불구하고 정당한 사유 없이 상당 시간 침범하거나 손괴·은닉·이동 또는 제거하거나 그 밖의 방법으로 그 효용을 해친 자는 6개월 이하의 징역 또는 50만원 이하의 벌금·구류 또는 과료에 처한다.

> **해설**
> ① 집회·시위의 신고를 받은 관할경찰관서장은 집회·시위의 보호와 공공의 질서유지를 위하여 필요하다고 인정할 때에는 **최소한의 범위를 정하여** 질서유지선을 설정할 수 있다.(법 제13조 제1항)
> ② '일반인의 통행 또는 교통 소통 등을 위하여 필요할 경우'에 **질서유지선을 설정할 수 있다.**(시행령 제13조 제1항)
> ③ 경찰관서장이 질서유지선을 설정할 때에는 **주최자 또는 연락책임자에게** 이를 알려야 한다.(법 제13조 제2항) 질서유지선의 설정 고지는 서면으로 하여야 한다. 다만, 집회 또는 시위 장소의 상황에 따라 질서유지선을 새로 설정하거나 변경하는 경우에는 집회 또는 시위의 장소에 있는 경찰공무원이 구두로 알릴 수 있다.(시행령 제13조 제2항)
> ④ O
>
> 정답 ④

062 「집회 및 시위에 관한 법률」 및 그 시행령에 대한 설명으로 옳지 않은 것은?   20경간

① 단체는 「집회 및 시위에 관한 법률」상 '주최자'가 될 수 있다.
② 집회 또는 시위의 주최자는 금지통고를 받은 날부터 10일 이내에 해당 경찰관서의 바로 위의 상급경찰관서의 장에게 이의를 신청할 수 있다.
③ 학문, 예술, 체육, 종교, 의식, 친목, 오락, 관혼상제 및 국경행사에 관한 집회에서는 '확성기 등 사용의 제한'에 관한 규정을 적용하지 아니한다.
④ 소음 측정 장소는 피해자가 위치한 건물 외벽에서 소음원 방향으로 1~3.5m 떨어진 지점으로 하되, 소음도가 높을 것으로 예상되는 지점의 지면 위 1.2~1.5m 높이에서 측정한다. 다만, 주된 건물의 경비 등을 위하여 사용되는 부속 건물, 광장·공원이나 도로상의 영업시설물, 공원의 관리사무소 등은 소음측정 장소에서 제외한다.

> **해설**
> ③ 학문·예술 등에 관한 집회는 물론, 신고대상이 아닌 경우와 신고를 결략한 집회를 포함한 **모든 집회 또는 시위에 대하여 소음제한 규정이 적용**된다.(단, 1인시위는 집회·시위가 아니므로 제외) ※ 질서유지선의 경우 적법하게 신고된 집회시위에 대하여 적법하게 설정한 질서유지선의 경우에만 질서유지선효용침해죄가 적용되지만, 확성기등 사용의 경우 신고된 집회시위인지 여부를 떠나서 확성기등 사용제한 및 확성기등 사용중지명령등위반죄가 적용된다.
>
> 정답 ③

063 「집회 및 시위에 관한 법률」 및 그 시행령에 대한 설명으로 가장 적절하지 않은 것은? 16순경2차변형

① 질서유지선은 관할 경찰서장이나 시·도경찰청장이 적법한 집회 및 시위를 보호하고 질서유지나 원활한 교통 소통을 위하여 집회 또는 시위의 장소나 행진 구간을 일정하게 구획하여 설정한 띠, 방책(防柵), 차선(車線) 등의 경계표지(標識)를 말한다.
② 집회현장에서의 확성기 소음기준(대상소음도)은 주거지역, 학교, 종합병원에서의 등가소음도의 경우 주간 65dB 이하, 야간 60dB, 심야 50dB 이하이다.
③ 옥외집회나 시위를 주최하려는 자는 그에 관한 신고서를 옥외집회나 시위를 시작하기 720시간 전부터 48시간 전에 관할 경찰서장에게 제출하여야 한다.
④ 집회 또는 시위의 주최자는 금지 통고를 받은 날부터 10일 이내에 해당 경찰관서의 바로 위의 상급경찰관서의 장에게 이의를 신청할 수 있다.

해설

② 집회현장에서의 확성기 소음기준(대상소음도)은 주거지역, 학교, 종합병원에서의 등가소음도의 경우 주간 65dB 이하, 야간 60dB, **심야 55dB** 이하이다.

소음도 구분		대상지역	시간대		
			주간 (07:00~해지기전)	야간 (해진 후~24:00)	심야 (00:00~07:00)
대상소음도	등가소음도 (Leq)	주거지역, 학교, 종합병원	65 이하	60 이하	55 이하
		공공도서관	65 이하	60 이하	
		그 밖의 지역	75 이하	65 이하	
	최고소음도 (Lmax)	주거지역, 학교, 종합병원	85 이하	80 이하	75 이하
		공공도서관	85 이하	80 이하	
		그 밖의 지역	95 이하		

1. 확성기등의 소음은 관할 경찰서장(현장 경찰공무원)이 측정한다.
2. 소음 측정 장소는 피해자가 위치한 건물의 외벽에서 소음원 방향으로 1~3.5m 떨어진 지점으로 하되, 소음도가 높을 것으로 예상되는 지점을 지면 위 1.2~1.5m 높이에서 측정한다. 다만, 주된 건물 경비 등을 위하여 사용되는 부속 건물, 광장·공원이나 도로상 영업시설물, 공원의 관리사무소 등은 소음 측정 장소에서 제외한다.
3. 제2호의 장소에서 확성기등의 대상소음이 있을 때 측정한 소음도를 측정소음도로 하고, 같은 장소에서 확성기등의 대상소음이 없을 때 5분간 측정한 소음도를 배경소음도로 한다.
4. 측정소음도가 배경소음도보다 10dB 이상 크면 배경소음의 보정 없이 측정소음도를 대상소음도로 하고, 측정소음도가 배경소음도보다 3.0~9.9dB 차이로 크면 표의 보정치에 따라 측정소음도에서 배경소음을 보정한 소음도를 대상소음도로 하며, 측정소음도가 배경소음도보다 3dB 미만으로 크면 다시 한 번 측정소음도를 측정하고, 다시 측정하여도 3dB 미만으로 크면 확성기등의 소음으로 보지 아니한다.
5. 등가소음도는 10분간(소음발생 시간이 10분 이내인 경우에는 그 발생시간 동안) 측정한다.
6. 최고소음도는 확성기등의 대상소음에 대해 매 측정 시 발생된 소음도 중 가장 높은 소음도를 측정하며, 동일한 집회·시위에서 측정된 최고소음도가 1시간 내에 3회 이상 위 표의 최고소음도 기준을 초과한 경우 소음기준을 위반한 것으로 본다.

7. 다음 각 목에 해당하는 행사(중앙행정기관이 개최하는 행사만 해당한다)의 진행에 영향을 미치는 소음에 대해서는 그 행사의 개최시간에 한정하여 위 표의 <u>주거지역의 소음기준을 적용</u>한다.
   가. 「국경일에 관한 법률」 제2조에 따른 <u>국경일의 행사</u>
   나. 「각종 기념일 등에 관한 규정」 별표에 따른 <u>각종 기념일 중 주관 부처가 국가보훈처인 기념일의 행사</u>
8. 그밖에 소음의 측정방법 등에 관한 사항은 「환경분야 시험·검사 등에 관한 법률」 제6조 제1항 제2호에 따른 소음 및 진동 분야 환경오염공정시험기준 중 생활소음 기준에 따른다.

※ <u>신고대상 집회시위가 아닌 경우에도(학문예술등), 미신고 집회의 경우에도 소음제한 규정은 적용</u>
※ <u>1인 시위의 경우에는 적용 ×</u>

정답 ②

064 「집회 및 시위에 관한 법률」 및 「집회 및 시위에 관한 법률 시행령」에 대한 설명으로 적절하지 <u>않은</u> 것은 모두 몇 개인가?

21순경2차

> ⊙ 집회 또는 시위의 주최자는 확성기등을 사용하여 타인에게 심각한 피해를 주는 소음으로서 주거·학교·종합병원 지역에서 주간(07:00 ~ 해지기 전)에 등가소음도(Leq) 65dB(A) 이하의 기준을 위반하는 소음을 발생시켜서는 아니 된다.
> ⓒ 확성기등의 소음은 관할 경찰서장(현장 경찰공무원)이 측정하며, 소음 측정 장소는 피해자가 위치한 건물의 외벽에서 소음원 방향으로 1~3.5m 떨어진 지점으로 하되, 소음도가 높을 것으로 예상되는 지점의 지면 위 1.2~1.5m 높이에서 측정한다. 다만, 주된 건물의 경비 등을 위하여 사용되는 부속건물, 광장·공원이나 도로상의 영업시설물, 공원의 관리사무소 등은 소음 측정 장소에서 제외한다.
> ⓒ 관할경찰관서장은 집회 또는 시위의 주최자가 대통령령으로 정하는 기준을 초과하는 소음을 발생시켜 타인에게 피해를 주는 경우에는 그 기준 이하의 소음 유지 또는 확성기등의 사용 중지를 명하거나 확성기등의 일시보관 등 필요한 조치를 할 수 있다.
> ② 「집회 및 시위에 관한 법률」 제14조(확성기등 사용의 제한)는 예술·체육·종교 등에 관한 집회 및 1인 시위에도 적용된다.

① 1개 ② 2개 ③ 3개 ④ 4개

해설

② 1인 시위는 집시법상 집회·시위 자체가 아니므로, 확성기등 사용제한 규정의 적용을 받지 아니함

정답 ①

065 집회현장에서의 확성기 사용에 대한 설명으로 가장 적절하지 않은 것은? 22승진

① 중앙행정기관이 개최하는 국경일 행사의 경우 행사 개최시간에 한정하여 행사 진행에 영향을 미치는 소음에 대해서는, 「집회 및 시위에 관한 법률 시행령」 별표2에 따른 확성기 등의 소음기준을 '그 밖의 지역'의 소음기준으로 적용한다.
② 「집회 및 시위에 관한 법률 시행령」 별표2에 따른 소음측정 장소에서 확성기등의 대상소음이 있을 때 측정한 소음도를 측정소음도로 하고, 같은 장소에서 확성기등의 대상소음이 없을 때 5분간 측정한 소음도를 배경소음도로 한다.
③ 관할 경찰관서장은 집회 또는 시위의 주최자가 확성기등의 소음기준을 초과하는 소음을 발생시켜 타인에게 피해를 주는 경우에 그 기준 이하의 소음유지 또는 확성기등의 사용 중지를 명하거나 확성기 등의 일시보관등 필요한 조치를 할 수 있다.
④ 「집회 및 시위에 관한 법률 시행령」 별표2에 따른 확성기등의 소음기준에서 주거지역의 주간(07:00~해지기 전)시간대 등가소음도(Leq)는 65dB 이하이다.

> **해설**
> ① **주거지역**의 소음기준으로 적용한다.
>
> **정답** ①

066 집회 현장 소음 관리에 관한 설명으로 가장 적절한 것은? 15승진변형

① 「집회 및 시위에 관한 법률 시행령」상 소음기준은 주간(해뜬 후 해지기 전)과 야간(해진 후 해뜨기 전)으로 구분하여 규정하고 있다.
② 소음을 측정할 때는 소음으로 인한 피해자가 위치한 건물 등이 주거지역, 학교, 종합병원, 공공도서관의 경우와 그 밖의 지역일 경우의 두 종류로 구분하여 기준치를 적용한다.
③ 등가소음도는 10분간(소음 발생 시간이 10분 이내인 경우에는 그 발생 시간 동안을 말한다) 측정한다.
④ 동일한 집회·시위에서 측정된 등가소음도가 1시간 내에 3회 이상 소음기준표의 등가소음도 기준을 초과한 경우 소음기준을 위반한 것으로 본다.

> **해설**
> ① 「집회 및 시위에 관한 법률 시행령」상 소음기준은 <u>주간(07:00~해지기 전)과 야간(해진 후~24:00), 심야(00:00~07:00)</u>로 구분하여 규정하고 있다.
> ② 소음을 측정할 때는 소음으로 인한 피해자가 위치한 건물 등이 <u>(1) 주거지역, 학교, 종합병원인 경우, (2) 공공도서관의 경우, (3) 그 밖의 지역일 경우의 세 종류로 구분하여 기준치를 적용</u>한다.
> ③ O
> ④ 동일한 집회·시위에서 측정된 <u>최고소음도</u>가 1시간 내에 3회 이상 소음기준표의 <u>최고소음도</u> 기준을 초과한 경우 소음기준을 위반한 것으로 본다.
>
> **정답** ③

067 다음은 집회 및 시위에서 확성기등의 대상 소음이 있을 때 소음의 측정과 관련된 내용이다. 괄호 안에 들어갈 숫자의 총합은?　　　　　　　　　　　　　　　　　　　　　　　　　　　　　19경간변형

> 가. 주거지역, 학교, 종합병원의 등가소음도 기준은 주간 (　)dB 이하, 야간 (　)dB, 심야 55dB 이하이다.
> 나. 그밖의 지역의 등가소음도 기준은 주간 (　)dB 이하, 야간·심야 (　)dB 이하이다.
> 다. 확성기등의 대상소음이 있을 때 측정한 소음도를 측정소음도로 하고, 같은 장소에서 확성기등의 대상소음이 없을 때 (　)분간 측정한 소음도를 배경소음도로 한다. 등가소음도는 원칙적으로 (　)분간 측정한다.
> 라. 측정소음도가 배경소음도보다 (　)dB 이상 크면 배경소음의 보정 없이 측정소음도를 대상소음도로 한다.

① 280　　② 290　　③ 300　　④ 310

해설

가. 65, 60　나. 75, 65　다. 5, 10　라. 10

정답 ②

068 집회현장에서의 확성기 소음기준('집회 및 시위에 관한 법률 시행령')으로 빈 칸의 숫자를 ㉠~㉣ 순서대로 바르게 나열한 것은?　　　　　　　　　　　　　　　　　　　　　　　　　　　　　15경간변형

단위 : dB(A)

소음도 구분		대상지역	시간대		
			주간 (07:00~해지기 전)	야간 (해진 후~24:00)	심야 (00:00~07:00)
대상소음도	등가소음도 (Leq)	주거지역, 학교, 종합병원	65 이하	60 이하	55 이하
		공공도서관	65 이하	(㉠) 이하	
		그 밖의 지역	75 이하	(㉡) 이하	
	최고소음도 (Lmax)	주거지역, 학교, 종합병원	85 이하	80 이하	75 이하
		공공도서관	85 이하	(㉢) 이하	
		그 밖의 지역	(㉣) 이하		

① 55 - 60 - 75 - 90　　② 60 - 65 - 80 - 90
③ 55 - 60 - 75 - 95　　④ 60 - 65 - 80 - 95

해설

소음도 구분		대상지역	시간대		
			주간 (07:00~해지기 전)	야간 (해진 후~24:00)	심야 (00:00~07:00)
대상소음도	등가소음도 (Leq)	주거지역, 학교, 종합병원	65 이하	60 이하	55 이하
		공공도서관	65 이하	(㉠60) 이하	
		그 밖의 지역	75 이하	(㉡65) 이하	
	최고소음도 (Lmax)	주거지역, 학교, 종합병원	85 이하	80 이하	75 이하
		공공도서관	85 이하	(㉢80) 이하	
		그 밖의 지역	(㉣95) 이하		

정답 ④

069 「집회 및 시위에 관한 법률 시행령」 제14조 별표 2의 확성기등의 소음기준[단위: dB(A)] 및 소음 측정 방법에 대한 내용으로 가장 적절하지 않은 것은?   18순경1차변형

① 주거지역, 학교, 종합병원에서 주간(07시~해지기 전)에 확성기등의 소음기준(등가소음도)은 65 이하이다.
② 그 밖의 지역에서 야간(해진 후~24시)에 확성기등의 소음기준(등가소음도)은 65 이하이다.
③ 소음 측정 장소는 피해자가 위치한 건물 외벽에서 소음원 방향으로 1~3.5m 떨어진 지점으로 하되, 소음도가 높을 것으로 예상되는 지점의 지면 위 1.2~1.5m 높이에서 측정하고, 주된 건물의 경비 등을 위하여 사용되는 부속 건물, 광장·공원이나 도로상의 영업시설물, 공원의 관리사무소 등도 소음 측정 장소로 포함된다.
④ 확성기 등의 소음은 관할 경찰서장(현장 경찰공무원)이 측정한다.

해설

③ 소음 측정 장소는 피해자가 위치한 건물 외벽에서 소음원 방향으로 1~3.5m 떨어진 지점으로 하되, 소음도가 높을 것으로 예상되는 지점의 지면 위 1.2~1.5m 높이에서 측정하고, 주된 건물의 경비 등을 위하여 사용되는 부속 건물, 광장·공원이나 도로상의 영업시설물, 공원의 관리사무소 등은 <u>소음 측정 장소에서 제외된다</u>.

정답 ③

070 집회 및 시위의 해산에 대한 설명으로 가장 적절하지 않은 것은? 　　12승진

① 관할 경찰서장은 해산사유에 해당하는 집회 또는 시위에 대하여는 상당한 시간 이내에 자진해산할 것을 요청하고 이에 따르지 아니하면 해산을 명할 수 있으며 해산명령을 받은 모든 집회 또는 시위 참가자는 지체없이 해산하여야 한다.
② 관할 경찰관서장 또는 관할 경찰관서장으로부터 권한을 부여받은 경찰공무원이 집회 또는 시위를 해산시키려는 때에는 종결선언의 요청 → 자진해산의 요청 → 해산명령 및 직접 해산의 순서를 따라야 한다.
③ 종결선언은 주최자에게 요청하되, 주최자의 소재를 알 수 없는 경우에는 주관자·연락책임자 또는 질서유지인에게 하여야 하며 종결선언의 요청은 필요적 절차로 생략할 수 없다.
④ 자진해산 요청에 따르지 아니하는 경우에는 세 번 이상 자진해산할 것을 명령하고, 참가자들이 해산명령에도 불구하고 해산하지 아니하면 직접 해산시킬 수 있다.

> **해설**
> ③ 종결선언은 주최자에게 요청하되, 주최자의 소재를 알 수 없는 경우에는 주관자·연락책임자 또는 질서유지인을 통하여 종결 선언을 요청할 수 있다. 다만, 일부 금지된 집회·시위의 경우와 주최자·주관자·연락책임자 및 질서유지인이 집회 또는 시위 장소에 없는 경우에는 **종결선언의 요청을 생략할 수 있다**.
>
> 정답 ③

071 「집회 및 시위에 관한 법률」상 해산명령에 대한 설명 중 옳지 않은 것은? (판례에 의함) 　　21경간

① 경찰이 「집회 및 시위에 관한 법률」이 정한 해산명령을 할 때 해산 사유가 법률 조항 중 어느 사유에 해당하는지에 관하여 구체적으로 고지하여야 한다.
② 사전 금지 또는 제한된 집회라 하더라도 실제 이루어진 집회가 당초 신고 내용과 달리 타인의 법익이나 공공의 안녕질서에 직접적이고 명백한 위험을 초래하지 않은 경우, 사전에 금지 통고된 집회라는 이유만으로 해산을 명하고 이에 불응하였다고 처벌할 수는 없다.
③ 해산명령은 자진 해산 요청에 따르지 않는 시위 참가자들에게 자진 해산할 의무를 부과하는 것이므로 반드시 '자진 해산을 명령한다'는 용어가 사용되거나 말로 해산명령임을 표시해야 한다.
④ 해산명령의 대상은 '집회 또는 시위' 자체이므로 해산명령의 방법은 그 대상인 집회나 시위의 참가자들 전체 무리나 집단에 고지, 전달하는 방법으로 행하여야 한다.

> **해설**
> ③ 집회및시위에관한법률 제10조, 제18조, 제21조, 같은법시행령 제9조의2의 각 규정에 의하면 집회신고시간을 넘어 일몰시간 후에 집회 및 시위를 한 경우에는 관할경찰관서장 또는 관할경찰관서장으로부터 권한을 부여받은 경찰관은 참가자들에 대하여 상당한 시간 내에 자진해산할 것을 요청한 다음, 그 자진

해산요청에도 응하지 아니할 경우 자진해산할 것을 명령할 수 있다고 할 것이며, 여기서 해산명령 이전에 자진해산할 것을 요청하도록 한 입법 취지에 비추어 볼 때, **반드시 '자진해산'이라는 용어를 사용하여 요청할 필요는 없고**, 그 때 해산을 요청하는 언행 중에 <u>스스로 해산하도록 청하는 취지가 포함되어 있으면 된다.</u> (대법원2000도2172)

정답 ③

072 「집회 및 시위에 관한 법률 시행령」에 대한 설명이다. 옳은 것을 모두 고른 것은?   17순경1차

㉠ 관할 경찰관서장이 권한을 부여하면 관할 경찰서 경비교통과장도 해산명령의 주체가 될 수 있다.
㉡ 자진 해산 요청은 직접 집회주최자에게 공개적으로 하여야 한다.
㉢ 자진 해산 요청에 따르지 아니하는 경우에는 세 번 이상 자진 해산할 것을 명령하고, 참가자들이 해산명령에도 불구하고 해산하지 아니하면 직접 해산시킬 수 있다.
㉣ 종결선언은 주최자에게 요청하되, 주최자의 소재를 알 수 없는 경우에는 주관자·연락책임자 및 질서유지인에게 하여야 하며 종결선언의 요청은 필요적 절차로 생략할 수 없다.

① ㉠㉡   ② ㉠㉢   ③ ㉡㉢   ④ ㉢㉣

해설

㉠ (O) 관할 경찰관서장 또는 관할 경찰관서장으로부터 권한을 부여받은 경찰공무원이 해산명령의 주체가 된다. 따라서, 관할 경찰관서장이 권한을 부여하면 관할 경찰서 경비교통과장도 해산명령의 주체가 될 수 있다.
㉡ (X) 자진 해산 요청은 직접 **참가자들에 대하여** 요청한다.
㉢ (O)
㉣ (X) 법 제20조 제1항 제호·제2호 또는 제4호에 해당하는 집회·시위의 경우와 주최자·주관자·연락책임자 및 질서유지인이 집회 또는 시위 장소에 없는 경우에는 <u>종결 선언의 요청을 생략할 수 있다.</u>

「집회 및 시위에 관한 법률 시행령」 제17조(집회 또는 시위의 자진 해산의 요청 등)
법 제20조에 따라 집회 또는 시위를 해산시키려는 때에는 관할 경찰관서장 또는 관할 경찰관서장으로부터 권한을 부여받은 경찰공무원은 다음 각 호의 순서에 따라야 한다. 다만, 법 제20조 제1항 제1호·제2호 또는 제4호에 해당하는 집회·시위의 경우와 주최자·주관자·연락책임자 및 질서유지인이 집회 또는 시위 장소에 없는 경우에는 종결 선언의 요청을 생략할 수 있다. (종자명직)
1. 종결 선언의 요청
    주최자에게 집회 또는 시위의 종결 선언을 요청하되, 주최자의 소재를 알 수 없는 경우에는 주관자·연락책임자 또는 질서유지인을 통하여 종결 선언을 요청할 수 있다.
2. 자진 해산의 요청
    제1호의 종결 선언 요청에 따르지 아니하거나 종결 선언에도 불구하고 집회 또는 시위의 참가자들이 집회 또는 시위를 계속하는 경우에는 직접 참가자들에 대하여 자진 해산할 것을 요청한다.
3. 해산명령 및 직접 해산
    제2호에 따른 자진 해산 요청에 따르지 아니하는 경우에는 세 번 이상 자진 해산할 것을 명령하고, 참가자들이 해산명령에도 불구하고 해산하지 아니하면 직접 해산시킬 수 있다.

정답 ②

073 집회 및 시위의 해산에 대한 설명으로 가장 적절하지 않은 것은?

15승진

① 해산명령은 경찰관서장만이 할 수 있으므로 경찰관서장으로부터 권한을 부여받은 경비과장은 할 수 없다.
② 일반적으로 종결선언 요청 → 자진해산 요청 → 해산명령 → 직접해산의 순서로 진행한다.
③ 종결선언은 주최자에게 요청하되, 주최자의 소재를 알 수 없는 경우에는 주관자·연락책임자 또는 질서유지인을 통하여 종결선언을 요청할 수 있다.
④ 해산명령은 참가자들이 해산할 수 있는 시간적 여유를 두면서 3회 이상 발령하여야 한다.

해설
① 해산명령은 경찰관서장 뿐만 아니라, 경찰관서장으로부터 권한을 부여받은 경찰공무원도 할 수 있다.

정답 ①

---

074 집회 및 시위에 관한 다음 설명 중 가장 적절하지 않은 것은? (단, 다툼이 있으면 판례에 의함)

14승진

① 행진시위의 참가자들이 일부 구간에서 감행한 전차선 점거행진, 도로점거 연좌시위 등의 행위는 당초 신고된 범위를 현저히 일탈하거나 구 「집회 및 시위에 관한 법률」 제12조의 규정에 의한 조건을 중대하게 위반한 것으로서 그로 인하여 도로의 통행이 불가능하게 되거나 현저하게 곤란하게 된 이상 「형법」 제185조 소정의 일반교통방해죄에 해당한다고 할 것이다.
② 「집회 및 시위에 관한 법률」 제20조 제1항과 「집회 및 시위에 관한 법률 시행령」이 해산명령을 할 때 그 사유를 구체적으로 고지하도록 명시적으로 규정하고 있지 아니하므로, 해산명령을 할 때에는 해산 사유가 「집회 및 시위에 관한 법률」 제20조 제1항 각 호 중 어느 사유에 해당하는지에 관하여 구체적으로 고지하여야 하는 것은 아니다.
③ 구 「집회 및 시위에 관한 법률」에 의하여 금지되어 그 주최 또는 참가행위가 형사처벌의 대상이 되는 위법한 집회·시위가 장차 특정지역에서 개최될 것이 예상된다고 하더라도, 이와 시간적·장소적으로 근접하지 않은 다른 지역에서 그 집회·시위에 참가하기 위하여 출발 또는 이동하는 행위를 함부로 제지하는 것은 「경찰관직무집행법」 제6조 제1항의 행정상 즉시강제인 경찰관의 제지의 범위를 명백히 넘어 허용될 수 없다.
④ 「집회 및 시위에 관한 법률」 제20조 제1항 제2호가 미신고 옥외집회 또는 시위를 해산명령 대상으로 하면서 별도의 해산 요건을 정하고 있지 않더라도, 그 옥외집회 또는 시위로 인하여 타인의 법익이나 공공의 안녕질서에 대한 직접적인 위험이 명백하게 초래된 경우에 한하여 위 조항에 기하여 해산을 명할 수 있고, 이러한 요건을 갖춘 해산명령에 불응하는 경우에만 「집회 및 시위에 관한 법률」 제24조 제5호에 의하여 처벌할 수 있다.

해설

② 「집회 및 시위에 관한 법률」 제20조 제1항과 「집회 및 시위에 관한 법률 시행령」이 해산명령을 할 때 그 사유를 구체적으로 고지하도록 명시적으로 규정하고 있지 아니하나, 해산명령을 할 때에는 해산 사유가 「집회 및 시위에 관한 법률」 제20조 제1항 각 호 중 어느 사유에 해당하는지에 관하여 <u>구체적으로 고지하여야 한다</u>.

정답 ②

075 「집회 및 시위에 관한 법률」에 대한 판례의 태도로 가장 적절하지 않은 것은? 19승진

① 해산명령 이전에 자진해산할 것을 요청할 때, 반드시 '자진해산'이라는 용어를 사용하여 요청할 필요는 없고, 해산을 요청하는 언행 중에 스스로 해산하도록 청하는 취지가 포함되어 있으면 된다.

② 사전 금지 또는 제한된 집회라 하더라도 실제 이루어진 집회가 당초 신고 내용과 달리 평화롭게 개최되거나 집회 규모를 축소하여 이루어지는 등 타인의 법익 침해나 기타 공공의 안녕질서에 대하여 직접적이고 명백한 위험을 초래하지 않은 경우에는 이에 대하여 사전 금지 또는 제한을 위반하여 집회를 한 점을 들어 처벌하는 것 이외에 더 나아가 이에 대한 해산을 명하고 이에 불응하였다 하여 처벌할 수는 없다.

③ 당초 옥외집회를 개최하겠다고 신고하였지만 그 신고 내용과 달리 아예 옥외집회는 개최하지 아니한 채 신고한 장소와 인접한 건물 등에서 옥내집회만을 개최한 경우, 신고한 옥외 집회를 개최하는 과정에서 그 신고범위를 일탈한 행위로 보아 이를 「집회 및 시위에 관한 법률」 위반으로 처벌할 수 있다.

④ 타인이 관리하는 건조물에서 옥내집회를 개최하는 경우에도 타인의 법익 침해나 기타 공공의 안녕질서에 대하여 직접적이고 명백한 위험을 초래하는 때에는 해산명령의 대상이 된다.

해설

③ 집시법은 옥외집회나 시위에 대하여는 사전신고를 요구하고 나아가 그 신고범위의 일탈행위를 처벌하고 있지만, 옥내집회에 대하여는 신고하도록 하는 규정 자체를 두지 않고 있다. 따라서 당초 옥외집회를 개최하겠다고 신고하였지만 신고 내용과 달리 아예 옥외집회는 개최하지 아니한 채 신고한 장소와 인접한 건물 등에서 옥내집회만을 개최한 경우에는, 그것이 건조물침입죄 등 다른 범죄를 구성함은 별론으로 하고, 신고한 옥외집회를 개최하는 과정에서 그 신고범위를 일탈한 행위를 한 데 대한 집시법 위반죄로 <u>처벌할 수는 없다</u>.(대판2010도14545)

정답 ③

076 집회 및 시위에 대한 설명으로 가장 적절하지 않은 것은? (다툼이 있는 경우 판례에 의함)   22승진

① 집회참가자들이 망인에 대한 추모의 목적과 그 범위내에서 이루어지는 노제 등을 위한 이동·행진의 수준을 넘어서 그 기회를 이용하여 다른 공동의 목적을 가지고 일반인이 자유로이 통행할 수 있는 장소를 행진하거나 위력 또는 기세를 보여, 불특정한 여러 사람의 의견에 영향을 주거나 제압을 하는 행위에 까지 나아가는 경우에는, 이미 「집회 및 시위에 관한 법률」이 정한 시위에 해당하므로 「집회 및 시위에 관한 법률」 제6조에 따라 사전에 신고서를 관할 경찰서장에게 제출할 것이 요구된다.

② 옥외집회 또는 시위 참가자들이 교통혼잡이 야기되었다고 볼만한 사정은 없으나 이미 신고한 행진 경로를 따라 행진로인 하위 1개차로에서 약 3시간 30분 동안 이루어진 집회시간 동안 2회에 걸쳐 약 15분 동안 연좌하였다는 사실만으로도 주최행위가 신고한 목적, 일시, 방법 등의 범위를 뚜렷이 벗어나는 경우에 해당한다고 볼 수 있다.

③ 집회란 '특정 또는 불특정 다수인이 공동의 의견을 형성하여 이를 대외적으로 표명할 목적 아래 일시적으로 일정한 장소에 모이는 것'을 말한다.

④ 옥외집회 또는 시위 당시의 구체적인 상황에 비추어 볼 때 옥외집회 또는 시위의 신고사항 미비점이나 신고범위 일탈로 인하여 타인의 법익 기타 공공의 안녕질서에 대하여 직접적인 위험이 초래된 경우에 비로소 그 위험의 방지·제거에 적합한 제한조치를 취할 수 있되, 그 조치는 법령에 의하여 허용되는 범위 내에서 필요한 최소한도에 그쳐야 한다.

해설

② 옥외집회 또는 시위 참가자들이 교통혼잡이 야기되었다고 볼만한 사정은 없고 이미 신고한 행진 경로를 따라 행진로인 하위 1개차로에서 약 3시간 30분 동안 이루어진 집회시간 동안 2회에 걸쳐 약 15분 동안 연좌하였다는 사실만으로는 주최행위가 신고한 목적, 일시, 방법 등의 범위를 <u>뚜렷이 벗어나는 경우에 해당한다고 볼 수 없다.</u>

정답 ②

077 「집회 및 시위에 관한 법률」에 대한 설명으로 가장 적절한 것은? 20순경1차

① 적법한 절차에 따라 설정한 질서유지선을 경찰관의 경고에도 불구하고 정당한 사유 없이 상당 시간 침범하거나 손괴·은닉·이동 또는 제거하거나 그 밖의 방법으로 그 효용을 해친 자는 6개월 이하의 징역 또는 50만원 이하의 벌금·구류 또는 과료에 처한다.
② 옥외집회 또는 시위 장소가 두 곳 이상의 경찰서의 관할에 속하는 경우에는 주최지를 관할하는 경찰서장에게 신고서를 제출하여야 한다.
③ 관할경찰서장은 신고서의 기재 사항에 미비한 점을 발견하면 접수증을 교부한 때부터 12시간 이내에 주최자에게 24시간을 기한으로 그 기재 사항을 보완할 것을 통고하여야 한다.
④ "주관자"란 자기 이름으로 자기 책임 아래 집회나 시위를 여는 사람이나 단체를 말한다. 주관자는 주최자를 따로 두어 집회 또는 시위의 실행을 맡아 관리하도록 위임할 수 있다.

> **해설**
>
> ① ○
> ② 옥외집회 또는 시위 장소가 두 곳 이상의 경찰서의 관할에 속하는 경우에는 **관할 시·도경찰청장에게** 제출하여야 한다.
> ③ 관할경찰서장은 신고서의 기재 사항에 미비한 점을 발견하면 접수증을 교부한 때부터 12시간 이내에 주최자에게 24시간을 기한으로 그 기재 사항을 <u>보완할 것을 통고할 수 있다</u>.
> ④ "<u>주최자</u>"란 자기 이름으로 자기 책임 아래 집회나 시위를 여는 사람이나 단체를 말한다. **주최자는 주관자를 따로 두어** 집회 또는 시위의 실행을 맡아 관리하도록 위임할 수 있다(동법 제2조 제3호).
>
> **정답** ①

078 다음은 「집회 및 시위에 관한 법률」에 대한 설명이다. 보기의 (　)에 들어갈 숫자를 모두 더한 값은? 16경간

> ㉠ 옥외집회나 시위를 주최하려는 자는 신고서를 옥외집회나 시위를 시작하기 720시간 전부터 (　)시간 전에 관할 경찰서장에게 제출하여야 한다.
> ㉡ 질서유지선을 경찰관의 경고에도 불구하고 정당한 사유없이 상당 시간 침범하거나 손괴·은닉·이동 또는 제거하거나 그 밖의 방법으로 그 효용을 해친 자는 (　)개월 이하의 징역 또는 50만원 이하의 벌금·구류 또는 과료에 처한다.
> ㉢ 폭행, 협박, 그 밖의 방법으로 평화적인 집회 또는 시위를 방해하거나 질서를 문란하게 한 자는 (　)년 이하의 징역 또는 300만원 이하의 벌금에 처한다.

① 55　　② 56　　③ 57　　④ 59

> **해설**
>
> ㉠ 48　㉡ 6　㉢ 3
>
> **정답** ③

079 「집회 및 시위에 관한 법률」에 대한 설명으로 가장 적절하지 않은 것은? 19순경1차

① 군인·검사·경찰관이 폭행, 협박, 그 밖의 방법으로 평화적인 집회 또는 시위를 방해한 경우 3년 이하의 징역에 처한다.
② 관할 경찰관서장은 집회신고서의 기재 사항에 미비점을 발견하면 접수증을 교부한 때로부터 12시간 이내에 주최자에게 24시간을 기한으로 그 기재사항을 보완할 것을 통고할 수 있다.
③ 헌법재판소의 결정에 따라 해산된 정당의 목적을 달성하기 위한 집회 또는 시위는 주최하여서는 아니 된다.
④ 집회신고서를 접수한 때로부터 48시간이 경과한 이후에도 남은 기간의 집회시위에 대해 금지통고를 할 수 있는 경우가 있다.

> **해설**
> ① 폭행, 협박, 그 밖의 방법으로 평화적인 집회 또는 시위를 방해하거나 질서를 문란하게 한 자 또는 집회 또는 시위의 주최자나 질서유지인의 임무 수행을 방해한 자는 3년 이하의 징역 또는 300만원 이하의 벌금에 처한다. 다만, 군인·검사·경찰관이 위반한 경우에는 <u>5년 이하의 징역</u>에 처한다.
>
> **정답** ①

CHAPTER 06 안보경찰활동

제1절 안보경찰 일반론 / 공산주의

001 「경찰청과 그 소속기관 직제」에 의할 때 '안보수사국(장)'의 분장 사무로 옳은 것은 모두 몇 개인가?

13경간변형

> ㉠ 안보수사경찰업무에 관한 기획 및 교육
> ㉡ 보안관찰 및 경호안전대책 업무에 관한 사항
> ㉢ 북한이탈주민 신변보호
> ㉣ 안보범죄정보 및 보안정보의 수집·분석 및 관리
> ㉤ 남북교류와 관련되는 안보수사경찰업무
> ㉥ 대테러 예방 및 진압대책의 수립·지도
> ㉦ 의무경찰의 복무 및 교육훈련
> ㉧ 집회·시위 등 공공갈등과 다중운집에 따른 질서 및 안전 유지에 관한 정보활동
> ㉨ 국제공항 및 국제해항의 보안활동에 관한 계획 및 지도
> ㉩ 정보공개 업무

① 3개 ② 4개 ③ 5개 ④ 6개

해설

㉠㉡㉣㉤ 안보수사국(장) 분장 사무
㉥㉦ 경비국(장) 분장 사무
㉧ 공공안녕정보국(장) 분장 사무
㉨ 외사국(장) 분장 사무
㉩ 경무인사기획관 분장 사무

정답 ③

002 공산주의 철학이론에 대한 설명 중 가장 적절하지 않은 것은?   13승진

① 헤겔이 정식화한 세가지 법칙에는 양의 질화 및 그 역의 법칙, 대립물 통일의 법칙, 부정의 부정 법칙이 있다.
② 유물사관의 입장에서 역사 발전의 원동력은 변증법적 유물론에서 비롯되므로 우리들이 맞이할 사회는 물질적인 생산양식(생산력과 생산관계)에 의해 결정된다고 주장한다.
③ 변증법적 유물사관에 의하면 사회(공산)주의 사회는 合의 개념에, 원시공동 사회는 正의 개념에 해당한다.
④ 폭력혁명론에 따르면 혁명은 자본주의가 고도로 발달하여 완전히 성숙했을 때만 일어난다고 본다.

> **해설**
> ④ **폭력혁명론은 공산주의 철학이론이 아니라 공산주의 정치이론**이다.
>
> - **공산주의 철학이론** : 유물론, 유물사관
> - **공산주의 경제이론** : 노동가치설, 잉여가치설, 제국주의론, 궁핍화이론, 자본주의붕괴론(자본축적/자본집중/빈곤증대) **(노잉제국/궁핍붕괴)**
> - **공산주의 정치이론** : 폭력혁명론, 프롤레타리아독재론, 계급투쟁론, 국가사멸론 **(폭포계곡)**
>
> **정답** ④

003 북한의 대남공작부서 중 보기의 설명과 가장 관련이 깊은 것은?   13승진

> 무장공비 양성·남파·요인암살·파괴·납치 등 게릴라 활동 및 군사정보수집, 1983년 미얀마 아웅산 암살폭파사건 자행

① 문화교류국(舊 225국)
② 통일전선부
③ 정찰총국 2국(정찰국)
④ 정찰총국 5국(해외정보국, 舊 35호실)

> **해설**
> ③ 설문은 **정찰총국 2국(정찰국)**에 대한 내용이다.

> **북한의 대남공작기구** (당통문/사정보/위성)

〈노동당 계열〉 – 통일전선부, 문화교류국
〈최고사령관 계열〉
① 정찰총국 (작정기해정후)
　1국(작전국) 2국(정찰국) 3국(기술국) 5국(해외정보국) 6국(정책국) 7국(후방지원국)
　1국(작전국) : 기본교육훈련, 침투공작원 호송·안내·복귀, 대남테러공작 및 침투로개척
　2국(정찰국) : 무장공비양성·남파, 요인암살·파괴·납치 등 게릴라 활동 및 군사정보수집
② 보위국 – 김정은경호, 반체제동향감시, 요인사찰·무관감시, 탈북민포섭, 납치·테러
〈국무위원회 계열(행정부)〉 – 국가보위성(우리나라 국가정보원에 해당)

※사회안전성(舊인민보안부) – 우리나라 경찰청에 해당하는 기구로 대남공작기구는 아님

<정답> ③

제2절 보안경찰활동

004 방첩활동에 대한 설명 중 가장 옳은 것은? <small>10승진변형</small>

① 방첩의 수단 중 적극적 수단으로는 허위정보 유포, 양동간계시위, 유언비어 유포 등을 들 수 있다.
② 계속접촉의 유지는 탐지, 주시, 판명, 이용, 검거(타진)의 단계로 이루어진다.
③ 방첩의 기본원칙으로 완전협조의 원칙, 치밀의 원칙, 계속접촉의 원칙을 들 수 있다.
④ 방첩활동이란 적의 정보활동에 대비하여 자기편을 보호하려는 노력이며, 방첩활동의 대상에는 간첩, 태업, 전복, 인원·시설 보안 등이 있다.

> **해설**
> ① 방첩의 수단 중 **기만적 수단**으로는 허위정보 유포, 양동간계시위, 유언비어 유포 등을 들 수 있다.
> ② 계속접촉의 유지는 **탐지, 판명, 주시, 이용, 검거(타진)**의 단계로 이루어진다.(**탐판주이검**)
> ③ ○
> ④ 방첩활동이란 적의 정보활동에 대비하여 자기편을 보호하려는 노력이며, 방첩활동의 대상에는 간첩, 태업, 전복 등이 있다. "**인원·시설 보안**"은 **방첩활동의 대상이 아니라 방첩활동의 수단**이다.

<정답> ③

005 방첩활동의 수단을 적극적·소극적·기만적 수단으로 분류할 때 수단별로 가장 적절하게 연결된 것은?

12승진

㉠ 첩보수집	㉡ 정보·자재보안의 확립
㉢ 대상인물 감시	㉣ 허위정보 유포
㉤ 역용공작	㉥ 보안업무 규정화
㉦ 양동간계시위	㉧ 침투공작
㉨ 첩보공작 분석	㉩ 입법사항 건의
㉪ 간첩신문	㉫ 인원·시설보안의 확립
㉬ 유언비어 유포	

① 적극적 수단 - ㉠, ㉢, ㉤, ㉧, ㉩, ㉪
② 기만적 수단 - ㉣, ㉦, ㉧, ㉪
③ 소극적 수단 - ㉡, ㉢, ㉥, ㉨, ㉩, ㉫
④ 적극적 수단 - ㉠, ㉢, ㉤, ㉧, ㉨, ㉪

해설

- 적극적 수단 : ㉠, ㉢, ㉤, ㉧, ㉨, ㉪
- 소극적 수단 : ㉡, ㉥, ㉩, ㉫
- 기만적 수단 : ㉣, ㉦, ㉬

▶ **방첩(활동)의 수단**

적극적 수단	① 적에 대한 첩보수집 ② 적의 첩보공작분석 ③ 대상인물 감시 ④ 대상단체 및 지역의 정황탐지 및 증거수집을 위한 침투공작 ⑤ 간첩 신문 ⑥ 간첩을 활용한 역용공작
소극적 수단	① 정보·자재**보안**의 확립 : 비밀사항에 대한 표시방법·보호방법을 강구 ② 인원**보안**의 확립 : 비밀취급인가제도 ③ 시설**보안**의 확립 : 시설에 대한 경비, 출입자에 대한 통제 ④ **보안**업무 규정화, **입법**건의 등
기만적 수단	① 허위정보유포 ② 유언비어유포 ③ 양동간계시위 : 거짓행동으로 상대측이 우리측 의도를 오인하도록 만드는 방법

정답 ④

006 방첩활동에 관한 다음 설명 중 옳지 않은 것은 모두 몇 개인가?

14경간

가. 동일 지배계급의 일부세력이 집권세력을 폭력으로써 타도하여 정권을 탈취하는 전복의 형태를 정부전복이라고 한다.
나. 계속 접촉의 원칙이란 혐의자가 발견되더라도 즉시 검거하지 말고, 조직망 전체가 완전히 파악될 때까지 계속해서 유·무형의 접촉을 해야 한다는 방첩의 기본원칙을 말한다.
다. 태업은 대상국가의 방위력 또는 전쟁수행능력을 직·간접적으로 손상하기 위하여 행하여지는 일체의 행위를 말한다.
라. 방첩수단을 적극적·소극적·기만적 수단으로 분류할 때 허위정보의 유포, 양동간계시위, 역용공작은 소극적 방첩수단에 해당된다.
마. 간첩은 국가기밀 수집, 내부 혼란의 목적으로 잠입한 자 또는 이에 지원·동조·협조하는 모든 조직적 구성분자를 말하며 방첩의 대상이 된다.

① 0개 ② 1개 ③ 2개 ④ 3개

해설

라. 방첩수단을 적극적·소극적·기만적 수단으로 분류할 때 **허위정보의 유포, 양동간계시위는 기만적 수단**이고, **역용공작은 적극적 방첩수단**에 해당된다.

정답 ②

007 심리전에 대한 다음 설명 중 가장 옳은 것은?

17경간

① 심리전은 선전·선동·모략 등의 수단에 의해 직접 상대국 국민 또는 군대에 정신적 자극을 주어 사상의 혼란과 국론의 분열을 유발시킴으로써 자국의 의도대로 유도하는 무력전술이다.
② 심리전의 종류 중 자유진영국가들이 공산진영국가의 국민을 대상으로 전개하는 대공산권방송은 전술심리전에 해당한다.
③ 아측 후방지역의 사기를 앙양시키거나 수복 지역주민들의 협조를 얻고 질서를 유지하는 선전활동으로 타협심리전이라고도 불리우는 심리전은 선무심리전이다.
④ 심리전의 목적에 의한 분류는 공격적 심리전, 방어적 심리전, 공연성 심리전으로 구분된다.

해설

① 심리전은 비무력적인 수단을 사용하는 **비무력 전술**이다.
② '대공산권방송'은 광범위하고 장기적인 목표하에 실시되는 **전략심리전**에 해당한다. 반면, '간첩을 체포했을 때 널리 공개하는 것'은 단기적 목표하에 즉각적 효과를 기대하고 실시하는 전술심리전에 해당한다.
④ 공연성 심리전과 비공연성 심리전은 **주체에 의한 분류**이다. 심리전은 운용에 따라 전략심리전·전술심리전으로, 목적에 따라 선무심리전(타협심리전)·공격적심리전·방어적심리전으로, 주체에 따라 공연성심리전·비공연성심리전으로 분류할 수 있다.

정답 ③

008 선전의 종류 중 흑색선전에 대한 설명으로 적절한 것을 모두 고른 것은? 18승진

> ㉠ 국가 또는 공인된 기관이 공식보도기관을 통해서 행하며 주제의 선정과 용어의 사용에 있어서 제한을 받는다.
> ㉡ 적 내부에 모순이 있음을 드러내어 조직을 분열·혼란시켜 사기를 저하시킨다.
> ㉢ 출처를 밝히지 않고 행하는 선전으로, 선전이라는 선입견을 주지 않고도 효과를 거둘 수 있다.
> ㉣ 적국 내에서도 수행할 수 있고 즉각적이고 집중적인 효과를 얻을 수 있다는 장점이 있다.
> ㉤ 선전의 신뢰도가 가장 높다.

① ㉠, ㉢   ② ㉡, ㉣   ③ ㉢, ㉣   ④ ㉣, ㉤

해설

㉠ 백색선전, ㉡ **흑색선전**, ㉢ 회색선전, ㉣ **흑색선전**, ㉤ 백색선전
(회비역 – 회색선전/출처비공개/역선전에취약) (흑노 – 흑색선전/노출위험)

정답 ②

---

009 간첩에 대한 설명 중 틀린 것은? 10승진

① 간첩은 대상국의 기밀을 수집하거나 태업, 전복활동을 하는 모든 조직적 구성분자를 말한다.
② 간첩을 임무에 따라 구분할 때 간첩을 침투시키거나 이미 침투한 간첩에게 필요한 활동자재를 보급·지원하는 간첩을 증원간첩이라고 한다.
③ 간첩을 활동방법에 따라 구분할 때 타국에 공용의 명목하에 입국하여 합법적인 신분을 갖고 이를 기화로 상대국에 대한 각종 정보를 수집하는 것을 목적으로 하는 간첩을 공행간첩이라고 한다.
④ 간첩망의 형태중 보안유지가 잘 되고 일망타진 가능성은 적지만, 활동범위가 좁고 공작원 검거시 간첩 정체가 쉽게 노출되는 것은 삼각형이다.

해설

② 간첩을 임무에 따라 구분할 때 간첩을 침투시키거나 이미 침투한 간첩에게 필요한 활동자재를 보급·지원하는 간첩을 **보급간첩**이라고 한다.

▶ **임무에 따른 간첩의 분류**

무장간첩	암살, 파괴, <u>일반간첩의 호송</u> 등을 임무로 하여 무장한 간첩
일반간첩	일반적인 기밀수집, 태업·전복의 공작 등 가장 전형적인 형태의 간첩
보급간첩	간첩침투 지원 또는 이미 침투한 간첩에게 필요한 활동자재를 지원·보급하는 간첩
증원간첩	이미 구성된 간첩망 보강 및 <u>간첩으로 이용할 양민의 납치</u> 등 인적자원 확보가 임무인 간첩

▶ **활동방법에 따른 간첩의 분류**

고정간첩	일정 지역 내에서 영구적으로 간첩 임무를 부여받고 활동하는 간첩임. 일정한 공작기간이 없고 합법적으로 보장된 신분이나 보장될 수 있는 조건을 구비함
배회간첩	고정간첩과 비교되는 간첩으로 일정한 주거 없이 전국을 배회하면서 임무를 수행함. 합법적인 신분을 취득하면 고정간첩으로 변할 수 있음
공행간첩	타국에 공용의 명목 하에 입국하여 합법적인 신분을 갖고 이를 기화로 상대국에 대한 각종 정보를 수집하는 것을 목적으로 하는 간첩임

정답 ②

010 간첩에 대한 설명 중 가장 적절한 것은? 　　　　　　　　　　　　　　　　13승진
① 간첩을 활동방법에 의해 분류하면 고정간첩, 배회간첩, 무장간첩으로 분류할 수 있다.
② 보급간첩은 이미 구성된 간첩망의 보강을 위해 파견되는 간첩, 또는 간첩으로 이용할 양민 등의 납치, 월북 등을 주된 임무로 하는 간첩이다.
③ 대량형간첩은 주로 전시에 파견되어 대상의 지목 없이 광범위한 분야에서 정보를 수집하는 간첩으로 지명형간첩과 비교되는 개념이다.
④ 땅을 파고 들어가 은신하는 비합법적 활동의 잠복거점을 드보크라 한다.

해설
① 간첩을 <u>활동방법에 의해 분류</u>하면 고정간첩, 배회간첩, 공행간첩으로 분류할 수 있다. **무장간첩은 임무(사명)에 따른 분류**에 속한다.
② **증원간첩은** 이미 구성된 간첩망의 보강을 위해 파견되는 간첩, 또는 간첩으로 이용할 양민 등의 납치, 월북 등을 주된 임무로 하는 간첩이다.
③ ○
④ 땅을 파고 들어가 은신하는 비합법적 활동의 잠복거점을 **비트**라 한다.

정답 ③

011 손자(孫子)가 분류한 간첩의 종류에 대한 설명 중 가장 적절하지 않은 것은? 　　14승진
① 생간(生間) : 적중에 들어가서 정보활동을 전개한 후 살아서 돌아오는 자로 현대국가에서 운용하는 첩보원들이 대부분 이에 해당한다.
② 사간(死間) : 적을 교란하기 위해 적지에 파견하여 적에 붙잡혀 죽게 만든 간자로 어떤 편에서 기만정보를 작성하여 공작원을 통해 다른 편에 전파하는데, 공작원은 자신이 지득한 정보가 고의로 만들어진 기만정보라는 사실을 모른 채 진실이라고 믿고 적진에 전파시킴으로써 적에 붙잡혀 살해당하게 된다.
③ 향간(鄕間) : 수집목표가 위치한 지역에 장기간 거주하여 그 지역 실정에 밝은 사람이 첩보원으로 기용되어 첩보수집, 비밀공작 등 정보활동을 전개하는 것을 말한다.
④ 반간(反間) : 적의 관리를 매수하여 자기편의 간자로 기용한 자를 말한다.

> **해설**

④ **내간(內間)** : 적의 관리를 매수하여 자기편의 간자로 기용한 자를 말한다.
※ 반간이란 적의 간첩을 매수하여 역으로 첩보원으로 기용한 자로 이중공작원이 이에 해당한다.

정답 ④

012 간첩망의 형태 중 써클형을 가장 잘 설명한 것은?

18경간

① 보안유지가 잘 되고 일망타진 가능성은 적지만, 활동범위가 좁고 공작원의 검거 시 간첩 정체가 쉽게 노출된다.
② 간첩활동이 자유롭고 대중적 조직과 동원이 가능한 반면, 간첩의 정체가 폭로되었을 때 외교적 문제가 야기될 수 있다.
③ 보안유지 및 신속한 활동이 가능한 반면, 활동범위가 좁고 공작성과가 비교적 낮다.
④ 일시에 많은 공작을 입체적으로 수행할 수 있고 활동범위가 넓은 반면, 행동의 노출이 쉽고 일망타진 가능성이 높으며 조직구성에 많은 시간이 소요된다.

> **해설**

① <u>삼각형</u> ② O ③ <u>단일형</u> ④ <u>피라미드형</u>

삼각형 (삼지)	의의	노출가능성과 일망타진 위험을 방지하기 위해 간첩이 3명 이내 행동공작원을 지휘하고 공작원간 횡적 연락을 차단하는 형태(지하당 구축에 흔히 사용)
	장점	보안유지에 유리하고 일망타진 가능성이 적음
	단점	활동범위가 좁고, 공작원 검거시 간첩(주공작원)이 쉽게 노출
서클형 (서첩)	의의	간첩이 합법적 신분으로 침투하여 적국의 이념·사상에 동조하도록 유도하는 형태로 전선조직에서나 첩보전에서 많이 이용
	장점	활동이 자유롭고 대중적 조직과 동원이 가능
	단점	간첩의 정체가 폭로될 경우 외교적 문제가 야기될 수 있음
피라미드형	의의	간첩 밑에 주공작원 2~3명을 두고, 주공작원은 다시 2~3명의 행동공작원을 두는 형태
	장점	입체적 공작의 수행이 가능하며, 활동범위가 넓음
	단점	행동노출·일망타진 가능성이 높고, 조직구성에 많은 시간 소요
단일형	의의	간첩상호간에 종적·횡적인 연락을 일체 회피하고, 동조자 없이 단독으로 활동하는 점조직 형태(대남간첩이 가장 많이 이용)
	장점	보안유지가 잘 되고, 신속한 활동이 가능
	단점	활동범위가 좁고, 공작성과가 비교적 낮음
레포형 (레피)		피라미드형 조직에 있어서 간첩과 주공작원 또는 주공작원 상호간에 연락원을 두고 종횡으로 연결하는 형태 → 현재는 사용되지 않고 있음

정답 ②

013 간첩망의 형태에 대한 설명 중 가장 적절한 것은? 17순경1차, 16승진유사

① 단일형은 간첩이 단일 특수 목적을 수행하기 위해 동조자를 포섭하지 않고 단독으로 활동하는 점조직으로 대남간첩이 가장 많이 사용하며, 간첩 상호간에 종적·횡적 연락의 차단으로 보안 유지 및 신속한 활동이 가능하며 활동 범위가 넓고 공작 성과가 높다는 장점이 있다.
② 삼각형은 지하당조직에서 주로 사용하는 간첩망 형태로, 지하당 구축을 하명받은 간첩이 3명 이내의 행동공작원을 포섭하여 직접 지휘하고 포섭된 공작원 간의 횡적 연락을 차단시키는 활동 조직이다.
③ 피라미드형은 간첩 밑에 주공작원 2~3명을 두고, 주공작원은 그 밑에 각각 2~3명의 행동공작원을 두는 조직형태로 일시에 많은 공작을 입체적으로 수행할 수 있어 활동 범위가 넓고 조직 구성에 많은 시간이 소요되지 않는다는 장점이 있다.
④ 레포형은 삼각형 조직에 있어서 간첩과 주공작원 간, 행동공작원 상호간에 연락원을 두고 종·횡으로 연결하는 형태이다.

해설

① 단일형은 간첩이 단일 특수 목적을 수행하기 위해 동조자를 포섭하지 않고 단독으로 활동하는 점조직으로 대남간첩이 가장 많이 사용하며, 간첩 상호간에 종적·횡적 연락의 차단으로 보안 유지 및 신속한 활동이 가능하지만, **활동 범위가 좁고 공작 성과가 낮다**.
② ○
③ 피라미드형은 간첩 밑에 주공작원 2~3명을 두고, 주공작원은 그 밑에 각각 2~3명의 행동공작원을 두는 조직형태로 일시에 많은 공작을 입체적으로 수행할 수 있어 활동 범위가 넓지만, **조직 구성에 많은 시간이 소요된다는 단점**이 있다.
④ 레포형은 **피라미드형 조직에 있어서** 간첩과 주공작원 간, 행동공작원 상호간에 연락원을 두고 종·횡으로 연결하는 형태이다.(레피)

정답 ②

014 간첩망의 형태에 대한 설명 중 가장 옳은 것은? 14경간

① 삼각형 – 간첩이 3명 이내의 공작원을 포섭하여 지휘하고, 포섭된 공작원 간 횡적연락을 차단한 형태로 일망타진 가능성이 적고, 활동범위가 넓으며, 공작원 검거시 간첩 정체가 쉽게 노출되지 않는다.
② 써클형 – 피라미드형 조직에 있어서 간첩과 주공작원 간, 행동공작원 상호 간에 연락원을 두고 종횡으로 연결하는 방식의 간첩망 형태이다.
③ 단일형 – 공작성과가 높고, 보안유지 및 신속한 활동이 가능한 반면, 활동범위가 좁다.
④ 피라미드형 – 간첩이 주공작원 2~3명을 두고 그 밑에 각각 2~3명의 행동공작원이 있는 형태로, 일시에 많은 공작을 입체적으로 수행할 수 있고, 활동범위가 넓은 반면, 행동의 노출이 쉽고 일망타진될 가능성이 높으며 조직구성에 많은 시간이 소요된다.

해설

① 삼각형 - 간첩이 3명 이내의 공작원을 포섭하여 지휘하고, 포섭된 공작원 간 횡적연락을 차단한 형태로 일망타진 가능성이 적지만, <u>활동범위가 좁고, 공작원 검거시 간첩 정체가 쉽게 노출된다</u>.
② **레포형** - 피라미드형 조직에 있어서 간첩과 주공작원 간, 행동공작원 상호 간에 연락원을 두고 종횡으로 연결하는 방식의 간첩망 형태이다.
③ 단일형 - 보안유지 및 신속한 활동이 가능한 반면, <u>공작성과가 낮고</u> 활동범위가 좁다.
④ ○

정답 ④

---

015 간첩망의 형태에 관한 다음 설명 중 가장 적절하지 <u>않은</u> 것은? 　　15순경2차

① 피라미드형은 간첩이 3명 이내의 공작원을 포섭하여 지휘하고 포섭된 공작원 간 횡적연락을 차단하는 형태이다.
② 써클형은 합법적 신분을 이용하여 침투하고 대상국의 정치·사회문제를 이용하여 적국의 이념이나 사상에 동조하도록 유도하는 형태이다.
③ 단일형은 단독활동으로 보안유지 및 신속한 활동이 가능한 반면, 활동범위가 좁고 공작성과가 비교적 낮다.
④ 레포형은 피라미드형 조직에서 간첩과 주공작원 간, 행동공작원 상호 간에 연락원을 두고 종횡으로 연결하는 방식이다.

해설

① <u>삼각형은</u> 간첩이 3명 이내의 공작원을 포섭하여 지휘하고 포섭된 공작원 간 횡적연락을 차단하는 형태이다. ※ 피라미드형은 간첩 밑에 주공작원 2~3명을 두고 주공작원은 그 밑에 각각 2~3명의 행동공작원을 두는 조직형태이다.

정답 ①

---

016 대상국의 기밀 탐지, 전복, 태업 등을 효과적으로 수행하기 위한 지하조직형태를 간첩망이라 한다. 다음의 내용이 설명하는 간첩망의 형태를 가장 적절하게 나열한 것은? 　　16순경1차

> ㉠ 지하당 구축에 흔히 사용하는 형태로, 간첩이 3명 이내의 행동공작원을 포섭하여 직접 지휘하고 공작원 간 횡적 연락을 차단시키는 활동조직
> ㉡ 간첩이 주공작원 2~3명을 두고, 주공작원은 그 밑에 각각 2~3명의 행동공작원을 두는 조직형태
> ㉢ 합법적 신분을 이용하여 적국의 이념이나 사상에 동조하도록 유도하여 공작목표를 달성하기 위한 조직형태

① ㉠ 삼각형 ㉡ 피라미드형 ㉢ 서클형
② ㉠ 삼각형 ㉡ 피라미드형 ㉢ 레포형
③ ㉠ 피라미드형 ㉡ 삼각형 ㉢ 서클형
④ ㉠ 피라미드형 ㉡ 삼각형 ㉢ 레포형

해설

㉠ 삼각형, ㉡ 피라미드형, ㉢ 서클형

정답 ①

---

017 간첩망의 형태에 대한 설명 중 옳은 것은 모두 몇 개인가? 16경간

㉠ 삼각형 - 간첩이 주공작원 2~3명을 두고 그 밑에 각각 2~3명의 행동공작원이 있으며, 일시에 많은 공작을 입체적으로 수행할 수 있고 활동 범위가 넓은 반면, 행동의 노출이 쉽고 일망타진 가능성이 높으며 조직구성에 많은 시간이 소요된다.
㉡ 써클형 - 합법적 신분 이용 침투, 대상국의 정치·사회문제를 이용하여 적국의 이념이나 사상에 동조하도록 유도한다.
㉢ 단일형 - 특수목적을 위하여 단독으로 활동하는 형태로, 보안유지 및 신속한 활동이 가능하여 활동범위가 넓고 공작성과가 비교적 높다.
㉣ 피라미드형 - 간첩활동이 자유롭고 대중적 조직과 동원이 가능한 반면, 간첩의 정체가 폭로되었을 때 외교적 문제가 야기될 수 있다.

① 1개 ② 2개 ③ 3개 ④ 4개

해설

㉠ <u>피라미드형</u>
㉡ O
㉢ 단일형 - 특수목적을 위하여 단독으로 활동하는 형태로, 보안유지 및 신속한 활동이 가능하여 **활동범위가 좁고 공작성과가 비교적 낮다.**
㉣ <u>써클형</u>

정답 ①

---

018 공작에 관한 설명으로 가장 적절하지 <u>않은</u> 것은? 16경감

① 공작원은 주공작원, 행동공작원, 지원공작원이 있다.
② 공작임무를 마치고 귀환한 공작원이 공작관에게 공작상황을 보고하는 과정을 디브리핑이라고 한다.
③ 공작관은 상부의 지령 없이 임의로 비밀공작을 수행해야 한다.
④ 주공작원은 공작관 바로 밑에 위치하는 공작망의 책임자이다.

해설

③ <u>상부의 지령에 따라 수행</u>한다.

정답 ③

019 다음 비밀공작의 순환과정에 대한 설명으로 가장 적절한 것은? 21승진

> 지령 → 계획 → 모집 → 훈련 → 브리핑 → 파견 및 귀환 → 디브리핑 → 보고서 작성 → 해고

① '모집'은 임무수행에 필요한 능력을 배양시키고, 지식과 기술을 습득케 하는 과정이다.
② '브리핑'은 공작에 영향을 주는 새로운 상황과 임무에 대한 상세한 지시를 하는 단계로, 공작원에게 공작수행에 대한 최종적인 설명이 이루어진다.
③ '파견 및 귀환'은 공작계획에 따라 공작을 진행할 사람을 채용하는 과정이다.
④ '보고서 작성'은 지령을 수행하기 위한 수단과 방법을 조직화하는 과정이다.

해설

① '<u>훈련</u>'은 임무수행에 필요한 능력을 배양시키고, 지식과 기술을 습득케 하는 과정이다.
② O
③ '<u>모집</u>'은 공작계획에 따라 공작을 진행할 사람을 채용하는 과정이다.
④ '<u>계획</u>'은 지령을 수행하기 위한 수단과 방법을 조직화하는 과정이다.

▶ **공작의 순환과정** (지계모훈/핑파핑)

지령 → 계획 → 모집·훈련 → 브리핑 → 파견·귀환 → 디브리핑 → 보고서작성 → 해고	
지령	비밀공작은 공작관이 임의로 수행하는 것이 아니라 <u>상부의 지령에 의하여 수행</u>한다. 상부에서는 공작관의 보고서에 의하여 공작의 계속성 여부 및 공작방향을 결정하여 지령한다.
계획	지령을 수행하기 위한 <u>수단과 방법을 조직화</u>하는 것
모집	공작계획에 따라 공작을 진행할 사람을 채용하는 것
훈련	<u>임무수행에 필요한 능력을 배양</u>시키고, <u>지식과 기술을 습득</u>하게 하는 과정
브리핑	파견 전에 공작원에게 <u>구체적인 공작임무를 부여</u>하는 과정
디브리핑	공작임무를 마치고 <u>귀환한 공작원이 공작관에게 공작상황을 보고</u>하는 과정으로서 공작지에 파견되었던 공작원이 귀환하는 즉시 시작한다.
해고	공작임무가 끝났거나 공작활동을 계속할 필요가 없을 때 공작원을 공작에게 이탈시키는 단계로서, 해고의 경우에는 보안 및 비밀유지에 특히 유의하여야 한다.

정답 ②

020 공작활동의 내용 중 감시에 대한 설명이다. 가장 적절하지 <u>않은</u> 것은? 12승진

① 감시는 시각·청각을 통하여 공작대상이 되는 인물, 시설, 물자에 관한 정보를 획득하는 기술이다.
② 감시는 사실상의 행위로서 현행법상 감시에 대한 직·간접적인 근거규정이 없다.
③ 대상자가 이미 알려져 있는 자로서 계속적인 감시를 필요로 하지 않고, 감시할 인적·물적·시간적 사정이 여의치 않아 적은 인원으로 많은 감시효과를 올리고자 할 때 적합한 감시의 형태는 완만감시이다.
④ 감시는 신문의 자료수집, 입수된 첩보의 확인, 제보자의 신뢰성 검토, 중요인물의 신변보호 등을 위해서 이용된다.

해설

② 감시에 대한 직·간접적인 근거규정으로「대통령 등의 경호에 관한 법률」,「국가정보원법」,「정보및보안업무기획·조정규정」등이 있다.

정답 ②

021 다음은 공작활동에 대한 내용이다. 아래 ㉠부터 ㉣까지의 설명 중 옳고 그름의 표시(O, ×)가 바르게 된 것은? 20승진

㉠ '연락'이란 비밀공작을 수행함에 있어서 상·하급 인원이나 기관 간에 비밀을 은폐하려고 기도하는 방법이다.
㉡ '신호'란 비밀공작활동에 있어서 조직원 상호 간에 어떠한 의사를 전달하기 위하여 사전에 약정해 놓은 표시를 말한다.
㉢ '사전정찰'이란 일정한 목적 하에 사물의 현상 및 사건의 전말을 감지하는 과정을 말한다.
㉣ '감시'란 장차 공작활동을 위하여 공작 목표나 공작 지역에 대하여 예비지식을 수집하기 위한 사전조사활동이다.

① ㉠(×) ㉡(O) ㉢(O) ㉣(×)　② ㉠(×) ㉡(O) ㉢(O) ㉣(O)
③ ㉠(O) ㉡(×) ㉢(×) ㉣(×)　④ ㉠(O) ㉡(O) ㉢(×) ㉣(×)

해설

㉢ '<u>관찰</u>'이란 일정한 목적 하에 사물의 현상 및 사건의 전말을 감지하는 과정을 말한다.
㉣ '<u>사전정찰</u>'이란 장차 공작활동을 위하여 공작 목표나 공작 지역에 대하여 예비지식을 수집하기 위한 사전조사활동이다.

정답 ④

022 대공상황 발생 시 조치요령으로 적절하지 않은 것은? 20경간

① 출동조치 전에 군·보안부대 등 유관기관에 통보가 이루어져야 한다.
② 대공상황의 보고와 전파 시에는 적시성, 정확성, 간결성, 보안성 등이 고려되어야 한다.
③ 상황이 발생하면 우선 개요를 보고하고, 의문점에 대해서는 2보, 3보로 연속하여 보고한다.
④ 분석요원과 보안책임간부는 통신장비, 분석장비를 휴대하고 현장에 신속히 출동하여 분석·판단 및 사건처리에 임한다.

> **해설**
> ① **출동조치와 병행하여** 군·보안부대 등 유관기관에 통보가 이루어져야 한다.
>
> **정답** ①

023 대공상황 발생시 조치요령으로 가장 적절하지 않은 것은? 15승진

① 대공상황의 보고와 전파시에는 적시성, 정확성, 간결성, 보안성 등이 고려되어야 한다.
② 상황이 발생하면 우선 개요를 보고하고, 의문점에 대하여는 2보, 3보로 연속하여 보고한다.
③ 분석요원과 보안책임간부는 통신장비, 분석장비를 휴대하고 현장에 신속히 출동하여 분석판단 및 사건처리에 임한다.
④ 대공상황은 일반형사사건과는 달리 현장조사를 할 필요가 없다.

> **해설**
> ④ 대공상황도 일반형사사건과 같이 **현장조사를 하여야 한다**.
>
> **정답** ④

제3절 보안수사

024 '국가보안법'의 내용으로 틀린 것은? 15경간

① 검사 또는 사법경찰관으로부터 이 법에 정한 죄의 참고인으로 출석을 요구받은 자가 정당한 이유 없이 2회 이상 출석요구에 불응한 때에는 관할법원 판사의 구속영장을 발부받아 구인할 수 있다.
② 검사는 이 법의 죄를 범한 자에 대하여 형법상 양형조건을 참작하여 공소제기를 보류할 수 있다.
③ 공소보류를 받은 자가 공소의 제기 없이 2년을 경과한 때에는 소추할 수 없다.
④ 공소보류가 취소된 경우에는 동일한 범죄사실로 재구속할 수 없다.

해설
④ 공소보류가 취소된 경우에는 형사소송법 제208조의 규정에도 불구하고 동일한 범죄사실로 재차 구속할 수 있다.

정답 ④

025 「국가보안법」상 공소보류에 대한 설명 중 가장 적절하지 않은 것은? 14승진

① 검사는 국가보안법 위반사범에 대하여 공소제기를 보류할 수 있다.
② 공소보류를 받은 자가 법무부 장관이 정한 감시·보도에 관한 규칙에 위반한 때에는 공소보류를 취소할 수 있다.
③ 공소보류 결정을 받은 자가 공소제기 없이 1년이 경과한 때에는 소추할 수 없다.
④ 공소보류가 취소된 때에는 「형사소송법」 제208조(재구속의 제한)의 규정에도 불구하고 동일범죄사실로 재구속·소추할 수 있다.

해설
③ 공소보류 결정을 받은 자가 공소제기 없이 <u>2년이</u> 경과한 때에는 소추할 수 없다.

정답 ③

026 국가보안법에 대한 설명으로 가장 적절하지 <u>않은</u> 것은? 22경간

① 이 법은 국가의 안전을 위태롭게 하는 반국가활동을 규제함으로써 국가의 안전과 국민의 생존 및 자유를 확보함을 목적으로 한다.
② 이 법에서 "반국가단체"라 함은 정부를 참칭하거나 국가를 변란할 것을 목적으로 하는 국내외의 결사 또는 집단으로서 지휘통솔체제를 갖춘 단체를 말한다.
③ 이 법의 죄를 범한 자를 수사기관 또는 정보기관에 통보하거나 체포한 자에게는 국가보안유공자 상금 지급 등에 관한 규정이 정하는 바에 따라 상금을 지급한다.
④ 사법경찰관리로부터 이 법에 정한 죄의 참고인으로 출석을 요구받은 자가 정당한 이유 없이 출석요구에 불응한 때에는 관할법원판사의 구속영장을 발부받아 구인할 수 있다.

> **해설**
> ④ 검사 또는 사법경찰관으로부터 이 법에 정한 죄의 참고인으로 출석을 요구받은 자가 **정당한 이유없이 2회 이상** 출석요구에 불응한 때에는 관할법원판사의 구속영장을 발부받아 구인할 수 있다.(국가보안법 제18조 제1항)
>
> **정답** ④

027 「국가보안법」에 관한 설명 중 가장 적절하지 <u>않은</u> 것은? 14승진

① 「국가보안법」 제10조 불고지죄의 경우 미수·예비·음모를 처벌한다.
② 「국가보안법」의 죄를 범한 후 자수한 때에는 그 형을 감경 또는 면제한다.
③ 검사 또는 사법경찰관으로부터 「국가보안법」에 정한 죄의 참고인으로 출석을 요구받은 자가 정당한 이유 없이 2회 이상 출석요구에 불응한 때에는 관할법원판사의 구속영장을 발부받아 구인할 수 있다.
④ 「국가보안법」에서 "반국가단체"라 함은 정부를 참칭하거나 국가를 변란할 것을 목적으로 하는 국내외의 결사 또는 집단으로서 지휘통솔체제를 갖춘 단체를 말한다.

> **해설**
> ① 불고지죄·특수직무유기죄·무고날조죄의 경우 미수·예비·음모를 처벌하지 않는다.
>
> **정답** ①

028 「국가보안법」에 관한 설명으로 가장 적절하지 않은 것은?   15승진

① 검사 또는 사법경찰관으로부터 이 법에 정한 죄의 참고인으로 출석을 요구받은 자가 정당한 이유 없이 2회 이상 출석요구에 불응한 때에는 관할법원 판사의 구속영장을 발부받아 구인할 수 있다.
② 「국가보안법」 위반 후 자수하면 그 형을 감경 또는 면제한다.
③ 불고지죄·특수직무유기죄·무고날조죄는 예비·음모 처벌 규정이 없다.
④ 「국가보안법」에 규정된 모든 범죄에 대하여 미수범 처벌 규정이 있다.

> **해설**
> ④ 「국가보안법」에 규정된 일정범죄(불고지죄·특수직무유기·무고날조)를 제외하고 미수범 처벌 규정이 있다.
>
> **정답** ④

029 국가의 안전을 위태롭게 하는 반국가활동을 규제함으로써 국가의 안전과 국민의 생존 및 자유를 확보함을 목적으로 제정된 「국가보안법」에 관한 설명으로 적절하지 않은 것은 모두 몇 개인가?   13경간

> ⊙ 이 법에서 "반국가단체"라 함은 정부를 참칭하거나 국가를 변란할 것을 목적으로 하는 국내외의 결사 또는 집단으로서 지휘통솔체제를 갖춘 단체를 말한다.
> ⓒ 국가보안법상 불고지죄 대상범죄로 반국가단체구성죄, 자진지원죄, 목적수행죄가 있다.
> ⓒ 국가보안법의 특성상 미수·예비·음모죄가 원칙적으로 처벌된다.
> ㉣ 검사 또는 사법경찰관으로부터 이 법에 정한 죄의 참고인으로 출석요구를 받은 자가 정당한 이유없이 2회 이상 출석요구에 불응한 때에는 관할법원판사의 구속영장을 발부받아 구인할 수 있다.

① 0개   ② 1개   ③ 2개   ④ 3개

> **해설**
> 모두 옳은 설명이다.
>
> **정답** ①

030 「국가보안법」에 대한 설명 중 옳은 것은 모두 몇 개인가? 　　　　　　　　　13순경2차

> ㉠ 검사는 국가보안법의 죄를 범한 자에 대하여 소추를 하지 아니할 때에는 압수물의 폐기 또는 국고귀속을 명할 수 있다.
> ㉡ 국가보안법의 죄에 관하여 유기징역형을 선고할 때에는 그 형의 장기 이하의 자격정지를 병과할 수 있다.
> ㉢ 국가보안법에서 "반국가단체"라 함은 정부를 참칭하거나 국가를 변란할 것을 목적으로 하는 국내외의 결사 또는 집단으로서 지휘통솔체제를 갖춘 단체를 말한다.
> ㉣ 국가보안법의 죄를 범한 자가 동법의 죄를 범한 타인을 고발하거나 타인이 동법의 죄를 범하는 것을 방해한 때에는 그 형을 감경 또는 면제할 수 있다.

① 1개　　　② 2개　　　③ 3개　　　④ 4개

해설

㉣ 국가보안법의 죄를 범한 후 자수한 때와 동법의 죄를 범한 자가 동법의 죄를 범한 타인을 고발하거나 타인이 동법의 죄를 범하는 것을 방해한 때에는 그 **형을 감경 또는 면제한다.**(필요적 감면)

※ **필요적 감면** – (자수/타인의 죄를 고발하거나 방해/친족관계 불고지)(고자방불)
※ **임의적 감면** – 친족관계에서의 특수직무유기/단순편의제공(특단편)

정답 ③

031 다음 보기 중 「국가보안법」에 관한 설명으로 **틀린** 것은 모두 몇 개인가? 　　14순경1차

> ㉠ 「국가보안법」제10조 불고지죄는 법정형이 5년 이하의 징역 또는 300만원 이하의 벌금으로 국가보안법 중 유일하게 선택형으로 벌금형을 두고 있다.
> ㉡ 「국가보안법」의 죄를 범한 후 자수한 때에는 그 형을 감경 또는 면제한다.
> ㉢ 공소보류 결정을 받은 자가 공소제기 없이 2년이 경과한 때에는 소추할 수 없다.
> ㉣ 검사 또는 사법경찰관으로부터 「국가보안법」에 정한 죄의 참고인으로 출석을 요구받은 자가 정당한 이유 없이 2회 이상 출석요구에 불응한 때에는 관할법원판사의 구속영장을 발부받아 구인할 수 있다.

① 0개　　　② 1개　　　③ 2개　　　④ 3개

해설

㉠ 「국가보안법」제10조 불고지죄는 법정형이 5년 이하의 징역 또는 **200만원 이하의 벌금**으로 국가보안법 중 유일하게 선택형으로 벌금형을 두고 있다(제10조).

정답 ②

032 「국가보안법」의 특성에 관한 다음 설명 중 가장 옳지 않은 것은? 18경간

① 편의제공죄나 찬양·고무죄 등 형법상 종범의 성격을 가진 행위에 대하여 독립된 범죄로 처벌한다.
② 「국가보안법」·「군형법」·「형법」에 규정된 반국가적 범죄로 금고 이상의 형을 선고 받고 그 형의 집행을 종료하지 아니한 자 또는 그 집행을 종료하거나 집행을 받지 않기로 확정된 후 5년이 경과하지 않은 자가 재차 특정범죄를 범하였을 때는 최고형으로 사형을 정하고 있다.
③ 지방법원판사는 목적수행죄에 대해 사법경찰관이 검사에게 신청하여 검사의 청구가 있는 경우에 수사를 계속함에 상당한 이유가 있다고 인정한 때에는 「형사소송법」제202조의 구속기간의 연장을 2차에 한하여 허가할 수 있다.
④ 「국가보안법」위반죄를 범한 후 자수하거나 동법의 죄를 범한 자가 타인이 동법의 죄를 범하는 것을 방해하였을 때에는 그 형을 감경 또는 면제한다.

해설

③ 지방법원판사는 제3조 내지 제10조의 죄로서 사법경찰관이 검사에게 신청하여 검사의 청구가 있는 경우에 수사를 계속함에 상당한 이유가 있다고 인정한 때에는 형사소송법 제202조의 구속기간의 연장을 <u>1차에 한하여</u> 허가할 수 있다.

정답 ③

---

033 「국가보안법」상 죄명 중 '행위주체에 제한이 있는 것'은 무엇인가? 19경간

① 반국가단체구성죄(제3조)
② 자진지원죄(제5조 제1항)
③ 금품수수죄(제5조 제2항)
④ 잠입·탈출죄(제6조)

해설

▶ 국가보안법

- 주체제한(목자직특이) → 목적수행·자진지원·직권남용무고날조·특수직무유기·이적단체구성원허위사실날조유포 (목자직이 특별하니 주체제한)
- 불고지죄의 대상(반목자) → (반국가단체구성등/목적수행/자진지원)
- 미수예비음모 모두 불처벌(불특무) → (불고지/특수직무유기/무고날조)
- 미수예비음모 모두 처벌(반목자잠편이) → (반국가단체구성가입/목적수행/자진지원/잠입탈출/편의제공(무기류)/이적단체구성가입)
- 필요적 감면(고자방불) → (자수, 타인범죄 고발하거나 방해한 때, 친족관계 불고지)
- 임의적 감면(특단편) → (특수직무유기, 단순편의제공) → 친족관계 있을 때
- 이적지정(회찬금단잠) → (회합통신, 찬양고무, 금품수수, 단순잠입탈출) (단, 7조 각종이적죄는 법에 명시되어 있지는 않지만 판례·해석상 이적지정 요구됨)
- 구속기간 연장 불가(특무/찬불) → 규정상 특수직무유기/무고날조, 위헌으로 찬양고무/불고지

정답 ②

034 다음 「국가보안법」상 죄명 중 '행위주체에 제한이 있는 것'은 모두 몇 개인가?

14순경2차

> ㉠ 자진지원죄(제5조 제1항)
> ㉡ 금품수수죄(제5조 제2항)
> ㉢ 목적수행죄(제4조 제1항)
> ㉣ 잠입·탈출죄(제6조 제2항)
> ㉤ 직권남용 무고·날조죄(제12조 제2항)
> ㉥ 이적단체 구성·가입죄(제7조 제3항)

① 2개 ② 3개 ③ 4개 ④ 5개

해설

> 주체에 제한이 있는 죄 → 목적수행·자진지원·직권남용무고날조·특수직무유기·이적단체구성원허위사실날조유포 (목자직특이)

㉠ 자진지원죄(제5조 제1항) - "반국가단체 구성원이나 그 지령을 받은 자를 제외한 자"
㉡ 금품수수죄(제5조 제2항) - 주체제한 없음
㉢ 목적수행죄(제4조 제1항) - "반국가단체 구성원이나 그 지령을 받은 자"
㉣ 잠입·탈출죄(제6조 제2항) - 주체제한 없음
㉤ 직권남용 무고·날조죄(제12조 제2항) - "범죄수사 또는 정보의 직무에 종사하는 공무원이나 이를 보조하는 자 또는 이를 지휘하는 자"
㉥ 이적단체 구성·가입죄(제7조 제3항) - 주체제한 없음

정답 ②

---

035 「국가보안법」상 반국가단체에 관한 설명이다. 빈칸에 들어갈 말로 가장 적절하게 연결된 것은?

16승진

> '반국가단체'라 함은 정부를 (㉠)하거나 국가를 (㉡)할 것을 목적으로 하는 국내외의 결사 또는 집단으로서 지휘통솔체제를 갖춘 단체를 말한다.

① ㉠사칭 ㉡변란
② ㉠참칭 ㉡변란
③ ㉠참칭 ㉡문란
④ ㉠사칭 ㉡문란

해설

> '반국가단체'라 함은 정부를 (참칭)하거나 국가를 (변란)할 것을 목적으로 하는 국내외의 결사 또는 집단으로서 지휘통솔체제를 갖춘 단체를 말한다. (참변결집지)

정답 ②

036 「국가보안법」에 대한 다음 설명 중 옳은 것은 모두 몇 개인가? 17경간

㉠ 국가보안법은 군사기밀보호법과 마찬가지로 과실범 처벌규정을 두고 있다.
㉡ 국가보안법 제4조 제1항의 목적수행죄는 반국가단체 구성원이나 그 지령을 받은 자는 주체가 될 수 없다.
㉢ 국가보안법 제5조 제1항의 자진지원죄는 반국가단체 구성원이나 그 지령을 받은 자도 주체가 될 수 있지만, 국가보안법 제6조 제2항의 특수잠입·탈출죄는 반국가단체 구성원만 주체가 될 수 있다.
㉣ 국가보안법의 죄를 범한 후 자수하거나 국가보안법상 죄를 범한 타인을 고발하거나 타인이 국가보안법상 죄를 범하는 것을 방해한 때에는 그 형을 감경 또는 면제한다.

① 1개 ② 2개 ③ 3개 ④ 4개

해설

㉠ 국가보안법은 고의범만을 처벌하고 <u>과실범 처벌규정이 없다</u>.
㉡ 목적수행죄는 <u>반국가단체의 구성원 또는 지령을 받은 자만이</u> 주체가 될 수 있다.
㉢ 자진지원죄는 반국가단체의 구성원 또는 그 지령을 받은 자를 제외한 모든 사람이 행위의 주체가 될 수 있으며, <u>특수잠입·탈출죄는 주체에 제한이 없다</u>.
㉣ ○

정답 ①

037 「국가보안법」과 관련된 사례 중 그 설명이 가장 옳지 않은 것은? 11승진

① A는 자신의 사업을 방해하는 B에게 앙심을 품고 형사처분을 받게 할 목적으로 B가 「국가보안법」상 이적행위를 하였다고 무고하려던 중 잘못된 행위임을 깨닫고 그 행위를 중단하였다. 이 경우 A는 「국가보안법」상의 죄책을 지지 않는다.
② 검사 A는 「국가보안법」상 이적행위를 한 B와 관련된 사건의 중요참고인인 C가 정당한 이유없이 2회 이상 출석요구에 불응하자 관할법원 판사로부터 C에 대한 구속영장을 발부받아 C를 구인하였다. 이 경우 A의 구인행위는 적법하다.
③ A는 자신과 친족관계에 있는 B로부터 「국가보안법」상 반국가단체로 확정판결이 난 단체에 가입할 것을 권유받고 이에 불응하였으나, B가 자신의 친족이기 때문에 수사기관 또는 정보기관에 이를 고지하지 않았다. 이 경우 A에게는 형이 감경 또는 면제된다.
④ A는 「국가보안법」 제11조(특수직무유기)를 위반한 B에게 B가 동 범죄를 저질렀음을 알면서도 금품을 제공하였다. 이 경우 A는 「국가보안법」상의 죄책을 진다.

해설

① (O) 불고지·특수직무유기·무고날조죄의 경우 미수·예비·음모 처벌하지 아니한다.
② (O) 검사 또는 사법경찰관으로부터 이 법에 정한 죄의 참고인으로 출석을 요구받은 자가 정당한 이유 없이 2회 이상 출석요구에 불응한 때에는 관할법원 판사의 구속영장을 발부받아 구인할 수 있다.
③ (O) 불고지죄는 본범과 친족관계가 있는 때에는 그 형을 감경 또는 면제한다.
④ (X) '금품수수죄'는 반국가단체의 구성원 또는 그 지령을 받은 자로부터 수수를 의미하므로 해당이 없고, '편의제공죄'의 대상은 3조~8조까지의 범죄에 한정되므로 불고지·특수직무유기·무고날조죄에는 해당이 없다.

정답 ④

---

038 「국가보안법」의 보상과 원호에 대한 내용이다. 아래 ㉠부터 ㉣까지의 내용 중 옳고 그름의 표시(O, X)가 바르게 된 것은?

18순경1차

> ㉠ 이 법의 죄를 범한 자를 수사기관 또는 정보기관에 통보하거나 체포한 자에게는 대통령령이 정하는 바에 따라 상금을 지급한다.
> ㉡ 반국가단체나 그 구성원 또는 그 지령을 받은 자로부터 금품을 취득하여 수사기관 또는 정보기관에 제공한 자에게는 그 가액의 2분의 1에 상당하는 범위 안에서 보로금을 지급할 수 있다. 반국가단체의 구성원 또는 그 지령을 받은 자가 제공한 때에도 또한 같다.
> ㉢ 보로금의 청구 및 지급에 관하여 필요한 사항은 대통령령으로 정한다.
> ㉣ 이 법에 의한 상금과 보로금의 지급 및 제23조에 의한 보상대상자를 심의·결정하기 위하여 법무부장관 소속하에 국가보안유공자 심사위원회를 둔다.

① ㉠(O) ㉡(X) ㉢(O) ㉣(X)
② ㉠(X) ㉡(O) ㉢(X) ㉣(O)
③ ㉠(O) ㉡(X) ㉢(X) ㉣(X)
④ ㉠(O) ㉡(O) ㉢(O) ㉣(O)

해설

모두 옳은 내용이다.

정답 ④

제4절 보안관찰

039 「보안관찰법」상 보안관찰처분에 대한 설명으로 옳지 않은 것은? 21경간

① 보안관찰처분은 보안처분의 일종으로 본질, 추구하는 목적 및 기능에 있어 형벌과는 다른 독자적 의의를 가진 사회보호적 처분이므로 형벌과 병과하여 선고한다고 해서 일사부재리 원칙에 위반하였다고 할 수 없다.
② 보안관찰처분에 관한 결정은 보안관찰처분심의위원회의 의결을 거쳐 법무부장관이 행하며, 법무부장관은 보안관찰처분심의 위원회의 의결과 다른 결정을 할 수 없다. 다만, 보안관찰처분 대상자에 대하여 보안관찰처분심의위원회의 의결보다 유리한 결정을 하는 때에는 그러하지 아니하다.
③ 보안관찰처분의 기간은 2년으로 하며 법무부장관은 검사의 청구가 있는 때에는 보안관찰처분심의위원회의 의결을 거쳐 1회에 한해 그 기간을 갱신할 수 있다.
④ 보안관찰처분결정을 받은 자가 그 결정에 이의가 있을 때에는 행정소송법이 정하는 바에 따라 그 결정이 집행된 날부터 60일 이내에 서울고등법원에 소를 제기할 수 있다.

해설

③ 법무부장관은 검사의 청구가 있는 때에는 보안관찰처분심의위원회의 의결을 거쳐 <u>그 기간을 갱신할 수 있다.</u>(보안관찰법 제5조 ②) → 갱신 횟수의 제한이 없음

정답 ③

040 「보안관찰법」상 규정된 내용으로 가장 적절하지 않은 것은? 16순경2차

① "보안관찰처분대상자"라 함은 보안관찰해당범죄 또는 이와 경합된 범죄로 금고이상의 형의 선고를 받고 그 형기 합계가 3년 이상인 자로서 형의 전부 또는 일부의 집행을 받은 사실이 있는 자를 말한다.
② 보안관찰대상자는 그 형의 집행을 받고 있는 교도소, 소년교도소, 구치소, 유치장, 군교도소 또는 영창(이하 "교도소등"이라 한다)에서 출소 전에 거주예정지 기타 대통령령으로 정하는 사항을 교도소등의 장을 경유하여 거주예정지 관할경찰서장에게 신고하고, 출소 후 7일 이내에 그 거주예정지 관할경찰서장에게 출소사실을 신고하여야 한다.
③ 보안관찰대상자는 교도소등에서 출소한 후 신고사항에 변동이 있을 때에는 지체 없이 그 변동된 사항을 관할경찰서장에게 신고하여야 한다.
④ 교도소등의 장은 보안관찰처분대상자가 생길 때에는 지체 없이 보안관찰처분심의위원회와 거주예정지를 관할하는 검사 및 경찰서장에게 통보하여야 한다.

> **해설**
>
> ③ 보안관찰대상자는 교도소등에서 출소한 후 신고사항에 변동이 있을 때에는 **7일 이내에** 그 변동된 사항을 관할경찰서장에게 신고하여야 한다. → **보안관찰처분대상자의 변동사항 신고**에 대하여 사생활의 비밀과 자유 및 개인정보자기결정권 침해를 이유로 **헌법불합치 결정**(2023.06.30.까지 효력유지)
>
> **정답** ③

041 「보안관찰법」에 대한 설명으로 가장 적절하지 않은 것은? 15순경3차

① 보안관찰처분대상자라 함은 보안관찰해당범죄 또는 이와 경합된 범죄로 금고 이상의 형의 선고를 받고 그 형기합계가 3년 이상인 자로서 형의 전부 또는 일부의 집행을 받은 사실이 있는 자를 말한다.
② 보안관찰처분을 받은 자는 이 법이 정하는 바에 따라 소정의 사항을 주거지 관할 검사에게 신고하고, 재범방지에 필요한 범위 안에서 그 지시에 따라 보안관찰을 받아야 한다.
③ 법무부장관은 검사의 청구가 있는 때에는 보안관찰처분심의위원회의 의결을 거쳐 그 기간을 갱신할 수 있다.
④ 보안관찰처분청구는 검사가 행한다.

> **해설**
>
> ② 보안관찰처분을 받은 자는 이 법이 정하는 바에 따라 소정의 사항을 주거지 **관할 경찰서장에게 신고하고**, 재범방지에 필요한 범위 안에서 그 지시에 따라 보안관찰을 받아야 한다.
>
> **정답** ②

042 「보안관찰법」에 관한 다음 설명 중 가장 적절한 것은? 14순경2차

① '보안관찰처분대상자'라 함은 보안관찰해당범죄 또는 이와 경합된 범죄로 벌금 이상의 형의 선고를 받고, 형의 전부 또는 일부의 집행을 받은 사실이 있는 자를 말한다.
② 보안관찰처분 기간은 2년이며, 그 기간은 갱신할 수 없다.
③ 「형법」상 범죄 중 내란목적살인죄, 외환유치죄, 여적죄, 모병이적죄, 시설제공이적죄, 간첩죄는 보안관찰 해당범죄이다.
④ 보안관찰처분의 집행중지결정은 관할경찰서장이 한다.

> **해설**
>
> ① "보안관찰처분대상자"라 함은 보안관찰해당범죄 또는 이와 경합된 범죄로 **금고 이상의** 형의 선고를 받고 그 형기합계가 3년 이상인 자로서 형의 전부 또는 일부의 집행을 받은 사실이 있는 자를 말한다(제3조).
> ② 보안관찰처분의 기간은 2년으로 하며, **법무부장관은 검사의 청구가 있는 때에는 보안관찰처분심의위원회의 의결을 거쳐 그 기간을 갱신할 수 있다**(제5조).
> ④ **검사는** 피보안관찰자가 도주하거나 1월 이상 그 소재가 불명한 때에는 보안관찰처분의 집행중지결정을 할 수 있다.
>
> **정답** ③

043 다음은 「보안관찰법」상 '보안관찰처분'을 설명한 것이다. 가장 적절한 것은? 14순경1차

① '보안관찰처분대상자'라 함은 보안관찰해당범죄 또는 이와 경합된 범죄로 금고 이상의 형의 선고를 받고 그 형기 합계가 2년 이상인 자로서 형의 전부 또는 일부의 집행을 받은 사실이 있는 자를 말한다.
② 보안관찰처분의 기간은 2년으로 하며, 법무부장관은 검사의 청구가 있는 때에는 보안관찰처분심의위원회의 의결을 거쳐 그 기간을 갱신할 수 있다.
③ 보안관찰처분대상자는 출소 후 2개월 이내에 그 거주예정지 관할경찰서장에게 출소사실을 신고하여야 한다.
④ 검사는 피보안관찰자가 도주하거나 1월 이상 그 소재가 불명한 때에는 보안관찰처분의 집행중지결정을 할 수 있으며, 그 사유가 소멸된 때에는 7일 이내에 그 결정을 취소하여야 한다.

해설

① "보안관찰처분대상자"라 함은 보안관찰해당범죄 또는 이와 경합된 범죄로 금고 이상의 형의 선고를 받고 그 형기 합계가 **3년 이상인 자로서** 형의 전부 또는 일부의 집행을 받은 사실이 있는 자를 말한다(제3조).
② ○
③ 보안관찰처분대상자는 **출소 후 7일 이내에** 그 거주예정지 관할경찰서장에게 출소사실을 신고하여야 한다(제6조 제1항).
④ 검사는 피보안관찰자가 도주하거나 1월 이상 그 소재가 불명한 때에는 보안관찰처분의 집행중지결정을 할 수 있다. 그 사유가 소멸된 때에는 **지체없이** 그 결정을 취소하여야 한다(제17조 제3항).

정답 ②

---

044 「보안관찰법」에 대한 설명으로 가장 적절하지 않은 것은? 18경채, 19승진유사

① 보안관찰처분대상자는 출소 후 지체 없이 거주예정지 관할경찰서장에게 출소사실을 신고하여야 한다.
② 보안관찰처분에 관한 결정은 보안관찰처분심의위원회의 의결을 거쳐 법무부장관이 행한다.
③ 보안관찰처분의 기간은 2년이며, 법무부장관은 검사의 청구가 있는 때에는 보안관찰처분심의위원회의 의결을 거쳐 그 기간을 갱신할 수 있다.
④ "보안관찰처분대상자"라 함은 보안관찰해당범죄 또는 이와 경합된 범죄로 금고 이상의 형의 선고를 받고 그 형기 합계가 3년 이상인 자로서 형의 전부 또는 일부의 집행을 받은 사실이 있는 자를 말한다.

해설

① 보안관찰처분대상자는 대통령령이 정하는 바에 따라 그 형의 집행을 받고 있는 교도소, 소년교도소, 구치소, 유치장, 군교도소에서 출소 전에 거주예정지 기타 대통령령으로 정하는 사항을 교도소등의 장을 경유하여 거주예정지 관할경찰서장에게 신고하고, **출소 후 7일 이내에** 그 거주예정지 관할경찰서장에게 출소사실을 신고하여야 한다.(제6조①)

정답 ①

045 「보안관찰법」에 대한 설명으로 가장 옳지 않은 것은?

16경간

① 검사는 피보안관찰자가 도주하거나 3월 이상 그 소재가 불명한 때에는 보안관찰처분의 집행중지결정을 할 수 있다. 그 사유가 소멸된 때에는 지체없이 그 결정을 취소하여야 한다.
② 보안관찰처분에 관한 결정은 보안관찰처분심의위원회의 의결을 거쳐 법무부장관이 행한다.
③ 보안관찰처분의 기간은 2년이며, 그 기간은 갱신할 수 있다.
④ 보안관찰법에 의한 법무부장관의 결정을 받은 자가 그 결정에 이의가 있을 때에는 행정소송법이 정하는 바에 따라 결정이 집행된 날부터 60일 이내에 서울고등법원에 소를 제기할 수 있다.

해설

① 검사는 피보안관찰자가 도주하거나 <u>1월 이상</u> 그 소재가 불명한 때에는 보안관찰처분의 집행중지결정을 할 수 있다. 그 사유가 소멸된 때에는 지체없이 그 결정을 취소하여야 한다.

정답 ①

046 「보안관찰법」에 대한 설명으로 옳지 않은 것으로 묶인 것은?

13경간

㉠ 보안관찰법은 특정범죄를 범한 자에 대하여 재범의 위험성을 예방하고 건전한 사회복귀를 촉진하는 것을 목적으로 한다.
㉡ 보안관찰처분을 받은 자는 재범방지에 필요한 범위 안에서 주거지 지구대 또는 파출소의 장의 지시에 따라 보안관찰처분을 받아야 한다.
㉢ 보안관찰처분의 기간은 2년으로 하고, 법무부장관은 검사의 청구가 있는 때에는 보안관찰처분심의위원회의 의결을 거쳐 그 기간을 갱신할 수 있다.
㉣ 보안관찰해당범죄 또는 이와 경합된 범죄로 금고 이상의 형의 선고를 받고 그 형기합계가 5년 이상인 자로서 형의 전부 또는 일부의 집행을 받은 사실이 있는 자가 보안관찰처분대상자이다.
㉤ 보안관찰처분에 관한 결정은 보안관찰처분심의위원회의 의결을 거쳐 법무부장관이 행한다.

① ㉠, ㉡ ② ㉡, ㉣ ③ ㉡, ㉢ ④ ㉢, ㉤

해설

㉡ 보안관찰처분을 받은 자는 보안관찰법이 정하는 바에 따라 소정의 사항을 <u>주거지 관할경찰서장에게 신고하고, 재범방지에 필요한 범위 안에서 그 지시에 따라 보안관찰을 받아야 한다</u>.
㉣ 이 법에서 "보안관찰처분대상자"라 함은 보안관찰해당범죄 또는 이와 경합된 범죄로 금고 이상의 형의 선고를 받고 그 <u>형기합계가 3년 이상</u>인 자로서 형의 전부 또는 일부의 집행을 받은 사실이 있는 자를 말한다.

정답 ②

047 다음은 보안관찰처분대상자와 기간에 대한 설명이다. (   )안에 들어갈 말이 바르게 연결된 것은?

15순경1차

> 보안관찰처분대상자란 보안관찰해당범죄 또는 이와 경합된 범죄로 (㉠) 이상의 형의 선고를 받고 그 형기 합계가 (㉡) 이상인 자로서 형의 전부 또는 일부의 집행을 받은 사실이 있는 자를 말하며, 보안관찰처분의 기간은 (㉢)으로 한다.

① ㉠ 금고 ㉡ 3년 ㉢ 2년
② ㉠ 금고 ㉡ 3년 ㉢ 3년
③ ㉠ 자격정지 ㉡ 2년 ㉢ 2년
④ ㉠ 자격정지 ㉡ 2년 ㉢ 3년

해설

① 이 법에서 '보안관찰처분대상자'라 함은 보안관찰해당범죄 또는 이와 경합된 범죄로 <u>금고 이상</u>의 형의 선고를 받고 그 <u>형기합계가 3년 이상인 자로서</u> 형의 전부 또는 일부의 집행을 받은 사실이 있는 자를 말한다(보안관찰법 제3조). 보안관찰처분의 기간은 <u>2년</u>으로 한다.(제5조)

정답 ①

---

048 「보안관찰법」상 설명 중 틀린 것은 모두 몇 개인가?

13순경1차

> ㉠ '보안관찰처분대상자'라 함은 보안관찰해당범죄 또는 이와 경합된 범죄로 금고 이상의 형의 선고를 받고 그 형기합계가 3년 이상인 자로서 형의 전부 도는 일부의 집행을 받은 사실이 있는 자를 말한다.
> ㉡ 보안관찰처분의 기간은 2년으로 한다. 법무부장관은 검사의 청구가 있는 때에는 보안관찰처분심의위원회의 의결을 거쳐 그 기간을 갱신할 수 있다.
> ㉢ 보안관찰처분대상자는 대통령령이 정하는 바에 따라 그 형의 집행을 받고 있는 교도소 등에서 출소 전에 거주예정지 기타 대통령령으로 정하는 사항을 교도소 등의 장을 경유하여 거주예정지 관할경찰서장에게 신고하고, 출소 후 7일 이내에 그 거주예정지 관할경찰서장에게 출소사실을 신고하여야 한다.
> ㉣ 검사가 처분청구서를 제출할 때에는 청구의 원인이 되는 사실을 증명할 수 있는 자료와 의견서를 첨부하여야 한다.
> ㉤ 검사는 보안관찰처분청구를 한 때에는 지체 없이 처분청구서 등본을 피청구자에게 송달하여야 한다. 이 경우 송달에 관하여는 민사소송법 중 송달에 관한 규정을 준용한다.

① 1개   ② 2개   ③ 3개   ④ 없음

해설

㉠ 제3조 ㉡ 제5조 ㉢ 제6조 제1항 ㉣ 제8조 제3항 ㉤ 제8조 제4항

정답 ④

049 보안관찰처분에 대한 설명으로 옳은 것을 모두 고른 것은?   17경기북부여경

> ㉠ 보안관찰처분대상자는 교도소 등으로부터 출소 후 10일 이내에 그 거주예정지 관할 경찰서장에게 출소사실을 신고하여야 한다.
> ㉡ 보안관찰처분대상자는 교도소 등에서 출소한 후 신고사항에 변동이 있을 때에는 변동이 있는 날부터 7일 이내에 그 변동된 사항을 관할경찰서장에게 신고하여야 한다.
> ㉢ 보안관찰처분청구는 검사가 행한다.
> ㉣ 법무부장관은 보안관찰처분심의위원회의 위원장이 된다.
> ㉤ 검사는 피보안관찰자가 도주하거나 10일 이상 그 소재가 불명한 때에는 보안관찰처분의 집행중지결정을 할 수 있다. 그 사유가 소멸된 때에는 지체없이 그 결정을 취소하여야 한다.

① ㉠㉢   ② ㉡㉢   ③ ㉡㉤   ④ ㉢㉣

해설

㉠ 보안관찰처분대상자는 교도소 등으로부터 **출소 후 7일 이내에** 그 거주예정지 관할경찰서장에게 출소사실을 신고하여야 한다.
㉣ **법무부차관은** 보안관찰처분심의위원회의 위원장이 된다.
㉤ 검사는 피보안관찰자가 도주하거나 **1개월 이상** 그 소재가 불명한 때에는 보안관찰처분의 집행중지결정을 할 수 있다. 그 사유가 소멸된 때에는 지체없이 그 결정을 취소하여야 한다.

정답 ②

050 「보안관찰법」에 대한 설명으로 가장 적절하지 않은 것은?   17순경2차

① 보안관찰처분대상자라 함은 보안관찰해당범죄 또는 이와 경합된 범죄로 금고 이상의 형의 선고를 받고 그 형기합계가 3년 이상인 자로서 형의 전부 또는 일부의 집행을 받은 사실이 있는 자를 말한다.
② 보안관찰처분대상자는 출소 후 7일 이내에 그 거주예정지 관할경찰서장에게 출소사실을 신고하여야 한다.
③ 피보안관찰자는 보안관찰처분결정고지를 받은 날부터 7일 이내에 일정한 사항을 주거지를 관할하는 지구대·파출소장을 거쳐 관할경찰서장에게 신고하여야 한다.
④ 피보안관찰자는 주거지를 이전하거나 국외여행 또는 7일 이상 주거를 이탈하여 여행하고자 할 때에는 미리 거주예정지, 여행예정지 등을 지구대·파출소장을 거쳐 관할경찰서장에게 신고하여야 한다.

해설

④ 피보안관찰자는 주거지를 이전하거나 국외여행 또는 **10일 이상 주거를 이탈하여** 여행하고자 할 때에는 미리 거주예정지, 여행예정지 등을 지구대·파출소장을 거쳐 관할경찰서장에게 신고하여야 한다.

정답 ④

051 「보안관찰법」상의 보안관찰에 대한 설명 중 가장 적절하지 않은 것은?   20경채

① 교도소장은 보안관찰처분대상자에 해당하는 자가 생길 때에는 7일 이내에 보안관찰처분심의위원회와 거주예정지를 관할하는 검사 및 경찰서장에게 통고하여야 한다.
② 보안관찰처분에 관한 사안을 심의·의결하기 위하여 법무부에 보안관찰처분심의위원회를 두며, 이 위원회의 위원장은 법무부차관이 된다.
③ 피보안관찰자가 주거지를 이전하거나 국외여행 또는 10일 이상 주거를 이탈하여 여행하고자 할 때에는 미리 거주예정지, 여행예정지 기타 대통령이 정하는 사항을 지구대·파출소장을 거쳐 관할경찰서장에게 신고하여야 한다.
④ 보안관찰처분의 기간은 보안관찰처분 결정을 집행하는 날부터 계산하며, 이 경우 초일을 산입한다.

해설

① 교도소장은 보안관찰처분대상자에 해당하는 자가 생길 때에는 **지체없이** 보안관찰처분심의위원회와 거주예정지를 관할하는 검사 및 경찰서장에게 통고하여야 한다.(제6조③)

정답 ①

---

052 보안관찰에 대한 설명 중 가장 적절하지 않은 것은?   19경채

① 보안관찰처분의 기간은 2년으로 하며 법무부장관은 검사의 청구가 있는 때에는 보안관찰처분심의위원회의 의결을 거쳐 그 기간을 갱신할 수 있다.
② 보안관찰처분심의위원회는 보안관찰처분에 관한 사안을 심의·의결하는 기관으로, 위원장 1인과 6인의 위원으로 구성하며, 그 회의는 위원장을 포함한 재적위원 과반수의 출석으로 개의하고 출석위원 과반수의 찬성으로 의결한다.
③ 보안관찰법에서 정한 집행중지의 요건이 발생하면 관할경찰서장의 신청을 받아 검사가 보안관찰처분의 집행중지를 청구하고 보안관찰처분심의위원회의 의결을 거쳐 법무부장관이 결정한다.
④ 보안관찰법에서 정한 집행중지의 요건이란 피보안관찰자가 도주하거나 1월 이상 그 소재가 불명한 때를 말한다.

해설

③ 검사는 피보안관찰자가 도주하거나 1월 이상 그 소재가 불명한 때에는 **보안관찰처분의 집행중지결정을 할 수 있다**. 그 사유가 소멸된 때에는 지체없이 그 결정을 취소하여야 한다.(보안관찰법 제17조③) 검사는 보안관찰처분의 집행중지결정을 한 때에는 관할경찰서장에게 보안관찰처분 집행중지결정의 집행지휘를 하고 지체없이 이를 법무부장관에게 보고하여야 한다.(시행령 제23조③)

정답 ③

053 「보안관찰법」상 보안관찰처분심의위원회에 대한 설명 중 가장 옳지 <u>않은</u> 것은?　　19경간

① 보안관찰처분에 관한 사안을 심의·의결하기 위하여 법무부에 보안관찰처분심의위원회(이하 "위원회"라 한다)를 둔다.
② 위원회는 위원장 1인(법무부차관)과 6인의 위원으로 구성되고, 위원은 법무부차관의 제청으로 대통령이 임명 또는 위촉한다.
③ 위원회의 심의·의결사항에는 보안관찰처분 또는 그 기각의 결정, 면제 또는 그 취소결정, 보안관찰처분의 취소 또는 기간의 갱신결정이 있다.
④ 위원회의 회의는 위원장을 포함한 재적위원 과반수의 출석으로 개의하고 출석위원 과반수의 찬성으로 의결한다.

해설

② 위원회는 위원장 1인(법무부차관)과 6인의 위원으로 구성한다.(제12조②) 위원은 <u>법무부장관의 제청으로</u> 대통령이 임명 또는 위촉한다.(제12조④)

정답 ②

054 보안관찰에 대한 설명 중 가장 적절하지 <u>않은</u> 것은?　　13승진

① 보안관찰처분에 관한 결정은 보안관찰심의위원회의 의결을 거쳐 법무부장관이 행한다.
② 피보안관찰자가 국외여행을 하거나 국내 10일 이상 여행을 하는 경우에는 사전에 거주지 관할 경찰서장에게 신고하여야 한다.
③ 보안관찰처분의 기간은 2년이며, 그 기간은 갱신할 수 있다.
④ 국가보안법상 목적수행죄, 잠입탈출죄, 찬양고무죄는 보안관찰 해당 범죄이다.

해설

④ 찬양고무죄는 <u>보안관찰 해당 범죄가 아니다.</u>

정답 ④

055 「보안관찰법」상 보안관찰처분 결정절차를 나열한 것으로 가장 적절한 것은? 18승진

> ㉠ 대상자의 신고
> ㉡ 보안관찰처분의 청구
> ㉢ 보안관찰처분 사안의 조사
> ㉣ 보안관찰처분 사안의 송치
> ㉤ 보안관찰처분의 결정

① ㉠ → ㉡ → ㉢ → ㉣ → ㉤
② ㉠ → ㉡ → ㉢ → ㉤ → ㉣
③ ㉠ → ㉢ → ㉣ → ㉤ → ㉡
④ ㉠ → ㉢ → ㉣ → ㉡ → ㉤

해설

㉠ 대상자의 신고 → ㉢ 보안관찰처분 사안의 조사 → ㉣ 보안관찰처분 사안의 송치 → ㉡ 보안관찰처분의 청구 → ㉤ 보안관찰처분의 결정

정답 ④

---

056 보안관찰에 대한 설명으로 가장 적절하지 않은 것은? 20승진

① 「국가보안법」상 목적수행죄, 자진지원죄, 금품수수죄와 「형법상」 내란목적살인죄, 외환유치죄, 간첩죄, 물건제공이적죄, 모병이적죄, 시설제공이적죄는 보안관찰 해당범죄이다.
② 피보안관찰자는 보안관찰처분결정고지를 받은 날이 속한 달부터 매 3월이 되는 달의 말일까지 정기신고를 해야 한다.
③ 피보안관찰자는 국외여행 또는 10일 이상 국내여행을 하는 경우 신고를 해야 한다.
④ 「보안관찰법」상 보안관찰처분심의위원회는 위원장 1인(법무부장관)과 6인의 위원으로 구성되고, 위원은 법무부장관의 제청으로 대통령이 임명 또는 위촉한다.

해설

④ 「보안관찰법」상 보안관찰처분심의위원회는 **위원장 1인(법무부차관)**과 6인의 위원으로 구성되고, 위원은 법무부장관의 제청으로 대통령이 임명 또는 위촉한다.

▶ **보안관찰해당범죄** (내일전/단순/반찬하기불투명)

	해당범죄	非해당범죄
형법	내란목적살인죄, 외환유치죄, 여적죄, 모병이적죄, 시설제공이적죄, 물건제공이적죄, 간첩죄	내란죄, 일반이적죄, 전시군수계약불이행죄
군형법	반란죄, 반란목적군용물탈취죄, 군대 및 군용시설 제공죄, 군용시설 등 파괴죄, 간첩죄, 일반이적죄	단순반란불보고죄
국가보안법	목적수행죄, 자진지원죄, 금품수수죄, 잠입탈출죄, 편의제공죄(무기류)	반국가단체구성가입, 찬양고무, 회합통신, 기타편의제공, 불고지, 특수직무유기, 무고날조

정답 ④

057 보안관찰에 대한 설명 중 가장 적절하지 않은 것은? 22승진

① 보안관찰법상 법무부장관은 보안관찰처분대상자 또는 피보안관찰자 중 국내에 가족이 없거나 가족이 있어도 인수를 거절하는 자에 대하여는 대통령령이 정하는 바에 의하여 거소를 제공할 수 있다.
② 형법상 일반이적죄는 보안관찰법상 보안관찰해당범죄에 해당된다.
③ 보안관찰법 시행규칙에서 규정하는 '사안'에는 보안관찰처분 기간 갱신청구에 관한 사안도 해당된다.
④ 보안관찰법상 피보안관찰자가 주거지를 이전하거나 국외여행 또는 10일 이상 주거를 이탈하여 여행하고자 할 때에는 미리 거주예정지, 여행예정지 기타 대통령령이 정하는 사항을 지구대·파출소장을 거쳐 관할경찰서장에게 신고하여야 한다.

해설

② 형법상 일반이적죄는 보안관찰법상 보안관찰해당범죄에 **해당하지 아니한다**.

정답 ②

058 「보안관찰법」상 보안관찰처분을 받은 자(피보안관찰자)의 신고에 대한 다음 설명 중 가장 옳은 것은? 17경간

① 최초 신고사항에 변동이 있을 때에는 10일 이내에 지구대장(파출소장)을 거쳐 관할경찰서장에게 변동사항을 신고하여야 한다.
② 주거지를 이전하거나 국외여행 또는 7일 이상 주거를 이탈하여 여행하고자 할 때에는 미리 지구대장(파출소장)을 거쳐 관할경찰서장에게 신고하여야 한다.
③ 보안관찰처분결정고지를 받은 날부터 10일 이내에 지구대장(파출소장)을 거쳐 관할경찰서장에게 피보안관찰자신고를 하여야 한다.
④ 보안관찰처분결정고지를 받은 날이 속한 달부터 매3월이 되는 달의 말일까지 3월간의 주요활동사항 등 소정사항을 지구대장(파출소장)을 거쳐 관할경찰서장에게 신고하여야 한다.

해설

① 최초 신고사항에 변동이 있을 때에는 **7일 이내에** 지구대장(파출소장)을 거쳐 관할경찰서장에게 변동사항을 신고하여야 한다.
② 주거지를 이전하거나 국외여행 또는 **10일 이상 주거를 이탈하여** 여행하고자 할 때에는 미리 지구대장(파출소장)을 거쳐 관할경찰서장에게 신고하여야 한다.
③ 보안관찰처분결정고지를 받은 날부터 **7일 이내에** 지구대장(파출소장)을 거쳐 관할경찰서장에게 피보안관찰자신고를 하여야 한다.
④ ○

정답 ④

059 「보안관찰법」상 보안관찰 해당범죄가 아닌 것은? 17순경1차, 18승진

① 「형법」상 내란죄
② 「군형법」상 일반이적죄
③ 「국가보안법」상 목적수행죄
④ 「국가보안법」상 금품수수죄

> **해설**
>
> ① 「형법」상 내란죄는 보안관찰 해당범죄에 해당하지 않는다.

정답 ①

---

060 다음 중 보안관찰법 상 보안관찰에 해당되지 않는 범죄는 모두 몇 개인가? 14경간

가. 내란죄(형법 제87조)	나. 내란목적살인죄(형법 제88조)
다. 외환유치죄(형법 제92조)	라. 여적죄(형법 제93조)
마. 모병이적죄(형법 제94조)	바. 일반이적죄(형법 제99조)
사. 반란불보고죄(군형법 제9조 제2항)	아. 군형법상의 일반이적죄(군형법 제14조)
자. 목적수행죄(국가보안법 제4조)	

① 1개   ② 2개   ③ 3개   ④ 4개

> **해설**
>
> 가. 내란죄(형법) – 보안관찰해당범죄 X   나. 내란목적살인죄(형법) – 보안관찰해당범죄 O
> 다. 외환유치죄(형법) – 보안관찰해당범죄 O   라. 여적죄(형법) – 보안관찰해당범죄 O
> 마. 모병이적죄(형법) – 보안관찰해당범죄 O   바. 일반이적죄(형법) – 보안관찰해당범죄 X
> 사. 반란불보고죄(군형법) – 보안관찰해당범죄 O   아. 일반이적죄(군형법) – 보안관찰해당범죄 O
> 자. 목적수행죄(국가보안법) – 보안관찰해당범죄 O
>
> ▶ **보안관찰해당범죄** (내일전/단순/반찬하기불투명)
>
> | | 해당범죄 | 非해당범죄 |
> |---|---|---|
> | 형법 | 내란목적살인죄, 외환유치죄, 여적죄, 모병이적죄, 시설제공이적죄, 물건제공이적죄, 간첩죄 | 내란죄, 일반이적죄, 전시군수계약불이행죄 |
> | 군형법 | 반란죄, 반란목적군용물탈취죄, 군대 및 군용시설 제공죄, 군용시설 등 파괴죄, 간첩죄, 일반이적죄 | 단순반란불보고죄 |
> | 국가보안법 | 목적수행죄, 자진지원죄, 금품수수죄, 잠입탈출죄, 편의제공죄(무기류) | 반국가단체구성가입, 찬양고무, 회합통신, 기타편의제공, 불고지, 특수직무유기, 무고날조 |

정답 ②

제5절 남북교류협력과 북한이탈주민의 보호

061 「남북교류협력에 관한 법률」에 관한 설명으로 가장 적절하지 않은 것은? 19순경2차

① 남한의 주민이 북한을 방문하거나 북한의 주민이 남한을 방문하려면 통일부장관의 방문승인을 받아야 하며, 통일부장관이 발급한 증명서를 소지하여야 한다.
② 남한의 주민이 북한의 주민과 접촉하려면 통일부장관에게 미리 신고하여야 하는 것이 원칙이나 대통령령으로 정하는 부득이한 사유에 해당하는 경우에는 접촉한 후에 신고할 수 있다.
③ 남한과 북한 간의 거래는 국가 간의 거래가 아닌 민족내부의 거래로 본다.
④ 「남북교류협력에 관한 법률」상 "반출·반입"이란 매매, 교환, 임대차, 사용대차, 증여, 사용 등을 목적으로 하는 남한과 북한 간의 물품 등의 이동을 말하며, 단순히 제3국을 거치는 물품 등의 이동은 포함하지 않는다.

해설

④ "반출·반입"이란 매매, 교환, 임대차, 사용대차, 증여, 사용 등을 목적으로 하는 남한과 북한 간의 물품 등의 이동(**단순히 제3국을 거치는 물품등의 이동을 포함한다**)을 말한다(제2조 제3호).

정답 ④

062 남북교류협력에 대한 설명으로 가장 적절하지 않은 것은? 20승진, 19승진유사

① 재외국민이 외국에서 북한을 왕래할 때에는 통일부장관이나 재외공관의 장에게 신고하여야 한다.
② 거짓이나 부정한 방법으로 방문승인을 받은 경우 승인을 취소해야 한다.
③ 남한 주민이 북한을 방문하고자 하는 경우 방문 10일 전까지 통일부장관에게 '방문승인 신청서'를 제출해야 한다.
④ 「남북교류협력에 관한 법률」은 남북 교류·협력을 목적으로 하는 행위에 관하여는 이 법률의 목적 범위에서 다른 법률에 우선하여 이 법을 적용한다.

해설

③ 남한 주민이 북한을 방문하고자 하는 경우 **방문 7일 전까지** '방문승인 신청서'를 통일부장관에게 제출해야 한다.

정답 ③

063 우리나라는 군사분계선 이남지역과 그 이북지역 간의 상호 교류와 협력을 촉진하여 한반도의 평화와 통일에 이바지하는 것을 목적으로 「남북교류협력에 관한 법률」을 제정하였다. 하지만, 반국가활동을 규제하여 국가의 안전과 국민의 생존 및 자유 확보를 목적으로 하는 「국가보안법」과는 상충된다는 논란이 있을 수 있다. 「남북교류협력에 관한 법률」과 「국가보안법」의 관계에 대한 설명 중 가장 적절하지 않은 것은?

12승진

① 「남북교류협력에 관한 법률」에 의해 남북을 왕래하면서 승인 없이 금품을 수수한 경우 정당성이 인정되면 「국가보안법」이 적용되지 않는다.
② 재외국민이 재외공관장에게 단순히 신고하지 않고 북한을 왕래하더라도 「남북교류협력에 관한 법률」의 적용을 받지 않는다.
③ 「남북교류협력에 관한 법률」이 시행됨으로써 북한에의 잠입, 탈출, 회합 등의 행위에 대하여 형의 폐지나 변경이 있었다고 볼 수는 없다는 것이 판례의 태도이다.
④ 「남북교류협력에 관한 법률」은 남북간의 왕래, 교역, 협력사업 및 통신역무의 제공 등 남북교류와 협력을 목적으로 하는 행위에 관하여 정당하다고 인정되는 범위 안에서 다른 법률에 우선하여 적용된다.

> **해설**
> ② 재외국민이 재외공관장에게 단순히 신고하지 않고 북한을 왕래한 경우 **남북교류협력에 관한 법률을 적용**하여 처벌한다.
>
> **정답** ②

064 「남북교류협력에 관한 법률」과 관련된 내용이다. 가장 적절하지 않은 것은?

17승진변형

① 남한의 주민이 북한을 방문하거나 북한의 주민이 남한을 방문하려면 대통령령으로 정하는 바에 따라 통일부장관의 방문승인을 받아야 하며, 통일부장관이 발급한 증명서를 소지하여야 한다.
② 북한주민을 접촉하기 7일 전까지 남북교류협력시스템을 통해 '북한주민 접촉 신고서'를 제출해야 한다. 유효기간은 3년 이내로 정해지며, 3년의 범위에서 연장이 가능하다. 신고한 목적범위 내에서는 유효기간 중에 횟수에 제한없이 접촉 가능하다.
③ 외국정부로부터 영주권을 취득하였거나 이에 준하는 장기체류허가를 받은 사람이 외국에서 북한을 왕래할 때에는 외교부장관이나 재외공관의 장에게 신고하여야 한다.
④ 남한의 주민이 북한의 주민과 회합·통신, 그 밖의 방법으로 접촉하려면 통일부장관에게 미리 신고하여야 한다. 다만, 대통령령으로 정하는 부득이한 사유에 해당하는 경우에는 접촉한 후에 신고할 수 있다.

> **해설**
> ③ 외국정부로부터 영주권을 취득하였거나 이에 준하는 장기체류허가를 받은 사람이 외국에서 북한을 왕래할 때에는 **통일부장관**이나 재외공관의 장에게 신고하여야 한다.
>
> **정답** ③

065 「북한이탈주민의 보호 및 정착지원에 관한 법률」에 대한 설명으로 옳지 않은 것은? 21경간

① 북한이탈주민이란 군사분계선 이북지역에 주소, 직계가족, 배우자, 직장 등을 두고 있는 사람으로서 북한을 벗어난 후 외국 국적을 취득하지 아니한 사람을 말한다.
② 대한민국은 보호대상자를 상호주의에 입각하여 특별히 보호하고 외국에 체류하고 있는 북한이탈주민의 보호 및 지원 등을 위해 외교적 노력을 다하여야 한다.
③ 국가 및 지방자치단체는 보호대상자의 성공적인 정착을 위하여 보호대상자의 보호·교육·취업·주거·의료 및 생활보호 등의 지원을 지속적으로 추진하고 이에 필요한 재원을 안정적으로 확보하기 위해 노력하여야 한다.
④ 통일부장관은 보호대상자가 거주지로 전입한 후 그의 신변안전을 위하여 국방부장관이나 경찰청장에게 협조를 요청할 수 있으며, 협조요청을 받은 국방부장관이나 경찰청장은 이에 협조한다.

해설

② 대한민국은 보호대상자를 <u>인도주의에 입각하여</u> 특별히 보호한다.(제4조①) 대한민국은 외국에 체류하고 있는 북한이탈주민의 보호 및 지원 등을 위하여 외교적 노력을 다하여야 한다.(제4조②)

정답 ②

066 「북한이탈주민의 보호 및 정착지원에 관한 법률」에 대한 설명으로 적절한 것은? 21승진변형

① "북한이탈주민"이란 군사분계선 이북지역에 주소, 직계가족, 배우자, 직장 등을 두고 있는 사람으로서 북한을 벗어난 후 외국 국적을 취득하지 아니한 사람을 말한다.
② 위장탈출 혐의자, 국내 입국 후 2년이 지나서 보호신청한 사람은 보호 대상자로 결정하지 아니할 수 있다.
③ "구호물품"이란 이 법에 따라 보호대상자에게 지급하거나 빌려주는 금전 또는 물품을 말한다.
④ 북한이탈주민으로 보호를 받으려는 사람은 재외공관이나 그 밖의 행정기관의 장에게 보호를 직접 신청해야 하고, 국가정보원장은 '북한이탈주민 보호 및 정착지원협의회'의 심의를 거쳐 보호여부를 결정한다.

해설

① O
② 위장탈출 혐의자, <u>국내 입국 후 3년이 지나서 보호신청한 사람</u>은 보호 대상자로 결정하지 아니할 수 있다.

> 제9조(보호 결정의 기준) ① 제8조 제1항 본문에 따라 보호 여부를 결정할 때 다음 각 호의 어느 하나에 해당하는 사람은 보호대상자로 결정하지 아니할 수 있다.
> 1. 항공기 납치, 마약거래, 테러, 집단살해 등 국제형사범죄자
> 2. 살인 등 중대한 비정치적 범죄자
> 3. 위장탈출 혐의자
> 4. 삭제
> 5. 국내 입국 후 3년이 지나서 보호신청한 사람
> 6. 그 밖에 국가안전보장·질서유지·공공복리에 대한 중대한 위해 발생 우려, 보호신청자의 경제적 능력 및 해외체류 여건 등을 고려하여 보호대상자로 정하는 것이 부적당하거나 보호 필요성이 현저히 부족하다고 대통령령으로 정하는 사람
>
> ③ "보호금품"이란 이 법에 따라 보호대상자에게 지급하거나 빌려주는 금전 또는 물품을 말한다.(제2조 제4호)
> ④ 북한이탈주민으로서 이 법에 따른 보호를 받으려는 사람은 재외공관이나 그 밖의 행정기관의 장(각급 군부대의 장을 포함한다. 이하 "재외공관장등"이라 한다)에게 보호를 직접 신청하여야 한다. 다만, 보호를 직접 신청하지 아니할 수 있는 대통령령으로 정하는 사유가 있는 경우에는 그러하지 아니하다.(제7조 제1항) 통일부장관은 제7조 제3항에 따른 통보를 받으면 북한이탈주민 보호 및 정착지원협의회의 심의를 거쳐 보호 여부를 결정한다. 다만, 국가안전보장에 현저한 영향을 줄 우려가 있는 사람에 대하여는 국가정보원장이 그 보호 여부를 결정하고, 그 결과를 지체 없이 통일부장관과 보호신청자에게 통보하거나 알려야 한다.(제8조 제1항)

정답 ①

067 「북한이탈주민의 보호 및 정착지원에 관한 법률」에 대한 설명으로 가장 적절하지 않은 것은?

21순경2차

① 위장탈출 혐의자 또는 국내 입국 후 3년이 지나서 보호신청한 사람은 보호대상자로 결정하지 아니할 수 있다.
② 북한이탈주민으로서 「북한이탈주민의 보호 및 정착지원에 관한 법률」에 의한 보호를 받고자 하는 자는 재외공관장등에게 보호를 직접 신청하여야 한다. 다만, 보호를 직접 신청하지 아니할 수 있는 대통령령으로 정하는 사유가 있는 경우에는 그러하지 아니하다.
③ 보호신청을 받은 재외공관장등은 지체없이 그 사실을 소속 중앙행정기관의 장을 거쳐 통일부장관과 국가정보원장에게 통보하여야 한다.
④ 경찰청장은 보호신청자에 대하여 보호결정 등을 위하여 필요한 조사 및 일시적인 신변안전조치 등 임시보호조치를 한 후 지체없이 그 결과를 통일부장관과 국가정보원장에게 통보하여야 한다.

해설

④ 국가정보원장은 보호신청자에 대하여 보호결정 등을 위하여 필요한 조사 및 일시적인 신변안전조치 등 임시보호조치를 한 후 지체 없이 그 결과를 통일부장관에게 통보하여야 한다.

제7조(보호신청 등) ① 북한이탈주민으로서 이 법에 따른 보호를 받으려는 사람은 재외공관이나 그 밖의 행정기관의 장(각급 군부대의 장을 포함한다. 이하 "재외공관장등"이라 한다)에게 보호를 직접 신청하여야 한다. 다만, 보호를 직접 신청하지 아니할 수 있는 대통령령으로 정하는 사유가 있는 경우에는 그러하지 아니하다.
② 제1항 본문에 따른 보호신청을 받은 재외공관장등은 지체 없이 그 사실을 소속 중앙행정기관의 장을 거쳐 통일부장관과 국가정보원장에게 통보하여야 한다.
③ 제2항에 따라 통보를 받은 국가정보원장은 보호신청자에 대하여 보호결정 등을 위하여 필요한 조사 및 일시적인 신변안전조치 등 임시보호조치를 한 후 지체 없이 그 결과를 통일부장관에게 통보하여야 한다.

정답 ④

068 '북한이탈주민의 보호 및 정착지원에 관한 법률'에 대한 사항으로 가장 틀린 것은? 15경간변형

① 북한이탈주민 문제는 발생·입국 단계, 보호·관리 단계, 배출·정착 단계로 구분된다.
② 통일부장관은 북한이탈주민이 국가안전보장에 현저한 영향을 줄 우려가 있는 사람인지 여부에 관하여 일차적 판단을 하여 그 보호여부를 결정하고, 그 결과를 지체 없이 보호신청자와 국가정보원장에게 통보하거나 알려야 한다.
③ 국내 입국 후 3년이 지나서 보호신청을 한 사람은 보호대상자로 결정하지 아니할 수 있다.
④ 보호대상자는 북한이나 외국에서 이수한 학교 교육의 과정에 상응하는 학력을 인정받을 수 있다.

해설

② 통일부장관은 통보를 받으면 협의회의 심의를 거쳐 보호 여부를 결정한다. 다만, **국가안전보장에 현저한 영향을 줄 우려가 있는 사람에 대하여는 국가정보원장이 그 보호 여부를 결정**하고, 그 결과를 지체 없이 통일부장관과 보호신청자에게 통보하거나 알려야 한다(제8조).

정답 ②

069 다음 중 「북한이탈주민의 보호 및 정착지원에 관한 법률」에 대한 설명으로 적절한 것을 모두 고른 것은?

18순경2차

> ㉠ 보호대상자 중 북한의 군인이었던 자가 국군에 편입되기를 희망하더라도 국군으로 특별임용할 수 없다.
> ㉡ 북한이탈주민으로서 「북한이탈주민의 보호 및 정착지원에 관한 법률」에 따른 보호를 받으려는 사람은 재외공관이나 그 밖의 행정기관의 장(각급 군부대의 장을 포함한다)에게 보호를 직접 신청하여야 한다. 다만, 보호를 직접 신청하지 아니할 수 있는 대통령령으로 정하는 사유가 있는 경우에는 그러하지 아니하다.
> ㉢ 북한이탈주민으로서 보호신청을 한 사람 중 위장탈출 혐의자는 보호대상자로 결정될 수 없다.
> ㉣ 통일부장관은 북한이탈주민 보호 및 정착지원협의회의 심의를 거쳐 보호대상자의 보호 및 정착지원에 관한 기본계획을 3년마다 수립·시행하여야 한다.

① ㉠㉡ ② ㉠㉣ ③ ㉡㉢ ④ ㉡㉣

해설

㉠ 북한의 군인이었던 보호대상자가 국군에 편입되기를 희망하면 북한을 벗어나기 전의 계급, 직책 및 경력 등을 고려하여 **국군으로 특별임용할 수 있다.**
㉢ 북한이탈주민으로서 보호신청을 한 사람 중 위장탈출 혐의자는 **보호대상자로 결정하지 아니할 수 있다.**

정답 ④

---

070 「북한이탈주민의 보호 및 정착지원에 관한 법률」 및 같은법 시행령에 대한 설명으로 가장 적절한 것은?

19순경1차

① 북한이탈주민이란 군사분계선 이북지역에 주소, 직계가족, 배우자, 직장 등을 두고 있는 사람으로서 북한을 벗어난 후 외국 국적을 취득한 사람을 말한다.
② 북한이탈주민으로서 「북한이탈주민의 보호 및 정착지원에 관한 법률」에 따른 보호를 받으려는 사람은 재외공관이나 그 밖의 행정기관의 장(각급 군부대의 장은 제외한다)에게 보호를 직접 신청하여야 한다.
③ 통일부장관은 '북한이탈주민 보호 및 정착지원협의회'의 심의를 거쳐 북한이탈주민의 보호 여부를 결정한다. 단, 국가안보에 현저한 영향을 끼칠 우려가 있는 자의 경우 국방부장관이 보호 여부를 결정한다.
④ 통일부장관은 「북한이탈주민의 보호 및 정착지원에 관한 법률」에 따라 보호대상자가 거주지로 전입한 후 그의 신변안전을 위하여 국방부장관이나 경찰청장에게 협조를 요청할 수 있다.

[해설]

① "북한이탈주민"이란 군사분계선 이북지역에 주소, 직계가족, 배우자, 직장 등을 두고 있는 사람으로서 **북한을 벗어난 후 외국 국적을 취득하지 아니한 사람**을 말한다.(제2조 제1호)
② 북한이탈주민으로서 이 법에 따른 보호를 받으려는 사람은 재외공관이나 그 밖의 행정기관의 장(**각급 군부대의 장을 포함한다**)에게 보호를 직접 신청하여야 한다.(제7조 제1항)
③ 통일부장관은 북한이탈주민 보호 및 정착지원협의회의 심의를 거쳐 보호 여부를 결정한다. 다만, 국가안전보장에 현저한 영향을 줄 우려가 있는 사람에 대하여는 **국가정보원장이** 그 보호 여부를 결정하고, 그 결과를 지체 없이 통일부장관과 보호신청자에게 통보하거나 알려야 한다.(제8조 제1항)
④ O

정답 ④

071 「북한이탈주민의 보호 및 정착지원에 관한 법률」상 다음 설명 중 가장 적절하지 않은 것은?

15순경1차

① 대한민국은 보호대상자를 인도주의에 입각하여 특별히 보호한다.
② 대한민국은 외국에 체류하고 있는 북한이탈주민의 보호 및 지원 등을 위하여 외교적 노력을 다하여야 한다.
③ 국가정보원장은 북한이탈주민에 대한 보호 및 지원 등을 위하여 북한이탈주민의 실태를 파악하고, 그 결과를 정책에 반영하여야 한다.
④ 보호대상자는 대한민국의 자유민주적 법질서에 적응하여 건강하고 문화적인 생활을 할 수 있도록 노력하여야 한다.

[해설]

③ **통일부장관은** 북한이탈주민에 대한 보호 및 지원 등을 위하여 북한이탈주민의 실태를 파악하고, 그 결과를 정책에 반영하여야 한다.(제4조 제4항)

제4조(기본원칙) ① **대한민국은** 보호대상자를 **인도주의에 입각**하여 특별히 보호한다.
② **대한민국은** 외국에 체류하고 있는 북한이탈주민의 보호 및 지원 등을 위하여 **외교적 노력을 다하여야 한다**.
③ **보호대상자는** 대한민국의 자유민주적 법질서에 적응하여 건강하고 문화적인 생활을 할 수 있도록 노력하여야 한다.
④ **통일부장관은** 북한이탈주민에 대한 보호 및 지원 등을 위하여 북한이탈주민의 실태를 파악하고, 그 결과를 정책에 반영하여야 한다.

정답 ③

072 「북한이탈주민의 보호 및 정착지원에 관한 법률」에 대한 설명으로 적절한 것만을 모두 고른 것은?

20순경2차변형

> ㉠ "북한이탈주민"이란 북한에 주소, 직계가족, 배우자, 직장 등을 두고 있는 사람으로서 북한을 벗어난 후 외국 국적을 취득한 사람을 말한다.
> ㉡ 이 법에 따른 보호 및 정착지원은 원칙적으로 개인을 단위로 하되, 필요하다고 인정하는 경우에는 대통령령으로 정하는 바에 따라 세대를 단위로 할 수 있다.
> ㉢ 보호대상자를 정착지원시설에서 보호하는 기간은 1년 이내로 하고, 거주지에서 보호하는 기간은 5년으로 한다.
> ㉣ 북한이탈주민으로서 국내입국 후 1년이 지나서 보호 신청한 사람은 보호대상자로 결정하지 아니할 수 있다.

① ㉠㉡ ② ㉠㉢ ③ ㉡㉢ ④ ㉡㉣

해설

㉠ "북한이탈주민"이란 북한에 주소, 직계가족, 배우자, 직장 등을 두고 있는 사람으로서 **북한을 벗어난 후 외국 국적을 취득하지 아니한 사람**을 말한다(제2조 제1호).
㉣ 북한이탈주민으로서 **국내입국 후 3년이 지나서** 보호 신청한 사람은 보호대상자로 결정하지 아니할 수 있다(제9조 제1항).

정답 ③

---

073 「북한이탈주민의 보호 및 정착 지원에 관한 법률」에 관한 다음 설명 중 가장 옳지 <u>않은</u> 것은?

18경간

① 위장탈출 혐의자, 국내 입국 후 1년이 지나서 보호신청한 사람, 체류국에 10년 이상 생활근거지를 두고 있는 사람은 보호대상자로 결정하지 아니할 수 있다.
② 보호금품이란 이 법에 따라 보호대상자에게 지급하거나 빌려주는 금전 또는 물품을 말한다.
③ 관리대상자란 이 법에 따라 보호 및 지원을 받는 북한이탈주민을 말한다.
④ 통일부장관은 북한이탈주민에 대한 보호 및 지원 등을 위하여 북한이탈주민의 실태를 파악하고, 그 결과를 정책에 반영하여야 한다.

해설

① (X) 위장탈출 혐의자, **국내 입국 후 3년이 지나서** 보호신청한 사람은 보호대상자로 결정하지 아니할 수 있다. ※ 보호대상자로 결정하지 아니할 수 있는 사유 가운데 "체류국에 10년 이상 생활근거지를 두고 있는 사람"은 법률개정으로 삭제됨
③ (X) **보호대상자란** 이 법에 따라 보호 및 지원을 받는 북한이탈주민을 말한다(북한이탈주민의 보호 및 정착지원에 관한 법률 제2조 제2호).

제2조(정의) 이 법에서 사용하는 용어의 뜻은 다음과 같다.
1. "북한이탈주민"이란 군사분계선 이북지역(이하 "북한"이라 한다)에 주소, 직계가족, 배우자, 직장 등을 두고 있는 사람으로서 북한을 벗어난 후 외국 국적을 취득하지 아니한 사람을 말한다.
2. "보호대상자"란 이 법에 따라 보호 및 지원을 받는 북한이탈주민을 말한다.
3. "정착지원시설"이란 보호대상자의 보호 및 정착지원을 위하여 제10조 제1항에 따라 설치·운영하는 시설을 말한다.
4. "보호금품"이란 이 법에 따라 보호대상자에게 지급하거나 빌려주는 금전 또는 물품을 말한다.

제9조(보호 결정의 기준) ① 제8조 제1항 본문에 따라 보호 여부를 결정할 때 다음 각 호의 어느 하나에 해당하는 사람은 보호대상자로 결정하지 아니할 수 있다.
1. 항공기 납치, 마약거래, 테러, 집단살해 등 국제형사범죄자
2. 살인 등 중대한 <u>비정치적</u> 범죄자
3. 위장탈출 혐의자
4. 삭제
5. <u>국내 입국 후 3년이 지나서</u> 보호신청한 사람
6. 그 밖에 국가안전보장·질서유지·공공복리에 대한 중대한 위해 발생 우려, 보호신청자의 경제적 능력 및 해외체류 여건 등을 고려하여 보호대상자로 정하는 것이 부적당하거나 보호 필요성이 현저히 부족하다고 대통령령으로 정하는 사람

▶ **구별 개념**

	북한이탈주민	중국동포(조선족)	북한국적 중국동포(조교)
요건	① 북한에 주소·배우자·직계가족·직장 등 실존 ② 외국 국적 미취득	① 중국 국적자 ② 조선족	① 중국 거주 북한 국적자 ② 해외공민증(북한), 외국인 거류증(중국) 소지 (합법적 여권 소지 ×)
	북한주소, 북한국적	중국주소, 중국국적	중국거류, 북한국적
국내입국시 처리	합동정보조사 (북한이탈주민 보호센터)	밀입국 지역합동조사 (출입국관리사무소 인계)	관할 지역합동조사 (법무부 국적판정 신청)
관련법령	북한이탈주민의 보호 및 정착지원에 관한 법률	출입국 관리법	국적법

정답 ①③

074 「북한이탈주민의 보호 및 정착지원에 관한 법률」에 대한 설명으로 옳지 <u>않은</u> 것은? 20경간

① 통일부장관은 「북한이탈주민의 보호 및 정착지원에 관한 법률」에 따라 보호대상자가 거주지로 전입한 후 그의 신변안전을 위하여 국방부장관이나 경찰청장에게 협조를 요청할 수 있다.
② 북한이탈주민이란 군사분계선 이북지역에 주소, 직계가족, 배우자, 직장 등을 두고 있는 사람으로서 북한을 벗어난 후 외국 국적을 취득하지 아니한 사람을 말한다.
③ 통일부장관은 '북한이탈주민 보호 및 정착지원협의회'의 심의를 거쳐 보호 여부를 결정한다. 단, 국가안보에 현저한 영향을 끼칠 우려가 있는 자의 경우 국가정보원장이 보호 여부를 결정한다.
④ 북한이탈주민으로서 위장탈출 혐의자, 국내 입국 후 3년이 지나서 보호신청한 사람은 보호대상자로 결정될 수 없다.

해설

④ 북한이탈주민으로서 위장탈출 혐의자, 국내 입국 후 3년이 지나서 보호신청한 사람은 <u>보호대상자로 결정하지 아니할 수 있다</u>.

정답 ④

---

075 「북한이탈주민의 보호 및 정착지원에 관한 법률」상 보호요청을 한 북한이탈주민 중 보호대상자로 결정하지 아니할 수 있는 경우를 바르게 설명한 것은 모두 몇 개인가? 19경간변형

가. 살인 등 중대한 정치적 범죄자
나. 위장탈출 혐의자
다. 항공기 납치, 마약거래, 테러, 집단살해 등 국제형사범죄자
라. 국내 입국 후 1년이 지나서 보호신청한 사람

① 1개   ② 2개   ③ 3개   ④ 4개

해설

가. 살인 등 중대한 <u>비정치적</u> 범죄자
라. 국내 입국 후 <u>3년이 지나서</u> 보호신청한 사람

정답 ②

CHAPTER 07 외사경찰활동

제1절 외사경찰 일반론

001 외사경찰활동과 관련된 설명으로 옳지 <u>않은</u> 것은? 21경간

① 「외사요원 관리규칙」상 외사요원이라 함은 외사기획, 외사정보, 인터폴국제공조, 해외주재, 그리고 국제협력업무를 취급하는 경찰공무원을 말한다.
② 「출입국관리법」상 수사기관은 긴급출국금지를 요청한 때로부터 6시간 이내에 법무부장관에게 긴급출국금지 승인을 요청하여야 한다.
③ 수사절차 등과 관련해 일정한 제약을 규정하고 있는 「주한미군지위협정(SOFA)」은 대한민국 영역 안에 있는 미국 군대의 구성원, 군속, 그리고 그 가족으로 적용대상을 제한하고 있다.
④ 「범죄수사규칙」상 경찰관은 외국인 관련범죄의 수사를 함에 있어서는 국제법과 국제조약에 위배되는 일이 없도록 유의해야 하며 중요한 범죄에 관하여는 미리 국가수사본부장에게 보고하여 그 지시를 받아 수사에 착수하여야 한다.

해설

③ 적용대상은 미국 군대의 구성원, 군속과 그리고 가족 **및 초청계약자**이다.

▶ 「주한미군지위협정(SOFA)」 인적 적용범위

미국 군대의 구성원 (members of the United States armed forces)	대한민국의 영역 안에 있는 미국의 육군, 해군, 공군에 속하는 인원으로 현역에 복무하고 있는 자로서 미국 대사관 부속 군인과 개정된 1950년 1월 26일자 군사고문단협정에 규정된 인원은 제외
군속 (civilian component)	미국의 국적을 가진 민간인으로서 대한민국에 있는 미국 군대에 고용되거나 동 군대에 근무하거나 또는 동반하는 자
가족 (dependents)	배우자 및 21세 미만의 자녀, 부모 및 21세 이상의 자녀 또는 기타 친척으로서 그 생계비의 반액 이상을 미국 군대의 구성원 또는 군속에 의존하는 자
초청계약자 (invited contractors)	미국의 법률에 따라 조직된 법인, 통상적으로 미국에 거주하는 그의 고용원 및 가족, 미국 군대 또는 동 군대로부터 군수 지원을 받는 통합사령부 산하 주한 외국 군대를 위한 미국과의 계약 이행만을 위하여 대한민국에 체류하는 자로서 소정의 지정절차를 거친 자

정답 ③

002 다자간 협상의 종류에 대한 다음 설명 중 가장 옳지 <u>않은</u> 것은? 　　　　17경간

① Green Round(환경라운드) - 엄격한 환경기준을 가진 선진국들이 자국의 통상 관련 입법을 통하여 생태적 덤핑을 규제한다.
② Technology Round(기술라운드) - 기술경쟁력을 확보하기 위한 개발도상국들의 연대 움직임으로, 선진국들의 지적재산권 보호 움직임과 충돌하기도 한다.
③ Competition Round(경쟁라운드) - 각국의 국내규제와 정책의 차이가 무역장애로 등장함에 따라 개방과 내국인 대우를 통한 경제조건의 평균화를 추진한다.
④ Blue Round(노동라운드) - 열악한 노동환경과 저임금에 의한 사회적 덤핑을 규제한다.

> **해설**
> ② 개발도상국들의 기술경쟁력 확보를 저지하기 위한 <u>선진국들의 연대 움직임</u>으로, 주로 지적재산권 보호에 중점을 두고 있다.
>
> **정답** ②

003 최근 세계화와 정보통신기술 발전에 따른 국가간 교류의 확대로 외사경찰의 중요성이 더욱 증대되고 있다. 국제적 치안환경에 관한 설명으로 가장 적절하지 <u>않은</u> 것은? 　　　　15승진

① 체류외국인과 해외여행객의 증가로 국제테러리즘과 인종혐오범죄로 인한 피해가 증가하고 있다.
② 테러리즘은 정치적·종교적·사회적 목적달성을 위한 수단으로, 사람이나 건물·물건 등 그 대상에는 제한이 없다.
③ 체류외국인에 의한 강력범죄 증가와 함께 외국인 이주노동자 증가에 따른 한국인 근로자와의 일자리 경쟁으로 인해 외국인 혐오감정이 나타날 조짐이 있다.
④ 국제조직범죄는 구성원의 자격요건이 제한적이거나 배타적인 경우가 많으며, 은밀한 활동을 위해 대개 일시적인 조직의 형태로 활동한다.

> **해설**
> ④ 국제조직범죄는 은밀한 활동을 위해 대개 <u>영속적인 조직의 형태</u>로 활동한다.
>
> **정답** ④

004 다문화 사회의 접근유형에 대한 설명으로 가장 옳지 않은 것은? 16경간, 13승진유사

① 자유주의적 다문화주의는 사회통합을 이룩하기 위해 국가 내부의 문화적 다양성을 허용하고, 소수 인종집단 고유의 문화와 가치를 인정하지만, 시민생활이나 공적 생활에서는 주류사회의 문화, 언어, 사회습관에 따를 것을 요구한다.
② 조합주의적 다문화주의는 자유주의적 다문화주의와 급진적 다문화주의의 절충적 형태로서 다문화주의를 기회에 있어서 평등이라는 측면에서 접근한다.
③ 급진적 다문화주의는 '차이에 대한 권리'로 해석되며, 소수자의 문화적 권리(cultural rights)와 결부되어 이해된다.
④ 급진적 다문화주의는 소수집단이 자결(self-determination)의 원칙을 내세워 문화적 공존을 넘어서는 소수민족 집단만의 공동체 건설을 지향한다. 미국에서의 흑인과 원주민에 의한 격리주의 운동이 대표적인 사례이다.

해설

② <u>조합주의적 다문화주의는</u> 자유주의적 다문화주의와 급진적 다문화주의의 절충적 형태로서 다문화주의를 <u>결과에 있어서 평등</u>이라는 측면에서 접근한다.

▶ **다문화사회의 접근유형** (자동기/쪼다결)

자유주의적 다문화주의 (동화주의)	① 소수 인종집단 고유의 문화와 가치를 인정하지만, 시민생활이나 공적 생활에서는 주류사회의 문화·언어·사회습관에 따를 것을 요구하는 입장 ② 차별을 금지하고 사회참여와 <u>기회평등</u>을 보장하려 노력
급진적 다문화주의	① 주류사회의 문화·언어·규범·생활양식을 부정하고 독자적 생활방식을 추구하는 입장(미국의 흑인·원주민 격리주의 운동, 아프리카 소부족 독립운동 등) ② 소수집단 자결의 원칙을 내세워 소수민족 집단만의 공동체 건설을 지향
조합주의적 다문화주의 (<u>다</u>원주의)	① 양자의 절충형으로, 다문화주의를 <u>결과에 있어서 평등보장</u>이라는 관점에서 접근 ② 경쟁에서 불리한 문화적 소수자에 대하여 사회참여를 촉진시키기 위한 적극적인 재정적·법적 원조를 주장하는 입장

정답 ②

005 다음은 다문화 사회의 접근유형에 대한 설명이다. 〈보기 1〉과 〈보기 2〉의 내용이 가장 적절하게 연결된 것은?

20순경1차

〈보기 1〉
(가) 소수집단이 자결(Self-determination)의 원칙을 내세워 문화적 공존을 넘어서는 소수민족 집단만의 공동체 건설을 지향한다.
(나) 차별을 금지하고 사회참여를 위해 기회평등을 보장하는 것으로, 사회통합을 위해 문화적 다양성을 인정하며 민족 집단의 존재를 인정하지만 시민 생활과 공적 생활에서는 주류 사회의 문화, 언어, 사회관습을 따를 것을 요구한다.
(다) 다문화주의를 결과에 있어서의 평등보장이라는 측면에서 접근하는 것으로, 문화적 소수자가 현실적으로 문화적 다수자와의 경쟁에서 불리한 위치에 있다는 것을 전제로 소수집단의 사회참가를 촉진하기 위해 적극적인 법적·재정적 원조를 한다.

〈보기 2〉
㉠ 조합주의적 다문화주의
㉡ 급진적 다문화주의
㉢ 자유주의적 다문화주의

	(가)	(나)	(다)		(가)	(나)	(다)
①	㉠	㉢	㉡	②	㉡	㉢	㉠
③	㉠	㉡	㉢	④	㉡	㉠	㉢

해설

(가) – 급진적 다문화주의
(나) – **자동기**(**자**유주의적 다문화주의 – **동**화주의 – **기**회평등)
(다) – **조다결**(**조**합주의적 다문화주의 – **다**원주의 – **결**과평등)

정답 ②

제2절 외사경찰의 대상

006 「국적법」상 일반귀화의 요건으로 가장 적절하지 <u>않은</u> 것은? 15순경2차

① 대한민국의 「민법」상 성년일 것
② 자신의 자산이나 기능에 의하거나 생계를 같이하는 가족에 의존하여 생계를 유지할 능력이 있을 것
③ 3년 이상 계속하여 대한민국에 주소가 있을 것
④ 품행이 단정할 것

> **해설**
>
> ③ <u>5년 이상</u> 계속하여 대한민국에 주소가 있을 것
>
> ▶ **일반귀화의 요건(국적법 제5조)** (5영/성품/생소)
>
> 1. <u>5년 이상</u> 계속하여 대한민국에 주소가 있을 것
> 1의2. 대한민국에서 <u>영주</u>할 수 있는 체류자격을 가지고 있을 것
> 2. 대한민국의 「민법」상 <u>성년</u>일 것
> 3. 법령을 준수하는 등 <u>법무부령으로 정하는</u> <u>품행</u> 단정의 요건을 갖출 것
> 4. 자신의 자산이나 기능에 의하거나 생계를 같이하는 가족에 의존하여 <u>생계</u>를 유지할 능력이 있을 것
> 5. 국어능력과 대한민국의 풍습에 대한 이해 등 대한민국 국민으로서의 기본 <u>소양</u>을 갖추고 있을 것
> 6. 귀화를 허가하는 것이 국가안전보장·질서유지 또는 공공복리를 해치지 아니한다고 <u>법무부장관</u>이 인정할 것

정답 ③

007 「국적법」상 일반귀화의 요건에 관한 내용이다. ㉠~㉤의 내용 중 옳고 그름의 표시(O, X)가 모두 바르게 된 것은? 19순경2차

> ㉠ 10년 이상 계속하여 대한민국에 주소가 있을 것
> ㉡ 대한민국에서 영주할 수 있는 체류자격을 가지고 있을 것
> ㉢ 대한민국의 「민법」상 성년일 것
> ㉣ 법령을 준수하는 등 대통령령으로 정하는 품행 단정의 요건을 갖출 것
> ㉤ 귀화를 허가하는 것이 국가안전보장·질서유지 또는 공공복리를 해치지 아니한다고 법무부장관이 인정할 것

① ㉠(X) ㉡(O) ㉢(O) ㉣(X) ㉤(O)
② ㉠(O) ㉡(X) ㉢(O) ㉣(O) ㉤(X)
③ ㉠(O) ㉡(O) ㉢(X) ㉣(X) ㉤(O)
④ ㉠(X) ㉡(O) ㉢(O) ㉣(X) ㉤(X)

> **해설**
> ㉠ <u>5년 이상</u> 계속하여 대한민국에 주소가 있을 것
> ㉢ 법령을 준수하는 등 **법무부령으로 정하는** 품행 단정의 요건을 갖출 것
>
> 정답 ①

008 외국인의 입·출국에 관한 설명으로 가장 적절하지 <u>않은</u> 것은? 16승진

① 외국인의 출국은 자유이며 원칙적으로 이를 금지할 수 없다.
② 외국인의 강제출국은 형벌이 아닌 행정행위의 일종이다.
③ 외국인은 그 체류자격과 체류기간의 범위에서 대한민국에 체류할 수 있다.
④ 외국인이 그 체류자격에 해당하는 활동과 함께 다른 체류자격에 해당하는 활동을 하려면 미리 외교부장관의 체류자격 외 활동허가를 받아야 한다.

> **해설**
> ④ 외국인이 그 체류자격에 해당하는 활동과 함께 다른 체류자격에 해당하는 활동을 하려면 미리 **법무부장관의** 체류자격 외 활동허가를 받아야 한다.
>
> 정답 ④

009 외국인의 입·출국에 대한 설명 중 <u>틀린</u> 것은? 10승진

① 영미의 학설은 외국인 입국문제는 국가의 교통권이라는 기본적 권리를 인정하여 원칙적으로 금지할 수 없다고 한다.
② 사증(VISA)은 입국과 체류가 적당하다고 인정하는 행위로서, 미수교국 국민은 외국인 입국허가서를 받아 입국할 수 있다.
③ 공중위생상 위해를 미칠 염려가 있는 자, 경제질서 또는 사회질서를 해하는 자, 강제퇴거명령을 받고 출국한 후 5년이 경과되지 아니한 자 등은 출입국관리법 제11조 제1항에 의하여 입국을 금지할 수 있다.
④ 외국인이 입국한 날부터 90일을 초과하여 대한민국에 체류하려면, 입국한 날부터 90일 이내에 지방출입국·외국인관서의 장에게 외국인등록을 하여야 한다.

> **해설**
> ① <u>대륙법계의 학설은</u> 외국인 입국문제는 국가의 교통권이라는 기본적 권리를 인정하여 원칙적으로 금지할 수 없다고 한다.
>
> 정답 ①

010 외국인 입·출국에 관한 다음 설명 중 옳지 않은 것은 모두 몇 개인가? 14순경2차

> ㉠ 법무부장관은 사증 발급에 관한 권한을 대통령령으로 정하는 바에 따라 재외공관의 장에게 위임할 수 있다.
> ㉡ 지방출입국·외국인관서의 장은 조난을 당한 선박등에 타고 있는 외국인(승무원을 포함한다)을 긴급히 구조할 필요가 있다고 인정하면 그 선박 등의 장, 운수업자, 「수상에서의 수색·구조 등에 관한 법률」에 따른 구호업무 집행자 또는 그 외국인을 구조한 선박등의 장의 신청에 의하여 90일의 범위에서 재난 상륙허가를 할 수 있다.
> ㉢ 형사재판에 계속 중이거나 금고 이상의 형의 선고를 받고 석방된 자는 출국을 정지할 수 있다.
> ㉣ 외국인의 강제출국은 형벌이다.

① 4개　　② 3개　　③ 2개　　④ 1개

해설

㉠ O
㉡ 지방출입국·외국인관서의 장은 조난을 당한 선박등에 타고 있는 외국인(승무원을 포함한다)을 긴급히 구조할 필요가 있다고 인정하면 그 선박등의 장, 운수업자, 「수상에서의 수색·구조 등에 관한 법률」에 따른 구호업무 집행자 또는 그 외국인을 구조한 선박등의 장의 신청에 의하여 <u>30일의 범위에서 재난상륙허가</u>를 할 수 있다.
㉢ "금고 이상의 형의 선고를 받고 석방된 사람"에 해당하는 외국인은 대한민국 밖으로 <u>강제퇴거시킬 수 있다</u>.(출국정지가 아니라)
㉣ 외국인의 강제출국은 <u>형벌이 아니라 행정처분</u>이다.

정답 ②

---

011 「출입국관리법」상 ( )안에 들어갈 숫자로 가장 적절한 것은? 18경채

> • 외국인등록을 받은 지방출입국·외국인관서의 장은 대통령령으로 정하는 바에 따라 그 외국인에게 외국인등록증을 발급하여야 한다. 다만, 그 외국인이 (㉠)세 미만인 경우에는 발급하지 아니할 수 있다.
> • 외국인등록증을 발급받지 아니한 외국인이 (㉡)세가 된 때에는 (㉢)일 이내에 체류지 관할 지방출입국·외국인관서의 장에게 외국인등록증 발급신청을 하여야 한다.

① ㉠ 17 ㉡ 17 ㉢ 60　　② ㉠ 17 ㉡ 17 ㉢ 90
③ ㉠ 18 ㉡ 18 ㉢ 60　　④ ㉠ 18 ㉡ 18 ㉢ 90

해설

㉠ 17 ㉡ 17 ㉢ 90

정답 ②

012 다음은 외사경찰과 관련된 법률에 대한 설명이다. 보기 (   )에 들어갈 숫자를 모두 더한 값은?

16경간

㉠ (   )년 이상 계속하여 대한민국에 주소가 있을 것은 일반귀화 요건 중의 하나이다. 「국적법」
㉡ 외국인은 출입국관리공무원이나 권한 있는 공무원이 그 직무수행과 관련하여 여권 등의 제시를 요구하면 여권 등을 제시하여야 한다. 여권 등의 휴대 또는 제시의무를 위반한 사람은 (   )만원 이하의 벌금에 처한다. 「출입국관리법」
㉢ 대한민국에 체류하는 외국인은 항상 여권·선원신분증명서·외국인입국허가서·외국인등록증 또는 상륙허가서를 지니고 있어야 한다. 다만, (   )세 미만인 외국인의 경우에는 그러하지 아니한다. 「출입국관리법」
㉣ 외교부장관은 장기 (   )년 이상의 형에 해당하는 죄를 범하고 국외로 도피하여 기소중지 또는 수사중지(피의자중지로 한정)된 사람에 대하여는 여권의 발급 또는 재발급을 거부할 수 있다. 「여권법」

① 124   ② 125   ③ 126   ④ 127

해설

㉠ 5 ㉡ 100 ㉢ 17 ㉣ 3

여권법 제12조(여권의 발급 등의 거부·제한) ① 외교부장관은 다음 각 호의 어느 하나에 해당하는 사람에 대하여는 여권의 발급 또는 재발급을 거부할 수 있다.
1. 장기 2년 이상의 형(刑)에 해당하는 죄로 인하여 기소(起訴)되어 있는 사람 또는 장기 3년 이상의 형에 해당하는 죄로 인하여 기소중지 또는 수사중지(피의자중지로 한정)되거나 체포영장·구속영장이 발부된 사람 중 국외에 있는 사람

정답 ②

013 외국인의 권리와 의무에 대한 설명이다. 다음 중 외국인에게 인정되는 권리·인정되지 않는 권리, 외국인이 부담하는 의무·부담하지 않는 의무를 적절하게 연결한 것은? 13승진

Ⅰ. 외국인의 권리	Ⅱ. 외국인의 의무
㉠ 생명권	ⓐ 사법상의 권리에 대응하는 사법상 의무
㉡ 성명권	ⓑ 체류국의 통치권에 복종할 의무
㉢ 정조권	ⓒ 병역의 의무
㉣ 상속권	ⓓ 교육의 의무
㉤ 근로의 권리	ⓔ 사회보장가입의무
㉥ 교육을 받을 권리	ⓕ 지방적 구제의 원칙에 대한 의무
㉦ 재산권인 물권·채권·무체재산권	ⓖ 추방의 원인이 되는 행위를 하지 않을 의무
㉧ 피선거권	ⓗ 외국인 등록을 할 의무
㉨ 공무담임권	

① 인정되는 권리(㉠, ㉡, ㉢, ㉣, ㉤, ㉦) 인정되지 않는 권리(㉥, ㉧, ㉨)
② 인정되는 권리(㉠, ㉡, ㉢, ㉣, ㉦) 인정되지 않는 권리(㉤, ㉥, ㉧, ㉨)
③ 부담하는 의무(ⓐ, ⓑ, ⓔ, ⓕ, ⓖ, ⓗ) 부담하지 않는 의무(ⓒ, ⓓ)
④ 부담하는 의무(ⓐ, ⓑ, ⓓ, ⓕ, ⓖ, ⓗ) 부담하지 않는 의무(ⓒ, ⓔ)

해설

1. **외국인에게 인정되는 권리** → ㉠ 생명권 ㉡ 성명권 ㉢ 정조권 ㉣ 상속권 ㉦ 재산권인 물권·채권·무체재산권
2. **인정되지 않는 권리** → ㉤ 근로의 권리 ㉥ 교육을 받을 권리 ㉧ 피선거권 ㉨ 공무담임권
3. **외국인이 부담하는 의무** → ⓐ 사법상의 권리에 대응하는 사법상 의무 ⓑ 체류국의 통치권에 복종할 의무 ⓕ 지방적 구제의 원칙에 대한 의무 ⓖ 추방의 원인이 되는 행위를 하지 않을 의무 ⓗ 외국인 등록을 할 의무
※ 특히, ⓕ, ⓖ, ⓗ는 외국인만 부담하는 의무
4. **부담하지 않는 의무** → ⓒ 병역의 의무 ⓓ 교육의 의무 ⓔ 사회보장가입의무

정답 ②

014 여권에 관한 설명 중 옳지 않은 것은 모두 몇 개인가? 12승진

> ㉠ 여권은 외교부장관이 발급하는 것으로 국외여행을 인정하는 본국의 일방적 증명서에 그친다.
> ㉡ 외교부장관은 여권 등의 발급, 재발급과 기재사항 변경에 관한 사무의 일부를 대통령령이 정하는 바에 따라 지방자치단체의 장에게 대행하게 할 수 있다.
> ㉢ 만 25세 이상의 병역을 마치지 아니한 자로서 지방병무청장이나 병무지청장이 발행하는 국외여행 허가서의 허가기간이 6개월 미만인 자에게는 단수여권을 발급한다.
> ㉣ 정부에서 아프리카에 파견하는 의료요원 A와 그 배우자 B, 그리고 미혼인 자녀 C(만 25세)에게는 관용여권을 발급할 수 있다.
> ㉤ 출국하는 무국적자나 해외입양자에게는 여행증명서를 발급할 수 있다.

① 0개　　② 1개　　③ 2개　　④ 3개

[해설]

모두 옳은 지문이다.
㉣ "27세 미만의 미혼인 자녀"가 관용여권 발급대상이므로 "C(25세)"도 발급대상

정답 ①

015 「출입국관리법」상 여권과 사증(Visa)에 대한 설명으로 가장 적절한 것은? 17승진

① 대한민국에 체류하는 외국인은 항상 여권·선원신분증명서·외국인입국허가서·외국인등록증 또는 상륙허가서(이하 "여권등"이라 한다)를 지니고 있어야 한다. 다만, 18세인 외국인의 경우에는 그러하지 아니하다.
② 여권 등의 휴대 또는 제시 의무를 위반한 사람은 100만원 이하의 과태료를 부과한다.
③ 외교부장관은 사증발급에 관한 권한을 대통령령으로 정하는 바에 따라 재외공관의 장에게 위임할 수 있다.
④ 대한민국에 체류하는 외국인은 출입국관리공무원이나 권한 있는 공무원이 그 직무수행과 관련하여 여권등의 제시를 요구하면 여권등을 제시하여야 한다.

[해설]

① 대한민국에 체류하는 외국인은 항상 여권·선원신분증명서·외국인입국허가서·외국인등록증 또는 상륙허가서(여권등)를 지니고 있어야 한다. 다만, **17세 미만**인 외국인의 경우에는 그러하지 아니하다.
② 여권 등의 휴대 또는 제시 의무를 위반한 사람은 100만원 이하의 **벌금**에 처한다.
③ **법무부장관은** 사증발급에 관한 권한을 대통령령으로 정하는 바에 따라 재외공관의 장에게 위임할 수 있다.
④ ○

정답 ④

016 「여권법」상 여권발급 등의 거부·제한 사유에 해당하는 것을 모두 고른 것은?   18승진

⊙ 장기 2년 이상의 형에 해당하는 죄로 인하여 기소되어 있는 사람
ⓒ 「여권법」 제24조부터 제26조까지에 규정된 죄를 범하여 금고 이상의 형을 선고받고 그 집행이 종료되지 아니하거나 그 집행을 받지 아니하기로 확정되지 아니한 사람
ⓒ 장기 5년 이상의 형에 해당하는 죄로 인하여 기소중지 또는 수사중지(피의자중지로 한정)되어 국외에 있는 사람
ⓔ 국외에서 대한민국의 안전보장·질서유지나 통일·외교정책에 중대한 침해를 야기할 우려가 있는 경우로서 출국할 경우 테러 등으로 생명이나 신체의 안전이 침해될 위험이 큰 사람

① ⊙, ⓒ   ② ⊙, ⓔ   ③ ⓒ, ⓒ   ④ ⓒ, ⓔ

해설

ⓒ 「여권법」 제24조부터 제26조까지에 규정된 죄를 범하여 **형을 선고받고** 그 집행이 종료되지 아니하거나 그 집행을 받지 아니하기로 확정되지 아니한 사람
ⓒ **장기 3년** 이상의 형에 해당하는 죄로 인하여 기소중지 또는 수사중지(피의자중지로 한정)되어 국외에 있는 사람

> **제12조(여권의 발급 등의 거부·제한)** ① 외교부장관은 다음 각 호의 어느 하나에 해당하는 사람에 대하여는 여권의 발급 또는 재발급을 거부할 수 있다.
> 1. 장기 2년 이상의 형(刑)에 해당하는 죄로 인하여 기소(起訴)되어 있는 사람 또는 장기 3년 이상의 형에 해당하는 죄로 인하여 기소중지 또는 수사중지(피의자중지로 한정)되거나 체포영장·구속영장이 발부된 사람 중 국외에 있는 사람
> 2. 제24조부터 제26조까지에 규정된 죄를 범하여 형을 선고받고 그 집행이 종료되지 아니하거나 집행을 받지 아니하기로 확정되지 아니한 사람
> 3. 제2호 외의 죄를 범하여 금고 이상의 형을 선고받고 그 집행이 종료되지 아니하거나 그 집행을 받지 아니하기로 확정되지 아니한 사람
> 4. 국외에서 대한민국의 안전보장·질서유지나 통일·외교정책에 중대한 침해를 일으킬 우려가 있는 경우로서 다음 각 목의 어느 하나에 해당하는 사람
>   가. 출국할 경우 테러 등으로 생명이나 신체의 안전이 침해될 위험이 큰 사람
>   나. 「보안관찰법」 제4조에 따라 보안관찰처분을 받고 그 기간 중에 있으면서 같은 법 제22조에 따라 경고를 받은 사람

정답 ②

017 출입국관리법상 외국인 체류와 관련, ( ) 안에 들어갈 숫자로 적절하게 짝지어진 것은? 13승진변형

> 대한민국에서 출생하여 체류자격을 가지지 못하고 체류하게 되는 외국인은 출생한 날부터 (㉠)일 이내에, 대한민국에서 체류 중 대한민국의 국적을 상실하거나 이탈하는 등 그 밖의 사유로 체류자격을 가지지 못하고 체류하게 되는 외국인은 그 사유가 발생한 날부터 (㉡)일 이내에 체류자격을 받아야 한다.

① ㉠ 60, ㉡ 30   ② ㉠ 60, ㉡ 60
③ ㉠ 90, ㉡ 30   ④ ㉠ 90, ㉡ 60

해설

④ 대한민국에서 출생하여 체류자격을 가지지 못하고 체류하게 되는 외국인은 출생한 날부터 (90)일 이내에, 대한민국에서 체류 중 대한민국의 국적을 상실하거나 이탈하는 등 그 밖의 사유로 체류자격을 가지지 못하고 체류하게 되는 외국인은 그 사유가 발생한 날부터 (60)일 이내에 체류자격을 받아야 한다.

정답 ④

---

018 다음 중 사증 없이 입국할 수 있는 외국인이 <u>아닌</u> 것은? 15경간

① 재입국허가를 받은 자 또는 재입국허가가 면제된 사람으로서 그 허가 또는 면제받은 기간이 끝나기 전에 입국하는 사람
② 대한민국과 면제협정을 체결한 국가의 국민으로서 그 협정에 따라 면제대상이 되는 사람
③ 대한민국의 이익 등과 관련하여 외교부장관이 인정한 사람
④ 난민여행증명서를 발급받고 출국한 후 그 유효기간이 끝나기 전에 입국하는 사람

해설

③ **법무부장관이** 대한민국의 이익 등을 위하여 입국이 필요하다고 인정하는 사람은 무사증입국이 가능하다.

▶ **무사증 입국**

㉠ 재입국허가를 받은 자 또는 재입국허가가 면제된 자로서 그 허가 또는 면제받은 기간이 만료되기 전에 입국하는 자
㉡ 대한민국과 사증면제협정을 체결한 국가의 국민으로서 그 협정에 의하여 면제의 대상이 되는 자
㉢ 국제친선·관광 또는 대한민국의 이익 등을 위하여 입국하는 자로서 대통령령이 정하는 바에 따라 입국허가를 받는 자
  ⓐ 외국정부 또는 국제기구의 업무를 수행하는 자로서 부득이한 사유로 사증을 가지지 아니하고 입국하고자 하는 자
  ⓑ 법무부령으로 정하는 기간(30일 이내의 기간)내에 대한민국을 관광 또는 통과할 목적으로 입국하고자 하는 자
  ⓒ 기타 **법무부장관**(외교부장관 ✗)이 대한민국의 이익 등을 위하여 그 입국이 필요하다고 인정하는 자
㉣ 난민여행증명서를 발급받고 출국하여 그 유효기간이 만료되기 전에 입국하는 자

정답 ③

019 「출입국관리법 시행령」상 외국인 체류자격의 설명으로 괄호의 내용이 가장 적절한 것은? 19순경2차

- A-(㉠), 외교 : 대한민국정부가 접수한 외국정부의 외교사절단이나 영사기관 구성원, 조약 또는 국제관행에 따라 외교사절과 동등한 특권과 면제를 받는 사람과 그 가족
- (㉡)-2, 유학 : 전문대학 이상의 교육기관 또는 학술연구기관에서 정규과정의 교육을 받거나 특정 연구를 하려는 사람
- F-(㉢), 재외동포 : 「재외동포의 출입국과 법적 지위에 관한 법률」상 대한민국의 국적을 보유하였던 자(대한민국정부 수립 전에 국외로 이주한 동포를 포함) 또는 그 직계비속으로서 외국국적을 취득한 자 중 대통령령으로 정하는 자(단순 노무행위 등 법령에서 규정한 취업활동에 종사하려는 사람은 제외)
- (㉣)-6, 예술흥행 : 수익이 따르는 음악, 미술, 문학 등 예술활동과 수익을 목적으로 하는 연예·연주·연극·운동경기, 광고·패션 모델, 그 밖에 이에 준하는 활동을 하려는 사람

	㉠	㉡	㉢	㉣
①	2	D	6	E
②	2	E	4	F
③	1	E	6	F
④	1	D	4	E

해설

▶ 외국인 장기체류자격(사증의 종류)

체류자격	체류자격에 해당하는 사람 또는 활동범위
외교(A-1)	대한민국정부가 접수한 외국정부의 외교사절단이나 영사기관의 구성원, 조약 또는 국제관행에 따라 외교사절과 동등한 특권과 면제를 받는 사람과 그 가족
공무(A-2)	대한민국정부가 승인한 외국정부 또는 국제기구의 공무를 수행하는 사람과 그 가족
유학(D-2)	전문대학 이상의 교육기관 또는 학술연구기관에서 정규과정의 교육을 받거나 특정 연구를 하려는 사람
회화지도 (E-2)	법무부장관이 정하는 자격요건을 갖춘 외국인으로서 외국어 전문학원, 초등학교 이상의 교육기관 및 부설어학연구소, 방송사 및 기업체 부설어학연수원, 그밖에 이에 준하는 기관 또는 단체에서 외국어 회화지도에 종사하려는 사람
예술흥행 (E-6)	수익이 따르는 음악, 미술, 문학 등의 예술활동과 수익을 목적으로 하는 연예, 연주, 연극, 운동경기, 광고·패션 모델, 그밖에 이에 준하는 활동을 하려는 사람
E-8 (계절근로)	법무부장관이 관계 중앙행정기관의 장과 협의하여 정하는 농작물 재배·수확(재배·수확과 연계된 원시가공 분야를 포함한다) 및 수산물 원시가공 분야에서 취업 활동을 하려는 사람으로서 법무부장관이 인정하는 사람
비전문취업 (E-9)	「외국인근로자의 고용 등에 관한 법률」에 따른 국내 취업요건을 갖춘 사람(일정 자격이나 경력 등이 필요한 전문직종에 종사하려는 사람은 제외)
결혼이민 (F-6)	가. 국민의 배우자 나. 국민과 혼인관계(사실상의 혼인관계를 포함)에서 출생한 자녀를 양육하고 있는 부 또는 모로서 법무부장관이 인정하는 사람 다. 국민인 배우자와 혼인한 상태로 국내에 체류하던 중 그 배우자의 사망이나 실종, 그밖에 자신에게 책임이 없는 사유로 정상적인 혼인관계를 유지할 수 없는 사람으로서 법무부장관이 인정하는 사람

정답 ④

020 「출입국관리법 시행령」상 외국인 체류자격에 관한 다음 설명 중 옳지 않은 것은 모두 몇 개인가?

18경간

> 가. A-1 : 대한민국 정부가 접수한 외국정부의 외교사절단이나 영사기관의 구성원, 조약 또는 국제관행에 따라 외교사절과 동등한 특권과 면제를 받는 사람과 그 가족
> 나. E-2 : 법무부장관이 정하는 자격요건을 갖춘 외국인으로서 외국어전문학원, 초등학교 이상의 교육기관 및 부설어학연구소, 방송사 및 기업체 부설 어학연수원 그 밖에 이에 준하는 기관 또는 단체에서 외국어 회화지도에 종사하려는 사람
> 다. E-6 : 수익이 따르는 음악, 미술, 문학 등의 예술활동과 수익을 목적으로 하는 연예, 연주, 연극, 운동경기, 광고·패션모델, 그 밖에 이에 준하는 활동을 하려는 사람
> 라. E-9 : 「외국인근로자의 고용 등에 관한 법률」에 따른 국내 취업요건을 갖춘 사람(일정 자격이나 경력 등이 필요한 전문직종에 종사하려는 사람은 제외)

① 0개　　　　② 1개　　　　③ 2개　　　　④ 3개

해설

모두 바른 설명이다.

정답 ①

---

021 「출입국관리법 시행령」상 외국인의 체류자격과 그에 대한 예시이다. ㉠부터 ㉣까지 (　)안에 들어갈 숫자를 모두 합한 값으로 가장 적절한 것은?

18승진

> • A-(㉠), 공무 – 대한민국정부가 승인한 외국정부의 공무를 수행하는 미국인
> • D-(㉡), 유학 – 서울대학교에서 정규과정의 교육을 받으려고 하는 중국인
> • E-(㉢), 예술흥행 – 수익을 목적으로 광고·패션모델로 활동하려는 우크라이나인
> • F-(㉣), 결혼이민 – 한국인과 결혼하여, 국내에 거주하고자 하는 베트남인

① 12　　　　② 14　　　　③ 16　　　　④ 19

해설

• A-(2), 공무 – 대한민국정부가 승인한 외국정부의 공무를 수행하는 미국인
• D-(2), 유학 – 서울대학교에서 정규과정의 교육을 받으려고 하는 중국인
• E-(6), 예술흥행 – 수익을 목적으로 광고·패션모델로 활동하려는 우크라이나인
• F-(6), 결혼이민 – 한국인과 결혼하여, 국내에 거주하고자 하는 베트남인

정답 ③

022 「출입국관리법」 및 동법 시행령에 대한 설명 중 가장 적절하지 않은 것은? 20승진

① 법무부장관이 대한민국의 이익 등을 위하여 입국이 필요하다고 인정하는 외국인은 사증 없이 입국할 수 있다.
② 주한외국공관(대사관과 영사관 포함)과 국제기구의 직원 및 그의 가족은 외국인등록 대상이다.
③ 외국인의 강제퇴거 사유가 동시에 형사처분 사유가 되는 경우 강제퇴거와 형사처분을 병행할 수 있다.
④ 법무부장관은 입국심사에 필요한 경우에는 국민의 생체정보를 수집하거나 관계 행정기관이 보유하고 있는 국민의 생체정보의 제출을 요청할 수 있다.

해설

② 주한외국공관(대사관과 영사관 포함)과 국제기구의 직원 및 그의 가족은 <u>외국인등록 제외대상</u>이다.

▶ **외국인 등록 의무 (출입국관리법)**

등록	외국인이 입국한 날부터 90일을 초과하여 대한민국에 체류하려면 입국한 날부터 90일 이내에 그의 체류지를 관할하는 지방출입국·외국인관서의 장에게 외국인등록을 하여야 한다.
제외	㉠ 주한외국공관(대사관과 영사관을 포함)과 국제기구의 직원 및 그의 가족 ㉡ 대한민국정부와의 협정에 따라 외교관 또는 영사와 유사한 특권 및 면제를 누리는 사람과 그의 가족 ㉢ 대한민국정부가 초청한 사람 등으로서 법무부령으로 정하는 사람

정답 ②

---

023 외국인의 강제퇴거에 관한 다음 설명 중 가장 옳지 않은 것은? 18경간

① 벌금 이상의 형을 선고받고 석방된 사람은 강제퇴거의 대상이 된다.
② 출입국관리공무원은 강제퇴거 대상자에 해당한다고 의심되는 외국인에 대하여는 그 사실을 조사할 수 있다.
③ 출입국관리공무원은 강제퇴거 대상자에 해당한다고 의심할 만한 상당한 사유가 있고, 도주하거나 도주할 염려가 있으면 보호명령서를 발급받아 그 외국인을 보호할 수 있다.
④ 강제퇴거명령서는 출입국관리 공무원이 집행하며 지방출입국·외국인 관서의 장은 사법경찰관리에게 강제퇴거명령서의 집행을 의뢰할 수 있다.

해설

① <u>금고 이상의</u> 형을 선고받고 석방된 사람은 강제퇴거의 대상이 된다(출입국관리법 제46조 제1항 13호).

외국인의 강제퇴거

대상	① 유효한 여권 또는 사증 없이 입국한 자 ② 허위초청 등의 행위에 의하여 입국한 외국인 ③ 입국금지 해당사유가 입국 후에 발견되거나 발생한 자 ④ 입출국심사규정, 선박등의 제공금지규정에 위반한 자 ⑤ 조건부입국허가시 지방출입국·외국인관서의 장이 붙인 조건에 위반한 자 ⑥ 상륙허가 없이 상륙하였거나 상륙허가 조건을 위반한 자 ⑦ 체류자격과 체류기간 범위위반, 정치활동위반, 외국인 고용제한위반, 체류자격 외의 활동을 하거나 체류기간연장허가를 받지 않은 자 ⑧ 허가를 받지 아니하고 근무처를 변경·추가하거나 근무처의 변경허가·추가허가를 받지 아니한 외국인을 고용·알선한 사람 ⑨ 법무부장관이 정한 거소 또는 활동범위의 제한 기타 준수사항을 위반한 자 ⑩ 허위서류 제출 등의 금지규정을 위반한 자 ⑪ 출국심사규정에 위반하여 출국하려고 한 자 ⑫ 외국인 등록의무위반한 사람 ⑬ 외국인등록증 등의 채무이행 확보수단 제공 등의 금지규정 위반한 자 ⑭ <u>금고이상의 형의 선고를 받고 석방된 사람</u> ⑮ 강제력 행사가 가능한 송환대상외국인 ⑯ 그 밖에 위에 준하는 사람으로서 **법무부령으로 정하는 사람** ⑰ <u>영주자격을 가진 사람</u>은 위에도 불구하고 강제퇴거되지 아니하나, 다음에 해당하면 강제퇴거가능 　㉠ 「형법」 제2편제1장 내란의 죄 또는 제2장 외환의 죄를 범한 사람 　㉡ <u>5년 이상 징역 또는 금고형을 선고받고 석방된 사람 중 법무부령으로 정하는 사람</u> 　㉢ 선박 등의 제공 금지 규정을 위반하거나 교사 또는 방조한 사람
절차	① 출입국관리공무원은 강제퇴거 대상자에 해당된다고 의심되는 외국인에 대하여는 그 사실을 조사할 수 있다. ② <u>출입국관리공무원은</u> 외국인이 강제퇴거사유에 해당된다고 의심할 만한 상당한 이유가 있고 도주하거나 도주할 염려가 있는 경우 <u>지방출입국·외국인관서의 장 등으로부터 보호명령서를 발부받아 그 외국인을 보호할 수 있다</u>(보호기간은 10일 이내, 부득이한 사유가 있는 때에는 1차에 한하여 10일 범위 내에서 연장 가능). ③ 지방출입국·외국인관서의 장의 심사 및 강제퇴거대상자로 인정된 경우 강제퇴거명령서를 발부할 수 있다. ④ <u>강제퇴거명령서는 출입국관리공무원이 이를 집행한다</u>(의뢰에 의해 사법경찰관리가 집행가능). ⑤ <u>강제퇴거사유가 동시에 형사처분사유가 된다면 병행 처벌가능</u> → 경찰관이 불심검문 등을 통해 불법체류자임을 확인한 경우 경찰관직무집행법 제3조에 의거 우선 임의동행하여 처리하고, 상대방이 임의동행에 응하지 않을 경우 불법체류 및 여권 외국인 등록증 미소지 등 사유로 현행범체포가 가능하다.

정답 ①

024 「출입국관리법」상 외국인 강제퇴거 대상으로 적절하지 <u>않은</u> 것은 모두 몇 개인가? 21순경2차

⊙ 조세, 공과금을 체납한 사람
ⓒ 외구구인등록 의무를 위반한 사람
ⓒ 구류의 선고를 받고 석방된 사람
ⓔ 법무부장관이 정한 거소 또는 활동범위의 제한이나 그 밖의 준수사항을 위반한 사람
ⓜ 지방출입국·외국인관서의 장이 붙인 조건부 입국 허가조건을 위반한 사람

① 2개　　　② 3개　　　③ 4개　　　④ 5개

해설

㉠은 강제퇴거 사유가 아니라 출국정지 사유임 ➜ 세금을 안 냈으면 낼 때까지 출국정지시켜야!
㉢은 "<u>금고 이상의</u> 형을 선고받고 석방된 사람"

정답 ①

---

025 다음 보기 중 「출입국관리법」상 외국인의 강제퇴거 대상으로 틀린 것은 모두 몇 개인가? 14순경1차

⊙ 유효한 여권 또는 사증 없이 입국한 자
ⓒ 입국금지 해당사유가 입국 후에 발견되거나 발생한 자
ⓒ 체류자격 외의 활동을 하거나 체류기간이 경과한 자
ⓔ 상륙허가 없이 상륙하였거나 상륙허가 조건을 위반한 자
ⓜ 금고 이상의 형의 선고를 받고 석방된 자

① 0개　　　② 1개　　　③ 2개　　　④ 3개

해설

모두 출입국관리법상 외국인의 강제퇴거 대상에 해당한다.

정답 ①

026 「출입국관리법」에 대한 설명으로 가장 적절하지 않은 것은? 18승진

① 취업활동을 할 수 있는 체류자격을 가지지 아니한 외국인의 고용을 업으로 알선하거나 권유한 자는 3년 이하의 징역 또는 3천만원 이하의 벌금에 처한다.
② 입국금지 해당사유가 입국 후에 발견되거나 발생한 외국인은 강제퇴거 대상자이다.
③ 외국인의 강제퇴거 대상자 여부를 심사·결정하기 위한 보호기간은 10일 이내로 한다. 다만, 부득이한 사유가 있으면 지방출입국·외국인관서의 장의 허가를 받아 10일을 초과하지 아니하는 범위에서 한 차례만 연장할 수 있다.
④ 출국심사 규정을 위반하여 출국하려고 한 외국인은 출국의 정지 대상자이다.

해설

④ 출국심사 규정을 위반하여 출국하려고 한 외국인은 <u>강제퇴거 대상자</u>이다.

정답 ④

---

027 「출입국관리법」상 외국인의 강제퇴거 대상으로 옳지 않은 것은? 20경간

① 허가를 받지 아니하고 근무처를 변경·추가하거나 허가를 받지 아니한 외국인을 고용·알선한 사람
② 법무부장관이 정한 거소 또는 활동범위의 제한이나 그 밖의 준수사항을 위반한 사람
③ 벌금 이상의 형을 선고받고 석방된 사람
④ 외국인등록증 등의 채무이행 확보수단 제공 등의 금지규정을 위반한 외국인

해설

③ <u>금고 이상의</u> 형을 선고받고 석방된 사람

정답 ③

---

028 「출입국관리법」상 외국인의 입국금지 사유로 가장 적절하지 않은 것은? 17순경2차

① 감염병환자, 마약류중독자, 그 밖에 공중위생상 위해를 끼칠 염려가 있다고 인정되는 사람
② 강제퇴거명령을 받고 출국한 후 5년이 지난 사람
③ 사리 분별력이 없고 국내에서 체류활동을 보조할 사람이 없는 정신장애인, 국내체류비용을 부담할 능력이 없는 사람, 그 밖에 구호(救護)가 필요한 사람
④ 경제질서 또는 사회질서를 해치거나 선량한 풍속을 해치는 행동을 할 염려가 있다고 인정할 만한 상당한 이유가 있는 사람

해설

② 강제퇴거명령을 받고 출국한 후 <u>5년이 지나지 아니한 사람</u>

정답 ②

029 「출입국관리법」상 내국인의 출국금지에 대한 설명으로 가장 적절하지 않은 것은? 19승진

① 법무부장관은 형사재판에 계속 중인 사람에 대하여 6개월 이내의 기간을 정하여 출국을 금지할 수 있다.
② 법무부장관은 징역형이나 금고형의 집행이 끝나지 아니한 사람에 대하여 6개월 이내의 기간을 정하여 출국을 금지할 수 있다.
③ 법무부장관은 기소중지결정이 된 경우로서 체포영장 또는 구속영장이 발부된 사람에 대하여 영장 유효기간까지 출국을 금지하여야 한다.
④ 법무부장관은 소재를 알 수 없어 기소중지결정이 된 사람 또는 도주 등 특별한 사유가 있어 수사진행이 어려운 사람에 대하여 3개월 이내의 기간을 정하여 출국을 금지할 수 있다.

■ 해설 ■

③ 법무부장관은 기소중지결정이 된 경우로서 체포영장 또는 구속영장이 발부된 사람에 대하여 영장 유효기간까지 <u>출국을 금지할 수 있다</u>.

▶ **내국인의 출국금지** (수1/기3/재벌6) (벌추지세/1235)

1. 법무부장관은 다음에 해당하는 국민에 대하여는 6개월 이내의 기간을 정하여 출국을 금지할 수 있다.
   ① 형사재판에 계속 중인 사람
   ② 징역형이나 금고형의 집행이 끝나지 아니한 사람
   ③ 대통령령으로 정하는 금액 이상의 벌금(1천만원)이나 추징금(2천만원)을 내지 아니한 사람
   ④ 대통령령으로 정하는 금액 이상의 국세·관세(5천만원) 또는 지방세(3천만원)를 정당한 사유 없이 그 납부 기한까지 내지 아니한 사람
   ⑤ 「양육비 이행확보 및 지원에 관한 법률」에 따른 양육비 채무자 중 양육비이행심의위원회의 심의·의결을 거친 사람
   ⑥ ①~⑤에 준하는 사람으로서 대한민국의 이익이나 공공의 안전 또는 경제질서를 해칠 우려가 있어 그 출국이 적당하지 아니하다고 법무부령으로 정하는 사람
2. 법무부장관은 범죄 수사를 위하여 출국이 적당하지 아니하다고 인정되는 사람에 대하여는 1개월 이내의 기간을 정하여 출국을 금지할 수 있다. 다만, 다음에 해당하는 사람은 그 호에서 정한 기간으로 한다.
   ① 소재를 알 수 없어 기소중지결정이 된 사람 또는 도주 등 특별한 사유가 있어 수사진행이 어려운 사람 – 3개월 이내
   ② 기소중지결정이 된 경우로서 체포영장 또는 구속영장이 발부된 사람 – 영장 유효기간 이내

※ **외국인의 출국정지** 사유도 위와 똑같다. 다만, 그 기간이 수1/기3/재벌3 (시행령)

정답 ③

030 「출입국관리법」 제4조에서는 내국인의 출국금지기간에 대하여 규정하고 있다. 이와 관련된 다음 설명 중 옳지 않은 것은? 17경간

① 법무부장관은 형사재판에 계속 중인 사람에 대하여 6개월 이내의 기간을 정하여 출국을 금지할 수 있다.
② 법무부장관은 징역형이나 금고형의 집행이 끝나지 아니한 사람에 대하여 6개월 이내의 기간을 정하여 출국을 금지할 수 있다.
③ 법무부장관은 기소중지결정이 된 경우로서 체포영장 또는 구속영장이 발부된 사람에 대하여 6개월 이내의 기간을 정하여 출국을 금지할 수 있다.
④ 법무부장관은 소재를 알 수 없어 기소중지결정이 된 사람 또는 도주 등 특별한 사유가 있어 수사진행이 어려운 사람에 대하여 3개월 이내의 기간을 정하여 출국을 금지할 수 있다.

해설

③ 기소중지결정이 된 경우로서 <u>체포영장 또는 구속영장이 발부된 사람은 영장 유효기간 이내</u>에 출국을 금지할 수 있다.

정답 ③

---

031 「출입국관리법」 제4조에는 국민의 출국금지 기간에 대하여 정하고 있다. 다음 ( )안에 들어갈 숫자를 모두 더한 값은? (단, 기간연장은 없음) 17순경1차

㉠ 범죄 수사를 위하여 출국이 적당하지 아니하다고 인정되는 사람 : ( )개월 이내
㉡ 형사재판에 계속 중인 사람 : ( )개월 이내
㉢ 징역형의 집행이 끝나지 아니한 사람 : ( )개월 이내
㉣ 소재를 알 수 없어 기소중지결정이 된 사람 : ( )개월 이내
㉤ 도주 등 특별한 사유가 있어 수사진행이 어려운 사람 : ( )개월 이내

① 10   ② 16   ③ 19   ④ 20

해설

㉠ 범죄 수사를 위하여 출국이 적당하지 아니하다고 인정되는 사람 : (1)개월 이내
㉡ 형사재판에 계속 중인 사람 : (6)개월 이내
㉢ 징역형의 집행이 끝나지 아니한 사람 : (6)개월 이내
㉣ 소재를 알 수 없어 기소중지결정이 된 사람 : (3)개월 이내
㉤ 도주 등 특별한 사유가 있어 수사진행이 어려운 사람 : (3)개월 이내

정답 ③

032 「출입국관리법관리법」에 규정된 출국금지 사유에 대한 내용이다. 아래 ㉠부터 ㉣까지의 설명으로 옳고 그름의 표시(○, ×)가 바르게 된 것은? 　　17경사

> ㉠ 1천만원 이상의 벌금이나 2천만원 이상의 추징금을 내지 아니한 사람
> ㉡ 금고 이상의 형을 선고받고 석방된 사람
> ㉢ 출국심사 규정을 위반하여 출국하려고 한 사람
> ㉣ 징역형이나 금고형의 집행이 끝나지 아니한 사람

① ㉠(○) ㉡(×) ㉢(×) ㉣(○)
② ㉠(○) ㉡(×) ㉢(×) ㉣(×)
③ ㉠(×) ㉡(○) ㉢(○) ㉣(○)
④ ㉠(×) ㉡(○) ㉢(○) ㉣(×)

해설

㉡, ㉢은 **강제퇴거 대상**에 해당한다.

정답 ①

---

033 「출입국관리법」에 대한 설명으로 가장 적절한 것은? 　　21순경1차

① 출국이 금지(「출입국관리법」 제4조 제1항 또는 제2항)되거나 출국금지기간이 연장(「출입국관리법」 제4조의2 제1항)된 사람은 출국금지결정이나 출국금지기간 연장의 통지를 받은 날 또는 그 사실을 안 날부터 15일 이내에 법무부장관에게 출국금지결정이나 출국금지기간 연장결정에 대한 이의를 신청할 수 있다.
② 외국인이 입국할 때에는 유효한 여권과 외교부장관이 발급한 사증을 가지고 있어야 한다.
③ 수사기관이 「출입국관리법」 제4조의6 제3항에 따른 긴급출국금지 승인을 요청한 때로부터 12시간 이내에 법무부장관으로부터 긴급출국금지 승인을 받지 못한 경우, 법무부장관은 「출입국관리법」 제4조의6 제1항의 수사기관 요청에 따른 출국금지를 해제하여야 한다.
④ 법무부장관은 소재를 알 수 없어 기소중지결정이 된 사람 또는 도주 등 특별한 사유가 있어 수사진행이 어려운 사람에 대하여는 6개월 이내의 기간을 정하여 출국을 금지할 수 있다.

해설

① (×) 제4조 제1항 또는 제2항에 따라 출국이 금지되거나 제4조의2 제1항에 따라 출국금지기간이 연장된 사람은 출국금지결정이나 출국금지기간 연장의 통지를 받은 날 또는 그 사실을 안 날부터 **10일 이내에** 법무부장관에게 출국금지결정이나 출국금지기간 연장결정에 대한 이의를 신청할 수 있다.(출입국관리법 제4조의5)

② (X) 외국인이 입국할 때에는 유효한 여권과 **법무부장관이** 발급한 사증(査證)을 가지고 있어야 한다.(출입국관리법 제7조①)
③ (O) 수사기관은 제1항에 따라 긴급출국금지를 요청한 때로부터 6시간 이내에 법무부장관에게 긴급출국금지 승인을 요청하여야 한다. 법무부장관은 수사기관이 제3항에 따른 긴급출국금지 승인 요청을 하지 아니한 때에는 제1항의 수사기관 요청에 따른 출국금지를 해제하여야 한다. 수사기관이 긴급출국금지 승인을 요청한 때로부터 12시간 이내에 법무부장관으로부터 긴급출국금지 승인을 받지 못한 경우에도 또한 같다.(출입국관리법 제4조의6③④)
④ (X) 법무부장관은 소재를 알 수 없어 기소중지결정이 된 사람 또는 도주 등 특별한 사유가 있어 수사진행이 어려운 사람에 대하여는 **3개월 이내의** 기간을 정하여 출국을 금지할 수 있다.(출입국관리법 제4조② 제1호) (수1/기3/재벌6)

정답 ③

034 「출입국관리법」에 대한 설명으로 가장 적절하지 않은 것은? 20승진

① 법무부장관은 형사재판에 계속 중인 사람, 징역형이나 금고형의 집행이 끝나지 아니한 사람, 대통령령으로 정하는 금액 이상의 벌금이나 추징금을 내지 아니한 사람에 대해서는 6개월 이내의 기간을 정하여 출국을 금지할 수 있다.
② 재난상륙·긴급상륙·승무원상륙 허가기간은 각각 30일 이내이며, 난민임시상륙 허가기간은 90일 이내이다.
③ 수사기관이 출입국사범을 입건한 때에는 지체 없이 관할 지방출입국·외국인관서의 장에게 사건을 인계한다.
④ 법무부장관은 입국심사에 필요한 경우에는 국민의 생체정보를 수집하거나 관계 행정기관이 보유하고 있는 국민의 생체정보의 제출을 요청할 수 있다.

해설

② 승무원상륙은 15일 이내이다.

▶ 상륙의 종류 (각 기간만큼 연장 가능) (관승긴재난 / 315339)

유형	기간	사유
관광상륙	3일 이내	관광을 목적으로 운항하는 국제 여객운송선박의 외국인승객
승무원상륙	15일 이내	외국인 승무원이 다른 선박에 옮겨 타거나 휴양 등의 목적으로
긴급상륙	30일 이내	선박등에 타고 있는 외국인(승무원을 포함)의 질병 그밖의 사고
재난상륙	30일 이내	조난을 당한 선박등에 타고 있는 외국인(승무원을 포함) 구조필요시
난민임시상륙	90일 이내	㉠ 생명·신체, 신체자유 침해받을 공포영역에서 도피·신청 ㉡ 법무부장관의 승인을 받아서(법무부장관은 외교부장관과 협의해야)

정답 ②

035 「출입국관리법」에 규정된 상륙의 종류에 대한 설명 중 가장 옳은 것은? 19경간

① 긴급상륙 – 조난을 당한 선박 등에 타고 있는 외국인(승무원을 포함한다)을 긴급히 구조할 필요가 있다고 인정될 때
② 관광상륙 – 외국인승무원이 승선 중인 선박 등이 대한민국의 출입국항에 정박하고 있는 동안 휴양 등의 목적으로 상륙하려 할 때
③ 재난상륙 – 선박 등에 타고 있는 외국인(승무원을 포함한다)이 질병이나 그 밖의 사고로 긴급히 상륙할 필요가 있다고 인정될 때
④ 난민임시상륙 – 선박 등에 타고 있는 외국인이 「난민법」 제2조 제1호에 규정된 이유나 그 밖에 이에 준하는 이유로 그 생명·신체 또는 신체의 자유를 침해받을 공포가 있는 영역에서 도피하여 곧바로 대한민국에 비호를 신청한 경우 그 외국인을 상륙시킬 만한 상당한 이유가 있다고 인정될 때

> **해설**
> ① <u>긴급상륙은 질병이나 사고</u>로 긴급히 상륙할 필요가 인정될 때 허가할 수 있음(조난은 재난상륙)
> ② <u>외국인승무원이 휴양 등 목적 또는 옮겨타려는 목적으로 상륙하는 것은 승무원상륙</u>. 관광상륙은 외국인 승객에 대하여 허가할 수 있음
> ③ <u>재난상륙은 조난을 당한 선박등에 타고 있는 외국인(승무원 포함)</u>을 긴급히 구조할 필요가 있다고 인정될 때 허가할 수 있음

정답 ④

036 「출입국관리법」상 상륙의 종류와 내용에 대한 설명으로 가장 적절하지 <u>않은</u> 것은? 16순경2차

① 출입국관리공무원은 선박 등에 타고 있는 외국인(승무원을 포함한다)이 질병이나 그 밖의 사고로 긴급히 상륙할 필요가 있다고 인정되면 그 선박 등의 장이나 운수업자의 신청을 받아 30일의 범위에서 긴급상륙을 허가할 수 있다.
② 지방출입국·외국인관서의 장은 조난을 당한 선박 등에 타고 있는 외국인(승무원을 포함한다)을 긴급히 구조할 필요가 있다고 인정하면 그 선박 등의 장, 운수업자, 「수상에서의 수색·구조등에 관한 법률」에 따른 구호업무 집행자 또는 그 외국인을 구조한 선박 등의 장의 신청에 의하여 30일의 범위에서 재난상륙허가를 할 수 있다.
③ 지방출입국·외국인관서의 장은 선박 등에 타고 있는 외국인이 「난민법」 제2조 제1호에 규정된 이유나 그 밖에 이에 준하는 이유로 그 생명·신체 또는 신체의 자유를 침해받을 공포가 있는 영역에서 도피하여 곧바로 대한민국에 비호(庇護)를 신청하는 경우 그 외국인을 상륙시킬 만한 상당한 이유가 있다고 인정되면 법무부장관의 승인을 받아 90일의 범위에서 난민 임시상륙허가를 할 수 있다. 이 경우 법무부장관은 외교부장관과 협의하여야 한다.
④ 출입국관리공무원은 관광을 목적으로 대한민국과 외국 해상을 국제적으로 순회하여 운항하는 여객운송선박 중 법무부령으로 정하는 선박에 승선한 외국인승객에 대하여 그 선박의 장 또는 운수업자가 상륙허가를 신청하면 5일의 범위에서 승객의 관광상륙을 허가할 수 있다.

> **해설**
>
> ④ 출입국관리공무원은 관광을 목적으로 대한민국과 외국 해상을 국제적으로 순회하여 운항하는 여객운송 선박 중 법무부령으로 정하는 선박에 승선한 외국인승객에 대하여 그 선박의 장 또는 운수업자가 상륙허가를 신청하면 <u>3일의 범위에서</u> 승객의 관광상륙을 허가할 수 있다.
>
> **정답** ④

037 다음 중 출입국관리법에 규정된 상륙의 종류와 내용에 대한 설명으로 <u>잘못된</u> 것은 모두 몇 개인가?

14경간

> 가. 승무원상륙은 외국인승무원이 입항할 예정이거나 정박 중인 선박 등으로 옮겨 타거나 휴양 등의 목적으로 상륙하는 것으로 10일 범위 내에서 허가할 수 있다.
> 나. 긴급상륙은 조난을 당한 선박 등에 타고 있는 외국인을 긴급히 구조할 필요가 있다고 인정될 때에 상륙하는 것으로 30일 범위 내에서 허가할 수 있다.
> 다. 난민임시상륙은 선박 등에 타고 있던 외국인이 생명·신체 또는 신체의 자유를 침해받을 공포가 있는 영역에서 도피하여 곧바로 대한민국에 비호를 신청하는 경우 90일의 범위 내에서 허가할 수 있다.
> 라. 난민임시상륙은 외국인을 상륙시킬만한 상당한 이유가 있다고 인정되면 외교부장관의 승인을 받아 허가할 수 있으며, 이 경우 외교부장관은 법무부장관과 협의해야 한다.

① 1개　　② 2개　　③ 3개　　④ 4개

> **해설**
>
> 가. 승무원상륙은 외국인승무원이 입항할 예정이거나 정박 중인 선박 등으로 옮겨 타거나 휴양 등의 목적으로 상륙하는 것으로 <u>15일 범위 내에서</u> 허가할 수 있다.
> 나. 재난상륙은 조난을 당한 선박 등에 타고 있는 외국인을 긴급히 구조할 필요가 있다고 인정될 때에 상륙하는 것으로 30일 범위 내에서 허가할 수 있다.
> 다. O
> 라. 난민임시상륙은 외국인을 상륙시킬만한 상당한 이유가 있다고 인정되면 <u>법무부장관의 승인을 받아</u> 허가할 수 있으며, 이 경우 <u>법무부장관은 외교부장관과 협의해야</u> 한다.
>
> **정답** ③

038 「출입국관리법」상 상륙의 종류와 상륙허가 기간에 대한 설명으로 ㉠부터 ㉤까지 (   ) 안에 들어갈 숫자를 모두 합한 값으로 가장 적절한 것은? (단, 필요요건과 절차는 갖추어졌으며, 연장은 없는 것으로 본다)

18승진

> ㉠ 대한민국의 출입국항에 입항할 예정이거나 정박 중인 선박 등으로 옮겨 타려는 외국인승무원 – (   )일 이내
> ㉡ 선박 등에 타고 있는 외국인(승무원을 포함한다)이 질병이나 그 밖의 사고로 긴급히 상륙할 필요가 있다고 인정될 때 – (   )일 이내
> ㉢ 승선 중인 선박등이 대한민국의 출입국항에 정박하고 있는 동안 휴양 등의 목적으로 상륙하는 외국인승무원 – (   )일 이내
> ㉣ 조난을 당한 선박등에 타고 있는 외국인(승무원을 포함한다)을 긴급히 구조할 필요가 있다고 인정 될 때 – (   )일 이내
> ㉤ 선박등에 타고 있는 외국인이 「난민법」 제2조 제1호에 규정된 이유나 그 밖에 이에 준하는 이유로 그 생명·신체 또는 신체의 자유를 침해받을 공포가 있는 영역에서 도피하여 곧바로 대한민국에 비호를 신청하는 경우 – (   )일 이내

① 153 ② 168 ③ 180 ④ 205

해설

㉠ 승무원상륙 – 15일 ㉡ 긴급상륙 – 30일 ㉢ 승무원상륙 – 15일
㉣ 재난상륙 – 30일 ㉤ 난민임시상륙 – 90일

정답 ③

039 외교사절에 대한 설명 중 틀린 것은?

10승진

① 외국공관원이란 외교직원과 행정·기능직원을 말하며 요리사, 사환, 하인 등 노무직원은 외국공관원에 해당하지 않는다.
② 요리사는 노무직원으로 직무대상 중의 행위에 한하여 형사재판권이 면제된다.
③ 외교관은 공관장과 외교직원으로서 비엔나 협약의 모든 특권을 향유한다.
④ 속기사, 타자수 등 행정·기능직원의 경우 민사, 행정재판권 면제는 직무 중의 행위에 한한다.

해설

① 노무직원도 외국공관원에 해당한다.

▶ **외국공관원의 특권과 면제**

※ 외교관의 서열 → 대사의 경우 신임장 제정순위에 따라, **공관장 외의 외교관은 계급/부임(직무개시일)순**에 따라, 외교관은 무관보다 상위, 무관은 다른 주재관보다 상위

대상	세부 대상	신체 불가침	재판관할권 면제		
			형사	행정	민사
외교관	공관장(대사) 외교직원(공사, 참사관, 서기관, 주재관)	공·사무 불문			
행정·기능 직원	외교사절의 사무 및 기능직무 종사 (행정보조원, 비서, 통역원 등)	공·사무 불문		공무	
노무 직원	공관의 관내역무에 종사하는 자 (운전원, 청소부, 경비원, 요리사 등)	공무			
영사관원	영사기관장(총영사), 영사관원(영사)	공·사무 불문 (중대범죄 예외)		공무	
사무직원	영사기관 행정·기술업무 종사자	불인정		공무	

정답 ①

---

040 주한미군지위협정, 「대한민국과 중화인민공화국 간의 영사 협정」, 「대한민국과 러시아연방간의 영사협약」에 대한 설명으로 가장 적절하지 않은 것은? 19승진

① 주한미군지위협정은 국회의 비준을 거친 조약으로 국내법과 동일한 효력을 가진다.
② 중국인 피의자 체포·구속 시, 피의자에게 영사관원 접견권 등 권리를 의무적으로 통지하여야 한다.
③ 중국인 피의자 체포·구속 시, 체포·구속된 피의자의 요청이 없는 경우에도 7일 이내에 해당 사실을 영사기관에 통보하여야 한다.
④ 러시아인이 체포·구속된 경우 지체없이 러시아의 영사기관에 통보하여야 한다.

해설

③ 중국인 피의자 체포·구속 시, 체포·구속된 피의자의 요청이 없는 경우에도 <u>**4일 이내에**</u> 해당사실을 영사기관에 통보하여야 한다.

정답 ③

041 여행경보단계 중 해외체류자는 신변안전에 특별히 유의하여야 하고, 해외여행 예정자는 불필요한 여행을 자제해야 하는 단계는?   21승진

① 남색경보   ② 황색경보   ③ 적색경보   ④ 흑색경보

해설

▶ **여행경보제도** (남황적흑/유자철금)

여행경보단계	해외체류자	해외여행 예정자
1단계 : 남색경보(여행유의)	신변안전 위험 요인 숙지·대비	
2단계 : 황색경보(여행자제)	신변안전 특별유의	불필요한 여행 자제
3단계 : 적색경보(철수권고)	긴급용무 아니면 철수	여행취소·연기
4단계 : 흑색경보(여행금지)	즉시 대피·철수	여행금지 준수

▶ **특별여행주의보**

① 단기적으로 긴급한 위험이 있는 국가(지역)에 대하여 발령
② 특별여행주의보 발령에 따른 행동요령은 **황색경보(여행자제) 이상 적색경보(철수권고) 이하**에 준한다.

정답 ②

제3절 주한미군지위협정

042 주한미군지위협정(SOFA)에 관하여 가장 적절하지 <u>않은</u> 것은? 13경간

① 주한미군 당국은 SOFA 대상자에 대해 오로지 합중국의 재산이나 안전에 관한 범죄 또는 오로지 합중국 군대의 타구성원이나 군속 또는 그들 가족의 신체나 재산에 대한 범죄, 공무집행 중의 작위 또는 부작위에 의한 범죄에 관해 주한미군당국이 제1차적 재판권을 행사한다고 명시하고 있다.
② 1966년 7월 9일 주한미군지위협정이 체결되기 전에는 1950년 7월 12일 대전협정과 1952년 5월 24일 마이어(Meyer)협정에 의하여 주한미군의 지위를 인정하였다.
③ 미8군에 근무하는 한국인 근로자, NATO에 근무 중 공무상 한국에 여행 중인 미군, 주한미군 초청계약자 등은 주한미군지위협정의 적용대상자가 아니다.
④ 2001년 1월 18일 제2차 개정 시에는 주요 범죄에 대한 미군 피의자 신병인도 시기가 재판 후에서 기소 후로 앞당겨졌으며 환경조항, 민사소송절차 등이 신설되었다.

> **해설**
> ③ 주한미군 초청계약자는 주한미군지위협정의 적용 대상자이다.
>
> **정답** ③

043 외국인 관련 사건처리에 대한 설명 중 가장 적절하지 <u>않은</u> 것은? 22승진

① 범죄인 인도법상 법원은 범죄인이 인도구속영장에 의하여 구속 중인 경우에 구속된 날부터 2개월 이내에 인도심사에 관한 결정을 하여야 한다.
② 주한미군지위협정(SOFA)상 주한미군의 공무집행 중 작위 또는 부작위에 의한 범죄는 합중국 군 당국의 전속적 재판권범위에 포함된다.
③ 국제형사사법 공조법상 행정안전부장관은 국제형사경찰기구로부터 외국의 형사사건 수사에 대하여 협력을 요청받거나 국제형사경찰기구에 협력을 요청하는 경우에는 국제범죄의 정보 및 자료교환 등의 조치를 취할 수 있다.
④ 대한민국과 러시아연방간의 영사협약상 파견국 국민이 영사 관할 구역안에서 구속된 경우, 접수국의 권한 있는 당국은 지체 없이 파견국의 영사기관에 통보한다.

> **해설**
> ② 주한미군지위협정(SOFA)상 주한미군의 공무집행 중 작위 또는 부작위에 의한 범죄는 합중국 군 당국의 **1차적 재판권범위**에 포함된다.
>
> **정답** ②

044 「주한미군지위협정(SOFA)」, 「대한민국과 중화인민공화국 간의 영사협정」에 대한 설명으로 가장 적절하지 않은 것은?
20승진

① 중국인 피의자 체포·구속 시, 체포·구속된 피의자의 요청이 없는 경우에도 7일 이내 해당 사실을 영사기관에 통보해야 한다.
② 미군의 공무집행중의 작위 또는 부작위에 의한 범죄에 대하여 미군 당국이 1차적 재판권을 가지며, 공무집행의 범위에는 공무집행으로 인한 범죄뿐만 아니라 공무집행에 부수하여 발생한 범죄도 포함된다.
③ 미국 군대의 구성원, 군속, 배우자 및 21세 미만의 자녀, 부모 및 21세 이상의 자녀 또는 기타 친척으로서 그 생계비의 반액 이상을 미국 군대의 구성원에 의존하는 자는 주한미군지위협정의 적용을 받는다.
④ 주한미군의 공무 중 사건으로 인한 피해가 전적으로 미군 측의 책임으로 밝혀진 경우 미군 측이 75%, 한국 측이 25%를 부담하여 배상한다.

> **해설**
> ① 중국인 피의자 체포·구속 시, 체포·구속된 피의자의 요청이 없는 경우에도 **4일 이내에** 해당사실을 영사기관에 통보해야 한다.

정답 ①

제4절 국제경찰공조 : 인터폴/국제형사사법공조/범죄인인도

045 조약의 유형 중 정치적인 요소가 포함되지 않은 전문적·기술적인 주제를 다룸으로써 조정하기 어렵지 아니한 사안에 대한 합의에 사용되는 것은?

14승진

① 협정(Agreement) ② 헌장(Constitution)
③ 협약(Convention) ④ 의정서(Protocol)

해설

① 설문은 협정에 대한 내용이다.

조약(Treaty)	가장 격식을 따지는 정식의 문서
헌장(Charter), 규정(Statute), 규약(Covenant)	주로 국제기구를 구성하거나 특정제도를 규율하는 국제적 합의에 사용됨
협정(Agreement)	주로 정치적인 요소가 포함되지 않은 전문적, 기술적인 주제를 다룸으로써 조정하기가 어렵지 아니한 사안에 대한 합의에 많이 사용됨
협약(Convention)	양자조약의 경우 특정분야 또는 기술적인 사항에 관한 입법적 성격의 합의에 많이 사용
의정서(Protocol)	기본적인 문서에 대한 개정이나 보충적인 성격을 띠는 조약에 주로 사용되나, 최근에는 전문적인 성격의 다자 조약에도 많이 사용됨

정답 ①

046 1980년대 이후 세계화, WTO 경제체제라는 새로운 국제질서 속에서 국제경찰공조활동은 더욱 중요해지고 있는 바, 이러한 국제경찰공조활동에 대한 설명 중 가장 옳지 않은 것은?

11승진

① 해외도주 지명수배자를 수사함에 있어 도주국이 불분명한 중요 수배자에 대하여는 인터폴 사무총국에 인터폴 적색수배요청을 한다.
② 「범죄인 인도법」에 따르면, 대한민국과 청구국의 법률에 따라 인도범죄가 사형, 무기징역, 무기금고, 장기 1년 이상의 징역·금고에 해당하는 경우에 범죄인을 인도할 수 있다.
③ 「국제형사사법 공조법」에 따르면, 국제형사경찰기구와의 협력사항으로 국제범죄의 정보 및 자료 교환, 국제범죄의 동일증명 및 전과 조회, 국제범죄에 관한 사실 확인 및 그 조사를 들 수 있다.
④ 적색수배서를 긴급인도구속 청구서로 인정하지 않는 국가의 경우라도 사안이 중할 경우 즉시 체포 후 수배국이 범죄인 인도를 청구할 수 있도록 수배국에게 통보해준다.

해설

④ 적색수배서를 긴급인도구속 청구서로 인정하는 국가의 경우에는 국제수배자 발견 즉시 체포하고 범죄인 인도절차에 따라 범인의 신병을 인도할 수 있으나, **긴급인도구속 청구서로 인정하지 않는 국가의 경우에는 즉시 체포하지 못하고** 소재확인 및 계속 동향을 감시하고 수배국에 입국사실을 통보해야 하며, 수배국에서 범죄인 인도를 청구할 수 있도록 적절히 조치하여야 한다

정답 ④

047 다음 중 국제형사경찰기구(INTERPOL)에 대한 설명으로 가장 적절한 것은?   18순경3차

① 1914년 모나코에서 국제형사경찰회의(International Criminal Police Congress)가 개최되어 국제범죄 기록보관소 설립, 범죄인 인도절차의 표준화 등에 대하여 논의하였는데 이것이 국제경찰협력의 기초가 되었다.
② 1923년 제네바에서 제2차 국제형사경찰회의가 개최되어 국제형사경찰위원회(International Criminal Police Commission)가 창설되었으며 이는 국제형사경찰기구의 전신이라 할 수 있다.
③ 1956년 비엔나에서 제25차 국제형사경찰위원회가 개최되어 국제형사경찰기구가 발족하였고, 당시 사무총국을 리옹에 두었다.
④ 국가중앙사무국(National Central Bureau)은 회원국에 설치된 상설 경찰협력부서로 우리나라의 경우 경찰청 외사국 국제협력과 인터폴계에 설치되어 있다.

해설

① ○
② 1923년 **비엔나에서** 제2차 국제형사경찰회의가 개최되어 국제형사경찰위원회(International Criminal Police Commission)가 창설되었으며 이는 국제형사경찰기구의 전신이라 할 수 있다. 국제형사경찰위원회는 유럽국가 위주의 기구였다는 한계성을 지니고 있었다.
③ 당시 사무총국을 **파리에** 두었다
④ 우리나라의 경우 **경찰청 외사국 인터폴국제공조과 인터폴계에 설치**되어 있다.

정답 ①

048 국제형사경찰기구(INTERPOL) 설립에 대한 설명으로 가장 적절하지 않은 것은? 22경간

① 1914년 모나코(Monaco)에서 제1회 국제형사경찰회의(International Criminal Police Congress)가 개최되었다.
② 1923년 헤이그(Hague)에서 19개국 경찰기관장이 참석하여 유럽대륙 위주의 국제형사경찰위원회(International Criminal Police Commission)를 창설하였다.
③ 1956년 비엔나(Vienna) 제25차 국제형사경찰위원회 총회에서 국제형사경찰기구(International Criminal Police Organization: ICPO), 즉 인터폴(INTERPOL)로 명칭이 변경되었다.
④ 2021년 현재 본부는 리옹(Lyon)에 있다.

해설

② 1923년 **비엔나에서** 19개국 경찰기관장이 참석하여 유럽대륙 위주의 국제형사경찰위원회(International Criminal Police Commission)를 창설하였다.

▶ **국제형사경찰기구(ICPO)의 발전과정** (모비비/회위기)

　㉠ 1914년 **모**나코 국제형사경찰**회**의
　㉡ 1923년 **비**엔나 제2차 국제형사경찰회의 → 국제형사경찰**위**원회(ICPC) 창설
　㉢ 1956년 **비**엔나 제25차 ICPC회의 → 국제형사경찰**기**구(ICPO) 창설

정답 ②

049 국제형사경찰기구(인터폴)에 대한 설명으로 가장 적절하지 않은 것은? 20승진

① 인터폴 협력의 원칙으로는 주권의 존중, 일반법의 집행, 보편성의 원칙, 평등성의 원칙, 업무방법의 유연성 등이 있다.
② 1923년 비엔나에서 19개국 경찰기관장이 참석한 가운데 제2차 국제형사경찰회의가 개최되어 국제형사경찰위원회(ICPC : International Criminal Police Commission)를 창립하였다.
③ 법무부장관은 국제형사경찰기구로부터 외국의 형사사건 수사에 대하여 협력을 요청받거나 국제형사경찰기구에 협력을 요청하는 경우 국제범죄의 정보 및 자료교환, 국제범죄의 동일증명 및 전과조회 등의 조치를 취할 수 있다.
④ 인터폴에서 발행하는 국제수배서에는 변사자 신원확인을 위한 흑색수배서(Black Notice), 장물수배를 위한 장물수배서(Stolen Property Notice), 범죄관련인 소재확인을 위한 청색수배서(Blue Notice) 등이 있다.

해설

③ **행정안전부장관은** 국제형사경찰기구로부터 외국의 형사사건 수사에 대하여 협력을 요청받거나 국제형사경찰기구에 협력을 요청하는 경우 국제범죄의 정보 및 자료교환, 국제범죄의 동일증명 및 전과조회 등의 조치를 취할 수 있다.

정답 ③

050 국제형사경찰기구(INTERPOL)에 대한 설명으로 가장 적절하지 않은 것은? 18경채

① 국제형사경찰기구는 정치적, 군사적, 종교적, 인종적 성격을 띤 사항에 대해서 어떠한 간섭이나 활동을 하는 것을 엄격히 금지한다.
② 국제형사경찰기구의 공용어는 영어, 불어, 스페인어, 아랍어이다.
③ 집행위원회는 국제형사경찰기구의 최고의결기관으로 매년 한 번씩 개최하여 일주일간 진행된다.
④ 사무총국은 프랑스 리옹에 있으며, 모든 회원국에는 상설기구로서 국가중앙사무국을 설치하고 있다.

해설

③ **총회는** 국제형사경찰기구의 최고의결기관으로 매년 한 번씩 개최하여 일주일간 진행되고 회원국은 동등하게 1표씩 행사한다.

정답 ③

---

051 인터폴에 대한 설명 중 틀린 것은? 10승진

① 인터폴 사무총국은 회원국정부가 자국 내에 국제경찰협력 상설 경찰부서를 지정하도록 하고 있는데 이것을 국가중앙사무국(NCB)이라 한다.
② 국제수배서의 종류 중 오렌지수배서는 폭발물, 테러사용 도구에 관한 사실을 통보하기 위하여 발행하는 수배서이다.
③ 인터폴 회원국간 협조의 기본원칙으로 모든 회원국은 재정부담의 정도에 구애됨이 없이 동등하게 협조와 지원을 받을 수 있는 보편성을 들 수 있다.
④ 인터폴 적색수배자 입국시 관할 경찰서에서는 수배자 여부를 컴퓨터로 재확인한 후 수배자의 동향을 24시간 감시한다.

해설

③ 인터폴 회원국간 협조의 기본원칙으로 모든 회원국은 재정부담의 정도에 구애됨이 없이 동등하게 협조와 지원을 받을 수 있는 **평등성을** 들 수 있다.
※ **보편성의 원칙**: 모든 회원국은 타 회원국과 협력할 수 있으며, 그러한 협력은 지리적 또는 언어적 요소에 의해 방해받아서는 안 된다.

정답 ③

052 국제형사경찰기구(인터폴)를 통한 국제공조에 관한 설명으로 가장 적절하지 않은 것은? 13승진

① 행정안전부장관은 국제형사경찰기구로부터 외국의 형사사건 수사에 대하여 협력을 요청받거나 국제형사경찰기구에 협력을 요청하는 경우 사람 또는 물건의 소재에 대한 수사, 서류·기록의 제공, 증거물 등 물건의 인도 등의 조치를 취할 수 있다.
② 인터폴 회원국은 24시간 운영하는 인터폴 전용 통신망(I-24/7)을 이용하여 인터폴 사무총국 및 각국의 국가중앙사무국(NCB)과 신속하게 광범위한 분야에서 국제경찰공조가 가능하다.
③ 인터폴에서 발행하는 국제수배서 중 '새로운 특이 범죄수법을 분석하여 각 회원국에 배포'하는 것을 목적으로 발행하는 것은 자주색수배서(Purple Notice)이다.
④ 인터폴 회원국간 협력의 원칙 중 '모든 회원국은 타 회원국과 협력할 수 있으며, 그러한 협력은 지리적 또는 언어적 요소에 의해 방해받아서는 안된다'는 원칙은 보편성의 원칙이다.

해설

① 행정안전부장관은 국제형사경찰기구로부터 외국의 형사사건 수사에 대하여 협력을 요청받거나 국제형사경찰기구에 협력을 요청하는 경우 국제범죄의 정보 및 자료교환, 국제범죄의 동일증명 및 전과조회, 국제범죄에 관한 사실확인 및 그 조사의 조치를 취할 수 있다.
※ "사람 또는 물건의 소재에 대한 수사, 서류·기록의 제공, 증거물 등 물건의 인도 등의 조치"는 국제형사사법공조법 상 공조범위에 해당한다.

정답 ①

053 국제형사경찰기구(인터폴)의 국제수배에 관한 설명이다. 가장 적절하지 않은 것은? 13경간

① 오렌지수배서(Orange Notice)는 폭발물 등 위험물에 대한 경고목적으로 발행된다.
② 국제정보조회수배서(Blue Notice)는 수배자의 신원 및 소재확인이 주요 목적이라 할 수 있다.
③ 녹색수배서(Green Notice)는 여러 국가에서 상습적으로 범행한 사람을 체포하기 위한 것이다.
④ 흑색수배서(Black Notice)는 사망자의 정확한 신원을 확인하기 위하여 발행된다.

해설

③ 체포(범죄인인도)하기 위한 수배서는 적색수배서이고, 녹색수배서는 상습적으로 범행하였거나 범행할 우려가 있는 국제범죄자의 동향파악을 위해 발행한다.

▶ **국제수배서의 종류**

적색수배서 (국제체포수배서)	① 체포영장 발부된 자에 대하여 범죄인인도를 목적으로 하는 경우에 한하여 발행 ② 인터폴 적색수배 요청 기준 → 장기 2년 이상 징역이나 금고에 해당하는 죄를 범하여 체포영장·구속영장이 발부된 자 중 (2체/5억/강조) ㉠ 살인, 강도, 강간 등 강력범죄 사범 ㉡ 조직폭력, 전화금융사기 등 조직범죄 관련사범 ㉢ 다액(5억원 이상) 경제사범 ㉣ 사회적 파장 및 사안의 중대성을 고려하여 수사관서에서 특별히 적색수배를 요청한 중요사범
청색수배서 (청정원/청소)	국제정보조회수배서(수배자의 신원과 소재확인을 목적으로 발행)
황색수배서 (황가)	가출인·기억상실자의 소재 및 신원파악을 위해 발행
녹색수배서 (녹상)	상습적으로 범행했거나 범행할 우려가 있는 국제범죄자 동향파악 목적
흑색수배서 (흑변/흑사)	변사자수배서(사망자 신원확인 목적)
자주(보라)색 수배서(자수)	범죄수법수배서(사무총국에서 새로운 범죄수법을 회원국에 배포할 때 사용)
오렌지수배서 (오폭)	폭발물, 위험물질, 테러범(위험인물)에 대하여 경보를 알리기 위해 발행
장물수배서	도난당하거나 불법취득한 것으로 보이는 물건에 대하여 발행

정답 ③

054 인터폴에서 발행하는 국제수배서에 대한 설명으로 가장 적절하지 않은 것은?

15순경1차, 17경기북부여경유사

① 적색수배서는 국제체포수배서로서 범죄인 인도를 목적으로 발행한다.
② 녹색수배서는 가출인의 소재 확인 또는 기억상실자 등의 신원을 확인할 목적으로 발행한다.
③ 흑색수배서는 사망자의 신원을 확인할 수 없거나 사망자가 가명을 사용하였을 경우 정확한 신원을 파악할 목적으로 발행한다.
④ 오렌지수배서는 폭발물 등에 대한 경고목적으로 발행한다.

> **해설**
>
> ② 가출인의 소재 확인 또는 기억상실자 등의 신원을 확인할 목적으로 발행하는 것은 **황색수배서**이다. (황가)
>
> **정답** ②

055 인터폴에서 발행하는 국제수배서에 대한 설명 중 가장 옳지 않은 것은?

14경간

① 녹색수배서 – 수배자의 신원·전과 및 소재확인
② 적색수배서 – 범죄인 인도를 목적으로 발행
③ 황색수배서 – 가출인의 소재확인 및 기억상실자의 신원확인
④ 자주색수배서 – 새로운 특이 범죄수법을 분석하여 각 회원국에 배포

> **해설**
>
> ① 수배자의 신원·전과 및 소재확인은 청색수배서이다(청정원/청소). 녹색수배서는 상습적으로 범행하였거나 범행할 우려가 있는 국제범죄자의 동향을 파악하기 위한 수배서이다(녹상).
>
> **정답** ①

056 다음은 인터폴에서 발행하는 국제수배서에 대한 설명이다. 가장 적절하게 연결된 것은? 13순경1차

> ㉠ 상습국제범죄자의 동향파악을 목적으로 발행
> ㉡ 사망자의 신원확인을 목적으로 발행

① ㉠ - Green Notice(녹색수배서) ㉡ - Yellow Notice(황색수배서)
② ㉠ - Blue Notice(청색수배서) ㉡ - Yellow Notice(황색수배서)
③ ㉠ - Blue Notice(청색수배서) ㉡ - Black Notice(흑색수배서)
④ ㉠ - Green Notice(녹색수배서) ㉡ - Black Notice(흑색수배서)

해설

㉠ 상습국제범죄자의 동향파악을 목적으로 발행 - 녹색수배서 (녹상)
㉡ 사망자의 신원확인을 목적으로 발행 - 흑색수배서 (흑사/흑변)

정답 ④

---

057 다음 중 인터폴에서 발행하는 국제수배서에 대한 설명으로 옳은 것은 모두 몇 개인가? 16경간

> ㉠ 적색수배서(Red Notice) - 국제체포수배서로 범죄인 인도를 목적으로 발행
> ㉡ 청색수배서(Blue Notice) - 상습 국제범죄자의 동향 파악 및 범죄예방을 위해 발행
> ㉢ 황색수배서(Yellow Notice) - 신원불상 사망자 또는 가명 사용 사망자의 신원확인을 위해 발행
> ㉣ 자주색수배서(Purple Notice) - 폭발물 등 위험물에 대한 경고 목적으로 발행
> ㉤ 흑색수배서(Black Notice) - 가출인의 소재확인 및 심신상실자의 신원확인 목적으로 발행

① 0개   ② 1개   ③ 2개   ④ 3개

해설

㉠ O
㉡ 녹색수배서 - 상습 국제범죄자의 동향 파악 및 범죄예방을 위해 발행 (녹상)
㉢ 흑색수배서 - 신원불상 사망자 또는 사망자의 신원확인을 위해 발행 (흑사/흑변)
㉣ 오렌지수배서 - 폭발물 등 위험물에 대한 경고 목적으로 발행 (오폭)
㉤ 황색수배서 - 가출인의 소재확인 및 심신상실자의 신원확인 목적으로 발행 (황가)

정답 ②

058 「국제형사사법 공조법」상 임의적 공조거절 사유에 해당하지 않는 경우는? 19경간

① 공조범죄가 대한민국에서 수사진행 중이거나 재판에 계속 중인 경우
② 공조범죄가 정치적 성격을 지닌 범죄이거나, 공조요청이 정치적 성격을 지닌 다른 범죄에 대한 수사 또는 재판을 할 목적으로 한 것이라고 인정되는 경우
③ 공조범죄가 대한민국의 주권, 국가안전보장, 안녕질서 또는 미풍양속을 해칠 우려가 있는 경우
④ 「국제형사사법 공조법」에 요청국이 보증하도록 규정되어 있음에도 불구하고 요청국의 보증이 없는 경우

해설

① "공조범죄가 대한민국에서 수사진행 중이거나 재판에 계속 중인 경우"는 공조의 연기사유에 해당한다. (국제형사사법 공조법 제7조)

[국제형사사법공조법상 공조의 제한(임의적)] (미안주/대정보)
다음 어느 하나에 해당하는 경우에는 공조를 하지 아니할 수 있다. (임의적)
1. 대한민국의 주권, 국가안전보장, 안녕질서 또는 미풍양속을 해칠 우려가 있는 경우
2. 인종, 국적, 성별, 종교, 사회적 신분 또는 특정 사회단체에 속한다는 사실이나 정치적 견해를 달리한다는 이유로 처벌되거나 형사상 불리한 처분을 받을 우려가 있다고 인정되는 경우
3. 공조범죄가 정치적 성격을 지닌 범죄이거나, 공조요청이 정치적 성격을 지닌 다른 범죄에 대한 수사 또는 재판을 할 목적으로 한 것이라고 인정되는 경우
4. 공조범죄가 대한민국의(요청국의X) 법률에 의하여는 범죄를 구성하지 아니하거나 공소를 제기할 수 없는 범죄인 경우
5. 이 법에 요청국이 보증하도록 규정되어 있음에도 불구하고 요청국의 보증이 없는 경우

[국제형사사법공조법상 공조의 연기] (재수/연기)
외국의 공조요청이 대한민국에서 수사진행중이거나 재판에 계속된 범죄에 대하여 행하여진 경우에는 그 수사 또는 재판절차가 종료될 때까지 공조를 연기할 수 있다.

정답 ①

059 국제형사사법공조에 관한 설명 중 가장 적절하지 않은 것은?   14승진

① 외국이 사법공조를 해주는 만큼 자국도 동일하거나 유사한 범위 내에서 공조요청에 응한다는 원칙은 '상호주의 원칙'과 관련이 깊다.
② 요청국이 공조에 따라 취득한 증거를 공조요청의 대상이 된 범죄 이외의 수사나 재판에 사용하여서는 안 된다는 원칙은 '특정성의 원칙'과 관련이 깊다.
③ 「국제형사사법공조법」상 대한민국의 주권, 국가안전보장, 안녕질서 또는 미풍양속을 해칠 우려가 있는 경우에는 공조를 하지 아니할 수 있다.
④ 「국제형사사법공조법」상 대한민국에서 수사가 진행 중이거나 재판에 계속된 범죄에 대하여 외국의 공조요청이 있는 경우에 수사의 진행, 재판의 계속을 이유로 공조를 연기할 수 없다.

해설

④ 「국제형사사법공조법」상 대한민국에서 수사가 진행 중이거나 재판에 계속된 범죄에 대하여 외국의 공조요청이 있는 경우에 수사의 진행, 재판의 계속을 이유로 **공조를 연기할 수 있다**. (재수/연기)

▶ **국제형사사법공조의 기본원칙**

상호주의	외국이 사법 공조를 해주는 만큼 자국도 동일하거나 유사한 범위 내에서 공조요청에 응한다는 원칙
쌍방가벌성의 원칙	형사사법공조의 대상범죄는 피요청국과 요청국 모두에서 처벌 가능한 범죄이어야 한다는 원칙
특정성의 원칙	요청국이 공조에 따라 취득한 증거를 공조요청의 대상이 된 범죄 이외의 수사나 재판에 사용해서는 안 된다는 원칙

정답 ④

---

060 「국제형사사법 공조법」에 의할 때 공조의 제한 사항에 해당하지 않는 것은?   13경간

① 대한민국의 주권, 국가안전보장, 안녕질서 또는 미풍양속을 해칠 우려가 있는 경우
② 인종, 국적, 성별, 종교, 사회적 신분 또는 특정 사회단체에 속한다는 사실이나 정치적 견해를 달리한다는 이유로 처벌되거나 형사상 불리한 처분을 받을 우려가 있다고 인정되는 경우
③ 공조범죄가 정치적 성격을 지닌 범죄이거나, 공조요청이 정치적 성격을 지닌 다른 범죄에 대한 수사 또는 재판을 할 목적으로 한 것이라고 인정되는 경우
④ 공조범죄가 요청국의 법률에 의하여 범죄를 구성하지 아니하거나 공소를 제기할 수 없는 범죄인 경우

해설

④ 공조범죄가 **대한민국의 법률에 의하여** 범죄를 구성하지 아니하거나 공소를 제기할 수 없는 범죄인 경우에 공조가 제한될 수 있다.

정답 ④

061 국제형사사법 공조에 대한 설명으로 옳지 않은 것은 모두 몇 개인가? 20경간

가. 요청국이 공조에 따라 취득한 증거를 공조요청의 대상이 된 범죄 이외의 수사나 재판에 사용하여서는 안 된다는 원칙은 '특정성의 원칙'과 관련이 깊다.
나. 「국제형사사법 공조법」상 공조범죄가 대한민국의 법률에 의하여는 범죄를 구성하지 아니하거나 공소를 제기할 수 없는 범죄인 경우 공조를 하지 아니할 수 있다.
다. 「국제형사사법 공조법」상 대한민국에서 수사가 진행 중이거나 재판에 계속된 범죄에 대하여 외국의 공조요청이 있는 경우에는 그 수사 또는 재판 절차가 끝날 때까지 공조를 연기하여야 한다.
라. 「국제형사사법 공조법」상 외국의 요청에 따른 수사의 공조절차에서 검사는 요청국에 인도하여야 할 증거물 등이 법원에 제출되어 있는 경우에는 법무부장관의 인도허가 결정을 받아야 한다.

① 1개   ② 2개   ③ 3개   ④ 4개

해설

다. 대한민국에서 수사가 진행 중이거나 재판에 계속(係屬)된 범죄에 대하여 외국의 공조요청이 있는 경우에는 그 수사 또는 재판 절차가 끝날 때까지 **공조를 연기할 수 있다**.
라. 검사는 요청국에 인도하여야 할 증거물 등이 법원에 제출되어 있는 경우에는 **법원의 인도허가 결정을** 받아야 한다.

정답 ②

062 다음은 국제형사사법 공조에 대한 설명이다. 옳지 않은 것으로 묶인 것은? 19순경1차

㉠ 요청국이 공조에 따라 취득한 증거를 공조요청의 대상이 된 범죄 이외의 수사나 재판에 사용해서는 안 된다는 원칙은 '특정성의 원칙'과 관련이 깊다.
㉡ 우리나라가 외국과 체결한 형사사법 공조조약과 「국제형사사법 공조법」의 규정이 상충되면 공조조약이 우선 적용된다.
㉢ 「국제형사사법 공조법」상 공조범죄가 대한민국의 법률에 의하여는 범죄를 구성하지 아니하거나 공소를 제기할 수 없는 범죄인 경우 공조를 하지 아니해야 한다.
㉣ 「국제형사사법 공조법」상 대한민국에서 수사가 진행 중이거나 재판에 계속된 범죄에 대하여 외국의 공조요청이 있는 경우에 수사의 진행, 재판의 계속을 이유로 공조를 연기할 수 없다.

① ㉠㉡   ② ㉡㉢   ③ ㉡㉣   ④ ㉢㉣

해설

ⓒ 공조범죄가 대한민국의 법률에 의하여는 범죄를 구성하지 아니하거나 공소를 제기할 수 없는 범죄인 경우 **공조를 하지 아니할 수 있다**.
ⓓ 대한민국에서 **수사**가 진행 중이거나 **재판**에 계속된 범죄에 대하여 외국의 공조요청이 있는 경우에는 그 수사 또는 재판 절차가 끝날 때까지 **공조를 연기할 수 있다**.(재수/연기)

정답 ④

063 「국제형사사법 공조법」과 「범죄인 인도법」에 대한 내용으로 옳은 것은 모두 몇 개인가? 21경간

가. 국제형사사법 공조와 범죄인 인도 과정 모두에서 상호주의 원칙과 조약우선주의를 천명하고 있다.
나. 대한민국에서 수사가 진행 중이거나 재판에 계속된 범죄에 대하여 외국의 공조요청이 있는 경우에는 즉시 공조해야 한다.
다. 외국의 요청에 따른 수사의 공조절차에서 공조요청 접수 및 요청국에 대한 공조 자료의 송부는 법무부장관이 한다. 다만, 긴급한 조치가 필요한 경우나 특별한 사정이 있는 경우에는 외교부장관이 법무부장관의 동의를 받아 이를 할 수 있다.
라. 대한민국과 청구국의 법률에 따라 인도범죄가 사형, 무기징역, 무기금고, 장기 3년 이상의 징역 또는 금고에 해당하는 경우에만 범죄인을 인도할 수 있다.
마. 범죄인이 대한민국 국민이거나 인도범죄에 관하여 대한민국 법원에서 재판이 확정된 경우에는 범죄인을 인도하여서는 아니 된다.

① 1개   ② 2개   ③ 3개   ④ 4개

해설

가. ○
나. 대한민국에서 **수사**가 진행 중이거나 **재판**에 계속(係屬)된 범죄에 대하여 외국의 공조요청이 있는 경우에는 그 수사 또는 재판 절차가 끝날 때까지 **공조를 연기할 수 있다**.(재수/연기)
다. 공조요청 접수 및 요청국에 대한 공조 자료의 송부는 **외교부장관이 한다**. 다만, 긴급한 조치가 필요한 경우나 특별한 사정이 있는 경우에는 법무부장관이 외교부장관의 동의를 받아 이를 할 수 있다.
라. 대한민국과 청구국의 법률에 따라 인도범죄가 사형, 무기징역, 무기금고, **장기 1년 이상의** 징역 또는 금고에 해당하는 경우에만 범죄인을 인도할 수 있다.(최소한 중요성 원칙)
마. 범죄인이 대한민국 국민인 경우는 **임의적 인도거절 사유**에 해당한다.

정답 ①

064 「범죄인 인도법」에 대한 설명으로 가장 적절한 것은? 20경채

① 범죄인 인도에 관하여 이 법에 인도조약과 다른 규정이 있는 경우에는 이 법의 규정을 우선 적용한다.
② 인도범죄의 전부 또는 일부가 대한민국 영역에서 범한 것인 경우는 절대적 인도거절 사유이다.
③ 범죄인이 인종, 종교, 국적, 성별, 정치적 신념 또는 특정 사회단체에 속한 것 등을 이유로 처벌되거나 그 밖의 불리한 처분을 받을 염려가 있다고 인정되는 경우는 임의적 인도거절 사유이다.
④ 외교부장관은 청구국으로부터 범죄인의 인도청구를 받았을 때에는 인도청구서와 관련 자료를 법무부장관에게 송부하여야 하며, 법무부장관은 이를 서울고등검찰청 검사장에게 송부하고 그 소속 검사로 하여금 서울고등법원에 범죄인의 인도허가 여부에 관한 심사를 청구하도록 명하여야 한다.

해설

① 범죄인 인도에 관하여 인도조약에 이 법과 다른 규정이 있는 경우에는 그 규정에 따른다.
② 임의적 인도거절 사유이다.
③ 절대적 인도거절 사유이다.
④ ○

〈절대적 인도거절사유(인도하여서는 아니 된다)〉 (절대적/재시정상)
- 대한민국 또는 청구국의 법률에 따라 인도범죄에 관한 공소시효 또는 형의 시효가 완성된 경우
- 인도범죄에 관하여 대한민국 법원에서 재판이 계속 중이거나 재판이 확정된 경우
- 범죄인이 인도범죄를 범하였다고 의심할 만한 상당한 이유가 없는 경우. 다만, 인도범죄에 관하여 청구국에서 유죄의 재판이 있는 경우는 제외한다.
- 범죄인이 인종, 종교, 국적, 성별, 정치적 신념 또는 특정 사회단체에 속한 것 등을 이유로 처벌되거나 그 밖의 불리한 처분을 받을 염려가 있다고 인정되는 경우

〈임의적 인도거절사유(인도하지 아니할 수 있다)〉
- 범죄인이 대한민국 국민인 경우
- 인도범죄의 전부 또는 일부가 대한민국 영역에서 범한 것인 경우
- 범죄인의 인도범죄 외의 범죄에 관하여 대한민국 법원에 재판이 계속 중인 경우 또는 범죄인이 형을 선고받고 그 집행이 끝나지 아니하거나 면제되지 아니한 경우(끝난 경우X, 면제된 경우X)
- 범죄인이 인도범죄에 관하여 제3국(청구국이 아닌 외국을 말함)에서 재판을 받고 처벌되었거나 처벌받지 아니하기로 확정된 경우
- 인도범죄의 성격과 범죄인이 처한 환경 등에 비추어 범죄인을 인도하는 것이 비인도적이라고 인정되는 경우

정답 ④

065 범죄인 인도법 제7조에 따른 절대적 인도거절 사유에 해당하지 않는 것은?   22순경1차

① 대한민국 또는 청구국의 법률에 따라 인도범죄에 관한 공소시효 또는 형의 시효가 완성된 경우
② 인도범죄에 관하여 대한민국 법원에서 재판이 계속 중이거나 재판이 확정된 경우
③ 인도범죄의 성격과 범죄인이 처한 환경 등에 비추어 범죄인을 인도하는 것이 비인도적이라고 인정되는 경우
④ 범죄인이 인종, 종교, 국적, 성별, 정치적 신념 또는 특정 사회단체에 속한 것 등을 이유로 처벌되거나 그 밖의 불리한 처분을 받을 염려가 있다고 인정되는 경우

해설

③ (×) 임의적 인도거절사유에 해당한다(범죄인인도법 제9조 제5호).

정답 ③

066 범죄인 인도에 관한 원칙에 대한 설명으로 가장 적절하지 않은 것은?   21승진

① 자국민불인도의 원칙은 자국민은 인도하지 않는다는 원칙으로서, 우리나라 「범죄인 인도법」 제9조는 절대적 거절사유로 규정하고 있다.
② 쌍방가벌성의 원칙은 인도청구가 있는 범죄가 청구국과 피청구국 쌍방의 법률에 의하여 범죄를 구성하지 않는 경우에는 그 범죄에 관하여 범죄인을 인도하지 않는다는 원칙이다.
③ 최소한 중요성의 원칙은 어느 정도 중요성을 띤 범죄인만 인도한다는 원칙이다.
④ 특정성의 원칙은 인도된 범죄인이 인도가 허용된 범죄 외의 범죄로 처벌받지 아니하고, 제3국에 인도되지 아니한다는 청구국의 보증이 없는 경우에는 범죄인을 인도하여서는 아니된다는 원칙이다.

해설

① "범죄인이 대한민국 국민인 경우 범죄인을 인도하지 아니할 수 있다"고 하여 임의적 인도거절사유로 규정하고 있다.

정답 ①

067 국가간 범죄인 인도에 있어 범죄인의 인도를 청구하는 국가가 같은 종류 또는 유사한 범죄에 대한 인도청구에 응한다는 보증이 있는 경우 인도한다는 원칙으로 가장 적절한 것은? 15승진

① 상호주의의 원칙
② 쌍방 가벌성의 원칙
③ 자국민 불인도의 원칙
④ 정치범 불인도의 원칙

해설

① 설문은 상호주의의 원칙이다.

▶ 범죄인 인도에 관한 원칙 ※범죄인 인도법에 "군사범 불인도의 원칙"은 규정 없음

상호주의	범죄인의 인도를 청구하는 국가가 같은 종류 또는 유사한 범죄에 대한 인도청구에 응한다는 보증이 있는 경우 인도한다는 원칙
쌍방가벌성의 원칙	청구국과 피청구국 쌍방의 법률에 의하여 범죄를 구성하지 않는 경우에는 범죄인을 인도하지 않는다는 원칙
특정성의 원칙	인도된 범죄인이 인도가 허용된 범죄 외의 범죄로 처벌받지 않는다는 원칙
자국민 불인도의 원칙	자국민은 인도하지 않는다는 원칙(한국 : 임의적 거절사유) ※ 대륙법계는 채택하고 있으나, 영미법계는 채택하지 않음
정치범 불인도의 원칙	정치적 성격을 지닌 범죄는 인도하지 않는다는 원칙 ※ 국가원수암살범, 집단살해, 전쟁범죄, 항공기납치 등은 예외
군사범 불인도의 원칙	군사범죄 즉, 탈영·항명 등의 범죄자는 인도하지 않는다는 원칙 ※우리나라 범죄인인도법에는 명문의 규정이 없음
최소한 중요성의 원칙	어느 정도 중요성을 띤 범죄만 인도한다는 원칙 ※ 우리나라는 사형, 무기, 장기 1년 이상의 범죄로 규정
유용성의 원칙	실제로 처벌하기 위해 필요한 범죄자만 인도한다는 원칙 ※ 시효완성, 사면 등 처벌하지 못하는 범죄자는 인도대상에서 제외

정답 ①

068 다음의 설명은 '범죄인인도원칙' 중 어떤 원칙에 관한 것인가? 14순경1차

> 인도청구가 있는 범죄가 청구국과 피청구국 쌍방의 법률에 의하여 범죄를 구성하지 않는 경우에는 그 범죄에 관하여 범죄인을 인도하지 않는다.

① 쌍방가벌성의 원칙
② 특정성의 원칙
③ 자국민 불인도의 원칙
④ 상호주의 원칙

해설

① 설문은 쌍방가벌성의 원칙에 대한 설명이다(범죄인 인도법 제6조).

정답 ①

069 다음의 설명은 범죄인인도원칙 중 어떤 원칙에 대한 내용인가?

13순경1차

> 인도조약이 체결되어 있지 아니한 경우에도 범죄인의 인도를 청구하는 국가가 같은 종류 또는 유사한 인도범죄에 대한 대한민국의 범죄인 인도 청구에 응한다는 보증을 하는 경우에는 범죄인인도법을 적용한다.

① 쌍방가벌성의 원칙 ② 상호주의의 원칙
③ 특정성의 원칙 ④ 유용성의 원칙

해설

② 범죄인인도법 제4조(**상호주의**) 인도조약이 체결되어 있지 아니한 경우에도 범죄인의 인도를 청구하는 국가가 같은 종류 또는 유사한 인도범죄에 대한 대한민국의 범죄인 **인도청구에 응한다는 보증을 하는 경우에는 이 법을 적용한다**.

정답 ②

070 다음 범죄인 인도의 원칙에 대한 설명 중 틀린 것은 모두 몇 개인가?

15경간

> 가. 정치범 불인도의 원칙과 관련하여 우리나라는 명문규정이 있으며, 집단살해·전쟁범죄는 예외적으로 인도한다.
> 나. 군사범 불인도의 원칙이란 군사적 의무관계에서 기인하는 범죄자는 인도하지 않는다는 원칙으로, 우리나라는 군사범 불인도의 원칙을 명문으로 규정하고 있다.
> 다. 유용성의 원칙이란 어느정도 중요성을 띤 범죄만 인도한다는 원칙으로 우리나라는 명문으로 규정하고 있다.
> 라. 자국민 불인도의 원칙이란 범죄인 인도대상이 자국민일 경우 청구국에 인도하지 않는다는 원칙으로 영미법계 국가들은 이 원칙을 채택하고 있다.

① 1개 ② 2개 ③ 3개 ④ 4개

해설

가. ○
나. 우리나라는 군사범 불인도의 원칙을 **명문으로 규정하고 있지 않다**.
다. 유용성의 원칙이란 범죄인인도가 실제 처벌에 유용해야 한다는 원칙이다(시효완성, 사면 등 경우에는 처벌하지 못하므로 인도불가). **어느 정도 중요성을 띤 범죄만 인도한다는 원칙은 최소한 중요성의 원칙**이다.
라. 자국민 불인도의 원칙이란 범죄인 인도대상이 자국민일 경우 인도하지 않는다는 원칙으로 **대륙법계 국가에서는 채택**하고 있지만, **영미법계 국가에서는 채택하지 않고 있다**.

정답 ③

071 「범죄인 인도법」에 대한 다음 설명 중 가장 옳지 않은 것은? 17경간

① 대한민국 또는 청구국의 법률에 따라 인도범죄에 관한 공소시효 또는 형의 시효가 완성된 경우에는 범죄인을 인도하여서는 아니 된다.
② 대한민국과 청구국의 법률에 따라 인도범죄가 사형, 무기징역, 무기금고, 장기 1년 이상의 징역 또는 금고에 해당하는 경우에만 범죄인을 인도할 수 있다.
③ 「범죄인 인도법」은 정치범 불인도의 원칙에 대하여 명문규정을 두고 있지 않다.
④ 인도범죄에 관하여 대한민국 법원에서 재판이 계속 중이거나 재판이 확정된 경우에는 범죄인을 인도하여서는 아니 된다.

해설

③ 범죄인 인도법에 명시적 규정이 없는 범죄인인도의 제한 원칙은 **군사범불인도의 원칙**이다.

정답 ③

---

072 「범죄인 인도법」에 대한 설명 중 가장 적절한 것은? 17경기북부여경

① 인도조약이 체결되어 있지 아니한 경우에도 범죄인의 인도를 청구하는 국가가 같은 종류 또는 유사한 인도범죄에 대한 대한민국의 범죄인 인도청구에 응한다는 보증을 하는 경우에 인도한다는 원칙을 상호주의 원칙이라고 하나 우리나라에 아직 명문의 규정은 없다.
② 대한민국과 청구국의 법률에 따라 인도범죄가 사형, 무기징역, 무기금고, 장기 3년 이상의 징역 또는 금고에 해당하는 경우에만 범죄인을 인도할 수 있다는 최소한 중요성의 원칙을 규정하고 있다.
③ 대한민국 또는 청구국의 법률에 따라 인도범죄에 관한 공소시효 또는 형의 시효가 완성된 경우에는 범죄인을 인도하여서는 아니 된다.
④ 범죄인의 인도범죄 외의 범죄에 관하여 대한민국 법원에 재판이 계속 중인 경우 또는 범죄인이 형을 선고받고 그 집행이 끝나지 아니하거나 면제되지 아니한 경우 범죄인을 인도하여서는 아니 된다.

해설

① 인도조약이 체결되어 있지 아니한 경우에도 범죄인의 인도를 청구하는 국가가 같은 종류 또는 유사한 인도범죄에 대한 대한민국의 범죄인 인도청구에 응한다는 보증을 하는 경우에 인도한다는 원칙을 상호주의 원칙이라고 하며, 우리나라 범죄인인도법도 제4조에 **명문규정을 두고 있다**.
② 대한민국과 청구국의 법률에 따라 인도범죄가 사형, 무기징역, 무기금고, **장기 1년 이상**의 징역 또는 금고에 해당하는 경우에만 범죄인을 인도할 수 있다는 최소한 중요성의 원칙을 규정하고 있다.
③ O
④ 범죄인의 인도범죄 외의 범죄에 관하여 대한민국 법원에 재판이 계속 중인 경우 또는 범죄인이 형을 선고받고 그 집행이 끝나지 아니하거나 면제되지 아니한 경우 범죄인을 **인도하지 아니할 수 있다**.

정답 ③

073 「범죄인 인도법」에 대한 설명으로 가장 적절한 것은? 　　　　15순경3차

① 이 법에 규정된 범죄인의 인도심사 및 그 청구와 관련된 사건은 대법원과 대검찰청의 전속 관할로 한다.
② 범죄인이 인종, 종교, 국적, 성별, 정치적 신념 또는 특정 사회단체에 속한 것 등을 이유로 처벌되거나 그 밖의 불리한 처분을 받을 염려가 있다고 인정되는 경우 범죄인을 인도하지 않을 수 있다.
③ 범죄인이 대한민국 국민인 경우 범죄인을 인도하여서는 아니된다.
④ 인도범죄의 전부 또는 일부가 대한민국 영역에서 범한 것인 경우 범죄인을 인도하지 아니할 수 있다.

해설

① 이 법에 규정된 범죄인의 인도심사 및 그 청구와 관련된 사건은 <u>서울고등법원과 서울고등검찰청의 전속 관할</u>로 한다.
② 범죄인이 인종, 종교, 국적, 성별, 정치적 신념 또는 특정 사회단체에 속한 것 등을 이유로 처벌되거나 그 밖의 불리한 처분을 받을 염려가 있다고 인정되는 경우 범죄인을 <u>인도하여서는 아니된다</u>. (절대적/재시정상)
③ 범죄인이 대한민국 국민인 경우 범죄인을 <u>인도하지 아니할 수 있다</u>.(임의적)
④ O

정답 ④

074 범죄인 인도법에 규정된 내용으로 가장 적절하지 않은 것은? 　　　　22경간

① 범죄인 인도법에 규정된 범죄인의 인도심사 및 그 청구와 관련된 사건은 경찰청 외사국의 전속관할로 한다.
② 대한민국과 청구국의 법률에 따라 인도범죄가 사형, 무기징역, 무기금고, 장기(長期) 1년 이상의 징역 또는 금고에 해당하는 경우에만 범죄인을 인도할 수 있다.
③ 외교부장관은 청구국으로부터 범죄인의 긴급인도구속을 청구받았을 때에는 긴급인도구속 청구서와 관련 자료를 법무부장관에게 송부하여야 한다.
④ 범죄인 인도법에 따라 법무부장관이 검사장 등에게 하는 명령과 검사장·지청장 또는 검사가 법무부장관에게 하는 건의·보고 또는 서류 송부는 검찰총장을 거쳐야 한다. 다만, 고위공직자범죄수사처장 또는 그 소속 검사의 경우에는 그러하지 아니하다

해설

① 「범죄인 인도법」에 규정된 범죄인의 인도심사 및 그 청구와 관련된 사건은 <u>서울고등법원과 서울고등검찰청의 전속관할</u>로 한다.(범죄인 인도법 제3조)

정답 ①

075 다음은 「범죄인 인도법」과 범죄인 인도의 원칙에 대한 설명이다. 옳은 것은 모두 몇 개인가?

20순경2차

> ㉠ 「범죄인 인도법」 제6조는 대한민국과 청구국의 법률에 따라 인도범죄가 사형, 무기징역, 무기금고, 장기 1년 이상의 징역 또는 금고에 해당하는 경우에만 범죄인 인도가 가능하다고 규정하여 '쌍방 가벌성의 원칙'과 '최소한의 중요성 원칙'을 모두 담고 있다.
> ㉡ 인도조약이 체결되어 있지 않은 경우에도 범죄인의 인도를 청구하는 국가가 동종의 범죄인 인도청구에 응한다는 보증을 하는 경우 「범죄인 인도법」을 적용한다는 원칙은 '상호주의 원칙'이다.
> ㉢ 자국민은 원칙적으로 인도의 대상이 아니라는 '자국민 불인도의 원칙'은 「범죄인 인도법」상 절대적 인도거절 사유로 규정되어 있다
> ㉣ 인도범죄가 정치적 성격을 지닌 범죄이거나 그와 관련된 경우 범죄인을 인도하여서는 안 된다는 '정치범 불인도의 원칙'은 「범죄인 인도법」에 규정되어 있다. 다만 국가원수 암살, 집단 학살 등은 정치범 불인도의 예외사유로 인정한다.

① 1개   ② 2개   ③ 3개   ④ 4개

해설

㉢ '자국민 불인도의 원칙'은 「범죄인 인도법」상 <u>임의적 인도거절 사유</u>로 규정되어 있다.

정답 ③

---

076 다음 중 「범죄인 인도법」상 절대적 인도거절 사유가 <u>아닌</u> 것은?

14경간

① 범죄인의 인도범죄 외의 범죄에 관하여 대한민국 법원에 재판이 계속 중인 경우 또는 범죄인이 형을 선고받고 그 집행이 끝나지 아니하거나 면제되지 아니한 경우
② 범죄인이 인도범죄를 범하였다고 의심할 만한 상당한 이유가 없는 경우, 다만, 인도범죄에 관하여 청구국에서 유죄의 재판이 있는 경우는 제외한다.
③ 범죄인이 인종, 종교, 국적, 성별, 정치적 신념 또는 특정 사회단체에 속한 것 등을 이유로 처벌되거나 그 밖의 불리한 처분을 받을 염려가 있다고 인정되는 경우
④ 대한민국 또는 청구국의 법률에 따라 인도범죄에 관한 공소시효 또는 형의 시효가 완성된 경우

해설

① 범죄인의 인도범죄 외의 범죄에 관하여 대한민국 법원에 재판이 계속 중인 경우 또는 범죄인이 형을 선고받고 그 집행이 끝나지 아니하거나 면제되지 아니한 경우는 <u>임의적 인도거절사유</u>에 해당한다.

정답 ①

077 「범죄인 인도법」 제7조에서 규정하고 있는 절대적 인도거절 사유로 볼 수 없는 것은 모두 몇 개인가?

13순경2차

> ㉠ 범죄인이 대한민국 국민인 경우
> ㉡ 범죄인이 인종, 종교, 국적, 성별, 정치적 신념 또는 특정 사회단체에 속한 것 등을 이유로 처벌되거나 그 밖의 불리한 처분을 받을 염려가 있다고 인정되는 경우
> ㉢ 인도범죄의 전부 또는 일부가 대한민국 영역에서 범한 것인 경우
> ㉣ 범죄인이 인도범죄에 관하여 제3국(청구국이 아닌 외국을 말한다)에서 재판을 받고 처벌되었거나 처벌받지 아니하기로 확정된 경우

① 1개 ② 2개 ③ 3개 ④ 4개

해설

설문의 경우 ㉡은 절대적 인도거절 사유에 해당하고(절대적/재시정상), ㉠㉢㉣은 임의적 인도거절 사유에 해당한다(범죄인 인도법 제7조, 제9조).

정답 ③

078 다음 중 '범죄인인도법'상 임의적 인도거절 사유가 아닌 것은?

15경간

① 범죄인이 대한민국 국민인 경우
② 인도범죄의 전부 또는 일부가 대한민국 영역에서 범한 것인 경우
③ 범죄인이 인도범죄 외의 범죄에 관하여 대한민국 법원에 재판이 계속 중인 경우 또는 범죄인이 형을 선고받고 그 집행이 끝나거나 면제된 경우
④ 범죄인이 인도범죄에 관하여 제3국에서 재판을 받고 처벌 되었거나 처벌받지 아니하기로 확정된 경우

해설

③ "범죄인이 인도범죄 외의 범죄에 관하여 대한민국 법원에 재판이 계속 중인 경우 또는 범죄인이 형을 선고받고 그 집행이 끝나지 아니하거나 면제되지 아니한 경우"가 임의적 인도거절사유이다.

정답 ③

079 「범죄인 인도법」 제7조에서 규정하고 있는 절대적 인도거절사유로 올바르게 묶인 것은? 19경간

> 가. 범죄인이 대한민국 국민인 경우
> 나. 대한민국 또는 청구국의 법률에 따라 인도범죄에 관한 공소시효 또는 형의 시효가 완성된 경우
> 다. 인도범죄의 전부 또는 일부가 대한민국 영역에서 범한 것인 경우
> 라. 인도범죄에 관하여 대한민국 법원에서 재판이 계속 중이거나 재판이 확정된 경우
> 마. 범죄인이 인종, 종교, 국적, 성별, 정치적 신념 또는 특정사회단체에 속한 것 등을 이유로 처벌되거나 그 밖의 불리한 처분을 받을 염려가 있다고 인정되는 경우
> 바. 범죄인이 인도범죄에 관하여 제3국(청구국이 아닌 외국을 말한다)에서 재판을 받고 처벌되었거나 처벌받지 아니하기로 확정된 경우

① 가, 나, 라   ② 가, 다, 마   ③ 나, 라, 마   ④ 나, 마, 바

해설

절대적 인도거절사유는 나, 라, 마 3개이다. (절대적/재시정상)

정답 ③

---

080 「범죄인 인도법」상 '절대적 인도거절사유'에 해당하지 <u>않는</u> 것은? 14순경2차

① 인도범죄에 관하여 대한민국 법원에서 재판이 계속 중이거나 재판이 확정된 경우
② 대한민국 또는 청구국의 법률에 의하여 인도범죄에 관한 공소시효 또는 형의 시효가 완성된 경우
③ 인도범죄의 성격과 범죄인이 처한 환경 등에 비추어 범죄인을 인도하는 것이 비인도적이라고 인정되는 경우
④ 범죄인이 인종, 종교, 국적, 성별, 정치적 신념 또는 특정사회단체에 속한 것 등을 이유로 처벌되거나 그 밖의 불리한 처분을 받을 염려가 있다고 인정되는 경우

해설

③ 인도범죄의 성격과 범죄인이 처한 환경 등에 비추어 범죄인을 인도하는 것이 비인도적이라고 인정되는 경우는 **임의적 인도거절사유**에 해당한다.

정답 ③

081 국제경찰공조에는 범죄인인도, 국제형사사법공조, 인터폴을 통한 공조 등이 있다. 이 중에서 한 나라의 형법, 기타 형사관계법에 위반한 범죄인이 다른 나라에 있는 경우 범죄인의 현재지 국가가 범죄지 국가의 요청에 따라 그 범죄인을 인도하는 것을 범죄인 인도라 한다. 이와 관련하여 우리나라는 범죄 진압 과정에서의 국제적인 협력을 증진함을 목적으로 「범죄인 인도법」을 제정·시행하고 있다. 범죄인 인도와 관련한 여러 원칙과 현행 「범죄인 인도법」에 대한 설명 중 가장 적절하지 않은 것은? 〈12승진〉

① 실제로 처벌하기 위해 필요한 범죄자만 인도한다는 것을 쌍방가벌성의 원칙이라고 하며, 시효완성·사면 등으로 처벌하지 못하는 범죄자는 인도대상에서 제외한다.
② 「범죄인 인도법」에는 범죄인의 인도를 청구하는 국가가 동종의 범죄에 대한 인도청구에 응한다는 보증이 있는 경우 인도한다는 상호주의 원칙을 채택하고 있다.
③ 군사범죄 즉, 탈영·항명 등의 범죄자는 인도하지 않는다는 원칙을 군사범 불인도의 원칙이라고 하며, 우리나라 「범죄인인도법」에서는 명문의 규정이 없다.
④ 「범죄인 인도법」에는 인도된 범죄인이 인도가 허용된 범죄 외의 범죄로 처벌받지 아니하고 제3국에 인도되지 아니한다는 청구국의 보증이 없는 경우에는 범죄인을 인도하여서는 안된다는 특정성의 원칙을 채택하고 있다.

해설
① 실제로 처벌하기 위해 필요한 범죄자만 인도한다는 것을 <u>유용성의 원칙</u>이라고 하며, 시효완성·사면 등으로 처벌하지 못하는 범죄자는 인도대상에서 제외한다.

정답 ①

082 「범죄인 인도법」의 인도거절 사유에 대한 내용으로 가장 적절하지 않은 것은? 〈18순경1차〉

① 대한민국 또는 청구국의 법률에 따라 인도범죄에 관한 공소시효 또는 형의 시효가 완성된 경우에는 범죄인을 인도하여서는 아니 된다.
② 범죄인이 인종, 종교, 국적, 성별, 정치적 신념 또는 특정 사회단체에 속한 것 등을 이유로 처벌되거나 그 밖의 불리한 처분을 받을 염려가 있다고 인정되는 경우에는 범죄인을 인도하지 아니할 수 있다.
③ 범죄인의 인도범죄 외의 범죄에 관하여 대한민국 법원에 재판이 계속 중인 경우 또는 범죄인이 형을 선고받고 그 집행이 끝나지 아니하거나 면제되지 아니한 경우에는 범죄인을 인도하지 아니할 수 있다.
④ 범죄인이 인도범죄에 관하여 제3국(청구국이 아닌 외국을 말한다)에서 재판을 받고 처벌되었거나 처벌받지 아니하기로 확정된 경우에는 범죄인을 인도하지 아니할 수 있다.

해설
② 범죄인이 인종, 종교, 국적, 성별, 정치적 신념 또는 특정 사회단체에 속한 것 등을 이유로 처벌되거나 그 밖의 불리한 처분을 받을 염려가 있다고 인정되는 경우에는 범죄인을 <u>인도하여서는 아니된다</u>.

정답 ②

083 「범죄인 인도법」에 대한 설명으로 가장 적절한 것은?   18순경3차

① 청구국과 피청구국 쌍방의 법률에 의하여 범죄를 구성하지 않는 경우에는 범죄인을 인도하지 않는다는 것은 쌍방가벌성의 원칙으로, 우리나라 「범죄인 인도법」에 명문규정은 없다.
② 인도범죄 외의 범죄에 관하여 대한민국 법원에 재판이 계속 중인 경우 또는 범죄인이 형을 선고받고 그 집행이 끝나지 아니하거나 면제되지 아니한 경우 범죄인을 인도하여서는 아니된다.
③ 범죄인이 「범죄인 인도법」 제20조에 따른 인도구속영장에 의하여 구속되었을 때에는 구속된 때부터 48시간 이내에 인도심사를 청구하여야 한다.
④ 법원은 범죄인이 인도구속영장에 의하여 구속 중인 경우에는 구속된 날부터 2개월 이내에 인도심사에 관한 결정을 하여야 한다.

> **해설**
> ① 범죄인 인도법 제6조에서 <u>쌍방가벌성의 원칙을 명문으로 규정하고 있다</u>.
> ② <u>인도하지 아니할 수 있다</u>.(임의적 인도거절 사유)
> ③ 구속된 날부터 <u>3일 이내에</u> 인도심사를 청구하여야 한다.
> ④ ○
>
> **정답** ④

084 다음은 「범죄인인도법」상 인도심사명령청구에 대한 설명이다. (   ) 안에 들어갈 말을 순서대로 바르게 나열한 것은?   18순경2차

(   )장관은 (   )장관으로부터 「범죄인 인도법」 제11조에 따른 인도청구서 등을 받았을 때에는 이를 (   ) 검사장에게 송부하고 그 소속검사로 하여금 (   )에 범죄인 인도허가 여부에 관한 심사를 청구하도록 명하여야 한다.

① 법무부 – 외교부 – 서울고등검찰청 – 서울고등법원
② 외교부 – 법무부 – 서울중앙지방검찰청 – 서울중앙지방법원
③ 외교부 – 법무부 – 서울고등검찰청 – 서울고등법원
④ 법무부 – 외교부 – 서울중앙지방검찰청 – 서울중앙지방법원

> **해설**
> ① <u>(법무부)</u>장관은 <u>(외교부)</u>장관으로부터 「범죄인인도법」 제11조에 따른 인도청구서 등을 받았을 때에는 이를 <u>(서울고등검찰청)</u> 검사장에게 송부하고 그 소속검사로 하여금 <u>(서울고등법원)</u>에 범죄인 인도허가 여부에 관한 심사를 청구하도록 명하여야 한다.
>
> **정답** ①

085 「범죄인 인도법」에 대한 설명으로 가장 적절한 것은? 19승진

① 대한민국의 주권, 국가안전보장, 안녕질서 또는 미풍양속을 해칠 우려가 있는 경우 범죄인을 인도하지 않을 수 있다.
② 범죄인이 인종, 종교, 국적, 성별, 정치적 신념 또는 특정 사회 단체에 속한 것 등을 이유로 처벌되거나 그 밖의 불리한 처분을 받을 염려가 있다고 인정되는 경우 범죄인을 인도하지 않을 수 있다.
③ 외교부장관은 범죄인 인도조약의 존재 여부, 상호보증 여부, 인도대상범죄 여부 등을 확인하고 관계서류를 첨부하여 법무부 장관에게 송부한다.
④ 외교부장관은 인도조약 또는 범죄인 인도법에 따라 범죄인을 인도할 수 없거나 인도하지 아니하는 것이 타당하다고 인정되는 경우에는 인도심사청구명령을 하지 아니하고, 그 사실을 법무부장관에게 통지하여야 한다.

해설

① 범죄인 인도거절사유가 아니라, 국제형사사법공조법의 임의적 공조거절사유에 해당한다.
② 절대적 인도거절사유로 인도하여서는 아니 된다.
③ ○
④ 법무부장관은 인도조약 또는 범죄인 인도법에 따라 범죄인을 인도할 수 없거나 인도하지 아니하는 것이 타당하다고 인정되는 경우에는 인도심사청구명령을 하지 아니하고, 그 사실을 외교부장관에게 통지하여야 한다.

정답 ③

086 「범죄인 인도법」에 대한 설명 중 가장 적절하지 않은 것은? 20승진

① 순수한 정치범은 인도하지 않는 것이 원칙이나 정치범일지라도 국가원수암살범은 예외가 되어 일반적으로 인도의 대상이 된다.
② 대한민국과 청구국의 법률에 따라 인도범죄가 사형, 무기징역, 무기금고, 장기 1년 이상의 징역 또는 금고에 해당하는 경우에만 범죄인을 인도할 수 있다.
③ 범죄인이 인도범죄에 관하여 제3국(청구국이 아닌 외국)에서 재판을 받고 처벌되었거나 처벌받지 아니하기로 확정된 경우는 청구국에 인도하지 아니할 수 있다.
④ 법무부장관은 범죄인이 인도구속영장에 의하여 구속 중인 경우에는 구속된 날부터 2개월 이내에 인도심사에 관한 결정을 하여야 한다.

해설

④ 법원은 범죄인이 인도구속영장에 의하여 구속 중인 경우에는 구속된 날부터 2개월 이내에 인도심사에 관한 결정을 하여야 한다.

정답

오현웅
경찰학 기출문제집+α

초판인쇄	2022년 05월 06일
초판발행	2022년 05월 12일
편 저 자	오현웅
발 행 인	최창호
등 록	제2016-000065호
발 행 처	주식회사 좋은책
주 소	서울시 관악구 관악로12길 10, 3층
교재문의	TEL) 02-871-7720 / FAX) 02-871-7721
I S B N	979-11-6348-447-9 (13350)

본서의 무단 전재·복제 행위는 저작권법에 의거하여 5년 이하의 징역 또는 5천만원 이하의 벌금에 처하거나 이를 병과할 수 있습니다.

저자와의 협의하에 인지를 생략합니다.

정가 48,000원